Théorie et Contentieux constitutionnels en Afrique

Mélanges en l'honneur du Professeur El Hadj Mbodj

Volume 1 – Théorie constitutionnelle

Sous la direction de :

Ismaïla Madior FALL

Agrégé de Droit public et de Science politique

Professeur titulaire de Classe exceptionnelle

Théorie et Contentieux constitutionnels en Afrique

Mélanges en l'honneur du Professeur El Hadj Mbodj

Volume 1 – Théorie constitutionnelle

Sénégal
L'Harmattan

10 VDN, Sicap Amitié 3, Lotissement Cité Police, DAKAR

http://www.harmattansenegal.com
senharmattan@gmail.com
senlibrairie@gmail.com

ISBN : 978-2-14-025644-8
EAN : 9782140256448

CONTRIBUTIONS RASSEMBLÉES ET REUNIES PAR

Meïssa DIAKHATÉ

Agrégé des Facultés de droit

Enseignant-Chercheur à l'Université Cheikh Anta Diop de Dakar (Sénégal)

Abdoul Aziz MBODJ

Docteur en Droit public de l'Université Cheikh Anta Diop, Enseignant-Chercheur à l'Université Alioune Diop de Bambey (Sénégal)

Mamadou Salif SANÉ

Docteur en Droit public de l'Université Cheikh Anta Diop,

Enseignant-Chercheur à l'Université Gaston Berger de Saint-Louis (Sénégal)

Cheikh Ibra Fall NDIAYE

Docteur en Science politique de l'Université Cheikh Anta Diop

(Sénégal)

FSJP

PROFESSEUR EL HADJ MBODJ

BIOGRAPHIE DU PROFESSEUR EL HADJ MBODJ

I. ÉTAT CIVIL

Nom	MBODJ
Prénom (s)	EL HADJ
Date de naissance	07 novembre 1952
Lieu de naissance	Khouma (Commune de Richard-Toll)
Nationalité	Sénégalaise

II. DISTINCTIONS

1. Officier de l'Ordre national du Lion du Sénégal : décret n° 0082 du 28 mars 2018
2. Chevalier de l'Ordre national du Lion du Sénégal : décret n° 99-197 du 8 mars 1999
3. Chevalier de l'Ordre national de la Justice du Burkina Faso

III. BACKGROUND ACADÉMIQUE

DIPLÔMES	LIEU D'OBTENTION	PÉRIODE
1. Certificat en techniques alternatives de résolution des conflits	CSU Sacramento Université de Maryland - Université de Cambridge Massachusetts	7-8 / 1996
2. Agrégation de Droit public et de Science politique (Major du 6e Concours du CAMES)	Bénin	1993
3. Doctorat d'État de Droit public et Science politique (Mention Très Bien)	Université Cheikh Anta Diop de Dakar	1991
4. Certificat de langue anglaise	Université de Californie de Davis	8-12 / 1988

DIPLÔMES	LIEU D'OBTENTION	PÉRIODE
5. DEA Études politiques (Mention Passable)	Université de Bordeaux I	1980-1981
6. DEA Droit public fondamental (Mention A. Bien)	Université de Bordeaux I	1979-1980
7. Maîtrise Droit public (Mention Bien)	Université de Dakar	1979
8. Licence Droit public (Mention Bien)	Université de Dakar	1978
9. DEUG 2 Droit (Mention A. Bien)	Université de Dakar	1977
10. DEUG 1 Droit (Mention A. Bien)	Université de Dakar	1976
11. Baccalauréat	Lycée Blaise Diagne de Dakar	1975

IV. PARCOURS ACADÉMIQUE

1. Professeur titulaire des Universités de classe exceptionnelle à l'Université Cheikh Anta Diop de Dakar, Sénégal.

2. Participation à la préparation au concours d'agrégation du CAMES, organisée en septembre 2001 et 2007 à l'Université Montesquieu Bordeaux 4 et en 2013 à l'Université Cheikh Anta Diop de Dakar.

3. Professeur associé à l'Université catholique de l'Afrique de l'Ouest (UCAO) de Bamako (Mali).

4. Professeur invité aux Universités Montesquieu Bordeaux 4, Bamako, Lomé, Madison-Wisconsin, Loyola Chicago, Meiji-Gakuin de Tokyo.

5. Chargé d'Enseignement à l'École nationale d'Administration et de Magistrature du Sénégal (ENAM), 1993-1994.

6. Chargé d'Enseignement à l'Institut national supérieur d'Education populaire et sportive de Dakar (INSEPS), 1984-1989.

7. Boursier Fulbright, Honorary Fellow à l'Université Wisconsin Madison.

V. AFFILIATION À DES ACTIVITÉS PROFESSIONNELLES

1. Directeur de l'Institut Des droits de l'Homme et de la Paix (IDHP) de l'Université Cheikh Anta Diop de Dakar, 1995 à 2001.

2. Membre du Conseil scientifique du Centre d'Études et de Recherches sur les Droits africains et sur le Développement institutionnel dans les Pays en Développement (CEDRADI) de l'Université Montesquieu-Bordeaux IV.

3. Membre du Groupe de Réflexions sur le Financement des Partis politiques de l'Association internationale des Sciences politiques, depuis août 2000.

4. Expert constitutionnel et électoral de l'Organisation internationale de la Francophonie (OIF).

5. Expert juridique de l'Union africaine.

6. Expert juridique du Programme des Nations Unies pour le Développement (PNUD).

7. Expert électoral et constitutionnel de l'Union européenne.

8. Expert de la Banque Mondiale au Parlement de la transition de la RDC

9. Membre du Réseau des experts électoraux de la Division de l'Assistance électorale de l'ONU (EA-DROSTER).

10. Membre de l'Unité d'Appui à la Médiation de la Direction des Affaires politiques de l'ONU (MSUR - Médiation Support Unit Roster).

11. Ancien membre du Haut Conseil de la Radio-télévision du Sénégal, 1996 - 1998, et du Haut Conseil de l'audiovisuel, 1998-2000.

12. Médiateur chargé de la définition d'un statut de l'Opposition et du financement des partis politiques, 998-1999.

13. Ancien Membre de l'Observatoire national des Élections du Sénégal (ONEL), chargé de la supervision et du contrôle des élections législatives de 1998, des élections sénatoriales de 1999 et de l'élection présidentielle de 2000.

14. Ancien membre de la Commission cellulaire chargée d'organiser la concertation entre les Partis politiques pour évaluer les élections locales de 1996 et proposer des mesures visant à améliorer le système électoral sénégalais, février-mai 1997.

VI. MISSIONS D'ASSISTANCE

1. **Assistant technique au Projet d'appui à la Politique nationale de Justice (PAPNJ) du Burkina Faso, financé** par **l'Union européenne (10e FED)**, Appui à la relecture des textes, à la formation initiale et continue des

magistrats, au Secrétariat permanent du Conseil supérieur de la magistrature (2015-2019).

2. **Expert constitutionnel et électoral du PACTE--BF (Burkina Faso)** exécuté par le Centre européen d'appui électoral (ECES) sur financement du Royaume du Danemark, *Production d'un Rapport au Premier ministre sur les contrariétés entre la charte de la transition et la constitution de 1991 à propos de la fin de la transition (5 avril-juin 2015).*

3. **Assistant technique au Projet d'appui aux Parlements de la République démocratique du Congo (RDC),** financé par l'Union européenne (9e FED), *Appui à la législation et au fonctionnement du Parlement provincial du Nord-Kivu (2011-2015*).

4. **Expert juridique et électoral du PNUD au Togo**. Appui juridique auprès de la CENI: formation des Préfets (37), des Présidents de Délégations spéciales des Préfectures (37) et des Présidents de Délégations spéciales de commune (21), Lomé, mars 2015. *Participation à l'Atelier sous régional de la Cour constitutionnelle sur la gestion du contentieux électoral.*

5. **Expert électoral international du PNUD/BURKINA FASO.** Évaluation et capitalisation de l'expérience des élections couplées, Ouagadougou, mars 2013. *Animation d'un atelier de discussion entre la CENI et ses partenaires institutionnels. Production d'un rapport sur les forces et faiblesses d'un scrutin couplé.*

6. **Expert constitutionnel de l'Union africaine à la réunion des experts sur les processus constitutionnels ;** Nazareth (Éthiopie), juin 2010. Pilotage du suivi de la première conférence panafricaine sur le constitutionnalisme et les processus constitutionnels en Afrique. *Présentation d'une communication sur « Le développement constitutionnel en Afrique : opportunités et défis ».*

7. **Membre du Groupe des Experts de l'Union africaine sur la stratégie des droits de l'homme pour l'Afrique.**

- **Banjul (Gambie), mai 2010**. 2e Réunion des organes de l'UA sur les droits de l'Homme. *Participation à la définition d'une feuille de route et la voie à suivre pour l'élaboration d'une stratégie africaine des droits de l'homme.*

- **Arusha (Tanzanie), octobre 2010.** Analyse du cadre institutionnel et des principes directeurs de la stratégie africaine des droits de l'homme à la lumière des instruments juridiques internationaux, continentaux, régionaux et nationaux. Validation de la stratégie africaine des droits de l'homme à proposer au Sommet des Chefs d'État et de Gouvernement de l'Union africaine de janvier 2011.

8. Expert constitutionnel et électoral de l'équipe des Nations Unies chargée de l'étude de la faisabilité des prochaines élections générales en Haïti, Port-au-Prince (Haïti), avril 2010. *Identification des obstacles juridiques au respect du calendrier républicain à la suite au séisme de janvier 2010 et proposition de mesures appropriées pour la tenue effective des élections avant l'expiration du mandat du Président en exercice.*

9. Consultant international à la Cellule de Certification des Élections de l'Opération des Nations Unies en Côte d'Ivoire (ONUCI), Abidjan (Côte d'Ivoire), octobre-décembre 2010 et octobre-décembre 2009). *Participation à la détermination d'une stratégie de certification des élections. Mission d'appui-conseil, d'analyse des évolutions du processus électoral, de vérification de la conformité du processus électoral aux normes, d'Identification des éléments de risque, d'alerte sur les défaillances, de proposition de mesures appropriées et de préparation du rapport de certification du Représentant spécial du Secrétaire général des Nations unies.*

10. Expert électoral de l'Union africaine. Réunion préparatoire de la conférence panafricaine sur les élections, Pretoria (Afrique du Sud), juin 2009. *Expertise technique à une réunion d'autorités électorales africaines, animations d'un panel sur élections et paix.*

11. Expert électoral PNUD-Mauritanie. Traitement du contentieux électoral Nouakchott (Mauritanie), juillet-août 2009. *Élaboration d'un rapport assorti de propositions d'organisation de la structure électorale. Rédaction d'un Vademecum sur la gestion du contentieux de l'élection présidentielle par le Conseil constitutionnel.*

12. Expert-focal de la Conférence africaine sur les processus constitutionnels, Commission de l'Union Africaine-International IDEA, août-novembre 2008. *Élaboration de la note conceptuelle, détermination des thèmes de la conférence, identification des experts animateurs, rédaction du rapport général de la conférence.*

13. Expert juridique de l'Union africaine. Membre du Comité des experts de l'UA chargés de la finalisation du projet de Charte africaine sur les valeurs et principes du service public adopté en Afrique du Sud en 2008, Alger ; août 2008.

14. Expert juridique de l'Union européenne. Assistance technique de la Commission politique, administrative et juridique (CPAJ) du Parlement de la RDC. Identification et élaboration des textes fondamentaux sur la décentralisation. Participation à la conception de quatre (04) propositions de loi sur la décentralisation et d'une proposition de loi organique sur la cour constitutionnelle, Kinshasa, octobre 2007-janvier 2008.

15. Expert juridique du PNUD au Togo. Appui au renforcement des capacités des magistrats chargés du contentieux des inscriptions sur les listes électorales et à l'assistance juridique à la CENI pour le traitement du contentieux électoral. Lomé (Togo), juillet- septembre 2007. *Participation aux séminaires de renforcement des capacités de la CENI et des tribunaux de première instance en matière de contentieux préélectoral. Élaboration d'un Vademecum sur le contentieux électoral et définition d'une stratégie de gestion des contentieux des élections législatives.*

16. Expert constitutionnel et législatif PNUD/RDC. Assistance juridique à l'Assemblée nationale de la RDC, mai 2007. *Mise en place d'un support juridique pour l'élaboration d'une loi sur le statut de l'opposition en RDC.*

17. Expert juridique de l'OIF à l'atelier d'échanges sur le projet de statut de l'opposition en Mauritanie, Nouakchott, 6-10 février 2007. Échanges sur le projet de texte élaboré par les autorités mauritaniennes s'inspirant notamment des documents et modèles provenant de l'espace francophone. *Analyse des expériences et pratiques des pays de l'espace francophone en la matière, en particulier celles du Sénégal.*

18. Expert juridique de l'UA. Membre des éminents juristes de l'Union africaine chargés de la réécriture de la Charte africaine de la démocratie, des élections et de la gouvernance, Addis Abeba (Éthiopie), 18-22 décembre 2006. *Réécriture et finalisation de la charte en vue de son adoption par la conférence de chefs d'État et de gouvernement de l'Union africaine de janvier 2007.*

19. Assistant technique international au Parlement de la transition de la RDC en appui au processus d'élaboration des lois de sortie de crise de la RDC ; Banque mondiale sur Fonds fudiciaires de l'Union européenne, Kinshasa, juin 2004-avril 2006. *Élaboration de la loi organique sur la CENI, la loi sur l'identification et le recensement des électeurs, la loi sur la nationalité, la loi référendaire, la Constitution, la loi électorale.*

20. Expert constitutionnel et électoral de l'Union européenne. Évaluation et identification d'un programme de soutien dans le domaine de la démocratisation, Kinshasa, septembre 2003-février 2004. *Appui à la création de la structure électorale ; élaboration d'un projet de loi organique sur la commission électorale indépendante.*

21. Consultant des Nations Unies. Mission d'évaluation du système constitutionnel et politique de la transition après l'Accord global inclusif du 17 décembre 2002 et l'adoption de la Constitution de la transition du 3 avril 2003, New York, juillet 2003. *Participation à l'élaboration du rapport préliminaire sur la faisabilité des élections en RDC.*

22. Expert constitutionnel des Nations Unies auprès de l'Envoyé spécial du Secrétaire général des Nations unies au Dialogue inter-congolais Pretoria (Afrique du Sud) novembre 2002-avril 200. *Mission de conseil et d'assistance, participation aux négociations politiques et à l'élaboration de l'Accord global et inclusif et coordination du groupe d'experts internationaux et nationaux en charge de l'élaboration et de la rédaction du projet de Constitution de transition.*

23. Expert constitutionnel des Nations unies au Bureau du Facilitateur du Dialogue inter-congolais de Sun City, Gaborone (Botswana), Sun City (Afrique du Sud), octobre 2001 avril 2002, Assistance juridique à la Commission politique et juridique du Dialogue inter-congolais, élaboration des procès-verbaux et des résolutions de la commission.

24. Expert de l'OIF aux Ateliers préparatoires du Symposium international sur les pratiques de la démocratie, des droits et des libertés dans l'espace francophone de Bamako de 2000.

- Atelier sur « La vie politique », *4e réunion préparatoire*, Paris, 30-31 mai 2000.
- Atelier sur « Les élections ». *3e réunion préparatoire*, Paris, 25-27 avril 2000.
- Colloque conjoint Commonwealth et Francophonie sur « Démocratie et sociétés plurielles », *Conférence périphérique*, Yaoundé (Cameroun) 24-26 janvier 2000

25. Expert national. Auteur du Rapport au Président de la République sur le « Statut de l'opposition et le financement des partis politiques », Dakar, N.I.S, avril 1999, 244 p. ; Rapport assorti de propositions de réformes, avril 1999.

26. Expert national. Membre des experts juridiques de la Commission cellulaire en charge de la conception d'une structure de supervision et de contrôle des élections et de la réforme du code électoral sénégalais (mai – août 1997), *Contribution à la création de l'Observatoire national des Élections (ONEL). Réécriture du code électoral sénégalais.*

VII. RENCONTRES SCIENTIFIQUES

1. Colloque sur « Le Conseil constitutionnel sénégalais dans un contexte d'intégration régionale : passé, présent, devenir », organisé par le Conseil constitutionnel en partenariat avec le Programme pour la promotion de l'État de droit en Afrique subsaharienne de la Fondation Konrad Adenauer, Dakar, 7-8 décembre 2020.

2. « Atelier de validation de l'étude sur la modernisation de la gestion de carrière des magistrats par le SP/CSM », organisé par le

Secrétariat Permanant du Conseil supérieur de la Magistrature **(SP/CSM)** avec l'appui du Programme d'appui à la Politique nationale de Justice **(PAPNJ)** financé par l'Union européenne (10e FED), Ouagadougou, 14-15 février 2019 (*Assistance technique chargé de l'élaboration des termes de référence (tdrs), du recrutement des experts, de l'organisation de l'atelier et participation à l'animation scientifique de l'atelier).*

3. **Atelier sur « La communication institutionnelle du Conseil supérieur de la Magistrature »**, organisé par le SP/CSM avec l'appui du PA-PNJ, Ouagadougou, 15 au 17 janvier 2019, (*Assistance technique chargé de l'élaboration des tdrs, du recrutement des experts, de l'organisation de l'atelier et participation à l'animation scientifique de l'atelier).*

4. **Sessions de formation sur « Le management des juridictions au profit des premiers présidents des Cours d'appel, des procureurs généraux, des présidents de tribunaux, des procureurs du Faso et des greffiers en chef),** organisé par le ministère de la Justice, des Droits humains et de la Promotion civique **(MJDHPC),** avec l'appui du PAPNJ financé par l'Union européenne (10e FED), Koudougou, 8-14 juin 2017.

5. **Atelier de formation des magistrats et des greffiers sur l'Acte uniforme relatif au droit des sociétés commerciales et du groupement d'intérêt économique (AUSCGIE) et l'Acte uniforme portant organisation des procédures collectives d'apurement du passif (AUPC),** organisé par le **MJDHPC** avec l'appui du PAPNJ financé par l'Union européenne (10e FED), Ouagadougou, 4-7 avril 2017.

6. **Atelier de validation de l'avant-projet de décret portant organisation et fonctionnement des cours d'appel et des tribunaux de l'ordre judiciaire du Burkina Faso,** organisé par le **MJDHPC** avec l'appui du **PAPNJ** financé par l'Union européenne (10e FED), Ouagadougou, 20-21 mars 2017, (*Assistant technique du PA-PNJ/UE en charge de l'élaboration des tdrs de l'atelier, du recrutement des experts et du pilotage de l'étude relative à la partie règlementaire du code d'organisation judiciaire du Burkina Faso).*

7. **Ateliers de renforcement des capacités des magistrats et des greffiers sur les techniques de rédaction des arrêts et jugements,** organisés par le **MJDHPC** avec l'appui du **PAPNJ** financé par l'Union européenne (10e FED), Ouagadougou 9-11 avril 2017, Bobo Dioulasso 4-6 avril 2017, Ouagadougou 21-24 novembre 2016.

8. **Session de formation pour le renforcement des capacités des acteurs judiciaires en légistique**, organisé par le **MJDHPC** avec l'appui du **PAPNJ** financé par l'Union européenne (10e FED), Ouagadougou, 13-17 mars 2017), *Assistance technique chargé de l'élaboration des tdrs, du recrutement des experts, de l'organisation de l'atelier et participation à l'animation scientifique de l'atelier.*

9. **Atelier de validation de l'avant-projet de code de déontologie du magistrat,** organisé par le **SP/CSM** avec l'appui du **PAPNJ** financé par l'Union européenne (10e FED), Ouagadougou, 18-19 janvier 2017 (*Assistance technique à l'élaboration des tdrs de l'atelier, au recrutement des experts, au pilotage de la relecture du code de déontologie des magistrats, à l'organisation de l'atelier, à l'édition et à la vulgarisation de l'ouvrage).*

10. **Atelier sur les profils, les critères de recrutement de la section magistrature et les programmes de formation initiale des magistrats,** organisé par l'ENAM/Burkina Faso, avec l'appui du **PAPNJ** financé par l'Union européenne **(10e FED)** Ouagadougou, 26-28 juillet 2016, (*Assistant chargé de l'élaboration des tdrs, du recrutement des experts, de l'organisation de l'atelier et participation à l'animation scientifique de l'atelier.*

11. **Colloque international sur « Alternances politiques en Afrique - Défis démocratiques et enjeux constitutionnels »,** organisé par la Société burkinabè de Droit constitutionnel (SBDC), Ouagadougou, 15 et 16 mars 2016, *Auteur du Discours introductif du thème du colloque.*

12. **Colloque international sur « La constitution et les crises en Afrique »,** organisé par l'Association béninoise de droit constitutionnel, Cotonou, 7-8 décembre 2015.

13. **Colloque international sur « État de droit, démocratie et changements anticonstitutionnels de gouvernement : concepts, limites et perspectives »**, organisé par l'Institut Général Tiémoko Marc Garango pour la Gouvernance et le Développement (IGD), Ouagadougou, 28-29 mai 2015.

14. **Atelier sous régional sur la gestion du contentieux électoral** organisé par la Cour constitutionnelle du Togo avec l'appui du PNUD, Kpalimé (Togo), 16-18 mars 2015 *Présentation d'une communication sur le Conseil constitutionnel sénégalais.*

15. **Atelier de formation sur le processus électoral à l'intention des Préfets, des Présidents de délégation spéciale de préfecture et des Présidents de délégation spéciale de commune** organisé par le ministère de l'Administration territoriale, de la décentralisation et des collectivités locales du Togo avec l'appui du PNUD et de l'ambassade d'Allemagne au Togo. *Présentation d'une communication sur « Neutralité et impartialité dans le processus électoral ».*

16. **Colloque international sur « L'odyssée des 30 ans de l'Institut des Droits de l'Homme et de la Paix (IDHP) : réflexions »,** IDPH/UCAD, 14-15 mars 2014.

17. **Atelier sur la confection des documents parlementaires au profit des fonctionnaires des Assemblées provinciales**, organisé par le **Parlement**

du Nord-Kivu avec l'appui du **PAP** financé par l'Union européenne (9e FED, Goma, 7-9 novembre 2013.

18. Atelier sur « Genre, parité et participation de la femme dans les Institutions publiques ». organisé par le **Parlement du Nord-Kivu** et le Projet d'appui aux Parlements de la République démocratique du Congo (**PAP**) financé par l'Union européenne (9e FED), Goma (RDC), 29-31 mai 2013.

19. Atelier sur les marchés publics et la reddition des comptes, organisé par le **Parlement du Nord-Kivu** avec l'appui du **PAP** financé par l'Union européenne (9e FED), Goma (RDC) du 02 au 05 avril 2013.

20. Processus électoral au Burkina Faso : **Atelier de capitalisation des acquis des élections législatives et municipales couplées du 01 décembre 2012**, organisé par la Commission électorale nationale indépendante (**CENI**) avec l'appui du **PNUD**, Ouagadougou, 17-27 mars 2013.

21. Atelier sur le cadrage budgétaire et la reddition des comptes, organisé par le **Parlement du Nord-Kivu** avec l'appui du **PAP** financé par l'Union européenne (9e FED), Goma (RDC), 2-15 novembre 2012.

22. Séminaire sur les finances et le budget, organisé par le **Parlement du Nord-Kivu** avec l'appui du **PAP** financé par l'Union européenne, Goma 08-12 octobre 2012.

23. Atelier sur l'éthique et la déontologie des personnels des Assemblées provinciales, organisé par le **Parlement du Nord-Kivu** avec l'appui du **PAP** financé par l'Union européenne (9e FED, Goma (RDC), 24-29 août 2012.

24. Atelier sur la communication et les nouvelles technologies de l'information et de la communication au service du travail parlementaire, organisé par le **Parlement du Nord-Kivu** avec l'appui du **PAP** financé par l'Union européenne (9e FED Goma (RDC), 21-23 mars 2012.

25. Séminaire d'évaluation de la première législature de l'Assemblée Provinciale du Nord-Kivu ; organisé par le **Parlement du Nord-Kivu** avec l'appui du **PAP** financé par l'Union européenne (9e FED Goma (RDC) du 28 au 30 septembre 2011.

26. Rencontre préparatoire de la Conférence panafricaine sur les élections, Union africaine et International IDEA, Pretoria, 11-13 juin 2009.

27. La popularisation et la ratification de la Charte africaine de la démocratie, des élections et de la gouvernance, Réunion de l'Union africaine et International IDEA sur Khartoum (Soudan), 22-25 avril 2009).

28. Séminaire sur les structures électorales en Afrique : Évolutions comparatives et perspectives ; Gouvernement du Bénin, organisé par l'Organisation internationale de la Francophonie (O.I.F.), Cotonou (Bénin) 18-20 décembre 2008.

29. Conférence africaine sur les processus constitutionnels, organisée par l'Union africaine en partenariat avec International IDEA, Cotonou (Benin) 25-27 novembre 2008.

30. Séminaire sur les structures électorales en Afrique : Évolutions comparatives et perspectives, République du Bénin et OIF, Cotonou (Benin), 18-20 décembre 2008. *Auteur d'une communication sur « les structures électorales en Afrique et le principe d'indépendance dans ses applications », animation scientifique et participation à l'élaboration des conclusions générales du séminaire.*

31. PEACE BOAT International Symposium « Global Article Nine Conférence to Abolish War », Tokyo et Osaka, (Japan) 5-6 mai 2008.

32. PRIME International Symposium 2008 "War and Peace in Africa" – Understanding Conflict in Light of the Constitution" – University of Meiji-Gakuin, Tokyo (Japan), 2 mai 2008. *Conférence sur « Le rôle de la constitution de transition dans la résolution des conflits en Afrique : le cas de la République démocratique du Congo ».*

33. Conférence sur "L'Union africaine et le panafricanisme d'aujourd'hui", donnée à la Bibliothèque africaine de l'Université de Meiji, Tokyo, Japon, 1 mai 2008.

34. Atelier préparatoire de la Conférence sur les Constitutions africaines, Département des Affaires politiques de la Commission de l'Union africaine, Brazzaville (République du Congo), 5 et 6 novembre 2007.

35. Forum national sur la décentralisation ; ministère de l'Intérieur, de la Sécurité et de la décentralisation de la RDC – PNUD – Union européenne – Banque Mondiale ; Grand Hôtel de Kinshasa, 3-5 octobre 2007.

36. Journées d'information et de formation des députés de l'Assemblée nationale de la République Démocratique du Congo ; Parlement de la RDC – PNUD/AIT, Kinshasa, 21-26 mai 2007 (*Communication sur le statut de l'opposition et le financement des partis politiques).*

37. Forum sur l'avenir du partenariat Europe – Afrique, organisé dans le cadre du 50me anniversaire de l'Union européenne par la Fondation Nationale des Sciences politiques de la Côte Ivoire (FNSP) et la Délégation de la Commission européenne en RCI, Abidjan, 11 mai 2007.

38. Réunion de l'Union africaine sur les observateurs des élections et les institutions et nationales, organisée par la Commission politique de l'Union africaine, Bujumbura (Burundi), 12-14 décembre 2006. *Présentation d'une communication sur « Que signifie l'indépendance des institutions électorales nationales et quelles doivent être les limites légitimes de cette indépendantes ? ».*

39. Séminaire sur l'élaboration de la future Constitution de la République Démocratique du Congo, organisé par le SENAT et EISA, Kinshasa (Palais du Peuple) 17-19 septembre 2004.

40. Le parcours démocratique de l'Afrique : analyse critique, Lomé du 24 au 26 mars 2003. *Communication présentée au Forum international sur les processus électoraux en Afrique- Analyses critiques.*

41. Réunion préparatoire sur la faisabilité des élections en République Démocratique du Congo ; *Division de l'Assistance électorale du Département des Affaires politiques de l'ONU*, New York du 28 au 29 juillet 2003.

42. Colloque sur « Money and Political Contests » ; organisé par la Commission électorale fédérale du Mexique ; Mexico City du 5 au 9 juin 2001 (*Communication sur le financement des partis politiques dans les pays de l'Afrique francophone).*

43. 18e congrès de l'Association internationale des Sciences politiques, Québec du 1 au 5 août 2000 *(communication présentée au panel sur le financement des partis politiques sur « La problématique du financement de la vie politique dans les nouvelles démocraties africaines ».*

44. Initiatives locales et développement à la base ; Colloque de l'Université du Meiji-Gakuin Tokyo, 5-7 octobre 2000 (*Communication sur « Théorie et pratique de la décentralisation administrative au Sénégal »).*

45. Participation aux Ateliers préparatoires du Symposium international sur les pratiques de la démocratie, des droits et des libertés dans l'espace francophone de Bamako de 2000 en qualité d'expert de l'Organisation internationale de la Francophonie (O.I.F.) Paris avril-mai 1999.

46. L'Afrique face au défi de la globalisation et de la mondialisation, Colloque de l'Université du Meiji-Gakuin, Tokyo 17-19 octobre 1998.

47. Congrès sur les Études africaines, Orlando (Floride) du 2 au 6 novembre 1995.

48. Strenghtening Civil Society in West Africa rencontre organisée par le centre culturel américain, Accra (GHANA) 26-28 février 1996.

49. Colloque de l'Université Montesquieu-Bordeaux IV sur « L'Afrique, les États-Unis et la France », Bordeaux 22-25 mai 1997 *(Communication sur : « La troisième génération des Constitutions africaines : continuité ou rupture ? »).*

50. Colloque international de Dakar sur la Régionalisation. Hôtel Savana de *Présentation d'une communication sur « Déconcentration et régionalisation ».*

51. L'État de droit et le contrôle de l'exécutif au Sénégal, Journées dédiées au Professeur Bakary Traoré par l'Institut des Droits de l'Homme et de la Paix (IDHP) en partenariat exécutif la Fondation Friedrich Neumann, Hôtel Savana de Dakar, 10-11 juin 1995.

52. La consolidation de la démocratie sénégalaise. Contexte et contribution des partis politiques ; séminaire organisé par l'Institut des droits de l'Homme et de la Paix et la Fondation Friedrich Neumann, Savana – Saly du 13 au 17 décembre 1995.

53. L'État de droit et l'indépendance du pouvoir judiciaire, Rapporteur du séminaire organisé par la Rencontre africaine des droits de l'Homme (RADDHO) et la Fondation Friedrich Neumann ; Saly Portudal, octobre 1993.

54. Les élections américaines, colloque sur les études américaines, organisé par le Centre culturel américain, Dakar, 1988.

55. Le bicentenaire de la Constitution des États-Unis colloque sur les études américaines, organisé par le Centre culturel américain, Dakar, 1987.

VIII. PUBLICATIONS

1. MBODJ (El Hadj), « Préface », *in* ESAMBO (J.-L. K.), *Traité de droit constitutionnel congolais*, L'Harmattan, 2020.

2. MBODJ (El Hadj), « Emergence d'une culture constitutionnelle inclusive en Afrique. Expérience vécue du processus d'élaboration de la Constitution de la République démocratique du Congo du 18 février 2006 », *in* SALL (A) & FALL (I. M.) *dir., Actualités du droit public et de la science politique en Afrique. Mélanges en l'honneur de Babacar KANTÉ*, DaKar, L'Harmattan, 2017.

3. MBODJ (El Hadj), « Le Juge : un déterminant du processus électoral en Afrique ?», *in* MÉLIN-SOUCRAMANIEN (F.) dir. *Espaces du service public – Mélanges en l'honneur de Jean du Bois de Gaudusson,* Bordeaux, Presses universitaires de Bordeaux, 2014, pp. 417-449.

4. MBODJ (El Hadj), « Faut-il avoir peur de l'indépendance des institutions électorales en Afrique », *in https://Afrilex.u-bordeau.fr*, 2009, pp.1-32 ; *Revue électronique du CERDRADI* de l'Université Montesquieu-Bordeaux IV.

5. MBODJ (El Hadj), « La Constitution de transition et la résolution des conflits en Afrique : l'exemple de la République démocratique du Congo », *in (RDP), N° 2-2010*, pp. 441-471.

6. MBODJ (El Hadj), « Regard rétrospectif sur le statut de l'opposition dans les. États Africains d'expression française », in VETTOVAGLIA et *al.*, *Démocratie et élections dans l'espace francophone : Prévention des crises et promotion de la paix,* Bruxelles, Bruylant, 2010.

7. MBODJ (El Hadj), *Droit constitutionnel. Théorie constitutionnelle,* (polycop), UCAO – Faculté catholique de Bamako, 2007, 147 p.

8. MBODJ (El Hadj), « Préface », *in* FALL (I. M.), *Textes constitutionnels du Sénégal de 1959 à 2007*, (Textes Réunis et présentés par), *in* « Dakar, Coll. du CREDILA XXIII 2007.

9. MBODJ (El Hadj), « Dinero y contienda politico-electoral : Africa Francofona », *in* CARRILO (*Manuel)*, LUJAMBIO (Alonso), NAVARRO (Carlos), ZOVATO (Daniel), *Dinero y contienda politico-electoral Reto de la democracia ,* Fondo de Cultura Economica, Mexico, 2003, pp. 139-152.

10. MBODJ (El Hadj), « Le Parcours démocratique de l'Afrique : analyse critique », texte présenté au *Forum international sur les processus électoraux en Afrique- Analyses critiques,* Lomé, 24 -26 mars 2003.

11. MBODJ (El Hadj), « Les Perspectives de partenariat entre les villes africaines », *in Revue internationale des sciences sociales*, no. 172, vol. LIV, 2002, p. 259-263 ; in HOFFMANN-MARTINOT (Vincent) et A.KODINSKI (Leszek), *Quels partenariats pour la ville ? Approches internationales,* Paris, Pedone, 1999, pp.117-123.

12. MBODJ (El Hadj), "Prospects for Partnership among African Cities; International Social Science Journal", n° 172, Blackwell Publishing/UNESCO, June 2002, pp. 233-238.

13. MBODJ (El Hadj), « Théorie et pratique de la décentralisation administrative au Sénégal », texte présenté au *Colloque de l'Université du Meiji-Gakuin sur « Initiatives locales et développement à la base »*, Tokyo, 7 octobre 2000.

14. MBODJ (El Hadj), « La Problématique du financement de la vie politique dans les nouvelles démocraties africaines », texte présenté au *panel sur le financement des partis politiques ; 18e congrès mondial de l'Association internationale des sciences politiques (AISP)*, Québec, août 2000.

15. MBODJ (El Hadj), « Les Garanties et éventuels statuts de l'opposition en Afrique », Paris, 2000, *in www.francophonie.org/bamako* ;. *https://www.elhadjmbodj.org*,2020, pp. 1-11.

16. MBODJ (El Hadj), « Le Financement des campagnes électorales et des partis politiques dans les États africains francophones », Paris, 2000, *in www.francophonie.org/bamako*; *https://www.elhadjmbodj.org*

17. MBODJ (El Hadj), « La régulation médiatique des élections : l'exemple du Haut Conseil de l'Audiovisuel du Sénégal », *in Les Actes du Symposium international sur les pratiques de la démocratie, des droits et libertés dans l'espace francophone* (Bamako, octobre 2000), 3e réunion préparatoire « Les élections » -Paris 25-27 avril 2000.

18. MBODJ (El Hadj), « Les Législations et pratiques touchant le fonctionnement de la démocratie et l'organisation des partis politiques en vue de la libre expression des pluralismes », texte présenté au *colloque conjoint Commonwealth et Francophonie sur « Démocratie et sociétés plurielles »*, Yaoundé, janvier 2000.

19. MBODJ (El Hadj), « Statut de l'opposition et financement des partis politiques », *Rapport à Monsieur le Président de la République*, Dakar, N.I.S, avril 1999, 244 p + annexes.

20. MBODJ (El Hadj), « La Troisième vague de démocratisation des régimes africains » ; *in PRIME n° 10 (International Peace Research Institute Meiji Gakiun University of Tokyo)*, 1999, pp.17-25.

21. MBODJ (El Hadj), « Déconcentration et régionalisation » in *La régionalisation. Approche sénégalaise et expérience française. Actes du colloque international de Dakar sur la Régionalisation, 1-3 juillet 1996, Dakar,* les Eitions du CREDILA, 1998, pp. 139 145.

22. MBODJ (El Hadj), « La Troisième génération des Constitutions africaines : continuité ou rupture ? », *Communication présentée au* Colloque de l'Université Montesquieu-Bordeaux IV sur « L'Afrique, les États-Unis et la France », Bordeaux 22-25 mai 1997.

23. MBODJ (El Hadj), *Manuel pratique des droits de l'homme au Sénégal* – El Hadj Mbodj (dir) ; Dakar, Éditions IDHP, NIS, 1996, 168 p.

24. MBODJ (El Hadj), « Le Sénégal : un régime présidentiel hétérodoxe », *in* Roussillon Henry (dir.), *Les nouvelles constitutions africaines : la transition démocratique*, Presses de l'IEP de Toulouse, 1995, pp. 163-173.

25. MBODJ (El Hadj), « Les Incidences de la réforme judiciaire du 30 mai 1992 sur le contentieux administratif sénégalais », *in Revue internationale de droit africain ; EDJA,* octobre-novembre 1994.

26. MBODJ (El Hadj), « La Démocratie multipartisane sénégalaise à la lumière du nouveau code électoral », *in Alternative démocratique dans le Tiers Monde (*n° 6), juillet-décembre 1992.

27. MBODJ (El Hadj), « Le Premier ministre dans le nouvel ordonnancement constitutionnel du Sénégal », *in Alternative démocratique dans le Tiers Monde* (n° 6), juillet-décembre 1992, pp. 57-71.

28. MBODJ (El Hadj), *La succession du chef d'État en droit constitutionnel africain (Analyse juridique et impact politique),* Thèse de doctorat d'État, Université Cheikh Anta Diop de Dakar, 1991, 526 p.

29. MBODJ (El Hadj), « L'après-élection présidentielle aux États-Unis », *Texte présenté au colloque sur les études américaines*, organisé par le Centre culturel américain, publication de USIS, Dakar, 1988.

LISTE DES CONTRIBUTEURS

PRÉFACE

Au terme d'une riche carrière universitaire, El Hadj Mbodj – Agrégé de Droit public et de Science politique (major du concours de 1993 du CAMES), Professeur titulaire des Universités de classe exceptionnelle – a fait valoir ses droits à une pension de retraite. N'ayant jamais quitté l'Université, même lorsque des missions d'expertise l'ont conduit hors du pays, le Professeur Mbodj a été, pendant une quarantaine d'années, enseignant à l'Université Cheikh Anta Diop où il a toujours honoré, de manière exemplaire, ses charges pédagogiques par l'enseignement de disciplines que sont le droit constitutionnel, l'ingénierie constitutionnelle, le droit administratif, le contentieux administratif, la science administrative, les libertés publiques...

Outre ses enseignements appréciés par ses étudiants et autres auditeurs habitués des amphithéâtres, le Professeur Mbodj a beaucoup contribué au rayonnement social de l'Université. En effet, il a su mettre sa position de Directeur de l'Institut des Droits de l'Homme et de la Paix pour marquer l'espace public, par des colloques, séminaires, conférences et autres activités de vulgarisation du droit et des droits, d'une remarquable contribution à la socialisation des valeurs démocratiques au Sénégal.

Au cours de sa carrière, le Professeur Mbodj a fourni à la communauté universitaire une production scientifique de qualité et formé plusieurs générations de juristes dont la plupart sont devenus des cadres du secteur public ou du secteur privé, des professeurs d'Université et autres professionnels dans plusieurs pays.

Auteur d'une brillante thèse de doctorat d'État portant sur la succession du Chef de l'État dans les régimes politiques africains, ce « premier de concours » est signataire de papiers en droit constitutionnel, en droit administratif et en science politique qui ont, assurément, enrichi la doctrine africaine. Les travaux de ce « *juriste constitutionnaliste ouvert* » ont une dimension pluridisciplinaire liée à son parcours scientifique singulier qui dévoile un juriste formé à l'École française de droit public et familier avec la science politique dont il maîtrise à la perfection les méthodes et outils acquis grâce notamment à ses fréquentations assidues des milieux de la science politique américaine nées de l'obtention d'une bourse de *Fulbright* qui lui avait permis de finaliser sa thèse aux États-Unis d'Amérique. Cet itinéraire spécial dans les pays francophones confère au Professeur Mbodj une grande ouverture sur différentes traditions universitaires mondiales et les réseaux internationaux de production et de circulation des idées juridiques.

Directeur de thèses dont les auteurs sont devenus professeurs, régulièrement président ou membre de jury de thèses soutenues dans les universités sénégalaises et étrangères, animateur de colloques dans plusieurs pays, conférencier de renommée internationale invité partout dans le monde, El Hadj Mbodj, ce professeur de professeurs, est un des plus éminents penseurs africains du droit et de la politique.

Universitaire au service de la République, il a siégé dans des institutions de régulation de la démocratie comme l'Observatoire national des Élections (ONEL), le Haut Conseil de la Radio et de la Télévision (HCRT) et le Comité sénégalais des Droits de l'Homme (CSDH). Nommé, dans le même sillage en 1998 par le Président Abdou Diouf comme Médiateur pour la définition d'un statut de l'opposition ainsi que des modalités de financement public des partis politiques, il a produit, sur la question, un rapport de haute facture qui reste encore un travail de référence pour les chercheurs et les décideurs en Afrique.

El Hadj Mbodj s'est, aussi, illustré au Sénégal et en Afrique comme expert constitutionnel ayant contribué à la rédaction de textes fondamentaux de plusieurs pays du continent dont la République démocratique du Congo (RDC) et de l'Union africaine (la charte africaine de la démocratie, de la gouvernance et des élections). Son expertise couvre aussi l'assistance juridique, pour le compte d'organisations internationales, à des programmes de modernisation de la justice et de l'État de droit dans certains pays africains comme le Burkina Faso.

Afin d'honorer sa carrière d'enseignant, de chercheur et d'expert juridique, ses collègues, amis et élèves ont décidé de lui rendre hommage par la publication de ces « Mélanges » qui lui sont offerts.

Ces « Mélanges », somme de plusieurs contributions d'universitaires de nationalités différentes, portant pour l'essentiel sur la théorie du droit constitutionnel, sont, assurément, la marque d'affection de toute une communauté de scientifiques à l'endroit d'un éminent Professeur de Droit public et de Science politique, d'un Maître de l'École de Dakar et d'un infatigable pèlerin constitutionnel.

Ismaila Madior Fall

Agrégé de droit public et de science politique
Professeur titulaire des Universités de classe exceptionnelle
Ministre d'État auprès du Président de la République
Ancien ministre de la Justice/Garde des Sceaux

Théorie constitutionnelle

PHÉNOMÈNE MIGRATOIRE : UN NAUFRAGE HUMANITAIRE

Pr Alioune Badara Fall

Université de Bordeaux

Depuis des années maintenant, un jour ou une semaine ne passe, sans que l'opinion publique ne soit alertée par les médias ou par des discours–de personnalités politiques de tous bords, sur le nombre de migrants morts en mer, en tentant de rejoindre les pays européens en quête d'une vie meilleure[1]. Le chiffre de ces morts ne cesse d'augmenter d'année en année, et rien ne semble pouvoir freiner ou ralentir ce phénomène qualifié et à juste titre, de drame humain. Les raisons de cet exode massif de populations, en majorité très jeunes, sont connues et diffusées de manière récurrente dans les médias, par les Organisations Non-Gouvernementales, et beaucoup d'associations préoccupées par le sort des migrants. En grandes difficultés dans les pays dits en développement, ces femmes et hommes n'hésitent pas à s'entasser dans des embarcations de fortune pour rejoindre les pays nantis, abandonnant domiciles, familles, parents et parfois travail: pauvreté, chômage, changements climatiques, guerres civiles, conflits ethniques, régimes autoritaires, calamités naturelles, etc., sont les principales causes qui jettent quotidiennement ces populations sur les routes et sur les mers.

Des politiques ont été initiées, des actions menées et des textes élaborés par les États concernés. Mais l'ampleur du phénomène et l'incapacité de ces pays à trouver des solutions pertinentes et efficaces, ont amené le droit international à s'en saisir par l'adoption, par ces mêmes États, dans le cadre des organisations internationales, de plusieurs instruments internationaux susceptibles de leur fournir, les moyens de limiter ou de rationaliser cette migratoire, à défaut de pouvoir définitivement le juguler. Le résultat n'est guère probant et l'échec de cette initiative est aussi inattendu que retentissant: l'Occident reste encore la destination rêvée et privilégiée par des migrants à la recherche d'un avenir plus radieux au plan économique et dans bien des situations, pour un meilleur respect de leurs droits et libertés.

---

1 L'Europe n'est pas la seule région du monde où arrivent en masse les migrants. D'autres pays comme les États-Unis ou l'Australie sont également concernés par ce phénomène migratoire.

Le drame humain qui se déroule quotidiennement sous nos yeux en mer ou sur le territoire des États européens n'a toujours pas trouvé de solution satisfaisante, à la hauteur des nombreuses déclarations par lesquelles, les États de la démocratie libérale affichent leur attachement à des valeurs universelles, telles que la paix, la coopération, la solidarité et le respect de la dignité humaine. A l'observation des faits, on est frappé par la manière dont l'homme, dans toute sa dimension, est traité au mépris des règles les plus élémentaires du respect qui est naturellement attaché à sa personne. L'égoïsme, le nationalisme et la xénophobie ont pris le dessus sur toute autre considération sur la personne. Tant au niveau des acteurs internationaux que sont les États, que dans le cadre des organisations internationales ou régionales, l'échec de la gestion des flux migratoires a été politique (I) et juridique (II).

I/ Un naufrage dans les politiques nationales face au phénomène migratoire

Les conditions inhumaines dans lesquelles vivent les migrants en Europe ne sont ignorées de personne, ni des gouvernants européens et africains, encore moins des opinions publiques. A ce sujet, La Commissaire des droits de l'homme du Conseil de l'Europe, D. MIJATOVIC a fait le constat dans son rapport intitulé : « *Un appel de détresse pour les droits de l'homme. Des migrants de moins en moins protégés en Méditerranée* ». Elle écrit ceci : « *Les pays européens ne protègent pas les immigrés et les migrants qui tentent de rejoindre l'Europe en traversant la Méditerranée. Ce recul dans la protection des vies et des droits des réfugiés et des migrants s'aggrave et cause chaque année des milliers de morts qui pourraient être évités* »[2]. Ce constat est amer, mais suffisamment illustratif de l'échec à la fois des législations nationales sur les migrants et du droit international spécifiquement élaboré par les organisations internationales face au problème des migrants que l'on qualifie aujourd'hui de catastrophe humaine.

L'analyse du phénomène migratoire révèle des attitudes différentes entre les États africains et européens, influencées par des facteurs historiques, culturels et par leur environnement politique et économique. Dans tous les cas, ils ont failli, chacun de son côté, dans les politiques qu'ils ont adoptées pour résoudre les difficiles problèmes issus des flux migratoires. Leur responsabilité est donc partagée dans l'incapacité des États africains[3] à atteindre leur objectif de développement économique et démocratique (A) et le manque de volonté les États européens, ainsi que leur désir affiché de ne pas voir les migrants arriver en masse sur leurs territoires (B).

---

[2]https://www.coe.int/fr/web/commissioner/-/european-countries-must-urgently-change-their-migration-policies-which-endanger-refugees-and-migrants-crossing-the-mediterranean?inheritRedirect=true&redirect=%2Ffr%2Fweb%2Fcommissioner% 2Fthematic-work%2Fmigration

[3] Notre étude porte sur ces pays dont la population occupe une grande place dans la masse des migrants vers l'Europe.

A/ Une responsabilité partagée des États

Si des vagues de déplacements de personnes des pays africains vers les États riches du Nord se poursuivent tous les jours, c'est principalement parce que les premiers n'ont toujours pas réussi leur décollage économique. Inévitablement, ce sont les conséquences de ce sous-développement chronique qui expliquent la grande pauvreté de la majorité des masses populaires et qui amènent celles-ci à entreprendre toute action susceptible, à leurs yeux, de leur apporter de meilleures conditions de vie. Partir loin de ce continent qui ne leur apporte rien est une des solutions privilégiées. Que l'on ne s'étonne guère alors de voir ces importantes masses d'hommes, de femmes et d'enfants quitter leurs maisons et leurs familles pour se diriger vers les pays européens.

1/ L'échec des États africains : facteur déterminant du fait migratoire

Il nous semble nécessaire et important, avant de poursuivre cette analyse, de revenir sur quelques éléments historiques pour une meilleure compréhension du drame que constitue aujourd'hui ce phénomène migratoire. Inutile de rappeler que les États africains sont apparus dans le monde au moment où intervenaient de profondes mutations internationales et géopolitiques à partir de la fin de la 2e Guerre mondiale. Cette période fut le point de départ de beaucoup de mouvements idéologiques et politiques dans le cadre de la lutte pour l'indépendance de nombreux pays encore sous le joug colonial, avec le soutien des États-Unis, de l'Union soviétique, mais aussi et surtout des Nations Unies où plusieurs résolutions ont été adoptées par l'Assemblée générale dans ce sens, en plus des principes déjà contenus dans la Chartre. C'est ainsi que les États africains, à l'instar d'autres pays d'Asie devenus également indépendants, se sont approprié ces principes, tels l'égalité souveraine des États, la souveraineté sur les ressources, le droit des peuples à disposer d'eux-mêmes, le principe de non-intervention dans les affaires intérieures d'un autre État, etc.

Mais surtout est apparue, à l'époque, une revendication majeure d'ordre économique, portant sur l'exigence d'un Nouvel ordre économique mondial. Cette revendication était fondée sur le constat suivant : l'existence d'un grand déséquilibre au niveau économique – et donc de développement – entre les pays riches et les États pauvres, les derniers accusant les premiers d'avoir organisé et poursuivi une exploitation à grande échelle et un pillage de leurs ressources, dont la manifestation la plus saillante est la détérioration des termes de l'échange, qui réduit à néant leurs capacités et possibilités de développement économique[4]. Nombre d'études économiques[5] et juridiques[6], illustrent bien cet enjeu qui semblait déterminer le sort de ces États pauvres dans la situation mondiale de l'époque. De forts mouvements politiques apparus à la même période[7] ont également soutenu cette revendication.

Les résultats attendus ne furent pas au rendez-vous. Les mouvements et organisations régionales ont échoué dans leur tentative de se regrouper et de créer une politique commune de développement économique et politique face aux anciennes puissances coloniales. On a plutôt assisté à la continuité des relations bilatérales entre ces dernières et les États africains nouvellement indépendants. En définitive, ce processus a abouti à un triple constat plutôt négatif pour ces pays africains : échec dans l'instauration d'un ordre économique, fiasco des tentatives de regroupement des États au sein d'organisations régionales ou sous-régionales et de stratégie commune de développement face aux États du Nord[8] et enfin, reprise des relations entre les États du Nord et du Sud, avec la poursuite d'une nouvelle forme de domination des anciennes puissances. Les années qui ont suivi n'ont guère permis à ces États de sortir de la spirale du sous-développement. Au contraire, le système de partis uniques et l'apparition de régimes autoritaires ont accentué la pauvreté dans ces pays parmi lesquels, certains sont paradoxalement très riches en ressources de sous-sol. A cela, s'ajoutent la mauvaise gouvernance politique et la corruption qui constituent de réels facteurs bloquants pour un développement démocratique et économique.

C'est dans ce contexte qu'il faut analyser la situation actuelle des migrants, victimes de l'incapacité de leurs États d'origine à venir à bout de la pauvreté. Faute de mieux, ces familles, cherchent ailleurs soit de meilleures conditions

---

[4] M. BEJAOUI, *Pour un nouvel ordre économique internationale*, Paris, UNESCO, 1979 ; pour une thèse opposée, voir C. NIGOUL et M. TORRELLI, *Les mystifications de l'ordre économique international*, Paris, PUF, 1982 (auteurs cités par A. MAHIOU, « Du droit économique au nouvel ordre économique international. Quelques réflexions.», *Revue internationale de droit économique*, 2013/4, t. XXVII, pp. 523-532).

[5] V. A. GUNDER-FRANK, S. AMIN, G. ARRIGHI, F. HENRIQUE CORDOSO, C. FURTADO, R. PREBICH, I. WALLERSTEIN, (cités par MAHIOU)

[6] D. CARREAU, P. JULLIARD, et Th. FLORY, *Droit international économique* ; B. STERN, *Un nouvel ordre économique international ?* Paris, Economica, 1983 ; D. A. HOLLY, « Les Nations Unies et le nouvel ordre économique international », Études internationales, vol. n° 8, numéro 3, 1971 : https://id.erudit.org/iderudit/700802ar; https://doi.org/10.7202/700802ar

[7] Mouvement des « 77 », mouvement des « Non-alignés » et autres organisations sou-régionales. On pensait alors que les pays du Tiers-monde allaient davantage affirmer leur indépendance, notamment à l'égard des anciennes puissances coloniales. L'évolution a montré que tel n'est pas du tout le cas.

[8] A. B. FALL, « Réflexions sur les relations ambigües entre les États de la Ligue arabe et ceux de l'Union africaine », in *La concurrence des organisations régionales en Afrique,* M. FAU-NOUGARET (dir.) L'Harmattan, 2012, pp. 117-131.

de vie matérielle, soit une sécurité pour leur vie lorsqu'elles sont dans un pays en guerre ou quand leurs droits et libertés sont menacés.

On est en présence d'un paradoxe : d'un côté, on annonce depuis quelques années e de manière récurrente, l'avènement d'une croissance économique en Afrique, d'où le grand engouement des puissances occidentales, des multinationales et autres investisseurs étrangers pour s'installer dans ces pays, et y conquérir des marchés. L'espoir renaît que cette croissance permettra à ces populations, à plus ou moins long terme, d'avoir un niveau de vie décent. De l'autre, une pauvreté des individus de plus en plus criante et une soi-disant croissance démographique que ces États ne parviennent pas à contrôler ou contenir. Plusieurs études ont insisté, à tort ou à raison, sur ce facteur démographique comme déterminant dans le phénomène migratoire. Il a suscité des discours pessimistes tenus ici et là, par des hommes politiques notamment occidentaux ; mais ce ne sont pas les seuls. Les propos d'un journaliste d'un grand quotidien français est assez éloquent à ce sujet : *« L'impossible équation de l'Afrique : la population africaine doublera d'ici 2050. Une bombe démographique à retardement pour le continent qui laisse planer un sérieux doute sur sa capacité à devenir le nouvel Eldorado économique du siècle »*[9].

Ces propos ne sont pas isolés. Le Président nigérian GOODLUCK Jonathan affirme que « Si nous ne réduisons pas la taille de nos familles, notre pays continuera à souffrir de la pauvreté parce que les ressources disponibles ne pourront pas couvrir nos besoins »[10]. Ces préoccupations alarmistes se fondent sur certaines statistiques : à l'horizon 2050, la population africaine aura presque doublé par rapport à 2017, pour atteindre 2,5 milliards d'habitants contre 1,25 milliards aujourd'hui[11]. Selon le président nigérian, la principale cause d'une telle croissance démographique serait religieuse et culturelle et favoriserait des naissances de plus en plus nombreuses. Quant au président français E. MACRON, il justifie son refus d'un plan *« Marshall pour l'Afrique »*, en déclarant : « *Quand des pays ont encore aujourd'hui sept à huit enfants par femme, vous pouvez décider d'y dépenser des milliards*

---

[9] https://www.lesechos.fr/2017/11/limpossible-equation-demographique-de-lafrique-186977#:~:text=La%20population%20africaine%20doublera%20d, nouvel%20eldorado %20%C3%A9conomique%20du%20si%C3%A8cle v. Journal Les « Echos », 6 novembre 2017.

[10] Déclaration faite en octobre 2017 lors du forum du *Thinktank Dialogue of civilisations Research Institute* (cité par le journal « Les Echos » du 6 novembre 2017.

[11] Autrement dit, d'ici 2050, plus de la moitié de la croissance démographique dans le monde (9,7 milliards) aura lieu en Afrique (rapport de l'ONU ; https://population.un.org/wpp). Rappelons qu'à l'indépendance, l'Afrique était peuplée seulement de 260 millions d'habitants.

d'euros, vous ne stabiliserez rien »[12]. Les réactions et commentaires indignés provenant en particulier de divers milieux en Afrique, ont fait dire à l'Ambassadeur de l'UNICEF que cette déclaration du président français montrait bien à quel point l'incompréhension est grave sur les enjeux démographiques.

Dans tous les cas, le constat qui découle de ce paradoxe est saisissant : les populations africaines, de plus en plus nombreuses, n'ont en majorité ni la formation nécessaire pour entreprendre des activités autres que celles menées dans «l'informel »[13], ni la possibilité de bénéficier de la croissance annoncée en Afrique. Au mieux, elles resteront employées dans les entreprises étrangères installées dans le pays, d'où l'idée d'une nouvelle recolonisation. A ce facteur d'ordre démographique, s'ajoutent des réalités économiques et politico-institutionnelles peu favorables au développement de ces États.

Dans le domaine économique, il n'est pas utile d'y consacrer beaucoup de développements. Il suffit de rappeler que le continent africain regorge de richesses. Il est connu que les États africains ne se sont pas approprié ces richesses, en raison d'un manque chronique de ressources humaines et industrielles. Une situation qui s'est traduite, encore une fois, par un contexte économique calamiteux : taux de chômage élevé pour des populations à majorité composées de jeunes de moins de 20 ans, scolarisation en progression, mais encore faible, empêchant les jeunes de s'insérer dans le circuit du travail, insuffisance de filières professionnelles entre le « primaire » et le « secondaire » (électricité, bâtiment et maçonnerie, menuiserie, agriculture, commerce, etc.), et entre celui-ci et le supérieur. Même parmi les diplômés du supérieur, nombreux sont ceux qui ne trouvent pas de travail et qui tentent l'aventure. Les projets qu'ils initient n'aboutissent pas, l'État étant absent et les banques et autres structures financières susceptibles de les appuyer ne s'y intéressant pas. Quant aux gouvernements qui se sont succédé depuis l'indépendance, ils n'ont pratiquement pas de politique visible d'appui financier pour ces jeunes. Pire encore, les populations sont laissées à elles-mêmes, l'informel prenant le dessus sur toute organisation politique ou étatique qui aurait dû être mise en place pour les encadrer. Le « système D », c'est-à-dire « la débrouille », reste l'unique bouée de survie. Le manque de travail est source de comportements

---

[12] Ces propos ont été jugés dédaigneux par nombre d'Africains, et pas uniquement ceux du monde universitaire. Selon eux, ils relèveraient d'une leçon de morale déplacée. La chanteuse béninoise A. KIDJO lui répondit par cette boutade : « Moi, ça ne m'intéresse pas qu'un président, d'où qu'il vienne, dise à des milliers [d'Africains] ce qu'ils doivent faire dans leur chambre à coucher (TV5 Monde, 10 septembre 2017).

[13] *A priori*, ces activités sont certainement utiles et peuvent permettre aux personnes de subvenir tant bien que mal à leurs besoins quotidiens, mais elles ne sont pas souvent assez développées ou suffisamment appuyées par l'État de manière à ce qu'elles produisent leur plein effet, notamment la possibilité pour les acteurs concernés, de créer de véritables entreprises.

déviants et illégaux : banditisme, consommation et-vente de drogue, voire des agressions et crimes. Certains d'entre eux ne résistent pas aux sirènes des mouvements fondamentalistes radicaux (terroristes ou non) ou des organisations criminelles et mafieuses.

La situation dégradée dans les pays africains ne se limite pas aux seuls aspects strictement économiques et matériels. Elle est aussi sociale : un système sanitaire défaillant, (taux de mortalité élevé à l'accouchement, paludismes, autres maladies dites de la pauvreté) avec comme conséquences, le recours aux médicaments de rue et à l'automédication. Enfin, l'éducation dont on connaît l'importance dans un pays, surtout lorsque celui-ci est pauvre, souffre de nombreux maux : écoles, collèges, lycées et universités en grève de manière récurrente, empêchant le déroulement des enseignements sur une année complète, manques d'infrastructures, déficit de personnel, inégalité de « genre », grossesses précoces, etc.

Enfin, les États africains, plus particulièrement francophones, souffrent d'un déficit démocratique malgré le processus de démocratisation de leurs systèmes politiques, théoriquement entamé depuis les années 1990. Aux élections tronquées, à la multiplication des révisions constitutionnelles plus « politiques » que fondées sur une préoccupation d'intérêt général, viennent s'ajouter des prises de pouvoir anticonstitutionnelles[14] pourtant bannies par les Constitutions nationales et par les textes adoptés dans le cadre des organisations régionales et sous régionales.

Le rappel de tous ces développements est nécessaire, les facteurs que nous avons décrits étant fortement liés au phénomène migratoire, car ils en constituent les principales causes.

2/ Durcissement et incohérences dans les politiques migratoires des États européens

La chute du Mur de Berlin avait fait penser que la circulation des hommes, des biens et des capitaux en Europe, allait entrainer la disparition des frontières. Ce rêve ne se réalisera pas. Au contraire, avec les conflits et les actes terroristes apparus depuis quelques années dans plusieurs zones du monde, la souveraineté apparait, pour nombre d'États, comme le bouclier idéal pour se défendre de tout élément extérieur et *a priori* potentiellement dangereux. Ce repli des pays sur eux-mêmes s'est traduit par un retour aux frontières en Europe, avec l'apparition de territoires plus restreints et dans certains cas, ce sont des murs qui sont érigés pour bloquer les mouvements migratoires, considérés comme une véritable menace pour la stabilité et l'unité

---

[14] Les récents coups d'État au Burkina Faso, au Mali et en Guinée Conakry, en constituent la parfaite illustration.

du pays[15]. Cette attitude est renforcée par les mouvements ou partis d'extrême droite et des « illibéraux », tenant des discours xénophobes, nationalistes et racistes, et défendant la théorie du « Grand remplacement ». Une telle idéologie considère que la culture judéo-chrétienne et blanche est menacée par l'arrivée massive des migrants, principalement arabes et musulmans[16].

Cette question des frontières que l'on a souvent laissée aux seuls géographes, devient ainsi une donnée politico-juridique, depuis que la problématique des migrants est apparue en Europe. C'est le « retour à la frontière » qui se traduit concrètement par la construction de barrières à la fois physiques et juridiques destinées à empêcher ou réduire au maximum l'arrivée des migrants sur leurs territoires. C'est dans ce nouveau contexte qu'il faut appréhender à présent les restrictions adoptées dans l'espace Schengen, avec le rétablissement de contrôles aux frontières, notamment depuis les attentats terroristes perpétrés dans certains pays européens. Ces dernières années sont ainsi marquées par des contrôles exercés sur des personnes étrangères, fondés sur ces « politiques des frontières », c'est-à-dire la mise en place de « dispositifs expressément pensés et mis en œuvre à destination des migrants pour les « accueillir », les « sélectionner », les « contenir », les « expulser » ou encore les « relocaliser »[17].

Les conséquences de ces politiques de fermeture des frontières sont considérables et ont la particularité de remettre en cause les droits de l'homme les plus élémentaires par des États se réclamant pourtant du modèle de démocratie libérale et de l'État de droit démocratique. Les personnes étrangères sont ainsi soumises à un double contrôle. D'une part, elles sont bloquées dans les pays dits « de transit » dont les gouvernants perçoivent en échange, des aides financières sans donner de garantie, en contrepartie quant au traitement décent des migrants interceptés et retenus, ni n'assurent un retour et une installation matérielle également décente dans leurs pays d'origine[18]. Le Maroc, la Turquie, l'Ukraine ou la Libye sont les principaux

[15] A. PECOUD, « Compter les morts aux frontières, contrôler les migrants », in F. DUBET, (Dir.) *Politiques et frontières,* La Découverte, 2018, pp. 129-144.
[16] Les tenants de cette théorie, connue particulièrement aux États-Unis, notamment sous la présidence de D. TRUMP, estiment que dans un proche avenir, l'Europe, son identité, sa population blanche disparaitront progressivement au profit d'autres races et religions (l'islam étant tout particulièrement) à force de laisser entrer les étrangers sur leurs territoires.
[17] V. M. BELQASMI, J. STREIFF-FEMART et C. WITHTOL DE WENDEN, « Les démocraties à l'épreuve des migrations contemporaines : politiques de la frontière et réactions sociales », *Sciences et sociales*, vol. 9, n°1, 2018, pp. 12-17.
[18] A. HAMADOU, « La gestion des flux migratoires au Niger. Entre engagements et contraintes », *Revue des droits de l'homme*, n° 14 [En ligne], 14/2018 https://doi.org/10.4000/revdh.4378

pays de « transit » régulièrement accusés, notamment par les ONG[19], de violations graves des droits de l'homme. La Libye est particulièrement visée par beaucoup de critiques ; elle est le théâtre de graves et nombreuses violations des droits de l'homme dont sont victimes la plupart des migrants, systématiquement violentés ; les femmes régulièrement violées et beaucoup de ces personnes mises en esclavage. Le Sahara a été fatal pour de nombreux migrants abandonnés à leur triste sort. D'autre part, une fois arrivés sur le territoire européen, ces derniers sont pourchassés, contrôlés pour retrouver d'éventuels « sans-papiers » que l'on place immédiatement dans des centres de rétention avant d'être rapatriés dans leurs pays d'origine, sans la présence et l'assistance judiciaire d'un avocat.

La réalité est que l'Europe est aujourd'hui dans une situation très différente de celle de sa période d'industrialisation jusque dans les années 1970 où elle avait besoin de main-d'œuvre étrangère, principalement Maghrébine et subsaharienne. Rien de tel aujourd'hui, d'où le rejet des migrants, le repli sur soi et l'obsession de la pureté.

Derrière les déclarations, les politiques et les structures mises en place, dont l'objectif déclaré est la bonne gestion des flux migratoires, se cache un but inavoué : celui d'éloigner les migrants des frontières et des territoires européens. Rares sont les pays qui affichent une réelle volonté de les accueillir, à l'exemple de l'Allemagne. La Chancelière allemande A. MERKEL fait en effet exception à cette majorité de dirigeants européens peu enclins à recevoir des étrangers, fussent-ils en détresse. Celle-ci avait accueilli sur son sol environ 1 million de demandeurs d'asile qui avaient fui la guerre en Syrie et en Irak. Très critiquée à l'époque, elle avait répondu : « *Je prendrais les mêmes décisions essentielles (...). Quand tant de gens se massent aux frontières (...) il faut les traiter avec humanité* »[20]. Un humanisme pratiquement absent du débat politique français à l'approche de l'élection présidentielle qui aura lieu dans quelques mois. La question de l'immigration s'étant invitée dans la politique française, les hommes politiques se sentent obligés de définir les politiques qu'ils envisagent pour régler les flux migratoires s'ils sont élus.

Contrairement à la Chancelière allemande, la majorité des candidats à cette élection propose une restriction drastique du nombre de migrants en France. Le repli identitaire se dégage de la quasi-totalité des discours et prend

---

[19] Notamment par Human Rights Watch (2009) et Migreurope (2017) ; v. C. INTRAM et A. SBLEY, « Faire sombrer Frontex », *Plein droit*, vol. 103, n° 4, 2014, pp. 40-43.

[20] Elle avait promis que l'Allemagne y arriverait avec cette phrase « Wirshaffendas » et se félicite aujourd'hui de l'insertion professionnelle réussie de plusieurs jeunes dans son pays : « Quand on voit que des jeunes gens arrivés à l'époque ont aujourd'hui leur bac et entreprennent des études, c'est un signe de réussite incontestable ». V. Le Monde du 29 août 2020 : https://www.lemonde.fr/international/article/2020/08/29/cinq-ans-apres-angela-merkel-se-rejouit-de-l-integration-des-refugies_6050288_3210.html

aujourd'hui le pas sur les acquis et autres principes liés aux droits de l'homme[21], ainsi que sur l'héritage philosophique des Lumières. Et pourtant, le repli identitaire n'a jamais favorisé le développement des pays qui le pratiquent. Les populations étrangères ne menacent pas les intérêts des pays d'accueil ; bien au contraire. Les études et les statistiques montrent qu'elles participent pour une grande part à leur économie. Comme l'indique l'analyse de L. B. LTAIEF sur le sujet, la tendance dans les États de l'OCDE est de favoriser l'arrivée de migrants qualifiés, pour compenser le déficit provoqué notamment par le vieillissement de la population et par d'autres facteurs d'ici 2050[22]. Très récemment au mois de novembre 2021, une note du Conseil français d'analyse économique fait remarquer dans son rapport, qu'il existe des effets positifs pour la croissance grâce à une immigration variée. E. AURIOL, économiste, écrit ceci: « *La politique sur l'immigration économique est jusqu'à présent inaudible et inexistante* »[23].

Cette note révèle plusieurs points qui vont à l'encontre des idées reçues et distillées ici et là, notamment par certains hommes politiques – et pas seulement ceux de l'extrême droite – plus soucieux de leur élection que de l'intérêt de leur pays. La note du Conseil préconise une immigration plus qualifiée, estimant que « par rapport à la moyenne des pays de l'OCDE et à celle de nos principaux concurrents européens, la France est un pays de faible immigration »[24]. Il est vrai que ces propositions rappellent à bien des égards, la doctrine de « l'immigration choisie » déjà adoptée par le président N. SARKOZY lorsqu'il était au pouvoir. Elle est toutefois plus franche et plus réaliste, même si elle écarte la majorité des migrants généralement sans formation. On peut regretter que ces États occidentaux ne retiennent alors sur leur territoire que les seules élites provenant des pays pauvres. Cette politique est régulièrement critiquée car elle favoriserait la « fuite des cerveaux ». Mais un tel argument semble relever, pour les observateurs, plus d'idées reçues que de la réalité: « Longtemps considéré comme une perte, voire comme un

---

[21] Tel candidat propose des modifications sur le droit pour toute personne travaillant en France de faire venir sa famille dans le cadre du « regroupement familial » (principe constitutionnel), tel autre soutient l'idée d'un moratoire sur l'immigration ou encore, autre solution proposée, le blocage de tout envoi d'argent par les membres de la diaspora aux familles se trouvant dans des pays où les autorités refusent de recevoir des « sans-papiers » expulsés de France, etc.

[22] (http://journals.openedition.org/remi/11922).

[23] Elle ajoute dans la même note : « Quand on aborde cette question sous l'angle économique, c'est le plus souvent pour dépeindre les immigrés comme une menace pour les emplois, en plus d'être une charge pour le système de santé et de protection sociale. Or cette vision est erronée ».

[24] Elle indique précisément que la France occupe le 19e rang dans le monde, avec une population d'immigrés de 12,8 % de la population en 2019, contre 13,6 % aux États-Unis, 13,7 % au Royaume-Uni, 16,1 % en Allemagne et 21 % au Canada ; https://www.strategie.gouv.fr/reseau-france-strategie/conseil-danalyse-economique-cae

désastre, pour l'Afrique, et parfois associée à une « fuite des cerveaux », la diaspora africaine se révèle, au contraire, être un puissant vecteur de développement pour le continent.

Cela sur plusieurs fronts, y compris dans le cas des expatriés préalablement « bien » formés en Afrique[25]. Il faut toutefois remarquer que depuis quelques années, des étudiants, attirés par la croissance et les possibilités de création d'entreprises en Afrique, manifestent un souhait de revenir dans leurs pays d'origine après leurs études en Europe ou ailleurs. Cette tendance s'explique par l'impossibilité pour eux de s'installer professionnellement dans une Europe en crise, incapable de leur offrir un emploi à la hauteur de leurs qualifications. Les personnes de la vieille génération rechignent à revenir dans leur pays d'origine, pour des raisons liées à la famille ou aux difficultés de réinsertion professionnelle.

Plus largement en Europe, une structure particulière a été créée pour assurer le contrôle des frontières. Cependant, sa pratique semble bien éloignée de son objectif initial. Il s'agit de *l'Agence européenne pour la gestion de la coopération opérationnelle aux frontières extérieures*, créée en 2004[26] et chargée du contrôle et de la gestion des frontières extérieures de l'espace Schengen. En 2016, sa dénomination change : elle devient l'*« Agence européenne de garde-frontière et de garde-côtes »* appelée Frontex[27] ; sa mission a été également modifiée et élargie par le même règlement : elle assure dorénavant un double rôle administratif et opérationnel[28], mais elle assure surtout – attribution importante – une fonction de mise en œuvre de la politique commune en matière de gestion des frontières extérieures, grâce au soutien technique et informatif qu'elle fournit aux États[29]. Elle est chargée de « réaliser des évaluations de la vulnérabilité » pour vérifier « les capacités et

[25] Cf. B. GNIMASSOUN, « Afrique : et si la contribution de la diaspora était trop sous-estimée » : https://www.lepoint.fr/afrique/afrique-et-si-la-contribution-de-la-diaspora-etait-trop-sous-estimee-19-11-2021-2452799_3826.php

[26] Par le règlement n° 2007/2004 du Conseil le 26 octobre 2004 sous l'appellation, à cette date, d'« Agence européenne pour la gestion de la coopération opérationnelle aux frontières extérieures

[27] Règlement 2016/1624.

[28] V. R. GIULIA. « Responsabilité internationale et gestion intégrée des frontières européennes/ Fink Melanie, 2018, Frontex and HumanRights : Responsibility in 'Multi-Actor Situations' under the echr and eu Public Liability Law, Oxford, Oxford UniversityPress, 416 p. / Moreno-Lax Violeta, 2017, AccessingAsylum in Europe : Extraterritorial Border Controls and RefugeeRightsunder eu Law, Oxford, Oxford UniversityPress, 624 p. / Mungianu Roberta, 2016, Frontex and Non-Refoulement : The International Responsibility of the eu, Cambridge, Cambridge University Press, 274 p. », *Études internationales*, volume 49, numéro 3, automne 2018, p. 617-629.

[29] L'Agence compte 500 agents venus des différents États membres de l'Union, mais elle reçoit également des garde-frontières envoyés par les États associés à l'espace Schengen comme l'Islande, la Norvège, la Suisse et le Lichtenstein.

l'état de préparation des États membres à relever les défis à leurs frontières extérieures ».[30]

Cette ambivalence dans les fonctions de cette agence crée une certaine ambigüité, voire un malaise quant à son rôle que certains observateurs n'ont pas manqué de relever. Ils soulignent les heurts récurrents entre la « souveraineté nationale » et l'augmentation ou le renforcement des « pouvoirs supranationaux » au sujet de la gestion des migrants. La réalité est que si cette Agence a fait l'objet de tant de réformes, c'est à cause des flux migratoires que les États européens cherchent à freiner par tous les moyens. Constatant son inefficacité dans le contrôle, la régulation et le tarissement des flux migratoires dans certains pays – notamment l'Allemagne, la France, la Hongrie et la Pologne - ont estimé, lors de la Conférence du CICR et de l'EUISS[31], que la « crise migratoire » en Europe est en réalité une « crise de gestion de la migration », d'où l'idée de renforcer et d'accroître les fonctions du Frontex. Une ambigüité entre « autonomie » et « indépendance » qui se traduit par des dérives de Frontex régulièrement dénoncées. Le journal Le *« Monde »* l'accuse d'outrepasser ses fonctions en incitant les sauveteurs en mer à diriger les embarcations des migrants vers la Libye, plutôt qu'en Europe, au mépris des droits de l'homme pourtant inscrits dans les textes fondamentaux de ces États membres de l'Union et régulièrement revendiqués, voire imposés ailleurs, notamment en Afrique[32].

On peut légitimement s'interroger sur les objectifs réels de cette agence qui ne respecterait pas les obligations qui s'imposent aux États de l'Union en matière de protection des migrants. On lui reproche notamment le manque de transparence et d'encadrement juridique ainsi que le caractère flou des objectifs et de l'utilisation des données colletées[33]. Mais aussi le silence sur les possibilités de recours – principe fondamental du droit de la défense – que l'on doit accorder aux migrants et l'absence d'une procédure spécifique garantissant le respect de l'intégrité physique et morale des personnes concernées. En définitive, l'objectif inavoué de l'Agence est de refouler les migrants arrivant aux frontières de l'Union[34].L'agence doit défendre les

---

[30] R. GIULIA, art. précité, p. 23.

[31] Conférence à Bruxelles le 22 septembre 2016 organisée par la CICR et par EUISS (*European Union Institute for Security Studies*) en vue de discuter sur la vulnérabilité et la protection des migrants, mais aussi sur les problématiques relatives à la sécurité.

[32] V. Dossier spécial de la *revue « Afrilex »* sur : « La conditionnalité démocratique en Afrique », n° 2, 2001, http://afrilex.u-bordeaux.fr/

[33] C. INTRAN et A. SIBLEY, art. précité, p. 23.

[34] Les opérations de « push-back » en mer que mène l'Agence tendent à confirmer les reproches/critiques qui lui sont adressés. Sa coordination a été douteuse lors de l'opération « Poseidon » qui a abouti à la réduction du nombre de migrants massés à la frontière d'Évros (v. Ottavy, Éva et Olivier Clochard, art. précité, p. 24). Les garde-côtes grecs font l'objet de critiques ; ils sont notamment accusés d'avoir illégalement

frontières européennes, mais ne peut ni intervenir, ni sanctionner les autorités politiques qui décident d'éloigner de leurs côtes, les bateaux intervenus en mer pour sauver des migrants en détresse ou en danger de noyade, en appliquant dans pareilles situations, le principe élémentaire du droit de la mer selon lequel « Toute personne en situation de péril doit être secourue quelles que soient les raisons de sa présence, sa distinction et ses institutions ». Aussi, F. GRANDI, Haut-commissaire des Nations Unies pour les réfugiés a-t-il rappelé que : « *Sauver des vies en mer n'est pas un choix, ni un sujet politique, mais une obligation séculaire* »[35]. Ces autorités européennes ont ainsi pénalisé des bateaux dont l'action était juridiquement fondée : ils respectaient les principes du droit international de la mer, notamment celui fondamental relatif à la sauvegarde de la vie et de la dignité humaine en mer : « *Tout navire qui a connaissance d'une telle situation doit s'arrêter s'il est à proximité des personnes en détresse ou bien se dérouter s'il est le plus proche de la zone, à la seule réserve que son commandant puisse le faire sans mettre son propre navire en danger* »[36]. En pareilles circonstances, il est peu probable que les autorités encouragent leurs navires à intervenir en mer, comme le prévoit la Convention SAR (*Search and Rescue)* signée à Hambourg en 1979, pour porter secours aux personnes en détresse[37]. « Faire de l'Europe une forteresse » semble être aujourd'hui la devise de la majorité des États avec l'appui du Frontex.

---

refoulé des embarcations de migrants vers les eaux de la Turquie et provoqué volontairement « le naufrage de bateaux de migrants syriens en mer Égée ». On leur reprocha alors d'avoir violé « les principes reconnus par le droit européen et le droit international (v. *Le Courrier des Balkans*, vendredi 24 janvier 2014 [en ligne] Le courrier des Balkans, vendredi 24 janvier 2014, [en ligne]. URL :
http://balkans.courriers.info/article24101.html. G. ADEA (2014) Des migrants naufragés accusent la Grèce, Le Monde, vendredi 31 janvier 2014, [en ligne].
URL:http://www.lemonde.fr/europe/article/2014/01/31/des-migrants-naufrages-accusent-la-rece_4357697_3214
html?xtmc=grece_ immigration&xtcr=2

[35] Propos rapportés par J.-P. PANCRATIO, in *Vie publique* : https://www.vie-publique.fr/parole-dexpert/271043-quels-sont-les-droits-des-migrants-en-mer

[36] V. art. 10 et 11 de la Convention internationale de 1989 sur l'assistance de Londres (qui complète celle de de Bruxelles du 23 septembre 1910). L'essentiel ces principes ont été repris dans les dispositions de l'article 98 (§1-a) de la Convention des Nations Unies sur le droit de la mer de 1982.

[37] Ces zones SAR sont des zones situées en mer Méditerranée et « placées sous le contrôle des centres de coordination et de recherches en mer *(Maritime Rescue Coordination Center – MCCR)* » pour permettre à tout État de porter assistance aux migrants en détresse dans sa zone « SAR » : V. J.-P. PANCRATIO, précité, in *Vie publique* : https://www.vie-publique.fr/parole-dexpert/271043-quels-sont-les-droits-des-migrants-en-mer

B/ Une politique commune de développement inachevée

Rappelons que les sources principales des migrations sont la pauvreté et l'insécurité. Cela signifie que si les personnes avaient les moyens de vivre décemment, elles n'auraient pas quitté leurs familles, leurs pays ou leur continent pour tenter de rejoindre l'Europe par la route ou par voie maritime au péril de leur vie.

La solution ne serait-elle pas alors de créer les conditions favorables pour sédentariser ces candidats au départ ? C'est l'une des raisons qui ont amené les États africains et européens à initier une coopération dans de nombreux domaines, particulièrement en matière économique et sociale : le co-développement soutenu en France par exemple, rentre dans ce cadre. Il n'a toutefois pas fait ses preuves pour diverses raisons.

1/ Le mirage du co-développement

Le co-développement est une des stratégies que la France a particulièrement mise en place face aux phénomènes migratoires. Selon O. MASSON, ce concept est ancien et n'a été exploité en France que dans les années 1960, grâce à M. ROCARD et son parti le PSU, sans aucune référence, au départ, à la migration. Le lien entre les deux termes n'a été établi qu'en 1990, lorsque les autorités françaises ont cru bon de l'utiliser pour résoudre les flux migratoires, estimant qu'il y a une certaine complémentarité entre migration et développement[38]. Cette stratégie avait un objectif précis : « *Elle vise surtout à renforcer l'intégration en France tout en favorisant la solidarité active avec les pays d'origine, à créer les conditions sociales pour aider les migrants potentiels à demeurer chez eux (...). Elle signifie le dépassement de la coopération pour l'instauration d'objectifs communs. L'intérêt partagé de la France et des pays d'origine est de faire de l'immigration un vecteur de développement* »[39]. Cette conception rappelle la stratégie de l'ONU par l'intermédiaire de son Secrétaire général pour qui, les phénomènes migratoires constituent « *une double chance, pour les territoires d'origine, mais aussi d'accueil* ».

Il s'agit donc d'un « processus de développement partagé, simultané, entre « ici » et « là-bas ». Les migrants « vecteurs de co-développement » sont les passeurs de ces pratiques de solidarité par un réseau d'acteurs de co-opération au Sud comme au Nord qui assurent le continuum « territoires d'origine de transit et d'accueil »[40]. Même ainsi présenté – avec certainement des aspects positifs dans certains secteurs – il a suscité des doutes auprès des migrants

---

[38] V. O. MASSON, « Le co-développement a-t-il un seul sens ? », *Revue Projet*, 2009/4 (n° 311), p. 77.

[39] S. NAÏR, cité par O. MASSON, article précité, p. 77.

[40] *Ibid*, p. 79.

eux-mêmes qui n'y ont pas adhéré. S'il a été conçu de bonne foi[41], il a vite fait l'objet de récupération politique et avait été orienté, au gré des gouvernements qui sont se succédé, vers des objectifs bien différents. N. SARKOZY s'est ainsi servi du rapport de S. NAÏR qui lui avait été mandaté par P. CHEVENEMENT, pour proposer durant sa campagne présidentielle, sa politique « d'immigration choisie » et pour créer après son élection, un « *ministère de l'identité et de l'immigration* » au grand regret de l'auteur de ce rapport qui ne s'y était pas trompé[42]. Le président sénégalais A. WADE avait également bien compris qu'il s'agissait là d'une utilisation opportuniste du concept de co-développement par le président français, qu'il a qualifié, avec ironie, de « comédie »[43].

Dans de telles conditions, on ne pouvait espérer obtenir de résultats satisfaisants pour cette stratégie qui aurait pu avoir plus de succès si les migrants y avaient été associés de manière plus directe par des contacts et discussions régulières. L'apport de la « diaspora » a des résultats nettement meilleurs en termes de flux d'argent et de réalisations de structures matérielles utiles à la population par les migrants installés en Europe. Mais il a ses limites et n'a pu endiguer le phénomène migratoire. Au contraire, il a créé un appel d'air pour les populations restées sur place dans les villages et qui perçoivent leurs compatriotes installés en Europe comme de nouveaux riches.

2/ Le rôle limité de la « diaspora »[44]

S'agissant de la diaspora africaine, remarquons que celle installée dans les États occidentaux est de plus en plus consciente de la nécessité de se préoccuper du sort du continent africain à partir de trois paramètres : la chute du Mur de Berlin et l'implosion du bloc soviétique ; l'ouverture du multipartisme et du processus de démocratisation des systèmes politiques africains et enfin – facteur plus récent – le taux de croissance dépassant les 6 % annoncé pour l'Afrique et qui l'attire également. Mais contrairement à la définition de la diaspora par l'Union africaine - très réduite et qui n'épouse pas toute la réalité de celle-ci - cette catégorie de la population appelée la « 5ème région d'Afrique » n'a pas jusque-là comme priorité – du moins, pas de manière assez visible ou perceptible – ni à contribuer directement et dans sa globalité au développement du continent africain, dans une stratégie ou un

---

41 S. NAÏR, « Codéveloppement et flux migratoires » *«Migrations Société »* 2008/3 N° 117-118 | pages 71 à 76 https://www.cairn.info/revue-migrations-societe-2008-3-page-71.htm

42 S. NAÏR, v. Rapport du bilan et d'orientation sur la politique de codéveloppement liée aux flux migratoires, Paris, *La Documentation française*, 1997, 59 p.

43 *Ibid*, p. 76.

44 Nous utilisons ce terme ici par simple commodité. L'expression ne nous parait pas conforme à la réalité et ne couvre pas tout le champ qu'on prétend lui donner. Elle devrait faire l'objet d'une réflexion plus approfondie.

programme bien définis, ni d'être « désireuse de contribuer à la construction de l'Union Africaine ».

Les problématiques que soulève la diaspora africaine englobent un champ d'études beaucoup plus vaste que le seul phénomène migratoire. Nous nous y intéressons, dans le cadre de cet article, pour apprécier l'impact qu'elle pourrait éventuellement avoir sur le flux migratoire. Cette diaspora est connue pour être une des principales sources de financement du continent[45]. Trente-six millions d'Africains vivent en dehors du continent et transfèrent tous les ans à leurs proches, 70 milliards d'euros. Ce chiffre est en constante progression, sauf durant la période de Covid où on a assisté à une fragilisation des migrants dans leur travail, ce qui a fait baisser les envois d'environ 25 %[46]. Malgré cette manne, le flux migratoire en provenance des pays du Maghreb et ceux de l'Afrique subsaharienne n'a pas baissé. Au contraire, le nombre de candidats à l'immigration ne cesse d'augmenter et les morts lors des traversées des mers, sur les routes ou les voies ferrées, se comptent aujourd'hui par milliers. Une situation qui s'explique par le faible impact que cette importante somme a sur le mouvement des personnes de l'Afrique vers l'Europe. On s'attendait à ce qu'une politique d'investissements vienne sur le continent créer de la richesse, des emplois ou diverses activités commerciales au profit des populations. Tel n'est pas le cas.

L'argent transféré ne rentre pas dans des circuits officiels d'investissement, de réalisation de projets de développement ou d'épargne (banques, et autres structures financières, programmes agricoles ou industriels, créations d'entreprises, etc.). Il sert essentiellement à couvrir des dépenses de fonctionnement qui se limitent à des aides aux familles bien évidemment démunies, et dont le seul souci est d'avoir de quoi vivre au quotidien et se soigner. Certes, des migrants ou des associations de ressortissants envoient régulièrement de l'argent ou du matériel de tout genre à leurs familles ou village pour y construire des infrastructures (centre de santé, construction de salles de classe, pompes à eau, panneaux solaires, matériel médical, etc.) ; mais ces opérations ne sont pas organisées à travers les circuits officiels (banques, services des postes) et restent isolées et dirigées par des associations d'immigrés créées dans les villes européennes. En outre, ces opérations ont un rendement infime par rapport à ce qu'une politique nationale aurait permis. On n'est pas là en présence d'un investissement qui aurait généré de l'emploi, ou du profit ; car envoyer de l'argent pour des besoins immédiats (deuil,

---

[45] https://www.francetvinfo.fr/monde/afrique/economie-africaine/la-diaspora-africaine-est-devenue-la-principale-source-de-financement-du-continent_3747375.html; http://doi.org/10.4000/remi.5831 ; https://journals.openedition.org/remi/5831.

[46] https://www.capital.fr/economie-politique/limpressionnant-plongeaon-de-largent-envoye-par-la-diaspora-en-France-1389026.

mariage ou naissance), est certes vertueux, mais ne contribue pas ou peu à créer de la richesse.

L'idéal serait, en effet, que cet argent soit orienté vers des secteurs productifs ; cette stratégie n'a pas échappé aux observateurs : « *Si les envois d'argent s'opéraient différemment, ils contribueraient plus et mieux, à développer le continent.* »[47]. L'idée commence lentement, mais progressivement à prospérer au niveau des structures panafricaines. Celles-ci étudient différentes stratégies capables de transformer en investissements une partie de l'argent envoyé par la diaspora, pour le développement d'entreprises (PME)[48], même s'il existe des obstacles et autres difficultés rencontrés[49]. Cela est bénéfique, car jusque-là, les membres de la diaspora affichaient une certaine réticence à investir en Afrique pour diverses raisons : procédures longues, climat politique incertain à cause de l'instabilité politique et institutionnelle, transactions financières longues aggravées par les coupures d'électricité quotidiennes et récurrentes, corruption, etc.)

II/ Un naufrage dans la gestion des flux migratoires

L'échec des États africains dans leurs politiques de développement et de mise en place de régimes démocratiques, ainsi que l'inefficacité des politiques migratoires dans les États européens, montrent toute la difficulté et la complexité à résoudre les problèmes nés des flux migratoires. Ils révèlent surtout l'incapacité des États à trouver individuellement les solutions attendues. La recherche d'autres voies et moyens s'impose alors dans la politique migratoire. L'humanité y est obligée et devrait prendre ses responsabilités face à cette crise sans précédent, reconnue depuis 2015 comme un des grands défis du XXIème siècle[50]. Ce manque d'humanisme à l'égard

[47] B. CHATEL et A. GUILLAUME-GENTIL, v. https://www.lemonde.fr/ afrique/ article/2019/01/24/la-diaspora-africaine-de-france-envoie-t-elle-ses-10-milliards-annuels-a-la-bonne-adresse_5413967_3212.html (auteurs cités par M. BAUMARD, Le *Monde Afrique*).

[48] https://www.lemonde.fr/afrique/article/2019/01/24/la-diaspora-africaine-de-france-envoie-t-elle-ses-10-milliards-annuels-a-la-bonne-adresse_5413967_3212.htm.

[49] Monsieur W. LAURIANO DO REGO du Conseil présidentiel pour l'Afrique reconnait dans une interview qu'il a accordée à TV5 Monde, qu'il y a un « malaise » au sein de ces Français venus de la diaspora africaine. Ceux-seraient victimes de discriminations dans leur recherche de financement pour investir en Afrique. 73 % d'entre eux estiment que l'égalité des chances n'est pas respectée. https://information. tv5monde.com/video/ces-francais-issus-de-la-diaspora-africaine-et-victimes-de-discriminations?xtor=SEC-7-GOO-[INFO_SE]-[INFO_SE_DSA]-S-[]&gclid= EAIaIQobChMILLe7LqL9AIVhp3VCh2vqAxBEAMYAyAAEgLP6_D_BwE.

[50] https://www.lepoint.fr/monde/migrants-une-crise-humanitaire-sans-precedent-selon-l-ocde-22-09-20151966915_24.php, https://www.touteleurope.eu/societe/conseil-europeen-face-au-defi-humanitaire-et-migratoire-la-solution-des-hotspots/, Le rapport « le droit de survivre : le défi

de tant de personnes désemparées, fuyant guerres, calamités naturelles et zones de famine pour chercher assistance auprès de pays nantis, est étonnant et indigne de la part d'États qui ont ratifié tant d'instruments internationaux portant sur la protection des droits de l'homme; une telle situation contraste étonnamment avec l'attachement proclamé, par ces mêmes États, au respect de la dignité humaine et aux droits de l'homme universels reconnus à toute personne, ainsi qu'aux valeurs d'un État de droit démocratique. Il est bien difficile de trouver une explication au blocage par les autorités italiennes pendant cinq mois, du navire *Océan Vicking* affrété par l'ONG SOS Méditerranée pour venir au secours de naufragés en mer, si ce n'est par une volonté délibérée de méconnaître le droit international et par manque d'humanité et d'hospitalité. La politique de rejet des migrants par les pays européens, à l'image de cette politique inhumaine de l'Italie, est ici flagrante.

Au moment où nous écrivons ces lignes, l'Europe est confrontée, voire déchirée par un conflit entre la Pologne et la Biélorussie, occasionné par l'arrivée de migrants en provenance de plusieurs pays, et qu'aucun des deux États ne veut accueillir sur son territoire[51]. Attirés par la Biélorussie et poussés ensuite vers la Pologne qui ferme ses frontières, ces migrants sont pris au piège entre les politiques des deux États dans le cadre d'un affrontement sur fond géopolitique presque inextricable. L'Union européenne assiste pendant des jours à ce spectacle humainement douloureux, sans pouvoir réagir ; elle s'est montrée incapable de venir en aide à ces populations, dont plusieurs femmes et enfants, coincées aux frontières de ces deux États dans le froid et le dénuement. Ces migrants en détresse n'ont ni statut et protection côté biélorusse, ni recours côté polonais. La Pologne, comme l'Union européenne, accuse la Biélorussie – appuyée selon elle par la Russie – de « trafic d'êtres humains », d'« attaque migratoire » contre l'Europe ou encore de « Guerre hybride » (signifiant une combinaison des opérations de « déstabilisation », une guerre « d'information » et des « actions directement militaires »). Elle se réfugie derrière ses accusations pour envisager la construction d'un mur dans l'objectif de protéger davantage ses frontières et celles de l'Europe.

Elle n'en viole pas moins le droit international. Certes, elle a le droit d'exercer son contrôle sur sa propre frontière, qui est également la frontière extérieure de l'UE et donc de l'espace Schengen – conformément au droit de l'Union européenne dont elle est membre, mais elle doit le faire dans le strict respect des droits fondamentaux institués par le législateur européen et les autres instruments internationaux. Par conséquent, et au regard de la

humanitaire du 21e siècle https://oi-files-d8-prod.s3.eu-west-2.amazonaws.com/s3fs-public/file_attachments/droit-de-survivre-rapport-fr_3.pdf.

[51] Cette affaire révèle suffisamment l'absence d'unité et d'autorité au sein de l'Union européenne sur la politique migratoire. Le 11 novembre 2021, des milliers de Polonais d'extrême droite ont défilé pour fêter l'armistice, mais aussi et surtout, pour remercier leurs autorités d'avoir protégé les frontières polonaises contre les migrants.

Convention de l'ONU sur le statut des réfugiés de 1951, elle n'a pas le droit d'expulser des migrants si ceux-ci souhaitent demander l'asile quand ils sont victimes de traitement inhumain et dégradant dans leur pays de retour. Dans l'hypothèse où elle ne le ferait pas, ces demandeurs auront la possibilité de saisir soit les deux juridictions compétentes, c'est-à-dire soi la Cour de Justice de l'Union européenne (CJUE) qui a condamné la Pologne, la Hongrie et la République tchèque pour n » avoir pas accueilli des demandeurs d'asile relocalisés[52], soit la Cour européenne des Droits de l'Homme (CEDH) qui avait également condamné la Pologne pour avoir refusé l'accès aux procédures d'asile à des ressortissants tchéchènes d'origine russe[53].

Ce conflit récent, ne doit faire oublier celui qui existe entre la France et le Royaume-Uni sur les migrants bloqués à Calais et qui enveniment les relations entre les deux pays. La mort de vingt-sept migrants au mois de novembre 2021 qui tentaient de traverser la Manche pour rejoindre l'Angleterre a ému l'opinion publique et ravivé les discussions sur les accords de Touquet[54].

Cet échec du système européen donne à la communauté internationale toute sa légitimité pour intervenir davantage dans la gestion des flux migratoires. On comprend alors pour quelle raison les organisations internationales se sont saisies des règles et principes du droit international humanitaire qu'elles ont enrichis par de nouveaux textes, pour tenter de gérer de la manière la plus rationnelle le problème des flux migratoires.

Ce droit international *renforcé* face aux problèmes migratoires, même très riche et « volontariste », est peu respecté par les États. D'où ses limites sur la réalité et la reconnaissance d'un statut juridique capable de mettre ces personnes en errance dans des conditions de vie décentes, et leur permettre également de s'insérer légalement dans le pays d'accueil (A). Les organisations non gouvernementales devenues incontournables dans la gestion des migrants, interviennent également, tant bien que mal, dans *l'esprit, les principes et les*

---

[52] CJUE, 2 avril 2020, C-715, C-718 et C-719, Commission/Pologne, Hongrie et République tchèque ; https://curia.europa.eu/juris/document/document.jsf?text=&docid=224882&pageIndex=0&doclang=FR&mode=lst&dir=&occ=first&part=1&cid=495521#:~:text=Langue%20du%20document,proc%C3%A9dure%C2%A0%3A%20le%20tch%C3%A8que.

[53] CEDH, 23 juillet 2020, Case of M.K and the others v. Poland : https://hudoc.echr.coe.int/eng#{%22itemid%22:[%22001-203840%22].

[54] Le traité du Touquet signé entre la France et le Royaume-Uni le 4 février 2003 et complétant le Protocole de Sangatte conclu en 2000, a pour objectif de réguler l'immigration, notamment clandestine dans les deux pays. Par ces textes, les deux pays s'engagent à assurer un contrôle depuis la France pour les personnes en partance pour le Royaume-Uni au départ des trains et bateaux et vice-versa. L'application de ce traité suscite beaucoup de débats et crée de vives tensions entre les deux pays. Ils s'accusent mutuellement du non-respect du principe de ce contrôle, au détriment des migrants, notamment ceux bloqués à Calais en France.

règles du droit humanitaire[55] pour sauver les migrants de la noyade, ou pour les accueillir et les assister dans les démarches administratives nécessaires à leur installation. Leur intervention est donc « subsidiaire », mais salutaire et précieuse, même si elle est d'une efficacité relative face à un phénomène de plus en plus difficile à maîtriser (B).

A/ La place négligée du droit international

La solution la plus viable est certainement le droit international public et pénal où la question du respect des droits de l'homme s'est posée depuis longtemps et demeure encore aujourd'hui centrale[56]. Si le particulier n'est pas reconnu, pour une grande part, par le droit international en tant que sujet de droit, il n'est pas ignoré par celui-ci. Par le système de la protection diplomatique d'abord et sous certaines conditions, il peut bénéficier de l'action de son État de nationalité pour faire respecter ses droits devant la CIJ, s'il n'a pas obtenu gain de cause devant les juridictions nationales du pays mis en cause. Ensuite, certaines juridictions régionales, comme la CEDH, acceptent des recours introduits auprès d'elle par un particulier lorsqu'il estime que ses droits ou libertés ont été violés par son État. Cela est heureux, même si le système de protection reste encore à améliorer.

Pour ce qui est du migrant, personne physique, il est normal que le droit international s'y intéresse dès lors que les rapports qui les lient relèvent d'une logique évidente. Juridiquement, le migrant est dans une situation particulière et inédite: il est à la fois « dedans » et « dehors » ; il est rattaché à son pays par un lien de nationalité, tout en étant ailleurs sous l'autorité administrative du territoire d'un autre pays sur lequel il s'est installé. Une telle situation apparemment paradoxale, a très tôt été perçue et bien formulée par L. VARLEZ pour qui, il est *« homme plus que citoyen, international plus que national »*[57]. Le lien entre les migrants et le droit international prend ainsi toute sa dimension et explique les textes spécifiques adoptés par les organisations internationales pour protéger cette catégorie de personnes au statut fragile.

---

[55] C'est nous qui soulignons.

[56] La naissance de la Cour Pénale Internationale en 2002, à la suite des tribunaux pénaux internationaux *ad hoc* (Nuremberg, Tokyo, Yougoslavie et Rwanda) est révélatrice du souci constant de la communauté internationale de ne pas laisser impunis certains crimes commis par des hommes contre des personnes, des groupes ou des peuples.

[57] L. VARLEZ, *Les migrations internationales et leur réglementation,* Brill, Nijhoff, Leiden/Boston, 1927. Il faisait remarquer par ailleurs que le migrant reste le citoyen de son pays, mais il perd en citoyenneté car, s'il n'obtient pas la citoyenneté de son nouvel État de résidence, il est plus perçu comme un *étranger* (c'est nous qui soulignons) que comme un citoyen national.

1/ Un droit volontariste mais ignoré

Ce droit international protecteur des migrants, est donc essentiellement le produit des organisations internationales, en dehors des traités internationaux qui en sont aujourd'hui la source principale. Ces organisations constituent ainsi et aujourd'hui encore, le cadre par excellence où des normes de toutes sortes sont élaborées et traitent de questions diverses liées à l'activité des États et au-delà, à celle des individus. Le sort des migrants et des réfugiés[58] ne peut dès lors échapper au champ des préoccupations de ce droit international, qui très tôt également, a initié et adopté de nombreux instruments internationaux les concernant.

Ce droit international est véritablement « volontariste » à l'égard des migrants ; il a la particularité de faire valoir l'idée que les mouvements migratoires sont positifs et bénéfiques, aussi bien pour les États d'accueil que pour les migrants. Cette idée, soutenue par l'Organisation des Nations Unies, n'est pas simplement humaniste ; elle est également et surtout optimiste et cherche à rassurer les États sur la nécessité de concilier deux entités en apparence opposées, mais en réalité conciliables, voire complémentaires.[59] Elle va même plus loin en rappelant les origines lointaines du phénomène migratoire[60] pour appuyer cette vision des migrants bien opposée à celle qu'en font habituellement les États. L'idée centrale de cette conception inédite sur la migration est celle d'une « gestion des migrants », préférée à celle de « gouvernance des migrations ». Elle aurait l'avantage pour ses promoteurs onusiens, de valoriser chez le migrant la *dimension humaine*[61]. Elle permettrait non pas de préférer le rejet des migrants hors des frontières, mais de les accepter comme la conséquence d'un fait inévitable et nécessaire, et dont il faut assurer le « contrôle ». Ce dernier est un paramètre central dans le dispositif mis en place par l'organisation mondiale, car il permet d'éviter l'anarchie, le laisser-faire et une liberté absolue de circuler des personnes. Les

[58] Le statut des réfugiés et celui des migrants sont à distinguer, même si dans le cas présent, ils ont fait l'objet d'un même texte.

[59] L'ONU les invite à « accepter les migrations comme une réalité normale dans la vie des individus, des familles, des communautés et des États », V. Nations Unies, Déclaration de la Haye sur la politique de demain en matière de réfugiés et de migrations, New York : Assemblée générale des Nations Unies, 2002, document A/57/693, p. 4.

[60] « ... depuis que le monde est monde, les hommes se déplacent soit pour rechercher de nouvelles perspectives et de nouveaux débouchés économiques, soit pour échapper à des conflits armés, à l'insécurité alimentaire, à la persécution ; au terrorisme ou à des violations des droits de l'homme, soit enfin en réaction aux effets négatifs des changements climatiques, des catastrophes naturelles [...] ou d'autres facteurs environnementaux ».

[61] C'est nous qui soulignons.

migrations *gérées* sont celles qui sont *contrôlées*[62], c'est-à-dire « *ordonnées, sans danger et planifiées* ». Et pour davantage rassurer les États, il leur est laissé le pouvoir d'assurer la régulation de ces faits migratoires dont ils restent maîtres.

En définitive, le discours de ces organisations internationales est à coup sûr humaniste et optimiste, avec des mots, expressions et des termes bien choisis comme savent le faire les juristes, mais l'égoïsme des États, préoccupés par leur désir de défendre plus que jamais leur « souveraineté » et leurs frontières, rend difficile l'application de ces règles protectrices des personnes qui migrent. Pourtant, il s'agit de principes et de droits de la personne humaine pertinents, forts et contraignants, tant au niveau de l'obligation faite aux États de garantir leurs droits et libertés fondamentaux[63], qu'au sujet de l'obligation qui leur incombe également de protéger ces personnes contre la traite[64] et le trafic des personnes[65]. À propos des droits et

---

[62] C'est nous qui soulignons.

[63] L'article premier de la Déclaration universelle des droits de l'homme de 1948 dont le préambule affirme la « dignité inhérente à tous les membres de la famille humaine et de leurs droits égaux et inaliénables, constitue le fondement de la liberté, de la justice et de la paix dans le monde ». V. A. HAMADOU, art. précité. L'un des régimes juridiques le plus protecteur des migrants dit l'auteur, est incontestablement celui de la Convention internationale sur la protection la des droits de tous les travailleurs migrants et des membres de leur famille (p. 5, note 42.)

[64] La doctrine est nombreuse sur cette question. On peut utilement consulter les études suivantes : G. VAZ CABRAL, *La traite des êtres humains : réalités de l'esclavage contemporain*, Éditions La Découverte, Paris, 2006 ; C. R. RAIGON, « Trafic illicite des personnes et criminalité des personnes et criminalité transnationale organisée », in J. M. S. HEREDIA, dir, *Sureté maritime et violence en mer. Maritime Security and Violence* at sea, Bruxelles, Bruyant, 2011 ; SALUDEN, « Le statut du migrant clandestin en haute mer », in Daniel DARMOY et H. SLIM, dir, Refugiés, immigration clandestine et centre de rétention des immigrés clandestins en droit international, Bruxelles, Bruylant, 2008 ; N. KIARA, « Le droit international face aux nouveaux défis de l'immigration clandestine en mer, Revue Québécoise de Droit international, vol. 26, n°1, 2013 ; G. BASTIDE-BURDEAU, Migrations clandestines en droit de la mer », in L. LUCCHINI et J.-P. QUENEUDEC, *La mer et son droit*, Mélanges offerts à Laurent Lucchini et J.-P. QUEUNEUDEC, Pedone, 2003 ; R. RIOS, « La lutte contre la traite et le trafic illicite des migrants : de la prévention des infractions à la protection des victimes », in *Les migrations contraintes* – Actes du colloque de Caen, dir, Chassin C-A, Pedone, Paris, p. 163 ; M. J. GUARDIOLA LAGO, « La traite des êtres humains et l'immigration clandestine en Espagne : réfléchissent-elles les prévisions des Nations Unies et l'Union européenne », in *Revue internationale de Droit Pénal*, n° 3-4, 2008, pp. 405-436.

[65] Il s'agit des deux Protocoles additionnels à la Convention sur la criminalité organisée, adoptés tous les deux par la résolution 55/25 de l'Assemblée générale des Nations Unies le 15 novembre 2000. Le premier porte sur la prévention, la répression

libertés fondamentaux, et de manière générale, la Déclaration des droits de l'homme adoptée par l'Assemblée générale des Nations Unies en 1948 est le premier instrument juridique international dont l'objectif est de protéger au plan universel, les droits fondamentaux de l'homme[66]. Ce texte obligatoire à l'égard des États a été renforcé par deux autres documents également contraignants, adoptés en 1966 que sont le Pacte international relatifs aux droits civils et politiques et le Pacte international relatif aux droits économiques, sociaux et culturels. Cette Déclaration et ses Protocoles forment la « Charte internationale des droits de l'homme » à laquelle se sont ajoutés sept autres traités adoptés par l'ONU et consacrés aux droits de l'homme, mais au profit de catégories de personnes bénéficiaires de tels droits.

Plus spécifiquement, les migrants ont fait l'objet de deux nouveaux Pactes apparus en 2018 et inspirés par l'objectif 10 du *« Programme de développement durable à l'horizon 2030 »* voté par l'ONU en septembre 2015 pour *« faciliter la migration et la mobilité de façon ordonnée, sûre, régulière et responsable, notamment par la mise en œuvre de politiques migratoires planifiées et bien gérées »*. Ce texte est inédit en ce sens qu'aucun instrument international de cette nature n'avait été créé depuis la Convention relative au statut des réfugiés de 1951. Ces deux Pactes sont un prolongement pertinent de cette Convention en tant qu'ils constituent un premier cadre de coopération globale en matière migratoire[67]. Ont-ils indirectement contraint ou inspiré les États européens qui tentent à présent de combler leur déficit en matière de protection des migrants, notamment depuis l'expérience négative et très critiquée du Frontex et les limites du système de Dublin ? Ils ne sont certainement pas sans incidence, sur le projet d'un nouveau Pacte européen proposé par ces États le 23 septembre 2020. Mais celui-ci ne convainc pas ; il est bloqué dès son annonce, les vingt-sept membres de l'Union se particularisant, encore une fois dans ce domaine, par leur incapacité à adopter le texte[68]. Celui-ci apparait comme un leurre, la majorité de ces États – dont certains gouvernants et leaders politiques tiennent des discours xénophobes et racistes ouvertement affichés, dans une ambiance dorénavant qualifiée de « décomplexée » – restant très hostile à l'arrivée des migrants sur leurs

et la punition de la traite des personnes et le second sur le trafic illicite des migrants par terre, mer et air. V. A. HAMADOU, art. précité, pp. 6-7.

[66] http//www.ohchr.org/Documents / Publications/ABCChapter1fr.pdf.

[67] Cf. F. G. THIBAUD, « Les deux pactes mondiaux sur les réfugiés et les migrations : forces et faiblesses d'une nouvelle coopération internationale », *Revue européenne des migrations internationales,* vol.34 – n° 4/2018, pp. 223-230.

[68] Le Commissaire M. SCHINAS déplore cette absence de cohésion et d'accord entre les États de l'Union et a récemment rendu compte des « *lenteurs dans la discussion concernant l'Agence européenne pour l'asile et les migrants* » et le système dits des « cartes bleues » dont l'objectif est de faire venir les travailleurs migrants hautement qualifiés.

territoires. Pour l'heure, ce projet de Pacte relève plus de la fiction qu'une volonté réelle de ces États de répondre, par des solutions concrètes et en respect des règles du droit international, aux questions humanitaires que soulève le problème des migrants[69]. Face à la détresse de ceux-ci, l'Europe répond par des politiques individuelles divergentes et hostiles à toute action humanitaire ou de solidarité au profit de ces personnes en détresse.

2/ Les contraintes du « terrain » dans les États d'origine

Les États d'Afrique de l'Ouest, d'où provient une bonne partie des migrants en majorité des jeunes et des femmes, certaines accompagnées de leurs bébés, sont aujourd'hui incapables de freiner les déplacements de ces personnes vers l'Europe. Les autorités de ces pays de départ ou de transit dans la zone subsaharienne, sont pourtant tenues d'appliquer à leurs citoyens et donc aux migrants, les dispositions communautaires contenues dans les textes régionaux établis par la CEDEAO et l'UEMOA au sujet de la circulation des personnes. Il s'agit particulièrement ici de la liberté de circulation et du droit d'établissement[70]. Ainsi, toute personne citoyenne de l'un de ces États membres de la CEDEAO a un statut de « citoyenne communautaire » et peut librement circuler d'un pays à un autre dans cet espace. Dans de telles conditions, les candidats à la migration sont difficilement contrôlables de manière stricte sur un espace aussi vaste. Un Sénégalais peut partir du Niger – pays de transit – et passer ensuite en Libye, dernière étape du périple, avant de tenter la traversée de la Méditerranée pour venir en Europe ; comme un Nigérien peut prendre un bateau depuis les côtes sénégalaises pour faire la traversée avec tous les risques que ces deux parcours peuvent présenter.

Est-il besoin de rappeler qu'en Afrique, une législation, quelle que soit sa perfection, pourra difficilement retenir ces flux migratoires, si les conditions économiques, une démocratie[71] et une stabilité politique, sociale et environnementale n'existent pas dans les pays d'origine ? Peu d'États de l'Afrique de l'Ouest remplissent de telles conditions. Au contraire, l'échec des politiques économiques, la « mal gouvernance », la corruption entrainent une pauvreté devenue chronique, d'où la recherche par ces populations d'autres lieux où la vie serait meilleure. Les jeunes désœuvrés du continent ont le sentiment que l'État est incapable de leur assurer un avenir viable. Les diplômés universitaires victimes du chômage, comme tant d'autres personnes

---

[69] L'Italie et la Grèce, mais surtout la Hongrie, s'opposent à ce Pacte, alors que la France et l'Allemagne le soutiennent.

[70] A. HAMADOU, art. Précité, pp. 8-9.

[71] Au sens large, sans entrer dans le débat assez récurrent – et bien légitime – portant sur l'opportunité ou non de suivre le modèle « occidental » de démocratie qui, par ailleurs, traverse aujourd'hui une grande crise et montre à bien des égards ses limites… C'est une autre question qui appelle une réflexion plus large que le champ de la présente étude.

n'ayant aucune formation, ni un minimum d'expérience professionnelle, tentent, par désespoir, de prendre le large dans de frêles embarcations pour rejoindre l'île de Malte, l'Espagne, l'Italie, la France ou ailleurs en Europe[72].

À l'évidence, les États africains subsahariens manquent de moyens. Une telle situation, liée encore une fois à leur pauvreté, les amène – comme ils le font déjà dans beaucoup d'autres domaines – à solliciter ou accepter l'aide des États occidentaux, lesquels acceptent volontiers de financer leurs opérations, moyennant une réciprocité qui n'est pas toujours exempte d'opportunisme politique. Il en découle une perte d'indépendance, pourtant si indispensable, pour adapter les stratégies - initiées sur la base des connaissances du terrain et des mouvements de populations – les plus adaptées pour remédier efficacement à l'immigration clandestine. Apparait ainsi un « poids de l'ingérence européenne »[73] dans les processus de décisions des autorités politiques africaines qui ne rentre pas dans la logique d'une coopération équilibrée entre États souverains.

Les demandes d'asile politique en France habituellement adressées aux autorités françaises par les intéressés une fois arrivés dans le pays, sont dorénavant traitées à l'extérieur des frontières françaises, c'est-à-dire depuis les pays de transit, par des agents français envoyés sur place. Un filtre plus efficace, mais les décisions prises à l'issue des examens de ces demandes peuvent être non conformes aux exigences constitutionnelles françaises sur le droit d'asile. La saisine des juridictions compétentes pour apprécier la légalité de telles décisions étant pratiquement illusoires, aucune contestation n'est possible de la part des demandeurs. Il ne fait aucun doute que ces autorités politiques africaines n'ont ni le choix, et encore moins les moyens de s'y opposer.

Cette pression des États européens sur les pays de départ ou de transit est indirectement issue de l'Accord de Cotonou entre les pays ACP et l'Union européenne et le cas du Niger est assez édifiant à ce sujet[74]. Cela passe par des programmes de coopération au plan diplomatique et politique, tel le *Cadre de dialogue Euro-Africain sur la Migration et le développement* appelé *« Processus de Rabat »* débuté au Maroc en 2006, qui réunit une soixantaine de pays africains et européens et d'organisations internationales impliqués dans la gestion du phénomène migratoire ; ou encore le Sommet de La Valette à Malte les 11 et 12 novembre 2015 dont l'objectif est d'empêcher le départ aux candidats à l'immigration et de faciliter leur retour. Il s'agit ni plus ni

[72] Le slogan des jeunes sénégalais *«Barça ou barsakh »* (Barcelone ou l'au-delà) est connu et bien révélateur de la détermination avec laquelle, ils décident de quitter l'Afrique pour rejoindre l'Europe. Rejoindre les pays riches ou mourir ! Quel désespoir… !

[73] A. HAMADOU, art. précité, p. 10-12.

[74] A. HAMADOU, art. précité.

moins d'une « externalisation [75]» par les Européens de ce phénomène migratoire[76] qui oblige les États africains à durcir les possibilités de départ des migrants vers le continent européen.

L'exemple du Niger, encore une fois, illustre bien la situation[77]. L'Union européenne y a modifié unilatéralement la mission « EUCAP Sahel Niger » qui est le « *Service européen pour l'action extérieure* » dans lequel a été intégrée la prévention de l'immigration illégale. Il est difficile de ne pas être en accord avec A. HAMADOU lorsqu'il écrit : « *Ainsi, d'une logique de coopération au développement, de renforcement des capacités sécuritaires et militaires de l'État nigérien, on passe à une logique de lutte contre l'immigration clandestine par la volonté européenne (...). Il en résulte que l'aide au développement pour un pays en développement comme le Niger (les accords économiques de partenariat, les projets de développement, etc.) est aujourd'hui étroitement liée à la réadmission et au contrôle des migrants* » (…) « *aujourd'hui, l'aide au développement est liée à la capacité de l'État à développer une gouvernance migratoire conforme aux intérêts du pourvoyeur d'aide* »[78]. On ne saurait mieux dire. Le mirage du co-développement réapparait de manière encore plus éclatante. Rien d'étonnant. On retrouve ici la politique que l'Union européenne a initiée ailleurs lorsqu'en 2015, elle a signé un contrat avec la Turquie pour contenir les migrants sur son territoire dans le but de les empêcher de pénétrer dans les pays européens. Ce scénario s'est reproduit avec l'Ouganda et le Rwanda. Ce dernier – déjà habitué à recevoir des réfugiés de la République Démocratique du Congo et du Burundi – a en en effet signé un accord avec le Haut-Commissariat pour les Réfugiés (HCR) et l'Union africaine pour accueillir des migrants bloqués dans les centres de détention en Libye et dont certains sont réduits en esclavage. Cet accord relèverait d'un mécanisme d'urgence pour porter assistance aux personnes vulnérables comme les enfants, et pour les réfugiés détenus en Libye, mais en réalité, il se situe dans la l'objectif européen de poursuivre sa politique d'internationalisation de la question des flux migratoires sur le continent africain, comme ce fut le cas avec la Turquie et la Libye. Le Rwanda pourrait alors bénéficier, au même titre que ces derniers, d'un appui financier ou des

---

[75] « *Pays très pauvre, mais stratégique, le Niger constitue malheureusement un espace de choix pour l'externalisation des politiques européennes en matière de gestion des flux migratoires (...). Le Niger qui se trouve aujourd'hui dans une relation nettement déséquilibrée en faveur de l'Europe, est probablement lié par des accords non standards de réadmission* » ; ibid. art. précité, p. 11.

[76] P. CHIRON, « Les politiques migratoires européennes, à la frontière du droit », IRIS, juin 2017, https://www.iris.-france.org./wp-content/uploads/2017/06/Obs-huma-Chiron-Politiques-migratoires.pdf., p 6 (cité par A. HAMADOU, note 79, art. précité, p. 22).

[77] *Ibid*, p. 11.

[78] Art. précité, pp. 10- 12.

structures ou projets de développement à l'exemple du Niger qui a reçu un financement pour lutter contre les réseaux de passeurs.

B/ Droit humanitaire et Organisations non gouvernementales

La crise des migrants, considérée comme « le défi humanitaire du siècle », a amené les États et les organisations internationales gouvernementales, seuls sujets de droit international et acteurs principaux des relations internationales, à vouloir mettre en œuvre tous les moyens dont ils disposent pour résoudre les problèmes liés aux flux migratoires. Mais leurs actions et politiques n'ont pas abouti aux résultats attendus, montrant ainsi leurs limites dans la gestion de ces flux qui ne cessent de s'amplifier.

Pour cette raison, les organisations non gouvernementales, connues pour les nombreuses actions qu'elles mènent dans le cadre humanitaire, notamment dans les pays du Sud, sont régulièrement en première ligne, en appui aux institutions spécialisées des Nations Unies comme le Haut-Commissariat pour les Réfugiés (HCR), lorsqu'il s'agit de protéger les migrants et tout particulièrement en mer. Leur assistance est constante et se situe à toutes les étapes du parcours emprunté par les migrants, depuis leurs pays de départ jusqu'à leur installation sur le territoire des États d'accueil, s'ils arrivent à destination.

Si ces ONG ne sont pas des sujets de droit international et n'ont qu'un statut d'associations créées selon le droit interne des États sur le territoire duquel elles sont domiciliées, elles sont pratiquement incontournables sur la scène internationale pour la gestion des migrants dans le cadre du droit humanitaire. Parfois soupçonnées ou critiquées pour leur « ingérence » dans les affaires intérieures des États, ou pour la concurrence entre elles, leur esprit n'en demeure pas moins clair et sans ambigüité dans leur grande majorité : il est essentiellement et profondément humanitaire et d'un grand humanisme tel que cela ressort des propos des co-fondateurs de l'ONG SOS méditerranée en 2015 : « *Nous ne pouvons accepter que des milliers de personnes meurent en mer sous nos yeux, aux portes de l'Europe, sans rien faire. Notre action de sauvetage en mer répond à un impératif moral et légal, alors qu'il est possible de sauver des vies. Il faut réunir des moyens d'agir pour mettre fin à cette tragédie* ».[79]

Leur expertise et leur connaissance du terrain font d'elles de véritables collaboratrices des États et des organisations internationales comme l'ONU, qui ont besoin de données et d'informations utiles sur les mouvements des populations, avant la mise en œuvre de leurs politiques. Elles n'en rencontrent pas moins de difficultés surtout dans leurs relations avec les États dont certains, au mépris des textes internationaux, refoulent les bateaux de

[79] Cf. K. VOGEL et S. BEAU, Déclaration faite le 9 juin 2015 à Berlin lors de la création de l'ONG : V. https://www.theatre-lacriee.com/programmation/saison/sos-mediterranee.html.

sauvetage lorsqu'ils se dirigent vers leurs côtes[80] ; parfois ce sont de véritables crimes qui sont commis en mer lorsque certains navires les coulent volontairement. Pire, elles sont parfois critiquées par les autorités politiques qui les accusent d'être complices des passeurs pour introduire des migrants dans leurs pays[81] ou de violer le principe de neutralité : « *La question de l'aide aux migrants est devenue un enjeu multidimensionnel, mais aussi un facteur de risque autant qu'une opportunité. L'implication des ONG n'est pas aussi une évidente qu'il n'y parait. Elle sera d'autant plus sujette à caution si leur action ne se distingue pas des stratégies très contestables de certaines parties prenantes* »[82]

Quoi qu'il en soit, sans l'action continue des ONG, la situation des migrants serait une catastrophe humanitaire beaucoup plus grave qu'elle ne l'est aujourd'hui. Dans plusieurs domaines encore, les États n'interviennent pas, ou très peu, pour aider les migrants à sortir de situations alarmantes, voire dégradantes qui portent gravement atteinte à leur dignité humaine, notamment dans les camps : insécurité, absence d'intimité, en particulier pour les femmes, tentatives de viol, traumatismes de toutes sortes, angoisse et dépression occasionnant parfois tentatives de suicide, maladies sexuellement transmissibles et beaucoup d'autres humiliations que l'ONG Human Rights Watch dénonce régulièrement. Notamment les conditions de vie déplorables dans lesquelles vivent les femmes et jeunes filles dans le « hotspot »[83] installé à Moria sur l'île grecque de Lesbos[84].

---

[80] L'histoire des bateaux restés plusieurs jours face aux côtes italiennes, sans pouvoir débarquer les migrants, est assez significative des obstacles que dressent les États devant l'action humanitaire menée par les ONG pour sauver ces populations en détresse. Le slogan lancé par l'homme politique italien M. SALVINI : « fermons les ports » est clair sur la xénophobie de certains gouvernants européens et leur intransigeance dans leur politique de fermeture des frontières.

[81] Déclaration de l'ancien ministre de l'Intérieur Ch. CASTANER en avril 2019 au sujet des relations entre les ONG et les passeurs :
https ://www.franceculture.fr/societe/les-ong-font-elles-le-jeu-des-passeurs.
L'amalgame est souvent faite par les hommes politiques, parfois à dessein, entre les « passeurs » et les « activistes. Ces derniers sont bien évidemment très différents des premiers car ils exercent des pressions sur les gouvernements pour une meilleure assistance aux migrants et pour le respect de leurs droits ».

[82] V. https://www.monde-diplomatique.fr/publications/1 Atlas géopolitique/a53348 (*ibid.*).

[83] Point d'enregistrement créé pour permettre aux pays européens d'enregistrer les migrants arrivés sur le continent, en prenant leurs empreintes digitales. On les retrouve particulièrement en Italie et en Grèce.

[84] V. Grèce : Les conditions de vie dans les camps mettent les femmes et les filles en danger | Human Rights Watch (hrw.org) :
https://www.hrw.org/fr/news/2019/12/04/grece-les-conditions-de-vie-dans-les-camps-mettent-les-femmes-et-lesfilles-en

« La France ne peut accueillir toute la misère du monde »[85]. Le moins que l'on puisse dire est que cette phrase prononcée le 3 décembre 1989 par l'ancien Premier ministre français Michel Rocard, est réaliste, mais dénuée d'humanisme. La France se heurte au phénomène migratoire qui ne cesse de s'amplifier d'année en année. Cette situation constitue un nœud gordien qui suscite depuis des années de nombreux débats au sein de l'Union européenne et dans la vie politique interne des États. En l'absence d'une politique commune de l'Union européenne, les discours et les positions étatiques divergent ; certains sont très durs à l'encontre des migrants, frisant parfois le racisme et la xénophobie ; d'autres sont plus modérés, mais tout aussi hostiles à l'arrivée massive de ces personnes déracinées et à la recherche d'une terre accueillante et plus prospère. Avec tant d'incohérences dans les politiques migratoires, ces migrants bénéficient difficilement des droits et libertés qui leur sont pourtant reconnus et inscrits dans les Constitutions de ces États et dans les traités internationaux.

L'échec de la gestion et de la protection des migrants par les pays riches du Nord s'explique, en grande partie, par la défense acharnée de leur « souveraineté » et de leurs « frontières » sans définir ou proposer en contrepartie, de solutions satisfaisantes. Ils manifestent quotidiennement leur souhait de ne plus accueillir les migrants – ou alors en faible quantité, à partir de critères qu'ils définissent eux-mêmes. Nous sommes bien loin de la période où l'Europe avait besoin de main-d'œuvre étrangère pour son développement économique. Des bouleversements sont survenus dans plusieurs de ces pays et ont ébranlé des principes économiques, idéologiques et sociaux que l'on y croyait solidement acquis. La mondialisation et les conséquences qui en ont découlé aux plans économique et démocratique[86] semblent avoir pris le dessus sur l'humain dans toute sa dimension. Les portes se ferment comme l'avait déjà suggéré Michel Rocard lorsqu'il répéta ceci le 7 janvier 1990 : « *Je l'ai déjà dit et je le réaffirme, quelque généreux qu'on soit, nous ne pouvons accueillir toute la misère du monde (...) Le temps de l'accueil de main-d'œuvre étrangère relevant de solutions plus ou moins temporaires est donc désormais révolu* ». Et si à l'époque, ces propos avaient été perçus par les

---

[85] Cette phrase a été prononcée pour la première fois publiquement par l'ancien Premier ministre lors de l'émission d'une chaine de télévision française (TF1) « 7 sur 7 » le 3 décembre 1989. Il l'a souvent reprise par la suite à plusieurs occasions, avec parfois des nuances pour éviter les critiques qui lui avaient été faites à ce propos en tant qu'homme de gauche. Sur les débats concernant la politique de l'immigration menée par Miche Rocard, voir discours prononcé le 6 juin 1989 devant l'Assemblée nationale (JORF, année 1989 – N° 40 AN (CR). Mercredi 7 juin 1989, notamment p. 1797 sur les échanges entre le Premier ministre et les députés).

[86] Une forte crise de la démocratie représentative traverse aujourd'hui beaucoup de pays où apparaissent des discours dits «illébéraux », et des mouvements « populistes » ou d'extrême droite.

gouvernants africains comme un signal fort du rejet de leurs concitoyens candidats à l'immigration en Europe, ils auraient peut-être davantage compris la nécessité d'engager leurs pays dans un processus de développement économique viable.

Plusieurs solutions peuvent être envisagées face au phénomène migratoire, mais la plus crédible d'entre elles, serait de résoudre à plus ou moins court terme, la question fondamentale de la pauvreté. La lutte contre la corruption, la « mal gouvernance », le déficit démocratique, le non-respect des droits et libertés, les conflits internes, sont autant de maux que vivent les populations africaines, plus particulièrement en Afrique francophone. Tous ces facteurs d'inertie sont répertoriés, connus, tant à l'intérieur de ces pays qu'à l'extérieur, notamment par les puissances occidentales. Les résoudre dans le cadre d'une coopération franche et équilibrée entre les pays pauvres et les pays européens pourrait être une des issues à cette crise migratoire. Si cette coopération avait existé dès le début des indépendances, les flux migratoires n'auraient peut-être pas totalement disparu, mais ils n'auraient pas eu l'ampleur que nous leur connaissons aujourd'hui. Si hommes et femmes quittent leurs terres et leurs maisons, c'est par désespoir de cause et dans la perspective de trouver ailleurs dans le monde, une vie meilleure.

La gestion des flux migratoires est un échec tant au niveau interne des États que dans le cadre des instances internationales ou régionales. Ce n'est pas tant la complexité des normes qui traitent de ce phénomène que l'absence volonté des États de protéger et de faire respecter les droits reconnus aux migrants. Les principes, droits et garanties prévus par le droit international ne sont appliqués que de manière incomplète et avec parcimonie, voire à « géométrie variable ». On a vu avec quelle insistance les États européens et leurs dirigeants sont intervenus auprès des nouveaux dirigeants afghans pour exiger d'eux le respect des dispositions sur les droits et libertés contenues dans les Chartes et traités internationaux au profit des femmes afghanes menacées ou mises à l'écart par les Talibans.

Ailleurs, on se soucie peu des femmes congolaises qui subissent depuis des années des exactions, des violences et des traitements inhumains et dégradants, pratiques toutes condamnées par de nombreux textes de droit international. Les migrants semblent être également délaissés par ces mêmes États qui appliquent ou non, à leur convenance, les traités qu'ils ont eux-mêmes ratifiés et qui leur reconnaissent des droits, tel le droit d'asile. Refusés à l'entrée des ports, bloqués aux frontières des États dans des conditions parfois inhumaines, pourchassés en mer et éloignés le plus loin possible des côtes et pire, jetés par-dessus bord après avoir coulé leurs bateaux ou ce qui en tient lieu, ces migrants se retrouvent sans protection pour leur survie, ni garantie, ni reconnaissance de leurs droits. L'application du droit international se heurte ainsi à divers obstacles qui tiennent, dans leur ensemble, à l'opportunisme des États européens qui y ont pourtant souscrit et l'absence de volonté de leur part.

L'utilité du droit international ne doit toutefois pas être négligée. L'Europe a connu de nombreuses guerres, dont les deux dernières qui furent particulièrement dévastatrices. En 1945 après la Seconde Guerre, des principes de coopération, de solidarité, d'hospitalité et de respect de la dignité humaine ont été inscrits dans les textes internationaux les plus importants, à l'exemple de la Charte des Nations Unies ou la Déclaration universelle des droits de l'homme de 1948. L'objectif était que l'« Homme », qui reste le même partout, où qu'il soit et quels que soient sa race, sa couleur, son sexe ou sa religion, puisse jouir de ces droits. La question migratoire s'impose aujourd'hui comme une problématique incontournable qui devrait interpeler à tout moment les États. Il s'agit de s'interroger fondamentalement sur les conditions d'existence des êtres humains, tous d'égale dignité, qui ont le droit de vivre dans la dignité et le respect des droits humains d'où qu'ils viennent. Il suffit d'avoir en mémoire les propos du même ancien Premier ministre français Michel Rocard qui restent fondamentalement justes, et que les différents acteurs impliqués dans la résolution des problèmes nés des flux migratoires doivent garder à l'esprit jusqu'à ce que ce vœu, le même que celui de beaucoup d'autres, soit réalisé : « *Ainsi, disait-il devant les députés de l'Assemblée nationale, pour lutter efficacement contre l'immigration, il faut agir sur les causes et pas seulement sur les effets. Agir sur les causes, cela signifie contribuer à ce que les populations concernées puissent avoir un espoir chez elles plutôt que de venir le rechercher chez nous (...) Mais il nous faut aussi avoir la lucidité de savoir que cette solution ne pourra jamais être à la mesure du problème, qu'elle ne sera pas suffisante à le régler. Elle est un pis-aller nécessaire, tandis que le remède unique et véritable ne réside que dans le développement du tiers monde* »[87]. Les dirigeants africains devront aujourd'hui, et plus que jamais, inscrire sur le registre de leurs objectifs primordiaux, le développement de leurs pays.

Le phénomène migratoire, aussi complexe soit-il, ne doit pas faire perdre aux États qui ne cessent de se réclamer de la démocratie et de l'État de droit démocratique, des valeurs fondamentales de notre civilisation, telles que la dimension humaine incarnée par toute personne, l'hospitalité et la solidarité entre les peuples. S. NAÏR avait invité l'État français à ne pas perdre de vue les valeurs qu'il a toujours incarnées et défendues : « *La France, incarnera d'autant mieux les valeurs fondatrices, elle renforcera d'autant plus son rayonnement international, quelle saura faire de l'immigration un vecteur de solidarité avec les pauvres* »[88]. À l'approche de l'élection présidentielle du mois d'avril 2022 en France, le thème de l'immigration et le phénomène migratoire se sont invités dans les débats. La position des potentiels candidats, dans leur grande majorité, semble aller dans une direction inverse de l'idée de

[87] V. JORF, année 1989 – N° 40 AN (CR). Mercredi 7 juin 1989, p. 1797.
[88] S. NAÏR, « La politique de codéveloppement liée au flux migratoire », in : Hommes et Migrations, n° 1214, juillet-août, 1998. Migrants et solidarités nord-sud, p. 51.

S. NAÏR. Soucieux de la réaction de l'opinion publique – pratiquement hostile aujourd'hui aux migrants car victime d'idées reçues sur l'immigration – et obnubilés par la question identitaire et l'obsession de la protection des frontières et de la souveraineté de leur État, ces dirigeants politiques proposent la fermeture des portes de l'Europe aux migrants. C'est un phénomène que l'on retrouve à présent dans de nombreux pays européens. Il faut alors reconnaitre qu'une nouvelle étape entre les États en matière de mouvements des populations est franchie.

LES FONDEMENTS CONSTITUTIONNELS DE 1947 POUR LA COOPÉRATION CITOYENNE JAPON-AFRIQUE : UNE ESQUISSE SUR LA GENÈSE DU SUD AU JAPON DES ANNÉES 1950

"Las ideas no se matan" (Les idées ne meurent pas)[1]

Makoto Katsumata[2]

Mon collègue et ami, le Professeur E. H. MBODJ a honoré de sa présence le 20ème anniversaire de la Collection Afrique de la Bibliothèque centrale de l'Université Meiji à Tokyo-Kanda comme conférencier invité, le 19 octobre 1996, pour introduire une communication sur : « Les droits humains en Afrique-résultats et perspectives» sous la présidence du Professeur E. K. FUKUDA. Participant ensuite au Colloque international sur les conflits armés en Afrique organisé par l'International Peace Research Institute Meiji Gakuin University (PRIME) en mai 2008 à Tokyo-Shirokane, il a introduit le thème: « La Constitution de transition et la résolution des conflits en Afrique : l'exemple de la République Démocratique du Congo », sous la modération du Professeur E. Y. HIGUCHI de l'Université de Tokyo, membre de l'Académie japonaise et membre associé de l'Académie française, constitutionaliste. Je voudrais saisir cette occasion pour remercier le Professeur E. H. MBODJ de sa contribution académique et éducative éclairée aux chercheurs et citoyens japonais.

---

[1] Aphorisme prêté à Pedro SARRA, lieutenant d'origine africaine de l'armée de Baptista, qui sauva de l'exécution Fidel Castro, capturé à Santiago de Cuba en août 1953 après l'échec de l'attaque de la caserne de Moncada par les révolutionnaires.

Le professeur Makoto KATSUMATA est diplômé de l'université Waseda et docteur de troisième cycle en économie du développement à l'université Paris I. Ancien directeur de l'International Peace Research Institute Meijigakuin University, PRIME (www.meijigakuin.ac.jp/~prime/) et professeur emritus de l 'Université Meiji Gakuin. Il a été professeur visiteur à la faculté des sciences juridiques et économiques de l'université de Dakar 1982-1984 ;

Ses publications récentes sur l'Afrique :

« L'Afrique est-elle réellement pauvre ? » Ed. Asahi Shinbun, 1993, « Introduction to political economy of contemporary Africa »,Ed.. Iwanami, 2013, « La perspective des relations entre le Japon et l'Afrique à l'âge de la mondialisation », *Revue des Deux Mondes*, avril 2013.

1/ Le pacifisme constitutionnel japonais au lendemain de la Deuxième Guerre mondiale

Je suis né en 1946 au centre de Tokyo, ville ravagée par les bombardements massifs et successifs, un an après la capitulation du Japon sans condition face aux alliés américano-européens. J'appartiens donc à la génération d'après-guerre qui n'a pas connu la guerre, mais la nouvelle constitution que l'on appelle communément aujourd'hui celle de la paix. On a appris à l'école que le Japon a fait beaucoup de maux à nos voisins et que nous avons décidé de ne plus faire la guerre, une forme ultime de l'exercice collectif de la violence et de vivre ensemble en paix dans la communauté internationale, comme le stipule l'article 9 de la constitution de la paix qui prescrit la renonciation à l'usage de la force comme moyens de la résolution des conflits internationaux[3].

Aucune constitution émancipatrice du temps moderne n'a été rédigée sans mention de la mémoire collective de son passé tourmenté. Il y a deux constats que l'on peut observer dans l'élaboration des constitutions de rupture. D'abord, celles-ci sont toutes nées à un grand tournant historique, que se soient la décolonisation des anciennes colonies anglaises de l'Amérique du Nord en 1776 et de la Révolution française de 1789 qui a aboli le royaume. Ensuite, elles aspirent que la valeur acquise par le peuple, devenu souverain dans son propre pays, soient aussi partagée par les peuples d'ailleurs, ce qui fonde la prétention universaliste de ces types de constitution. Aussi, l'indépendance des États-Unis a-t-elle encouragé les nationalistes des colonies espagnoles en Amérique latine. Dans ce même ordre d'idées, la Révolution française a provoqué la révolution haïtienne et l`abolition de l'esclavage à travers la Déclaration des droits de l'homme et du citoyen de 1789.

La constitution japonaise de 1947 n'échappe pas non plus à ces deux constats. Adoptée le 3 novembre 1946 et promulguée le 3 mai 1947, la Constitution japonaise de 1947, également appelée Constitution d'après-guerre, est née d'abord des cendres de la Deuxième Guerre mondiale qui a coûté la vie de 3 millions de Japonais, militaires et civils confondus, et celle de plus de vingt millions d'Asie et d'autres régions. Le peuple japonais a consacré, à travers sa constitution post-impériale, un nouveau Japon basé désormais sur la souveraineté du peuple qui a été bafouée par leurs tyrans. En même temps, la constitution incarne la volonté du peuple qui aspirait au rôle

---

[3] Pour l'acceptation publique japonaise de l'époque et l'actualité du débat sur la révision constitutionnelle, voire KATSUMATA (M.), « Une constitution pacifiste en péril », in *Le Monde diplomatique*, septembre 2015. Cet article 9, plus précisément sa première section n'a rien de nouveau dans l'histoire moderne des lois internationales, car on peut déjà se référer au *Pacte Briand-Kellog*, traité signé à Paris le 27 août 1928 à la suite de la Première Guerre mondiale, y compris par le Japon, communément appelé *« Pacte de Paris »* qui condamne le recours à la guerre comme moyen de règlement des conflits internationaux.

que pourra jouer le Japon pour un monde plus juste par la coopération multilatérale.

Cette vocation du Japon dans la communauté internationale peut se lire clairement dans le préambule de la constitution de 1947 qui proclame notamment :

« Nous, le peuple japonais, (...) décidés à ne jamais plus être les témoins des horreurs de la guerre du fait de l'action du gouvernement, proclamons que le pouvoir souverain appartient au peuple et établissons fermement cette Constitution (...).

Nous désirons occuper une place d'honneur dans une société internationale luttant pour le maintien de la paix et l'élimination de la face de la terre, sans espoir de retour, de la tyrannie et de l'esclavage, de l'oppression et de l'intolérance. Nous reconnaissons à tous les peuples du monde le droit de vivre en paix, à l'abri de la peur et du besoin. Nous croyons qu'aucune nation n'est responsable uniquement envers elle-même, qu'au contraire les lois de la moralité politique sont universelles et que le respect de ces lois incombe à toutes les nations arguant de leur propre souveraineté et justifiant de leurs relations souveraines avec les autres nations. Nous, le peuple japonais, nous engageons, sur notre honneur de nation, à servir ces grands idéaux et ces nobles desseins par tous nos moyens. »

Deux illustrations du livret de classe de l'éducation civique publié en 1947 et utilisé pour l'école secondaire jusqu'à 1952 par le ministère de l'Éducation nationale mettent bien en relief la détermination du gouvernement japonais de l'époque pour son attachement à la moralité constitutionnelle.

Voir figures 1 et 2 (en annexe)

Plus de 70 ans après la mise en vigueur de la constitution de 1947, le Japon et le reste du monde ont évidemment évolué. La première guerre froide finie, on assiste, avec la mondialisation galopante de ce début du 21e siècle, à une profonde du monde marquée par l'émergence de la nouvelle puissance chinoise sur la scène internationale qui annonce une nouvelle guerre froide entre les puissances et d'incessants conflits armés au Sud, en passant par le réchauffement de la planète à un degré alarmant et la pandémie globalisée du nouveau coronavirus 19. L'avenir du monde est donc plus que jamais incertain.

Le présent article tente de proposer une esquisse de relations Japon-Afrique à travers la coopération citoyenne, tout en proposant une relecture sociologique plutôt que juridique de l'esprit de la constitution de 1947 pour les années 1950, période décisive donnant naissance au premier mouvement pacifiste de portée internationale.

2/ La genèse de la coopération Japon-Afrique

Avant d'aborder la question du pacifisme japonais face au Sud émergent, il conviendra de préciser le choix du terme de la coopération citoyenne dans le contexte des relations internationales contemporaines Nord-Sud pour une double raison.

D'abord, le terme *coopération* tout court, le plus souvent évoqué dans les relations inter-étatiques Nord-Sud, est sujet à de multiples interprétations accommodantes, que ce soit pour maintenir ou même consolider les rapports de force hérités de la colonisation, lesquels persistent entre le Nord et le Sud, ou bien pour ignorer les enjeux réels des flux commerciaux et financiers entre les deux mondes[4], comme si les acteurs qui participent à ces enjeux étaient tous positionnés sur un pied d'égalité. Par contre, le concept *coopération citoyenne* renvoie au sens original de la coopération par laquelle l'humanité travaille ensemble pour un bien commun. Appliquée au Japon d'après-guerre, la coopération internationale est un exercice du devoir citoyen assigné et garanti par sa constitution de 1947.

Ensuite, la coopération citoyenne, loin du discours le plus souvent galvaudé des bienfaits de la coopération internationale officielle fortement médiatisée par les grands moyens, permet d'analyser la dynamique sociale qui s'opère constamment entre les principes constitutionnels et leur application réelle à des cas concrets.

Cela étant le chemin qui mène à la rencontre Japon-Sud commence par la guerre d'Asie-Pacifique, que l'on appelle aussi au Japon « *guerre de 15 ans* » (1931-1945) incluant ainsi la décennie qui précède l'attaque de la Baie de Pearl Harbor du 7 décembre 1941 par l'armée impériale japonaise contre les flottes américaines. Auparavant, l'incident de Manchuri en 1931 donna lieu à une confrontation armée entre les armées japonaise et chinoise provoquée par une fraction radicale de l'armée impériale débouchant sur la guerre sino-japonaise. Cette guerre de 15 ans prit fin le 15 août 1945 par la suite de l'acceptation de l'empereur japonais de la Proclamation définissant les termes de la capitulation du Japon, communément appelée *la Déclaration de Postdam.*

Avec l'entrée en vigueur du traité de la paix avec le Japon à San Francisco, ville américaine, en 1952[5], le gouvernement japonais a commencé la

---

[4] Les lecteurs qui s'intéressent à l'histoire de longue durée du commerce extérieur Japon-Afrique d'avant-guerre pourront consulter sur ce point l'ouvrage concis, écrit par l'historien africaniste japonais des faits économiques, KITAGAWA (K), *Japan's Economic Relations with Africa in a Historical Perspective : A Study of the Pre-War Japanese Consular Reports*, Kansai University Press, 2020.

[5] Nonobstant l'invitation qui leur avait été adressée, l'Inde et la Birmanie n'ont pas participé à la conférence de paix de San Francisco à cause de leur désaccord sur la nature du traité, alors que ni la République populaire de Chine naissante, la République de Chine (Taiwan) n'avaient été invitées à cette rencontre.

réparation de guerre aux pays d'Asie endommagés par l'armée impériale au nom de l'aide extérieure. En même temps, les citoyens japonais, longtemps préoccupés par leur survie quotidienne, ont commencé à tourner leurs regards vers le monde extérieur marqué par la décolonisation des colonies européennes et la guerre froide.

3/ Les premières rencontres Afrique-Japon des années 1950 : Bundung et Hiroshima

Assurément, l'année 1955 aura marqué l'éveil des Japonais au Sud émergent. En fait, l'année 1955 est doublement importante comme signe avant-coureur d'une coopération citoyenne Afrique-Japon à cause des deux évènements historiques : la Conférence Afro-Asiatique de Bandung en avril[6] et la première conférence mondiale contre les bombes atomiques et hydrogènes (*The First World Conference Against A and H Bombs)* en août à Hiroshima.

Avril 1955 à Bandung

L'invitation à la conférence de Bandung a été une occasion inouïe pour le Japon de faire un retour remarqué sur la scène internationale. Au niveau diplomatique, cette conférence afro-asiatique qui avait lieu en Indonésie-ancienne colonie hollandaise et envahie par l'armée impériale japonaise - a permis au Japon d'après-guerre de s'identifier comme un pays d'Asie, partageant une certaine sensibilité de solidarité avec le monde non occidental[7]. Ce fut aussi et surtout une première rencontre entre des représentants du gouvernement japonais et un groupe africain composé de six États et d'observateurs indépendantistes. Il faut pourtant préciser que ni le gouvernement japonais, ni la presse japonaise n'ont mentionné explicitement le caractère officiel et historique de cette rencontre entre le Japon et l'Afrique. Le regard des représentants japonais s'est fixé presque exclusivement sur l'Asie, ce qui a limité l'impact de la rencontre de deux grandes régions non-occidentales sur le plan diplomatique. Cependant, au niveau d'un Japon « citoyen », la conférence a ouvert un chemin vers une prise de conscience de la décolonisation en Afrique. Des informations rapportées sur la conférence

---

[6] Sur la participation du Japon à la Conférence de Bandung, voire entre autres Makoto KATSUMATA, « Brève histoire entre le Japon et l'Afrique : perspectives des relations Asie-Afrique », *Croisements*, Vol.4, Université francophone d'Asie du Nord Est (UNIFA), 2014, pp. 332-334.

[7] 3. Les réticences des Britanniques et des Américains, pays alliés-vainqueurs pour cette initiative japonaise ne se sont pas fait attendre. Le Secrétaire d'État américain Dulles a alors voulu organiser une « contre-conférence Bandung » avec les pays modérés du Sud. La proposition de Dulles à Macmillan, homme politique britannique, a eu lieu en octobre 1955.
MIYAGI (T). (2001), « Banndonn kaigito nihonnoajiafukki-amerikatoazianohazamade » (en japonais), « La conférence de Bandung et le retour du Japon vers l'Asie : tiraillements entre les États-Unis d'Amérique et l'Asie », *Shisosha,* 2001, p. 177.

ont permis au peuple japonais d'être renseigné de façon concrète sur les problèmes de colonisation en Afrique, surtout en Afrique du Nord[8].

Certes la conférence de Bandung par laquelle le Japon d'après-guerre a débuté sa diplomatie avec Asie a été de nature inter-étatique, et donc avant tout une occasion le public japonais de connaître ses voisins d'Asie d'après-guerre. Mais le public japonais et le milieu intellectuel par la presse japonaise écrite ont connu pour la première fois une Afrique en pleine période de décolonisation.

Août 1955 à Hiroshima

La première conférence mondiale contre les bombes atomiques et hydrogènes *(The First World Conference Against A and H Bombs)*, tenue en août 1955 à Hiroshima, est un autre volet marquant de l'éveil du public japonais au monde extérieur. Le choix de la ville de Hiroshima a été justifié par la première expérience de la bombe atomique dans l'histoire de l'humanité qu'elle a connue le 6 août 1945. Cette bombe larguée par le bombardier américain *Enola Gay*, a causé sur le coup une perte humaine de 80.000 personnes dans la ville de 140.000 habitants à l'époque. Trois jours après suivit une autre bombe nucléaire larguée par le même bombardicr qui a coûté la vie de 74.000 personnes à Nagasaki[9].

---

[8] Le 3 juin 1957, deux étudiants indépendantistes algériens de la faculté de médecine de l'Université de Paris ont participé au 10 congrès tenu à Tokyo par l'organisation estudiantine nationale « *Zngakuren* « contre les bases militaires américaines et pour un monde sans armes nucléaires, d'après le journal du parti communiste japonais « *Akahata* (drapeau rouge en japonais) daté le 4 juin 1957. Un représentant algérien du Front de Libération nationale (FLN) a également participé à la troisième conférence mondiale contre les bombes atomiques et hydrogènes, tenue à Tokyo d'après le récit de Susume TANIGUCHI à qui on se réfèrera aussi pour la note XIII. Ces courtes rencontres Japon-Algérie en 1957 seront documentées et étudiées plus en détail dans un article ultérieur.

[9] Il faut noter également que l'appel à la paix et à l'abolition des armes nucléaires n'a jusqu'ici jamais nourri des haines ou des rancunes contre les États-Unis des Japonais qui pensent même, aujourd'hui, les bombardements nucléaires de Hiroshima et de Nagasaki comme un acte à ne pas répéter pour l'humanité tout entière. En témoigne, la première visite du président américain Mubarak OBAMA en mai 2016 au parc de la Paix et au musée du Mémorial de la Paix de Hiroshima lors du sommet du Groupe 7. Un petit épisode à ce propos peut être rapporté. Lors de sa visite improvisée au musée mémorial de la bombe atomique à Hiroshima, à l'occasion de sa mission officielle au Japon, Che Ernest Guevara, président de la banque centrale cubaine d'alors a demandé à son interprète, membre du personnel de la municipalité de Hiroshima, pourquoi les Japonais ne se mettent pas en colère contre un si cruel acte des États-Unis ? L'interprète japonais n'a pas su répondre à cette question insolite. Toru MIYOSHI, *La vie de Che Guevara*, Ed. Bunsyun, 2014, pp. 205-206.

Le mouvement pacifiste japonais d'après-guerre connut son apogée à partir de l'essai nucléaire américain en 1954 dans le Pacifique, aux récifs de Bikini où l'équipage japonais d'un bateau de pêche japonais a été contaminé de radioactivités émises par les bombes hydrogènes et dont des morts et d'autres ayant souffert d'effets secondaires toute leur vie. Le mouvement dont l'origine a été initié quasi spontanément par un petit groupe de femmes japonaises à Tokyo sans passer par la mobilisation d'un quelconque parti politique. Elles s'inquiétaient d'abord de l'impact négatif qui pourrait affecter la vie de leurs familles par les poissons radiés pêchés dans cette partie de l'océan pacifique où ont été effectués les essais des armes nucléaires par les États-Unis. En collectant un nombre impressionnant d'environ 32 millions de signataires contre ces essais, le mouvement a pris une envergure nationale qui se traduira par la suite par l'organisation de la première conférence internationale contre les armes nucléaires en août de cette année. Il faudrait également noter que cette colère populaire au Japon contre les armes nucléaires n'a pas été la première et l'unique action citoyenne dans le monde. Ce mouvement pacifiste au Japon reflétait aussi, dans une certaine mesure, la mémoire collective, en particulier chez les Européens, sur la Deuxième Guerre mondiale, s'exprimant par l'indignation contre une autre guerre mondiale. En 1950 avec des centaines millions signataires collectées dans le monde, un manifeste intitulé *« Appel de Stockholm contre l'interdiction absolue des armes nucléaires »*, élevant l'usage des armes nucléaires au rang de crime contre l'humanité, a été adopté à Stockholm en Suède par le Conseil mondial de la paix *(World Peace Council)* fortement influencé par l'Union soviétique.

Pour le Japon il n'y avait pas la participation de la part du continent africain à cette première conférence contre les armes nucléaires. Toutefois, à côté des représentants des pays du Nord comme les États-Unis, la France, l'Angleterre, la présence à cette rencontre de Hiroshima de la jeune République de la Chine populaire et de l'Inde fraichement indépendante, deux grands artisans de la Conférence de Bandung, ont imprimé une couleur du Sud à ce grand rassemblement.

4/ La présence africaine au Japon : Hiroshima 1958

Avant de rappeler la présence africaine à Hiroshima en 1958, il convient de mentionner la conférence des peuples afro-asiatiques qui a eu lieu du 26 décembre 1957 au premier janvier en 1958 au Caire. L'importante délégation japonaise (58 Japonais après 84 représentants de l'Égypte (pays hôte) composée essentiellement de parlementaires, de journalistes, d'universitaires, de représentants des mouvements citoyens, a participé à cette rencontre à la capitale de l'Égypte en compagnie de_dix-neuf pays africains et de quatorze pays d'Asie, ce qui a permis au grand public japonais de connaître non seulement une Asie en réveil et aussi le continent africain qui se libère.

C'est dans le sillage d'une euphorie du mouvement pacifisme national et d'une vague de décolonisations en Asie et en Afrique que Hiroshima, ville hôte pour accueillir les représentants du monde pour la paix internationale et contre les armes nucléaires, a connu la présence des trois Africains. Il s'agit du leader politique du Soudan français (actuel Mali), d'un algérien du département français et d'un camerounais du territoire sous la tutelle française, intégré à l'Union française. Cette présence africaine en été 1958 au Japon aura permis d'identifier la nature de la fraternité ou de la solidarité entre deux peuples Afrique-Japon à travers le mouvement pacifiste japonais de l'époque. D'abord, la visite de Hiroshima par le jeune militant du Soudan français qui vient de Moscou, *Mamadou Djabaté*, premier secrétaire du comité français, a consisté à étudier les dégâts humains exposés à la radioactivité des bombes nucléaires larguées sur Hiroshima et sur Nagasaki dans le cadre de la désignation du site saharien des essais des armes nucléaires par l'Organisation du traité de l'Atlantique du Nord (OTAN)[10]. Sa participation à la première marche à pied pour la paix de Hiroshima à Tokyo est aussi constatée dans le film documentaire japonais du mouvement pacifiste de l'époque avec son costume cravaté[11].

Ensuite, la participation des deux militants de l'Algérie et du Cameroun à la 4ème conférence en été 1958 s'inscrit d'emblée dans le cadre de la solidarité internationale de la décolonisation de leur pays. L'Algérien, *Abderrahmane Kiouane* (1925-2014), étudiant militant à Paris arrive en juillet 1958 à l'aéroport international de Tokyo-Haneda pour participer à la 4e conférence à Hiroshima. Le camerounais *Ernest Ouandier* (1924-1971, vice-président de l'Union des populations du Cameroun (UPC) d'alors, qui venait de New Delhi en Inde y participait également[12].

Cependant, malgré la cause commune aux deux représentants des mouvements indépendantistes dans le continent africain, l'histoire nous renseigne que leur appel au public japonais pour une Afrique émancipée finira

---

[10] Hiroshima Peace Media Centre, le 19 juin 1958 (*consulté le 11 février 2021, http ://www.hiroshimapeacemedia.jp/ ?=26277*)

[11] Film documentaire court métrage, "Les colombes qui battent des ailes -la quatrième conférence mondiale contre les armes atomiques et hydrogènes – une chronique de la marche pour la paix », réalisé par Fumio KAMEI, 1958.

[12] Nous pouvons savoir leur séjour au Japon grâce à Susume TANIGUCHI, étudiant au Collège des langues étrangères de Tokyo et ensuite correspondant à Londres du journal *Yomiuri*, une des presses écrites encore les plus importantes avec les journaux *Asahi* et *Mainichi*. J'ai eu à plusieurs reprises des entretiens oraux avec TANIGUCHI sur la solidarité Afrique- Japon des années 1950. Sur cette section, la présence algérienne et camerounaise à la conférence de Hiroshima, l'auteur se réfère à sa communication ; "Peace Movement in Japan and Decolonization in Africa – How Japan Understood Africa in the 1950s" à la conférence internationale *Asia-Africa, A New Axis of Knowledge* tenue à l'Université Dar es Salam, le 21 septembre 2018.

par des trajectoires opposées en ce qui concerne la coopération citoyenne entre le Japon et l'Afrique. Pour une Algérie algérienne, les intellectuels, des parlementaires de tout parti politique confondu et du milieu des grandes affaires (*Keidanren, la Fédération du Patronat japonais)* ont été sensibilisés. Le suivi de cet appel au public japonais sera concrétisé par l'organisation de « Journée de solidarité avec l'Algérie » du 29 mars 1958 et l'installation à Tokyo à la fin d'août 1958 du bureau d'Extrême-Orient du Front national de Libération (FLN).

Par contre, pour le cas du mouvement indépendantiste du Cameroun, l'appel d'Ernest Ouandier pour la cause[13], notamment pour une élection libre sous les auspices des Nations Unies pour l'indépendance du Cameroun, est enseveli dans l'oubli du public japonais et s'est s'estompe dans l'euphorie médiatisée de « l'Année de l'Afrique » où l'on apprend, même aujourd'hui dans les classes du lycée japonais, 1960 comme une année où 17 colonies dans le continent ont accédé à leur indépendance, y compris le Cameroun que le gouvernement japonais reconnut diplomatiquement en janvier 1960.

5/ La présence japonaise en Afrique : le chemin de décolonisation du Caire à Conakry

Alors que la conférence mondiale annuelle contre les bombes atomiques et hydrogènes s'inscrit désormais dans la rencontre cérémoniale entre les citoyens et peuples Afrique et Japon qui partagent la cause commune pour un monde sans armes nucléaires et colonies, la participation des Japonais au secrétariat international de l'AAPSO (*Afro-Asian People's Solidarity Organisation)* en 1959 se traduit par sa coopération citoyenne avec les indépendantistes des pays au sud du Sahara. Tout se passe dans le paysage géopolitique internationalement tendu entre les puissances américaine et soviétique sous une forme de la guerre froide et les pays du Sud, notamment l'Égypte avec son nouveau et jeune dirigeant *Gamal Abdel Nasser* qui a réussi à imposer en 1956 la nationalisation du canal de Suez avec le retrait des armées britannique et française stationnées dans ce pays, tout en aspirant que le Sud ne soit pas instrumentalisé par le jeu des deux camps Est-Ouest. S'agissant du continent africain, le gouvernement provisoire de la République algérienne a installé son siège au Caire en septembre 1958, la Guinée a accédé à la pleine souveraineté internationale en octobre 1958 et la première conférence des peuples d'Afrique a été tenue à Accra en décembre 1958 sur invitation du président K. N'KRUMAH de Ghana.

---

[13] Pour l'appel et le propos du participant camerounais pendant son séjour au Japon, lire l'article traduit en japonais, intitulé « Kamerun mondai », (La question kamerunaise) dans la revue bimensuelle *« Asia • Afrika »*, No.26, premier septembre, 1958, Ed. Comité de solidarité Japon- Asie, pp.1-6.

Le groupe des Japonais s'est installé au secrétariat Asie-Afrique de l'APPSO au Caire. La première tâche qui l'attendait a été la préparation de la deuxième conférence de l'APPSO qui devait avoir lieu l'année suivante en avril 1960 à Conakry, capitale de la Guinée dirigée par le président de S. TOURÉ.

C'est probablement le premier contact entre les acteurs non-gouvernementaux japonais et les leaders politiques africains engagés pour une Afrique décolonisée sur le sol africain. Y. KITAZAWA (1933-2015), un personnel du groupe japonais au secrétariat de l'APPSO qui a séjourné de 1959 à 1967 au Caire, un des rares témoins japonais de la période de la décolonisation en Afrique, décrit dans son ouvrage autobiographie « Une Afrique telle que j'ai vécue : mon itinéraire contre l'Apartheid[14] » comment son désarroi a été total en arrivant de Tokyo au Caire.

« Avant l'entrée en fonction au Secrétariat au Caire, on m'avait dit que le travail du Secrétariat avait consisté en soutien des mouvements de la libération du colonialisme. Je croyais que cette mission devrait être originellement l'affaire des Nations Unies. Mais les Nations Unies d'alors avaient été, de fait, dominées par une poignée des grandes puissances et les droits à la parole des petits pays d'Asie et d'Afrique n'y avaient presque pas cours. Il n'avait que sur le secrétariat du Caire qu'avaient pu compter les mouvements indépendantistes. J'avais donc une idée naïve en me disant aller travailler aux deuxièmes Nations Unies, car je n'avais pas l'occasion réfléchir ni sur le sens de l'indépendance des colonies, ni sur sa nature. Mais en arrivant au Caire j'ai réalisé que les choses n'étaient pas si simples. (...) D'autre part, même « l'aide » pour les mouvements de la libération nationale n'était pas celle que j'avais imaginée d'une façon romantique. L'engagement d'une armée internationale composée des volontaires comme la brigade internationale lors de la guerre civile en Espagne n'y a pas été possible, ni simplement il a suffi de leur fournir des armes ou des munitions. La seule chose que cette organisation internationale a pu faire a été de faire connaître au monde entier l'existence de ces mouvements de libération et l'identification et la nature de l'ennemi pour leur combat. Il ne s'agissait que d'un soutien moral.[15] »

Malgré l'appréciation ultérieure peu enthousiaste de ce personnel japonais du Secrétariat de l'AAPSO, le groupe des Japonais a continué à travailler pour la préparation de sa deuxième conférence à Conakry à laquelle a participé la délégation japonaise composée de politiciens, journalistes, professeurs[16].

---

[14] Le livre en japonais : *Watashi nonakano Afurika-Han – Aparutoheito heno tabi ,* éd.Syakai Shisosha1988.

[15] *Op.cit.*, p. 29.

[16] Un des membres invités de la délégation japonaise, Kamejiro SENAGA, politicien et journaliste résident à Okinawa-Ryukyu sous l'occupation américaine n'a pas participé à la rencontre, à cause du veto de l'armée américaine à son autorisation de voyage, mais a envoyé son message.

Leurs comptes rendus, articles dans les journaux japonais, meetings publics ont permis d'éveiller le grand public japonais sur la prise de conscience de l'émergence du Sud, tout particulièrement d'une nouvelle Afrique promise dans l'échiquier du monde.

La floraison au Japon des livres sur cette Afrique en marche à cette période en témoigne. La publication japonaise des livres sur l'Afrique politique et littéraire a connu ses années glorieuses avant son long déclin qui a duré jusqu'à la fin des années 1990[17].

Toutes ces lectures sociales à cette période d'un Japon non officiel face à une Afrique émergente contribueront à suivre, chez le public japonais, un autre évènement historique au monde face au Sud : l'émergence d'un vaste mouvement non-aligné dont la première conférence sera organisée en 1961 à Belgrade par le maréchal Tito, un des participants importants de la Conférence de Bandung en 1955.

Toutefois, le mouvement pacifiste japonais devait connaître des dissensions dans les années 1960, marquées par les essais nucléaires soviétiques et chinois ainsi que par la rivalité complexe entre les États-Unis, l'Union soviétique, la Chine populaire. Des schismes reposant sur la ligne adoptée à l'époque par les partis politiques japonais, ont conduit aujourd'hui à l'existence de deux grands mouvements contre les armes nucléaires au Japon[18].

La genèse de la coopération citoyenne Japon Afrique a été esquissée dans les années 1950 au cours desquelles le pacifisme constitutionnel, ancré dans la mémoire collective des Japonais sur la Deuxième Guerre mondiale et la tragédie des bombes atomiques sur Hiroshima et Nagasaki, s'est traduit par un vaste mouvement social pour un monde sans armes nucléaires et sans colonies Or, on sait aujourd'hui que le temps de cette dynamique sociale pour la paix mondiale qui s'est manifestée à travers la coopération citoyenne Japon-Afrique, modeste par rapport à celle entre le Japon et le reste de l'Asie, mais humaine et conviviale, va céder sa place au temps du mouvement anti-apartheid et des ONG de développement et de droits humains. On peut légitimement s'interroger sur ce qui reste de l'esprit de Bandung d'antan embrassé par le pacifisme constitutionnel, si on ne souhaite pas le laisser

[17] Des ouvrages traduits en japonais peuvent être cités : KENYATTA (J.), *Facing Mount Kenya* (1938) ; *Ghana: The Autobiography of Kwame Nkrumah* (1957), tous deux traduits en japonais en 1962, un *recueil des discours de Sékou Touré (2 tomes)* traduit en japonais en 1961, SEMBENE (O), *Les Bouts de Bois de Dieu* (1960) traduit en japonais en 1957.

[18] Ce sont, l'un « *Japan Council Against Atomic and Hydrogen Bombs (GENSUIKYOU)* » de tendance du parti communiste japonais, et l'autre « *Japan Congress Against Atomic and Hydrogen Bombs (GENSUIKIN)* » de tendance du parti socialiste de l'époque. Mais la génération japonaise qui ne connaît pas la première guerre froide d'après-guerre (1950-1990) souhaiterait une action commune face au danger de la guerre nucléaire mondiale au-delà de leur passé complexe.

s'effriter ou carrément le réviser au nom du réalisme géo-économie-politique pour justifier le renforcement de l'alliance militaire Japon - États-Unis. Certes, le temps de l'épopée du mouvement de la libération nationale en Afrique est révolu sauf au Sahara occidental, seul territoire non autonome dans le continent africain[19]. Mais la lecture de la carte du monde dans un angle Nord-Sud semble présager une nouvelle guerre froide entre les grandes puissances avec une course galopante aux armements, y compris nucléaires. Éviter la guerre et apprendre à vivre ensemble dans le monde divers et fragile, c'est l'esprit de la constitution japonaise de la paix de 1947 qui, dans l'entendement de la génération d'après-guerre, devrait incarner la valeur suprême de l'humanité, une philosophie noble nécessaire à la survie du Japon en particulier et de la communauté internationale en général. Toutefois, il ne suffit pas au peuple japonais de se contenter d'avoir un beau texte de valeur universelle chez lui, faut-il tenter de le faire vivre chaque fois que la dignité humaine est bafouée quelque part dans le monde au nom de la coopération citoyenne, car un peuple n'est pas né comme le citoyen du monde, émané de l'aspiration de type kantien d'après-guerre, mais il le devient par le combat de sa dignité. D'où la brulante actualité de la constitution japonaise de 1947 face à la mondialisation hobbesienne.

Figure 1

Le soleil qui incarne la nouvelle constitution avec 3 principes énoncés dans son préambule : la souveraineté du peuple, la démocratie et la coopération internationale[1].

[19] Territoires non autonomes | Les Nations Unies et la décolonisation *https://www.un.org/dppa/decolonosation/fr/nsgt (consulte 20 mars 2021)*

Figure 2

Toutes les armes jetées dans le canari pour reconstruire le pays avec le slogan : renonçons à la guerre[1].

LES ORDONNANCES DES RÉGIMES MILITAIRES EN AFRIQUE NOIRE FRANCOPHONE[1]

Professeur Saidou Nourou Tall

FSJP/UCAD[2].

La plupart des États d'Afrique noire francophone, depuis leur accession à la souveraineté internationale, sont confrontés à une grande instabilité politique marquée, épisodiquement, par une succession de régimes civils et militaires, de conflits armés internationaux ou non internationaux avec la présence remarquée de terroristes, de mercenaires ou de rebelles. Sur ce point, El Hadji Mbodj dressait le tableau suivant : « Les crises récurrentes de légitimité sont une des tares majeures de l'État africain postcolonial qui cherche toujours à se stabiliser après des indépendances, souvent, mal négociées. Le contexte politique africain est ainsi essentiellement caractérisé par une sorte de pathologie manifeste à travers l'apparition d'un ensemble de phénomènes négatifs comme l'irruption des militaires dans la dévolution et l'exercice du pouvoir, les dictatures, les guerres civiles, autant d'éléments contre-productifs qui vont jalonner toute l'histoire politique contemporaine de ces anciennes colonies européennes »[3].

Ce constat reste encore valable, en dépit des changements opérés dans ces pays depuis une trentaine d'années avec l'adhésion progressive aux vertus incommensurables de la démocratie, du dialogue politique entre majorités et oppositions. Ces nombreuses mutations, générées ou suivies par des crises et conflits, ne s'accompagnent pas moins d'une thérapeutique sociale et d'un bouillonnement normatif sans précédent, avec un usage fréquent des ordonnances. La nature protéiforme de ces textes, qui sont susceptibles

---

[1] Cette contribution est, à la fois, une version remaniée de mon article paru en 2005 dans la *Revue EDJA* et, surtout, un extrait d'un ouvrage en préparation.

[2] Professeur titulaire de chaire, agrégé de Droit public et de Sciences politiques et actuellement juge au Conseil constitutionnel du Sénégal. L'auteur tient, à témoigner son immense gratitude et sa haute considération au Professeur El Hadji MBODJ qui a guidé ses premiers pas dans les sciences juridiques en l'accueillant, jeune Assistant stagiaire, dans son équipe pédagogique de Droit constitutionnel, en 1994.

[3] El Hadji MBODJ, « La constitution de transition et la résolution des conflits en Afrique. L'exemple de la République démocratique du Congo », *RDP*, 2010, n° 2, p. 441.

de revêtir la contexture d'ordonnances référendaires, budgétaires, organiques ou ordinaires, connaît dans les États d'Afrique noire francophone, une originalité, surtout dans les périodes extraordinaires marquées par la discontinuité de la normativité constitutionnelle à la suite de putschs ou de coups d'État militaires.

Considéré comme une rupture brutale de l'ordre constitutionnel[4], le coup d'État militaire est une expression qui connaît plusieurs acceptions. Tantôt, le coup d'État est défini comme « une violation du droit interne et une atteinte brusque et réfléchie aux règles juridiques qui ont pour objet l'organisation et le fonctionnement des autorités constituées dans un pays, la police des libertés publiques et le maintien de l'ordre sur le territoire »[5] ; tantôt, il peut être perçu comme un état des choses « hors des procédures constitutionnelles en vigueur, par une action entreprise au sein même de l'État au niveau de ses dirigeants ou de ses agents »[6]. Cependant, il est unanimement admis que sa qualification reste inchangée car il s'agit invariablement d'une situation « aux antipodes du système démocratique revendiqué de nos jours par tous les pays du monde ; en démocratie, il n'existe qu'une seule voie légale d'accession au pouvoir : l'élection par le peuple »[7].

Le propos de cette brève contribution aux *Mélanges MBODJ* consiste à mettre en lumière le particularisme des régimes militaires dans l'instrumentalisation des ordonnances. Du reste, la rupture de la légalité ordinaire par le coup d'État et l'avènement subséquent du régime militaire balise la voie aux ordonnances dont le principal li eu de jaillissement réside dans un creuset normatif *sui generis* (I). Il s'ensuit une grande sécrétion des ordonnances par les régimes militaires, cette production normative se modulant au fur et à mesure que les putschistes renforcent leur maîtrise sur les différents secteurs de la vie politique, économique et sociale du pays (II).

---

[4] Dans ce sens, Carré de Malberg rejetait tout lien entre le coup d'État et le Droit, considérant qu'« ... il n'y a point de place dans la science du droit public pour un chapitre consacré à une théorie juridique des coups d'État ou des révolutions et de leurs effets... il convient de s'attacher uniquement à un second cas, qui est celui d'une réformation paisible, régulière, juridique en un mot de la constitution en vigueur », Raymond Carré DE MALBERG, *Contribution à la théorie générale de l'État, Tomes I/II*, Paris, Sirey, 1920/1922, 837 p. (Réimpression des éditions de 1920 et 1922), Paris, Dalloz, 2003, p.497.

[5] Théodore HOLO, *L'étude d'un Régime militaire. Le cas du Dahomey (Bénin)*, Thèse de doctorat en droit public, Paris I, 1979, pp. 17-18.

[6] Olivier DUHAMEL et Yves MENY (dir.), *Dictionnaire constitutionnel*, Paris, P.U.F., 1992, p. 240.

[7] Voir aussi Yao VIGNON, « Le Coup d'État en Afrique noire francophone », *in* Les voyages du droit, Mélanges Dominique Breillat, 2011, p. 613.

I/ Le creuset de génération des ordonnances des régimes militaires

L'avènement des régimes militaires en Afrique s'accompagne invariablement de la mise en place d'un ordre juridique nouveau répudiant l'ancien droit positif. Dans cette optique, les régimes militaires s'attèlent fréquemment à l'énonciation d'arguments qui ressortissent de deux logiques normées essentiellement par des ordonnances : une logique de substitution entrainant la déconstruction de l'ancien ordre juridique (A) et une logique de justification servant de légitimation au nouvel édifice normatif (B).

A/ Des ordonnances fondées sur une logique de substitution

L'observateur le moins attentif de la vie politique africaine reconnait sans ambages qu'un grand nombre d'États d'Afrique noire francophone ont connu, quelquefois à plusieurs reprises, des régimes militaires. Ce sont notamment : le Bénin (ex-Dahomey)[8], le Burkina Faso (ex-Haute-Volta)[9], le Burundi[10], la

[8] Voir, Théodore HOLO, L'étude d'un Régime militaire, *op.cit* ; Robert CORNEVIN, « Coups d'État en chaine au Dahomey », *R.F.E.P.A.* n° 99, mars 1974, pp. 52-65.

[9] Anciennement République de Haute-Volta à l'indépendance, devenue Burkina Faso en 1984, le « Pays des Hommes intègres » a connu des régimes militaires, dans les périodes suivantes : 1966-1970 avec le Général Sangoulé Lamizana ; 1974-1977 : régime militaire avec le Général Sangoulé Lamizana ; 1980-1982 : régime du Colonel Saye Zerbo ; 1982-1983 : régime du Commandant Jean Baptiste Ouédraogo ; 1983-1987 : Régime du Capitaine Thomas Sankara ; 1987 avec la prise du pouvoir par le Capitaine Blaise Compaoré qui va initier de 1988 à 1990 , la période dite de la « rectification ». À la suite de l'insurrection populaire d'octobre 2014, le Président Compaoré démissionne et après l'intermède du putsch du Général Honoré Traoré, l'armée choisit plutôt Yacoubou Isaac Zida; puis s'ouvre jusqu'au 29 décembre 2015, une période de transition avec un Président, Michel Kafando (désigné le 17 novembre 2014), un Premier ministre (Isaac Yacoubou Zida) et un C.N.T. Ce processus sera interrompu, le 17 août 2015, par le coup d'État du Général Gilbert Djendéré, ex-chef du Régiment de Sécurité présidentielle (RSP) de Compaoré. Le coup d'État prend fin le 23 septembre 2015. Les organes de la Transition seront rétablis et à la suite du scrutin présidentiel, Roch Marc Christian Kaboré est élu Président du Faso, le 30 novembre 2015. Il sera réélu en novembre 2020.

[10] Un coup d'État contre le Roi Mwambutsa IV porte au pouvoir Michel Micombero le 28 novembre 1966. Il sera renversé le 1er novembre 1976 par Jean Baptiste Bagaza. Un autre coup d'État interviendra le 3 septembre 1987 avec le Major Pierre Buyoya.

Centrafrique[11], l'Union des Comores[12], le Congo[13], la Côte d'Ivoire[14], la Guinée[15], le Madagascar[16], le Mali[17], la Mauritanie[18], le Niger[19], la République

[11] La République Centrafricaine a connu bien des bouleversements depuis le renversement de David Dacko par son cousin, Jean-Bedel Bokassa en 1965. Ce dernier est renversé par David Dacko en septembre 1979. Puis, le Général André Kolingba prend le pouvoir le 1er septembre 1991. Après un retour au régime civil (avec l'élection de Félix Ange Patassé), le Général François Bozizé prend le pouvoir en mars 2003. Dix ans plus tard, à la suite de la guerre civile, le chef des rebelles « séléka », Michel Djotodja s'autoproclame chef de l'État avec la prise de Bangui le 24 mars 2013. Après bien des péripéties, Mme Catherine Samba-Panza sera choisie le 24 janvier 2014 par le CNT comme Chef de l'État de Transition. En janvier 2016, le Professeur Faustin-Archange Touadéra est élu Président de la République. Il sera réélu en décembre 2020.

[12] L'Union des Comores est une République fédérale qui a beaucoup souffert des coups d'État et des mercenaires. Le dernier coup d'État date du putsch de 1999 par le Colonel Azali Assoumani.

[13] Son premier Chef d'État, Fulbert Youlou, est évincé du pouvoir sous la pression des syndicats et de l'armée en août 1963. Il sera remplacé par Alphonse Massamba-Débat. Ce dernier sera renversé en août 1968 par le Capitaine Alfred Raoul. Le 30 décembre 1968, le Commandant Marien Ngouabi prend le pouvoir ; puis vont se succéder les régimes du Colonel Joachim Yombi-Opango en 1977; du Colonel Dénis Sassou Nguesso en 1979. Après l'intermède de la présidence de Pascal Lissouba, à la suite de la guerre civile de 1997, Dénis Sassou Nguesso reprend le pouvoir.

[14] La République de Côte d'Ivoire a connu un coup d'État en 1999 avec le Général Robert Guéi avant le retour à un régime civil.

[15] La République de Guinée a expérimenté les régimes militaires de Lansana Conté, du capitaine Moussa Dadis Camara. Après la tentative d'assassinat perpétré contre ce dernier, s'ouvre une période d'intérim en 2009 avec le Général Sékouba Konaté. En novembre 2010, le Professeur Alpha Condé est élu. Il sera réélu, sous l'empire d'une nouvelle Constitution, en 2020.

[16] La République de Madagascar a connu des coups d'État militaires en février 1975 avec le Général Andriamahazo, en juin 1975 avec le Capitaine de Vaisseau Didier Ratsiraka et des crises institutionnelles répétitives dont le dernier dénouement a été l'élection d'Andry Rajoelina en décembre 2018.

[17] Membre, avec le Sénégal, de la Fédération du Mali en 1959, l'ex-Soudan français devenu République du Mali en 1960, a connu une succession de régimes militaires : en 1968 avec le Lieutenant Moussa Traoré, en 1992 avec le Général Amadou Toumani Touré, le 22 mars 2012 avec le Capitaine Amadou Haya Sanogo et le 18 août 2020 avec le Colonel Assimi Goita.

[18] La République Islamique de Mauritanie a connu des coups d'État en 1978 avec le Colonel Moustapha Ould Mohamed Saleck, en 1979 avec Mohamed Mahmoud Ould Ahmed Louly, en 1980 avec Mouhamed Khouna Ould Haidallah, en 1984 avec le Colonel Maouiya Ould Sid 'Ahmed Taya, en 2005 avec le Colonel Ely Ould Ahmed Vall et en 2008 avec le Général Mohamed Ould Abdel Aziz ; voir, Riccardo CIAVOLELLA et Marion FRESIA, « Entre démocratisation et coups d'État. Hégémonie et subalternité en Mauritanie », *Politique africaine*, 2009/2, n° 114, pp. 5-23.

Démocratique du Congo[20], le Tchad[21], le Togo[22], etc. La vitesse à laquelle les régimes en place se sont effondrés, la passivité des populations et l'apologie de la force armée ont induit des comportements autoritaires bouleversant durablement le paysage politique.

Dès les premières années de l'indépendance, l'instabilité des régimes civils a servi de prétexte pour présenter l'armée comme « une force politique, une alternative au pouvoir civil »[23] dont la crédibilité avait fini par être minée par les partis uniques.

Aujourd'hui encore, l'actualité révèle l'acuité du phénomène des putschs en dépit de la tendance à la démocratisation amorcée ou ravivée par les Conférences nationales de transition des années 90[24]. Dès les premiers instants de la prise du pouvoir, les auteurs du coup d'État s'empressent de médiatiser

---

[19] La République du Niger, indépendante le 3 août 1960, a vécu des alternances de régimes civils et militaires avec les coups d'État du Lieutenant-Colonel Seyni Kountché en 1974, puis à sa mort, la venue au pouvoir du Colonel Ali Saibou en 1987. En 1996, c'est le régime militaire du Colonel Ibrahima Mainassara Baré. Ce dernier sera assassiné le 9 avril 1999, et un coup d'État portera au pouvoir le Commandant Daouda Mallam Wanké. Après des régimes civils, le Chef d'escadron Salou Djibo renverse, le 18 février 2010, le Président Mamadou Tandja. Voir, Mamoudou GAZIBO, la problématique de la consolidation démocratique : les trajectoires comparées du Bénin et du Niger. Université de Montesquieu-Bordeaux IV, 1998 ; Mama-Sani ABOUDOU SALAMI, « Démocratie et coups d'État en Afrique », *Revue nigérienne de droit*, n° 05, avril 2003.

[20] La République Démocratique du Congo (RDC), ex- République du Zaïre entre 1971 et 1997, indépendante de la Belgique le 30 juin 1960, a vu se succéder des régimes d'exception avec le coup d'État militaire de Mobutu Sese Seko en 1965, et après la victoire de la rébellion, la venue au pouvoir de Laurent Désiré Kabila le 17 mai 1997.

[21] La République du Tchad, indépendante le 11 août 1960, voit après l'assassinat de son premier Président François (Ngarta) Tombalbaye, l'arrivée au pouvoir du Général Félix Malloum en 1975; puis c'est le tour de Goukouni Oueddéi en 1979. Hissene Habré prend le pouvoir en 1982 avant d'être renversé par Idriss Déby Itno en 1990.

[22] La République Togolaise, successivement protectorat allemand entre 1884 et la Première Guerre mondiale, territoire sous mandat du temps de la Société des Nations, territoire sous tutelle de l'ONU en 1946, devient indépendante en 1960. Le Président Sylvanus Olympio meurt assassiné le 13 janvier 1963. Nicolas Grunitzky prend le pouvoir avant d'être renversé par le Colonel Kléber Dadjo le 14 janvier 1967. Ce dernier sera à son tour évincé par le Sergent Gnassingbé Eyadéma le 14 avril 1967.

[23] Maurice AHANHANZO-GLELE, « La Constitution ou loi fondamentale » *in Encyclopédie juridique de l'Afrique*, Tome 1, l'État et le droit, NEA, Abidjan-Dakar-Lomé, 1982, p. 34.

[24] Pour une vue d'ensemble, cf. Babacar KANTE, « Le constitutionnalisme à l'épreuve de la transition démocratique en Afrique » *in*, *Constitutionnalism in Africa. A quest for autochtonous principles*, Sanders Institut, Gouda Quint, Deventer 1996, pp. 17-32.

leurs actions en faisant une proclamation[25], un message[26] ou un communiqué[27] relayés par la radio ou la télévision dont les stations d'émission et de diffusion sont très tôt investies par l'armée. Les auteurs du coup d'État s'obligent à former, ensuite, un organe collégial duquel se dégage assez rapidement une personnalité qui en assurera la présidence et la fonction de Chef d'État[28]. En effet, selon le Pr CONAC, « dans les régimes militaires, l'État autoritaire était démuni de son masque institutionnel. Mais dans un premier temps, la personnalisation du pouvoir était atténuée ou voilée par une certaine collégialité. Puis, généralement, le passage de la phase du régime militaire au régime civil se faisait au bénéfice de l'officier devenu Chef d'État »[29].

---

[25] Proclamation du Lieutenant Moussa Traoré, *in* Le Mali, Notes et Études documentaires n° 4081-4083, Paris, La Documentation française, 22 avril 1974 ; proclamation du Lieutenant-colonel Seyni Kountché du 15 avril 1974 *in* Jean Jacques RAYNAL, *Les institutions politiques du Niger*, Saint Maur, Sepia, 1993, p. 126.

[26] Dans un message à la nation, le Général Christophe Soglo, se prononçant sur la durée du régime militaire au Dahomey, déclarait : « pour dissiper tout malentendu, nous tenons à proclamer solennellement que notre principal objectif est la réalisation intégrale du plan. Notre tâche durera tout le temps qu'exigera la réussite de ce plan de cinq ans et si l'intérêt supérieur du- Dahomey nous le commande, nous irons au-delà des cinq ans », cité par Pierre – François GONIDEC, *L'État africain*, Paris, LGDJ, BAM, Tome VIII, 1985, pp. 239-240.

[27] Communiqué n° 1 du 3 avril 1984 du Général Lassana Conté annonçant la prise du pouvoir par l'armée et créant le Comité militaire de Redressement national (CMRN).

[28] Ce schéma général peut s'appliquer pour le cas du Mali avec le coup d'État du 18 août 2020 contre le régime du Président démocratiquement réélu Ibrahim Boubacar Keita. Dans un contexte marqué à la fois par de très fortes contestations populaires, de lutte contre les mouvements rebelles Touaregs et les terroristes djihadistes, de prise d'otage d'un membre éminent de l'opposition, de contestations des élections législatives suivies de la démission suscitée de membres de la Cour constitutionnelle, le coup d'État militaire conduira à l'arrestation et à la démission du Président de la République, à la dissolution simultanée du Gouvernement et de l'Assemblée nationale. Une junte sera formée le 19 août 2020 sous le nom de Comité national de Salut du Peuple (CNSP) avec comme chef et Président autoproclamé, le Colonel Assimi Goita. Le CNSP établit, tout en maintenant la Constitution de 1992, l'Acte fondamental n° 001/CNSP du 24 août 2020 pour l'organisation provisoire des pouvoirs publics (JORM, spécial n° 15 du 27 août 2020). Sous la pression internationale, notamment de la CEDEAO, une Charte de la Transition sera adoptée, par les Forces vives de la Nation, le 12 septembre 2020, puis promulguée par le Président de la Transition BAH N'DAW (décret n° 2020-072 du 1er octobre 2020, JORM, 61e année, spécial n° 17, 1er octobre 2020, p.1).

[29] Gérard CONAC, « Les processus de démocratisation en Afrique », *in* Gérard CONAC, (sous la direction de), *L'Afrique en transition vers le pluralisme politique*, Paris, Economica, Coll. La vie du Droit en Afrique, 1993, p. 16. De même au Togo, après le coup d'État de 1967, le Comité de Réconciliation nationale (CRN) constitué selon l'ordonnance n° 1 du 14 janvier (Journal officiel de la République togolaise, numéro spécial du 30 janvier 1967, p.1) et l'ordonnance n°2 du même jour portant

Sans tendre à la complétude, on peut souligner que cet organe collégial peut recevoir des appellations variées : en Guinée, Comité Militaire de Redressement national (1984), Comité national pour la Démocratie et le Développement (2008) ; au Burkina Faso (ex-Haute-Volta), Comité militaire de Redressement pour le Progrès national (1980), Conseil National de la Révolution (1984), Conseil National de la Démocratie (2015); en Mauritanie, Comité militaire de Redressement national (1978), Comité militaire de Salut national (1979), Comité militaire pour la Justice et la Démocratie (2005), Haut Conseil d'État (2008); au Mali, Comité militaire de Libération nationale (1968), Comité national de Réconciliation puis Comité de Transition pour le Salut du Peuple (1991), Comité national de Salut du Peuple (2020); au Niger, Conseil militaire (1974), Conseil Supérieur d'Orientation nationale (1989) Conseil de Salut national (1996), Conseil de Réconciliation nationale (1999), au Tchad, Conseil supérieur militaire (1975), Conseil d'État Provisoire (1982), Conseil d'État (1990), etc.

Les linéaments du régime militaire une fois fixés, celui-ci se donne mission d'organiser et de consolider les assises des nouveaux pouvoirs publics par le canal de divers instruments juridiques offrant une place privilégiée aux ordonnances. Celles-ci semblent suivre une chronologie particulière, modulée en deux ou trois temps rythmant la naissance du régime, puis la période de sa consolidation et enfin sa conversion en régime civil soit par l'élection du chef de la junte comme Président de la République, soit par le transfert, volontaire ou sous la pression populaire, des organisations internationales et des bailleurs de fonds, à un régime civil à la suite d'élections sous haute surveillance de la communauté internationale. Dans cette logique, l'accoutumance des militaires à une discipline corporative et leur penchant pour la soumission à une hiérarchie prétorienne commandent de résorber tout vide juridique, par le canal des ordonnances. À supposer même que les ordonnances des régimes militaires cadrent avec une législation d'exception, le rejet d'un contrôle parlementaire ou populaire participe de la défiance à leur encontre que ne permettent pas d'écarter les appellations d'ordonnances ayant « valeur ou force » de loi.

Aussi, dans le vain dessein d'exorciser les préjugés tenaces d'autoritarisme attachés à leurs actions, les régimes militaires instrumentalisent, ensuite, les ordonnances dans une logique de justification.

---

composition du CRN, attribuent sa présidence au Colonel Kleber Dadjo ; l'ordonnance n° 15 du 14 avril 1967 nomme Étienne Eyadema, Président de la République togolaise (article premier) et l'ordonnance n° 16 de la même date dissout, en son article premier, le CRN (JO, numéro spécial du 15 avril 1967, p. 9).

B/ Des ordonnances fondées sur une logique de justification

Quel que soit le qualificatif de « bons » ou de « mauvais »[30], accolé aux coups d'État, la plupart des régimes militaires développent toute une stratégie de prise à témoin de l'opinion nationale ou internationale empruntant un langage[31]. Cette rhétorique ou cette parole[32] contient des spécificités bien marquées, qui sont dans l'ensemble structurées sur une base minimale bien que différente légèrement d'une junte militaire à l'autre[33].

En souscrivant à une logique de justification, la junte a invoqué de nombreuses raisons : nécessité de mettre un terme au désordre politique ambiant[34], nécessité d'apaiser le front social alimenté par les revendications syndicales intempestives[35], urgence de mettre fin aux épreuves de force entre le Président et l'armée, ou entre le chef de l'État et le Chef du Gouvernement[36].

Une recension non exhaustive, sur un mode de lecture aléatoire, aide à repérer d'autres arguments utilisés : décès de l'ex-Président[37] et difficultés de succession sur fond de contestation de candidatures[38], contestations de réformes

---

[30] Cf., Palouki MASSINA, « Le coup d'État, déshonneur et bienveillance », www.afrilex.u-bordeaux4.fr

[31] Adolphe DANSOU ALIDJINOU, *Le discours politique béninois (1972-1990)*, Thèse de doctorat, Université de Montpellier I, 1992, 345p.

[32] La volonté de divorcer avec tout ce qui rappelle le régime déchu peut emprunter un vocabulaire de substitution propre au nouveau régime. On en veut pour preuve la substitution aux expressions classiques de loi, décret, arrêté et circulaire, d'appellations locales de « *Zatu* », « *Raabo* », « *Kiti* », sous le régime de Thomas Sankara.

[33] Terme venant du mot espagnol « *juntos* » qui signifie, groupe ou assemblée de militaires, généralement de haut rang, qui s'est emparé du pouvoir politique.

[34] Cf., Adresse à la Nation du CNSP lors de sa prise du pouvoir le 18 août 2020 dont voici un extrait : *« (...) Maliennes et maliens. Des villages entiers sont brulés, de paisibles citoyens massacrés et nous pleurons tous les jours la perte de nos Compagnons d'armes. L'horreur est notre quotidien et ne nous émeut plus. Nous sommes devenus des réfugiés dans notre propre pays, en proie à toutes les difficultés existentielles. Le banditisme de grand chemin (braquages et vol à mains armées très osés) sont légions. Le terrorisme international nous tue, le terrorisme national nous détruit et ce n'est pour autant pas une fatalité, mais uniquement le manque de vision et l'amateurisme politique. La mauvaise gouvernance avec son lot de frustrations a fait perdre aux Maliens, l'espoir d'un lendemain meilleur. Des élections calamiteuses et dont les résultats sont au faciès, une épidémie de COVID19 dont la gestion fait douter de son existence,... ».*

[35] Voir au Mali, la Déclaration du 19 août 2020 portant création du Comité national pour le Salut du Peuple national.

[36] Voir Idrissa KIMBA, « Les régimes militaires entre 1974 et 1999 au Niger », *in* Idrissa Kimba (dir.), *Armée et politique au Niger*, Dakar, CODESRIA, 2008, p. 182 et s.

[37] Voir Anatole AYISSI, *Parole d'officier : coup d'État ou transition démocratique en Guinée*, Paris, Panafrika, 2009.

[38] Cf., en Côte d'Ivoire, la succession de Félix Houphouët Boigny et le renversement d'Henri Konan Bédié par le Général Robert Guéi à la suite du coup d'État du 24 décembre 1999.

constitutionnelles, corruption, détournements de deniers publics et incapacité des civils ou des régimes militaires précédents à promouvoir le développement économique, à lutter contre la corruption ou à assurer l'unité nationale[39].

Quelques illustrations permettent d'en entrevoir la teneur. Ainsi, on peut citer cet extrait du Message du Général André Kolingba, lors de sa prise de pouvoir en République centrafricaine, le 1er septembre 1981: « *il s'était instauré depuis 6 mois... un champ de polémique stérile, violent, durant lequel notre patriotisme a été mis à rude épreuve par des multiples et grossières violations de la démocratie, par les insupportables défis à la raison, à l'honneur et au droit* »[40].

D'autres raisons ont été avancées pour justifier le putsch, comme celles contenues dans la Proclamation suivante des Forces armées nigériennes : « *Ce jour, 11 avril 1999, les Forces armées nigériennes, conscientes des responsabilités qui sont les leurs, ont décidé de mettre un terme au vide institutionnel occasionné par la disparition subite, le vendredi 9 avril dernier, du Président de la République, le Général Ibrahim Mainassara Baré. Cet évènement tragique intervient dans un contexte politique, économique et social particulièrement difficile ; le régime mis en place depuis trois ans s'étant malheureusement révélé incapable de résoudre les problèmes épineux auxquels notre pays est confronté* »[41].

L'inclination récurrente à la justification de la prise du pouvoir par les armes ressort d'une volonté de persuader du bien-fondé du coup d'État, à la fois l'opinion publique nationale ou internationale, en jetant l'opprobre sur le régime précédent. A titre exemplatif, on peut se référer à la proclamation du groupe de militaires dirigé par le Général Gilbert Djendéré qui étale sur une série de griefs à l'endroit des autorités de la Transition burkinabé pour légitimer leur prise de pouvoir : « *Aujourd'hui 17 septembre 2015, les forces patriotiques et démocratiques alliant toutes les composantes de la nation et réunies au sein du Conseil National pour la Démocratie (CND), ont décidé de mettre un terme au régime déviant de la transition. Instauré à la suite de l'insurrection victorieuse du peuple des 30 et 31 octobre 2014, le régime de*

[39] Le cas de l'abolition de la Monarchie au Burundi est illustratif d'un dépassement des institutions royales qui n'arrivaient plus à contenir les ambitions politiques ni à s'opposer à l'exacerbation des clivages ethniques, ce qui aboutira, après l'adoption d'une Constitution, à la proclamation d'une République en 1962 et à l'avènement d'un régime militaire en 1966; voir Gérard CONAC, « L'évolution constitutionnelle.. », *op. cit.*

[40] Cité par Maurice KAMTO, *Pouvoir et Droit en Afrique noire. Essai sur les fondements du constitutionnalisme dans les États d'Afrique noire francophone,* Paris, LGDJ, 1987, BAM, Tome XLIII, p. 367.

[41] Publiée dans le Journal officiel de la République du Niger, Spécial numéro 6, du 13 avril 1999, p. 139 et s.

transition s'est progressivement écarté des objectifs de refondation d'une démocratie consensuelle. ... ».

Toutefois, ces logiques duales de substitution et de justification restent les principaux socles des ordonnances dont la conformation emprunte un particularisme certain.

II/ L'agencement des ordonnances des régimes militaires

De l'observation de l'appareillage normatif des régimes militaires, se dégage une taxinomie des ordonnances les configurant, sur un mode en trois temps : à la naissance du régime, pour consolider le régime et pour préparer le retour au régime civil ou pour transmuter le régime militaire en régime civil.

En opérant une recomposition du rythme des ordonnances, on note, au moins deux grandes séquences temporelles[42], qui sont liées à la genèse (A) et à la consolidation du régime militaire (B).

A/ Les ordonnances des débuts des régimes militaires

Relativement aux premières ordonnances, marquant l'avènement du régime militaire, leur fondement s'arrime à l'acte de proclamation[43]. Généralement, elles fixent la composition de l'équipe dirigeante[44] et édictent les premières mesures de suspension de la Constitution, de subjugation des institutions nationales, de déclaration de l'état d'urgence et/ou de couvre-feu[45].

---

[42] Voir, *supra*, note 35.

[43] Cf. La Proclamation du Conseil National de la Révolution et l'Ordonnance n° 83-1 CNR du 4 août 1983 portant prise du pouvoir par le Conseil National de la Révolution, (JORHV du 11 août 1983, p.861).

Au Mali, diverses ordonnances ont été prises sur le fondement de l'Acte fondamental n°001/CNSP du 24 août 2020 portant sur l'organisation provisoire des pouvoirs publics *(art.29)*, notamment l'ordonnance n°2020-02/P-CNSP du 11 septembre 2020 portant modification de la loi n°2018-007 du 16 janvier 2018 portant statut du personnel enseignant de l'enseignement secondaire, de l'enseignement fondamental et de l'éducation préscolaire et spéciale, (JORM, 61e année, spécial n° 16, 11 septembre 2020, p. 7).

[44] Au Bénin (ex-Dahomey), Ordonnance n° 74-68 du 18 novembre 1974 portant création, attributions, composition, organisation et fonctionnement du Conseil National de la Révolution, du Bureau Politique dudit Conseil, des Conseils Provinciaux, de District, Communaux et locaux de la Révolution ; Ordonnance n° 75-56 du 14 août 1975 qui l'a modifiée ; Ordonnance n° 77-42 du 9 septembre 1977 portant promulgation de 1 a. Loi fondamentale de 1a République populaire du Bénin ; Ordonnance n° 80-1 du 6 février 1980 portant formule de prestation de serment du Président de 1 a République. Voir aussi, Koffi AHADZI-NONOU, Essai de réflexion sur les régimes de fait : le cas du Togo, Thèse de doctorat d'État en droit public, Université de Poitiers, 1985.

[45] Voir sous le régime de Moussa Dadis Camara et l'intérim de Sékouba Konaté, les ordonnances suivantes : Ordonnance n°006/PRG/CNDD/2008 du 29 décembre 2008,

Après la prise de pouvoir, une proclamation, un communiqué ou un message relayé par les médias, fournira les raisons de l'intervention. En évinçant les gouvernants en place, les auteurs du coup d'État répudient en même temps l'ancienne organisation constitutionnelle des pouvoirs publics pour fonder ces derniers sur un nouvel agencement normatif. Celui-ci, basé sur un texte baptisé Acte constitutionnel ou toute autre appellation[46] constitue la matrice originelle des ordonnances[47].

Sur le plan juridique, la propension à l'instrumentalisation des ordonnances est affichée dès les premières mesures. Invariablement, l'organe collégial ou son président, suspend ou abroge la Constitution[48], institue un couvre-feu, supprime les droits et libertés ou diffère leur respect[49], suspend ou interdit les activités des partis politiques[50]. Le Conseil restreint, auto-investi, s'attache à

---

portant création d'un poste de Premier ministre ; Ordonnance n°001/PRG/CNDD/SGPRG/2010 du 09 février 2010, portant création du Conseil National de la Transition (CNT); Ordonnance n°006/PRG/CNDD/SGPRG/2010 du 05 mai 2010, portant attributions et composition du Conseil National de la Transition (CNT).

[46] En Côte d'Ivoire, Acte constitutionnel du 27 décembre 1999 ; au Mali, Acte fondamental n° 1/CTSP du 31 mars 1991 ; en République Centrafricaine, Acte constitutionnel n°2 du 8 janvier 1966. Cf. Félix Sohuily ACKA, « La promulgation de la loi en Afrique noire francophone », Revue EDJA, n°49, avril-mai-juin 2001, pp. 30-76.

[47] Actes constitutionnels n°1 du 4 janvier 1966 et n° 2 du 8 janvier 1966 du Colonel Bokassa, portant organisation provisoire des pouvoirs de la République. L'article 4 de l'Acte constitutionnel n°2 dispose : « *Le Président de la République légifère par ordonnances. Ces ordonnances ont pouvoir de modifier les lois* ».

En Côte d'Ivoire, l'article 2 de l'Acte constitutionnel du 27 décembre 1999 du Général Robert Guéi, dispose: « *Le Président de la République légifère par ordonnances. Ces ordonnances ont pouvoir de modifier les lois antérieures* ».

Au Mali, l'Acte fondamental de 2020, précité, dispose en son article 35, s'agissant du Président du Comité que «*Le Président signe les ordonnances et les décrets adoptés par le Comité national pour le Salut du Peuple* ».

[48] Cf. Au Burkina Faso, Ordonnance n°82-1CPSP du 7 novembre 1982 portant prise de pouvoir par le Conseil Provisoire pour le Salut du Peuple, (JORHV, 24e année, n° 47 du 29 novembre 1982, p. 1015). Au Togo, Ordonnance n°1 du 14 janvier 1967 dont l'article 4 dispose : « *sont abrogées : a) la loi du 5 mai 1963 portant Constitution de la République togolaise, b) la loi n° 63-14 du 27 mars 1963 fixant les règles relatives à l'élection des députés à l'Assemblée nationale...* ».

[49] Les différentes ordonnances subséquentes à l'avènement des régimes militaires ont suspendu ou restreint les droits et libertés : voir, Ordonnance n° 69-33 du 1er juillet 1969 modifiant l'article 22 de la loi n° 20 AL du 31 août 1959 relative à la presse et aux délits de presse (JO de la Haute-Volta du 3 juillet 1969, p. 336).

[50] Voir la Proclamation ayant valeur de loi du Comité militaire, présidé par le Colonel Saye Zerbo, qui suspend les partis politiques, assume jusqu'à la mise en place du gouvernement « *les responsabilités du pouvoir exécutif* » et légifère par « *voie d'ordonnances et de décrets parlementaires* », (JO de la République de Haute-Volta

inscrire ses actions, *a priori*, dans une durée provisoire[51], nécessaire au rétablissement de l'ordre public[52]. L'embrigadement des libertés, la banalisation du Parlement[53], la mise au pas des magistrats[54] confirment la tendance au durcissement du régime. Les ordonnances contribuent à la domestication par l'exécutif militaire des autres segments de la vie nationale et des pouvoirs ayant échappé à la purge, tout en organisant les modes de pérennisation du nouveau régime. Ces ordonnances peuvent toucher différents

---

du 4 décembre 1980). Il en est de même de la Proclamation du 15 octobre 1987 de Blaise Compaoré, Président du Front populaire et qui dissout le Conseil National de la Révolution, le Gouvernement, l'Organisation militaire révolutionnaire, et qui révoque le Secrétaire général national des Comités de Défense de la Révolution, (JOBF, 29e année, n° 44 du 29 octobre 1987).

On peut aussi évoquer le cas de la Guinée où, après sa prise du pouvoir le 3 avril 1984, Lassana Conté a supprimé le Parti démocratique Guinéen ; cf. Arnaud de RAULIN, « La Constitution guinéenne du 23 décembre 1990 », RJPIC n°2, avril-juin 1992, pp. 182-190.

[51] Comme le faisait remarquer Niandou Souley, « À l'inverse de ce qui se produit généralement, les militaires nigériens, depuis la prise du pouvoir en avril 1974, n'ont jamais déclaré solennellement qu'ils le remettraient aux civils. Et comme pour confirmer leur intention de rester définitivement sur la scène politique, dès 1976, suite à la formation d'un nouveau gouvernement (21 février), ils font disparaître le terme « militaire » de l'appellation officielle du gouvernement. Ainsi, le « gouvernement militaire provisoire » devient-il tout simplement « gouvernement provisoire », quoique comprenant encore 7 militaires sur 16 membres. Plus tard, le 24 janvier 1983, suite également à la formation d'une nouvelle équipe, le terme « provisoire » disparaît de l'appellation du gouvernement », Abdoulaye NIANDOU SOULEY, « L'armée et le pouvoir », Politique africaine n°38, 1990, pp.40-50.

[52] Au Mali, l'Acte fondamental de 2020 maintient la Constitution de 1992 en tout ce qui n'est pas contraire aux dispositions de l'Acte. Il prévoit en outre l'adoption d'une Charte de la Transition en son art.40 «*Avant l'adoption d'une Charte pour la transition, les dispositions du présent Acte qui s'appliquent comme dispositions constitutionnelles, complètent, modifient ou suppléent celles de la Constitution du 25 février 1992* ».

[53] Voir, Ordonnance n°1-PGRM du 16 janvier 1968 du Lieutenant-colonel Moussa Traoré, qui dissout l'Assemblée nationale et la remplace par une délégation législative de 28 membres nommés par le Chef du gouvernement (Journal officiel de la République du Mali, n°269 du 15 février 1968, p. 73).

[54] L'article 6 *in fine* du Décret-loi constitutionnel n°3 de la République Démocratique du Congo du 28 mai 1997 dispose que « *Le Président de la République relève de leurs fonctions et le cas échéant, révoque sur proposition du Conseil Supérieur de la Magistrature, les magistrats du siège et du parquet »*. L'article premier dudit décret-loi mentionne *: « L'organisation et l'exercice du pouvoir relèvent du Chef de l'État* », cités par Jean DU BOIS DE GAUDUSSON, Gérard CONAC et Christine DESOUCHES (Textes rassemblés et présentés par), Les Constitutions africaines publiées en langue française, 2 vol., Paris, La Documentation française, Bruxelles, Bruylant, 1997/1998, pp. 220-221.

domaines : finances publiques[55], banque, crédit, organisation administrative[56], diplomatie[57], organisation judiciaire[58], etc.

Ces ordonnances initiales balisent la voie à d'autres ordonnances qui seront édictées dans la phase de consolidation des régimes militaires.

B/ Les ordonnances de consolidation des régimes militaires

L'adoption des ordonnances de cette seconde catégorie est guidée par le souci de stabiliser le régime militaire, de renforcer la personnalisation du pouvoir autour du Chef de la junte, Président autoproclamé à la recherche de soutiens financier, matériel, diplomatique des grandes puissances mondiales, et des États du voisinage.

Ce régime cherche surtout, dès ses débuts, à s'attirer les faveurs des institutions financières internationales en les assurant du respect des engagements internationaux souscrits par le régime déchu.

Une fois que le coup d'État est consommé, se pose alors l'impératif de l'organisation et du fonctionnement provisoires de l'État pour redresser ou remettre en marche les institutions[59]. Dès lors, le régime militaire s'évertue à

---

[55] Ordonnance n° 1-CMLN du 18 janvier 1974 portant loi de finances pour l'année budgétaire 1974 (JORM du 1er février 1974, p. 81) ; ordonnance-loi n° 86-028 du 5 avril 1986 sur les investissements (JO du Zaïre, n° Spécial, avril 1986, pp.5-27).

[56] À titre illustratif, l'ordonnance n° 99-03 du 14 avril 1999 relative à la neutralité des membres du gouvernement, des Secrétaires généraux des ministères et de certains cadres de l'administration territoriale pendant la période de transition, Journal officiel de la République du Niger, 1er juin 1999, p. 376.

[57] Sur le plan diplomatique, on peut citer l'article 2 de l'ordonnance n° 99-001 du 11 avril 1999 du Président du Comité de Réconciliation nationale : « *L'État du Niger est et demeure lié par les Traités et Accords internationaux antérieurement souscrits et régulièrement ratifiés* », (JORN du 13 avril 1999, p.140). Voir aussi sous le régime du Maréchal Bokassa, (Président à vie de la République, Président du Gouvernement), Ordonnance n°76/034 modifiant les dispositions de l'article premier de la Loi n° 63/449 du 3-1-64 rendant libre la circulation des Ressortissants des États membres de la Communauté économique Européenne (République fédérale d'Allemagne, France, Italie, Luxembourg et Pays-Bas), des États membres de l'Union douanière et économique d'Afrique Centrale (République populaire du Congo, République du Gabon, République du Tchad, République Unie du Cameroun), République du Zaïre et État d'Israël (J.O.R.C.A, 18e année, n° 5, mai 1976, p. 265 et s).

[58] Cf. Amadou TANKOANO, « La Constitution de la République du Niger du 12 mai 1996 », *R.A.D.I.C.*, décembre 1997, Tome 9, n° 4, pp. 878-893. L'auteur cite l'Ordonnance n° 96-21 du 19 mai 1996 portant composition de la Chambre constitutionnelle de la Cour suprême pendant la période de transition.

[59] Cf., en RCA, les ordonnances du Président du Comité militaire de Redressement national, Chef de l'État André Kolingba, prises sur le fondement des Actes constitutionnels n° 1 et 2 des 1er et 22 septembre 1981, notamment l'Ordonnance n° 83.016 du 10 février 1983, portant création d'un Haut-commissariat aux Mines et

consolider son pouvoir, quelquefois sur la base d'Actes constitutionnels, mais principalement par le canal des ordonnances. Au fur et à mesure que s'affermit le pouvoir des militaires et face aux pressions des bailleurs de fonds ou de la communauté internationale, s'opère un changement qualitatif avec la libéralisation du régime et la recherche d'une légitimité plus confortable.

La métamorphose de l'organe collégial en gouvernement, son ouverture progressive à des personnalités civiles accommodantes, l'encadrement prudent de la résurrection des partis politiques[60], la surveillance pointilleuse des premières mesures de libéralisation[61], voire l'organisation de référendums constitutionnels à l'issue programmée[62], contribueront à maquiller l'autoritarisme, à titre de pierre d'attente[63]. Si les ordonnances des débuts du régime dénotaient d'une inclination à consolider le pouvoir de fait des putschistes et à asseoir une légitimité factice, les ordonnances subséquentes dans la phase de transition vers un régime civil tendent à revaloriser l'image du régime devant la communauté internationale[64]. Enfin, dans un troisième temps, (qui n'est pas toujours constaté si le régime militaire écarte toute perspective de transférer le pouvoir aux civils), sont adoptés aussi bien des mesures de libéralisation croissante de l'espace public, de surveillance prudente des droits et libertés, des organes de presse, des partis politiques, des syndicats, que des textes de compromis avec les acteurs politiques et sociaux.

Dans ces circonstances, il est fait recours à l'organisation d'élections présidentielles dont est rarement exclue la candidature du Chef de la Junte, avec ce fort sentiment que l'issue des élections est déjà programmée pour

---

à la Géologie et l'Ordonnance n° 83.024 du 25 mars 1983 fixant les conditions de possession et de détention et réglementant l'exploitation et le commerce de l'or et des diamants bruts, disponibles sur le site : www.droit-afrique.com_ou sur le site : www.ecolex.org_(consultés en juin 2020).

[60] Sous le régime du Général Bozizé, Ordonnance n° 05-007 du 02 juin 2005 relative aux partis politiques et au statut de l'opposition en République Centrafricaine.

[61] Voir l'ordonnance du Président du Conseil Suprême de la Révolution, Didier Ratsiraka : ordonnance n° 88-015 du 1er septembre 1988 relative à la Politique d'exportation de la République démocratique de Madagascar, disponible sur www.ambassade-madagascar.ch (consulté en juin 2020).

[62] Cf., Boubacar ISSA ABDOURHAMANE, «Alternances militaires au Niger», *Politique Africaine*, n° 74, 1999, pp. 85-94 (ici, page 85).

[63] Cf., en Mauritanie, Ordonnance n° 2006-029 du 22 août 2006, portant loi organique relative à la promotion de l'accès des femmes aux mandats électoraux et aux fonctions électives modifiée par la loi organique n° 2012-032 du 12 avril 2012 ,*in* République Islamique de Mauritanie, Recueil des textes applicables aux Collectivités territoriales, ministère de l'Intérieur et de la Décentralisation, juillet 2019, 970 p.

[64] Voir, Ordonnance n°91/075/PCTSP du 8 avril 1991 du Général Amadou Toumani Touré autorisant la création des partis politiques, citée par Jean DU BOIS DE GAUDUSSON et *alii*, « Les Constitutions africaines… », Vol. 2, p. 27 et s.

octroyer le label démocratique au pays qui retrouve, alors, les parures et les dorures de régime fréquentable[65].

Ce descriptif d'ensemble, nuancé en fonction des particularités de certains régimes militaires, conduit, quel que soit le caractère spécieux ou avéré des arguments aboutissant à une substitution des militaires aux civils, à admettre que les régimes militaires n'ont pas davantage satisfait les espoirs que faisait miroiter leur avènement car leur « gestion des affaires publiques n'est pas meilleure que celle des civils »[66].

La question des régimes militaires, résultante des changements anti-constitutionnels de gouvernements, ne saurait persister davantage avec l'avènement progressif d'armées républicaines. L'avantage principal des ordonnances des régimes issus de putschs réside dans le fait qu'elles comblent un vide constitutionnel, fruit du reniement de l'ordre juridique antérieur. Dans ce cas, les ordonnances constituent un palliatif forgeant, dans l'attente de la reconstitution de légitimités, un droit nouveau. En ce sens, la mise en scène des régimes militaires trouve dans un formalisme réduit parce qu'occulté, une voie rapide d'expression. Mais, la perception très souvent négative attachée à cette légalité circonstancielle est amplifiée par l'édiction de mesures de suspension de la Constitution, des droits et libertés des citoyens, de la vie politique et partisane, l'instauration d'un couvre-feu à défaut de celle de l'état d'urgence (qui l'est déjà *de facto*) et une volonté de dompter toute velléité de résistance à l'ordre militaire[67]. En prolongeant la thématique, la réflexion sur les régimes militaires doit être corrélée à la nécessité d'une plus grande institutionnalisation de la culture de la paix dans l'armée, qui constitue le maillon fort du secteur de la défense et de la sécurité de l'État, régi par les politiques publiques déterminées et/ou conduites par les gouvernements. Même si ce rôle a été constitutionnalisé dans certains États [68] dans une

---

[65] Voir, en Madagascar, l'Ordonnance n° 2001-002 du 31 août 2001 portant loi organique relative a l'élection du Président de la République, (www.elsa.org.za, consulté en juin 2020).

[66] Maurice AHANHANZO- GLELE, « La Constitution ou Loi fondamentale », *in Encyclopédie juridique de l'Afrique*, Abidjan Dakar Lomé, N.E.A., 1982, p. 34.

[67] Lire Michel-Louis MARTIN, « Armée et politique : cycle de vie du militarisme en Afrique noire francophone » *in* Daniel Bach et Anthony Kirk-Greene (ed.), *État et Sociétés en Afrique francophone*, Paris, Economica, 1993.

[68] Comme pour conjurer le risque toujours pendant d'un retour des coups d'État, certains États ont constitutionnalisé le rôle de l'armée ou, à tout le moins, ont essayé d'en cantonner les missions sous l'autorité de gouvernements civils et issus d'élections démocratiques. Ainsi, la Constitution du Mali proclame pourtant, en son art. 121 « *Le fondement de tout pouvoir en République du Mali réside dans la Constitution. La forme républicaine de l'État ne peut être remise en cause. Le peuple a le droit à la désobéissance civile pour la préservation de la forme républicaine de l'État. Tout coup d'État ou putsch est un crime imprescriptible contre le peuple malien* ».

tentative (vaine ?) d'exorciser le passé et de conjurer des périls à venir dans ces pays, il n'en reste pas moins, que dans les régimes démocratiques le politique tient le militaire en l'état. C'est dans ce sens que plusieurs textes internationaux condamnent les coups d'État et, donc, les régimes militaires.

C'est d'abord le cas de l'Acte constitutif de l'Union africaine. En application de l'article 4, paragraphe (p) et de l'article 30 de l'Acte constitutif, l'Union africaine a suspendu les droits de vote et de représentation des États suivants : la Guinée-Bissau, sanctionnée le 17 avril 2012 après le coup d'État militaire du 12 avril 2012 ; la Centrafrique qui est suspendue le 24 mars 2013 après la venue au pouvoir des rebelles de la *Séléka* et du président autoproclamé Michel Djotodia Am-Nondroko ; l'Égypte, suspendue au lendemain du coup d'État du Maréchal Sissi en 2013 et réhabilitée après l'élection présidentielle de 2014, etc. [69]. C'est ensuite l'un des objectifs de la CEDEAO à travers son Protocole A/SP1/12/01 sur la démocratie et la bonne gouvernance du 21 décembre 2001, additionnel au Protocole relatif au Mécanisme de prévention, de gestion, de règlement des conflits, de maintien de la paix et de la sécurité, qui énonce en son article premier les principes de convergence constitutionnelle, notamment : *« (...) b) Toute accession au pouvoir doit se faire à travers des élections libres, honnêtes, et transparentes. c) Tout changement anticonstitutionnel est interdit de même que tout mode*

De manière plus illustrative, sans rester sur l'aveu d'impuissance, on peut citer l'art.28 de la Constitution de la RCA de 2016 : « *L'usurpation de la souveraineté par coup d'État, rébellion, mutinerie ou tout autre procédé non démocratique constitue un crime imprescriptible contre le peuple centrafricain.*

Toute personne ou tout État tiers qui accomplit de tels actes aura déclaré la guerre au peuple centrafricain.

Toute personne physique ou morale qui organise des actions de soutien, diffuse ou fait diffuser des déclarations pour soutenir un coup d'État, une rébellion ou une tentative de prise de pouvoir par mutinerie ou par tout autre moyen, est considérée comme co-auteur. Les auteurs, co-auteurs et complices des actes visés aux alinéas 1 et 2 sont interdits d'exercer toute fonction publique dans les Institutions de l'État».

[69] La liste est longue des États sanctionnés puis réintégrés dans l'Union africaine : Madagascar, qui a été suspendu à la suite de la crise politique de 2009 qui a entraîné la prise de pouvoir d'Andry Rajoelina ; cette suspension a été levée à la suite de l'investiture d'un nouveau président démocratiquement élu ; la Côte d'Ivoire suspendue entre 2010 et 2011 ; la Guinée-Conakry, suspendue lors du coup d'État militaire du 23 décembre 2008 de Moussa Dadis Camara ; la Mauritanie, suspendue une première fois le 4 août 2005, après un coup d'État militaire. Elle fut réintégrée après l'élection présidentielle de 2007. Elle fut de nouveau suspendue, pour les mêmes raisons, le 6 août 2008 ; le Niger, suspendu le 8 février 2010 après un coup d'État militaire ; le Mali, suspendu le 23 mars 2012 après le coup d'État militaire des 21-22 mars 2012, a été rétabli le 26 octobre 2012 après la mise en place d'un régime de transition, dans le contexte de la prise de contrôle par les milices islamistes du nord du pays ; voir Saidou Nourou TALL, *Droit des organisations internationales africaines*, Paris, L'Harmattan, 2015, 550 p.

non démocratique d'accession ou de maintien au pouvoir... ». Il consacre, aux articles 19 à 24 « le rôle de l'armée et des forces de défense en démocratie ». L'article 20 précise justement « *1. L'armée et les forces de sécurité publique sont soumises aux autorités civiles régulièrement constituées. 2. Les autorités civiles doivent respecter l'apolitisme de l'armée ; toutes activités et propagande politiques, ou syndicales sont interdites dans les casernes et au sein des forces armées* »[70]. Enfin, c'est aussi le cas de la Charte africaine de la démocratie, des élections et de la gouvernance du 30 janvier 2007 considère que « *les changements anticonstitutionnels de gouvernement (...) constituent l'une des causes essentielles d'insécurité, d'instabilité, de crise et même de violents affrontements en Afrique » (Préambule).* Parmi ses objectifs, elle s'attache à *« interdire, rejeter et condamner tout changement anticonstitutionnel de gouvernement dans tout État membre comme étant une menace grave à la stabilité, à la paix, à la sécurité et au développement » (art.1er §4).* Son article 14 précise surtout : *« 1. Les États parties renforcent et institutionnalisent le contrôle du pouvoir civil constitutionnel sur les forces armées et de sécurité aux fins de la consolidation de la démocratie et de l'ordre constitutionnel.*

2. Les États parties prennent les mesures législatives et réglementaires nécessaires pour traduire en justice toute personne qui tente de renverser un gouvernement démocratiquement élu par des moyens anticonstitutionnels.3. Les États parties coopèrent entre eux pour traduire en justice toute personne qui tente de renverser un gouvernement démocratiquement élu par des moyens anticonstitutionnels »[71].

Cette vision des choses n'échappe pas aux dirigeants des nouveaux régimes civils qui s'empressent d'inscrire dans les dispositions transitoires des Constitutions qu'ils ont suscitées, l'abrogation de tous les actes pris antérieurement par les régimes militaires en cas de contrariété avec les nouvelles lois fondamentales[72].

---

[70] Voir, Alioune SALL et Ismaïla Madior FALL, « Une Constitution régionale pour l'espace CEDEAO : Le protocole sur la Démocratie et la bonne Gouvernance de la CEDEAO », voir le blog de Stéphane Bolle : www.la-constitution-en-afrique.org, (consulté le 30 juin 2020) ; Ayawa Aménuvévé AGBO, Droit international et règlement des crises constitutionnelles en Afrique francophone, Thèse droit, Lyon 3, 2012, 591 p.

[71] Voir, Jean-Claude TCHEUWA, « L'Union africaine et les changements anticonstitutionnels de gouvernement *», RRJ, Droit Prospectif, PUAM*, 2009, n° 2, pp. 995-1022 ; Joseph KAZADI MPIANA, « L'UA face à la question des changements anticonstitutionnels de gouvernement *», Revue Québécoise de Droit international*, 25/3, (2012), pp. 101-141.

[72] Voir article 119 de la Constitution du Mali de 1992 ; article 29 de la Constitution nigérienne de 1996.

LA CONFÉRENCE NATIONALE, 30 ANS APRÈS : QUEL BILAN ÉCONOMIQUE ET SOCIAL ?[1]

Médé Nicaise

Professeur des Universités

Directeur du Centre d'Études et de Recherche sur l'Administration et les Finances (CERAF)

À tort ou à raison, pour le meilleur et pour le pire, certaines élites béninoises ont fait de la Conférence nationale de 1990, la pierre d'angle du nouveau contrat social qui fonde les institutions et la vie politique nationales depuis une trentaine d'années. Dans un pays de culture et de civilisation fortement imprégnée de *vodoun*, on a tôt fait de fétichiser le déroulé de la conférence, les acteurs et leurs rôles, les extrants normatifs et programmatiques qui en sont issus. La jurisprudence de la Cour constitutionnelle a forgé l'expression "*esprit de la conférence nationale*"[2] tandis qu'une certaine classe politique ne cesse de se réclamer et de défendre les "*acquis de la conférence nationale*".

"*Qu'en termes exquis ces choses-là sont dites,*" dirait le poète. Au-delà de l'autocélébration envahissante, il convient de restituer la dimension prosaïque de tous ces évènements et surtout les restituer dans leur contexte géopolitique et synchronique.

Le Bénin de 1990 était, en Afrique de l'ouest, un pays fortement esseulé dans ses orientations politiques et idéologiques. La Guinée de Sékou Touré était de l'histoire ancienne depuis la mort du leader en 1984, tandis que le Burkina Faso avait fait sa mue interne de la "*révolution*" à la "*rectification*". Seul le Bénin continuait cette chevauchée chaotique vers un idéal socialiste scientifique, d'ailleurs vite abandonné (décembre 1989) sur les chemins éprouvants d'un ajustement structurel asséné de sang-froid et sans concession par la finance internationale.

[1] Communication présentée au colloque international "*La conférence des forces vives de la nation, 30 ans après*", Palais des Congrès de Cotonou, 29 février 2020.

[2] Décision DCC 06-074 du 08 juillet 2006, Président de la République, *Ahossi Jean Iréné et consorts*, Recueil, 2006, p. 365.

Lorsqu'on élargit la perspective, on note la prégnance de trois évènements majeurs, qui, mis bout à bout, font de la Conférence nationale des forces vives de 1990, l'onde de choc et une tendance lourde de mutations profondes qui agitent la société internationale et surtout les pays avec lesquels le Bénin avait une filiation politique et idéologique. *D'abord*, la Pologne, un pays à parti unique communiste, membre du Pacte de Varsovie et du Comecon (ou CAEM en français, Conseil d'Assistance économique mutuelle). Sous la pression du mouvement revendicatif ouvrier et après moult sessions de la "*Table ronde*" (l'autre nom de la conférence nationale), des élections législatives pluralistes ont lieu en juin 1989. Le parti communiste en sort battu.[3] L'opposition non communiste forme le nouveau gouvernement en août 1989 avec à sa tête un de ses leaders, en la personne de Tadeusz Mazowiecki. Par le dialogue et par les urnes, le pays sortait ainsi de l'ère communiste,[4] éprouvé et meurtri mais manifestement réconcilié, avec un président communiste, le général Wojciech Witold *Jaruzelski* et un Premier ministre sorti des rangs des anti-régimes : le "*passage pacifique du système communiste à la démocratie*" était acté.[5]

Ensuite, il y eut la Roumanie. Pays latin par sa langue mais enclavé dans un espace à dominante slave, la Roumanie cumulait la rigueur d'une dictature communiste classique avec la personnalité ubuesque et mégalomane de son leader. Les ingrédients d'une implosion étaient réunis. L'histoire donna rendez-vous aux Roumains le jour de la nativité de 1989, c'est-à-dire le 25 décembre 1989 pour passer devant le peloton d'exécution Elena et Nicolae Ceaușescu. La suite fut dramatique pour les Roumains : une mini-guerre civile, du sang, des larmes et un peuple durement éprouvé.[6]

Enfin, dernier évènement de notre trilogie, la chute du Mur de Berlin. Elle a lieu le 9 novembre 1989. Le symbole de la division du monde entre le bloc de l'Est et le bloc de l'Ouest, entre le capitalisme et le socialisme, entre les forces de progrès et les forces rétrogrades, entre le pouvoir des ouvriers

---

[3] 99 sièges sur 100 au Sénat pour Solidarność, organisation syndicale devenue parti politique. A la Diète, le rapport des forces était plus serré entre Solidarność,et ses alliés (Parti démocratique, PAX, Union chrétienne-sociale, Association catholique-sociale polonaise) d'une part, le parti communiste (Parti ouvrier unifié polonais) et son allié d'autre part (Parti paysan unifié).

[4] Scenario similaire en Hongrie où le gouvernement hongrois et les représentants de l'opposition concluent un accord le 19 septembre 1989 pour mettre en place un système multipartite et organiser des élections libres en 1990. Le 7 octobre 1989, le Parti socialiste ouvrier hongrois s'auto-dissout. La Troisième République de Hongrie est proclamée le 23 octobre 1989.

[5] A. Turbanska, "Les 20 ans de la table ronde polonaise : le passage pacifique du système communiste à la démocratie" *in* :
http://perspective.usherbrooke.ca/bilan/servlet/BMAnalyse?codeAnalyse=885, consulté le 14 avril 2020.

[6] R. Portocala, *La chute de Ceausescu*, Paris, Kryos, 2019.

exploités et le pouvoir des exploiteurs capitalistes, ce symbole venait de se briser[7] face aux assauts de peuples qui rêvent d'un mieux-être que le socialisme réel n'a pas réussi à leur procurer.

C'est la "La Fin de l'histoire"[8] croit discerner l'américain Francis Fukuyama parce que la fin de la rivalité entre le capitalisme et le socialisme est le signe de la disparition de toute contradiction dans le monde. Dans la logique de la dialectique hégélienne reprise d'ailleurs par Karl Marx, la lutte des contraires est le moteur de l'histoire, de l'évolution de la société des hommes. Le matérialisme historique sur lequel repose idéalement le communisme est la résultante de cette théorie des contraires. Le triomphe du capitalisme sur le socialisme marxiste annonce l'émergence d'un monde unipolaire et pacifié. À défaut de contradiction, l'histoire serait achevée ![9]

C'est dans cet environnement évènementiel et intellectuel que s'ouvre en février 1990, la Conférence des forces vives de la nation à Cotonou. Un peu moins d'un demi-millier de citoyens sont conviés au chevet d'un régime à bout de souffle et dont le Trésor public ne peut plus couvrir les dépenses de souveraineté. Les soldes primaires des lois de finances sont négatives sur plusieurs années. Appelés à la rescousse, les traditionnels partenaires au développement exigeaient comme préalable à leur assistance financière, la reprise du travail par les fonctionnaires en grève. De leurs côtés, les syndicats de la fonction publique, noyautés par l'extrême gauche, posaient le renversement du régime comme condition à la reprise du travail dans le secteur public. On était en pleine quadrature du cercle. Pour le Général-président, Chef de l'État, Chef du gouvernement, haute autorité chargée de la défense nationale, Chef suprême des armées et Président de la commission militaire du parti, les assises qui s'ouvraient seraient, pour lui, au mieux une bouée de sauvetage au pire l'annonce de l'échafaud. En d'autres termes, ce sera la consécration du modèle polonais ou la réédition sous les tropiques du drame roumain.

En lançant à la face des conférenciers son mémorable "*ne nous dites pas démissionne* !" le Président de la République offrit à toutes les clés du compromis historique attendu : il reste à son poste de Président de la République mais le gouvernement aura un nouveau chef, un Premier ministre désigné par la Conférence. Le deal était conclu et la Conférence nationale, la grand'messe d'un peuple éperdu se termine dans une ambiance de *coup d'État consenti*. Le rapporteur général fut tout à son aise lorsqu'il proclama : "*Nous*

---

[7] B. Brigouleix, *1961-1989 Berlin : Les années du mur*, Paris, Tallandier, 2001.

8 F. Fukuyama, *La Fin de l'histoire et le Dernier Homme*, Paris, Free Press, 1992.

[9] La fin de la guerre froide n'a pas pour autant signé la fin des contradictions sur la scène internationale. Les guerres asymétriques ont remplacé la rivalité entre blocs d'État. Voir A-Cl. Larroque, *Géopolitique des islamismes*, Paris, PUF, 2014, coll. Que sais-je ?

avons vaincu la fatalité." C'était il y a trente ans. Une nouvelle constitution est adoptée par référendum. Des institutions sont mises en place et la vie politique s'anime autant qu'elle peut. L'économie et le social accompagnent ce renouveau démocratique avec des performances en demi-teinte. C'est à ce bilan économique et social que nous consacrons les pages qui suivent, d'abord en passant au crible de la raison empirique le poncif de la démocratie, facteur d'accélération du développement (I) ensuite et enfin, en ouvrant le débat, sans pour autant pouvoir le clore, de comment nous inscrire durablement dans une logique d'émancipation économique (II).

I/ La démocratie béninoise n'a pas été un accélérateur de développement

Au sortir de la Conférence nationale, l'espoir de tout un peuple était et demeure de conjuguer définitivement au passé le quotidien de 10 millions d'âmes fait de privations et de pénurie diverses, de manques et d'insuffisances sur tous les aspects de ce que l'économie du développement appelle le *social service providing* : la santé, l'alimentation, l'accès à l'eau et à l'électricité, l'instruction et l'alphabétisation, l'assainissement du cadre de vie (B). Trente ans après, nous nous réveillons de notre sommeil d'espérance avec une gueule de bois et le sentiment désormais partagé que la démocratie politique ne suffit pas à accoucher le développement (A).

A/ La démocratie politique ne suffit pas à accoucher le développement

Le Rapport général de la conférence a longuement cité le Premier ministre français de l'époque, lequel croyait enseigner une autre vérité évidente en elle-même : "*Il n'y a pas de remède à des situations de crise économique et sociale qui ne procède d'abord d'une volonté politique, passant notamment par un approfondissement de la démocratie et du respect des droits de l'homme.*" Pour l'homme d'État français, l'aspiration des peuples à un mieux-être économique et social est conditionnée par une bonne inculturation démocratique. La locution adverbiale *d'abord* signifie qu'il y a un préalable politique à l'amélioration des conditions de vie économique et sociale des populations du Tiers Monde, et ce préliminaire c'est l'instauration d'une démocratie libérale pluraliste. L'exhortation venue d'outre-Atlantique peut se résumer ainsi : faites la démocratie, le reste vous sera donné par surcroit. Il y aurait ainsi, un lien de causalité linéaire entre la mise en place des institutions démocratiques et l'amélioration continue et durable du vécu économique et sociale des citoyens. C'est, en substance, le résumé de la doctrine du déterminisme politique qui pose le postulat que l'environnement politique surdétermine la croissance économique et donc le développement.[10] Elle est, à proprement parler, une idéologie, c'est-à-dire, et selon l'expression de Jean

[10] N. Médé, "De la démocratie au développement ou du développement à la démocratie : propos liminaires sur un itinéraire ambigu" *in* A. Sall et I. M. Fall, Mélanges en l'honneur de Babacar Kanté, Dakar, L'Harmattan, 2017, pp. 867 et suiv.

Baechler un "*discours orienté par lequel une passion cherche à se réaliser dans une valeur.*"[11] Pour passer le crible de la vérité scientifique, elle mérite d'être confrontée aux données empiriques.

De fait, la Pologne offre une bonne illustration de la concomitance de l'épiphanie démocratique et de l'émergence économique. Le pays du général Wojciech Witold *Jaruzelski et du syndicat* Solidarność, le pays de la loi martiale de la décennie 1980 mais aussi le pays de la "*Table ronde*" et du premier gouvernement non communiste de Pologne depuis 1945, le premier pays de la transition pacifique d'un régime communiste à une démocratie pluraliste, a connu en trente ans, une évolution économique enviable. Entre 1989 et 2019, soit en trente ans, le pays a multiplié son PIB par cinq, passant de moins de 100 milliards de $US en 1989 à environ 524 milliards $US en 2019. Une performance qui lui permet d'être classée 22e économie au monde et de figurer désormais dans la catégorie des pays à économie développée.[12]

Cependant, il serait hasardeux de tirer des conclusions hâtives d'un parcours aux causalités multiples. L'analyse multi-facteurs est de mise car l'ouverture démocratique s'est accompagnée d'une adhésion à l'Union européenne (2004) et à ses guichets de financements publics. On estime à 85,2 milliards $US le montant cumulé des allocations reçues de divers fonds de l'Union européenne entre 2004 et 2014.[13] Mais le coup de pouce décisif est venu des investisseurs privés. Attirés par le bas coût des facteurs de production (main-d'œuvre, énergie) et une fiscalité attrayante, les investissements directs étrangers ont représenté en moyenne annuelle dix milliards d'euros (6.550 milliards de FCFA), soit l'équivalent du PIB annuel du Bénin (7005,2 milliards à prix courants en 2016, selon l'INSAE).

L'exemple de Singapour est encore plus fulgurant et plus instructif pour la suite de nos propos. Une presqu'île adossée à l'océan, grande comme peut l'être une cité-État, mais qui affiche des performances économiques à la limite de l'insolence : un Produit intérieur brut par tête d'habitant de l'ordre de 57.714,30 $ US, en 2017 (France : 38.476,66 USD, en 2017), un PIB global de 323,9 milliards en 2017 (UEMOA, 291 milliards $ en PPA, 2017 pour les huit pays membres) et la première place du classement *Doing Business* depuis plusieurs années. Et pourtant, Singapour est un pays où le même parti politique est au pouvoir depuis l'indépendance en 1963-1965 ; un pays où le pouvoir se transmet de père en fils ; un pays où manger du *chewing-gum* est un délit pénal ; un pays enfin où les notations de "*Reporter sans frontières*" et d'*Amnesty International* montrent que les libertés individuelles s'épanouissent

[11] J. Baechler, *Qu'est-ce que l'idéologie* ? Paris, Gallimard, 1976.

[12] A. Cheyvialle, « Les recettes du miracle polonais », *in* journal *Le Figaro* (France), 22-23 novembre 2014, p. 22.

[13] *Ibidem.*

difficilement à l'ombre des gratte-ciels et sur le perron de la florissante bourse des valeurs SGX, la Singapore Exchange.

L'évidence s'établit ainsi que la dictature peut engendrer d'excellentes performances économiques et sociales. Qu'il n'est point besoin d'un cadre politique libéral et pluraliste pour accélérer la croissance économique. Que vivre en démocratie est un choix et non un préalable au développement. Que la bonne question n'est pas de savoir laquelle de la démocratie ou de la dictature conduit naturellement au développement. Mais que les peuples du monde en développement doivent plutôt s'interroger avec le Prix Nobel d'économie (1998), M. Amartya Sen, sur comment "*parvenir à la maturité* (économique) *par la démocratie.*"[14] En d'autres termes, comment réussir le tour de force de la création exponentielle de valeurs ajoutées économiques et sociales tout en étant dans un environnement de libertés et de pluralisme.

Après trente de vie démocratique, peut-on dire que le postulat d'Amartya Sen a trouvé une bonne terre d'expérimentation au Bénin.

B/ Le Bénin économique et social, trente ans après la Conférence nationale

Le Bénin, trente ans après, n'est forcément pas le même, ni sur le plan physique, ni sur le plan humain. Les agrégats économiques et sociaux ont connu une évolution certaine. On peut étaler à longueur de livres blancs le nombre de kilomètres de routes désormais bitumées, les écoles nouvelles construites, les centres de santé rendus disponibles, les ambulances achetées, les usines installées, les échangeurs autoroutiers aménagés sur terre et qui toisent le ciel ! En trente ans il y a eu trois présidents qui ont successivement fait, à la fin de leurs mandats, le bilan de leurs réalisations physiques et immatérielles. Ces catalogues d'"*outputs*" signifient qu'un peu plus de beurre a été ajouté, ici et là, à la tartine de chacun et de tous, si ce n'est le pain lui-même qui a été pourvu.

Cependant, à force de voir les petits pas, on en oublie qu'il est possible d'en faire de grands, des pas de géants qui subliment le quantitatif des bilans quinquennaux de nos Chefs d'État, pour en faire des qualitatifs existentiels de l'homme béninois du 21e siècle dont l'aspiration profonde est le bien-être servi par une aisance matérielle qui rivalise avec la condition des pays développés. En lieu et place de cela, nous égrenons, trente ans après la Conférence nationale, nos statistiques lugubres sur la pauvreté et la misère des populations. Selon la 5e édition (2017-2018) de l'Enquête démographique de Santé du Bénin (EDSB-V) publié par l'INSAE sur son site, l'indice de pauvreté au Bénin est de 40,08 % en 2015. Ce qui signifie qu'un peu moins d'un Béninois sur deux vit avec moins d'un dollar par jour.

---

[14] A. Sen, *La démocratie des autres. Pourquoi la liberté n'est pas une invention de l'Occident*" Paris, Payot, 2005, *passim*.

Trente ans après, la pauvreté reste encore notre tasse de thé au quotidien. Trente ans après nous n'avons pas réussi comme d'autres pays, notamment la Pologne, à multiplier notre PIB par cinq et sortir de notre condition de sous-développé chronique. Trente ans après, le Bénin reste toujours labélisé *Pays les moins avancés*, selon le jargon des Nations Unies, c'est-à-dire, pays pauvre parmi les pauvres.[15] En somme la *lumpen* du Tiers Monde, pour paraphraser un auteur du 19e siècle. Trente ans après, le Bénin joue toujours dans la catégorie des clubs de 20e division alors que l'aspiration dominante est de passer enfin en première division. Trente ans après, le Bénin se gausse toujours de ses libertés fondamentales, de ses alternances au sommet de l'État, de ses élections ouvertes et disputées. Mais trente ans après, le Bénin étale aussi une démocratie rongée par une pauvreté structurelle, envahissante et insoutenable.

Ce tableau a quelque chose de frustrant pour toute génération de citoyens, qui de bonne foi et à tous les échelons ont donné ou cru donner du meilleur d'eux-mêmes pour faire avancer les choses, changer l'ordre des choses. Mais nous avons le plus souvent fait un travail que le colonisateur, un brin dédaigneux appelle un travail de nègre. Un travail inintelligent et sans perspective, la routine au détriment de l'innovation, le ponce-pilatisme à la place de la responsabilité, la cigale au lieu de la fourmi, le court terme au détriment du long terme. Et, pour couronner le tout, quelquefois, la négation du travail tout simplement.

La faute aux élites ? Bien sûr, mais les peuples n'ont que les élites qu'ils méritent. Le mal est plus profond et découle de la profondeur de notre inconscient collectif. Le gougnafier qui vient distribuer des bibelots au village le weekend, (si ce n'est au cours des campagnes électorales) a plus l'oreille et la considération des populations que le gentleman qui vient prodiguer des méthodes pour améliorer le rendement agricole ou dégager des ressources sur la vente des produits de rente pour construire l'école du village. Notre système de valeurs ne célèbre pas l'effort, l'estime de soi, la confiance en soi, l'auto-accomplissement, le travail et l'investissement qui sont les fondements culturels d'une émergence collective des peuples.

Un auteur du début du 20e siècle a mis en parallèle l'éthique protestante et l'esprit du capitalisme[16] avoir un franc, investir ce franc de démarrage pour en faire cent francs, ensuite mille francs, ensuite un million de francs et ainsi

---

[15] Le nouveau classement de la Banque mondiale intervenu le 1er juillet 2020 fait du Bénin un pays à revenu intermédiaire en raison de l'augmentation du revenu national brut par habitant qui est passé de 870 $US à la dernière mise à jour à 1250 $US aujourd'hui. Ceci est intervenu cinq mois après la célébration des trente ans de la Conférence nationale de février 1990 (https://finances.bj/communiques/le-benin-est-desormais-un-pays-a-revenu-intermediaire/ 31 décembre 2020).

[16] "*Le gain est devenu la fin que l'homme se propose, il ne lui est plus subordonné comme moyen de satisfaire ses besoins matériels*" *in* Max Weber, *L'éthique protestante et l'esprit du capitalisme*, Paris, Champs classiques, 2017.

de suite, selon une certaine interprétation qui découle de la lecture du livre saint des chrétiens, notamment l'évangile selon Saint Mathieu, chapitre 25 versets 14 à 30.

Pour l'heure, nous autres Béninois en sommes à égrener la pauvreté au quotidien, et à nous demander, l'espoir rivé à l'âme, comment nous sortir d'une condition au mieux trentenaire, au pire habituelle.

II/ Désir d'émancipation : les voies du salut collectif

La posture du donneur de leçon est la plus communément pratiquée sous nos cieux. Du citoyen le plus fruste au technocrate chevronné, de l'hiérarque d'association confessionnelle, au dandy de salon, tout le monde semble avoir sa recette pour un Bénin triomphant. L'intention ici n'est pas d'en rajouter à la pléthore des idées et des théories. Elle est simplement de souscrire à la mission de l'homme de culture qui est, selon Aimé Césaire, celle d'être un "*inventeur d'âme*", en fixant quelques repères stratégiques (A) et temporels (B).

A/ Le déficit de stratégie globale

Le sens commun dit qu'"*il n'y a pas de vent favorable à qui ne sait où il va*". L'histoire des peuples est jalonnée de grands moments où il faut choisir une orientation globale à l'action, une perspective désirée : le choix de la modernisation-occidentalisation décidée par l'empereur Méiji au Japon,[17] la révolution blanche de Mohammad Reza Chah Pahlavi en Iran,[18] l'occidentalisation de la Turquie sous Moustapha Kémal Ataturk,[19] etc. Plus symptomatique encore, la Chine s'ouvre au monde en 1979, avec comme objectif de devenir *l'atelier du monde*. Se fondant sur le coût des facteurs de production et une réglementation sociale et environnementale moins protectrice, l'Empire du milieu attire les capitaux de l'occident capitaliste et réussit le tour de force, en une trentaine d'années, de se hisser au rang de deuxième économie du monde, avec en ligne de mire, le passage au premier rang dans quelques années.[20]

La leçon qui se dégage de ce détour synchronique est que l'individu autant que la nation, à un moment donné, doit se donner une stratégie, un cheminement qui mène vers son rêve d'avenir partagé.

En effet, l'action au quotidien est faite de décisions et de mesures qui suscitent en retour des résistances et des négations de l'objectif recherché. Le champ social est le théâtre où s'affrontent des individus et des groupes, des

[17] N. Soseki, *Conférences sur le Japon de l'ère Meiji (1907-1914)*, Paris, Hermann, 2013.
[18] G. de Villiers, *L'irrésistible ascension de Mohammad Reza, shah d'Iran*, Paris, Plon, 1975.
[19] A. Jévakhoff, *Kemal Atatürk, les chemins de l'Occident*, Paris, Tallandier, 2004.
[20] J. Gravereau, *La Chine conquérante: Enquête sur une étrange superpuissance,* Paris, Eyrolles, 2017.

idées et des anti-modèles, dans un jeu franc ou en nouant des alliances. Dans cet univers de contradiction, la stratégie devient un instrument de clarification parce qu'elle définit des horizons de moyen et long termes en fixant des objectifs à chaque terme.

Le mot stratégie vient du grec "*stratêgos*" (chef d'armée) qui a donné le latin "*stratagema*" (ruse). De cette référence au métier de Mars, on comprend que les premières interprétations de la stratégie soient rattachées à la guerre. Le chinois Sun Zi écrit son "*Art de la guerre*" ouvrage le plus ancien, croit-on sur la stratégie militaire.[21] Le prussien Clausewitz publie "*De la guerre*"[22] qui sert encore de vadémécum dans les écoles de guerre. Machiavel, avec "*Le Prince*" donne la part du "*fortuna*" (dont la maîtrise échappe au prince) et la part de la "*virtù*" qui habite le prince et dont doit découler un sens stratégique majeur.

En son sens moderne la stratégie tient de la science ou de l'art, plus science qu'art en raison de la dimension discursive immanente à toute stratégie. Sur un plan définitionnel, la stratégie, c'est d'abord l'antichambre de la vision. Elle prépare et rend possible la vision. Elle est l'identification et la description d'un but, d'un objectif à atteindre. Un objectif précis et quantifiable au besoin. Ensuite, la stratégie contient cette dose de volonté qui déplace les montagnes. Elle incite à l'action, à la *praxis* et ne se justifie que par l'action qui concourt à sa mise en œuvre. Enfin, on peut dire que la stratégie n'invite pas à parcourir un long fleuve tranquille. Des épreuves, des cascades et des embûches parsèment la route qui conduit à la réalisation des buts fixés par la stratégie.

Des stratégies de développement, il y en a sûrement eu dans l'histoire récente et bientôt centenaire du Bénin indépendant : stratégie globale, stratégie sectorielle. Les années 1960-1972 ont été caractérisées par une anarchie fonctionnelle qui ne pouvait laisser de place à une réflexion et une action fondées sur une stratégie claire et porteuse. Le temps politique n'était pas en congruence avec le temps managérial. Quand ni le Président ni les ministres n'étaient sûrs de revenir à leur bureau le lendemain, ils se contentaient d'expédier les affaires courantes et se souciaient peu de stratégie de moyen ou long terme. Chaque jour suffisait sa peine.

Les années post-conférence nationales ont connu un mandat de cinq ans et deux mandats de dix ans. Mais l'obsession d'un second mandat a tôt fait de l'électoralisme la clé explicative et justificative de l'action des gouvernants. Et pourtant.

L'exercice des *National Long Terme Perspectives Studies* (NLTP) parrainé par le Programme des Nations Unies pour le Développement a fourni quelques orientations majeures pour le Bénin de 2025. Les plans nationaux de développement y font référence de façon rituelle. Partant de l'aspiration

---

[21] Sun Tzu, *L'art de la guerre*, Paris, Flammarion, coll. "Champs" 1978.

[22] C. P. G. Clausewitz, *De la guerre*, traduction de Jean-Baptiste Neuens, Paris, Astrée, 2014.

fondamentale des populations à vivre dans un pays à "*Économie prospère et compétitive*" le scénario Alafia (scénario objectif pour 2025), préconise "*que le Bénin développe les secteurs dans lesquels il dispose d'avantages comparatifs à savoir le domaine agricole et le secteur des services.*" Il s'agit de services à haute valeur ajoutée technologique et non de l'achat pour la réexportation.[23] L'idée d'un Bénin "*Hong Kong du Nigéria*" a germé dans ce sillage. Il faut faire du pôle départemental Ouémé-Atlantique-Littoral, un hub de services où foisonnent les banques, les assurances, un marché financier qui va se nourrir de la consommation et de la production de 200 millions de Nigérians. À l'image de Hong Kong, de Singapour ou de Dubaï. La stratégie semblait judicieuse, faisable et largement profitable pour une accélération de la croissance économique nationale.

Mais l'ambition du Bénin est aujourd'hui contrariée par le projet d'une monnaie commune aux pays membres de la CEDEAO. Les visées du Bénin dans le secteur des services financiers étaient fondées sur un Naïra (Nigéria) volatile en comparaison d'un franc CFA plus stable et convertible. L'ambition du Bénin est tout aussi contrariée par le projet *Eko Atlantic City* à Lagos. Ce projet faramineux construit sur des terres conquises sur la mer, doit accueillir un centre économique et financier, qui rappelle justement, par sa position géographique et par son rayonnement, les territoires avancés de Hong Kong ou de Singapour.[24]

Par ailleurs, le scénario Alafia Bénin 2025 comporte aussi une option stratégique qui est "*l'amélioration significative de la qualité des prestations touristiques et hôtelières.*" Selon le diagnostic établi par le document, "*le tourisme est aujourd'hui* (1999) *le deuxième secteur pourvoyeur de devises après le coton avec près de 15 milliards de F CFA de recettes en devises en 1994 ; il occupe 6 % de la population active, et est le 3e secteur utilisateur de main-d'œuvre après l'agriculture et le commerce. C'est aussi le secteur d'activité qui contribue le plus à l'intégration de l'économie nationale, puisque 71 % de ses consommations intermédiaires sont d'origine locale.*"[25]

---

[23] "L'importance prise par les mouvements de capitaux depuis les années 70 avec le rôle clé des taux de change devenus un facteur déterminant de la compétitivité, montre l'avantage que tirerait le Bénin à être une place financière régionale. La transformation du Bénin en une place financière permet d'améliorer les régimes de changes et de transfert et la professionnalisation du personnel des banques et des agents de change. Ce qui valorisera les marchés de change parallèles et donnera naissance aux marchés à terme de devises et de marchandises, avec les transactions relatives aux devises étrangères." (PNUD, *National Long Term Perspective Studies, Bénin scenario Alafia 2025*, p. 127).

[24] R. Darras, "Eko Atlantic : le plus grand projet immobilier africain voit arriver ses premiers occupants" *in* https://www.jeuneafrique.com, 20 septembre 2018.

[25] PNUD, *National Long Term Perspective Studies, Bénin scenario Alafia 2025*, p. 127.

Le Plan national de Développement 2018-2025 réaffirme la centralité du tourisme dans les options stratégiques de la nation. Il s'agit de "*faire de l'agro-industrie, du tourisme et des services, le moteur de la croissance économique inclusive et durable.*" Ainsi, l'objectif général visé par le Plan national de Développement est d'"*atteindre une croissance soutenue, inclusive et durable* (...) *axée sur le développement de l'agro-industrie, des services et du tourisme.*" La filière touristique a, en effet, un potentiel de croissance remarquable avec les sous-filières pour lesquelles le Bénin dispose d'atouts importants : tourisme culturel (*vodoun*), tourisme mémoriel (côte des esclaves), éco-tourisme avec les parcs cynégétiques du nord. Les actions de valorisation en cours et à venir sont porteuses d'une valeur ajoutée intéressante pour la croissance et le développement. Dans la mesure, du moins, où les choses continuent sur cette lancée, c'est-à-dire dans la durée.

B/ La constance dans l'action : la durée

Ce que les Anglo-saxons appellent le *corporate governance*, ou tout simplement le management privé est aussi fondamentalement de la gestion d'affaires au sens que le droit civil[26] donne à ce mécanisme juridique. Un individu est chargé de s'occuper et d'exécuter des tâches sur un patrimoine qui n'est pas sa propriété. L'entrepreneur individuel autant que le dirigeant d'une entreprise sociétaire ont ce statut qui distingue le patrimoine privé du chef d'entreprise d'avec le patrimoine professionnel ou sociétaire. Le droit pénal des affaires protège cette dissociation par des infractions comme l'abus de biens sociaux[27], la banqueroute[28] et les procédures d'alerte.[29] Le droit de la responsabilité civile pour faute contribue aussi à protéger le patrimoine des actionnaires.[30] Le souci premier ici est de garantir la rentabilité de l'entreprise, sa viabilité économique et financière, l'atteinte de bons résultats de fin d'exercice afin de pourvoir à la rémunération des propriétaires-actionnaires.

La question du "*qui nous dirige*" n'est pas une question pertinente dans le *corporate governance.* La bonne question ici est de savoir "*combien gagnons-nous*" et si les performances financière, commerciale et technologique de

---

[26] Il y a gestion d'affaires "*lorsque volontairement on gère l'affaire d'autrui*" (article 1372 du Code civil).

[27] Article 767, Loi n° 2018-16 portant Code pénal en République du Bénin.

[28] Article 766, Loi n° 2018-16 portant Code pénal en République du Bénin. D'une manière générale, voir le Titre II : infractions relatives à la gérance, à l'administration et à la direction des sociétés (OHADA – Acte uniforme du 30 janvier 2014 relatif aux droits des sociétés commerciales et des groupements d'intérêt économique, GIE).

[29] Titre 4 de l'Acte uniforme du 30 janvier 2014 relatif aux droits des sociétés commerciales et des groupements d'intérêt économique (OHADA).

[30] Voir Livre 3, Action en responsabilité civile contre les dirigeants sociaux (OHADA – Acte uniforme du 30 janvier 2014 relatif aux droits des sociétés commerciales et des groupements d'intérêt économique, GIE).

l'entreprise sont suffisantes pour espérer tirer des dividendes satisfaisants pour les porteurs de parts sociales. Le profit et peut-être sa maximisation sont la raison d'être mais aussi la raison de survie des entreprises individuelles ou sociétaires. En conséquence, s'il s'y trouve, dans les textes de référence du droit des affaires, des mentions de la notion de mandat ou de durée de mandat[31] on chercherait vainement, par contre, l'évocation d'une quelconque idée de limitation de mandat ou d'alternance dans la gestion des entreprises de production de biens et de services marchands.[32] L'alternance n'est pas une valeur. La seule valeur qu'on peut même dire absolue est le profit. Du moment où il n'existe pas un déterminisme (absolu) qui conduit de l'alternance au profit, l'alternance perd tout intérêt managérial et n'appartient pas au système de valeurs du *corporate governance.* Elle est à proprement parler, une *non value* et ne participe pas du système axiologique du management privé.

La perspective change du tout au tout, lorsqu'on passe du management privé au management public, à la gouvernance des États. L'alternance remonte aux aurores de la démocratie moderne au 18e siècle. Démocratie représentative, elle met en jeu des élus qui exercent des mandats au nom du peuple souverain. Reposant d'abord sur une coutume constitutionnelle,[33] l'alternance par limitation de la durée du mandat présidentiel repose dorénavant sur des dispositions constitutionnelles écrites.[34] Somme toute, du point de vue du droit constitutionnel globalisé et de la gestion des sociétés modernes, l'alternance est devenue un indicateur de bonne gouvernance, apprécié comme tel par les mécanismes africains de *rating* de la gouvernance publique : l'*Ibrahim Index*

---

[31] Acte uniforme du 30 janvier 2014 relatif aux droits des sociétés commerciales et des groupements d'intérêt économique, OHADA, Article 324 (SARL) et article 420 (SA) pour la durée des mandats des gérants de société à responsabilité limitée (4 ans) et des administrateurs de société anonyme (6 ans).

[32] À l'exception des commissaires aux comptes qui ne peuvent faire plus de trois mandats (article 379, l'Acte uniforme du 30 janvier 2014 relatif aux droits des sociétés commerciales et des groupements d'intérêt économique, OHADA).

[33] En 1951, le Vingt-deuxième amendement limite à deux les mandats du Président de l'Union, alors qu'une simple coutume soutenait cette limitation depuis l'entrée en vigueur du texte en 1789 et le départ du premier président de l'Union, le général Georges Washington, après deux mandats consécutifs.

[34] Article 42, constitution du Bénin ; article 27, constitution du Sénégal ; article 6, constitution française.

of African Governance (IIAG, Mo Ibrahim),[35] le Mécanisme africain d'évaluation par les pairs (MAEP)[36], etc.

En trente ans de vie démocratique, le Bénin a été un bon élève en termes d'alternance politique et de circulation des élites partisanes : d'abord en 1991, puis en 1996, ensuite en 2006, enfin en 2016. Mais comme il a été noté, les changements successifs se sont faits dans la continuité de la contre-performance, ancrant désespérément le pays dans cette catégorie infâmante des pays les moins avancés, la lie du Tiers Monde.

On en déduit que l'alternance n'est pas un adjuvant pour l'accélération de la croissance pour le développement. Elle en constitue même un élément perturbateur dans la mesure où, à nouveaux gouvernants, nouveaux plans d'action si ce n'est de nouvelles définitions de stratégie globale et sectorielle.

Or, l'expérience comparée de certaines autres nations nous enseigne que la chevauchée vers la croissance pour le développement s'articule autour de deux mamelles : la stratégie et la durée. Que ce soit à Singapour où ailleurs en Afrique, pouvoir maintenir le cap dans la durée est un facteur de succès des politiques publiques bien inspirées qui peuvent conduire au mieux-être individuel et collectif.

La bonne question est ensuite de savoir si la durée est un atout, un facteur de succès, elle peut tout autant conduire à la catastrophe si la stratégie est mal inspirée.[37] Dix-sept ans de socialisme révolutionnaire n'ont pas permis d'accoucher d'un Bénin prospère, "*une société où il fera bon vivre pour chaque béninoise et chaque béninois.*" Et c'est ici qu'intervient la portée du pouvoir souverain conféré au peuple béninois : un pouvoir de désignation libre de ses représentants et un pouvoir de sanction. Incapable de formuler par lui-

---

[35] Les composantes clés qui constituent les quatre catégories de l'IIAG, comme illustré dans le schéma ci-dessus, sont les suivantes : Sécurité et État de droit, Participation et Droits humains, Développement économique durable et Développement humain. Chacune de ces catégories se décline en sous-catégories sous lesquelles sont regroupés divers indicateurs qui fournissent des mesures quantifiables des dimensions fondamentales de la gouvernance.

[36] L'évaluation du MAEP est menée dans le cadre des valeurs, codes et normes établis d'un commun accord et inscrits dans la déclaration de l'Union africaine sur la démocratie, la gouvernance politique et économique et la gestion des entreprises dans les quatre domaines essentiels suivants : (i) la démocratie et la gouvernance politique, (ii) la gestion et la gouvernance économiques, (iii) la gestion des entreprises et (iv) le développement socio-économique.

[37] Julius Kambarage Nyerere a initié les villages *Ujamaa* comme stratégie socialiste africaine de développement de son pays. Vingt ans après, face à l'échec et aux résultats médiocres, il donna sa démission de Chef de l'État tanzanien en 1985 (Kelly M. Askew, "*Les villages tanzaniens ujamaa 40 ans plus tard. Moralisation et commémoration du collectivisme*", Revue *Anthropologie et Sociétés*, vol. 32, n°s 1-2, 2008, p. 103-132).

même une stratégie, le peuple est cependant bien en mesure d'apprécier les performances des gouvernants, de sanctionner un échec ou de prodiguer son encouragement par une confiance renouvelée. La logique managériale orientée vers les résultats rimerait avec la logique politique de la sélection des gouvernants. Le binôme *stratégie-durée* retrouve à la fois cohérence et opérationnalité dans cette quête de toute une nation pour le développement.

Notre conclusion va prendre les chemins d'un exercice de sémantique complexe. Qu'entend-on par démocratie ? Cinq encyclopédies mises bout à bout ne suffiraient pas à épuiser la question. Le recours à la constitution du 11 décembre 1990 nous évite une dispersion de l'effort et de la recherche. L'article 2 de la constitution donne la déclinaison suivante : "*le Gouvernement du peuple, par le peuple et pour le peuple*." La formulation comporte trois segments : (i) le gouvernement du peuple. L'autorité est l'apanage de toute société évoluée. L'autorité politique est la manifestation du passage de l'état de troupeau à l'état de société humaine qui garantit un minimum de sécurité individuelle et collective. (ii) gouvernement par le peuple. Il désigne le *modus operandi* de la démocratie, sa partie instrumentale. Tous les développements sur les élections, la transparence, la sincérité, le contrôle de constitutionnalité, la séparation des pouvoirs, le monopartisme, le mandat présidentiel, le bipartisme, le multipartisme, le gouvernement bicéphale et la responsabilité de l'exécutif sont logés dans ce compartiment, qui est devenu, à l'épreuve, le plus nourri. (iii) le gouvernement pour le peuple. C'est l'aspect finaliste ou encore ministériel (au sens latin du terme)[38] de la démocratie. Les gouvernants sont au service du peuple et se doivent de travailler à rencontrer les attentes du peuple, les aspirations du peuple, les besoins du peuple. Ici se mesure l'impact économique, social, culturel de la gouvernance publique. Ce segment de la définition est le chaînon manquant dans notre vécu démocratique, sur trente ans, depuis la Conférence nationale de 1990.

Et c'est de la réhabilitation de ce chaînon qu'il s'agit aujourd'hui. Urgemment. Si nous ne voulons pas que l'histoire retienne de la Conférence de février qu'elle a été un événement vain, qu'elle a été organisée pour rien. Ou presque !

---

[38] De ministre, dérivé du latin *Ministerium*, fonction de serviteur.

LA LUSTRATION DANS LE CONSTITUTIONNALISME CONTEMPORAIN

Madame Emmanuel Nee Adouki Delphine Edith

Maître de conférences Agrégée

Coordonnatrice du Laboratoire de Droit et de Science politique (LADSP) Université Marien NGOUABI/CONGO

La présente contribution à l'Hommage rendu par ses collègues et disciples au Maître El Hadj MBODJ me fournit l'opportunité de mener la présente réflexion sur la lustration dans le constitutionnalisme contemporain et, spécifiquement, en Afrique. C'est à la faveur d'une session de préparation au concours d'agrégation, tenue à Dakar en mai 2013, que j'ai eu le privilège de faire la connaissance du Professeur El Hadj MBODJ, après avoir lu ses nombreuses publications[1]. Une fois agrégée de Droit public, je l'ai rencontré dans divers colloques où il n'a eu de cesse de nous impressionner par la profondeur de sa pensée et par sa verve légendaire. Je suis donc à la fois honorée et heureuse de participer à cet hommage académique qui atteste de l'universalité de la science et de l'absence de frontières entre les chercheurs africains.

La lustration est un concept dérivé des mots latins[2] *lustratio*, *lustrare* et *lustrum* qui renvoient à une "cérémonie sacrificielle de purification"[3] pratiquée au moyen d'eau lustrale, de feu, de sang ou de procession[4]. Chez les Grecs, la lustration est pratiquée au moyen de l'eau, à l'entrée des temples ou

---

[1] El Hadj MBODJ, *La succession du chef d'État en droit constitutionnel africain (analyse juridique et impact politique)*, Université Cheikh Anta Diop, Dakar, 1991, El Hadj Mbodj, "La constitution de transition et la résolution des conflits en Afrique. L'exemple de la République démocratique du Congo", *RDP* n° 2, 2010, p. 441.

[2] La lustration existe aussi dans d'autres langues. En hébreu, le mot *kippâr* signifie faire une lustration et dans la langue assyrienne, c'est le mot *u kippar* qui est utilisé. Voir, V. ULLA, La lustration dans les États post communistes européens, thèse, 27 mai 2013, p. 14, paragraphe 8.

[3] Voir, M. MEITE, "Jus post revolution : quelle place pour les droits de l'homme ?", *La Revue des droits de l'homme*, 6, 2014, p.

[4] M.E. BAUDOIN, "Le droit à l'oubli et la gestion du passé : le phénomène de la lustration en Europe de l'Est", in *La Revue Centre Michel de l'Hospital. Le droit à l'oubli*, numéro 8, septembre 2016, p. 38.

durant les cérémonies funéraires. Sous l'Empire romain, la lustration est effectuée au moyen du sang qui permet l'expiation, en cas de parjures, d'homicides ou de crimes. C'est ainsi que tous les 5 ans la ville de Rome est purifiée grâce à l'observation d'un rituel célébré autour du champ de mars : *suavetaurilia (sus, ovis, taurus*). Celui-ci consiste à faire déambuler une truie, une brebis et un taureau avant de les sacrifier[5]. C'est de façon symbolique que l'Église catholique organise la purification et la sanctification des fidèles, par le sang de Jésus Christ, lors des processions de rogations. Cette consécration des personnes et des choses à Dieu a pour effet de les séparer de toute attache profane[6].

La lustration est donc une institution antique reprise par les textes contemporains – les constitutions, les lois et les accords politiques de sortie de crise – des États d'Europe Centrale et Orientale et africains engagés dans des transitions démocratiques[7].

Au-delà de la diversité des expériences, la lustration peut se définir de façon restreinte ou large. De façon étroite, elle est synonyme, pour le Professeur Jean Pierre Massias, d'exclusion des personnalités ayant assumé des responsabilités au sein du parti communiste. Perçue de façon négative, elle signifie que "pour pouvoir exercer les fonctions précédemment définies, les citoyens ne doivent pas avoir été, au cours de la période définie par la loi, ni membre de services de sécurité d'État, ni avoir collaboré avec ces services, ni avoir exercé des fonctions officielles au sein du parti communiste »[8]. Elle est donc synonyme de décommunisation.

Tandis que de façon large, la lustration consiste en un ensemble de « procédures visant à sélectionner des personnes qui se portent candidates à des postes publics en raison de leur implication dans le régime précédent »[9]. Cette seconde définition correspond aux lustrations observées dans les États africains[10] à l'instar du Burkina Faso, de la République centrafricaine (RCA) ou de la Tunisie. Dans ces États, engagés dans le renouveau constitutionnel, la volonté de rupture justifie pleinement le recours à la lustration. Dans ces conditions, celle-ci devient le moyen approprié de protection de l'ordre

---

[5] Voir M. ULLA, *La lustration dans les États post-communistes européens*, *op. cit*, p. 14, paragraphe 14.

[6] *Ibidem.*

[7] K. NONOU AHADZI, *Les défis du gouvernement démocratique en Afrique subsaharienne depuis 1990*, Dakar, L'Harmattan, 2020, 308 p.

[8] J.P. MASSIAS (dir.), *Droit constitutionnel des États d'Europe de l'Est*, Paris, PUF, 1999, p. 53.

[9] L.N. LETKI, "Lustration and Democratisation in East-Central Europe", *eur Asia Stud*, vol. n° 54, 2002, cité par M. ULLA, *op. cit*, p. 18, paragraphe 25.

[10] Par le passé, l'Algérie y recourt en 1999 et en 2005, l'Ouganda, en 1980, le Ghana, en 1980, la République centrafricaine en 1994, le Burkina Faso en 2015 et le Tchad en 2005.

constitutionnel de transition ainsi que du futur ordre constitutionnel. Toutefois, la lustration n'est pas instituée par tous les États africains. En effet, au Bénin, en République démocratique du Congo (RDC) et en République Sud-Africaine (RSA), les transitions politiques consensuelles et inclusives s'effectuent, avec l'ensemble des forces et du personnel politiques. Par conséquent, ces États ne recourent pas à la lustration.

La lustration est donc une mesure qui frappe les anciens responsables politiques, administratifs et sécuritaires soumis à "la vérification des antécédents"[11], et, exceptionnellement certaines personnalités relevant du secteur privé. Le droit à l'oubli n'existe donc pas dans ces conditions. Par conséquent, la lustration les sanctionne, du fait des "liens trop intimes"[12] entretenus avec l'ancien système politique. Cette mise en "quarantaine post natale"[13] vise un double objectif. Le premier, avoué, est tourné vers la défense d'une démocratie fragile et la préoccupation d'exclure toute possibilité de reflux démocratique[14]. Le deuxième objectif, inavoué, est de sanctionner et de punir tous ceux qui ont participé, à un niveau de responsabilité quelconque, à l'ancien régime. De ce point de vue, elle est donc l'expression de la vengeance des vainqueurs.

Épuration de l'ordre constitutionnel transitoire, la lustration peut être conduite selon des modalités variables. Elle peut être *hard*, c'est-à-dire extrêmement rigoureuse, ainsi que cela a été observé en Albanie, en Tchécoslovaquie, en République centrafricaine (RCA) ou au Burkina Faso. Elle peut être aussi *soft*, c'est-à-dire douce, comme ce fut le cas en Bulgarie ou en Hongrie où seule l'élection permet de sanctionner les anciens responsables. Elle révèle, par conséquent, le dilemme auquel se trouvent confrontées les transitions politiques. Faut-il oublier[15] ou punir ; faut-il exclure tous ceux qui ont participé à l'ancien système ou admettre leur implication dans la gestion de la transition ? La réponse à ces questions est variable. En effet si les États post-communistes européens ont, dès 1991, notamment en Tchécoslovaquie, en Bulgarie, en Hongrie, en Albanie et en Pologne adopté des lois de lustration, suivis notamment en Afrique, par la République centrafricaine et le Burkina Faso, l'on constate, toutefois, que la République Sud-Africaine, la Russie et la République démocratique du

[11] J. MALINOVSKI, Les lois de lustration en Europe Centrale et Orientale : une mission impossible", *Revue Québécoise de droit international*, (2000) 13, p. 189.
[12] *Ibidem*.
[13] *Ibidem*, p. 130.
[14] R. DOSSOU, "Flux et reflux dans le nouveau constitutionnalisme africain", in *Revue du Conseil Constitutionnel*, n° 4, 2014, pp. 327-353, K. Dosso, « Les pratiques constitutionnelles dans les pays d'Afrique noire francophone : cohérences et incohérences », *RFDC* 2012/2 (n° 90), pp. 57-85.
[15] Voir "Le droit à l'oubli", *La Revue Centre Michel de l'Hospital.* numéro 8, septembre 2016.

Congo, ne retiennent pas cette option. En effet, dans ces États, le pont entre l'ancien et le nouveau régime s'opère avec le même personnel. On peut, notamment, pour la République Sud-Africaine et la Russie, mentionner le refus de lustration des membres des juridictions constitutionnelles qui vont participer à la gestion de la transition et à la pacification de la vie politique. En même temps, l'absence de lustration est susceptible d'occasionner des conflits entre les opérateurs de la transition. Car si, dans le cas de la République Sud-Africaine, l'absence de lustration du personnel politique n'a pas posé de problème, en Russie, par contre la transition menée avec l'ancien personnel de l'État a généré des conflits entre le Président de la République Boris Eltsine et le Soviet Suprême, composé d'élus proches de l'ancien parti communiste d'URSS[16].

La lustration révèle, de façon manifeste, le conflit entre le droit à la vérité, nécessaire à la transformation politique et, le droit à l'oubli, indispensable à la transition sociétale afin que, ainsi que le rappelle Paul Ricœur, la société ne soit pas indéfiniment en colère avec elle-même[17]. En effet, l'absence de pardon fragilise les processus de transition marqués par des antagonismes politiques, expression de la rancœur qui anime les acteurs de la transition. Toutefois, la lustration se trouve revêtue d'une signification complémentaire dans le contexte des transitions démocratiques en Afrique. Elle ne concerne pas exclusivement les anciens responsables politiques, elle vise aussi les gestionnaires de la transition qui ne peuvent, de ce fait, prétendre à des responsabilités dans le futur ordre constitutionnel.

Les processus de transition entrepris dans les États Est-européens et africains, à partir des années 90, sont incontestablement marqués, selon des proportions variables, par le recours à la lustration. La présente étude se

[16] La Cour constitutionnelle, présidée par le Président Valery ZORKINE, dont les membres n'ont pas fait l'objet de lustration a été sollicitée. Elle décide, d'abord, dans l'arrêt du 30 novembre 1992, publié le 18 mars 1993, de la constitutionnalité des ordonnances du Président de la République qui suspendent, interdisent l'activité du parti communiste et confisquent ses biens. Puis la Haute Juridiction se ravise et, déclare contraire à la Constitution la décision du Président de la République de recourir aux pouvoirs de crise ainsi que le décret portant dissolution du Parlement. Le Président ZORKINE n'hésite pas, alors, à soutenir le 21 septembre 1993 que le conflit entre le Président de la République et le Parlement peut conduire à l'affrontement direct entre le Président et le peuple. C'est alors que, le 21 septembre 1993, le Président de la République décide de suspendre le Soviet Suprême, et il organise des élections législatives anticipées suivies de l'adoption par référendum d'une nouvelle Constitution[16]. Enfin l'Oukaze du 7 octobre 1993 décide de la suspension de la Cour constitutionnelle, jusqu'à l'adoption d'une nouvelle Constitution.

[17] Voir, P. RICŒUR, *La mémoire, l'histoire, l'oubli*, Paris, Seuil, 2000, cité M. E. Baudoin, "Le droit à l'oubli et la gestion du passé : le phénomène de la lustration en Europe de l'Est", in *La Revue (Centre Michel de l'Hospital) ;* dossier : le droit à l'oubli, numéro 8, septembre 2016, *op. cit*, p. 42.

propose donc d'examiner la problématique suivante : quelles leçons peut-on tirer de l'institutionnalisation de la lustration dans le constitutionnalisme contemporain ?

L'objet et la portée des décisions de lustration témoignent de l'intérêt théorique de la présente étude qui porte sur une thématique qui n'a pas suscité d'engouement chez les juristes africains et qui a souvent été considérée comme étant spécifique aux PECO, au point où la lustration apparaît comme l'inconnue du constitutionnalisme africain. La réponse à la problématique paraît mitigée car, par principe, la lustration conduit à la négation du droit fondamental à la participation aux élections consacré par des instruments juridiques nationaux et internationaux. Toutefois si cette exclusion volontaire est justifiée par certains facteurs (I), elle apparaît, cependant, discutable, au regard de ses effets néfastes sur les droits de l'homme. Ce qui justifie l'existence de mécanismes de garantie (II).

I/ L'exclusion justifiée des anciens dirigeants

La lustration intervient dans un contexte marqué par la rupture de l'ordre constitutionnel[18] et les efforts tournés vers la construction d'un nouvel ordre constitutionnel. Durant cet "entre deux", la démocratie demeure fragile et elle doit, par conséquent, être protégée de toutes les velléités de restauration. Cette protection passe par l'exclusion volontaire de certains dirigeants (A) selon des modalités différentes (B).

A/ La pluralité des personnes exclues

La lustration est une décision qui vise d'une part, les responsables de l'ancien régime (1) et d'autre part, les gestionnaires de la transition (2).

1/ L'exclusion des responsables de l'ancien régime

La déconstruction de l'ordre constitutionnel d'un État résulte de diverses situations, notamment la révolution, le coup d'État et la révolte populaire qui créent une situation de fait, encadrée par la suite par le droit transitoire. Durant cet intermède, l'ordre juridique interne peut être organisé, de manière exclusive ou complémentaire par la constitution survivante ou restaurée, un acte fondamental, un accord politique de sortie de crise ou des actes unilatéraux des organisations internationales[19].

Cette situation caractérise notamment les Pays d'Europe Centrale et Orientale (PECO) après l'implosion de l'URSS et la disparition des démocraties populaires qui créent les conditions d'instauration de sociétés pluralistes et

---

[18] O. NAREY, "L'ordre constitutionnel", in *Mélanges dédiés au Doyen Francis V. Wodié, D.F. Meledje, M. Bleou et F. Komoin* (dir.), Toulouse, Presses de l'Université Toulouse I Capitole, 2016, pp. 399-421.

[19] J. AÏVO, "La crise de normativité de la Constitution en Afrique", *RDP* 2012/1, 006, p. 141.

libérales, fondées sur la primauté du droit, la démocratie et le respect des droits de l'homme. C'est durant la même période, c'est-à-dire les années 90, que les États africains mettent un terme au monopartisme et décident d'entrer dans un nouveau cycle, celui du renouveau constitutionnel[20]. C'est à la faveur de ces contextes particuliers que la décision est prise de rompre avec le passé pour construire l'avenir[21] au moyen de la lustration.

La lustration apparaît, en conséquence, comme l'expression d'une demande sociale consistant pour les victimes de l'ancien régime à obtenir réparation, selon des modalités particulières, des préjudices subis et surtout, à empêcher toute velléité de restauration[22]. Ce besoin s'explique par le fait que : « tous ceux qui ont souffert individuellement du régime défunt ont un besoin légitime non pas de vengeance mais de justice. L'absence de jugements, l'idée que les coupables vont échapper à tout châtiment est insupportable socialement »[23]. Ainsi, la lustration permet-elle de "punir les personnages importants de l'ancien régime par un moyen légal correct"[24] qui vise quatre fonctions principales : la fonction de sécurité, la fonction de justice, la fonction de régulation et la fonction de régénération[25].

La fonction de sécurité permet d'éviter le retour au pouvoir des anciens partisans et sympathisants du régime autoritaire. Tandis que la fonction de justice répond à l'attente directe des citoyens. La fonction de régulation, par contre, permet de contenir les ardeurs, d'offrir un exutoire aux victimes et de canaliser leur volonté de vengeance. Enfin, la fonction de régénération morale et sociale contribue à jeter les bases de la reconstruction du pays, en excluant les ennemis de la démocratie. Il s'agit donc de mesures préventives et légitimes, nécessaires et proportionnées tournées vers la défense de la démocratie fragile.

La lustration est susceptible de concerner cinq catégories de personnes relevant du secteur public et privé. Il s'agit : des hauts responsables politiques et administratifs, des responsables de l'ancien parti ou de la majorité au

---

[20] G. CONAC, *L'Afrique en transition vers le pluralisme politique*, Paris, Economica, 1993, 517 p.

[21] J. ANDRE, "La lustration en République Tchèque, Hongrie et Albanie : de "sa nécessaire" émergence à son application souvent incertaine", *Revue de Justice constitutionnelle est-européenne*, n° 2, 2004, p. 148.

[22] En Allemagne, après l'effondrement du Reich, les individus cibles sont tenus de répondre à 131 questions figurant dans la fiche Fragebogen destinées à permettre d'établir leur implication dans la chaîne de responsabilités.

[23] K. BARTOSEK, "Les dilemmes de l'épuration à la sortie du régime autoritaire", *entretien de la Nouvelle Alternative avec Henry Rousso, La Nouvelle Alternative*, n° 21, mars 1991, p. 7.

[24] J. KUNC, "La loi sur l'épuration : triomphe ou tragédie ? *La Nouvelle Alternative*, n° 24, décembre 1991, p. 54.

[25] J. ANDRE, "La lustration en République Tchèque", *op. cit*, p. 164.

pouvoir, du personnel relevant des services de l'appareil sécuritaire (police et armée), des collaborateurs et des personnes relevant du secteur public et privé.

L'exclusion des deux dernières catégories, de personnels participe d'une approche extensive de la lustration qui paraît, cependant, critiquable au regard du nombre de personnes susceptibles d'être sanctionnées. C'est ainsi qu'en Tchécoslovaquie la catégorie protéiforme et extensive à souhait de collaborateurs regroupe aussi bien les agents et les informateurs de la police secrète, les personnes ayant mis leurs appartements à la disposition de la police secrète, les hommes de confiance du régime que les candidats à la collaboration[26]. Tandis qu'en Libye, sont concernés ceux qui ont opéré des saisies sur des propriétés privées, ont obtenu des diplômes sur des sujets en rapport avec le Livre Vert du Président KADDAFI, sa théorie de la troisième voie universelle ou les lauréats de prix décernés par l'ancien régime[27].

De façon générale, la lustration ne s'étend pas au secteur privé considéré comme libéral et moins engagé dans la gestion de l'État. Toutefois, les circonstances conduisent parfois, notamment en France ou en Pologne, à la lustration de personnes relevant du secteur privé : médecins, dentistes, sages-femmes, personnel des coopératives, artistes, avocats et notaires.

En France, au lendemain de la Seconde Guerre mondiale, l'indignité nationale frappe ceux qui favorisent les entreprises de toute nature de l'ennemi et dont la patrie doit être purifiée à savoir tous ceux qui ont participé au régime de VICHY et collaboré avec les Nazis. Il s'agit des différents responsables de l'autorité de fait, des adhérents aux partis politiques ou aux organismes collaborationnistes, des organisateurs de manifestations artistiques, économiques ou politiques en faveur de la collaboration[28]. La prononciation de l'indignité nationale condamne à la dégradation nationale qui implique : la privation des droits civiques, l'inéligibilité à certaines fonctions, la destitution des fonctions, les incapacités d'ordre professionnel et syndical ainsi que la confiscation en tout ou partie des biens de la personne déclarée coupable. Ces sanctions sont infligées pour une période déterminée ou à perpétuité.

---

[26] En Tchécoslovaquie, l'on distingue 3 catégories de collaborateurs. La catégorie A regroupe les agents informateurs de la police secrète, les propriétaires ayant mis leurs appartements à la disposition de la police secrète. La catégorie B réunit les collaborateurs volontaires et les hommes de confiance de l'ancien régime. La catégorie C rassemble le groupe indéterminé des candidats à la collaboration. J. ANDRE, "La lustration en République Tchèque, Hongrie et Albanie : de "sa nécessaire" émergence à son application souvent incertaine", *Revue de Justice constitutionnelle est-européenne*, n° 2, 2004, p. 171 et suivantes.

[27] OFPRA, *Situation actuelle des partisans de Kadhafi*, Note, 16/07/2013, p. 5.

[28] En France, l'épuration politique des anciens collaborateurs se fonde notamment sur les ordonnances du 18 août 1943, l'ordonnance du 26 juin 1944, abrogée par l'ordonnance du 28 novembre 1944, l'ordonnance du 26 août 1944, l'ordonnance du 30 septembre 1944 et l'ordonnance du 9 février 1945.

La lustration ne procède pas uniquement à la disqualification des anciens responsables. Elle écarte aussi, les gestionnaires de la transition.

2/ L'exclusion des gestionnaires de la transition

La lustration enregistre des développements inattendus en Afrique qui la singularisent de l'expérience pratiquée dans les PECO. En effet, la vérification des antécédents concerne aussi les gestionnaires de la transition, afin de leur permettre d'agir librement, sans être préoccupé par la nécessité de poser des actes destinés à rallier les soutiens en vue d'une future élection. En conséquence, les organes de la transition ne peuvent prétendre à des postes de responsabilité dans le futur ordre constitutionnel. Cette interdiction garantit, par conséquent, leur neutralité ainsi que leur engagement à la terminaison sereine de la transition, au moyen d'élections disputées, ainsi qu'observé à Madagascar et en République centrafricaine.

L'histoire contrastée de Madagascar se traduit notamment par l'adoption de multiples instruments à savoir l'Accord politique de Maputo du 8 août 2009[29] et la Charte de la transition du 9 août 2009, complétée par l'Acte additionnel d'Addis-Abeba à la Charte de la transition malgache du 6 novembre 2009. Ces textes de nature constitutionnelle et politique, qui organisent une transition neutre, inclusive et consensuelle, prévoient la lustration relative du personnel politique. S'ils excluent de la lustration les anciens responsables politiques qui bénéficient d'une amnistie générale, sous réserve de la commission de crimes internationaux[30], ils envisagent, cependant, la lustration des animateurs de la transition relevant des pouvoirs exécutif, législatif et judiciaire. C'est ainsi que l'article 5 de l'Accord politique de Maputo du 8 août 2009 énonce : "Les membres du Gouvernement de Transition s'engagent à ne pas se présenter à l'élection présidentielle organisée par la Transition". Le mutisme de la Charte de la Transition du 9 août 2009 est comblé par l'article 7 de l'Acte additionnel à la Charte de la Transition du 6 novembre 2009[31] qui reprend, en effet, l'article

---

[29] Cet accord politique est conclu par les représentants des quatre partis politiques engagés dans la transition à savoir : Rajoelina Andry, Ravalomanana Marc, Ratsiraka Didier et Zafy Albert, en présence des représentants de l'Union africaine (UA), de la SADC, de l'Organisation internationale de la Francophonie (OIF) et de l'Organisation des Nations Unies (ONU) qui en garantissent la mise en œuvre.

[30] Article 7 de l'Accord politique de Maputo du 8 août 2009.

[31] L'article 7 de l'Acte additionnel à la Charte de la transition suscité dispose :
– "*Dans un souci de neutralité des prochaines élections, les chefs des mouvances politiques de Madagascar réaffirment leur engagement à respecter l'article 5 de l'Accord politique de Maputo, lequel dispose que :*
"*Les membres du Gouvernement de Transition s'engagent à ne pas se présenter à l'élection présidentielle organisée par la Transition.*
– *En outre, ils décident que si le Président et les co-présidents de la Transition choisissent de participer à la prochaine élection présidentielle, ils devront démissionner de leurs fonctions, 60 jours avant la date de l'élection présidentielle.*

5 de l'Accord politique et qui précise, par ailleurs, l'absence de lustration du Président et des co-présidents de la Transition. En d'autres termes, bien qu'opérateurs de la transition, ces personnalités ne sont pas lustrées, ce qui apparaît comme l'expression d'une réelle discrimination entre les personnes visées par la lustration.

Dans la même veine, l'article 106 de la Charte constitutionnelle de la Transition de la République centrafricaine (RCA) du 18 juillet 2013 retient la lustration des principaux acteurs de la transition. Ce texte énonce que : "Le Chef de l'État de la Transition, le Premier ministre de Transition, les membres du Gouvernement de Transition et les membres du bureau du Conseil national de Transition sont inéligibles aux élections présidentielles et législatives organisées durant la transition. Les juges constitutionnels et les membres du Haut Conseil de l'information et de la communication ne peuvent être candidats à l'élection présidentielle et législative organisée durant la transition". Malgré son caractère clair, cette disposition constitutionnelle fera l'objet d'interprétations divergentes soumises à l'examen de la Cour Constitutionnelle.

La lustration est une décision mise en œuvre selon des modalités différentes.

B/ Les modalités plurielles de la lustration

La lustration est une décision d'intensité variable. Cependant, en Afrique, elle est généralement dure. Et, elle consiste à écarter de la gestion des affaires (1) certaines personnalités ou à les interdire d'être candidats aux élections (2).

1/ L'exclusion de certaines nominations

Les personnes ayant participé activement au régime déchu ne peuvent prétendre à des postes de responsabilité durant la période de transition. Par conséquent, la lustration a pour effet de les écarter de certaines nominations, après leur identification préalable. Celle-ci peut se faire au moyen des archives et autres données personnelles qui permettent d'établir leur implication réelle dans la gestion de l'ancien système. Elle peut aussi s'opérer au moyen de la déclaration faite par une personne relevant de l'une des catégories visées, auprès d'un organisme spécialement institué. L'authenticité de cette déclaration suffit, ainsi que cela a été observé en Bulgarie ou en République Sud-Africaine, à l'absoudre. Toutefois, le caractère erroné ou mensonger de déclaration de lustration peut conduire en Pologne[32], à la mise en œuvre d'un mécanisme de sanction.

Les personnes visées par la lustration ne peuvent pas, par conséquent, être membres du Gouvernement de transition, du Parlement de transition et des juridictions qui officient durant la transition. Exclues du système politique et

– Dans l'éventualité décrite à l'alinéa 2 du présent article, l'intérim du Président de la Transition est assurée par le doyen d'âge des co-présidents."

[32] Voir la loi du 11 avril 1997.

administratif, ces personnalités peuvent répondre de leurs actes passés devant des organes administratifs, ou devant les juridictions nationales ou internationales. Cette exclusion formelle et assumée caractérise notamment la Tchécoslovaquie, la Lituanie, la Libye ou le Burkina Faso.

D'abord, en Tchécoslovaquie, la première loi de lustration du 4 octobre 1991 soumet les candidats à différents postes à des conditions préalables de vérification. Celles-ci concernent principalement l'exercice, entre le 25 février 1948 et le 17 novembre 1989, de certaines responsabilités au sein des services de sécurité, du parti communiste ou de la qualité d'informateur ou de collaborateur. De façon extensive, cette loi frappe aussi les étudiants qui ont suivi des formations dans différents établissements russes notamment, à l'école du KGB à Moscou.

Ensuite, en Lituanie la loi du 16 juillet 1998 sur l'évaluation du Comité pour la sécurité de l'État de l'URSS et sur l'activité des fonctionnaires réguliers de cette organisation interdit l'embauche du personnel ayant travaillé dans les services de sécurité, considérés comme une organisation criminelle, pendant la période de dix ans. Ces personnes ne peuvent être recrutées dans le secteur privé, notamment les banques, ni exercer une fonction libérale comme celle d'avocat, de notaire.

Ce régime concerne aussi les anciens collaborateurs et les soutiens du régime libyen ainsi que ceux qui sont présumés être les auteurs de crimes. En vertu de la loi du 5 mai 2013 sur l'exclusion politique des anciens collaborateurs de l'ancien régime, toutes ces personnes ayant occupé des responsabilités de 1969 à 2011 ne peuvent occuper des postes de responsabilité durant 10 ans.

Enfin, au Burkina Faso, la lustration concerne "les personnes ayant ouvertement soutenu le projet de révision de l'article 37" ainsi que les personnes qui ont fait partie du dernier Gouvernement dissout de la IVe République". Elles sont par conséquent exclues du Conseil National de Transition[33] (CNT) et du Gouvernement de la Transition[34].

À l'exclusion à certaines nominations il convient aussi d'ajouter l'inéligibilité aux élections.

2/ L'interdiction de candidature aux élections

L'inéligibilité des candidats aux élections générales constitue, aussi, l'une des modalités particulières de la lustration prévue par des textes de nature constitutionnelle, législative ou politique en République centrafricaine, en Tunisie et en Guinée.

---

[33] Article 13 alinéas 1 et 2 de la Charte de la transition du 13 novembre 2014.

[34] Article 15 alinéas 2 et 3 de la Charte de la transition du 13 novembre 2014.

En premier lieu, l'inéligibilité des candidats aux élections présidentielle et législative repose sur un texte de nature constitutionnelle en République centrafricaine et au Burkina Faso. En République centrafricaine, c'est l'article 106 suscité de la Charte constitutionnelle de Transition du 18 juillet 2013 qui dispose interdit la candidature des responsables de la transition aux élections présidentielle et législative organisées durant la transition. Tandis qu'au Burkina Faso, la Charte de la Transition du 13 novembre 2014 dispose d'abord, en son article 4 que « le Président de la Transition n'est pas éligible aux élections présidentielles et législatives qui seront organisées pour mettre fin à la transition. La présente disposition n'est pas susceptible de révision ». Ensuite en son article 13 alinéa 4 elle énonce que "le Président du Conseil de la Transition n'est pas éligible aux élections présidentielles et législatives qui seront organisées pour mettre fin à la transition". Enfin, l'article 16 de la Charte de Transition affirme que "les membres du Gouvernement de la Transition ne sont pas éligibles aux élections présidentielles et législatives qui seront organisées pour mettre fin à la transition".

En second lieu, en Tunisie, cette exclusion est organisée par l'article 15 du décret-loi n° 2011-35 du 10 mai 2011 relatif à l'élection d'une assemblée nationale constituante[35]. Ce texte énonce que : "Ne peut être candidat :

– toute personne ayant assumé une responsabilité au sein du gouvernement à l'ère du président déchu excepté les membres qui n'ont pas appartenu au rassemblement constitutionnel démocratique et toute personne ayant assumé une responsabilité au sein des structures du rassemblement constitutionnel démocratique à l'ère du président déchu. Les responsabilités concernées seront fixées par décret sur proposition de l'instance supérieure pour la réalisation des objectifs de la révolution, de la réforme politique et de la transition démocratique.

– toute personne ayant appelé le président déchu à être candidat pour un nouveau mandat en 2014. Une liste sera établie, à cet effet par l'Instance supérieure pour la Réalisation des objectifs de la révolution, de la réforme politique et de la transition démocratique". Cette disposition est confirmée par le décret n° 2011-1089 du 3 août 2011 fixant les responsabilités au sein des structures du Rassemblement constitutionnel démocratique conformément à l'article 15 du décret-loi n° 2011-35 du 10 mai 2011 relatif à l'élection à l'Assemblée nationale constituante dont l'article premier édicte : "Est inéligible aux élections de l'Assemblée nationale constituante, toute personne ayant assumé une responsabilité au sein des structures du rassemblement constitutionnel démocratique".

[35] R. BEN ACHOUR, S. BEN ACHOUR, "La transition démocratique en Tunisie : entre légalité constitutionnelle et légitimité révolutionnaire", *RFDC* 2012/4, n° 92, pp. 715-732.

En troisième lieu, c'est au moyen d'un accord politique que la lustration du personnel politique de transition et des responsables du système de sécurité et de défense est organisée en Guinée. En effet, le point 8 de l'Accord de Ouagadougou du 15 janvier 2010, signé par le président du CNDD, Président de la République de Guinée le Capitaine Moussa Dadis CAMARA, le Vice-Président du CNDD, Président de la République de Guinée par intérim, le Général SEKOUBA Konaté et le médiateur dans la crise en Guinée, Blaise Compaoré décide de "l'organisation, dans un délai de 6 mois, de l'élection présidentielle à laquelle ne participeront pas les membres du Conseil National de Transition, les membres du CNDD, le Premier ministre, les membres du gouvernement d'Union nationale et les membres des Forces de Défense et de Sécurité en activités".

Bien que justifiée par la volonté de protéger le processus démocratique en cours, la lustration s'avère, néanmoins, comme un procédé discutable.

II/ L'exclusion discutable des anciens dirigeants

La lustration procède à l'exclusion des anciens dirigeants afin de protéger la démocratie naissante ou de créer les conditions d'installations d'un ordre constitutionnel stable. Malgré cet avantage manifeste, cette institution présente, malheureusement, l'inconvénient majeur de porter atteinte aux droits de l'homme (A). En conséquence, l'existence de mécanismes de garantie s'impose comme un impératif (B).

A/ La méconnaissance des droits de l'homme

La lustration est une décision dont la mise en œuvre, porte atteinte, d'une part de façon générale, aux droits de l'homme (1) et, d'autre part, de façon spécifique aux droits politiques (2).

1/ L'atteinte générale aux droits de l'homme

La lustration est une procédure de disqualification[36] qui prive, au moyen d'un texte juridique, la jouissance de certaines libertés fondamentales. La Commission de Venise rappelle, sur ce point, "qu'en appliquant des mesures de lustration, on restreint l'exercice des droits fondamentaux"[37].

L'interdiction de candidature aux personnes visées par la lustration, bien que justifiée, heurte, cependant, une pluralité de principes juridiques. À ce propos l'Assemblée parlementaire du Conseil de l'Europe constate que ce

[36] M.E. BAUDOIN, "Le droit à l'oubli et la gestion du passé : le phénomène de la lustration en Europe de l'Est", in *La Revue*, *Le droit à l'oubli*, n° 8, septembre 2016, p. 40.

[37] Commission européenne pour la démocratie par le droit, *Mémoire amicus curiae* sur la loi de lustration de l'ex-République yougoslave de Macédoine, avis n° 694/2012 du 17 décembre 2012, doc CLD-AD (2012) 028, p. 7, paragraphe 23.

mécanisme salutaire et conforme à l'État de droit[38] peut générer "une véritable dérive attentatoire à la protection des droits de l'homme[39] consacrés par la Déclaration universelle des droits de l'homme du 10 décembre 1948, le Pacte international relatif aux droits civils et politiques du 16 décembre 1966 et la Charte africaine des droits de l'homme et des peuples du 21 juin 1986. Il s'agit : du droit à la reconnaissance de la personnalité juridique, de l'égalité devant la loi et de l'interdiction des discriminations, du droit à la participation à la vie publique et enfin du droit de voter et d'être élu au suffrage universel.

Expression du droit à la vérité, nécessaire au déroulement effectif et harmonieux de la transition politique, la lustration participe à la purification de l'État et à la légitimation des nouveaux gouvernants. Il ressort du Principe 2 de la résolution 2005/66 de la Commission des droits de l'homme du 20 avril 2005 que : "chaque peuple a le droit inaliénable de connaître la vérité sur les événements passés relatifs à la perpétration de crimes odieux, ainsi que sur, les circonstances et les raisons qui ont conduit, par la violation massive ou systématique des droits de l'homme, à la perpétration de ces crimes"[40]. En même temps, la lustration participe à la protection de la sécurité nationale et de la sûreté publique.

Malgré ces buts préventifs, elle peut aussi être répressive et attentatoire aux droits et libertés fondamentales. En effet, le droit de savoir et d'être informé des victimes de l'ancien régime peut constituer un moyen de prendre "une revanche contre le passé… mais aussi de neutraliser un adversaire politique"[41]. Dans ces conditions, la volonté de revanche risque, ainsi que le rappelle la Commission de Venise dans l'Avis des 14-15 juin 2013 de l'emporter sur la protection de la démocratie[42] et ainsi, d'être attentatoire aux droits des anciens responsables.

L'atteinte portée aux droits de l'homme par les décisions de lustration est relevée par la CEDH dans plusieurs espèces. Dans l'arrêt du 17 juin 2004, Ždanoka c. Lettonie, la CEDH admet que les droits subjectifs de l'article 3 du Protocole n° 1 à la CEDH puissent connaître des limitations. Toutefois, elle précise que celles-ci poursuivent un but légitime et qu'elles ne doivent pas attendre les droits de l'homme dans "leur substance même et les priver de leur

---

[38] Résolution 1096 du 27 juin 1996 de l'Assemblée parlementaire du Conseil de l'Europe.

[39] M. MEITE, "Jus post revolution : quelle place pour les droits de l'homme ?", *La Revue des droits de l'homme*, 6, 2014, p. 5.

[40] Voir, K. AHADZI-NONOU, "Questions autour de l'instauration de la Commission "Vérité, justice et réconciliation", (CVKR au Togo, entretien", *Afrique contemporaine*, 2014/2, n° 250, pp. 91-102.

[41] Tribunal constitutionnel de Hongrie, décision du 11 mai 2007.

[42] Voir l'avis de la Commission de Venise CDL-AD (2013) 012-e, p. 7 sur la lustration en Hongrie et CDL-AD (2012) 028 sur la lustration en Macédoine.

effectivité"[43]. Dans l'arrêt du 27 juillet 2004, J. Sidabras et K. Džiautas c. Lituanie, la CEDH note l'existence de discriminations et d'atteintes à la vie privée des personnes exclues. La Cour constate, dans cette espèce, que la loi lituanienne prend effet dix ans après la déclaration d'indépendance de la Lituanie et que si ses buts sont légitimes, ses mesures sont donc disproportionnées et attentatoires aux droits de Messieurs J. Sidabras et K. Džiautas.

Malheureusement, les conditions de réalisation de la lustration peuvent conduire à une "dérive attentatoire à la protection des droits de l'homme"[44]. C'est ainsi qu'en Libye, l'on observe la commission d'actes de violence à l'endroit de personnes victimes de lustration ou considérées comme loyalistes[45] au régime du président KADDAFI.

Enfin, dans le jugement définitif du 1er décembre 2008, la CEDH, Aff. Adamsons c. Lettonie rappelle que "les autorités nationales doivent garder à l'esprit que les mesures de lustration étant, par leur nature temporaire la nécessité objective d'une restriction des droits individuels résultant d'une telle procédure décroît avec le temps"[46].

Le refus du droit à l'oubli[47] altère donc le droit à la protection de la vie privée et son corollaire le droit à la protection des données personnelles, le principe de la non-rétroactivité des lois et le droit au procès équitable. L'individu visé par la décision de lustration « n'a d'autre avenir que son passé, dressé devant lui comme un mur qui bouche l'issue »[48]. Cette justice historique méconnaît, par ailleurs, l'un des principes fondamentaux du droit pénal à savoir le caractère individuel de la peine. Or, la lustration organise des sanctions collectives alors que le Haut-Commissaire des Nations Unies aux droits de l'homme n'a pas manqué de rappeler, en 2006, que le *Vetting* doit être basé sur l'évaluation d'une conduite individuelle. Par conséquent, les purges et les limogeages massifs sont interdits.

De façon particulière, la lustration constitue indéniablement une atteinte aux droits politiques.

---

[43] Voir les paragraphes 82 et 83 de l'arrêt du 17 juin 2004, Ždanoka c. Lettonie.

[44] M. MEITE, "Jus post revolution : quelle place pour les droits de l'homme ?", *La Revue des droits de l'homme*, 6, 2014, p. 5.

[45] *Ibidem*.

[46] Voir le point 116 du jugement définitif du 1er décembre 2008, requête n° 3669/03.

[47] Le droit à l'oubli est utilisé pour la première fois par le Professeur Gérard Lyon Caen dans une note sous jugement du TGI Seine du 14 octobre 1965, Mme S C. Soc Rome Paris Film, JCP, 1966, I, 14482, p. 8. Dans cette affaire, l'ancienne compagne du meurtrier Landru demande réparation du préjudice causé par la sortie d'un film dans lequel elle est mentionnée. Voir le A-B CAIRE, Propos introductifs, in *La Revue Le droit à l'oubli*, *op. cit*, p. 8.

[48] P. KAYSER, *La protection de la vie privée*, PUAM, 3e édition, 1995, cité p. 10, *La Revue Le droit à l'oubli*.

2/ L'atteinte spécifique aux droits politiques

La lustration affecte particulièrement les droits électoraux. Elle met en conflit les droits des personnes victimes des actes posés par les anciens dirigeants et les droits des personnes sanctionnées en application des décisions de lustration. La tentation est alors grande pour les États de faire prévaloir les droits des victimes sur ceux des anciens responsables.

Au Burkina Faso, la lustration des formations et du personnel politiques qui ont soutenu le changement de constitution s'est opérée, au moyen de l'inéligibilité des candidats aux scrutins législatifs et présidentiels inscrite dans l'article 135 de la loi du 7 avril 2015 portant Code électoral et qui a conduit à l'élaboration de plusieurs arrêtés d'invalidation de candidatures contestées devant le Conseil Constitutionnel. Le Conseil Constitutionnel déclare inéligibles tous les candidats qui ont soutenu le projet de modification de l'article 37 de la Constitution[49]. La décision du Conseil Constitutionnel burkinabè suscite les vives critiques des personnes exclues qui se fondent sur la méconnaissance de leurs droits fondamentaux à la participation aux affaires politiques, de voter et d'être élu.

Il convient de noter que la question de l'inéligibilité des candidats aux élections ne reçoit pas, en général, une réponse tranchée, et, de façon spécifique, dans le cadre de lustration. De façon générale, ce droit fondamental consacré par des instruments internationaux et nationaux est loin d'être absolu. Certes, l'alinéa b) de l'article 25 du Pacte international relatif aux droits civils et politiques énonce le droit de voter et d'être élu. Mais, cette disposition retient implicitement l'existence de restrictions, pourvu qu'elles ne soient pas déraisonnables en ces termes : "Tout citoyen a le droit et la possibilité, sans aucune des discriminations visées à l'article 2 et sans restrictions déraisonnables." L'observation générale n° 25 du Comité des Droits de l'Homme de 1994, qui la complète, précise à quelles conditions des dérogations peuvent être admises à certaines de ses dispositions. Spécialement, le paragraphe 4 énonce que toute limitation des droits garantis par la convention est subordonnée au respect de conditions objectives et raisonnables.

De façon particulière, la pratique observée en matière de lustration n'est guère concluante. L'on constate, en effet, que de façon variable, les États prennent l'option pour l'éligibilité ou l'inéligibilité des personnes visées par la décision de lustration. Cependant, il apparaît que généralement, des limitations à l'exercice des droits électoraux sont admises pour des motifs d'intérêt général, à condition que les mesures soient nécessaires, raisonnables et proportionnelles. Enfin, les Principes directeurs à respecter pour que des lois de lustration et les mesures administratives analogues soient conformes

[49] Voir les décisions n° 2015-021/CC/EL du 25 août 2015, n° 2015-024/CC/EL du 26 août 2015, n° 2015-026/CC/EPF du 10 septembre 2015, n° 2015-027/CC/EL du 26 août 2015, n° 2015-029/CC/EL du 26 août 2015.

aux exigences d'un État de droit, du Conseil de l'Europe affirment au paragraphe e : "La lustration ne doit pas concerner les fonctions électives, sauf si le candidat le demande. Les électeurs ont le droit de voter pour le candidat de leur choix (le droit de vote ne peut être retiré qu'à un criminel condamné sur décision d'un tribunal, il ne s'agit alors pas de lustration administrative, mais d'une mesure relevant du droit pénal)"[50].

Les atteintes aux droits de l'homme sont consubstantielles aux décisions de lustration. Dans ces conditions, l'existence de mécanismes de garantie s'impose comme une réelle exigence.

B/ L'exigence de mécanismes de garantie

Le besoin de justice des victimes des actes commis par les anciens responsables ne peut être satisfait que dans le respect du droit : la volonté de vengeance doit donc laisser place à l'exigence de justice. Et pour cela, des mécanismes de garantie, de nature juridictionnelle et non juridictionnelle, sont institués aux niveaux national (1) et international (2).

1/ La diversité des mécanismes nationaux de garantie

La vérification des antécédents est effectuée, au niveau national par des organes juridictionnels et des organes non juridictionnels. En premier lieu, toutes les juridictions peuvent être saisies par les personnes ciblées par une décision de lustration notamment, le juge judiciaire, garant des droits et libertés fondamentales. Cependant, avec la mutation de la Constitution en Charte des droits et libertés fondamentales, le juge constitutionnel devient, le juge naturel de la lustration. Il décide, selon les circonstances, de les valider ou de les invalider. La validation des lois de lustration par les juridictions constitutionnelles des PECO[51] révèle l'existence d'un dialogue des juges[52] avec la CEDH.

A la différence du juge constitutionnel des PECO qui examine la validité des lois de lustration en se fondant sur la jurisprudence de la CEDH[53], le juge

---

[50] Assemblée parlementaire, Mesures de démantèlement de l'héritage des anciens régimes totalitaires communistes, Commission des questions juridiques et des droits de l'homme, Session 1996, Troisième partie de session, Rapport Adrian Severin, Doc. 7568, 03/061996, parag. e.

[51] Voir M.E. BAUDOIN, *Justice constitutionnelle et État post-soviétique*, Les Presses Universitaires de la Faculté de Droit de Clermont-Ferrand, Paris, LGDJ, 2005, 584 p.

[52] Voir Mélanges en l'Honneur de Bruno Genevois, *Le dialogue des juges*, Paris, Dalloz, 2009, 1216 p.

[53] Ces cours ne manquent pas de se référer à l'arrêt de la Grande Chambre de la Cour européenne des droits de l'homme du 26 septembre 1995 dans l'affaire Madame Dorothea Vogt c. Allemagne. Voir les arrêts de la Cour constitutionnelle tchécoslovaque du 5 décembre 1991 et du 26 novembre 1992, l'arrêt de la Cour constitutionnelle de Lettonie du 22 m ars2005, Affaire n° 2004-13-0106. Dans la décision n° 8/1992 du

constitutionnel de transition dans les États africains apprécie la portée des lois de lustration. C'est ainsi qu'il se prononce sur la constitutionnalité des décisions de lustration prises à l'encontre des personnalités ayant exercé des responsabilités dans l'ancien ordre constitutionnel et, en second lieu, de celles qui ont participé à la gestion de la transition.

Primo, l'exclusion des anciens responsables politiques du futur édifice constitutionnel n'est pas toujours acceptée par les concernés. Ceux-ci dénoncent la violation de leurs droits constitutionnels et saisissent le juge constitutionnel notamment au Burkina Faso. Il est intéressant, par ailleurs, de relever que la lustration au Burkina Faso est loin d'être absolue en ce sens qu'elle produit des effets limités dans le temps. Le juge constitutionnel de transition du Burkina Faso admet le *coming out* tardif des anciens dirigeants du Burkina Faso. En effet, dans la décision n° 2015-026/CC/EPF du 10 septembre 2015, le Conseil Constitutionnel du Burkina Faso fixe les conditions de lustration des responsables politiques. Il considère que toute rupture avec le système politique, même la plus tardive soit elle, c'est-à-dire à la veille du mouvement insurrectionnel, épargne les personnalités politiques dont les candidatures sont contestées, de la lustration. Dans cette affaire la question de l'inéligibilité de monsieur KABORE Roch Marc Christian, ancien Président du Congrès pour la Démocratie et le Progrès (CDP) s'est trouvée posée. Le Conseil Constitutionnel burkinabé considère le recours mal fondé car l'intéressé a quitté la direction du parti depuis le Congrès ordinaire tenu les 2, 3 et 4 mars 2012 et il a démissionné dudit parti le 04 janvier 2014. Le Conseil relève qu'après sa démission, il a participé à différentes actions contre l'insurrection et que les requérants n'apportent aucune preuve à leur allégation.

Secundo, la lustration consiste à interdire aux gestionnaires de la transition, c'est-à-dire au Président, au Premier ministre, aux ministres, aux parlementaires de transition et aux forces de défense, la possibilité d'être candidats aux futures élections. Cette exclusion en Guinée[54], en République centrafricaine

27 juillet 1992 du 29 juillet 1992, la Cour constitutionnelle Bulgare censure la loi de lustration qui est de nature discriminatoire et non conforme aux conventions internationales. Puis, dans la décision du 11 février 1993, elle procède à un revirement jurisprudentiel et affirme que la loi sur la lustration dans le milieu universitaire est conforme à la Constitution et aux conventions internationales. Le tribunal constitutionnel polonais déclare l'inconstitutionnalité et la non-conventionnalité de l'arrêté de lustration du 28 mai 1992, de la loi du 11 avril 1997 et de la loi du 18 octobre 2006 qui excluent notamment les anciens collaborateurs des services secrets. Toutefois, dans l'arrêt du 11 mai 2007, il admet le principe de la lustration, tout en décidant de son encadrement.

[54] Principe 8 de l'Accord de Ouagadougou du 15 janvier 2010 conclu par les parties à la crise guinéenne.

(RCA)[55] ou à Madagascar[56] a été particulièrement contestée devant le juge constitutionnel en RCA. Dans la décision n° 010/15/CCT du 28 août 2015, la Cour Constitutionnelle de Transition de la République centrafricaine procède à l'interprétation de l'article 106 de la Charte constitutionnelle de Transition relatif à l'inéligibilité des responsables de la transition. Elle rappelle qu'en vertu de cette disposition, qui\déroge au principe d'égalité, constitutionnellement garanti, les responsables susnommés[57] ne peuvent pas être candidats aux quelques élections présidentielles et législatives organisées à l'issue de la transition quelle que soit la durée de leurs fonctions pendant la transition et quelles que soient les causes de la cessation de ses fonctions ainsi exercées"[58].

Si la prédilection des organes juridictionnels caractérise les États africains qui pratiquent la lustration, elle ne caractérise pas, néanmoins, les PECO qui recourent, de façon exclusive ou non, à des organes non juridictionnels. Ces organes non juridictionnels sont des commissions administratives indépendantes auprès desquelles les personnes lustrées peuvent contester la décision prise à leur encontre. Mais l'indépendance de ces institutions est contestée au regard de la nature politique des autorités de désignation des membres. À titre d'illustration, en Tchécoslovaquie, jusqu'à son abrogation en 1992, la Commission spéciale instituée pour examiner les contestations relatives à la lustration comprend des membres désignés par le Président de l'Assemblée fédérale, le ministre fédéral des affaires intérieures, le directeur des services d'information et de sécurité fédérale, le ministre de la Défense, le ministre de l'Intérieur de la République slovaque, le Consul national tchèque et le Consul national slovaque[59]. Toutefois, la personne ciblée par une décision de lustration conserve le droit de la contester devant une juridiction.

---

[55] Article 106 de la Charte de Transition en République centrafricaine.

[56] Article 7 de l'Acte additionnel d'Addis-Abeba à la Charte de la Transition malgache du 9 novembre 2009. Mais à Madagascar, le Président et les co-présidents de transition peuvent être candidats s'ils démissionnent 60 jours avant la date de l'élection du Président de la République.

[57] Il s'agit de Maître Nicolas Tiangaye, ancien Premier ministre de la Transition et de messieurs Joseph Bendouga et Crépin Mbole Goumba, anciens membres du Gouvernement de la Transition.

[58] La Cour Constitutionnelle répond à la saisine de la Chef d'État de Transition, Madame Jacqueline Samba-Panza confrontée à la volonté de l'ancien Premier ministre de Transition, Maître Nicolas Tiangaye, de se présenter à l'élection présidentielle. L'ancien Chef de Gouvernement de Transition avait saisi l'Union européenne de la question des anciens responsables de la transition et avait émis le vœu qu'un panel de 3 constitutionnalistes de renommée internationale se prononce sur la lustration. L'Union européenne a invité l'ancien responsable politique d'attendre la décision du juge constitutionnel de transition.

[59] M. ULLA, *La lustration dans les États post-communistes*, *op. cit.*, p. 58.

Aux mécanismes nationaux de garantie, il convient d'ajouter les mécanismes internationaux.

2/ La diversité des mécanismes internationaux de garantie

L'appréciation des conditions de lustration relève aussi de la compétence d'institutions internationales, de type juridictionnel ou non juridictionnel.

D'une part, le contrôle de la décision de lustration est réalisé par les juridictions régionales qui se prononcent avant la violation des droits de l'homme ou après la violation des droits de l'homme. La Cour de Justice de la Communauté économique des États de l'Afrique de l'Ouest (CJCedeao), dans la décision du 13 juillet 2015, Congrès pour la Démocratie et le Progrès (CDP) et autres requérants[60], procède à l'interprétation des textes pertinents qui bien que juridiquement fondée s'avère politiquement incorrecte. Elle est saisie[61], par un ensemble de partis politiques et par des personnalités burkinabè, représentés par leurs avocats respectifs, de la question de la violation de leur droit de participer librement aux élections par la loi électorale. Elle commence par rappeler sa compétence d'attribution en matière de violation des droits de l'homme. Et ensuite, elle affirme que l'inéligibilité formelle de certains candidats aux élections présidentielles et législatives est constitutive "de violations non encore réalisées, mais très imminentes" des droits de l'homme qui relèvent de sa compétence[62]. Elle poursuit que "Dans la configuration présente, si elle devait attendre que des dossiers de candidature soient éventuellement rejetés pour agir, si elle devait attendre l'épuisement des effets d'une transgression pour dire le droit, sa juridiction dans un contexte d'urgence n'aurait aucun sens, les victimes présumées de telles violations se retrouvant alors inexorablement lésées dans la compétition électorale". C'est ainsi qu'en conséquence, tout en affirmant sa préoccupation de ne pas se muer en un « juge de la légalité interne des États » la CJCedeao constate que la loi suscitée institue des discriminations injustifiées, et excessives en l'absence d'infractions graves commises par les personnes lustrées. Et dans un *dictum*, elle énonce l'obligation pour les États de concilier leur autonomie constitutionnelle avec le respect des droits de l'homme en ces termes : "le principe de l'autonomie constitutionnelle et politique des États implique sans conteste que ceux-ci aient la latitude de déterminer le régime et

[60] Affaire n° ECW/CCJ/APP/19/15, Jugement n° ECW/CCJ/JUG/16/15, Congrès pour la Démocratie et le Progrès (CDP) et autres requérants.

[61] Voir, S.H. OUEDRAOGO et D. OUEDRAOGO, "Libres propos sur la transition politique au Burkina Faso. Du contexte au texte de la Charte de la transition", Afrilex-u-bordeaux4.fr.pdf, consulté le 26 août 2019, O. NAREY, *Les facteurs déterminants pour la réussite d'une transition démocratique*, 20, https//west africa.hss.de>west_Africa, 20 p, consulté le 26 août 2018.

[62] Sur la protection du préjudice imminent, voir aussi CJCedeao, Affaire Hadidjatou Mani Korau c/État du Niger, paragraphe 49.

les institutions politiques de leur choix, et d'adopter les lois qu'ils veulent, cette liberté doit être exercée en conformité avec les engagements que ces États ont souscrits en la matière".

Cette interprétation provoque l'ire des autorités burkinabé et les critiques acérées de la doctrine[63]. En réaction, le Conseil Constitutionnel décide, dans la décision n° 2015-021/CC/EL du 24 août 2015, que, suite au refus de l'État burkinabé de ne pas exécuter la décision du 13 juillet 2015 de la Cour de Justice de la CEDEAO, la disposition querellée demeure en vigueur et c'est donc sur son fondement que le Conseil Constitutionnel déclare l'inéligibilité de candidats aux élections législatives et présidentielles[64]. Au-delà de la question de l'inéligibilité, les décisions du Conseil Constitutionnel mettent en évidence, l'autorité relative des décisions rendues par chacune de ces juridictions qui ne produit ses effets que dans les ordres de référence respectifs[65]. À cela s'ajoute le fait que les juridictions supranationales ne sont pas des juridictions d'appel des décisions rendues par les juridictions constitutionnelles nationales.

D'autre part, le contrôle de la lustration, au niveau international, relève aussi de la compétence d'organes non juridictionnels à l'instar de la Commission européenne pour la démocratie par le droit dite Commission de Venise. Cet organe consultatif du Conseil de l'Europe coopère avec les juridictions constitutionnelles des États membres[66]. Dans ce cadre, elle produit, à la demande des cours constitutionnelles, des mémoires *amicus curiae*, qui ne se prononcent pas sur la constitutionnalité des lois de lustration mais qui apportent un avis circonstancié. Il s'agit, par conséquent, pour la Commission de Venise "de donner à la Cour des éléments relatifs à la compatibilité de cette loi avec la Convention européenne des droits de l'homme, ainsi que des éléments de droit constitutionnel comparé destinés à aider la Cour à examiner l'affaire concernée"[67]. C'est dans le cadre de

---

[63] J. F. AKANDJI-KOMBÉ, "Le juge de la Cedeao et la révolution burkinabé. Brèves remarques préoccupées sur une décision inquiétante" et B. Adamou Adamou, "Verdict de la Cour de Justice de la Cedeao : inéligibilité, oui ; mais pas n'importe comment !", http://w_w_w.le faso.net, consulté le 4 mai 2020.

[64] Voir dans le même sens la décision n° 2015-026/CC/EPF portant sur les recours de messieurs Fougouma Victorien Barnabé Wenkouni, Sankara Bénéwendé Stanislas et Ouedraogo Ablassé contre l'éligibilité à l'élection du Président du Faso du 11 octobre 2015.

[65] Voir D. Emmanuel ADOUKI, "Contribution à l'étude de l'autorité des décisions du juge constitutionnel en Afrique", *RFDC* 2013/3, n° 95, pp. 611-638.

[66] Article 3 alinéa 4 du Statut de la Commission de Venise, résolution (2002) 3 portant adoption du Statut révisé de la Commission européenne pour la démocratie par le droit, doc CDL (2002) 27 du 27 février 2002.

[67] Commission européenne pour la démocratie par le droit (Commission de Venise), *Mémoire Amicus Curiae* sur la loi relative aux conditions limitant l'exercice de fonctions publiques, à l'accès aux documents et à la publication des noms de ceux qui

l'exercice de cette mission, la Commission de Venise précise que la lustration est une décision qui doit être prise dans le respect de l'état de droit. Pour cela, elle doit respecter quatre critères fondamentaux à savoir : la culpabilité de la personne lustrée doit être établie individuellement ; toute personne lustrée bénéficie du droit au procès équitable ; la lustration doit être motivée par la nécessité de défendre la démocratie et ; la lustration doit s'exécuter dans des délais strictement limités[68].

C'est en appréciation de ces critères que la Commission de Venise affirme que les lois de lustration moldave, ukrainienne et albanaise méconnaissent l'article 3 du Protocole additionnel n° 1 de à la Convention européenne des droits de l'homme. La loi moldave n° 192 du 12 juillet 2012 est censurée car elle comprend des dispositions imprécises, elle prévoit la dissolution automatique de certains partis politiques, ainsi que des sanctions automatiques et disproportionnées[69]. Tandis que la loi ukrainienne organise une lustration tardive, dix-huit ans après l'adoption de la Constitution démocratique du 28 juin 1996. Cette lustration injustifiée ne s'explique pas, selon la Commission de Venise par la nécessité de défendre la démocratie. Et, ses conditions de réalisation heurtent le droit au procès équitable[70]. Toutefois, le contrôle consultatif de la loi de lustration ne signifie pas que la Commission de Venise constate systématiquement la violation de droits de l'homme. Bien au contraire, la Commission n'hésite pas, en cas de besoin, à constater l'absence de violation et le respect des droits de l'homme par la loi de lustration. C'est ainsi qu'en examinant la loi albanaise n° 84/2016 du 30 août 2016 sur la réévaluation transitoire des juges et procureurs de la République d'Albanie, la Commission de Venise considère que cette loi n'organise pas un conflit d'intérêts, une urgence dans le fonctionnement de la justice et respecte les exigences liées à un

---

ont coopéré avec les organes de sécurité de l'Etat ("Loi de lustration") de "l'ex-République yougoslave de Macédoine", doc CDL-AD (n° 12) 028, avis n° 694/2012 du 17 décembre 2017, p. 17, parag. 75.

[68] *Ibidem*, p. 3, parag. 7, voir Cour européenne des droits de l'homme, arrêt de Grande Chambre du 6 janvier 2011, Paksas c. Lituanie. Dans cet arrêt, la Cour européenne des droits de l'homme interdit les lustrations perpétuelles.

[69] Commission européenne pour la démocratie par le droit (Commission de Venise) et Bureau des institutions démocratiques et des droits de l'homme de l'OSCE (OSCE/BIDDA), Mémoire *Amicus Curiae* destinée à la Cour Constitutionnelle de Moldova sur la compatibilité avec les normes européennes de la loi n° 192 du 12 juillet 2012 sur l'interdiction de l'utilisation des symboles du régime communiste totalitaire et de la promotion d'idéologies totalitaires de la République de Moldova adoptés par la Commission de Venise lors de sa 94e session plénière (Venise, 8-9 mars 2013), doc CDL-AD (2013) 004, 26 p.

[70] Commission de Venise, avis intérimaire relatif à la loi de l'intégrité du gouvernement (Loi de lustration) de l'Ukraine, adopté par la Commission de Venise lors de sa 101e session plénière (Venise, 12-13 décembre 2004), CDL-AD (2014) 044, 23 p.

procès équitable. Enfin, cette loi en prévoyant le contrôle de fréquentation des juges et des procureurs ne porte pas atteinte à leur vie privée[71].

Innommée dans le constitutionnalisme africain, la lustration constitue bel et bien une réalité. Elle n'est donc pas une institution spécifique aux PECO. Fondée sur la volonté de protéger le processus de transition et parfois, expression de la justice des vainqueurs, la lustration génère, malheureusement, plusieurs violations des droits de l'homme. Elle doit, par conséquent, dans le respect de l'État de droit, répondre à un certain nombre de conditions :

- elle doit poursuivre un but légitime ;
- elle doit être préventive et non répressive ;
- elle doit être limitée dans le temps ;
- elle ne doit pas être tardive ;
- elle doit faire l'objet de décisions individuelles, nécessaires, raisonnables et proportionnées ;
- elle doit pouvoir être contestée devant un organe impartial dans le respect du droit au procès équitable.

[71] Commission européenne pour la démocratie par le droit (Commission de Venise), Mémoire *Amicus Curiae* pour la Cour Constitutionnelle d'Albanie relatif à la loi sur la réévaluation transitoire des juges et des procureurs (loi sur la réévaluation), adoptée par la Commission de Venise lors de sa 109e session plénière (Venise, 9-10 décembre 2016), doc CDL-AD (2016) 036, 17 p.

L'AFRIQUE DANS L'ENTRE-DEUX : RÉFLEXION SUR UNE TECHNOLOGIE CONSTITUTIONNELLE IMPORT-EXPORT[1]

Marcelin Nguele Abada

Agrégé des Facultés de droit

Professeur de Droit public à l'Université de Yaoundé II

« *C'est la nuit qu'il est beau de croire à la lumière* »

Edmond ROSTAND

L'année 2010 constitue pour la plupart des pays africains, l'occasion de célébrer le cinquantenaire de leur indépendance. Avant cela, l'année 1960 marquait alors l'accession à l'autonomie interne et à l'indépendance après une période tumultueuse d'occupation coloniale. Elle coïncide également avec le début d'exercice des compétences nationales et internationales des États devenus véritables sujets de droit international.

Cinquante ans d'indépendance, mais aussi d'ingénierie constitutionnelle, le bilan du constitutionnalisme africain[2] peut donc être esquissé. Un tel bilan est d'autant plus important qu'il donne l'occasion d'évaluer les avancées du constitutionnalisme[3]. Pour notre propos, il s'agira de s'interroger sur l'intérêt hier et aujourd'hui des constitutions des États africains qui traversent encore la tempête des secousses politiques.

La doctrine a longtemps privilégié la logique du mimétisme. Il s'agissait à chaque fois de présenter les constitutions africaines comme de simples

[1] Cet article, à peine remanié, a fait l'objet d'une communication dans le cadre du Colloque de Lomé (Togo) tenu les 16-17 juin 2010 : *L'Afrique et l'internationalisation du constitutionnalisme : actrice ou spectatrice*. Je remercie le Collègue C. MONEMBOU et le Dr. Eric SIMO pour la relecture du manuscrit.

[2] A. KPODAR, « Bilan sur un demi-siècle de constitutionnalisme en Afrique noire francophone », *Afrilex*, 2013, pp. 1-33.

[3] Voir dans ce sens F. J. AÏVO, « Les tendances émergentes du nouvel ordre constitutionnel en Afrique », *Revue du Conseil constitutionnel d'Algérie*, n° 4, 2014, pp. 289-309 et K. AHADZI NONOU, « Les nouvelles tendances du constitutionnalisme africain : le cas des États d'Afrique noire francophone », *Afrique Juridique et Politique Revue du CERDIP*, n° 2, juillet-décembre, 2002, pp. 35-86.

reproductions de la constitution française. Ce débat que l'on croyait révolu, est à nouveau ravivé dans les travaux récents. Sans prétendre à l'exhaustivité, il est important de rappeler quelques signatures bien connues :

D'abord parlant de la réception du droit constitutionnel en Afrique, Gertie HESSELING[4] évalue les changements trente années après les indépendances. S'interrogeant sur ce qui serait nouveau, il fait observer la survivance d'une certaine constance en matière constitutionnelle et fortement orientée sous l'angle du mimétisme. En effet, écrit l'auteur, « *lorsque, dans les années 1960, la majorité des pays africains accèdent à l'indépendance, ils adoptèrent une constitution calquée en général sur le modèle prévalant dans la métropole. Ainsi, dans les premières constitutions des anciennes colonies françaises, peut-on trouver une ressemblance profonde avec la constitution française de 1958, tandis que le modèle de Westminster, basé sur le droit constitutionnel britannique, servit d'exemple à de nombreuses anciennes colonies de la Grande-Bretagne* ». Ce constat s'inscrit à coup sûr dans la logique du *mimétisme institutionnel*[5]portée par la doctrine politique et constitutionnelle.

D'ailleurs F. REYNTJENS[6] ne dit pas autre chose lorsqu'il relève dans une étude intéressante que la principale « *source d'inspirations des réformes constitutionnelles en Afrique a été la constitution française de 1958 »*. Cela s'expliquerait selon lui par le refus de reconnaître qu'il existe en Afrique une contradiction fondamentale entre, *d'une part un modèle logique exogène et d'essence unitariste, et d'autre part des éléments d'une théorie endogène dont la logique est plurale. Une telle perspective tend à reconnaître que le constitutionnalisme africain n'intègre pas les valeurs africaines*[7]. De ce fait, on penserait qu'en matière constitutionnelle, comme dans d'autres, l'Afrique a rarement innové[8] en ce sens qu'elle se contenterait de tropicaliser les recettes

---

[4] G. HESSELING, « La réception du droit constitutionnel en Afrique trente ans après : quoi de neuf ? », in *Constitutionnalism in Africa*, C. ZOETHOUT, Ed. Sander Institut, 1996, pp. 33-47.

[5] D. DARBON, « À qui profite le mime ? Le mimétisme institutionnel confronté à ses représentations en Afrique », *in* Y. MENY (dir.), *Les politiques du mimétisme institutionnel. La greffe et le rejet*. Paris, L'Harmattan, 1992, pp. 113-137.

[6] F. REYNTJENS, « Winds of Change in Francophone Africa, 1990-1991 », *Journal of African Law*, 1991, pp. 50-51. Lire également G. HESSELING, « La réception du droit constitutionnel en Afrique trente ans après : quoi de neuf ?*», op. cit.*, p. 36.

[7] Pour E. LE ROY, le droit constitutionnel en Afrique « porte au plus haut l'idéal unitaire : le chef, le parti, le territoire, le droit codifié ». Lire « La démocratie pluraliste face à l'obstacle des présidentialismes africains francophones », *in* G. CONAC (dir.), *L'Afrique en transition vers le pluralisme politique*, Paris, Economica, 1993, pp. 129-138. Lire également G. HESSELING, « La réception du droit constitutionnel en Afrique trente ans après : quoi de neuf ?*», op. cit.*, p. 36-37.

[8] E. BOSHAB cité par J. DJOLI ESENG EKELI, *Droit constitutionnel. L'expérience congolaise*, Paris, L'Harmattan, 2013, p. 39.

qui ont fait leurs preuves sous d'autres cieux[9]. En matière constitutionnelle, les États d'Afrique noire francophone, particulièrement visés par l'étude, ont tendance à s'« *inspirer et à s'en remettre presque aveuglement à ce qu'ils considèrent comme le modèle de Constitution le plus fiable et inattaquable : la Constitution gaulliste de la cinquième République* »[10] de telle manière que les différentes mutations que cette dernière sera appelée à connaître en termes de réformes institutionnelles, leur séviront de modèle[11].

Dans une synthèse remarquable, FAURE[12] relève cette économie constitutionnelle. Toutefois, souligne-t-il, « *les défaillances de l'analyse classique, qui laisse trop à penser que toute constitution peut s'appréhender comme limitation du pouvoir, tiennent aussi aux données historiques de la réception des constitutions occidentales sur le continent africain. Le mouvement constitutionnaliste africain, dans ses phases initiales, est presque exclusivement l'œuvre de l'ancienne puissance coloniale* ». L'adoption de la constitution française de 1958 qui a érigé les possessions coloniales en États membres de la Communauté eut, comme le remarque justement D. G. LAVROFF[13], une double conséquence : « *d'une part, les principes de l'organisation constitutionnelle du pouvoir politique étaient imposés aux nouveaux États* (…). *D'autre part, la forme des constitutions qui devaient être adoptées par les États membres de la Communauté était largement prédéterminée* »[14]. Ainsi, reprend Faure, « *même si l'on ne peut nier l'influence du facteur international, les premières manifestations constitutionnelles en Afrique noire de succession française sont directement héritées de la métropole. Le maintien, au-delà de l'indépendance, des anciens rouages administratifs, la persistance aussi d'une culture politique française, dans les élites modernes locales ont encore favorisé la transmission de ce modèle juridique* »[15]. Partageant ce point de vue dans sa monographie sur la République Démocratique du Congo, D. POLLET-PANOUSSIS[16] qualifie la

---

[9] *Ibidem.*

[10] C. MANGA FOMBAD, « Réformes constitutionnelles en France et leurs implications sur le constitutionnalisme en Afrique francophone », *Afrimap*, 2008, p.1.

[11] S. BOLLE, « La réforme française des institutions : un modèle pour l'Afrique », *Politéia*, n°15, juin 2009.

[12] Y. A. FAURE, « Les constitutions et l'exercice du pouvoir en Afrique noire. Pour une lecture différente des Textes », *in Constitutions et pouvoir.*

[13] D. G. LAVROFF, *Les systèmes constitutionnels en Afrique noire : les États francophones*, Paris, Pedone, 1976, p. 15.

[14] D. G. LAVROFF, *Les systèmes constitutionnels en Afrique noire..., op. cit.,* p. 15. Voir aussi Y. A. FAURE, « Les constitutions et l'exercice du pouvoir en Afrique noire. Pour une lecture différente des Textes », *op. cit.* p. 38.

[15] Y. A. FAURE, « Les constitutions et l'exercice du pouvoir en Afrique noire. Pour une lecture différente des Textes », *op. cit.*

[16] D. POLLET-PANOUSSIS, « La Constitution congolaise de 2006 : petite sœur africaine de la Constitution française », *RFDC*, n° 75, 2008/3, pp. 451-498.

Constitution de ce pays, de « *petite sœur africaine de la constitution française* »[17]. Voilà en effet une ancienne colonie belge qui s'intéresse à la Constitution française au lieu de reprendre le système constitutionnel de la métropole. La proximité avec la France y serait pour une large part. Mais, intéressons-nous au qualificatif « *petite sœur africaine* ». Nous avons voulu en savoir davantage sur les relations qui peuvent exister entre une petite sœur et sa grande sœur dès lors que la Constitution est présentée comme une petite sœur africaine. Cela signifie que la constitution française est considérée comme la grande sœur européenne. Cela nous semble à tout le moins exagéré, quand on sait les égards et le respect dus à une sœur ainée.

Finalement, le discours du mimétisme constitutionnel nous semble exagéré. Nous partageons d'ailleurs ce qu'en pensent J. DU BOIS DE GAUDUSSON[18], G. CONAC[19], K. AHADZI[20] et S. BOLLE[21] qui reconnaissent chacun à sa manière une certaine originalité du constitutionnalisme africain. Cette originalité est masquée dans des réflexions plus globales qui ne rendent pas toujours compte de la spécificité des sociétés africaines. Or, il semble que « *toute l'histoire des constitutions, à partir de quelques rares prototypes originaux, est faîte d'imitations, d'adaptations et de rejets* »[22]. L'importation des solutions constitutionnelles ou encore des technologies institutionnelles issues des pays occidentaux[23] peut dès lors s'avérer inopérante au sein des sociétés africaines. Il en sera ainsi en cas d'incompatibilité avec les réalités

---

[17] *Ibidem.*

[18] J. DU BOIS DE GAUDUSSON, « Sur l'attractivité du modèle de la constitution de 1958 en Afrique, cinquante ans… ». Du même auteur, lire« Point d'actualité sur les modes de production du droit constitutionnel en Afrique francophone », in *Droit constitutionnel, Mélanges en l'honneur de Patrice GELARD,* Paris, Montchrestien, 1999, pp. 341-246 ; « Défense et illustration du constitutionnalisme en Afrique après quinze ans de pratique du pouvoir », In *Renouveau du droit constitutionnel. Mélanges en l'honneur de louis FAVOREU*, Paris, Dalloz, 2007 pp. 609-627 ; « Le mimétisme postcolonial, et après ? », *Pouvoirs*, n°129, 2009, pp. 45-55.

[19] G. CONAC, « Quelques réflexions sur le nouveau constitutionnalisme africain », Communication présentée au Symposium international de BAMAKO, 2000 ; democratiefrancophonie.org/IMG/PDF/Bamako.297, PDF, pp. 26-32.

[20] K. AHADZI NONOU, « Les nouvelles tendances du constitutionnalisme africain : le cas des États d'Afrique noire francophone », *op. cit.*, pp. 35-86.

[21] S. BOLLE, « Des constitutions « made in » Afrique », Communication au VI Congrès français de Droit constitutionnel, Montpellier les 9, 10 et 11 juin 2005, disponible sur http://www.la-constitution-en-afrique.org.

[22] J. RIVERO, « Les phénomènes d'imitation des modèles étrangers en droit administratif », in *Mélanges W. J. GANSHOFVAN DER MEERSCH*, Tome III, Bruxelles, Bruylant, Paris, LGDJ, 1972, p. 620.

[23] D. DARBON, « À qui profite le mime ? Le mimétisme institutionnel confronté à ses représentations en Afrique », *in* Y. MENY (dir.), *Les politiques du mimétisme institutionnel. La greffe et le rejet.* Paris, L'Harmattan, 1992, pp. 113-137.

sociales qu'elles entendaient régir. Pour cette raison l'existence d'un creuset universel générateur de solutions constitutionnelles ne doit pas pour autant trahir la spécificité ou l'identité constitutionnelle des États africains d'expression française. S'interrogeant d'ailleurs, sur le modèle constitutionnel desdits États, K. AHADZI conclut fort justement que : « *les modèles constitutionnels ne sont ni neutres, ni interchangeables à volonté. Ils correspondent au génie de chaque peuple, même si les valeurs qui les sous-tendent ont de plus en plus tendance à s'universaliser* »[24]. Le constitutionnalisme africain n'est donc pas une projection du modèle occidental, il traduit un effort d'endogénisation et d'appropriation des principes fondamentaux de l'ordre constitutionnel dans le sens d'une affirmation de l'identité constitutionnelle propre à ces États[25]. Allant dans le même sens, S. BOLLE[26] reconnaît avec pertinence que « l'import-export constitutionnel » est une vraie-fausse piste pour appréhender le constitutionnalisme *« ailleurs, particulièrement celui d'Afrique noire francophone (...) ».* En réalité, cette piste *« qui fait écho à celle du mimétisme, est bien fragile. Et le néo-constitutionnalisme africain, enfanté par les transitions démocratiques des années 1990, accuse les limites inhérentes à ce schéma d'analyse. Le postulat selon lequel une constitution pourrait être totalement importée, livrée « clefs en mains » ou encore « clonée », par ou grâce à des experts étrangers, en réponse à une commande intérieure, ne peut être retenu »*[27].

De manière un peu plus offensive, l'auteur « des constitutions made in Afrique » précise non sans pertinence que « *certifier qu'un article constitutionnel a été importé n'épuise pas la recherche, sauf à corroborer un discours politique remettant la démocratie à plus tard. En toute hypothèse, le cycle de production constitutionnelle se poursuit après la transposition, plus ou moins conforme à l'original, d'un principe, d'une institution, d'une solution ou d'un mécanisme de provenance étrangère. Non seulement « c'est un fac-similé qui va tenter de s'intégrer dans son nouveau milieu », mais encore et surtout les interprètes nationaux autorisés vont se le réapproprier, le remodeler, le transformer pour lui donner une nouvelle signification. Une enquête de « traçabilité » portant sur tout ce cycle de production, mettant au jour la valeur ajoutée indigène, est infiniment plus instructive que des « micro-comparaisons » entre le pays exportateur d'un modèle et le pays importateur. Ignorer ou tenir pour négligeable la production-interprétation locale, c'est souvent oublier que partout dans le monde la « Constitution en action est manifestement quelque chose de très différent de la Constitution des livres ». Enfin, un raisonnement en termes « d'import-export constitutionnel » fait*

---

[24] K. AHADZI NONOU, « Les nouvelles tendances du constitutionnalisme africain : le cas des États d'Afrique noire francophone », *op. cit.*, pp. 38 et s.

[25] Voir les cas des pays comme le Bénin, le Niger, le Mali et le Sénégal.

[26] S. BOLLE, « Des constitutions « made in » Afrique », *op. cit.*

[27] *Ibidem.*

l'impasse sur la dialectique de l'universel et du singulier pour épouser une vision européocentriste ». Le singulier dont il est question ici est révélateur de la spécificité constitutionnelle africaine sans toutefois rompre avec sa propension ou du moins son ouverture vers l'universel.

En effet, s'il est indéniable que les constituants africains francophones ont puisé, à l'instar de ceux du vieux continent, dans un « *fonds commun aux origines très variées et dont on décèle les traces dans à peu près tous les pays du monde* »[28], il reste qu'ils ont également introduit quelques dispositions atypiques[29]. Ces dernières sont susceptibles de remplir une double fonction dans le constitutionnalisme contemporain. D'abord, et c'est l'aspect le plus visible, elles traduisent une certaine démarcation avec le droit constitutionnel occidental[30] en laissant transparaitre une sorte d'isomorphisme constitutionnel en Afrique francophone[31]. En effet, la fracture constitutionnelle[32] qui prend corps permet d'observer l'émergence d'un droit constitutionnel commun aux États africains [33]qui aurait pour repère la Constitution béninoise de 1990[34]. Sans rompre donc avec l'importation des standards constitutionnels mondiaux[35] ou universels[36], ces États sont de plus en plus prédisposés à sécréter des référentiels qui leur sont propres au plan constitutionnel. En considération de cet élément, la théorie de « l'entre-deux » traduit davantage la réception des données constitutionnelles étrangères et la production des solutions constitutionnelles adaptées au contexte africain. Dans le cadre

---

[28] A. CABANIS et B. GUEYE, « Dire le droit constitutionnel en Afrique francophone », *Droit sénégalais*, n° 11, 2013, p. 105.

[29] D. SY, « De quelques dispositions atypiques dans les Constitutions africaines », *in* F. J. AÏVO (dir.), *La Constitution béninoise du 11décembre 1990..., op. cit.*, pp. 273-283.

[30] I. M. FALL, « La construction des régimes politiques en Afrique : insuccès et succès », *Afrilex*, 2014, pp. 1-37.

[31] A. CABANIS et J.-L. MARTIN, « Un espace d'isomorphisme constitutionnel : l'Afrique francophone », in *Mouvement du droit public, mélanges en l'honneur de Franck Moderne*, Paris, Dalloz, 2005, pp. 343-357.

[32] F. J. AÏVO, « La fracture constitutionnelle. Critique pure du procès en mimétisme », *in* F. J. AÏVO (dir.), *La Constitution béninoise du 11décembre 1990..., op. cit.*, pp. 33-46.

[33] A. CABANIS et J.-L MARTIN, « Un espace d'isomorphisme constitutionnel : l'Afrique francophone », *op. cit.*, p. 345.

[34] S. BOLLE, « La Constitution Glélé en Afrique : modèle ou contre modèle ? », *in* F. J. AÏVO (dir.), *La Constitution béninoise du 11décembre 1990..., op. cit.*, pp. 251-272.

[35] M. DISANT et *alii* (dir.), *Les standards constitutionnels mondiaux*, Bruylant, Bruxelles, coll. « Penser le droit », 2018, 473 p.

[36] L. SINDJOUN, *La formation du patrimoine constitutionnel commun des sociétés politiques. Éléments pour une théorie de la civilisation politique internationale.* Série des monographies, Codesria, Dakar, 1998, 72 p.

spécifique de cette étude, une conception plus ouverte est envisagée afin de mettre en évidence la thèse relative à l'« import-export ».

Ensuite, ces dispositions spécifiques dans les constitutions des États d'Afrique noire francophone tout comme la pratique jurisprudentielle qui les accompagnent, sont susceptibles d'être exportées vers l'occident. Au vrai c'est angle d'analyse n'a pas toujours eu à captiver l'attention de la doctrine, qui de manière fréquente, en matière d'études africaines, a tendance, un peu comme une fatalité, à faire une référence préalable à l'Europe[37]. Les solutions constitutionnelles qui se développent au sein du continent noir incitent le juriste à mettre en exergue le rôle actif et non contemplatif des États d'Afrique noire francophone dans l'édification du constitutionnalisme universel. Il convient en effet de ne point exclure cette partie du globe comme partie prenante dans le phénomène d'internationalisation du droit constitutionnel nonobstant le paradoxe[38] qui a récemment été relevé en la matière. De ce fait, l'étude entend se démarquer de l'inclination absolue en faveur de l'occident comme prototype constitutionnel. Cette manière de voir les choses ne colle pas toujours avec la dynamique constitutionnelle des indépendances. Contrairement à ce qui a été affirmé, c'est ignoré que le constitutionnalisme africain ne se préoccupait pas à l'origine du dessein de l'article 16 de la Déclaration française de 1789. Le système constitutionnel occidental dans lequel évolue le système français s'inscrit dans une logique qui n'est pas celle suivie par les pays africains[39] ou du moins celle imposée aux pays africains. Au sein de ces États, le constitutionnalisme rédhibitoire[40] dont parlait le dédicataire de ces pages en est une parfaite illustration. Il permet de se rendre à l'évidence du fait que les vertus du célèbre article 16 de la Déclaration des droits de l'homme et du citoyen n'ont pas prospéré en Afrique. On pourrait donc penser que non seulement Montesquieu n'a pas été suivi mais encore le constitutionnalisme issu des luttes d'indépendance est le résultat des compromissions qui arrangeaient les anciens occupants.

---

[37] Y. A. FAURE, « Les constitutions et l'exercice du pouvoir en Afrique noire. Pour une lecture différente des Textes », *op. cit.*, p.34.

[38] A. H. DIOMPY, *Le paradoxe de l'internationalisation du droit constitutionnel en Afrique. Réflexions sur les interactions normatives, institutionnelles et politiques dans l'espace CEDEAO*, Thèse de Doctorat, Université de Bordeaux, janvier 2017, 1056 p.

[39] On note par ailleurs l'émergence d'une certaine convergence constitutionnelle entre ces pays. Ils produisent de plus en plus des solutions constitutionnelles non seulement interchangeables mais aussi spécifiques à leurs traditions. Lire dans ce sens S. BALDE, *La convergence des modèles constitutionnels. Étude des cas en Afrique subsaharienne*, Paris, Publi-book, 2011, 536 p.

[40] J. OWONA, « L'essor du constitutionnalisme rédhibitoire en Afrique : études de quelques Constitutions Janus », *in L'État moderne horizon 2000, aspects internes et externes, Mélanges offerts à Pierre François GONIDEC*, Paris, LGDJ, 1985, pp. 235-243.

À ce compte, le discours d'un mimétisme total doit être relativisé, car le constitutionnalisme des indépendances ne peut pas être réduit au replâtrage de la constitution française de 1958 (I). De même que le constitutionnalisme post-guerre froide est la traduction d'une ingénierie normative endogène qui tend d'ailleurs à s'exporter (II).

I/ La relativité de la doctrine de l'importation de la technologie constitutionnelle occidentale en Afrique

Le constitutionnalisme des indépendances n'est pas une reprise de la Constitution française de 1958. D'abord parce que l'accession à l'indépendance est marquée par l'adhésion pour une large part au parlementarisme. Il s'agirait selon la doctrine locale d'un « parlementarisme mimétique »[41] en ce qu'il repose sur l'imitation des régimes politiques des métropoles coloniales[42]. Lorsque l'on observe le cas camerounais, en 1957, l'adoption du statut du Cameroun confirme cette option parlementaire du régime. Donc en 1960, c'est ce schéma qui est reproduit, même si la constitution du 04 mars 1960 crée un exécutif dualiste. Cependant, le premier Président est élu par les députés à l'Assemblée nationale. Il ne s'agit pas en fin de course d'une reprise de la Constitution française. On s'en apercevra très vite compte tenu des importants pouvoirs reconnus au Président de la République.

Ainsi, affirmer un mimétisme serait méconnaître les conditions d'avènement des indépendances. Déjà, Louis Jacquinot[43] qui est le seul à participer au dernier gouvernement de la Quatrième République, avec le titre de ministre d'État, participe à l'élaboration de la Constitution de 1958. Et c'est justement lui qui soutenait la mise en place des pouvoirs forts à la limite autoritaires en Afrique. Il allait le faire à l'adresse de la classe politique camerounaise en construction et en reconnaissant que pour un début, il était nécessaire de mettre en place des pouvoirs forts. Il fallait selon lui limiter ou contrôler les libertés pour mieux conduire la construction nationale. Ce discours ne pouvait que servir de base à l'aventure vers un parti unique. Finalement, le constitutionnalisme africain est une construction consciente résultant d'une stratégie soutenue par les métropoles intéressées. Il marque la déroute de l'idée même de constitution telle que développée par Montesquieu et résumée par l'article 16 de la Déclaration des droits de l'homme et du citoyen(A). Il

---

[41] M. KAMTO, *Pouvoir et droit en Afrique noire. Essai sur les fondements du constitutionnalisme dans les États d'Afrique noire francophone*, Paris, LGDJ, coll. « Bibliothèque africaine et malgache », tome 43,1987, p. 241.

[42] J. OWONA, *Droit constitutionnel et régimes politiques africains*, Paris, Berger-Levrault, 1985, p. 262.

[43] L. R. JACQUINOT est l'une des rares personnalités politiques françaises à avoir fait leur carrière sous les 3e, 4e et 5e Républiques. Né en 1898, il meurt en 1993. Il est avocat de formation, plusieurs fois ministre et député du parti des Indépendants et Paysans d'Action sociale.

traduit bien plus, une trajectoire propre bien huilée servant les intérêts non seulement de la classe dirigeante mais aussi des anciens occupants (B).

A/ La déroute organisée du dessein de l'article 16 de la DDHC

« *Toute société dans laquelle la garantie des droits n'est pas assurée, ni la séparation des pouvoirs déterminée, n'a point de constitution* ». Cette disposition célèbre rend compte de la dynamique du constitutionnalisme français et même européen. Elle n'a pas la même résonance en Afrique où la conception du pouvoir tient compte d'autres paramètres.

Il est important de relever qu'une certaine hypocrisie a entouré les travaux de la doctrine au même titre que l'Afrique par rapport à la doctrine du développementaliste et même des études sociologiques à la suite de Claude Lévi-Strauss[44].Le constitutionnalisme européen[45] connaît la séparation des pouvoirs[46]. Notion chargée de sens, considérée et non sans raison comme « *le plus casse-tête intellectuel posé aux analystes de la chose constitutionnelle* »[47], la séparation des pouvoirs est donc susceptible de diverses interprétations et peut-être aussi de différentes applications[48]. Il en sera ainsi dans le contexte africain où baigne l'hyper fait majoritaire[49]. Mais, au-delà de la controverse que cette notion a suscitée, il y a lieu de relever qu'elle a un esprit et une logique dont il faut rappeler la trame.

La notion de séparation des pouvoirs a été forgée par MONTESQUIEU[50]. Elle est devenue un thème majeur du droit constitutionnel[51]. Montesquieu lui

[44] Lire par exemple G. LENCLUD, « Claude Lévi-Strauss aujourd'hui », *CEFRES*, n°12, novembre 2008, pp. 26 et s.

[45] J. LECLAIR, « L'avènement du constitutionnalisme en Occident : fondements philosophiques et contingences historiques », *RDUS*, 2011/14, pp. 159-218.

[46] On lira utilement une étude approfondie M. TROPER, *La séparation des pouvoirs dans l'histoire constitutionnelle française*, Pars, L.G.D.J., 1980, 251 p. Voir également, L. ALTHUSSER, *Montesquieu, la politique et l'histoire,* Paris, PUF, 1974.

[47] A. LE DIVELLEC, « L'articulation des pouvoirs dans les démocraties parlementaires européennes : fusion et mitigation », *Pouvoirs*-143, 2012, p. 123.

[48] Lire dans ce sens M. TROPER, « Actualité de la séparation des pouvoirs », *in Pour une théorie juridique,* PUF., Paris, 1994, pp. 223-236.

[49] E. SIMO, *Droit institutionnel CEMAC et Parlements des États membres. Réflexion sur les rapports de systèmes-organes*, Thèse de Doctorat Ph.D en Droit Public, Université de Yaoundé II, p. 289.

[50] C'est le père de la doctrine, on lira à ce sujet son maître ouvrage, *De l'esprit des lois,* Ed. GF Flammarion, 1979, Tome I, 507 p. ainsi que *De l'esprit des lois,* Ed. GF Flammarion, 1979, Tome II, 638 p.

[51] Il est très conseillé de lire les manuels ou ouvrages de droit constitutionnel, particulièrement l'étude intéressante et actualisée des professeurs J. GICQUEL, *Droit constitutionnel et Institutions politiques*, 19e Ed., Montchrestien, Paris, 2003, 769p. Voir également J. GICQUEL et J. E. GICQUEL, *Droit constitutionnel et Institutions politiques.* 30e éd., Paris, Montchrestien, 2017, 914 p et M. TROPER et D.

a consacré d'intéressantes analyses[52]. Il soutient que la liberté politique ne se trouve que dans les gouvernements modérés. Cela étant rendu possible dès lors qu'on n'abuse pas du pouvoir car « *c'est une expérience éternelle que tout homme qui a du pouvoir est porté à en abuser...* » C'est donc pour cette raison que « *pour qu'on ne puisse abuser du pouvoir, il faut que par la disposition des choses, le pouvoir arrête le pouvoir* ». Bien plus, « *lorsque dans la même personne ou dans le même corps de magistrature, la puissance législative est réunie à la puissance exécutrice, il n'y a point de liberté ; parce qu'on peut craindre que le même monarque ou le même sénat ne fasse des lois tyranniques pour les exécuter tyranniquement...* ». La liberté serait encore inexistante « *si la puissance de juger n'est pas séparée de la puissance législative et de l'exécutrice. Si elle était jointe à la puissance législative, le pouvoir sur la vie et la liberté des citoyens serait arbitraire...* ». Il faut éviter à la fois le juge législateur et le juge oppresseur. Cette situation pourrait conduire au chaos car selon MONTESQUIEU « *Tout serait perdu si le même homme et le même corps des principaux, ou des nobles ou du peuple exerçaient ces trois pouvoirs: celui de faire les lois, celui d'exécuter les résolutions publiques, et celui de juger les crimes ou les différends des particuliers* ». Il s'agit là, à n'en pas douter, d'un effort de construction du régime politique du moins en ce qui concerne la définition des pouvoirs dans l'État.

La théorie de MONTESQUIEU a alimenté une grande controverse qu'il s'agisse de l'expliquer, de la critiquer, d'en faire la garantie ou l'étalon de la liberté politique. Elle a alimenté une importante doctrine[53]. L'une des plus

---

CHAGNOLLAUD, (dir.), *Traité international de droit constitutionnel,* Tome 2, *Distribution des pouvoirs*, Paris, Dalloz, 2012, 842 p.

[52] Dans son ouvrage intitulé *De l'Esprit des lois*, MONTESQUIEU cherche à définir le champ d'action des organes du pouvoir dans l'État. Son étude pose le problème de la séparation des pouvoirs. Rien ne définit mieux la société politique que le type de rapports existant entre les gouvernants et les gouvernés. Il n'est donc pas inutile d'analyser les rapports déjà au sein des organes du pouvoir mais aussi au sein des gouvernés. Montesquieu commence par définir la notion de liberté. Dans le chapitre III il se demande « ce que c'est que la liberté ». Cela le conduit à établir un rapport indissociable entre la liberté et la loi dans un État et tournant le dos à la conception de l'indépendance sorte de liberté sans limites, Montesquieu affirme que « *la liberté est le droit de faire tout ce que les lois permettent...* »

[53] Essentiellement l'ouvrage de MONTESQUIEU, *De l'Esprit des lois*, *op.cit.* Voir également R. CARRE De MALBERG, *Contribution à la théorie générale de l'État : spécialement d'après les données fournies par le droit constitutionnel français.* Préface Eric MAULIN, Paris, Réed. Dalloz, 2003, 1525 p ; Ch. EISENMANN, « L'esprit des lois et la séparation des pouvoirs », in *Mélanges R. CARRE de MALBERG*, Paris, Sirey, 1933, pp. 163-192 ; du même auteur, « La pensée constitutionnelle de Montesquieu » *in* Ch. LEBEN, *Écrits de théorie du droit constitutionnel et d'idées politiques,*, Paris, Ed Panthéon Assas, 2002, pp. 583-602 ; « Le système constitutionnel de Montesquieu et le temps présent », *in* Ch. LEBEN,

vives critiques vient de la part de R. CARRE DE MALBERG[54]. Entendre comme impliquant l'égalité des pouvoirs, la doctrine de Montesquieu est selon R. CARRE DE MALBERG inopérante en fait et en droit. Elle est selon lui toujours, ni plus ni moins qu'une « illusion ». En fait, l'égalité clamée par Montesquieu « *n'a guère existé sous les diverses constitutions qui se sont succédées en France depuis 1789. Si toutes ces constitutions prétendent plus ou moins se fonder sur le principe de séparation des pouvoirs, si même certaines d'entre elles ont pris soin de consacrer ce principe par un texte exprès, en réalité elles sont loin d'avoir établi l'égalité des pouvoirs et d'en avoir assuré le maintien* »[55].

Il souligne d'ailleurs que dans la pratique « *tantôt ce sont les Assemblées qui comme en 1791 et en 1793, sont rendues prépondérantes et qui peuvent prétendre avoir eu, en toutes choses, le dernier mot. Tantôt c'est le chef du gouvernement qui devient maître de tous les pouvoirs, comme en l'an VIII et en 1852* »[56]. Ch. EISENMANN[57] approuve l'idée selon laquelle « ... *les différentes fonctions étatiques doivent être exercées par les organes distincts, en d'autres termes... y avoir autant d'organes qu'il y a de fonctions, mérite parfaitement le nom de principe de séparation des pouvoirs... les pouvoirs sont séparés dès lors qu'ils ne sont pas confondus, c'est-à-dire que l'exercice n'en est pas attribué au même organe* ». En ce sens conclut-il, « *on peut donc parfaitement dire que Montesquieu a posé et appliqué le principe de la séparation des pouvoirs, et qu'il préconise un régime de séparation des pouvoirs* ».

Tout en reconnaissant la nécessité d'une séparation des pouvoirs J. MADISON[58] ne conteste pas non plus que « *tout pouvoir est naturellement envahissant et qu'il doit être mis efficacement dans l'impossibilité de franchir les limites qui lui sont assignées* ». Ainsi, après avoir classé les différentes

---

Écrits de théorie du droit constitutionnel et d'idées politiques, op. cit., pp. 603- 609 ; G. MADISON, « New York Packet, 1er janvier 1788 », *in Le Fédéraliste*, Traduction française, Paris, LGDJ 1957, pp. 408- 409.

[54] R. CARRE De MALBERG, *Contribution à la théorie générale de l'État, op. cit.*, pp. 48-52.

[55] Il existe à l'appui de cette thèse la Constitution de 1791 ; la Déclaration des droits en son article 16 ; la Constitution de 1793, la Déclaration des droits, article 24 ; la Constitution de l'an III, la Déclaration des droits, article 22 et la Constitution de 1818, article 19. Cf. R. CARRE De MALBERG, *Contribution à la théorie générale de l'État, op. cit.*, p. 48.

[56] *Ibidem.* Il démontre que l'égalité des pouvoirs n'a jamais existé en fait même lorsque la « *constitution réserve au chef de l'État outre la puissance gouvernementale, l'initiative exclusive en même temps que la sanction des lois, ce qui aboutit à la rendre maître de la puissance législative* ». Pas davantage lorsque les constitutions « n'avaient pas visé à établir la prééminence absolue de l'un des organes Etatiques ».

[57] *Ibidem.*

[58] J. MADISON, « New York Packet, 1er janvier 1788 », *op.cit.*

sortes de pouvoirs, il soutient que « *la chose la plus importante et la plus difficile est de la garantir pratiquement contre leurs usurpations mutuelles* »[59]. Pour y parvenir, il faut « *des armes plus sûres pour défendre les plus faibles membres du gouvernement contre les plus puissants. Le département législatif étend partout la sphère de son activité et engloutit tous les pouvoirs dans son infectieux tourbillon* »[60]. Au-delà donc de l'interdiction du cumul des fonctions, le principe de la séparation des pouvoirs suppose l'équilibre entre les pouvoirs, entendue par une frange de la doctrine comme étant « *le trait le plus marquant, le plus décisif, le plus original* »[61] dudit principe. Elle a en effet le mérite de véhiculer l'idée de faculté de statuer et faculté d'empêcher.

La vocation à l'universalisme de l'article 16 de la Déclaration des droits de l'homme et du citoyen n'a pas toujours trouvé preneur en Afrique. Cela ne signifie pas que les constitutions africaines ne consacraient pas une forme de séparation des pouvoirs. Mais, elles révèlent les particularismes qui ont d'ailleurs servi de nid au parti unique. Le système africain n'a pas emprunté ce chemin exigeant. Les choix constitutionnels validés par les métropoles ont plutôt favorisé la déférence et la soumission. Déférence de la classe politique nouvellement aux commandes envers les chefs métropolitains et soumission des populations organisée par l'investissement du champ politique par les partis uniques, soit de fait, soit de droit.

La déroute consommée de l'article 16 de la Déclaration des droits de l'homme et du citoyen s'est vite réalisée autour du contrôle total du pouvoir d'État, marqué par la magnificence du Président de la République, Chef de l'État. Il faut d'emblée signaler que nous utiliserons indifféremment le terme chef de l'État et président de la République. En droit comparé le terme chef de l'État est reçu de manière très timide. En France par exemple cette expression n'apparaît pas dans toutes les constitutions encore moins aux États-Unis[62]. Certaines constitutions européennes y font référence[63].

---

[59] *Ibid.*

[60] *Ibidem.*

[61] Ch. EISENMANN, « L'esprit des lois et la séparation des pouvoirs », *op. cit.*, p. 580.

[62] Ni la constitution des États-Unis de 1787 ni même la première constitution française de 1791, n'ont utilisé le terme chef de l'État qui avait une résonance péjorative et incompatible avec la séparation des pouvoirs. Les raisons historiques peuvent aussi justifier cela : en France le prince-président Louis Napoléon Bonaparte se l'était attribué (article 6 constitution du 14 janvier 1852) et ensuite le maréchal Pétain s'était autoproclamé chef de l'État. L'expression n'apparaît pas dans la loi fondamentale de l'Allemagne du 23 mai 1949 les souvenirs d'Adolphe HITLER sont présents.

[63] La constitution italienne du 27 décembre 1957 dans son article 187 utilise ce terme, est-ce parce que Mussolini exerça sa dictature en qualité de chef du gouvernement et quel sens donné à la notion de Chancelier ? En tout cas la plupart des constitutions africaines utilisent le terme (Gabon, Congo, etc.)

Cette expression a pris de l'importance dans la vie politique africaine où en réalité le pouvoir n'est pas disputé mais, obéit à une logique de hiérarchisation « de chef à subordonnés », le chef tout puissant dans un État total. Le professeur J. GICQUEL l'avait exprimé, en parlant du chef de l'État, il le qualifiait de « *précepteur de la nation, inspirateur du parti et tuteur de l'Assemblée nationale, l'ampleur de son autorité fait penser à l'arbre tropical dont l'ombre interdit autour la vie* »[64].

L'étude de la fonction présidentielle[65] donne l'ampleur du statut et de la stature du titulaire de cette fonction. Dans les constitutions africaines post-indépendance, le chef de l'État n'y a donc pas le profil bas, ni un rôle minoré comme dans un régime parlementaire. Il n'a pas non plus épousé le modèle américain d'un chef d'État conçu d'une façon qui lui réserve un rôle important tout simplement. Il est davantage un monarque républicain aux pouvoirs très étendus et son rôle est exalté.

Le Chef de l'État dans les constitutions africaines est à la fois capitaine, arbitre, gardien et garant. Cette perspective est résumée par les dispositions de l'article 5 de la Constitution du Cameroun suivant lesquelles le Président de la République, Chef de l'État « *veille au respect de la constitution, assure l'unité de l'État et garantit par son arbitrage le fonctionnement régulier des pouvoirs publics* »[66]. Il est non seulement un président « au-dessus de la mêlée »[67] mais également un chef dans la mêlée. C'est sa fonction de symbole de l'unité et de la continuité de l'État qui est exaltée, cela a pour objet de lui éviter « *l'érosion inévitable de légitimité et d'autorité que n'a pas manqué et que ne manquerait pas de provoquer une trop fréquente intervention dans les affaires de tous les jours...* »[68]. Placé au-dessus des partis politiques, le chef de l'État est en mesure d'assurer la continuité de l'État et sa permanence. Mais en réalité le chef de l'État a conservé le lien politique formel avec son parti[69].

Tout en prenant de la hauteur, le chef de l'État garde la maîtrise de l'action politique. Clé de voûte de l'édifice constitutionnel, rouage essentiel du régime, le président de la République n'a jamais cessé de prendre une importance

---

[64] J. GICQUEL, « Le présidentialisme négro-africain : l'exemple camerounais » in *Le Pouvoir,* Mélanges Georges BURDEAU, Paris, LGDJ., 1977, p. 713. Il cite à ce propos Lacouture (J.), *Quatre hommes et leur peuple*, 1960, p. 264.

[65] Lire utilement *Pouvoirs,* n° 41, *Le Président*, Paris, PUF, 1987.

[66] Article 5 (nouveau) constitution du 2 juin 1972, cette fonction d'arbitrage est une reprise de l'article 5 de la constitution française de 1958. Une importante littérature juridique a été réalisée, on se référera utilement à l'ouvrage de J. GICQUEL, *Droit constitutionnel et Institutions politiques*, *op. cit*., pp.653 et s.

[67] A. D. OLINGA, *La constitution de la République du Cameroun*, Édition Terre Africaine et Presses de l'U.C.A.C., Yaoundé, pp. 65 et s.

[68] *Ibidem*.

[69] Le Rassemblement démocratique du Peuple camerounais (R.D.P.C) créé à Bamenda en mars 1985.

croissante au fil des réformes constitutionnelles. Son intervention dans la vie politique est demeurée intacte, malgré les mutations constitutionnelles successives. Il garde ainsi l'essentiel de son pouvoir d'animation de la vie politique. Il garde un rôle actif d'autant plus qu'il se reconnaît le détenteur de la souveraineté puisqu'élu au suffrage populaire direct[70].

Par sa fonction de participation, le Chef de l'État contrôle l'activité normative. Il participe à la mise en œuvre de la législation, en même temps qu'il est détenteur du pouvoir réglementaire. À côté de ce pouvoir de participation politique, le chef de l'État garde sa fonction de modification, de correction mieux de rectification. La constitution camerounaise a fait sienne la théorie de l'arbitrage, suivant la logique du « pouvoir neutre » de Benjamin Constant[71]. Elle permet avec une note particulière au chef de l'État de *« corriger la trajectoire politique »*[72] en sa qualité de régulateur de l'activité « étatique ». À ce titre, il exerce une fonction de régulateur de l'essentiel de l'action gouvernementale en même temps de l'activité constitutionnelle.

Sur un autre plan, le chef de l'État a conservé son rôle de gardien de la Constitution et c'est à ce titre qu'il est le régulateur de l'activité constitutionnelle. Sur ce point, il a bénéficié du « *droit de réviser la Constitution* »[73]. S'il peut paraitre impertinent de le considérer comme bénéficiaire du pouvoir constituant, on ne doit pas pour autant négliger le fait qu'il dispose des moyens juridiques en la matière. Il peut à la fois demander une seconde lecture de la loi constitutionnelle et recourir le cas échéant au référendum[74]. Enfin, le chef de l'État conserve son rôle de garant du respect de la Constitution[75] au lendemain des indépendances: seul pour attaquer l'inconstitutionnalité d'une loi[76], et maître sur l'issue de la recevabilité d'un texte[77]. Cette présence du chef de l'État se manifeste lorsqu'il assure sa fonction de symbole.

---

[70] Article 2 de la Constitution parlant de dévolution de la souveraineté nationale.

[71] Terme repris par le professeur J. GICQUEL, « Le présidentialisme négro-africain : l'exemple camerounais » in *Le Pouvoir,* Mélanges G. BURDEAU, *op. cit*., p. 716. Voir également le Cours de D. ROUSSEAU, Académie internationale de droit constitutionnel, Tunis, session 1990.

[72] J. GICQUEL, *Droit constitutionnel et Institutions politiques*, *op. cit*., p. 653.

[73] Il a deux possibilités, soit l'article 30 qui détermine le référendum législatif qui vise aussi la révision constitutionnelle, soit l'article 36, alinéa 5 de la constitution organisant le référendum constituant.

[74] Article 36 de la Constitution du Cameroun.

[75] Article 19 et 27 de la Constitution.

[76] Article 10.

[77] Article 27.

La constitution a renforcé les attributions du chef de l'État d'abord en période exceptionnelle[78] et ensuite dans l'exercice du droit de grâce[79]. Il devient ainsi le symbole de la cohésion, de l'unité et de la paix. Renforcé par le rôle d'arbitre, il dispose constitutionnellement des moyens de transparence politique et doit désormais incarner l'unité à construire dans une société somme toute politiquement éclatée. C'est donc un chef d'État en régime présidentialiste, éloigné du rationalisme parlementaire et du puritanisme américain.

Il faudrait plutôt rechercher des équivalences en Amérique du Sud. Le modèle présidentialiste a été rodé en Amérique latine au XIXe siècle par une imitation déformée et une pratique autoritaire du modèle américain. Les régimes politiques des nouveaux États d'Afrique francophones bénéficiant d'une caution ou alors ne se sentant pas sous une quelconque pression se sont très vite personnalisés et hiérarchisés sous l'autorité suprême d'un chef d'État inamovible. Ce modèle présidentialiste comme le souligne G. CONAC «*pouvait correspondre dans la pratique à des variantes plus ou moins autoritaires camouflant même parfois des dictatures despotiques. Il pouvait être aussi parfois formellement institutionnalisé par des constitutions qui organisaient sans complexe le monocentrisme présidentiel*»[80]. Les régimes mis en place bénéficiaient d'un habillage normatif qui leur conférait une apparente respectabilité internationale au prix d'un très grand relativisme constitutionnel. Ils développaient, comme c'est encore le cas aujourd'hui dans la plupart des pays, le culte du chef suprême.

Dans les États francophones, les constituants des cinquante premières années de l'indépendance, à l'initiative du Chef d'État et sous prétexte de garantir l'efficacité gouvernementale et la stabilité politique en place, s'efforçaient d'écarter les risques d'une compétition politique ouverte et de donner au Président tous les moyens constitutionnels pour hiérarchiser l'Exécutif et transformer l'Assemblée législative en une Chambre d'enregistrement.

La plupart des constitutions confiaient au Président, comme dans les régimes présidentiels, la double fonction de Chef d'État et de chef de gouvernement. Lorsqu'il était prévu un Premier ministre, il était en fait subordonné au Président : c'était un chef d'État-major chargé d'appliquer ses décisions et sous son autorité, de coordonner l'action des autres ministres. L'unité de l'Exécutif et l'irrévocabilité du Président, sauf condamnation pour

---

78 Article 11 de la constitution qui a repris l'article 16 de la constitution française pour une bonne partie.

79 L'article 9 (nouveau) confère au chef de l'État l'exercice du droit de grâce après avis du conseil supérieur de la magistrature dont il est une fois de plus le président.

80 G. CONAC, « Quelques réflexions sur le nouveau constitutionnalisme africain », *op. cit.*

haute trahison selon une procédure d'*impeachment* tout à fait illusoire, étaient des traits qui rapprochaient ces régimes du modèle nord-américain. Mais ce n'était qu'une apparence. En fait, ces régimes présidentialistes étaient totalement étrangers à l'inspiration libérale de la Constitution des États-Unis.

D'après les constitutions présidentialistes, le Président dominait le législatif ; il pouvait légiférer éventuellement par ordonnance, dissoudre l'Assemblée nationale et disposait de nombreux moyens pour lui imposer les lois qu'il jugeait opportunes. Il était pratiquement le seul à pouvoir saisir le juge constitutionnel réduit à un rôle de légitimation de son élection ou, le cas échéant, de ses décisions. C'était la négation même de la séparation des pouvoirs, principe qui est l'identifiant des régimes libéraux et démocratiques.

Malgré le contrôle politique qui sera d'ailleurs utilisé avec beaucoup de circonspection, il faut préciser que les rapports entre l'exécutif et le législatif voient apparaître une nette domination de l'exécutif. En tout cas l'exécutif tient une place très forte. Le président de la République peut toujours reconduire le Premier ministre malgré l'hostilité des députés et s'il le désire, il peut dissoudre l'Assemblée. Un tel dispositif est de nature à réduire l'influence des députés conscients que tous les duels sont presque perdus d'avance. On pourrait rappeler les domaines de forte dépendance, déjà évoqués plus haut :

D'abord en ce qui concerne l'ordre du jour des sessions parlementaires, il revient à l'exécutif davantage au président de la République d'arrêter les matières qui feront l'objet des différents débats au cours de la session. Ensuite, en ce qui concerne la procédure législative, on assiste à une quasi-absence des propositions de lois. Et lorsqu'il y en aurait, la procédure de leur adoption s'apparente à un parcours de combattants. En outre, le rôle de contrôle de l'Assemblée est souvent obstrué par les pressions de l'exécutif et des contraintes normatives. Enfin, le système politique reste totalement influencé par la stature du président de la République. Ce constitutionnalisme relève d'une logique qui n'est pas neutre.

B/ La marque d'une logique de compromissions : l'institutionnalisation du parti unique

L'évolution vers l'institutionnalisation du parti unique a recueilli un consensus surprenant au point que son échec incite moins à sa défense qu'à son procès. Deux principaux fondements justifiant l'adoption du parti unique : un fondement politique qui, résultant de la rémanence des luttes politiques internes et incessantes, a mobilisé la tendance vers l'unanimisme politique[81].

---

[81] Une première forme de théorisation du monolithisme a été réalisée par J. BUCHMANN, *L'Afrique noire indépendante*, Paris LGDJ, 1962. Sur ce point, les travaux de A. MAHIOU sont déterminants : *L'avènement du parti unique dans les*

L'unité nationale était le leitmotiv des actions politiques. Pour l'illustrer reprenons les propos d'A. AHIDJO qui affirmait que : « *nous allons nous atteler à la tâche indispensable de consolidation de l'unité nationale*»[82]. Pour réaliser cet objectif considéré comme primordial, dès 1961 lors d'une conférence de presse[83], le premier Président de la République du Cameroun, déclarait son désir de voir formé au Cameroun « *un grand parti, un grand mouvement unifié qui se formerait après une entente librement consentie entre les différents mouvements existants, un grand parti national au sein duquel entreraient librement les Camerounais, mais aussi un parti au sein duquel pourront pacifiquement coexister plusieurs tendances, étant entendu que la minorité doit se rallier à la majorité*»[84]. À la lecture de ce fragment de texte, il ne fait aucun doute que l'ancien chef d'État voyait dans le parti unique la solution immédiate et adaptée pour la construction de l'unité nationale et du développement économique afin que le pays puisse véritablement faire partie du monde libre. Pour preuve, quelques années plus tard, il indiquait avec un peu plus de clarté qu'il «*faut que nous soyons rassemblés dans un grand parti national... nous avons des objectifs communs (...) socialisme, libéralisme, communisme, etc. (...) tout ceci, c'est un jeu de mots pour nous. Tout ceci est valable pour ceux qui ont déjà le nécessaire sinon le luxe et qui passent leur temps à se disputer sur telle ou telle idéologie* »[85]. L'unité nationale comme « impératif »[86] devenait exigeante : « *il nous faut insuffler une âme à cette nation qui affirme jour après jour sa personnalité* »[87]. Une telle déclaration allait aussitôt présenter des failles dans les choix politiques. La difficulté majeure résidait dans l'impossibilité pour la nation à exprimer sa personnalité. De ce point de vue, reconnaître à la nation la capacité d'exprimer sa personnalité aurait conduit à libérer les énergies et le génie propre de chaque peuple.

Or, la construction nationale s'opérait suivant une redistribution clientéliste des ressources et un contrôle autoritaire de l'expression des sentiments

---

pays d'Afrique noire d'expression française, Thèse de Doctorat, Nancy publiée par la LGDJ en 1969.

[82] A. AHIDJO, Message à la nation, 30/09/1962.

[83] Conférence de presse du Président AHMADOU AHIDJO du 11 novembre 1961.

[84] *Ibidem.*

[85] Discours à l'occasion de la tournée officielle dans le MBAM. BOKITO 19 décembre 1964, S. E. A. AHIDJO, *Anthologie des discours* 1957-1979, N.E.A., 1980, p. 500

[86] V. Ch. NSHALAÏ, « Unité nationale : une dynamique vision d'espoir pour le Cameroun », *Cameroon Tribune* n° 4914, mercredi 26/06/1991, p. 23. Voir également A. KONTCHOU KOUOMEGNI, « Le droit public camerounais, instrument de construction de l'unité nationale », *R.J.P.C.,* 1979, pp. 416 et s.

[87] A. AHIDJO, Message à la nation, Yaoundé, 1969. Lire. P. F. GONIDEC, « À quoi servent les constitutions africaines ? », *op. cit.*, pp. 849-852.

qualifiés. La rétention autoritaire de la liberté et l'infortune des constitutions[88] ont relégué aux calendes grecques toute idée de légitimité démocratique[89]. L'avènement du multipartisme[90] est une remise en cause du quart de siècle de domination du parti unique. Un parti unique qui a supplanté une expérience de multipartisme pendant l'accession à l'indépendance. Le paysage politique de l'époque révèle l'existence des formations politiques dans presque tous les pays d'Afrique[91].

Les justifications sur les bases des impératifs de développement économique consacraient cette déposition et sa confiscation par l'autorité établie[92]. L'autre volet des fondements est juridique, puisqu'on utilise ouvertement un mécanisme juridique pour mettre en place une politique qui nie le pluralisme et toute idée de démocratie[93]. L'État africain construit sur le modèle du pouvoir personnel en déphasage avec la logique constitutionnelle est

---

[88] Voir J. F. PERRIER, « Dictature et légitimité en Afrique noire », *in* M. DUVERGER (dir.), *Dictature et légitimité*, Paris, P.U.F., 1982, pp. 467-481.

[89] Mis en place en 1966, le parti unique n'a jamais eu de bases constitutionnelles, étant resté un parti de pur fait. Au vrai, au Cameroun par exemple, l'institutionnalisation de parti unique s'est faite en marge de la lettre constitutionnelle de 1961 qui prévoyait en son article 3 que «*les partis et formations politiques concourent à l'expression du suffrage. Ils se forment et exercent leurs activités librement dans le cadre fixé par la loi et les règlements. Ils doivent respecter les principes de la démocratie et de la souveraineté nationale* »

[90] P. MOUKOKO MBONDJO, « Le retour du multipartisme au Cameroun », *in* G. CONAC (dir.), *L'Afrique en transition vers le pluralisme politique, Colloque de Paris tenu les 12, 13 décembre 1990,* Paris, Economica, 1993, pp.237-250.

[91] En ce qui concerne Cameroun, voir notre étude, M. NGUELE ABADA, « Réformes constitutionnelles et construction d'un État de droit au Cameroun », *in* D. ABOUEM A TCHOYI et S. C. M'BAFOU, (dir.), *50 ans de réforme de l'État au Cameroun : Stratégies, bilans et perspectives*, Yaoundé, L'Harmattan, 2013, pp. 163-195, dans laquelle nous mettons en relief le fait que ce pays voit le jour dans un cadre multi partisan. On pouvait en effet noter l'existence d'une dizaine de partis politiques. Lire également à ce sujet, J. ZANG ATANGANA, Les forces politiques au Cameroun réunifié, 3 tomes, Paris, L'Harmattan, 1989. Au Congo-Brazzaville, le multipartisme est bien antérieur aux indépendances. Il a en effet a connu deux rudes expériences du multipartisme : la première avant son indépendance et la seconde après plus de 25 années de diktat du monopartisme. Cf. G.-J. KOUVIBIDILA, *Histoire du multipartisme au Congo-Brazzaville. La République en otage* mai-octobre 1993, Paris, L'Harmattan, coll. « Études africaines », 2003, 288p. La situation identique est observable au Togo. Lire S. Abdou, « Le renouveau du multipartisme au Togo. Espoir et inquiétude », *RBSJA*, 1995, pp. 37-55.

[92] Voir J. F. BAYART, *L'État au Cameroun*, Paris, P.F.N.S.P., 1985, 348 p. et également P. F. NGAYAP, *Cameroun, qui gouverne ?* Paris, L'Harmattan, 1983.

[93] Cf. J. OWONA, « L'institutionnalisation de la légalité d'exception dans le droit public camerounais », *RCD* n°6 juillet-décembre 1974, pp. 104-123., également, Th. MICHALON, *Quel État pour l'Afrique ?* Paris, L'Harmattan,

aujourd'hui atteint dans ses bases profondes : l'échec des gouvernants à bout de souffle est à l'image des atteintes aux droits et aux libertés.

Il était d'ailleurs très artificiel de vouloir classer ces régimes politiques excluant en fait ou en droit tout pluralisme partisan, selon la typologie opposant les régimes parlementaires et les régimes présidentiels. Que la Constitution s'inspire du modèle présidentiel américain plutôt que du modèle français dans sa version la plus parlementaire ou du modèle soviétique, comme au Bénin, le résultat n'était pas très différent. Aucune majorité parlementaire ne pouvait contrer ses volontés. De toute façon, le Président, chef du parti unique ou dominant, contrôlait tous les mécanismes électoraux, non seulement ceux qui garantissaient sa pérennité à la tête de l'État mais aussi ceux qui commandaient le choix des députés. Même lorsque la Constitution avait maintenu la responsabilité du gouvernement devant l'Assemblée[94], cette disposition était vidée de toute effectivité puisqu'un changement de majorité était exclu par le système mono partisan. Les membres de l'Assemblée étaient élus dans certains pays, sur une liste nationale unique. Indéfiniment rééligible, le président candidat unique n'avait jamais eu de difficultés à se faire réélire par des majorités massives. Il était en fait un monarque à vie, menacé seulement par un éventuel coup d'« État militaire »[95].

L'avènement du multipartisme n'a pas fondamentalement changé la donne. Il n'a pas facilité le rattachement véritable du constitutionnalisme africain à l'idéologie libérale qui a cours en occident. Au vrai, la constitutionnalisation du multipartisme ainsi que l'existence d'une foultitude de partis politiques au sein des États jadis placés sous la domination politique n'ont pas fondamentalement favorisé l'alternance au pouvoir. *A contrario,* l'opposition[96], pourtant envisagée comme une garantie constitutionnelle [97]car positionnée en contre-pouvoir, c'est-à-dire une entité visant à freiner voire réguler le jeu entre le pouvoir présidentiel et les autres pouvoirs constitutionnels[98], c'est plutôt

---

[94] Sur cet aspect, et en rapport avec le Cameroun, lire utilement C. MONEMBOU, *La séparation des pouvoirs dans le constitutionnalisme camerounais. Contribution à l'évolution constitutionnelle.* Thèse de Doctorat Ph.D. en Droit public, Université de Yaoundé II, 2011,489 p.

[95] Sur la militarisation du pouvoir, lire A. J. DOUI WAWAYE, *La sécurité, la fondation de l'État centrafricain. Contribution à la recherche de l'État de droit.* Université de Bourgogne, 2012, 715 p. Voir aussi E. H. MBODJ, *La succession du chef d'État en droit constitutionnel africain.* Thèse de doctorat d'État en droit. Université Cheick Anta DIOP, 1991, 532 p.

[96] H. D. P. POKAM, « L'opposition dans le jeu politique en Afrique depuis 1990 », *Juridis Périodique*, n° 41, janvier-mars, 2000.

[97] M.-C. PONTHOREAU, « L'opposition comme garantie constitutionnelle », *RDP,* n° 4, 2002, pp. 1127-1167.

[98] F. HOURQUEBIE, *Sur l'émergence d'un contre-pouvoir juridictionnel sous la Vé République*, Bruxelles, Bruylant, 2004, p. 75. V. également MONEMBOU (C.), *La séparation des pouvoirs dans le constitutionnalisme camerounais..., op. cit.,* p. 91.

révélée être au service du présidentialisme en Afrique noire francophone. Ici, l'opposition parlementaire, contrairement à l'idée véhiculée en occident, ne facilite pas toujours une meilleure perception de la séparation des pouvoirs et partant de là, une réelle garantie des droits fondamentaux reconnus aux citoyens. Il va en effet sans dire qu'il existe une consubstantialité indéniable entre la séparation des pouvoirs et la garantie des droits fondamentaux. C'est dans ce sens que L. SINDJOUN faisait observer que le premier constitue « *le vœu d'or du constitutionnalisme libéral* »[99]. À titre d'exemple, il revient davantage à l'opposition parlementaire[100] de saisir le juge constitutionnel lorsqu'une loi issue de la majorité présidentielle contiendrait des dispositions attentatoires aux droits fondamentaux inscrits dans la Constitution. Tel n'est malheureusement pas toujours le cas dans nos contrées. Le fait majoritaire ambiant y contribue de manière significative. Il annihile selon toute logique le souci l'idée de régime parlementaire en confortant la réalité présidentialiste. Bien plus, il consolide l'insignifiance du Parlement et facilite la magnificence présidentielle. Du point de vue de l'étude, les séquelles du système mono partisan y sont encore présentent et la culture démocratique ou plus précisément constitutionnelle est loin d'être la chose la mieux partagée par les acteurs de la classe politique. Dans une telle situation, la thèse du mimétisme constitutionnel ne parait guère opérante que ce soit au lendemain des indépendances ou au depuis le renouveau constitutionnel déclenché aux débuts des années 1990.

Il en a résulté des régimes despotiques mais contrôlés par les métropoles et libres d'asservir des populations totalement soumises à l'autorité absolue du Président de la République et du seul parti politique, nervure centrale de système politique. Le mimétisme soutenu ou encore le « *servilisme constitutionnel* »[101], était dans l'ordre du discours. C'est dans ce contexte que se développe la contestation politique des années 1990 approuvée par les métropoles étrangères.

---

[99] L. SINDJOUN, « L'action internationale de l'Assemblée nationale du Cameroun. Éléments d'analyse politistes », *Revue Études internationales* vol. XXIV n°4 déc. 1993 p.813. Les écrits du Professeur M. TROPER renchérissent ce point de vue lorsqu'ils relèvent que le principe constitue toujours l'étalon du constitutionnalisme libéral. Il affirme justement *« qu'on peut se convaincre que la séparation des pouvoirs est l'un des principes immuables qui s'impose à tout constituant libéral avec la force de l'évidence »*. M. TROPER, « Actualité de la séparation des pouvoirs » in, *Pour une théorie juridique de l'État,* Paris, PUF, 1994, p. 223.

[100] W. GILLES, « L'opposition parlementaire : étude de droit comparé », *RDP*, n° 5, 2006, pp. 1347-1386.

[101] P. F. GONIDEC, « Constitutionnalisme africain », *RADIC*, mars 1996, T. 8, p. 36.

II/ La réalité de l'exportation de l'ingénierie constitutionnelle africaine en occident

Le retrait du constitutionnalisme aux premières heures des indépendances, face au pouvoir personnel a eu pour effet de renforcer la domination politique par un homme. Le droit constitutionnel s'est effacé devant l'autocratie d'un homme appuyée par une bureaucratie de prébendes et une armée davantage en réserve du chef de l'État. L'unique formation politique a failli à sa mission de formation des masses pour servir de simple appui au pouvoir personnel[102].

L'évolution constitutionnelle devait tendre vers l'ultime but de servir de base à l'autocratie ou d'entériner les formes variées d'abus de pouvoir faisant de l'exception légale, un principe directeur de la vie juridique et politique[103]. Pour autant, et avec consternation, on doit se rendre à l'évidence que le néo-constitutionnalisme, enfanté par les transitions démocratiques des années 1990, n'a pas véritablement libéralisé les sociétés africaines. Dans cet espace géographique, nonobstant la densité observée du phénomène relatif à l'internationalisation des constitutions[104], la renaissance du droit constitutionnel[105] repose davantage sur tropicalisation ou une africanisation de l'ingénierie constitutionnelle (A). Cette évolution, signe de la maturité des États jadis placés sous la domination politique, conforte tout d'abord le fait selon lequel les mutations tout comme les dynamiques constitutionnelles ne sont jamais neutres, en ce sens que la constitution en elle-même, constitue au sens de B. MATHIEU, « *le cadre et le miroir des mutations de la société* »[106]. Ensuite, à des égards certes réduits mais assez significatifs pour ne pas être mis en relief, cette évolution témoigne la volonté des États sous étude à être parties prenantes dans la construction du constitutionnalisme mondial. Certaines des solutions constitutionnelles qu'ils ont eu à adopter ont d'ailleurs été exportées (B) au-delà du continent.

---

[102] Il s'agissait depuis 1966 de l'U.N.C., devenu R.D.P.C., en 1985, au terme du congrès de Bamenda.

[103] Cf. J. OWONA, *op. cit.*

[104] De manière indicative, lire B. KANTE, La production d'un nouveau constitutionnalisme en Afrique : internationalisation et régionalisation du droit constitutionnel », in *Land, Law and Politics in Africa : mediating conflict and reshaping the state, Memory of GERTHI HESSELING*, Edited by Jan Abbink et Mirjam de Bruijn, 2007, pp. 240-257 ; K. F. NDJIMBA, *L'internationalisation des Constitutions des États en crise. Réflexions sur les rapports entre Droit international et Droit constitutionnel*, Thèse de doctorat en droit public, Université de Nancy 2, 2011, 673 p. et A. ONDOUA, « L'internationalisation des Constitutions en Afrique subsaharienne francophone et la protection des droits fondamentaux », *RTDH*, n°98, 2014, pp.437-457.

[105] D. SY, « La renaissance du droit constitutionnel en Afrique : question de méthode », *Droit sénégalais,* n° 3, juin 2004.

[106] B. MATHIEU, « La constitution comme cadre et miroir des mutations de la société », *RFDC*, 2014/4, n° 100, pp. 1011-1019.

A/ L'africanisation de l'ingénierie constitutionnelle comme justification

Prétendre que l'ingénierie constitutionnelle africaine aurait été exportée en occident ne relève guère d'une construction de l'esprit. De même, cette allégation ne traduit point ce qu'on pourrait qualifier de « patriotisme constitutionnel »[107] régional[108] qui aurait pour fonction ici, de permettre de nier toute marginalisation des États africains dans le processus de mondialisation du droit constitutionnel. Une telle ambition aurait dès lors permis de faire sortir ces États du cancan d'observateurs dans lequel ils avaient presque été enfermés. Les mutations récentes du constitutionnalisme africain[109] tout comme la pratique qui les accompagne[110] bien qu'elle ait été souvent décriée[111], militent en faveur de l'endogénisation de l'ingénierie constitutionnelle (2). Aussi, faut-il le relever, cette africanisation n'est que la résultante du caractère inachevé de la révolution qui avait été initiée au début des années 1990 (1). Les traits de résistance, favorables l'autoritarisme constitutionnel, en sont encore légion au sein du continent noir. Ainsi, si la dilution du climat de terreur entretenu par les deux blocs idéologiques[112] a permis de reconstruire les pouvoirs africains sur la base d'un constitutionnalisme de confirmation, il

---

[107] F. G. DUFOUR, *Patriotisme constitutionnel et nationalisme. Sur Jurgen Habermas*, Liber, 2001 ; LEYDET (D.), « Patriotisme constitutionnel et identité nationale », *Philosophiques*, vol. 19, numéro 2, 1992, pp. 81-92.

[108] À titre de comparaison, voyons J.-W. MÜLLER, « L'ordre public européen : retour sur la question du patriotisme constitutionnel européen », *Raison Publiques* n° 7, 2007, pp. 85 et s.

[109] F. J. AÏVO, « Les tendances émergentes du nouvel ordre constitutionnel en Afrique », *op. cit.*, pp. 289-309 ; K. AHADZI NONOU, « Les nouvelles tendances du constitutionnalisme africain : le cas des États d'Afrique noire francophone », *op. cit.*, pp. 35-86.

[110] K. DOSSO, « Les pratiques constitutionnelles dans les pays d'Afrique noire francophone : cohérences et incohérences », *Revue française de droit constitutionnel*, 2012/2 n° 90, pp. 57-85.

[111] Cette pratique a souvent tendance à remettre à cause la stabilité ou la continuité de l'ordre constitutionnel. C'est dans ce sens que la thèse relative à la crise de la normativité de la Constitution en Afrique a été soutenue. Lire à ce propos F. J. AÏVO, « La crise de normativité de la Constitution en Afrique », *RDP*, n°1, 2012, pp. 141-180 ; J. L. ATANGANA AMOUGOU, « Les révisions constitutionnelles dans le nouveau constitutionnalisme africain », *Politeia*, n° 7, Printemps 2005, pp. 583-622 ; du même auteur, « Rigidité et instabilité constitutionnelles dans le nouveau constitutionnalisme africain », *Afrique Juridique et politique*, vol. 2, n° 2, 2006, pp. 42-86 ; « Les Accords de paix dans l'ordre juridique interne en Afrique », *RASJ*, vol. 4, n° 1, 2007, pp. 233-256 ; P. MAMBO, « Les rapports entre la Constitution et les accords politiques dans les États africains : réflexions sur la légalité constitutionnelle en période de crise », *Revue de droit de McGill,* vol. 57, n° 4, 2012, pp. 923- 952.

[112] Il s'agit de l'opposition entre l'idéologie libérale et l'idéologie autoritaire.

reste que le processus n'est pas achevé même si l'on peut se réjouir des évolutions en cours et des résultats obtenus dans certains cas.

1/ Une africanisation consécutive au caractère inachevé de la révolution

La révolution espérée en Afrique aura été animée par les processus spécifiques de mutations politiques. Les conférences nationales[113] étaient porteuses d'une nouvelle ingénierie constitutionnelle. Présentée comme modalité de transition politique, la conférence nationale se rapprocherait des « états généraux » en France qui avaient conduit au déclin de l'absolutisme du pouvoir royal[114]. Les états généraux constituaient la réunion auprès du monarque et son initiative de déléguer les trois ordres du royaume. Ils donnaient l'occasion de permettre au roi d'obtenir informations et conseils[115]. Le roi a conservé l'initiative et la maîtrise des sujets à débattre jusqu'en 1789, lorsque galvanisé par Sieyès, le tiers état se proclame Assemblée nationale, processus qui aboutit à la constituante mettant fin aux mandats impératifs et transformant les députés en représentants[116].

Dans la majorité des pays où la conférence nationale a servi de tremplin, les derniers défenseurs du parti unique au pouvoir ont vu leur vie écourtée ou alors passent leur retraite précipitée dans les prisons construites pour d'autres ; quelques rares contrôlent encore le débat politique à cause des soutiens internes de l'appareil répressif et à ceux extérieurs des fournisseurs de la « pension alimentaire ». La conférence nationale est devenue un concept atypique. Invention béninoise, la conférence nationale fait l'objet de développements théoriques. D. BOURMAUD et P. QUANTIN font de la conférence nationale « *une assemblée consultative réunie pour proposer des solutions à une crise politique provoquée par le blocage de régimes autoritaires à parti unique* »[117].

Une telle définition ne rend pas compte de la réalité, car faire de la conférence nationale, une assemblée consultative est une vue restrictive et en

---

113 Cf. F. EBOUSSI BOULAGA, *Les conférences nationales en Afrique*, Paris, Karthala, 1993, 229 p ; M. KAMTO, « Les conférences nationales souveraines ou la création révolutionnaire des constitutions », *in* D. DARBON et J. DU BOIS DE GAUDUSSON, *La création du droit en Afrique*, Paris, Karthala, 1997 pp. 177- 195.

114 Un processus conduit par le Tiers État qui a fini par limiter la portée de l'ambition royale face à l'inévitable révolution politique.

115 Les États généraux sont nés au début du XIV siècle lorsque Philippe le BEL cherchait à soutenir sa politique envers la papauté et malgré les éclipses, leurs réunions en 1789 mettent fin à la monarchie absolue. Voir Y. FAUCHOIS, *Dictionnaire constitutionnel*, *op. cit.*, pp. 420-421.

116 Pour une idée assez claire, voir J. CADART, *Le régime électoral des états généraux de 1789 et ses origines*, Paris, Sirey, 1952. Voir également G. PICOT, *histoire des États généraux,* 4 volumes, Paris, Hachette, 1872.

117 D. BOURMAUD et P. QUANTIN, « (Rapport) sur mesure et prêt à porter : les conférences nationales en Afrique noire (1990-1991) », *op. cit*, p. 1.

tout point, inexacte. Si l'on excepte le cas gabonais, la plupart des conférences nationales proclamées souveraines ne se limitaient pas aux simples avis, l'initiative de ces réunions résultait de nombreuses tractations qui devraient conduire l'observateur à beaucoup de recul dans toute tentative d'explication du phénomène. Ces auteurs, toujours suivant une perspective finaliste, feront de la conférence nationale « (...) *un outil de gestion des crises politiques affectant des systèmes à parti unique, par la reconnaissance officielle des libertés publiques et la consécration de l'État de droit* »[118]. À ce niveau, nous ne sommes pas avancés, la notion de "reconnaissance officielle" est confuse. Les modifications constitutionnelles et législatives n'ont rien révolutionné.

Les constitutions antérieures n'étaient pas très éloignées des grandes déclarations des droits, ni des libertés fondamentales. Pourtant la solennité de leur adoption n'était pas très différente des scénarios observés récemment. C'est sur le plan d'une culture politique démocratique qu'il faudrait replacer le débat politique. En effet, la liberté rime avec culture ; culture de participation politique. De ce point de vue, l'officialisation des normes sur fond des discours d'éclat n'est pas une solution à la crise. Il s'agit de renégocier un modèle de culture de l'obéissance à l'autorité en même temps qu'une forme de culture de la liberté émerge. La conférence nationale n'est plus cette solution miracle mais bien « (...) *un scénario parmi d'autres dans une phase critique pour les systèmes politiques africains... scénario original qui fait école, au moins dans son principe* » devaient reconnaître les doctrinaires de Bordeaux.

Le modèle béninois, malgré son originalité[119], ne s'exporte pas sans étude de faisabilité, sans domestication. Quelques expériences africaines permettront de comprendre à la fois son aspect symbolique et ce qui ressemble à « un transfert sud-sud »[120]. Toute la fortune que connaît la conférence nationale en Afrique noire provient du précédent béninois applaudi par la communauté internationale. L'appropriation du modèle béninois n'a pas connu le même succès comme chez le géniteur au point que certains n'hésitèrent pas à se demander si la conférence nationale est vraiment la solution[121]. Les expériences de transposition du modèle donnent une réponse à cette interrogation. Mais avant de reproduire un modèle, le bon sens devrait conduire à s'interroger sur les conditions d'avènement du modèle là où il a été

---

[118] *Ibidem*, p. 2.

[119] Pour une présentation globale de cette originalité liée à la Constitution béninoise, on lira utilement F. J. AÏVO, (Coord.), *La Constitution béninoise du 11 décembre 1990 : un modèle pour l'Afrique ? Mélanges en l'honneur de Maurice AHANHANZO-GLELE*, Paris, L'Harmattan, 2014, 798 p.

[120] *Ibid.* p. 9.

[121] Voir S. ANDRIAMIRADO, *in Jeune Afrique*, n° 1591, du 26 juin au 2 juillet 1991, pp. 16-19.

expérimenté et toute reprise encourt le risque de ne pas tenir compte de la réalité sociale dans laquelle de nouvelles expériences vont s'appliquer.

Le succès du modèle béninois provient de la confession de l'ancien président M. KEREKOU qui eut ces propos particuliers « *je suis venu me confesser, ce type de conférence est rare. La fierté du Bénin c'est d'avoir dans cette salle ses anciens présidents, tout changement politique, ailleurs, est sanglant. Les dommages subis sont-ils tellement énormes qu'ils ne puissent être réparés ? J'ai honte...* »[122].

L'avantage de ces assises est d'abord d'avoir permis au Bénin ainsi que le soulignait Maître R. MACHIFA[123], de « *faire l'économie de violences inutiles, car avant la conférence, la lutte contre le PRPB (ex-parti unique) s'était radicalisée. S'il n'y avait pas eu la conférence, on était au bord de la guerre civile* »[124]. La conférence a sauvé l'unité nationale menacée par les oppositions entre le nord et le sud du Bénin. La conférence a renvoyé les militaires dans leurs casernes. La contagion qui a suivi la « grande table-ronde » au Bénin a touché le Congo, le Gabon, le Mali, le Togo, le Tchad, le Zaïre et la situation au Cameroun est restée au stade de la revendication de ces mêmes assises. Il est difficile d'analyser cas par cas le déroulement des différentes conférences nationales[125]. Nous nous limiterons à soulever les enseignements qui nous semblent importants. Dans ces différents pays, la situation est au bord de l'implosion : à Libreville, Brazzaville, Bamako, Ndjamena, etc. La transition rime avec la conférence nationale.

Les conditions d'avènement de la conférence nationale diffèrent selon les pays. Deux cas de figure peuvent être évoqués ici : le premier concerne les pays dans lesquels la conférence nationale s'est mise en place sous la forte pression des forces politiques. Le pouvoir dans ce cas était obligé de faire des concessions et très souvent la fin de ces assises coïncide avec la destitution des derniers leaders du parti unique au pouvoir.

Un autre cas est celui où le "forum" est totalement contrôlé par le pouvoir, c'est le cas du Gabon "(...) *Variante la plus accomplie d'une conférence*

---

122 Cette version est reprise dans *Jeune Afrique* n° 1591, *op. cit.*, pp. 19-20, *Jeune Afrique Économie* publie une version assez différente, « nous sommes venus nous confesser. L'option marxiste-léniniste a éparpillé les fils de ce pays. Est-ce un crime que de vouloir la remettre en cause ? Que de vouloir la réconciliation nationale ? Le mal est donc si important qu'il ne puisse être réparé ? (...) J'ai honte de moi-même », *J.A.E* sept.1991, p.122, voir aussi D. BOURMAUD et P. QUANTIN, « (Rapport) sur mesure et prêt à porter : les conférences nationales en Afrique noire (1990-1991) », *op. cit.*, p. 7.

123 Il a été le conseiller juridique du présidium, puis membre du Haut Conseil de la République (HCR) parlement de transition.

124 *Ibidem.*

125 Lire F. EBOUSSI BOULAGA, *Les conférences nationales en Afrique*, *op. cit.*, 229 p.

manipulée par ceux contre lesquels s'est mobilisée l'opposition: le président Bongo " octroie " la conférence plus que l'opposition ne lui impose (...)"[126]. Lorsque le pouvoir est obligé de céder sous la menace d'une pression grandissante, il n'hésite pas de recourir à la force militaire restée fidèle en la dressant contre les populations sans armes. L'arrogance du pouvoir zaïrois donne la mesure d'un terrorisme d'État qui bloque tout dialogue et rend inutile l'idée d'une réconciliation par le dialogue et la concertation. Au Togo, le président Eyadema a dû jouer serrer pour éviter l'implosion.

Au bout du compte, le processus de transition encore en cours dans beaucoup de pays est favorisé par une unanimité autour du libéralisme. Justement parce que l'occident n'a plus les moyens de soutenir les dictateurs, il abandonne non sans peine les dirigeants dont il avait pourtant soutenu l'accession au pouvoir. Cela permet donc une ingénierie constitutionnelle propre et parfois, lorsqu'un dirigeant s'écarte de la voie tracée, il court le risque de subir le sort de l'ancien président nigérien M. TANDJA. Le constitutionnalisme qui résulte des mutations en cours traduit les dynamiques profondes de la société africaine.

2/ Une africanisation traduite par l'existence des particularismes constitutionnels

L'échec du mimétisme constitutionnel du fait de son caractère inadapté aux réalités africaines est à l'origine des particularismes constitutionnels. Ceux-ci sont de deux ordres : d'une part, ceux qui traduisent le dynamisme des États africains à œuvrer en faveur d'une civilisation constitutionnelle ; d'autre part, ceux qui reproduisent ici et là, les éléments favorables à la présidentialisation du régime politique.

S'agissant précisément de la première catégorie, la lecture attentive de certaines constitutions africaines permet de mettre en exergue, le développement des dispositions atypiques lesquelles sont en réalité vectrices de l'État de droit. Au plan matériel par exemple, l'État de droit bénéficie de plus en plus au sein du continent noir d'une certaine reviviscence. L'ancrage des droits fondamentaux dans le nouveau constitutionnalisme africain conforte cette manière de voir les choses. Il en est ainsi davantage des droits qui ne bénéficient pas toujours de la même solennité encore moins du même prestige dans le constitutionnalisme occidental. À titre d'illustration, la constitutionnalisation des droits catégoriels à l'instar des droits des minorités et des peuples autochtones[127] peut être mobilisée. Comme le précise à ce sujet

---

[126] D. BOURMAUD et P. QUANTIN, « (Rapport) sur mesure et prêt à porter : les conférences nationales en Afrique noire (1990-1991) », *op. cit*, p. 10.

[127] Pour approfondissement, voyons G. OWONA OTTO MBIDA, *Les minorités dans le constitutionnalisme des États africains. Étude comparée du cadre juridique de protection en zone CEMAC*, Thèse Ph.D en droit public, Université de Yaoundé II, 2014, 476 p ; Lire également L. DONFACK SOCKENG, *Le droit des minorités et*

D. SY[128], ces nouvelles dispositions sont avant tout réalistes dans la mesure où elles prennent en compte l'hétérogénéité ou le caractère composite des sociétés africaines[129]. Certaines d'entre elles, traduisant également une spécificité du nouveau constitutionnalisme africain, protègent solennellement les diversités raciale, ethnique, religieuse et linguistique[130]. La Constitution béninoise va bien loin en mettant un accent incisif et décisif sur la moralisation de la vie publique. En considération de ces éléments, il parait judicieux de souscrire au juste propos de K. AHADZI[131] d'après lequel, « *les modèles constitutionnels ne sont ni neutres, ni interchangeables à volonté. Ils correspondent au génie de chaque peuple, même si les valeurs qui les sous-tendent ont de plus en plus tendance à s'universaliser* ».

En restant dans le champ des droits fondamentaux, il semble que le constitutionnalisme africain a davantage servi de repère pour une prise en compte globale de l'évolution desdits droits. Il n'est pas superflu de rappeler que pendant longtemps, les droits de troisième génération avec un ancrage particulier sur les droits au développement et le droit à un environnement sain n'apparaissaient pas clairement dans la Constitution française pour ne citer que celle-ci et la doctrine spécialisée en la matière n'hésitait pas de les considérer comme étant de « *faux droits de l'homme* »[132]. S'agissant du droit en un environnement sain en particulier, le constituant béninois ne s'est pas contenté de le reconnaître dans une formule générique. Dans le dispositif constitutionnel, chose exceptionnelle[133], il lui donne un contenu clair et précis afin d'asseoir davantage sa justiciabilité qui était contestée dans le contexte

---

des peuples autochtones au Cameroun, Thèse de doctorat, Université de Nantes, 2001, 490 p. ; MOUANGUE J. KOBILA, *La protection des minorités et des peuples autochtones au Cameroun entre reconnaissance interne contrastée et consécration internationale réaffirmée*, Paris, Dianoïa, 2009, 295 p. ; J. NJOYA, « La constitutionnalisation des droits des minorités au Cameroun : usages politiques du droit et phobie du séparatisme », *Juridis périodique*, n° 37 janvier-février-mars 1999, pp. 37-49 ; A. D. OLINGA, « La protection des minorités en droit public camerounais, *RADIC*, 1998, pp. 271-291.

[128] D. SY, « De quelques dispositions atypiques dans les Constitutions africaines », *op. cit.*

[129] *Ibidem*, p. 278.

[130] *Ibid.*, p. 279.

[131] K. AHADZI NONOU, « Les nouvelles tendances du constitutionnalisme africain : le cas des États d'Afrique noire francophone », *op. cit.*

[132] R. PELOUX, « Vrais et faux droits de l'homme. Problème de définition et de classification », *RDP*, 1981, pp. 53 et s. Voir également J. RIVERO, « Déclarations parallèles et nouveaux droits de l'homme », *RTDH*, n° 4, 1990, pp. 324 et s.

[133] Su cette exceptionnalité, lire S. BOLLE, « La Constitution GLELE en Afrique : Modèle ou contre-modèle », *in* F. J. AÏVO, (Coord.), *La Constitution béninoise du 11 décembre 1990 : un modèle pour l'Afrique ? Op. cit.*, pp. 256-260.

français[134]. En parcourant le texte constitutionnel, on peut y lire que « *Toute personne a droit à un environnement sain, satisfaisant et durable et a le devoir de le défendre. L'État veille à la protection de l'environnement* »[135]. Comme le précise S. BOLLE[136], l'une des particularités du Bénin à ce sujet est d'avoir procédé à la constitutionnalisation des interdits sur des déchets toxiques et autres polluants. À l'observation, cette particularité béninoise s'enracine de plus en plus dans les constitutions des autres États africains. Pareillement, chemin faisant, le droit à un environnement sain, droit jadis contesté, a finalement été positivé dans l'ordre juridique français notamment constitutionnel[137]. Au plus, la Charte sur l'environnement a été greffée à la Constitution française[138].

B/ L'exportation de l'ingénierie constitutionnelle africaine en France comme illustration

Si s'interroger sur la diffusion d'un modèle constitutionnel africain en Afrique francophone est apparu banal[139] de prime abord compte tenu du tropisme de nombreux africanistes qui s'abiment encore à gloser la reproduction, souvent présumée servile et aveugle, de la Constitution de Vème République française, la Constitution de référence par excellence[140], il peut paraitre imprudent d'envisager son l'exportation du modèle africain au-delà du continent. Au vrai, s'il est de moins en moins discutable l'idée que chaque Constitution, celle du Bénin étant particulièrement mise en avant ici, s'insère régionalement[141] dans un « *espace d'isomorphisme constitutionnel* »[142], la question de sa diffusion au-delà la sphère continentale n'a pas toujours captivé l'attention des juristes qui y voient de façon constante en l'Afrique une

---

[134] *Ibidem.*

[135] Article 27 de la Constitution du Bénin.

[136] S. BOLLE, « La Constitution GLELE en Afrique : Modèle ou contre-modèle », *op. cit.*, p. 257.

[137] Y. JEGOUZO, « L'ambitieuse loi portant engagement national pour l'environnement », *AJDA*, 20 septembre 2010, p. 1682.

[138] B. MATHIEU, « Incertitudes quant à la portée de certains principes inscrits dans la Charte constitutionnelle de l'environnement », *JCP G*, 2009, n° 7, p. 42.

[139] S. BOLLE, « La Constitution GLELE en Afrique : Modèle ou contre-modèle », *in* F. J. AÏVO, (Coord.), *La Constitution béninoise du 11 décembre 1990 : un modèle pour l'Afrique ? Op. cit.*, p. 251.

[140] *Ibidem.*

[141] S. BOLLE, « La Constitution GLELE en Afrique : Modèle ou contre-modèle », *op. cit.*, p. 252.

[142] A. CABANIS et J.-L. MARTIN, « Un espace d'isomorphisme constitutionnel : l'Afrique francophone », *op. cit.*

« *incapacité innovatrice* »[143] puisque l'appareil institutionnel serait le fruit d'une « *innovation exogène* »[144].

Or, les récentes mutations opérées dans le cadre du constitutionnalisme français laissent apparaître une certaine reproduction du modèle africain avec un accent particulier autour de la justice constitutionnelle (2). Il ne fait aucun doute que le modèle béninois par exemple, séduit grâce au rayonnement d'une Cour constitutionnelle qui est unique en son genre[145]. Bien au-delà de la justice constitutionnelle, les relents du constitutionnalisme africain sont perceptibles en droit constitutionnel français en ce qui concerne la configuration du pouvoir politique (1).

1/ L'exportation de la configuration remarquable du pouvoir

Le constitutionnalisme qui se développe en Afrique depuis la fin de la guerre froide s'inscrit dans la mouvance libérale[146]. En encadrant les pouvoirs constitutionnels, la Constitution redevient la norme de référence en matière d'encadrement des mécanismes de désignation des titulaires du pouvoir ainsi que son exercice. Illustrons notre propos par la constitution congolaise du 18 février 2006, celle-ci réalise sur ce point une harmonieuse conciliation entre l'exigence d'Autorité sans laquelle aucun ordre n'est possible et la nécessité d'offrir un cadre d'exercice des libertés sans lesquelles aucun pouvoir n'a de sens. La Constitution doit donc allier la nécessaire stabilité et l'exigence d'évolution[147]. La Constitution du 18 février 2006 est le fruit d'une longue maturation. Le temps constitutionnel réalise la prise en compte des aspirations sociales. L'Accord intercongolais de Sun city devient l'élément moteur de la régénération de tout un système politique. Le constituant congolais semble avoir fait preuve d'inventivité.

Pour mettre en valeur la spécificité de la Constitution qui est d'abord le reflet des aspirations d'un groupe, en dehors de tout fétichisme constitutionnel

---

143 D. DARBON, « À qui profite le mime ? Le mimétisme institutionnel confronté à ses représentations en Afrique », *op. cit.*, p. 124.

144 *Ibidem.*

145 S. BOLLE, « La Constitution GLELE en Afrique : Modèle ou contre-modèle », *op. cit.*, p. 253.

146 D. SY, « La renaissance du droit constitutionnel en Afrique : question de méthode », *Droit sénégalais*, n° 3, juin 2004 ; J. DU BOIS DE GAUDUSSON, « Trente ans d'institutions constitutionnelles et politiques. Point de repère et interrogation », *Afrique contemporaine*, n° 164, 1992, p. 56 ; K. AHADZI, « Droits de l'Homme et développement : théories et réalités », *La voix de l'intégration juridique et judiciaire africaine*, n° 3 et 4, 2003.

147 Il s'agit d'une entreprise de transformation de l'État. Lire l'analyse de l'exemple sénégalais par le Pr. B. GUEYE, « les transformations de l'État en Afrique : l'exemple du Sénégal », *Revue EDJA*, n° 54, juillet-août-sept. 2002. De même que le cas béninois analysé par le Pr Th. HOLO, « Constitution et nouvel ordre politique au Bénin », *Revue béninoise de Sciences juridiques*, 1998.

et de tout mimétisme constitutionnel[148]. Elle réalise également cette démocratie consociative[149] en mettant en valeur les compromis et les équilibres nécessaires d'abord dans les rapports centre périphérie, ensuite dans la prise en compte des relations État et collectivités, et enfin en ce qui concerne le statut des droits collectifs.

La Constitution congolaise apparaît, sous ce rapport, comme la norme suprême forgée par le peuple congolais et qui fixe le statut des gouvernants et énonce le régime de la garantie des droits. Elle est de ce fait même, indissociable de l'idée démocratique. Le processus constitutionnel congolais réalise une synergie entre démocratie constitutionnelle et État de droit[150]. Elle permet une forme d'association entre la notion même de Constitution et l'idée de limitation du pouvoir comme le relevait déjà G. BURDEAU[151]. Si le constitutionnalisme naissant réduit l'emprise du Prince au moyen d'une identification au peuple et partant à l'État, il tend à mieux définir les principes d'organisation du pouvoir et par conséquent, les compétences des gouvernants et leurs relations mutuelles.

Sur un plan général, après avoir été bien maîtrisé par des pouvoirs autocratiques, le constitutionnalisme africain met actuellement en œuvre les principes essentiels des démocraties libérales, le pluralisme politique et l'État de Droit. D'ailleurs, cela rejoint l'idée du professeur J. DU BOIS DE GAUDUSSON, selon laquelle « *l'organisation des pouvoirs publics dans les nouvelles constitutions africaines, comme ce fut le cas en Europe centrale et en Europe de l'Est, reprennent des solutions déjà rodées aux États-Unis ou en Europe occidentale* »[152]. Mais ces similarités n'excluent pas des innovations, les unes inspirées par des spécificités locales, les autres résultant du souci de prendre en compte les données les plus récentes de la vie politique dans les

---

148 S. PIERRE-CAPS, « La Constitution démotique ou les mutations de la Constitution au seuil du XXIe siècle », *Mélanges F. BORELLA*, Presses universitaires de Nancy, 2001.

149 Il s'agit d'une nouvelle conception de la Constitution, celle que suggère le modèle consociationnel ou du Power sharing sur lequel nous reviendrons plus loin et qui a été élaboré par A. LIJPHART. Lire de cet auteur, « Théorie et pratique de la loi de la majorité : la ténacité « un paradigme imparfait », *Revue internationale des Sciences sociales*, Paris, n° 129, août 1991, p. 515 ; Egalement, « Consociationnel democracy », *World Politics*, vol. 21, n° 2, janv. 1969, p. 207 et s. En collaboration avec J. J. HOLLIGER, « Les démocraties consociatives », *Revue internationale de politique comparée*, vol. 4, n° 3, déc. 1997, p. 527 et s. Voir P. MOUKOKO MBONJO, « Pluralisme sociopolitique et démocratie en Afrique : l'approche consociationnelle ou du Power sharing », *Actes* du 4e colloque international de l'Association pour la promotion de l'État de droit, Lomé, 21- 23 avril 1994.

150 K. FRIEDRICH, *La démocratie constitutionnelle*, Paris, PUF, 1958.

151 G. BURDEAU, « Une survivance : la notion de Constitution », *Mélanges A. Mestre*, Paris, Sirey, 1956, p. 53 et s.

152 J. DU BOIS DE GAUDUSSON, *op.cit.* ; lire aussi Gérard CONAC, *op. cit.*

démocraties contemporaines : tels, par exemple, le rôle des médias et l'importance de l'argent dans les compétitions électorales et l'exercice du pouvoir. Il y a à la fois emprunt au droit constitutionnel classique et tentative de renouvellement et d'amélioration de ce droit en fonction de la modernité.

Le constitutionnalisme africain est innovant comme le rappelle justement G. CONAC, « *alors que même dans la constitution française de 1958 la notion de pouvoir judiciaire n'est pas retenue pour des raisons largement historiques, les constitutions des États francophones d'Afrique reprennent, à l'exemple de la constitution des États-Unis, la division en trois pouvoirs, exécutif, législatif, judiciaire, ce dernier englobant toutes les juridictions y compris les juridictions constitutionnelles et administratives. Le choix de cette architecture trinitaire traduit le rejet de l'omnipotence et de l'immunité judiciaire totale des chefs d'État. On remarquera toutefois que tandis que les pères fondateurs des États-Unis, qui avaient rédigé la constitution de 1797, avaient placé le chapitre sur le pouvoir législatif avant celui qui décrit le pouvoir exécutif, les constitutions africaines lui donnent la préséance en raison même de son importance à la fois stratégique et symbolique dans toutes les démocraties contemporaines.* »

Le constitutionnalisme libéral qui se développe en Afrique n'est pas une photocopie de la constitution de la Ve République. Il s'enrichit de la tradition résultant du modèle présidentiel, mis au point en 1787 par les constituants américains. Il s'inspire aussi de la tradition du modèle parlementaire soit de Westminster, soit dans sa forme rationalisée construite en Allemagne depuis 1949. Il tire profit des modèles mixtes, souvent qualifiés de régimes semi-présidentiels, pour reprendre M. DUVERGER.

Si l'on s'en tient aux pouvoirs du Président de la République, ils empruntent aux régimes présidentiel et parlementaire. L'article 69 de la Constitution du Congo situe le pouvoir présidentiel au-dessus des contingences partisanes et des majorités politiques en faisant du Chef de l'État, l'arbitre[153]. Le Président de la République dispose également de compétences fondamentales dans l'État faisant de lui le véritable gardien de la Constitution. Il est au surplus, le garant de l'intégrité de l'État à travers la protection de l'indépendance nationale et le respect des traités. Le Président dispose des compétences propres et des compétences partagées.

Par ailleurs, Le Président camerounais est le capitaine puisqu'il définit la politique de la nation. Pourtant, en ce qui concerne la RDC, l'article 91 de la constitution du 18 février 2006 dispose que « *le Gouvernement définit en concertation avec le Président de la République la politique de la nation et en assume la responsabilité* ». La constitution française aurait bien pu s'inspirer de l'expérience africaine à propos de la fonction présidentielle. Le Comité

---

[153] Cf. art. 69 C. Lire J. MASSOT, *L'arbitre et le capitaine*, *op. cit.*

Balladur n'a-t-il pas proposé de confier au Président la fonction de définir la politique de la nation ?

La grande mutation de la Ve République[154] résulte d'une volonté endogène même si l'on sait le grand attrait du régime américain. *Changer la République tout en la conservant.* Préservation des équilibres institutionnels fondamentaux, réaffirmation d'une responsabilité conçue comme la contrepartie d'un renforcement du pouvoir présidentiel[155] ; ces bases posées, le « discours sur la méthode » du président N. SARKOZY débouche naturellement sur un éloge appuyé de la Ve République, qu'il n'est pas question de remettre en cause : « *La Ve République a sauvé la République. Elle a permis enfin que le chef de l'État en soit un, que le gouvernement gouverne, que le Parlement légifère. [...] Elle a permis qu'en toutes circonstances la France soit gouvernée. Elle a permis que dans tous les domaines il y ait enfin véritablement une politique. [...] La Ve République a donné à la République pour la première fois dans notre histoire la stabilité gouvernementale. Ce n'est pas rien. Il ne faut donc y toucher qu'avec beaucoup de précautions [...]. Je ne changerai pas les grands équilibres de nos institutions. [...] Je ne tournerai pas la page de la Ve République.* ». Des justifications incertaines lorsqu'il affirme plus loin que « *notre démocratie a besoin de voir ses institutions modernisées et rééquilibrées* ».

Ce serait faire injure à la France que de ne pas reconnaître cette volonté profonde d'inspirer et de conduire une mutation. Quoi qu'il en soit on ne peut s'empêcher de constater que la Constitution française de la Vème République a été remaniée dans son esprit[156]. Certains observateurs y voient même une dégradation de sa qualité[157] ou tout simplement sa profonde désacralisation[158]. Ce serait également faire injure à toute l'Afrique en général et à chaque État en particulier que de ne pas leur reconnaître une capacité et une volonté propres. À moins de confirmer que ces États ne disposent pas de volonté propre et le problème n'est plus le même. Car, que ce soit en matière de définition constitutionnelle des pouvoirs, des contre-pouvoirs, de la décentralisation et que ce soit en matière de pratique politique, l'Afrique

---

[154] S. PIERRE-CAPS, « Les révisions de la Constitution de la Cinquième République : temps, conflits et stratégies », *R.D.P.*, n° 2, 1998, pp. 409-431.

[155] Lire G. D. LAVROFF, « La prééminence du Président de la République au sein du système politique français », in J. L. SERIN (dir.), *La Présidence en France et aux États-Unis*, Paris, Economica, 19986, pp. 321-332.

[156] S. RIALS, « Les incertitudes de la notion de constitution sous la Ve République », *R.D.P*, 1984, pp. 587-606.

[157] P. D. MONTALIVET, « La dégradation de la qualité de la norme constitutionnelle sous la Ve République », *R.D.P.*, N° 4-2012, pp. 925-946.

[158] P. PACTET, « La désacralisation progressive de la Constitution de 1958 », *in La République*, Mélanges en l'honneur de Pierre AVRIL, Paris, Montchrestien, E.J.A., 2001, pp. 389-399.

développe une ingéniosité propre. Il faut reconnaître qu'il y a le temps des réformes, le temps de la maturation et le temps des bilans.

2/ L'exportation de l'originalité africaine de justice constitutionnelle

L'affermissement de renouveau constitutionnel en Afrique noire francophone s'est fait avec l'émergence de la justice constitutionnelle. Comme il nous été donné de constater en d'autres circonstances en effet, *« tirant (...) les leçons d'une histoire constitutionnelle et politique marquée par l'arbitraire, le constituant a confié au conseil le pouvoir de s'assurer que les interventions des organes de l'État dans leur sphère de compétence ne créent pas une nouvelle forme d'hégémonie »*[159]. L'ouverture du prétoire constitutionnel au particulier aura surtout contribué, contrairement au système français initial qui en reposant exclusivement sur un contrôle préventif en application du modèle européen hérité du Maître de Vienne[160] avait déjà présenté ses limites[161] en termes de déni de justice[162].

L'affirmation de l'exception d'inconstitutionnalité avait vocation à résoudre une préoccupation éminemment africaine. Il s'agissait en effet de mettre un terme au « *pseudo contrôle à usage présidentiel* »[163] qui avait longuement était répondu au sein du contient et dans un but à peine maquillé, celui de conforter le pouvoir personnel du chef de l'État. Ainsi, à la faveur du mouvement démocratique engagé au sein des États d'Afrique noire francophone au début de la décennie 90, « *les constituants ont opéré une consécration constitutionnelle stimulante du contrôle par voie d'exception* »[164]. Au Bénin par exemple, il est précisé que « *Tout citoyen peut saisir la Cour constitutionnelle sur la constitutionnalité des lois, soit directement, soit par la procédure de l'exception d'inconstitutionnalité invoquée dans une affaire qui le concerne devant la juridiction...* »[165]. En partant du postulat européen selon lequel les droits de l'homme sont avant tout des droits intrinsèques à la

---

[159] M. NGUELE ABADA, « Le contrôle de constitutionnalité des lois au Cameroun », *in* A. ONDOUA (dir.), *La Constitution Camerounaise du 18 janvier1996 Bilan et Perspectives*, Yaoundé, Afrédit, 2007, p. 67.

[160] Lire Ch. EISENMANN, *La justice constitutionnelle et la haute cour constitutionnelle d'Autriche*, Sirey, Paris, 1928, 383p ; L. FAVOREU, *Les cours constitutionnelles,* Paris, PU., coll. « que sais-je ? », 1986,127p.

[161] D. DOKHAN, *Les limites du contrôle de la constitutionnalité des actes législatifs,* Paris, LGDJ, 2001, 589 p.

[162] L. FAVOREU, *Du déni de justice en droit public français*, L.G.D.J., Paris, 1965, 582 p.

[163] G. CONAC, « Le juge et la construction de l'État de droit », *in L'État de droit, Mélanges en l'honneur de Guy BRAIBANT*, Paris, Dalloz, 1996.

[164] Y. S. LATH, « L'évolution des modalités du contrôle de constitutionnalité des lois dans les États d'Afrique francophone », *in* O. NAREY (dir.), *La justice constitutionnelle*, Paris, L'Harmattan, 2016, p. 152.

[165] Article 122 de la Constitution.

personne humaine ou plus précisément à l'individu, on doit pouvoir admettre que le procédé de l'exception d'inconstitutionnalité[166] quoi connaît une certaine expansion en Afrique francophone[167] constitue la modalité idoine devant permettre à la justice constitutionnelle de garantir ces droits. En effet, le contrôle préventif tel qu'il a été imaginé en Europe avant d'être transposé dans la plupart des pays africains ayant connu la domination française au double plan juridique et politique s'accommode difficilement avec l'idée de constitutionnalisme qui nécessite la préservation de la suprématie de la norme constitutionnelle en tout lieu et en toute circonstance. On peut dès lors comprendre, le compris français bâti autour de la question prioritaire de constitutionnalité. Il s'agit plus ou moins d'une logique conciliatrice entre le modèle américain et le modèle européen initial afin de mieux sauvegarder les droits fondamentaux inscrits dans la Constitution. Cependant, qu'on l'admette ou pas, la consécration en 2008 de la question de prioritaire de constitutionnalité[168] ouvrant ainsi la voie à dualité de recours au sein d'un même système constitutionnel, est une parfaite reprise du modèle africain initié au début de la décennie 1990. En dehors de ce cas de figure, le dialogue jurisprudentiel en matière constitutionnel peut également avoir l'Afrique pour point d'ancrage.

En Afrique noire francophone, les juridictions utilisent le savoir-faire acquis par la Cour constitutionnelle du Bénin[169]. Elles adoptent certaines de ses techniques de contrôle qui donnent à penser qu'émerge un autre constitutionnalisme en Afrique[170]. Lorsqu'on prête une oreille attentive au discours constitutionnel qui a cours en France ces trois dernières décennies, il donné d'envisager l'appropriation par cet État, notamment par le biais de ces organes constitutionnels, certaines recettes constitutionnelles ayant pour origine l'œuvre jurisprudentielle dans doute audacieux du juge constitutionnel béninois. Il en sera ainsi du contrôle des lois de révisions. Il s'agit là d'une question qui a toujours divisé la doctrine française mais dont la majorité n'hésite plus de jours à reconnaître sa nécessité.

---

[166] A. KPODAR, « Réflexions sur la justice constitutionnelle à travers le contrôle de constitutionnalité de la loi dans le nouveau constitutionnalisme : les cas du Bénin, du Mali, du Sénégal et du Togo », *Revue béninoise des sciences juridiques et administratives*, 2006, n°16, pp. 104 et s.

[167] Voir article 86 de la Constitution du Gabon, article 96 de la Constitution de la Côte d'Ivoire, article 92 de la Constitution du Sénégal…

[168] G. ZAGREBELSKI, « La doctrine du droit vivant et la QPC », in *Constitutions. Revue du droit constitutionnel appliqué*, n° 1, Dalloz, 2010

[169] S. BOLLE, « La Constitution GLELE en Afrique : Modèle ou contre-modèle », *op. cit.*, p. 260.

[170] *Ibidem.*

De prime abord, il faut l'indiquer, certaines lois fondamentales consacrent expressément le contrôle de constitutionnalité des lois constitutionnelles[171]. Dans d'autres pays, l'absence d'une disposition expresse leur reconnaissant une telle compétence, certaines juridictions constitutionnelles, dans le nouveau constitutionnalisme africain, ont tendance à renoncer à son exercice comme en témoignent quelques décisions d'incompétence[172] sénégalaise[173] et ivoirienne[174]. C'est dire qu'un tel contrôle n'est pas totalement admis au sein des États africains[175]. Cependant, la posture renouvelée de la Cour constitutionnelle du Bénin[176], pour ne prendre que cet exemple, constitue une avancée notoire du constitutionnalisme[177] et pourrait servir d'exemple à l'intérieur comme à l'extérieur du continent africain. Cet angle d'analyse vient en effet raviver le débat autour du pouvoir normateur du juge constitutionnel[178]. Un tel débat occupe une place importante dans la doctrine constitutionnelle française à partir du moment où les questions du contrôle des lois de révisions et celle de l'exercice du pouvoir constituant sont intimement liées[179]. Sur ces questions les partisans de la souveraineté du pouvoir de révision[180] et ceux de sa limitation[181] sont parfaitement divisés et l'attitude méfiante ou peu

---

171 C'est le cas Il en est ainsi de l'article 116 alinéa 3 de la Constitution gabonaise ; de l'article 154 de la Constitution burkinabé et l'article 187 de la Constitution congolaise

172 B. KANTE, « Les méthodes et techniques d'interprétation de la Constitution : l'exemple des pays de l'Afrique occidentale francophone », o*p. cit.*, p. 160.

173 Conseil constitutionnel du Sénégal, décision n°44-98 du 09 octobre 1998.

174 Conseil constitutionnel de Côte d'Ivoire, décision CC n°001/SG/CC du 4 novembre 2003

175 T. ONDO, « Le contrôle de constitutionnalité des lois constitutionnelles en Afrique noire francophone », *RDIDC,* n° 1, 2009.

176 Cour constitutionnelle du Bénin 13 juillet 2006, n° 06-074, Décision *consensus national.*

177 Pour une bonne lecture de la posture du juge béninois, voyons Pour cerner les contours et le contexte de cette décision, on lira B. KOULIBALEY, La neutralisation du parlement constituant (à propos de la Décision n° 06-074 du 8 juillet 2006 de la Cour constitutionnelle du Bénin) », *RDP*, n°5, 2009, pp.1493-2008 ; I. SALAMI, « Le pouvoir constituant dérivé à l'épreuve de la justice constitutionnelle béninoise », *RTSJ*, n° 0000, 2011, pp. 45- 65.

178 Voyons X. MAGNON, « Quelques maux encore à propos des lois de révision constitutionnelle : limites, contrôle, efficacité, caractère opératoire et existence », *R.F.D.C.*, 2004/3 Ŕ n° 59, pp. 595-617.

179 Lire C. ISIDORO, « Le pouvoir constituant peut-il tout faire ? », in *L'esprit des institutions, l'équilibre des pouvoirs*, Mélanges en l'honneur de P. PACTET, Dalloz, 2003, pp. 237-252.

180 D. MAILLARD DESGREES DU LOU, « Le pouvoir constituant dérivé reste souverain », *R.D.P.*, N° 3-2003, pp. 725-739.

181 B. GENEVOIS, « Les limites d'ordre juridique à l'intervention du pouvoir constituant », *R.F.D.A.*, 14 (5) septembre-octobre 1998, pp. 909-921 ;

audacieuse du juge constitutionnel français en la matière ne semble contribuer à l'éclaircissement du sujet[182].

Par ailleurs, en envisageant la question du pouvoir normateur du juge constitutionnel en dehors du cadre relatif au contrôle des louis de révisions, le constitutionnalisme africain renseigne et enseigne également. Si cette question semble être davantage stabilisée eu égard de l'essor de la théorie réaliste de l'interprétation particulièrement exposée et défendue par M. TROPER, l'attitude récente du juge constitutionnel gabonais, même si elle apparaissait de prime abord comme étant inopportune et politiquement orientée selon certains observateurs, pourrait contribuer à taire le débat. À l'occasion, le juge constitutionnel gabonais ne s'est pas contenté justement à agir comme législateur négatif au sens H. KELSEN[183] ou comme législateur positif au sens de M. TROPER[184]. Dans le premier cas de figure, il se serait contenté à sanctionner les dispositions d'un texte législatif contraires à la Constitution[185]. Dans le second cas de figure, il aurait fait figure de co-auteur de la Constitution en usant justement de son pouvoir d'interprétation. Il a récemment été relevé avec justesse que l'une des fonctions émergentes de la justice constitutionnelle en Afrique est justement cette fonction normative qui se manifeste par le pouvoir d'interprétation du juge[186]. À la vérité, il s'agit d'une fonction normative latente.

Spécifiquement, au Gabon, le juge constitutionnel a eu à exercer de manière expresse le pouvoir constituant en ajoutant solennellement un énoncé normatif au dispositif constitutionnel[187]. À partir du moment où une telle attitude s'apparente au gouvernement des juges ; qu'elle vide potentiellement la séparation des pouvoirs de son sens originel, nul doute qu'elle puisse être transposable dans le constitutionnalisme français. Cependant, on ne manquera pas de relever que si le juge constitutionnel français advient à censurer les lois de révisions, rien n'exclut qu'à long terme, il puisse procéder à la réécriture explicite de la constitution à la complétant. Il a déjà eu l'occasion de le faire propos des lois ordinaires. En effet, statuant sur la normativité, indice de la sécurité juridique, il a eu à maintes reprises à supprimer certains énoncés du

---

[182] Lire M. VERPEAUX, « Constitution et lois constitutionnelles. Brèves réflexions à l'occasion de quelques révisions récentes », *in Constitutions et pouvoirs*, Mélanges en l'honneur de J. GICQUEL, Montchrestien, Lextenso éditions, 2008, pp. 593-601.

[183] H. KELSEN, « La garantie juridictionnelle de la constitution », *RDP*, 1928, p. 266.

[184] F. HAMON, M. TROPER, *Droit constitutionnel*, 34e éd., Paris, LGDJ, 2013, p. 63.

[185] H. KELSEN, « La garantie juridictionnelle de la constitution », *op. cit.*, p. 266.

[186] D. SY, « Les fonctions de la justice constitutionnelles en Afrique », in NAREY (O.) (dir.), *La justice constitutionnelle*, *op. cit.*, p. 51.

[187] Cf. Cour constitutionnelle du Gabon, 2018.

texte législatif[188] qui lui était soumis tout comme il a pu lui adjoindre des énoncés normatifs supplémentaires[189].

Dans l'attente, la conviction qui peut aussi se transformer en illusion, est que, la lecture attentive des avancées récentes du constitutionnalisme africain peut permettre de résoudre certaines difficultés ou de trancher sur certains débats observables dans le constitutionnalisme français actuel.

188 Dans sa décision C.C. Déc. n° 2005-512 DC, 21 avril 2005, il déclare contraire à la Constitution une disposition législative en ce qu'il trouve qu'elle est « *manifestement dépourvue de toute portée normative* ». Rapporté par E. SIMO, *Droit institutionnel CEMAC et Parlements des États membres. Réflexion sur les rapports de systèmes-organes*, Thèse de Doctorat Ph. D. en Droit Public, Université de Yaoundé II, p. 401.

189 E. SIMO, *Droit institutionnel CEMAC et Parlements des États membres. Réflexion sur les rapports de systèmes-organes*, Thèse, *op. cit.*

DIALOGUE POLITIQUE ET PARTICIPATION CITOYENNE DANS LES ÉTATS D'AFRIQUE NOIRE FRANCOPHONE

Guessele Isseme Lionel Pierre

Agrégé de droit public
Maître de Conférences
Université de Yaoundé 2-FSJP (Cameroun)

« *La représentation, une des plus parfaites constructions politiques dont puisse s'enorgueillir l'esprit humain* »[1], est en crise à l'ère contemporaine. Les « *Gilets jaunes* » en France, la contestation des pouvoirs en place en Afrique noire francophone cette dernière décennie n'incite plus à entrevoir « *le génie du gouvernement représentatif* »[2]. En effet, la démocratie représentative est contestée de manière récurrente pour n'être pas suffisamment proche des principes dont elle se réclame : le principe d'égalité, celui du gouvernement du peuple par le peuple, le souci du bien-être public, etc. Pour remédier à cette crise de la représentation, les États ont développé une nouvelle forme d'exercice des fonctions étatiques avec l'organisation des dialogues politiques nationales. Par cette modalité de gestion des affaires de l'État, il est question, à côté de la scène électorale, d'organiser une participation du citoyen en dehors des échéances électorales. D'où le rapport *a priori* inéluctable entre le dialogue politique et la participation citoyenne qui fait l'objet de la présente étude.

L'émergence de la pratique des dialogues politiques en Afrique noire francophone vient rompre avec l'application alternée des modalités d'exercice de la souveraineté du peuple distinguées en théorie constitutionnelle entre démocratie directe et démocratie indirecte. Dans la première modalité, la puissance souveraine du peuple repose sur la conjonction de souverainetés individuelles dont le référendum est l'expression quintessenciée. Dans la seconde en revanche, celle incarnée par la souveraineté représentative, il s'agit de l'expression médiatisée du pouvoir de suffrage par lequel le peuple agit par la volonté de ses représentants. La doctrine est d'ailleurs divisée sur la

[1] G. BURDEAU, *Traité de science politique,* t. IV, Paris, LGDJ, 2e éd., 1969, p. 245.
[2] A. ESMEIN « Deux formes de gouvernement », *RDP*, 1894, p. 24

question entre partisans[3] de l'exercice direct de la souveraineté et les défenseurs de la théorie de la représentation[4]. Or, le dialogue politique présente la vertu d'associer cumulativement ces deux modalités d'expression de la souveraineté dans l'exécution des compétences étatiques.

Dans cette mouvance, plus le corps électoral coïnciderait avec le corps politique réel, plus on se rapprocherait de la démocratie. Cette certitude de l'aptitude de la représentation élective à réaliser l'idéal démocratique a pourtant laissé place, pour beaucoup d'acteurs politiques africains, au doute: l'élection n'aurait nullement annihilé, pas même réduit, l'écart entre gouvernants et gouvernés, dominants et dominés. La véritable démocratie ne saurait faire l'économie de l'association effective du peuple à la délibération et à la décision, il faudrait la réinventer pour qu'elle cesse de le reléguer au second rôle.

La démocratie participative ne se conçoit donc, depuis les années 1960, que comme une manière de corriger les mécomptes du gouvernement représentatif, sans le rejeter en totalité. Mais, la vogue des dialogues politiques vient dépasser cette conception somme toute désuète. Ces plates-formes de débat national sont de nouveaux procédés qui s'inscrivent dans la panoplie des outils de la démocratie participative. Le dialogue politique national tel que pratiqué dans les États d'Afrique noire francophone tente de réconcilier deux faces de la démocratie participative : d'une part celle qui s'intéresse avant tout à accroître la participation du citoyen au processus démocratique et à la prise de décision, et d'autre part celle qui cherche à faire révéler les citoyens, au travers de la discussion et de la confrontation publique des points de vue, d'une décision publique consensuelle. Il s'agit alors d'initier un processus délibératif à travers lequel le public mobilisé contribue à l'élaboration des décisions publiques.

À l'heure où le malentendu entre représentés et représentants atteint son point d'orgue, la démocratie participative promue par le grand débat cherche à la fois à pallier les déficits de la démocratie représentative. C'est dans cette dernière modalité du dialogue politique que la démocratie délibérative prend le pas sur la simple démocratie participative. En effet, le temps y est donné pour que les participants puissent entrer en discussion, s'informer et élaborer un consensus autour de propositions concrètes[5].Le débat public a des vertus pédagogiques puisqu'il permet d'informer sur un sujet, de clarifier certaines problématiques qui le traversent et de l'enrichir par des solutions ou des

---

[3] L. DUGUIT, *Traité de droit constitutionnel*, tome 2, 3e éd., 1928, p. 623. ; A. ESMEIN « Deux formes de gouvernement », *RDP*, 1894, t. I, p. 24.

[4] R. CARRE DE MALBERG, « Considérations théoriques sur la question de la combinaison du référendum avec le parlementarisme », *RDP*, 1931, p. 230. ; G. BURDEAU, *Traité de science politique, op. cit.*, p. 245 et s.

[5] É. BUGE, « Le Grand débat national, apports et limites pour la participation citoyenne », *RDP*, n°5, 2019, p. 1205.

questions nouvelles. Il est le temps du dialogue, exigeant des décideurs, une grande capacité d'écoute. Pour leur part, les citoyens doivent accepter qu'être écouté ou entendu ne conduit pas nécessairement à faire prévaloir son point de vue. Même si l'histoire constitutionnelle des participations citoyennes révèle leur influence au point d'aboutir au changement de régime.

Toutefois, il convient de s'interroger sur le fondement constitutionnel du dialogue politique pour canaliser l'analyse dans des considérations principalement juridiques. En effet, la plupart des constitutions d'Afrique confère la prérogative constitutionnelle de convoquer le peuple par référendum au président de la République lorsque les intérêts de la nation sont en cause. Le dialogue politique n'est certes pas un référendum mais semble s'y rapprocher car il s'agit également d'une consultation directe du peuple dont l'initiative ne peut émaner que du Président de la République. Bien plus, en tant qu'institution incarnant l'unité nationale et en vertu de ses prérogatives d'arbitrage pour le fonctionnement régulier des pouvoirs publics[6], il est pratiquement dans l'obligation constitutionnelle de résoudre les crises.

D'ailleurs, la pratique des dialogues politiques en Afrique noire francophone révèle que c'est de la volonté de résoudre la crise politique que les chefs d'État ont décidé d'ouvrir les consultations inclusives. Au Cameroun, c'est l'accentuation de la crise sécuritaire dans les régions du Nord-Ouest et du Sud-Ouest qui a entrainé la décision présidentielle d'organiser le Grand Dialogue national. Au Niger, au Bénin et en Côte d'Ivoire, le dialogue politique a été organisé pour essayer de désamorcer une crise électorale potentielle, car les acteurs politiques des partis d'opposition revendiquaient la réécriture d'un code électoral consensuel. À tire de droit comparé, la France a expérimenté le dialogue politique dans le cadre du « Grand Débat national » pour répondre favorablement aux préoccupations des « Gilets jaunes »[7]. En filigrane, le dialogue politique constitue donc une réponse ponctuelle aux crises politiques avec comme conviction la consolidation de la participation citoyenne.

La démocratie libérale promeut l'acceptation de l'existence et l'exercice de la libre expression des idées politiques facilitant la participation citoyenne. Dans ce cadre, celle-ci s'exprime avec la reconnaissance des formations politiques concurrentielles, incarnée aussi bien dans la liberté de créer des partis politiques, que dans l'affirmation du multipartisme intégral. « *Une démocratie sans opinion publique est contradictoire en soi* »[8]. Son implication se trouve être le développement d'une multitude d'associations et l'irruption

---

[6] Art. 5(2) de la constitution camerounaise révisée du 18 janvier 1996.

[7] P. PERRINEAU « Le grand débat national : la démocratie participative à grande échelle », *Pouvoirs*, 2020/4, n° 175, p. 113-129.

[8] H. KELSEN, *Théorie générale du droit et de l'État suivi de la doctrine du droit naturel et le positivisme juridique*, traduit par Béatrice Laroche et Valérie Faure, « La pensée juridique », Bruylant, L.G.D.J, 1997, p. 334.

de la société civile dans les affaires publiques. Ces mécanismes ont constitué des armes de pression en faveur des réformes constitutionnelles[9]. La consécration formelle de ces déclinaisons traduit l'idée d'un levier au contre-pouvoir politique, « *obligeant de tenir compte des volontés des individus* »[10].

Dans cette mouvance, l'élection ne suffit plus à résumer la participation citoyenne. Celle-ci doit être également une réalité entre deux mandats politiques. Or, l'actualité constitutionnelle africaine révèle un cercle vicieux de la défiance des dirigeants par le peuple conjugué à un cercle vertueux de la crise de confiance entre les élus et les citoyens. De ce fait, force est de s'interroger de la manière suivante : le développement des dialogues politiques en Afrique noire francophone peut-il contribuer à une meilleure participation citoyenne ? Tel est l'enjeu majeur de notre temps et c'est à son propos que l'on mobilise, en général, l'idée de démocratie participative. Mais en guise d'hypothèse de réflexion, il convient de retenir que la participation citoyenne reste mitigée même dans le dialogue politique. La démonstration de cette conviction ne manque pas d'intérêt.

En effet, la vogue des dialogues politiques ces trois dernières années n'a pas encore suscité un engouement réel dans la doctrine africaine. Pourtant, le Grand Débat national en France a déjà fait l'objet de réflexions[11] qui ont d'ailleurs inspiré ce travail. Ce faisant, il est question de mettre en exergue l'idée selon laquelle l'objectif du débat public est d'informer le public, de veiller à sa participation, d'éclairer les gouvernants et de légitimer la décision. Ce dernier point est central. La légitimité d'une décision dépend autant des conditions de son élaboration que de son contenu intrinsèque. C'est la transparence, la rigueur et la loyauté du processus qui fondent cette légitimité. Selon J. HABERMAS, «*seule la délibération est susceptible d'entraîner un effet de légitimation* ».[12] En outre, l'étude des rapports entre le dialogue politique et la participation citoyenne a la conviction d'inciter à restaurer la confiance des citoyens à l'endroit de leurs dirigeants. Il faut se garder de suivre

---

[9] Les conférences nationales souveraines dans les États d'Afrique de l'Ouest ; la tripartite au Cameroun constituée des partis politiques d'opposition, de la société civile aux côtés du gouvernement pour impulser la révision constitutionnelle du 18 janvier 1996.

[10] B. GUÈYE, « La démocratie en Afrique : succès et résistances », *Pouvoirs, revue française d'études constitutionnelles et politiques, « La démocratie en Afrique »* n° 129, 2009, p. 8.

[11] P. PERRINEAU « Le grand débat national : la démocratie participative à grande échelle », *Pouvoirs*, 2020/4, n° 175, p. 113-129 ; C. LEYRIT, « Remettre le citoyen au cœur de la décision publique », *Pouvoirs*, n° 4, 2020, p. 111 ; É. BUGE, « Le Grand débat national, apports et limites pour la participation citoyenne », *op. cit.*, p. 1205 ; T. AITAMURTO, « La production participative dans l'élaboration des politiques publiques », *Pouvoirs*, 2020/4 N° 175, p. 99.

[12] G. BURDEAU, *Droit et démocratie*, Paris, Gallimard, 1997, p. 42.

les propositions de certains qui considèrent que, pour simplifier les procédures et réduire les délais, il suffirait d'éviter le débat public et la consultation directe des citoyens. C'est exactement le contraire de ce qu'il convient de faire. Une décision plus concertée sera plus légitime, elle sera mieux acceptée aussi ; elle permettra d'éviter les blocages et les conflits, et pourra même être mise en œuvre plus rapidement. La construction d'un nouveau mode d'exercice de la démocratie est le seul moyen de restaurer la confiance, de développer la culture de la décision partagée[13]. Les citoyens attendent et exigent la mise en place d'une nouvelle gouvernance publique, fondée non plus sur des rapports de force mais sur une co-construction de l'intérêt général.

Cela dit, l'analyse du dialogue politique et la participation citoyenne nécessitent le recours à une méthode spécifique. Aussi, en s'appuyant sur la théorie constitutionnelle qui n'exclut pas la dimension factuelle de la pratique du pouvoir, la présente réflexion fera-t-elle recours au positivisme méthodologique[14] et plus spécialement à sa dimension pragmatique. Cette option est guidée par le fait que malgré la prévalence du droit constitutionnel écrit en Afrique, on assiste depuis pratiquement deux décennies, à l'émergence du droit constitutionnel non écrit. Ce qui rend donc indispensable le recours au droit constitutionnel par-delà le texte et la jurisprudence constitutionnelle pour reprendre O. BEAUD[15]. Dans cette perspective, en analysant la place de la participation citoyenne dans le dialogue politique, il convient de démontrer d'une part l'allusion à la consultation citoyenne (I) et d'autre part l'illusion du débat démocratique (II).

I/ L'allusion à la consultation citoyenne dans le dialogue politique

L'organisation du dialogue politique postule une consultation citoyenne à grande ampleur. En effet, la consultation recouvre l'ensemble des procédures qui permettent à une autorité publique de recueillir des avis préalablement à sa décision, sans que ces derniers aient une valeur contraignante. Ainsi ce procédé utilisé dans la cadre du dialogue politique au caractère protéiforme (A) permet d'insérer la contribution des citoyens à la prise de décision publique (B).

---

[13] C. LEYRIT « Remettre le citoyen au cœur de la décision publique », *Pouvoirs*, n° 4, 2020, p. 111.

[14] V.CHAMPEIL-DESPLATS, *Méthodologies du droit et des sciences du droit*, Paris, Dalloz, coll. Méthodes du droit, 2014, p. 9, p. 111.

[15] O. BEAUD, « Le droit constitutionnel par-delà le texte et la jurisprudence du Conseil constitutionnel », *Les Cahiers du Conseil constitutionnel*, n° 6, 1996, pp. 97-110.

A/ La multiplication des formes démocratiques de consultation du citoyen

Par le procédé de la consultation, le dialogue politique vise à capter les revendications du public. Pour ce faire, les pouvoirs publics ont multiplié plusieurs modalités de participation pour concerner au maximum l'ensemble des citoyens. Il s'agit d'une part de l'organisation d'un dispositif présentiel de réception des revendications citoyennes (1) et d'autre part de l'institution d'un dispositif numérique de soumission des revendications (2).

1/ L'organisation d'un dispositif présentiel de réception des revendications citoyennes

La démocratie participative s'entend comme l'élément de diversification des procédés de participation mis en place pour améliorer l'information et l'influence du public[16] dont le dispositif en présentiel est le plus usuel dans la pratique des dialogues politiques en Afrique noire francophone. Son objectif vise principalement à accroître l'implication des citoyens dans le débat public et dans la prise de décision qui s'en suit, afin que les mesures soient prises avec l'accord du plus grand nombre. Par cette modalité, la consultation favorise la production d'un jugement public tant par la discussion collective qu'elle engendre que par la rencontre entre acteurs d'origines différentes qu'elle suscite. Dans cet objectif, les modalités de participation des citoyens à la vie politique doivent être diversifiées. Ceci contribue à conforter l'expression citoyenne et partant le droit de participation aux affaires publiques qui est un droit fondamental. L'organisation du dialogue politique dans les États sous étude permet d'entrevoir la réalité du dispositif présentiel de consultation citoyenne.

Ainsi, au Niger, le dialogue politique décidé par le président de la République avait principalement pour objet d'inviter les acteurs de l'opposition à débattre de la réforme du code électoral dans l'optique d'une prise en compte de leurs préoccupations. Pour ce faire, les leaders de l'opposition ont été réunis au sein du Conseil National du Dialogue politique pour émettre de vive voix leurs propositions. Le même scénario fut observé en Côte d'Ivoire lors de l'organisation du dialogue politique en juin 2019 qui a vu la concertation des chefs de file des partis politiques réunis autour du Premier ministre à l'effet d'adopter un code électoral consensuel. Le cas camerounais est plus instructif dans la mobilisation des procédés en présentiel de consultation citoyenne. En effet, après la décision d'organiser un Grand Dialogue national pour principalement apaiser les tensions dans les régions du Nord-Ouest et du Sud-Ouest, le président de la République camerounaise a instruit son Premier ministre de conduire une consultation à grande échelle dans ses services. Dans

[16] Y. JEGOUZO, « De la « participation du public » à la « démocratie participative », *RFDA*, 2006, p. 2315.

cette mouvance, le Premier ministre a reçu tour à tour, les représentants de toutes les administrations publiques, des organes constitutionnels, les hauts cadres des partis politiques, les responsables de la société civile, les représentants du patronat des entreprises et les chefs traditionnels. En bref, toutes les composantes sociologiques de la population de l'État ont été consultées à l'effet de recevoir leur proposition avant l'organisation des délibérations proprement dites. L'exemple camerounais contrairement aux autres États, révèle la fusion Etat-Nation dans la pratique du dialogue politique *a priori* nécessaire pour le rétablissement de la confiance entre les détenteurs du mandat politique et le peuple souverain.

Cependant, les États africains sous étude dans la pratique du dialogue politique n'épuisent pas tout le dispositif en présentiel de consultation citoyenne. Parmi les autres procédés éludés de démocratie consultative, figure le mécanisme de l'enquête publique qui aurait pu occuper une place privilégiée. Cette modalité de participation des citoyens se définit comme« *une procédure consultative préalable à la prise de décision* »[17]. Au cours du processus décisionnel, elle suppose une forme d'intervention directe de ceux qui sont habituellement les représentés. Ainsi, durant une période donnée, généralement fixée à un mois, et après information préalable par voies d'annonces et d'affiches, les citoyens sont invités à exprimer leur avis soit par écrit, soit oralement auprès du commissaire enquêteur. Celui-ci a pour mission de recueillir et d'analyser toutes les informations et objections développées par le public, mais il n'a ni à répondre à chacune des observations qui lui sont soumises, ni à exprimer son point de vue sur les divers projets envisagés par l'administration.

Bien plus, une grande variété de mécanismes consultatifs est ainsi offerte aux élus. De pratique courante puisque facilement organisables, les réunions publiques permettent un débat avec les personnes intéressées et constituent des relais efficaces en matière d'information des citoyens. Sur ce point, le droit français illustre parfaitement cette modalité de consultation citoyenne à l'occasion de l'organisation du Grand Débat national. Le dispositif du grand débat se fonde sur une approche qui combine la participation de citoyens tirés au sort (conférences régionales) et celle de citoyens qui, sous des formes diverses et variées, choisissent de dire leur mot sur quatre grands sujets fixés par le président de la République (la fiscalité et les dépenses publiques, l'organisation de l'État et des services publics, la transition écologique, la démocratie et la citoyenneté). Il s'agit d'une véritable expérimentation démocratique menée en temps réel sans qu'aucune méthode préétablie puisse vraiment servir de référence à ses organisateurs et à ceux chargés d'en assurer la loyauté. Le caractère inédit du grand débat national en France tient à

[17] M. DUVERGER, *Institutions politiques et droit constitutionnel, Les grands systèmes politiques,* PUF, Thémis, 1980, p. 23.

l'ampleur du champ de la consultation puisque, en plus des quatre thèmes fixés, rien n'empêchait les citoyens de s'emparer d'autres sujets. Selon les intentions du président de la République, le but était de répondre à des questions essentielles ayant émergé avec le mouvement des « gilets jaunes» et d'émettre des propositions susceptibles de bâtir un nouveau contrat pour la nation, de structurer l'action du gouvernement et du Parlement, mais aussi les positions de la France au niveau européen et international.

On pourrait également relever la pratique des « cahiers citoyens » en France, déposés en mairie pour que chacun puisse s'exprimer par écrit sur n'importe quel sujet. Environ sept cent vingt mille citoyens contribueront à remplir plus de seize mille cahiers, qui rappellent les cahiers de doléances de la Révolution française. Mais rappelle également les courriers postaux adoptés dans l'organisation du Grand Dialogue national camerounais par lesquels les citoyens pouvaient envoyer leurs propositions. Qu'à cela ne tienne, le Grand débat national a mobilisé le maximum de procédés de consultation citoyenne pour une participation réelle des populations. C'est ainsi que les conférences nationales thématiques, où sur chacun des quatre grands réunissant les représentants des corps intermédiaires (syndicats, associations, représentants des élus). Il faut également mentionner les conférences citoyennes régionales, qui réunissent des citoyens tirés au sort pour débattre et délibérer sur les quatre axes fixés pendant une journée et demie. C'est dans cette dernière modalité du grand débat national que la démocratie délibérative prend le pas sur la simple démocratie participative. En effet, le temps y est donné pour que les participants puissent entrer en discussion, s'informer et élaborer un consensus autour de propositions concrètes.

En définitive, la pratique, de plus en plus fréquente, de ces techniques de participation rend perceptible la volonté des élus d'associer plus directement leurs concitoyens au processus décisionnel. Ces initiatives permettent à la fois aux citoyens de déterminer des domaines d'action qu'ils estiment importants, et concèdent parallèlement aux élus une caution populaire qui leur permet de ne pas imposer eux-mêmes leur politique. Les États d'Afrique noire francophone sous étude ont le mérite de disposer de mécanismes participatifs quelle que soit l'insatisfaction que l'on peut éprouver à l'analyse. Surtout qu'il convient également d'y relever la mise en place d'un dispositif numérique de soumission des revendications.

2/ L'institution d'un dispositif numérique de soumission des revendications

Dans le processus de consultation citoyenne, il faut noter la mobilisation d'un dispositif numérique pour la réception des revendications des populations. En effet, la nouvelle civilisation du numérique a emporté tous les domaines y compris le domaine normatif. Dans cette mouvance le droit constitutionnel a vu son objet « *tourneboulé* »[18]. Les concepts classiques tels que la souveraineté de l'État[19], la puissance publique source de normativité, la hiérarchie des normes, le régime représentatif ou encore la citoyenneté et ses modes d'expression sont affectés par la révolution du numérique[20]. Néanmoins, le droit constitutionnel tente de se saisir du phénomène numérique pour l'encourager, le protéger, l'encadrer et même l'utiliser comme un instrument de promotion et d'expression des droits constitutionnels. À cet égard, le numérique assure le développement généralisé des services de communication au public en ligne ainsi qu'à l'importance prise par ces services pour la participation à la vie démocratique et l'expression des idées et des opinions[21].

Ainsi, l'expansion de la démocratie connectée ouvre de nouvelles perspectives pour l'exercice des droits civils et politiques en l'occurrence la participation citoyenne aux affaires publiques par la consultation. Ce faisant, l'organisation du dialogue politique ne s'est pas départie de cette civilisation du numérique pour assurer la consultation des citoyens. Des États sous étude, le Cameroun est l'exemple topique de l'instrumentalisation des outils du numérique pour consulter les populations à l'occasion du Grand Dialogue national. Dans cette circonstance, une plateforme dédiée à l'événement avec la mise en place d'un site internet[22] a été créée. Cette plateforme a été instituée à l'effet de recueillir les contributions de toutes les personnes désireuses de participer au dialogue. Par ce mécanisme, plusieurs citoyens camerounais ont envoyé leurs propositions pour impacter sur les recommandations finales du dialogue. La digitalisation de la consultation à l'occasion de ce Grand dialogue national s'est également traduite par la création d'un compte twitter officiel pour interagir avec tous les citoyens.

Le grand Débat national en France, à titre de droit comparé, a également intégré les outils du numérique dans la consultation citoyenne. À l'occasion de ce débat public, les collectivités territoriales lançaient parfois aussi de véritables consultations, par le biais de questionnaires ou d'enquêtes téléphoniques, destinées à recueillir l'avis des populations sur des projets importants. Une plateforme en ligne permettant de répondre à des questions fermées ainsi qu'à quelques questions ouvertes sur chacun des quatre grands thèmes, a été ouverte. Ce site internet permet également aux organisateurs de

---

[18] D. ROUSSEAU, « Le numérique, nouvel objet du droit constitutionnel », *NCCC*, n° 57, 2017, p. 9.

[19] Une souveraineté de l'État d'ailleurs fragilisée par la montée en puissance des réseaux sociaux.

[20] J. BONNET ET P. TÜRK, « Le numérique : un défi pour le droit constitutionnel », *NCCC*, n° 57, 2017, p. 13.

[21] D. ROUSSEAU, « Le numérique, nouvel objet du droit constitutionnel », *op. cit.*, p. 9.

[22] www.nationaldialogue.cm

réunions d'initiative locale de trouver des informations sur les grands sujets abordés ainsi que des conseils méthodologiques pour animer les débats et en rendre compte. Cinq cent mille citoyens environ utiliseront la plateforme pour déposer des contributions. Des stands itinérants, principalement installés dans les gares et les bureaux de poste des chefs-lieux de département, permettaient de donner des réponses aux questions posées sur le site ou de remettre une contribution sur papier libre. Cinq mille personnes auront recours à cette possibilité[23].

Cela étant dit, plus qu'un vague gadget technologique qui permettrait d'obtenir plus rapidement un résultat similaire, le numérique génère un objet inédit qui renouvelle les registres de légitimité de la norme dans le cadre du dialogue politique. Dans l'absolu, l'usage du numérique renverse les obstacles pratiques et temporels qui rendaient impossible la présence institutionnelle du peuple réel. Sous réserve d'adaptations techniques mineures, l'ensemble des citoyens et des individus vivant sur un territoire donné pourrait demain accéder à des outils de participation politique. Ainsi, les registres de légitimité des normes issues de ce type de processus relèveraient davantage d'une approche procédurale et consensuelle de la démocratie. De même, la possibilité pour le numérique de rapprocher la population locale du pouvoir décisionnel, qu'il soit politique ou administratif, renforcerait la logique de proximité et de la démocratie locale.

Le numérique renforce également, du moins potentiellement, les gages de qualité de la norme surtout dans le contexte où le dialogue politique est un vecteur de déclenchement de la décision du pouvoir politique[24]. En amont, les dispositifs de consultation via le numérique peuvent élargir les consultations ponctuelles effectuées par les commissions parlementaires ou le rapporteur. En aval, le contrôle de l'application des lois et l'évaluation de la législation et des politiques publiques s'enrichiront d'enquêtes à grande échelle auprès des citoyens, d'un public ciblé ou d'un secteur professionnel particulier.

Toutefois, ce dispositif numérique de consultation citoyenne peut néanmoins poser un certain nombre de difficultés dans la prise en compte effective des revendications des citoyens. En effet, les processus de production participative présentent, de leur côté, plusieurs facteurs imprévisibles, tels que le profil et le nombre des participants ou le volume, la nature et la qualité de leurs contributions. Avec la volatilisation du territoire de l'État par le développement du numérique, il est complexe d'établir la nationalité d'une contribution envoyée par les plates-formes en ligne. Ainsi, le lien entre l'État et sa population se trouve difficilement identifiable dans ce contexte de digitalisation. Puisque

[23] P. PERRINEAU « Le grand débat national : la démocratie participative à grande échelle », *op. cit.*, p. 120.

[24] É. BUGE, « Le Grand débat national, apports et limites pour la participation citoyenne », *op. cit.*, p. 1213.

les données recueillies à travers ces processus sont dispersées et anonymes[25]. Or, l'appareil politique classique n'est pas en mesure de prendre en compte toutes ces opinions. L'absence de souveraineté des États, notamment ceux d'Afrique noire francophone, dans la manipulation des codes numériques[26] ne rassure pas sur l'efficacité du dispositif digital de consultation citoyenne. En attendant une évolution numérique dans ce sens, il convient d'inférer de ce que la consultation mise en œuvre dans le dialogue politique participe à insérer les contributions citoyennes dans la décision publique.

B/ L'insertion des contributions citoyennes dans la décision publique

Alors que les décisions des représentants sont souvent contestées comme n'étant pas forcément la traduction des volontés et aspirations populaires, la mise en œuvre de certains mécanismes participatifs pourrait favoriser et garantir avantageusement aussi bien la prise de décisions que leur légitimité. Ainsi, dans le cadre du dialogue politique, la démocratie participative apparaît donc comme un outil à la fois pour conforter les décisions politiques et pour permettre une implication citoyenne. La juridicisation des recommandations du dialogue participe de cette conviction (2) au-delà de l'association du citoyen aux délibérations du débat public (1)

1/ L'association du citoyen aux délibérations du dialogue

Si la gestion quotidienne des affaires publiques nécessite un investissement que le citoyen n'est pas apte à fournir, il peut cependant y contribuer, en prenant part au débat ou en le provoquant. Par la concertation ou la consultation, il fournit aux élus un éclairage différent sur le processus décisionnel. Dans cette perspective, la démocratie participative se présente comme un complément utile à la démocratie représentative et non comme un simple substitut. L'utilisation de procédés participatifs dans les États étudiés présente un intérêt incontestable puisqu'ils permettent de mieux orienter la délibération des élus. Dès lors, en suivant ce processus, cette dernière produit une décision plus légitime et reste, en même temps, l'élément essentiel de l'idéal démocratique représentatif.

Le dialogue politique organisé dans les États d'Afrique noire francophone est donc un dispositif de participation hybride, intrinsèquement consultatif dans ses formes, mais destiné à se ranger dans un contexte fortement revendicatif qui lui préexistait, afin d'en constituer une réponse institutionnelle. Ce caractère hybride a été assumé par les organisateurs, puisque ces derniers ont fait le choix des formes novatrices de consultation, fondées sur la délibération. Celle-ci peut se définir comme une « *communication mutuelle impliquant le fait de jauger et*

---

[25] T. AITAMURTO, « La production participative dans l'élaboration des politiques publiques », *Pouvoirs*, 2020/4 N° 175, p. 99.

[26] B. BENHAMOU, « Les dimensions internationales de la souveraineté numérique », *NCCC*, n° 57, 2017, p. 87.

de réfléchir aux préférences, aux valeurs et aux intérêts sur des sujets de préoccupation commune »[27]. Il y a donc, comme l'écrit D. BARANGER, « *un pas de l'expression politique à la délibération »*[28], soulignant ainsi que toute revendication ou toute participation à une consultation ne vaut pas délibération. Un processus ne peut être dit délibératif que s'il permet d'échanger des arguments et de se convaincre mutuellement. Bien plus, le lieu (les participants au débat sont sur leur territoire), l'espace de la prise de parole contribuent à vérifier le cadre délibératif du dialogue politique.

C'était justement le rôle du Grand dialogue national au Cameroun, principalement localisé au Palais des Congrès. Les participants y étaient repartis en huit commissions à l'effet d'échanger sur huit thématiques concernant la décentralisation et le développement local, le bilinguisme et la diversité culturelle, le système éducatif, la reconstruction et le développement des régions affectées par la crise, des réfugiés et des personnes déplacées, le désarmement la démobilisation et la réinsertion des ex-combattants et le rôle de la diaspora dans le développement du pays. L'objet des échanges était plus restrictif dans les autres États sous étude. Au Niger et au Bénin, les délibérations étaient cantonnées dans la révision consensuelle du code électoral. Précisément au Niger, ces délibérations se sont tenues au sein d Conseil national du dialogue politique réuni au palais des congrès. En Côte d'Ivoire, le dialogue politique organisé autour du Premier ministre a retenu comme objet des discussions la définition d'un organe électoral consensuel. En France, le couplage entre tirage au sort[29] d'un échantillon représentatif et logique délibérative assimilait ce procédé au dispositif des sondages délibératifs[30] et visait à constituer des mini-publics.

Ce faisant, dans le cadre du dialogue politique au caractère délibératif, les origines sociales sont différentes, la maîtrise de la parole est inégale, les options politiques sont divergentes, et pourtant ces modes diversifiés s'écoutent et se respectent[31]. Même sur des sujets brûlants et difficiles tels que le parachèvement du processus de décentralisation au Cameroun, la révision du code électoral au Bénin et au Niger, l'aménagement d'un organe électoral indépendant en Côte d'Ivoire, ces débats publics ont bien permis à la parole

---

[27] R. RAMBAUD, « Le droit d'interpellation citoyenne. Un angle mort de la démocratie participative locale », *AJDA*, n° 1, 2016, p. 22.

[28] D. BARANGER, « Le Grand débat national, la Constitution, le régime », *JCP* G n° 16, 22 avril 2019, act. 413.

[29] Y. SINTOMER, *Le pouvoir au peuple. Jurys citoyens, tirage au sort et démocratie participative*, 2007, Paris, La Découverte, p. 105.

[30] S. HAYAT, « Démocratie participative et impératif délibératif : enjeux d'une confrontation », *in* M.-H. Bacqué et Y. SINTOMER (dir.), *la démocratie participative. Enjeux et généalogie*, 2011, Paris, la découverte.

[31] P. TAVOILLOT, « Contre la démocratie participative », *Pouvoirs*, 2020/4 N° 175, pages 43 à 55.

de se libérer. Les interlocuteurs se sont écoutés, à défaut peut-être de se comprendre. Quand elle laisse place à l'échange de la parole, la société est plus tolérante qu'on veut bien le dire.

Cela dit, l'implication citoyenne dans un dialogue de qualité, en amont, favorise un soutien futur accru à la politique qui en résultera. Les élus eux-mêmes, touchés par une crise de défiance et une perte de légitimité, pourront puiser dans ces mécanismes de participation. Pourtant, cet exercice est le plus souvent considéré par les décideurs locaux « *non comme un moyen d'améliorer les décisions à prendre in fine, mais comme une contrainte, source d'une perte de temps et d'argent, et surtout comme une épée de Damoclès destinée à leur faire craindre la prise de pouvoir par les citoyens.* »[32]

Par ce biais, les représentants sauront à la fois des idées citoyennes sur lesquelles fonder leur action et, au-delà des élections, un soutien et une base pour les projets politiques qu'ils seront amenés à développer. Les assemblées deviendront décisionnelles pour la mise en œuvre et non pour les grandes orientations.

Néanmoins, cette participation des citoyens au processus décisionnel est le signe qu'il n'y a plus de blanc-seing donné aux représentants et que ceux-ci sont peut-être aussi amenés à jouer un rôle nouveau dans le cadre représentatif. Dans ce modèle alliant à la fois la représentation et la participation, les élus sont appelés à devenir ceux à qui les citoyens délèguent et confient la représentation de leurs attentes, de leurs débats, de leur décision de façon plus continue. Ils doivent évoluer vers une autre « professionnalité », celle de l'organisation et de l'animation de la concertation et de la délibération, devenir les accoucheurs des idées politiques, faire émerger la richesse politique des citoyens[33]. Dans cette mouvance, la délibération dans le dialogue politique contribue à conforter la participation des citoyens dans le processus décisionnel légitime – davantage les choix futurs des élus –, et permet, par conséquent, un approfondissement de qualité de la démocratie représentative notamment dans l'entreprise de juridicisation des recommandations du dialogue.

2/ La juridicisation des recommandations du dialogue

Malgré l'expansion des formes de participation citoyenne dans le dialogue politique, les élus ne sont pas dessaisis de leur pouvoir classique et demeurent donc les détenteurs de la décision finale ; la participation des citoyens n'étant que consultative. Même si la consultation n'emporte pas effet décisionnel, il s'agit d'en faire un processus tourné vers l'adoption de décisions publiques dans les dialogues politiques organisés en Afrique noire francophone. À cet égard, les recommandations arrêtées à l'issue des débats publics doivent être formalisées dans les textes juridiques pour matérialiser l'insertion des

---

[32] *Ibid.*. , p. 49.

[33] D. ROUSSEAU (dir.), *La démocratie continue*, L.G.D.J, mars 1995, p. 53.

contributions citoyenne dans la décision publique. La juridicisation croissante de la forme consultative de la participation est, à notre sens, heureuse dans l'optique du renforcement de la légitimité de l'activité normative des représentants du peuple et du relèvement de la confiance des citoyens envers ces derniers. Servant d'éclairage à l'activité parlementaire et même réglementaire, les recommandations adoptées dans les dialogues politiques ont constitué le socle de la législation subséquente.

Dans cet ordre d'idées, l'analyse des ordres juridiques des États sous étude, après la tenue des dialogues politiques, révèle la formalisation juridique des recommandations qui en ont découlé. Ce faisant, au Cameroun, après la clôture du Grand dialogue national en octobre 2019, le parlement s'est empressé dans la session parlementaire suivante de transformer les recommandations de ce dialogue en loi. À l'issue de la session parlementaire de novembre 2019, la loi portant code général des collectivités territoriales décentralisées a été votée[34], véritable attraction normative de la période post-dialogue. Ce texte juridique a traduit en norme, la majorité des recommandations. Il en est ainsi de la consécration de l'élection des maires de ville qui étaient jadis nommés par décret du président de la République. Il faut également relever l'institution d'un statut spécial pour les régions du Nord-ouest et du Sud-ouest, réponse majeure aux revendications des populations de cette partie du pays[35]. Dans le même sillage, la loi portant promotion du bilinguisme et du multiculturalisme a été promulguée pour valider la recommandation de la garantie de l'égalité entre les deux langues officielles à savoir le français et l'anglais[36].

Dans cette même dynamique, le Burkina Faso a également formalisé les résolutions de son dialogue politique organisée du 15 au 22 juillet 2020. Les parties à ce débat public avaient convenu du maintien du calendrier électoral avec en point d'orgue l'organisation de l'élection présidentielle qui s'est effectivement tenue en novembre 2020. Le cas ivoirien ne doit pas être exclu de ces exemples avec la réforme de la loi sur la commission électorale indépendante dont la composition a été corrigée passant de 17 à 15 membres. Même si l'opposition ne semble pas toujours satisfaite en dénonçant la mainmise de l'exécutif dans la composition de cet organe électoral. Le Bénin est aussi un cas illustratif de la concrétisation de certaines résolutions du dialogue politique avec notamment la réduction de la caution à payer par les candidats à l'élection présidentielle. Cette caution passe de 250 millions à 200 millions de Fcfa.

---

[34] Loi n°2019/024 du 24 décembre 2019 portant code général des collectivités territoriales décentralisés.

[35] *Ibid.* art. 3(1).

[36] Loi n°2019/019 24 décembre 2019 portant promotion des langues officielles du Cameroun.

Cela étant, pour répondre au mieux aux attentes et aux nouvelles exigences des citoyens, ce système de gouvernement doit toujours tenter de donner la plus fidèle représentation des citoyens ainsi que des réalités de la vie quotidienne de la population résidente dans le cadre juridique. Pour cela, le concept de citoyenneté, dans sa forme renouvelée dans le contexte du dialogue politique, pourrait ne plus seulement être assimilé à un statut mais à une fonction et, dès lors, se fonder sur un certain nombre d'éléments nouveaux à l'instar de la conception volontariste de la citoyenneté. Cette conception volontariste de la citoyenneté s'identifie à un citoyen de plus en plus responsabilisé qui exerce le plus souvent possible la plénitude des droits et devoirs découlant de cette qualité. De façon générale, plus progressera cette citoyenneté dense et agissante, plus reculera l'accaparement des pouvoirs normatifs et le risque d'actions illégitimes.

Dès lors, par l'insertion des revendications dans le cadre normatif, cette citoyenneté repose sur plusieurs motivations propres à l'individu : la conscience de former une société, le respect des droits et devoirs liés à celle-ci et un engagement réel au service de cette communauté.

Par cette juridicisation des résolutions du dialogue politique, il est question sans cesse de donner aux citoyens des signes d'appartenance à la société en les invitant le plus fréquemment possible à participer au débat démocratique et à adhérer au respect des droits et devoirs propres à cette société. À présent, le citoyen, dans ses systèmes étatiques d'Afrique noire francophone, « *incarne l'être humain libre de gérer sa vie personnelle, ses relations et ses choix, en tant qu'entité sociale et politique. L'individu citoyen est maître de lui-même ; il est reconnu comme fondamentalement responsable de son existence* »[37]. Dans ces conditions, il ne peut plus être simplement comparé au citoyen de la conception classique, dont le rôle se limitait à voter et à contrôler l'action de ses gouvernants. Un tel idéal reste bien sûr très hypothétique puisque la qualité d'un processus participatif s'évalue en tenant compte du contexte dans lequel il intervient : échelle et circonstances de temps et de lieu, ampleur du projet, enjeux qu'il soulève, contexte politique, moyens à disposition.

D'un autre point de vue, la recherche de la proximité dans cette nouvelle conception de la citoyenneté paraît essentielle par cette formalité de juridicisation des résolutions du dialogue politique. Alexis de Tocqueville avait perçu cet attachement particulier et nécessaire des citoyens à la proximité. L'académicien français expliquait que : c'est en chargeant les citoyens de l'administration des petites affaires, bien plus qu'en leur livrant le gouvernement des grandes, qu'on les intéresse au bien public et qu'on leur fait voir le besoin qu'ils ont sans cesse les uns des autres pour le produire[38]. Bien

---

[37] B. BADIE, P. PERRINEAU (dir.), *Le citoyen*, Presses de Sciences politiques, février 2000, p. 52.
[38] A. De TOCQUEVILLE, *op. cit.*, p. 90.

plus, une communauté politique ne se constitue pas seulement par l'ensemble des individus vivant sur un territoire déterminé. Alors qu'Ernest Renan voyait dans la communauté que représentait la Nation « *une âme, un principe spirituel* », la recherche d'un lien de proximité pour l'élaboration d'un nouveau concept de citoyenneté permet d'engendrer, par la résidence des citoyens, une volonté de devenir commun, et non plus seulement une simple identification à un lieu de vie. En effet, parallèlement à l'aspect géographique, cette notion véhicule le sentiment d'appartenance à une communauté de destins ou, de façon peut-être plus large, à une communauté d'intérêts collectifs dans le cadre des lois qui sont édictées sous leur impulsion. La recherche du lien de proximité pour renouveler le concept de citoyenneté pourrait ainsi intégrer le sentiment d'appartenance des individus à une communauté sociale. Grâce à cela, les citoyens se réapproprieraient leur cadre de vie, tout en valorisant leurs compétences et leurs connaissances au service du bien commun dans le processus normatif. Ces espaces de participation citoyenne donneraient l'opportunité aux résidents d'avoir une prise concrète sur le développement et l'amélioration de leur milieu de vie.

Au demeurant, la démocratie participative s'entend comme l'élément de diversification des procédés de participation mis en place pour améliorer l'information et l'influence du public[39]. Son objectif vise principalement à accroître l'implication des citoyens dans le débat public et dans la prise de décision qui s'en suit, afin que les mesures soient prises avec l'accord du plus grand nombre. Par cela, elle favorise la production d'un jugement public tant par la discussion collective qu'elle engendre que par la rencontre entre acteurs d'origines différentes qu'elle suscite. Le véritable gain d'une citoyenneté fondée sur l'idée de rapports de proximité, serait alors de ne plus tenir à l'écart des débats une part importante de la population lorsque les problèmes soulevés concernent la vie quotidienne du territoire de référence. Malheureusement, force est de constater que le débat démocratique dans les dialogues politiques organisés par les États d'Afrique noire francophone reste illusoire.

II/ L'illusion du débat démocratique dans le dialogue politique

Malgré la vogue des dialogues politiques en Afrique noire francophone qui présuppose une consultation citoyenne à grande échelle, le débat démocratique y demeure illusoire. La survivance des avatars du régime autoritaire a considérablement limité la participation des citoyens notamment dans la définition du cadre du dialogue (A). Bien plus, ils ne sont pas associés dans la fixation des résolutions du dialogue (B).

---

[39] Y. JEGOUZO, « De la « participation du public » à la « démocratie participative », *RFDA*, 2006, p. 2315.

A- Le délaissement des citoyens dans la définition du cadre du dialogue

La décision d'organiser le dialogue politique s'accompagne de la définition de ses modalités d'organisation. Du début à la fin du processus, les citoyens n'influencent pas les décisions des pouvoirs publics. Il en est ainsi non seulement de la constitution unilatérale du cadre institutionnel du dialogue (1), mais aussi de la délimitation autoritaire de son objet par l'ordre gouvernant (2).

1/ La constitution unilatérale du cadre institutionnel du dialogue par les pouvoirs publics

Dans la pratique des dialogues politiques en Afrique noire francophone, la définition de son cadre institutionnel est confisquée par les organes de l'État sans consultation citoyenne. Ce monopole de la fixation du régime des institutions devant conduire le dialogue politique détenu par les représentants du peuple est pourtant loin de satisfaire. En effet, la décision d'organiser un dialogue avec toutes les composantes de la nation est la résultante de la contestation constante des gouvernants par les citoyens. Cette crise de confiance à l'endroit des institutions républicaines trouve son origine dans l'inefficacité des actions politiques engagées pour résoudre certaines difficultés contemporaines. L'ordre gouvernant dans les États sous étude a montré les limites de leur action tant dans l'amélioration des conditions de vie des populations que dans la garantie des principes de la démocratie par l'organisation des élections libres et transparentes. Cette situation peut expliquer la défiance actuelle des citoyens à leur égard et, de façon plus générale, la crise de la représentation. À cet égard, la mobilisation de cette représentation à la légitimité contestée dans l'organisation du dialogue politique ne peut rassurer le citoyen dans la conduite d'un débat réellement démocratique.

Ainsi, les États d'Afrique noire francophone ayant expérimenté le dialogue politique ont brillé par le déclassement des citoyens dans la fixation du cadre institutionnel de ce débat public au profit des pouvoirs publics. Au Cameroun, après la décision présidentielle de l'organisation du Grand dialogue national, c'est le Premier ministre qui a été désigné comme président de ce dialogue. D'ailleurs, ce sont les services du Premier ministre qui ont été mis à contribution pour organiser la consultation citoyenne. De même, au Niger, le Conseil National du Dialogue politique a été institué comme organe de gestion du dialogue. Ses membres sont désignés par le président de la République parmi lesquels le Premier ministre qui en assure la présidence. C'est également le Premier ministre qui a conduit le dialogue politique en Côte d'Ivoire. Seul le Burkina Faso s'est démarqué avec un dialogue personnellement organisé par le président de la République.

Le dialogue politique pratiqué dans les États sous étude consolide la toute-puissance des pouvoirs publics dans la conduite des débats au détriment des citoyens. Par conséquent, il faut remarquer la consolidation de la démocratie de technocrate totalement aux antipodes de la démocratie participative avec le règne des experts. Tel est la caractéristique des systèmes actuels de gouvernement se matérialisant aussi bien dans l'aspect confus et technocratique des démocraties contemporaines. Montesquieu soutenait que tous les citoyens ne pouvaient pas prétendre diriger le pays. Certaines aptitudes lui paraissant indispensables, il écrivait que « *le peuple est admirable pour choisir ceux à qui il doit confier quelques parties de son autorité. Mais il n'est pas propre à gérer lui-même* »[40]. À vouloir trop bien appliquer cette réflexion de l'auteur de ***L'Esprit des Lois***, les hommes au pouvoir dans les États africains sous étude ont rendu la gestion de l'État technocratique et donc confuse même dans la gestion du dialogue politique. Dans cet ordre d'idées, l'idéal démocratique s'en trouve largement atteint puisque la technocratie a pour résultat de provoquer le détournement du principe démocratique en enlevant le pouvoir aux responsables politiques élus.

Dans ce contexte de maîtrise sans partage des organes de gestion du dialogue politique, c'est le régime démagogique, socle de la crise de la représentation, qui est entretenu. La démagogie se définit comme l'art de conduire le peuple, en recherchant à capter sa faveur. Cette attitude revient à flatter, à exciter ou à exploiter les passions populaires dans le but d'obtenir, en retour, le soutien des citoyens pour conquérir ou conserver le pouvoir, sans se préoccuper réellement de leurs intérêts. Pour les gouvernants, la démagogie consiste à prendre des mesures de facilité, le plus souvent à court terme, destinées à engendrer la popularité. Ces méthodes démagogiques sont contestables puisqu'elles ne visent pas, chez les élus du peuple, la satisfaction de l'intérêt général. Le dialogue politique a été agité comme outil de raffermissement de la démocratie par l'accentuation de la participation citoyenne. Pourtant sa pratique n'est pas totalement en phase avec la volonté de consolider la participation politique des citoyens.

Or, il existe bien des solutions à l'effet de conduire avec une neutralité institutionnelle dans la conduite des débats publics. Il en est ainsi de l'institution des fonctions de Médiateur de la République. En effet, comme le suggérait un auteur, les mésententes politiques peuvent être réglées par le Médiateur de la République[41]. Dans cette hypothèse, le néologisme « médiationnel » est le qualificatif le mieux à même de mettre l'accent sur les vertus arbitrales de l'institution du Médiateur de la République dans la résolution de certaines crises. L'intérêt de l'invocation de cette institution tient au fait que sa philosophie participe de la nécessité d'une adaptation des mécanismes de résolution des crises aux spécificités de celles-ci. En effet, au regard de la machinerie administrative qui la factualise, la gouvernance débouche souvent sur des dissensions entre l'Administration et les administrés.

---

[40] MONTESQUIEU, *L'Esprit des Lois*, Livre II, Chapitre V.

[41] Y. K. LOGO, « Les mésententes politiques et le droit constitutionnel en Afrique noire francophone », *Afrilex*, décembre 2018, p. 12.

D'autant plus que les contestations de la légitimité d'un Chef d'État emportent la remise en cause de son appareil administratif. Les mécontentements créés par ces dysfonctionnements constituent des menaces pour la stabilité de l'État et justifient l'existence du Médiateur de la République notamment dans la conduite du dialogue politique.

Investi d'une logistique pour simplifier les rapports entre l'Administration et les administrés, le Médiateur de la République est chargée d'une mission précise : examiner les réclamations des citoyens qui se plaignent de négligences, d'irrégularité des pouvoirs publics et adresser aux organes compétents, les dispositions nécessaires pour remédier à l'injustice causée. En cela il contribue à la garantie du droit et à une bonne administration et à sauvegarder les droits qui sont la base de toute démocratie[42]. La démocratie supposant un équilibre des pouvoirs, la réappropriation populaire des pouvoirs qui doit permettre aux citoyens de jouir des dividendes d'un système à l'enracinement duquel il participe« *explique l'intérêt porté sur cette institution. La démocratie suppose une culture de l'imputabilité* »[43] qui exige des organes dotés de pouvoirs extraordinaires face aux actes illégaux de l'État[44] même dans le cadre de la résolution d'une crise politique. Un de ces organes est le Médiateur de la République. Même s'il ne défend que les gouvernés, son rôle est aussi bénéfique pour les institutions: il corrige la mal-administration, renforçant la démocratie politique par celle administrative.

Ce faisant, la fourchette des États africains consacrant le Médiateur de la République dans leur constitution est très réduite. Néanmoins, ils peuvent inspirer d'autres États à la consécration de cette institution. Ainsi, le constituant congolais consacre sans ambages le Médiateur de la République comme organe constitutionnel[45]. Le constituant ivoirien est plus expressif dans la fixation du régime constitutionnel du Médiateur de la République. Il prévoit dans ce sens qu'il est institué un organe de médiation dénommé « Le Médiateur de la République », Autorité administrative indépendante investie d'une mission de service public.

À ce titre, le Médiateur de la République ne reçoit d'instruction d'aucune autorité. Il peut constituer un cadre de concertation et de réflexion pour améliorer les conditions de gouvernance politico- administrative.

Pour ce faire, l'indépendance et l'impartialité du Médiateur de la République sont garanties par le constituant ivoirien. Il prévoit dans ce sens que le Médiateur

---

[42] M. LYAN, « la vitalité de la démocratie », in *Le Médiateur : Universalisme et particularisme de l'institution*, p. 14.

[43] M. DODSON, « Horizontal accountability in transitional democratie » *Latin American Politics and Society 2004* vol. n° 46, pp. 27.

[44] G. O'DONNELL, « Horizontal accountability in democratie », *Journal of Democracy, 98,* vol. 9, p. 12.

[45] Art. 200 de la constitution du Congo.

de la République est nommé par le Président de la République pour un mandat de six ans non renouvelable[46]. Ses fonctions sont incompatibles avec l'exercice de toute fonction politique, de tout autre emploi public et de toute activité professionnelle[47]. De plus, le Médiateur de la République ne peut être poursuivi, recherché, arrêté, détenu ou jugé à l'occasion des opinions ou des actes émis par lui dans l'exercice de ses fonctions[48].

Cette solution d'apparence politique est initialement juridique. L'option du Médiateur de la République permet de concilier les solutions juridiques et les solutions politiques pour juguler définitivement la crise dans le cadre du dialogue politique. Malheureusement l'ordre gouvernant a écarté cette institution dans la conduite du dialogue pour continuer de maîtriser les modalités de son organisation avec notamment la délimitation autoritaire de son objet.

2/ La délimitation autoritaire de l'objet du dialogue

La pratique du dialogue politique dans les États d'Afrique noire francophone fait observer la latitude dont dispose les autorités organisatrices pour en définir le contenu et les modalités. Dans cette mouvance, le cadre de discussion du dialogue implique une définition autoritaire de ses termes. La conduite de ces débats publics a laissé transparaitre une réelle sélection des sujets devant faire l'objet de discussion et de consultation citoyenne. À cet égard les points sensibles et susceptibles de conduire à l'effritement de la puissance régalienne de l'État ne sont mis à débats. Les questions moins décisives sont ouvertes au débat. Celles-ci ont été redimensionnées et suffisamment canalisées par la puissance publique. Les clauses toutes étant fixées et arrêtées par les gouvernants sont exposées aux citoyens comme susceptibles de débats. Le débat démocratique s'ouvre alors sur les thématiques désapprouvées.

La participation citoyenne à la définition de l'objet des discussions du dialogue est un leurre dans les États sous études. Le Grand dialogue national organisé au Cameroun illustre parfaitement cette exclusion. En effet, le président de la République dans son discours du 10 septembre 2019, a clairement délimité le cadre des discussions du dialogue annoncé à la même occasion. Il indique dans cette circonstance que les discussions qui vont être menées dans le dialogue doivent se faire dans le cadre de la constitution. La première orientation était fixée. Le Grand dialogue national ne devait pas être une nouvelle tripartite ou une sorte de conférence nationale souveraine devant aboutir à une réforme constitutionnelle. Par cette délimitation, les partisans du changement de la forme de l'État pour le fédéralisme se sont trouvés désillusionnés. Pour le président de la République, la résolution de la crise dite

---

[46] Art. 166. De la constitution de Côte d'Ivoire de 2016.

[47] *Ibid.*, art. 167.

[48] *Ibid.*, art. 168.

« anglophone » dans les régions du Nord-ouest et du Sud- ouest écartait l'option fédérale. Dans un contexte où le vivre-ensemble se fragilise, une question aussi importante que la forme de l'État devrait faire l'objet d'une consultation à grande échelle plutôt que d'une décision unilatérale du président de la République. Plus grave encore, les huit grandes thématiques du dialogue susmentionnées ont été définies sans consultation préalable.

Le même constat peut être fait au Mali avec l'organisation du Dialogue national inclusif en 2019. Le président de la République I. B. KEÏTA a défini le cadre matériel du dialogue en excluant toute discussion sur l'accord de paix d'Alger et ce, contre l'avis des acteurs politiques. Curieusement, parmi les points finalement retenus, la paix en fait partie ; toute chose qui parait contradictoire. Sans être exhaustif, les dialogues politiques organisés au Burkina Faso, au Niger ou en Côte d'Ivoire révèlent également la maîtrise de l'objet des discussions par les pouvoirs publics.

Ce monopole des représentants de l'État dans la fixation de l'objet des discussions est de nature à limiter la portée des dialogues en termes d'apaisement des tensions. Au contraire, cette délimitation non consensuelle des termes de discussion a entrainé des boycotts de la part des partis d'opposition. On a vu la défection des représentants du Mouvement de la Renaissance du Cameroun (MRC) dans le Grand dialogue national. Ce fut également le cas au Niger et au Bénin où les partis d'opposition ont abandonné les débats avant les délibérations finales.

Dans cette mouvance, l'appel au dialogue n'est véritablement pas suivi de la volonté de dialoguer avec les citoyens. La puissance publique propage « *une fausse idée claire* »[49] du débat démocratique. L'administration active a tendance à utiliser des mécanismes diffus pour fustiger l'attitude des citoyens comme si elle entendait véritablement nouer un dialogue. Cette illusion s'illustre par des préoccupations différentes du dénouement de la crise amorcée. L'encombrement du cadre organique du dialogue se justifie par l'usage des voies dilatoires par la puissance publique. Perdre le temps sans se décider ou sans prendre de décision finale prolonge la position des pouvoirs publics face aux débats démocratiques. Dans ces circonstances, c'est un leurre d'aboutir « *à la mise en œuvre d'un pacte social consensuel* »[50].

Or, le Grand débat national en France était moins rigide dans la délimitation de l'objet des discussions. Le caractère inédit du grand débat tient

---

[49] P. AMSELEK, « Une fausse idée claire : la hiérarchie des normes juridiques », in *Mélanges en l'honneur de* L. FAVOREU, *Renouveau du droit constitutionnel*, Paris, Dalloz, 2007, p. 983.

[50] Th. HOLO, « Démocratie revitalisée ou démocratie émasculée ? », Les constitutions du renouveau dans les États de l'espace francophone africain : régimes juridiques et systèmes politiques », *in revue béninoise des sciences juridiques et administratives*, n° 6, 2006, p. 41.

à l'ampleur du champ de la consultation puisque, en plus des quatre thèmes fixés[51], rien n'empêchait les citoyens de discuter sur d'autres sujets dans le cadre des réunions locales et des conférences régionales. Selon les intentions mêmes du président de la République, le but était de «répondre à des questions essentielles» ayant émergé avec le mouvement des « gilets jaunes» et d'émettre des propositions susceptibles de bâtir un nouveau contrat pour la nation, de structurer l'action du gouvernement et du Parlement, mais aussi les positions de la France au niveau européen et international.

Certes, les participants étaient invités à intervenir sur les quatre grandes questions fixées dès le début parle président de la République, mais, dans tous les débats, on a pu constater leur propension à échapper à la feuille de route qui leur était fixée. Sur le terrain de la démocratie, une analyse quantitative des contributions déposées sur la plateforme en ligne conclut à une réelle demande de démocratie participative qui ne remet cependant pas en cause la démocratie représentative. L'analyse systématique du corpus des contributions libres recueillies à travers des cahiers citoyens, des courriers et e-mails, ainsi que des réunions d'initiative locale, révèle la façon dont les Français ont ajouté aux quatre thèmes initiaux nombre d'autres thèmes économiques et sociaux: l'économie et l'emploi, l'éducation et la formation, le pouvoir d'achat, la santé, la solidarité et l'intégration[52].

Le contexte africain n'est pas compatible à ce développement poussé de la démocratie participative qui reste une frayeur pour l'ordre gouvernant. Dans cet ordre de considération, le citoyen ne peut qu'être déclassé dans la définition des résolutions du dialogue.

B/ Le déclassement des citoyens dans la définition des résolutions du dialogue

Les résolutions prises dans le cadre du dialogue politique ne tiennent pas toujours compte de la participation des citoyens. Dans un contexte où les termes du débat ont été fixés par les pouvoirs publics, les citoyens sont cantonnés à un rôle de simple figurant. Sous cet angle, les pouvoirs publics procèdent à la sélection des représentants du peuple dans la participation aux délibérations (1) et partant, à une exclusion corrélative des citoyens (2).

1/ La sélection des représentants du peuple dans la participation aux délibérations

L'organisation du dialogue politique dans les États d'Afrique noire francophone entretient *« l'intervention d'un corps de citoyens modérés et respectables [...] pour suspendre le coup que le peuple médite de se porter à*

---

[51] Ils portaient sur « la fiscalité et les dépenses publiques, l'organisation de l'État et des services publics, la transition écologique, la démocratie et la citoyenneté ».
[52] P. PERRINEAU « Le grand débat national : la démocratie participative à grande échelle », *op. cit.,* p. 122.

lui-même »[53]. En d'autres termes, c'est la logique représentative pourtant décriée qui est reconduite dans l'organisation des débats publics avec la sélection des représentants du peuple dans la participation aux délibérations. En effet, par délibération, on peut entendre participation au débat public préalable aux décisions. L'appellation contrôlée pour la désigner est démocratie délibérative. Cette notion s'est imposée dans le milieu des années 1980 sous la plume de trois auteurs : le Français Bernard Manin, l'Allemand Jürgen Habermas et l'Américain Joshua Cohen[54]. Elle est la forme contemporaine la plus expressive de la vitalité de la démocratie de laquelle les citoyens ont été massivement exclus pour arrêter les grandes résolutions du dialogue politique.

Le caractère hypocrite du dialogue impose d'appeler les citoyens lors des pourparlers. Or, il s'agit d'une illusion. L'appel au dialogue nécessite la délimitation d'un cadre participatif précis. L'on ne saurait parler de dialogue sans partie opposée ou défendant des positions contradictoires. Ne voulant déroger à cette conception érigée en pratique dans les États sous étude, les pouvoirs publics vont contre leur volonté appeler les personnages constitutifs du dialogue. Le Grand Dialogue national organisé au Cameroun conforte cette idée. Avant la tenue de ce débat public, les pouvoirs publics camerounais ont sélectionné discrétionnairement les personnes devant prendre part aux délibérations. De même, en Côte d'Ivoire, au Bénin, au Niger, au Burkina Faso et au Mali, les pouvoirs publics ont expressément convié soit les représentants des partis politiques, soit les représentants des syndicats ou de la société civile. De ce fait, de la désignation des candidats à l'encadrement strict des groupes parlementaires, les partis sont devenus des forces contraignantes qui se sont peu à peu imposées face au pouvoir du peuple. Car, les représentants des partis politiques sont des interlocuteurs privilégiés des gouvernants dans le cadre du dialogue.

Pourtant, le dialogue ne peut qu'opposer les représentants de la puissance publique aux citoyens victimes des dérives intolérables de l'administration. L'occasion est alors donnée aux citoyens de traduire la véritable situation de leur participation politique. Les détenteurs de la souveraineté nationale doivent en principe exposer les manquements constatés sur leurs droits fondamentaux. Par l'affirmation de ces manquements, les citoyens vont réclamer des améliorations ou amener les pouvoirs publics à faire des concessions. Ils viennent donc équilibrer et compléter les parties au dialogue car d'un côté on aura l'administration en cause et de l'autre côté les instigateurs de la crise. Mais la pratique des débats publics en Afrique noire francophone incline à admettre que la présence des citoyens n'est qu'un leurre,

[53] J. MADISON, *Le Fédéraliste (1787-1788),* Paris, Classiques Garnier, 2012, p. 476.
[54] C. GIRARD ET A. LE GOFF, *La Démocratie délibérative,* Paris, Anthologie de textes fondamentaux, Hermann, 2010, p. 33.

parce que la puissance publique se défait difficilement de ses prérogatives de droit commun. Les États africains s'essaient à l'ouverture du dialogue et à l'approche concertée en situation de crise. Il n'est pas mal indiqué d'affirmer dans cet ordre de considération, l'idée de « *démocratie à marée basse* »[55]. Ce maquillage n'hésite pas à s'effacer face à la réalité des termes du dialogue. Les termes du dialogue sont canalisés dans le sens voulu par l'administration.

Les pouvoirs publics s'arrangent à constituer des handicaps à l'édiction de la décision finale. Peu enclins à la résolution de la crise amorcée, les représentants de la puissance publique vont utiliser des moyens dilatoires pour dissuader l'érection d'un arrangement final. Ces derniers vont ligoter les concessions dans les échanges publics et différer toute possibilité d'arrangement à l'amiable. Ils vont avancer l'argument financier et le caractère non inclusif du dialogue en cause. Les pouvoirs publics vont s'arranger à renfermer significativement la négociation, l'entente sur des matières techniques et régaliennes aux pouvoirs régaliens de l'État. Il s'agit alors d'une atteinte « *plus globalement, de notre culture pluraliste* »[56]. C'est dans ce sens que ces derniers établissent le décalage entre la volonté et la capacité de dialoguer. Le résultat des délibérations ne peut faire, dans ces conditions, que l'objet de contestation car ne prenant pas toujours en cause les intérêts des citoyens. À cet égard, faire réduire la caution à payer pour le candidat à l'élection présidentielle de 250 millions à 200 millions au sortir des délibérations du dialogue politique au Bénin entretient la volonté de limiter l'accès à la fonction présidentielle. D'où la contestation des partis d'opposition à l'issue du dialogue. De même en Côte d'Ivoire, la composition de la commission électorale nationale arrêtée au terme du dialogue pérennise le sentiment de la domination des représentants du parti au pouvoir. Il s'en est suivi une contestation de la part des partis d'opposition qui s'est prolongée à l'occasion des élections présidentielles du 31 octobre 2020.

Cette restriction du cadre délibératif n'a pas été observée à l'occasion du Grand débat national organisé en France. Dans le recueil de la parole des Français, l'un des moments les plus intéressants du grand débat a été celui des vingt-et-une conférences citoyennes organisées les 15-16 et 22-23 mars 2019 dans l'ensemble des régions françaises. Ces conférences ont mis en œuvre un dispositif délibératif susceptible de déboucher sur des propositions citoyennes. Les mille quatre cent trois citoyens qui participent à cette entreprise ont été tirés au sort et invités à débattre, sous le pilotage de professionnels du débat public[57], pendant une journée et demie. Ces deux cent cinquante-deux heures d'échanges aboutiront à deux cent vingt-deux propositions collectives. Un

---

[55] O. DUAMEL, « L'histoire extravagante du Conseil constitutionnel », L'express du 27 juin-3 juillet 1986, p. 76.

[56] S. MILACIC, « L'État de droit pourquoi faire ? », *in Mélanges en l'honneur de Jean Gicquel, Constitutions et pouvoirs*, Montchrestien, Paris, 2001, p. 375.

[57] La Commission nationale du débat public.

exercice de démocratie délibérative qui a eu l'immense avantage de toucher des citoyens français dans leur diversité, et pas seulement ceux qui, sur la base du volontariat, s'étaient engagés dans le débat public.61 % des personnes rassemblées dans ces conférences n'avaient jamais participé à une réunion publique ou participative[58].

Ceci étant, si les citoyens français ont été des acteurs dans le grand débat national, ceux citoyens des États africains le sont moins dans le jeu démocratique. Les prérogatives de puissance publique, la définition unilatérale des politiques publiques se prolongent dans le dialogue gouvernant-gouverné. Les citoyens deviennent alors une simple figuration, du décor dans le jeu des pourparlers. Ils disposent officiellement « *mais pas toujours en pratique d'un pouvoir statutaire de décision et d'orientation des politiques menées au nom des institutions publiques* »[59]. Toujours est-il que par la sélection des représentants des citoyens dans les délibérations du dialogue, ces derniers s'en trouvent inévitablement exclus.

2/ L'exclusion des citoyens des délibérations du dialogue

Les délibérations sont le point culminant de la vitalité du débat démocratique. Cependant, leur emploi dans le cadre du dialogue politique est limité quant à l'association des citoyens aux discussions devant aboutir à la décision publique. En reconduisant la méthode représentative, les pouvoirs publics ont clairement exclu les citoyens des délibérations du débat public. Face à cela, les élus ou les représentants seront confrontés à des problèmes récurrents que soulève la mise en œuvre de ces dispositifs participatifs, telles les questions de représentativité et de légitimité des citoyens qui prennent part à ces débats, ou des moyens de fonctionnement des structures consultatives qui impliquent un financement supplémentaire pour la collectivité. Sous cet angle, dans le cadre du traitement des crises justifiant l'organisation du dialogue politique, les pouvoirs publics se reposent sur leur personnel pour l'édiction des solutions. À cet égard, la puissance publique se pose clairement comme le point de départ et de résolution des problèmes posés dans le dialogue. C'est dans les décisions et arrangements portés par les gouvernements que doivent être retrouvées les solutions adéquates au cas des citoyens. Dans ce cadre, les représentants de l'administration publique viennent aux débats avec des résolutions prédéfinies et essaient de les imposer aux parties prenantes du dialogue. Ayant donc défini un cadre d'échange précis, la puissance publique fait un semblant d'ouverture au dialogue. Il en est ainsi parce que les termes du dialogue ont été définis lors de la concertation interne.

---

[58] P. PERRINEAU, « Le grand débat national : la démocratie participative à grande échelle », *op. cit.*, p. 122.

[59] D. GAXIE, *La démocratie représentative,* Paris, Montchrestien E.J.A, 1993, p. 11.

Cette tendance est appréciée car elle établit la prépondérance de l'ordre constitutionnel et la réduction du temps des débats.

Ce faisant, l'exclusion des citoyens des délibérations définition interne par l'administration publique les érige subséquemment en spectateurs passif du dialogue politique dans les États d'Afrique noire francophone. Le dirigisme de la puissance publique enlève aux parties au dialogue l'initiative de s'affirmer et de peser au cours des échanges politiques. L'orientation des termes du débat par les représentants de l'État tient les citoyens en l'état. Ainsi se justifie l'affirmation selon laquelle « *le chef africain, (s'il) ne cesse de s'entourer de conseillers, (s'il) use et abuse de la palabre* »[60]. Or, « *la politique exprime les contradictions sociales en même temps qu'elle les institutionnalise* »[61]. L'appel au dialogue aménage simplement la prépondérance de la vision de l'État sur la résolution des crises sociopolitiques. Dans cette mouvance on n'est pas en présence d'un État qui veut véritablement négocier mais plutôt d'un État qui veut imposer ses dogmes. Les avatars du régime autoritaire se prolongent sur l'action de la puissance publique au cours du dialogue politique. La concertation vise particulièrement la légitimation de la position confortable de la puissance publique dans ses échanges avec les particuliers.

Le déclassement des citoyens dans les délibérations des dialogues politiques rend infructueux ces débats publics. L'analyse l'actualité des États sous étude nous conforte dans cette inférence. En dépit de l'organisation du Grand dialogue national au Cameroun, les « ambazoniens » continuent de porter atteinte à la sécurité des biens et des personnes dans les régions du Nord-ouest et du Sud-ouest. Les négociations effectuées par la haute administration publique camerounaise ont été infructueuses face à la crise anglophone. En Côte d'Ivoire, le dialogue politique organisé n'a pas apaisé les tensions. La contestation des élections présidentielles subséquentes en novembre 2020 confirme la survivance des tensions.

Au regard de ces insatisfactions, il y a donc un intérêt certain à remettre le citoyen au cœur de la décision publique dans la mesure où la démocratie participative est « *un outil à la fois pour conforter les décisions politiques et pour permettre une implication citoyenne* »[62]. Elle prend forme autour de trois valeurs. La force de l'argumentation, tout d'abord, puisque les débats qu'elle produit doivent permettre de dégager les meilleurs arguments. Ensuite, la discussion doit être ouverte au plus grand nombre. Cette recherche d'inclusion

---

[60] A. BOURGI, « L'évolution du constitutionnalisme en Afrique : du formalisme à l'effectivité », *Revue Française de Droit constitutionnel* 2002/4, n° 52, p. 723 ; O. BEAUD, *La puissance de l'État*, PUF, coll. « Léviathan », Paris, 1994, p. 16.

[61] D. GAXIE, *La démocratie représentative op. cit.*, p. 13.

[62] E. ANDRIEU, « Un nouvel équilibre entre représentation et participation », *Pouvoirs Locaux*, n° 62, 2004, p. 156.

de ceux qui sont susceptibles d'être affectés par la décision vise une discussion égalitaire, libre et ouverte. Enfin, la publicité de ces débats favorise le principe de transparence de la décision future. L'implication citoyenne dans un dialogue, en amont, de qualité, favorise un soutien futur accru à la politique qui en résultera. Les élus eux-mêmes, touchés par une crise de défiance et une perte de légitimité, pourront puiser dans ces mécanismes de participation du public de nouvelles sources de confiance. Pour ce faire, ils doivent nécessairement s'impliquer dans la mise en œuvre des processus de participation en mettant en place des procédures indiscutables, des consultations les plus larges possibles et, de façon primordiale, vérifier périodiquement si les engagements pris après consultation ont été tenus. De plus, ils doivent porter toute leur attention à ce que le citoyen sente que son avis est pris en compte, qu'il est entendu et qu'il contribue efficacement à la décision publique.

Parvenu au terme de cette réflexion, il convient de retenir que le dialogue politique est la pratique contemporaine avec l'objectif de rétablir le lien entre les citoyens et leur représentant. Replacé dans la pluralisation des mécanismes d'implication citoyenne dans la décision politique, le dialogue politique constitue un jalon indéniable dans la consolidation de la démocratie participative. La crise de la représentation étant générale en Afrique noire francophone, les dirigeants de cette partie du continent ont entrepris de revitaliser la consultation citoyenne pour le renforcement de leur légitimité. Pour ce faire, l'organisation de ces débats publics a mobilisé les citoyens à l'effet de recueillir leurs revendications pour la résolution de la crise politique. Mieux encore les recommandations qui y ont été arrêtées, ont été intégrées dans l'ordre juridique. Cependant, l'analyse minutieuse de la pratique du dialogue politique révèle son instrumentalisation au détriment du citoyen. Le débat démocratique qui a guidé cette initiative politique ne fut qu'une illusion. Les pouvoirs publics ont entretenu la logique de la représentation des citoyens dans les délibérations devant aboutir aux résolutions finales. En d'autres termes, les citoyens ont été écartés dans la définition des recommandations du dialogue. Dans cette mouvance, l'ordre gouvernant a entrepris de museler leurs citoyens, mais de manière déguisée dans le carcan du régime autoritaire. En outre, les aspirations des citoyens ne sont pas toujours prises en compte par les détenteurs du pouvoir de décision. Cette expérience appelle à la fois à mieux penser le cadre juridique de la participation et à réinventer le rôle du citoyen dans la décision publique.

LE GÉNÉRAL ET LE PARTICULIER DANS LES CONSTITUTIONS POST-CRISE D'AFRIQUE NOIRE FRANCOPHONE

Jean Mermoz Bikoro

Docteur Ph. D en Droit Public,
Assistant à la Faculté des sciences juridiques et politiques,
Université de Yaoundé II (Cameroun)

Pourquoi écrit-on une Constitution en période d'instabilité ?[1] La question mérite d'être posée dans les Etats d'Afrique francophone dès lors que l'ingénierie constitutionnelle[2] est perçue comme une solution de sortie de crise[3]. Elle vaut surtout son pesant d'or car, les crises qui sévissent dans les États africains ne laissent pas indemne la loi fondamentale. Celle-ci peut même être considérée comme sa principale cible [4] ou comme sa victime. Son sort est alors connu : tantôt elle est suspendue, tantôt elle est abrogée[5]. Cependant, ce terrassement du texte constitutionnel est temporaire car, on assiste régulièrement à la résurrection de la Constitution[6] à l'issue de la crise.

---

[1] C. KLEIN, « Pourquoi écrit-on une Constitution ? », *in* M. TROPER et J. JAUME (dir.), *1789 et l'invention de la Constitution.* Paris-Bruxelles, LGDJ-BRUYLANT, 1994, pp. 89-99.

[2] Sur l'ingénierie constitutionnelle, lire utilement : F. D. MELEDJE, *L'ingénierie constitutionnelle*, Abidjan, ADC éditons, 2018, 225 p.

[3] S. ADZOKA ATSIMOU, *« L'ingénierie constitutionnelle, solution de sortie de crise en Afrique : les exemples de l'Afrique du Sud, de la République démocratique du Congo, du Burundi et du Congo »*, Thèse de doctorat en droit public, Université Cheick Anta DIOP, 2013, 682p.

[4] S. BELAÏDE, « Les Constitutions dans le tiers-monde », *in* M. TROPER et J. JAUME (dir.), *1789 et l'invention de la Constitution.* Paris-Bruxelles, LGDJ-BRUYLANT, 1994, p. 106

[5] J.-M. BIKORO, *Le temps en Droit constitutionnel africain. Le cas des États africains d'expression française,* Thèse de doctorat Ph. D en Droit public, Université de Yaoundé 2, 2018, p. 346.

[6] D. ROUSSEAU, « Une résurrection : la notion de Constitution », *RDP*, 1990, pp. 3-22.

En effet, le cahier de charges constitutionnelles[7] qui pose les bases et fixe le calendrier de la reconstruction de l'État fait de l'adoption d'une nouvelle loi fondamentale, le point final de la transition constitutionnelle[8]. Aussi, comme un phœnix qui renaît de ses cendres, la Constitution est restaurée non pas pour s'inscrire dans la continuité de ses devancières, mais pour poser les bases d'un nouveau contrat social avec une nouvelle conception de l'État et de la société[9].

Le souci de réécrire le contrat social confère à l'activité constituante en période de crise, une importance particulière. Le défi consiste alors à adopter une Constitution consensuelle et à doter l'État d'un texte qui lui permette de consolider l'unité et la stabilité recouvrée. La tâche constitutionnelle devient ainsi délicate[10] car le constituant est appelé à résoudre deux problèmes fondamentaux. Dans un premier temps, il doit élaborer un document capable de régler pacifiquement les questions ardues et conflictuelles en tirant profit du passé constitutionnel et introduire des dispositions susceptibles de prévenir d'autres conflits ou de les dénouer. Dans un second temps, il doit permettre à la Constitution de refléter les valeurs profondes de la société, celles de la démocratie et de l'État de droit tout en prenant en compte les réalités propres à l'État. Le constituant doit surtout intégrer le fait que la Constitution est une machine[11] dont il convient de bien agencer les rouages car, il s'agit d'une machine qui a besoin d'un agencement savant de ses mécanismes[12]. Dans cette logique, il doit se dire que : « *le texte constitutionnel (...) n'est pas un acte gratuit* » [13]mais, une norme tournée vers l'avenir.

---

[7] F. HOURQUEBIE, « La construction de l'avenir : données contextuelles et cahiers des charges constitutionnelles ». La construction de l'avenir : données contextuelles et cahier des charges constitutionnel », Transitions constitutionnelles et constitutions transitionnelles : quelles solutions pour une meilleure gestion des fins de conflit ? », *In* X. PHILIPPE et N. DANELCIUC-COLODROVSCHI (Dir.), *Transitions constitutionnelles et constitutions transitionnelles. Quelles solutions pour une meilleure gestion de fin de conflits ?*, Institut universitaire Varenne (ed.), coll. Transition et justice, 2014.

[8] M. NGUELE ABADA, « Du constitutionnalisme de transition en Afrique : réflexion sur l'évolution constitutionnelle en République démocratique du Congo », *RRJ,* n° XXXIII, 2008, p. 507.

[9] L. DONFACK SOKENG, « Droit constitutionnel et crises en Afrique », *Solon,* n° 5, 2011, p.74.

[10] G. BURDEAU, *Traité de Science politique. Tome IV, Le statut du pouvoir dans l'État.* Paris, LGDJ, 1969, p. 42.

[11] D. MAUS *et al.*, « Écrire une Constitution », *RFDC*, n° 79, 2009, p. 561.

[12] *Ibid.* p. 562.

[13] F. THIBAUT, « La sémantique de la Constitution », in D. MAUS, L. FAVOREU et J. PARODI (dir.), *L'écriture de la Constitution de 1958,* Paris, Economica, 1992, p. 98.

Le recours à la formule « *général et particulier* »[14] peut laisser penser que l'auteur ambitionne recourir au raisonnement déductif pour mieux décrypter les Constitutions post-crise d'Afrique noire francophone mais, il n'en est rien. Cette expression a plutôt pour objet d'analyser les principaux traits de l'ingénierie constitutionnelle en s'appuyant sur l'idée selon laquelle le droit constitutionnel contemporain oscille entre universalisme et particularisme[15]. Aussi, le vocable « *général* » vise à illustrer la prise en compte par les constituants des valeurs constitutionnelles universelles. On peut ainsi en déduire que l'auteur adhère à l'idée de l'existence ou de la formation d'un patrimoine constitutionnel universel[16]. Patrimoine dans lequel vont puiser les constituants pour poser les bases de la société et consacrer l'avènement d'une nouvelle ère politique et constitutionnelle. Il n'est pas inutile de s'intéresser à cette démarche commune aux États modernes, car la généralité est la vocation première d'une science constitutionnelle[17].

En revanche, l'expression « *particulier* » permet de mettre en avant, les dispositions atypiques[18] qui sont contenues dans les Constitutions post-crises et qui confirment l'idée d'une fracture constitutionnelle[19] avec le constitutionnalisme occidental. En d'autres termes, l'analyse de ce qui est particulier dans les Constitutions en question consiste à valoriser l'idée de l'autonomisation de la pensée constitutionnelle africaine étant entendu que la thèse du mimétisme a toujours regardé l'ingénierie constitutionnelle africaine avec

---

[14] Cette formule avait déjà été employée par Christophe de Aranjo, in : C. DE ARANJO, « Le général et le particulier dans le droit constitutionnel moderne », *RFDC*, n°74, Vol.2, 2008, pp. 239-261.

[15] S. PIERRE-CAPS, « Le droit constitutionnel entre universalisme et particularisme », *In, Démocratie et liberté : tension, dialogue, confrontation, Mélanges en l'honneur de Slobodan Milacic*, Bruxelles, Bruylant, 2008, pp. 205-218.

[16] L. SINDJOUN, *La formation du patrimoine constitutionnel commun des sociétés politiques. Éléments pour une théorie de la civilisation politique internationale*. Série des monographies, Dakar, Codesria, 1998, 72p. Lire également dans ce sens, S. PIERRE-CAPS, *Droits constitutionnels étrangers*, Paris, PUF, 2010, p. 10.

[17] A. VIALA, « Le droit constitutionnel à l'heure du tournant arrêtiste. Questions de méthode », *RDP*, n° 4, 2016, p. 1169.

[18] D. SY, « De quelques dispositions atypiques dans les Constitutions africaines, in Frédéric Joël Aïvo (dir.), *La Constitution béninoise du 11 décembre 1990 : un modèle pour l'Afrique ? Mélanges en l'honneur à Maurice Ahanhanzo Glélé,* Paris, L'Harmattan, 2014, pp. 273-283.

[19] F. J. AÏVO, « La fracture constitutionnelle. Critique pure du procès en mimétisme », *in* F. J. AÏVO (dir.), *La Constitution béninoise du 11 décembre 1990 : un modèle pour l'Afrique ?, Mélanges en l'honneur de Maurice Ahanhanzo Glèlè,* Paris, L'Harmattan, 2014, pp. 33-46.

condescendance[20]. Certains auteurs continuent de qualifier les Constitutions africaines de petites sœurs de la Constitution française[21] alors même qu'on peut constater à l'analyse de leur contenu, une tendance vers l'autonomisation de la pensée constitutionnelle.

De la Constitution, on sait presque tout. Son élaboration[22], sa révision[23], son interprétation[24] et sa protection[25] font l'objet d'une abondante littérature. Au-delà de son assimilation à un contrat[26], à un système ayant des réponses[27]

---

[20] M. ALLIOT, « Ce que penser les droits africains veut dire », in Camille Kuyu Mwissa (Dir.), *Repenser les droits africains pour le XXIe siècle*, Paris, Éditions Menaibuc, 2001, p. 55.

[21] D. POLLET-PANOUSSIS, « La Constitution congolaise de 2006 : petite sœur africaine de la Constitution française », *RFDC*, n° 75, 2008, pp. 451-492.

[22] On peut se référer à : C. BORGEAUD, *Établissement et révision des Constitutions en Amérique et en Europe*. Paris, Thorin et fils, Éditeurs, 1892, 423p ; Bastien (F.), *Naissance d'une Constitution*, Paris, Presses de Science politique, 1996, 263 p. ; Klein (C.), *Théorie et pratique du pouvoir constituant*. Paris, PUF, 1996, 214 p.

[23] Lire dans ce sens : AFDC, *La révision de la Constitution*, Paris-Aix en Provence, Economica-PUAM, 1993, 319 S. PIERRE CAPS, « Les révisions de la Constitution de la Ve République : temps, conflits et stratégies », *RDP*, n° 2, 1998, pp. 409-431 ; J. WALINE, « Les révisions de la Constitution de 1958 », in *Droit et Politique à la croisée des cultures*, Mélanges en l'honneur de Philippe Ardant, Paris, LGDJ, 1999, pp. 235-250.

[24] Lire utilement : F. MELIN-SOUCRAMANIEN (Dir.), *L'interprétation constitutionnelle*, Paris, Dalloz, 2005, 248p.

[25] Sans être exhaustif, lire : L. FAVOREU, *La politique saisie par le droit*. Paris, Economica, 1988, 157p. ; L. SINDJOUN, *Les grandes décisions de la justice constitutionnelle africaine. Droit constitutionnel jurisprudentiel et politiques constitutionnelles au prisme des systèmes politiques africains*, Bruxelles, Bruylant, 2009, p. 1. D. ROUSSEAU, P. Y. GAHDOUN et J. BONNET, *Droit du contentieux constitutionnel*, 11e éd., LGDJ, 2016, p. 820.

[26] J. J. ROUSSEAU peut être considéré comme le pionnier de l'assimilation de la Constitution à un contrat. Cet éminent auteur affirme au sujet dudit contrat que l'objectif est de trouver : « *une forme d'association qui défend et protège de toute la force commune la personne et les biens de chaque associé, et par laquelle chacun s'unissant à tous, n'obéisse pourtant qu'à lui-même et reste aussi libre qu'auparavant ? Tel est le problème fondamental dont le contrat social donne la solution* », *in* J. J. ROUSSEAU, *Du contrat social au principe du droit politique*, in Coll. Des œuvres de Genève, 1780-1784, Vol.1, p. 11. À l'époque contemporaine, d'autres auteurs considèrent la Constitution comme loi fondamentale, il s'agit de : Roux (J.), « La Constitution comme contrat », *Mélanges en l'honneur de Michel Guibal*, Paris, PUF, vol.2, 2006, p .449 ; On peut aussi citer : O. GOHIN, *Droit constitutionnel*, Paris, Litec, 2010, pp.103-104.

[27] D. ROUSSEAU, « Questions de Constitution », *Politiques et sociétés*, vol. 19, n° 2-3, 2000, p. 14.

à toutes les questions ou à un cadre normatif[28], elle fait l'objet d'une conceptualisation communément admise. Son appréhension contemporaine repose sur un double sens formel et matériel. Suivant l'approche formelle, elle désigne un texte spécial, élaboré ou révisé suivant une procédure spéciale et complexe par un organe spécial, le pouvoir constituant et qui se présente comme une norme de catégorie suprême[29]. La conception matérielle de la Constitution quant à elle permet de l'appréhender comme l'ensemble des règles juridiques qui régissent le pouvoir politique dans le but d'assurer la protection des droits fondamentaux[30].

Enfin, l'expression post-crise permet de délimiter le champ temporel de la présente réflexion. Il s'agit en réalité des textes constitutionnels des États en sortie de crise ou en reconstruction étant entendu que la fin de la crise est marquée par l'adoption d'une nouvelle Constitution. Ce qui suppose au préalable que les États aient d'abord traversé une situation de crise à la suite d'un coup d'État[31], de l'essor d'une rébellion ou d'une guerre civile[32]. Ne seront donc pas prises en compte, les lois fondamentales des États stables d'Afrique noire francophone depuis le début des années 1990[33]. Seront aussi exclus, les États ayant traversé une crise politique ou institutionnelle de grande ampleur sans que la loi fondamentale n'ait été abrogée[34].

---

[28] A. LE DIVELLEC, « L'ordre-cadre normatif. Esquisse de quelques thèses sur la notion de Constitution », *Jus Politicum*, n° 4, 2010, pp. 1-12.

[29] D. TURPIN, *Droit constitutionnel*, Paris, PUF, 2003, p. 79.

[30] *Idem.*

[31] On peut procéder à une énumération des coups d'État et leurs tentatives en Afrique en traçant le schéma suivant : 1999 coup d'État en Côte d'Ivoire (24 décembre) ; 2001, tentative de coup d'État en Côte-d'Ivoire (8 janvier), coup d'État en RDC (16 janvier) et tentative de coup d'État en Centrafrique (15 mars) ; 2002, tentative de coup d'État en Côte-d'Ivoire (19 septembre), au Niger (5 août) et en Centrafrique (25 décembre) ; 2003, coup d'État en Centrafrique (15 mars), tentative de coup d'État au Burkina Faso (30 septembre) ; 2004, tentative de coup d'État en RDC ; 2005, coup d'État au Togo (5 février) ; 2006, tentatives de coup s d'État au Tchad (13 avril) et au Burundi (14 avril) ; 2007, coup d'État en Mauritanie ; 2008, coup d'État en Guinée (23 décembre) ; tentative de coup d'État au Tchad (février 2008) ; 2010, coup d'État au Niger (18 février) ; 2012, coup d'État au Mali ; 2013, coup d'État en RCA ; 2014, coup d'État au Burkina Faso (31 octobre) et 2015, tentative de coup d'État au Burundi.

[32] F. REYNTJENS, « La production constitutionnelle en situation de crise : les cas du Rwanda et du Burundi », *in* D. DARBON et J. DU BOIS DE GAUDUSSON (Dir.), *La création du en Afrique*, Paris, Kathala, 1997, p .306.

[33] Il en est ainsi des textes constitutionnels du Bénin, du Cameroun, du Gabon, du Tchad ou encore du Sénégal.

[34] On peut ranger dans cette catégorie le Burkina Faso et le Togo.

La présente étude se justifie par la récurrence de l'instabilité institutionnelle en Afrique noire francophone[35]. Constamment, les États africains sont confrontés à des crises qui ont un impact sur l'État et ses institutions. Pour s'en convaincre, il suffit de retracer la trajectoire des États comme la Centrafrique marquée par une instabilité quasi permanente. On peut même affirmer que l'histoire de ce pays est l'une des plus tragiques sur le continent africain[36]. À peine l'État centrafricain était créé, il a perdu son Président fondateur du nom de B. BOGANDA[37]. Si ce dernier est régulièrement remplacé, ses successeurs vont se démarquer par une forte tendance au despotisme. D'ailleurs, dans ce pays, les coups d'État seront légion[38]. C'est ce qui explique le fait que depuis 1960, le pays ait connu à peine trois régimes civils[39]. À chaque fois, c'est la Constitution qui est terrassée et l'insécurité est devenue la règle alors que l'État est censé être un pourvoyeur de tranquillité[40]. Au-delà de la Centrafrique, la Côte d'Ivoire a aussi traversé une décennie de crise du fait de l'émergence d'une rébellion dans le Nord du pays[41]. Pendant plusieurs années, le pays sera coupé en deux et les violences vont atteindre leur apogée au lendemain de l'élection présidentielle de 2010. Dans la

---

[35] Gueye (B.), « L'instabilité institutionnelle en Afrique », *Droit sénégalais*, n° 10, 2011-2012, p. 238.

[36] D. NIEWIADOWSKI, « La République centrafricaine : le naufrage d'un État, l'agonie d'une Nation », www.calameo.com, consulté le 15 octobre 2020, p. 1.

[37] Barthélémy BOGANDA est mort le 29 mars 1959.

[38] On peut citer dans ce sens : le premier est le coup d'État sanglant de la Saint Sylvestre de 1965 qui a porté au pouvoir BOKASSA ; le coup d'État de 1979 contre BOKASSA lequel est chassé du pouvoir par David DACKO aidé par des parachutistes français ; Le coup d'État 1981 qui porte au pouvoir le Général d'armée André KOLINGBA à l'issue de deux ans de perturbations socio – politiques. On peut aussi citer le coup d'État du 15 mars 2003 qui verra le général François BOZIZE accéder au pouvoir et enfin, Le coup d'État du 24 mars 2013, par lequel le président François BOZIZE sera renversé par la coalition SELEKA avec à sa tête par Michel DJOTODIA.

[39] D. DACKO au début des années 1960, Ange Félix PATASSE (1993-2003) et Faustin Archange TOUADERA depuis 2015.

[40] G. BURDEAU, *L'État*, Paris, Éditions du Seuil, 1970, p. 41.

[41] Le 19 septembre 2002 marque le début de la rébellion au Nord de la Côte d'Ivoire avec des attaques visant le cœur du pouvoir. Cette rébellion pilotée par Guillaume SORO va plonger le pays dans une longue crise caractérisée par la partition du territoire. La crise va prendre une grande ampleur à l'issue de l'élection présidentielle de 2010 avec des affrontements qui ont entraîné de fortes pertes en vies humaines.

même logique, le Burundi[42], la Guinée Conakry[43], le Niger[44] et la RDC[45] ont connu des crises de grande ampleur du fait soit de la guerre civile, soit de l'intrusion de l'armée dans l'exercice du pouvoir.

Le point commun entre ces différents États est l'incidence néfaste de la crise sur l'ordre juridique et politique. Le besoin de reconstruction se fait sentir et tous s'orientent vers l'adoption de nouvelles Constitutions, symbole du nouveau contrat social. Des textes constitutionnels qui méritent d'être parcourus afin de mieux cerner la volonté constituante en situation de crise. C'est dans cette perspective que se pose la question de savoir, comment se matérialisent le général et le particulier dans les Constitutions post-crise d'Afrique noire francophone ? Il s'agit d'une interrogation qui présente un double intérêt. Sur le plan théorique, elle permet de cerner l'imagination constitutionnelle en période de crise et montrer dans quelle mesure elle sert à prévenir les situations de conflit et à les régler. Du point de vue pratique, elle facilite le parcours des nouvelles Constitutions des États en reconstruction ou post-crise.

Évidemment, une telle analyse ne peut être menée sans que la méthode ne soit précisée. Aussi, il est important de souligner que l'option a été faite en faveur de la méthode positiviste[46] dans sa dimension pragmatique ou factualiste[47] conscient de l'émergence des normes non écrites dans le nouveau

---

[42] Sur les situations de crise au Burundi, lire utilement : F. REYNTJENS, « La production constitutionnelle en situation de crise : les cas du Rwanda et du Burundi », *in* D. DARBON et J. DU BOIS DE GAUDUSSON (Dir.), *La création du en Afrique*, Paris, Karthala, 1997, p. 306.

[43] La mort du Président de la République L. CONTE le 23 décembre 2008 a plongé le pays dans une profonde crise suite à la prise du pouvoir par l'armée. De cette prise du pouvoir s'en suivra une insécurité et une instabilité marquée par la tentative d'assassinat de M. D. Camara, le chef de la junte militaire. L'urgence de doter l'État d'une nouvelle constitution s'imposait donc et c'est ce qui a été fait le 7 mai 2010. Un texte constitutionnel qui vient toutefois d'être abrogé par celui du 07 avril 2020.

[44] L'histoire constitutionnelle du Niger est aussi marquée par une forte instabilité. Mais la période qui va marquer l'attention de la présente réflexion est celle de 2009 suite au coup d'État qui a renversé le Président M. TANDJA le 19 février 2010. S'en est suivi une période de transition constitutionnelle dont le dénouement sera l'investiture du nouveau Président de la République Mamadou ISSOUFOU le 7 avril 2011. Mais, avant l'élection présidentielle, le Niger s'est doté d'une nouvelle Constitution le 25 novembre 2010.

[45] Sur l'instabilité en RDC, lire utilement : M. NGUELE ABADA, « Du constitutionnalisme de transition en Afrique. Réflexion sur l'évolution constitutionnelle en République démocratique du Congo », *RRJ, Droit Prospectif*, n° XXXIII, 2008, pp. 499-536.

[46] V. CHAMPEIL-DESPLATS, *Méthodologies du droit et des sciences du droit*, Paris, Dalloz, coll. Méthodes du droit, 2014, p. 9, p. 111.

[47] B. OPPETIT, *Philosophie du droit*, Paris, Dalloz, 1999, p. 57.

constitutionnalisme africain[48]. Sur la base de la méthode ainsi déclinée, il convient de souligner que le général et le particulier se matérialisent par l'adhésion en général aux valeurs constitutionnelles universelles (I) et l'adjonction en particulier des dispositions atypiques (II).

I/ L'adhésion en général aux valeurs constitutionnelles universelles

Parler des valeurs constitutionnelles universelles revient à admettre qu'il existe un patrimoine constitutionnel mondial dans lequel toutes les Nations vont puiser pour mieux consolider leur stabilité. Un patrimoine qui se réduit aux valeurs libérales et vers lequel s'orientent les constituants africains des États en crise afin de consolider la démocratie (A) et l'État de droit (B).

A/ L'orientation vers la démocratie

La crise de l'État en Afrique est parfois consécutive à un déni de démocratie[49]. Soit parce qu'une personne ou un groupe monopolise le pouvoir, soit parce que les règles du jeu démocratique ne sont pas justes et équitables. La nouvelle ère dont le texte constitutionnel a vocation à mettre en place est donc logiquement celle de la consolidation de la démocratie. Dans ce sens, l'orientation des Constitutions africaines post-crise vers la démocratie se traduit par la consécration de la séparation des pouvoirs (1) et l'aménagement des conditions de l'alternance démocratique (2).

1/ La consécration de la séparation des pouvoirs

Le principe de la séparation des pouvoirs n'a pas toujours connu un destin reluisant dans les États d'Afrique noire francophone. Durant les trois premières décennies après les indépendances, la tendance qui prévalait était celle de la personnalisation du pouvoir en faveur du Président de la République[50]. Le renouveau constitutionnel du début des années 1990 n'a pas réussi à déconstruire cette prépondérance présidentielle et dans certains États, la crise est parfois la conséquence de la confiscation ou de la monopolisation du pouvoir par ce dernier[51]. La volonté de rompre avec le passé est dès lors

[48] Sur le droit constitutionnel non écrit, lire : avril (P.), « Une survivance : le droit constitutionnel non écrit », in *Droit et politique à la croisée des cultures. Mélanges en l'honneur de Philippe Ardan,* Paris, LGDJ, 1999, pp. 3-13. En Afrique, on peut se référer à : C. MONEMBOU, « Les normes non écrites dans le constitutionnalisme des États d'Afrique noire francophone », *RADSP*, n° 5, Vol. III, janv.-juin 2015, p. 85-119.

[49] A. CABANIS (A.) et M. L. MARTIN, *Le constitutionnalisme de la troisième vague en Afrique francophone*, Bruxelles, Bryulant-Academia, 2010, p. 119.

[50] J. GICQUEL, « Le présidentialisme négro-africain : le cas du Cameroun ». *In Le pouvoir, Mélanges offerts à Georges BURDEAU. Paris. LGDJ.*1977, pp. 701-725.

[51] Au Niger, le coup d'État militaire de 2010 avait pour but de mettre fin aux actes abusifs du Président Mamadou Tandja lequel avait dissout l'Assemblée nationale et

palpable. Aussi, les textes constitutionnels post-crise optent pour la consécration de la séparation des pouvoirs dans un sens dual en prenant en compte, la séparation horizontale et la séparation verticale des pouvoirs.

La séparation horizontale des pouvoirs correspond au sens classique de ce principe et vise les rapports entre pouvoirs publics nationaux. Il faut dire que les lois fondamentales post-crise, au-delà de la distinction des pouvoirs[52], mettent un accent particulier sur l'équilibre qui devrait exister entre ceux-ci. Un équilibre qui prend le sens de la prévision des moyens d'influence réciproques. Elles consacrent ainsi le droit de dissolution qui est une arme entre les mains du Président de la République[53] contre l'institution parlementaire. La Constitution centrafricaine dispose à propos que « *le Président de la République peut, après consultation du conseil des ministres, du Bureau de l'Assemblée nationale, du Bureau du Sénat, et du Président de la Cour Constitutionnelle, prononcer la dissolution de l'Assemblée nationale* »[54]. La seule limite au pouvoir présidentiel est temporelle car, la dissolution ne peut intervenir plus d'une fois au cours du même mandat[55]. On peut s'interroger sur la nature des avis des organes consultés et se rendre compte qu'en l'absence de toute précision textuelle, il s'agit des avis obligatoires[56]. C'est dire qu'au-delà de la barrière temporelle, le Président de la République ne rencontre pas véritablement de contre-pouvoir en matière de dissolution.

Le parlement a, en retour, des moyens d'action contre l'institution présidentielle et contre le gouvernement. Toutes les lois fondamentales post-conflit attribuent aux parlementaires, le monopole de la mise en accusation du Président de la République[57]. Certes, la procédure de mise en accusation est parfois complexe et est susceptible d'être neutralisée par le fait majoritaire mais, le parlement peut déclencher la mise en œuvre de la responsabilité gouvernementale. Tout au plus, au Burundi, le parlement a le pouvoir de

---

révoqué les membres de la cour constitutionnelle du fait de leur opposition à la suppression de la clause limitative du nombre de mandats présidentiels.

52 La distinction des pouvoirs consiste pour les constituants à prévoir l'existence séparée et indépendante de chaque pouvoir. On retrouve ainsi dans les textes constitutionnels, un pouvoir exécutif, un pouvoir législatif et un pouvoir judiciaire.

53 M-A. COHENDET, *Droit constitutionnel*, 4e éd., Paris, Montchrestien, 2006, p. 441

54 Article 46 de la Constitution du 30 mars 2016. Il faut néanmoins souligner que le texte constitutionnel centrafricain n'est pas singulier. On peut aussi se référer à : l'article 148 de la Constitution de RDC du 18 février 2006.

55 Article 46 de la Constitution du 30 mars 2016.

56 L'avis est dit obligatoire lorsque l'autorité de consultation est obligée de consulter les organes prévus par la règlementation mais n'est pas obligée de prendre en compte le contenu des avis.

57 L'article 166 de la Constitution de RDC du 18 février 2006 modifiée ; Lire également l'article 144 de la Constitution du Niger du 25 novembre 2010 et l'article 161 de la Constitution ivoirienne du 08 novembre 2016 modifiée.

destituer le Président de la République. L'article 116 de la Constitution burundaise dispose en effet que *« le Président de la République peut être déclaré déchu de ses fonctions pour faute grave, abus grave ou corruption, par une résolution prise par les deux tiers des membres de l'Assemblée nationale et du Sénat réunis »*. Ce qui est frappant est que le motif de la destitution est apprécié et déterminé par les membres du parlement ce qui fait de ceux-ci, de véritables contre-pouvoirs au Chef de l'État.

L'institution parlementaire a surtout, la possibilité de mettre en œuvre la responsabilité gouvernementale. Les Constitutions prévoient dans ce sens deux mécanismes à savoir : la question de confiance et la motion de censure[58]. La première modalité est mobilisée à l'initiative du Premier ministre. Dans ce cas, on parle de l'engagement de la responsabilité gouvernementale. La seconde modalité quant à elle est initiée par les membres de l'Assemblée nationale. Il s'agit là d'un « *instrument de mise en jeu explicite de la responsabilité politique du Gouvernement par une assemblée dans un régime parlementaire* »[59]. Dans les deux cas, l'objectif est de sanctionner le gouvernement en le poussant à la démission.

Les Constitutions post-crise ont aussi procédé à la consécration de la séparation verticale des pouvoirs en optant pour la décentralisation territoriale. À titre de rappel, la séparation verticale des pouvoirs peut ainsi être analysée au sens de la distinction entre le pouvoir administratif central et le pouvoir local[60] ce qui permet d'envisager les rapports entre l'État et les collectivités infra étatiques. En rapport avec la constitutionnalisation de la décentralisation, la Constitution du Niger dispose dans ce sens que : « *l'administration territoriale repose sur les principes de la décentralisation et de la déconcentration* »[61]. L'objectif de cette option est d'approfondir la démocratie et de prévenir des situations de conflits. Dans le premier cas, la constitutionnalisation de la décentralisation permet de prolonger le principe représentatif au niveau local en ce sens que les autorités décentralisées sont pour la plupart élues. D'un point de vue téléologique, il est question de faire en sorte que la population participe à l'échelle locale, à la gestion de la cité. Dans le second cas, l'option pour la forme décentralisée de l'État vise le développement

---

[58] Article 88 de la Constitution du 30 mars 2016 ; Lire aussi l'article 158 de la Constitution burundaise et l'article 146 de la Constitution de RDC du 18 février 2006.

[59] J.-F. KERLEO, « Le fait majoritaire, chronique d'une mort annoncée ? », *Jus Politicum*, n°18, 2017, p. 223.

[60] La séparation verticale du pouvoir fait référence à la forme de l'État. Généralement, on fait recourt à cette expression pour analyser les relations entre le pouvoir central et les collectivités infra étatiques. Lire utilement : L. FAVOREU *et al. Droit constitutionnel*, 17e éd. Paris, Dalloz, 2015, p. 449.

[61] Article 164 de la Constitution du 25 novembre 2010. On peut aussi se référer à l'article 128 de la Constitution centrafricaine du 30 mars 2016.

harmonieux du territoire de manière à ce qu'aucune portion du territoire national ne se sente marginalisée[62].

Quasiment toutes les lois fondamentales procèdent à l'identification des collectivités locales et à la consécration de leur libre administration. S'agissant des collectivités qui sont en fait, les sujets de la décentralisation, certaines Constitutions limitent leur nombre à deux tandis que d'autres procèdent à leur extension. La duplication des entités locales est perceptible en Côte d'Ivoire et en Centrafrique. À titre d'illustration, le texte constitutionnel ivoirien énonce que « *les collectivités territoriales sont les régions et les communes* »[63]. En Centrafrique, il est énoncé dans l'acte constituant du 30 mars 2016 que « *les collectivités territoriales de la République centrafricaine sont les communes et les régions* »[64]. S'agissant des États dont les textes étendent le nombre de collectivités, on peut citer la RDC. La Constitution du 18 février 2006 dispose en effet que les « *entités décentralisées sont la ville, la commune, le secteur et la chefferie* »[65]. On peut interpréter cette diversification comme la conséquence de l'immensité du territoire le souci étant d'implémenter l'action locale sur l'ensemble du territoire national.

Pour ce qui est de la libre administration, les constituants expriment à travers sa consécration, leur volonté de renforcer le pouvoir de décision et d'action des autorités locales[66]. Seulement, leur démarche est variable car, certains textes renvoient au législateur le soin de donner un contenu à ce principe[67]. En revanche, d'autres textes affirment de manière expresse que les entités locales s'administrent librement. Dans la loi fondamentale guinéenne post-crise, il est clairement indiqué que : « *les collectivités territoriales s'administrent librement par des organes élus* »[68]. Une fois de plus, on peut interpréter la prise en compte de ce principe, comme la volonté d'émanciper les collectivités territoriales en leur donnant un pouvoir de décision et une liberté d'action de grande importance.

Enfin, la séparation du pouvoir administratif de l'État et celui des pouvoirs locaux va dans le sens de la répartition des compétences. Pour l'essentiel, les

---

[62] C. KEUTCHA TCHAPGNA, « Droit constitutionnel et conflits politiques dans les États francophones d'Afrique noire », *RFDC*, n° 63, 2005, p. 461.
[63] Article 170 de la Constitution du 08 novembre 2016.
[64] Article 129 de la Constitution du 30 mars 2016.
[65] Article 3 de la Constitution du 18 février 2006 modifiée.
[66] A. ROUX, « Le principe constitutionnel de la libre administration des collectivités territoriales », *RFDA*, n° 8, 1992, p. 438. A. CABANIS et M. L. MARTIN, « Décentralisation et pouvoirs locaux dans les constitutions d'Afrique francophone », *Politeia*, n°6, 2004, p. 77.
[67] Lire dans ce sens : l'article 172 de la constitution ivoirienne du 08 novembre 2016. On peut aussi évoquer l'article 164 de la Constitution nigérienne du 25 novembre 2010.
[68] Article 136 de la constitution du 07 mai 2010.

textes constitutionnels laissent au législateur, le soin de donner un contenu à cette répartition. La Constitution qui a procédé au partage de compétences de manière détaillée et explicite est celle de la RDC. Dans cet état, le texte constitutionnel a distingué le domaine de compétence exclusif de l'État[69] et des provinces[70] tout en identifiant les matières dans lesquelles l'exercice concurrentiel est admis[71].

De ce qui précède, il en résulte que la volonté de construire et de consolider la démocratie a conduit les constituants des États frappés par les crises à consacrer la séparation des pouvoirs afin de barrer la voie à l'arbitraire. C'est dans la même logique que ces derniers ont aménagé les conditions de l'alternance démocratique.

2/ L'aménagement des conditions de l'alternance démocratique

Ainsi que le souligne le professeur Olivier GOHIN « *l'organisation du pouvoir doit enfin être telle que l'alternance au pouvoir soit toujours possible* »[72]. C'est dire que l'une des missions du constituant dans la construction de la démocratie est de faciliter l'alternance démocratique. Cette tâche est d'une importance capitale dans une Afrique marquée par l'existence des gouvernements inamovibles[73]. L'analyse s'appuiera sur trois éléments pour illustrer l'aménagement d'un environnement favorable à l'alternance à savoir, la consécration du pluralisme politique, du principe électif et la limitation du nombre de mandats présidentiels.

Le pluralisme politique est formalisé de manière duale dans les Constitutions post-conflit. La première démarche consiste à le consacrer explicitement. Le texte constitutionnel de RDC dispose en son article 6 que « *le pluralisme politique est reconnu en République Démocratique du Congo* ». Dans la même logique l'article 75 de la Constitution burundaise énonce que : « *le multipartisme est reconnu en République du Burundi* ». Le point commun entre ces deux dispositions est que l'option pour le pluralisme est clairement affirmée. Elle ne se présume pas. Il s'agit forcément d'une avancée considérable pour des États qui ont longtemps été dans un système monopartisan[74].

---

[69] Article 202 de la constitution du 18 février 2006 modifiée.

[70] Article 204 de la constitution du 18 février 2006 modifiée.

[71] Article 203 de la constitution du 18 février 2006 modifiée.

[72] O. GOHIN, *Droit constitutionnel, op. cit.*, p. 245.

[73] A. LOADA, « La limitation du nombre de mandats présidentiels en Afrique francophone », *Revue électronique Afrilex*, n° 03, 2003, p. 145.

[74] Sur le monopartisme en Afrique, lire : D-G. LAVROFF, *Les systèmes constitutionnels en Afrique noire. Les États francophones*, Paris, A. Pedone, 1976, p. 53. C. DOUNKENG ZELE, *Le chef de l'État dans le système politique camerounais. Le rôle de l'idéologie de l'unité nationale dans l'affirmation d'un leadership*, Thèse de

D'autres lois fondamentales par contre consacrent le pluralisme politique de manière implicite. Dans la Constitution centrafricaine du 30 mars 2016, on peut en effet lire que « *les partis et groupements politiques concourent à l'expression du suffrage, à l'animation de la vie politique, économique et sociale. Ils se forment et exercent librement leurs activités* »[75]. Il en ressort que la formation ou la création des partis et groupements politiques s'opèrent sur la base du principe de liberté. La voie est ainsi barrée au monopartisme qui a prévalu en Afrique durant les trois premières décennies du constitutionnalisme. Cependant, la consécration du pluralisme politique va de pair avec l'assujettissement des partis politiques à un certain nombre d'obligations. Il en est ainsi de la promotion et du respect des principes démocratiques, de l'unité nationale, des droits de l'Homme et de la laïcité de l'État. Ils sont également tenus au respect du genre et de la représentation régionale[76]. En théorie, l'une des caractéristiques de la démocratie c'est le pluralisme car, ce dernier suppose : « *la légitimité de toutes les tendances, de toutes les convictions à s'exprimer librement et à participer librement à la compétition dont le pouvoir est l'enjeu* »[77]. Il est ainsi difficile de procéder à la construction de la démocratie sans consécration du pluralisme, tout comme l'alternance démocratique est illusoire en cas de négation du pluralisme politique.

Le texte constitutionnel ivoirien quant à lui fait référence aux droits de l'opposition. On peut ainsi lire que « *l'État garantit le droit de l'opposition démocratique* »[78]. De cette disposition constitutionnelle, on peut déduire la reconnaissance de l'opposition et surtout, sa valorisation dans le dispositif institutionnel. L'avancée est tout aussi considérable au regard de la précarité et de la vulnérabilité dans laquelle se trouvent les partis d'opposition et leurs leaders en Afrique en général et en Côte-d'Ivoire en particulier[79]. Le constituant a bien voulu marquer une nouvelle étape dans la reconstruction de l'État ivoirien en permettant à ce que tous les partis politiques puissent s'épanouir et mener leurs activités dans un climat de sécurité.

Le principe électif est également pris en compte dans les Constitutions post-crise. Celles-ci consacrent ledit principe aussi bien au niveau national que sur le plan local. À l'échelle nationale, la loi fondamentale centrafricaine

---

doctorat de troisième cycle en Science politique, Université de Yaoundé II, 1998, p. 245.

[75] Article 31 de la Constitution du 30 mars 2016.

[76] L'article 16 de la Constitution burundaise dispose dans ce sens que : « Le gouvernement burundais doit être composé de sorte que tous les Burundais y soient représentés et qu'il les représente tous »

[77] J-P. BIZEAU, « Pluralisme et démocratie », *op. cit.*, p.514.

[78] Article 29 de la Constitution ivoirienne du 08 novembre 2016.

[79] L'exemple le plus illustratif est celui de la condamnation de l'homme politique Guillaume SORO à une peine d'emprisonnement de vingt ans à la veille de l'élection présidentielle et l'emprisonnement des membres de son parti.

dispose que « *les institutions éligibles, chargées de diriger l'État tiennent leurs pouvoirs du peuple par voie d'élections au suffrage universel direct ou indirect* »[80]. En d'autres termes, l'élection constitue le mode principal de désignation des autorités étatiques. Cette disposition constitutionnelle qui n'est pas singulière[81]consolide la démocratie dans des États où l'élection a souvent été réduite à une place secondaire voire marginale.

Sur le plan local, le principe électif a aussi été pris en compte à travers la généralisation de l'élection des autorités locales. Il ressort de la lecture des textes constitutionnels africains post conflit que les Collectivités territoriales sont gérées par des autorités élues[82]. Loin d'être anodin, ce mode de désignation renforce l'autonomie des autorités locales vis-à-vis du pouvoir central et permet à la population de participer au choix de ses dirigeants. L'évolution est notable car, avant la consécration de la décentralisation, les autorités étaient, pour l'essentiel, désignées par le pouvoir central et la participation populaire était ainsi de moindre importance[83].

Enfin, la facilitation de l'alternance par les lois fondamentales se traduit par la consécration de la limitation du nombre de mandats présidentiels. Il s'agit là de l'une des plus belles trouvailles du renouveau constitutionnel africain bien que dans certains États, elle soit remise en cause[84]. Le nouveau texte constitutionnel centrafricain s'inscrit dans la même logique que son devancier[85]. C'est ainsi qu'il dispose que : « *la durée du mandat du Président de la République est de cinq (5) ans. Le mandat est renouvelable une fois* »[86]. Il s'ensuit que le mandat du Président de la République est limité dans le temps et dans le nombre. Dans la première hypothèse, c'est la durée de cinq (5) ans qui a été retenue. Dans la seconde hypothèse, l'institution présidentielle ne

---

[80] Article 26 de la Constitution du 30 mars 2016.

[81] Lire dans ce sens, l'article 15 de la Constitution burundaise du 18 mars 2005 ; L'article 50de la Constitution ivoirienne du 08 novembre 2016 modifiée ou encore l'article 4 de la Constitution nigérienne du 25 novembre 2010.

[82] Article 164 de la Constitution nigérienne du 25 novembre 2010.

[83] CH. NACH MBACK, « *L'institution communale au Cameroun : difficile mutation d'un double legs colonial », Solon, Revue Africaine de Parlementarisme et de Démocratie*, Vol. 2, n°1, 2003, pp. 128-154 ; Lire également : C MONEMBOU, « Le pouvoir règlementaire des collectivités locales dans les États d'Afrique noire francophone (les cas du Cameroun, du Gabon et du Sénégal) », *Revue Cames/SJP*, n° 002, 2015, p. 81.

[84] Au Cameroun, la clause limitative du nombre de mandats présidentiels a été supprimée lors de la réforme constitutionnelle du 14 avril 2008. Au Burkina Faso, c'est la révision constitutionnelle du 27 janvier 1997 qui supprime cette clause. Sans être exhaustif, on peut aussi citer le cas du Gabon dont la réforme 29 juillet 2003 a supprimé la clause limitative du nombre de mandats présidentiels.

[85] Article 24 de la Constitution du 27 décembre 2004.

[86] Article 35 de la Constitution du 30 mars 2016.

peut aller au-delà de deux mandats[87]. Il se dégage, une volonté de promouvoir la circulation des élites au sommet de l'État[88]. L'importance accordée à cette disposition constitutionnelle justifie son incorporation au rang des limites matérielles au pouvoir de révision. La loi fondamentale de RDC dispose dans ce sens que « *la forme républicaine de l'État, le principe du suffrage universel, la forme représentative du Gouvernement, le nombre et la durée des mandats du Président de la République, l'indépendance du pouvoir judiciaire, le pluralisme politique et syndical, ne peuvent faire l'objet d'aucune révision constitutionnelle* »[89]. Reste à souhaiter que le respect de cette limite constitutionnelle soit effectif. Au total, les lois fondamentales post-crise confirment leur adhésion aux valeurs constitutionnelles universelles à travers les dispositions qui consacrent et consolident la démocratie. De ces dispositions, on peut aussi en déduire, l'attachement à l'État de droit.

B/ La consécration de l'État de droit

L'État de droit résiste peu aux situations de crise en Afrique d'une part, parce que la loi fondamentale est abrogée et d'autre part parce les droits fondamentaux sont souvent vulnérables. L'un des défis majeurs des constituants des États en crise est donc de le consolider à travers l'affirmation de l'autorité de la Constitution (1) et la crédibilisation de la protection des droits fondamentaux (2).

1/ L'affirmation de l'autorité de la Constitution

Dans sa conception formelle, l'État de droit va de pair avec l'idée de l'autorité de la Constitution. Ainsi que le souligne Simone GOYARD – FABRE « *la seconde idée qu'implique les structures constitutionnelles de l'État moderne est celle de la hiérarchie des normes*[90] ». Aussi, il apparaît difficile voire, impossible d'étudier l'État de droit sans que le positionnement de la Constitution ne soit pris en compte, car ce dernier rime avec autorité avérée de la norme constitutionnelle.

L'affirmation de l'autorité de la loi fondamentale par les Constitutions post-crise n'est pas anodine. Il s'agit en réalité d'un retour à l'orthodoxie

---

[87] C'est aussi ce qui a été retenu par les autres Constitutions. Lire dans ce sens : l'article 55 de la Constitution ivoirienne du 08 novembre 2016 modifiée ; L'article 70 de la Constitution de RDC du 18 février 2006 modifiée ou encore, l'article 47 de la Constitution nigérienne du 25 novembre 2010. En revanche, il est important d'indiquer cette clause limitative a fait l'objet de suppression au Burundi et en Guinée.

[88] A. LOADA, « La limitation du nombre de mandats présidentiels en Afrique francophone », *Revue électronique Afrilex*, n° 03, 2003, p. 145.

[89] Article 220 de la Constitution du 18 février 2006. Lire aussi, l'article153 de la Constitution centrafricaine du 30 mars 2016.

[90] S. GOYARD- FABRE, *Les principes philosophiques du droit politique moderne*, Paris, puf, 1997, p. 86.

constitutionnelle car en temps de crise, le sort qui est réservé à la Constitution n'est guère reluisant. Son irrespect par les protagonistes est permanent[91], sa fondamentalité est remise en cause par l'émergence des normes alternatives[92] et sa suprématie est supplantée par lesdites normes[93] au point où on peut valablement parler de la vulnérabilité de la Constitution en temps de crise. En s'orientant vers la construction de l'État de droit, les constituants des États en crise commencent donc par renforcer l'autorité de la Constitution.

Dans les Constitutions post-crise, l'autorité de la Constitution est affirmée à travers une démarche qui consiste d'abord à prescrire son respect par l'ensemble de la société. L'article 62 de la Constitution de RDC dispose dans ce sens que « *toute personne est tenue de respecter la Constitution* ». Dans la même logique, l'article 28 du texte constitutionnel ivoirien énonce que *« l'État s'engage à respecter la Constitution (...)* ». Enfin, dans la Constitution nigérienne, il est mentionné que : « *Tout citoyen nigérien, civil ou militaire, a l'obligation absolue de respecter, en toutes circonstances, la Constitution et l'ordre juridique de la République, sous peine des sanctions prévues par la loi* »[94]. À la suite de ces dispositions constitutionnelles, il est possible de faire deux interprétations. La première est celle qui concerne les destinataires de l'obligation de respecter la Constitution. Il s'agit en réalité d'une obligation qui incombe à tous c'est-à-dire aux gouvernants et aux gouvernés. La nouvelle ère constitutionnelle est ainsi symbolisée par la sacralisation de la norme constitutionnelle. La seconde interprétation est celle qui vise le sort réservé à ce qui procède à la violation de la loi fondamentale. En la matière, il sied de souligner que dans les textes constitutionnels post-crise, la violation de la Constitution fait l'objet d'une criminalisation[95]. Aussi, la nouvelle ère rime avec la fin de l'impunité en matière d'application de la Constitution.

---

[91] À titre d'illustration, suite au décès du Président guinéen Lassana Conte, les militaires se sont emparés du pouvoir au détriment des règles constitutionnelles qui prévoyaient la constatation de la vacance et le recours à l'intérim. C'est dans le même ordre d'idées que l'armée s'est emparée du pouvoir au Burkina Faso suite à la démission de Blaise COLPAORE en octobre 2014. Pourquoi ne pas citer la remise en cause de l'autorité de la chose jugée des décisions du juge constitutionnel en Côte d'Ivoire lors de la crise électorale de 2010. Lire utilement : T. O. TAMA AYINDA, *Constitution et crises en Afrique : réflexion sur l'encadrement constitutionnel des crises dans les États d'Afrique noire francophone*, Thèse de doctorat Ph. D en Droit public, Université de Yaoundé 2018, p. 224.

[92] A. KPODAR, « Bilan sur un demi-siècle de constitutionnalisme en Afrique noire francophone », *Afrilex*, 2012, p. 14.

[93] L. DONFACK SOKENG, « Droit constitutionnel et crises en Afrique », *Solon*, vol.3, n° 5, 2011, p. 83.

[94] Article 39 de la Constitution du 25 novembre 2010.

[95] À titre d'illustration, dans la Constitution congolaise du 18 février 2006, l'article 165 dispose que : « *Sans préjudice des autres dispositions de la présente Constitution,*

Par ailleurs, la démarche des textes constitutionnels post-crise consiste à affirmer la suprématie de la Constitution. On peut en effet lire dans le contexte centrafricain que le peuple centrafricain : « adopte solennellement la présente Constitution, la loi suprême de l'État[96] ». Au Burundi, il est aussi indiqué que la Constitution est la loi suprême[97]. La suprématie constitutionnelle ainsi affirmée signifie que la Constitution prime sur le dispositif normatif en vigueur dans l'État[98]. Elle est au-dessus des normes d'origine interne tout comme il est impossible pour les normes d'origine externe d'être en vigueur dans l'État lorsqu'elles prennent son contrepied. Si la place de la norme constitutionnelle dans la hiérarchie des normes est connue et déterminée dans quasiment tous les États contemporains, il faut dire que dans les États africains, elle n'est pas toujours valorisée. La crise de normativité de la Constitution[99] fait qu'on peut valablement s'interroger sur sa suprématie. En temps de crise, on assiste très souvent à sa supplantation par les accords politiques[100] et par les Chartes de transition. Le besoin de restaurer son autorité passe ainsi par l'affirmation de sa suprématie.

Dans l'optique de renforcer la suprématie constitutionnelle, les constituants ont procédé à la création des juridictions constitutionnelles. Cela se justifie par le fait qu'« *il ne suffit pas de proclamer une Constitution, il faut encore la garantir contre les atteintes qui pourraient lui être portées* »[101]. La juridiction constitutionnelle a donc pour vocation d'assurer la garantie juridique de la Constitution[102]. Aussi en tant qu'instance compétente en matière constitutionnelle, elle contrôle la conformité à la Constitution des lois ordinaires et organiques, des règlements intérieurs des assemblées parlementaires ainsi que les traités et accords internationaux. Tout au plus, les textes ont étendu le champ de compétence des juridictions en question. En RDC, la Cour Constitutionnelle a été expressément désignée comme le juge pénal des gouvernants[103]. En Centrafrique, la Constitution lui attribue le

---

il y a haute trahison lorsque le Président de la République a violé intentionnellement la Constitution (…) ».

[96] Préambule de la Constitution du 30 mars 2016.

[97] Article 48 de la Constitution du 18 mars 2005.

[98] R. CARRE DE MALBERG, *Confrontation a la théorie de la formation du droit par degrés*, Paris, librairie du Receuil Sirey, 1933, p. 3.

[99] F. J. AÏVO, « La crise de normativité de la Constitution en Afrique », *RDP*, n° 1, 2012, pp. 141-180.

[100] P. MAMBO, « Les rapports entre la Constitution et les Accords politiques dans les États africains : réflexions sur la légalité constitutionnelle en période de crise », *Revue de Mc Gill*, n°57, 2012, p. 926.

[101] V. CONSTANTINESCO et S. PIERRE- CAPS, *Droit constitutionnel*, Paris, PUF, 6 éd, 2013, p. 197.

[102] H. KELSEN, « La garantie juridictionnelle de la Constitution », *RDP*, 1928, pp. 197-257.

[103] Article 163 de la Constitution du 18 février 2006 modifiée.

pouvoir de contrôler les lois constitutionnelles[104]. C'est donc à juste titre que la juridiction constitutionnelle est présentée comme une pièce clé de l'État de droit. *In fine*, la construction de l'État de droit par les constituants africains passe en premier lieu par l'affirmation de la suprématie de la Constitution. Une fois que cette affirmation est effective, ce dernier a tenu à renforcer la protection des droits fondamentaux.

Enfin, les constituants ont fait le choix pour des Constitutions rigides[105] dans le but d'assurer la stabilité constitutionnelle. Concrètement, la procédure de révision se caractérise par la complexification et par la limitation du pouvoir de révision. Dans le premier cas, l'initiative et l'adoption font l'objet d'une complexification et d'un allongement temporel[106]. S'agissant plus précisément de l'initiative, sa distribution varie en fonction des États. Autant, certaines attribuent ce droit au Président de la République et au parlement[107], autant d'autres à l'instar de la RDC ont donné au peuple, le pouvoir de déclencher une révision constitutionnelle[108]. S'agissant de l'adoption, l'option a été faite pour le recours alternatif au congrès du parlement et au référendum[109]. Quel que soit le procédé retenu, le principal trait caractéristique est celui de l'allongement temporel de la procédure. Dans le second cas, les limites au pouvoir de révision sont susceptibles d'être classées en deux catégories, ce qui permet de distinguer les limites temporelles des limites matérielles[110]. S'agissant précisément des limites temporelles, la volonté de poser les bases d'une nouvelle ère politique et constitutionnelle est palpable. Les dispositions interdites de révision sont généralement celles qui étaient au cœur des crises. On peut citer à la lecture des Constitutions post-crise en

---

104 Article 95 de la Constitution du 30 mars 2016.

105 J. L. ATANGANA AMOUGOU, « Les révisions constitutionnelles dans le nouveau constitutionnalisme africain », *Politéia*, n° 7, 2005, p. 588.

106 J. M. BIKORO, *Le temps en droit constitutionnel africain. Le cas des États africains d'expression française*. Thèse de doctorat Ph. D en Droit public, Université de Yaoundé 2, 2018, p. 167.

107 Lire dans ce sens : l'article 177 de la Constitution ivoirienne du 08 novembre 2016 modifiée ; L'article 151 de la Constitution centrafricaine du 30 mars 2016 et l'article 173 de la Constitution du Niger du 25 novembre 2010.

108 Article 218 de la Constitution du 18 février 2006 modifiée.

109 Sans être exhaustif, on peut se référer à : l'article 152 de la Constitution centrafricaine du 30 mars 2016 et à L'article 298 de la Constitution burundaise du 18 mars 2005. Cependant, dans le contexte du Niger, l'adoption parlementaire a été privilégiée sauf dans l'hypothèse où la majorité requise n'a pas été retenue. L'article 174 de la Constitution dispose que : « *si le projet ou la proposition a été approuvée à la majorité des quatre cinquième (4/5) des membres composant l'Assemblée nationale, la révision est acquise. À défaut, le projet ou la proposition est soumis à référendum sauf abandon dudit projet ou proposition* ».

110 J. P. DEROSIER, « Enquête sur la limite constitutionnelle : du concept à la notion », *RFDC*, n°76, vol. 4, 2008, p. 790.

dehors de l'atteinte à la forme républicaine du gouvernement : la clause limitative du nombre de mandats présidentiels[111] ; les droits fondamentaux du citoyen[112] et l'unité nationale[113].Il suit de ce qui précède que dans le but de construire et de consolider l'État de droit, l'autorité de la Constitution est clairement affirmée par les textes post-crise. De cette autorité, on peut en déduire une crédibilisation de la protection des droits fondamentaux.

2/ La consolidation de la protection des droits fondamentaux

Le sort des droits fondamentaux en période de crise n'est guère reluisant. On peut même parler sans extrapoler d'une vulnérabilité des droits et libertés des citoyens en période conflictuelle. Dans les États d'Afrique noire francophone, on dénombre une pluralité des cas de viols, d'assassinats, de bâillonnement des droits individuels et collectifs du fait de l'insécurité qui prévaut. C'est la raison pour laquelle la reconstruction de la société passe par une revalorisation du sort des droits et libertés. Dans les Constitutions africaines, on peut faire le constat d'une reconduction des droits classiques et une constitutionnalisation des droits nouveaux ou émergents.

Les droits classiques sont ceux dont l'énonciation est habituelle dans les textes constitutionnels. Une classification permet de distinguer d'une part, les droits civils et politiques et d'autre part, les droits sociaux. Dans le premier cas, on note dans les textes constitutionnels, une pléthore de droits individuels et collectifs. Au rang des droits individuels, il est possible de citer l'égalité des citoyens. La Constitution centrafricaine dispose que « *tous les êtres humains sont égaux devant la loi sans distinction de race, d'origine ethnique, de région, de sexe, de religion, d'appartenance politique et de la position sociale* »[114]. Dans la même logique, la Constitution consacre l'égalité devant les charges publiques[115]. C'est aussi l'option qui est retenue par les autres lois fondamentales[116]. L'importance de ce principe est avérée car, les crises en Afrique ont parfois pour fait générateur, la rupture de l'égalité. Dans certains États, une portion du territoire s'accapare des ressources de l'État au détriment du reste de la population ce qui favorise l'éclosion des rébellions et des mouvements sécessionnistes. Dans d'autres comme en Côte-d'Ivoire, la crise a été causée par la négation du droit de candidater à l'élection présidentielle à certains citoyens.

---

[111] Article 153 de la Constitution centrafricaine du 30 mars 2016 ; L'article 220 de la Constitution de RDC du 18 février 2006 modifiée ou encore l'article 175 de la Constitution du Niger du 25 novembre 2010.

[112] Article 153 de la Constitution centrafricaine du 30 mars 2016.

[113] Article 299 de la Constitution du 18 mars 2005.

[114] Article 6 de la Constitution du 30 mars 2016.

[115] Article 20 de la Constitution du 30 mars 2016.

[116] Article 12 de la Constitution de RDC du 18 février 2006 modifiée.

Dans la même logique, les textes constitutionnels consacrent tous, le droit à l'intégrité physique. Dans le cadre de sa consécration, le texte constitutionnel centrafricain dispose que : « *la personne humaine est sacrée et inviolable. Tous les agents de la puissance publique, toute organisation ont l'obligation absolue de la respecter et de la protéger* »[117]. La Constitution de RDC quant à elle énonce que : « *toute personne a droit à la vie, à l'intégrité physique* »[118]. Si cette disposition est commune à toutes les Constitutions, il convient de souligner que dans les États qui sortent des crises de grande ampleur, elle est lourde de signification. Très souvent, en temps de crise, les droits fondamentaux sont violés voire réduits à néant[119]. La restauration de la paix rime ainsi avec la revalorisation desdits droits d'où la constitutionnalisation du droit à la vie et à l'intégrité physique. Sans être exhaustif, on peut également citer la prise en compte de la liberté d'aller et de venir[120], du droit à l'établissement[121] ou encore le droit à la sureté[122]. Tout comme on peut évoquer s'agissant des droits collectifs, la constitutionnalisation de la liberté de conscience, de réunion et la liberté religieuse. C'est ainsi que la loi fondamentale centrafricaine énonce que « *la liberté de réunion, le libre exercice des cultes sont garantis à tous dans les conditions fixées par la loi. Toute forme d'intégrisme religieux et d'intolérance est interdite* »[123].

Enfin, on retrouve dans les Constitutions post-crise, une pluralité de droits sociaux. Il s'agit dans un premier temps de ceux qui protègent le travailleur contre les abus de l'employeur. Il en est ainsi de la liberté syndicale[124]. Les constituants font d'ailleurs du droit au travail[125], un droit fondamental des

---

[117] Article 1 de la Constitution du 30 mars 2016.

[118] Article 16 de la Constitution du 18 février 2006.

[119] S. SCHMIDT, *La limitation des droits fondamentaux en droit constitutionnel comparé*, Thèse de doctorat en Droit, Université de Neuchâtel, 2011, p. 27.

[120] Article 32 de la Constitution nigérienne du 25 novembre 2010. Lire également, l'article 30 de la Constitution de RDC du 18 février 2006 modifiée.

[121] Article 29 de la Constitution ivoirienne du 08 novembre 2016 modifiée et l'article 5 de la Constitution centrafricaine du 30 mars 2016. Textes constitutionnels.

[122] Article 4 de la Constitution centrafricaine du 30 mars 2016 ; L'article 18 de la Constitution de RDC du 18 février 2006 modifiée ou encore, l'article 18 de la Constitution nigérienne du 25 novembre 2010.

[123] Article 10 de la Constitution du 30 mars 2016. On peut aussi se référer à l'article 19 de la Constitution ivoirienne du 18 novembre 2016 modifiée ; L'article 30 de la Constitution nigérienne du 25 novembre 2010 ou à l'article 22 de la Constitution de RDC du 18 février 2006 modifiée.

[124] Article 12 de la Constitution centrafricaine du 30 mars 2016 ; L'article 17 de la Constitution ivoirienne du 08 novembre 2016 modifiée et l'article 34 de la Constitution nigérienne du 25 novembre 2010.

[125] Article 11 de la Constitution centrafricaine du 30 mars 2016. Lire aussi l'article 33 de la Constitution nigérienne du 25 novembre 2010 et l'article 14 de la Constitution ivoirienne du 08 novembre 2016 modifiée.

citoyens et une obligation qui incombe à l'État. En dehors des droits qui assurent la protection et la valorisation des travailleurs, on retrouve d'autres droits sociaux tels que le droit à la santé[126] et le droit à l'éducation[127].

Ce qui est surtout frappant dans les Constitutions post-crise, c'est la consécration des droits que l'on pourrait qualifier d'émergents. Un qualificatif qui est révélateur de leur caractère inhabituel dans les textes constitutionnels. Au rang de ces droits, on peut valablement citer le droit à la paix. La Constitution de la RDC dispose en effet que « *tous les Congolais ont droit à la paix et à la sécurité, tant sur le plan national qu'international* »[128]. C'est aussi ce qui est perceptible dans le texte constitutionnel du Burundi[129]. Loin d'être un idéal, la paix est devenue un droit. Il s'agit en réalité d'un droit qui était reconnu au départ à l'État, mais qui désormais fait l'objet d'une subjectivisation puisqu'il est reconnu à tous les citoyens. On peut certes émettre des réserves sur l'effectivité ou la justiciabilité de ce droit, toujours est-il que sa constitutionnalisation traduit une volonté de bâtir des sociétés stables. Dans le même ordre d'idées, les Constitutions post-crise consacrent le droit à l'information des citoyens[130], la liberté de création intellectuelle[131] ou encore, le droit d'asile[132].

Au-delà de la constitutionnalisation des droits et libertés, il convient de souligner que les Constitutions ont conféré au préambule, une valeur constitutionnelle. C'est aussi ce qui rend crédible, la prise en compte des droits et libertés par les Constitutions post-conflit. Il s'agit là également d'une évolution fondamentale qui permet d'aplanir l'incertitude longtemps entretenue par les Constitutions africaines au sujet du préambule[133]. Du fait de cette constitutionnalisation, la violation d'un des droits ci-dessus énumérés pourrait être assimilée à la violation de la Constitution.

---

[126] Article 12 de la Constitution nigérienne du 25 novembre 2010 ; L'article 8 de la Constitution centrafricaine du 30 mars 2016.

[127] Article 9 de la Constitution du 30 mars 2016. Lire aussi : l'article 43 de la Constitution de RDC du 18 février 2006 modifiée et l'article 10 de la Constitution ivoirienne du 08 novembre 2016 modifiée.

[128] Article 52 de la Constitution du 18 février 2006 modifiée.

[129] Article 14 de la Constitution.

[130] Article 18 de la Constitution ivoirienne du 08 novembre 2016 modifiée ; Article 9 de la Constitution centrafricaine du 30 mars 2016 ou encore, l'article 31 de la Constitution nigérienne du 25 novembre 2010.

[131] Article 24 de la Constitution ivoirienne du 08 novembre 2016 modifiée ; Article 17 de la Constitution centrafricaine du 30 mars 2016 modifiée.

[132] Article 33 de la Constitution de RDC du 18 février 2006 modifiée ; Article 16 de la Constitution nigérienne du 25 novembre 2010 ; Article 50 de la Constitution burundaise du 18 mars 2005 et l'article 23 de la Constitution ivoirienne du 08 novembre 2016 modifiée.

[133] M. KAMTO, « L'énoncé des droits dans les Constitutions des États africains francophones », *RJA*, n° 2/3, 1991, pp. 7-24.

Il est important de faire remarquer que l'énonciation des droits n'est pas synonyme de l'effectivité de leur garantie car, même les États peu enclins aux exigences de l'État de droit contiennent des Déclarations de droits dans leurs lois fondamentales. Il apparaît dès lors opportun de prévoir des organes dont la mission est d'assurer la garantie des droits en question. Toute la pléthore des juridictions créées par les Constitutions a pour mission d'assurer la protection des droits fondamentaux. C'est le cas de la juridiction constitutionnelle qui est présentée comme un rempart contre la violation des droits des citoyens. On peut d'ailleurs comprendre pourquoi la saisine individuelle a été instituée dans certains États[134]. L'État de droit est donc pris en compte par les Constitutions post-crise. Sa consécration traduit l'adhésion du constituant aux valeurs constitutionnelles universelles bien que ce dernier opère une démarcation par des dispositions atypiques.

II/ L'adjonction en particulier des dispositions atypiques

Parler des dispositions atypiques revient à admettre que dans les Constitutions post-crise, on recense des dispositions inhabituelles[135] dans les textes constitutionnels. Il s'agit de la traduction de l'autonomisation de la pensée constitutionnelle africaine. On peut classer les dispositions en question en deux catégories en distinguant les dispositions promotrices (A) et celles qui sont protectrices (B).

A/ Les dispositions promotrices

On peut affirmer à la suite du professeur F. J. AÏVO que « *l'essor remarqué, ces dernières années, d'une ingénierie constitutionnelle locale, dynamique et active* »[136] est de plus en plus visible. Cet essor se traduit par la promotion par les lois fondamentales d'un certain nombre de valeurs. Loin d'être exhaustif, on peut le démontrer à travers des dispositions qui font la promotion de la bonne gouvernance (1) et celles qui valorisent la diversité (2).

1/ La promotion de la bonne gouvernance

Depuis le début des années 1990, la bonne gouvernance est de plus en plus prise en compte par les textes constitutionnels africains. C'est le professeur D. SY qui résume bien la situation quand il affirme que : « *certaines dispositions tentent de lutter contre la corruption et la mal gouvernance* »[137]

---

[134] Lire l'article 162 de la Constitution de RDC du 18 février 2006 modifiée et l'article 98 de la Constitution du 30 mars 2016.

[135] D. SY, « De quelques dispositions atypiques dans les Constitutions africaines », *op. cit.*, p. 273.

[136] F. J. AÏVO, « La fracture constitutionnelle. Critique pure du procès en mimétisme », *op. cit.*, p. 34.

[137] D. SY, « De quelques dispositions atypiques dans les Constitutions africaines », *op. cit.*, p. 277.

et que : « *les lois fondamentales font allusion à la transparence et à la bonne gouvernance* »[138]. En cela, les Constitutions post-crise se démarquent considérablement de leurs devancières car, il s'agit des dispositions inhabituelles et des questions qui sont parfois à l'origine des situations conflictuelles.

Dès lors qu'il est admis que la loi fondamentale peint la société non pas telle qu'elle est mais comme elle devrait être, la constitutionnalisation de la bonne gouvernance prend tout son sens. Il ne faut pas perdre de vue le fait que la corruption et la mal gouvernance prospèrent dans les États africains et sont sources de frustrations et de tensions. Les dispositions qui posent les bases de la bonne gouvernance sont importantes par leur objet[139]. Elles énoncent, l'un des principes qui commandent désormais l'organisation et le fonctionnement de l'État.

La démarche des constitutions post-conflit présente une triple variante. La première est celle qui consacre de manière générique, le principe de bonne gouvernance. Dans la Constitution centrafricaine du 30 mars 2016, elle fait partie des principes qui fondent la République. C'est ainsi que le texte constitutionnel du 30 mars 2016 dispose que « *les principes de la République sont (...) la bonne gouvernance* ». En d'autres termes, la construction et la consolidation de la République passent par la concrétisation de la bonne gouvernance et le non-respect de l'exigence de bonne gouvernance pourrait être assimilé à un comportement antirépublicain. En revanche, la Constitution ivoirienne du 08 novembre 2016 prescrit simplement la promotion de la bonne gouvernance. C'est ainsi qu'elle dispose que « *les pouvoirs publics sont tenus de promouvoir, de respecter et de faire respecter la bonne gouvernance dans la gestion des affaires publiques et de réprimer la corruption et les infractions assimilées* »[140]. Il s'en suit que c'est à la charge des pouvoirs publics que pèse l'obligation de faire prospérer la bonne gouvernance et d'en assurer la diffusion des valeurs.

On peut s'interroger sur les modalités de la promotion de la bonne gouvernance puisque les lois fondamentales sont muettes sur la question. Dans le mutisme des textes, on peut subodorer une promotion qui se fasse dans le sens de l'éducation de la population. Mais, elle peut aussi prendre le sens de la répression des atteintes à la fortune publique. Une répression qui devra servir d'exemple pour tous ceux qui seront appelés à participer à la gestion des affaires publiques afin que la bonne gouvernance ait un fort ancrage dans la gestion publique.

---

[138] *Idem.*

[139] F. DELPEREE, « Les rayons et les ombres de la Constitution », *RFDC*, n° 103, 2015, p. 582.

[140] Article 41 de la Constitution du 08 novembre 2016 modifiée.

La deuxième démarche qui est celle des textes constitutionnels post-conflits consiste à consacrer la déclaration des biens avant et après l'exercice des fonctions publiques. Dans la Constitution de RDC, il est clairement indiqué qu'« *avant leur entrée en fonction et à l'expiration de celle-ci, le Président de la République et les membres du gouvernement sont tenus de déposer, devant la Cour Constitutionnelle, la déclaration écrite de leur patrimoine familial (...)* »[141]. La Constitution ivoirienne quant à elle étend la liste des autorités soumises à cette obligation. Elle retient ainsi : « *toute personne investie des fonctions de Président de la République, de Vice-président de la République, de Premier ministre, de Président ou de chef d'institutions nationales, de membre du Gouvernement, de membre du Conseil Constitutionnel, de parlementaire, de magistrat ou de toute personne exerçant les hautes fonctions dans l'administration publique ou de la gestion des fonds publics, est tenue de déclarer ses biens conformément à la loi* »[142].

Au-delà de la divergence constatée au sujet des organes assujettis à l'obligation de déclaration des biens, ce qui est constant, c'est la volonté de promouvoir la bonne gouvernance dans ces États où la prévarication des deniers publics est régulière et amplifiée[143]. Il n'est pas inutile de rappeler que certaines crises ont pour fait générateur, la mauvaise distribution des ressources naturelles avec d'un côté des gouvernants qui s'approprient les deniers publics et les gouvernés qui croupissent dans la misère. On peut donc comprendre pourquoi les Constitutions s'orientent vers la promotion de la bonne gouvernance afin que les ressources nationales soient profitables à tous. C'est la raison pour laquelle, le non-respect des exigences ainsi formulées fait l'objet d'une criminalisation et est susceptible d'entraîner la mise en œuvre de la responsabilité pénale des gouvernants[144].

On peut certes émettre des réserves sur la fiabilité des déclarations des gouvernants tout comme on peut douter de l'indépendance des organes devant laquelle lesdites déclarations sont censées se dérouler. En attendant l'édiction des normes dérivées aux lois fondamentales[145], on peut se contenter de constater

---

[141] Article 99 de la Constitution du 18 février 2006.

[142] Article 41 de la Constitution du 08 novembre 2016.

[143] Lire dans ce sens : J. ZADI, *La question de la bonne gouvernance et des réalités sociopolitiques en Afrique : le cas de la Côte d'Ivoire*, Thèse de doctorat en Droit public, Université Paris-Est, 2014, 414 p.

[144] À titre d'illustration, en RDC, l'article 164 de la Constitution du 18 février 2006 modifiée dispose que « La Cour constitutionnelle est le juge pénal du Président de la République et du Premier ministre pour des infractions politiques de haute trahison, d'outrage au Parlement, d'atteinte à l'honneur ou à la probité ainsi que pour les délits d'initié et pour les autres infractions de droit commun commises dans l'exercice ou à l'occasion de l'exercice de leurs fonctions ». Dans la même logique,

[145] L. P. GUESSELE ISSEME, « Les normes dérivées de la Constitution dans les États d'Afrique noire francophone », *RADSP*, n° 09, Vol., 2017, p. 90.

cette avancée dont le but est de bâtir de nouvelles sociétés symbolisées par la culture de la transparence dans la gestion des affaires publiques.

La troisième démarche qui est singulière à la Centrafrique consiste pour le constituant de cet État à procéder à la création d'un organe de promotion de la bonne gouvernance. Le texte constitutionnel centrafricain crée en effet, une Haute Autorité chargée de la bonne gouvernance[146]. C'est dans ce sens qu'elle dispose qu' : « *il est institué une Haute autorité chargée de la bonne gouvernance* »[147]. Il s'agit là d'une innovation fondamentale car, avant la réforme constitutionnelle de 2016, un tel organe n'existait pas dans le paysage institutionnel centrafricain.

La Constitution ne s'est pas contentée d'instituer une Haute Autorité, elle a prolongé son action en affirmant l'indépendance de cet organe. C'est dans ce sens qu'elle dispose que : « *la Haute Autorité de la bonne gouvernance est une institution indépendante de tout pouvoir politique, de tout parti politique, de toute association ou de tout groupe de pression* »[148]. Il y a là, une volonté de mettre cet organe à l'abri de toute sorte de pression ou de toute sorte d'influence. L'indépendance de cet organe a pour vocation de renforcer son émancipation et de lui permettre d'exercer ses activités à l'abri du pouvoir politique. On peut ainsi s'attendre à ce que ceux qui le pilotent aient une large marge de manœuvre leur permettant de promouvoir la bonne gouvernance quitte à neutraliser les abus des gestionnaires publics.

Enfin, les attributions de la Haute Autorité chargée de la bonne gouvernance sont plurielles à la lecture de la Constitution. Dans un premier temps, cet organe est appelé à promouvoir une gestion des institutions étatiques favorables à tous les citoyens. La Constitution dispose dans ce sens que la Haute autorité « *veille à la représentation équitable de toutes les régions de la République centrafricaine dans les institutions publiques et parapubliques* »[149]. Elle ajoute que cet organe « *veille à proscrire toute gestion familiale, clanique, patrimoniale et partisane de la chose publique* »[150].

Le second volet des attributions de la Haute Autorité chargée de la bonne gouvernance vise une exploitation des ressources naturelles profitable à tous. Conformément à la Constitution : « *la Haute autorité assure la protection du patrimoine national et la transparence dans l'exploitation et la gestion des ressources naturelles* »[151]. On peut constater que le patrimoine national et les ressources naturelles sont protégés contre une gestion ou une exploitation abusive. La Constitution ajoute qu'« *elle veille à la redistribution équitable*

[146] Titre XIV de la Constitution du 30 mars 2016.
[147] Article 146 de la Constitution du 30 mars 2016.
[148] Article 147 de la Constitution du 30 mars 2016.
[149] Article 147 de la Constitution du 30 mars 2016.
[150] Article 149 de la Constitution du 30 mars 2016.
[151] Article 149 de la Constitution du 30 mars 2016.

des profits générés par les ressources naturelles »[152] et qu'elle peut appeler : « *l'attention des pouvoirs publics dans les domaines relevant de sa compétence et faire des propositions appropriées* »[153]. La promotion de la bonne gouvernance est donc réelle, elle est révolutionnaire et traduit la volonté du constituant de barrer la voie à la corruption à travers une saine gestion des ressources étatiques au profit de tous les citoyens malgré leurs diversités.

2/ La promotion de la diversité

Les constituants des États en sortie de crise ont compris que l'État est avant tout, une collectivité humaine[154]. C'est la raison pour laquelle, ils posent les bases du droit constitutionnel démotique[155]. Il convient d'indiquer à titre de rappel que le droit constitutionnel démotique est une : « *branche qui s'attache à la composition humaine de la société étatique* »[156]. Aussi, dans certaines Constitutions africaines, on retrouve des dispositions qui prescrivent une coexistence pacifique des composantes de la Nation. Le texte constitutionnel de RDC indique dans ce sens que « *l'État a le devoir d'assurer et de promouvoir la coexistence pacifique et harmonieuse de tous les groupes ethniques du pays (...)* »[157]. Sans attribuer le devoir d'assurer la coexistence pacifique de tous les groupes ethniques à l'État, la Constitution burundaise énonce que : « *tous les Burundais (...) doivent vivre ensemble dans l'harmonie, tout en respectant la dignité humaine et en tolérant leurs différences* ». La promotion de la diversité qui transparaît ici est consécutive au passé constitutionnel de ces États. En effet, en temps de crise, ce qui est constat, ce sont des affrontements entre groupes ethniques[158] au point d'ébranler l'unité nationale. On peut donc y percevoir, une volonté de consolider le vouloir vivre ensemble et la stabilité de l'État. La crise est même parfois le résultat ou la conséquence de la cohabitation difficile entre les différents groupes.

Les textes constitutionnels post conflit valorisent certes l'unité nationale, mais leur contenu témoigne de ce que l'unité n'exclut pas la prise en compte de la diversité. S'agissant de l'unité nationale, il est possible d'identifier de nombreuses dispositions qui en font allusion. C'est le cas de celle qui définit les principes de la République en Centrafrique. On peut lire dans la loi

[152] Article 149 de la Constitution du 30 mars 2016.

[153] *Idem.*

[154] A. ONDOUA, « La population en droit constitutionnel. Le cas des pays d'Afrique noire francophone », *op. cit.,* p. 92.

[155] F. BORELLA, *Éléments de droit constitutionnel, op. cit.,* p. 151.

[156] A. ONDOUA, « La population en droit constitutionnel. Le cas des pays d'Afrique noire francophone », *op. cit.,* p. 92.

[157] Article 51 de la Constitution du 18 février 2006.

[158] A. J. DOUI WAWAYE, *La sécurité, la fondation de l'État centrafricain. Contribution à la recherche de l'État de droit*, Thèse de doctorat en Droit public, Université de Bourgogne, 2012, p. 215.

fondamentale centrafricaine que « *les principes de la République sont : l'unité nationale (...)*»[159]. Même dans le cadre de la constitutionnalisation de la décentralisation, le constituant n'hésite pas à rappeler le respect par les Collectivités territoriales de l'unité nationale. La Constitution dispose à cet effet que : « *la République centrafricaine est organisée en Collectivités territoriales sur la base du principe de la décentralisation dans le respect de l'unité nationale* »[160].

Cependant, les constituants sont conscients du fait que la construction de l'unité nationale n'exclut pas une prise en compte de la diversité. C'est la raison pour laquelle dans la constitutionnalisation du « *nous* »[161], ces derniers ont opté pour une identité plurielle. C'est ainsi qu'ils ont posé les bases de la protection des minorités et des populations autochtones. L'enjeu d'une telle option est : « *la reconnaissance d'un certain nombre de droits à ces populations* »[162]. On peut en effet lire dans la Constitution centrafricaine que : « l'État assure la protection renforcée des droits des minorités, des peuples autochtones et des personnes handicapées »[163] et que la Haute autorité chargée de la bonne gouvernance : « *veille également à la protection des droits des minorités, des peuples autochtones, des personnes handicapées ainsi que du principe de l'égalité entre homme et femme* »[164]. Ces dispositions attestent de la prise en compte de la diversité par les constituants et surtout de la volonté de construire une société plurielle.

La protection des minorités et des populations autochtones en droit constitutionnel s'opère suivant une triple modalité[165]. La première repose sur la reconnaissance à ces catégories de la population des mêmes droits que ceux qui sont reconnus à l'ensemble des citoyens. Dans ce cas, on parle d'une protection universelle[166]. La deuxième modalité consiste à les intégrer dans les institutions étatiques. Dans cette hypothèse, on parle de l'aménagement institutionnel.

---

[159] Article 25 de la Constitution du 30 mars 2016.

[160] Article 128 de la Constitution du 30 mars 2016.

[161] L. SINDJOUN, « Identité nationale et "révision constitutionnelle" du 18 janvier 1996. Comment constitutionnalise-t-on le "nous" au Cameroun dans l'État post-unitaire ? », *Polis*, numéro spécial, « Identité politique et démocratisation au Cameroun », février, vol. I, 1996, pp. 10-24 ; Lire également : L. SINDJOUN, « L'imagination constitutionnelle de la nation », *in* S. MELONE, A. MINKOA SHE, L. SINDJOUN (dir.), *la réforme du 18 janvier 1996 au Cameroun. Aspects juridiques et politiques*, Fondation Friedrich EBERT, AFSP, GRAP, 1996, pp. 78-101.

[162] D. SY, « De quelques dispositions atypiques dans les Constitutions africaines », *op. cit.*, p. 278.

[163] Article 6 de la Constitution du 30 mars 2016 ; Lire aussi, les articles 49 et 51 de la Constitution de RDC du 18 février 2006.

[164] Article 148 de la Constitution du 30 mars 2016.

[165] J. WOEHRLING, « Les trois dimensions de la protection des minorités en Droit constitutionnel ». *RDUS*, 2003, pp. 93-155.

[166] *Ibid.* p. 116.

Enfin, la troisième modalité correspond à l'attribution des droits spéciaux à ces couches de la population à travers la discrimination positive ou la théorie des inégalités compensatrices[167]. Dans ce cas de figure, on parle de la protection spéciale des minorités[168]. La formulation retenue par les constituants africains est certes lacunaire mais, on peut y percevoir, la base d'une protection spéciale de ces couches vulnérables. L'objectif étant de prendre en compte la diversité de la population dans la construction de la Nation.

Enfin, on retrouve dans la Constitution burundaise des dispositions favorables à la consolidation de la démocratie consociative[169]. En effet, dans le texte constitutionnel post-crise, toutes les composantes de la Nation sont représentées dans les hautes sphères de l'État. S'agissant du gouvernement, la loi fondamentale dispose que : « *le gouvernement est ouvert à toutes les composantes ethniques. Il comprend au plus 60 % de ministres et vice-ministres Hutu et au plus 40% de ministres et de vice-ministres Tutsi (...)* »[170]. C'est aussi ce quota qu'elle retient dans la composition de l'Assemblée nationale[171] et de la haute administration[172]. À travers cette disposition, on peut déduire la volonté du constituant de permettre à ce que toutes les composantes sociologiques de la Nation participent à la gestion des affaires publiques. L'objectif est de rompre avec le passé des États caractérisés par l'accaparement des hautes fonctions de l'État par un seul groupe ethnique. Au total, dans l'optique de mettre en place une nouvelle ère politique et constitutionnelle, les lois fondamentales mettent un accent particulier sur la promotion de la bonne gouvernance et de la diversité. À bien y regarder, ces dispositions visent la protection des bases fondamentales de la société.

B/ Les dispositions protectrices

Dans les lois fondamentales post-crise, on peut classer les dispositions protectrices en deux catégories selon qu'elles visent la protection de la démocratie (1) ou la protection des biens publics (2).

---

[167] R. ERGEC, « Les inégalités compensatrices », *in L'effectivité des droits fondamentaux dans les pays de la communauté francophone*, Paris 1991. p-93.

[168] J. WOEHRLING, « Les trois dimensions de la protection des minorités en Droit constitutionnel », *op. cit.*, p. 128.

[169] La démocratie consociative peut être définie comme une variante de la démocratie dans les sociétés plurales qui repose sur un partage du pouvoir entre les groupes ethniques en faisant abstraction du système majoritaire. Le partage du pouvoir peut avoir lieu dans la structuration des organes étatiques tout comme il est envisageable dans la circulation des élites au sommet de l'État. Lire utilement : J. LACABANNE, *La démocratie consociative : forces et faiblesses du multiculturalisme*, Paris, Éditions Persée, 2016, p. 18.

[170] Article 129 de la Constitution.

[171] Article 164 de la Constitution.

[172] Article 143 de la Constitution.

1/ La protection de la démocratie par la négation des coups d'État

On peut définir le coup d'État comme : « *une pratique volontaire et consciente de l'armée ou d'une partie de celle-ci pour s'emparer des institutions étatiques et occuper le pouvoir d'État* »[173]. De cette définition, il s'ensuit que le recours au coup d'État correspond à la dévolution non démocratique du pouvoir. Certes, dans le nouveau constitutionnalisme africain, on peut émettre des réserves sur la transparence de l'élection présidentielle, mais en Afrique, la tendance retenue depuis le début des années 1990 est celle de la démocratisation de l'accession à la fonction présidentielle[174], c'est le principe électif qui a été promu par les textes constitutionnels faisant ainsi du coup d'État, un changement anticonstitutionnel de gouvernement[175].

Dans le cadre des réformes constitutionnelles du début des années 1990, on a assisté à une généralisation de la négation expresse des coups d'État et par ricochet, des régimes militaires. La plupart des textes constitutionnels ont consacré à la fois la séparation des pouvoirs militaires et civils et la subordination du premier au second[176]. Pourtant, malgré cette négation, les coups d'État n'ont pas été neutralisés. Dans les États comme la Centrafrique, la RDC, la Côte d'Ivoire et le Burundi, l'armée se présente toujours comme un facteur d'instabilité[177]. En effet, l'incursion de l'armée dans la vie politique des États en question explique pourquoi jusqu'ici, l'on arrive pas à écarter les changements anticonstitutionnels de gouvernement si bien qu'à côté des trois pouvoirs classiques distingués par la doctrine constitutionnelle à savoir l'exécutif, le législatif et le judiciaire, il convient d'ajouter dans ces pays, le pouvoir militaire. Il s'agit certes d'un pouvoir conjoncturel mais son influence dans la vie politique a constamment conduit les États dans des crises profondes. Le besoin de restaurer l'organisation constitutionnelle du pouvoir se faisant sentir, les lois fondamentales n'ont pas hésité à déclarer : « *hors la loi* », l'usurpation du pouvoir par coup d'État.

Dans leurs démarches, les constituants des États post-crise ont tenu à criminaliser le recours au coup d'État. C'est ainsi que la Constitution centrafricaine dispose que « l'usurpation de la souveraineté par coup d'État, rébellion, mutinerie ou tout autre procédé non démocratique constitue un

---

[173] J. P. PABANEL, *Les coups d'État militaires en Afrique noire*, Paris, L'Harmattan, 1984, p. 5.

[174] I. M. FALL, *Le pouvoir exécutif dans le constitutionnalisme des États d'Afrique*, Paris, L'Harmattan, 2008, p. 42.

[175] A. T. LY, « Les changements anticonstitutionnels de gouvernement en Afrique », *Droit sénégalais*, n° 9, 2010, pp. 293-339 ; Lire également : J.-C. TCHEUWA, « L'Union africaine et les changements anticonstitutionnels de gouvernement », *RRJ* 2009, vol. 34, n° 127, pp. 995-1022.

[176] Article 28 de la Constitution gabonaise du 21 mars 1991.

[177] A-J. DOUI WAWAYE, *La sécurité, la fondation de l'État centrafricain. Contribution à la recherche de l'État de droit*, *op. cit.*,, p. 32.

crime imprescriptible contre le peuple centrafricain »[178]. Elle poursuit en indiquant que : « les auteurs, co-auteurs et complices des actes visés aux alinéas 1 et 2 sont interdits d'exercer toute fonction publique dans les institutions de l'État »[179]. Dans la même logique, le texte constitutionnel de la RDC énonce que « *toute tentative de renversement du régime constitutionnel constitue une infraction imprescriptible contre la Nation et l'État* ». On peut se rendre compte de la volonté d'annihiler toute tentative de renversement ou de basculement de l'organisation constitutionnelle du pouvoir. Il se dégage, une volonté de mettre fin au coup d'État, de criminaliser les changements anticonstitutionnels de gouvernement et de valoriser l'accession au pouvoir par la voie démocratique.

La criminalisation du coup d'État n'est que la conséquence de l'histoire constitutionnelle des États africains. La plupart des crises dans lesquels sont plongés ces derniers ne sont que la conséquence des tentatives ou de l'effectivité des coups d'État. Que ce soit au Burundi, en RDC, en Centrafrique, ou encore au Niger, on note une floraison de coup d'État militaire et une instabilité chronique consécutive à ceux-ci. Certes, on peut émettre des réserves en nous appuyant sur la discordance entre l'effet d'annonce et le droit vivant mais, la criminalisation des changements anticonstitutionnels de gouvernement permet d'amorcer une nouvelle ère dans des États en reconstruction.

Les lois fondamentales interpellent deux catégories d'acteurs pour restaurer la légalité et la légitimité constitutionnelles. La première catégorie qui est visée est constituée des pouvoirs publics, lesquels sont appelés à mobiliser tous les moyens pour restaurer l'ordre constitutionnel. Pour s'en convaincre, il convient de se référer à la Constitution centrafricaine qui dispose qu' : « *en cas de coup d'État (...) les autorités habilitées par la Constitution ont le droit et le devoir de recourir à tous les moyens pour rétablir la légitimité constitutionnelle y compris le recours aux accords de coopération militaire ou de défense en vigueur* »[180]. À l'analyse de cette disposition qui n'est pas singulière[181], il est possible d'affirmer que l'objectif est de tout faire pour mettre fin à toute usurpation du pouvoir par le biais du coup d'État. Le Président de la République qui est visé ici au premier chef doit mobiliser tous les moyens afin de faire échec au coup d'État. Ainsi, en tant que chef des forces armées[182], il peut soit prendre la décision d'engager les hostilités, soit solliciter une intervention étrangère pour faire échec à

---

[178] Article 28 de la Constitution du 30 mars 2016.

[179] *Idem.*

[180] Article 29 de la Constitution du 30 mars 2016.

[181] On peut aussi se référer à l'article 64 de la Constitution de RDC du 18 février 2006 modifiée.

[182] J-M. BIKORO, « Le Président de la République Chef de l'État au Cameroun », *in* P. E. ABANE ENGOLO et J. P. MARKUS (Dir.), *La fonction présidentielle au Cameroun,* Paris, L'Harmattan, 2019, p. 32.

l'usurpation de la souveraineté du peuple. Dans le même ordre d'idées, le parlement peut approuver la décision militaire du Président de la République dans les États où il dispose de ce pouvoir[183].

Le peuple est également interpellé par les Constitutions pour assurer la protection de la démocratie en cas de changement anticonstitutionnel de gouvernement. Cela se comprend aisément car, dans la théorie constitutionnelle, le peuple en tant que contre-pouvoir[184], participe à la protection politique de la Constitution et du régime constitutionnel[185]. Dans le contexte centrafricain, la loi fondamentale dispose que : « dans ces circonstances, tout citoyen ou groupe de citoyens a le droit et le devoir de s'organiser d'une manière pacifique, pour faire échec à l'autorité illégitime »[186]. C'est aussi ce qui est prévu dans le texte constitutionnel de RDC qui indique que : « tout Congolais a le devoir de faire échec à tout individu ou groupe d'individus qui prend le pouvoir par la force ou qui l'exerce en violation des dispositions de la présente Constitution »[187]. En d'autres termes, en cas de coup d'État, le peuple est appelé à mettre en œuvre le droit de résistance à l'oppression[188] afin de neutraliser le régime militaire. Il suit de ce qui précède que le souci du constituant de construire la démocratie a conduit ce dernier à affirmer sa négation des coups d'État. Les dispositions ci-dessus étudiées sont protectrices de la démocratie, elles sont atypiques parce qu'elles ne figurent pas toujours dans les textes constitutionnels tout comme celles qui assurent la protection des biens publics.

2/ La protection des biens publics

Les situations de crise ont généralement une incidence sur la consistance des biens publics. Selon les cas, ceux-ci sont détériorés ou détruits et dans certaines circonstances, ils font l'objet d'appropriation par les belligérants[189]. Ce qui fait qu'au lendemain de la crise ou du conflit, l'État et ses démembrements sont dépourvus de biens pouvant servir à la reconstruction du pays. Dans une telle situation, l'objectif est de préserver l'intégrité du peu de biens existants et de renforcer leur protection. Il s'ensuit que la nouvelle

---

[183] J. L. ENGOUTOU, « Le Président de la République, chef des armées dans les États d'Afrique noire francophone », *RADP*, n° 11, vol. VI, 2017, 33p.

[184] A. SOMA, « Le peuple comme contre-pouvoir en Afrique », *RDP*, n° 4, 2014, pp. 1019-1021.

[185] Lire dans ce sens : B. CISSE, *L'externalisation des activités militaires et sécuritaires. A la recherche d'une règlementation juridique appropriée*, Thèse de doctorat en Droit public, Université Lille-2, 2014, 509 p.

[186] Article 29 de la Constitution du 30 mars 2016.

[187] Article 64 de la Constitution du 18 février 2006.

[188] BIKORO (J.-M.), « Le droit de résistance à l'oppression dans le nouveau constitutionnalisme africain », *RCC*, n° 2-3, 2020, pp. 103-110.

[189] DOUI WAWAYE (A-J.), *La sécurité, la fondation de l'État centrafricain. Contribution à la recherche de l'État de droit, op. cit.,*, p. 169.

ère que met en place la Constitution post-crise est aussi celle de la protection des biens publics et la démarcation des lois fondamentales est celle de l'élévation de cette protection à la dignité constitutionnelle[190].

Les textes constitutionnels post-conflits procèdent à une double démarche dans la protection des biens publics. La première consiste à prescrire leur respect. Dans la Constitution nigérienne, il est clairement indiqué que : « *les biens publics sont sacrés et inviolables. Toute personne doit les respecter scrupuleusement et les protéger* »[191]. On retrouve une disposition analogue dans les Constitutions de RDC[192], de Côte-d'Ivoire[193] et du Burundi[194]. Le respect ainsi prescrit peut être justifié à partir de deux arguments. Le premier est relatif à la qualité du propriétaire desdits bien. Pour l'essentiel, il s'agit des biens de l'État et de ses démembrements et par extension, ceux de la collectivité prise dans sa globalité. Le fait qu'ils appartiennent à la collectivité fait qu'ils doivent être touchés et gérés avec des mains tremblantes. En effet : « *les personnes publiques (...) acquérant leurs biens peu ou prou grâce à l'impôt des particuliers, leur patrimoine doit jouir d'une protection particulière quelle que soit son affectation* »[195]. Le second argument a trait à la destination des biens publics. Deux catégories de biens relèvent des biens publics à savoir, les biens du domaine public et ceux du domaine privé[196]. Si la seconde catégorie fait l'objet d'un usage privatif, il faut dire que la première par contre, est destinée soit à l'usage direct de tous les citoyens, soit à l'usage d'un service public. Aussi, les personnes publiques concourant par principe à la satisfaction de l'intérêt général, il est normal que leur patrimoine fasse l'objet d'une protection renforcée[197].

L'une des interrogations qu'on peut formuler concerne les destinataires de cette obligation de respect. Que faut-il entendre par l'expression : « *toute personne* » ? À cette question, il est important d'indiquer que le vocable « *personne* » employé par les Constitutions post-crise doit être entendu dans un sens extensif. Ce sens qui permet d'inclure à la fois les personnes physiques et les personnes morales de droit public ou privé. Sur cette base, on peut donc indiquer que le respect des biens publics s'impose à la fois aux gouvernés et aux gouvernants.

---

190 Sur la protection constitutionnelle des biens publics, lire utilement : Y. GAUDEMET, « Constitution et biens publics », *NCCC*, n°37, 2012, p. 15.

191 Article 41 de la Constitution.

192 Article 67 de la Constitution du 18 février 2006.

193 Article 44 de la Constitution du 08 novembre 2016.

194 Article 69 de la Constitution.

195 N. FOULQUIER, *Droit administratif des biens*, Paris, Lexis Nexis, 2011, p. 18.

196 M. LAGRANGE, « L'évolution du droit de la domanialité publique », *RDP*, 1974, p. 8.

197 B. MALLET-BRICOUT, « Propriété, affectation, destination. Réflexion sur les liens entre propriété, usage et finalité », *RTJUM*, n° 48, 2014, p. 539.

La protection des biens publics passe aussi par la règlementation de leur usage. En la matière, les textes constitutionnels prescrivent un usage conforme au droit et proscrivent une série d'actes susceptibles de porter atteinte à leur intégrité. La Constitution burundaise dispose dans ce sens que : « *tout acte de sabotage, de vandalisme, de corruption, de détournement, de dilapidation, ou tout autre acte qui porte atteinte au bien public est réprimé dans les conditions prévues par la loi* »[198]. C'est aussi ce qui est prévu dans la Constitution du Niger[199]. De ces deux dispositions constitutionnelles, il en ressort une négation et une pénalisation des actes portant atteinte à l'intégrité des biens publics. Loin d'être génériques, les lois fondamentales ont clairement énuméré les actes susceptibles d'affecter la propriété publique et ont attribué au législateur, le pouvoir d'incriminer lesdits actes. Sont ainsi interdits par les constitutions post-crise, la détérioration et la destruction des biens publics tout comme leur privatisation ou appropriation.

On peut se demander sur qui pèsent ces interdictions constitutionnelles ? En guise de réponse, il faut souligner qu'à l'instar des destinataires du respect, ces interdictions pèsent sur trois catégories d'acteurs à savoir, les citoyens pris dans leur globalité, les étrangers et les gouvernants. S'agissant de la première catégorie, c'est pour lutter contre l'incivisme que les Constitutions ont tenu à limiter les actions des citoyens dans l'usage des biens publics. Dans les États d'Afrique noire francophone en général, la détérioration des biens publics est en partie causée par les citoyens. Ces derniers sont souvent auteurs des actes de vandalisme sur les biens publics aussi bien en temps de crise qu'en période normale. Les étrangers vivant sur le territoire des États visés par la présente étude sont aussi tenus au respect de la règlementation et des biens publics. Ils ont l'obligation de mener leurs activités sans empiéter sur la propriété publique ; laquelle est sacrée et inviolable. Enfin, il est interdit aux gouvernants de s'approprier les biens publics ou de les dilapider.

Dans le souci de renforcer la protection des biens publics, les constitutions post-crise ont posé le principe de leur inviolabilité. Il s'agit d'un principe qui

---

[198] Article 69 de la Constitution.

[199] Article 41 de la Constitution.

englobe à la fois l'inaliénabilité[200], l'imprescriptibilité[201] et l'insaisissabilité[202] des biens publics. En fait, l'inviolabilité vise à protéger l'intégrité des biens publics et les préserve de quelques atteintes que ce soit. C'est sur ce principe que s'appuie la législation nationale pour aménager le régime d'utilisation et de protection desdits biens. La principale conséquence de l'inviolabilité est qu'elle favorise la sacralisation des biens publics par opposition aux biens privés qui, bien que faisant aussi l'objet d'une protection constitutionnelle, ne sont pas autant sacralisés.

Enfin, l'élévation de la protection des biens publics à la dimension constitutionnelle est allée de pair avec la diversification du domaine organique de la protection. À la lecture des lois fondamentales, la protection desdits biens incombent à l'État ou du moins aux gouvernants et aux citoyens. Dans le premier cas, il revient aux pouvoirs publics d'adopter une législation dérivée à la Constitution[203] et qui prolongerait l'idée des constituants en matière de protection des biens publics. Le législateur est ainsi interpellé tout comme le Président de la République. Au-delà de ces deux acteurs, le juge constitutionnel est désormais érigé en gardien de la propriété publique. On peut donc s'attendre à ce qu'il soit attentif aux textes infra-constitutionnels qui seraient de nature à empiéter sur les biens publics.

Les citoyens sont aussi interpellés dans la protection des biens publics. La Constitution burundaise est assez claire au sujet de l'interpellation des citoyens. Elle dispose en effet que : « *chaque Burundais a le devoir de défendre le patrimoine de la Nation* »[204]. Les autres lois fondamentales font aussi de la protection des biens publics, un devoir à la charge des citoyens[205]. Ces derniers peuvent en assurer la protection soit en mettant en œuvre le droit de résistance à l'oppression en cas de dilapidation ou d'appropriation voire de vandalisme, soit alors, en saisissant les instances juridictionnelles. Il s'ensuit que la nouvelle

---

[200] Ce principe signifie que les biens publics du domaine public et signifie que ceux-ci ne peuvent : « *être cédés d'aucune manière, de façon volontaire ou contraignante, à titre onéreux ou à titre gratuit* », *in* N. FOULQUIER, *Droit administratif des biens, op. cit.,* p. 167.

[201] L'imprescriptibilité signifie que la personne publique ne perd aucunement son droit de propriété sur son bien en vertu d'une occupation prolongée par un tiers. Lire dans ce sens : C. LAVIALLE, « L'imprescriptibilité du domaine public », *RFDA*, 1985, p. 27.

[202] En un mot, les biens du domaine public échappent en principe à toute saisie. En d'autres termes, ce principe consacre l'impossibilité d'hypothéquer les biens du domaine public, *in* N. FOULQUIER, *Droit administratif des biens, op. cit.,* p. 167.

[203] Le renvoi législatif est ainsi effectué par l'article 41 de la Constitution du Niger et l'article 69 du texte constitutionnel burundais.

[204] Article 69 de la Constitution.

[205] Article 44 de la Constitution ivoirienne du 08 novembre 2016, l'article 41 de la Constitution du Niger et l'article 67 de la Constitution du 18 février 2006.

ère constitutionnelle symbolisée par l'adoption post-crise est marquée par la sacralisation des biens publics et le renforcement de leur protection.

Parvenu au terme de cette étude, il est important de faire remarquer qu'en se dotant d'une nouvelle Constitution au lendemain des crises, les États d'Afrique noire francophone expriment leur volonté de rompre avec le passé constitutionnel et politique qui est chaotique. Pour ce faire, les constituants vont opter dans le cadre de l'écriture de la Constitution pour une démarche qui oscille entre emprunt et créativité. L'emprunt consiste pour ces derniers à puiser dans le patrimoine constitutionnel universel, des ressources qui sont des leviers à la stabilité, à la démocratie et à l'État de droit. La créativité quant à elle a permis d'introduire des dispositions atypiques en prenant en compte les tares et faiblesses des Constitutions précédentes. Par-delà cette démarche, on peut tout simplement souhaiter qu'à l'épreuve du temps, la gestion des lois fondamentales soit saine et favorable à la prospérité de l'idée de Constitution et des valeurs constitutionnelles.

ÉTATS D'AFRIQUE NOIRE FRANCOPHONE ET IDENTITÉ CONSTITUTIONNELLE

JOHN ERIC DICKA

Chercheur en Droit public à l'Université Paris Saclay, UVSQ,

AMADOU BOUBA

Chercheur en Droit public à l'Université de Maroua-Cameroun

Les questions politiques et de droit constitutionnel en Afrique ont longtemps occupé le centre des préoccupations scientifiques du Professeur E. H. MBODJ[1], lui qui considéra d'ailleurs la constitution : *« comme la matrice du droit constitutionnel »*[2]. C'est dire à sa suite combien sont sensibles, les analyses qui s'y évertuent – *l'examen de la question de l'identité constitutionnelle en occurrence* –, tant celles-ci se doivent d'être partagées entre l'économie des textes et l'économie des pratiques institutionnelles.

En effet la globalisation qui est souvent présentée comme une lame de fond, suscite par voie de réaction, un besoin d'identité de la part des sociétés

[1] E. H. MBODJ, *La succession du chef d'État en droit constitutionnel africain : analyse juridique et impact politique*, Thèse pour le doctorat d'État en droit, Université Cheick Anta Diop, 1991, 536 p. ; « Le juge : un déterminant du processus électoral en Afrique ? », *in* Espaces du service public. Mélanges en l'honneur de J. DU BOIS DE GAUDUSSON, Bordeaux, Presses universitaires de Bordeaux, 2014, p. 432-451. ; La problématique du financement de la vie politique dans les nouvelles démocraties africaines, texte présenté au *panel sur le financement des partis politiques ; 18e congrès mondial de l'Association internationale des sciences politiques*, Québec, août 2000, 10 p ; « Faut-il avoir peur de l'indépendance des institutions électorales en Afrique ? », Revue *Afrilex* bordeaux, 2009, 32 p. ; « Emergence d'une culture constitutionnelle inclusive en Afrique. Expérience vécue du processus d'élaboration de la Constitution de la République démocratique du Congo du 18 février 2006 » ; *in* A. SALL & I. M. FALL (dir.), *Actualités du droit public et de la science politique en Afrique. Mélanges en l'honneur de Babacar KANTÉ*, Dakar, L'Harmattan, 2017.

[2] E. H. MBODJ, « La constitution de transition et la résolution des conflits en Afrique. L'exemple de la République démocratique du Congo », *Revue du droit public*, n° 2, 2010, p. 441.

et des communautés étatiques qui se trouvent fondues dans la mondialisation. Une quête d'identité qui peut se décliner, selon des approches spécifiques, tant sur le plan culturel, religieux, ethnique, national que constitutionnel. À cet effet, le discours constitutionnel s'enrichit d'une nouvelle expression : « identité constitutionnelle ». Assurément, il faut se garder de la tentation de reconstruction linéaire et nécessaire de la notion d'identité constitutionnelle que porte toute généalogie des idées[3].

La notion d'identité constitutionnelle peut revêtir plusieurs sens. Il est d'usage de dégager deux significations du mot « identité ». On oppose généralement l'identité comme « ipséité » à l'identité comme « équivalence »[4]. Sensiblement analogue à la notion de spécificité, la première peut signifier pour une personne d'être soi-même et non un autre. De façon bien différente, la seconde désigne le fait, pour une chose, d'être la même qu'une autre[5]. Ainsi par exemple, lorsque KELSEN[6] parle d'identité du droit et de l'État, il exprime l'identité comme équivalence, c'est-à-dire l'identité comme *simple* identité ; en revanche, quand C. SCHMITT évoque l'identité d'un État comme produit essentiel de sa Constitution, il exprime l'identité comme ipséité[7]. Si l'identité peut être juridique, il peut autant être extra-juridique et d'ordre théorique, philosophique, etc. L'intérêt porté à cette question paraissant fort variable suivant les disciplines juridiques et, au sein de chacune d'elles, des époques. Tout est ici fonction du degré de maturité de chaque discipline dans sa structuration interne et sa démarcation externe vis-à-vis des disciplines voisines.

L'identité qui nous intéresse ici correspond bien entendu à l'identité comme ipséité. Ramenée à la matière constitutionnelle, elle désigne par conséquent une spécificité, une particularité ou encore une singularité constitutionnelle. De ce point de vue, l'identité constitutionnelle est inéluctablement liée au génie propre d'une entité nationale, c'est-à-dire par-delà la géographie, l'histoire et les frontières qu'il y'aurait « un patrimoine constitutionnel de chaque État ». Cette notion se comprend au mieux avec le renfort d'une métaphore. Ainsi, une carte d'identité n'est d'ailleurs établie qu'au profit d'un individu et quand bien même contient-elle des indications relatives à une communauté nationale, ou religieuse à l'instar du système confessionnel libanais, de telles indications sont

---

[3] D. ROUSSEAU, « L'identité constitutionnelle, bouclier de l'identité nationale ou branche de l'étoile européenne ?», dans Laurence Burgorgue-Larsen (dir.), *L'identité constitutionnelle saisie par les juges en Europe*, Paris, Pédone, 2011, p. 90.

[4] A. VIALA, « Le concept d'identité constitutionnelle : approche théorique », *in* L. BURGORGUE-LARSEN (Dir.), *L'identité constitutionnelle saisie par les juges en Europe*, Paris, Pédone, 2011, p. 9.

[5] *Idem.*

[6] H. KELSEN, *Théorie pure du droit*, Traduction française de la 2e édition de la « Rechtslehre » par Ch. EISENMANN, Paris, Dalloz, 1962. p. 378, et s.

[7] A. VIALA, « Le concept d'identité constitutionnelle : approche théorique », *op. cit.,*, p. 9.

des critères d'appartenance et non des critères d'identité : *« J'appartiens à la communauté camerounaise mais mon identité n'est pas d'être camerounais, mon identité est d'être moi-même »*.

Mais l'objet de nos interrogations se limitera, par-delà toute phénoménologie de l'identité constitutionnelle, au concept même d'ipséité appliqué à la chose constitutionnelle. De fait, parler de l'identité constitutionnelle en Afrique noire francophone remet sur la table la question du constitutionnalisme dans les États africains de succession française à l'aune du phénomène mimétique. En fait, pour cette théorie, l'ingénierie constitutionnelle française sert de source d'inspiration aux constitutions africaines[8]. En toute logique, la réception du droit constitutionnel en Afrique devrait s'accompagner des principes fondamentaux du constitutionnalisme occidental. À cet effet, une partie de la doctrine considère qu'il n'est pas sain d'attribuer presque systématiquement un comportement mimétique aux élites africaines chargées de rédiger une Constitution. Ce serait en effet nier le discernement, le travail de rédaction et l'originalité dont elles ont pu faire preuve. Il faut convenir avec le Professeur DU BOIS DE GAUDUSSON qu'il s'agit là d'une « *vision réductrice des démocraties africaines* »[9]. Par ailleurs, la question ici n'est pas d'opérer une telle analyse ni de s'évertuer à démontrer l'existence d'un mimétisme, mais de considérer que celui-ci consiste en la reproduction d'institutions et de mécanismes propres à un autre régime, transposition par le texte ou transposition dans la pratique constitutionnelle.

La constitution est en général un texte élaboré en formes plus ou moins solennelles, et fixant l'organisation politique du pays. Mais, la vie constitutionnelle d'un pays enrichit le texte constitutionnel lui-même (les coutumes, les pratiques…). Celles-ci complètent et débordent largement le texte écrit qui serait autrement insuffisant[10]. En effet, la vie politique crée constamment des situations nouvelles, qui dans tous les cas ne sont pas et ne peuvent pas être prévues par le texte constitutionnel. Certes, il existe des procédures de révision de la constitution. Mais, cette dernière ne peut pas forcément suivre le rythme des mutations qui interviennent dans la société. Si

[8] En succédant à la souveraineté de la France sur des espaces territoriaux antérieurement délimités et administrés par le colonisateur, les États africains francophones avaient hérité non seulement de la tradition juridique française, mais surtout de toute une culture politique et juridique aux grands systèmes de droit contemporains. De là, émergent les traits d'affirmation ou d'éléments d'identification d'un droit constitutionnel africain francophone.

[9] J. DU BOIS DE GAUDUSSON, « Le mimétisme postcolonial et après ? », *Pouvoirs*, n° 129, p. 45.

[10] M. KAMTO, *Pouvoir et droit en Afrique noire : Essai sur le fondement du constitutionnalisme dans les États d'Afrique noire francophone*, Paris, L.G.D.J., 1987, p. 42.

la constitution essaie d'organiser et règlementer l'univers politique, celui-ci a, en retour, une influence sur elle[11].

Depuis le début des années 90, la plupart des pays africains ont renoué avec le constitutionnalisme à la faveur des processus démocratiques et de l'adoption de nouvelles Constitutions très généreuses en matière de droits et de libertés[12]. Les États africains autrefois en proie à une cascade de coups d'État ont fini par disqualifier ce procédé comme moyen légitime d'accès au pouvoir. Après plusieurs années d'expérience, le bilan du constitutionnalisme demeure mitigé au regard des progrès accomplis. Non seulement « mal partie »[13], mais aussi en crise[14]. Cette posture est résumée par J. DU BOIS DE GAUDUSSON[15], qui aborde le constitutionnalisme en Afrique à partir des Tabous. Ainsi, suivant les récents développements du droit de la constitution sur le continent, certaines critiques y voient motif à dénoncer une illusion et l'annonce de la fin du constitutionnalisme en Afrique, d'autres opinions, plus nombreuses ne partagent pas ce pronostic. Mais, à tout le moins, ces signes sont considérés comme révélateurs d'une véritable crise du constitutionnalisme. Cette situation inquiétante amène à s'attarder aujourd'hui sur l'identité de la norme constitutionnelle des États de l'Afrique noire francophone, à une époque où l'on vacille de nouveau sur l'effectivité et l'avenir de la démocratie et du constitutionnalisme libéral et pluraliste en Afrique.

Ce faisant, l'identité constitutionnelle des États de l'Afrique noire francophone se trouve ainsi remise en cause. À la veille du renouveau constitutionnel en Afrique, P. F. GONIDEC, dressant le bilan de trente années de pratique constitutionnelle sur le continent noir, se questionnait déjà sur l'utilité même des Constitutions africaines[16]. Laissant ainsi poindre son scepticisme sur l'évolution du constitutionnalisme africain. En cela, notre sujet y invite en tout cas, à s'interroger sur l'identité constitutionnelle africaine par rapport au système français. Et par ricochet, l'effectivité du constitutionnalisme. Toute la question étant de savoir qu'est-ce qui caractérise l'identité constitutionnelle des États de l'Afrique noire francophone ? En d'autres termes, et pour verser dans le jeu de la sémantique, doit-on parler d'un

---

[11] *Idem.*

[12] G. CONAC, « Quelques réflexions sur le nouveau constitutionnalisme africain », Symposium international de Bamako, 2000, p. 26.

[13] C. MILHAT, « le constitutionnalisme en Afrique francophone. Variations hétérodoxes sur un requiem », *in Politéia*, N° 7, 2005, p. 1.

[14] Lire sur la question F.-J. AIVO, « La crise de normativité de la constitution en Afrique », *Revue de droit public et de la science politique en France et à l'Étranger*, n° 1, 01 janvier 2012, p. 1-31.

[15] Lire J. DU BOIS DE GAUDUSSON, « Les tabous du constitutionnalisme », 2012/2- n° 242, pp. 53-58.

[16] P. F. GONIDEC, « À quoi servent les constitutions africaines ? Réflexion sur le constitutionnalisme africain », *RJPIC*, Oct.-déc. 1988, n° 4, p. 849.

constitutionnalisme africain ou plutôt d'un constitutionnalisme en Afrique ? Le professeur J. DU BOIS DE GAUDUSSON en le soulignant ainsi révèle la préférence – bien que controversée[17], accordée à l'expression constitutionnalisme en Afrique[18] ; et sans doute mesure-t-il par ricochet, l'intérêt que suscite la question liée à la pratique constitutionnelle dans le syntagme des États francophones d'Afrique noire. Un intérêt vivement significatif de l'importance multiple que dégage ce sujet.

Sans se reposer sur la totalité, déjà rappelons l'attrayante investigation scientifique de la question qui a depuis plus d'une décennie fait débat au sein de la doctrine. Nul besoin d'en faire une revue de la littérature, mais semble-t-il utile de questionner la valeur d'une étude à la portée novatrice comme celle que nous menons. Celle-ci à la fois ambitieuse et audacieuse, penche sur un sentier battu, mais n'en demeure pas moins indigne de charme, ce d'autant plus qu'elle replace la question de la spécificité du droit constitutionnel africain, au centre des attentions. Elle ambitionne donc de renoncer au jeu du pour et du contre en relevant les mécanismes juridiques confortant une véritable identité constitutionnelle à l'africaine. Prise de position ? Loin de là, mais c'est un postulat à la base positiviste qui reconnaît à *chaque socle un système propre*, et l'espace africain, loin d'être géographiquement distant des autres, porte à bien des égards une idéologie particulière qui certainement transparait au travers de ses pratiques.

Ainsi sur le plan pratique, cet article s'investira à présenter un certain (ou voire plusieurs) paradigme d'applicabilité du droit constitutionnel tel qu'il se perçoit dans un mélange avec les valeurs culturelles, les particularités de management, et les « non-dits[19] »de la société africaine ; des usages qui résistent à la thèse d'une transposition du constitutionnalisme en Afrique.

À la suite de tout ce qui vient d'être prononcé, il semble assez important d'envisager une réponse sur une approche à deux façades. L'une exposée pour refléter ce visage que la pratique constitutionnaliste ou constitutionnelle, africaine ou africaniste nous offre. N'y a-t-il que du négatif dans le constitutionnalisme d'Afrique noire francophone ? Il serait aujourd'hui prudent, d'y répondre sans surestimer, ni négliger celui-ci[20]. C'est en outre la logique que cette rhétorique pourrait suivre en saisissant ce qui fait tache d'huile sur cette identité sujette à questionnement.

Sur ce, ériger un raisonnement devant répondre à l'enjeu de cette entreprise difficultueuse, mais plaisante, peut se matérialiser autour de la présentation de

[17] Compte tenu de l'ensemble des débats suscités par la question de la qualification constitutionnelle dans le cercle africain.
[18] J. DU BOIS DE GAUDUSSON, « Les tabous du constitutionnalisme », *op. cit.*, p. 57.
[19] *Ibid.*, p. 54.
[20] *Ibid.*, p. 55.

l'appropriation africaine du constitutionnalisme (I). Cependant, il n'est pas péremptoirement prouvé que la pratique constitutionnelle en Afrique francophone ne présente pas des atermoiements et des survivances occidentalistes, toutes choses qui peuvent d'ailleurs écorcher son identité et pousser malheureusement à la relativiser (II).

I/ L'APPROPRIATION AFRICAINE DU CONSTITUTIONNALISME

L'on recourt volontiers à la spécificité constitutionnelle des africains pour expliquer toute attitude vis-à-vis du droit étatique et de la démocratie occidentale. Il est indéniable que les Africains portent en eux les traits caractéristiques d'une culture constitutionnelle qui leur est propre. Le sort des démocraties est lié, pour la large part, aux institutions qui donnent consistance et réalités aux valeurs qu'elles promeuvent. Autrement dit, l'existence de l'appropriation constitutionnelle africaine, mettant en œuvre les constitutions « made in Afrique »[21] présente un double visage : celui d'un aménagement normatif, c'est-à-dire de la production des textes africains tributaire des rapports de forces politiques (A) ; et celui du montage institutionnel (B).

A/ L'aménagement normatif de la constitution

Le terme Constitution n'a pas toujours désigné une norme. La question de la normativité constitutionnelle est apparue sous l'effet du développement des constitutions écrites et de l'avènement des États modernes. C'est dans cette perspective que dans le schéma constitutionnel forgé par les nouvelles tendances du constitutionnalisme en Afrique noire francophone, « *la Constitution a cessé d'être une idée pour devenir une norme, c'est-à-dire une règle juridique obligatoirement sanctionnée*»[22]. À ce titre, selon la doctrine classique du droit constitutionnel, la constitution est la norme fondamentale, la norme suprême de l'édifice normatif, qui y trouve son fondement et sa matrice dans la *Grundnorm kelsénienne*[23]. De ce fait, son aménagement est

[21] Lire S. BOLLE, « Des constitutions « made in » Afrique *», communication au VIe congrès français de droit constitutionnel,* Montpellier, 9-11 juin 2005, p. I-XXIV.

[22] L. FAVOREU, « Droit de la constitution et constitution du droit », *RFDC*, 1990, n° 1, p. 72.

[23] H. KELSEN est presque universellement reconnu comme l'un des plus importants théoriciens du droit de l'époque contemporaine. Le droit Kelsénien relève que toutes les normes juridiques tirent leur validité du fait d'avoir été créées en conformité avec des normes précédentes, mais surtout par ce qu'elle nait d'une critique aux deux réponses toujours dominantes à cette question dans la philosophie du droit contemporaine : d'une part, le réalisme juridique, qui conçoit le droit comme l'expression d'un exercice de pouvoir, fondé en dernière analyse sur un fait ; et d'autre part le jusnaturalisme, qui suppose l'existence de certains principes normatifs inscrits au sein de l'ordre même réalité. Enquête d'une hypothèse alternative, Kelsen a proposé l'idée d'une « norme de base » ou *Grundnorm* comme fondement de la validité de l'ordre juridique. Conformément au droit existant, c'est la constitution qui

spécifique à chaque État. Chaque constitution porte la marque de fabrique d'un constituant qui a œuvré selon des modalités particulières.

En réalité, l'appartenance à une même communauté juridique et le recours à une même technologie constitutionnelle n'impliquent pas le clonage de la constitution française de 1958[24]. Ainsi, la différence de sociétés et des droits applicables suivant la maxime *Ubi societas, ibi jus,* c'est-à-dire « Là où il y'a la société, il y'a droit »[25], implique une considération importante. La variation objective des règles juridiques librement adoptées dans les États permet d'affirmer l'originalité en droit, tant par l'autonomie des ordres juridiques que par la souveraineté de leurs territoires respectifs[26]. Suivant cette considération, l'aménagement normatif de la constitution diffère d'un État africain à un autre ; il est marqué par le produit des réalités non existantes ailleurs. À cet égard, une lecture attentive du montage des dispositions met au jour des écarts avec la constitution française. Il va sans dire que, l'aménagement des constitutions africaines bien qu'ayant une référence de la pratique française, s'est approprié également un cadre normatif singulier, qu'il convient d'apprécier à deux niveaux : d'une part, *les modalités d'agencement des dispositions dans la constitution*, et d'autre part, *les non-dits de la constitution créateurs du droit.*

Premièrement, la constitution peut être considérée de multiples manières : comme symbole, comme texte, comme document historique, comme phénomène de droit ou si l'on veut un ensemble de règles[27]. Cela suppose qu'elle devra permettre l'identification précise et objective d'un sous-ensemble de normes dans un système juridique donné. Ainsi, dans le corpus des constitutions des États de l'Afrique francophone, on observe une codification d'un certain nombre de règles permettant à la fois l'organisation des pouvoirs et la protection des droits fondamentaux.

Ce faisant, cette adhésion aux principes universels de démocratie consacre d'une certaine manière, l'occidentalisation de l'ensemble des systèmes juridiques du monde. Néanmoins, si le mot démocratie domine les esprits, sa réalisation et son contenu, diffèrent souvent d'une partie du monde à une autre. Dans ce sens, toutes les nouvelles constitutions africaines trouvent leurs

---

confère enfin de compte la validité de l'ordre juridique. Elle est la source ultime de la validité de toutes autres normes.

[24] S. BOLLE, « Des constitutions « made in » Afrique », *op. cit.*, p. V.

[25] M. KAMTO, *Pouvoir et droit en Afrique noire : Essai sur le fondement du constitutionnalisme dans les États d'Afrique noire francophone*, *op. cit.*, p. 27.

[26] P.-L GUESSELE ISSEME, « Les fondements jurisprudentiels du droit administratif dans les États de l'Afrique noire francophone : cas du Cameroun », *in* M. ONDOUA et P.-E. ABANE ENGOLO, *Les fondements du droit administratif Camerounais*, L'Harmattan, 2016, p. 96.

[27] L. FAVOREU, P. GAIA, R. GHEVONTIAN, J. L. MESTRE, O. PFERSMANN, A. ROUX, G. SCOFFONI, *Droit constitutionnel*, Dalloz, 21e édition, 2019, p. 64.

particularités en énonçant un certain nombre de droits et libertés. Elles se situent ainsi dans le sillage du constitutionnalisme à dominante nettement libérale[28]. Mais, le dosage entre les libertés individuelles et les droits sociaux (droit à l'éducation, droit à la santé, droit au travail, à la sécurité, à la protection sociale, droit au logement…) est variable selon les pays[29], même si à côté des libertés d'ordre universel sont reconnues[30]. Certaines constitutions définissent aussi des droits relevant de la troisième génération, droit à un environnement sain, satisfaisant et durable avec parfois, en corollaire, l'interdiction des activités économiques qui pourraient mettre en péril l'écosystème ou contribuer à un déséquilibre dans les relations entre l'homme et son développement. L'affirmation des droits fait l'objet le plus souvent de tout un titre de la constitution[31]. Presque toutes les constitutions francophones sont précédées d'un préambule qui pose des principes généraux affirmant les finalités de l'État et, quelques fois même, contient une liste des droits reconnus. La constitution du Cameroun par exemple, ne consacre pas un titre spécial aux droits de l'homme mais son préambule en fait une déclaration des droits[32]. Toutefois, il faut noter que l'énonciation d'un droit ne comporte pas toujours sa garantie. Certaines constitutions se bornent à affirmer qu'ils ne sont reconnus que dans les limites ou le cadre de la loi.

En outre, d'autres États brillent par leur originalité en insérant des dispositions à caractère multiethnique pour exprimer leur attachement aux valeurs culturelles. Le Mali, tout en garantissant la laïcité de l'État et la liberté de religion, reconnaît le caractère multiethnique et religieux de sa population[33]. Aucune confession religieuse ou communauté ethnique ou culturelle ne pouvant être empêchée de fonder ou d'entretenir des écoles à ses frais. La constitution de l'Ile Maurice, quant à elle reconnaît très explicitement plusieurs communautés ethniques et prévoit même la représentation au parlement des minorités[34]. La constitution du Bénin garantit à toute personne

---

[28] G. CONAC, « Quelques réflexions sur le nouveau constitutionnalisme africain », Symposium international de Bamako, 2000, p. 26.

[29] *Idem.*

[30] Celles tirées pour la plupart de la Déclaration des droits de l'homme et du citoyen, la déclaration universelle des droits de l'homme et même de la convention africaine des droits de l'homme et des peuples, etc.

[31] G. CONAC, *op. cit.*, p. 26.

[32] Lire la constitution camerounaise du 18 janvier 1996.

[33] Article 14 de la constitution malienne de 1992.

[34] Article 3 al.4 de l'annexe 1 de la constitution de l'Ile Maurice du 12 mars 1968 : « Aux fins de la présente annexe, la population de Maurice est considérée comme comprenant une communauté hindoue, une communauté musulmane et une communauté sino-mauricienne ; toute personne qui, par son mode de vie, ne peut être considérée comme appartenant à l'une de ces trois communautés, est réputée appartenir à la population générale, laquelle forme elle-même une quatrième communauté ». Cette section est compatible avec *la Regulation 12 du National Assembly Elections*

le droit de promouvoir ses valeurs nationales de civilisation tant matérielles que spirituelles et précise que les traditions culturelles de toutes les communautés composant la nation béninoise jouissent de la liberté d'utiliser leurs langues parlées et écrites et de développer leur propre culture tout en respectant celle des autres[35]. La constitution tchadienne va dans le même sens dans son préambule, en affirmant le respect des diversités ethniques et culturelles[36]. Il en va ainsi du constituant camerounais qui, promeut et protège l'identité culturelle. Ceci se traduit par la protection des langues nationales comme étant un des objectifs principaux de la République. De même, est-il affirmé que la République « *reconnaît et protège les valeurs traditionnelles conformes aux principes démocratiques, aux droits de l'homme et à la loi* »[37].

Dans cet esprit, il fait obligation à l'État de promouvoir le développement de la langue nationale. Il va sans dire que, pour des problèmes spécifiques aux sociétés africaines, le droit originaire de la France serait a priori inapproprié en termes de référent initialisant les solutions nationales. Ce n'est donc pas à tout hasard que le constituant intègre des préoccupations typiquement nationales dans la constitution. Les États africains reconnaissent que ce sont les peuples qui font l'histoire, constituent les fondements et créent les conditions de progrès de la culture. Et la culture ayant une influence novatrice et bénéfique des États africains, chaque État fixe librement ses priorités et choisit les moyens qu'il estime plus appropriés pour atteindre ses objectifs qu'il s'est assignés (chaque État a une histoire, une culture et donc une identité). Raison pour laquelle, l'Afrique s'est dotée d'instruments spécifiques de protection des droits de l'homme, afin de promouvoir ceux-ci[38]. Ainsi, le dénominateur commun de tout cadre social réside dans ce qu'on est convenu d'appeler « patriotisme constitutionnel »[39], qui se définirait comme, la prise en compte des particularités culturelles nationales.

Par ailleurs, la chaîne de fabrication des constitutions des États de l'Afrique francophone, c'est-à-dire conférence nationale pour certains et commissions instituées pour d'autres, a permis de relever la créativité des producteurs locaux. Dans nombre de pays, le constituant a délibérément organisé la subordination du Gouvernement au Président de la République qui, notamment détermine la politique de la nation ou ses grandes orientations et

Regulations 1968, (Il s'agit de mentionner explicitement que chaque candidat aux élections générales doit dévoiler sa communauté à laquelle il appartient et la religion qu'il pratique sur sa déclaration de candidature).

35 Artiche 11 de la constitution béninoise du 11 décembre 1990.

36 Lire préambule de la constitution tchadienne du 31 mars 1996 révisée.

37 Article 1 alinéa 2 de la constitution camerounaise du 18 janvier 1996.

38 Voir Association pour la prévention de la culture, *Protection des droits de l'homme en Afrique*, Recueil de textes, 2006. P.1-386.

39 M. RAMBOUR, « Le patriotisme constitutionnel, un modèle alternatif d'élaboration d'une identité européenne ? », *Études européennes*, mars 2006, p. 2.

détient le pouvoir discrétionnaire de révoquer le Premier ministre. Le texte produit n'est pas alors le double du texte de 1958, sachant qu'il constitutionnalise la pratique présidentialiste suivie par le général DE GAULLE et ses successeurs, ce qui peut priver les institutions d'une certaine souplesse[40]. Il en va ainsi de la composition du Conseil constitutionnel, la durée du mandat, la mise en responsabilité du Président de la République ou encore les rapports entre le pouvoir exécutif et législatif, la désignation des membres du Sénat. Ces pratiques sont singulières à chaque État africain. Elles sont aménagées selon les différents besoins nationaux.

Deuxièmement, les non-dits de la constitution, peuvent être considérés comme des silences de la constitution. Il parait absurde de parler des silences de la constitution comme révélateur d'une identité constitutionnelle africaine. En effet, le postulat s'explique par le fait qu'au regard de la théorie constitutionnelle, la constitution n'a pas vocation à tout prévoir dans son corpus. Cette dernière procède généralement par des renvois en bloc dans son corpus ou, laisse à des normes externes le soin de prolonger son idée constituante. Il s'agit notamment des lois organiques, lois ordinaires, règlements d'assemblée et dans une certaine mesure la jurisprudence constitutionnelle[41], car pour Benjamin CONSTANT, *« étendre une constitution à tout, c'est faire de tous des dangers pour elle, c'est créer des écueils pour l'entourer »*[42]. Toutefois, il peut arriver que l'absence de règlementation soit voulue, c'est à dire, la maîtrise du temps de législation, les acteurs politiques et législatifs peuvent volontairement choisir de déférer les règlementations d'une activité pour des raisons politiques, économiques ou sociales. La volonté politique peut être ainsi explicative du silence. Il en va ainsi de la constitution camerounaise en son article 67 : « (…) *Les nouvelles institutions de la République prévues par la présente constitution seront progressivement mises en place* »[43]. Le silence va s'inscrire dans une dynamique de règlementation progressive et nouvelle. La mise œuvre des institutions est tributaire des enjeux sociopolitiques de chaque État.

Par ailleurs, les non-dits de la constitution, engendre les dits du juge, c'est dans cette logique que PORTALIS précise que « *c'est une sage prévoyance de penser qu'on ne peut tout prévoir (…), il est donc nécessairement une foule de circonstances dans lesquelles un juge se trouve sans loi. Il faut donc laisser alors au juge la faculté de suppléer à la loi par les lumières de la droiture du*

---

[40] S. BOLLE, « Des constitutions « made in » Afrique », *op. cit.*, p. V.

[41] P.-L. GUESSELE ISSEME, « Les réserves au contrôle de constitutionnalité des lois comme silences dans la constitution béninoise du 11 décembre 1990 », *in* H. AKEREKORO, *Les silences de la constitution béninoise du 11 décembre 1990,* 2018, p. 99.

[42] B. CONSTANT, *Des réalisations politiques*, 2e édition, augmentée de l'examen des effets de la terreur, pp. 95-96.

[43] Article 67 de la constitution camerounaise 18 janvier 1996.

bon sens »[44]. Le juge constitutionnel est ainsi habilité à créer les normes constitutionnelles. Il s'agit par le mécanisme de l'interprétation constitutionnelle, de produire des normes intégrant le bloc de constitutionnalité[45]. L'exemple béninois permet de montrer comment le juge constitutionnel a pu saisir l'occasion, c'est-à-dire le silence de la constitution, pour laisser ces marques. Il s'agit en effet, de son intervention sur des questions de révisions de la constitution. La cour constitutionnelle béninoise brille par une décision jadis historique, notamment la décision DCC 06-74 du 08 juillet 2006, suivant laquelle la cour clame résolument, ce que Boubacar BA a qualifié d'« *indérogeabilité du consensus national* »[46]. Elle s'est fondée sur « un principe non écrit opposable au pouvoir de révision »[47], à savoir le consensus national décrit comme un principe à valeur constitutionnelle[48]. Cette neutralisation du parlement constituant, résulte d'une démarche spéciale de la cour : *« considérant que ce mandat de quatre (4) ans, qui est une situation constitutionnellement établie, est le résultat du consensus national dégagé par la conférence des forces vives de la nation de février 1990 et consacré par la constitution en son préambule qui réaffirme l'opposition fondamentale du peuple béninois à... la confiscation du pouvoir... »*. Suivant le même postulat, le juge intensifie l'immutabilité de la constitution en mettant en place en 2011 « les options fondamentales de la conférence nationale »[49] fixant ainsi les nouvelles orientations du pouvoir constituant dérivé. Suivant cette logique, le silence de la constitution aura permis à la Haute juridiction de construire une jurisprudentielle audacieuse et originale, renforçant ainsi le caractère intangible de la constitution. Le juge s'inscrit ainsi dans l'une de ces fonctions de plus en plus usuelles : la création de droit, et bien évidemment d'un droit constitutionnel africain, répondant aux problèmes locaux.

---

[44] J-E-M. PORTALIS, *Discours préliminaire sur le projet de code civil*, présenté le 1er Pluviôse an IX, p. 157.

[45] C. MONEMBOU, « Le silence du droit public », *in* H. AKEREKORO, *Les silences de la constitution béninoise du 11 décembre 1990,* 2018, p. 11.

[46] B. BOUBACAR, « Le préambule de la constitution et le juge constitutionnel en Afrique », Revue électronique *Afrilex*, 2006, p. 26.

[47] *Ibid.,* p. 12.

[48] Le juge constitutionnel béninois crée un principe à valeur constitutionnelle qui n'est en aucun moment évoqué dans le texte de la Constitution, à savoir le consensus, auquel il donne une valeur supérieure à la disposition constitutionnelle se rapportant spécialement à la révision de la Constitution. Il en découle une Constitution à double vitesse, à double standard dont les principes à valeur constitutionnelle dégagés par le juge sont supérieurs aux dispositions constitutionnelles adoptées par le Constituant.

[49] Dans sa jurisprudence « Option fondamentale de la conférence nationale », le juge intensifie l'immutabilité de la constitution. Cette jurisprudence impose des contraintes supplémentaires au pouvoir de révision et le purge de façon préventive de son potentiel de nuisance.

Par ailleurs, le juge constitutionnel africain peut développer une approche *extensive* de sa conception du bloc de constitutionnalité[50]. Eu égard à la qualité des « déclarations sous réserve »[51] qu'il dégage, on peut manquer de souscrire à l'idée que « la variante africaine du bloc de constitutionnalité revêt une signification et un contenu assez peu familiers des constitutionnalistes de l'ancienne métropole. Elle est marquée par le souci de voir émerger, sur les décombres de l'autoritarisme, une supra-légalité démocratique qui pallie les carences d'une justice ordinaire trop politisée »[52]. Cette remarque sous-entend une certaine touche d'originalité du juge constitutionnel africain, d'où les propos de G. CONAC : *« les démocraties nouvelles sont parfois plus inventives que les démocraties anciennes »*[53].

Ne dira-t-on pas que le silence de la constitution, est une marge de manœuvre que laisse la constitution, au juge constitutionnel d'apporter du sang neuf dans l'ordonnancement constitutionnel ?

De toute évidence, le silence de la constitution permet de relever que chaque constitution peut se construire une originalité dans son ordonnancement juridique. En outre, les constructions jurisprudentielles apportent non seulement, une lecture et une écriture suffisante à cette dernière, mais aussi, les décisions sont de nature à renforcer l'idée qu'il se façonne une sorte d'identité de la jurisprudence constitutionnelle africaine. Le maniement jurisprudentiel permet au juge d'introduire des corrections à la constitution et de certifier l'originalité, qui dénote d'une inventivité constitutionnelle, dont l'objectif est de fabriquer un modèle constitutionnel adapté aux réalités constitutionnelles africaines. Il en va ainsi des montages institutionnels.

B/ le montage institutionnel

Les changements institutionnels et politiques majeurs intervenus en Afrique à partir des années 1990 a revêtu des formes très variées selon les États, avec des fortunes inégales et diverses dont l'objectif principal était de promouvoir la bonne gouvernance. Une telle orientation n'était possible qu'en mettant en place de nouvelles institutions susceptibles de garantir cette nouvelle gouvernance. Ainsi, deux catégories d'institutions trouvent leur fondement dans la constitution à savoir : d'une part, les institutions qui permettent de mieux rattacher la constitution aux réalités locales, et d'autre part, les organes traditionnels de l'État (Chef de l'État, gouvernement,

---

[50] B. BOUBACAR, *op. cit.*, p. 27.

[51] A. A. D. KEBE, « Les réserves d'interprétation dans la jurisprudence constitutionnelle des États de l'Afrique noire francophone », *Annales Africaines, Nouvelle Série,* Vol. 1, avril 2015, pp. 255-294.

[52] S. BOLLE, « Des constitutions « made in » Afrique », *op. cit.*, p. XVI.

[53] G. CONAC, « Succès et échecs des transitions démocratiques en Afrique : évolution et enjeux », *Annuaire international de justice constitutionnelle*, XIII-1997, p. 40.

parlement…)[54]. C'est dans cette dernière catégorie que l'on retrouve la manifestation de l'identité constitutionnelle qu'essaie de mettre en évidence le constituant. Ainsi, nous nous intéressons spécifiquement à deux institutions, qui dans le contexte des États de l'Afrique noire francophone ont connu un destin aléatoire, ce qui témoigne du nouvel ordre démocratique africain. Il s'agit : *du Premier ministre* et *du sénat.*

À cet effet, l'état des mœurs politiques détermine le destin des constitutions. Et s'agissant de l'Afrique en particulier les modifications constitutionnelles intervenues depuis les années 1990 se sont presque systématiquement accompagnées soit d'une instauration de la fonction du Premier ministre, chef du gouvernement, soit du réaménagement de celle-ci[55]. Dans, l'espace francophone, la majorité des États ont opté pour la mise en place d'un Premier ministre, dans l'optique d'atténuer l'omniprésence du Président de la République dans le champ politique. C'est ainsi, qu'au Sénégal, le poste de Premier ministre a été restauré en 1991 à la suite de la crise politique profonde des élections présidentielles de 1988 mais aussi de la crise sociale marquée par des grèves récurrentes dans plusieurs secteurs économique et social[56]. L'article 53 de la Constitution de 2001 dispose que « *le Gouvernement comprend le Premier ministre, chef du gouvernement, et les ministres. Il conduit et coordonne la politique de la nation sous la direction du Premier ministre. Il est responsable devant le Président de la République et devant l'Assemblée nationale…* ». Au Mali également ce poste qui avait été supprimé depuis 1988 fut restauré dès 1991 après les vives revendications de l'opposition malienne favorable à l'instauration du multipartisme[57]. Dans la même veine des processus de transitions démocratiques intervenus en quatre-vingt-dix avec en filigrane cette volonté des nouveaux acteurs politiques africains de limiter les pouvoirs du Président de la République est au cœur des premières réformes constitutionnelles. Ainsi à la faveur des conférences nationales, le Togo a mis fin à une longue période de monocéphalisme de l'exécutif. La restauration du poste de Premier ministre a eu lieu en même temps que la dissolution du parti unique[58]. C'est aussi le lieu de préciser *obiter dictum*, que l'utilité de la pratique bicéphale au sein du déploiement de l'exécutif, est en filiation plus accrue avec le régime parlementaire qu'il ne

[54] R-V MANANGOU, « La constitution congolaise du 6 novembre 2015 : Entre influence française et affirmation identitaire », *Les annales de droit*, 13/2019, p. 157.
[55] H-A. DIOMPY, *Le paradoxe de l'internationalisation du constitutionnel en Afrique : Réflexions sur les interactions normatives, institutionnelles et politiques dans l'Espace CEDEAO*, Thèse en Droit, Université de Bordeaux, 2017, p. 224.
[56] *Ibid.*, p. 226.
[57] Article 55de la constitution malienne : *« Le Premier ministre est le chef du gouvernement ; à ce titre, il dirige et coordonne l'action gouvernementale ».*
[58] H.-A. DIOMPY, *op. cit.*, p. 226.

l'est avec le présidentiel[59]. Autant dire que le contexte politique influe considérablement sur la structuration institutionnelle.

Selon la pratique existante au Cameroun l'institution n'a jamais consisté à en faire le chef du gouvernement, mais plutôt le capitaine momentané d'une équipe ayant pour seul chef le Président de la République. Le Premier ministre a été conçu comme une instance de coordination administrative du travail gouvernemental, avant d'être élevé avec la révision de 1979 à la dignité de dauphin constitutionnel du Président de la République[60]. Cette orientation originelle, de 1975[61] à 1979[62], de la fonction de Premier ministre a marqué de manière indélébile le destin dans son déploiement opérationnel jusqu'à ce jour, en dépit de l'évolution formelle en ayant fait le « chef du gouvernement »[63]. En outre, depuis 1975, le Premier ministre n'est pas désigné parmi les députés à l'Assemblée nationale, mais parmi les hauts cadres de l'administration de l'État ou des sociétés publiques. Contrairement au présidentialisme français démocratique, le Premier ministre et la majorité des ministres sont issus, par prédilection, du milieu parlementaire[64].

Toutefois, la constitution camerounaise ne prévoit aucune formalité particulière pour la nomination du Premier ministre, c'est-à-dire l'appartenance régionale ou linguistique. De ce fait, la nomination du Premier ministre camerounais obéit à des petites variantes qui tiennent compte du contexte politique. La pratique camerounaise en la matière, s'est penchée pour un équilibre sociopolitique, puisqu'ayant connu une double influence (française et anglaise), opte pour un Premier ministre ressortissant de la zone

---

[59] Le régime djiboutien notamment présidentiel, présente le Premier ministre dans un rôle effacé d'assistant (*voir article 40, Constitution djiboutienne de 1992 révisée par la loi constitutionnelle n° 92/AN/10/6e L du 14 avril 2010*) ; l'essentiel des pouvoirs étant détenu par le président de la République (articles 21-39).

[60] A.-D. OLINGA, *La constitution de la République du Cameroun*, 2e édition mise à jour, 2013, p. 70.

[61] Les modifications de 1975 portaient sur la création du poste de Premier ministre. Il était chargé de l'animation et de la coordination de l'action des départements ministériels. Ce dernier était membre du comité central du parti unique de l'époque. Il pouvait assurer les fonctions du Président de la République qu'en cas d'empêchement du Président de l'Assemblée nationale intérimaire.

[62] Les modifications constitutionnelles de 1979 ont fait du Premier ministre le véritable dauphin constitutionnel du chef de l'État puisqu'elles disposaient que le Premier ministre en cas de vacance du Président de la République, pour cause de décès, démission ou empêchement définitif constaté par la Cour suprême, était immédiatement investi des fonctions du Président de la République pour la période du mandat présidentiel.

[63] Voir Article 12 de la constitution du 18 janvier 1996.

[64] A. D. OLINGA, *La constitution de la République du Cameroun*, *op. cit.*, p. 71.

anglophone[65], le Président étant de la zone francophone[66]. Cette fabrique à la camerounaise s'inscrit dans l'optique de la décongestion du climat sociopolitique. C'est ainsi qu'au Gabon qui au sortir des élections législatives de 1991, le Président de la République avait clairement admis que le futur chef du gouvernement appartiendrait nécessairement à la majorité issue des urnes[67]. Au Bénin, c'est à la faveur de la conférence nationale que cette institution a fini par acquérir une certaine légitimité, voire même légalité.

Cependant, à la lecture de quelques constitutions des États de l'Afrique noire francophone, la question de la cohabitation ne saurait trouver son compte. Contrairement au contexte français[68], ces constituants africains n'ont pas aménagé un cadre pouvant permettre une cohabitation[69]. Cela tient pour l'essentiel à l'aménagement des pouvoirs du Président de la République. Ainsi, en leur passant à revue, il est évident que la place du Chef de l'État depuis la transition démocratique parait prééminente. Le Président de la République nomme le Premier ministre et le gouvernement, fixe leurs attributions et met fin à leurs fonctions à tout moment s'il juge nécessaire. Les

---

65 Le Cameroun, depuis 1992 a connu cinq Premiers ministres ressortissants de la zone anglophone : ACHIDI ACHU Simon (Avril 1992- 19 septembre 1996), P. MAFANY MUSONGE (19 septembre 1996- 8 décembre 2004), E. INONI (08 décembre 2004- 30 juin 2009), Ph. YANG (30 juin 2009- 04 janvier 2019), J. DION NGUTE (depuis le 04 janvier 2019).

66 Le Cameroun depuis 1982 à nos jours a connu un Président de la République ressortissant de la zone francophone : Monsieur BIYA Paul.

67 H. A. DIOMPY, *op. cit.*, p. 227.

68 Les articles 5, 20, 21 de la constitution française de 1958 sont susceptibles d'une double lecture : d'une part, une lecture présidentialiste en période de concordance des majorités, c'est-à-dire lorsque le Président de la République et la majorité des députés sont de la même couleur politique. C'est le Président de la République qui est alors le véritable centre d'impulsion du pouvoir : il détermine la politique de la nation. Et d'autre part, une lecture primo-ministérielle en période de cohabitation, au cours de laquelle c'est le chef du gouvernement, soutenu par la majorité parlementaire dont il est issu qui gouverne. Puisque le premier alinéa de son article 20 prévoit que c'est le gouvernement, et non le Président de la République qui « détermine et conduit la politique de la nation ». En période de cohabitation, le centre de gravité du pouvoir se déplace donc du Président de la République au Premier ministre. Le Premier ministre est donc indéboulonnable. Cet affaiblissement de la primauté présidentielle ne signifie pas que le chef de l'État est dépossédé de tout pouvoir. Il dispose en toutes circonstances de ses propres pouvoirs.

69 La cohabitation désigne la conjoncture politique dans laquelle le Président de la République et la majorité des députés sont de tendances politiques opposées.

exemples du Cameroun[70] et du Tchad[71] sont assez topiques à cet égard. Le Gabon a choisi l'option qui valorise en fait le chef de l'État en stipulant que *« le gouvernement conduit la politique de la nation sous l'autorité du Président de la République et en concertation avec lui »*[72]. Bref, le constituant africain, se focalisant sur le contexte sociopolitique des États de l'Afrique noire francophone, se refuse d'envisager des alternatifs de cohabitation, contrairement à son homologue français.

Quoi qu'il en soit, l'institution d'un Premier ministre dans ces différents États africains de type présidentiel ou d'inspiration parlementaire qu'elle soit le fruit de contingences ou de revendications internes, populaires ou le fait d'acteurs internationaux constitue une réponse à des contextes politique, économique et social variés en fonction de l'État concerné. De toute évidence et à la lumière de ce qui précède, l'institution de la fonction de Premier ministre dans la majorité des États d'Afrique noire francophones sonne comme une sorte de mode politique en Afrique depuis 1990. Ceci, s'étend aussi à la fonction du sénat.

Il est nécessaire de lever un pan de voile sur ***le sénat*** dans le constitutionnalisme africain, précisément en Afrique francophone eu égard aux mutations institutionnelles et politiques amorcées par ces États. Ce faisant, deux aspects de l'institution, pour ce travail nous intéressent, notamment, la durée du mandat et les modes de désignations.

La composition du sénat varie essentiellement d'un pays à l'autre. Les modes de désignation, en particulier, sont très divers même si l'élection en est, le plus souvent, le fondement. Les effectifs et la durée du mandat des sénateurs varient fortement d'un pays à l'autre, même si, là encore, des constantes peuvent apparaître. Ainsi, la durée des mandats des sénateurs varie selon les États africains. Elle est fréquemment comprise entre 5 et 6 ans. Il en va ainsi, du Cameroun, de la République Centrafricaine et du Congo, qui leur part,

---

[70] Article 10 de la constitution camerounaise du 18 janvier 1996, *« Le Président de la République nomme le Premier ministre sur proposition de celui-ci, les autres membres du gouvernement. Il fixe leurs attributions ; il met fin à leurs attributions, il préside les conseils ministériels »*, Article 11 alinéa 1, « Le gouvernement est chargé de la mise en œuvre de la nation telle que définie par le Président de la République ».

[71] Article 84 de la constitution tchadienne du 04 mai 2018, « Le Président de la République est le chef de l'État, du gouvernement et de l'Administration. À ce titre, il détermine et conduit la politique de la nation, il exerce le pouvoir règlementaire », Article 85, *« Le Président de la République nomme les membres du gouvernement. Il fixe leurs attributions et met fin à leurs fonctions. Les membres du gouvernement sont responsables devant le Président de la République »*.

[72] Voir l'article 28 al. 1er de la constitution gabonaise du 26 mars 1991.

réserve un mandat de 5 ans[73] à ces chambres parlementaires, et d'autre part, le Togo et le Congo-Brazzaville, en accordent 6 ans[74]. Contrairement à la pratique en Occident, les effectifs dans la deuxième chambre sont plus réduits[75] dans les États d'Afrique noire francophone, c'est-à-dire moins de 100 membres (le sénat congolais Brazzaville 72 membres[76], le sénat malgache 18 membres[77]...). Toutefois, quelques États, brillent par quelques exceptions, il s'agit : du République démocratique du Congo, 109 membres, et la défunte chambre des représentants du Burkina Faso qui comptaient 162 membres[78], le Cameroun 100 membres. Cette variation de la composition des membres s'inscrit dans une logique de ce qu'on est tenté de qualifier de *« constitutionnalisme caméléonesque »*[79], car il revient à chaque pays de définir le nombre membre, qu'il juge nécessaire pour l'équilibre du paysage sociopolitique (il s'agit de représenter les collectivités territoriales décentralisées et les autres intérêts présents dans le pays). Bref, ces modulations montrent une volonté incontestable de coller la constitution aux réalités locales. Il s'agit de ce fait, d'une inventivité africaine en matière constitutionnelle. Cette attitude s'étend également dans la désignation, des membres.

En réalité, le système électoral retenu pour la désignation des membres de la chambre haute dans les États de l'Afrique francophone doit établir des liens entre les sénateurs et les intérêts qu'ils représentent (la représentation infra-étatique). À cet égard, les modes de désignation des sénateurs en Afrique ne sont pas les mêmes ; le mode le plus répandu étant l'élection du suffrage universel indirect. Toutefois, certains États ont opté pour l'irruption du

---

[73] Voir Article 20 alinéa 4 de la constitution camerounaise du 18 janvier 1996, article 105 de la constitution congolaise du 6 novembre 2015 et l'article 73 de la constitution de la République Centrafricaine du 30 mars 2016.

[74] Voir Article 52 de la constitution togolaise de la IVe République (version consolidée, à jour de la loi constitutionnelle du 15 mai 2019 et toutes les révisions constitutionnelles antérieures) et Article 92 de la constitution du Congo-Brazzaville du 25 octobre 2015.

[75] Le Sénat français compte 331 membres en 2004, le sénat espagnol en compte 259.

[76] Initialement composé de 66 sénateurs, leur nombre passe à 72 aux élections de 2008 suite à la création du département de Pointe Noire.

[77] L'Article 7 de la loi organique de 2015 relative au fonctionnement du Sénat et aux modalités d'élection et de désignation des sénateurs. Conformément à cet article, le nombre des sénateurs sont fixés à 18 dont 12 élus, à raison de deux sénateurs pour chaque province et 6 nommés par le Président de la République.

[78] K. SOMALI, *Le parlement dans le constitutionnalisme en Afrique* : *Essai d'analyse comparée à partir des exemples du Bénin, du Burkina Faso et du Togo,* Thèse en Droit, Université Lille 2, 2008, p. 215.

[79] Expression qui renvoie à l'adaptation du constitutionnalisme au contexte sociopolitique dans lequel il s'épanouit. Il s'inscrit en faux contre une seule unité constitutionnelle en Afrique mais conforte la thèse d'une pluralité de contexte politique d'application.

Président de la République dans la nomination de certains des membres. Autrement dit, ils combinent en effet, l'élection des sénateurs au suffrage universel indirect avec la possibilité reconnue au Président de la République de nommer une partie des sénateurs dans une proportion fixée par chaque texte constitutionnel. Ainsi, au Cameroun, sur les 100 sénateurs que compte le Sénat, 30 sont nommés par le Président de la République[80] ; À Madagascar, le Président de la République nomme 06 des 18 sénateurs[81]. Aussi, au Togo, lorsque le sénat sera mis en place, le Président de République aura la possibilité de désigner 1/3 des membres[82]. Ceci étant, la faculté reconnue au chef de l'État de désigner certains membres apparaît comme une volonté politique propre à chaque État.

Ce faisant, la seconde chambre parlementaire se présente en Afrique comme un lieu d'élaboration pacifique des compromis politiques entre les intérêts distincts présents dans la société. Et il ne saurait y avoir de véritable débat politique confrontant diverses visions de l'avenir sans reconnaissance de tous les intérêts en présence et l'organisation de leur libre expression. En dessinant une configuration de la seconde chambre conforme aux spécificités des composantes ethniques ou régionales de chaque État, le constituant des années 1990 a contribué à apaiser dans certains pays les tensions politiques. Cette institution apparaît comme une chambre modératrice, nécessaire dans une démocratie naissante.

II/ Une singularité constitutionnelle à l'épreuve de l'importation et de la consolidation

Constitutionnaliser est-il un luxe pour l'Afrique noire francophone ? Cette question soulève à la fourche une logique sous-jacente qui obère la capacité des anciennes dépendances de la Métropole à s'y auto-affirmer. Elle exprime par la même occasion les difficultés rencontrées par ces États, à valoriser une singularité africaine d'épanouissement constitutionnelle.

Le constitutionnalisme pour les tenants de cette branche restera importé (A) et le segment francophone de l'Afrique noire en paye le prix fort par son terreau manifestement infertile à l'éclosion d'un visage typiquement africain. Toutefois, des pistes nouvelles et audacieuses (B) peuvent être assorties de voies de déni à cette tendance pessimiste, mais bien plus d'assurance de l'image pure d'un constitutionnalisme originalement africain.

---

[80] L'Article 20 de la constitution camerounaise du 18 janvier 1996 prévoit dix (10) sénateurs dont sept (7) sont élus au suffrage universel indirect sur la base régionale et trois nommés par le Président de la République.

[81] Article 77 de la constitution de Madagascar du 11 décembre 2010.

[82] Voir Article 52 de la constitution togolaise du 14 octobre 1992 et article 2 de la loi organique n°03-013 du 17 octobre 2003 relative au Sénat.

A/ L'excuse de l'importation

S'il est reconnu – avec peine –, une montée en puissance de la propension sur l'identité constitutionnelle d'Afrique noire francophone, l'on doit reconnaître que les origines constitutionnalistes édulcorent toutefois la quête de reconnaissance que mènent dans la pratique, les États de cette partie du continent noir. Pour autant, devrait-on prendre ici avec plus d'acuité cette célèbre expression : *« rendre à César ce qui est à César »* ?[83] Ceci reviendrait très certainement à reconnaître à l'ancienne puissance impérialiste, son hégémonie totale sur la caricature constitutionnelle.

La pratique africaine ayant non seulement damer le pion par une émasculation[84] d'une vision stéréotypée de la démocratie et du constitutionnalisme tels qu'idéalisés par leurs premiers concepteurs[85], il faut à tout le moins accorder à l'importation sa place de précurseur.

L'importation se décline donc comme un moyen pour les pourfendeurs de l'identité constitutionnelle, une zone qui la relativise et qui dépeint l'image biaisée d'un droit constitutionnel purement africain. Qu'en est-il donc ?

Ainsi pouvons-nous recenser déjà l'importation sur le plan de l'idéologie constitutionnaliste, mais également sur quelques facettes de la pratique constitutionnelle.

Parlant de l'importation idéologique, elle constitue le socle du constitutionnalisme en Afrique. En remontant la pente, on arrive à cerner la source ou le déclencheur de la propension constitutionnaliste dans les théories occidentales des lumières ; celles qui ont été soulignées par les philosophes de siècle des Lumières[86]. Plusieurs penseurs [87]notamment J. LOCKE, MONTESQUIEU, J. J. ROUSSEAU, sont ici identifiés et considérés comme les principaux véhicules des prémices de l'esprit du constitutionnalisme. Séparation des pouvoirs[88], État de droit, démocratie, suprématie de la constitution, garantie des droits et libertés fondamentaux, égalité ; autant de principes qui se verront portés par ce vent.

---

[83] Expression d'origine chrétienne, employée couramment pour évoquer la restitution de l'entièreté du mérite à qui de droit.

[84] Th. HOLO, « Démocratie revitalisée ou démocratie émasculée ? Les constitutions du renouveau démocratique dans les États de l'espace francophone : régimes juridiques et systèmes politiques », *RBSJA*, n° 16, 2006, pp. 17-41.

[85] En parlant ici de l'origine occidentale.

[86] A. KPODAR, « Bilan sur un demi-siècle de constitutionnalisme en Afrique noire francophone », revue numérique *afrilex*, 2013, p. 17.

[87] Dont les théories sont pour la plupart issues du XVIIIe siècle et beaucoup plus répandues en Europe à ce moment.

[88] J. P. FELDMAN, « La séparation des pouvoirs et le constitutionnalisme : Mythes et réalités d'une doctrine et de ses critiques », *Revue française de droit constitutionnel*, 2010/3 n° 83 | pages 483 à 496.

La question ici est de savoir si l'Afrique a véritablement pris part à cette messe tant la doctrine semble presque unanime sur l'importation[89], mais divisée sur l'appropriation[90].

À la vérité, l'Afrique noire francophone a par le vent impérialiste, vu lui être imposée une idéologie à l'opposé de ses us, ses civilisations, ses coutumes et de sa culture négro-africaine[91].

C'est ce qui fait croire l'incapacité de l'Afrique à constitutionnaliser : *« la Constitution en Afrique est malade de deux manières : soit par son inapplication, soit par l'instrumentalisation résultant de son application »*[92]. L'épanouissement constitutionnel bien qu'il ait été défini par la vision idéaliste occidentale et malgré qu'il n'ait pas la même expression en Afrique noire francophone – tant il a du mal à s'accoutumer au contexte de ce milieu –, s'y illustre tout de même. Ainsi retrouvera-t-on dans les constitutions post-90, gabonaise, camerounaise, malgache, togolaise, béninoise, sénégalaise, tchadienne, congolaise, guinéenne, burkinabé, djiboutienne et même malienne : *une garantie constitutionnelle des droits de l'homme et des citoyens*[93], *une séparation prononcée des pouvoirs au modèle de DE*

[89] Voir les développements de, A. KPODAR, « Bilan sur un demi-siècle de constitutionnalisme en Afrique noire francophone », *op cit.* ; J. DU BOIS DE GAUDUSSON, « Les tabous du constitutionnalisme en Afrique », *in Afrique contemporaine*, 2012/2 - n° 242 pp. 53 à 58.

[90] Lire notamment les analyses de BOLLE Stéphane, *in*« Des constitutions « made in » Afrique », *op. cit.* ; H.W.O OKOTH-OGENDO, « Constitutions without Constitutionnalism. Reflexions on an African Political Paradox », 1988 ; K. DOSSO, « les pratiques constitutionnelles dans les pays d'Afrique noire francophone : cohérences et incohérences », in *Revue française de droit constitutionnel*, 2012/2 n° 90, pp. 57 à 85 ; J. DU BOIS DE GAUDUSSON, « le mimétisme postcolonial, et après ? », *in Pouvoirs*, 2009/2 n° 129, pp. 45 à 55

[91] Lire les études et les réflexions de Cheikh Anta Diop sur la négritude et la reconnaissance de l'identité négro-africaine.

[92] S.-J. POATY, « La pensée constitutionnelle du professeur MOUDOUDOU sur le « Nzobi »: Contribution à la notion de constitutionnalisme identitaire », revue électronique *afrilex*, 2013, citant M. AHANHANZO-GLELE, « La constitution ou loi fondamentale », *Encyclopédie juridique de l'Afrique*, T 1, Abidjan, NEA, 1982, en p. 1.

[93] Voir pour exemples, le préambule de la constitution malienne du 25 juin 1992, malgache du 11 décembre 2010 ou burkinabé du 11 juin 1991 (amendée en novembre 2015).

SECONDAT[94], *une proclamation des valeurs démocratiques et libérales*[95] *(sans être exhaustif),* qui tous témoignent contre une réelle identité constitutionnelle en Afrique.

Même si dans la pratique le rapprochement est difficilement opérable avec l'idéologie constitutionnaliste pure[96], la formalisation constitutionnelle africaine de certains des principes universels de base fait tache d'huile en remettant en cause l'existence d'une identité constitutionnelle dans les États d'expression française d'Afrique noire[97].

En somme, l'appropriation constitutionnelle en Afrique noire francophone souffre du motif de l'importation idéologique ; motif qui apparaît aussi visible qu'il n'en a l'air et qui couplé à certaines pratiques, peut laconiquement remettre en doute l'existence d'une identité et d'une expression constitutionnelles proprement africaines.

L'importation n'est pas que palpable à travers l'essor de l'idéologie constitutionnaliste en Afrique noire francophone, mais bien plus transparait dans les pratiques. L'une des plus marquantes, est sans nul doute la protection constitutionnelle par juridicisation[98].

En effet, le juge constitutionnel apparaît concomitamment à la consécration de la garantie des droits sociaux, de la séparation des pouvoirs et de la démocratie, comme le régulateur de la vie politique et du fonctionnement des institutions[99] à la faveur du grand vent de démocratisation en Afrique noire d'expression française[100]. Le passage du monolithisme politique à la politique libérale devait être effectif à travers l'institution d'un organe garde-fous de cette grande avancée démocratique. Sauf que le recours à cette pratique n'est

---

[94] Selon MONTESQUIEU, le pouvoir ne doit être totalement détenu entre les mains d'un seul pour prévenir l'arbitraire, ce pourquoi dans son œuvre *De l'Esprit des lois* (1748) il prône une séparation tripartite du pouvoir mêlée à une logique de contre-pouvoir.

[95] *Art. 3 de la Constitution camerounaise du 18 janvier 1996 : « Les partis et formations politiques concourent à l'expression du suffrage. Ils doivent respecter les principes de la démocratie, de la souveraineté et de l'unité nationales. Ils se forment et exercent leurs activités conformément à la loi ».*

[96] Telle que façonnée dès la base en Occident.

[97] Parlant du Cameroun, voir DONFACK SOKENG (L), « Existe-t-il une identité démocratique camerounaise ? La spécificité camerounaise à l'épreuve de l'universalité des droits fondamentaux »,*in* Polis, volume 1, numéro spécial, février 1996, p. 36-44.

[98] Expression qui traduit la pensée du rôle joué par le juge constitutionnel, systématisée par le Doyen L. FAVOREU en 1988 ; Lire notes de A. KPODAR, *in* « Bilan sur un demi-siècle de constitutionnalisme en Afrique noire francophone », *op. cit.*, p. 4.

[99] S. BOLLE, « Des constitutions « made in » Afrique », *op. cit.*, p. XVII.

[100] Visible à partir du début des années 1990.

pas une initiative originellement africaine, tant il est à reconnaître qu'elle tire sa base de l'ancienne métropole.

À le reconnaître, le juge constitutionnel agissait déjà dans le jeu politique de l'ex-puissance impérialiste et même que son activité a été expressément consacrée par plusieurs dispositions de la constitution française de la cinquième République [101](voire même de la constitution belge[102]). C'est dire que cette pratique s'est vue exportée postérieurement à la fin de la guerre froide [103]et aujourd'hui fait partie du quotidien de plusieurs constitutions des États de l'Afrique francophone noire sous des appellations diversement opposables, mais au fond commun[104]. Le présent exposé justifierait une autre altération probante et nocive à la fierté de l'identité constitutionnelle des pays africains de cette partie.

Aussi, la pratique du bicamérisme[105] constitue cette autre forme importée, et qui peut certainement jeter le discrédit sur l'identité constitutionnelle africaine. Il reste vrai qu'à la base cette tendance est d'origine anglaise[106] et non française, mais cette arme de contre-offensive face à la thèse de l'importation ne saurait considérablement la réduire, tant il est aussi vrai qu'on doit à MONTESQUIEU dans son œuvre célèbre *De l'Esprit des Lois*, la théorie de la division du pouvoir législatif[107]. Tout au moins, le bicaméralisme parlementaire ou législatif est une pratique exportée de l'occident pour l'Afrique et l'Afrique noire n'en a pas réchappé.

Comme on peut le constater, le bicamérisme tel qu'il est façonné par la Constitution française de 1958, initie l'Assemblée nationale en chambre de représentation nationale[108] et le Sénat en représentant des collectivités

---

[101] C'est la Constitution de 1958 qui institua le Conseil constitutionnel français ; plusieurs de ses dispositions étalent son champ d'action (articles 7, 11, 16, 37, 39, 41, 46, 54) mais c'est précisément le titre VII, articles 56-63 qui le présente tel qu'il doit être connu.

[102] Lire les dispositions relatives à la cour constitutionnelle (article 142 de la constitution belge du 17 juillet 1994 – révisée par la loi du 7 mai 2007 – coordonnant celle du 7 juillet 1831).

[103] M. NGUELE ABADA, « l'indépendance des juridictions constitutionnelles dans le constitutionnalisme des États francophones postguerre froide : l'exemple du Conseil constitutionnel camerounais », palabres actuelles : revue de la fondation Raponda-Walker pour la science et la culture, numéro 4, pp. 47-90.

[104] Pour illustration, on parlera de : cour constitutionnelle en RDC, au Congo, au Bénin, au Gabon, au Niger, aux îles Comores, au Togo, en Guinée, en Centrafrique ; et de conseil constitutionnel au Burkina Faso, au Cameroun, au Sénégal, au Tchad, au Djibouti, pour évoquer l'office du juge constitutionnel.

[105] Ou bicaméralisme.

[106] Produit de l'histoire constitutionnelle britannique.

[107] Où une chambre possède la faculté de s'opposer à l'initiative de l'autre.

[108] Voir article 24 de la Constitution française du 4 octobre 1958 ; Les députés de l'Assemblée nationale sont élus au suffrage direct.

locales[109]. C'est cette particularité qui sera beaucoup plus vécue par les ex-territoires africains d'expression francophone.

En faisant la lecture de quelques-unes de leurs constitutions, on vit l'impression d'une réplique des termes du constituant français de la Ve République. Ainsi la constitution camerounaise du 18 janvier 1996 énoncera : *« le pouvoir législatif est exercé par le Parlement qui comprend deux (2) chambres : l'Assemblée nationale ; Le Sénat.* (…) *l'Assemblée nationale est composée de cent quatre - vingt (180) députés élus au suffrage universel direct* (…) *Chaque député représente l'ensemble de la nation. Tout mandat impératif est nul* (…) ; *Le Sénat représente les collectivités territoriales décentralisées. (...)Chaque région est représentée au Sénat par dix (10) sénateurs dont sept (7) sont élus au suffrage universel indirect (...) »*[110]. À celle malgache de reprendre : *« le parlement comprend l'Assemblée nationale et le Sénat (...), les membres de l'Assemblée nationale sont élus pour cinq ans au suffrage universel direct (...) ; le Sénat représente les collectivités territoriales décentralisées (...) »*[111]. La togolaise de renchérir : *« le pouvoir législatif, délégué par le peuple, est exercé par un parlement composé de deux assemblées, l'Assemblée nationale et le Sénat (...). Les députés sont élus au suffrage universel direct et secret (...) ; (...) Le Sénat est composé de 2/3 de personnalités élues par les représentants des collectivités territoriales (...) »*[112].

Ces termes sont donc assez illustratifs pour questionner la filiation existante entre la Constitution française de 1958 et celles d'Afrique noire francophone. Mais s'il est vrai que plusieurs l'ont conservé, il reste à reconnaître que certains s'en détachent de plus en plus et par là arrive à tronquer ce mimétisme politique soit en s'en dispensant[113] ou soit en le supprimant[114], parce que moins adapté au contexte politique africain.

De ce qui ressort plusieurs motifs d'importation pourraient être recherchés et ainsi être mis à contribution pour freiner le décollage *solo* de l'identité constitutionnelle, mais dans le fond, ils restent néanmoins minimaux et insusceptibles de faire grief avec la force qui se devrait. Le train de l'affirmation d'une authentification constitutionnelle étant en marche, il ne reste plus qu'à le consolider.

---

[109] *Idem.*, les membres du Sénat sont quant à eux élus au suffrage universel indirect.

[110] Extraits des articles 14, 15 et 20 de la Constitution camerounaise de 1996.

[111] Articles 69 et 81 (extraits) de la constitution malgache du 11 décembre 2010.

[112] Articles 51 et 52 (extraits) de la constitution togolaise du 31 décembre 2002.

[113] Constitutions djiboutienne de 2010 et béninoise de 1992.

[114] Cas du Sénégal en 2012.

B/ le défi de la consolidation

Il faut créditer l'identité constitutionnelle de l'Afrique noire francophone, la revigorer, l'assurer, certainement la consolider. Elle doit pouvoir faire face, s'affirmer, se déployer dans son authenticité. C'est là le pari majeur, le défi, mieux le challenge le plus important à remporter ; certainement par la prise en compte rigoureuse d'un certain nombre de paradigmes et de pistes de solution pouvant se dérouler dans les lignes suivantes :

Renforcer la légitimité et l'autorité du juge constitutionnel ;

La fonction de gardien de la constitution est d'une importance et d'une délicatesse hautement significatives. Il est donc important pour celui qui l'incarne (le juge constitutionnel) d'être nanti d'un cadre approprié pour l'exercice. Le juge dans son office doit être à l'abri de toute contrainte qui saurait restreindre son action et édulcorer la force de son jugement.

La légitimité reste donc dans ce sens le véritable bouclier de cet adversaire de l'arbitraire politique, un pilier devant lui servir de protection fonctionnelle et c'est important qu'elle soit questionnée. Aussi l'envisagerons-nous sous le prisme du mode d'investissement[115] du juge constitutionnel : De qui le juge constitutionnel tient-il sa nomination ?

À l'observation, il ressort en Afrique noire francophone qu'elle se trouve beaucoup plus tenue par les détenteurs du pouvoir de l'État[116] que par le propriétaire du pouvoir constituant originaire[117]. Il faut déjà le faire ressortir.

Si d'aucuns le conçoivent comme le représentant du souverain à côté du parlement[118], il y a bien lieu de lui reconnaître une certaine légitimité active ; toutefois quand le moyen constitutionnel par lequel il est désigné dans sa fonction trouve enclenchement dans le corps politique contre lequel il agit en contrepoids[119], il y a encore lieu de remettre en question cette légitimité. *« La composition des juridictions constitutionnelles conditionne la légitimité de la justice constitutionnelle »* le fît savoir, le doyen L. FAVOREU[120].Une telle assertion dénote combien il est impératif d'accorder aux juges constitutionnels, une certaine crédibilité par la redéfinition de leur mode de désignation[121].

---

[115] Mode de désignation.

[116] En parlant du président de la République et du parlement.

[117] Le peuple.

[118] D. ROUSSEAU, P.-Y. GAHDOUN et J. BONNET, *Droit du contentieux constitutionnel*, LGDJ, 11e ed., 2016, p. 54.

[119] *Ibid.*, p. 53.

[120] *In* « Légitimité du juge constitutionnel », *Revue internationale de droit comparé.* Vol. 46 N°2, avril-juin 1994, p. 571.

[121] *Idem.*

C'est cette problématique qu'éveille la pratique dans le constitutionnalisme de la majeure partie des États francophones d'Afrique noire. En l'espèce, on peut naviguer entre les lignes de quelques de leurs constitutions.

Le constituant sénégalais énoncera : *« (...) Le Président de la République nomme les membres du Conseil constitutionnel dont deux sur une liste de quatre personnalités proposées par le président de l'Assemblée nationale »*[122] ; et pourtant la scission politique semble bien être prononcée, *« (...) le pouvoir judiciaire est indépendant du pouvoir législatif et du pouvoir exécutif. Il est exercé par le Conseil constitutionnel (...) »*[123]. La constitution camerounaise va dans le même sens : *« (...) les membres du Conseil constitutionnel sont nommés par le Président de la République et désignés de la manière suivante : trois, dont le Président du Conseil, par le Président de la République ; trois par le Président de l'Assemblée nationale après avis du bureau ; trois par le Président du Sénat après avis du bureau ; deux par le Conseil Supérieur de la Magistrature »*[124]. Et c'est également la même substance qu'on retrouve quand on lit les dispositions des constitutions congolaise[125], djiboutienne[126], gabonaise[127], togolaise[128], malienne[129] et de plusieurs autres.

Au vu de ceci, l'on croit toujours en une copie des termes de l'article 56 de la constitution française de 1958, qui par la même occasion mérite d'accorder plus de légitimité au régulateur des institutions.

C'est même une opportunité pour l'Afrique francophone de s'octroyer une certaine particularité qui saura donner une nouvelle force à son identité constitutionnelle.

Le juge tirant constitutionnellement sa légitimité de la désignation ou de la nomination par les pouvoirs exécutif et législatif, un doute subsisterait sur sa capacité à officier *sans contrainte ou redevance morale*, ce qui porterait un coup à son impartialité[130] fonctionnelle. Doit-on repenser le mode de désignation des instances constitutionnelles en Afrique noire francophone ? La question vaut formulation si l'on mesure le poids et la place de cette juridiction dans le jeu

---

122 Article 89 de la Constitution sénégalaise révisée du 05 avril 2016.

123 Article 88, *idem.*

124 Article 51 al. 2 de la Constitution camerounaise du 18 janvier 1996.

125 Voir article 158 de la Constitution de la RDC du 18 février 2006.

126 Article 76 de la constitution djiboutienne du 15 septembre 1992.

127 Article 89 nouveau de la constitution gabonaise révisée du 12 janvier 2018.

128 Article 100 nouveau de la loi constitutionnelle du 15 mai 2019 modifiant la Constitution togolaise du 14 octobre 1992.

129 Article 91 de la constitution malienne du 25 février 1992.

130 L'impartialité du Conseil constitutionnel est une des valeurs sûres de son exercice qui doit être garantie. Lire E. M. NGANGO YOUMBI, « Le nouveau Conseil constitutionnel camerounais : la grande désillusion », *revue du Droit public*, n° 5, 2019, p. 1418.

électoral et référendaire[131], dans la garantie des droits humains et sociaux [132]et dans la régulation du fonctionnement des institutions[133].

La curiosité serait donc de s'interroger sur une probable mise en place directe de la juridiction constitutionnelle par le détenteur originaire de la souveraineté nationale[134], chose qui pourrait le placer dans une position assez confortable à l'abri de toute pression et sujétion étrangères à celles du peuple souverain ; ce serait également un gage d'autorité du juge constitutionnel pour la vitalité démocratique[135].

Libéraliser l'accès au Conseil constitutionnel

L'accès au Conseil constitutionnel est – majoritairement en Afrique noire francophone), réservé à une poignée de personnalités politiques (Président de la République, députés et sénateurs). Face aux violations de droits civiques et sociaux, à l'ère où les mœurs évoluent, il reste important d'accorder une faille, fut-elle moindre aux citoyens[136] pour saisir le juge constitutionnel par voie d'exception. Un pays comme le Gabon a dans ce sens fait un pas qui est louable[137]. Par ailleurs autre réadaptation contextuelle de la question prioritaire de constitutionnalité du modèle français peut aussi être une voie explorable[138].

Resacraliser la norme constitutionnelle

Plusieurs pensent que la constitution en Afrique et particulièrement au sein du constitutionnalisme de la zone noire d'expression francophone, n'occupe pas la place qui lui revient de droit. On la voit comme vulnérable, conditionnée[139], apprivoisée[140], facilement modifiable[141] et affaiblie face à la

---

[131] Article 116 al. 5 de la constitution malgache du 11 décembre 2010.

[132] Article 114 de la constitution béninoise du 11 décembre 1990.

[133] Article 175 de la constitution congolaise (Congo-Brazzaville) du 6 novembre 2015.

[134] Voir par exemple l'article 2 al. 1 de la Constitution camerounaise du 18 janvier 1996 : *« La souveraineté nationale appartient au peuple camerounais qui l'exerce (...) ».*

[135] S. J. OATY, *op. cit.*, p. 25.

[136] E.-M. NGANGO YOUMBI, *op. cit.*, p. 1418.

[137] Voir article 85 : *« les autres catégories de loi ainsi que les ordonnances peuvent être déférées devant la cour constitutionnelle (...) soit par tout citoyen ou toute personne morale lésée par la loi ou l'ordonnance querellée* » et article 86 : *« tout justiciable peut, l'occasion d'un procès devant un tribunal ordinaire, soulever une exception d'inconstitutionnalité à l'encontre d'une loi ou d'une ordonnance qui méconnaîtrait ses droits fondamentaux »* nouveaux de la Constitution gabonaise révisée du 12 janvier 2018.

[138] Chose qui justifierait que le mimétisme n'est pas totalement dénué d'intérêt.

[139] E.-H. MBODJ, « La constitution de transition et la résolution des conflits en Afrique. L'exemple de la République démocratique du Congo »*, op. cit.*, p. 441.

[140] F. J. AIVO (F-J), *op. cit.*, p. 145.

[141] *Idem.*

montée en force du conventionnalisme constitutionnel[142], des accords politiques[143] et des pratiques constitutionnelles incohérentes[144] que digère mal l'idéal occidental. Il est très important d'apporter à la constitution, sa force au-dessus de la hiérarchie kelsénienne des normes juridiques au risque de se heurter à une originalité identitaire utopique. L'énoncé du professeur J. DU BOIS DE GAUSUSSON *« Constitution sans culture constitutionnelle n'est que ruine du constitutionnalisme »*[145], dans ce cas de figure, sonnerait alors comme un glas.

Penser une constitution en phase avec le temps

À ce propos, il est intéressant de rappeler qu'analysant la question des rapports du temps et de la constitution, D. G. LAVROFF faisait observer que les modifications constitutionnelles sont le moyen approprié d'adapter la constitution *« aux nécessités du temps »*[146], plus précisément à l'état de la société.

C'est selon lui le meilleur canal de diachroniser la constitution et sans doute les États de cette partie de l'Afrique gagneraient dans la prise en compte des évolutions auxquelles les sociétés africaines sont de même confrontées. Cela génèrera une adéquation idéologique entre la société et le constitutionnalisme africains.

Valoriser un mimétisme transafricain[147]

Il est avéré que copier en dehors du continent suscite plusieurs critiques sur le manque d'originalité. Mais qu'en serait-il si un État d'Afrique noire francophone copiait chez un autre de la même catégorie ? Des modèles de démocratie à l'africaine existent et la possibilité de s'en inspirer par d'autres pourrait aussi être salutaire pour un constitutionnalisme entièrement africain. Le docteur DARGENT, présente en profondeur ce genre de mimétisme en citant le cas du vent des conférences nationales souveraines dont le précurseur de base a été le Bénin[148]. Une logique qui prouverait que l'Afrique noire francophone peut être à même de se départir du joug constitutionnel à l'européenne en se refaisant une image propre.

---

[142] *Ibid*, p. 153.
[143] A. KPODAR, *op. cit.*, p. 18.
[144] K. DOSSO, *op. cit.*
[145] J. DU BOIS DE GAUDUSSON, « Constitution sans culture constitutionnelle n'est que ruine du constitutionnalisme », *Mélanges en l'honneur de Slobodan Milacic*, Bruxelles, Bruylant, 2008, pp. 333-348.
[146] D-G. LAVROFF, « La constitution et le temps », *Mélanges Philippe ARDANT, Droit et politique à la croisée des cultures*, Paris, LGDJ, 1999, p. 210.
[147] F. DARGENT, « les échecs du mimétisme constitutionnel en Afrique noire francophone », *Revue de droit public*, 2017, n° 5, p. 1367.
[148] *Idem.*

Loin de prétendre à donner une liste exhaustive et à côté de ces solutions principalement envisageables pour le rayonnement d'un constitutionnalisme d'Afrique noire francophone, une autre hypothèse structurelle est également pensable. Eu égard aux composantes sociologiques ethniques qui embellissent les sociétés africaines, des institutions constitutionnelles autres que celles déjà en place [149]peuvent être prônées pour favoriser les cohésions nationales et faire primer les sentiments d'appartenance patriotiques sur les tendances ethnocentristes sapant continuellement les efforts de démocratie et de pluralisme politique.

Ainsi le ton est donné ; l'identité constitutionnelle africaine, une réalité à conforter ; la balle, dans le camp des États d'Afrique francophone ; et le temps, prêt donner raison à une Afrique francophone noire dynamique.

Évoquer la question de l'identité constitutionnelle en Afrique noire francophone revient à questionner aujourd'hui l'exploit d'un droit purement africain qui, il faut le dire est en quête de notoriété permanente. Le mimétisme, longtemps décrié est de plus en plus dans l'incapacité de s'accommoder aux spécificités de ces États. Quoi qu'il en soit, l'aménagement normatif et le montage institutionnel permettent de percevoir quelques aspects traduisant l'originalité de ces États, d'autant plus que le constitutionnalisme des États d'Afrique noire francophone a tout à gagner en incluant une certaine « authenticité » dans ses pratiques et usages. Cela implique d'en finir avec une approche qui consiste à s'inspirer de l'expérience des autres et user des techniques éprouvées ailleurs. Cependant, on ne saurait nier les traces d'un mimétisme dans les constitutions d'Afrique noire francophone, ceci est dû à la filiation que ces États ont avec l'ancienne métropole, qui se traduit par l'échec du constitutionnalisme par une réception la plus souvent erronée des modèles constitutionnels incapables de réguler la vie politique et régler les conflits. Même s'il faut noter, qu'on peut également tirer des vertus de cette pratique. Il ne suffit donc pas de proclamer une quelconque identité, sans toutefois la consolider, et dont les problèmes de ces États ne trouveraient aucune solution viable ; ce serait comme*« ouvrir une armoire vide de contenu »*. Il revient au juge constitutionnel dans sa jurisprudence, de cultiver un peu d'audace, puisque la mutation progressivement observée du droit constitutionnel africain s'avère inséparable de la remarquable contribution des juridictions constitutionnelles[150]. Ainsi, il ne parait donc pas superflu d'insister sur la nécessité de faire coïncider les constitutions avec les aspirations spécifiques des sociétés politiques africaines, comme le précise E. DERDAELE, une constitution, pour être effective, *« doit être le reflet de la*

[149]Assemblée nationale, Sénat, conseils municipaux, régionaux, etc.

[150] B. BOUBACAR, « Le préambule de la constitution et le juge constitutionnel en Afrique », *op. cit.*, p. 5.

nation et ainsi être dotée d'une identité propre »[151] ; ce qu'a renchéri le professeur E. H. MBODJ, en parlant de l'un des exploits de la constitution congolaise en ces termes : *« La constitution avait une valeur refuge en ce qu'elle était le seul instrument juridique dans lequel se reconnaissaient les acteurs politiques, y compris le peuple congolais qui tenait à sortir de cette longue et interminable transition congolaise (...) »*[152]. Mais pour ce faire, le constitutionnalisme en Afrique doit pouvoir céder la place au constitutionnalisme africain.

[151] E. DERDAELE, « La constitution entre norme et symbole, réflexions sur le constitutionnalisme contemporain », VIIe *Congres français de droit constitutionnel*, Paris, 25-27 septembre 2008 citée par R-V. MANANGOU, « la constitution congolaise du 06 novembre 2015 », *Les annales de Droit Varia*, 13/2019, p. 142.
[152] E. H. MBODJ, « La constitution de transition et la résolution des conflits en Afrique. L'exemple de la République démocratique du Congo », *op. cit.*, p. 441.

L'AFRIQUE SUBSAHARIENNE FRANCOPHONE À L'ÉPREUVE DE LA BONNE GOUVERNANCE

Cheikh Ibra Fall Ndiaye

Docteur en Science politique
de l'Université Cheikh Anta Diop de Dakar
Enseignant-chercheur à l'Université Alioune Diop de Bambey (UADB)

Je me réjouis de cette belle opportunité qui m'est offerte pour rendre hommage à mon éminent Professeur et Père spirituel Pr El Hadj MBODJ. Merci encore cher professeur pour votre sens élevé de responsabilité, d'estime et de serviabilité dont vous avez toujours fait preuve à l'endroit de ma modeste personne. Que le bon Dieu vous couvre de sa protection et vous garde longtemps parmi nous.

Depuis, l'avènement de la démocratisation des systèmes africains vers les années 90, l'aide internationale ne réussissait pas à réduire la pauvreté ou à engendrer la croissance dans des pays où la gouvernance était déficiente. En effet, la corruption et la faiblesse des institutions empêchent les gouvernements de générer des revenus et de les utiliser à bon escient pour le bien public, ce qui alimente l'insécurité et les conflits. Cela passe aussi par une attention accrue aux évaporations de l'aide observées dans certains pays récipiendaires comme l'atteste l'idée selon laquelle l'aide internationale en direction de l'Afrique n'aura finalement servi qu'à la préservation de systèmes Kleptocratiques[1].

L'objectif de ces derniers serait la préservation de positions de rente et l'enrichissement de classes dirigeantes qui travaillent sans relâche à leur reproduction. Donnée sans contrepartie véritable, l'aide internationale aurait donc contribué à maintenir le statu quo en Afrique au lieu de favoriser le développement du continent. Certains vont pousser le raisonnement même plus loin en incluant dans les facteurs d'immobilisme africain un système organisé et globalisé de pillage des matières premières, à l'instar du grand

[1] Ce sont des systèmes politiques au sein desquels une ou plusieurs personnes, à la tête d'un pays, pratiquent à une très grande échelle la corruption. Généralement, ces personnes pratiquent le blanchiment d'argent, de manière à dissimuler l'origine de leur richesse.

reporter T. BURGIS, qui estime dans son livre « The Looting Machine », que « La machine à piller s'est modernisée. Là où autrefois des traités étaient signés revolver au poing pour déposséder les Africains de leurs terres, or, et diamants, des phalanges d'avocats représentants des sociétés pétrolières et minières aux revenus se situant dans les centaines de milliards de dollars imposent des conditions iniques aux gouvernements africains et utilisent des artifices fiscaux pour soutirer des profits à ces derniers. À cet égard, l'avis de R. DUMOND reste éloquent lorsqu'il estimait il y a quelques décennies que : « L'Afrique est mal partie… »[2]. L'histoire a donné raison à ce grand militant disparu du développement en Afrique.

En effet, aujourd'hui, les échecs sont largement consommés dans la quasi-totalité des États de l'Afrique subsaharienne francophone. Ce qui a poussé et pousse encore à s'interroger sur les causes qui ont entraîné cette considérable régression socioéconomique. C'est ainsi qu'on est arrivé à se focaliser non plus sur les techniques de préparation des plans de développement et leurs défaillances, mais sur la nature des systèmes socioéconomiques en place et la logique de leur fonctionnement, sources de corruption, d'inégalités, etc., et présentement appréhendés comme facteurs principaux de blocage, sinon de paralysie, des économies nationales. C'est ce qui explique sans doute pourquoi l'accent est mis et cela depuis au moins deux décennies, sur la bonne gouvernance comme facteur déterminant du développement économique et social au sens large (durable). Toutefois le concept de bonne gouvernance n'est devenu véritablement opératoire et n'a été effectivement introduit dans les programmes de développement (en Afrique, notamment) que récemment, à la suite des premières évaluations des programmes d'ajustements structurels. Depuis, il est devenu un concept dominant, voire incontournable, de la gestion des affaires publiques. À cet égard, le professeur W. JANN affirmait avec justesse que « le jour où quelqu'un proclamera la « fin de l'Histoire » ou même la « fin de la discussion » sous prétexte que tout a été dit et que tous les problèmes de gouvernance ont été résolus, nous aurons tous du souci à nous faire »[3]. D. ARGYRIE abonde dans le même sens lorsqu'il soutient que

---

[2] R. DUMONT, est ancien directeur de la station de riziculture du Tonkin, maître de conférences à l'Institut national agronomique et à l'École supérieure d'agriculture tropicale, voyageur infatigable, ayant été étudier sur place les problèmes agricoles dans toutes les parties du monde. Cet avis est cité dans : « Démocratie, État de droit et bonne gouvernance en Afrique : le cas de l'Algérie » par K. BOUTALEB, professeur à la Faculté des Sciences économiques et de gestion de l'université Abou Bekr Belkaid.
[3] Avis du professeur W. JANN lors d'une récente publication de l'IISA intitulée « The World We Could Win » Amsterdam, IOS, 2005, p. 156-157.

« nous nous faisons effectivement du souci depuis plus de vingt ans, précisément pour cette raison »[4].

Partant de cela, il convient de rappeler que la mauvaise gouvernance en pratique dans les pays d'Afrique subsaharienne francophone serait ainsi la raison principale de l'incapacité à, d'une part, éviter les tensions et crises sociales ainsi que les violences politiques et d'autre part, de formuler et mettre en œuvre les réformes de politiques économiques comprises dans les programmes de stabilisation financière et d'ajustement structurel avec le soutien du Fonds monétaire international et de la Banque mondiale[5]. C'est pourquoi les bailleurs de fonds, les institutions de Bretton Woods et l'Union européenne notamment font de la bonne gouvernance une des conditionnalités de leur politique d'aide. C'est sans doute, dans ce contexte que s'inscrit l'objet de notre étude portant sur *l'Afrique subsaharienne à l'épreuve de la bonne gouvernance.* Ainsi pour une bonne compréhension du sujet et une délimitation circonstanciée, il nous paraît important de définir ce que l'on entend par l'Afrique subsaharienne à l'épreuve de la bonne gouvernance. Ceci étant dit, il convient de procéder à la définition des termes clés du sujet afin de dissiper toute éventuelle confusion.

D'abord pour ce qui est de l'Afrique subsaharienne francophone[6], A. C. LABRECQUE la considère comme « *un ensemble d'États qui, suite à la période coloniale française, plus particulièrement le second espace colonial français (entre 1815 et 1945 environ), partagent la langue française comme langue officielle* »[7]. Cette définition mérite d'être retenue. En effet, elle nous laisse penser qu'au-delà de la langue française, les États de l'Afrique subsaharienne francophone partagent des liens historiques résultant de la période coloniale d'une part, et, des liens géographiques à partir de leur évolution historique et des rapports sociaux économiques qui ont agité ces aires géographiques, d'autre part.

Dans cet espace géographique, la bonne gouvernance, à l'image de la démocratisation des systèmes politiques, est devenue une conditionnalité de l'aide au développement pour les bailleurs internationaux tel que le Fonds monétaire international ou la Banque mondiale, dans leurs programmes de

---

[4] Cf. D. ARGYRIES, « Bonne gouvernance, professionnalisme, éthique et Responsabilité », *in Revue Internationale des Sciences administratives*, 2006/2, Vol. 72, p. 160.

[5] Cf. GOGUE. Tchabouré Aimé, « Gouvernance en Afrique : État des lieux », *in https://www.afdb.org*, p.1, consulté le 21 décembre 2020.

[6] Elle renvoie aux États d'Afrique subsaharienne de succession coloniale française et belge : Bénin, Burkina Faso, Burundi, Cameroun, Centrafrique, Congo-Brazzaville, République démocratique du Congo, Djibouti, Gabon, Guinée, Côte d'Ivoire, Madagascar, Mali, Mauritanie, Niger, Rwanda, Sénégal, Tchad, Togo.

[7] Cf. A. C. LABRECQUE, « Les Études urbaines en Afrique sub-saharienne francophone », *in www.vrm.ca* p-1, (consulté) le 20 octobre 2020.

lutte pour le développement et pour la réduction de la pauvreté. De ce fait, il convient de s'atteler sur le sens de bonne gouvernance en vue de lever toute équivoque sur son concept. Pour ce faire, il convient de répertorier un certain nombre de définitions pour mieux clarifier le concept de bonne gouvernance. D'abord, le concept de "bonne" gouvernance fait intervenir des jugements normatifs sur ce qui constitue l'acquisition légitime et l'exercice efficace du pouvoir. Pour certains organismes d'assistance extérieure et pour les militants sociaux, bonne gouvernance est synonyme de gestion démocratique des affaires publiques et, par conséquent, de participation, de respect des droits de l'homme et de justice sociale.

Pour d'autres, elle signifie simplement gérer les ressources humaines et naturelles du pays de manière à générer des biens publics (y compris de la sécurité et de la justice) et les distribuer de manière à créer des richesses et à promouvoir le développement humain. C'est cette vision plus restrictive de la gouvernance qu'ont adopté les institutions financières internationales (IFI); pour elles, la "bonne gouvernance" s'entend davantage de l'efficacité de l'État que de l'équité du système économique ou de la légitimité des structures du pouvoir. Partant de ces définitions, il y a lieu de noter que tout comme la démocratie, la bonne gouvernance ne peut donner lieu à une définition univoque et rigide, elle doit être pensée comme un moyen pour assurer le développement socio-économique, la gestion cohérente et rationnelle des affaires publiques, la création d'un environnement favorable à l'épanouissement des citoyens et à la consolidation de la sécurité politique, sociale et économique pour tous.

Eu égard à cette difficulté consensuelle de cerner le sens de bonne gouvernance qui sied aux États de l'Afrique subsaharienne francophone, nous allons recourir à la définition préconisée par la Commission économique et sociale des Nations unies pour l'Asie et le Pacifique (UNESCAP). Ainsi en 2009, ladite Commission qui, entre autres activités, observe les progrès des pays dans la réalisation des objectifs du Millénaire pour le développement de l'ONU et les conseille sur ce sujet, a produit un document intitulé « Qu'est-ce que la bonne gouvernance ?», dans lequel elle recense les principales caractéristiques de ce concept : la bonne gouvernance privilégie la participation, la recherche du consensus, l'obligation de rendre compte de ses actions, la transparence, la réactivité, l'efficacité et l'efficience, l'équité et l'inclusion, et elle respecte l'État de droit. Elle permet de veiller à ce que la corruption soit réduite au minimum, que les opinions des minorités soient prises en compte et que la voix des catégories de population les plus défavorisées soit entendue dans les processus décisionnels. Elle permet aussi de prendre en compte les besoins présents et futurs de la société[8]. Cette définition nous paraît répondre aux vœux et à l'idéologie de ceux qui ont répandu la notion de la Bonne gouvernance. En effet, outre qu'elle exige la responsabilisation des décideurs à tous les échelons de l'appareil de l'État, la définition précitée fait ressortir non seulement les aspects politiques, administratifs et économiques, mais également ceux juridiques, notamment la primauté du droit, l'application impartiale de la règle de droit, l'égalité de tous et celle des chances, la participation de tous les citoyens dans la gestion de la « res publica, » la transparence, l'équité, l'efficacité et l'effectivité, concepts aussi exigés pour l'exercice effectif des droits de l'homme. Dès lors, l'Afrique subsaharienne sera-t-elle à l'épreuve de ce modèle idéal de développement ? Ce qui nous conduit à s'interroger sur le sens du terme « à l'épreuve de.. ». Ainsi selon le Centre national des Ressources textuelles et lexicales, *« l'idée renvoie à une expérience à laquelle on soumet une (ou la) qualité d'une personne ou d'une chose et qui est susceptible d'établir la valeur positive de cette qualité ».*[9]

À la lumière de la clarification du sens des termes de notre étude, il est légitime d'admettre que la réflexion portant sur l'Afrique subsaharienne francophone à l'épreuve de la bonne gouvernance suscite beaucoup d'intérêts.

D'abord notons que la question de la bonne gouvernance est devenue un sujet d'actualité et d'une préoccupation certaine en Afrique subsaharienne francophone du fait qu'il est un des termes qui s'introduisent insidieusement dans le lexique politique d'aujourd'hui sans que nul n'y prête attention et sans qu'il soit défini préalablement. Elle est une expression apparemment fourre-tout, dont les médias font ces jours une forte consommation. C'est ainsi que le concept de bonne gouvernance est actuellement utilisé par tous, expert ou profane, public ou privé, du niveau local au niveau global, dans plusieurs domaines et dans de nombreux champs disciplinaires : chacun se gargarise ou recommande de faire de la gouvernance, voire de la «bonne gouvernance», une priorité dans la mise œuvre des actions publiques pour le développement.

Ensuite, il faut souligner théoriquement que l'étude de la bonne gouvernance en Afrique sub-saharienne francophone n'en est plus tout à fait à ses balbutiements car elle a fait l'objet d'une abondante littérature[10] depuis

---

[8] Plan de mise en œuvre du Sommet mondial sur le développement durable, paragraphes 4, 138 et 141. http://www.un.org, (en anglais, dernière visite le 28 août 2008).

[9] Voir le lien https://www.cnrtl.fr, p.1, consulté le 22 décembre 2020.

[10] Sur ce point, il convient de citer entre autres : B. JESSOL, « L'essor de la gouvernance et ses risques d'échec : le cas du développement économique », *RISS*, mars 1998 ; Commission européenne pour la démocratie par le droit (commission de Venise), « Bilan sur les notions de « bonne gouvernance » et de « bonne administration », Strasbourg, 9 mars 2011, Étude no 470 / 2008, pp. 1-32 ; B., GAYE, « Bonne gouvernance et politique vertueuse au Sénégal : L'âge d'or n'est pas pour demain », *in https://www.senenews.com*, pp. 1-3, consulté le 23 septembre 2020 ;

les années « 90 » à nos jours. Cela dit, il faut rappeler que la question de la bonne gouvernance fait apparaître des divergences à l'intérieur du système politico-administratif entre les différents acteurs économiques, sociaux et politiques, et à l'extérieur, vis-à-vis des partenaires étrangers, des institutions des Nations unies et des agences multilatérales d'aide au développement. La prise en compte de ces divergences est importante, dans la mesure où les critères de bonne gouvernance sont devenus des préalables dans les négociations et les partenariats. On s'aperçoit alors que tout le monde n'attribue pas le même sens au concept de « bonne gouvernance », et cette divergence de vue explique la divergence des objectifs et même des résultats, qui sont différents selon le sens qu'on donne à ce concept.

À cela s'ajoute le fait que la bonne gouvernance est un concept polysémique, très marqué par la culture anglo-saxonne et exposé à des interprétations nécessairement diverses et subjectives. Un détour par les modalités d'usage rencontrées permet d'éclairer le contenu et l'originalité du concept. L'intérêt théorique de la présente étude réside aussi du fait que la problématique de la bonne gouvernance continue de susciter des passions au sein des intellectuels, des acteurs politiques ainsi que les organisations gouvernementales ou non gouvernementales. Dès lors, notre modeste contribution a pour objectif d'examiner les principaux écueils qui entravent la bonne gouvernance en Afrique subsaharienne francophone en vue soulever les garanties nécessaires à sa mise en œuvre.

Enfin, l'intérêt pratique de notre étude découle du fait qu'elle offrira un cadre de réflexion qui permet aux acteurs étatiques, du secteur privé et de la société civile une appropriation de l'ensemble du processus de mise en place de la stratégie, une communication et une sensibilisation de la population et des acteurs divers sur les obstacles qui freinent la bonne gouvernance en Afrique subsaharienne francophone afin de saisir la gravité de la situation, laquelle doit leur inciter, à un changement d'attitudes et de comportements à l'égard des phénomènes d'instabilité politique et des malversations financières. Ce faisant l'objectif global de cette étude est d'avoir un document d'analyse qui donne aux dirigeants et au public une perspective à long terme de la bonne gouvernance.

Ces intérêts ainsi précisés, notre étude soulève également une problématique qui mérite d'être analysée en vue de mieux cerner les enjeux politiques et économiques qui hypothèquent la mise en œuvre de la bonne gouvernance en l'Afrique subsaharienne francophone. En effet, depuis les ajustements

---

Accorder la priorité à la bonne gouvernance et à la vitalité de la société civile, Mémoire présenté par le Groupe de réflexion sur le développement international et la coopération (GREDIC) à l'honorable Marie-Claude BIBEAU, ministre du Développement international et de la Francophonie du Canada à l'occasion de l'Examen de l'aide internationale, le 30 mai 2016, p. 6.

structurels et la démocratisation des systèmes politiques des années « 90 », le problème de la bonne gouvernance politique et économique se pose avec acuité comme l'attestent les failles notées dans la gestion de la covid19 en Afrique. Dès lors, la présente étude portant sur l'Afrique à l'épreuve de la bonne gouvernance ne saurait être pertinente sans se poser la question de savoir quels sont les obstacles politiques et économiques qui entravent la mise en œuvre de la bonne gouvernance et leurs remèdes dans cette espace géographique ?Nous privilégions une étude analytique comme l'indique le choix de notre réflexion portant sur l'Afrique subsaharienne à l'épreuve de la bonne gouvernance en vue de mieux éclaircir ses zones d'ombre. Cette présente étude est circonscrite de la période allant de la vague de démocratisation des systèmes politiques des années « 90 » à nos jours. La raison fondamentale pour un tel choix réside dans le fait que depuis la fin des années 1990, la promotion de la bonne gouvernance est une priorité pour les grandes organisations internationales, telles que le Fonds monétaire international ou la Banque mondiale, dans leurs programmes de lutte pour le développement et pour la réduction de la pauvreté.

Partant de ces précisions, il reste à rechercher alors les outils et méthodes d'analyse nécessaires à l'appréhension de notre sujet. Dans ce cadre de cette étude, nous allons privilégier la recherche documentaire en vue de bien mener notre étude. C'est ainsi que des ouvrages[11], des articles[12], des rapports de

[11] On peut citer entre autres : G. G. AKONO, *La Corruption: le mal de l'Afrique*, France, Éditions Jets D'encre, 2018, 310 pages ; J.-F. BAYART, *L'État en Afrique, la politique du ventre*, Paris, Fayard, 1989 ; Gogue Tchabouré Aimé, *Gouvernance en Afrique : État des lieux,* Banque africaine de développement, 2001, 52 pages.

[12] À titre d'exemple : D. ARGYRIES, « Bonne gouvernance, professionnalisme, éthique et Responsabilité », *in Revue internationale des Sciences administratives*, 2006/2 Vol. 72, p.160 ; Jean-François Médard, « L'État néopatrimonial en Afrique noire », dans J. -F. Médard, *États d'Afrique noire : formation, mécanismes et crises*, Paris, Karthala, 1991, p. 323-353 ; P. AGNES, La " bonne " gouvernance, dernier-né des modèles de développement. Aperçu de la Mauritanie », *in* *https://www.researchgate.net*, 2014, pp.1-32, consulté le 21 décembre 2020.

séminaires ou colloques[13] et des thèses [14]ont été mis à profit dans le cadre de la présente étude. La webographie [15]a été exploitée[16] et a largement contribué à l'accès facile à la documentation nécessaire à notre réflexion. Outre les instruments d'analyse, il convient de noter que la richesse probable de la réflexion portant sur l'Afrique subsaharienne à l'épreuve de la bonne gouvernance donne lieu à une assez forte tentation entre plusieurs méthodes ou approches.

Dès lors, nous allons recourir d'abord à l'approche institutionnelle qui est d'un grand secours pour la compréhension des obstacles qui freinent la mise en œuvre de la bonne gouvernance en Afrique subsaharienne francophone. En effet, les dysfonctionnements des États, des secteurs privés, des organisations de la société civile, acteurs principaux dans le processus de développement et de la consolidation de la gouvernance[17] en Afrique subsaharienne francophone, font que depuis bientôt trois décennies, la bonne gouvernance est devenue un concept clé dans les débats internationaux sur le développement et dans les politiques des institutions financières internationales sur l'aide aux pays en développement. Le néo-institutionnalisme est une manière de renouer avec l'État et l'analyse de l'État tout en se démarquant de l'ancien institutionnalisme qui couvrait essentiellement l'État et les institutions formelles. Il couvre, en plus de l'État et des institutions formelles, la démocratisation et les luttes pour le pouvoir politique. Malgré sa pertinence,

---

[13] M.C. BELMIHOUB, «Efficacité institutionnelle et performance des entreprises : Essai sur la nouvelle gouvernance des rapports État/Entreprises », colloque international « Importance de la transparence et intégration effective dans l'économie mondiale », Alger, 30 juin 2003 ; T. LASSOUED , « Les effets de la gouvernance sur la croissance économique », *in Conférence: colloque international Économies en transition : performances économiques, institutions et dimensions sociales* tenue les 20, 21 April 2019 à Djerba- Tunisia ; voir https://colloqueisg.wixsite.com, consulté le 21 septembre 2020. CEA : « L'Afrique sur la voie de la bonne gouvernance », Synthèse du Rapport sur la gouvernance en Afrique de 2005, online :
http://www.uneca.org, pp. 1-2.

[14] Voir J. ZADI, *La Question de la bonne gouvernance et des réalités sociopolitiques en Afrique : Le cas de la Côte d'Ivoire*, Thèse Doctorat de Droit public, Université Paris-Est, 2014, 414p ; S. BARA, *La Résolution des conflits en Afrique*, Thèse de Doctorat en Science politique, Université Cheikh Anta Diop de Dakar, 2003, 281 p.

[15] Une webographie est une bibliographie constituée de sources tirées du web. Elle regroupe donc des adresses de pages et ressources web relatives à un sujet donné ainsi que les renseignements. Cf. le site http//www. Définition-dictionnaire.com

[16] http://www.uneca.org ; inhttps://www.monde-diplomatique.fr,
in https://www.jeuneafrique.com.

[17] Sur ce point, il convient de rappeler que l'État a la responsabilité de la mise en place d'un environnement politique, juridique et institutionnel, le secteur privé produit des emplois et des richesses tandis que la société civile joue un rôle d'interface et de médiation entre l'État, d'une part, les individus et les groupes sociaux, d'autre part.

elle n'a pas encore apporté tout ce qu'elle a pu pour mettre en lumière les dysfonctionnements institutionnels orchestrés par les acteurs politiques pour la conquête ou la conservation du pouvoir politique sans se soucier de la bonne gouvernance de leurs pays. Dans cette perspective, recourir à l'analyse systémique[18] reste incontournable pour saisir les véritables causes qui empêchent la mise en œuvre de la bonne gouvernance. En effet, le concept de gouvernance renvoie selon ses promoteurs à trois systèmes (le système politico-administratif, le système économique et la société civile)[19]. Dès lors, le développement économique et social ne peut se réaliser que grâce aux transformations de ces trois systèmes en vue d'une plus grande cohérence et d'une synergie dans le fonctionnement du système global. De ce fait, les performances de ces systèmes semblent exigées pour une bonne gouvernance[20].

La méthodologie ainsi analysée, nous allons préciser que la réponse à la problématique de notre étude révèle une importance à double égard.

D'abord, la bonne gouvernance est ainsi perçue aussi bien par les populations que les partenaires des pays africains comme indispensable pour la promotion du développement. On a ainsi assisté à des oppositions le plus souvent violentes entre, d'une part, les tenants du pouvoir et, d'autre part, les populations aspirant à plus de liberté, à plus de respects des droits de l'homme, à une meilleure distribution des richesses du pays et à une meilleure façon de diriger et de gérer le pays. Les bailleurs de fonds les plus importants du continent, les Institutions de Bretton Woods et l'Union européenne notamment, font de la bonne gouvernance un des critères d'attribution de l'aide publique au développement. Le Groupe de la Banque africaine de développement a également ressenti l'importance de la pratique de la bonne gouvernance pour l'amélioration de l'efficacité des politiques de développement en général et des performances de ses activités dans ses pays membres en particulier.

Ensuite, force est de reconnaître qu'à peine deux décennies, la gouvernance politico-économique transparente, critère de la bonne gouvernance, est en souffrance en Afrique subsaharienne francophone du fait de l'instabilité politique nourrie d'une part, par les conflits armés et les crises politiques, et, d'autre part, par le culte de l'enrichissement illicite et la politisation de l'administration et ses corollaires tels que l'impunité, la fuite des cerveaux et le laxisme, etc. Dès lors, les remèdes à ces difficultés d'ordre politique,

---

[18] Selon BIPOUM-WOUM, l'analyse systémique a été explicitement appliquée à l'Afrique par J.W. ZARTMAN en 1966 dans le domaine des relations internationales. Voir J. M. BIPOUM-WOUM, « Le Nouveau Cameroun politique », *R, J, P, I, C.*, 1983, N°.3, pp. 656-657.

[19] B. JESSOL, « L'Essor de la gouvernance et ses risques d'échec : le cas du développement économique », *RISS*, mars 1998.

[20] 18 H. De ALCANTARA, « Du bon usage du concept de gouvernance », *RISS*, mars 1998.

économique et social consisteraient en toute hypothèse à déterminer les éléments clés des dysfonctionnements actuels des systèmes politico-économiques en place et à identifier les tendances émergentes en matière de techniques et méthodes de gestion des affaires publiques. Pour ce faire, nous allons examiner les principaux écueils de la bonne gouvernance en Afrique subsaharienne (I) avant de s'atteler aux stratégies nécessaires à la mise en œuvre de ce modèle idéal de développement(II).

I/ Les écueils de la bonne gouvernance en Afrique subsaharienne

La bonne gouvernance est un nouveau modèle de développement dont l'élaboration s'est faite au cours des années 1990, lorsque les politiques d'ajustement sont apparues insuffisantes pour restaurer la croissance. D'abord présentée d'un point de vue techniciste par la Banque mondiale, comme une meilleure gestion des ressources budgétaires afin de relancer les réformes de la Fonction publique et de l'appareil étatique, la gouvernance a trouvé une extension particulière dans la gouvernance démocratique. Cette dernière insiste sur l'importance de la légitimité du gouvernement et de son ouverture sur la société civile, afin que les leaders politiques répondent mieux aux besoins et aux attentes des populations, la démocratie soutenant le développement socio-économique[21]. La bonne gouvernance est issue de la synthèse de la gouvernance techniciste et de la gouvernance démocratique. Elle propose l'instauration d'un État nouveau, adaptant ses missions à ses capacités et palliant aux échecs du marché, notamment par l'élaboration d'un cadre institutionnel favorable au développement des entreprises et à l'expression de la société civile. De plus, vu la globalité des réformes proposées : réforme de la fonction publique, lutte contre la corruption, décentralisation, participation accrue, révision du cadre légal et renforcement du système judiciaire en sus des avancées démocratiques et de l'État de droit, elle révolutionne l'exercice de la conditionnalité de l'aide internationale qui peut, sous couvert de ce nouveau leitmotiv, étendre ses exigences du domaine économique aux champs politique et institutionnel. Ces vertus de la bonne gouvernance semblent être une hérésie pour l'Afrique subsaharienne du fait de la gouvernance politique défaillante (A) mais de la gouvernance économique malsaine (B).

A/ La gouvernance politique défaillante

L'Afrique subsaharienne francophone s'est donc orientée vers des régimes démocratiques, la notion de régime étant entendue strictement comme l'ensemble des règles constitutionnelles et les institutions telles que prévues

---

[21] A. POUILLAUDE, La "bonne" gouvernance, dernier-né des modèles de développement. Aperçu de la Mauritanie », *in https://www.researchgate.net*, 2014, p. 1, consulté le 21 décembre 2020.

dans les textes constitutionnels[22]. Malgré ce nouveau constitutionnalisme, les conflits armés et politiques font légion en Afrique. Les causes profondes de ces conflits sont notamment à rechercher dans l'effondrement de l'État, le déclin économique, la culture de violence héritée de l'État colonial et la rareté ou l'abondance des ressources. Les causes secondaires seraient le chômage, le manque d'éducation, la pression démographique, l'instrumentalisation de l'ethnicité, la disponibilité des armes, la faiblesse de la société civile. Les causes tertiaires proviendraient de débordements régionaux des conflits, de la faible consolidation de la paix qui entraîne une reprise des hostilités, de l'absence de garants de la paix, de la médiation inappropriée qui permet aux combattants de se réarmer, de l'instrumentalisation de l'aide humanitaire pour assurer la survie des groupes armés. Tout cela crée une instabilité politique laquelle s'accentue davantage avec les effets du manque de culture démocratique. Ce qui nous conduit à analyser l'instabilité politique (1) et le manque de culture démocratique (2) comme étant les déterminants de la gouvernance politique défaillante en Afrique subsaharienne francophone.

1/ L'instabilité politique[23] : un déterminant de la gouvernance politique défaillante

La paix et la stabilité constituent deux des principaux enjeux auxquels les pays africains devaient faire face en raison de la multiplicité des conflits armés depuis la démocratisation des systèmes politiques en Afrique vers les années 90. Dès lors, l'Afrique subsaharienne francophone apparaît effectivement comme la « *région du monde la plus affectée par les luttes armées ou les crises politiques porteuses de germes de guerre*[24] ». Il convient de rappeler qu'il n'y a pas de consensus en ce qui a trait à la classification des conflits[25].De ce fait,

---

[22] La notion de régime est utilisée ici à dessein dans son sens strict. Le régime est donc différent du système politique qui inclut hormis le texte constitutionnel les faits, la pratique et l'application de la Constitution. M. A. COHENDET, *Droit constitutionnel*, LGDJ, Paris, éd. 2013, pp. 162-163.

[23] Pour une étude approfondie sur les déterminants de l'instabilité politique, voir M. GAZIBO, (2010), *Introduction à la politique africaine*, Montréal, Presses de l'Université de Montréal, pp117-137.

[24] A. AYISSI, « Le Défi de la sécurité régionale en Afrique après la guerre froide, vers la diplomatie préventive et la sécurité collective », Travaux de recherche de l'UNIDIR, New York et Genève, no 27, 1994, cité dans D. BACH et L. SINDJOUN, « Ordre et désordre en Afrique », Polis, *Revue camerounaise de science politique*, vol. 4, no 2, 1997, p. 3-18.

[25] Pour une approche générale des causes des conflits, non spécifiquement africains, voir les études de B. JAMES Rule, *Theories of Civil Violence*, Berkeley, University of California Press, 1988 et Ted Robert Gurr (dir.), *Handbook of Political Conflict*, New York, Free Press, 1980. Voir également Sady Bara, *La Résolution des conflits en Afrique*, Thèse de Doctorat en Science politique, Université Cheikh Anta Diop de Dakar, 2003, 281 pages.

nous tentons d'examiner d'abord les conflits armés internes(a) puis ceux de nature interétatique (b).

a/ Les conflits internes

Selon, K. ANNAN, Secrétaire général de l'ONU, les sources des conflits reflètent cette diversité et cette complexité. Certaines sont purement internes, d'autres encore ont d'importantes dimensions internationales. Il relève les facteurs internes (la nature du pouvoir politique), les facteurs externes (les interventions extérieures ainsi que des motivations économiques)[26]. Ainsi pour mieux appréhender les conflits armés internes, nous allons analyser d'abord les coups d'État (a-1) avant d'étudier les guerres civiles (a-2).

a-1/ Les coups d'État

En ce qui concerne les coups d'État, deux périodes sont à distinguer, celle allant de 1952 à 1989, année marquant le début des processus de démocratisation, et celle de 1989 à nos jours. Cinquante-trois coups d'État ont été enregistrés durant la première période, contre 20 durant la seconde. C'est cette seconde période correspondant à l'avènement du processus de démocratisation des systèmes politiques africains qui retiendra notre attention dans l'analyse des coups d'État[27] en Afrique subsaharienne francophone. Il y a lieu de noter que l'Afrique a subi avec une acuité particulière les déstabilisations politiques et sociales dues à la mondialisation. En effet, déjà fragiles, les jeunes États indépendants ont hérité d'une souveraineté chancelante que la domination des multinationales et la dislocation des sociétés sous l'effet des politiques d'ajustement structurel ont achevé de réduire à néant. Ainsi, la puissance publique devient une fiction dont on cherche à tirer profit et le coup d'État un mode naturel de conquête du pouvoir[28].

Dès lors, on peut se poser la question de savoir quelles sont les raisons qui alimentent les coups d'État en Afrique. Quatre types de raisons, selon le Dr K. YAO[29], peuvent expliquer les coups d'État : les mouvements sociaux, l'affaiblissement du pouvoir étatique, la démarche de l'armée jouant un rôle de force d'opposition, les revendications à caractère corporatiste qui se

---

[26] " Les causes des conflits et la promotion d'une paix et d'un développement durables en Afrique in Rapport du Secrétaire général présenté au Conseil de Sécurité de Nations Unies le 16 avril 1998, p. 1-3.

[27] Cf Human Security Centre, Human Security Report 2005, New York/Oxford, Oxford University Press, p. 24.

[28] À titre illustratif, on peut citer entre autres : Coups d'État en Guinée-Bissau (septembre 2003) et à Sao-Tomé- et-Principe (juillet 2003), tentatives de putsch au Burkina Faso et en Mauritanie (octobre 2003), renversement de M. Charles Taylor par une rébellion au Liberia (août 2003).

[29] Cf Discours de Dr Kouassi Yao, Maître assistant en Histoire contemporaine à l'Université de Cocody, au cours d'une conférence publique qu'il a prononcée à la salle des fêtes de l'Assemblée nationale.

transforment en coups d'État. L'universitaire établit ici une autre distinction, celle entre les coups d'État pro-démocratiques, les coups d'État antidémocratiques et les coups d'État à caractère subversif. Les premiers, explique-t-il, ont pour objectif de créer les conditions de l'essor de la démocratie[30] (cas du Mali avec le colonel ATT), les deuxièmes ne favorisent pas l'épanouissement de la démocratie, au contraire mettent fin au processus démocratique en cours, les troisièmes étant le fait de pays voisins, de multinationales ou de grandes puissances.[31]

Les coups d'État en Afrique subsaharienne francophone semblent avoir une connotation économique relevant de la gestion occulte des ressources par nos dirigeants africains. Ainsi la gestion du pétrole, de l'or ou du diamant, la vente des produits agricoles et des ressources naturelles (minerais, bois) donnent lieu à des comportements claniques, voire d'allégeance féodale, de la signature des contrats d'exploitation des matières premières (commissions) jusqu'à la répartition des fortes valeurs ajoutées dégagées lors des ventes sur le marché mondial. La gestion de la manne pétrolière au Gabon et en Angola en est une parfaite illustration. Les privatisations ordonnées par les bailleurs de fonds ont donné lieu à de véritables bradages auxquels les États n'ont pas voulu, ou pas pu, résister. Ainsi, le gouvernement sénégalais n'en finit-il pas de renégocier les conditions de la privatisation de la Compagnie nationale d'électricité. Les peuples sont évidemment les grands perdants de ce partage du pouvoir au sommet. Dans un tel contexte, le coup d'État devient un mode normal de dévolution de la puissance publique[32].Il en est de même pour les gens qui créent une rébellion. S'ils le font, c'est parce qu'ils savent qu'une bonne partie du peuple les prendra pour des héros et qu'à la fin, ils bénéficieront d'une amnistie générale. D'où le culte de l'impunité[33].

b. 2/ Les guerres civiles

S'agissant des guerres civiles, le spécialiste des conflits armés distingue les causes endogènes des causes exogènes. Les premières sont essentiellement liées aux dysfonctionnements de l'État africain postcolonial qui n'était pas préparé à assurer la paix et la sécurité à l'intérieur de ses frontières. D'où, relève K. YAO, sa faillite sur trois plans.

---

[30] Ce Coup d'État a été qualifié de coup d d'État salvateur par certains auteurs.

[31] Cf K. Yao, « Les Coups d'État en Afrique : bilan et enseignements à tirer », in Fraternité Matin (Côte d'Ivoire), le 16 janvier 2004, pp. 1-2. Voir http//www.farmat.net, consulté le 27 novembre 2020.

[32] Voir P. F. TAVARES, « Désintégration des souverainetés nationales : Pourquoi tous ces coups d'État en Afrique ? », in *https://www.monde-diplomatique.fr* n° 2004/01, pp. 4-5, (consulté), le 12 sept 2020

[33] Cf. A. S. KONAN, « Impunité, ce crime originel qui tue l'Afrique ! », *in https://www.andresilverkonan.com,* 2016, pp. 1-4, (consulté) le 23 novembre 2020.

D'abord sur le plan politique, le pouvoir politique est détenu par un parti dominé par un individu, ce qui entraîne une absence d'alternance à la tête de l'État. Ensuite, faillite sur le plan économique marquée par l'exercice par l'État d'un monopole dans la gestion des ressources nationales. « *Ces ressources sont monopolisées au profit de cercles politico-mafieux proches du pouvoir* », observe le conférencier. Enfin, une faillite sur le plan sécuritaire.

À cela s'ajoute le fait que les forces de Défense et de sécurité, censées assurer la protection des personnes et des biens, sont instrumentalisées par les dirigeants en vue d'assurer leur longévité au pouvoir. À ces causes, il convient de noter, une boulimie de certains individus pour le pouvoir, des ambitions personnelles démesurées (cas de Jonas Savimbi en Angola qui a guerroyé pendant 27 ans). Il y a aussi les dérapages relevés au niveau des processus démocratiques, ainsi qu'une gestion approximative de la question nationale[34]. Au-delà de cette analyse, il convient de noter que ces coups d'État ou guerres civiles, sources d'instabilité politique peuvent avoir des relents ethniques[35], identitaires ou économiques[36]. En effet, il relève d'un constat que la fin de la guerre froide a laissé espérer dans un premier temps que les conflits armés de l'Afrique allaient s'atténuer en l'absence des vieilles oppositions idéologiques entre l'Est et l'Ouest. Mais si certains conflits se sont en effet résorbés, de nouveaux sont apparus – souvent des rébellions ou des guerres civiles entre des factions politiques adverses d'un même pays. C'est ainsi que les politologues et également les économistes ont alors commencé à étudier des facteurs autres qu'idéologiques, liés par exemple aux rivalités ethniques et économiques.

Dans la même lancée, certains de ces chercheurs, notamment une équipe dirigée par M. P. COLLIER de la Banque mondiale, ont constaté une forte corrélation entre l'apparition de conflits armés et la dépendance d'un pays à l'égard d'une ou deux ressources naturelles facilement exploitables, comme les diamants, l'or ou le pétrole. Il est également apparu que la présence de ressources rémunératrices contribuait à la corruption des dirigeants, qui

---

[34] *Op. cit.*, p. 2.

[35] À cet égard, on peut citer les conflits identitaires telles les rébellions en Casamance au Sénégal, du Biafra au Nigeria, du Katanga dans l'ex-Zaïre et ceux de nature transnationale, les rébellions des touarègues au Niger et au Mali ou la crise affectant l'est du Tchad et le Darfour.

[36] Dans cette perspective, l'hétérogénéité ethnique et les tensions économiques sont des causes profondes alors que l'élément déclencheur clef réside dans la décision des acteurs. La scène africaine confirme ce point de vue stratégique. Ainsi, Elwood Dunn montre comment la tribalisation extrême de la politique par Samuel Doe au Liberia a fini par polariser tous les autres groupes. Il en est de même dans la Somalie sous Siyad Barré vis-à-vis du clan Darod. Le Togo de Gnassingbé Eyadéma, la Mauritanie d'Ould Taya et beaucoup d'autres pays confirment cette hypothèse de l'instrumentalisation politique de l'identité et de ses effets sur les conflits.

suscite aussi des conflits et le mécontentement de la population[37].Partant de toute cette analyse, il est clair que les coups d'État, les guerres civiles sont de nature à annihiler tous les efforts pouvant être initiés pour la paix et la stabilité vu leur valeur ajoutée dans la mise en œuvre de la bonne gouvernance en Afrique subsaharienne.

b/ Les conflits armés interétatiques

L'Afrique est le continent qui enregistre le plus grand nombre de conflits armés où plus d'un tiers des 54 États qui la composent, est concerné, et dont la plupart sont liés à la décolonisation, à la question nationale, aux conflits territoriaux, aux divergences d'ordre politique, à l'autodétermination, etc. Ces différents conflits ont débouché soit sur des rébellions[38] soit sur des conflits interétatiques[39]. Tous ces conflits qui se révèlent comme étant d'une autre génération ne font qu'accroître les difficultés des populations africaines notamment celles de l'Afrique subsaharienne francophone déjà meurtries par la pauvreté et l'insécurité chronique.

Dans cette même perspective, il y a lieu de retenir que le fait que l'Afrique subsaharienne francophone dispose de tant de ressources est, dans l'absolu un atout économique majeur sur le champ international, pour le continent, c'est aussi la cause de bien des crises et conflits inter ou interétatiques depuis des décennies. De même, l'influence des multinationales dans les conflits locaux, lorsqu'il s'agit de régions particulièrement riches en matières premières, a contribué à pérenniser des crises dites de faible et basse intensités.

À cette catégorie de conflits armés, s'ajoutent les entités terroristes qui continuent d'alimenter l'instabilité politique en Afrique notamment dans la région subsaharienne. Les réseaux terroristes ancrés dans leurs approches dogmatiques, finalement nihilistes, se nourrissent des âmes perdues, de personnes plus ou moins désœuvrées, ou de personnes soumises, fanatisées par la propagande et les discours grandiloquents. Cela contribue à consolider une mainmise totalitaire de ces mêmes structures en lieu et place des États nationaux, dans une logique internationaliste. De Boko Haram, entre le Nigeria, le Cameroun et même le Niger, aux groupes affiliés à l'État islamique ou à Al Qaida, en passant par Daesh, ce sont ces véritables franchises du

---

[37] E. HARCSH, « Conflits et ressources naturelles », *in https://www.un.org,* pp. 9-10, consulté le 11 décembre 2020.

[38] À titre d'exemple on peut citer entre autres : Angola, Sénégal,Tchad, Mozambique, Ouganda, Soudan, Burundi, Rwanda. Voir sur ce sujet T. VIRCOULON, « Au cœur du conflit : l'État », *L'Afrique face aux conflits, Afrique contemporaine*, n° 180, octobre-décembre 1996, p. 199-206 ; J. CLARK, « The Extractive State in Zaire », dans Leonardo Villalon (dir.), *Critical Juncture, the African State Between Disintegration and Reconfiguration,* Boulder, Lynne Rienner, 1997, p. 112-115.

[39] C'est le cas des pays suivants : Éthiopie-Érythrée, coalition burundo-ougando-rwandaise contre la RDC...

jihadisme international dans la vaste zone pansahélienne qui contribuent à une insécurité sclérosante, anxiogène, loin de toute logique constructive et réformatrice au profit des Africains. Le terrorisme ne fait que fragiliser les processus de démocratisation en Afrique[40]. Eu égard à cette analyse, il est clair que les déterminants de l'instabilité politique, signe de la mal gouvernance entrave la bonne gouvernance en Afrique subsaharienne francophone. Il en est de même du manque de culture démocratique.

2/ Le manque de culture démocratique, une autre facette de la mal gouvernance politique

Il se traduit par des pratiques telles que la gestion néo-patrimoniale du pouvoir (a) et les changements constitutionnels antidémocratiques (b).

a/ La gestion néo-patrimoniale du pouvoir

Pour mieux analyser ces dynamiques de l'instabilité politique, il convient de rappeler que l'adoption et l'application de la démocratie multipartiste dans nombre de pays africains n'ont pas permis d'asseoir une véritable gouvernance politique, laquelle semble être un pilier de la bonne gouvernance. C'est dans ce sillage que certains auteurs fournissent une piste intéressante en estimant que la guerre est liée à l'échec de l'État à répondre à l'hétérogénéité sociale de l'Afrique [41]ou qu'elle est le signe de l'échec de la gouvernance[42], elle-même liée en grande partie aux pratiques néopatrimoniales. Il convient de noter que dans un régime néopatrimonial, il n'y a pas d'institutionnalisation de règles de prise et d'exercice du pouvoir, les dirigeants ont tendance à s'agripper au pouvoir aussi longtemps qu'ils le peuvent et ne partent que contraints et forcés par des mobilisations populaires ou des révoltes. Quand ils exercent le pouvoir, les chefs néopatrimoniaux personnalisent le pouvoir et pratiquent la politique du *winner takes all* qui mène à l'exclusion des *outsiders* et crée des tensions dans la société. Ils ne mettent en place aucun mécanisme de lutte pacifique pour le pouvoir. Cette difficulté à séparer la personne de la fonction de chef d'État a amené Sandrine Perrot à se demander s'il y a une vie après le pouvoir en Afrique[43]. L'étude de Perrot montre que, dans un grand nombre d'États africains, la succession au pouvoir se fait de manière violente, le leader partant après un putsch, un assassinat ou une rébellion. C'est dans cette perspective que la pratique du néopatrimonialisme constitue, selon

---

[40] P. LE PAUTREMAT, « L'Afrique : entre défis et succès potentiels, loin des fatalités », *in Revue géopolitique*, 2015, pp. 12-13.

[41] R. W. COPSON, *Africa's Wars and Prospects for Peace*, N. Y. ARMONK, M. E. SHARPE, 1994, p. 74.

[42] STEDMAN développe la même conclusion dans « Conflict and Conciliation », dans F. DENG et W. ZARTMAN (dir.), p. 373.

[43] S. PERROT, *Y a-t-il une vie après le pouvoir ? : le devenir des anciens chefs d'État africains,* Travaux et documents du CEAN, n° 51-52, 1998.

J.-F. MEDARD, l'envers de l'institutionnalisation du pouvoir[44]. Elle implique aussi l'arbitraire et d'âpres luttes autour du pouvoir, du patronage et des ressources. La patrimonialisation du pouvoir semble se justifier également en Afrique par le refus de l'alternance au pouvoir, l'absence de dialogue, la non-libéralisation de l'espace politique, la peur de l'opposition, la diabolisation des opposants lesquels débouchent sur la violence, des émeutes, des sécessions, des rébellions, des instabilités constitutionnelles[45]. L'obsession du repositionnement politique, une opposition de diabolisation du régime en place, etc., peuvent compléter cette énumération.

Outre la patrimonialisation, l'idée de « monarchisation des régimes politiques africains » laquelle traduit aussi l'échec de la gouvernance politique en Afrique, a été théorisée[46]. Dès lors, avancer l'idée de la monarchisation du Président de la République en Afrique francophone subsaharienne peut apparaître comme une tentative de remise en cause du mouvement de démocratisation. En effet, la monarchie[47] est un régime politique caractérisé en droit constitutionnel par l'attribution de tous les pouvoirs à une seule personne qui les exerce seule ou par ses délégués. Elle s'oppose à la République puisque dans la première, le chef de l'État gouverne par droit d'hérédité et par des lois fixes, alors que dans la deuxième, la qualité de chef de l'État est subordonnée aux élections[48]. La monarchie se caractérise fondamentalement par la suprématie du pouvoir du chef de l'État, la personnalisation du pouvoir[49] et le caractère héréditaire spécifique[50]. De tels systèmes ont vite favorisé le clientélisme, le refus de délégation du pouvoir et l'absence de partage de pouvoir.

Au regard de ces développements, on peut retenir que l'instabilité politique née de ces dynamismes politiques antidémocratiques, est de nature à entraver la bonne gouvernance en Afrique. Qu'en est-il pour les changements anticonstitutionnels.

---

[44] J.-F. MEDARD, « L'État néopatrimonial en Afrique noire », dans J.-F. MEDARD, *États d'Afrique noire : formation, mécanismes et crises*, Paris, Karthala, 1991, p. 323-353.

[45] Pierre François Gonidec, *Les systèmes politiques africains, 2*[e] édition, Paris, LGDJ, 1971, p. 153.

[46] D. GNAMOU, « La Monarchisation des régimes politiques en Afrique francophone », *in Annales de l'Université de Ouagadougou, Série B*, Vol. 006, décembre 2017, p. 1.

[47] Voir la revue *Pouvoirs* n°78, *Les monarchies*, septembre 1996.

[48] O. DUHAMEL, Y. MENY, *Dictionnaire constitutionnel*, édition, puf, 1992, p. 640.

[49] Ce sont les principaux critères de l'Ecole allemande de droit public. Carre DE Malberg, *Contribution à la théorie générale de l'État*, Dalloz, Paris, tome 2, 2003, pp. 184-185.

[50] M. HERRERO DE MINON, « Monarchies et développement démocratiques », *Pouvoirs,* n° 78, *op. cit.*, p.7-21.

b/ Les changements anticonstitutionnels

Il s'avère important de souligner que les germes des changements anticonstitutionnels trouvent leur justification dans une vieille conception érigée en doctrine en Afrique selon laquelle : « on n'organise pas les élections pour les perdre. »[51]Cette conception des élections de l'ancien Président congolais, P. LISSOUBA, selon laquelle les élections ne constituent plus un moyen privilégié d'alternance au pouvoir, est la traduction malheureuse de l'image des élections organisées sur le continent africain. C'est dans ce sillage que R. KOUDJODJI soutient que : « l*a problématique des élections transparentes en Afrique et plus particulièrement en Afrique subsaharienne francophone devient depuis des années 90, jusqu'à nos jours, une période sensible pour le continent où morts, peur, douleurs et grincements de dents s'observent au sein des populations africaines. Pour cause, la volonté populaire légitime des peuples opprimés dans les urnes se transforme par des vouloirs des dirigeants inconscients du devenir de leurs peuples qui n'ont pour seul souci que de se remplir les poches eux et leurs familles* »[52]. Cette vision de K. ROMAIN atteste la course aux changements anticonstitutionnels en vue de se pérenniser au pouvoir en Afrique[53].

De telles pratiques s'apparentent aussi par la conception biaisée du pouvoir en Afrique. En effet, l'Afrique subsaharienne francophone est passée du monopartisme au multipartisme mal préparé, qui a replongé le continent dans des tensions permanentes et un cycle infernal de violence. C'est dans ce sillage que s'inscrit l'affirmation selon laquelle : « *Plus de trente ans après que les pays d'Afrique ont acquis leur indépendance, les Africains eux-mêmes se rendent de plus en plus compte que le continent doit chercher ailleurs ce qui l'accable, aujourd'hui plus que jamais, c'est elle-même que l'Afrique doit examiner. C'est la nature du pouvoir politique dans bien des pays d'Afrique, de même que les conséquences réelles ou perçues comme telles – de la prise du pouvoir et du maintien de celui-ci qui est une source majeure de conflits dans le continent* »[54].

---

[51] D. KOKOROKO, « Les Élections disputées : réussites et échecs », *in Pouvoir,* n° 129/2, 2009, pp. 115-125.

[52] K. ROMAIN, fenêtre sur l'Afrique du 01 octobre : « problématique de la transparence des élections sur le continent Africain », *in http/www.togocity.com*, pp. 1-2, (consulté) le 24 octobre 2015.

[53] L'attitude de Wade en 2011 sur le ticket présidentiel, celle de Macky Sall sur le parrainage en 2018 au Sénégal, celles d'autres comme d'Alpha Condé et d'Alassane Quattara respectivement en Guinée et en Côte d'Ivoire en 2020 pour ne citer que cela, sont illustratives à cet égard.

[54] Cf. « Les causes des conflits et la promotion d'une paix et d'un développement durables en Afrique », *in Rapport du Secrétaire général présenté au Conseil de Sécurité de Nations unies* le 16 avril 1998, pp .1-3., voir Étude pour le ministère burundais des Affaires étrangères et du Développement international : « Élection et

Cela témoigne que l'enjeu de la quête du pouvoir et sa conservation, constitue la cause maîtresse de l'instabilité politique en Afrique subsaharienne francophone. En effet, l'homme politique ne s'est pas encore démarqué de la conception traditionnelle du pouvoir comme étant une propriété privée, une affaire de clanisme et de clientélisme politique où la contradiction ne peut exister. Le chef doit régner en maître absolu sur ses sujets. À cet égard, les propos d'A. TOLMERE sont éloquents lorsqu'il estime que : « *cette chose étrange que l'on appelle le pouvoir, qui donne la capacité de faire, et tout particulièrement la capacité de faire plus que les autres. Qui permet à celui qui le détient d'obtenir cette satisfaction, cette jouissance dans le moindre avantage, dans le plus petit gain imposé à autrui. Ce goût du pouvoir qui explique ou qui justifie toutes les manœuvres, tous les calculs, toutes les trahisons, tous les crimes* »[55]. À cela, il faut ajouter que les changements anticonstitutionnels, sources d'instabilité politique en Afrique s'explique, également par la culture du déni de la défaite[56]. Au regard de ce qui précède, il est clair la gouvernance politique est défaillante. Cette défaillance peut entraîner également une gouvernance économique malsaine.

B/ La gouvernance économique malsaine

L'Afrique plus particulièrement la zone subsaharienne francophone souffre du paradoxe de l'abondance, à savoir que l'abondance des ressources naturelles ne se traduit pas en niveaux équivalents en matière de prospérité, de développement à grande échelle et d'industrialisation axée sur les ressources. L'un des principaux obstacles qui empêchent les pays africains d'atteindre ce potentiel réside dans la mauvaise gouvernance économique. La mauvaise gouvernance consiste dans le manque d'institutions fortes et dans des politiques faibles visant des gains à court terme et non des objectifs de développement à long terme. De plus, la facilité d'accès aux recettes et de leur captation sont des facteurs qui entament la recevabilité des États et qui les rendent plus enclins à préserver les intérêts de l'élite minoritaire au pouvoir, avec des bénéfices limités pour les populations[57]. Globalement, la richesse en ressources naturelles n'a pas bénéficié aux populations africaines en termes d'inclusion et de réduction de la pauvreté. Malheureusement ce constat découle du manque de transparence dans la gestion des affaires publiques (1) et de la politisation de l'Administration et ses corollaires (2).

---

risques d'instabilité en Afrique : Quel appui pour des processus électoraux légitimes ? », *in http : //www.institut-gouvernance.org,* 2014, p. 8, (consulter) le 2 février 2015.

[55] Cf. A. TOLMERE, *Manifeste pour la vraie démocratie*, Paris, édition ebook, 2012, 206 p.

[56] La culture du déni de la défaite peut être conçue en matière électorale comme l'idée selon laquelle les protagonistes du scrutin électoral ont toujours du mal à accepter les verdicts des urnes.

[57] Cf. Conférence des Nations unies sur le Commerce et le développement, 2012.

1/ Le manque de transparence dans la gestion des affaires publiques

Des pratiques telles que la culture de l'économie de rente, la corruption, les détournements de deniers publics et la politisation de l'Administration et ses corollaires traduisent le manque de transparence dans la gestion des affaires publiques. Pour mieux articuler ces phénomènes, nous allons voir le culte de l'enrichissement illicite d'abord (a) avant d'étudier la politisation de l'Administration et ses corollaires (b).

a/ Le culte de l'enrichissement illicite des dirigeants africains

La malversation financière [58]s'explique entre autres par la corruption et les détournements de deniers publics. Quant à l'économie de rente, elle s'est conçue comme une économie basée uniquement sur l'exploitation de ressources naturelles offertes par la position géographique d'un pays. Ce qui veut dire que cette économie n'est pas basée sur la création de valeur qu'une économie industrielle par exemple, pourrait réaliser. Tous les processus de fabrication, ou de création de valeur par transformation ne sont pas applicables à une économie de rente[59]. Elle peut être perçue aussi comme une économie qui servira exclusivement au seul besoin de la personne qui fait cette économie[60]. À la lumière de ces précisions, les malversations (corruption et détournement des deniers (a-1) et l'économie de rente (a-2) favorisent le culte de l'enrichissement illicite en Afrique subsaharienne francophone.

a-1) Les malversations financières : détournements des deniers publics et corruption

L'Afrique subsaharienne francophone tarde à faire des performances économiques du fait des détournements des deniers publics et de la corruption lesquels traduisent le manque de transparence dans la gestion des affaires publiques. C'est ainsi qu'il a été révélé que l'un des indicateurs du manque de transparence dans la gestion des affaires publiques : c'est aussi le détournement de deniers publics. L'Administration publique était caractérisée

---

[58] La *malversation* est un terme qui recouvre plusieurs types de fautes graves commises par cupidité ou pour son intérêt personnel, dans le cadre d'un travail, d'une fonction officielle, ou d'un mandat électif. Par exemple l'escroquerie, le détournement de fonds, la corruption, l'escroquerie, la fraude fiscale, la falsification des comptes, le versement de pots-de-vin pour obtenir une faveur ou un marché, l'abus de confiance, ou le vol. Tous ces délits faussent la concurrence, nuisent à l'entreprise et/ou aux consommateurs, et sont éthiquement répréhensibles. Ils sont également punis par la loi.», .Cf *Lexique finance*, voir le lien https://www.boursedescredits.com, consulté le 21 décembre 2020.

[59] Cf. O. CASLIN, «Trois ans après le lancement du Programme national d'investissement agricole [PNIA], quel premier bilan en tirez-vous ? », *in https://www.jeuneafrique.com,* p.1, consulté le 21 septembre 2020.

[60] *Op.cit*, p. 1.

par les dépenses ostentatoires de la part des détenteurs du pouvoir, l'argent du trésor public servait pour leurs fins propres et besoins personnels, acheter des villas à l'étranger, des voitures coûteuses et autres. Il n'y avait pas un contrôle rigoureux dans les finances publiques. Et même pas des poursuites judiciaires contre ceux qui se livraient à ce genre de pratique.

C'est dans ce sillage que le Professeur titulaire B. GUÈYE agrégé de Sciences juridiques et politiques soutenait que : « De l'Afrique de l'Ouest à l'Afrique du Nord, aucun pays ne semble épargné par les détournements et corruptions même pas l'Afrique du Sud qui a pourtant payé cher pour remplacer le système de l'apartheid par un autre qui n'est pas de loin meilleur que lui. Excepté les réformes vécues sur le plan politique et des droits des citoyens, l'Afrique du Sud sous J. ZUMA par exemple est confrontée aux mêmes difficultés que celui sous F. W. DEKLERK. Au Sénégal aussi, la facture salée qu'ont dû payer les combattants pour l'avènement de deux alternances (2000 et 2012) n'a rien apporté comme amélioration dans la vie des Sénégalais lambda. La bonne gouvernance est visiblement la quadrature du cercle de notre cher pays »[61]. De ce point de vue, l'on peut supposer que la spoliation et l'appauvrissement des populations africaines par leurs dirigeants relèvent de nécessités politiques et de stratégies de pouvoirs qu'il est indispensable de porter au jour en remontant à leurs sources[62]. Sur ce point, l'exemple de la Centre-Afrique est révélateur de cet état de fait[63].

La corruption, comme le détournement des deniers publics, atteste la pratique de la malversation financière laquelle reflète le manque de transparence dans la gestion des affaires publiques en Afrique Subsaharienne francophone. Partant de ce fait, il convient de souligner que la corruption ne fait pas l'objet d'une définition unanime de la corruption. Ce qui nous conduit à retenir la définition retenue par le Groupe multidisciplinaire sur la corruption (GMC) selon laquelle: « *la corruption [...] comprend les commissions*

---

[61] GAYE, «Bonne gouvernance et politique vertueuse au Sénégal : L'âge d'or n'est pas pour demain », *in https://www.senenews.com,* consulté le 23 septembre 2020, pp. 1-3.

[62] DIETH, « Les Sources de la politique africaine de prédation », *in https://www.afrik.com,* pp 1-2, (consulté) le 25 octobre 2020.

[63] L'incurie des élites africaines achève par ailleurs de réduire à néant les souverainetés. Un délégué au Dialogue national centrafricain, organisé après le putsch du printemps 2003, a pu faire le raisonnement suivant : « Tous les Centrafricains sont corruptibles et corrompus. Or l'État centrafricain doit faire rentrer ses recettes fiscales. Donc l'organisation et la gestion des régies financières de l'État doivent être transférées à des expatriés français ! » Ainsi, l'un des instruments essentiels de la souveraineté de l'État – les impôts, et par conséquent le budget – passerait sous l'autorité directe du ministère français de la Coopération. Ce syllogisme ne fait qu'illustrer, avec une grande naïveté, l'aliénation, qui atteint ici son comble, de nombreux responsables politiques africains. Cf. A. DIETH, « Les sources de la politique africaine de prédation », précité.

occultes et tout autres agissements qui impliquent des personnes investies de fonctions publiques ou privées, qui auront viole leurs devoirs découlant de leur qualité de fonctionnaire public, d'employé prive, d'agent indépendant ou d'une autre relation de ce genre, en vue d'obtenir des avantages illicites de quelque nature que ce soit, pour eux-mêmes ou pour autrui»[64]. Sans s'attarder sur les formes[65] de la corruption, nous mettre l'accent sur ses conséquences

---

[64] Ainsi définie, la corruption en Afrique touche de nombreux domaines et compte de nombreux degrés d'intervention. Le secteur le plus touché est toutefois celui de l'Administration publique où elle s'exerce à tous les échelons. Elle est par exemple utilisée par les entreprises privées proches du pouvoir en place pour s'arroger la quasi-totalité des marchés publics, tuant dans l'œuf la transparence et l'équité nécessaires à la bonne gestion des fonds publics, elle est aussi utilisée pour évoluer dans la hiérarchie de la fonction publique, et les personnes compétentes sont ainsi écartées des affaires publiques et remplacées par des personnes à l'influence certaine. La corruption a cours dans le moindre petit bureau administratif et il n'est pas rare que les citoyens paient un pot-de-vin pour obtenir un titre foncier ou une carte d'identité nationale plus rapidement. Dans un certain sens, la lenteur légendaire de l'Administration africaine a favorisé l'expansion de la corruption. Néanmoins, l'inverse est également valable car le développement de la corruption a habitué les fonctionnaires au gain facile et voue tout effort de mise en place de l'intégrité à l'échec. La corruption a même cours dans les milieux scolaires et universitaires car beaucoup d'étudiants africains achètent leurs diplômes au lieu de fournir les efforts nécessaires à leur réussite. Les professeurs, mal rémunérés par l'État, y voient un moyen pour arrondir leurs fins de mois et n'hésitent pas à cautionner ces pratiques hautement répréhensibles sous d'autres cieux. Ceci témoigne que les pays de l'Afrique subsaharienne vivent la corruption au quotidien et/ou elle est entrée dans les coutumes de la population.

[65] La corruption se manifeste de diverses manières. C'est ainsi qu'on distingue entre la corruption systémique, ou omniprésente, et la corruption occasionnelle. Selon le cas, on la qualifie souvent de « majeure » ou de «mineure». La corruption «majeure » concerne des sommes considérables et elle implique en général les dirigeants des secteurs public et privé. La corruption « mineure » suppose le versement de petites sommes, souvent des paiements de facilitation ou ce qu'il convient d'appeler des « frais d'utilisation ». Toutefois, « mineure » est un terme bien relatif et très inapproprié lorsque la corruption met en jeu une personne pauvre ou dont le revenu est très faible. La corruption se caractérise également par le fait que les deux parties en cause y prennent part. Car, si l'une d'entre elles est dissuadée d'agir, le marché ne se conclura pas. Le Code criminel de certains pays distingue la corruption « active » de la corruption « passive ». La première implique d'offrir ou de chercher à obtenir de l'argent, une garantie ou un avantage en contrepartie de services rendus. La corruption est « passive » lorsque quelqu'un reçoit cadeau, argent, garantie ou avantage pour lequel il accepte d'abuser de sa charge en vue d'avantager la personne qui est à l'origine de la tractation. Un avantage offert par corruption se qualifie de « détournement » alors qu'on appelle « extorsion » un avantage exigé par le même moyen. Cf. Corruption and Good Governance, Management Development and

économiques et sociales en vue de mieux mesurer son impact négatif sur la gouvernance économique en Afrique subsaharienne.

D'abord au plan économique, il y'a lieu de noter que les conséquences de la corruption sur l'économie sont variables. Elle peut entraîner la réduction de la croissance économique, de l'investissement direct étranger et de l'investissement national. La corruption peut également affecter la taille et la composition des dépenses publiques, les systèmes financiers, le secteur privé ainsi que la mesure dans laquelle les sociétés sont entraînées dans l'économie clandestine. À côté des conséquences politico-économiques de la corruption, nous avons les conséquences de nature sociale.

Ensuite au plan social, les conséquences sociales de la corruption sont la création et l'accentuation de la fracture, des injustices et des conflits de nature sociale. Le fossé entre les pauvres et les riches se creuse davantage et les pauvres commencent à voir le gouvernement comme un prédateur et un oppresseur plutôt qu'un facilitateur. En même temps, la corruption accentue les divisions ethniques et sectaires puisqu'elle favorise une culture de suspicion, de méfiance, de rivalités et de jalousies. Par ailleurs, la corruption détourne les dépenses publiques des programmes sociaux avec pour résultat la négligence des services d'éducation, de santé et sociaux. L'impact est encore plus sérieux parmi les groupes marginalisés, les femmes et les enfants. C'est dans cette perspective que *Giresse Akono Gantsui*[66] fustige la corruption en Afrique lorsqu'il soutient que : « Telle une endémie, la corruption constitue un véritable fléau qui compromet les objectifs de développement de l'Afrique tout entière. Parmi les dix pays les plus corrompus du monde, la moitié sont africains. Ce chiffre est révélateur des défaillances institutionnelles qui, non contentes de ralentir la croissance et les niveaux de revenus de l'économie africaine, dégradent également son capital naturel et se traduisent par des performances médiocres en termes de développement durable. Tel un cancer qui la ronge profondément, la corruption est « le mal de l'Afrique », un mal dont cet ouvrage décrypte les mécanismes insidieux avant de proposer des solutions pour l'éradiquer. »[67]Partant de cette analyse, force est de reconnaître que la pratique généralisée de la corruption entraîne la perte de crédibilité des

---

Governance Division, Discussion Paper 3, Programme des Nations unies pour le développement (PNUD), New York, juillet 1997.

[66] Expert certifié en ingénierie entrepreneuriale et management des organisations, Giresse Akono Gantsui est le fondateur et président directeur du premier cabinet d'entrepreneuriat social au monde dénommé Docteur Audit. Postulant au prix Nobel en économie et expert économiste en bonne gouvernance et corruption, il est à l'origine de plusieurs théories souvent présentes dans ses écrits telles que la théorie de la pyramide entrepreneuriale, la théorie sur la médecine organisationnelle, la théorie de l'exemplarité pyramidale et la théorie du triangle vicieux de la corruption.

[67] Voir GANTTSUI, *La Corruption: le mal de l'Afrique*, France, Éditions Jets D'encre, 2018, 310 pages.

appareils étatiques et des fonctionnaires en général, un manque à gagner phénoménal (recettes fiscales et douanières manquantes, etc.) pour l'État, une mauvaise exécution des travaux publics issus de marchés conclus de gré à gré, et donc une faible longévité des infrastructures publiques.

a-2/ La culture de l'économie de rente

De nouveaux instruments de politique financière, comme l'imposition des rentes issues des ressources naturelles, reçoivent un intérêt grandissant de la part des gouvernements soucieux de mobiliser une plus grande part des recettes de ce secteur. Cependant, l'administration de ces mesures et la projection des recettes fiscales y afférentes se révèlent particulièrement délicates, surtout quand les capacités administratives sont faibles. C'est notamment le cas dans la plupart des pays de l'Afrique subsaharienne francophone où la culture de l'économie de rente est devenue une monnaie courante. Ainsi pour mieux appréhender l'impact négatif de ce fléau sur la gouvernance économique, jetons un regard sur la situation économique de certains pays de la zone subsaharienne en Afrique.

À l'évidence, le pipeline Trans Niger [68] qui relève de la multinationale Shell, fait-il l'objet d'actes de vandalisme, relevant d'une forme de terrorisme économique, avec notamment, l'installation clandestine de conduits de dérivation, pour capter l'or noir. Ces dégradations entraînent aussi leur lot de fuites et pollutions, à répétition. Tous les maux subis depuis des décennies, ont fait tomber l'espérance de vie à 40 ans au sein des populations de la zone deltaïque. De leur côté, compagnies pétrolières et autorités locales se renvoient la responsabilité. Pire, le gouvernement nigérian ne fait quasiment rien pour que la situation évolue en faveur de la revalorisation du territoire.

Dans la même veine, le Mali dispose de confortables réserves de pétrole, de gaz et de minerais divers dont l'uranium. Autant de matières premières qui intéressent vivement les firmes multinationales américaines, canadiennes, italiennes (ENI), françaises, comme Total, et le groupe algérien Sonatrach. Le Nord Mali, au-delà des questions sécuritaires, dispose d'un sous-sol particulièrement riche en gaz dans les régions de Gao (riche aussi en manganèse), Kidal et Tombouctou[69].

Enfin, l'économique du Sénégal n'échappe pas à ce phénomène désastreux nourri par l'absence de transparence dans la gestion des affaires publiques au profit de la classe politique et des firmes multinationales. Ainsi, le Sénégal sous A. DIOUF présentait un PIB très faible et un taux de chômage particulièrement élevé[70]. Tout ceci témoigne que les dysfonctionnements que

---

[68] Cf. P. PAUTREMAT, « L'Afrique : entre défis et succès potentiels, loin des fatalités », *op. cit*, p. 9.

[69] *Ibid.* p. 9.

[70] D'ailleurs c'est sur ce levier de chômage des jeunes que le candidat Abdoulaye Wade va s'appuyer, comme principal thème de campagne pour l'élection présidentielle

connaît l'Afrique résultent essentiellement des processus économiques en vigueur, portant toujours et encore sur les dérives des politiques de captation des ressources naturelles et énergétiques[71]. Ces politiques sont appliquées par des multinationales occidentales et asiatiques, sans véritable redistribution des richesses, sur fond de dégradation de la situation sécuritaire[72]. Autant de paradigmes qu'il faut en effet changer pour un futur plus équilibré et constructif[73]. C'est ainsi que l'agression politique et économique de l'Afrique par l'Occident colonial expliquerait alors seulement en partie la pauvreté des populations[74]. Ceci témoigne que même si un développement notable est observé dans l'économie africaine grâce à l'exploitation des ressources naturelles, cela a très peu de retentissement sur le quotidien de la population en raison de la corruption, des crises politiques, des contrats secrets arrangés pour le compte des grandes sociétés et des affrontements qui sont légion.

2/ La politisation de l'Administration publique et ses corollaires

Le terme « politisation » renvoie au mot « politique », qui désigne une fonction noble au service de la société : celle de l'organisation et du gouvernement des affaires publiques. Appliqué aux administrations publiques[75],

---

de 2000. Malgré ces difficultés économiques, le Sénégal n'était pas un bon élève en termes de bonne gouvernance. En vérité, les richesses n'étaient pas équitablement partagées et étaient sous le contrôle d'une clique qui en disposait à sa guise et à satiété.

[71] Selon les informations recueillies par le correspondant de l'agence de presse turque Anadolu, un volume important des minerais (pétrole, gaz naturel, diamant, or, uranium, cobalt, platine, cuivre, tantale) utilisés dans la fabrication de produits de notre quotidien sont extraits du sous-sol continent africain. Ce qui atteste que les pays africains possèdent une part importante des réserves mondiales de ressources naturelles, ce qui représente en soi une source d'espoir pour l'avenir du continent. Malgré la présence d'importantes réserves de pétrole et de gaz naturel, certains pays africains ne sont pas encore en mesure de les extraire par eux-mêmes. Ce qui témoigne que l'Afrique a été longtemps spoliée par des mains étrangères et encore aujourd'hui, les nouvelles découvertes de gisements attisent l'appétit des grands groupes internationaux.

[72] Parallèlement à la transparence de la gestion des ressources naturelles de la part des pouvoirs publics et des entreprises, il est nécessaire de mener dans l'ensemble de l'Afrique beaucoup d'autres initiatives locales de ce type, estime M. OHIORHENUAN, du PNUD. Les richesses naturelles ne favoriseront pas nécessairement les conflits, a-t-il déclaré à *Afrique Renouvea*u, si les pays africains entament un "dialogue interne" et remédient à diverses formes d'inégalité et d'exclusion « avant qu'elles ne dégénèrent ». Ce constat d'un représentant du PNUD est révélateur de cet état de fait.

[73] P. Le PAUTREMAT, *op. cit.*, pp. 1-2.

[74] A. DIETH, *op. cit.*, p. 2.

[75] Il faut entendre par Administration publique : « l'Appareil de gestion des affaires publiques. Elle est constituée par l'ensemble des services dont la bonne marche permet la réalisation des objectifs définis par le pouvoir politique. Cf Ch. DEBBASCH. C., *Science administrative*, Paris, Dalloz, 1980, p. 8. Il convient de souligner également que certains auteurs parlent parfois de l'Administration » tout

il pourrait signifier le fait de rendre ces administrations conscientes de l'importance de ce qu'elles ont à faire pour le bien public. Mais il ne s'agit pas de cela. L'expression « politisation des administrations publiques » se réfère, dans le chef de tous ceux qui l'emploient, à une déviation : celle qui conduit les responsables politiques de ces administrations à introduire dans celles-ci, sous des influences diverses, des agents qui ont une orientation politique déterminée, une conception particulière de la gestion publique et/ou des méthodes qui permettent à ces responsables de faire de la politique au sens péjoratif par des mesures, des voies ou des moyens surtout destinés à maintenir et à conforter leur pouvoir[76]. Le sens de politisation étant analysé, nous allons examiner la politisation de l'administration (a) et ses corollaires (b).

a/ La politisation de l'Administration[77] publique

Pour bien fonctionner, tout gouvernement doit s'assurer d'avoir une administration qui lui apporte « autant une expertise neutre qu'une capacité à répondre [à ses] demandes». Cette neutralité est maintenue en assurant à

---

court, pour désigner l'Administration publique. Il s'agit selon Deburlet, du sens étroit du mot Administration lequel se réduit à l'Administration publique en prenant une majuscule.

[76] Cf. A. STENMANS, « Pratiques de politisation des administrations publiques », *in Revue du Centre d'Études et de Recherches en Administration publique*, 2019, p. 31.

[77] L'Administration se définie selon trois sens : *au sens matériel* : c'est l'ensemble des activités que l'État assure au profit de la collectivité nationale ; la santé, l'enseignement, la sécurité des personnes et de leurs biens, etc., ce sont les tâches ou les missions de l'Administration. Pour ce faire, l'Administration utilise, le cas échéant, les prérogatives de puissance publique en vue d'assurer l'ordre public et l'organisation de la vie sociale. Dans le même sens l'Administration signifie, la fonction consistant à assurer l'application des lois et la marche des services publics conformément aux directives gouvernementales. Nous entendons par là, les procédés employés pour la conduite de ces affaires, la façon dont sont gérés les services publics. *Au sens organique* : dans le sens organique, l'Administration se définit comme étant un« ensemble des organismes qui, sous l'autorité du gouvernement, sont appelés à assurer les tâches d'intérêt général. En d'autres termes, elle désigne les moyens humains, techniques et matériels pour lesquels l'État assure les activités d'intérêt général (indiqués dans le sens matériel) : les personnes, les bâtiments, les procédures, les services qui exercent ces tâches publiques. Le terme Administration s'applique ainsi à une manière d'agir et à un appareil administratif à un assemblage d'organes administratifs. Il désigne aussi les règles de fonctionnement et la manière d'agir de tous ces organes. Au sens sociologique : l'Administration constitue le milieu social formé par des agents de l'État ayant des rapports entre eux et avec la société. On y relève les influences du monde politique, de la société sur l'Administration, l'esprit de corps, les conflits (entre les groupes dans l'administration). En effet, pour pourvoir à des besoins essentiels de la collectivité, l'Administration utilise des services. Chaque service constitue un ensemble d'agents qui emploient des moyens matricules et des procédés juridiques en vue d'atteindre dans l'intérêt public, l'objectif lui est assigné par l'État.

l'administration une certaine indépendance qui la préserve de l'ingérence du politique, mais elle peut devenir antidémocratique si l'administration devient incontrôlable par les élus. C'est pourquoi, face à ce dilemme entre autonomie et contrôle, la tentation de la politisation[78] de l'administration est toujours présente. Ses contours sont pourtant difficiles à définir puisqu'il n'est pas évident de départager les tâches politiques et administratives et que la politisation[79] prend différentes formes selon les systèmes institutionnels[80]. Cela dit, la politisation de l'Administration a fait l'objet de diverses appréciations de la part des auteurs. Certains auteurs voient des vertus dans la politisation de l'Administration tandis que d'autres la fustigent.

Pour les optimistes, la politisation permet une coopération optimale entre personnels de l'administration et du monde politique ; elle permet de « huiler les rouages » entre la fonction gouvernementale et la fonction administrative. Elle est facteur de dynamisme lorsqu'elle instaure un plus large turn-over, régénère en quelque sorte la fonction publique et peut de cette façon contribuer à une plus grande motivation des fonctionnaires. Elle permet également d'avoir une administration démocratique, plus représentative des groupes composant la société. La politisation est facteur de cohésion sociale car en poussant les militants à s'impliquer dans le traitement des affaires publiques, elle aboutit à ce que ceux-ci se rendent mieux compte de la complexité et de la diversité des réalités sociales[81]. Ainsi, d'autres assènent que politisation et performance ne s'excluent guère, voire même que la politisation est gage de performance managériale.

---

[78] La politisation pourrait être définie comme une entreprise systématique des politiques qui s'y adonnent pour augmenter leurs influences sur les organisations publiques, afin de les amener à servir des intérêts particuliers, d'un parti ou d'une caste de privilégiés, autres que leur finalité ultime qui est la poursuite de l'intérêt général.

[79] Cette pratique est autorisée par la constitution et/ou la législation de nombreux pays qui prévoient que certaines nominations dans les emplois administratifs supérieurs considérés comme des fonctions politiques par opposition aux fonctions bureautiques relèvent du pouvoir discrétionnaire des autorités politiques. Ce pouvoir est une dérogation aux principes de neutralité et d'impartialité qui caractérisent les relations entre les gouvernants et les fonctionnaires. Cf. Sawadogo, Mahama, « Politisation de l'Administration : « La Controverse demeurera », *in https://lefaso.net*, pp. 1-2, (consulté) le 15 décembre 2020.

[80] I. FORTIER, Y. EMERY ROLDAN, 2016, « Des conditions et enjeux de la politisation de l'administration publique au regard de l'éthos public : une étude comparée (Canada/Suisse) de l'expérience des cadres dirigeants », *Gestion et Management public*, vol. 4, n° 4, 2016/2, p. 3-4.

[81] Pour un exposé plus complet, voir par exemple : S. Dion, « La Politisation des administrations publiques : éléments d'analyse stratégique », *Canadian Public Administration/Administration publique du Canada*, Vol. 29, SPRING-PRINTEMPS 1986, pp. 95-117 ; sur le cas belge : A. STENMANS, *La Transformation de la fonction administrative en Belgique*, Bruxelles, Éditions du CRISP, 1999, pp. 54 et ss.

Par contre, les pessimistes y voient comme l'une des racines de la pauvreté. À égard, l'avis de Y. SANE est révélateur du malaise de la politisation de l'Administration. Selon lui : « *Quand les populations pleurent un système de santé moribond, des hôpitaux au plateau technique inquiétant, une école publique en déliquescence, une pauvreté toujours aussi galopante, eux semblent s'amuser à détourner nos maigres ressources publiques pour les activités de leur parti. En effet, chez nous, la plaie de la politisation de l'administration a tellement gangrené le système que des ministres, directeurs, directeurs généraux, Président de* conseil d'administration et autres administrateurs de crédit, placés à leurs postes par le Président de la République, chef du parti au pouvoir, piochent frauduleusement dans les caisses de l'État pour approvisionner leur parti et parfois, avec la complicité des responsables au sommet de l'État. **»**[82]

La politisation tend à favoriser la centralisation et la personnalisation de la décision. Elle débouche sur la multiplication des niveaux hiérarchiques et valorise l'allégeance partisane aux dépens du mérite individuel. Elle induit des décalages entre compétences réelles et carrières professionnelles, lesquels décalages sont à l'origine, à la fois, de dérèglements fonctionnels et d'un manque de motivation des agents[83]. Or, certains partisans nommés par le président en exercice hériteront de postes ministériels, d'autres seront faits Directeur, Directeur général, Président de Conseil d'administration, entre autres. Mais, malheureusement, certains postes tomberont entre des mains douteuses. Et c'est là que l'irréparable se produit. Tantôt, c'est le titulaire du poste qui finance ses activités politiques avec les ressources de sa structure. Tantôt c'est le parti, via ses plus hauts responsables, qui fait pression sur lui pour obtenir des faveurs indues de sa structure[84].

Il relève aussi d'un fait que le rôle de chef de l'État, qui sera constamment tenté, au moment d'effectuer ces nominations, « de privilégier les critères de proximité politique des candidats à leurs compétences réelles », l'Inspection général de l'État signale que « l'effet pervers qui découle de cette pratique, c'est de dévaloriser les compétences au profit du militantisme politique »[85].

---

[82] Cf. Y. SANE, « Politisation de l'administration : Comment ils pillent la patrie pour financer le parti ! », *in https://www.seneweb.com,* 2017, pp. 1-3, (consulté) le 10 décembre 2020.

[83] J. L. GENARD, « Introduction : management et/ou État de droit », *in Revue du Laboratoire d'Études et de Recherches en Administration publique* de l'Université Libre de Bruxelles, 2000, p. 12. Voir aussi Th. DUVILLIER, « La Politisation du système administratif comme source de pouvoir », *in pyramides*, 3 | 2001, 101-108.

[84] Y. Sané, *op.cit*, pp.1-2.

[85] À titre illustratif, depuis 2013, l'Inspection générale de l'État (Ige) avait attiré l'attention sur les dangers de la "politisation des hauts cadres de l'administration publique". Elle avait signalé que ce fléau présente "plusieurs inconvénients pour le bon fonctionnement de l'État", notamment en matière de gouvernance économique et

Par exemple, dans les entreprises publiques, dans le cas où la nomination des hauts cadres obéirait à des considérations politiques et ne serait pas basée sur des critères de compétences, "les risques de dysfonctionnements dans la gestion de ces entités seraient plus élevés. Ce, parce que "les directeurs généraux, voire des présidents de conseil d'administration nommés dans ces conditions ne pourraient pas résister aux éventuelles injonctions ou implications du président de la république dans la gestion financière de leurs entreprises"[86]. Partant de ces controverses, sur la politisation de l'administration semble *a priori* un « mal » nécessaire sinon inévitable.

b/ Les corollaires de la politisation de l'Administration

Si l'administration a vocation à gérer la chose publique, à servir l'intérêt général ou commun, il apparaît logique que des groupes d'intérêt ou des individus cherchent à l'instrumentaliser pour imposer leur conception de l'intérêt général dans le meilleur des cas, pour servir des intérêts particuliers dans le pire des cas. Ce constat n'est pas propre au pays de l'Afrique subsaharienne mais transcende les frontières d'autres continents. Ceci étant, il s'agit seulement ici de répertorier et d'analyser les coûts en performance de la politisation de l'Administration des États de l'Afrique subsaharienne

---

financière. Car, M. COLLIN et ses collègues signalent que le « fonctionnaire politisé résistera difficilement à des ordres illégaux de ses supérieurs politiques, alors même qu'il n'ignore pas les conséquences de ces ordres en termes de gaspillage ou de dilapidation des deniers publics ». Aussi, il sera « constamment tenté d'utiliser les deniers publics pour financer les activités et partis politiques et même sera encouragé, voire contraint de le faire ». Il aura beaucoup de difficultés à éviter les conflits d'intérêts et « sera constamment tenté d'utiliser ses positions politiques pour se maintenir à son poste ou en obtenir un autre offrant plus d'avantages financiers et matériels ». Enfin, signale l'Ige, le fonctionnaire politisé sera "moins regardant sur sa propre gestion, persuadé à tort ou à raison qu'en cas de malversations, il bénéficiera de hautes protections, voire de l'impunité ».

[86]Depuis 2013, l'Inspection générale de l'État (Ige) avait attiré l'attention sur les dangers de la "politisation des hauts cadres de l'administration publique". Elle avait signalé que ce fléau présente "plusieurs inconvénients pour le bon fonctionnement de l'État", notamment en matière de gouvernance économique et financière. Car, M. COLLIN et ses collègues signalent que le « fonctionnaire politisé résistera difficilement à des ordres illégaux de ses supérieurs politiques, alors même qu'il n'ignore pas les conséquences de ces ordres en termes de gaspillage ou de dilapidation des deniers publics ». Aussi, il sera « constamment tenté d'utiliser les deniers publics pour financer les activités et partis politiques et même sera encouragé, voire contraint de le faire". Il aura beaucoup de difficultés à éviter les conflits d'intérêts et « sera constamment tenté d'utiliser ses positions politiques pour se maintenir à son poste ou en obtenir un autre offrant plus d'avantages financiers et matériels ». En fin, signale l'Ige, le fonctionnaire politisé sera « moins regardant sur sa propre gestion, persuadé à tort ou à raison qu'en cas de malversations, il bénéficiera de hautes protections, voire de l'impunité ».

francophone. Elles se traduisent par l'impunité, le laxisme, la fuite des cerveaux qui sont devenus monnaie courante dans la plupart des pays de l'Afrique subsaharienne.

D'abord, dans une administration politisée, il est d'un constat que le laxisme et l'impunité dans l'application des textes légaux et du statut de la Fonction publique font qu'il est possible à l'agent de l'État de conduire des carrières complètes hors des tâches administratives sans être détaché et sans pour autant perdre les avantages conséquents dont bénéficient les fonctionnaires. S'agissant de l'impunité, il faut noter que tout le mal de l'Afrique tourne autour d'un mot: impunité[87]. L'impunité est la plaie béante, le mal premier, le crime originel qui tue le développement du continent, empêche sa croissance, retarde son avancée démocratique.

Ensuite, la politisation de l'administration en est une des causes des fuites de cerveaux[88] en Afrique subsaharienne francophone. Cette fuite des cerveaux, à l'interne, touche malheureusement les cadres supérieurs les plus compétitifs comme des médecins spécialistes, des ingénieurs, des professeurs d'université, des enseignants, des experts tous domaines confondus qui, le plus souvent, sont formés à grands frais par l'État. Même si l'on ne dispose pas de statistiques sur cette situation, le phénomène est réel. Certains cadres vont directement des bancs de la fac au secteur privé. D'autres, après des années de loyaux services dans un environnement difficile, demandent une disponibilité pour s'engager ailleurs ou pour mettre en place leur entreprise. Ces cadres qualifiés fuient souvent le service public parce qu'ils sont sous-utilisés et mal payés ou encore parce que leurs compétences ne sont pas valorisées. En somme, ils désertent une administration parfois politisée, peu regardante sur les compétences et donc sur les résultats. Quand prime la carte du parti ou l'engagement pour défendre les idéaux de la formation politique sur les capacités intellectuelles et le savoir-faire, le choix d'une institution ou d'une entreprise apolitique est vite fait. C'est en cela que la politisation de l'administration frustre les honnêtes citoyens et étouffe certains génies qui cherchent vainement un cadre sain, sans interférence politique, pour travailler. Le grand perdant dans cette situation reste l'État, qui investit d'énormes ressources pour former ces cadres supérieurs et dont il profite peu[89]. Au regard de cette analyse, il est vrai que la mal gouvernance politique et économique est de nature à entraver la bonne gouvernance en Afrique subsaharienne

---

[87] *Ibid.*, p. 2.

[88] En sociologie, la fuite des cerveaux fait référence à la fuite du capital humain. Elle désigne de façon populaire les flux migratoires de scientifiques, de chercheurs ou plus généralement de personnes à haut niveau de qualification qui s'installent à l'étranger pour trouver de meilleures conditions de vie, d'études, de travail ou de rémunérations.

[89] Voir Th. MONE, « Fuite des cerveaux à l'interne: la politisation de l'administration en est une des causes », *in https://lesechosdufaso.net*, pp. 1-2, (consulté) le 15 décembre 2020.

francophone. Dès lors, il y a lieu de s'interroger sur les stratégies nécessaires pour asseoir la bonne gouvernance dans cette partie de l'Afrique.

II/ Les stratégies pour asseoir la bonne gouvernance en Afrique subsaharienne francophone

Certains pensent que la grande partie de la croissance de l'Afrique s'explique par l'amélioration de la gouvernance en général, la stabilité et les réformes politiques et macroéconomiques, ainsi que par la demande intérieure croissante découlant de l'urbanisation et l'émergence de la classe moyenne en Afrique. Alors que les analyses précédentes donnaient un poids égal à ces trois facteurs, l'analyse du PNUD montre que les paramètres de gouvernance tels que les transitions démocratiques, la gestion financière publique et la stabilité ont un impact beaucoup plus important sur la croissance que les prix des matières premières ou l'augmentation des revenus de la classe moyenne. En fait, la profondeur et l'ampleur de la participation ainsi que la qualité de la gestion publique (y compris la gestion budgétaire, la politique budgétaire, la mobilisation des recettes et la transparence), et une administration publique plus solide ont un fort impact sur la croissance. De ce point de vue, pour mieux articuler les stratégies de bonne gouvernance, nous allons nous focaliser sur la promotion de la bonne gouvernance politique et administrative d'abord (A) puis sur le développement et la paix durable, gage de bonne gouvernance (B).

A/ La promotion de la bonne gouvernance politique et administrative

À regard des développements antérieurs sur les écueils de la bonne gouvernance, il est important de signaliser que ce nouveau type de modèle de développement ne peut se réaliser sans prendre en compte les dimensions, économiques et administratives. C'est d'ailleurs ce qui justifie l'usage du concept bonne gouvernance politique et administrative comme une des stratégies d'asseoir la bonne gouvernance en Afrique subsaharienne francophone. La réalisation de ce modèle idéal de développement doit passer impérativement par la mise en œuvre de ses conditionnalités et ses caractéristiques (2).

1/ La mise en œuvre des conditionnalités de la bonne gouvernance

Les conditionnalités renvoient à l'idée des préalables à accomplir par un État pour être considéré comme ayant la « Bonne gouvernance » par les organismes internationaux (a). À cela s'ajoute la conditionnalité en interne : une Administration performante (b).

a/ Les Conditionnalités des organismes internationaux de la bonne gouvernance

Tout commence par la pauvreté dans laquelle vivent les populations des pays du tiers-monde. Pour accorder des aides financières et offrir une coopération au développement, les institutions de Bretton Woods (Banque mondiale et Fonds monétaire international), les Nations unies et les Agences de développement (PNUD, OMC) conditionnent aux avancées réalisées et constatées dans certains domaines. Il s'agit dès lors de hiérarchiser les objectifs à atteindre. À cet égard, trois orientations semblent prioritaires dans le cadre du « Programme de gouvernance » : i) le renforcement de la démocratie et de *droits de l'homme*, principalement par l'amélioration du processus décisionnel qui devrait conduire à la réévaluation du suffrage universel, au réaménagement des contre-pouvoirs, ainsi qu'au renforcement de l'État de droit. Ce qui nous a permis de soutenir tout au long de ce travail que le respect des droits de l'homme garantit bien la bonne gouvernance ; ii) la réforme de l'État, qui conduira à améliorer l'organisation et le fonctionnement des ministères, l'amélioration du travail gouvernemental, et le renforcement de la déconcentration ; iii) la modernisation de l'Administration incluant aussi bien la modernisation de son appareil, de ses personnels, que de ses relations avec les usagers.

Pour la Commission économique des Nations unies pour l'Afrique (CEA) et suivant le reportage de la Journaliste de la Radio France Internationale, Monique Mas, une série de critères et indicateurs, au total 83, avait au préalable été mis au point (entre 1999 et 2001) pour calculer les indices de bonne gouvernance, eux-mêmes rangés sous six rubriques : mesurer la qualité de la représentation politique, l'efficacité des institutions, *l'État de droit*, l'efficacité et l'étendue du pouvoir exécutif, le degré incitatif des investissements (fiscalité, partenariat public, privé ou transparence, par exemple), ainsi que le niveau de lutte contre la corruption. De nombreuses sous-rubriques ont également été établies pour évaluer plus en détail le pluralisme politique, l'équilibre des pouvoirs, l'indépendance des partis et de la presse, la crédibilité électorale ou l'efficacité des services publics. Les résultats ont été examinés au regard d'un concept « d'État compétent » forgé selon des normes que l'on peut qualifier d'universelles[90].

b/ Une Administration performante, une conditionnalité interne à la bonne gouvernance

Une administration performante exige sa dépolitisation, sa refondation et sa redynamisation. S'agissant de la dépolitisation de l'Administration publique, il faut noter qu'elle a essentiellement pour but d'assurer l'indépendance et la neutralité politique de l'administration. Elle a en outre l'avantage de mettre l'administration à l'abri de tout changement politique (changement de régime politique, alternance de parti majoritaire au pouvoir). L'administration doit servir tous les gouvernements, tous les partis successifs au pouvoir dans

[90] Cf. M. MAS, *La bonne gouvernance*, l'objet d'étude, Rfi, 14.10.2004, online : www.rfi.fr/actufr. Voir également CEA : « L'Afrique sur la voie de la bonne gouvernance, actualité internationale et africaine », Synthèse du Rapport sur la gouvernance en Afrique in, http://www.uneca.org, 2005, p. 2.

un parfait esprit d'objectivité. Dans ce cas, la dépolitisation de l'administration assure l'équilibre et la stabilité des institutions administratives en dépit des fluctuations des institutions et des idéologies politiques telles qu'elles existent dans les pays de vieille démocratie. La dépolitisation de l'Administration peut se réaliser par l'ancrage aux techniques managériales. C'est dans ce sillage que l'idée de la « managérisation de la fonction publique »[91] est conçue comme un moyen de dépolitisation et de modernisation de l'Administration[92]. C'est ainsi qu'au nom des principes du management et, par exemple, de la responsabilisation des agents, il est clairement question de lutter contre les excès de la juridicisation souvent diagnostiqués dans le fonctionnement des bureaucraties contemporaines. Explosion règlementaire, surcharge normative, multiplication des garanties statutaires ou des contrôles ex ante,... tout cela en viendrait à paralyser l'action, à entraver le changement et les initiatives, à produire une déresponsabilisation généralisée des fonctionnaires. Pour lutter contre cela, pour mettre en œuvre des stratégies fondées sur des formes de contractualisation des prestations (les mandats), pour permettre la souplesse, la flexibilité... le management attend un allégement des surcharges juridiques et normatives qui pèsent aujourd'hui sur l'administration. Alléger les règles, en revenir à des principes fondamentaux plutôt qu'à une multiplication de règles concrètes... telles sont clairement des exigences inhérentes à la « philosophie » sous-jacente à la managérisation de la fonction publique[93].

---

[91] C'est d'ailleurs en raison de la portée qu'il convient d'accorder à l'ambition managériale que, dans ce deuxième numéro de *Pyramides*, nous avons prêté à l'expression « managérisation de la fonction publique » une acception très large, incluant aussi bien l'introduction de techniques de gestion des ressources humaines (GRH) dans les administrations existantes que les processus de privatisation des entreprises publiques doublés de négociation de contrats de gestion. Il nous semble en effet que c'est par nature que la managérisation du service public s'accompagne de bouleversements organisationnels et statutaires dont une des fonctions est précisément de modifier, et, spécifiquement, d'alléger, d'assouplir, de flexibiliser... les anciens cadres tant normatifs qu'organisationnels, hérités des formes bureaucratiques de l'État-providence. Peut-être n'y a-t-il donc pas de lien structurel nécessaire entre privatisation et management, mais il est néanmoins évident que les transformations organisationnelles qui affectent aujourd'hui les entreprises publiques et qui les tirent vers la privatisation apparaissent aussi comme les conditions du déploiement d'une managérisation de celles-ci, dans laquelle les carcans propres aux anciennes organisations de service public se trouvent largement affaiblis. Cf. J. L. GENARD, « Introduction : management et/ou État de droit », *op. cit*, p. 10.

[92] De nombreux ouvrages traitent de cette question de la modernisation de la fonction publique à partir de l'exemple français. Parmi ceux-ci citons principalement : L. ROUBAN, *Le service public en devenir*, Paris, L'Harmattan, 2000 ; M. MIALLE, *La régulation entre droit et politique*, Paris, L'Harmattan, 1995 ; V. DUFAU, *Les sujétions exorbitantes du droit commun en droit administratif : l'administration sous contrainte*, Paris, L'Harmattan, 2000.

[93] J. L. GENARD, « Introduction : management et/ou État de droit », *op. cit*, p. 16.

À la lumière des conditionnalités prévues pour asseoir la bonne gouvernance en Afrique subsaharienne, nous allons voir la mise en œuvre de ses caractéristiques. La politisation de l'Administration ainsi analysée, nous allons voir la refondation et la redynamisation de celle-ci.

À l'image de la dépolitisation, la refondation et la redynamisation sont un gage de performance de l'Administration publique. Mais cela nécessite un certain nombre de conditions. Dès lors, les conditions de refondation et de redynamisation de l'administration publique doivent passer par la promotion du principe républicain d'une administration dont la neutralité, la transparence et la stabilité sont garanties par des structures, des procédures, des modes de recrutement, de carrière et de rémunération rationalisés et formalisés. Ce type d'administration doit rendre un service public de qualité aux citoyens et aux usagers, y compris une information accessible par période et à la demande. Elle doit enfin répondre aux critères de l'égalité envers tous, se conformer à la déontologie et répondre de ses actes. À cette fin, il est urgent d'adopter les mesures suivantes : i) normaliser les recrutements civils et militaires, de même que les avancements selon les principes républicains de transparence, de mérite et d'équité ; ii) réaligner les rémunérations de base selon les principes de diplôme et harmoniser raisonnablement le niveau des indemnités spécifiques de corps et normaliser les contrats spéciaux; iii) protéger l'État contre les ordres et décisions manifestement illégaux, en engageant aussi bien la responsabilité des autorités qui les ont donnés que celle des collaborateurs qui les ont exécutés ; iv) établir un système d'incompatibilité pour éviter l'implication partisane des hauts fonctionnaires dans la vie politique. La neutralité sera exigée des hauts fonctionnaires nommés à des directions nationales. Il leur est interdit d'utiliser les moyens de l'État au service d'un parti politique ou d'une coalition de partis ou d'intérêts communautaires ; v) définir, en concertation avec les citoyens et en s'inspirant des meilleures pratiques mondiales, des mesures destinées à mettre un terme à la patrimonialisation des ressources (financières, matérielles, foncières, de valeurs mobilières et d'immeubles) ; vi) renforcer notablement les capacités et les moyens humains et matériels de la police financière, au regard de la complexification des délits et crimes financiers, afin de faciliter les investigations nationales et internationales. Qu'il soit d'ordre interne ou externe, à objet technique, administratif ou financier, le contrôle doit jouer pleinement son rôle, de manière effective et transparente, et ne pas constituer un instrument entre les mains des supérieurs hiérarchiques pouvant en user comme des armes contre des adversaires ou des outils de dissimulation, de mal gouvernance[94]. À la lumière de ces conditionnalités nécessaires pour la bonne gouvernance, nous allons voir la mise en œuvre de ses caractéristiques.

[94] Voir L. M. KAKDEU, « Les Cinq réformes nécessaires dans l'administration publique en Afrique », *in http://www.libreafrique.org*, p. 1-3, (consulté) le 15 mars 2019.

2/ La mise en œuvre des caractéristiques de la bonne gouvernance

La Commission économique et sociale des Nations unies pour l'Asie et le Pacifique (L'UNESCAP) a décrit les caractéristiques essentielles de la bonne gouvernance :

La participation

La participation – des hommes et des femmes – est un pilier essentiel de la bonne gouvernance. Elle peut être directe ou s'exercer par le biais d'institutions ou de représentants légitimes. Il convient de souligner que la démocratie représentative ne signifie pas nécessairement que les préoccupations des catégories les plus défavorisées sont prises en considération dans les processus décisionnels. La participation doit être informée et organisée. Il faut donc d'une part que la liberté d'association et d'expression soit respectée et d'autre part qu'il existe une société civile organisée.

L'État de droit

La bonne gouvernance requiert l'existence de cadres juridiques équitables qui soient mis en œuvre de manière impartiale. Elle exige aussi une protection complète des droits de l'homme, en particulier de ceux des minorités. Pour que les lois soient exécutées de manière impartiale, il faut que le système judiciaire soit indépendant et que les forces de police soient impartiales et incorruptibles.

La transparence

La transparence signifie que les décisions sont prises et exécutées conformément aux règlementations. Elle exige aussi que l'information sur les décisions soit librement et directement accessible aux personnes qui seront affectées par leur mise en œuvre. Elle exige enfin qu'une information suffisante soit fournie et qu'elle le soit selon des formes et des moyens facilement compréhensibles.

La réactivité

La bonne gouvernance exige que les institutions et les processus s'emploient à servir toutes les parties prenantes dans des délais raisonnables.

La recherche du consensus

Toute société réunit plusieurs acteurs, qui représentent autant de points de vue. La bonne gouvernance exige une conciliation des divers intérêts présents dans la société, afin de parvenir à un large consensus sur ce qui est dans le meilleur intérêt de l'ensemble de la communauté et sur la manière dont cet objectif peut être atteint. Elle exige également d'avoir une vaste vision, et à long terme, sur ce qui est nécessaire pour un développement humain durable et sur la façon de réaliser les objectifs d'un tel développement. De telles conditions ne peuvent être que le résultat d'une compréhension des contextes historique, culturel et social de la société ou de la communauté en question.

L'équité et l'inclusion

Le bien-être d'une société dépend des efforts réalisés pour que tous ses membres aient le sentiment d'y jouer un rôle et ne s'en sentent pas exclus. Il faut pour cela que tous les groupes, mais particulièrement les plus vulnérables, aient la possibilité d'améliorer ou de maintenir leur niveau de bien-être.

L'efficacité et l'efficience

La bonne gouvernance exige que les processus et les institutions assurent l'obtention de résultats qui répondent aux besoins de la société en utilisant de la meilleure manière possible les ressources disponibles. Le concept d'efficience, en lien avec la bonne gouvernance, inclut également l'utilisation durable des ressources naturelles et la protection de l'environnement.

L'obligation de rendre compte de ses actions

Cette obligation est une condition essentielle de la bonne gouvernance. Les institutions gouvernementales, mais aussi le secteur privé et les organisations de la société civile, doivent être obligés de rendre des comptes au public et à leurs partenaires institutionnels. Pour savoir qui doit rendre des comptes, et à qui, il convient de déterminer si les décisions sont prises ou les actions menées de l'intérieur ou de l'extérieur d'une organisation ou d'une institution. Le plus souvent, une organisation ou une institution doit rendre des comptes aux personnes qui seront visées par ses décisions ou ses actions. L'obligation de rendre des comptes ne peut être effective en l'absence de transparence et de respect de l'État de droit. À cela, il faut ajouter la mise en œuvre des douze principes[95] de la bonne gouvernance[96].Au regard de ces caractéristiques énumérées, on peut admettre que leur mise en œuvre par les États de l'Afrique

---

[95] 1. Participation, représentation, élections conformes au droit
2. Réactivité
3. Efficacité et efficience
4. Ouverture et transparence
5. État de droit
6. Comportement éthique
7. Compétences et capacités
8. Innovation et ouverture d'esprit face au changement
9. Durabilité et orientation à long terme
10. Gestion financière saine
11. Droits de l'Homme, diversité culturelle et cohésion sociale
12. Obligation de rendre des comptes

[96] Commission européenne pour la démocratie par le droit (commission de Venise), « Bilan sur les notions de « bonne gouvernance » et de « bonne administration », Strasbourg, 9 mars 2011, *Étude* no 470 / 2008, pp. 10-12.

subsaharienne sera un gage pour garantir la bonne gouvernance dans cet espace géographique.

B/ Le développement et la paix durable, gage de bonne gouvernance

Pas de bonne gouvernance politique voire économique à l'absence de développement et de paix durable en Afrique subsaharienne francophone. Ceci qui atteste qu'elles sont une condition non négligeable pour réaliser la bonne gouvernance qui est érigée en règle par les bailleurs de fonds en vue de bénéficier l'aide au développement. Ceci dit, nous allons aborder le développement (1) avant de voir la culture de la paix durable (2).

1/ Le développement durable

La réalisation du développement durable en Afrique subsaharienne francophone exige la mise en œuvre des mécanismes de transparence dans la gestion des affaires publiques (a) mais aussi une gestion rationnelle des ressources naturelles (b).

a/ La mise en œuvre des mécanismes de transparence dans la gestion des affaires publiques

La mise en œuvre des mécanismes de transparence passe d'abord par l'évaluation des politiques publiques (a-1) mais aussi par la gestion axée sur les résultats et la gestion managériale de l'information et d'accès aux documents administratifs (a-2).

a-1/ L'évaluation des politiques publiques

Contrôler le bon usage des financements publics, améliorer la connaissance de l'action publique et en mesurer les effets, rehausser les performances des services rendus, crédibiliser l'action parlementaire sont autant de motifs justifiant le recours à l'évaluation des politiques publiques qui doit être perçue comme une exigence démocratique et une opportunité sans équivalent permettant de construire une intelligence collective et de disposer d'outils d'aide à la décision face à la montée en puissance et en complexité des politiques publiques. Plus qu'une technique, l'évaluation est avant tout une culture qui contribue à renforcer la démocratie et où la légitimité des politiques publiques doit se mesurer à l'aune de leur seule efficacité.

Loin d'être un instrument de sanction des décisions publiques, elle permet aux institutions de fonder un jugement objectif sur l'utilité de leurs actions et constitue un facteur d'accroissement de la transparence, en leur donnant la possibilité de rendre des comptes aux contribuables des résultats de ces actions, et de préparer des décisions rationnelles quant à la poursuite, la réorientation, voire la remise en cause d'une politique. Dans le même temps, la crédibilité de l'action parlementaire ne repose désormais plus sur sa seule légitimité élective, mais sur la démonstration du bien-fondé de son rôle en matière d'investigation, de contrôle efficace de l'Exécutif et d'animation du débat démocratique, notamment sur des questions aussi cruciales que la saine gestion des deniers publics et la performance de la dépense budgétaire. Si l'évaluation des politiques publiques est institutionnalisée dans la nouvelle Constitution de 2011, à travers son article 70, «le Parlement exerce le pouvoir législatif. Il vote les lois, contrôle l'action du gouvernement et évalue les politiques publiques», force est de reconnaître que son assise règlementaire et organisationnelle est loin d'être acquise, les élus de la Nation ne disposent pas souvent de l'ingénierie, des outils méthodologiques et encore moins des moyens humains et budgétaires nécessaires à l'élaboration et à la conduite d'une démarche évaluative professionnalisée[97].C'est dans ce sillage que Bernard Perret soutient que : « *l'évaluation peut viser seulement à améliorer la mise en œuvre ou le pilotage de l'action, mais elle débouche parfois sur des changements plus importants : réaménagements techniques d'une procédure, reformulation de certains objectifs, augmentation (ou diminution) des moyens, mise en sommeil, arrêt ou au contraire amplification et généralisation d'un programme.*» Ce qui suppose de développer plutôt la responsabilisation ou la mesure des résultats (rentabilité, efficacité, efficience, qualité des services) en suscitant la compétitivité et la productivité à l'intérieur du service public et en appliquant le principe d'efficience économique dans l'utilisation des ressources et dans la recherche de l'innovation pour la fourniture des services publics[98]. Ainsi, il convient de retenir que l'évaluation des politiques publiques peut résoudre les problèmes de la mal gouvernance tels que la corruption, les malversations financières et l'instabilité politique.

a-2/ La gestion axée sur les résultats et la gestion managériale de l'information et d'accès aux documents administratifs

S'agissant de la gestion axée sur les résultats (GAR), il faut préciser que le concept de GAR, inventé par Peter Drucker (1909-2005), un des gourous du management qui l'a utilisé pour la première fois en 1964 dans son ouvrage « Managing for results », n'a cependant connu une appropriation qu'à partir des années 90, lorsque l'agence canadienne de développement international (ACDI) en a fait son cheval de bataille dans le cadre d'une importante réforme du Secteur public développée par le gouvernement canadien. La gestion axée sur les résultats (GAR) est une réforme prônée pour améliorer la gestion des services publics, à travers notamment la déclaration de Paris (DP) sur l'efficacité de l'aide lancée en 2005, et le Partenariat international pour la Santé (IHP+). Elle repose sur six principes : simplicité, apprentissage par l'action, responsabilité, adaptabilité, partenariat, transparence. Dès lors, elle est érigée au rang d'impératif intégré par les bailleurs et les pays bénéficiaires.

---

[97] M. BENAHMED, (2017), « Évaluation des politiques publiques : Une exigence de bonne gouvernance », *in https://leseco.ma,* pp. 1-2.
[98] L.-M.KAKBEU, « Les cinq réformes nécessaires dans l'administration publique en Afrique », *in http://www.libreafrique.org*, 2014, p. 2

Ce qui a permis sa plus large adoption. Dès lors, il y a lieu de noter que la GAR se focalise sur les résultats jugés plus parlant que les activités, sur les bénéficiaires et les changements qu'ils désirent et, enfin, sur l'amélioration des systèmes de gestion (évaluation et reddition des comptes) et des processus de décision. La GAR, dans sa démarche, se concentre également sur les résultats, assujettissant la réalisation d'activités et la mobilisation des ressources à une stricte imputabilité à des résultats tangibles. De ce point de vue, les logiques d'appropriation de la GAR dans des pays de l'Afrique subsaharienne francophone s'expliquent donc aisément par ce besoin de rationalisation accrue des dépenses publiques exprimé par les citoyens et les leaders, au niveau mondial, qui rencontre le vœu des décideurs africains. C'est pourquoi, il est compréhensible que l'on puisse d'abord s'appuyer sur les indications conceptuelles, spécifiées plus haut, pour espérer identifier, de façon plus précise, les nombreuses difficultés entachant le fonctionnement optimal de l'Administration publique en Afrique subsaharienne francophone.

Pour ce qui est de la gestion managériale de l'information et d'accès aux documents administratifs, il convient de souligner que l'un des défis de l'administration publique en Afrique subsaharienne francophone est celui du management de l'information et des documents administratifs. Pour l'instant, les modes de production, de classement, de recherche, d'archivage ou de diffusion des informations et des documents administratifs sont contre-productifs. Un agent public perd en moyenne deux heures par jour dans la recherche de l'information au milieu d'une montagne de dossiers. Cela rallonge à l'infini le temps des procédures qui finissent par être abandonnées pour certaines et influe considérablement sur la performance administrative. Une meilleure gestion de l'information administrative augmenterait aussi la transparence nécessaire à la bonne gouvernance. Cela passe par la décongestion du circuit de l'information administrative et le développement d'une politique proactive d'archivage physique et électronique. Mieux, il s'agit de la numérisation et de la gestion électronique des documents administratifs[99].

b/ La gestion rationnelle des ressources naturelles

Pour parvenir à la paix et au développement sur le continent, les Africains et leurs partenaires internationaux s'efforcent de plus en plus de rompre les liens qui existent entre conflits et richesses naturelles. En suscitant des convoitises ou en finançant des opérations militaires, les ressources naturelles ont joué un "rôle négatif" dans plusieurs des guerres les plus sanglantes de l'Afrique, remarque L. J. LEGWAILA, Secrétaire général adjoint de l'ONU et Conseiller spécial pour l'Afrique. Dès lors la gestion rationnelle des ressources sera un gage de paix et de développement durable en Afrique subsaharienne francophone. Pour y parvenir, elle a donc besoin de se placer

[99] L.-M. KAKBOU, « Les cinq réformes nécessaires dans l'administration publique en Afrique », *op. cit*, p. 2.

plus haut dans la chaîne de la valeur ajoutée de la transformation et de la production de ressources minérales afin de libérer pleinement le potentiel économique de ses ressources naturelles. Elle doit favoriser l'industrialisation et la valorisation des ressources naturelles au niveau local et considérer cette perspective comme un but ultime légitime. L'objectif est d'utiliser ces richesses naturelles afin de développer une industrie locale compétitive qui, grâce à la création d'emplois, à la valeur ajoutée, aux transferts de technologies et de savoirs, favorise un développement durable à grande échelle[100]. À cet égard, les décideurs politiques ont reconnu le fait que les bénéfices potentiels des ressources naturelles ont échoué à se matérialiser. De nombreux États africains ont exprimé leur engagement à investir les recettes issues des ressources naturelles de façon à améliorer les résultats du développement, notamment une meilleure santé, une meilleure éducation et l'accès à des services sociaux de qualité. Au niveau du continent, un nouveau cadre normatif africain sur la gouvernance des ressources naturelles – la Vision minière africaine (VMA) – a été adopté par les chefs d'État en 2009. La VMA constitue incontestablement une impulsion vers « une exploitation transparente, équitable et optimale des ressources naturelles afin de soutenir une croissance durable et un développement socioéconomique à grande échelle ». En outre, la VMA demande une plus grande valeur ajoutée dans le secteur des ressources minières africaines. Dans la même perspective, un projet de Cadre africain de gouvernance du secteur minier, conçu pour faciliter la mise en œuvre de la VMA, a été rédigé. Plus récemment, en 2015, l'Union africaine (UA) a adopté le premier Plan décennal de mise en œuvre de l'Agenda 2063, qui donne une place centrale aux ressources naturelles dans la construction d'un État développementaliste et dans la transformation socioéconomique des pays africains. L'Agenda 2063 constitue également une étape importante dans le Programme 2030 pour le Développement durable[101].

Certaines institutions régionales, telles que la Banque africaine de développement (AfDB), le Centre pour les ressources naturelles (ANRC) et le Centre africain de développement minier (AMDC), soutiennent également les États africains dans leurs efforts d'amélioration de la gouvernance en matière de ressources naturelles. Les institutions internationales et les partenaires – y compris au niveau des acteurs non-étatiques – mettent généralement l'accent sur la dimension de la gouvernance des ressources naturelles. Les efforts se sont concentrés sur la lutte contre la corruption, ainsi que sur la transparence et la redevabilité en matière de mobilisation de l'impôt, comme le montre le

[100] Voir L'Institut International pour la Démocratie et l'Assistance électorale (IDEA), *Note d'information Programme Afrique et Asie de l'Ouest : améliorer la gouvernance des ressources naturelles en Afrique*, 2017, p. 2.
[101] *Iblid*, pp. 2-3.

dernier Indice de gouvernance des ressources naturelles publié par l'Institut de gouvernance des ressources naturelles (NRGI 2017).

Dans la même lancée, le groupe d'experts réuni par le Bureau du Conseiller spécial a examiné le cas de l'oléoduc du Tchad ainsi que l'initiative libérienne. Il a proposé que l'Union africaine (UA) redouble d'efforts en vue de parvenir à une meilleure gestion nationale des ressources naturelles, notamment en intégrant des normes précises dans le Mécanisme d'évaluation intra-africaine, dans le cadre duquel les pays africains évaluent mutuellement leurs pratiques en matière de gouvernance. Au cours de la réunion, les donateurs ont également été priés de « *respecter et soutenir le processus mené à l'initiative de l'UA, au lieu d'essayer d'assortir l'aide au développement de conditions relatives à la gouvernance ou d'appuyer des initiatives extérieures menées en parallèle* »[102]. Cela dit, nous allons voir la culture de la paix dure qui est un atout pour le développement durable en Afrique subsaharienne francophone.

2/ La culture de la paix durable

De ce point de vue, nous pouvons alors caractériser ce que serait une culture de paix. Elle serait une culture de liberté et de respect universel, qui prônerait tous les droits de la personne ainsi que la responsabilité collective des droits et devoirs de chacun : i) festival de diversité : refus des dominations, des exploitations et des discriminations dans l'ensemble des structures sociales ; ii) reconnaissance du devoir de solidarité. Les peuples sont ni exploitables, ni remplaçables ; iii) reconnaissance des interdépendances globales des besoins humains et de responsabilité à l'égard de l'avenir de l'Humanité ; iv) éducation valorisant la solidarité humaine, la mutualisation et la justice, incluant tout être humain ; v) médiation, compréhension mutuelle, réconciliation, place pour les sagesses anciennes et les savoirs nouveaux ; vi) droits égaux de tous les êtres humains, la dignité humaine et le respect des systèmes vivants; vii) développement de la société civile et de la démocratie participative ; viii) sécurité moins tributaire de l'armement.

Dans ce contexte, une logique de culture de la paix ne peut s'élaborer que dans une construction progressive et tout au long de la vie[103]. C'est pour cette raison qu'il est nécessaire de vulgariser la culture de la paix [104] en Afrique subsaharienne francophone par la non-violence suivant les principes énoncés par la Résolution 52/243 adoptée par l'Assemblée générale des Nations

---

[102] Cf E. HARSH, « Conflits et ressources naturelles : comment faire d'un risque de guerre un atout pour la paix », *op.cit*, pp.7-8.

[103] Patrick Simon, (2004), « La bonne gouvernance, une culture de la paix ? », in https://www.institutidrp.org, pp. 1-2.

[104] « La culture de la paix est un ensemble de valeurs, attitudes, comportements et modes de vie qui rejettent la violence et préviennent les conflits en s'attaquant à leurs racines par le dialogue et la négociation entre les individus, les groupes et les États ». Cf. Assemblée générale des Nations unies, 15 janvier 1998.

unies[105]. La culture de la non-violence dans l'espace politique est un impératif pour asseoir une culture de la paix laquelle nécessite d'être vulgarisée en vue de pacifier l'environnement du jeu électoral. Sur ce point, l'affirmation de M. LUTHER KING selon laquelle : « *Il faut apprendre à vivre ensemble comme des frères, sinon nous allons périr ensemble comme des imbéciles* »[106], mérite d'être révisée dans le contexte de la recrudescence des violences électorales en Afrique subsaharienne francophone. Ce qui aurait permis de vulgariser la culture de la non-violence dans cette partie de l'Afrique. En effet, « *une culture de la non-violence et de la paix favorise le respect de la vie et de la dignité de chaque être humain sans préjugé ni discrimination d'aucune sorte* ». « *L'éducation a un rôle à jouer dans l'édification d'une culture de la non-violence et de la paix, particulièrement en enseignant aux enfants la pratique de la non-violence et de la paix, ce qui contribuera à la réalisation des buts et principes énoncés dans la Charte des Nations unies* »[107]. Ainsi selon M. GANDHI, grand défenseur de la résistance pacifique à l'oppression, la « non-violence » constituait « *la plus grande force à la disposition de l'humanité, une force qui renferme plus de puissance que l'arme la plus destructive qui ait été conçue par l'ingéniosité de l'homme* »[108]. Eu égard à ses affirmations de taille, la culture de la non- violence doit faire l'objet d'enseignement à tous les niveaux du système éducatif.

Il en est de même pour une éducation civique et citoyenne. En effet, l'éducation civique citoyenne[109] constitue l'un des volets les plus importants

---

[105] La Résolution 52/243 adoptée par l'Assemblée nationale des Nations unies, a énoncé un certain nombre de valeurs qui fondent la culture de la paix à savoir : des attitudes, des traditions, des comportements et des modes de vie fondés sur : i) le respect de la vie, le rejet de la violence, la promotion et la pratique de la non-violence par l'éducation, le dialogue et la coopération ; ii) L'adhésion aux principes de la liberté de justice, de démocratie, de tolérance, de solidarité, de coopération, du pluralisme, de la diversité culturelle, du dialogue et de compréhension à tous les niveaux de la société et entre les nations. Cf. l'article 1 alinéa 9 de la résolution 52/243 adoptée par l'Assemblée nationale des Nations unies sur la culture de la paix. In Rapport mondial de la culture de la paix : Annexe II.

[106] Cf. Le sermon fait le 31 mars 1968 à la National Cathedral (Episcopal), Washington, de Martin Luther King, in http://dicocitations.lemonde.fr, (consulté) le 29 mai 2017.

[107] Voir la Résolution 53/243 sur une culture de la paix adoptée par l'Assemblée générale des Nations unies le 13 septembre 1999.

[108] Voir La Journée internationale de la paix 21 septembre et 2 octobre sur le thème : « Paix et non-violence », *op. cit*.

[109] Il convient de souligner que plusieurs thèses se sont avancées pour expliquer la notion de citoyenneté :
D'abord, elle ne se définit pas uniquement d'un point de vue juridique par la possession de la nationalité donnant à un individu la qualité de citoyen d'un État. Mais, elle semble aujourd'hui davantage se définir par un mode de comportement

pour le développement durable en Afrique subsaharienne francophone. C'est ainsi que pour construire une nation développée et prospère, l'inculcation des valeurs morales et citoyennes par le canal de l'éducation[110] civique se révèle indispensable[111]. Dès lors, la meilleure manière aujourd'hui de réconcilier les ennemis d'hier, c'est de construire des écoles, des universités, des centres de formations professionnels, consolider le lien social partout sur le territoire et surtout créer des emplois pour ces populations livrées à elles-mêmes. Un peuple instruit et éduqué, occupé à travailler, à préparer l'avenir des générations futures, dans une société organisée et sécurisée avec des règles et de la discipline ne peut pas sacrifier tous ces acquis en allant combattre ses propres concitoyens au risque d'y laisser la vie. Au regard de cette analyse, il est souhaitable de revaloriser l'éducation civique et citoyenne dans les pays d'Afrique subsaharienne où sévit un manque criard d'éducation à la citoyenneté comme l'attestent les violences et guerres civiles nées des consultations électorales.

L'Afrique subsaharienne francophone a du mal à asseoir la bonne gouvernance au regard de la mauvaise gouvernance politique et économique. D'abord la gouvernance politique défaillante résulte d'une part, des conflits armés (coups d'État, guerres civiles) et des effets de l'absence de culture démocratique tels que les changements anticonstitutionnels et la patrimonialisation du pouvoir, d'autre part. Ceux-ci constituent les déterminants de l'instabilité politique dans cette partie de l'Afrique. Quant à la gouvernance

civique et une participation active et quotidienne à la vie de la société. Ensuite il y'a la thèse universaliste de la citoyenneté qui met l'accent sur l'unité du corps social, libre association d'individus détachés de toute forme de dépendance. L'identité des citoyens se définit exclusivement par le lien politique qui les rattache les uns aux autres, à savoir égalité de droit devant la loi (comme partisan nous pouvons citer Rousseau). Enfin, nous avons les approches multiculturalismes défendues par les Canadiens et Américains mettant l'accent sur les notions d'identité et de culture. Cf. N. GBATI, « Du Processus de démocratisation à la crise de citoyenneté et des institutions de socialisation », *in Revue Perspectives & Sociétés vol. 5*, numéro 1et 2, 2013, p. 10.

110 L'éducation recouvre toute activité sociale visant à transmettre à des individus, l'héritage collectif de la société au sein de laquelle ils vivent. Cet apprentissage de l'héritage collectif vise la préparation des individus non mûrs à l'accomplissement de leurs rôles à l'âge adulte.

111 Pour parvenir à cette éducation citoyenne, le retour à l'enseignement des comportements citoyens à travers la famille, le village, la tribu qui reposait sur l'autorité des aînés et avait pour mission de conduire les nouvelles générations dans les différentes phases de leur croissance en leur inculquant les valeurs de solidarité liées au clan, à la société en général et le respect des coutumes. Cet enseignement se véhiculait à partir des contes, des proverbes, des chants, des danses et la représentation par la sculpture (usage de marionnettes) servant comme méthodes d'éducation citoyenne, demeure aujourd'hui un impératif pour canaliser les folies de la jeunesse africaine.

économique malsaine, elle découle de l'absence de transparence dans la gestion des affaires publiques et des ressources naturelles des pays de l'Afrique subsaharienne francophone. Ce qui ouvre la voie au culte de l'enrichissement illicite (la corruption, les détournements de deniers publics, la culture de l'économie de rente) par les élites politiques qui également vont politiser l'administration pour en tirer plus de profit au détriment des populations laissées en elles-mêmes. Une telle situation est de nature à anéantir les espoirs tant suscités par l'aide au développement et les politiques publiques de développement. C'est ainsi que des stratégies de bonne gouvernance comme la mise en œuvre des mécanismes de transparence tels que, la reddition des comptes, l'évaluation des politiques publiques et de la gestion axée sur les résultats sont initiés en vue d'asseoir le développement durable dans cette partie de l'Afrique. Il en est de même des pratiques telles que la culture de la non-violence, l'éducation civique et citoyenne pour réaliser la culture de la paix durable.

ASPECTS DU RENOUVEAU DU STATUT CONSTITUTIONNEL DES PARTIS POLITIQUES AU SÉNÉGAL

El Hadji Omar Diop

Docteur en droit de l'Université Montesquieu de Bordeaux
Enseignant-chercheur à la Faculté des Sciences juridiques et politiques à l'Université Cheikh Anta Diop de Dakar

En hommage à un éminent universitaire qui m'a beaucoup inspiré et qui m'inspire toujours. Un fidèle admirateur.

Historiquement, la vitalité politique sénégalaise semble être liée au développement de la commune[1]. La démocratie municipale expérimentée dans la colonie avec une représentation au Parlement français avait contribué à l'essor d'une conscience politique[2]. Dans ces conditions, les partis politiques sénégalais ont existé bien avant les indépendances[3]. Ils étaient affiliés aux partis occidentaux[4]. Les partis politiques métropolitains comme les socialistes et les communistes avaient leurs excroissances au Sénégal[5] comme dans la plupart des territoires sous domination coloniale.

Ce multipartisme allait connaître une phase ascendante jusqu'aux indépendances[6]. Mais durant la période 1966-1974, on relève une phase

---

[1]. DIOUF (M.), « L'Idée municipale : une idée neuve en Afrique », *Politique africaine*, 1999/2 n° 74, pp. 13-23.

[2] THIAM (I. D.), *Histoire des communes et leur rôle dans la construction de la démocratie sénégalaise et dans l'émergence d'un leadership indigène. Des premiers contacts au début du XXe siècle*, NEAS, Dakar, 2012, 340 p.

[3] S Y (D.), « Un Siècle de vie politique au Sénégal. Historique des partis politiques au XXe siècle », *in Thalassa ! Thalassa ! La « Grande mer » et ses passeurs. Itinéraires en Afrique du droit des institutions, Mélanges en l'honneur de Bernard Durand, coll. Mémoires du droit en Afrique,* Paris, L'Harmattan, 2020, pp. 471-487.

[4] TRAORÉ (B.), Lô (M.), ALIBER (J. L.), *Forces politiques en Afrique noire*, Paris, PUF, 1966.

[5]. FALL (I), *Sous-développement et démocratie multipartisane. L'expérience sénégalaise*, Dakar-Abidjan, les Nouvelles éditions africaines, 1977, 109 p

[6] BATHILY (A), *L'Invention du multipartisme au Sénégal (1974-2000),* Thèse de science politique, Université Montpellier I, 2008, p. 15-18.

descendante avec l'élimination progressive de l'opposition de la scène politique. Cette négation de l'opposition passe par la fusion-absorption de partis dont les leaders acceptent de se fondre dans le parti présidentiel contre certains portefeuilles ministériels ou administratifs ou encore de direction de sociétés nationales[7]. Parfois l'embastillement des opposants et l'exil étaient réservés aux leaders récalcitrants qui refusaient toute fusion avec le parti présidentiel[8].

C'est ainsi qu'à partir de 1974 avec la création du Parti démocratique sénégalais (PDS) que l'ouverture contrôlée du champ politique partisan va s'enclencher[9]. En 1976, on a adopté le multipartisme limité à trois partis politiques à orientations idéologiques[10]. Dans ces conditions, les partis politiques devraient adopter soit le socialisme, soit le marxisme-léninisme soit le courant libéral pour avoir une reconnaissance légale. En réalité, le Parti au pouvoir, l'Union progressiste sénégalais (UPS) devenue Parti socialiste (PS) s'est arrogé d'autorité le courant socialiste, il ne restait alors que deux courants. Le Parti démocratique sénégalais (PDS) sous la direction de Maître Abdoulaye Wade, accepte le courant libéral non sans protestation et le Parti Africain de l'indépendance (PAI) devient marxiste-léniniste, avec comme leader M. DIOP. En 1978, la révision constitutionnelle du 28 décembre réalise l'élargissement du nombre de courants et de Partis politiques légalement reconnus et consacre le multipartisme à quatre partis avec l'avènement du courant conservateur, dirigé par Me B. GUÈYE[11].

---

[7] MBODJ (E. H.), « Partis politiques et vie politique », *Contributions aux Assises nationales de l'opposition*, juin 2009.

[8] MAHIOU (A.), MAHIOU (A.), *L'Avènement du parti unique en Afrique noire. L'expérience des Etats d'expression française*, Paris, L. G. D. J, 1969, 421 p.

[9] DÉSSOUCHES (C.), *Le Parti démocratique sénégalais. Une opposition légale en Afrique,* Paris, Berger -Levrault, 1983, 241 p.

[10] Voir l'exposé des motifs de la loi n° 76-01 du 19 mars 1976 portant révision de la Constitution souligne : « L'actuel article 3 de la Constitution consacre dans notre pays le principe du pluralisme des partis sans aucune limitation. S'il apparaît que le régime de parti unique, pourtant de plus en plus largement adopté dans de nombreux pays du monde, particulièrement en Afrique, n'est pas souhaitable pour le Sénégal et que le pluralisme des partis politiques est une garantie du libre exercice de la démocratie par les citoyens dans la diversité de leurs opinions, on peut penser, cependant, qu'une prolifération des partis politiques peut également constituer un péril mortel pour le bon fonctionnement de la démocratie. Il est donc apparu souhaitable, tout en conservant le principe du pluralisme, de limiter son exercice en précisant qu'il ne pourra exister simultanément, dans notre pays, plus de trois partis politiques correspondant à des courants de pensée différents. »

[11] TRAORÉ (B.), LO (M.), ALIBERT (J.L), *Forces politiques en Afrique noire*, Paris, PUF ; 1966, D- G. LAVROFF ; *Les Partis politiques en Afrique noire*, Paris, PUF, Que Sais- Je ? 1970 ; NZOUANKEU (J.-M.), *Les partis politiques sénégalais,* Dakar, éditions Clairafrique, 1984, 146 p ; FALL (I.), « Le Parti politique africain à la lumière

En 1981, l'accession à la magistrature suprême du Président Abdou Diouf marque une nouvelle étape dans l'approfondissement du système partisan[12]. Il opte pour le multipartisme intégral. Depuis cette date, le nombre de partis politiques augmente jusqu'à atteindre plus de 300 partis aujourd'hui.

Si les partis politiques sont intimement liés à la démocratie ainsi que le professe E. H. MBODJ, qui écrit que, « les partis politiques sont le pilier fondamental [13]» de la démocratie. « Ces incubateurs et acteurs incontournables de la démocratie animent le système politique à travers les acteurs qui contrôlent l'appareil d'Etat ou ceux qui, dans une position d'opposition, cherchent à conquérir le pouvoir politique »[14]. Il demeure constant que dans le contexte sénégalais, l'évolution du système partisan a été fortement retardée par la contestation du cadre juridique et organisationnel des élections. Cette situation a fait penser à un échec du modèle démocratique sénégalais[15] tant les détenteurs du pouvoir politique ont usé de la cooptation, de la ruse du droit et de la contrainte légitime pour domestiquer l'opposition et ses leaders[16].

Par ailleurs, la réflexion sur la réforme du statut juridique des partis politiques au Sénégal est une question récurrente[17]. Elle revient au gré des circonstances, des majorités qui se succèdent à la tête de l'Etat et des aspirations d'une démocratie citée en modèle de référence[18] et qui avance à petit pas. Cette politique est caractérisée par des réformes constitutionnelles

des principes de gouvernement moderne et de la civilisation négro- africaine », in *Annales africaines*, 1976, p. 58, etc.

[12]SY (D), *op. cit*, p. 482.

[13] MBODJ (E. H.), « Préface », *in Partis politiques Démocratie et Réalités sociales au Sénégal – Essai critique pour une étude réaliste du multipartisme*, CREDILA, Dakar, 2011.

[14] *Ibidem.*

[15]. DIOUF (M.), « l'Échec du modèle démocratique sénégalais, *in Africa Spectrum*, vol. 29, n°1, 1994, p. 47-64.

[16] DIOP (E. O.), « L'Opposition sous la présidence d'Abdoulaye Wade : entre cooptation, répression et récupération », *Le Sénégal sous Abdoulaye Wade. Le Sopi à l'épreuve du pouvoir*, Dakar - Paris, Cres Karthala, 2013, [Coll. Hommes et sociétés], p. 425-459.

[17] Voir les travaux du Forum des Partis politiques organisé par le Groupe de Recherche et d'Appui-Conseil pour la Démocratie participative et la Bonne Gouvernance (GRADEG), sur le thème de « la rationalisation des partis politiques au Sénégal », septembre 2019 ; Amicale des Administrateurs civils, Journées de réflexions sur la « rationalisation de l'espace politique sénégalais », Samedi, 17 février 2018, Dakar, Hôtel Terrubi.

[18]DIOUF (M.), « L'Échec du modèle démocratique sénégalais, 1981-1993 », *Africa spectrum*, vol. 29, n°1, pp. 47-64.

douces et mesurées[19]. Tout se passe comme si les pouvoirs publics initiateurs craignent les effets des réformes institutionnelles brutales et qui bouleversent l'architecture mise en place depuis l'accession du pays à l'indépendance en 1960[20].

Concernant la réforme récente du cadre juridique des partis politiques, elle a pris un relief particulier avec les propositions de réformes faites par la société civile et plus tard par les Assises nationales de l'opposition (2008-2009). Elles seront systématisées et approfondies par la Commission nationale de réforme des institutions (CNRI) dirigée par le Professeur A. M. MBOW[21].

Dans ce contexte, la réforme constitutionnelle adoptée par le référendum du 20 mars 2016 s'inscrit logiquement dans une perspective de consolidation de l'État de droit et d'approfondissement de la démocratie[22].

Le cahier des charges de ces réformes institutionnelles ne pouvait pas ignorer le statut des partis politiques. A la lecture de la loi constitutionnelle n°2016-10 du 5 avril 2016 portant révision de la Constitution, il résulte une redéfinition de la fonction constitutionnelle des partis politiques, une extension de leurs obligations constitutionnelles, une intégration des candidatures indépendantes qui acquièrent désormais une assise constitutionnelle, une remise au goût du jour du statut de l'opposition et une affirmation constitutionnelle du chef de l'opposition ainsi que les indices du statut financier des partis politiques.

Il est incontestable que le statut des partis politiques sénégalais, tel qu'il résulte de la réforme constitutionnelle de 2016 présente des innovations. Mais celles-ci sont le résultat d'un long processus dans lequel le dédicataire de ces lignes a pris un part active.

En effet, l'œuvre expertale du Professeur E. H. MBODJ est connue hors des frontières du pays où il a eu à assister, dans le cadre des missions des Nations Unies et plus tard de l'Union Européenne, des pays comme la République démocratique du Congo (RDC), le Burkina faso, etc.

À la vérité, cette dimension expertale débute d'abord au Sénégal où il était chargé, par décret présidentiel, le nommant Médiateur du Président de la

---

[19] Sur les réformes constitutionnelles au Sénégal, voire : FALL (I.-M.), *Les Révisions constitutionnelles au Sénégal : Révisions consolidantes et révisions déconsolidantes de la démocratie sénégalaise*, Dakar, CREDILA, 2011, 208 p.

[20] FALL (I. M), *La Réforme constitutionnelle du 20 mars 2016 au Sénégal: la révision consolidante record* !, Dakar, L'Harmattan-Sénégal, 2017, 200 p.

[21] Voir. Rapport des Assises Nationales.

[22] Il faut rappeler que le décret n° 2013-730 du 28 mai 2013 qui crée la CNRI réaffirme en outre en son article 2 le caractère inclusif et participatif que la concertation devait revêtir et charge la CNRI de « formuler toutes propositions visant à améliorer le fonctionnement des institutions, à consolider la démocratie, à approfondir l'Etat de droit et à moderniser le régime politique ».

République pour la définition du statut de l'opposition et du financement des partis politiques. Si, à l'arrivée, les pouvoirs publics n'ont pas pu mettre en œuvre les propositions révolutionnaires du Rapport MBODJ, il n'en demeure pas moins un travail didactique, dont l'expertise et la richesse des propositions en font un modèle de référence[23].

Outre cette expertise avérée, le Professeur E. H. MBODJ a publié des travaux de qualité sur le thème des partis politiques[24]. Ainsi on-t-on jugé nécessaire de saisir l'occasion de l'hommage rendu à un digne et éminent universitaire du Sénégal de renouveler la réflexion sur le nouveau statut constitutionnel des partis politiques. L'analyse aura pour toile de fond les travaux du professeur dans ce domaine.

Ainsi, le statut constitutionnel des partis politiques sénégalais, à la lumière de la réforme constitutionnelle de mars 2016 ne saurait faire abstraction des propositions audacieuses du Professeur E. H. MBODJ. L'analyse du contenue de la réforme réservera une place de choix au Rapport du Médiateur de 1999, aux conclusions des Assises nationales, au Rapport de la Commission de réforme des institutions et aux propositions contenues dans le projet de Constitution soumis au peuple sénégalais lors du référendum.

La présente réflexion privilégiera l'approche institutionnelle des partis politiques[25]. Dans la mouvance des travaux du Professeur Pierre Avril[26], il s'agira de partir de l'analyse institutionnelle des partis politiques, pour montrer comment les réformes successives sont parvenues à consacrer un véritable droit des partis politiques. Ce faisant, les rapports entre les partis politiques et l'ordre constitutionnel revêtent une dimension singulière. La

[23] Le Médiateur, *Statut de l'opposition et Financement des partis politiques, Rapport au Président de la République*, Impression NIS-Editions, 1999, 244 p.

[24] MBODJ (E. H.), « Les Partis politiques et la vie politique », *Contributions aux Assises nationales de l'opposition Sénégalaises*, juin 2009, *inédit*, 20 p. E. H. Mbodj, « Les législations et pratiques touchant le fonctionnement de la démocratie et de l'organisation des partis politiques en vue de la libre expression des pluralismes », *in Symposium international sur les pratiques de la démocratie, des droits et des libertés dans l'espace francophone, Bamako (Mali), octobre 2000, 3è réunion préparatoire"*, Paris, Editions, Pedone, 2001, pp ; MBODJ (E. H.), « La Régulation médiatique des élections. L'exemple du Haut Conseil de l'Audiovisuel au Sénégal », *in*, *« Francophonie et démocratie, Actes du Symposium international sur le bilan des pratiques de la démocratie, des droits et des libertés dans l'espace francophone (Bamako, 1er-3 novembre 2000)* », Paris, Editions, Pedone, 2001, pp. 247-251 ; MBODJ (E. H.) , La Démocratie multipartisane sénégalaise à la lumière du nouveau code électoral, *Alternative démocratique dans le Tiers Monde*, n° 6 juillet/décembre 1992, pp. 73-90.

[25] Pour une étude récente voire : HUMMEL (J) (sous la direction de), *Les Partis politiques et l'ordre institutionnel. Histoire (s) et théorie (s) comparées*, Paris, éditions marre et martin, 2018, 250 p.

[26] AVRIL (P), *Essai sur les partis politiques*, Paris, éditions Payot.

reconnaissance de l'existence des partis, de leur rôle, du statut de l'opposition, du statut financier des partis politiques dessine les contours de l'institutionnalisation des partis politiques.

Ce droit des partis politiques gagne de l'intérêt ainsi que le reconnaît la doctrine. « *Tout comme le droit constitutionnel, qui lui fournit bien des normes, le droit des partis politiques est par excellence un droit politique flexible objectivant des rapports de forces politiques et par conséquent soumis à d'incessantes luttes d'interprétation entre acteurs politiques. Comme lui, et malgré le mouvement de juridicisation de la vie politique, il conserve une « nature hétérogène, mi-juridique, mi-politique », liée au fait que s'il contribue à organiser le pouvoir juridiquement, ses applications pratiques se réalisent sous l'empire de considérations politiques. De larges pans de l'activité des partis lui échappent encore et relèvent des pratiques, des usages ou des arrangements informels. Soucieux de conserver leurs marges de manœuvre, les partis préfèrent un droit imprécis et incomplet, dont la complexité et même l'obscurité préservent leur autonomie en laissant ouvert le champ des interprétations possibles. Les partis demeurent les enfants terribles de la démocratie et on comprend que, vu ses caractères, le droit qui les régit ne jouisse pas auprès des juristes du respect attaché au droit vraiment normatif qu'accompagne un riche contentieux* »[27].

Au Sénégal, depuis l'indépendance, les partis politiques ont eu toujours leur fondement juridique dans la Constitution. Ils sont même pris en compte par certains instruments juridiques internationaux auxquels le Sénégal est partie. Ce droit régional africain se développe de plus en plus et ne laisse pas intact plusieurs domaines électoral ou constitutionnel[28]. Il trouve sa source, entre autres, dans la Charte africaine des droits de l'homme et des peuples, la Charte africaine de la démocratie, des élections et de la gouvernance de 2007[29], le Protocole de la Communauté économique des Etats de l'Afrique de l'Ouest (CEDEAO) sur la gouvernance et les élections de 2001[30]. Au plan interne, les partis politiques bénéficient d'une reconnaissance officielle dans la Constitution. Mais le droit des partis politiques est éparpillé dans plusieurs

---

[27] POIMEUR (Y) et. ROSENBERG (D), *Droit des partis politiques*, Paris, Ellipes, 2008, pp. 17-18.

[28] MEDARD KIENOU (S), « L'Incidence du droit régional africain sur le droit constitutionnel des Etats francophones d'Afrique de l'Ouest », *RFDC* n° 110 juin 2017, pp. 413-436.

[29] BLAISE (T), « La Charte africaine de la démocratie, des élections et de la gouvernance », in, *Annuaire français de droit international*, volume 54, 2008. pp. 515-528.

[30] MIRAND METOU (B), « La Cour de justice de la CEDEAO et l'édification progressive d'Etat de droit régional'' en Afrique de l'Ouest », *in Varia autour du droit public, Mélanges en l'honneur du Professeur Koffi AHADZI-NONOU*, Presses universitaires de Poitiers, 2019, pp. 565-589.

textes comme le Code des obligations civiles et commerciales, la loi sur les partis politiques de 1981 modifiée en 1989, la loi portant création du Conseil national de régulation de l'audiovisuel (CNRA), la loi relative à la Commission électorale nationale autonome (CENA), de 2005. De même, certains aspects du droit des partis politiques sont régis par le règlement intérieur de l'assemblée nationale.

Cette recension montre que les partis politiques sénégalais, contrairement à ce qui se passe sous d'autres cieux, ne sont pas les oubliés du droit constitutionnel[31]. Cette réflexion met l'accent sur les innovations que la réforme de 2016 a apporté au régime juridique des partis politiques. Mais comme la réforme est inachevée du fait que les lois sur les partis ne sont pas encore adoptées pour tirer toutes les conséquences de ces changements constitutionnels, certains développements seront consacrés aux considérations générales relatives aux partis politiques pour mieux appréhender le sujet.

Par ailleurs, la réforme du 20 mars 2016 qui se donne pour ambition : « la modernisation des partis politiques par une redéfinition de leur rôle et la possibilité d'un financement public [32]», modifie substantiellement le statut des partis politiques. Elle semble tirer les conséquences des critiques et certaines défaillances légendaires du cadre juridique des partis.

Les études sur les partis politiques sénégalais ne sont pas assez nombreuses[33]. Ce n'est que récemment que la doctrine s'oriente progressivement vers ces « enfants du suffrage universel et de la démocratie [34] » qui demeurent incontournables dans la compréhension des phénomènes politiques contemporains[35].

---

[31] COLLIARD (J.C), « Les Partis politiques, oubliés des libertés publiques », in *Droit et Libertés à la fin du XXe siècle : influences des données économiques et technologiques, Etudes offerts à Claude-Albert Colliard*, Paris, Pedone, 1984, pp. 405-424.

[32] Point n°12 du Projet de révision de la Constitution soumis au référendum le 20 mars 2016.

[33] Voir TRAOÉ (B), « Les Partis politiques » in *Encyclopédie juridique de l'Afrique*, tome 1, p. 127-137 ; FALL(I.), « Le Parti politique africain à la lumière des principes de gouvernement moderne et de la civilisation négro-africaine », *Annales africaines*, 1976, p. 53-68 ; FALL (I.), *Sous-développement et démocratie multipartisane. L'expérience sénégalaise*, Dakar-Abidjan, les Nouvelles éditions africaines, 1977, 109 p ; NZOUANKEU (J. M.), *Les Partis politiques du Sénégal, Dakar,* éditions Clairafrique, 1984, 146 p.

[34]. WEBER (M), *Economie et société.*

[35] SY (D.), « Un Siècle de vie politique au Sénégal. Historique des partis politiques au XXe siècle », *in Thalassa ! Thalassa ! La « Grande mer » et ses passeurs. Itinéraires en Afrique du droit des institutions, Mélanges en l'honneur de Bernard Durand, coll. Mémoires du droit en Afrique,* Paris, L'Harmattan, 2020, pp. 471-487 ; D. Sy, « Brèves réflexions sur le système des partis politiques au Sénégal de 1960 à

Effectivement, la présente étude tentera d'analyser l'actualité et le renouveau du statut constitutionnel des partis politiques sénégalais à la lumière de la réforme constitutionnelle du 20 mars 2016. Ainsi il s'agira d'une part, d'insister sur les innovations constitutionnelles relatives au cadre juridique des partis politiques (I) et, d'autre part, d'étudier le renforcement de la capacité d'action des partis politiques réalisé par la constitutionnalisation respective du statut de l'opposition et du système de financement des partis politiques (II).

I/ Un cadre constitutionnel rénové

La révision de la Constitution réalisée lors du référendum du 20 mars 2016 a apporté de multiples innovations au cadre juridique des partis politiques sénégalais. En vertu de l'article 4 de la Constitution, de nouvelles missions sont confiées aux partis politiques. De même, des garanties constitutionnelles destinées à consolider l'activité des partis politiques sont également prévues dans la Constitution.

Toutefois, de nouvelles obligations constitutionnelles pèsent sur les partis politiques.

Il convient alors de mettre l'accent successivement sur les nouvelles missions des partis politiques (A), d'examiner les garanties constitutionnelles englobant l'analyse des obligations nouvelles mises à la charge des partis politiques (B).

A/ La redéfinition des missions constitutionnelles des partis politiques

Aux termes de l'article 4 de la Constitution modifiée, les partis politiques exercent une triple mission : la formation des citoyens, la promotion de leur participation à la vie nationale et la promotion de leur participation à la gestion

---

2000, in *La trace et le sentiers, Mélanges en l'honneur de Dominique Sarr*, Tome 2, Dakar, CREDILA, L'Harmattan Sénégal, 2019, pp. 703-726 ; DIOP (E. H. O.) , *Partis politiques, démocratie et réalités sociales au Sénégal. Essai pour une étude réaliste du multipartisme*, Dakar, CREDILA, 2011, 490 p ; BATHILY (A), *L'Invention du multipartisme au Sénégal (1974-2000),* Thèse de science politique, Université Montpellier I, 2008, 421 p. ; SY (S.M.), « Les Partis politiques », *in Les régimes politiques sénégalais de l'indépendance à l'alternance politique,* 1960-1988, Yaoundé-Paris-Dakar, Iroko-Karthala-Crepos, 2009, p. 224-243.TINE (A), *De l'un au multiple, vice-versa : partis politiques et démocratisation au Sénégal de Senghor à Diouf : contribution à une critique de l'imaginaire de la pluralisation politique,* Thèse de Sciences politiques, IEP, Paris, 2002, reproduite par l'Atelier National de Reproduction des Thèses (A.N.R.T.), Université de Lille III, 2003 + microfiches ; « Elites partisanes et démocratisation au Sénégal. Pour une lecture néo-machiavélienne ». *Communication présentée lors du congrès de l'AAPS (African Association of Political Science » sur « New Visions of Development »*, Durban (Afrique du Sud), Juillet 2003 et lors du *colloque 10e anniversaire du CODESRIA pour l'Afrique de l'Ouest*, septembre 2003.

des affaires publiques. Il convient d'étudier la formation des citoyens (1) et de regrouper les deux autres missions (2) afin de rendre cohérent la démonstration.

1/ La formation des citoyens

Outre la participation aux élections politiques qui constitue la raison d'être des partis politiques dans les démocraties contemporaines, ils ont reçu comme attribution constitutionnelle la formation des citoyens. C'est une fonction naturelle des partis politiques de former les citoyens. Mais au regard de l'indiscipline et du désordre collectif caractérisé qui règne dans la société sénégalaise, il n'est pas exagéré d'affirmer que les partis politiques ont pêché dans leur mission de formation civique. Plusieurs voix se sont souvent élevées pour réclamer la restauration d'une discipline ô combien importante qu'est la morale dans l'enseignement primaire. C'est dire l'acuité de la question.

Cette reconnaissance constitutionnelle de la mission de formation des citoyens sonne comme un rappel. La formation renvoie de manière substantielle à la sensibilisation, à l'éducation des militants à la citoyenneté. Elle permet aux militants des partis et plus globalement aux simples citoyens de comprendre les idéaux du pays, le sens de l'hymne national, du drapeau national. En plus, les partis politiques doivent fournir des efforts pour expliquer leur vision, leur projet de société et leur programme politique qui en cas de victoire aux élections sera traduit en lois pour régir la société à moment donné.

Dans ce fait, plusieurs partis politiques s'évertuent à développer des formations dans le cadre de l'école du parti ou des universités d'été du parti. Il en est ainsi du Parti socialiste (PS), du Parti démocratique sénégalais (PDS) ou encore de l'Alliance pour la République (APR).

En outre, la formation civique englobe l'explication et la mise en place de programmes ou d'ateliers facilitant la compréhension des défis politiques, économiques, sociaux et culturels mais également les incidences de la mondialisation sur les économiques contemporaines et les grands enjeux du système international.

En réalité, les partis politiques sénégalais avaient abandonné la mission de formation civique à la société civile. Ils sont plus préoccupés par la recherche des militants. Donc, la fonction électorale était privilégiée.

En plus de la formation des citoyens, les partis politiques ont reçu la mission constitutionnelle d'assurer la promotion de la participation politique des citoyens à la vie nationale et à la gestion des affaires publiques.

2/ La promotion de la participation des citoyens à la vie nationale et à la gestion des affaires publiques

Selon le Constituant, il relève de la responsabilité des partis politiques d'animer la vie politique nationale. A cet égard, les partis politiques ont la charge de la mise à jour de l'agenda politique. Ils doivent poser les problèmes politiques, économiques, sociaux et développer des actions en vue d'intéresser les populations à la vie nationale. Ainsi, les partis politiques s'investissent avec leurs militants dans les activités de sensibilisation. Ce sont les exemples liés à la question de l'immigration clandestine, à l'inscription sur les listes électorales, à l'assainissement, etc.

Sur le même registre, il revient aux partis politiques dans le cadre de leurs activités d'intégrer les préoccupations des femmes. Au-delà de la mobilisation des femmes dans l'animation des meetings, des programmes spécifiques sont développés pour leur permettre d'acquérir les rudiments nécessaires au leadership politique.

A cet égard, des Fondations étrangères comme la Fondation Friedrich Ebert Stiftung, l'USAID et la Fondation Numan dans le cadre de l'Académie libérale ont initié des programmes de formation des jeunes leaders politiques. A cet effet, ces organismes contribuent activement à combler les insuffisances des partis politiques dans le domaine de la formation des futures leaders et plus généralement des citoyens. Ces séminaires de formation qui durent un ou deux ans selon les Fondations sont des cadres de réflexion et d'apprentissage des instruments indispensables à l'acquisition d'une compétence politique. Concrètement, les programmes de formation en leadership politique sont étalés sur plusieurs mois et se déroulent en trois jours par mois où des experts viennent en fonction de leurs spécialités animer des modules portant sur la communication politique, le système politique, le régime électoral, les sondages, l'économie politique, les idéologies politiques. C'est aussi l'occasion d'insister sur des problématiques majeures auxquelles les sociétés contemporaines sont confrontées : Forces armées et Démocratie, Election et Paix, Religion et Terrorisme, l'intégration régionale, etc.

Delà découle naturellement la seconde mission assignée aux partis politiques sénégalais par la révision de 2016 notamment la promotion de la participation politique des citoyens à la gestion des affaires publiques. Dans ce contexte de développement local, d'association des citoyens à la prise en charge des préoccupations sectorielles et nationales, les partis ont désormais des obligations envers leurs citoyens pour la gestion des affaires de l'Etat.

Ainsi le développement des ateliers visant la promotion des affaires publiques, l'explication du rôle des entreprises publiques, du rôle des députés, de la reddition des comptes sont entre autres des obligations qui pèsent sur les partis politiques.

De plus, dans le cadre de la consolidation de la démocratie, des garanties constitutionnelles sont prévues par le nouveau statut constitutionnel des partis politiques sénégalais.

B/ Les garanties constitutionnelles à l'action des partis politiques

L'une des innovations majeures du nouveau statut constitutionnel des partis politiques réside dans l'affirmation des garanties constitutionnelles réservées aux partis et aux candidats indépendants. Ces garanties constitutionnelles facilitent l'action des partis politiques qui peuvent compétir sereinement aux élections politiques et mener librement leurs activités politiques.

Ces garanties s'articulent autour d'une part, de la participation des candidats indépendants à tous les types d'élections (1) et, d'autre part, de la reconnaissance des droits égaux aux partis politiques et notamment à ceux de l'opposition (2).

2/ L'égalité des partis politiques et des candidats indépendants

Dans la théorie politique, est considérée comme candidature indépendante, toute candidature qui n'est pas portée ou investie par un parti politique. En clair, l'investiture partisane demeure un critère fondamental de désignation des candidats aux élections politiques qui sont exclus de la sphère des partis politiques.

Vieille revendication de la société civile sénégalaise, la libéralisation des candidatures indépendantes a fait l'objet de vives controverses entre les hommes politiques et les membres de la société civile. Pour les premiers, le régime électoral ne devrait pas traiter les candidats indépendants et ceux des partis politiques au même pied d'égalité. Dans la même mouvance, pour les membres de la société civile qui désirent garder leur liberté et rester hors de la sphère des partis politiques tout en participant à la compétition électorale, toute interdiction serait une discrimination constitutionnellement injustifiée.

Mais, par le passé, le régime électoral sénégalais opérait une distinction entre les candidatures partisanes et les candidatures indépendantes. Concrètement, le candidat présenté par les partis politiques à l'élection présidentielle était obligé de présenter une attestation justifiant de l'investiture par le Congrès du parti sous les couleurs desquelles il entendait solliciter les suffrages des électeurs.

Au même moment, le candidat indépendant qui postule à la même élection présidentielle se voyait imposer l'exigence de 500 signatures en raison de 100 par région[36]. Cette condition était à l'évidence plus contraignante que celle réservée aux candidatures partisanes[37].

La justification résidait dans le fait que les partis politiques avaient une mission constitutionnelle de « concourir à l'expression du suffrage ». Donc, ils animaient en permanence la vie politique alors que les candidats indépendants intervenaient de manière intermittente voire circonstancielle dans la vie politique.

Ainsi la réforme constitutionnelle de mars 2016 met à rude épreuve le monopole des partis politiques dans la présentation des candidatures aux

---

[36] Voir Code électoral.

[37] Citer la décision du CC, Décision n°2/E/2007 du 27 janvier 2007 (n° d'ordre 97-Affaire n° 2/E/07), Yéro Fall, *in* Conseil constitutionnel du Sénégal, *Recueil des décisions du Conseil constitutionnel*, 1993-2009, Dakar, 2020, pp. 354-355.

élections politiques. Elle reconnaît constitutionnellement les candidatures indépendantes mais aussi elle leur confère des droits égaux à ceux des partis politiques. Dès lors, dans le régime électoral sénégalais, il n'y a plus lieu de distinguer entre candidats indépendants et candidats partisans.

En réalité, les candidatures indépendantes posent de sérieuses difficultés dans les démocraties africaines. Ainsi la Cour africaine des droits de l'homme et des peuples n'a-t-il pas rejeté les candidatures indépendantes comme une violation des droits de libre participation politique (garanti par les instruments internationaux de protection des droits humains) et une limitation du choix des électeurs. Dans son arrêt Révérend-père Mtikila, la juridiction continentale africaine de protection des droits de l'homme a jugé que la restriction de la liberté de candidature apparaît comme une mesure discriminatoire qui ne saurait être justifiée par les nécessités sociales. Selon elle : « 113. [...] il y a atteinte à la liberté d'association dès lors qu'un individu est contraint de s'associer avec d'autres personnes. La liberté d'association est aussi bafouée lorsque les autres citoyens sont obligés de s'associer à un individu. En d'autres termes, la liberté d'association signifie que chacun est libre de s'associer et libre de ne pas le faire.

En conséquence, la Cour considère que le fait que le défendeur exige de ses citoyens d'adhérer à un parti politique et d'être investi par celui-ci comme préalable pour se porter candidat aux élections locales, législatives ou présidentielles, constituent une entrave à la liberté d'association, puise que les individus sont contraints d'adhérer à une association ou d'en créer une, avant de pouvoir se porter candidat à des postes électifs »[38].

Dans ces conditions, la suite logique de la réforme constitutionnelle de 2016 au Sénégal est la généralisation des conditions de présentation des candidatures aux élections politiques notamment par le biais du parrainage. La réforme constitutionnelle de 2018 instaure le parrainage à l'élection présidentielle. Tout candidat à l'élection présidentielle devra fournir la preuve du parrainage de 0,1 % du corps électoral pour être recevable.

Force est de constater que ce système instauré par la loi n° 2018-14 du 11 mai 2018 portant révision de la Constitution et son application à l'élection présidentielle de 2019 ont montré à la fois une injustice électorale et une violation des droits politiques des citoyens[39].

---

[38] CADHP, Tanganika Law Society & The Legal and Human Rigths Center c. Republique de Tanzanie. Requête n° 009/2011 et Révérend Christopher R. Mtikila c. République de Tanzanie. Requête n° 011/2011.

[39] Voir CC. Décision n°2/C/2018 du 2 juillet 2018 (n° d'ordre 146- Affaire n° 2 et 3/C/2018) sur le parrainage, *in* Conseil constitutionnel du Sénégal, *Recueil des décisions du Conseil constitutionnel*, 1993-2009, Dakar, 2020, pp. 618-627. Voir aussi CC. Décision n° 2/E/2019 du 13 janvier 2019, Recevabilité des candidatures à l'élection présidentielle de 2019, *in* Conseil constitutionnel du Sénégal, *Recueil des décisions du Conseil constitutionnel*, 1993-2009, Dakar, 2020, pp. 632-653.

En plus de l'égalité dans la candidature aux élections politiques, le nouveau statut constitutionnel des partis politiques leur impose de nouvelles obligations.

2/ Les nouvelles obligations constitutionnelles des partis politiques

En premier lieu, les partis politiques sont obligés par la réforme constitutionnelle de 2016 au respect strictement les règles de la gouvernance associative. Les partis politiques sénégalais ont pour la plupart la réputation de vivre sous « la dictature ou la tyrannie » du chef du parti. Très souvent, le leader du parti politique est le seul élu par le Congrès qui se réunit tous les 5 ans. Il nomme les autres membres de la direction du parti. Il décide unilatéralement de l'entrée et de la sortie du parti dans un Gouvernement. Il en est de même de la transhumance partisane. Sur simple décision du Chef du parti, la formation politique peut se fondre dans un autre parti politique exerçant le pouvoir d'État.

Cette situation est justifiée par la forte personnalisation des partis. Le parti est souvent créé par un homme, avec le soutien de sa famille, de ses amis et est mis au service de ses ambitions personnelles. Dès lors, les militants apparaissent comme des faire-valoir.

À ce propos, le dédicataire de ces lignes soulignait il y a à peine une décennie que : « *Si les partis politiques se présentent comme l'une des plus nobles conquêtes de la démocratie, il reste que dans le contexte sénégalais, ils ne sont pas seulement des marchepieds pour la quête du pouvoir, mais essentiellement des instruments de promotion sociale de dirigeants qui trouvent ce raccourci pour se faire une notoriété et entrer dans les grâces du système au pouvoir, donnant ainsi une empreinte plus marquée aux partis alimentaires.*

Les partis politiques entonnent très souvent la chansonnette de la démocratie à l'endroit de l'État dont il est exigé qu'il respecte le pluralisme, organise des élections transparentes régulières pour la dévolution du pouvoir, en un mot, l'alternance démocratique. Mais à y regarder de près, […] les partis politiques sénégalais sont bien moins démocratiques que l'État qui, assurément, est en avance sur eux. L'État organise tant bien que mal des élections, malgré des dysfonctionnements et irrégularités souvent dénoncés, combattus et corrigés le cas échéant par des mécanismes de régulation. Les décisions de l'État sont souventes fois ouvertement contestées et, dès fois, anéanties par les juridictions même si les germes de la suspicion demeurent toujours. Il en va, cependant, autrement des partis politiques qui sont pratiquement tous collés au rythme biologique de leur géniteur qui les allaite et les nourrit toute leur vie durant. Les congrès sont toujours de façade car ils n'affectent nullement la position du chef omnipotent, à la très notable exception de la LD/MPT qui lors de son congrès en 1984 avait porté à sa tête le professeur Abdoulaye Bathily en lieu et place du secrétaire général et ancien candidat à la présidentielle de 1983, feu Babacar Sané. Il n'est donc pas étonnant de voir se perpétuer les mêmes pratiques à l'échelle de l'État où les partis au pouvoir – le PS d'abord et le PDS ensuite – sont naturellement enclins à transformer les institutions de la République en canaux de légitimation de la volonté du chef avalisée d'abord par les instances dirigeantes de son parti »[40].

Pour lutter contre ses pratiques, le constituant a décidé d'imposer les règles de bonne gouvernance associative. Elles exigent l'association du militant dans la prise des décisions importantes de l'organisation partisane.

Dans ces conditions, les Congrès ne sont plus des instances de délégation du pouvoir et de légitimation du leader du parti. Ils deviennent des instances de discussion sur la vision du parti, sur l'orientation programmatique et l'élection à tous les postes de direction. De telles mesures aboutiront naturellement à inculquer une culture démocratique aux militants et les dirigeants du parti seront plus redevables.

De même, il est exigé plus de transparence dans la gestion des finances du parti. Les rentrées financières dans les caisses du parti ainsi que les dépenses effectuées font l'objet d'une traçabilité. Ceci favorise le contrôle et la reddition des comptes auprès des services administratifs compétents.

En second lieu, la défense de l'ordre constitutionnel est désormais une obligation pour les partis politiques. Dans l'orthodoxie juridique, l'ordre constitutionnel renvoie au dispositif normatif et institutionnel prévu par le texte constitutionnel. Précisément, « *[...] tout le monde s'accorde à dire que l'ordre constitutionnel d'un État est le fondement démocratique dudit État, et que tout gouvernement qui ne respecte pas l'ordre constitutionnel n'est pas démocratique. Il s'ensuit le besoin d'un ordre constitutionnel pour enraciner la démocratie et le besoin de légitimité basée sur la Constitution pour disposer de l'autorité nécessaire afin d'exercer de manière concrète la démocratie dans un pays. C'est pour toutes ces raisons que la plupart des États africains qui se sont engagés sur le chemin de la démocratie pluraliste clament à cor et à cri le respect strict de l'ordre constitutionnel, considéré aujourd'hui comme le cadre juridique idéal où l'homme, ses droits et libertés, constituent la valeur suprême* »[41].

Les dispositions constitutionnelles relatives à la protection de l'ordre républicain et de l'intégrité territoriale revêtent toute leur signification dans un contexte sécuritaire sous-régionale de remise en cause de l'État. En effet, la montée en puissance des groupements djihadistes qui utilisent le terrorisme et la religion comme moyen d'affirmation politique déstabilise les États.

---

[40] MBODJ (E. H.), « Préface », *in Partis politiques Démocratie et Réalités sociales au Sénégal – Essai critique pour une étude réaliste du multipartisme*, CREDILA, Dakar, 2011.

[41]. NAREY (O), « L'Ordre constitutionnel », *Mélanges dédies au Doyen F. W. Wodié, Presses universitaires de Toulouse,* 2016, p. 401.

La crainte subsiste de possibles connexions entre ces groupements terroristes et certains partis politiques qui seraient tentés par des raccourcis pour la conquête ou la conservation du pouvoir. Surtout dans un contexte où les élections sont contestées sur la base de fraudes et certains candidats sont exclus de manière arbitraire ou discriminatoire de la compétition électorale.

Ainsi l'ordre constitutionnel et républicain est plus que jamais menacé dans son existence et sa stabilité.

Aux termes de l'article 4 alinéa A de la Constitution, il est interdit aux partis politiques de porter atteinte à la Constitution ainsi qu'aux principes de la souveraineté nationale et de la démocratie. De même, défense est faite aux partis politiques faits de s'identifier à des considérations communautaires relatives à la race, à l'ethnie, au sexe, à la religion, à la secte, à la langue ou à une partie du territoire. Cette disposition se combine avec l'article 5 de la Constitution en vertu duquel, tout acte de discrimination raciale, ethnique ou religieux, de même que toute propagande régionaliste pouvant porter atteinte à la sécurité intérieure de l'État ou à l'intégrité du territoire de la République sont punis par la loi. L'interdiction des discriminations à caractère communautaire participe au renforcement de la démocratie et à la stabilité politique et sociale du pays. Ce cadre juridique vise à imposer aux partis politiques l'obligation de défendre l'ordre constitutionnel, d'une part, et l'ordre démocratique, d'autre part.

Par ailleurs, la protection de l'ordre constitutionnel et démocratique vise à protéger les partis d'opposition au régime contre de possibles atteintes les assises du régime constitutionnel. « *À cet égard, il faut bien distinguer entre les partis d'opposition au gouvernement et les partis d'opposition au régime. Les premiers se rencontrent constamment dans les démocraties pluralistes, ce sont des partis consensuels qui acceptent et revendiquent tous les principes à la base de cette forme de régime. Au hasard des élections et de la volonté des citoyens, ils peuvent constituer la majorité ou se trouver dans l'opposition. S'ils sont majoritaires, ils exercent le pouvoir selon leurs vues, mais s'ils viennent à perdre les élections, ils le céderont sans problèmes à leurs adversaires et attendront les élections suivantes, quatre ou cinq ans plus tard, pour essayer de le reconquérir si telle est la volonté des électeurs. Les seconds sont fondamentalement différents, car ils ont pour finalité n'ont pas d'améliorer le régime existant, mais de le supprimer pour instaurer un régime entièrement nouveau, beaucoup plus contraignant et – l'expérience le montre- portant de très graves atteintes aux libertés et aux droits individuels et collectifs. Ces partis combattent la démocratie au nom d'idéologies ou philosophies ou croyances, qui se veulent exclusives et rejettent toutes les autres* »[42].

---

[42] PACTET (P.), « Constitutions, Élections et Partis politiques », in Académie Internationale de Droit constitutionnel, *Constitution et Élection, Recueil des Cours*, Vol. 10, Imprimerie Officielle de la république de Tunisie, 2002, p. 358.

Aujourd'hui, il se développe progressivement des partis politiques qui dans leur discours se réclament d'idéologies religieuses. Ce qui est contraire à la Constitution. Mais dans la réalité, ils sont ignorés par les autorités administratives sénégalaises. Ces craintes se justifient par le fait que sont des partis fondamentalistes pour leur explication globalisante de la réalité politique : « *Les partis fondamentalistes, plus récents, sont les instruments séculiers d'une spiritualité qui leur sert d'idéologie. Or si certaines religions sont tolérantes, beaucoup sont exclusives. Le comportement des partis qui s'y rattachent sera donc empreint de tout ce qu'une fois peut avoir de monolithique et d'impératif. Ils rejettent évidemment toute laïcité et ont pour finalité de gouverner par référence à leurs dogmes religieux. Ce sont bien des partis révolutionnaires puisse qu'ils ont pour objectif de mettre en place un nouveau régime refusant à la fois l'alternance et les libertés* »[43].

Enfin, le nombre de partis politiques soulève des débats relatifs à la nécessaire limitation des organisations qui « concourent à l'expression du suffrage ». Le nombre nuit-il à la qualité ? Les points de vue sont partagés et la majorité semble accepter le principe de la limitation qui, sous le couvert de rationalisation viserait la réduction drastique du nombre de partis politiques. Elle est justifiée avec pertinence par l'ancien directeur des Libertés publiques au ministère de l'Intérieur : « *La problématique de la rationalisation de l'espace politique s'installe progressivement dans le débat public national. En effet, il y a actuellement 300 partis politiques officiellement reconnus. Mais, il est évident que ces formations politiques, ne sauraient présenter aux citoyens sénégalais autant de projets de société cohérents et distincts. Dès lors, leur rationalisation démocratique devient nécessaire afin de permettre une meilleure lisibilité de l'arène politique. Il ne s'agira pas d'instaurer une démocratie sans partis politiques [...] Il s'agira plutôt d'instaurer un cadre juridique permettant d'avoir des partis politiques viables et compétitifs [...]* »[44].

N'y a-t-il pas une mystification du nombre des partis politiques ? En réalité, le nombre n'a pas été un obstacle dirimant ni l'organisation des élections ni à la participation des partis politiques au débat ou à l'animation de la vie publique. L'histoire de la limitation des partis politiques à 3 puis à 4 avant l'ouverture multipartisane de 1981 devrait permettre une approche plus rigoureuse de la question. D'autre part, les élections législatives du 31 juillet 2017 ont vu la participation de 47 listes. Mais au résultat, seule une dizaine de

---

43 *Ibid.*, p. 359.

44 THIOUNE (M. M.), « Réforme du statut des partis politiques au Sénégal : quelles mesures pour un environnement politique et institutionnel ? », *Communication prononcée lors du Forum des Partis politiques organisé par le Groupe de Recherche et d'Appui-Conseil pour la Démocratie participative et la Bonne Gouvernance (GRADEG)*, sur le thème de « la rationalisation des partis politiques au Sénégal », septembre 2019, p. 11. Inédit.

partis sont représentés à l'Assemblée nationale. Mieux, les couacs notés le jour des élections sont dus plus aux difficultés relatives au retrait des cartes d'électeurs, à la privation de plus d'un million d'électeurs de leur droit de vote du fait de l'impréparation et la confection des cartes d'électeurs. À cela s'ajoute la pluie diluvienne, la veille du scrutin, qui a emporté plusieurs abris provisoires et retardé la tenue du scrutin[45].

Tout bien considéré, avec la réforme constitutionnelle du 20 mars 2016, les changements touchent aussi bien l'opposition que le financement des partis politiques qui se trouvent renforcer dans leur capacité d'action.

II/ Une capacité d'action renforcée

Selon le Professeur E. H. MBODJ, « *[...] si l'existence d'une opposition est une condition nécessaire, elle est insuffisante pour dérouler harmonieusement un jeu démocratique. Considérée comme investie d'une « mission de service public » [...], l'opposition doit être fonctionnelle, crédible, apparaître comme une véritable alternative, une pièce de rechange à la majorité qui exerce le pouvoir d'État en cherchant à la conserver. Elle doit se doter d'un programme et d'un leadership agissants, ce qui passe par sa bonne structuration* »[46].

En écho à ces vues juste de l'éminent Professeur, la Commission nationale de réforme des institutions avait diagnostiqué le mal être des partis politiques sénégalais : « *Le système des partis politiques est caractérisé par un foisonnement inquiétant ; la multiplication de partis aux idéologies et objectifs souvent peu crédibles, leur fractionnement et l'absence de formation des militants et bien souvent d'une véritable démocratie interne ne favorisent guère l'émergence de militants authentiques et d'une citoyenneté participative, avertie, vertueuse et responsable. Le clientélisme, qui tend à s'ériger en norme de fonctionnement de nombreux partis politiques, conduit inévitablement des élus à gérer l'État plus en fonction d'intérêts particuliers que de ceux de la collectivité ; la « transhumance », pratique opportuniste et immorale, et la mal-gouvernance y trouvent leurs sources principales* »[47].

Au regard du rôle de l'opposition dans une démocratie, le modèle démocratique sénégalais a toujours fonctionné avec un chainon manquant que constitue la nécessité de soutenir financièrement les forces politiques. Le Constituant de 2016 semble avoir mesuré l'importance du problème. Ainsi a-t-il inscrit le financement des partis politiques dans le nouveau texte

[45] Voir. DIOP (E. H. O.), « Les Élections législatives de 2017 au Sénégal », *Mélanges offerts à Momar Coumba Diop*, Dakar, Karthala, 2021.
[46] MBODJ (E. H.), « Préface », *in Partis politiques Démocratie et Réalités sociales au Sénégal – Essai critique pour une étude réaliste du multipartisme*, CREDILA, Dakar, 2011.
[47] *Rapport CNRI*, Dakar, décembre 2013, p. 43.

constitutionnel. D'ailleurs, il est admis que le renforcement de la capacité d'action des partis politiques exige d'abord une consolidation du statut de l'opposition d'une part, et, la constitutionnalisation d'un statut financier des partis politiques, d'autre part.

A/ Le renforcement du statut de l'opposition

L'opposition est considérée comme « la sève nourricière d'une démocratie » (G. BURDEAU). Elle est nécessaire dans une démocratie à l'image du sel pour faire une bonne cuisine. Dès lors, le cadre juridique doit prévoir un dispositif de nature à assurer son existence et garantir son action.

L'opposition sénégalaise bénéficie d'un statut juridique relativement confortable par rapport à celle d'autres pays africains. Elle est reconnue par le préambule de la Constitution du 22 janvier 2001 et par le Titre V de la Constitution intitulée « De l'opposition ». Elle dispose désormais de droits et de garanties reconnus par la loi fondamentale. « La Constitution garantit aux partis politiques qui s'opposent à la politique du gouvernement le droit de s'opposer. La République leur reconnaît un statut qui fixe leurs droits et devoirs. L'opposition parlementaire est celle qui est représentée à l'Assemblée nationale par ses députés »[48]. La Constitution renvoie à la loi pour la détermination des règles relatives au statut de l'opposition.

Cependant, si la reconnaissance constitutionnelle apparaît comme un progrès dans la stabilisation de la situation de l'opposition et de la normalisation des rapports entre les forces politiques en quête du pouvoir ou l'exerçant, il n'en demeure pas moins que les autorités n'ont pas encore pris la mesure effective du rôle de l'opposition pour en tirer toutes les conséquences pratiques. La consécration constitutionnelle de l'opposition est fortement tempérée par l'absence d'un dispositif législatif qui aurait déterminé les modalités d'application de la Constitution. Le statut législatif de l'opposition doit fixer les droits, privilèges et obligations. Il doit indiquer aussi les conditions de désignation du chef de l'opposition qui sera l'interlocuteur des pouvoirs publics.

1/ La consécration du droit d'opposition

Le droit de s'opposer semble être un droit naturel dans une démocratie surtout celle du Sénégal qui est souvent citée en modèle de référence. Mais l'histoire constitutionnelle du pays depuis l'indépendance a montré que l'opposition a souvent été malmenée. La majorité, consciente de sa force numérique en a abusé pour tenter de « réduire l'opposition à sa plus simple expression »[49]. Ainsi des opposants ont été embastillés, des manifestations de

---

[48] Article 58 de la Constitution du 22 janvier 2001.

[49] Expression utilisée par le Président Macky Sall lors d'un meeting à Kafrine en mai 2015.

l'opposition violemment réprimées, un accès au média public d'information souvent refusé ou rigoureusement encadré pour favoriser la mouvance présidentielle ou le parti majoritaire.

Face à cette situation, l'opposant est perçu non pas comme un adversaire politique mais comme un ennemi irréductible à traquer, à réduire au silence et au besoin à éliminer.

Dans ce contexte, la reconnaissance constitutionnelle des droits de l'opposition revêt toute son importance. Depuis 2001, la Constitution reconnaît aux partis politiques qui s'opposent à la politique du gouvernement le droit de s'opposer.

Cette affirmation constitutionnelle paraît à première vue surprenante. En effet, toute démocratie implique l'existence de forces politiques contradictoires dont certaines assument la responsabilité des fonctions étatiques alors que d'autres qui incarnent la minorité politique exercent la fonction d'opposition. Ce sont ces deux faces d'une même pièce.

La garantie constitutionnelle de l'opposition regorge plusieurs vertus. Elle « […] contribue à l'intangibilité du statut de l'opposition qui est mis à l'abri des caprices des majorités de circonstance, fortement tentées ou attirées par les sirènes du monopole du pouvoir et du renforcement des prérogatives du Président de la République au nom de l'éternel souci d'efficacité de l'action gouvernementale, voire de la résurgence de la théorie développementaliste dont l'échec en Afrique est sans appel. Ce bouclier protecteur du statut de l'opposition résulte de la nécessité de réunir une majorité qualifiée ou renforcée pour réviser la Constitution alors qu'il suffit d'une majorité simple des députés présents pour modifier la loi […] »[50].

La consécration constitutionnelle de l'opposition garantit à celle-ci le droit à l'existence et le droit à l'action dans un cadre démocratique. Ainsi l'opposition reconnue et garantique juridiquement devra-t-elle inscrire son action dans le cadre du régime constitutionnel. Elle ne devrait pas, par son action, fragiliser les institutions ou détruire le régime constitutionnel. Ainsi, l'alternance rendue possible parce que le système démocratique est ouvert ne devrait pas aboutir à une remise en cause profonde du cadre juridique et institutionnel. Elle se réalise dans le respect du régime constitutionnel[51].

Le droit d'opposition reconnu par la Constitution se matérialise dans un statut qui affirme en substance les droits et les devoirs de l'opposition,

---

[50] HOLO (T.), « L'Opposition : l'oxygène de la démocratie. L'oubliée de la Conférence nationale de 1990 », *in L'amphithéâtre et le prétoire. Au service des droits de l'homme et de la démocratie », Mélanges en l'honneur du Président Robert Dossou*, Paris, L'Harmattan, 2020, pp. 664-665.

[51] NIANE (A. F.), *L'Alternance au pouvoir dans les processus en Afrique subsaharienne francophone,* Thèse pour le doctorat en science politique, Université Gaston Berger de Saint-Louis.

l'identification du chef ou leader de l'opposition ainsi que les avantages qui lui sont accordés.

a/ La garantie du statut de l'opposition

La reconnaissance des droits de l'opposition passe par un statut qui garantit les droits, privilèges et les obligations suivants : Au plan substantiel, les droits de l'opposition s'articulent autour de : i) l'affirmation ou la réaffirmation des droits de l'opposition (droit à la critique, à la liberté de manifestation et de cortège, de réunion…) ; ii) le droit à la visibilité médiatique ; iii) la participation et représentation à parité avec le Parti majoritaire ou la mouvance présidentielle dans les commissions d'établissement des listes électorales et de distribution des cartes d'électeur ; iv) la participation et représentation à parité avec le Parti majoritaire ou la mouvance présidentielle dans les Commissions électorales nationales autonomes (CENA), ou dans les organes de régulation des médias à l'instar du Conseil national de régulation de l'audiovisuel (CNRA) ; v) le droit de saisine du juge constitutionnel ; vi) la désignation d'un chef de l'opposition ; vii) la protection des leaders de l'opposition par l'affectation, d'agents de sécurité aux chefs des partis de l'opposition notamment durant les campagnes électorales ; viii) la réception des leaders de l'opposition par le chef de l'État et par les personnalités étrangères de passage dans le pays ; ix) le renforcement de l'immunité des leaders de l'opposition, au besoin, création d'une immunité spéciale pour éviter des emprisonnements arbitraires.

Tel que présenté, le statut de l'opposition intéresse principalement l'opposition parlementaire. En effet, pour l'opposition parlementaire, on retrouve peu ou prou dans l'ensemble des régimes constitutionnels pluralistes les immunités parlementaires, le droit d'être représenté dans l'instance dirigeante d'une assemblée (vice-présidence, bureau, commissions…), le droit d'enquête, le droit de questionner les membres de l'exécutif, le droit de censurer le gouvernement, etc. D'autres règles sont liées à ce statut : association de l'opposition à un projet de loi majeure, nomination par l'opposition d'un représentant national au sein d'une instance internationale.

Toutefois, l'absence d'un statut de l'opposition, ne porte pas préjudice à son action. L'opposition participe au travail législatif, dispose d'un droit de parole (dans et hors du parlement), a un droit de saisine du Conseil constitutionnel. En dehors de l'hémicycle, elle est membre des commissions administratives d'inscription, de révision des listes électorales ou de distribution des cartes d'électeur. Lors de la définition consensuelle des règles de la compétition électorale notamment dans le processus d'instauration de l'observatoire national des élections (ONEL) en 1997 ou de la Commission électorale nationale autonome (CENA) en 2005, elle a été étroitement associée au processus de la négociation et aux travaux des commissions d'experts créées à cet effet. Dans l'audit du fichier électoral comme dans le dialogue politique, l'opposition est invitée à participer aux travaux et à faire valoir ses positions sur les points débattus.

De plus, elle présente des candidats aux compétitions électorales, participe aux débats télévisés – pendant et en dehors des campagnes électorales –, organise des réunions, meetings et marches de protestation sur la voie publique.

C'est dire que l'imperfection du cadre législatif ne constitue pas un frein à l'expression de l'opposition. La démocratie formelle, telle que prévue par les textes, aménage un cadre limité certes, mais crée un environnement permettant à l'opposition de dérouler son action dans l'espace public.

Toutefois, certaines obligations de l'opposition s'imposent à elle afin d'éviter une remise en cause de la stabilité de la démocratie. Ainsi l'opposition à l'obligation de respecter le régime constitutionnel et d'opter pour la conquête démocratique du pouvoir politique.

De même, l'opposition ne doit pas inscrire son action dans une logique de dénigrement des institutions et des autorités qui incarnent momentanément le pouvoir d'État. Elle risquerait de fragiliser les institutions dont elle devra se servir demain en cas d'accession au pouvoir. Il se pose alors la question de la désignation du chef de l'opposition.

b/ La désignation du chef de l'opposition

La détermination du statut du chef de l'opposition au Sénégal est un débat récurrent. Longtemps théorisée par le Président Abdoulaye Wade lorsqu'il était dans l'opposition, l'idée d'un chef de l'opposition et, plus généralement, celle d'un statut de l'opposition a été mise aux oubliettes pour des considérations politiciennes, en dépit de la reconnaissance constitutionnelle de l'opposition.

La question du statut de l'opposition et de son institutionnalisation a été utilisée par le Président Abdoulaye Wade, comme un instrument de manipulation de celle-ci. Tirant prétexte du résultat des élections législatives de 2001, il décide d'interpréter les textes en choisissant lui-même qui sera le chef de cette opposition. En effet, les élections législatives de 2001 avaient donné à l'AFP un nombre de députés lui permettant d'être le plus représenté au Parlement. Mais le PS avait obtenu plus de suffrages. Wade va utiliser cette « anomalie » pour tenter de diviser le PS et l'AFP sur la question de leur représentativité. L'échec de sa tentative de division de l'opposition l'a amené à refuser l'élaboration d'une loi définissant le statut de l'opposition. Cela montre que le système politique sénégalais est enchainé à la volonté du chef de l'État qui manœuvre pour avoir l'opposition de son choix.

Très souvent, la désignation du leader de l'opposition est liée à la nature du régime politique. Dans un régime présidentiel où le bloc de l'exécutif est monocéphal a en face de lui un Parlement souvent homogène, le chef de l'opposition ne revêt pas la signification que dans un régime parlementaire.

Dans ce dernier cas, le Parlement est le lieu d'affrontement politique entre la majorité et l'opposition. Le chef de l'opposition est l'interlocuteur clé de la majorité et du gouvernement. Dès lors, la désignation du leader de l'opposition reste un enjeu fondamental. En effet, dans les pays comme le Sénégal où il y a une prolifération des partis politiques et une volonté manifeste du pouvoir politique de se choisir son opposition, la cacophonie s'installe.

Certains estiment que le candidat arrivé deuxième à l'issue de l'élection présidentielle de 2019 doit incarner le chef de l'opposition. Au même moment, les libéraux du Parti démocratique sénégalais demeurent convaincus qu'ils incarnent l'opposition parlementaire parce que le PDS est deuxième aux élections législatives de 2017.

Récemment, lorsque le leader du parti Rewmi, I. SECK – considéré par certains comme chef de l'opposition eu égard à sa deuxième place à la présidentielle de 2019, a rejoint la Présidence du Conseil économique, social et environnemental et des membres du parti politique Rewmi sont nommés ministres, des voies se sont élevées pour affirmer, à juste titre, qu'il n'est plus dans l'opposition. C'est O. SONKO, leader du PASTEF qui est devenu de facto, chef de l'opposition.

Une autre difficulté est soulevée par B. FALL, Secrétaire exécutif du GRADEC : « *Tout laisse à penser que des calculs et manœuvres politiques sont à la base du statut quo concernant la question. De mon point de vue, le statut du chef de l'opposition, compte tenu du quotient personnel des candidats ne peut être référé à l'élection présidentielle dans la mesure où une personnalité indépendante peut se présenter à l'élection présidentielle, se classer deuxième sans s'adosser à un appareil de parti politique. Cela ne fait pas de lui pour autant chef de l'opposition [...]* »[52].

De plus, « *dans tous les cas, la question me paraît être un piège de plus dans lequel l'opposition devrait éviter de se retrouver car cela, à mon avis, paraît contribuer à son affaiblissement.*

Dans le contexte politique de notre pays, il me semble que la question est sans grand intérêt. L'essentiel réside dans la reconnaissance et le respect des droits de l'opposition en lui garantissant le libre exercice de ses activités par le financement, l'accès au médias d'État ainsi que la définition de règles de jeu claires permettant la conquête démocratique et pacifique du pouvoir sur la base d'élections fiables, crédibles et transparentes. Notre culture politique, à mon avis, s'accommode mal d'une hiérarchisation en termes de chef et de personnes qui seraient en dessous. Il n'y a que des partis à grande ou faible

---

[52] FALL (B.), *Histoire politique et électorale du Sénégal: l'éternel recommencement de 1960 à 2020,* Dakar, éditions abis, 2020, pp. 219-220.

représentativité ; cette notion étant assujettie à des évolutions selon des circonstances déterminées »[53].

De ces développements, il résulte que les critères de désignation du chef de l'opposition soulèvent constamment des controverses : est-ce l'élection présidentielle ou les législatives qui déterminent le choix du chef de l'opposition ? Ainsi que le fait remarquer le Professeur El Hadj MBODJ, « ce choix d'un leader unique de l'opposition présente des inconvénients indéniables, dès lors que cette position est une véritable rampe de lancement dans la conquête du pouvoir. Seulement la dénomination « chef » ou « leader » peut prêter à équivoque. Elle laisse planer l'expression d'une autorité ou d'une hiérarchie entre les dirigeants des partis de l'opposition »[54].

Au demeurant, dans les démocraties occidentales comme dans plusieurs pays africains (Niger, Mauritanie, RDC), le mécanisme permettant de choisir le chef de l'opposition par le peuple est privilégié. À la suite des élections législatives, le premier parti minoritaire à l'Assemblée nationale voit son chef devenir le leader de l'opposition officielle. Un tel choix a le mérite de « contourner les tractations des états-majors des partis politiques qui pourraient, s'ils sont chargés de le coopter, le prendre en otage »[55].

En outre, en vue prévenir les confusions et désordres engendrés par la désignation du leader de l'opposition, le statut devrait également prévoir la perte du statut du chef de l'opposition. De telles mesures aboutiront à clarifier le jeu politique et le positionnement des acteurs. En effet, certains peuvent rejoindre la majorité tout en continuant à se réclamer de l'opposition et assister à ses réunions.

Ainsi, la loi portant statut de l'opposition devra énoncer clairement que le statut du chef de l'opposition prend fin notamment à la fin de la législature, en cas de déchéance du mandat parlementaire, de décès, de démission ou d'empêchement définitif, incapacité permanente, désaveu de la majorité des membres de son parti lui faisant perdre le statut de chef de parti. En cas d'entrer au gouvernement, le statut du chef de l'opposition revient au leader du parti arrivé troisième à l'issue des dernières élections législatives.

La stabilité du régime démocratique exige une opposition forte. Elle nécessite aussi la constitutionnalisation du statut financier des partis politiques.

---

[53]. FALL (B), *Histoire politique et électorale du Sénégal: l'éternel recommencement de 1960 à 2020, op. cit*, p. 220.

[54] MBODJ (E. H), « Regard rétrospectif sur le statut de l'opposition dans les États africains d'expression française », *in Prévention des crises et promotion de la paix, vol. 2, Démocratie et élections dans l'espace francophone*, VETTOVAGLIA (J.-P.), D-Bois de GAUDUSSON (J), DESSOUCHES (C.) ali. (dir), Bruxelles, Bruylant, 2010, p. 345.

[55] *Ibid*, 2010, p. 345.

B/ La constitutionnalisation du statut financier des partis politiques

L'insertion du financement des partis politiques dans le texte de la Constitution est en soi une réelle innovation. En effet, c'est la première fois dans l'histoire constitutionnelle du Sénégal que le principe du financement fasse l'objet d'une reconnaissance à un niveau aussi élevé dans l'arsenal juridique sénégalais. Cette reconnaissance regorge certaines vertus. Désormais, les autorités politiques sont dans l'obligation de définir des critères permettant la mise d'un système de financement public des partis politiques. Celui-ci aura pour finalité l'allocation de ressources publiques aux partis et coalitions de partis politiques. C'est aussi l'occasion pour l'État d'exercer un contrôle plus rigoureux sur l'origine et l'utilisation des fonds utilisés par les partis dans l'exercice de leurs activités politiques internes et dans l'accomplissement de leurs missions constitutionnelles.

Du fait que le législateur n'est pas encore intervenu pour fixer les modalités du système de financement public des partis politiques au Sénégal, il faudra clarifier la nécessité du financement (1) et les critères pour l'allocation de ressources publiques aux partis politiques (2).

1/ La nécessité du financement

Pourquoi instaurer un système de financement des partis politiques ? Le financement des partis politiques vise à faire respecter le principe d'égalité entre les acteurs politiques (partis, coalitions de partis et candidats aux élections politiques), à assainir les mœurs politiques. Il permet aussi d'éviter de placer la démocratie sous le contrôle de groupes de pressions ou d'intérêts.

Aujourd'hui, il n'existe pas de système de financement public des partis politiques au Sénégal. C'est donc l'opacité qui règne dans ce domaine. Les sources de financement des partis ainsi que des campagnes électorales ne font pas l'objet d'un contrôle accompagné d'une sanction positive ou négative.

Pourtant, la législation sur les partis politiques prévoit un système de financement qualifié d'« embryonnaire » par le Professeur E.H. MBODJ. La loi ne prévoit que l'identification des ressources propres du financement des partis politiques. Cet autofinancement repose sur la vente de produits (gadgets, effigies du parti, etc.), la vente des cartes de membres, les produits tirés des tombolas, des cotisations, dons et legs de ses adhérents et sympathisants nationaux et des bénéfices réalisés à l'occasion de manifestations.

En réalité, le constat est fait que les partis politiques et les candidats ne peuvent se contenter de ces modiques sommes pour assurer les dépenses nécessitées par leurs activités politiques.

C'est à juste titre que la Commission nationale de réforme des institutions avait relevé dans son rapport que : « *Le Sénégal ayant ratifié les Conventions des Nations Unies et de l'Union africaine contre la corruption qui préconisent l'adoption de mesures visant à accroître la transparence du financement des partis politiques, devraient amener l'État à étudier les modalités de mise en œuvre d'un financement public des partis politiques notamment de ceux (hors coalition) représentés à l'Assemblée nationale. Cela aura comme avantage, une meilleure maîtrise des circuits de financement des partis, la réduction des inégalités et des injustices et plus d'équité dans l'allocation des ressources publiques mais aussi et surtout la création des conditions de compétitions électorales sincères. En effet, un système électoral crédible doit promouvoir des conditions d'exercice garantissant la transparence et la sincérité du scrutin ainsi que l'égalité des candidats Un scrutin sincère est celui qui se déroule dans des conditions garantissant une expression correcte du suffrage. Tout ce qui peut fausser cette expression est à bannir ; l'inégalité des chances ne découlant que des conditions disparates de jouissance des ressources publiques est à écarter* »[56].

Donc, la législation sur le financement des partis politiques est à la fois incomplète, imparfaite et inadaptée. Elle est inadaptée car les rares textes qui existent datent de 1976, 1981 et 1989. Dès lors une réforme s'impose pour intégrer le nouveau système de partis politiques.

Dans ce contexte, les initiateurs des réformes constitutionnelles de 2016 ont inscrit dans la norme fondamentale le principe du financement des partis politiques. Cette mesure est révolutionnaire parce qu'elle vise à doter aux organisations partisanes des moyens d'exercer leurs activités. Elle instaure l'égalité entre les partis politiques. De même, elle contribue à l'assainissement des mœurs politiques en identifiant les sources de financement des partis politiques. Ainsi la constitutionnalisation du principe du financement des partis politiques n'est-elle pas l'amorce de la lutte contre la corruption, la concussion et le financement occulte des partis. Ce financement public contribue aussi à la moralisation de la vie politique.

Cette consécration constitutionnelle du système de financement des partis politiques au Sénégal renforce la protection constitutionnelle des partis politiques. C'est la collectivité nationale qui prend en charge dans le budget de l'État, une partie des dépenses des partis politiques. Normalement, les sommes allouées doivent servir à l'accomplissement des missions constitutionnelles des partis : l'éducation civique, la promotion de la participation des citoyens à la vie nationale, la promotion de la participation des citoyens à la gestion des affaires publiques, la participation et le respect des règles de la gouvernance associative, etc.

Dans le même esprit, les sources de financement des partis politiques ne dépendront pas des humeurs changeantes d'une majorité de circonstance. Il apparaît nécessaire de mettre en place un mécanisme de contrôle pour assurer l'efficacité du système de financement public des partis.

---

[56] *Rapport de la CNRI*, p. 32.

Se posent alors la question des critères de répartition des montants alloués aux partis politiques et le contrôle de l'utilisation de l'argent public confié aux partis.

2/ Les critères du financement public des partis politiques

Pour être efficient, le système de financement public des partis politiques doit être rigoureusement encadré. Ainsi, le financement public doit être facultatif ; il doit être limité ; il doit garantir l'égalité des chances entre les partis politiques ; il doit déboucher sur une moralisation de la vie politique[57].

Traditionnellement, on distingue deux critères en matière d'attribution des fonds publics aux partis politiques. C'est d'une part le critère de la représentativité parlementaire et celui de la représentativité électorale, d'autre part.

D'abord, le critère de la représentativité parlementaire repose sur le nombre de députés obtenus à l'issu des élections législatives. Les partis ou coalitions de partis politiques se voient octroyer des ressources sur la base du nombre de députés[58]. Le seul problème avec ce critère réside dans le choix du mode de scrutin qui pourrait favoriser les grandes formations politiques. Par exemple, dans un pays comme le Sénégal où le parti au pouvoir a disposé d'une majorité écrasante dans l'hémicycle, l'application automatique de ce critère engendrerait des disparités énormes. Pour juguler ces difficultés, le législateur a opté pour un scrutin mixte.

Ensuite, les partis et coalitions de partis politiques peuvent obtenir un financement public sur la base du critère de la représentativité électorale. L'application de celui-ci conduirait à octroyer des sommes aux partis et coalitions sur la base du nombre de suffrages obtenus[59].

Enfin, il existe une possibilité de mélanger deux critères notamment la représentativité parlementaire et la représentativité électorale. Cela permettrait aux petites formations politiques de gagner des sommes au titre du financement public des partis politiques.

Sur le même registre, le contrôle du financement des partis politiques exige un organe de contrôle. Il serait plus indiqué de confier cette mission de vérification à la Cour des comptes ou un organe spécial dirigé par un magistrat spécialisé en finances publiques.

De même, les moyens du contrôle doivent s'étendre aux pièces comptables, et autres justificatifs de l'ensemble des recettes et des dépenses.

Il y a lieu de rappeler que la CNRI avait proposé : « *[...] la création d'une Autorité de Régulation de la Démocratie qui, outre la mission de contrôle et*

---

[57] Pour plus de détail, voir Rapport MBODJ (E. H), *Statut de l'opposition et financement des partis politiques, Rapport de Monsieur le Médiateur, op. cit.*, pp. 77-79.
[58] Voir. *Rapport, op. cit.*, p. 81.
[59] Voir. *Rapport, op. cit.*, p. 83.

de supervision de l'ensemble du processus électoral, assure le contrôle de la régularité du fonctionnement et du financement des partis politiques, la vérification du financement des campagnes électorales. Elle organise aussi la tenue de concertations régulières entre les acteurs du jeu politique »[60].

En dernière instance, on ne peut pas sortir de cette étude sans évoquer les contours du nouveau statut juridique des partis politiques. Le statut des partis politiques devrait définir l'opposition et énoncer clairement les critères permettant d'identifier les partis qui se réclament de l'opposition. Le législateur devrait s'inspirer des exemples du Bénin, de la RDC ou du Burkina Faso où les partis de l'opposition sont dans l'obligation de faire une déclaration officielle d'appartenance à l'opposition. Cette déclaration est publiée au Journal officiel de la République. Il devrait également en être de même lorsque le parti politique qui quitte l'opposition pour rejoindre la Mouvance ou la Majorité présidentielle.

Par ailleurs, le statut des partis politiques ne peut passer sous silence la place des femmes dans l'espace politique. La femme est considérée de nos jours comme une actrice du développement. Dans ce contexte de revalorisation de la place de la femme, il a été adopté une loi sur la parité. Elle permet d'intégrer les femmes par une politique incitative de quota dans les instances de décisions politiques notamment, dans les assemblées électives.

Un véritable statut de l'opposition à l'époque contemporaine doit prévoir l'intégration des femmes dans les états-majors des partis politiques et en faire même une condition de l'obtention d'un pourcentage supplémentaire dans le financement des partis politiques.

Le droit ne peut pas tout encadrer ni prévoir, mais il demeure un instrument de progrès social. À ce titre, il doit insuffler et redynamiser la société. Il demeure aussi un acte révolutionnaire en ce sens qu'il contribue à freiner les facteurs bloquants qui empêchent la société de progresser.

En définitive, la nouvelle réforme constitutionnelle s'inscrit dans la logique des révisions précédentes. Elle consacre une démocratie par coup. Mais force est de reconnaître que l'adoption du projet de réforme constitutionnelle par référendum le 20 mars 2016 constituera une étape supplémentaire dans démocratie constitutionnelle par les innovations qu'elle apporte.

La rénovation du statut constitutionnel des partis politiques et le financement des partis politiques, le renforcement du droit parlementaire, la constitutionnalisation des devoirs des citoyens, le verrouillage du mandat présidentiel et sa limitation à 5 ans et du mode d'élection du Président de la République ; la consécration constitutionnelle de la généralisation des candidatures indépendantes à toutes les élections sont des moyens d'approfondissement de la démocratie sénégalaise.

---

[60] *Rapport de la CNRI*, p. 32.

Toutefois, dans le domaine du nouveau statut des partis politiques, il est toujours attendu l'intervention du législateur afin de parachever la réforme de 2016. En effet, 5 ans après la révision constitutionnelle et les innovations qu'elle apporte, celles-ci sont limitées par l'absence de loi portant statut des partis politiques en général et celle de l'opposition ou du financement public, en particulier.

Dès lors, on ne saurait terminer cette étude sommaire sur le statut constitutionnel des partis politiques sans rappeler ces vues savantes du Professeur E. H. MBODJ qui résume à la fois ses convictions de démocratie convaincue et la nécessaire mise en place d'un cadre juridique opérationnel pour l'opposition, le tout dans le respect mutuel des institutions et des valeurs démocratiques. Selon lui : « *Assurément, [...] la démocratie n'est pas « un prêt-à-porter », taillé sur mesure. Donc, l'on ne saurait ainsi parler d'un modèle américain, asiatique, européen ou africain et, a fortiori, sénégalais de démocratie. Les institutions et valeurs qui sont le socle de la démocratie, à savoir, la tolérance, le règne du droit, le contrôle des gouvernants, la participation des gouvernés à l'exercice du pouvoir, la mise en place d'institutions de protection des droits fondamentaux, les contre-pouvoirs, la transparence dans la gestion des affaires publiques, l'obligation faite aux gouvernants de rendre des comptes, la négociation, le compromis, le consensus sur les valeurs et principes fondamentaux sont autant de paramètres universels de la démocratie même si les conditions d'expression sont conditionnées par les réalités sociales propres à une société donnée. Nous croyons en l'universalité et non au relativisme de la démocratie* »[61].

---

[61] MBODJ (E. H.), « Préface », *in Partis politiques Démocratie et Réalités sociales au Sénégal – Essai critique pour une étude réaliste du multipartisme*, CREDILA, Dakar, 2011.

L'AVÈNEMENT D'UN DROIT AFRICAIN DES ÉLECTIONS DÉMOCRATIQUES ?

Abdoul Aziz Mbodji

Enseignant-chercheur en Droit public
à l'Université Alioune DIOP de Bambey

Son article « Émergence d'une culture constitutionnelle inclusive en Afrique. Expérience vécue du processus d'élaboration de la constitution de la République démocratique du Congo du 18 février 2006 » est la preuve que le Professeur El Hadj MBODJ est un acteur engagé dans les processus constitutionnels et électoraux en Afrique. C'est avec un grand plaisir et un sentiment de devoir de reconnaissance que nous rendons hommage à ce grand homme qui a été notre Directeur de Thèse de doctorat. Le professeur MBODJ est un universitaire rigoureux et très généreux qui a voué sa vie à la science, à son pays et à servir les autres. Le Professeur El Hadj MBODJ est aussi un panafricain qui pense que « L'organisation d'élections véritablement démocratique passe par l'existence d'institutions électorales impartiales[1] » comme le préconise le droit africain des élections démocratique qui serait né de la Charte africaine de la démocratie, des élections et de la gouvernance de l'Union africaine.

Le mode de légitimation du pouvoir politique que constitue l'élection démocratique est un principe reconnu par le droit international depuis la fin de la Seconde Guerre mondiale[2], et consacré par les organisations régionales[3]

---

[1] E. H. MBODJ, « Faut-il avoir peur de l'indépendance des institutions électorales en Afrique ? », *Afrilex*, 2009, p. 3.

[2] M. FAU-NOUGARET, « Travaux onusiens sur l'efficacité du principe d'élections périodiques et honnêtes et sur l'action en faveur de la démocratie », introduction au chapitre I, « les aspects juridiques », in *Démocratie et élections dans l'espace francophone, Prévention des crises et promotion de la paix*, Volume II, Bruylant, Bruxelles, 2010, pp. 59-72.

[3] D. KOKOROKO, « Le droit à des élections libres et démocratiques dans l'ordre régional africain », *Revue juridique et politique de la faculté de droit de l'Université de Poitiers*, 2004, N° 2, pp. 152-166.

et les États africains dans leur majorité depuis la chute du mur de Berlin[4]. Cependant, comme l'affirme D. KOKOROKO, la grandeur de l'élection célébrée par sa consécration constitutionnelle et internationale s'est éclipsée rapidement devant les déceptions et régressions engendrées dans la pratique[5] dans la région africaine. C'est la preuve qu'entre la règle et sa mise en œuvre il peut exister, dans le domaine des élections, une différence importante. À cela, il faut ajouter l'imprécision et l'insuffisance de ces règles antérieures pour l'obtention de processus électoraux de qualité[6]. C'est le désir d'apporter des correctifs[7] qui justifie la pertinence de la question de « *l'avènement d'un droit africain des élections démocratiques.* » Ce droit essentiellement symbolisé par la Charte africaine de la démocratie, des élections et de la Gouvernance qui a été adoptée le 30 janvier 2007 par la Conférence de l'Union africaine est appelé à promouvoir des élections intègres en Afrique. Les élections intègres s'entendent comme toute élection reposant sur les principes démocratiques de suffrage universel et d'égalité politique tels qu'ils figurent dans les normes et accords internationaux, et menés de façon professionnelle, impartiale et transparente dans sa préparation et dans sa gestion, tout au long du cycle électoral. L'intégrité électorale s'appuie sur un système juridique et institutionnel qui encourage et protège des élections justes et équitables ainsi que l'application de mesures spécifiques visant à protéger l'intégrité en fonction des normes et bonnes pratiques relatives aux élections démocratiques.

La charte africaine de la démocratie, des élections et de la gouvernance est la preuve de la nécessité d'une norme objective pour des élections libres et démocratiques [8]en Afrique comme l'avait plaidé D. KOKOROKO. Il affirme dans ce sens que « *l'émergence d'une norme, à l'échelle continentale en tant que telle, imposant la démocratie comme l'unique forme acceptable d'organisation des sociétés africaines au XXI*^e^ *siècle et écartant au passage, ou du moins relativisant sérieusement, la liberté dont en principe jouissent les États dans le choix de leur régime politique est plus que jamais réelle*[9]. »

La pédagogie par laquelle l'Union africaine a procédé pour passer de la promotion des élections démocratiques, des instruments politiques à un instrument juridique fondamental qu'on peut qualifier de constitution continentale, pour parler comme I. M. FALL et A. SALL à propos du

---

[4] D. KOKOROKO, « Les élections disputées : réussites et échecs », *Revue Pouvoirs*, 2009, n° 129, pp. 115-125.

[5] *Idem.*

[6] D. KOKOROKO, « Le droit à des élections libres et démocratiques dans l'ordre régional africain », *op. cit.,* pp. 152-166.

[7] D. KOKOROKO, « Les élections disputées : réussites et échecs », *op. cit.*, p p. 115-125.

[8]D. KOKOROKO, « Le droit à des élections libres et démocratiques dans l'ordre régional africain », *op. cit.,* pp. 152-166.

[9] *Idem.*

protocole de la CEDEAO sur la démocratie et la bonne gouvernance[10] est aussi d'une importance capitale. La Charte a une histoire. Son adoption a été lente et son entrée en vigueur a été pénible. Il a fallu attendre 5 bonnes années pour voir la Charte entrée en vigueur après le dépôt du 15e instrument ratification. La question qui se pose est de savoir quelle les portées de l'avènement d'un droit africain des élections démocratiques ?

La Charte des élections africaines de la démocratie, des élections et de la gouvernance qui est un instrument rare en droit international[11], a comme objectifs la consolidation de la démocratie et son approfondissement en Afrique. En élevant les élections à la catégorie des droits humains, elle en constitue une garantie internationale pour sa régularité et sa légitimité. Ainsi, les objectifs électoraux de la Charte et la portée de la Charte africaine de la démocratie, des élections et de la gouvernance sont des questions récurrentes dans la construction d'un droit à des élections par l'Union africaine.

Pourquoi une Charte des élections en Afrique ? La pertinence de cette question réside dans la nature des élections qui est liée à la souveraineté des États[12] mais aussi à l'existence depuis une vingtaine d'années d'instruments régionaux qui traitent des questions démocratiques en général et des questions électorales en particulier. Mais à l'épreuve de la pratique, ces instruments se sont révélés peu efficaces[13] pour l'ancrage de la démocratie électorale en Afrique, justifiant ainsi l'adoption d'une norme plus contraignante conformément à la reconnaissance de la valeur universelle de la démocratie.

C'est dans ce sens que la Charte tout en instituant un droit électoral protégé cherche à révolutionner la pratique électorale en Afrique. Ce droit engagé (I) avec ses objectifs électoraux qui visent la rationalisation de la démocratie et la consolidation de la pratique électorale en Afrique est entravé dans sa mise en œuvre (II)

I/ Un droit engagé

La Charte africaine de la démocratie, des élections et de la gouvernance est une charte révolutionnaire (A) pour les règles de dévolutions du pouvoir politique en Afrique. Dans ce sens elle a sécrété un droit qui vise à rationaliser la démocratie et à consolider la pratique électorale en Afrique. Les élections

---

[10] I. M. FALL et A. SALL, « Une constitution régionale pour l'espace CEDEAO : Le protocole sur la gouvernance et la démocratie de la CEDEAO », *in* La constitution en Afrique, 2009, p.1. http://www.la-constitution-en-afrique.org/article-34239380.html, dernière consultation le 20 juillet 2017.

[11] A. B. FALL, « La charte africaine des droits de l'homme et des peuples : entre universalisme et régionalisme », *Revue pouvoir*, 2009, n° 129, pp. 77-100.

[12] M. KAMTO, *Droit international de la gouvernance*, éditions A. Pedone 2013, extrait, pp. 77-79.

[13] D. KOKOROKO, « Le droit à des élections libres et démocratiques dans l'ordre régional africain »,*op. cit.*, pp. 152-166.

démocratiques sont un droit de l'homme à travers le droit africain des élections démocratiques ce qui constitution une véritable protection (B) pour la garantie des élections démocratiques.

A/ Un droit révolutionné

La charte africaine de la démocratie, des élections et de la gouvernance tout en systématisant les règles et principes régissant les élections démocratiques en Afrique, sécrète un droit régional qui rationalise la démocratie (1) et consolide la pratique des élections en Afrique (2).

1. La rationalisation de la démocratie

La fin de la guerre froide est consécutive à l'apparition d'un consensus sur la démocratie comme forme appropriée de gouvernement dans le monde contemporain[14]. Mais, il n'existait pas encore d'instruments juridiques internationaux contraignants traitant ouvertement, prioritairement et même méticuleusement de la démocratie pour parler comme N. F. NGARHODJIM[15]. Il existait dans cette période antérieure à l'adoption de la Charte, une pratique qui consistait en l'inclusion de « *clauses de garantie de la démocratie*[16] » dans des traités comme la Charte africaine des droits de l'homme et des peuples[17] dont l'objectif premier n'est pas toujours politique, mais plutôt de garantir la démocratie[18]. Ces instruments font du respect de la démocratie tantôt une condition de reconnaissance ou d'admission dans une organisation internationale[19], tantôt un principe fondamental dont la violation peut entraîner des sanctions pouvant aller jusqu'à la suspension[20].

Ses instruments, qui proclamaient l'obligation de démocratiser, avaient manifesté très tôt le besoin d'une rationalisation de la notion à travers une précision d'abord du sens du régime démocratique mais ensuite ses liens étroits avec l'État de droit, les droits de l'homme et la paix, qui sont des questions encore très préoccupantes en Afrique. Le régime démocratique doit être entendu selon la Charte africaine de la démocratie, des élections et de la gouvernance comme un pouvoir civil, qui assure un contrôle sur les forces

---

[14] F. N. NGRHODJIM, « Charte africaine de la démocratie, des élections et de la gouvernance : Une analyse critique », *Afrimap*, *Open Society Institute*, 2007, p. 3.

[15] *Idem.*

[16] *Idem.*

[17] Charte africaine des droits de l'homme et des peuples, adoptée par la 18e conférence des chefs d'État et gouvernement, Nairobi-Kenya, juin 1981.

[18] F. N. NGRHODJIM, « Charte africaine de la démocratie, des élections et de la gouvernance : Une analyse critique », *op. cit.,* p. 3.

[19] M. GJIDARA, « Cadres juridiques et règles applicables aux problèmes européens de minorités », *in Annuaire français de droit international*, volume 37, 1991. pp. 349-386.

[20] Acte constitutif de l'Union africaine, Lomé-Togo, 11 juillet 2000.

armées et de sécurité[21]. Il doit être institué par le peuple par le biais du suffrage universel[22] pour un mandat bien déterminé qui protège l'État de droit[23], les droits de l'homme[24], les institutions démocratiques[25] et assure la promotion de la paix[26] et la démocratie[27].

La Charte tente de sacraliser le statut du pouvoir politique en prohibant son renversement par des moyens anticonstitutionnels. Elle affirme dans ce sens que « *Les États parties prennent les mesures législatives et réglementaires nécessaires pour traduire en justice toute personne qui tente de renverser un gouvernement démocratiquement élu par des moyens anticonstitutionnels*[28]. » La Charte africaine de la démocratie, des élections et de la gouvernance va plus loin dans la prohibition des changements anticonstitutionnels de gouvernement en prévoyant des sanctions beaucoup plus contraignantes visant les auteurs de ces pratiques, contrairement à l'Acte constitutif de l'Union africaine qui se limite à une suspension de participation aux instances de l'organisation continentale. Comme les instruments qui la précèdent, la Charte semble se limiter à la lutte contre le coup d'État[29]. Cependant, elle opère une rupture par rapport à l'interdiction des transitions militaires après la survenance d'un coup d'État[30] ou d'un soulèvement populaire mettant fin aux

---

[21] Paragraphe 1, article 14, chapitre VI, des institutions démocratiques, de la CADEG, *op. cit.*

[22] Paragraphe 2, article 4, chapitre IV, de la démocratie, de l'État de droit et des droits de l'homme, de la CADEG, *op. cit.*

[23] Paragraphe 1, article 4, chapitre IV, de la démocratie, de l'État de droit et des droits de l'homme, de la CADEG, *op. cit.*

[24] *Idem.*

[25]Article 15, chapitre VI, des institutions démocratiques, de la CADEG, *op. cit.*

[26] Article 11,12 et 13, chapitre V, de la culture démocratique et de la paix, de la CADEG, *op. cit.*

[27] *Idem.*

[28] Paragraphe 2, article 14, chapitre VI, des institutions démocratiques, de la CADEG, *op. cit.*

[29] A. B. FALL, « La charte africaine des droits de l'homme et des peuples : entre universalisme et régionalisme », *op. cit.*, pp. 77-100.

[30] Voir l'exemple du coup d'état au Mali, survenu le 22 mars 2012. Les mutins, constitués en Comité national pour le redressement de la démocratie et la restauration de l'État (CNRDRE) avaient à leur tête la capitaine Amadou Haya SANOGO. Ils avaient proclamé la suspension de la Constitution et la dissolution des institutions de la République. Ils justifiaient le coup d'État par « l'incapacité du gouvernement à donner aux forces armées les moyens nécessaires de défendre l'intégrité de notre territoire national ». Ils précisent que le CNRDRE prend« l'engagement solennel de restituer le pouvoir a un président démocratiquement élu dès que l'unité nationale et l'intégrité territoriale seront rétablies » Mais avec la détermination de la communauté internationale la junte militaire a été obligée de se retirer en faveur de la mise en place d'une transition civile dirigée par le dauphin constitutionnel le président de

fonctions du gouvernement en place[31]. Aujourd'hui, en référence à la Charte africaine de la démocratie, des élections et de la gouvernance, les transitions militaires ou celles conduites par des militaires ne sont plus acceptées.

La Charte africaine des élections comme on l'appelle communément, a choisi dans son orientation de prendre en compte les défis nouveaux qui se posent au processus de démocratisation, comme l'affirme avec insistance le secrétaire général des Nations Unies Ban Ki Moon lorsqu'il déclare que « *le renforcement de la démocratie à travers le monde continue néanmoins de se heurter à de multiples défis...*[32] » Ces défis restent dans le cadre africain liés à la culture démocratique et à l'État de droit, du degré de protection des droits de l'homme, de la stabilité des institutions et de la promotion de la paix. Ces notions ne peuvent pas en principe être analysées au regard de la rationalisation de la démocratie, singulièrement mais globalement et la Charte fait comprendre qu'elles sont intrinsèquement liées. Ce qui fait du processus démocratique, envisagé par la Charte, un processus inclusif avec des acquis consolidés, approfondis et perpétuellement adaptés aux contextes et besoins exprimés par le corps social[33]. Cette rationalisation de la démocratie est consécutive à une consolidation du processus électoral qui est le point le plus sensible voir le plus important du processus démocratique mais aussi sa sève nourricière.

2/ La consolidation de la pratique électorale

La libéralisation de l'espace politique depuis la chute du mur de Berlin et du sommet de la Baule marque en Afrique le début de la compétition électorale dans bon nombre d'États[34]. À partir de ce moment-là, les États vont s'initier aux techniques électorales, auxquelles ils étaient peu habitués. L'organisation des élections est l'expression même de la souveraineté car de la compétence exclusive de l'État. C'est dans ce sens que l'article 21 de la Déclaration universelle des droits de l'homme dispose : « *la volonté du peuple est le fondement de l'autorité des pouvoirs publics ; cette volonté doit*

---

l'Assemblée nationale Dioncounda TRAORE après la démission officielle du président Amadou Toumani TOURE le 8 avril 2012.

[31] Voir sur ce point les exemples Egyptien et Burkinabé. Dans ces deux pays c'est une transition civile qui a été installée après les soulèvements populaires qui ont mis fin aux fonctions des chefs d'État.

[32] « *Appui du système des Nations Unies aux efforts déployés par les gouvernements pour promouvoir et consolider les démocraties nouvelles ou rétablies* », rapport du secrétaire général, A/64/372 du 28 septembre 2009.

[33] R. LIKIBI, *chartes africaines de la démocratie, des élections et de la gouvernance : analyse et commentaires* », Paris, Publibook, 2012, p.174.

[34] J. E. B. DJEKOURI –DAGBO, « Les commissions électorales et les conflits liées aux élections : le cas de la Cote d'Ivoire » communication, *in* conférence constitutionnalisme et résolution des conflits en Afrique, Dakar 27-30 août 2008, p. 3. http://ancl-radc.org.za/sites/default/files/LA_GESTION_DES_CONFLITS_LIES_AUX_ELECTIONS-badjo.pdf consulté le 26 juin 2017.

s'exprimer par des élections honnêtes qui doivent avoir lieu périodiquement, au suffrage universel égal et au vote secret ou suivant une procédure équivalente assurant la liberté du vote[35].»

Cependant, les élections présentent ce paradoxe d'être à la fois un facteur de paix donc de stabilité en ce qu'elles fondent la légitimité du pouvoir mais en même temps une source d'instabilité particulièrement en Afrique. Dans ce continent, elles constituent la cause première des conflits[36]. C'est dans la perspective de réduire ces effets négatifs liés aux élections que la déclaration finale de la conférence continentale organisée sous les auspices de la Commission électorale indépendante de l'Afrique du Sud, de l'Association des autorités électorales africaines et de la Commission de l'Union africaine, qui s'est tenue à Pretoria, en Afrique du Sud, du 7 au 10 avril 2003 sous le thème « *Élections, démocratie et gouvernance : renforcer les initiatives africaines* »,avait exhorté les États africains à étendre les frontières de la démocratisation. C'est à la suite de cette conférence que l'Union africaine a adopté son projet de déclaration sur la démocratie, les élections et la gouvernance, lors du sommet des chefs d'États et gouvernement tenu à Maputo au Mozambique. C'est en effet ce projet de déclaration qui va devenir la Charte africaine de la Démocratie, des Élections et de la Gouvernance adoptée par la Conférence des chefs d'État et de Gouvernement de l'Union africaine (UA) lors de son VIIIe Sommet tenu à Addis-Abeba (en Éthiopie) du 29 au 30 janvier 2007.

Voici une norme bien conforme au contexte[37] d'organisation des élections en Afrique qu'A. BOURGI qualifie ironiquement de « *véritables impostures se réduisant à de simples formalités administratives*[38].

Cette Charte consacre des dispositions importantes à la qualité du processus électoral comme le revendiquait D. KOKOROKO[39] qui nous fait constater qu'« *En effet, si le texte fondateur de l'Union africaine comporte des évolutions allant dans le sens d'une reconnaissance de la démocratie comme système de gouvernement, il n'en demeure pas moins qu'il reste limité dans ses dispositions relatives aux processus électoraux libres et démo-*

---

[35] Déclaration universelle des droits de l'homme, Paris, Assemblée générale des Nations unies, résolution 217 A (III), 10 décembre 1948.

[36] Rapport d'Étude, *Les violences dans le processus électoral au Sénégal 2000-2012,* Dakar, LAREG ; décembre 2011.p.3.

[37] F. N. NGRHODJIM, « Charte africaine de la démocratie, des élections et de la gouvernance : une analyse critique », *op. cit.,* p. 4.

[38] Cité par J. DU BOIS DE GAUDUSSON, *in* « Les élections à l'épreuve de l'Afrique », *les cahiers du Conseil constitutionnel.*, n° 13/2002. p. 1. http://www.conseil-constitutionnel.fr/conseil-constitutionnel/root/bank/pdf/conseil-constitutionnel-52040.pdf consulté le 23 juin 2017.

[39] D. KOKOROKO, « Le droit à des élections libres et démocratiques dans l'ordre régional africain », *op. cit.*, pp. 152-166.

cratiques : quand on sait aujourd'hui que le coup d'État a évolué, pour ne plus qu'être sceptique devant le fait qu'aucune disposition de l'Acte constitutif de l'Union africaine n'est relative à la qualité du processus électoral[40] ». D. KOKOROKO fait le plaidoyer de cette Charte lorsqu'il écrit « *Plus que jamais, le travail d'objectivisation d'une norme en faveur du droit à des élections libres et démocratiques apparaît impérieux parce que porteur d'apports fondamentaux, à savoir la fin des conflits qui minent et délitent les structures étatiques en Afrique sur le fondement du déficit démocratique, voir l'absence de bonnes pratiques de gouvernement et constituerait un facteur d'intégration à l'image de l'exemple européen*[41]. »

La Charte africaine de la démocratie, des élections et de la gouvernance renouvelle le vœu de l'Union africaine d'avoir des élections transparentes libres et justes. Ainsi, elle proclame dans son article 2 paragraphe 3 que *« La présente Charte a pour objectifs de... Promouvoir la tenue régulière d'élections transparentes, libres et justes afin d'institutionnaliser une autorité et un gouvernement légitimes ainsi que les changements démocratiques de gouvernement*[42]*... »* Au titre des principes devant gouverner les élections pour mettre fin aux angoisses, aux divisions, aux contestations, aux tensions et aux conflits liés aux élections[43], la Charte mentionne dans son article 3 paragraphe 4 « *La tenue régulière d'élections transparentes, libres et justes*[44] *»*

La Charte africaine de la démocratie, des élections et de la gouvernance fait aussi un choix fondamental qui tranche sur les hésitations de beaucoup d'États à créer des commissions électorales indépendantes. Dans le souci de voir prendre fin les divergences dans l'organisation des élections, la remise en cause des résultats électoraux, et les violences électorales il semble nécessaire de soustraire l'organisation des élections de l'appareil administratif étatique et notamment, du ministère de l'Intérieur et de ses démembrements, pour les confier à des organismes dits extérieurs apparemment neutres[45]. La gestion démocratique des élections et plus particulièrement l'indépendance de la

---

[40] *Idem.*

[41] *Idem.*

[42] Paragraphe 3, article 2, des objectifs, de la CADEG, *op. cit.*

[43] J. E. B. DJEKOURI –DAGBO, « Les commissions électorales et les conflits liés aux élections : Le cas de la Côte d'Ivoire ». *Op. cit.*, p. 4. http://ancl-radc.org.za/sites/default/files/LA_GESTION_DES_CONFLITS_LIES_AUX_ELECTIONS-badjo.pdf consulté le 26 juin 2017.

[44] Paragraphe 4, article 3, des principes, de la Charte africaine, de la démocratie, des élections et de la gouvernance adopté à Addis Abeba-Éthiopie, le 30 janvier 2007.

[45] J. E. B. DJEKOURI –DAGBO, *«* Les commissions électorales et les conflits liés aux élections : Le cas de la Côte d'Ivoire », *op. cit.*, p. 5.

structure responsabilisée[46] permettent d'instaurer un climat de confiance entre les acteurs et sur le système. C'est pourquoi l'article 17 de la charte dispose dans son paragraphe 1 que « *Tout État partie doit créer et renforcer les organes électoraux nationaux indépendants et impartiaux, chargés de la gestion des élections*[47]. » Il s'agit d'une volonté de généraliser l'exemple d'une pratique réussie en consolidant son procédé. Car ces commissions comme l'affirme E. H. MBODJI ont eu à administrer dans nombre de pays la preuve de leur performance, de leur efficacité et de leur capacité à organiser, à superviser ou à contrôler le déroulement d'élections transparentes et sereines, suscitant ainsi l'admiration et le respect des acteurs sociaux et renforçant, en passant, considérablement leur légitimité vis-à-vis des protagonistes électoraux[48].

C'est aussi dans le souci de renforcer la crédibilité des résultats électoraux que l'Union exige des États membres à travers la présente Charte d'avoir des mécanismes cohérents, efficaces et impartiaux d'arbitrage des contentieux électoraux. La charte dispose dans ce sens que « *…tout État partie doit…créer et renforcer les mécanismes nationaux pour régler, dans les meilleurs délais, le contentieux électoral…*[49] . » C'est, en effet, dans le même souci et du fait du rôle des partis politiques et des candidats dans le processus électoral, que la Charte souhaite qu'ils leur soient réservés un traitement équitable devant l'accès aux médias publics[50] au même titre que le parti au pouvoir en contrepartie d'un comportement conforme à l'idéal de sauvegarde de la paix et de la culture démocratique. Ce comportement doit résulter d'un engagement souscrit dans un code de bonne conduite, par tous les acteurs du processus électoral[51]. Tout cela dans le sens d'obtenir une pratique électorale qui, tout en assurant une paix durable, procure une justice électorale promotrice d'une forte légitimité pour les élus. Cependant, cet idéal est réalisable en tenant

[46] S. DAKO, *Processus électoraux et transitions démocratiques en Afrique noire francophone. Étude des cas du Bénin, du Cameroun, du Gabon, du Sénégal et du Togo*, Thèse pour le Doctorat, Université d'Abomey-Calavi, 2007, *op. cit.*, p. 172.
[47] Paragraphe 1, article 17, chapitre VII, des élections démocratiques, de la CADEG, *op. cit.*
[48] E. H. MBODJ, « Faut-il avoir peur de l'indépendance des institutions électorales en Afrique », *Afrilex*, Revue d'étude et de recherche sur le droit et l'administration dans les pays d'Afrique, mars 2009, p. 3, http://afrilex.u-bordeaux4.fr/sites/afrilex/IMG/pdf/Faut_il_avoir_peur_de_l_independance_des_institutions_en_Afrique.pdf, consulté le 23 juin 2017.
[49] Paragraphe 2, article 17, chapitre VII, des élections démocratiques, de la CADEG, *op. cit.*
[50] Paragraphe 3, article 17, chapitre VII, des élections démocratiques, de la CADEG, *op. cit.*
[51] Paragraphe 4, article 17, chapitre VII, des élections démocratiques, de la CADEG, *op. cit.*

compte de la portée de la Charte africaine de la démocratie, des élections et de la gouvernance qui promeut un droit protégé.

B/ Un droit protégé

Avec l'avènement du droit africain des élections démocratiques, nous assistons à une Chose rare dans les systèmes juridiques, l'élévation des élections démocratiques à la catégorie des droits humains (1) ce qui constitue une garantie internationale pour les élections démocratiques en Afrique (2)

1/ Élévation des élections à la catégorie des droits humains

Par tradition, tout ce qui est relatif à l'organisation institutionnelle de l'État, à la forme de gouvernement[52] et au système d'intégration des pouvoirs de l'État, appartenaient pour l'essentiel au domaine réservé de la juridiction interne et constituaient une chasse gardée de la souveraineté de l'État[53]. Mais, depuis un certain temps, il existe une évolution constante avec le dépassement de *« l'équivalence des régimes politiques*[54] » et la consécration de plus en plus de la règle de la légitimité démocratique[55] ou « *la prépondérance de la démocratie pluraliste*[56].»

Aujourd'hui, la légitimité démocratique s'impose progressivement comme un principe de droit international contemporain. C'est dans ce sens que M. KAMTO affirme que *« Le socle granitique du principe de légitimité démocratique est constitué par les instruments de base de protection des droits de l'homme, au niveau universel comme au niveau régional ».* L'article 25 du Pacte international relatif aux droits civils et politiques des Nations Unies en confirmant l'article 21 de la déclaration universelle des droits de l'homme et du citoyen dispose que *« Tout citoyen a le droit et la possibilité sans aucune des discriminations visées à l'article 2 et sans restrictions déraisonnables :…b) de voter et d'être élu, au cours d'élections périodiques,*

[52] M. KAMTO, Extrait de l'ouvrage, *Droit international de la gouvernance*, éditions, *op. cit.*, pp. 77-79.

[53] H. GROS ESPIELL, (ambassadeur d'Uruguay à Paris, ancien ministre des Affaires étrangères), « Liberté des élections et observation internationale des élections », *in* rapport général, dans Université de la Laguna, *Liberté des élections et observation internationale des élections* », Bruxelles, Bruylant, 1995, pp. 79-106.

[54] L. A. SICILIANOS, « L'ONU et la démocratisation de l'État. Systèmes régionaux et ordre juridique universel », Cité par M. KAMTO, *in* Extrait de l'ouvrage « *droit international de la gouvernance* », *op.cit.*, pp. 77-79.

[55] M. KAMTO, *idem.*

[56] L. À SICILIANOS, « L'ONU et la démocratisation de l'État. Systèmes régionaux et ordre juridique universel », Cité par Maurice KAMTO, *idem.*

honnêtes au suffrage universel et égal et au scrutin secret assurant l'expression libre de la volonté des électeurs[57].»

Dans le même sens, la Charte africaine des droits de l'homme et des peuples s'intéressait à la question. Elle dispose à cet effet dans son article 13 que : « *1-Tous les citoyens ont le droit de participer librement à la direction des affaires publiques de leurs pays, soit directement, soit par l'intermédiaire de représentants librement choisis, ce, conformément aux règles édictées par la loi,...* [58] .» Il est clair que la démocratie ainsi que le système représentatif sont consacrés et que le droit de participer à des élections libres est un droit internationalement[59] reconnu qui lie les États parties à la CADHP[60]. Mais les dispositions de l'article 13 relatives à la consécration des élections sont beaucoup moins strictes et précis que celles de la déclaration universelle des droits de l'homme et du Pacte international sur les droits civils et politiques. Elles sont, en effet, laconiques[61], timides et prudentes[62]. Mais, comme l'affirme A. B. FALL *« le combat pour le respect des droits de l'homme n'a pas pour finalité première l'instauration de la démocratie ; il contribue à son avènement. En retour ces droits de l'homme ne peuvent exister s'ils ne sont pas garantis par un État de droit démocratique*[63]*.»*

---

[57] Article 25 du Pacte international relatif aux droits civils et politiques des Nations Unies.

[58] Charte Africaine des Droits de l'Homme et des Peuples (CADHP), adoptée par la dix-huitième conférence des chefs d'État et de gouvernement de l'OUA, juin 1981 à Nairobi, Kenya.

[59] H.GROS ESPIELL, « Liberté des élections et observation internationale des élections », *op. cit.*, pp. 79-106.

[60] F. OUGUEGOUZ, *La charte africaine des droits de l'homme et des peuples, une approche juridique des droits de l'homme entre tradition et modernité*, paris, PUF, 1993, pp. 111-112.

[61] M. DIAKHATE, *L'Émergence du droit électoral dans les États de l'Afrique subsaharienne francophone, le cas du Bénin, du mali et du Sénégal* », Thèse pour le doctorat soutenue le 15 octobre 2012, p. 89.

[62] A. B. FALL, « La CADHP n'avait pour finalité de démocratiser les systèmes politiques africains… », *in* « La charte africaine des droits de l'homme et des peuples : entre universalisme et régionalisme », *Revue pouvoirs* N°129, 2009/pp. 77-100.

[63] *Idem.*

Les élections menées avec intégrité[64] sont essentielles au respect des valeurs qui nous sont chères : les droits humains et les principes démocratiques[65]. Selon le rapport de la commission mondiale sur les élections, la démocratie et la sécurité « *Les élections permettent d'appliquer les droits consacrés par la Déclaration universelle des droits de l'homme et par le Pacte international relatif aux droits civils et politiques, parmi lesquels figurent la liberté d'opinion et d'expression, la liberté de réunion et d'association pacifiques, le droit de prendre part à la direction des affaires publiques de son propre pays par l'intermédiaire de représentants librement choisis, le droit à l'égalité d'accès aux services publics dans son propre pays et la reconnaissance du fait que l'autorité d'un gouvernement est issue de la volonté du peuple, qui doit s'exprimer par des élections honnêtes qui doivent avoir lieu périodiquement, au suffrage universel égal et au vote secret*[66] .»

Conscient de ce rapport entre système électoral, et droits humains ; les chefs d'États et de gouvernement de l'Union africaine ont élevé les élections au rang de droit fondamental dans la Charte africaine de la démocratie, des élections et de la gouvernance. Cette Charte dispose en effet dans son article 4, paragraphe 2, que « *Les États parties considèrent la participation populaire par le biais du suffrage universel comme un droit inaliénable des peuples*[67]. » C'est d'ailleurs ce que constate A. B. FALL lorsqu'il déclare que « *La démocratie a été relevée dans cet instrument au rang de droit fondamental. Ce denier peut être le fondement légitime de toute forme d'opposition à la corruption, à la mauvaise gestion des affaires publiques, aux changements anticonstitutionnels de gouvernement, au refus de l'alternance démocratique, à la non limitation des mandats ; etc.*[68] .» La Charte africaine de la démocratie, au-delà de la consécration des élections en qualité de droit fondamental, assure une garantie internationale pour son exercice.

---

[64] Les élections menées avec intégrité sont définies par le Rapport de la commission mondiale sur les élections, la démocratie et les élections, publié en septembre 2012 comme « *toute élection reposant sur les principes démocratiques de suffrage universel et d'égalité politique tels qu'ils figurent dans les normes et accords internationaux, et menée de façon professionnelle, impartiale et transparente dans sa préparation et dans sa gestion, tout au long du cycle électoral* », p. 6.

[65] Rapport de la commission mondiale sur les élections, la démocratie et la sécurité, *Renforcer la démocratie : Une stratégie destinée à améliorer l'intégrité des élections dans le monde,* publié avec le concours de la Fondation Kofi Annan et l'Institut international pour la démocratie et l'assistance électorale (IDEA international), en septembre 2012, p. 5.

[66] *Idem.*

[67] Paragraphe 2, article 4, chapitre IV, de la démocratie, de l'État de droit et des droits de l'homme, de la CADEG, *op. cit.*

[68] A. B. FALL, « La charte africaine des droits de l'homme et des peuples : entre universalisme et régionalisme », *Revue pouvoirs* N° 129,2009, pp. 77-100.

2/ Garantie internationale pour les élections régulières et justes

« *Les libertés publiques sont les pouvoirs d'autodétermination qui visent à assurer l'autonomie de la personne humaine, sont reconnus par des normes à valeur au moins législative, et bénéficient d'un régime juridique de protection renforcée même à l'égard des pouvoirs publics*[69].» Concernant les droits politiques, ils impliquent pour chaque individu, comme la Déclaration universelle des droits de l'homme, le pacte international relatif aux droits civil et politique des Nations Unies, la CADHP l'ont bien consacré, le droit de prendre part à la direction des affaires publiques de son pays soit directement, soit par l'intermédiaire de représentants librement choisis et d'accéder dans les conditions d'égalité aux fonctions publiques de son pays. La volonté du peuple est le fondement de l'autorité des pouvoirs publics. Cette volonté s'exprime par des élections honnêtes qui ont lieu, en principe, périodiquement au suffrage universel égal et au vote secret ou suivant une procédure équivalente assurant la liberté de vote.

Ces proclamations sont-elles suffisantes pour assurer leur effectivité ? Pratiquement non car l'effectivité d'un droit ou d'une liberté repose sur les garanties dont disposent les citoyens ou les destinataires pour se jouir de ces droits. Il existe, en effet, des garanties non juridictionnelles, des garanties juridictionnelles et des garanties internationales.

Les garanties non juridictionnelles résident dans le droit de la conscience collective d'exiger le respect de ses aspirations[70] par l'autoprotection des libertés publiques[71] et par la résistance à l'oppression[72] et le droit de pétition[73].

---

[69] G. LEBRETON, *Libertés publiques et droits de l'homme*, Armand Colin 6e édition, 2003, pp. 15-18.

[70] *Idem*., p. 200.

[71] Il y a « *autoprotection des libertés publiques* », lorsqu'on utilise une liberté publique pour en défendre une autre. Exemple la liberté de la presse est facilement utilisable pour défendre les libertés menacées. C'est dans ce sens que le Capitaine DREYFUS, condamné pour espionnage, obtient sa réhabilitation en 1906, grâce à la publication par Émile Zola en 1898 d'une lettre ouverte au président de la République, intitulée « J'accuse » *in,* G. LEBRETON, *Libertés publiques et droits de l'homme*, Armand Colin 6e édition, 2003, *op. cit*., p. 201.

[72] La « *résistance à l'oppression* » correspond à la possibilité que se réserve la conscience collective, en marge du droit positif, de se révolter contre l'arbitraire. Elle est érigée en droit naturel par l'article 2 de la déclaration de 1789. *in* G. LEBRETON, *Libertés publiques et droits de l'homme*, op.*cit.,* p. 202.

[73] Le droit de pétition est le droit des gouvernés d'adresser un message aux gouvernants afin d'attirer leur attention sur une demande ou sur une opinion, *in,* G. LEBRETON « *Libertés publiques et droits de l'homme* », *op. cit*., p. 203. Il s'agit aujourd'hui d'un mécanisme de démocratie directe qui existe dans certains régimes politiques contemporains. (Cf. art.120 et 121 de la constitution helvétique, art.71 de la constitution italienne).

Elles résident aussi dans l'institution des autorités administratives indépendantes[74].

Les garanties juridictionnelles quant à elles demeurent le rempart des libertés les plus efficaces. Elles les préservent en effet selon G. LEBRETON tant de l'arbitraire de la loi[75] que de celui de l'administration[76]. Elles participent aussi à la préservation de l'espérance des populations comme CICERON le soutenait dans sa plaidoirie pour les Siciliens contre les exactions de leur gouverneur VERRES. Il disait en effet qu'« *on peut tout enlever aux hommes pourvu qu'on leur laisse l'espérance du respect de leurs droits*[77] ».

Les garanties internationales par contre découlent de la nécessité de compléter et de renforcer les garanties nationales qui peuvent à un moment donné se révéler fragile. Ces garanties sont assurées par la protection internationale des libertés qui est exercée par des organismes internationaux mais aussi par les juges nationaux lorsqu'ils statuent sur la base d'engagements internationaux[78]. En ce qui concerne les élections, l'Union africaine assure doublement la garantie de leur mise en œuvre correcte. La Charte africaine de la démocratie, des élections et de la gouvernance prévoit des sanctions importantes dépassant celles qui étaient prévues par l'Acte constitutif de l'Union africaine, pour dissuader les auteurs des coups d'État. Il s'agit d'une responsabilité individuelle.

Il y a d'abord le retrait du droit de participation politique comme l'indique le paragraphe 4 de l'article 25 « *Les auteurs de changement anticonstitutionnel de gouvernement ne doivent ni participer aux élections organisées pour la restitution de l'ordre démocratique, ni occuper des postes de responsabilité*

---

[74] Il s'agit d'institutions créées pour pallier aux insuffisances de la justice administrative, protéger efficacement les droits et libertés des citoyens et améliorer le fonctionnement de l'administration, *in* D.SY, *Droit administratif*, 2e édition revue, corrigée et augmentée, Harmattan Sénégal 2014, p. 132.

[75] C'est avec le contrôle de constitutionnalité des lois qui est devenu une nécessité juridique et politique dans la mesure où il garantit le respect de la hiérarchie des normes et soumet tous les acteurs constitutionnels au respect de la norme suprême, in, professeur E. H. MBODJ, *Cours de droit constitutionnel*, Université Catholique de l'Afrique de l'Ouest, Faculté catholique de Bamako, p. 12.

[76] C'est l'exemple du recours pour excès de pouvoir, qui est un recours juridictionnel formé auprès du juge en vue de l'annulation d'un acte administratif pour cause d'illégalité. Le recours pour excès de pouvoir est un recours objectif et il « *est même ouvert sans texte contre tout acte administratif pour assurer, conformément aux principes généraux du droit le respect de la légalité* ». Gaston JEZE affirmait dans ce que « *le recours pour excès de pouvoir est l'arme la plus efficace, la plus économique, la plus pratique qui existe au monde pour défendre les libertés.»*

[77] Cité, *in*, G. LEBRETON, *Libertés publiques et droits de l'homme*, *op. cit.*

[78] *Idem*., p. 236.

dans les institutions politiques de leur État[79]*.»* Il y a ensuite l'engagement de la responsabilité pénale des auteurs des changements anticonstitutionnels de gouvernement. En ce sens, l'article 25 apporte des innovations majeures lorsqu'il affirme que « *Les auteurs de changement anticonstitutionnel de gouvernement peuvent être traduits devant la juridiction compétente de l'Union*[80]*.»* Le même article ajoute dans le paragraphe 8 que *« Les États parties ne doivent ni accueillir ni accorder l'asile aux auteurs de changement anticonstitutionnel de gouvernement*[81]. » Selon la définition du changement anticonstitutionnel de gouvernement donnée par la Charte, le Président B. COMPAORE ne devrait ni être accueilli en Côte d'Ivoire ni prétendre à aucun droit d'asile dans ce pays. Le paragraphe 9 renforce cette option en disposant que *« Les États parties jugent les auteurs de changement anticonstitutionnel de gouvernement ou prennent les mesures qui s'imposent en vue de leur extradition effective*[82]*.»*

À côté de ces sanctions l'Union met des instruments et des moyens à la disposition des États pour que des processus électoraux corrects existent en fin en Afrique. C'est pourquoi la Charte africaine dispose que « *Les États parties peuvent solliciter auprès de la Commission, par le truchement de l'Unité et du Fonds d'appui à la démocratie et d'assistance électorale, des services de consultations ou de l'assistance pour renforcer et développer leurs institutions et leurs processus électoraux*[83].»

Étant en fin fondatrice de droits pour les citoyens, la Charte est invocable devant le juge national, pour faire respecter les obligations y résultant mais cela suppose que l'État l'ait déjà ratifié ce qui du reste continue d'être une préoccupation première. Cependant, avec l'existence de plusieurs instruments politiques qui constituent la trame idéologique justifiant l'engagement pour des élections intègres en Afrique, les instruments juridiques en général, la Charte africaine de la démocratie, des élections et de la gouvernance en particulier, ne devraient pas être entravés pour connaitre une application effective.

II/ Un droit entravé

La prudence avec laquelle la Charte africaine de la démocratie, des élections et de la gouvernance a été adopté et les lenteurs dans son processus

[79] Paragraphe 4, article 25, chapitre VIII, des sanctions en cas de changement anticonstitutionnel de gouvernement, de la Charte africaine de la démocratie…, *op. cit.*
[80] Paragraphe 5, article 25, chapitre VIII, des sanctions en cas de changement anticonstitutionnel de gouvernement, de la Charte africaine de la démocratie…, *op. cit.*
[81] Paragraphe 8, article 25, chapitre VIII, des sanctions en cas de changement anticonstitutionnel de gouvernement, de la Charte africaine de la démocratie…, *op. cit.*
[82] Paragraphe 9, article 25, chapitre VIII, des sanctions en cas de changement anticonstitutionnel de gouvernement, de la Charte africaine de la démocratie…, *op. cit.*
[83] Paragraphe 1, article 18, chapitre VII, des élections démocratiques, de la Charte africaine de la démocratie…, *op. cit.*

d'entrée en vigueur nous font dire que la naissance d'un droit africain des élections démocratique est redoutée (A). Les droits consacrés par la Charte ne sont pas effectifs du fait d'une certaine instrumentalisation (B) des règles et principes électoraux.

A/ Un droit redouté

Il a fallu attendre cinq (5) ans pour que la Charte africaine de la démocratie, des élections et de la gouvernance adoptée le 30 janvier 2007 par la conférence des chefs d'État et de gouvernement, entre en vigueur. La Charte est entrée en vigueur le 15 février 2012, conformément à l'article 48 de la Charte[84]. En effet, le 16 janvier 2012, le Cameroun est devenu le 15e État Membre à compléter le processus de ratification. Cette entrée en vigueur, acquise à la suite d'une atteinte difficile du nombre de ratifications requis et le lent processus de ratification toujours noté sont les preuves qu'il existe une adhésion timide à la Charte (1) et une acceptation réservée des principes et objectifs de la charte (2).

1/ Une adhésion timide à la Charte

Que cela soit du côté de la Conférence des chefs d'État et de gouvernement, de la doctrine, de la société civile et des partenaires de l'Afrique, la Charte africaine de la démocratie, des élections et de la gouvernance est considérée comme la solution aux problèmes du continent. Tout en restant un texte novateur et pertinent[85], son entrée en vigueur n'a pas été obtenue facilement. Non seulement l'atteinte du nombre requis de quinze (15) ratifications a pris du temps car il a fallu cinq (5) longues années pour pouvoir voir la Charte entrer en vigueur. Mais aussi il a fallu une grande mobilisation des institutions de l'UA, de la société civile africaine et des partenaires extérieurs pour obtenir les quinze (15) ratifications requises, conformément à l'article 48 de la Charte. Ainsi, la difficile entrée en vigueur et le lent processus de ratification se justifient pour beaucoup de membres de l'organisation par le caractère prématuré de la Charte. Elle est certes pertinente mais n'est-elle pas survenue très tôt ?

L'esprit qui a prévalu lors de son adoption, semble être rompu dans la perspective de ratification où des résistances se sont manifestées. La preuve est qu'une année et demie après son adoption, il n'y a eu qu'une seule ratification. Cette dernière venait de la Mauritanie, qui a déposé le premier instrument de ratification de la Charte africaine de la démocratie, des élections

---

[84] Article 48, chapitre XI des dispositions finales de la CADEG qui dispose que « *La présente Charte entre en vigueur trente (30) jours après le dépôt de quinze (15) instruments de ratification* », *op. cit.*

[85] N. F. NGARHODJIM, « La Charte africaine de la démocratie... », *op. cit.*, p. 7.

et de la gouvernance, le 28 juillet 2008[86]. La Mauritanie, il faut le relever n'est pas un exemple de démocratie et elle fait partie des pays où les changements anticonstitutionnels de gouvernement sont plus fréquents. Le coup d'État militaire du 6 août 2008 est intervenu presque une semaine après le dépôt par la Mauritanie de son instrument de ratification. L'Union africaine n'a pas opposé, en tout cas, la Charte aux auteurs du coup d'État qui ne devraient pas selon l'article 25, participer aux élections de restauration de l'ordre constitutionnel[87]. Contrairement à cette disposition, c'est le général Mohamed Ould Abdel Aziz, auteur du coup d'État, qui est devenu le Président « *démocratiquement élu* ».

Cependant, la porte ouverte par la Mauritanie n'a été empruntée que timidement par quelques États. C'est dans ce sens qu'il faut comprendre l'action des organisations qui se sont mobilisées pour pousser les États à ratifier la Charte et obtenir l'entrée en vigueur de cette dernière[88]. Ces organisations sont convaincues que l'entrée en vigueur de la Charte ouvre une perspective nouvelle[89] sur le continent. Ainsi le groupe des sages de l'Union africaine déclare qu'« *Il faut déployer davantage d'efforts auprès des signataires et de tous les autres États membres afin qu'ils ratifient la Charte*

[86] Voir tableau de ratification de la Charte africaine de la démocratie, des élections et de la gouvernance in site de la Commission africaine des droits de l'homme et des peuples. http://www.achpr.org/fr/instruments/charter-democracy/ratification/ Voir aussi Déclaration du ADF et IDASA, « *Charte africaine de la Démocratie, des Élections, et de la Gouvernance - 15 Ratifications!!!!* ». file:///D:/bureau/UA%20 Election/documents%20%20union%20africaine%20et%20autres/-01_ADF-IDASA%20ACDEG%20Declaration.pdf, dernière consultation le 13 juillet 2017.

[87] Paragraphe 4, article 25 du chapitre VIII des sanctions en cas de changement anticonstitutionnel de gouvernement, de la CADEG, « *Les auteurs des changements anticonstitutionnels de gouvernement ne doivent ni participer aux élections organisées pour la restitution de l'ordre démocratique, ni occuper des postes de responsabilités dans les institutions politiques de l'État* », *op. cit.*

[88] Déclaration du ADF et IDASA, « Charte africaine de la Démocratie, des Élections, et de la Gouvernance - 15 Ratifications!!!! »,il a été déclaré que « *Depuis 2009, l'ADF et l'IDASA, avec un financement du Fonds des Nations Unies pour la Démocratie, ont travaillé pour promouvoir la Charte par la coordination d'une campagne de la société civile dans plus de 13 pays. Au début du projet, seuls deux pays avaient achevé le processus de ratification. En collaboration avec de nombreux partenaires locaux, venant de tout le spectre politique, la campagne a cherché à renforcer l'appui à la ratification et l'application de l'ACEDG.* », *op. cit.*

[89] B. TCHIKAYA, « La Charte africaine de la démocratie, des élections et de la gouvernance ». i*n Annuaire français de droit international,* volume 54, 2008, pp. 515-528; http://www.persee.fr/doc/afdi_0066-3085_2008_num_54_1_4040, dernière consultation le 13 juillet 2017.

le plus tôt possible, et qu'elle puisse ainsi entrer en vigueur et devenir un instrument juridiquement contraignant[90].»

Avec cette conviction partagée que « *L'entrée en vigueur de la Charte africaine de la démocratie, des élections et de la gouvernance doit contribuer au respect du droit des citoyens de choisir leurs représentants et promouvoir l'alternance* [91]», beaucoup d'États, au-delà de la Mauritanie et de l'Éthiopie, ont attendu d'être convaincus, d'être influencés et peut être suppliés pour procéder à la ratification de la Charte. *La ratification de la Charte par* certains États se justifie par un contexte particulier ou spécifique à ces pays. La République de Guinée avait besoin de ratifier la Charte pour renforcer la légitimité internationale du Président A. CONDE dont l'élection le 7 novembre 2010 était fortement contestée. Pour la Guinée-Bissau aussi, il faut rappeler que la ratification faite le 1er avril 2012 est intervenue dans un contexte favorable à la construction et à l'ouverture démocratique, il s'agit de la période d'intérim consécutive à la mort du Président M. B. SANHA le 9 janvier 2012.

La crainte que les États manifestent à l'endroit des règles et principes qu'ils ont édictés et adoptés eux-mêmes justifie l'entrée en vigueur difficile de la Charte en février 2012 mais aussi le caractère prématuré du texte dans le contexte africain où malgré les apports révolutionnaires et décisifs pour l'ancrage de la démocratie, la Charte n'est pas adoptée ou respectée. Ainsi l'Ua consacre l'adhésion libre à la Charte dans l'article 47 qui dispose que « *La présente Charte est ouverte à la signature, à la ratification et à l'adhésion des États membres de l'Union conformément à leurs procédures constitutionnelles respectives*[92].»

C'est cette liberté d'adhésion reconnue aux États membres qui est à l'origine du lent processus de ratification de la Charte. Cette liberté est tout à fait contraire aux objectifs électoraux de l'Ua mais aussi à l'évolution du droit international public. L'Union africaine avec un instrument juridique international contraignant décide de « *Promouvoir la tenue régulière d'élections transparentes, libres et justes afin d'institutionnaliser une autorité et un gouvernement légitimes ainsi que les changements démocratiques de gouvernement*[93].» Elle décide aussi de *« Promouvoir les meilleures pratiques*

---

[90] Groupe des Sages de l'Union africaine, *Les conflits et la violence politique résultant des élections... op. cit.,* p. 38.

[91] S. KABA, cité dans la déclaration de la FIDH « Plus qu'une ratification pour l'entrée en vigueur de la Charte africaine de la démocratie, des élections et de la gouvernance ! », publiée le 24 janvier 2012. https://www.fidh.org/fr/plaidoyer-international/union-africaine/Plus-qu-une-ratification-pour-l-dernière consultation le 13 juillet 2017.

[92] Paragraphe 1, article 47, du chapitre XI des dispositions finales de la CADEG, *op. cit.*

[93] Paragraphe 3, article 2, chapitre II des objectifs, *idem.*

dans l'organisation des élections aux fins de stabilité politique et de bonne gouvernance[94]*.»* L'effectivité de ces objectifs électoraux est suspendue à la volonté des États qui dispose discrétionnairement des règles de forme et de procédure pour mettre en œuvre la Charte.

À y voir de très près, le processus de ratification de la Charte africaine de la démocratie, des élections et de la gouvernance est manifestement très lent car jusqu'en janvier 2015, seuls vingt-trois (23) États l'ont ratifié[95]. Le rythme de ratification est environ de deux (2) États par an, depuis l'adoption de la Charte en janvier 2007 à janvier 2015. Presque 10 ans, après son adoption, la moitié des États membres de l'Union africaine n'est pas encore partie à la Charte. Le constat est aussi fait au niveau des institutions de l'Union africaine. Le vice-président du parlement panafricain déclare à cet effet que « *les principaux instruments de l'Union africaine sur la gouvernance continue d'enregistrer une ratification, une internalisation et une mise en œuvre lente*[96]. »

Ce qui semble créer une certaine déception eu égard à l'enthousiasme qui avait accompagné la naissance de la Charte. La question qui mérite d'être posée est celle de savoir si les particularismes nationaux ou constitutionnels doivent continuer à faire obstacle à la mise en œuvre de la Charte, dans la majorité des États au moment où les acquis sont dus essentiellement « *aux résistances démocratiques*[97] » des citoyens ou de la société civile. En tout cas, à ce rythme, il faudra compter encore beaucoup d'années pour espérer voir la majorité des États être parties à la Charte mais aussi assister à une effectivité des règles et principes électoraux préconisés par l'Ua. Ces attitudes peuvent signifier qu'il existe une acceptation réservée des principes et objectifs de la Charte.

2/ Une acceptation réservée des principes et objectifs de la charte

Il existe, selon le vice-président du parlement panafricain, « *un écart inquiétant entre d'une part les instruments juridiques et les normes politiques de l'Union africaine et d'autre part les politiques et pratiques de la plupart des États membres*[98].» Contrairement aux instruments juridiques, les normes

---

[94] Paragraphe 13, Paragraphe 3, article 2, *idem.*

[95] Rapport de conformité continental 2014, « *Réaliser les aspirations de l'Afrique. L'état de conformité aux instruments de l'Union africaine* », édité par State of the Union Coalition (SOTU), Nairobi, Kenya, 2015. www.sotu-africa.org.

[96] R. HON NKODO DANG, « Union africaine: mise en œuvre lente des instruments sur la gouvernance », 24 septembre 2014. http://fr.alakhbar.info/9471-0-Union-africaine-mise-en-uvre-lente-des-instruments-sur-la-gouvernance-.html,dernière consultation le 13 juillet 2017.

[97] «Résistance et démocratisation en Afrique », Entretien avec R. W. SAWADOGO, Cahiers philosophiques, 2014/1 n° 136, p. 100-112. http://www.cairn.info/revue-cahiers-philosophiques-2014-1-page-100.htm dernière consultation le 13 juillet 2017.

[98] R. HON NKODO DANG, « Union africaine: mise en œuvre lente des instruments sur la gouvernance »,. *op. cit.*

politiques sont des décisions prises et mises en œuvre par les organes de l'Union sans une nécessaire intervention des États membres pour leur validité. Il s'agit de normes qui consacrent les fondements philosophiques et les orientations politiques de l'organisation continentale. C'est dans ce sens que la Charte africaine de la démocratie, des élections et de la gouvernance a été précédée par plusieurs instruments politiques, qui ont préparé et rendu acceptable son adoption. Cependant, vu la pratique électorale contemporaine au niveau de beaucoup d'États, il est possible d'affirmer qu'il existe une adhésion tronquée à la sincérité des élections et une adhésion limitée à la pacification des élections.

La sincérité des élections est l'ensemble des principes et règles garantissant nécessairement la régularité de tout le processus électoral. Ces principes qui sont l'égalité, la liberté et le caractère secret du vote visent à garantir la sincérité des élections[99]. La démocratie est, la seule forme de pouvoir compatible avec l'État de droit, cependant elle ne peut réellement exister que si l'élection, qui en constitue le temps fort, est entourée de toutes ces garanties nécessaires pour en assurer la régularité et donc la sincérité[100]. La démocratie ne peut exister et s'enraciner sans ces principes qui sont préconisés par l'Union africaine dans ses instruments électoraux[101].» Ainsi du point de vue des instruments juridiques et politiques, l'option d'organiser les élections d'une manière sincère et transparente a été consacrée à tous les niveaux.

Cependant, c'est dans la perspective de la mise en œuvre qu'il apparaît encore des résistances[102] ou des échecs[103] qui prouvent que des obstacles continuent de se dresser sur la voie des changements politiques et de la démocratie, pourtant largement souhaités par les peuples africains[104]. Dans cette perspective, la question qui se pose est celle de savoir si la démocratisation de l'Afrique n'est pas un processus sans cesse remis au lendemain[105]. Il existe manifestement quelque chose qui freine le processus

---

[99]R. GHEVONTIAN, « La notion de sincérité du scrutin », *in* les cahiers du Conseil constitutionnel, N°13/2002, pp. 2-5 http://www.conseil-constitutionnel.fr/conseil-constitutionnel/root/bank/pdf/conseil-constitutionnel-52035.pdf, consultation le 13 juillet 2017.

[100] *Idem.*

[101] E. O. DIOP, *Partis politiques démocratie et réalités sociales au Sénégal. Essai critique pour une étude réaliste multipartisme*, CREDILA., novembre 2011, p. 139.

[102] B. GUEYE, « Démocratie en Afrique… », *op. cit*, pp. 5-25.

[103] D. KOKOROKO, « Les élections disputées… », *op.cit.pp.115*-125.

[104] Gorée Institute, *Élections, paix et sécurité en Afrique de l'Ouest*, 2010, 1, p. 17 http://www.cgd-igd.org/wp-content/-uploads/2017/02/ELECTIONS_PAIX_SECURITE_EN_AFRIQUE_DE_L_OUEST.pdf, consultation le 13 juillet 2017.

[105] « Résistance et démocratisation en Afrique », Entretien avec R. W. SAWADOGO, *op. cit.,* pp. 100-112.

démocratique [106]et bloque systématiquement les espoirs nés soit du nouveau constitutionnalisme ou de l'adoption des instruments électoraux de l'Union africaine. Il faut noter que la détention du pouvoir d'État engendre en Afrique l'élaboration de mécanismes ou de stratégies de conservation, de pérennisation ou même de confiscation du pouvoir[107].

Dans beaucoup de situations en Afrique l'organisation des élections libres et transparentes révèle selon D. KOKOROKO, l'affrontement de deux logiques politiques différentes[108]. Dans la première logique, qui est d'essence autoritaire, le droit électoral sert la volonté et les intérêts parfois égoïstes des gouvernants[109]. Dans la deuxième logique, qui est d'essence démocratique, comme préconisée dans les instruments électoraux de l'Union africaine, les droits électoraux propres aux peuples doivent être garantis, objectivement à tous et subjectivement à chacun par les gouvernants agissant collectivement[110]. Cependant force est de constater que les adhésions exprimées par beaucoup d'États, en faveur des élections sincères comme préconisées par l'UA semble être des adhésions trompe-l'œil. Certaines élites ont d'ailleurs, à côté des textes, déployé toutes leurs intelligences et leurs énergies pour fausser les élections pluralistes organisées[111]. Cette exacerbation de la lutte politique, qui semble exclure le changement, s'alimente d'une adhésion limitée à la pacification des élections. Loin de domestiquer et de civiliser le conflit politique comme le veut l'UA, les élections suscitent encore la violence et apparaissent comme un vecteur de polarisation de la société et d'instabilité, pouvant aller jusqu'à la guerre civile, comme l'a démontré l'élection présidentielle de 2010 en Côte d'Ivoire[112]. C'est dans ce sens que la mission d'observation électorale de l'Union africaine dans le cadre des élections législatives du 30 juillet 2017 en République du Sénégal déclare que « *la mission exhorte tous les acteurs politiques à s'engager dans un dialogue afin de trouver le consensus le plus large possible pour ne pas compromettre les échéances électorales futures et préserver la longue tradition démocratique du pays*[113]. »

---

106 *Idem.*
107 E. O. DIOP, *« Participation électorale et abstention électorale en Afrique »*, *in Démocratie et élections dans l'espace francophone*, in Volume II, Prévention des crises et promotion de la paix, Bruylant, Bruxelles.2010, pp. 302-325.
108 D. KOKOROKO, « Les élections disputées… », *op. cit.,* pp. 115-125.
109 *Idem.*
110 *Idem.*
111 *Ibidem.*
112 V.DARRACQ et V. MAGNANI, « Les élections en Afrique : un mirage démocratique ? », *Politique étrangère* 2011/4 (Hiver), pp. 839-850.
113 Déclaration préliminaire de la mission d'observation électorale de l'union africaine (MOEUA) dans le cadre des élections législatives du 30 juillet 2017 en République du Sénégal, p. 11.

L'Afrique offre selon E. MBA, une série d'exemples illustrant combien le projet de démocratisation a fini par dériver vers l'anarchie, le chaos et l'émergence des dictatures nouvelles qui s'expriment par la confiscation du pouvoir par d'anciens tyrans qui s'achètent le vote aux prix forts. Ainsi, apparaît clairement la nouvelle ère du despotisme et de la tyrannie[114]. En principe, certains États dans lesquels, la contrainte liée à l'État de droit devrait s'appliquer universellement en font usage ; les dispositifs de la contrainte légale deviennent des instruments d'oppression et de répression dans les mains de la classe politique dominante contre tel citoyen ou tel groupe de citoyens, désigné comme obstacle à la réalisation des desseins inavoués et inavouables des représentants[115].

Pour qualifier la situation actuelle de ces États africains où la reconnaissance du pluralisme politique et le recours à des élections périodiques sont obligatoires, Ambroise KOM utilise le concept de la « mal-démocratie [116]», NGOMA-BINDA parle de « parodie de démocratie[117] ». Selon A. KOM, ces systèmes sont caractérisés par « *l'injustice, la répression, l'arbitraire, le pillage économique*[118] ». Souvent avec le degré d'indignation du peuple et de l'opposition, il existe une résistance farouche capable de prendre le dessous sur les tenants du pouvoir comme l'exemple des manifestations du 23 juin 2011 à Dakar et du 30 octobre 2014 à Ouagadougou.

Face à des résistances de cette nature, les pouvoirs politiques peuvent tenter de s'ouvrir à des accords politiques inclusifs avec l'option de partage du pouvoir. Initialement, de tels arrangements institutionnels transitoires étaient utilisés pour gérer des sorties de guerre civile, comme ce fut le cas au Burundi. Mais désormais, ce modèle est de plus en plus convoqué pour trouver une solution à des contentieux électoraux[119]. Ainsi, après l'élection présidentielle de décembre 2007 au Kenya, ses résultats discutés et ses violences postélectorales, un gouvernement de partage du pouvoir bicéphale

---

[114] J. R. E. EYEN MBA, *Démocratie et développement en Afrique face au libéralisme. Essai sur la refondation politique*, Paris.Harmattan.2001, p. 75. Cité *in* «Résistance et démocratisation en Afrique », Entretien avec R. W. SAWADOGO, *op. cit.*, pp. 100-112. http://www.cairn.info/revue-cahiers-philosophiques-2014-1-page-100.htm, consulté le 08/08/2016.

[115] «Résistance et démocratisation en Afrique », Entretien avec Rodrigue W. SAWADOGO, *op. cit.*, pp. 100-112.

[116] A. KOM, *Éducation et démocratie en Afrique : le temps des illusions*, Paris, L'Harmattan/Éditions du CRAC, 1996, p. 257. Cité *in* «Résistance et démocratisation en Afrique », Entretien avec R. W. SAWADOGO,*op.cit.*, pp.100-112.

[117] P. NGOMA-BINDA, *Philosophie et pouvoir politique en Afrique : la théorie inflexionnelle*, Paris, L'Harmattan, 2004, p. 219.

[118] A. KOM, *Éducation et démocratie en Afrique : le temps des illusions*, Paris, L'Harmattan/Éditions du CRAC, 1996, *op. cit.*, p. 257.

[119] V. DARRACQ et V. MAGNANI, « Les élections en Afrique : un mirage démocratique ? », *op. cit.*, pp. 839-850.

a été mis en place sous l'égide de l'UA et de K. ANNAN, permettant au président sortant M. KIBAKI de conserver son poste pendant que l'autre candidat, R. ODINGA, prenait le poste de Premier ministre. De même au Zimbabwe, après que la communauté internationale dans son ensemble avait refusé en 2008 de reconnaître la « victoire » de R. MUGABE, un tel dispositif a été mis sur pied, à l'issue de la mission du médiateur de l'UA et de la SADC, Th. MBEKI. Celui-ci a permis à R. MUGABE de garder son poste alors que M. TSVANGIRAI devenait Premier ministre[120]. Ce système de partage du pouvoir, parfois présenté avec enthousiasme comme « *une solution africaine aux problèmes africains* » constitue un véritable désastre démocratique qui cautionne la violence électorale et la fraude électorale. Cependant, l'apparente stabilité générée par ces pratiques, longtemps cautionnées au motif même d'une nécessaire stabilité, est en réalité un leurre à moyen terme, comme les « printemps arabes », la suite des accords politiques au Kenya et au Zimbabwe, l'ont clairement démontré[121].

Ces différents éléments prouvent qu'il y a une adhésion théorique à la pacification des élections, ce qui illustre encore l'ineffectivité du cadre normatif des élections qui s'avère insuffisantes eu égard aux difficultés d'instauration et de pérennisation de la démocratie multipartisane en Afrique.

B/ Un droit instrumentalisé

Consciente de l'importance du pluralisme démocratique dans la stabilité des institutions et des États mais aussi dans l'organisation des élections démocratiques, l'Union africaine préconise le renforcement du pluralisme politique[122] et médiatique[123] qui a été consacré par les constitutions de l'essentiel des États du continent africain[124]. Elle préconise aussi l'intégrité électorale avec des processus électoraux réguliers, libres et transparents pour un renforcement de la démocratie, l'enrichissement de la réflexion et le débat public mais aussi et surtout la résolution pacifique des différends[125].

Ces garanties nécessaires pour l'amélioration de l'environnement des élections se révèlent ineffectives dans la pratique du fait de la fragilité du pluralisme partisan et l'instabilité du pluralisme médiatique. C'est ce qui

---

[120] *Idem.*

[121] IRG et LAM, « Élection et risques d'instabilité en Afrique : Quel appui pour des processus électoraux légitimes ? », *op. cit.*, pp. 19-21.

[122] Paragraphe 11, article 3 de la CADEG, *op. cit.*

[123] Paragraphe 3, article 17, *idem.*

[124] E. O. DIOP, *Partis politiques et processus de transition démocratique en Afrique noire: recherches sur les enjeux juridiques et sociologiques du multipartisme dans quelques pays de l'espace francophone* », Éditions Publibook, 2006, p. 59.

[125] Rapport de la commission mondiale sur les élections, la démocratie et la sécurité, « Renforcer la démocratie : une stratégie destinée à améliorer l'intégrité des élections dans le monde », septembre 2012, *op. cit.*, p. 6.

justifie la régularité électorale vacillante et la transparence électorale essentiellement viciée, qui sont observées dans la plupart des États. Ainsi la perfectibilité du pluralisme s'inscrit essentiellement (1) dans une intégrité électorale ineffective (2).

1/ Un pluralisme essentiellement perfectible

Le pluralisme partisan et le pluralisme médiatique promus par l'UA et initialement consacrés par la plupart des constitutions des États membres de l'Union africaine manquent d'effectivité à l'épreuve de la pratique politique en Afrique. Ces libertés et droits fondamentaux même consacrés et aménagés souffrent d'atteintes administratives caractérisées par des interdictions et des répressions manifestes mais aussi d'une gestion tendancieuse selon qu'il s'agit du pouvoir ou de l'opposition. Pour le respect des objectifs électoraux de l'UA, la fragilité du pluralisme partisan et l'instabilité du pluralisme médiatique doivent être renforcées.

Les partis politiques sont indispensables à la démocratie de par leur mission d'éducation des militants, d'encadrement des électeurs, de présentation de candidats aux fonctions électives[126]. C'est pourquoi les instruments électoraux de l'Union africaine leur accordent une importance particulière en préconisant la reconnaissance par eux de leurs droits d'épanouissement. Ces droits sont essentiellement la liberté de création des partis, la liberté d'expression et la liberté de réunion et de manifestation. Ces libertés ne font pas obstacle à la reconnaissance d'un certain nombre d'obligations pour les partis. Ainsi au Sénégal, ils « *sont tenus de respecter la constitution ainsi que les principes de la souveraineté nationale et de la démocratie. Il leur est interdit de s'identifier à une race, à une ethnie, à un sexe, à une religion, à une secte, à une langue ou à une partie du territoire*[127] ».

Cependant, les droits et libertés reconnus aux partis politiques sont souvent violés à l'épreuve de la pratique en Afrique. Ces violations ne sont pas justifiées par la protection de l'État de droit et de l'idéal démocratique mais par la logique de domination que le pouvoir exécutif exerce sur les autres forces politiques par l'intermédiaire de l'administration. Elles s'inscrivent, en effet, dans une logique de préservation du pouvoir. Elles se manifestent comme des abus de droit sur les prérogatives que les instruments de l'UA, la constitution et les lois ont consacré dans une perspective de consolidation de la démocratie et d'organisation d'élections libres et transparentes. Il s'agit de l'ineffectivité des droits d'épanouissement et d'émancipation des partis

---

[126] E. O. DIOP, « *Partis politiques, démocraties et réalités sociales au Sénégal. Essai critique pour une étude réaliste du multipartisme* », *op. cit.*, p. 45.

[127] Article 4 de la constitution du 22 janvier 2001, modifié par loi constitutionnelle n° 2016-10 du 5 avril 2016.

politiques. Ainsi la libéralisation de l'espace politique acquise[128] à la suite de haute lutte, est souvent remise en cause du fait de l'action administrative, qui, à travers la mise en œuvre des droits et libertés des citoyens ou des partis, restreint la liberté de manifestation et de réunions des partis politiques. C'est selon le régime codifié pour l'exercice des libertés, les manifestations des partis de l'opposition sont interdites ou sévèrement réprimées parfois sous le regard indifférent de l'Ua qui ne s'intéresse qu'aux périodes électorales. Le pluralisme politique connaît des limites dans beaucoup de pays en Afrique, à l'instar des droits électoraux qu'il accompagne[129].

Les restrictions apportées aux libertés de réunion et de manifestation se fondent sur les nécessités du maintien de l'ordre public. La protection de ce dernier peut constituer, selon R. CHARVIN et J.-J. SUEUR un «*prétexte à discrimination idéologique et politique*[130] ». Dans ce sens, il est possible de citer l'interdiction par le ministre de l'Intérieur du Bénin, lors des campagnes pour les élections législatives de mars 1995, de circulation en cortège dans la ville de Cotonou des véhicules de campagne du Parti du Renouveau démocratique (PRD), parti d'opposition. Il y a aussi l'arrêté du ministre de l'Intérieur du Sénégal Me O. NGOM du 20 juillet 2011, qui interdit toute manifestation politique au centre-ville qui avait opposé l'opposition au pouvoir lors de la campagne électorale pour l'élection présidentielle de 2012. Cet arrêté a servi de prétexte au préfet de Dakar, pour interdire et ensuite réprimer la marche du Front pour la Défense du Sénégal (FDS)/ *MankooWatùSenegaal* du 14 octobre 2016.

Pour le pluralisme médiatique, il s'agit ici du droit à la presse en général et de la liberté de presse des partis politiques en particulier. En démocratie, c'est la liberté de presse qui garantit l'exercice efficace des libertés siamois que sont la liberté d'opinion et d'expression. Contrairement à la reconnaissance de la liberté de presse et le droit d'accès des partis et des candidats aux médias d'État consacrés par la déclaration de Durban sur les principes régissant les élections démocratiques en Afrique, confirmés et consolidés par la CADEG, il est courant de voir en Afrique que ces droits et libertés font l'objet d'atteintes graves commises par le pouvoir exécutif et les administrations publiques.

L'émergence de la presse privée dans la foulée des processus de transition démocratique des années 1990, interprétée par les pouvoirs politiques comme

---

[128] K. AFO SABI, *La transparence des élections en droit public africain...*, *op. cit.*, p. 326.

[129] S. DAKO, *Processus électoraux et transitions démocratiques en Afrique noire francophone...*, *op. cit.*, p. 73.

[130] R. CHARVIN et J. J. SUEUR, *Droits de l'homme et libertés de la personne*, LexisNexis, collection, objectif droit,5e édition, 2007, p. 233, *in* S. DAKO, *Processus électoraux et transitions démocratiques en Afrique noire francophone...*, *op. cit.*, p. 71.

l'apparition de contre-pouvoir[131], s'adressant aux populations dans leur langue, leur donnant aussi la parole, la radio a changé la nature des rapports entre les gouvernants et les administrés. La radio a « démocratisé » le discours public[132]. Cette tendance entraine souvent, dans beaucoup de pays africains des sanctions lourdes contre les journalistes ou leur organe de presse. Au Bénin, le journaliste E. KAHO, rédacteur en chef du Soleil, a purgé en 1993-1994 pas moins de 10 mois de prison pour avoir publié des articles accusant la femme du président SOGLO de corruption[133]. Au Cameroun, P. NJAWE, directeur de publication du Messager, a aussi été maintenu un an en détention pour avoir sous-entendu dans un article que le président Biya était malade[134]. La vie des organes de presse privés est souvent mouvementée par le tribunal et le fisc.

Cette dernière alourdit le poids de la fiscalité et constitue un handicap pour l'entreprise de presse[135]. Elle rend aussi l'entreprise de presse et les journalistes politiquement vulnérables. Au Burkina Faso, cette fiscalité est constituée de l'impôt sur les sociétés au taux de 27,5 % pour les entreprises commerciales constituées sous forme sociétaire et de la perception de la Taxe sur la valeur ajoutée (TVA) sur les intrants tels que l'encre, l'électricité, le téléphone, l'eau, la connexion internet, le matériel audiovisuel et informatique entrant dans le cadre du fonctionnement de l'entreprise de presse[136]. Au Sénégal, il existe une situation similaire qui fait dire à Monsieur M. DIAGNE, le président du Collectif des éditeurs et diffuseurs de presse du Sénégal (CEDPS), qu'« *Aucune entreprise de presse n'est en règle avec la fiscalité. L'entreprise de presse est en péril*[137]. » Cette tendance non incitative a pour conséquence d'affecter le rôle de contre-pouvoir que joue la presse privée en diluant son élan de promoteur de la démocratie et de garant de la transparence des élections.

---

[131] M. S. FRERE, « Dix ans de pluralisme en Afrique francophone », *Les Cahiers du journalisme* n° 9, automne 2001, p. 3.

[132] C. E. SEYE, « Médias, conflits, paix et démocratie en Afrique de l'Ouest », *in* actes du Forum des Partis politiques, des Médias et de la Société civile en Afrique de l'Ouest, *La construction de la paix et de la démocratie en Afrique de l'Ouest, Bénin du 28 juin au 1er juillet 2005,* p. 59.

[133] M. S. FRERE, « Dix ans de pluralisme en Afrique francophone », *op. cit.*, p. 8.

[134] *Idem.*

[135] J. BOUDA, « Fiscalité des médias : Vers une exonération des équipements de production », *in L'Économiste du Faso*, Premier Hebdomadaire économique burkinabé, 9 mars 2015, http://www.leconomistedufaso.bf/2015/03/09/fiscalite-des-medias-vers-une-exoneration-des-equipements-de-production/, consultation le 13 juillet 2017.

[136] *Idem.*

[137] Voir « Des patrons des médias sollicitent un régime fiscal incitatif », Article de presse, *in* Seneweb, 24 mars 2012, https://www.sencms.com/news/commentaire/undefined_n_81867_c_2249546.html, consultation le 13 juillet 2017.

Aussi la diversité des types d'entreprises de presse qui comprennent aujourd'hui une presse écrite, une presse en ligne, la radio et la télévision, rend difficile la régulation médiatique des activités politiques en général et des campagnes électorales en particulier. L'accès des partis politiques de l'opposition aux médias publics continue de poser problème car ces derniers sont considérés comme des instruments de pouvoir et d'accompagnement des pouvoirs publics en l'occurrence le Président de la République.

Ainsi le constat fait par exemple par La MOEUA pour la présidentielle du 25 octobre 2015 en Côte d'Ivoire, qui a noté que les principes d'accès équitable aux médias et du pluralisme d'opinions politiques ont été respectés de manière générale[138] est souvent différent de la pratique générale en dehors de la période électorale. Avec le pullulement des médias privés, la régulation médiatique des campagnes électorales généralement confiée à des autorités administratives indépendantes comme le CNRA au Sénégal, devient de plus en plus difficile. Certains types de médias et certaines pratiques échappent au champ de la régulation de la campagne que l'autorité administrative indépendante, est chargée de mettre en œuvre.

La presse écrite, la presse en ligne semblent échapper à la régulation médiatique des campagnes électorales à la lecture de l'article 8 de la loi n° 2006-04 du 4 janvier 2006, portant création du Conseil National de Régulation de l'Audiovisuel (CNRA) du Sénégal. Aussi, le contrôle des radios et télévisions privées soulève des problèmes surtout en ce qui concerne la synchronisation pendant la campagne avec les médias publics et la supervision préalable des éléments sonores. C'est en sens qu'El hadj MBODJ rapporte à propos des élections législatives de 1998 et l'élection présidentielle de 2000, les tensions qui opposaient le Haut Conseil de l'Audiovisuel (HCA) et les médias privés[139].

Une première divergence portait sur la synchronisation avec la RTS et une autre sur la supervision préalable des éléments sonores. Les mêmes difficultés sont encore notées avec les tendances aux directes dues à la vente de temps d'antenne mais aussi la confusion entre activités gouvernementales et campagnes électorales souvent volontairement entretenue par les médias publics. Ce qui montre que les garanties électorales, qui doivent procurer comme le souhaite l'UA une intégrité électorale ne sont pas effectives.

---

138 Rapport final mission d'observation de l'Union africaine pour l'élection du Président de la République de Côte d'Ivoire du 25 octobre 2015, p. 18.

139 E. H. MBODJI, « La régulation médiatique des élections L'exemple du Haut Conseil de l'Audiovisuel du Sénégal », in *Actes du symposium international de Bamako*, 3 novembre 2000, pp. 247-251.

2/ Une intégrité électorale ineffective

Les combats pour l'acceptation de l'ouverture démocratique et l'acceptation des principes régissant les élections démocratiques comme hautement proclamés par l'UA n'ont pas suffi pour garantir en Afrique l'organisation d'élections sans tensions et sans contentieux violents. Même si des règles qui sont à la fois acceptées et décriées existent, c'est dans la pratique que les divergences et les actes pouvant affecter la régularité se produisent. Pour la définition du cadre juridique, les pouvoirs profitent de l'automaticité de leur majorité politique pour adopter certaines règles contrairement à la volonté de l'UA qui souhaite que les règles de bases des élections se définissent d'une manière consensuelle[140]. Ainsi si les règles sont acceptées et validées par les différentes parties prenantes, elles permettront au moins d'arrêter, pour la durée d'un mandat, la contestation de la détention du pouvoir[141]. Contrairement à cette volonté, la loi portant refonte partielle du fichier électoral au Sénégal peut être citée comme exemple. Le projet de loi n° 21/2016 portant refonte partielle du ficher électorale a été adopté, le 11 août 2016, sur fond de divergences entre la majorité et l'opposition au Sénégal. Cette loi est chargée de mettre en même temps en œuvre la carte d'identité biométrique à puce CEDEAO, instituée par la loi n°2016-09 du 14 mars 2016. C'est aussi la situation de la loi constitutionnelle sur parrainage à l'élection présidentielle qui a été adopté le 19 avril 2018 dans un contexte d'interdiction de tout rassemblement dans le département de Dakar. Comme sous un État d'urgence, cette journée d'émeute a été marquée par l'arrestation de tous les leaders de l'opposition et la sortie du Président de la République du territoire.

Il est important de rappeler que la majorité des États n'a pas encore lâché l'organisation des élections ou du moins garde une partie importante de la mise en œuvre de cette dernière contrairement à la volonté de l'UA. Mais dans la pratique les missions d'observation ne semblent considérer cette situation comme une difficulté et ne proposent pas sa correction. Ainsi, pour saper l'efficacité des institutions électorales et saboter le calendrier électoral, le gouvernement, par l'intermédiaire de son ministère des finances, peut refuser ou retarder l'allocation des ressources financières nécessaires pour le fonctionnement de ces institutions. Nous avons comme exemples, la tentative d'asphyxie financière de la COS-LEPI au Bénin, le refus de financement de la Commission électorale en RDC. C'est, en effet, l'autonomie financière et les principes budgétaires qui affaiblissent les garanties institutionnelles des élections régulières. À propos de la LEPI, M. HOUNKPE déclare qu'« *elle semble être devenue une sorte d'otage sur lequel joue un certain nombre d'acteurs politiques pour retarder au maximum sa mise à disposition et, de ce*

---

140 IRG & LAM, « Élection et risques d'instabilité en Afrique : Quel appui pour des processus électoraux légitimes ? », *op. cit.*, p. 12.

141 *Idem.*

fait, la tenue des élections communales, municipales et locales de 2013 qui ont été reportées sine die[142].»

Aussi, la régularité électorale peut vaciller dans la mise en œuvre des actes réglementaires qui découlent souvent de la compétence de l'exécutif et de ses démembrements, en l'occurrence le Président de la République. Au-delà du découpage administratif dont la mise en œuvre peut être motivée par des calculs politiques, la répartition des sièges des députés à pourvoir au scrutin majoritaire départemental, qui est de la compétence du Président de la République au Sénégal, peut favoriser le parti présidentiel. Ainsi, comme l'affirme M. DIAKHATE, l'annulation du décret de répartition du nombre de sièges à pourvoir au scrutin majoritaire départemental pour non-respect du critère démographique par le juge de l'excès de pouvoir, a servi de prétexte pour découpler des élections auparavant couplées à la date du 25 février 2007[143].

Il faut aussi noter que les opérations de vote enregistrent des irrégularités aussi diverses que variées mais volontairement organisées et entretenues. Ces irrégularités correspondent en vérité à des fraudes électorales qui sont des pratiques insidieuses qui, selon S. DAKO, s'amplifient au fur et à mesure que le processus de démocratisation évolue[144]. Avec une simple mission d'observation électorale dans la période électorale, l'UA ne peut pas appréhender ses pratiques frauduleuses perpétrées plusieurs mois avant la tenue du scrutin.

La fraude peut se situer au niveau de la consistance du fichier électoral. Il a été noté, lors de la présidentielle de 2001, une variation du nombre des inscrits entre la CENA et la Cour constitutionnelle chargée du contrôle et de la proclamation des résultats au Bénin[145]. La fraude aussi peut se révéler dans le nombre de bureaux de vote comme lors du référendum du 20 mars 2016 au Sénégal, où une différence de 1213 bureaux de vote a été notée entre la direction des élections qui avait annoncé 12.381bureaux et la cour d'appel de Dakar, qui, lors de la proclamation des résultats, avait annoncé 13.594 bureaux de vote.

Il existe d'autres actes et pratiques qui violent les lois électorales et qui empêchent la réalisation des objectifs électoraux de l'Union africaine. Le phénomène le plus persistant c'est l'utilisation des moyens de l'État par le parti au pouvoir, surtout en ce qui concerne la logistique, la sécurité et le financement. Aussi, la participation du Président de la République aux campagnes électorales

---

[142] M. HOUNKPE, « La stabilité démocratique : une solution pour la consolidation de la paix en Afrique de l'Ouest. Cas de la République du Bénin », in Actes du 4e SYMPOSIUM ANNUEL de Gorée Institute, 2015, pp. 30-56.

[143] M. DIAKHATE, *L'Émergence du droit électoral dans les États de l'Afrique subsaharienne francophone…*, *op. cit.*, p. 409.

[144] S. DAKO, *Processus électoraux et transitions démocratiques en Afrique noire francophone…*, *op. cit.*, p. 283.

[145] *Idem.*

où il n'est pas candidat, même sanctionnée par le juge au Sénégal, elle persiste. Tous ces actes et pratiques, qui sont destinés à favoriser essentiellement un camp, vident les élections de la régularité que les instruments électoraux de l'UA, les constitutions et les lois électorales poursuivent. C'est aussi dans ce même cadre qu'il faut inscrire la transparence électorale.

La transparence dans les élections est une notion considérée comme récente, qui a fait son apparition dans les processus électoraux en Afrique après la restauration du multipartisme et l'organisation d'élections pluralistes[146]. C'est pour contre carrer les résistances rencontrées et les impasses préoccupantes dans l'atteinte des perspectives prometteuses de l'ouverture démocratique[147] que l'Union africaine a érigé au rang des principes régissant les élections démocratiques en Afrique la transparence électorale.[148] Cette position a été renforcée par la CADEG[149].

L'UA a institué la transparence électorale dans la perspective de l'accessibilité des informations et d'un processus électoral inclusif[150]. La transparence publique, développée dans le sens d'une obligation de publicité fait référence à une obligation générale d'information de la société ou à une obligation de communication[151]. La transparence électorale est, selon K. AFO SABI, une notion indéfinie, mais qui renferme aussi irréductiblement cette obligation d'information, dont elle déborde[152] obligatoirement à travers la participation et le consensus.

La transparence électorale est une obligation juridique hautement définie par la CADEG, que l'organisation continentale surveille à travers ses instruments, notamment l'observation électorale. Mais à l'épreuve de la pratique de la mise en œuvre des processus électoraux, la transparence est volontairement viciée par certaines administrations électorales, qui peuvent refuser d'accréditer les organismes d'observations ou par certains agents qui peuvent interdire l'accès des observateurs aux bureaux de vote. Pour l'élection présidentielle de 2012 au Sénégal, le pouvoir du Président Abdoulaye WADE n'avait pas donné suite à la demande d'accréditation de la Rencontre africaine pour la Défense des Droits de l'Homme (RADDHO)[153], pour l'observation du scrutin de février-mars 2012

---

[146] K. AFO SABI, *La transparence des élections en droit public africain...,op. cit.*, p. 41.

[147] B. GUEYE, « Démocratie en Afrique... »*, op. cit.*, pp. 5-25.

[148] Voir 2e partie de la Déclaration de l'OUA sur les principes régissant les élections démocratiques en Afrique.

[149] Paragraphe 4, article 3, chapitre III, des principes, de la CADEG, *op. cit.*

[150] Voir déclaration de l'OUA sur les principes régissant les élections démocratiques en Afrique, *op. cit.*

[151] K. AFO SABI, *La transparence des élections en droit public africain,..., op. cit.*, p. 44.

[152] *Idem.*

[153] Rapport final de la MOE-UE, pour l'élection présidentielle de 2012, p. 31.

au motif que son Secrétaire général Alioune Tine était contre la candidature du Président sortant, qui était considérée par l'opposition et la société civile comme contraire à la constitution du 22 janvier 2001. Une pratique similaire qui procure les mêmes résultats c'est-à-dire l'absence de transparence est récemment remarquée lors des élections législatives du 18 décembre 2016 en Côte d'Ivoire. Les observateurs de la POECI ont été interdits d'accès au bureau de vote par les agents de la CEI dans plusieurs localités dont Korhogo, Noé, Attécoubé, Koumassi, Treichville...[154].

La transparence est aussi volontairement viciée lorsque le pouvoir organise la rétention des informations électorales ou cherche à tromper l'information des électeurs et des acteurs. Souvent, les informations relatives aux nombres de bureaux de vote, la consistance du fichier électoral sont présentées d'une manière floue. Ces attitudes sont souvent renforcées par l'inaccessibilité ou l'indisponibilité de la liste électorale. Il s'y ajoute le manque de concertation ou l'exclusion des partis d'opposition et de la société dans la détermination d'un certain nombre d'instruments électoraux. Il en est ainsi de la détermination des spécifications techniques du fichier électoral et des cartes d'électeurs mais aussi de la qualité de l'encre indélébile. Il s'agit essentiellement de manquements aux principes et règles électoraux proclamés par l'UA et auxquels la responsabilité des États est engagée. À ces inefficiences du cadre normatif d'organisation des élections, il faut ajouter les déficiences du cadre normatif.

L'acceptation générale en Afrique du principe de l'organisation d'élections libres et transparentes à intervalles réguliers[155], qui a entrainé la réforme des codes électoraux, l'institutionnalisation des commissions électorales mais aussi l'acceptation des observateurs électoraux, n'a pas permis de préserver effectivement l'intégrité de la plupart des opérations électorales organisées en Afrique. La problématique de l'intégrité électorale se pose pour chaque étape du processus électoral[156]. Sa fébrilité dans les processus électoraux s'explique essentiellement par une régularité électorale vacillante mais aussi par une transparence électorale essentiellement viciée.

En définitive la question de la réalité d'un droit africain des élections démocratiques ne se pose plus. Il se pose essentiellement la question de l'effectivité de ce droit surtout dans un contexte d'apparition d'un vent de remise en cause des acquis démocratique nés du renouveau constitutionnel en Afrique.

---

[154] M. OSSE, «Démarrage effectif des opérations de vote et des cas d'interdiction d'accès aux bureaux de vote aux observateurs POECI, article publié, le 18 décembre 2016, *in* https://poeci-elections.org.

[155] B. GUÈYE, « *La démocratie en Afrique : succès et résistances* », *op. cit.*, pp. 5-2.

[156] Réseau du Savoir électoral, L'Encyclopédie ACE, « *Intégrité électorale* », édition 2013, p. 7, http://recef.org/wp-content/uploads/ACE-Integrite-electorale-2013.pdf, dernière consultation.

L'ORDRE JURIDIQUE ÉLECTORAL DANS L'ESPACE CEDEAO

Mamadou Salif Sané

Enseignant-Chercheur
Université Gaston Berger de Saint-Louis

L'élection constitue un moment clef de la vie politique d'une nation au regard des pouvoirs qui sont reconnus au président de la République et aux parlementaires. En Afrique, les échéances électorales sont généralement constitutives de situations conflictogènes de nature à fragiliser les institutions étatiques et à préjudicier la construction d'un État-nation encore embryonnaire. Dans cet ordre d'idées, l'ordre électoral indique les possibilités de contenir les contestations dans un système de règles de droit propre à légitimer l'exercice légal du pouvoir[1]. Les règles qui régissent l'élection constituent le fondement primaire d'un processus électoral apaisé. Elles constituent la base des comportements des acteurs politiques qui n'hésitent pas à recourir, désormais, à un « tiers-médiateur », le juge électoral. De ce fait, elles occupent une place de première importance dans la vie démocratique d'un État[2]. Les hommes politiques donnent ainsi à voir un processus électoral régi par le droit, soumis à ce que permet et interdit l'ordre juridique électoral.

Le dédicataire de ces mélanges, le Professeur El hadj MBODJ, a contribué partout en Afrique à l'élaboration de normes électorales équilibrées ou encore en tant que « pèlerin constitutionnel », à l'élaboration des Constitutions. Le professeur MBODJ avait intitulé sa thèse de doctorat : *La succession du Chef d'État en droit constitutionnel africain. Analyse juridique et impact politique*[3]. Je songe encore aux conclusions de cette thèse où l'auteur faisait transparaître

---

[1] M. DIAKHATÉ, *L'émergence du droit électoral dans les États d'Afrique francophone subsaharienne : les cas du Bénin, du Mali et du Sénégal,* UCAD, 2012, p. 45.

[2] N. ABI RACHED, « Le contrôle de constitutionnalité des lois électorales », *in Petites affiches,* 2012, n° 243, pp. 7-17.

[3] E. H. MBODJ, *La succession du Chef d'État en droit constitutionnel africain. Analyse juridique et impact politique*, Thèse pour le doctorat d'État en droit, F.S.J.P., U.C.A.D., 1991, 536 p.

que toute désignation du président de la République par une autre voie que l'élection relève d'une hérésie constitutionnelle. Les articles publiés par le Professeur MBODJ en matière électorale, notamment « Émergence d'une culture constitutionnelle inclusive en Afrique. Expérience vécue du processus d'élaboration de la Constitution de la République démocratique du Congo du 18 février 2006 »[4], « Le juge : un déterminant du processus électoral en Afrique ? »[5], « De la recevabilité de la candidature de Me Wade pour un troisième mandat : faux débat politique ou vrai casse-tête constitutionnel ? »[6], « Regard rétrospectif sur le statut de l'opposition dans les États africains d'expression française »[7], « La constitution de transition et la résolution des conflits en Afrique. L'exemple de la République Démocratique du Congo »[8], « Faut-il avoir peur de l'indépendance des institutions électorales en Afrique ? »[9], « La démocratie multi-partisane sénégalaise à la lumière du nouveau Code électoral »[10], montrent à suffisance l'intérêt qu'il porte à la démocratie libérale. J'aurais bien aimé posséder le talent du Maître pour décrire et analyser avec pertinence les normes électorales dans l'espace CEDEAO. N'ayant cependant pas le même don, je me bornerai classiquement à mettre le doigt sur quelques aspects de ces normes. En écrivant cette contribution, le souvenir ému et complice de nos rencontres privées dans le cadre de la préparation de ma thèse de doctorat me vient à l'esprit. Il ne cesse d'insister sur la spécificité du juge électoral par rapport au juge constitutionnel et le rôle déterminant que celui-ci doit jouer dans la consolidation de la paix même en l'absence de base juridique claire. De plus, le communiqué du ministre de l'Intérieur du Sénégal rappelant à l'ordre le parti PASTEF en invoquant les dispositions de l'article 3[11] de la loi n°81-17 du 6 mai 1981 relative aux partis politiques modifiée par la loi n°89-36 du 12 octobre 1989, renaît de ses cendres le rapport du professeur MBODJ sur le financement public des partis politiques de 1998. Cette question est considérée comme « un

[4] SALL (A.) et FALL (I. M.) (dir.), Mélanges en l'honneur de Babacar KANTE, *Actualités du droit public et de la science politique en Afrique,* Sénégal, L'Harmattan, 2017, pp. 221-263.

[5] Mélanges en l'honneur de Jean Du Bois de GAUDUSSON, *Espace du service public* Bordeaux, *éd. Presses Universitaires de Bordeaux*, 2013, pp. 421 et s.

[6] Disponible sur : *http://www.elhadjmbodj.org*

[7] VETTOVAGLIA (J.-P.) et *alii* (dir.), *Démocratie et élections dans l'espace francophone,* Bruxelles, Bruylant, 2010, pp. 334-350.

[8] *RDP*, n° 2, 2010, pp. 441 et s.

[9] Disponible sur : http://afrilex.u-bordeaux4.fr/faut-il-avoir-peur-del.html

[10] *Revue alternative démocratique dans le tiers monde*, n° 6, juillet-décembre 1992, pp. 73-90.

[11] Cet article prévoit en substance que le parti politique ne bénéficie d'autres ressources que celles provenant des cotisations, des dons et legs de ses adhérents et sympathisants nationaux et des bénéfices réalisés à l'occasion de manifestations.

serpent de mer »[12]. Cette modeste contribution en son honneur est une occasion pour le disciple de revenir sur un des sujets qui a participé sans nul doute à la notoriété internationale du Maître : « L'ordre juridique électoral dans l'espace CEDEAO ».

L'ordre juridique en matière électorale est l'ensemble des règles de droit qui régissent les élections, comportant des droits et des obligations pour chacun des acteurs impliqués dans le processus électoral. Selon Bernard MALIGNER, « *le droit électoral est le corpus des règles constitutionnelles, législatives, réglementaires, administratives (...) et jurisprudentielles (...) applicables en matière d'élections, auquel les instruments internationaux (...) sont susceptibles de s'agréger* »[13]. Ce sont donc ces normes internes et externes qui définissent le régime électoral dans un État.

La Cour constitutionnelle du Bénin a défini, dans sa décision DCC 34-94 du 23 décembre 1994, le système électoral comme *« l'ensemble des règles juridiques qui déterminent la manière dont il est possible de se porter candidat à une élection et d'être élu. Il repose sur des séries d'opérations à savoir des mesures préparatoires (date du scrutin et convocation des électeurs, présentation des candidats), la campagne électorale (organisation et contrôle), le scrutin (mode, déroulement, dépouillement, proclamation, réclamation ou contentieux) »*[14]. À cela faut-il ajouter les listes électorales, car *« la jouissance du droit électoral est distincte de son exercice ; pour être électeur, il suffit de ne se trouver dans aucun des cas d'incapacité prévu par la loi ; pour exercer les droits d'électeur, il faut être en outre inscrit sur une liste électorale »*[15].

Dans l'espace CEDEAO, l'édifice constitutionnel de promotion de la démocratie et de l'État de droit mis sur pied durant la troisième vague de démocratisation s'effrite de jour en jour dans certains États considérés

---

[12] Voir « Financement des partis politiques sur fonds publics, « un serpent de mer… », disponible sur https://www.elhadjmbodj.org/financement-des-partis-politiques-sur-fonds-publics-un-serpent-de-mer consulté le 06/01/2020.

[13] B. MALIGNER, *Droit électoral*, Ellipses, Paris, 2007, p. 11.

[14] Aux termes de l'article 48, alinéa 1er de la constitution béninoise, *« la loi fixe les conditions d'éligibilité, de présentation des candidatures, de déroulement du scrutin, de dépouillement et de proclamation des résultats de l'élection du président de la République… »*. En son article 81, elle dispose que *« la loi fixe le nombre des membres de l'Assemblée nationale, les conditions d'éligibilité, le régime des incompatibilités… »*. Mais de façon générale, aux termes de l'article 98 de la constitution, *« Sont du domaine de la loi les règles concernant :… la citoyenneté, les droits civiques et les garanties fondamentales accordées aux citoyens pour l'exercice des libertés publiques ; … le régime électoral du Président de la République, des membres de l'Assemblée nationale et des Assemblées locales ;… la création et la modification de Circonscriptions administratives ainsi que les découpages électoraux… »*.

[15] D. DUTRIEUX, « Les listes électorales : formalités et procédures », *in Traité de droit politique, électoral et parlementaire*, 1902, rééd. Loysel 1989, n° 115, p. 141.

pourtant comme modèles de démocratie libérale[16]. Au fait, le continent a repris les voies cahoteuses des remises en cause institutionnelles, des coups d'État militaire, de révisions constitutionnelles opportunistes[17] et de condamnation d'opposants politiques ; alors qu'au même moment, le Niger inaugure sa première transition démocratique du pouvoir, c'est-à-dire la transmission du pouvoir entre deux présidents sortis des urnes.

En Afrique, à l'approche des échéances électorales, les dirigeants n'hésitent pas à adopter de nouvelles règles pour se maintenir au pouvoir. La nouvelle ingénierie électorale consiste soit en une modification de la Constitution pour faire sauter le verrou de la limitation du mandat ou en se diluant de l'application immédiate de la clause de limitation, soit en durcissant les conditions relatives à l'éligibilité par l'institution des parrainages par les élus ou des citoyens. La question du troisième mandat n'a toujours pas reçu une solution définitive. Dans la zone, il n'est pas rare de voir émerger des « accords politiques » conclus en marge de la légalité constitutionnelle.

Il revient alors à l'esprit de se poser la question de savoir qu'est-ce qui caractérise l'ordre juridique électoral dans l'espace CEDEAO ?

Les élections se déroulent en Afrique de l'Ouest francophone dans un environnement juridique complexe qui rend difficile le travail du juge électoral. Les règles électorales posent un problème du point de vue de leur source, de leur nature et de leur valeur juridique. À cet égard, elles fragilisent l'office du juge électoral[18]. La complexité de l'ordre juridique électoral tient essentiellement à son caractère composite et instable. Les élections se déroulent en Afrique dans un cadre normatif composé de normes internes et internationales.

Aujourd'hui, le lien entre la stabilité politique des États et la paix internationale participe à la légitimation du « droit d'ingérence » qui implique que les situations politiques nationales intéressent la « communauté

---

[16] M.S. SANE, *Le contentieux des élections nationales dans les États d'Afrique noire francophone subsaharienne : les exemples du Sénégal et du Bénin.*, Thèse de doctorat unique, UCAD, 2019, 446 p.

[17] C'est le cas de la révision constitutionnelle guinéenne du 22 mars 2020 pour permettre au président Alpha Condé de briguer un troisième mandat. Dans sa nouvelle mouture, l'article 40 prévoit que « *le président de la République est élu au suffrage universel direct pour un mandat de six ans, renouvelable une fois* » ; alors que dans la Constitution de 2010, il était précisé que « *en aucun cas, nul ne peut exercer plus de deux mandats, consécutifs ou non* ».

[18] G. BADET, « Le contentieux des élections nationales en Afrique noire francophone », *in* F. J. AIVO (dir.), *La Constitution béninoise du 11 décembre 1990 : un modèle pour l'Afrique* ?, Mélanges en l'honneur de Maurice AHANHANZO-GLELE, Paris, L'Harmattan, 2014, p. 433.

internationale » qui a le droit de se prononcer sur elles[19]. La mondialisation du concept d'État de droit est ainsi en train de faire son effet sur tous les continents[20]. Comme le souligne D. MAUSS, « *A côté de la juxtaposition des droits constitutionnels nationaux, s'est développé, depuis l'après Seconde guerre mondiale, et encore plus depuis une vingtaine d'années, un ensemble de principes et de règles dont la valeur est souvent floue, mais qui constitue progressivement un véritable corpus international en matière de droit électoral* »[21]. Ce processus d'internalisation du droit électoral va favoriser une dynamique régionale ou sous-régionale. Ainsi en Afrique noire francophone, notamment dans l'espace CEDEAO, on assiste aujourd'hui à une certaine convergence constitutionnelle[22]. C'est ainsi que le protocole additionnel de la CEDEAO prône des élections libres, honnêtes, et transparentes et interdit l'accession ou le maintien antidémocratique au pouvoir. Ce protocole s'efforce de créer les conditions d'une intégration des normes et pratiques électorales à l'échelon sous-régional.

Au niveau continental, aucune reconnaissance ne sera désormais accordée aux dirigeants issus de changements anticonstitutionnels. C'est dans ce sens que la Charte africaine des Droits de l'Homme et des Peuples (CADHP), adoptée le 28 juin 1981 par la 18e Conférence des Chefs d'État et de Gouvernement à Nairobi et entrée en vigueur le 21 octobre 1986, veille à ce que des élections régulières, libres et justes soient organisées et que les candidats et les électeurs puissent y participer sans restrictions injustifiées. Son acte constitutif renferme des dispositions nouvelles destinées à promouvoir les principes et les institutions démocratiques, la participation populaire et la bonne gouvernance, d'autant plus que c'est seulement dans la

[19] I. M. FALL et A. SALL, « Une Constitution régionale pour l'espace CEDEAO : le protocole sur la démocratie et la bonne gouvernance », disponible sur http://jaga.afrique-gouvernance.net/_docs/pr_sentation_et_analyse_du_protocole_sur_la_d_mocration_de_la_cedeao.pdf, consulté le 13/10/2020.

[20] J. CHEVALIER (J.), « La mondialisation de l'État de droit », *in* Mélanges Ardant (Ph.), *Droit et politique à la croisée des cultures*, Paris, Librairie Générale de Droit et de Jurisprudence, 1999, p. 325 et s. Du même auteur, L'État de droit. Paris, Montchrestien, Lextenso éditions, 2010, 5e édition, p. 118 et s. Egalement du même auteur, État de droit et relations internationales. Annuaire Français de Relations Internationales, 2006 Volume VII, p. 9 et s. Voir également Chemillier-Gendreau (M.), « L'État de droit au carrefour des droits nationaux et du droit international », in *État de droit. Mélanges en l'honneur de Guy Braibant*. Paris, Dalloz, 1996, p. 57.

[21] D. MAUSS, « Élections et constitutionnalisme : vers un droit international des élections ? », *in* J-P VETTOVAGLIA, J. DU BOIS DE GAUDUSSON, A. BOURGI , Ch. DESOUCHES , J. MAILA, HUGO S. et A. SALIFOU (dir.), *Prévention des crises et promotion de la paix*, volume II, *Démocratie et élections dans l'espace francophone*, Bruxelles, Bruylant, 2010, p. 52.

[22] Voir article premier du protocole additionnel de la CEDEAO sur la démocratie et la bonne gouvernance.

consolidation des acquis démocratiques et dans l'approfondissement de l'État de droit que l'organisation panafricaine peut réaliser la politique d'intégration du continent.

Mieux, la Cour africaine des droits de l'homme et des peuples est de plus en plus active dans la protection des droits politiques des citoyens de l'Union. Récemment, la Cour, après avoir reconnu sa compétence *prima facie* pour connaitre de la requête de Guillaume Soro et reconnu le caractère irréparable des préjudices encouru par le requérant, a ordonné la levée de tous les obstacles empêchant Guillaume K. Soro de jouir de ses droits de voter et d'être élu notamment lors de l'élection présidentielle du 31 octobre 2020. Dans son arrêt n°010/2020 du 27 novembre 2020 affaire Sébatien AJAVON c/État du Bénin, la Cour est allée beaucoup plus loin. En réalité, après avoir reconnu la violation par le Bénin du droit à liberté d'association du fait de la dissolution des partis politiques n'ayant pas participé à deux élections successives, le droit de participer librement à la direction des affaires publiques du fait de l'interdiction des candidatures indépendantes et de l'obligation de résidence imposée à tout candidat, l'obligation de créer des organes électoraux indépendants et impartiaux, l'obligation de garantir l'indépendance de sa Cour constitutionnelle et de son pouvoir judiciaire, l'obligation de procéder à une révision constitutionnelle basée sur le consensus national et surtout la violation du droit à la paix et à la sécurité protégé par l'article 23(1) de la Charte, la Cour a ordonné à l'État du Bénin à prendre toutes les mesures nécessaires avant les prochaines échéances électorales afin de procéder à l'abrogation des dispositions constitutionnelles, législatives et réglementaires en cause[23]. Au regard des récents arrêts rendus par la Cour constitutionnelle du Bénin en matière électorale, on se demande si la « popularité constitutionnelle » dont elle bénéficie se justifie encore ? Cette Cour mérite-t-elle des éloges ? Constitue-t-elle un modèle de circulation des jurisprudences constitutionnelles comme cela a été écrit ?[24] Ce qui est sûr c'est que le juge électoral africain peine toujours à donner une effectivité aux instruments juridiques internationaux relatifs aux élections. Celui-ci privilégie les normes nationales. Ces dernières partent de la Constitution au plus modeste des arrêtés.

[23] Disponible sur https://fr.african-court.org/images/Cases/Judgment/010-2020-XYZ-c-REPUBLIQUE-DU-BENIN-ARRET.pdf?fbclid=IwAR3itbfkHxlE-VmikIG5McNe7AsK-fX5OL7KKxNNO-6yK5Il_4Fq607bigw, consulté le 02/01/2020.

[24] J.-L. ATANGANA AMOUGOU, « La Cour constitutionnelle béninoise : un modèle de justice constitutionnelle en Afrique ? », *in* F. J. AIVO (dir.), *La Constitution béninoise du 11 décembre 1990 : un modèle pour l'Afrique* ?, Mélanges en l'honneur de Maurice AHANHANZO-GLELE, Paris, L'Harmattan, 2014, pp. 689-702 ; A. B. FALL, « Le juge constitutionnel béninois, avant-garde du constitutionnalisme africain ? », *in* F. J. AIVO (dir.), *La Constitution béninoise du 11 décembre 1990 : un modèle pour l'Afrique* ?, Mélanges en l'honneur de Maurice AHANHANZO-GLELE, Paris, L'Harmattan, 2014, pp. 759-770.

La Constitution constitue le premier fondement de la légitimité du pouvoir politique dans l'ordre interne. C'est elle qui détermine le titulaire de la souveraineté et son mode d'exercice. Ainsi, s'inspirant du constituant français, les Constitutions africaines ont consacré la formule sacramentelle selon laquelle *« la souveraineté nationale appartient au peuple qui l'exerce par ses représentants et par la voie du référendum. Aucune section du peuple ni aucun individu ne peut s'en attribuer l'exercice. Le suffrage peut être direct ou indirect dans les conditions prévues par la Constitution. Il est toujours universel, égal et secret. Sont électeurs, dans les conditions déterminées par la loi, tous les nationaux majeurs des deux sexes, jouissant de leurs droits civils et politiques »*[25]. Cette disposition générale est complétée par d'autres relatives aux droits électoraux et aux institutions électorales. La deuxième base du droit électoral est législative. En effet, la charte fondamentale renvoie le plus souvent à la loi organique ou ordinaire le soin de fixer le régime électoral. L'application de la loi appelle l'intervention d'autorités administratives en vertu du principe de la séparation des pouvoirs qui donne la compétence à l'Exécutif d'exécuter les lois votées par le Parlement. Cette idée n'exclut toutefois pas l'intervention d'un pouvoir réglementaire autonome. Enfin, dans un domaine ouvert à la compétition, le rôle de la jurisprudence, donc du juge dans l'application des normes électorales, est fondamental. Il lui appartient de veiller à l'atterrissage en douceur du processus électoral. Le juge doit aller au-delà d'un simple contrôle formel ou de procédure et sanctionner le détournement de pouvoir du législateur. Ce qui n'est pas aisé dans un système juridique hétéroclite et instable (I). D'où la nécessité d'offrir au juge des normes électorales bien harmonisées et consensuelles (II).

I/ Un cadre juridique électoral complexe

En Afrique, les élections se déroulent dans un environnement juridique est très composite. Il est composé, dans les régimes normaux, de normes constitutionnelles, législatives et réglementaires souvent instables (B). Ces normes internes cohabitent avec le protocole additionnel de la CEDEAO relatif à la bonne gouvernance et de la démocratie mais aussi, dans les régimes de sortie de crise, avec des chartes de transition qui parfois mettent en hibernation la Constitution. Ce qui pose le problème de la hiérarchie des normes dans ce domaine (A).

A/ Une avalanche normative désordonnée

Il est établi avec évidence que la norme juridique fait l'élection[26]. Les règles électorales constituent donc le fondement primaire de l'organisation de

---

[25] Voir l'article 3 de la Constitution du Sénégal du 22 janvier 2001 modifiée par la loi constitutionnelle 2016-10 du 05 avril 2016.

[26] S. BOLLE , « Vices et vertus du contentieux des élections en Afrique », *in* J.-P. VETTOVAGLIA, J. DU BOIS DE GAUDUSSON, A. BOURGI , Ch.

toute élection. Elles occupent une place de première importance dans la vie d'une démocratie moderne[27]. En effet, toute élection doit faire l'objet d'un encadrement juridique[28]. Une élection suppose que soient définis préalablement par les textes, le corps électoral, les modalités du suffrage, le ou les mandats mis en compétition, le mode d'élection, l'encadrement administratif et financier du processus électoral, le mode de contrôle de la régularité des élections et de proclamation des résultats.

Au niveau interne, les élections sont régies en principe par les sources formelles regroupées par ordre hiérarchique décroissant en trois grandes catégories composées des normes constitutionnelles, législatives et réglementaires.

Première source interne des élections, la Constitution fixe les principes et les règles de fond mais aussi de compétences du processus électoral. Ces principes et règles sont énoncés non seulement dans la Constitution mais aussi dans son préambule. La première essence constitutionnelle du droit électoral est à trouver dans les théories de la souveraineté. En fonction des élections, la Constitution pose les règles de fond régissant le processus électoral ainsi que le contentieux qui peut en découler. Ainsi pour l'élection présidentielle et les élections législatives, les Constitutions africaines déterminent les conditions d'éligibilité, les incompatibilités, la durée et le nombre de mandats, le mode de scrutin, le moment auquel le scrutin doit se dérouler et le contentieux. Quant au préambule de la Constitution, si les constituants africains de la troisième vague de démocratisation ont réglé ont définitivement la question de sa valeur juridique en l'intégrant dans la Constitution, il reste que les instruments juridiques internationaux auxquels il fait référence sont peu protégés par les juges constitutionnels chargés de la gestion du contentieux électoral.

La Constitution enserre dans ses dispositions la totalité de la vie politique. Elle contribue ainsi à déterminer le déroulement du jeu politique et le comportement des acteurs. Ce qui correspond à la conception traditionnelle de la Constitution-séparation des pouvoirs comme moyen d'assurer la démocratie et la liberté politique des citoyens. La pacification de la vie politique aura pour fondement le contrôle de constitutionnalité. La Constitution n'a plus une valeur nominale, théorique, mais une valeur normative en ce qu'elle produit des effets réels et contraignants sur les

---

DESOUCHES , J. MAILA, HUGO S. et A. SALIFOU (dir.), *Prévention des crises et promotion de la paix*, volume II, *Démocratie et élections dans l'espace francophone*, Bruxelles, Bruylant, 2010, p. 534.

[27] N. ABI RACHED, « Le contrôle de constitutionnalité des lois électorales », *in Petites affiches,* 2012, n° 243, pp. 7-17.

[28] I. M. FALL, « Quelles réserves sur l'élection du président de la République au suffrage universel. Les tabous de la désignation démocratique des gouvernants », *in Afrique contemporaine, Les tabous du constitutionnalisme en Afrique*, n° 2, 2012, p. 102.

activités politiques. Elle constitue la norme de référence du contrôle de constitutionnalité des lois électorales par le juge électoral.

Au Sénégal, la Constitution a délimité le domaine de compétence du législateur en établissant la liste des matières qui ressortissent de la compétence de l'Assemblée nationale ou en renvoyant spécifiquement certaines matières à la compétence du Parlement. À ce titre, la Constitution renvoie à la loi organique pour fixer le régime de l'Assemblée nationale[29]. La définition par le législateur du régime des élections législatives et présidentielles[30] est un préalable indispensable pour toute démocratie en ce sens qu'elle pose les fondements de l'intervention des autorités électorales. Les Constitutions africaines, s'inspirant de celle française, ont attribué au Parlement la compétence de définir le régime électoral. Le législateur intervient ici pour mettre en application les dispositions constitutionnelles. Dans le premier cas, la loi fixe, notamment les règles concernant les droits civiques, le statut de l'opposition, la nationalité, l''état et la capacité des personnes et le régime électoral de l'Assemblée nationale. Elle peut aussi se borner à déterminer les principes fondamentaux. Dans le second cas, en matière électorale, la Constitution renvoie à la loi le soin de fixer les règles de constitution, de suspension et dissolution des partis politiques, les conditions dans lesquelles les partis exercent leurs activités et bénéficient d'un financement public ou privé, les droits de l'Opposition et de son Chef. Tout le processus électoral est ainsi suspendu aux lois qui définissent l'organisation des élections. Ces règles doivent être claires, précises et connues longtemps à l'avance de tous les acteurs.

En Afrique, au moment de l'adoption des normes de la compétition électorale, certaines majorités parlementaires n'hésitent pas à faire des textes électoraux « *une législation de guerre électorale* »[31] pour la conservation du pouvoir. L'intervention d'un *« tiers-médiateur »*, le juge constitutionnel jouissant d'une indépendance est nécessaire afin de sanctionner les lois de

---

[29] Article 60 de la Constitution sénégalaise prévoit que « *une loi organique fixe le nombre des membres de l'Assemblée nationale, leurs indemnités, les conditions d'éligibilité, le régime des inéligibilités et des incompatibilités* ».

[30] L'article 48 de la Constitution du Bénin dispose que « *la loi fixe les conditions d'éligibilité, de présentation des candidatures, de déroulement du scrutin, de dépouillement et de proclamation des résultats de l'élection du président de la République* ». L'article 33 de celle du Mali dispose : « *La loi détermine la procédure, les conditions d'éligibilité et de présentation des candidatures aux élections présidentielles, du déroulement du scrutin, de dépouillement et de la proclamation des résultats. Elle prévoit toutes les dispositions requises pour que les élections soient libres et régulières* ».

[31] S. BOLLE, « Les juridictions constitutionnelles africaines et les crises électorales », *op. cit.*, p. 6.

circonstance ou de complaisance[32]. Garant de la suprématie de la constitution et censeur des actes hiérarchiquement inférieurs, le juge électoral doit censurer les déviances normatives du législateur, c'est-à-dire les éventuels vices de constitutionnalité externe ou interne. L'inconstitutionnalité externe est constituée de l'incompétence législative et du vice de forme. L'incompétence législative vise deux cas de figure. Le premier renvoie au fait pour le législateur de s'immiscer dans les domaines de compétences d'un autre pouvoir. C'est ce que l'on appelle l'incompétence positive du législateur. Le second renvoie à l'intrusion d'un autre pouvoir dans le champ de compétence du législateur ou lorsque celui-ci n'épuise pas son champ de compétence. C'est ce que l'on appelle l'incompétence négative. Quant au vice de forme, il est une irrégularité résultant du défaut de respect des formalités prévues par le droit. L'inconstitutionnalité interne renvoie à la violation de la règle de droit et au détournement et abus de pouvoir législatif. La violation de la loi consiste pour le législateur à ne pas respecter les règles substantielles qui s'imposent à lui. Le détournement de pouvoir renvoie à l'exercice par le législateur de ses prérogatives pour des fins autres que celles pour lesquelles il a été institué. Les règles et les principes juridiques doivent s'énoncer clairement de façon à constituer des règles juridiques sans équivoques, c'est-à-dire des normes compréhensibles même pour un esprit non averti. La loi est l'acte normatif de droit commun dans un État qui pose les fondements de la régulation normative.

Par ailleurs, l'organisation des élections nationales n'échappe pas également à la compétence du pouvoir réglementaire. Dans la plupart des Codes électoraux, une partie importante est réservée aux règlements administratifs. De manière générale, l'intervention du pouvoir réglementaire se situe à deux niveaux. Il s'agit d'une part de l'exercice du pouvoir réglementaire autonome et du pouvoir réglementaire d'application de la loi.

En matière électorale, l'attribution constitutionnelle s'applique au pouvoir réglementaire d'exécution des lois, qui est un pouvoir subordonné. Les normes réglementaires, qui sont posées par l'Exécutif, prennent normalement la forme de décrets émanant du président de la République ou du Premier ministre et d'arrêtés édictés par les ministres ou d'autres autorités gouvernementales et locales. Ils constituent le fondement des actes ou opérations pris au cours du processus électoral. En référence au Code électoral, le ministre en charge des élections, ses démembrements, les autorités administratives indépendantes et les autorités locales décentralisées et déconcentrées sont amenés à prendre des actes administratifs ayant un caractère réglementaire et individuel. Elles interviennent le plus souvent dans la phase préparatoire. Il s'agit des actes administratifs préparatoires au scrutin. Les actes préparatoires sont *« tous les actes administratifs qui constituent le*

[32] S. BOLLE, « Les vices et les vertus du contentieux des élections en Afrique », *op. cit.*, p. 536.

préalable à l'élection elle-même et qui ont un lien nécessaire et direct avec elle »[33]. Il s'agit notamment du décret de convocation des électeurs, de sectionnement des communes, de l'acte fixant la répartition des sièges, l'arrêté de fixant le modèle de fiche de parrainage, organisation du scrutin, enregistrement des candidatures, établissement des listes électorales, du décret de nomination des membres des organes de gestion des élections, le décret de convocation des électeurs. Émanant dans la plupart des cas du président de la République, ministre de l'Intérieur et des autorités déconcentrées, ces actes ne sont pas à l'abri subjectivisme politique. C'est pourquoi, certains sont soumis au contrôle juridictionnel.

À propos des actes pris par le président de la République, on peut mentionner les décrets de convocation des électeurs, le décret de découpage électoral et la nomination des autorités administratives indépendantes qui peuvent fausser la loyauté et la transparence des élections. Relativement au contrôle des décrets de convocation des électeurs, en France, la question a donné lieu à une jurisprudence abondante et complexe[34]. C'est, en réalité,

---

[33] R. GHEVONTIAN, « Un labyrinthe juridique : Le contentieux des actes préparatoires en matière d'élections politiques », *in R.F.D.A*, 1994, p. 795.

[34] Jusqu'en 1958, la question de la compétence pour connaître de la légalité des actes préparatoires aux élections parlementaires ne pouvait concerner que le Conseil d'État. Mais, celui-ci, fort d'une tradition ancienne, se refusait à s'immiscer dans un domaine qu'il considérait comme relevant, par nature, de la souveraine appréciation des assemblées. La création du Conseil constitutionnel va remettre en cause cette construction juridique avec une attribution du contentieux électoral au profit du juge constitutionnel. Le Conseil d'État s'est ainsi refusé pendant 35 ans à se départir de sa position d'incompétence. Pour le Conseil constitutionnel ce contentieux est, par essence, de la compétence du juge administratif. Saisi en 1981 par un parlementaire, M. François Delmas, qui contestait la légalité du décret portant convocation des électeurs après la dissolution de l'Assemblée nationale, le Conseil constitutionnel contrairement au Conseil d'État, accepte de se transformer en juge de légalité. Toutefois, le juge constitutionnel se garde bien d'affirmer ici d'affirmer une compétence générale en apportant quelques précisions. Ainsi, il précise que son intervention dans le contrôle de la légalité des actes réglementaires est la conséquence du refus du Conseil d'État et s'exerce en vue de l'accomplissement de la mission qui est confiée au Conseil constitutionnel par l'article 59 de la Constitution. Cette position sera précisée par la décision *Bernard* dans laquelle le Conseil constitutionnel fixe les conditions de son intervention littéralement exceptionnelle : *« Considérant que si, en vertu de la mission de contrôle de la régularité de l'élection des députés et des sénateurs qui lui est conférée par l'article 59 de la Constitution, le Conseil constitutionnel peut exceptionnellement statuer sur les requêtes mettant en cause la régularité d'élections à venir, ce n'est que dans la mesure où l'irrecevabilité qui serait opposée à ces requêtes (...) risquerait de compromettre gravement l'efficacité de son contrôle ».* Dans un arrêt d'Assemblée (CE, Ass., 12 mars 1993, *Union nationale écologiste et Parti pour la défense des animaux*), le Conseil d'État laisse clairement comprendre qu'il a l'intention de récupérer désormais les compétences

l'histoire d'une compétence disputée qui finira par être maîtrisée[35]. La haute juridiction administrative avait ainsi appliqué *le principe de l'indivisibilité* de l'opération électorale pour assigner une telle compétence au Conseil constitutionnel. Elle avait ainsi pris position en faveur de la thèse du bloc de compétence dont bénéficierait le Conseil constitutionnel. Ce dernier, jusqu'en 1981, ne se montre guère enclin à s'immiscer dans le contentieux de la légalité des actes préparatoires, estimant sans doute que ce contentieux objectif relève, en principe, du juge administratif[36]. Ainsi, cette double incompétence sur une question essentielle au bon exercice de la démocratie faisait courir le risque d'un déni de justice[37]. Ainsi dans la décision *Delmas*, le Conseil constitutionnel a finalement accepté d'examiner un recours dirigé contre la légalité d'un décret convoquant les collèges électoraux pour l'élection des députés à l'Assemblée nationale[38]. Dans la décision *Bénard*[39], le juge constitutionnel a confirmé sa compétence pour apprécier la régularité d'actes administratifs relatifs à l'organisation et au déroulement de l'élection des députés et sénateurs lorsque ces actes mettent en cause la régularité de l'ensemble des

---

qu'il avait abandonné au Conseil constitutionnel. Ce dernier, contrairement à ce qui était suggéré dans la décision *Delmas*, n'exclut pas, *a priori*, de se déclarer compétent pour des actes préparatoires n'ayant pas un caractère général mais ne concernant qu'une ou quelques circonscriptions (C.C, 20 mars 1997, *Mme Richard).* Le Conseil constitutionnel se réserve le droit, si nécessaire, de contrôler préventivement des actes relatifs à des opérations électorales ponctuelles. Le Conseil constitutionnel se réserve le droit, si nécessaire, de contrôler préventivement des actes relatifs à des opérations électorales ponctuelles. Le Conseil d'État, un mois après la décision du Conseil constitutionnel, affirmera sa compétence. Et selon le commissaire du gouvernement, M. BONICHOT, *« Le maintien par le Conseil constitutionnel de sa jurisprudence Delmas avec les limites très strictes qu'il lui a imposées, constitue de sa part une invitation qui (...) est faite (au Conseil d'État) de (se) prononcer (...), un peu comme la décision du 15 janvier 1975 était une invitation claire aux juridictions du fond à se prononcer sur la compatibilité des lois avec les traités ».*

[35] J-C BONICHOT, « Le contrôle des actes préparatoires en matière d'élections législatives », *in R.F.D.A*, 1997, p. 692.

[36] L. FAVOREU et L. PHILIP, *Les grandes décisions du Conseil constitutionnel*, 11ème éd., Dalloz, 2001, p. 1.

[37] L. FAVOREU, *Du déni de justice en droit public français*, Paris, LGDJ, 1964, p. 201.

[38] Dans sa lettre de saisine, le requérant invoquait le refus du Conseil d'État d'examiner son recours pour excès de pouvoir dirigé contre le décret. Pour lui, ce faisant, le Conseil d'État interprète le mot *élection* dans un sens qui vise l'ensemble de l'opération électorale commençant de la convocation des électeurs et se terminant par la proclamation des résultats.

[39] A. ONDOUA , « Notule sur un angle mort du contentieux électoral au Cameroun », *in* A. SALL et I. M. FALL(dir.), Mélanges en l'honneur de Babacar KANTE, *Actualités du droit public et de la science politique en Afrique,* L'Harmattan, Sénégal, 2017, pp. 180-181.

élections à venir[40]. Cette décision du juge électoral se justifie par l'urgence de statuer sur la requête avant l'élection[41].

En Afrique, le juge de l'excès de pouvoir accepte que cet acte sont détachable des opérations électorales. Cependant, il se déclare incompétent en estimant que le décret de convocation des électeurs relève de la catégorie des actes de gouvernement[42]. La caractéristique fondamentale de cette catégorie d'actes est l'impossibilité pour le juge d'en apprécier la légalité[43].

Les décrets de nomination des autorités électorales quant à eux peuvent faire l'objet d'un recours pour excès de pouvoir. En effet, pour éviter un déni de justice préjudiciable à l'État de droit démocratique, le juge de l'excès de pouvoir se déclare compétent pour connaitre de la légalité de tels actes lorsqu'ils sont détachables de l'ensemble des opérations électorales. Ainsi, selon le Conseil d'État sénégalais, *« si le contrôle de la régularité des opérations électorales est dévolu expressément au Conseil constitutionnel, il demeure que l'administration ayant en charge l'organisation des élections, les décisions qu'elle prend dans le cadre des actes préliminaires à l'organisation du scrutin sont, si elles sont détachables des opérations électorales, comme le décret attaqué, des actes administratifs, susceptibles de recours pour excès de pouvoir »*[44]. Il en est ainsi du décret portant répartition des sièges des députés. C'est la position du Conseil d'État du Sénégal dans l'arrêt Khalifa Ababacar Sall du Parti Socialiste (PS) qui demandait l'annulation pour excès de pouvoir du décret n° 2007-331 du 06 mars 2007 portant répartition des sièges de députés à élire au scrutin majoritaire départemental[45].

---

[40] F. MELIN-SOUCRAMANIEN, « Le Conseil constitutionnel, juge électoral », *in Pouvoirs,* 2003/2, n° 105, pp. 117-131.

[41] J-F. MONTGOLFIER, « L'urgence et le Conseil constitutionnel », *in Les nouveaux Cahiers du Conseil constitutionnel,* 2017, n° 54, p. 33.

[42] A. ONDOUA, « Notule sur un angle mort du contentieux électoral au Cameroun », *in* A. SALL et I. M. FALL (dir.), Mélanges en l'honneur de Babacar KANTE, *Actualités du droit public et de la science politique en Afrique,* Sénégal, L'Harmattan, 2017, p. 181.

[43] P. DUEZ, *Les actes de gouvernement*, Paris, Dalloz, 2006, p. 18.

[44] CE arrêt n° 0020, du 28-07-1999, Affaire *Djibo Leyti KA C/État du Sénégal* selon le requérant, « en nommant en qualité de membre et Président de l'Observatoire national des Élections (ONEL), le Général de Brigade à la retraite Amadou Abdoulaye DIENG, connu pour son appartenance au mouvement de soutien dénommé "HORIZON 2000 AVEC ABDOU DIOUF", l'autorité de nomination a méconnu les dispositions de l'article L. 5 du Code électoral qui dispose que les membres d'un groupe de soutien à un parti, à une liste de candidats ou à un candidat, ne peuvent être nommés membres de l'ONEL ». Voir Bulletin des arrêts du Conseil d'État, 2000, p. 20.

[45] Voir arrêt Conseil d'État du 12 janvier 2007.

Enfin, en ce qui concerne les décrets de nomination des autorités administratives indépendantes, ils font très souvent dans l'espace CEDEAO l'objet de vives contestations. Au regard de la place de ces autorités dans l'organisation, le contrôle, la supervision[46], et la régulation du processus électoral[47] par l'introduction d'une sorte de « *frénésie moralisatrice* »[48], leur nomination peut être soumise à un contrôle juridictionnel[49]. Le juge vérifie le caractère détachable ou non de l'acte de nomination. Ainsi au Sénégal, saisi d'une requête remettant en cause la nomination par décret du président et du vice-président de la CENA, l'ancien Conseil d'État estime que *« si le contrôle de la régularité des opérations électorales est dévolu expressément au Conseil constitutionnel, il demeure que l'administration ayant en charge l'organisation des élections, les décisions qu'elle prend dans le cadre des actes préliminaires à l'organisation du scrutin sont, si elles sont détachables des opérations électorales, comme le décret attaqué, des actes administratifs, susceptibles de recours pour excès de pouvoir »*[50]. Cette décision fait suite à celle du Conseil constitutionnel rejetant la requête pour incompétence. En réalité, le Conseil constitutionnel soutient que *« considérant qu'aucun de ces textes ne donne compétence au Conseil constitutionnel pour statuer sur la conformité d'un décret à une loi ou à un autre décret ; que, dès lors, le Conseil constitutionnel n'a pas compétence pour statuer sur la demande en récusation des membres de la CENA nommés par décret ».* Ainsi, pour éviter un déni de justice préjudiciable à l'État de droit démocratique, le juge de l'excès de pouvoir se déclare compétent pour connaitre de la légalité de tels actes à condition qu'ils soient détachables de l'ensemble des opérations électorales.

Quant aux actes pris par les autres autorités électorales, il importe de mettre l'accent, en Afrique, sur les prérogatives accordées au ministre en charge des élections qui, selon les États, sont exercées soit par le ministre de l'Intérieur

---

[46] B. CAMGUILHEM, « Le contrôle administratif des élections », *RDP*, n° 6, 2017, pp. 1505 et s.

[47] G. DARRIOUMERLE, « Les AAI et l'élection présidentielle », *in RFDC*, 2019/3, n° 119, pp. 623-639.

[48] C. ROUX, « Moralisation de la vie politique, morale parlementaire… moralité constitutionnelle », *Droit administratif*, n° 10, 2017, p. 127.

[49] E. FOREY, « Le droit électoral entre droit constitutionnel et droit administratif : l'exemple de l'élection présidentielle », *RDP*, n° 6, 2017, p. 1541.

[50] CE arrêt n° 0020, du 28-07-1999, Affaire *Djibo Leyti KA C/État du Sénégal* selon le requérant, « en nommant en qualité de membre et Président de l'Observatoire national des Élections (ONEL), le Général de Brigade à la retraite Amadou Abdoulaye DIENG, connu pour son appartenance au mouvement de soutien dénommé "HORIZON 2000 AVEC ABDOU DIOUF", l'autorité de nomination a méconnu les dispositions de l'article L. 5 du Code électoral qui dispose que les membres d'un groupe de soutien à un parti, à une liste de candidats ou à un candidat, ne peuvent être nommés membres de l'ONEL ». Voir Bulletin des arrêts du Conseil d'État, 2000, p. 20.

(Sénégal) soit par le ministre de l'Administration territoriale (Mali). Au Sénégal, au-delà de ses missions classiques de préparation et d'organisation des élections[51], le ministre de l'Intérieur a des prérogatives quasi-juridictionnelles de gestion du contentieux des couleurs, sigles et symboles[52] la compétence de radiation d'électeurs[53]. Ce dernier pouvoir est très dangereux dans une démocratie encore inachevée car il permet à l'Exécutif d'écarter de potentiels candidats à l'élection pour des infractions souvent imaginaires. D'ailleurs, aujourd'hui, il existe une tendance lourde à une ingénierie électorale nocive tendant à la condamnation à une peine privative du droit d'éligibilité des candidats encombrants du pouvoir en place. C'est le cas au Sénégal (Khalifa Abacar Sall et Karim Wade), en Code d'Ivoire (Guillaume Soro et Charles Blé Goudé) et au Congo-Brazzaville (Vital Kamerhé). Ces candidats évincés n'hésitent pas à saisir les instances internationales de promotion de la démocratie et des droits de l'Homme.

Au niveau international, la constitution et l'émergence des organisations d'intégration imposent aux États une renonciation d'importantes compétences conduisant à la reconnaissance d'une modalité d'exercice partagée de certains attributs relevant traditionnellement de la souveraineté de l'État. Aujourd'hui, il ne fait aucun doute que les normes électorales s'internationalisent[54]. Le droit public interne ne repose plus simplement sur le principe de la souveraineté, bouclier solide derrière lequel les États peuvent agir à leur guise sans aucun contrôle international[55]. Ce que le droit international appelait le domaine réservé des États s'est rétréci comme une peau de chagrin[56]. En matière électorale, on assiste au passage de l'exercice étatique exclusif à l'exercice communautaire. Désormais, la régularité des élections et la légitimité des autorités élues sont appréciées en fonction du respect des normes secrétées par la communauté internationale via les résolutions des organisations universelles

[51] Article premier de la loi 2018-22 du 04 juillet 2018 portant révision du Code électoral.
[52] Article L176 de la loi 2018-22 du 04 juillet 2018 portant révision du Code électoral.
[53] Article L51 de la loi 2018-22 du 04 juillet 2018 portant révision du Code électoral.
[54] A. H. DIOMPY, *Les paradoxes de l'internationalisation du droit constitutionnel en Afrique : réflexions sur les interactions normatives, institutionnelles et politiques dans l'espace CEDEAO*, Thèse de doctorat, Université de Bordeaux, 2017, 921 p.
[55] I. DIAITE, « Les constitutions africaines et le droit international », *Annales africaines*, 1971-1972, p. 33.
[56] M. KAMTO, « Le contrôle de la mise en œuvre nationale des règles et standards internationaux de la démocratie en Afrique. Des chainons manquants ? », *in* K. AHADZI-NONOU, D. KOKOROKO, A. KPODAR, F. J. AIVO (dir.), *Démocratie en question*, Presses de l'Université Toulouse 1 Capitole, 2017, p. 95.

et régionales[57]. En Afrique de l'Ouest francophone, il se développe depuis un certain temps des normes électorales communautaires.

Au niveau communautaire, il faut noter qu'il existe dans l'espace CEDEAO une sorte de « *Constitution régionale* »[58] régissant le processus électoral. Cette norme électorale communautaire prévoit des dispositions relatives à la fixation des échéances électorales[59], à l'indépendance des organes de gestion des élections[60], à l'établissement de listes électorales fiables[61], l'organisation et la proclamation des résultats des élections[62] et à l'organisation d'un contentieux électoral crédible durant tout le processus électoral. Il s'agit là d'une véritable charte électorale régionale.

Toutefois, la valeur juridique de cette « *Constitution régionale électorale* »[63] est variable en fonction des États. En effet, si dans l'ordre international la

---

[57] Il s'agit du Pacte international des Droits Civils et Politiques (PIDCP), la Charte africaine des Droits de l'Homme et des Peuples et la Charte africaine de la démocratie, des élections et de la bonne gouvernance de l'UA et l'Organisation internationale de la Francophonie avec la Déclaration de Bamako du 3 novembre 2000 ou adopté des textes dégageant les critères de validation des élections. Dans la même veine, l'ACCPUF a consacré en 2009 son 5e Congrès aux juridictions constitutionnelles et les crises et l'atelier de Cotonou organisé par l'OIF en collaboration avec l'ACCPUF et la Cour constitutionnelle du Bénin sur le contentieux électoral du 4 au 6 novembre 2013.

[58] I. M. FALL et A. SALL, « Une Constitution régionale pour l'espace CEDEAO : le protocole sur la démocratie et la bonne gouvernance », disponible sur http://jaga.afrique-gouvernance.net/_docs/pr_sentation_et_analyse_du_protocole_sur_la_d_mocration_de _la_cedeao.pdf, consulté le 13/10/2020. Selon ces auteurs, ce protocole présente formellement et matériellement les traits d'une Constitution. C'est un instrument juridique matériellement constitutionnel, car les dispositions qu'il renferme touchent la matière constitutionnelle même, notamment le statut du pouvoir dans l'État, l'organisation des « pouvoirs publics », les rapports que ceux-ci entretiennent entre eux, les droits et libertés fondamentaux, l'organisation juridictionnelle. Formellement, elle est structurée à la manière d'une Constitution. En plus, elle n'impose que des obligations à l'égard des États.

[59] Elles doivent être tenues aux dates fixées par la Constitution et les lois électorales. De surcroit, selon l'article 2 « Aucune réforme substantielle de la loi électorale ne doit intervenir dans les six (6) mois précédant les élections, sans le consentement d'une large majorité des acteurs politiques.

[60] Article 3 Protocole additionnel déjà cité

[61] Voir les articles 4 et 5, *ibid.*

[62] Article 7, *ibid.*

[63] Cet acte additionnel est une véritable constitution électorale régionale, c'est-à-dire qu'il interdit toute réforme importante de la loi électorale dans les six mois précédant une élection sans un consensus clair de la classe politique. Il prévoit que le fichier électoral des États doit être tenu à jour, et sa fiabilité doit être garantie. Il impose des organes de surveillance des élections indépendants. En outre, les scrutins doivent se

primauté du Protocole sur les Constitutions des États membres de la CEDEAO ne fait aucun doute, en revanche, dans l'ordre interne, c'est-à-dire du point de vue du juge national notamment, une telle suprématie de l'instrument international ne va pas de soi. Ainsi, saisi d'une requête de l'opposition invoquant la violation du protocole A/SP/01 de la CEDEAO du 21 décembre 2001 sur la démocratie et la bonne gouvernance, le Conseil constitutionnel a déclaré qu'*« il ne lui appartient pas lorsqu'il est saisi, en application de l'article 74 de la Constitution, d'apprécier la conformité de la loi à un traité ou à un accord international »*[64]. Le Conseil refuse donc de procéder au contrôle de constitutionnalité d'une loi par rapport à une convention internationale qui a vu le jour sur son sol le 21 décembre 2001. Cette décision s'inscrit dans une certaine continuité jurisprudentielle[65]. Le Conseil constitutionnel sénégalais reprend ici une vieille jurisprudence française selon laquelle les normes internationales ne font pas parties du bloc de constitutionnalité[66]. Cette position, le juge constitutionnel l'a toujours maintenue mais avec quelques exceptions. Le refus du Conseil constitutionnel français d'intégrer les traités dans le bloc de constitutionnalité des lois a fait l'objet de nombreuses critiques[67]. Cette jurisprudence a aussi de nombreux défenseurs[68] qui soutiennent que les dispositions de l'article 55 de la Constitution ne signifient pas que le traité a une valeur constitutionnelle ni qu'elle confie une compétence au Conseil constitutionnel pour contrôler si une loi est ou non conforme à un engagement international[69].

---

tenir à intervalles réguliers et prévisibles. Par ailleurs, il impose le respect du verdict des urnes par tous les acteurs du jeu politique.

[64] Décision E/7/C/2017.

[65] Dans sa décision du 12 février 2005, loi d'Amnistie ou loi Ezan, le juge constitutionnel a refusé de contrôler la conformité d'une loi à un engagement international en estimant que *« les dispositions de l'article 98 de la Constitution ne prescrivent ni n'impliquent un contrôle de conventionalité des lois »*.

[66] Ch. MAUGUE, « Le Conseil constitutionnel et le droit supranational », *in Pouvoirs, Le Conseil constitutionnel*, n° 105, p. 53. Le Conseil constitutionnel considère qu'une loi contraire à un traité n'est pas pour autant contraire à la Constitution et qu'il ne lui appartient pas *« lorsqu'il est saisi en application de l'article 61 de la Constitution, d'examiner la conformité d'une loi aux stipulations d'un traité ou d'un accord international »*.

[67] G. CARCASSONE, « Faut-il maintenir de la jurisprudence issue de la décision 74-54 DC du 15 janvier 1975 », *in Les Cahiers du Conseil constitutionnel*, n° 7, 1999, p. 93 ; D. De BECHELLON, « De quelques incidences du contrôle de la conventionalité internationales des lois par le juge ordinaire (malaise dans la Constitution) », *in R.F.D.A*, 1998, p. 225.

[68] Ch. MAUGUE, « Le Conseil constitutionnel et le droit supranational », *op. cit.*, p. 68.

[69] F. LUCHAIRE, « Commentaire de l'article 60 de la Constitution », *in La Constitution de la République française*, Paris, *Economica*, 1979, p. 750.

Cependant, en sa qualité de juge électoral, le Conseil constitutionnel a admis pleinement la primauté des engagements internationaux sur les lois, inscrite à l'article 55 de la Constitution[70]. C'était le cas en 1998 à l'occasion du contrôle de la loi organique déterminant les conditions d'application de l'article 88-3 de la Constitution relatif à l'exercice par les citoyens de l'E.U[71], résidant en France, autres que les ressortissants français, du droit de vote et d'éligibilité aux élections municipales, et portant transposition de la directive 94/80/CE du 19 décembre 1994[72]. Le Conseil révèle que *« l'article 88-3 de la Constitution a expressément subordonné la constitutionnalité de la loi organique prévue pour son application à sa conformité aux normes communautaires ; en conséquence, il résulte de la volonté même du constituant qu'il revient au Conseil constitutionnel de s'assurer que la loi organique prévue à l'article 88-3 de la Constitution respecte le paragraphe premier de l'article 8b du traité instituant la Communauté européenne, relatif au droit de vote et d'éligibilité des citoyens de l'Union aux élections municipales... »*[73]. Le Conseil constitutionnel français rejoint ici la position des juges ordinaires judiciaire[74] et administratif[75] sur le contrôle de conventionnalité des lois. Selon Louis FAVOREU, *« le Conseil constitutionnel s'est appliqué à lui-même le principe selon lequel il appartient au juge ordinaire de vérifier la conformité de la loi aux traités »*[76]. Ainsi, en qualité de juge électoral, chargé de l'application de la loi, il a précisément vérifié si l'article L.169 du Code électoral, qui permet la présence d'un seul candidat au second tour d'une élection législative, est compatible avec l'article 3 du protocole n° 1

---

[70] P. JAN, *in R.D.P.,* 1/2 numéro spécial, 2002, p. 541.

[71] Aux termes de l'article 88-3, *« Sous réserve de réciprocité et selon les modalités prévues par le traité sur l'Union européenne signe le 7 février 1992, le droit de vote et d'éligibilité aux élections municipales peut être accorde aux seuls citoyens de l'Union résidant en France. Ces citoyens ne peuvent exercer les fonctions de maire ou d'adjoint ni participer à la désignation des électeurs sénatoriaux et à l'élection des sénateurs. Une loi organique votée dans les termes par les deux assemblées détermine les conditions d'application du présent article ».*

[72] L. FAVOREU et L. PHILIP, *Les grandes décisions du Conseil constitutionnel*, 11ème édition, DALLOZ, 2001, p. 11 ; Voir Rec.184, 21 octobre 1988 ; voir décision 89-260 du 21 octobre 1988, Bischorff et Guyomarch, 5e circonscription du Val-d'Oise.

[73] Ch. MAUGUE, « Le Conseil constitutionnel et le droit supranational », *op. cit.*, p. 66. Hormis ce cas, il appartient aux juges ordinaires d'assurer la suprématie du droit international sur le droit interne, à travers le contrôle de conventionalité qu'ils assurent sur les lois. Les juges judiciaire et administratif procèdent à un contrôle de compatibilité des lois avec les engagements internationaux et doivent écarter la loi qui serait contraire à un traité même si elle est postérieure à la convention internationale.

[74] C.cass., Administration des Cafés Jacques VABRE du 24 mai 1975.

[75] Arrêt CE, NICOLO du 20 octobre 1989.

[76] CH. DENIZEAU, *Existe-t-il un bloc de constitutionnalité*, Paris, LGDJ, 1997, p. 111.

additionnel de la Convention européenne des droits de l'homme, qui garantit la liberté de choix de l'électeur. Certains auteurs y ont d'ailleurs reconnu un signe jurisprudentiel favorable à l'intégration de la Convention au bloc de constitutionnalité[77]. Cette position du Conseil est conforme à la spécificité du droit électoral qui utilise des techniques et instruments différents du contentieux classique de contrôle de constitutionnalité des lois. Ici, le Conseil constitutionnel intervient comme un juge ordinaire et non comme un juge constitutionnel.

Le Conseil constitutionnel sénégalais en refusant de se référer, dans sa décision du 20 juillet 2017, au protocole de la CEDEAO[78] alors que depuis un certain temps on note en matière électorale la constitution d'un corps de règles au niveau communautaire constituant un patrimoine commun[79], n'a pas pris en compte la spécificité du contentieux électoral. C'est une catégorie baroque de plein contentieux objectif[80]. Il s'agit du seul recours de plein contentieux dans lequel la situation individuelle du requérant n'est pas forcément l'objet principal du litige mais le respect de l'ordre public démocratique[81]. C'est pourquoi selon Sophie LAMOUROUX, *« le contentieux électoral recouvre à la fois des aspects de droits subjectifs (droit de vote, droit d'être candidat, liberté d'expression, liberté de réunion, droits civiques etc.) et des aspects de la légalité ou de la constitutionnalité »*[82]. D'ailleurs, quelle valeur juridique attachée aux traités et accords signés et ratifiés par l'Union africaine si les

---

[77] D. ROUSSEAU, « vers un ordre juridictionnel européen des droits de l'homme dans le bloc de constitutionnalité », *op. cit.*, p. 127.

[78] Selon le protocole, *« aucune réforme substantielle ne doit intervenir dans les six (06) mois précédant les élections, sans le consentement d'une large majorité des acteurs politiques. »*

[79] D. KOKOROKO, « Le droit à des élections libres et démocratiques dans l'ordre régional africain. », *Revue juridique et politiques des États africains*, 2004-2, p. 152. Le nouvel article LO 178 aurait même violé le secret du vote qui est protégé par l'article 21 alii3 aux termes duquel La volonté du peuple est le fondement de l'autorité des pouvoirs publics; cette volonté doit s'exprimer par des élections honnêtes qui doivent avoir lieu périodiquement, au suffrage universel égal et au vote secret ou suivant une procédure équivalente assurant la liberté du vote. En permettant à l'électeur de prendre cinq bulletins de vote au lieu de 47 bulletins permet aux représentants de partis politiques de savoir pour qui l'électeur n'a pas voté alors que le secret doit normalement permettre d'ignorer pour qui ou contre qui l'électeur n'a pas voté pour la sécurité de l'électeur.

[80] M. WALINE, « Vers un reclassement des recours du contentieux administratif ? », *in R.D.P,* 1935, p. 222 ; R. CHAPUS, *Droit du contentieux administratif,* 12e éd., LGDJ, 2006, pp. 231 et 232.

[81] R. RAMBAUD, « Le droit électoral, un droit autonome ?, *in R.D.P.*, 2017, n° 6, p. 1553.

[82] S. LAMOUROUX, « sincérité et juge électoral », *in* S. CACQUERAY, M. FATIN, R. STEPHANIE, R. GHEVONTIANS, S. LAMOUROUX (dir.), *Sincérité et démocratie* Presses universitaire d'Aix-Marseille, 2011, p. 145.

juges électoraux nationaux refusent de contrôler la conformité de la loi par rapport à ces instruments juridiques internationaux protégeant le droit fondamental d'élire et d'être élu ?

Pourtant, dans l'espace CEDEAO, il existe des références jurisprudentielles en matière de contrôle de conventionnalité des normes électorales. En effet, les Cours constitutionnelles du Bénin et du Togo font de la *« Constitution régionale »* une norme référence de leur contrôle en matière électorale. Sur ce point, il faut dire que la Cour constitutionnelle béninoise a fait évoluer sa position[83] en subordonnant la constitutionnalité d'une loi à sa conventionnalité. Par décision DCC 10-049 du 15 avril 2010, la Cour pour la première fois va déclarer contraire à la Constitution une loi contraire au protocole additionnel de la CEDEAO du 21 décembre 2001 sur la démocratie et la bonne gouvernance[84]. Ce faisant, elle incorpore ce protocole dans le bloc de constitutionnalité[85]. Ainsi, le législateur doit se conformer à cette obligation internationale opposable au Bénin[86]. Le juge sénégalais ne peut continuer d'ignorer l'existence de ce nouveau cadre normatif d'interdits constitutionnels de nature préventive en matière électorale[87]. Aujourd'hui, il existe un arsenal de principes juridiques de droit constitutionnel sous-régionalisé[88], régionalisé

---

[83] A. ONDOUA, « La Constitution béninoise du 11 décembre 1990 et les normes d'origine externe », *in* K. AHADZI-NONOU, D. KOKOROKO, A. KPODAR, F. J. AIVO (dir.), *Démocratie en question*, Presses de l'Université Toulouse 1 Capitole, 2017, pp. 155-180. En effet, le Haut conseil de la République exerçant les compétences dévolues à la Cour jusqu'à l'installation des institutions nouvelles avait estimé comme dans la décision IVG, *« qu'une loi contraire à un traité ne serait pas pour autant contraire à la Constitution ; qu'ainsi le contrôle du respect du principe énoncé à l'article 147 de la Constitution ne saurait s'exercer dans le cadre de l'examen prévu à l'article 117 alinéa 1er en raison de la différence de nature de ces deux contrôles »*. (Décision DCC du 28 avril 1992, Secrétaire général du Gouvernement).

[84] I. SALAMI, « Le parlement peut-il abuser de son pouvoir de légiférer ? La décision DCC 10-049 du 5 avril 2010 de la Cour constitutionnelle du Bénin», *in Revue Droits et Lois,* n° 23, avril-mai-juin 2010, p. 29.

[85] La Cour va confirmer cette décision dans le domaine économique. Dans la décision DCC 11-042 du 21 juin 2011 la Cour a estimé que les engagements internationaux pris par le Bénin avec les institutions de Bretton Woods et avec l'UEMOA *« s'imposent à tous » et « qu'en ne respectant pas les engagements internationaux souscrits par le Bénin, le Gouvernement a méconnu la Constitution »*. Voir I. M. FALL, *A.B.J.C, op.cit.,* p. 299.

[86] D. GNAMOU, « La Cour constitutionnelle du Bénin en fait-elle trop ? », *in* mélanges en l'honneur de Maurice AHANHANZO-GLELE, *op. cit.,* p. 729.

[87] A. KPODAR et D. KOKOROKO, « Les mutations du droit constitutionnel par les crises politiques en Afrique », K. AHADZI-NONOU, D. KOKOROKO, A. KPODAR, F. J. AIVO (dir.), *Démocratie en question*, Presses de l'Université Toulouse 1 Capitole, 2017, p. 246.

[88] I. M. FALL et A. SALL, « Une Constitution régionale pour l'espace CEDEAO : le protocole sur la démocratie et la bonne gouvernance », disponible sur

et internationalisé[89]. La communautarisation du droit doit mettre en orbite les valeurs matricielles attachées à la démocratie[90], aux droits de l'homme et à l'État de droit[91].

Dans ce domaine, il n'est pas rare que la conférence des chefs d'État et de gouvernement donnent des recommandations aux États. C'est le cas en Guinée-Bissau[92] et au Mali. La Cour de justice de la CEDEAO, chargée veiller à l'application du droit communautaire, intervient même timidement dans la protection des droits politiques des citoyens communautaires. Ainsi, dans son arrêt n° ECW/CCJ/JUD/17/18 du 29 juin 2018 affaire Khalifa Sall et autres/ État du Sénégal, la Cour a estimé que « *le droit à l'assistance d'un conseil, le droit à la présomption d'innocence et le droit à un procès équitable des requérants ont été violés. Et l'immunité parlementaire de monsieur Khalifa SALL* »[93].

Par ailleurs, dans les États d'Afrique noire subsaharienne, il est fréquent que de *« petites constitutions »*[94], c'est-à-dire des arrangements politiques interviennent dans les régimes de sortie de crise entre les acteurs politiques, la société civile et l'armée sous l'égide souvent de la communauté internationale.

---

http://jaga.afrique-gouvernance.net/_docs/pr_sentation_et_analyse_du_protocole_sur_la_d_mocration_de_la_cedeao.pdf, consulté le 13/11/2020.

[89] A. KPODAR et D. KOKOROKO, « Les mutations du droit constitutionnel par les crises politiques en Afrique », K. AHADZI-NONOU, D. KOKOROKO, A. KPODAR, F. J. AIVO (dir.), *Démocratie en question*, Presses de l'Université Toulouse 1 Capitole, 2017, p. 246.

[90] D. KOKOROKO, « Avons-nous encore besoin du droit international de la démocratie ? », *in* Mélanges François HERVOUET, *Entre les ordres juridiques*, Faculté de droit et des sciences sociales de Poitiers, 2016, p.760 ; D. KOKOROKO, « La démocratie par la société internationale », *in Les voyages du droit,* Mélanges Dominique BREILLAT, Presses universitaires de Poitiers, 2011, pp. 307-314.

[91] S. N. TALL, « Les références au droit international public dans les constitutions africaines francophones : les exemples du Bénin, du Sénégal et du Togo », *op. cit.*, p. 124.

[92] Pour démêler le contentieux électoral opposant Umaro Cissoco EMBALO et Domingos S. PEREIRA et désigner de façon définitive le vainqueur de l'élection présidentielle, la CEDEAO a recommandé à la commission bissau-guinéenne de vérifier les données du second tour de l'élection présidentielle.

[93] Disponible sur http://www.eods.eu/elex/uploads/files/5cac54d46382c-K%20Sall%20ECW_CCJ_JUD_17_18.pdf, consulté le 03/01/2021.

[94] E. CARTIER, « Les petites Constitutions : contribution à l'étude du droit constitutionnel transitoire », *in R.F.D.C*, n° 77, 2007, pp. 513-534. Ces *« petites Constitutions »* sont des normes provisoires, parfois même formalisées, souvent uniquement matérielles, intermédiaire entre la Constitution révolue et la Constitution future encore au stade de projet.

Ces *« accords politiques »*[95], « *Constitutions de transition* »[96], ou encore *« petites Constitutions »*[97], bouleversent l'ordre électoral existant[98] en remettant en cause la légalité constitutionnelle existante[99]. Mieux, ils sont adoptés généralement en marge de la norme constitutionnelle elle-même et dans le dos du pouvoir constituant originaire[100]. Elle supplante la Constitution comme c'est le cas actuellement au Mali avec la Charte de la transition du 24 août 2020[101].

Relativement aux rapports des organes internationaux de gestion des élections, il faut signaler l'ambiguïté de leur force juridique au niveau interne[102]. En effet, si beaucoup de juges électoraux dénient toute force juridique aux rapports des missions d'observation internationale et régionale[103], il existe toutefois des cas isolés dans lesquels, les juges électoraux nationaux ont reconnu une valeur juridique suprême aux conclusions des missions d'observation. Ainsi, si le Conseil constitutionnel ivoirien a fait siennes les décisions du Conseil de paix et de sécurité (CPS) de l'Union africaine en proclamant monsieur Alassane Ouattara, président de la République de Côte d'Ivoire[104] alors que dans une décision du 3 décembre 2010, le Conseil avait déclaré que *« [monsieur] Laurent Gbagbo est proclamé élu président de la République de Côte d'Ivoire », en revanche,* dans sa décision du 17 mars 2010, la Cour constitutionnelle du Togo défendant un *« souverainisme*

[95] I. MOUMOUNI, « Les accords de paix en Afrique : de l'illégalité juridique à la para-légalité plurielle », *in R.D.P,* n° 1, 2018, pp. 233-251.
[96] E. H. MBODJ, « La constitution de transition et la résolution des conflits en Afrique. L'exemple de la République démocratique du Congo », *in R.D.P,* 2010, n° 2, p. 441.
[97] M. ZAKI, « Petites Constitutions et droit constitutionnel transitoire en Afrique », *in Nouvelles Annales africaines. Revue de la Faculté des sciences juridiques et politiques*, Dakar, CREDILA, 2012, pp. 3-46.
[98] Y. K. LOGO, « Les mésententes politiques et le droit constitutionnel en Afrique noire francophone », disponible sur http://afrilex.ubordeaux4.fr/sites/afrilex/IMG/pdf/LES_MESENTENTES_POLITIQUES_ET_LE_DROIT_CONSTITUTIONNEL_octobre__2018__-.pdf, consulté le 19/04/2021.
[99] I. MOUMOUNI, « Les accords de paix en Afrique : de l'illégalité juridique à la para-légalité plurielle », *in RDP* n° 1, 2018, pp. 233-251.
[100] F. J. AIVO, « La crise de normativité de la Constitution en Afrique », *op. cit.,* p. 172.
[101] Voir article 41 de l'Acte fondamental n°001/CNSP du 24 août 2020.
[102] K. VASAK, « L'observation des élections, supplément de légitimité démocratique : bilan et perspectives de la Francophonie », *op. cit.,* p. 73.
[103] Voir les articles 11 à 18 du protocole additionnel
[104]Décision n° CI-2011-EP-036/04/05/CC/SG, (4 mai 2011) en ligne : conseil-constitutionnel.ci <http://www.conseilconstitutionnel.ci/2011.php> [*Décision du 4 mai 2011*]. Consulte le 18/11/2020.

juridictionnel »[105] a soutenu que *« le rapport issu de l'observation internationale des élections... n'a aucune portée juridique »*[106]. Dans son considérant de principe, le juge électoral ivoirien remettant en cause sa position « *souverainiste* »[107] traditionnelle estime que *« Les normes et dispositions internationales acceptées par les organes nationaux compétents ont une autorité supérieure à celle des lois et aux décisions juridictionnelles internes »*[108]. Au regard de la profondeur de la crise, le droit international s'affirme comme seul système de référence de l'élection présidentielle ivoirienne de 2010[109].

En définitive, l'ordre juridique électoral est marqué par une pluralité de normes dont la valeur juridique varie en fonction des États. À ce titre, le dialogue des juges serait un excellent outil pour une évolution jurisprudentielle salvatrice des droits électoraux des citoyens[110]. L'éclairage du droit comparé peut s'avérer décisif[111]. L'avenir du droit électoral est, sans doute, le recours au droit comparé[112], notamment à la circulation des solutions juridiques et jurisprudentielles[113]. Il serait même une cinquième méthode

---

105 G. P. TCHIVOUNDA, « Conseil constitutionnel de Côte d'Ivoire et l'élection présidentielle », *in* D. F. MELEDJE, M. BLEOU, F. KOMOIN (dir.), *Mélanges en l'honneur de Francis V. WODIE*, Presses de l'Université de Toulouse 1 Capitole, 2016, pp. 440-441.

106 Décision E-7/10 du 17 mars 2010.

107 G. P. TCHIVOUNDA, « Conseil constitutionnel de Côte d'Ivoire et l'élection présidentielle », *in* D. F. MELEDJE, M. BLEOU, F. KOMOIN (dir.), Mélanges en l'honneur de Francis V. WODIE, Presses de l'Université de Toulouse 1 Capitole, 2016, p. 440.

108 Décision n° CI-2011-EP-036/04/05/CC/SG, (4 mai 2011) en ligne : conseil-constitutionnel.ci <http://www.conseilconstitutionnel.ci/2011.php> [*Décision du 4 mai 2011*], consulté le 18/12/2020.

109 G. P. TCHIVOUNDA, « Conseil constitutionnel de Côte-d'Ivoire et l'élection présidentielle », *in* D. F. MELEDJE, M. BLEOU, F. KOMOIN (dir.), *mélanges dédiés au doyen Francis V. WODIE*, Presses de l'Université de Toulouse 1 Capitole, 2016, p. 436.

110 M. DISANT, *L'autorité de chose interprétée par le Conseil constitutionnel*, Paris, LGDJ, 2009, pp. 332-447.

111 F. J. AIVO, « Le juge et les droits fondamentaux. Retour sur un quart de siècle de jurisprudence (trop active) de la Cour constitutionnelle du Bénin», *in* K. AHADZI-NONOU, D. KOKOROKO, A. KPODAR, F. J. AIVO (dir.), *Démocratie en question*, Presses de l'Université Toulouse 1 Capitole, 2017, pp. 482-483.

112 D. MAUS, « Le recours aux précédents étrangers et le dialogue des cours constitutionnelles », *in Revue Française de Droit Constitutionnel,* 2009, pp. 275 et s.

113 A. LE QUINIO, *Recherches sur la circulation des solutions juridiques : le recours au droit comparé par les juridictions constitutionnelles*, thèse de droit public, Clermont-Ferrand, 2011, 550 p.

d'interprétation du juge[114]. Le juge électoral sénégalais a pourtant, dans sa décision du 12 février 2016, fait recours au droit comparé. En effet, le Conseil a considéré que *« ... la durée des mandats politiques en cours, régulièrement fixée au moment où ceux-ci ont été conférés ne pouvait, quel que soit au demeurant l'objectif recherché, réduite ou prolongée »*[115], car il existe des précédents initiés sans textes qui ont marqué l'histoire constitutionnelle du Sénégal[116] et qui *« sont également observés dans d'autres États partageant la même tradition juridique »*[117]. Il appartient au juge électoral, face à cet enrichissement et désordre du régime juridique électoral, d'harmoniser ce nouveau cadre normatif qui est très instable de surcroit afin d'assurer la sécurité juridique des citoyens[118].

Ces normes produisent une certaine avalanche normative désordonnée préjudiciable à l'office du juge électoral[119].

B/ Un cadre juridique instable

Dans l'espace CEDEAO, on assiste à une sorte de frénésie normative électorale. Dans la quasi-totalité des États de cette zone les normes électorales sont changent fréquemment. Pourtant selon Alexis de Tocqueville, *« en démocratie les lois électorales sont les plus importantes. Elles ne doivent pas changer trop souvent. On ne peut les toucher que lorsqu'elles sont dangereuses, mauvaises ou inefficaces »*[120].

---

[114] T. GROPPI, « Le recours aux précédents étrangers par les juges constitutionnels. », disponible sur http://www.collegejuridique.ro/upload/documente/Contribution%20Fabrice%20Hourquebie%20Motivation%20des%20d%C3%A9cisions%20(2).pdf consulté le 21/12/2020. Le recours aux précédents étrangers est expressément consacré en Afrique du Sud et le juge constitutionnel en a fait application. Il n'hésite pas, dans ses décisions, à citer les précédents étrangers, notamment dans sa décision sur la peine de mort.

[115] Considérant n° 32 de la décision n° 1/C/2016 du 12 février 2017 disponible sur https://www.sec. gouv.sn/IMG/pdf/Avis_Conseil_Constitutionnel-2.pdf, consulté le 21/12/2020.

[116] Le juge fait ici référence aux révisions de la durée du mandat présidentiel de 1991 par la loi constitutionnelle n° 91-46 du 06 octobre 1991 et celle du 21 octobre 2008 par la loi constitutionnelle 2008-66.

[117] Considérant n° 31 de la décision n° 1/C/2016 du 12 février 2017.

[118] J. P. CAMBY, « Le désordre normatif », *in Confluences*, mélanges en l'honneur de Jacqueline Morand-Deviller, Préface de Roland DRAGO, Montchrestien, Paris, 2007, p. 225.

[119] J. P. CAMBY, « Le désordre normatif », *in mélanges en l'honneur de Jacqueline Morand-Deviller*, Montchrestien, Paris, 2007, p. 225.

[120] A. De. TOCQUEVILLE, *De la démocratie en Amérique*, Réédition Flammarion, 1981, p. 422.

En Afrique, en général, la rigidité officielle des mécanismes constitutionnels contraste avec l'inflation paradoxale des révisions[121] qui sont une remise en cause cycliques de la démocratie libérale[122]. Aujourd'hui, la banalisation de la Charte fondamentale, marquée par une cascade de révisions[123] à visées personnelles[124] portant le plus souvent sur les conditions d'éligibilité et la levée de la limitation des mandats présidentiels, est « *la première tare, presque congénitale caractérisant les constitutions africaines* »[125] et une source de crispation[126]. À cet égard, l'interprétation rationnelle du juge électoral devient primordiale pour garantir la stabilité des situations juridiques créées et sauvegarder la démocratie libérale[127]. Malheureusement, la plupart des juridictions constitutionnelles électorales africaines à l'exception du Mali, du Bénin, du Niger et Burkina Faso se déclare incompétentes pour contrôler une loi de révision. C'est le cas du Conseil constitutionnel sénégalais qui se réserve toujours tout droit de contrôler une loi de révision de la constitution[128]

---

[121] J.-L. ATANGANA-AMOUGOU, « Les révisions constitutionnelles dans le nouveau constitutionnalisme africain », *in Politeia*, n° 7, Printemps 2007, p. 583.

[121] I. M. FALL, « La révision de la Constitution au Sénégal », http://afrilex.ubordeaux4.fr/sites/afrilex/IMG/pdf/La_revision_de_la_Constitution_au_Senegal_Ismaila.pdf, consulté le 06/01/2020.

[121] A. De. TOCQUEVILLE, *De la démocratie en Amérique*, Réédition Flammarion, 1981, p. 422.

[121] J.-L. ATANGANA-AMOUGOU, « Les révisions constitutionnelles dans le nouveau constitutionnalisme africain », *op. cit.,* p. 583.

[122] I. M. FALL, « La révision de la Constitution au Sénégal », http://afrilex.ubordeaux4.fr/sites/afrilex/IMG/pdf/La_revision_de_la_Constitution_au_Senegal_Ismaila.pdf, consulté le 06/01/2020.

[123] B. KANTE, « La régulation des systèmes politiques en Afrique », *op. cit.,* p. 268.

[124] I. DIALLO, « Pour un examen minutieux de la question des révisions de la Constitution dans les États africains francophones », disponible sur http://afrilex.u-bordeaux4.fr/pour-un-examen-minutieux-de-la.html, consulté le 18/04/2019.

[125] B. KANTE, « Les juridictions constitutionnelles et la régulation des systèmes politiques en Afrique. », *op.cit.*, p. 268. Ces révisions fréquentes de la Constitution occultent la fonction sociale et substantielle de la Constitution en mettant plus en valeur la fonction organisation et fonctionnement de celle-ci. Et dans les nos États où la démocratie est encore en gestation, cette fonction exclusive d'organisation et de fonctionnement de la Constitution est dangereuse car la Constitution doit être un processus tendant à agréger les valeurs fondatrices d'une société.

[126] D. F. MELEDJE, « De l'impossible service public électoral en Côte d'Ivoire. Le phénomène des crises électorales », *op. cit.,* pp. 455-477.

[127] B. KANTE, « La justice constitutionnelle face à l'épreuve de la transition démocratique en Afrique », *op.cit.*, p. 33.

[128] Dans sa décision du 9 octobre 1998 sur l'affaire n° 9/C/98, le juge s'est déclaré incompétent pour statuer sur une loi de révision touchant à la rééligibilité à la Présidence de la République et à la réglementation de la compétition présidentielle. Il confirme cette jurisprudence, dans sa décision du 18 janvier 2006 sur l'affaire

ouvrant une brèche aux nombreuses révisions opportunistes[129] ou partisanes qui annihile toute possibilité l'alternance démocratique[130]. Aujourd'hui au Sénégal, même si la nouvelle réforme constitutionnelle rend théoriquement intangibles la durée, le mode d'élection et le nombre de mandats présidentiels[131], rien ne s'oppose, en pratique, à une modification puisque selon le Conseil, le dernier mot appartient au pouvoir constituant qui peut à tout moment procéder à une révision constitutionnelle[132].

---

n°3/C/2005, concernant une loi constitutionnelle prorogeant le mandat des députés. Voir aussi la décision n° 1/C/2018. Dans cette décision rendue à propos de la loi constitutionnelle du 19 avril 2018 sur le parrainage, le Conseil constitutionnel a décidé qu'*« il n'a pas compétence pour statuer sur la conformité à la Constitution de la loi portant révision de la Constitution et adoptée par l'Assemblée nationale le 19 avril 2018 sous le n°14/2018 »*. Vingt (20) ans plutôt, le Conseil avait abordé dans le même sens en estimant que *« la compétence du Conseil constitutionnel est strictement délimitée par la Constitution, ainsi que la loi organique sur le Conseil constitutionnel prise en application de celle-ci ; que le Conseil ne saurait être appelé à se prononcer sur d'autres cas que ceux qui sont limitativement prévus par les textes»*. Dans les faits, le président de la République Abdou Diouf avait, par la loi n°98-43 du 10 octobre, supprimé le quart bloquant prévu par l'article 28 de la Constitution. Le quart bloquant imposait au candidat arrivé en tête du premier tour avec plus de 50 % des voix d'obtenir le quart des inscrits, à défaut un deuxième tour devra avoir lieu. En même temps, il supprima la limitation des mandats présidentiels à deux.

[129] M. FAU-NOUGARET, « Manipulations constitutionnelles et coup d'État constitutionnel en Afrique francophone », disponible sur http://afrilex.ubordeaux4.fr/sites/afrilex/IMG/pdf/Manipulations_constitutionnelles_et_coup_d_etat_constitutionnel.pdf, consulté le 18/12/2020.

[130] B. Y. S. ETOUKOU, « Résistances à l'alternance démocratique en Afrique francophone », *in* D. F. MELEDJE, M. BLEOU, F. KOMOIN, (dir.), *mélanges en l'honneur de Francis V. WODIE*, *op. cit.*, p. 181.

[131] I. M. FALL, « La réforme constitutionnelle de mars 2016 au Sénégal Un hommage à l'œuvre du professeur Kanté. », *in* A. SALL et I. M. FALL (dir.), *Actualités du droit public et de la science politique en Afrique*, mélanges en l'honneur de Babacar KANTE, L'Harmattan, 2017, p. 144.

[132] Pourtant, l'article premier de la loi organique n° 2016-23 du 14 juillet 2016 ne précise pas la nature de la loi pouvant faire l'objet d'un contrôle de constitutionnalité des lois. Il pouvait alors servir de fondement juridique à l'extension du contrôle à la loi constitutionnelle. Ce contrôle permettrait au Conseil constitutionnel d'examiner si les mesures envisagées sont à même d'atteindre l'objectif poursuivi par le Gouvernement, si d'autres mesures n'y parviendraient pas mieux ou si les dispositions existantes ne le permettent pas déjà. De même, il permettrait de vérifier la cohérence interne des mesures envisagées, ainsi que leur articulation avec les dispositions existantes et leurs incidences sur le fonctionnement des institutions.

La Constitution a vocation à s'inscrire dans la longue durée et à établir un État de droit démocratique. Il convient par conséquent de s'assurer que les modifications qui lui sont apportées ne sont pas liées à des circonstances particulières ou à des considérations contingentes ou politiciennes de conservation du pouvoir. En plus, il

Les juges électoraux africains doivent alors s'affranchir de cette logique souverainiste et suivre le pas des autres juridictions constitutionnelles qui se reconnaissent compétentes à effectuer un tel contrôle[133]. Ils doivent, par touches successives, déconstruire l'idée de la souveraineté du parlement constituant. Dans un premier temps, ils doivent se prononcer sur la validité de la procédure empruntée[134]. C'est sans doute ces révisions fréquentes dans une perspective de confiscation du pouvoir[135] remettant en cause les conditions d'éligibilité qui ont poussé certains à envisager l'institution d'un mandat unique en Afrique[136] pour favoriser le renouvellement des élites gouvernementales et des politiques publiques[137] ou la pacification des mœurs politiques[138]. Mais, cette solution si elle favorise l'alternance au pouvoir[139],

---

semble évident qu'il s'était déjà prononcé sur la constitutionnalité d'une loi constitutionnelle. En effet, dans son *avis/décision* n° 1/C/2016 du 12 février, après avoir rappelé qu'il ne tire de la Constitution, ni de la loi organique qui fixe ses attributions la prérogative de statuer sur les lois portant révision de la Constitution, a soutenu qu'*« en revanche dans le cadre de la procédure prévue à l'article 51, il a toute latitude pour exercer un contrôle minimum sur le projet de révision qui lui est soumis ».* La visibilité des normes de contrôle est alors obscurcie par cette inconstance qui caractérise l'activité du juge constitutionnel sénégalais.

[133] S. BOLLE, « Le Conseil constitutionnel s'interdit de contrôler une loi constitutionnelle », *in* http://www.la-constitution-en-afrique.org/, consulté le 27/12/2020.

[134] R. BADINTER, « Le Conseil constitutionnel et le pouvoir constituant », *Libertés*, Mélanges Jacques Robert, Montchrestien, 1998, p. 217 et s. On peut à ce niveau citer l'exemple burkinabé où la loi du 11 avril 2000 portant modification de la Constitution du 2 juin 1991 ajoute à l'article 154 que *« le Conseil constitutionnel veille au respect de la procédure de révision de la Constitution. »* L'article 36 cette loi donne même compétence à celui-ci d'arrêter la procédure de révision ou d'annuler la loi de révision si la contestation est fondée.

[135] E. HOUNTONDJI, « Le pouvoir du Parlement en matière de révision de la Constitution en Afrique de l'Ouest », *in R.I.D*, n° 43, 2012, p. 77.

[136] B. GUEYE, « Le mandat unique : un mandat pour le président de la République en Afrique », *in* K. AHADZI-NONOU, A. KPODAR, F. J. AIVO (dir.), *La démocratie en question*, *op. cit.*, p. 211 ; voir aussi A. LOADA , « La limitation du nombre de mandats présidentiels en Afrique francophone », disponible sur http://afrilex.u-bordeaux4.fr/sites/afrilex/IMG/pdf/3doc8loada.pdf, consulté le 12/02/2020.

[137] J-L. QUERMONE, *L'alternance au pouvoir*, Montchrestien, 2003, p. 9.

[138] B. GUEYE, « Le mandat unique : un mandat pour le président de la République en Afrique », *in* K. AHADZI-NONOU, A. KPODAR, F. J. AIVO, (dir.), *La démocratie en question*, *op. cit.*, p. 220. Ce mandat unique sera une solution très intéressante dans les États où la question ethnique et religieuse est très sensible pour permettre une présidence tournante, c'est-à-dire, une sorte de technique de saute-mouton (terme emprunté à D. BREILLAT, « Le mandat non renouvelable », *in* K. AHADZI-NONOU, A. KPODAR, F. J. AIVO (dir.), *La démocratie en question*, *op. cit.*, p. 419).

[139] A. MBATA MANGU, « Constitutionnalisme, constitutions, et limitations des pouvoirs et mandats présidentiels », *in* F. J. AIVO (dir.), *La Constitution béninoise du 11 décembre 1990 : un modèle pour l'Afrique*, *op. cit.*, pp. 794-798.

peut attenter à la souveraineté du peuple en limitant ses possibilités de choix[140]. Qui plus est, elle a fondamentalement besoin d'un juge audacieux pour contrôler toute tentative révisionniste visant à contourner cette limitation[141].

Cette audace recherchée est une attitude non seulement positive, mais nécessaire et souhaitée dans les systèmes politiques africains[142] où les gouvernants ont tendance à se placer au-dessus des lois électorales votées par des parlements métamorphosés[143]. Le pouvoir constituant dérivé (Parlement) ne peut tout faire. Il doit être subordonné à un ordre juridique supra-constitutionnel[144]. Ce contrôle est normal pour défendre un noyau dur de principes intangibles et essentiels au système démocratique[145].

Certes comme l'a affirmé le professeur El Hadj MBODJ, *« À l'instar du vin, la Constitution se bonifie avec l'âge »*, mais en Afrique, la révision constitutionnelle cache parfois un processus de déconstruction de l'État de droit et l'édification de la démocratie pluraliste. Qui plus est, ces modifications, qui ne répondent qu'aux désidératas du commanditaire[146], se font sans que toujours les nouveaux textes s'alignent parfaitement sur les anciens. Ce qui fait peser un doute sérieux sur l'application dans le temps de certaines dispositions.

Cette fréquence de la modification de l'ordre juridique touche aussi la loi[147]. En réalité, à la veille des échéances électorales, on assiste à l'adoption

---

[140] A. LOADA, « La limitation du nombre de mandats présidentiels en Afrique francophone », disponible sur http://afrilex.u-bordeaux4.fr/sites/afrilex/IMG/pdf/3doc8loada.pdf, consulté le 12/02/2015

[141] D. BREILLAT, « Le mandat non renouvelable », », *in* K. AHADZI-NONOU, A. KPODAR, F. J. AIVO (dir.), *La démocratie en question*, *op. cit.*, pp. 403-428.

[142] F. J. AIVO, « Le juge et les droits fondamentaux. Retour sur un quart de siècle de jurisprudence (trop active) de la Cour constitutionnelle du Bénin », *in* K. AHADZI-NONOU, D. KOKOROKO, A. KPODAR, F. J. AIVO (dir.), *Démocratie en question*, *op. cit.*, p. 462.

[143] A-J ADELOUI, « Les métamorphoses du Parlement béninois », *in* K. AHADZI-NONOU, D. KOKOROKO, A. KPODAR, F. J. AIVO (dir.), *Démocratie en question*, *op. cit.*, pp. 487-538.

[144] M. KAMARA, « Supra-constitutionnalité et exercice du pouvoir constituant dérivé », *in Revue de la recherche juridique-Droit prospectif*, 2008, p. 1436.

[145] I. M. FALL, « La réforme constitutionnelle de mars 2016 au Sénégal Un hommage à l'œuvre du professeur Babacar KANTE. », *in Actualités du droit public et de la science politique en Afrique*, *op. cit.*, p. 133.

[146] M. FAU-NOUGARET, « Manipulations constitutionnelles et coup d'État constitutionnel en Afrique francophone », disponible sur http://afrilex.ubordeaux4.fr/sites/afrilex/IMG/pdf/Manipulations_constitutionnelleset_coup_d_etat_constitutionnel.pdf,consulté le 18/12/2020.

[147] H. STHAL, « Frénésie normative, stop ou encore ? », *in Droit administratif*, n° 5, 2017, p. 5.

des lois de circonstance ou au pire des lois de complaisance[148] portant sur les conditions d'éligibilité et les modalités de l'élection dont l'objectif, souvent inavoué, est d'exclure ou favoriser un candidat. Les codes électoraux se trouvent alors surchargés de règles, parmi lesquelles des dispositions rédhibitoires propres à fausser la compétition et l'expression du suffrage. À l'approche de chaque élection présidentielle ou législative, le législateur procède à la modification des règles électorales. C'est le cas au Sénégal avec la loi 2018-22 du 04 juillet 2018 introduisant le parrainage citoyen[149] qui modifie la loi n° 22-2017 du 06 juillet 2017 portant Code électoral. Le Bénin a récemment modifié son Code électoral pour y introduire de nouvelles règles contraignantes pour les partis politiques avec la loi n° 2018-31 du 3 septembre 2018[150] et adopté une charte des partis politiques avec la loi n°2018-23 du 17 septembre 2018.

Ce *« bougisme »*[151] de l'ordre juridique est un facteur d'insécurité juridique pour les droits électoraux[152]. La règle de droit ne pourrait remplir l'office normatif qui lui incombe qu'à la condition de remplir un certain nombre d'exigences fondamentales[153]. D'où la nécessité de développer une intéressante jurisprudence, dite des garanties légales des exigences constitutionnelles, consistant à contenir le pouvoir de modification et d'abrogation du législateur dans les bornes des principes inscrits dans la constitution[154] en sanctionnant les vices de constitutionnalité externe et interne. Une loi obscure est une source permanente de conflits[155]. Il faut alors rendre les normes intelligibles impliquant leur lisibilité, leur compréhensibilité et leur simplicité, c'est-à-dire

---

[148] B. KANTE, « La régulation des systèmes politiques en Afrique », *op. cit.*, p. 270 ; A. DELCAMP, « Le Conseil constitutionnel et le Parlement », *in RFDC*, 2004-57, p. 38.

[149] Voir *JORS* n° 7106 du 05 juillet 2018.

[150] Avec cette nouvelle loi, il faut désormais débourser 250 millions de F. CFA pour la présidentielle, contre 15 millions auparavant, et 249 millions de F CFA par la liste présentée pour les législatives (contre 8,3 millions auparavant). À cette caution, les partis politiques doivent recevoir leur quitus de conformité du ministère de l'Intérieur et un quitus fiscal de l'administration fiscale. Concernant les élections législatives, seules les listes ayant recueilli au moins 10 % des suffrages sur le plan national pourront siéger au Parlement.

[151] S. BOLLE, « Le Code des élections locales du 22 mars 2009 », http//. www.la-constitution-en-afrique.org, consulté le 15/12/2020.

[152] S. CALMES, « sécurité juridique et droits fondamentaux », *in Valeurs républicaines et droits fondamentaux de la personne humaine,* Gilles Lebreton (dir.), Paris, L'Harmattan, 2006, p. 147.

[153] Sur la légitimité des principes de valeur constitutionnelle consacrés par le Conseil constitutionnel voir, *La démocratie continue*, D. ROUSSEAU (dir.), Bruyant, LGDJ, 1992.

[154] G. DRAGO, *op. cit.*, p. 30.

[155] P. MALAURIE, « L'intelligibilité des lois », *in Pouvoirs*, n° 114, 2005, p. 131.

les débarrasser de toute *« malfaçon législative »*[156] ou de toutes *« pathologies »*[157]. L'intelligibilité de la loi constitue un intrant essentiel dans la préservation de l'État de droit démocratique et la mise en place d'un environnement juridique sécurisé[158]. La détermination du droit applicable dans le temps est un enjeu capital pour le juge électoral[159]. À cette occasion, il serait pertinent d'instaurer une saisine obligatoire du juge constitutionnel pour toute norme relative à l'élection. Ce recours doit être ouvert aux partis politiques, aux organes indépendants de gestion des élections et aux associations de défense des droits de l'Homme afin de purger, avant l'élection, l'ordre électoral de normes ambiguës.

En Afrique, les autres lacunes sont relatives surtout à l'inexistence d'un cadre juridique adéquat relatif au financement public des partis politiques et à l'encadrement des frais de campagne électorale. Cette absence de cadre juridique de financement de la campagne électorale fausse la transparence des élections[160], en l'occurrence le principe de l'égalité des chances[161]. L'illimitation du financement électoral, par l'absence de concurrence entre les candidats qu'elle implique forcément, remet en cause l'existence même de l'élection et rend son essence impossible[162]. L'adoption d'une loi dans ce domaine devient donc une exigence de la démocratie gouvernante[163]. Ce

---

156 A. L. CASSARD-VALEMBOIS, « De l'usage de la gomme, comme du crayon, par le Conseil constitutionnel face aux malfaçons législatives », *Revue Constitutions*, n° 3, août 2011, p. 316.

157 A. FLUCKIGER, « Le principe de clarté de la loi ou l'ambiguïté d'un idéal », *in Cahiers du Conseil constitutionnel,* n° 21, 2007, p. 34.

158 A. GOUNOU, « L'intelligibilité de la loi devant le juge constitutionnel béninois », *in* K. AHADZI-NONOU, D. KOKOROKO, A. KPODAR, F. J. AIVO (dir.), *Démocratie en question*, Presses de l'Université Toulouse 1 Capitole, L'Harmattan, 2017, p. 551.

159 Cette incertitude soulève la problématique du calendrier électoral. En effet, en Afrique il est difficile de connaitre à l'avance le calendrier républicain, c'est-à-dire, la date exacte de l'élection présidentielle ou des élections législatives. Il est fréquent qu'en cours de mandat, le pouvoir procède à une modification de son mandat ou de celui des représentants du peuple. Le non-respect du calendrier électoral est aussi source de conflit. En fait, le respect du calendrier électoral est l'un des principes qui garantissent la loyauté du jeu électoral et la crédibilité de la démocratie d'un État.

160 K. A. SABI, *La transparence des élections en droit public africain, à partir des cas béninois, sénégalais et togolais, op.cit.*, pp. 378-379.

161 Le Bénin fait figure de modèle dans ce domaine (voir la loi 2001-21 du 21 février 2003 modifiée par la loi 2018-23 du 17 septembre 2018 portant Charte des partis politiques.

162 K. A. SABI, *La transparence des élections en droit public africain, à partir des cas béninois, sénégalais et togolais, op. cit.*, p. 379.

163 J-C. MASCLET, « Le financement de la vie politique », *in* J. P. VETTOVAGLIA et *alii* (dir.), *Prévention des crises et promotion de la paix. Démocratie et élections dans l'espace francophone*, vol. II, Bruxelles, Bruyant, 2010, pp. 430-431.

système doit s'inspirer du système béninois[164] et surtout de l'expérience des démocraties avancées telles que la France[165] où les candidats à l'élection

---

[164] Les plafonds de dépenses sont fixés à quinze millions (15 000 000) de francs de dépenses par candidat pour les élections législatives et deux milliards cinq cents millions (2 500 000 000) de francs pour l'élection du Président de la République. Les candidats aux élections nationales sont tenus d'établir un compte prévisionnel de campagne précisant l'ensemble des ressources et des dépenses à effectuer en vue des opérations électorales par eux-mêmes et/ou pour leur compte. Ils doivent en faire dépôt contre récépissé à la chambre des comptes de la Cour suprême, quarante (40) jours avant la date des élections. Dans les soixante (60) jours qui suivent le scrutin où l'élection est acquise, les candidats ayant pris part au scrutin déposent contre récépissé auprès de la chambre des comptes de la Cour suprême, le compte de campagne accompagné des pièces justificatives des dépenses effectuées. Après vérification des comptes, s'il est constaté un dépassement des dépenses de campagne, la chambre des comptes adresse un rapport au procureur de la République près le tribunal de première instance de Cotonou pour les élections présidentielles ou législatives aux fins de poursuites contre les contrevenants. Voir les articles 100, 111 et 112 du Code électoral. Cependant, sur quelle base le procureur engagera-t-il des poursuites ? Le dépassement du plafond est-il qualifié d'infraction pénale, une faute civile ? Rien n'est précisé. Or, cette précision est fondamentale. Elle doit permettre de savoir la catégorie juridique dont relève le fait reproché car, de son appartenance à une catégorie donnée dépendra l'application du droit. Pourtant, on semble conférer aux irrégularités en matière de plafonnement de dépenses un caractère de moyen d'ordre public. Par ailleurs, les délais trop longs rendent illusoire l'éventualité d'une annulation des élections. En effet, le contrôle des comptes de campagne est tel que l'intéressé élu du fait de la fraude à la loi électorale a l'effectivité du mandat au moment du contrôle. De plus, l'annulation peut constituer un autre trouble à l'ordre public.

[165] En France, le financement de la vie politique fait l'objet d'un encadrement législatif récent et s'est progressivement construit et affiné depuis 1988 dans un relatif consensus autour de quelques grands principes : la transparence à la fois pour les partis et le financement des dépenses des candidats, et la limitation de celles-ci, qui sont sources d'inégalités, avec comme contrepartie l'aide financière de l'État. Ceci pour éviter ou limiter les sources de financement illicite. Le premier volet s'est décliné en trois règles principales : une séparation imposée entre la vie économique et la vie politique, c'est-à-dire, l'interdiction de tout financement par une personne morale à l'exception des partis politiques respectant certaines obligations comptables pour pouvoir financer des campagnes, la participation des citoyens à l'amélioration de la vie politique par une incitation fiscale et le plafonnement des dépenses électorales. Voir R. LAMBERT, « Le financement de la campagne des candidats à l'élection présidentielle au travers des comptes de campagne », *in Les nouveaux cahiers du Conseil Constitutionnel*, n° 34-2012, p. 47. La contribution de l'État , quant à elle, se traduit par une aide directe, s'ajoutant à l'aide indirecte constituée par l'avantage fiscal sur deux formes, le subventionnement des partis politiques justifiant d'une représentativité suffisante et le remboursement, sous condition, des dépenses de campagne des candidats aux élections politiques. Ces conditions d'octroi de l'aide étatique permettront la rationalisation de la création des partis politiques au Sénégal. Des partis qui la plupart du temps ne se limitent qu'aux membres du bureau ou à leur chef.

présidentielle sont tous restreints au dépôt d'un compte de campagne vérifié par une commission nationale des comptes de campagne et des financements politiques sous le contrôle-Conseil constitutionnel[166]. Ainsi, à un contrôle de *« régularité juridique »* défaillante de l'élection doit s'ajouter un contrôle de la *« régularité comptable »*[167]. Au Sénégal, cela remet au goût du jour le rapport du professeur El Hadj MBODJ sur le financement public des partis politiques[168]. À ce propos, il faut préciser que si au Sénégal, l'ouverture au multipartisme en 1981[169] a été encadrée par une prohibition du financement extérieur des partis politiques et l'obligation faite par la loi relative aux partis politiques de remettre leurs comptes au ministre de l'Intérieur avant le 31 janvier de chaque année[170], aujourd'hui, rares sont les partis qui respectent ces obligations dont l'application suffirait, en réalité, à rationaliser les partis politiques et par la même occasion, les candidatures.

Compte tenu de toutes ces insuffisances du cadre juridique de la légalité externe du droit électoral des États d'Afrique noire francophone, il est nécessaire d'harmoniser afin de rendre plus facile la tâche de contrôle du juge électoral.

II/ Un cadre juridique électoral conflitogène

Face à cette avalanche normative, le juge électoral africain est perdu ne sachant quelle norme privilégier (A). La pluralité des sources du droit électoral et leurs modifications intempestives nécessitent une nouvelle gouvernance

---

[166] Voir loi organique n° 2006-404 du 5 avril 2006 ; J. ROBERT, « Le Conseil Constitutionnel », *in La VI République*, numéro spécial *R.D.P*, 2006, n°1/2, p. 564.

[167] J. ROBERT, « Le Conseil Constitutionnel », *in R.D.P*, 2006, n°1/2, p. 564. La jurisprudence apporte des éléments de réponse dans l'arrêt GOURLOT du 27 juin 2005 : *La dépense électorale est celle dont la finalité est l'obtention des suffrages.* Voir R. LAMBERT, « Le financement de la campagne des candidats à l'élection présidentielle au travers des comptes de campagne », *in Les nouveaux cahiers du Conseil Constitutionnel*, n° 34-2012, p. 47 et s.

[168] Voir quelques éléments du rapport sur http://www.elhadjmbodj.org/article/index.php?action=articleiread&tokena=95&token=1423229183&tokenn=1422275717, consulté le 05/06/2016.

[169] Voir la loi n° 81-17 du 6 mai 1981 relative aux partis politiques modifiée par la loi n° 89-36 du 12 octobre 1989 relative aux partis politiques. Selon l'article 3 de cette loi, les partis politiques ne bénéficient d'autres ressources que celles provenant des cotisations, des dons et legs de ses adhérents et sympathisants nationaux et des bénéfices réalisés à l'occasion de manifestations.

[170] Au Bénin, les partis politiques sont tenus de déposer leurs comptes annuels à la chambre des comptes de la Cour Suprême, au ministère chargé de l'intérieur et au ministère des finances, et d'être en mesure de justifier la provenance de leurs ressources financières et leurs destinations (Article 37 de la loi 2001-21 du 21 février 2003 portant charte des partis politiques).

normative[171], notamment par une mise en cohérence aboutissant à un cadre normatif électoral hiérarchisé et stable pour un dénouement heureux du processus électoral par un juge indépendant (B).

A/ Un désordre normatif préjudiciable à l'office du juge

En Afrique de l'Ouest francophone, les normes électorales présentent un caractère très incertain et discriminatoire. Certaines relèvent de la constitution, d'autres de la loi, d'autres encore du règlement, du système international, des accords politiques ou encore des avis ou décisions rendus par le juge électoral lui-même. Elles sont hétérogènes et les États ne n'accordent pas la même valeur juridique auxdites normes. Par conséquent, elles fragilisent l'office du juge[172]. Les risques de conflits jurisprudentiels entre les juridictions communautaires et nationales sont aussi fréquents. La pluralité des sources pose le problème du choix de la règle applicable au regard des principes de hiérarchie des normes et de leur juridicité ou non. L'agencement de ces règles n'est pas toujours facile à opérer par le juge lui-même. Il est désemparé. Il est mal à l'aise pour interpréter une règle émanant d'un traité international ou d'un accord politique encadrant le processus électoral[173].

Le processus électoral, comme l'ensemble des phases procédurales qui permettent aux électeurs d'accorder par le vote leur confiance aux citoyens éligibles, doit être rythmé par des règles claires, acceptées par tous les acteurs, auxquelles ils doivent se conformer et qui servent de référentiel en cas contentieux. Or, en Afrique francophone, le contrôle de constitutionnalité des lois électorales et le contrôle des candidatures font face, aujourd'hui, à une certaine instabilité des normes de référence et une absence de maîtrise des méthodes et techniques de contrôle[174]. Les changements intempestifs[175]

---

[171] A. L. COULIBALY, « De l'art de mal légiférer au paradigme du mieux légiférer », *in* A. SALL et I. M. FALL (dir.), Mélanges en l'honneur de Babacar KANTE, *Actualités du droit public et de la science politique en Afrique,* L'Harmattan, Sénégal, 2017, p. 665.

[172] G. BADET, « Le contentieux des élections nationales en Afrique noire francophone », *in* F. J. AIVO (dir.), *La Constitution béninoise du 11 décembre 1990 : un modèle pour l'Afrique* ?, Mélanges en l'honneur de Maurice AHANHANZO-GLELE, Paris, L'Harmattan, 2014, p. 433.

[173] B. KANTE, « La justice constitutionnelle face à l'épreuve de la transition démocratique en Afrique », *op. cit.,* p. 33.

[174] B. KANTE, « Le juge constitutionnel dans le processus de sortie de crise et de transition démocratique en Afrique noire francophone », *in* colloque international de Bamako sur *le rôle des juridictions constitutionnelles sur la consolidation de l'État de droit,* les 26 et 27 avril 2017 (manuscrit).

[175] La Constitution sénégalaise fait l'objet de modification presque tous les deux (2) ans. Celle de 1963 avait fait l'objet de plus de 12 révisions. Celle du 22 janvier 2001 près d'une vingtaine de révisions. On peut citer la Loi n° 2003-15 du 19 juin 2003 portant révision de la Constitution et instituant un Conseil de la République pour les

qualifiés parfois de fraudes[176] bouleversent le plus souvent les principes fondamentaux du droit électoral[177], provoquent une perte de repère de la part du juge et, constituent aussi une atteinte à la sécurité juridique des électeurs et des candidats. Autrement, cette recrudescence des révisions antidémocratiques rend extrêmement difficile le travail du juge et heurte la raison juridique[178].

Pierre angulaire dans la vie démocratique d'un État, la législation électorale doit d'être la plus précise possible pour ne pas être sujette à des interprétations divergentes[179]. Une bonne élection suppose l'existence d'un bon cadre normatif, bien hiérarchisé. C'est une œuvre collective qui engage le juge électoral, les gouvernants, les partis d'oppositions et la société civile.

L'enjeu est de sauvegarder l'harmonie de l'ordre juridique dans un contexte politique conflictogène et dans un espace normatif de plus en plus vaste et diversifié. Les juges électoraux doivent également *« satisfaire à des critères de sécurité juridique et d'acceptabilité »*[180]. Ils doivent, sans heurter le pouvoir de décision du législateur, rendre intelligible la loi électorale et exclure l'arbitraire. L'édiction par le juge électoral de principes rattachés à

Affaires économiques et sociales ; la Loi n° 2006-37 du 15 novembre 2006 modifiant l'article 33 de la Constitution ; la Loi constitutionnelle n° 2007-19 du 19 février 2007 modifiant l'article 34 de la Constitution ; la Loi constitutionnelle n° 2007-06 du 12 février 2007 créant un Sénat ; la Loi constitutionnelle n° 2007-26 du 25 mai 2007 relative au Sénat ; la Loi constitutionnelle n° 2008-30 du 07 août 2008 modifiant les articles 7, 63, 68, 71 et 82 de la Constitution; la Loi constitutionnelle n° 2008-31 du 07 août 2008 portant suppression du Conseil de la République pour les Affaires économiques et sociales ; la Loi constitutionnelle n° 2008-32 du 07 août 2008 portant création du Conseil Economique et Social (CES); la Loi constitutionnelle n° 2008-33 du 07 août 2008 modifiant les articles 9 et 95 et complétant les articles 62 et 92 de la Constitution; la Loi constitutionnelle n° 2008-34 du 07 août 2008 portant révision de la Constitution. La dernière en date est celle du 19 avril 2017 imposant le parrainage à tout candidat à l'élection présidentielle (les partis politiques et les candidats indépendants).

[176] B. KANTE, « Le Sénégal, un exemple de continuité et d'instabilité constitutionnelle », *op. cit.,* p. 147. Au Sénégal, la pratique des fraudes ne consiste pas, comme il est de principe dans les pays africains, c'est-à-dire, dans une remise en cause de la suprématie de la charte fondamentale. Elle consiste, à utiliser des procédures subsidiaires de révision constitutionnelle pour introduire des réformes visant à conserver le pouvoir. En vérité, le président fait souvent appel à l'Assemblée nationale pour procéder à une modification substantielle de la Constitution. Cette réforme peut alors être qualifiée de fraude à la Constitution.

[177] B. KANTE, « Le Sénégal, un exemple de continuité et d'instabilité constitutionnelle », *op. cit.,* p. 147.

[178] F. J. AIVO, « La crise de normativité de la Constitution en Afrique », *in R.D.P,* 2012, n° 1, p. 145.

[179] J. L. ATANGANA AMOUGOU, « La Cour constitutionnelle béninoise : un modèle de justice en Afrique ? » *in* Mélanges Maurice A. GLELE, *op. cit.,* p. 691.

[180] J. HABERMAS, *Droit et démocratie*, Paris, Gallimard, 1997, p. 261.

l'esprit de la réglementation qui l'organise, doit pallier les imperfections du dispositif. Et en présence de textes obscurs, le juge n'est point lié.

En France, bien qu'il s'en défende officiellement[181], le Conseil constitutionnel est devenu un acteur reconnu de la qualité de la loi et un garant de la bonne législation[182]. La clarté de la loi est même un principe qui a effectivement connu son heure de gloire dans les motivations des décisions du Conseil. Le contrôle de la précision de la loi renvoie aujourd'hui à l'objectif constitutionnel « *d'accessibilité et d'intelligibilité* »[183], c'est-à-dire à la bonne compréhension des textes de loi et à la prévisibilité du droit[184].

De toute évidence, le juge électoral, par son pouvoir d'interprétation et de création du droit, se doit de combler le silence des textes, de surmonter leurs ambiguïtés et leurs contradictions. Il a un devoir de vigilance et de fidélité à sa mission qu'il ne doit trahir dans des connivences politiques.

Le protocole est ainsi à la fois une bonne base et une source de légitimation de l'entreprise de l'adoption de normes et standards en matière électorale dans la région ouest-africaine. Cela peut se révéler d'autant plus réalisable si l'on sait qu'il y a ailleurs dans le continent des expériences concluantes d'harmonisation des normes et pratiques électorales. Toutefois, les disparités politiques rendent le processus d'harmonisation du droit électoral communautaire difficile. Autrement, la symétrie des niveaux de démocratisation entache le processus de démocratisation régionale respectant le droit d'élire et d'être élu.

---

[181] Si l'on suit Marc Guillaume, secrétaire général du Conseil constitutionnel, qui s'exprimait lors du colloque *« L'écriture de la loi »*, organisé au Sénat français au printemps 2014, *« la contribution du juge constitutionnel à la fabrication de la loi serait résiduelle. Le Conseil constitutionnel ne participe pas à l'écriture de la loi. »* Depuis longtemps, le discours du Conseil constitutionnel sur ses propres décisions emprunte à l'adage du Doyen Vedel selon lequel *« le Conseil tient la gomme mais ne tient pas le crayon »*.

[182] Ph. BLACHER, « Le Conseil constitutionnel et la clarté de la loi. », *in* Mélanges en l'honneur du doyen Jean-Pierre Machelon, *Institutions et libertels*, LevisNexis, Paris, 2005, p. 82.

[183] M. A. FRISON-ROCHE et W. BARANES, « Le principe constitutionnel de l'accessibilité et de l'intelligibilité de la loi », Dalloz, 2000, Chr., p. 362.

[184] Ph. BLACHER, « Le Conseil constitutionnel et la clarté de la loi. », *in* Mélanges en l'honneur du doyen Jean-Pierre Machelon, *Institutions et libertels*, LevisNexis Paris, 2005, p. 86. En effet, par le passé, le Conseil constitutionnel français avait laissé penser qu'il appréciait la clarté linguistique des termes d'une loi au moyen de techniques de contrôle classiques comme l'incompétence négative. Elle est inscrite, du reste, dans le considérant de principe selon lequel : *« il incombe au législateur d'exercer pleinement la compétence que lui confie la Constitution ; que le plein exercice de cette compétence, ainsi que l'objectif de valeur constitutionnelle d'intelligibilité et d'accessibilité de la loi lui imposent d'adopter des dispositions suffisamment précises et des formules non équivoques »*.

Il faut ajouter, par ailleurs, qu'aujourd'hui, dans tout l'espace CEDEAO, se développe une certaine délinquance judiciaire consistant à condamner de potentiels candidats afin de les priver du droit de vote et d'éligibilité. Tous, se précipite aujourd'hui à modifier la législation électorale pour ajouter aux conditions d'éligibilité celle d'électeur. Par une interprétation maladroite, le juge constitutionnel africain déclare irrecevable la candidature de citoyens condamnés à une peine supérieure à cinq (5) sans se référer à la situation individuelle du candidat. Le Conseil constitutionnel français, dans sa décision du 18 novembre 1982, définit la condition juridique de l'électeur et celle du candidat : « *la qualité de citoyen ouvre le droit à l'éligibilité dans des conditions identiques à tous ceux qui n'en sont pas exclus pour une raison d'âge, d'incapacité ou de nationalité ou pour une raison tendant à préserver la liberté de l'électeur ou l'indépendance de l'élu* ». L'éligibilité est donc un droit civique constitutionnel, et toute limitation apportée à son exercice par le législateur « *ne peut, selon le Conseil, s'interpréter que restrictivement* » et doit respecter les principes de valeur constitutionnelle. Ainsi, se fondant sur l'article 8 de la Déclaration de 1789, le Conseil juge, dans sa décision du 15 mars 1999, « *que le principe de nécessité des peines implique que l'incapacité d'exercer une fonction publique élective ne peut être appliquée que si le juge l'a expressément prononcée, en tenant compte des circonstances propres à l'espèce* »[185] ; et, considérant que ce principe est méconnu par la disposition de la loi du 25 janvier 1985 instituant une incapacité d'exercer une fonction publique élective d'une durée au moins égale à cinq ans, applicable de plein droit à toute personne physique à l'égard de laquelle a été prononcée la faillite personnelle, il censure, pour la première fois, une disposition déjà promulguée et, en conséquence, sa transposition dans la loi soumise à son examen en 1999. C'est pourtant sur le fondement de cette même disposition de la loi du 25 janvier 1985 que le Conseil avait prononcé, le 5 septembre 1996, la déchéance de Bernard Tapie de son mandat de député. Dans une de ses premières décisions rendues sur une QPC, le Conseil a confirmé cette jurisprudence en se fondant explicitement sur le principe d'individualisation des peines et en ordonnant que toutes les personnes condamnées à cette peine automatique recouvrent la capacité de s'inscrire sur les listes électorales[186].

Aujourd'hui, les juridictions nationales ne peuvent continuer à ignorer le protocole additionnel de la CEDEAO sur la démocratie et la bonne gouvernance, de la Charte africaine des droits de l'Homme et des peuples mais aussi des décisions prises par la Cour de justice de la CEDEAO et de la Cour africaine des droits de l'Homme et des peuples. Le contentieux électoral est

---

[185] Considérant 41 de la décision du Conseil constitutionnel français n°99-410 DC, 15 mars 1999, disponible sur https://www.conseil-constitutionnel.fr/decision/1999/99410DC.htm, consulté le 27/10/2020.

[186] CC 2010-6/7 QPC, 11 juin 2010, disponible sur https://www.conseil-constitutionnel.fr/decision/2010/20106_7QPC.htm, consulté le 27/10/2020.

un contentieux spécifique qui se distingue du contentieux constitutionnel. On peut penser que dans ce cas, les juridictions constitutionnelles, statuant comme un juge ordinaire, doivent respecter les exigences posées par les instruments juridiques communautaires et continentaux. La protection conventionnelle des droits civiques et politiques ne vise qu'à compléter la protection constitutionnelle, et ne vise ni à s'y substituer ni à la chevaucher. La prise en compte des décisions prises par les juridictions communautaires ou continentales ne vise pas non plus à faire de ces juridictions des cours constitutionnelles supranationales[187].

Enfin, il n'est pas rare que le juge électoral alimente lui-même la confusion sur la nature de ses délibérations[188]. Ainsi, dans sa décision du 13 août 2017 relative aux résultats définitifs des élections législatives du 30 juillet 2017, la haute juridiction sénégalaise a donné à son avis rendu le 26 juillet 2017, une *« autorité de chose jugée »*. S'appuyant sur l'article 24 de la loi organique n° 2016-23 du 14 juillet 2016[189], le Conseil estime que *« la décision rendue par le Conseil constitutionnel le 26 juillet 2017 s'imposait par conséquent aux autorités administratives en charge de l'organisation des élections... »*[190]. Or, l'article 24 de la loi organique semble poser plus l'obligation de motivation des délibérations du Conseil que la force obligatoire de celle-ci. Cette exigence de motivation est généralement mentionnée, soit dans le texte même de la Constitution, soit, le plus souvent pour les juridictions constitutionnelles, dans la loi organique qui encadre leur action[191]. La motivation, entendue comme vecteur de compréhension et de découverte du raisonnement du juge[192], est un moyen de se prémunir des accusations de gouvernement des juges[193] et un élément de légitimité politique dans le cadre d'une démocratie

---

[187] J.-F. FLAUSS, « La Cour européenne des droits de l'homme est-elle une Cour constitutionnelle ? », in J.-F. FLAUSS et M. SALVIA (dir*), La Convention européenne des droits de l'homme : développement récents et nouveaux défis,* Bruxelles, Bruyant, 1997, pp. 69-92.

[188] E. H. O. DIOP, *L'instrumentalisation de la Constitution dans les régimes politiques africains*, *op.cit.*, p. 203.

[189] Cet article dispose que *« Le Conseil constitutionnel rend, en toute matière, des décisions motivées ».*

[190] CC. Décision n° 5/E/2017, séance du 13 août 2017, Proclamation des résultats définitifs des élections législatives du 30 juillet, inédite

[191] A. DUFFY-MEUNIE, « La réforme de la motivation des décisions du Conseil constitutionnel à l'épreuve des modèles étrangers : l'exemple du Royaume-Uni », *in Les nouveaux Cahiers du Conseil Constitutionnel*, 2017, n° 55-56, pp. 45-52.

[192] N. BELLOUBE, « La motivation des décisions du Conseil constitutionnel : justifier et réforme», *in Les nouveaux Cahiers du Conseil Constitutionnel*, 2017, n° 55-56, p. 7.

[193] A. LE QUINIO, « La motivation des décisions du Conseil constitutionnel au prisme du modèle ibéro-américain », *in Les nouveaux Cahiers du Conseil Constitutionnel*, 2017, n° 55-56, pp. 33-40 ;

constitutionnelle[194]. Pourtant, dans sa décision n° 3/E/2019 du 20 janvier 2019, il admet que *« le procès-verbal que le requérant qualifie de décision du Président du Conseil constitutionnel n'est en réalité que le compte-rendu des opérations de vérification effectuées par le Conseil constitutionnel lui-même, signé par le Président et le Greffier en chef du Conseil constitutionnel et transmis à titre d'information aux candidats, le tout, conformément à la décision n° 1/2018 du 23 novembre 2018 portant mise en place d'un dispositif de vérification des parrainages et fixant les modalités de son fonctionnement »*[195].

Précisons que la lettre du président du Conseil constitutionnel dont le Conseil soutient qu'elle est *« un simple compte rendu »,* a constitué une base juridique à la vérification des parrainages[196]. Or, cette lettre comporte toutes les mentions d'une décision (entête et dispositif)[197] comme c'était le cas dans l'avis bénéficiant de l'autorité de chose jugée[198]. Cela montre d'ailleurs que le Conseil constitutionnel avait omis volontairement ou involontairement de sanctionner l'incompétence négative du législateur en validant la loi sur le parrainage[199].

En résumé, les juges électoraux africains baignent dans un environnement juridique hétéroclite marqué par son instabilité et son manque d'harmonie. D'où la nécessité de rechercher des normes de références claires, neutres et inclusives.

B/ Une recherche indispensable de normes électorales inclusives.

Toute société démocratique doit être portée par des valeurs de liberté, d'égalité et d'équité inscrites durablement dans la Charte fondamentale. Autrement dit, la stabilité d'un système repose sur la recherche de l'équilibre[200]. Plus spécifiquement, le sort des élections dépend des acteurs du

---

[194] Th. HOCHMAN, « Motivation et justice constitutionnelle : le modèle allemand », *in Les nouveaux Cahiers du Conseil Constitutionnel*, 2017, n° 55-56, pp. 23-29.

[195] Considérant 55 de la décision n° 3/E/2019 du 20 janvier 2019.

[196] Art.118 du Code électoral.

[197] Cela montre d'ailleurs que le Conseil constitutionnel avait omis volontairement ou involontairement de sanctionner l'incompétence négative du législateur. L'incompétence négative du législateur signifie que ce dernier en légiférant n'a pas épuisé son domaine de compétence en donnant le soin à une autre autorité d'intervenir. Mieux, en matière électorale, le juge doit être uniquement un juge d'application des normes posées par le législateur ou le pouvoir réglementaire. Il est en-dessous de ces normes qu'il doit simplement appliquer.

[198] I. M. FALL, « La réforme constitutionnelle de mars 2016 au Sénégal Un hommage à l'œuvre du professeur Kanté », *op. cit.*, pp. 126-127.

[199] F. GALLETTI, « Existe-t-il une obligation de bien légiférer ? Propos sur « l'incompétence négative du législateur » dans la jurisprudence du Conseil constitutionnel », *in R.F.D.C.*, n° 58, 2004, pp. 387-417.

[200] B. KANTE, « Le Sénégal, un exemple de continuité et d'instabilité constitutionnelle. », *op. cit.*, p. 157.

jeu électoral et de leurs comportements[201]. Il s'y ajoute que la culture du consensus y fait défaut[202]. Ainsi, les processus de démocratisation en cours en Afrique noire francophone subsaharienne ne peuvent évoluer avec harmonie que si les acteurs de la vie politique consentent à améliorer progressivement les mécanismes et règles dont le bon fonctionnement ou la bonne application concourt à la fiabilité, à la transparence et à la sincérité des élections. Or, en Afrique, la démocratie semble souffrir de ces valeurs[203].

La phase cruciale de tout processus de maturation démocratique et d'ancrage de l'État de droit est l'élaboration des règles de la compétition électorale. En effet, c'est dans l'élaboration des textes que se trouvent déjà d'éventuelles bombes à retardement en matière de contentieux électoral[204]. À cet égard, l'existence de règles consensuelles claires est une des conditions d'une démocratie libérale apaisée. Étant la source principale des crises en Afrique, les règles électorales ne doivent pas être l'affirmation de la raison du plus fort émanant de la seule majorité présidentielle, mais le résultat d'une construction née d'un dialogue entre les différents acteurs[205]. Les normes électorales doivent être la traduction normative des négociations et compromis des acteurs sociaux et politiques[206]. La norme électorale *« d'en haut »* doit céder la place à la norme électorale *« d'en bas »*, celle négociée par toutes les parties prenantes du processus électoral. C'est ce que souhaite d'ailleurs la CEDEAO à travers son protocole additionnel A/SP1/12/01 de la CEDEAO[207]. À un niveau plus large, la charte africaine de la démocratie, des élections, et de la gouvernance du 30 janvier 2007 de l'UA encourage aussi le dialogue politique[208].

En Afrique, la conception du couple Majorité/Opposition de la démocratie appelée à se succéder au pouvoir et dont la stimulante et féconde confrontation

---

201 J. DU BOIS DE GAUDUSSON, « Les élections à l'épreuve de l'Afrique », *op. cit.,* p. 144.

202 D. F. MELEDJE, « Plaidoyer pour la tolérance politique en Côte-d'Ivoire », *in* D. F. MELEDJE, BLEOU MARTIN et F. KOMOIN (Dir.), *Mélanges dédiés au Doyen Francis V. WODIE*, Presses l'Université Toulouse 1 Capitole, 2016, p. 393.

203 E. H. MBODJ, « La Constitution à l'épreuve de la gestion libérale », disponible sur https://www. elhadjmbodj.org/news.php?slug=la-constitution-a-l-preuve-de-la-gestion-lib-rale, consulté 20/12/2020.

204 G. BADET, « Le contentieux des élections nationales en Afrique », *in* F. J. AIVO (dir.), *La Constitution béninoise du 11 décembre 1990 : un modèle pour l'Afrique ?,* Mélanges en l'honneur de Maurice AHANHANZO-GLELE, *op. cit.,* p. 433.

205 J-P. CAMBY, « Le droit parlementaire, droit de la minorité », *in* Mélanges en l'honneur de Pierre AVRIL, *La République,* Montchrestien, 2001, p. 420.

206 E. H. MBODJ, émergence d'une culture constitutionnelle inclusive en Afrique », *op. cit.*, p. 223.

207 D. F. MELEDJE, « Plaidoyer pour la tolérance politique en Côte d'Ivoire », *in* D. F. MELEDJE, BLEOU MARTIN et F. KOMOIN (dir.), Mélanges dédiés au Doyen Francis V. WODIE, *op. cit.,* p. 395.

208 Voir l'article 2 de la charte.

traduit la vitalité de la culture démocratique a atteint ses limites. En effet, la majorité gouvernante écarte la minorité de l'exercice du pouvoir législatif et parfois même en bafouant ses droits. Ainsi, une culture démocratique solide et un contrat social accepté est à construire sur le vieux continent. Les dernières élections nationales au Sénégal, au Bénin, au Mali, en Côte d'Ivoire et en Guinée Conakry, ont montré d'ailleurs que le dialogue entre les acteurs politiques pour des élections apaisées et des alternances réussies est rompu[209]. Or, l'organisation des élections continuera à semer des troubles tant que ne sera pas honoré l'engagement de *« faire en sorte que les textes fondamentaux régissant la vie démocratique résultent d'un large consensus national, et soient l'objet d'une adaptation et d'une évaluation régulière »*[210].

Certes la règle démocratique exige que la majorité décide et que la minorité s'incline. Cependant, dans l'exercice de ce pouvoir de décision, la majorité doit s'imposer à elle-même une limite qu'elle ne saurait transgresser sous peine de devenir tyrannique[211]. La démocratie, c'est le régime politique de la critique objective[212] qui repose sur le droit de participation et le droit de contestation. C'est cette dernière qu'assume l'Opposition. L'Opposition doit pouvoir participer à la consolidation de la démocratie et de l'État de droit. La reconnaissance d'un statut de l'Opposition participe à cet objectif de consolidation de la démocratie libérale[213] sous la protection du juge constitutionnel qui doit prendre en considération ses revendications afin d'établir un équilibre entre le couple Majorité – Opposition. La démocratie moderne implique l'existence dans le corps social d'une culture de compromis, l'esprit de concertation et la vertu du dialogue. Elle n'est pas la loi d'une majorité mais de la majorité sans quoi elle serait une démocratie émasculée[214].

En Afrique, on demande trop au juge électoral. Or, il ne saurait construire tout seul la démocratie[215]. Certes, les sanctions peuvent contribuer à résoudre

---

[209] A. F. NIANE, *L'alternance au pouvoir dans les processus de démocratisation en Afrique subsaharienne francophone*, Thèse de doctorat soutenue le 22 février 2014 à la FSJP UCAD, 384 p.

[210] S. BOLLE, « Les vices et vertus du contentieux des élections en Afrique », *op. cit.*, p. 544.

[211] J-P. CAMBY, « Le droit parlementaire, droit de la minorité », *in* Mélanges en l'honneur de Pierre AVRIL, *La République,* Paris, Montchrestien, 2001, p.422.

[212] L. SERMET, Préface, E. H. O. DIOP, *L'instrumentalisation de la Constitution dans les régimes politiques africains*, CREDILA-OVIPA, 2017, p. XVII.

[213] E. H. MBODJ, « Regard rétrospectif sur le statut de l'opposition dans les États africains d'expression française », *in* J-P. VETTOVAGLIA et *alli* (dir.), *Démocratie et élections dans l'espace francophone,* Bruxelles, Bruylant, 2010, pp. 334-350.

[214] Th. HOLO, « Démocratie revitalisée ou démocratie émasculée », *in RBSJA,* 2006, pp. 19-31.

[215] A. B. FALL, « Le processus de démocratisation en Afrique francophone : le juge électoral dans l'impasse ? (Essai de prospective) », *in* J. P. VETTOVAGLIA et *alii*

quelques difficultés et faire évoluer les mœurs et les pratiques contestables, mais, pour aller plus en avant, il est utile de s'orienter vers la mise en place de procédures d'alerte destinées à prévenir par, plus de transparence, les difficultés. C'est pourquoi, la concertation et le consensus constituent en la matière une obligation[216]. L'obligation de transparence doit être l'affaire de tout le monde, de l'Administration, des hommes politiques, des citoyens et d'une justice indépendante[217].

Les juges électoraux africains doivent enfin s'inspirer de leur homologue français[218] et béninois en publiant un rapport à l'issue de chaque élection dans lequel il mentionnera les forces et les dysfonctionnements du régime électoral et inviter le constituant et le législateur à les corriger dans le cadre d'une prochaine refonte. Les autorités indépendantes électorales ne sont pas toujours constitutionnalisées. Cela octroie aux autorités exécutive et législative un pouvoir étendu de création, de modification et de suppression en la matière au gré certainement des situations politiques conjoncturelles.

En définitive, il apparaît que l'ordre juridique électoral dans l'espace CEDEAO est un système crisogène caractérisé une par instabilité chronique des sources constitutionnelles, législatives et réglementaires. Les modifications visent souvent à supprimer les clauses de limitation des mandats ou la limitation des candidatures. Elles se font sans une large concertation et sans que les textes nouveaux ne s'alignent sur les anciens. Ce qui rend délicat le travail du juge qui cherche toujours à s'affranchir du corset des textes et d'un pouvoir qui décide de son avancement. Les instruments juridiques communautaires invoqués par les opposants peinent également à s'appliquer dans l'ordre interne.

(dir.), *Prévention des crises et promotion de la paix. Démocratie et élections dans l'espace francophone*, vol. II, Bruxelles, Bruyant, 2010, p. 572.

[216] P. F. DIALLO, Processus de consolidation démocratique en Afrique : la réforme des institutions l'épreuve du consensus», disponible sur http://afrilex.u-bordeaux4.fr/processus-deconsolidation.html?var_mode=calcul consulté le 18/20/2020.

[217] J-L. ÉSAMBO KANGASHÉ, « Élections en Afrique, un modèle d'importation étrangère ou une voie originale de démocratie ? », *op. cit.,* p. 486.

[218] D. ROUSSEAU, P-Y CAHDON, J. BONNET, « chronique de jurisprudences constitutionnelles (2017)», *in R.D.P*, 2018, n° 1, p. 292.

LA PRÉSENTATION DES CANDIDATS À L'ÉLECTION PRÉSIDENTIELLE AU CAMEROUN : VERTUS APPARENTES ET VICES CACHÉS *

Mvogo Maurice Cedric

Docteur en Droit public
Chercheur associé au Bureau des Études stratégiques
(BESTRAT)

La reconnaissance du droit de suffrage déteint incontestablement sur l'exercice de la souveraineté. Plus exactement, elle permet aux citoyens de participer à la vie de leur nation. Si l'on se réfère par exemple aux termes de l'article 13 alinéas 1 et 2 de la Charte africaine des droits de l'Homme et des peuples du 27 juin 1981, tous les citoyens ont le droit de participer librement à la direction des affaires publiques de leur pays, soit directement, soit par l'intermédiaire de représentants librement choisis, conformément aux règles édictées par la loi et ils ont également le droit d'accéder aux fonctions publiques de leurs pays. Cette disposition s'inspire fondamentalement de l'article 25 du Pacte international relatif aux droits civils et politiques de 1966[1].

À la lecture de ces textes, le droit de suffrage a deux versants[2]. L'un est actif en ce qu'il permet de voter ou de choisir les personnes appelées à représenter la collectivité. L'autre est passif. Il permet de pouvoir être élu et commande de se référer à la notion d'éligibilité. Cette dernière repose sur

---

* Cette étude reprend certaines analyses de la thèse de doctorat en droit public ci-après intitulée : *L'éligibilité du candidat à la présidence de la République en droit camerounais*, Université de Douala, 2020, soutenue par le contributeur.

[1] Cet article dispose que *« Tout citoyen a le droit et la possibilité, sans aucune des discriminations visées à l'article 2 et sans restrictions déraisonnables : a) de prendre part à la direction des affaires publiques, soit directement, soit par l'intermédiaire de représentants librement choisis ; b) de voter et d'être élu, au cours d'élections périodiques, honnêtes, au suffrage universel et égal et au scrutin secret, assurant l'expression libre de la volonté des électeurs ; c) d'accéder, dans des conditions générales d'égalité, aux fonctions publiques de son pays »*.

[2] Lire N. MOUELLE KOMBI, « La condition juridique de l'électeur au Cameroun », *RASJ*, vol. 1, n° 2, 2000, pp. 57-79.

des filtres[3] en ce sens qu'elle renvoie à *« l'ensemble des conditions constitutionnelles et législatives que doit remplir un candidat[4] à une fonction de représentation »*[5] ou encore à une élection déterminée[6]. C'est l'éligibilité qui sous-tend l'exigence de présentation ou encore très clairement le parrainage[7] à l'élection présidentielle. De manière générale, même si l'élection coexiste avec d'autres modes de désignation des gouvernants à l'instar de l'hérédité, la cooptation[8], le tirage au sort ou la nomination, elle est

---

[3] F. MÉLIN-SOUCRAMANIEN, « Devenir candidat : quels filtres ? », *Pouvoirs*, n° 138, 2011, pp. 19-31.

[4] Pour le doyen J.-C. MASCLET, est désignée sous le terme de candidat, *« la personne qui souhaitant accéder à un mandat électif remplit les conditions légales et réglementaires de l'éligibilité et a été admise à déposer sa candidature ».* J.-C. MASCLET, « Candidat », in O. DUHAMEL et Y. MÉNY (dir.), *Dictionnaire constitutionnel*, Paris, PUF, mars 1992, p. 107.

[5] R. NIAMKEY-KOFFI, « Nationalité, citoyenneté et éligibilité en Côte d'Ivoire », in R. NIAMKEY-KOFFI (dir.), *Réformes constitutionnelles en Côte d'Ivoire : la question de l'éligibilité*, PUCI, coll. « Textes et Débats », 1999, p. 25.

[6] J.-C. MASCLET, « Éligibilité », in O. DUHAMEL et Y. MÉNY (dir.), *Dictionnaire constitutionnel, op. cit.*, p. 392. Cette définition de l'éligibilité est la même que celle formulée par P.-H. CHALVIDAN. Pour cet auteur, il s'agit de l'*« ensemble des conditions nécessaires pour se porter candidat à une élection ».* P.-H. CHALVIDAN, *Droit constitutionnel. Institutions politiques et régimes politiques,* Nathan, coll. « fac. », Série « Droit », 1996, p. 323 ; L. FAVOREU et *alii*, *Droit constitutionnel*, 21e éd., Paris, Dalloz, 2019, p. 655. Le droit d'éligibilité est au même titre que le droit de vote, un versant de droit de suffrage. E. J. L. ATANGANA, « Le droit de vote et le droit à l'éligibilité des Camerounais de l'étranger », *SOLON, Revue africaine de parlementarisme et de démocratie*, vol. III, n° 7, août 2013, p. 186 et J. MIRANDA, « Les candidatures dans les élections politiques », *Annuaire international de justice constitutionnelle*, 12-1996, 1997, p. 442.

[7] Lire par exemple W. MASTOR, « Les droits du candidat à l'élection présidentielle », *Pouvoirs*, n° 138, 2011, p. 38. J. BENETTI, G. CARCASSONNE et H. PORTELLI, « Quelle réforme du système de présentation à l'élection présidentielle ? Débat animé le 22 février 2013 par M. GUILLAUME, Secrétaire général du Conseil constitutionnel », *Les Nouveaux Cahiers du Conseil constitutionnel,* n° 41, 2013, pp. 175-190 ; J.-Cl. COLLIARD, « Les parrainages à l'élection présidentielle », *Les Nouveaux Cahiers du Conseil constitutionnel,* n° 34, 2012, pp. 13-21. P. GROSIEUX, « Droit constitutionnel électoral. Le ''parrainage'' des prétendants à l'élection présidentielle : simple formalité juridique ? », *RFDC*, n° 59, 2004, pp. 567-594. E. Ch. LEKENE DONFACK, « La candidature indépendante et la liberté de suffrage en droit camerounais », *RASJ*, vol. 1, n° 1, 2010, pp. 37-39.

[8] Lire E. H. MBODJ, *La succession du chef d'État endroit constitutionnel africain (analyse juridique et impact politique)*, Thèse pour le doctorat d'État en droit, Université Cheikh Anta Diop de Dakar, 29 juin 1991, 532 p.

aujourd'hui, la voie la plus usitée pour faire participer le citoyen à l'exercice du pouvoir aussi bien au plan national que local[9].

Des différentes élections pratiquées au sein des régimes représentatifs, l'élection présidentielle occupe une place fondamentale étant donné qu'elle concourt au choix de la plus haute autorité de l'État qu'est le président de la République[10]. Bien plus, elle *« est réputée la plus importante non seulement parce que fondatrice mais aussi parce que faisant participer le corps électoral*[11] *dans son entier, au sens géographique du terme, avec, en outre, une réelle égalité de destination des voix »*[12]. En d'autres termes, elle est

---

[9] B.-R. GUIMDO DONGMO, « Décors et envers de quelques aspects essentiels de l'organisation matérielle des élections en Afrique et ailleurs. Le droit électoral en situation », *Cahier africain des droits de l'homme*, n° 12, juin 2013, p. 39.

[10] À propos de l'institution présidentielle lire par exemple G. CONAC, « Portrait du chef d'État », *Pouvoirs*, n° 25, 1983, pp. 121-130 ; A. CABANIS et M. L. MARTIN, « Le chef de l'État dans les constitutions d'Afrique francophone », *in* F.-P. BLANC, J. DU BOIS DE GAUDUSSON, A. FALL et F. FERAL (dir.), *Le chef de l'État en Afrique… Entre traditions, état de droit et transition démocratique*, Cahiers du Centre d'Études et de Recherches juridiques sur les Espaces méditerranéen et africain francophones, n° 9, 2001, Presses universitaires de Perpignan, pp. 313-351 ; P. É. MBPILLE, *Le président de la République en droit constitutionnel camerounais,* Thèse de doctorat Ph.D. en Droit public, Université de Yaoundé II, novembre 2015, 492 p ; B. BA, *L'institution présidentielle dans le nouveau constitutionnalisme des États d'Afrique et d'Amérique latine. (Afrique du Sud-Bénin-Ghana-Sénégal/Brésil-Chili-Colombie)*, Thèse de doctorat, Université CHEIKH ANTA DIOP de Dakar, École Doctorale, août 2013, 662 p ; F. J. AÏVO, *Le président de la République en Afrique noire francophone. Genèse, mutations et avenir de la fonction*, Paris, L'Harmattan, coll. « Études africaines », 2007, 643 p. I. M. FALL, *Le pouvoir exécutif dans le constitutionnalisme des États d'Afrique. Aspects juridiques et politiques*, Paris, L'Harmattan, coll. « Études africaines », 2008, 310 p.

[11] D'après Raymond CARRÉ DE MALBERG, *« le corps électoral est maître de choisir librement ses élus, mais encore il joue dans l'État un rôle primordial et capital, en tant que son activité est l'élément primitif et générateur d'où dépend essentiellement la formation des organes supérieurs par lesquels l'État va devenir capable de décisions impliquant l'exercice de sa volonté la plus haute »*. R. CARRÉ DE MALBERG, *Contribution à la théorie générale de l'État, spécialement d'après les données fournies par le droit constitutionnel français*, t. 2, Paris, Dalloz, coll. « Bibliothèque Dalloz », novembre 2003, p. 412.

[12] B. DAUGERON, *La notion d'élection en droit constitutionnel. Contribution à une théorie juridique de l'élection à partir du droit public français*, Paris, Dalloz, coll. « Nouvelle Bibliothèque de Thèses », 2011, p. 1052. Pour Robert CHARVIN, *« les élections présidentielles sont les grand-messes du régime, tandis que les autres scrutins constituent les communions et autres confirmations nécessaires à la cohésion sociale »*. R. CHARVIN, « Le droit de suffrage, stade suprême de la démocratie ? », in *Pouvoir et liberté, Études offertes à Jacques MOURGEON*, Bruxelles, Bruylant, 1998, p. 135. Lire également L. FONBAUSTIER, « Élection », in D. ALLAND et S.

d'abord un hommage à la démocratie, ensuite une fête pour tout le peuple et enfin une réhabilitation de l'État[13].

En droit camerounais, l'effectivité du droit de participation à la direction des affaires publiques semble avoir commandé la consécration d'une autre alternative pour l'accès à la magistrature suprême que celle de l'investiture par les institutions partisanes[14]. Il s'agit de l'exigence de présentation par des autorités habilitées, des candidats indépendants[15] ou appartenant à un parti non politiquement représenté sur l'échiquier national. Eu égard à ce constat, le questionnement ci-après peut être formulé, quelle lecture peut-on faire de l'exigence de présentation des candidats à l'élection présidentielle au Cameroun ? Cette interrogation oblige de relever l'intérêt singulier de l'étude portant à la fois sur aspect théorique et pratique. En effet, comme le précise le professeur Alain Didier OLINGA, *« s'il est une question qui suscite la curiosité dans le droit électoral camerounais*[16] *actuel, c'est l'infortune dans laquelle se trouve confinée la candidature indépendante par rapport à la candidature soutenue par un parti politique »*[17].

D'un point de vue théorique, l'étude permet de démontrer qu'il est véritablement temps de repenser le contrôle de constitutionnalité[18] dans la

RIALS (dir.), *Dictionnaire de la culture juridique*, Paris, Lamy-PUF, coll. « Quadrige », 2014, pp. 604-607.

[13] Ph. BRAUD, « Élire un Président... ou honorer les dieux ? », *Pouvoirs*, n° 14, 1980, pp. 18-28.

[14] M. DUVERGER, *Les partis politiques*, 10e éd., Armand Colin, 1976, p. 20.

[15] Selon Michaël GÉRARD, le candidat indépendant ou libre désigne une personne qui n'a pas occupé de hautes fonctions politiques, qui défend un intérêt hors des courants politiques et qui ne part pas avec l'intention de briguer la présidence et ne défend pas de programme. M. GÉRARD, « Les candidatures libres aux élections présidentielles sous la Ve République », *Parlement[s]*, n° 4, 2005, p. 95. Cette définition est pertinente sur certains aspects mais, elle présente des limites. Premièrement, un candidat indépendant peut très bien avoir occupé une haute fonction politique, défendre un programme et avoir la ferme intention de briguer la présidence de la République. Il reste que l'élément pertinent reste l'absence d'appartenance à un parti politique. C'est à partir de lui que se différencie un candidat indépendant d'un candidat investi par un parti politique.

[16] Cl. MOMO, « Quelques aspects constitutionnels du droit électoral rénové au Cameroun », *AFSJ/UD*, n° 1, Jan-Juin 2002, pp. 139-173 et L. P. GUESSELE ISSEME, « La codification du droit électoral dans les États d'Afrique noire francophone », *RADP*, vol. VI, n° 10, janvier-juin 2017, pp. 5-35.

[17] A. D. OLINGA, « Politique et droit électoral au Cameroun : analyse juridique de la politique électorale », *Polis/RCSP*, vol. 6, n° 2, 1998, p. 42.

[18] Le contrôle de constitutionnalité tel qu'il est précisé et pratiqué au Cameroun, n'admet pas d'exception d'inconstitutionnalité. Il est *a priori* ou *ex ante*. C'est ce qui ressort de l'article 47 alinéa 1 de la loi constitutionnelle du 18 janvier 1996 qui dispose que *« le Conseil constitutionnel statue souverainement sur : la constitutionnalité des lois, des traités et accords internationaux ; les règlements intérieurs de l'Assemblée*

mesure où, il ne contribue pas à la neutralisation des dispositions législatives inconstitutionnelles et donc finalement, de garantir la suprématie de la Constitution vu que ce n'est pas sur le Parlement lui-même que l'on peut compter pour réaliser sa subordination à ce texte fondamental[19]. En d'autres termes, il est question de déterminer si la qualité du travail parlementaire respecte les exigences constitutionnelles[20]. Sur le plan pratique, la plus-value de cette étude, réside dans la nécessité d'identifier les freins à l'éligibilité à la présidence de la République grâce à un détour par le contentieux électoral entendu comme cette branche particulière du contentieux qui traite des litiges qui sont relatifs au processus électoral et qui vise notamment à vérifier la régularité externe et interne d'un tel processus[21] et les textes, pour finalement évaluer les solutions pouvant conduire à l'amélioration de la démocratie.

---

nationale et du Sénat, avant leur mise en application, quant à leur conformité à la Constitution… ». Voir l'arrêt n° 04/CE/97-98 du 3 octobre 1997, *Titus EDZOA Parti des Ouvriers et des Paysans Camerounais (POPC) c/État du Cameroun (MINAT)* et la décision n° 20/CEP du 20 septembre 2011, *MILA ASSOUTE Pierre, candidat du Rassemblement démocratique pour la Modernité du Cameroun (RDMC) c/Elections Cameroon (ELECAM).* Lire L. DONFACK SOKENG, « Le contrôle de constitutionnalité des lois hier et aujourd'hui. Réflexions sur certains aspects de la réception du constitutionnalisme moderne en droit camerounais », in S. MELONE, A. MINKOA SHE et L. SINDJOUN (dir.), *La réforme constitutionnelle du 18 janvier 1996*, Yaoundé, Fondation FREIDRICH EBERT/Association Africaine de Science politique/Section Camerounaise GRAP, 1996 ; Cl. MOMO, « Heurs et malheurs de la justice constitutionnelle au Cameroun », *Juridis Périodique*, n° 64, oct.-nov.-déc. 2005, pp. 49-60 et J. F. WANDJIK., « Le contrôle de constitutionnalité au Cameroun et le modèle africain francophone de justice constitutionnelle », *Politeia*, n° 11, printemps 2007, pp. 303-331.

[19] L. FAVOREU et W. MASTOR, *Les cours constitutionnelles*, Dalloz, coll. « Connaissance du droit », 2011, p. 16.

[20] B. MATHIEU, « La qualité du travail parlementaire : une exigence constitutionnelle », in *Constitutions et pouvoirs, Mélanges en l'honneur de Jean GICQUEL*, Paris, Montchrestien, Lextenso éditions, 2008, pp. 355-364 P. E. ABANE ENGOLO, « La notion de qualité du droit », *RADSP*, vol. 1, n° 1, janvier-juin 2013, pp. 87-110.

[21] F. DELPÉRÉE *et al.*, « Le contentieux électoral », *Annuaire international de justice constitutionnelle*, n° 12, 1996, 1997, p. 399. Sur le contentieux électoral camerounais, lire par exemple M. KAMTO, « Le contentieux électoral au Cameroun », *Lex Lata*, n° 020, novembre 1995, pp. 3-13 ; A. D. OLINGA, « Justice constitutionnelle et contentieux électoral : quelle contribution à la sérénité de la démocratie élective et à l'enracinement de l'État de droit ? Le cas du Cameroun », *Conférence panafricaine des présidents des cours constitutionnelles et institutions comparables sur le renforcement de l'état de droit et la démocratie à travers la justice constitutionnelle*, CAFRAD et Fondation Hanns Seidel, Marrakech (Maroc), 26-28 novembre 2012, p. 1-19 ; A. D. OLINGA, « Contentieux électoral et état de droit au Cameroun », *Juridis Périodique*, n° 41, Édition spéciale, janvier-février-mars 2000, pp. 35-52 ; ABDOUL BAGUI KARI, *Le contentieux électoral en question*, Yaoundé, Presses de

Une analyse méticuleuse de la question posée, il sied de prendre appui sur la méthode juridique ou plus précisément sur le positivisme méthodologique[22]. Il a deux variantes : le positivisme juridique qui restreint l'analyse sur le droit tel qu'il est élaboré et le positivisme factualiste, qui commande d'aller au-delà de la règle posée pour questionner son application dans la réalité sociale[23]. C'est cette dernière qu'il convient de retenir pour l'analyse de la présentation des candidatures à l'élection présidentielle. La mobilisation des textes et l'analyse des spécificités du système politique permettent d'observer que la présentation des candidats à l'élection présidentielle au Cameroun est une fausse bonne idée. Sa consécration donne l'illusion d'une liberté des candidatures (I) alors qu'elle engendre réellement l'éviction d'une égalité entre ces dernières (II).

I/ L'illusion d'une liberté des candidatures

La liberté du citoyen est un attribut de sa personne, inconditionnelle et métaphysique, elle s'attache à lui partout où il se trouve[24]. J.-J. ROUSSEAU affirme d'ailleurs que *« si l'on recherche en quoi consiste précisément le plus grand bien de tous, qui doit être la fin de tout système de législation, on trouvera qu'il se réduit à deux objets principaux, la liberté et l'égalité »*[25]. Au Cameroun, l'illusion de la liberté des candidatures est entretenue par sa consécration au plan textuel (A) qui a certaines implications au plan formel (B).

GGC, 10 juin 2004, 142 p. ; D. MANDENG, *La procédure contentieuse en matière électorale : recherches sur le contentieux des élections au Cameroun*, Thèse de doctorat en droit public, Université de Poitiers et Université de Douala, 2017, 436 p. ; C. MUKAM SIGHANO, « Le juge et le candidat aux élections présidentielles au Cameroun », *Cahier africain des droits de l'homme*, n° 12, juin 2013, pp. 213-234 ; É. M. NGANGO YOUMBI, « Le nouveau Conseil constitutionnel camerounais : la grande désillusion », *RCC*, n° 000/2019, pp. 73-129 ; É. MENGUE MBOUE, « La juridiction constitutionnelle et la construction de l'État de droit en Afrique noire francophone : l'exemple du Conseil constitutionnel camerounais », *RCC*, nos 2 et 3, 2020, pp. 131-163.

[22] Le positivisme méthodologique à son cœur : la neutralité axiologique, la séparation entre les faits et les valeurs, l'observation du droit, et la vérification des propositions scientifiques. V. CHAMPEIL-DESPLATS, *Méthodologies du droit et des sciences du droit*, Paris, Dalloz, coll. « Méthodes du droit », 2014, p. 111.

[23] Lire par exemple M. FATIN-ROUGE STÉFANINI, L. GAY et A. VIDAL-NAQUET (dir.), *L'efficacité de la norme juridique. Nouveau vecteur de légitimité ?*, Bruxelles, Bruylant, 2012, 352 p et J. CARBONNIER, *Flexible droit. Pour une sociologie du droit sans rigueur*, 10e éd., Paris, LGDJ, 2001, 493 p.

[24] G. BURDEAU, *La démocratie*, Seuil, coll. « Points », Série « Politique », 1966, p. 32.

[25] J.-J. ROUSSEAU, *Du contrat social*, Paris, Garnier-Flammarion, 1966, livre II, chapitre XI, p. 88.

A/ La consécration textuelle de la liberté des candidatures

La Constitution est en quelque sorte le statut de l'État[26]. Son appréhension tient compte de deux aspects : formel et matériel. Au sens formel, c'est-à-dire du point de vue de son objet et de son contenu, elle renvoie au texte fondamental contenant l'ensemble des règles relatives à la désignation des gouvernants, à l'organisation et fonctionnement des pouvoirs publics, ainsi qu'aux droits et devoirs des citoyens[27]. Au sens formel, c'est-à-dire si l'on s'attache à sa forme et aux modalités de son élaboration, la Constitution est un acte écrit, d'aspect généralement solennel, dont les dispositions ont une valeur supérieure à celle des lois et ne peut être élaborée et révisée que par une autorité spécialement habilitée : le Constituant[28]. Même si les fondements de la liberté sont extrajuridiques[29], il faut nécessairement rechercher sa formulation précise dans les textes juridiques.

En lisant la Constitution camerounaise, l'on se rend compte qu'elle ne précise pas explicitement la liberté de candidature. Elle semble en d'autres termes faire preuve d'un certain mutisme. Toutefois, l'on est bien en droit de penser qu'en l'absence de disposition faisant état du contraire, qu'elle prend en compte cette exigence. En effet, à l'interprétation des quelques conditions d'éligibilité qu'elle énonce[30], il est possible d'affirmer qu'un esprit d'ouverture est inscrit dans ce texte fondamental[31]. Il n'en saurait être autrement vu que l'élection implique la liberté juridique d'accès à la compétition[32]. À cet égard, l'éligibilité en tant que principe, s'interprète de manière extensive[33] et ce malgré les réserves qui elles sont dans une certaine mesure inévitables au regard de la valeur de l'institution présidentielle. C'est d'ailleurs ce qu'affirme très clairement le professeur I. M. FALL en ces termes : « *l'importance de*

---

[26] R. DEBBASCH, *Droit constitutionnel*, 2e éd., Paris, Litec, 2001, p. 25.

[27] *Ibid.*, p. 26.

[28] *Ibid.* Lire aussi L. FAVOREU, « Droit constitutionnel, droit de la Constitution et constitution du droit », *RFDC*, n° 1, 1990, pp. 71-89. D. ROUSSEAU, « Une résurrection : la notion de constitution », *RDP*, 1990, pp. 5-22.

[29] J. MORANGE, « Liberté », *in* D. ALLAND et S. RIALS (dir.), *Dictionnaire de la culture juridique*, *op. cit.*, p. 945.

[30] Aux termes de l'article 6 alinéa 5, les candidats aux fonctions de Président de la République doivent être des citoyens camerounais d'origine, jouir de leurs droits civiques et politiques et avoir trente-cinq (35) ans révolus à la date de l'élection.

[31] E. Ch. LEKENE DONFACK, « La candidature indépendante et la liberté de suffrage en droit camerounais », *op. cit.*, p. 36.

[32] J. D. Ch. TONYE, « La rééligibilité des chefs d'État », *Janus, Revue camerounaise de Droit et Science politique*, 5e année, n° 3, mars 2011, p. 161.

[33] J. GICQUEL et J.-É. GICQUEL, *Droit constitutionnel et institutions politiques*, 28e éd., LGDJ, Lextenso éditions, coll. « Domat » droit public, 2014, p. 156.

l'accès au pouvoir justifie l'élévation à la dignité constitutionnelle du ''profil'' du candidat à la présidence »[34].

Contrairement à la Constitution dont on ne constate que l'esprit d'ouverture, le législateur est plus explicite s'agissant de la liberté de candidature. Le Code électoral précise en son article 121 que les candidats à l'élection du président de la République peuvent être soit investis par un parti politique ; soit indépendants, à condition d'être présentés comme candidat à ladite l'élection par au moins trois cents (300) personnalités originaires de toutes les régions, à raison de trente (30) par région et possédant la qualité soit de membre du Parlement ou d'une chambre consulaire, soit de conseiller régional ou de conseiller municipal, soit de chef traditionnel de premier degré. Cette alternative que le législateur consacre en plus de l'investiture partisane a des implications qui méritent d'être relevées.

B/ Les implications formelles de la liberté des candidatures

La consécration d'une formalité alternative de candidater à l'élection présidentielle, implique d'un point de vue formel, la négation du monopole des partis dans la sélection des candidats et une certaine avancée démocratique[35]. Désormais inscrite dans le domaine public constitutionnel, la liberté de suffrage consacre le droit universel du citoyen d'être élu et de briguer sans entrave tout mandat national[36]. La démocratie impose une obligation de sélection des représentants. Mais cette dernière doit tenir compte du principe de liberté. Comme le précise G. BURDEAU, d'un point de vue rationnel et factuel, la démocratie est indissolublement liée à la liberté[37]. C'est la prise en compte de ce principe qui a semble-t-il pousser le législateur à consacrer cette alternative en termes de modalité de désignation des candidats à l'élection présidentielle. Cette négation du monopole de l'exercice de la fonction partisane du parti unique[38] d'antan corrobore l'admission d'une liberté fondamentale et s'inscrit en droite ligne avec la liberté d'association reconnue aux individus.

L'année 1990 marque un tournant majeur dans la sortie du Cameroun du carcan des pays réfractaires aux idéaux de démocratie et des droits de

---

[34] I. M. FALL, « Le renforcement de l'encadrement du président de la République dans les régimes politiques africains », *Revue du Conseil constitutionnel,* n° 4, 2014, p. 261.

[35] E. Ch. LEKENE DONFACK, « La candidature indépendante et la liberté de suffrage en droit camerounais », *op. cit.*, p. 36.

[36] *Ibid.*, p. 21.

[37] G. BURDEAU, *La démocratie*, *op. cit.*, p. 15.

[38] Le parti unique est appréhendé par Bernard BADIE comme une situation propre à un parti lorsqu'il exerce au sein d'un système politique le monopole de la fonction partisane. B. BADIE, « Parti unique », in O. DUHAMEL et Y. MÉNY (dir.), *Dictionnaire constitutionnel*, *op. cit.*, p. 731.

l'homme. En effet, dans les États libéraux, le socle de l'État de droit est maintenant constitué par un ensemble de droits fondamentaux qui sont inscrits dans des textes de valeur juridique supérieure[39]. Voulant et se réclamant désormais soucieux de ces questions, l'État a adopté une série de textes juridiques dont l'importance est avérée. Il en est ainsi des lois n° 90/053 et 90/056 datant toutes du 19 décembre 1990 et portant respectivement sur la liberté d'association et sur les partis politiques[40]. Conformément à l'article 1[er]alinéa 2 de la première loi, la liberté d'association est la faculté de créer une association, d'y adhérer ou de ne pas y adhérer. À partir du moment où une personne est libre d'adhérer ou non à une association et par ricochet à un parti politique qui est par essence une association[41], il ne saurait exister un seul moyen de désignation à l'élection présidentielle. Cette approche est d'ailleurs affirmée par le juge africain des droits de l'homme dans sa première décision au fond[42] en termes si concis qu'il importe de les rappeler.

Pour lui en effet, il est impératif de souligner que *« les droits garantis par l'article 13 (1) de la Charte sont des droits individuels. Ils ne sont supposés être exercés uniquement en association avec d'autres individus ou groupes d'individus, comme les partis politiques (...) Vu la clarté manifeste du libellé de l'article 13 (1) de la Charte, qui offre à chaque citoyen la possibilité de participer à la direction des affaires publiques de son pays, directement ou par l'intermédiaire de ses représentants, exiger d'un candidat qu'il soit membre d'un parti politique avant d'être autorisé à participer à la vie politique (...) constitue certainement une violation des droits consacrés à l'article 13 (1) de la Charte. Ce droit doit cependant être exercé conformément à la loi »*[43]. Il résulte donc clairement de cette décision qu'un

---

[39] J. CHEVALLIER, *L'État de droit,* 2e éd., Paris, Montchrestien, coll. « Clefs politique », 1994, p. 109.

[40] Selon le professeur Marcelin NGUELE ABADA *« la concurrence politique légale s'est mise en place progressivement (...) En effet, la concurrence légitime avait déjà commencé avant même sa consécration légale. Il faut le reconnaître la loi sur les partis politiques a enfin précisé le contexte légal jusque-là mal défini ».* M. NGUELE ABADA, *État de droit et démocratisation, contribution à l'étude de l'évolution politique et constitutionnelle du Cameroun*, Thèse de doctorat en droit public (Nouveau Régime), Université de Paris I-Panthéon Sorbonne, 12 janvier 1995, p. 110.

[41] A. D. OLINGA, « Un parti politique d'opposition est-il banal ? Le régime juridique des partis politiques », *in* L. SINDJOUN (dir.), *Comment peut-on être opposant au Cameroun ? Politique parlementaire et politique autoritaire*, Dakar, CODESRIA, 2004, p. 116.

[42] A. D. OLINGA, « La première décision au fond de la Cour africaine des droits de l'homme et des peuples », *La Revue des droits de l'homme*, 16 novembre 2014, disponible sur http://revdh.revues.org/953, pp. 1-19.

[43] Cour africaine des droits de l'homme et des peuples, arrêt du 14 juin 2013 sur les affaires jointes Tangayika Law Society & The Legal and Human Rights Centre c. Tanzanie et Révérend Christopher R. Mtikila c. Tanzanie.

candidat à l'élection présidentielle ne saurait être assujetti à l'adhésion d'un parti pour être éligible à la présidence de la République.

Formulée par A. LINCOLN le 19 novembre 1863 à Gettysburg, l'expression démocratie désignait *« le gouvernement du peuple, par le peuple, pour le peuple »* qui devait plus tard faire le tour du monde[44]. Cette notion revêt un certain particularisme. Loin de toutes les appréhensions dont elle est l'objet, l'on ne peut minorer que c'est l'homme qui est en son centre. Mais ce dernier doit nécessairement et obligatoirement être libre. La possibilité accordée aux candidats d'être désignés par un autre mécanisme que celui de l'investiture par un parti traduit ou mieux, exhibe le caractère démocratique de l'État même si ce n'est qu'une apparence. Cette formalité laisse dubitatif quant à son effectivité. En France, la doctrine affirme que c'est la recherche de candidats sérieux, représentatifs de courants politiques affirmés, disposant d'une solide assise géographique et revêtant tous les attributs dignes de figurer parmi les prétendants sont autant de raisons ayant conduit à l'introduction d'un mécanisme de filtrage[45].

En tout état de cause, son avènement dans le droit électoral camerounais traduit cet exhibitionnisme du caractère démocratique. Pour s'en convaincre il sied de rappeler les arguments politiques qui avaient été mobilisés avant son adoption. La doctrine rapporte que le Vice-Premier ministre chargé de l'administration territoriale de l'époque était formel au sujet de cette formalité car il précisait qu' *« ''à propos des candidatures indépendantes, que ce soit lors des travaux de la Tripartite ou lors des différents travaux de l'Assemblée nationale, l'idée a été débattue, mais on n'a jamais abouti à une décision positive. Mais, nous avons estimé qu'au stade actuel du processus démocratique, nous ne pouvons admettre de candidatures indépendantes à l'élection présidentielle, le scrutin y étant uninominal''. Ou encore ''(...) avec le développement du processus électoral, le jour où nous arriverons à la détermination des circonscriptions électorales telles que nous en parle le député Domgang où il y aurait des sous-circonscriptions donnant lieu à un siège, à ce moment-là le problème de candidatures indépendantes pourrait se poser. Pour le moment, l'opinion telle qu'elle ressort des travaux de la Tripartite et des travaux des différentes assemblées nationales qui ont eu lieu jusqu'à présent estime qu'il n'est pas encore temps d'admettre l'idée de candidature indépendante »*[46]. Si donc les pouvoirs publics avaient ce raisonnement, la reconnaissance des candidats indépendants et dont de leur

---

[44] J. BAGUENARD, *La Démocratie. Une utopie courtisée*, Paris, Ellipses, coll. « Mise au point », 1999, p. 5.
[45] S. LAMOUROUX, « De la présentation à la présélection des candidats à l'élection présidentielle : le filtrage comme fil d'Ariane », *RFDC*, n° Hors-série, 2008, p. 161.
[46] Séance de l'Assemblée nationale du 6 mars 1997, P.V. n° 7, p. 1 et P.V. n° 12, p. 3 cités par A. D. OLINGA, « Politique et droit électoral au Cameroun : analyse juridique de la politique électorale », *op. cit.*, p. 43.

désignation affiche que l'État avait décidé finalement de donner un nouveau visage au processus démocratique. Il revient dès lors d'analyser le formalisme attaché à la présentation des candidats à l'élection présidentielle.

II/ L'éviction d'une égalité des candidatures

A priori, à la lecture ou au constat de la condition d'éligibilité à la présidence de la République qu'est la présentation, on croit apercevoir une alternative pour la participation des citoyens à la vie politique de la nation. Il n'en est rien en réalité. En effet, à l'aune de l'analyse, cette exigence qui est consacrée par le législateur recèle de nombreux vices. L'obligation de présentation est par essence une condition d'éligibilité supplémentaire qui fausse l'égalité constitutionnelle devant être appliquée à tous les candidats à l'élection présidentielle[47]. D'un point de vue spécifique, non seulement sa formulation

---

[47] En droit camerounais, les candidats qui optent pour la formalité de présentation, doivent en plus d'être parrainés, remplir toutes les autres conditions d'éligibilité. Celles-ci sont précisées dans diverses dispositions de Code électoral qu'il convient de mentionner. Aux termes de l'article 117, les candidats aux fonctions de président de la République doivent jouir de la plénitude de leurs droits civiques et politiques et avoir trente-cinq (35) ans révolus à la date de l'élection. Ils doivent être citoyens camerounais d'origine et justifier d'une résidence continue dans le territoire national d'au moins douze (12) mois consécutifs et d'une inscription sur les listes électorales à la date du scrutin. L'article 118 pose en son alinéa 1 pose la condition d'inéligibilité pour les personnes qui, de leur propre fait, se sont placées dans une situation de dépendance ou d'intelligence vis-à-vis d'une personne, d'une organisation ou d'une puissance étrangère ou d'un État étranger. L'article 119 quant à lui rappelle que les fonctions de président de la République sont incompatibles avec toute autre fonction publique élective ou toute activité professionnelle. À l'article 120, les candidats à l'élection présidentielle sont tenus de faire une déclaration de candidature revêtue de leur signature légalisée. Les déclarations de candidature doivent indiquer conformément aux termes de l'article 122, les noms, prénoms, date et lieu de naissance, profession et domicile des intéressés ; la couleur, le signe et le titre choisis pour l'impression des bulletins de vote. En outre, la déclaration de candidature est accompagnée : de la liste de 300 signatures des personnalités requises le cas échéant ; d'un extrait d'acte de naissance du candidat datant de moins de trois (03) mois ; de la lettre de présentation et d'investiture du parti cautionnant la candidature du postulant, le cas échéant ; d'une déclaration sur l'honneur par laquelle le candidat s'engage à respecter la Constitution ; d'un bulletin n° 3 du casier judiciaire datant de moins de trois (03) mois ; d'un certificat d'imposition ou de non-imposition ; d'un certificat de nationalité ; de l'original du certificat de versement du cautionnement. D'après l'article 123, les déclarations de candidature doivent être faites en double exemplaire, dans les dix (10) jours suivant la convocation du corps électoral et elles sont faites auprès de la Direction générale des Élections ou auprès des démembrements régionaux d'Élections Cameroon, qui les transmettent dans les vingt-quatre (24) heures à la Direction générale des Élections par lettre recommandée, avec accusé de réception, adressée à la même Direction avec copie au Conseil constitutionnel, à condition qu'elles y parviennent dans le délai prévu. Le candidat doit verser au trésor public conformément

au plan textuel, laisse voir une discrimination des candidatures (A), mais aussi, d'un point de vue factuel, elle engendre leur marginalisation (B).

A/ La discrimination lisible des candidatures au plan textuel

Le principe d'égalité a une valeur constitutionnelle au Cameroun. Aux termes de l'article 1er alinéa 2 de la loi constitutionnelle du 18 janvier 1996, la République *« assure l'égalité de tous les citoyens devant la loi »*. Eu égard à cette formulation, l'on ne saurait faire abstraction du droit électoral et plus spécifiquement des conditions d'éligibilité. C'est d'ailleurs en prenant appui sur cette disposition de la Constitution que le Conseil constitutionnel n'a pas hésité à formuler le principe de l'égalité des chances[48]. Ce dernier est le fruit de la constitutionnalisation du droit électoral en ce qu'il participe de la précision des normes et aussi d'une création normative[49]. Malheureusement, le législateur ne semble pas avoir suivi le pouvoir constituant sur cet aspect.

Deux éléments peuvent être relevés comme participant à la discrimination de droit [50] des candidatures astreintes à la formalité de présentation. D'une part, la « subsidiarisation » des candidatures indépendantes et, d'autre part, la

---

à l'article 124, un cautionnement fixé à trente millions (30 000 000) de francs et suite à cela, il est établi en triple exemplaire, un certificat dudit versement. Un de ces exemplaires doit être immédiatement transmis par les services du trésor au Conseil constitutionnel ; l'original et l'autre exemplaire sont remis au candidat. Seules les conditions de nationalité d'origine, d'âge et de jouissance des droits civiques et politiques, sont précisées à l'article 5 de la loi constitutionnelle du 18 janvier 1996. Lire sur le P. É. MBPILLE, « Les paradoxes de la collecte publique du cautionnement électoral au Cameroun : cas de l'élection présidentielle du 07 octobre 2018 », *RCDSP, Janus*, n° 6, décembre 2019, pp. 179-208.

[48] Dans l'arrêt n° 37/CE/01-02 du 17 juillet 2002, *Affaire Action pour la Méritocratie et l'Égalité de Chances (AMEC) c/État du Cameroun* : *« (...) ce changement porte atteinte au principe d'égalité de chances, justifiant ainsi l'annulation du scrutin »*. Ce principe est également repris dans l'arrêt n°54/CE/01-02 du 17 juillet 2002, affaire *Social Democratic Front (SDF), Union Nationale pour la Démocratie et le Progrès (UNDP) c/État du Cameroun*. Le juge y affirme qu'*« attendu que ces griefs ont été constatés par la Commission nationale de Recensement général des votes ; Qu'en effet il résulte du procès-verbal de cette commission que ''des bulletins de vote présentés par le commissaire représentant l'UNDP, il ressort que les noms des candidats qui y figurent ne sont pas ceux officiellement retenus ; Que trois procès-verbaux détenus par l'ONEL attestent que les bulletins de vote de l'UNDP sont arrivés avec un retard de plus de quatre heures après l'ouverture du scrutin'' ; Attendu que ces irrégularités ont porté atteinte à la sincérité du scrutin et à l'égalité de chances ; Qu'il s'ensuit que les recours sont fondés »*.

[49] M. C. MVOGO, « La constitutionnalisation du droit électoral dans les États d'Afrique noire francophone : le cas du Bénin, du Cameroun et du Sénégal », *RADSP*, vol. VIII, juillet - décembre 2020, pp. 193-220.

[50] A. D. OLINGA, *La Constitution de la République du Cameroun*, 2e éd., Yaoundé, PUCAC, 2013, p. 62.

« tutellerisation des petites candidatures partisanes ». Le premier élément est perceptible à la lecture de l'article 121 alinéa 1 (2) du Code électoral[51] qui dispose que *« les candidats à l'élection présidentielle peuvent être indépendants, à condition d'être présentés comme candidat à l'élection du président de la République par au moins trois cents (300) personnalités originaires de toutes les régions, à raison de trente (30) par région et possédant la qualité soit de membre du Parlement ou d'une chambre consulaire, soit de conseiller régional ou de conseiller municipal, soit de chef traditionnel de premier degré »*. En posant que la candidature indépendante a pour finalité de faire en sorte que le futur président de la République n'apparaisse pas trop ostensiblement comme le candidat de tel ou tel parti, surtout dans une société en transition qui découvre les vertus et les difficultés du multipartisme, il faut reconnaître que le législateur considère comme voie normale d'accès à la présidence de la République, l'investiture d'un parti[52]. De ce fait, la candidature indépendante est clairement exceptionnelle. Le caractère exceptionnel ou secondaire de cette dernière est manifeste dans la mesure où elle oblige l'accomplissement de formalités supplémentaires en dehors des conditions minimales prévues pour briguer la magistrature suprême.

La « tutellerisation des petites candidatures partisanes » en ce qui la concerne, découle de l'assujettissement du candidat investi par un parti politique non représenté à l'Assemblée nationale, au Sénat[53], dans un conseil régional ou dans un conseil municipal, à l'obtention du même nombre de signatures exigées aux candidats indépendants[54]. Au travers de cette prescription juridique, il ne fait l'ombre d'aucun doute que le législateur n'accorde pas la même valeur ou importance à tous les partis politiques. Certes, il est clair que certains d'entre eux servent généralement de faire-valoir et n'ont parfois pas de véritable influence sur la scène politique, mais il n'en demeure pas moins que cette condition fausse l'égalité entre les partis politiques. Concrètement l'élection présidentielle telle qu'est pensée et encadrée au Cameroun n'a rien à voir avec la représentation d'un parti au sein d'un conseil régional, municipal, d'une chambre consulaire ou au Parlement.

À aucun moment, il n'est exigé au candidat d'un parti disposant d'une telle représentation d'être parrainée et encore que l'institution présidentielle est tellement centrale et forte que c'est elle qui déteint plutôt sur ladite représentation. Il suffit pour s'en convaincre d'observer l'écrasante majorité

---

[51] Il s'agit de la loi n° 2012/001 du 19 avril 2012 portant Code électoral, modifiée et complétée par la loi n° 2012/017 du 21 décembre 2012.

[52] E. Ch. LEKENE DONFACK, « La candidature indépendante et la liberté de suffrage en droit camerounais », *op. cit.*, pp. 35-36.

[53] Lire P. E. ABANE ENGOLO, « Réserves sur le recrutement des sénateurs », *SOLON, Revue africaine de parlementarisme et de démocratie*, vol. III, n° 17, août 2017, pp. 39-73.

[54] Article 122 alinéa 2 du Code électoral.

du parti au pouvoir qu'est le Rassemblement démocratique du Peuple camerounais (RDPC). En soumettant les candidats déjà investis par un parti politique certes non représenté sur l'échiquier politique national, au parrainage des personnalités appartenant à d'autres partis politiques, l'on ne peut manquer de relever que le législateur accorde une primauté de certains partis présents sur échiquier sur ceux qui en sont absents. Conformément à la typologie construite par le Maître de Vienne H. KELSEN, la consécration de la condition de parrainage s'apparente à une inconstitutionnalité matérielle vu qu'elle n'est pas conforme au principe constitutionnel d'égalité[55] et contraire à l'inconstitutionnalité formelle qui elle est effective en raison d'une irrégularité de procédure dans la confection d'une loi[56]. En somme, cette hiérarchisation des candidatures partisanes qui ressort du Code électoral, déteint sur leur marginalisation.

B/ La marginalisation visible des candidatures au plan factuel

Sur le plan factuel, il est possible de constater une marginalisation des candidatures devant être présentées. Il en est ainsi au regard des pesanteurs structurelles et conjoncturelles qui relativisent leur effectivité et les rendent plus théoriques. Les premières sont respectivement constituées de la dépendance statutaire des chefs traditionnels de l'État et du libéralisme apparent du système présidentialiste.

La question des chefferies traditionnelles est particulière. Cette particularité provient de leur organisation, de leur place et surtout de leurs rapports avec l'État. Conformément à l'article 2du décret n° 77/245 du 15 juillet 1977 portant organisation des chefferies traditionnelles, *« la chefferie traditionnelle est organisée sur une base territoriale. Elle comporte trois degrés hiérarchisés suivants : chefferie de 1er degré ; chefferie de 2e degré ; chefferie de 3e degré ».* Est de premier degré, toute chefferie dont le territoire de compétence recouvre celui d'au moins deux chefferies de 2e degré et ses limites territoriales n'excèdent pas en principe celles d'un département[57]. Elles sont créées par arrêté du Premier ministre[58] et c'est lui aussi qui nomme les chefs traditionnels de premier degré[59]. Mais de manière générale, *« les chefs traditionnels sont, en principe choisis au sein des familles appelées à exercer coutumièrement le commandement traditionnel. Les candidats doivent remplir les conditions d'aptitude physique ou mentale requises, à savoir autant que possible, lire et écrire »*[60].

---

[55] H. KELSEN, « La garantie juridictionnelle de la constitution », *RDP*, 1928, p. 206.
[56] *Ibid.*
[57] Article 3 du décret n° 77/245 du 15 juillet 1977 portant organisation des chefferies traditionnelles.
[58] Article 7 *ibid.*
[59] Article 15 *ibid.*
[60] Article 8 *ibid.* Lire également les articles 9 à 14 dudit décret.

En plus de ces éléments, il faut noter que les chefs traditionnels sont non seulement des auxiliaires de l'administration, mais aussi ils sont placés sous l'autorité du ministre de l'Administration territoriale[61]. Ils relèvent en cela directement de l'autorité hiérarchique du représentant de l'État dans la circonscription administrative qui couvre géographiquement leur chefferie et en l'occurrence du préfet et du gouverneur étant donné que ceux-ci exercent un contrôle hiérarchique sur l'exercice de ses compétences[62] et peuvent le cas échéant leur infliger des sanctions[63]. Cette dépendance du pouvoir d'État édulcore quelque peu leur indépendance dans l'accomplissement de leur droit de présentation des candidats à l'élection présidentielle. De plus, ils bénéficient d'un traitement salarial[64] qui, associé à leur mode de désignation,

---

[61] Lire respectivement les articles 20 et 19 du décret n° 77/245 du 15 juillet 1977 portant organisation des chefferies traditionnelles.

[62] L'article 28 du décret *ibid.*, dispose que *« les autorités administratives portent chaque année leur appréciation sur l'activité des chefs traditionnels de leurs circonscriptions administratives, compte tenu notamment de leur efficacité, de leur rendement et du développement économique et social de leur territoire de commandement ».*

[63] L'article 29 du décret n° 77/245 du 15 juillet 1977 portant organisation des chefferies traditionnelles, précise qu'*« en cas de faute dans l'exercice de leur fonction, en cas d'inefficacité, d'inertie ou d'exactions à l'égard des populations, les chefs traditionnels encourent les sentions suivantes : rappel à l'ordre ; avertissement ; blâme simple ; blâme avec suspension pendant 3 mois au plus de la totalité des allocations ; destitution. Les sanctions disciplinaires qui précèdent ne peuvent être infligées comportement, son inefficacité ou son inertie ». L'article 30 du même texte quant à lui précise que « (1) Le rappel à l'ordre, l'avertissement et le blâme simple sont infligés : (...) aux chefs de 1er degré par le gouverneur, d'office ou sur proposition du préfet. 2° Le blâme avec suspension pendant 3 mois au plus de la totalité des allocations est infligé par le ministre de l'Administration territoriale... ».*

[64] Le traitement financier des chefs traditionnels était précédemment régi par l'article 22 du décret n° 77/245 du 15 juillet 1977 portant organisation des chefferies traditionnelles. Néanmoins, aucune précision n'était donnée quant à son montant exact. En fait, on ne pouvait juste lire dans cet article que *« (1) Les chefs de 1er degré et 2e degré perçoivent mensuellement : une allocation fixe, calculée sur la base de l'importance numérique et leur population ; une indemnité pour charges spéciales. (2) L'allocation fixe et l'indemnité pour charges spéciales prévues au présent article sont fixées par arrêté conjoint du ministre de l'Administration territoriale et du ministre des Finances. (3) L'allocation fixe est soumise à la retenue pour impôt, elle ne peut être inférieure au salaire du travailleur de la 1ère catégorie échelon I du secteur public de la zone où est installée la chefferie ».* Il a fallu attendre 36 ans plus tard pour que cette disposition soit clarifiée. Depuis 2013 les chefs traditionnels de 1er degré perçoivent mensuellement une allocation dont le montant est fixé 200 000 FCFA (voir l'article 22 du décret n° 2013/332 du 13 sept. 2013 modifiant et complétant certaines dispositions du décret n° 77/245 du 15 juillet 1977 portant organisation des chefferies traditionnelles). En outre, les articles 23 et 24 du même texte précisent respectivement que cette allocation est affranchie de l'impôt conformément

à leurs responsabilités et à leur régime disciplinaire, fait de ces derniers de véritables agents publics[65].

En somme, de par leur statut d'agents déconcentrés qui par ailleurs sont fortement politisés[66], les chefs traditionnels ne bénéficient pas en droit positif camerounais d'assez d'autonomie pour pouvoir présenter des candidats à l'élection présidentielle. La crainte d'une destitution éventuelle plane au-dessus de leur tête telle une épée de Damoclès, surtout lorsque l'on sait qu'ils ne peuvent obtenir que difficilement l'annulation d'un acte portant désignation d'un autre chef traditionnel. Il existe une consécration textuelle de l'incompétence du juge administratif à connaître de ce contentieux. En effet, *« les contestations soulevées à l'occasion de la désignation d'un chef sont portées devant l'autorité investie du pouvoir de désignation qui se prononce en premier et dernier ressort. Toutefois, la décision prise peut être rapportée, s'il est établi que l'autorité compétente a été induite en erreur »*[67]. En outre, l'on note une confirmation jurisprudentielle de l'incompétence de ce juge[68]. Cette

---

au Code général des impôts et qu'elle ne peut se cumuler avec les indemnités de parlementaire, de traitement de fonctionnaire ou d'agent des administrations publiques, mais qu'en cas de cumul de fonctions dûment autorisé, l'intéressé doit opter, avant sa désignation par l'autorité compétente, soit pour le maintien de son traitement ou salaire, soit pour le bénéfice de l'allocation de chef traditionnel.

[65] Ch. N. MBACK, « La chefferie traditionnelle au Cameroun : ambiguïtés juridiques et dérives politiques », *Africa Development*, vol. XXV, n°s 3 et 4, 2000, p. 88.

[66] *Ibid.*, pp. 88-113.

[67] Article 16 du décret n° 77/245 du 15 juillet 1977 portant organisation des chefferies traditionnelles.

[68] L. P. GUESSELE ISSEME, *L'apport de la Cour suprême au droit administratif camerounais,* Thèse de doctorat Ph. D. en droit public, Université de Yaoundé II, septembre 2010, p. 208. La consécration textuelle de l'incompétence du juge administratif, l'analyse des textes montre qu'elle est implicite d'un point de vue réglementaire et explicite d'un point de vue législatif. La loi n° 79/17 du 30 juin 1979 relative aux contestations soulevées à l'occasion de la désignation des chefs traditionnels précise son article premier que *« par dérogation à l'article 9 de l'ordonnance n° 72/6 du 26 août 1972, fixant l'organisation de la Cour suprême, les contestations soulevées à l'occasion de la désignation des chefs traditionnels sont portées devant l'autorité investie du pouvoir de désignation qui se prononce en premier et dernier ressort »*. En outre, la loi n° 80/31 du 27 novembre 1980 dessaisissant les juridictions des affaires relatives aux contestations soulevées à l'occasion de la désignation des chefs traditionnels, dispose en son article premier que *« les juridictions de droit commun et de l'ordre administratif sont dessaisis d'office de toutes les affaires pendantes devant elles et relatives aux contestations soulevées à l'occasion de la désignation des chefs traditionnels. Ces affaires seront réglées conformément aux dispositions de la loi 79/17 du 30 juin 1979 relative aux contestations soulevées à l'occasion de la désignation des chefs traditionnels »*. Pour ce qui est de la confirmation jurisprudentielle de l'incompétence du juge administratif, l'on peut évoquer l'arrêt n° 17/A/CS/AP du 19 mars 1981, *État du Cameroun*

impossibilité d'obtenir une annulation d'un acte portant désignation d'un chef traditionnel participe de l'affadissement de l'État de droit qui est *« celui qui – en même temps qu'il formule les prescriptions relatives à l'exercice de sa puissance administrative – assure aux administrés, comme sanction de ces règles, un pouvoir juridique d'agir devant une autorité juridictionnelle à l'effet d'obtenir l'annulation, la réformation ou en tout cas la non-application des actes administratifs qui les auraient enfreintes »*[69].

Comme le résume le professeur R. MBALLA OWONA le trait marquant des rapports des chefferies avec l'État a été et peut-être demeure la volonté de la part de celui-ci de les contrôler et cela est attesté par une abondante jurisprudence administrative qui révèle l'intrusion arbitraire des autorités étatiques dans la désignation des chefs traditionnels dont l'objectif est de toujours soutenir les candidats qui leur sont dociles au détriment des héritiers de plein droit[70]. Cet état de choses traduit et démontre le libéralisme apparent du système présidentialiste camerounais de façon générale.

Pour appréhender le libéralisme apparent du système présidentialiste, il faut d'abord rappeler la controverse doctrinale qui existe à propos de l'appréhension du régime politique camerounais. Ce dernier se distingue à n'en point douter des autres régimes politiques africains. Cette particularité est si manifeste que même la doctrine est partagée sur la question de sa qualification exacte. Cette difficulté est sous-tendue par l'appréhension quelque peu particulière des éléments rentrant soit dans la définition de la notion de régime politique, soit de système politique. Le régime politique entendu au sens strict, correspond aux règles constitutionnelles et il se caractérise par des éléments juridiques relatifs à l'organisation des institutions[71]. Le système politique quant à lui, correspond à la pratique des institutions c'est-à-dire qu'il est l'ensemble qui résulte des interactions entre les deux sous-ensembles que sont le régime politique et le « *système des variables*

---

c/Enfants chef Banka et le jugement n° 08/02-03/CS/CA du 31 octobre 2002, *BATEG Daniel c/État du Cameroun (MINAT)* dans lequel il précise que les *« contestations soulevées à l'occasion de la désignation d'un chef traditionnel est exclue de la compétence de cette juridiction, la loi ne précisant pas s'il s'agit des contestations soulevées au cours des consultations ou après l'arrêté préfectoral d'approbation de la désignation »*.

[69] R. CARRÉ DE MALBERG, *Contribution à la théorie générale de l'État…*, *op. cit.*, pp. 489-490.

[70] R. MBALLA OWONA, « Le citoyen et le renouvellement du droit constitutionnel en Afrique », in M. ONDOA et P. E. ABANE ENGOLO (dir.), *Les transformations contemporaines du droit public en Afrique*, L'Harmattan, 2018, p. 138.

[71] M.-A. COHENDET, *Le président de la République*, Paris, Dalloz, coll. « Connaissance du droit », 2002, pp. 2-3.

déterminantes »[72]. Il commande une lecture du droit constitutionnel par-delà le texte constitutionnel[73].

Relativement à la qualification du régime politique camerounais, pour certains auteurs, il s'agit d'un régime parlementaire[74]. Ils se basent sur la méthode juridique, normative par essence qui pour qualifier la nature d'un régime politique, se fonde sur l'organisation des rapports de pouvoir entre les diverses institutions étatiques, en tenant compte de la manière dont ces rapports sont définis dans le cadre des dispositions constitutionnelles[75]. Globalement pour ces auteurs le régime politique est de type parlementaire étant donné qu'à la lecture de la loi fondamentale, l'on relève l'institutionnalisation d'un dualisme de l'exécutif en dépit du déséquilibre des rapports existant entre ses deux composantes, la consécration d'une possibilité de mettre en œuvre la responsabilité du Gouvernement devant le Parlement et réversiblement et la consécration d'un pouvoir de dissolution de l'Assemblée nationale par l'exécutif. Pour d'autres, il s'agit d'un régime présidentialiste autocratique ayant évolué vers un présidentialisme démocratique[76], ou d'un

[72] Le système des variables déterminantes selon Marie-Anne COHENDET, est un ensemble de facteurs et dont on peut distinguer entre autres : le système des partis, le mode de scrutin, l'histoire, le contexte économique et social, la situation diplomatique, éventuellement la religion, la répartition des forces politiques entre les différents organes à l'issue de chaque élection. Ce dernier peut aussi contenir des éléments juridiques tels que les lois organiques, les lois ordinaires, les actes administratifs relatifs à l'organisation des institutions, au mode de scrutin, ou au mode de financement des partis politiques et la jurisprudence. M.-A. COHENDET, « Le système de variables déterminantes », in *Constitutions et pouvoirs*, *Mélanges en l'honneur de Jean GICQUEL*, *op. cit.*, p. 123.

[73] O. BEAUD, « Le droit constitutionnel par-delà le texte constitutionnel et la jurisprudence constitutionnelle – À propos d'un ouvrage récent », *Cahiers du Conseil constitutionnel*, n° 6, janvier 1999, pp. 1-13.

[74] J. T. HOND, « De l'affirmation du caractère parlementaire du régime politique camerounais au regard de la constitution du 18 janvier 1996 », *in* M. KAMTO, S. DOUMBE-BILLE et B. M. METOU (dir.) *Regards sur le droit public en Afrique*, *Mélanges en l'honneur du Doyen Joseph-Marie BIPOUN WOUM*, Paris, L'Harmattan, coll. « Études africaines », Série « Droit », 2016, pp. 65-78 ; J. T. HOND, « Des transformations de l'État au Cameroun », *RASJ*, vol. 8, n° 2, 2011, pp. 201-202 ; M. ONDOA, « Une résurrection : le régime parlementaire camerounais », *AFSJP/UD*, n° 2, juin - décembre 2002, pp. 7-42. M. ONDOA, « La dé présidentialisation du régime politique camerounais », *RADP*, vol. 1, n° 1, juin – décembre 2012, pp. 121 -148.

[75] J. T. HOND, « De l'affirmation du caractère parlementaire du régime politique camerounais au regard de la constitution du 18 janvier 1996 », *op. cit.*, p. 72.

[76] J. F. WANDJI K., « Processus de démocratisation et évolution du régime politique camerounais d'un présidentialisme autocratique à un présidentialisme démocratique », *Revue belge de droit constitutionnel*, n° 3, 2001, pp. 437-469.

présidentialisme démocratique[77], mutualiste[78]. Pour d'autres enfin, il s'agit d'un présidentialisme déconcentré[79] qui par la suite s'est décentralisé[80] ou d'un régime d'une nature introuvable[81].

D'une manière générale, les défenseurs de l'idée du présidentialisme ont en commun le recours à des méthodes de science politique et s'appuient sur l'effectivité du fonctionnement des institutions politiques camerounaises pour aboutir au constat de l'hypertrophie des pouvoirs du président de la République[82]. Que l'on opte pour le régime parlementaire ou pour le régime présidentialiste, il est manifeste que le président de la République dispose d'immenses et importantes attributions et en sus, le foisonnement des partis politiques ne saurait faire illusion étant donné que ce multipartisme est d'ailleurs apprivoisé[83]. En d'autres termes, l'on est bien obligé de reconnaître que le régime politique camerounais est de nature parlementaire et qu'il fonctionne dans un système politique de typeprésidentialiste caractérisé par une prédominance du président de la République. C'est bien ce dernier qui par sa majorité au Parlement tient le pouvoir. La qualité et le contenu du droit électoral n'en sont que l'émanation. Il est donc clair que la présentation d'un candidat indépendant ou même d'un candidat dont le parti n'est aucunement représenté politiquement ne peut être qu'ardue au regard de l'écrasante majorité du parti au pouvoir.

Cette exigence juridique est d'ailleurs au fond l'expression de l'inféodation non seulement des individus eux-mêmes en tant que candidats, mais aussi plus généralement des partis politiques plus faibles. En effet, subordonner un candidat soi-disant indépendant à l'obtention de 300 signatures des présentateurs, c'est consacrer sa dépendance vis-à-vis d'eux. De plus,

---

[77] A. D. OLINGA., « Cameroun : vers un présidentialisme démocratique. Réflexions sur la révision constitutionnelle du 23 avril 1991 », *RJPIC*, n° 4, octobre-décembre 1992, *op. cit.*, pp. 419-429.

[78] J. Cl. TCHEUWA, « Essai sur la qualification du régime politique camerounais : la difficile qualification d'un régime authentiquement parlementaire », *Revue Juridique et Politique des États francophones*, vol. 2, n° 57, pp. 155-172, cité par J. T. HOND, « De l'affirmation du caractère parlementaire du régime politique camerounais au regard de la constitution du 18 janvier 1996 », *op. cit.*, p. 69.

[79] J. OWONA, *Droit constitutionnel et régimes politiques africains,* Paris, Berger-Levrault, coll. « Monde en devenir », Série « Manuels B.-L. », mars 1985, p. 270.

[80] J. OWONA, J. OWONA, *Droits constitutionnels et institutions politiques du monde contemporain. Étude comparative,* Paris, L'Harmattan, 2010, pp. 663-664.

[81] YACOUBA MOLUH, « L'introuvable nature du régime camerounais issu de la constitution du 18 janvier 1996 », *in* S. MELONE, A. MINKOA SHE et L. SINDJOUN (dir.), *La réforme constitutionnelle du 18 janvier 1996*, *op. cit.*, pp. 242-250.

[82] J. T. HOND, « De l'affirmation du caractère parlementaire du régime politique camerounais au regard de la constitution du 18 janvier 1996 », *op. cit.*, p. 72.

[83] J. OWONA, *Droits constitutionnels et institutions politiques du monde contemporain...*, *op. cit.*, p. 215.

assujettir un candidat investit par un parti politique à l'accomplissement de cette même formalité, c'est le mettre à la solde des membres d'un autre parti politique qui du coup, sont érigés en maîtres absolus du droit de participation ou non à l'élection présidentielle et de son octroi. Le risque d'arbitraire n'est pas très loin car ils disposent d'un véritable pouvoir et *« c'est une expérience éternelle que tout homme qui a du pouvoir est porté à en abuser »*[84].

S'agissant des pesanteurs d'ordre structurel, il faut noter qu'en droit camerounais, nul ne peut être éligible à une élection politique[85] ou à une élection municipale s'il n'est membre d'un parti politique et dans le cas d'espèce investit par celui-ci. En effet, le législateur exige des candidats à l'élection législative d'accompagner leur déclaration de candidature *« d'une attestation par laquelle le parti politique investit l'intéressé en qualité de candidat »*[86]. La même exigence est également formulée à l'endroit des candidats à l'élection des conseillers municipaux et régionaux[87]. Cette disposition fait que la réunion des 300 signatures devient difficile. En effet, ces derniers auront non seulement beaucoup de mal, mais aussi peur d'accorder leur signature à un candidat n'appartenant pas à leur parti.

En plus de cet assujettissement, il faut prendre en compte l'ineffectivité de la nullité du mandat impératif[88]. Il peut paraître surprenant de traiter cet aspect étant donné que la loi constitutionnelle du 18 janvier 1996 énonce en son article 15, alinéa 3 que *« tout mandat impératif est nul »*. À la lecture de cette disposition, il est possible de déterminer que la nullité du mandat impératif couvre le mandat parlementaire et son fondement se trouve dans la souveraineté nationale qui est la matrice du principe représentatif[89]. *« La nullité du mandat impératif tend essentiellement à assurer une parfaite indépendance aux représentants législateurs »*[90]. Elle ne couvre cependant pas le mandat local. La raison est que son exercice ne peut être assimilé à

---

[84] MONTESQUIEU, *De l'Esprit des lois*, Gallimard, coll. « Folio/Essais », 1995, Seconde partie, Livre XI, p. 326.

[85] Par élection politique et contrairement à l'élection locale qui n'implique pas l'exercice de la souveraineté nationale, il faut entendre *« celle dans laquelle le citoyen s'exprime en cette qualité et intervient comme agent d'exercice de la souveraineté nationale »*. J.-Cl. MASCLET, *Le droit des élections politiques*, Paris, PUF, coll. « Que sais-je ? », p. 5.

[86] Article 165 du Code électoral.

[87] Article 182*ibid.*

[88] Par définition le mandat impératif désigne une *« obligation, pour un élu, d'appliquer les instructions de ses électeurs ou de son parti, sanctionnée par une possibilité de révocation »*. P. AVRIL et J. GICQUEL, *Lexique de droit constitutionnel*, 1ère éd., Paris, PUF, coll. « Que sais-je ? », 2003, p. 75.

[89] M. KAMTO et J. MOUANGUE KOBILA, « Sur une question en débat : nullité du mandat impératif et déchéance des élus au Cameroun », *Lex Lata*, n° 032, novembre 1996, p. 11.

[90] *Ibid.*

l'exercice de la souveraineté nationale et parce que les élus locaux n'expriment pas la volonté générale à laquelle est attachée la qualité de représentant du peuple[91]. L'on pourrait même ajouter que les élus locaux n'incarnent pas la souveraineté nationale du fait qu'ils ne sont pas élus par la Nation pris comme corps. Le Conseil constitutionnel précise d'ailleurs que *« l'élu de la nation, est l'élu de la majorité qui incarne la nation dans son entièreté en vertu du principe représentatif ; [il] n'est pas l'élu de chacun des Camerounais pris individuellement, mais l'élu du plus grand nombre (...) nonobstant les abstentions »*[92]. Il ressort de ce qui précède que le mandat des conseillers municipaux, régionaux et encore moins celui des membres des chambres consulaires, n'est pas couvert par la nullité du mandat impératif.

L'ineffectivité de la nullité du mandat impératif de ces différentes personnalités habilitées à présenter les candidats est liée au fait qu'il est difficile d'être membre d'un parti politique sans être soumis au respect des règles de discipline imposées par ce dernier. Il est clair que les électeurs et même les partis politiques tiennent les élus à leur merci. Le professeur A. D. OLINGA souligne dans ce sens que *« dans sa configuration actuelle, il n'est guère excessif de dire que le régime juridique des partis politiques fait encore des élus du peuple camerounais les "otages" des partis »*[93]. En outre, il précise qu'*« en attendant une pratique résolument hostile au mandat impératif partisan, peu d'élus prendront le risque d'accorder leur parrainage à un candidat indépendant »*[94] de même que pour ceux dont le parti politique ne dispose pas de représentativité au Parlement, dans un conseil régional ou municipal.

Il ne faudrait pas minorer non plus le fait que les présentateurs doivent indiquer et préciser leurs nom(s) et qualité sur la lettre de présentation d'un candidat à la présidence de la République. Certes il n'existe pas une règle imposant la publication des noms de ces derniers, mais la signature légalisée qui doit être faite par les autorités administratives, n'est pas une formalité anodine. Dans un contexte où ces dernières sont nommées par le chef de l'État et entièrement dépendantes de lui, elle s'apparente bien à une formalité de contrôle des présentateurs. Ces autorités sont clairement des relais de l'administration centrale au niveau local et donc juste une manifestation de la déconcentration[95].

---

[91] *Ibid.*

[92] Recours n° 038/SRCER/G/SG/CC du 10 octobre 2018, *Sieur Joshua NAMBANGIOSIHC/ELECAM, RDPC, ADD, PURS, FPD, UDC, MCNC.*

[93] A. D. OLINGA, « Un parti politique d'opposition est-il banal ? Le régime juridique des partis politiques », *op. cit.*, p. 113.

[94] A. D. OLINGA, *La Constitution de la République du Cameroun*, *op. cit.*, p. 62.

[95] L'alinéa 6 de l'article 73 de la loi n° 2019/024 du 24 décembre 2019 portant Code général des collectivités territoriales décentralisées dispose que *« le gouverneur et le préfet, représentants du président de la République, du Gouvernement et de chacun des ministres, sont seuls habilités à s'exprimer au nom de l'État devant les organes*

D'un point de vue statistique, de 1992 à nos jours, aucun candidat indépendant n'a pu se présenter devant les électeurs en vue de l'élection à la magistrature suprême. Il en est de même des candidats investis par un parti politique non représenté au Parlement, dans un conseil régional ou dans un conseil municipal. C'est dire que le législateur a verrouillé cette formalité d'un point de vue spécifique, mais aussi la candidature indépendante d'un point de vue général, non seulement par un formalisme juridique extrême qui plus est, subi les affres d'un système politique faussement libertaire et démocratique à l'endroit des concurrents au pouvoir en exercice. L'on peut se référer pour plus de précision au tableau synoptique ci-après faisant état des candidatures ayant été rejetées pour défaut de présentation de la liste des 300 signatures exigées[96].

<table>
<tr><th>Date de l'élection présidentielle</th><th>Noms et prénoms des candidats</th><th>Type de candidat</th><th>Total</th></tr>
<tr><td>11 octobre 1992</td><td>/</td><td>/</td><td>0</td></tr>
<tr><td>12 octobre 1997</td><td>ONANA NOUMA Marcus</td><td>Candidat indépendant</td><td>1</td></tr>
<tr><td rowspan="3">11 octobre 2004</td><td>OUAFO Dieudonné</td><td>Candidat indépendant</td><td rowspan="3">3</td></tr>
<tr><td>DJOUKA Alfred Augustin</td><td>Candidat indépendant</td></tr>
<tr><td>TONYE Jean Alphonse</td><td>Candidat indépendant</td></tr>
<tr><td>11 octobre 2011</td><td>/</td><td>/</td><td>0</td></tr>
<tr><td rowspan="4">07 octobre 2018</td><td>BOBORO KEKOMO Symphorien</td><td>Candidat indépendant</td><td rowspan="4">6</td></tr>
<tr><td>BARIN KOULLA Édouard</td><td>Candidat indépendant</td></tr>
<tr><td>ETONDE ETONDE Jean Patrice</td><td>Candidat indépendant</td></tr>
<tr><td>GABANMI-DANHA Rigobert</td><td>Candidat indépendant</td></tr>
</table>

délibérants des collectivités territoriales, les syndicats des communes et les organes de gestion des établissements des collectivités territoriales ».

[96] Ce tableau fait état de toutes les décisions rendues par le juge électoral à propos des candidatures indépendantes. Il tire ses sources des différents rapports sur les élections présidentielles du National Democratic Institutte for international Affairs de 1992 ; du ministère de l'Administration territoriale de 1997 et de 2004 ; d'ELECAM de 2011 et de 2018.

Date de l'élection présidentielle	**Noms et prénoms des candidats**	**Type de candidat**	**Total**
	CHOUPO KAMGAING Hervé	Candidat indépendant	
	ZEH AMVEME Geneviève	Candidate indépendante	
	EGONO Valentin	Candidat de l'Union camerounaise pour la Démocratie et l'Innovation (UCDI)	
	FOMO NGOTA Jean Marie Philippe	Candidat de la Renaissance sociale du Cameroun (RSDC)	
	GWET Jean	Candidat du Mouvement politique pour le Changement du Cameroun (MPCC)	
	KISOB Bertin	Candidat du Cameroon party for Social Justice (CSPJ)	7
	KUM Ane Ihims	Candidate du Bilingual Yaounde Party (BIYA PARTY)	
	NDEMMANU Antoine De Padoue	Candidat du Rassemblement démocratique du Peuple sans Frontière (RDPF)	
	NDJOUMOU Léopold Steves	Candidat de l'Union pour le Redressement Économique du Cameroun (UREC)	
	TUILE TUILE Roger	Candidat de Debout Le Cameroun (DLC)	
TOTAL DES CANDIDATS			**17**

Au regard de tout ce précède, l'assujettissement de la candidature aux élections politique, municipale, ou régionale à l'investiture partisane et l'ineffectivité de la nullité du mandat impératif, démontrent que *« la candidature indépendante à l'élection présidence de la République n'est aisément praticable que si les candidatures indépendantes sont déjà admises aux scrutins municipaux et législatifs »*[97].

À l'aune de l'analyse de la formalité de présentation des candidats à l'élection présidentielle, il ressort que le droit électoral camerounais sert bien les intérêts de ceux qui contribuent majoritairement à le sécréter. C'est une situation qui mériterait bien d'être modifiée pour une meilleure prise en compte des principes démocratiques et surtout du principe à valeur constitutionnelle qu'est l'égalité devant la loi. Aucun candidat à l'élection présidentielle ne devrait être assujetti à l'accomplissement de formalités supplémentaires par rapport aux autres et ce pour quelques motifs que ce soit. Le jeu politique commande la liberté de candidature et surtout le respect de l'égalité entre tous les candidats. De façon concrète, le professeur E. Ch. LEKENE DONFACK propose trois solutions mais dont deux méritent d'être mentionnées. Premièrement, il affirme que *« le parrainage devrait être soit supprimé ce qui serait plus conforme à l'esprit d'ouverture inscrit dans la Constitution, soit étendu à tous les candidats en respect au principe d'égal accès aux emplois publics »*[98]. Cette solution règlerait de la sorte la question de la représentativité de tous les candidats à l'élection présidentielle et les partis politiques seraient confinés à un rôle d'intermédiaire sans aucune prétention à se substituer au peuple. Secondement, *« au cas où le parrainage serait maintenu, le corps des personnalités chargées de la représentation des candidats, devrait être homogène et constitué essentiellement d'élus ; leur mandat électif étant un gage minimum d'indépendance »*[99]. Ces deux propositions sont pertinentes. Toutefois, il reste que le législateur n'a pas jusqu'ici daigné prêter une attention particulière à cette question. L'on ne peut qu'espérer qu'il finira tôt ou tard par se mettre à l'école de la doctrine pour faire évoluer la démocratie surtout lorsqu'on sait que l'éligibilité est un droit civique constitutionnel[100] qui permet de participer à la vie politique.

---

[97] A. D. OLINGA, *La Constitution de la République du Cameroun*, *op. cit.*, p. 62.

[98] E. Ch. LEKENE DONFACK, « La candidature indépendante et la liberté de suffrage en droit camerounais », *op. cit.*, pp. 38-39.

[99] *Ibid.*, p. 39.

[100] D. ROUSSEAU, P.-Y. GAHDOUN et J. BONNET, *Droit du contentieux constitutionnel*, 11e éd., LGDJ, coll. « Domat droit public », 2016, p. 446.

LA RÉALITÉ DES FONCTIONS PARLEMENTAIRES DANS LES SYSTÈMES CONSTITUTIONNELS AFRICAINS

Meïssa Diakhaté

Agrégé des Facultés
Enseignant-Chercheur à l'Université
Cheikh Anta Diop de Dakar

La détermination de la séparation des pouvoirs fonde l'existence de l'État démocratique. En reconnaissant et en déclarant que *« toute société dans laquelle la garantie des droits n'est pas assurée ni la séparation des pouvoirs déterminée n'a point de Constitution »*, l'article 16 de la Déclaration des droits de l'homme et du citoyen du 26 août 1789 en fait le point d'ancrage institutionnel du constitutionnalisme[1].

Dominante sous les célèbres écrits de MONTESQUIEU[2], l'inspiration mécaniste[3] assimile la Constitution à une technique de répartition des compétences assortie de règles régulatrices. Ainsi, la distinction des organes législatif, exécutif et judiciaire constitue *« la pierre angulaire des structures du pouvoir politique »*[4]. Conséquemment, la représentation devient le trait de caractère de la démocratie contemporaine. C'est à travers notamment

---

[1] Fidèles à l'héritage, les préambules de certaines constitutions africaines, en particulier celles du Gabon et du Sénégal, ont expressément exprimé leur adhésion aux idéaux de la Déclaration de 1789. Voir CABANIS (A.), DEVAUX (O.), « L'influence de la déclaration de 1789 sur les Constitutions de l'Afrique francophone », *Politeia, les nouveaux aspects du constitutionnalisme*, n° 18, 2020, pp. 387-404 ; WANDJI K. (J.F.), « La déclaration française des Droits de l'Homme et du Citoyen du 26 août 1789 et l'État en Afrique », *RFDC*, n° 99, 2014/3, p. 20 ; Bâ (B.), « Le préambule de la Constitution et le juge constitutionnel en Afrique », *Afrilex*, janvier 2016, *http://afrilex.u-bordeaux4.fr/sites/afrilex/IMG/pdf/Boubacar_-BA_Preambule_et_juge_constitutionnel_en_Afrique.pdf*, consulté le 15 juin 2020.

[2] MONTESQUIEU, *De l'Esprit des Lois,* Livre XI, Chap. VI, « De la constitution d'Angleterre », Nourse, 1772, pp. 191-203.

[3] À propos d'une analyse de « la machine et de la norme », voir TROPER (M.), *La théorie du droit, le droit, l'État,* Paris, PUF, 2001, pp. 147-162.

[4] BEN ACHOUR (R.), « Constitutions et institutions », *in* AIDC, *La Constitution aujourd'hui, Recueil des cours*, Vol. XV, p. 5.

l'institution parlementaire que prend corps la représentation[5]. En effet, l'élection aboutit à ce que *« la qualité de représentant précède celle de législateur, elle ne s'identifie plus avec elle. Les deux fonctions ne se confondent plus, elles se cumulent, donc se distinguent »*[6].

Dans les démocraties africaines en voie de libéralisation[7], la finalité de première importance est celle d'instaurer l'équilibre entre les pouvoirs constitutionnels et d'affirmer les principes de l'État de droit[8]. Ces deux piliers fondamentaux sous-tendent *« les lignes de force du constitutionnalisme du renouveau démocratique subsaharien »*[9]. Plus qu'un simple principe organisationnel, la séparation des pouvoirs a valeur de *« droit fondamental »*[10]. La légitimité des élus, en plus d'être fondée par l'élection, repose sur les *« principes et règles de valeurs constitutionnelles »* que le Parlement incarne, à savoir la continuité de la vie de la Nation, l'exercice de la souveraineté du Peuple par ses représentants, la séparation et l'équilibre des pouvoirs[11]. Ce qui justifie que le Parlement soit le siège légitime de la souveraineté du Peuple et l'un des points d'appui à l'équilibre des pouvoirs séparés.

Certes le pouvoir législatif doit rester la clé de voûte du système politique[12], mais il ne devient une réalité institutionnelle que surtout si ses fonctions sont rendues effectives. Il doit être un contrepoids du pouvoir exécutif, au moyen des fonctions législatives et de contrôle de l'action du

---

[5] WODIE (F. V.), *Institutions politiques et droit constitutionnel en Côte d'Ivoire*, PUCI, 1996, p. 170.

[6] DAUGERON (B.), « Les transformations du concept de représentation en droit constitutionnel contemporain : l'expression d'une mutation majeure du constitutionnalisme », *Politeia, Les nouveaux aspects du constitutionnalisme*, n° 18, 2020, pp. 228-229.

[7] Voir OWONA (J.), *Droits constitutionnels et institutions politiques du monde contemporain. Étude comparative*, Paris, L'Harmattan, 2010, p. 253.

[8] Voir DEBBASCH (Ch.), « Le nouveau visage constitutionnel de l'Afrique noire francophone », *in Mélanges offerts au Doyen Charles Cadoux*, PUAM, 1999, pp. 105-105.

[9] AHADJI-NONOU (K.), *Les défis du gouvernement démocratique en Afrique*, L'Harmattan-Sénégal, 2020, p. 93.

[10] SOMA (A.), « La séparation des pouvoirs comme droit fondamental dans le constitutionnalisme contemporain », *Afrilex*, Lien : http://afrilex.u-bordeaux4.fr/la-separation-des-pouvoirs, consulté le 19 juin 2020, 26 p.

[11] À propos de l'avis n° 2005-013/CC/SG du 15 décembre 2005 rendu par le Conseil constitutionnel ivoirien sollicité par le Président de la République pour savoir si « le défaut d'élections, dû à la situation de crise que connaît la Côte d'Ivoire, entraîne la dissolution et la fin des pouvoirs de l'Assemblée nationale » dont le mandat arrive à expiration le 16 décembre 2005. Avis cité par SINDJOUN (L.), *Les grandes décisions de la justice constitutionnelle africaine*, Bruxelles, Bruylant, 2009, p. 122.

[12] CHAGNOLLAUD (D.), *Droit constitutionnel contemporain*, 3e éd., t. 2, *Le régime politique français*, Paris, Armand Colin, 2003, p. 68.

Gouvernement. En somme, *« l'existence du Parlement en tant que pouvoir face et en contrepoids du pouvoir exécutif ne saurait se concevoir que si celui-ci exerce pleinement les fonctions de production des normes et de contrôle de l'action du gouvernement. À cet égard, le renforcement des pouvoirs du Parlement est nécessaire à l'équilibre des pouvoirs, au système des poids et contrepoids. Plus largement, c'est la démocratie représentative qui en sort renforcée de l'accroissement des pouvoirs du Parlement »*[13].

Ces affirmations gagneraient en effet à être vérifiées en considération du rôle des Parlements dans l'organisation des pouvoirs au sein des États africains. Il en résulte l'importance de caractériser doublement les fonctions des parlements en Afrique. En effet, le vote de la loi est la principale fonction du pouvoir législatif. En tant que corps représentatif de la volonté générale, il participe à l'exercice démocratique de la souveraineté. Mais au fil de mutations, la démocratie représentative a influencé, également en Afrique, la condition du pouvoir législatif, conduisant à l'exercice atonique de la fonction législative (I) et à l'effet platonique du contrôle politique (II).

I/ Une fonction législative atonique

C'est par la fonction législative que *« le Parlement exprime la volonté du peuple en adoptant les règles générales et impersonnelles qui seront mises en œuvre par l'exécutif à travers des programmes politiques »*[14]. En quelque sorte, et selon les meilleures expressions, c'est le fonds de la souveraineté, le pouvoir suprême de la République ou la marque de souveraineté[15].

Mais inspirés par les procédés de rationalisation du régime parlementaire de la Ve République française, les systèmes constitutionnels africains ont dédié un domaine de compétences du pouvoir législatif (A). Comme cela ne semblait pas suffire, la réalité politique a fini par avoir raison même de la souveraineté des parlements sur leur propre domaine de compétences ; ceux-ci sont foncièrement concurrencés par d'autres centres de production normative (B).

A/ Un domaine de compétences dédié

Les constitutions africaines, à l'instar de leur devancière de la Ve République française, énumèrent une liste de matières relevant du pouvoir législatif[16].

---

[13] VERPEAUX (M.), *Droit constitutionnel*, Paris, Dalloz, 2017, p. 143.

[14] SAWADOGO (F. M.), KIEMDE (P.), « Les rapports entre le parlementaire et le citoyen au Burkina Faso », *in* MELEDJE (D. F.), Bléou (M.) (dir.), *Mélanges dédiés au doyen Franics V. Wodié*, PUT 1 capitole, 2016, p. 451.

[15] Voir J-J. BURLAMAQUI, J. LOCKE, J. BODIN, successivement cités par J.-P. VALETTE, *Grandes œuvres*, Paris, Ellipses, 2013, pp. 97-98.

[16] Cette limitation des compétences législatives profite au pouvoir réglementaire autonome étendu à « toutes les matières autres que celles qui sont du domaine de la loi.

À l'analyse, les Constitutions font la distinction entre les matières fondamentales pour lesquelles la loi est habilitée à fixer, de manière précise, « *les règles* » et les matières pour lesquelles le législateur n'intervient que pour déterminer, d'une manière générale, « *les principes fondamentaux* ».

À ce propos, le Conseil constitutionnel ivoirien, considérant que l'article 71 de la Constitution répartit ces matières législatives entre celles pour lesquelles la loi *« fixe les règles »* et celles pour lesquelles la loi n'est appelée qu'à *« déterminer les principes fondamentaux »*, est d'avis que *« la proposition de loi, fixant les conditions du travail domestique et portant organisation des agences de placement des travailleurs domestiques, conformément à l'article 71 de la Constitution, doit s'en tenir aux principes fondamentaux, et laisser au pouvoir réglementaire le soin de fixer dans les détails les règles du travail domestique »*[17]. C'est aussi le sens de la Décision n° 19/95 du 28 septembre 1995 par laquelle le Conseil constitutionnel sénégalais juge que *« la dérogation ainsi apportée au principe de la séparation des pouvoirs trouve son fondement dans les dispositions de l'article 67 de la Constitution qui font figurer au nombre des matières qui relèvent de la loi des règles concernant l'amnistie »*[18].

De ce point de vue, le pouvoir législatif est sous surveillance. La juridiction constitutionnelle exerce notamment le rôle de *« censeur des empiètements du pouvoir législatif sur l'exécutif »*[19]. Dès lors, s'il apparaît, au cours de la procédure législative qu'une proposition ou un amendement n'est pas du domaine de la loi, il est permis d'opposer l'irrecevabilité législative à l'initiative parlementaire.

Certes il s'est posé et se poursuit, en France, une discussion sur la portée pratique de la séparation des domaines respectifs de la loi et du règlement. À cause de l'interprétation extensive du domaine de la loi et de l'intrusion du

---

[17] Avis n° CI-2014-A-137/10-06/CC/SG du 10 juin 2014 relatif à la demande du Président de l'Assemblée nationale aux fins de vérifier la conformité à la Constitution de la proposition de loi fixant les conditions du travail domestique et portant organisation des agences de placement des travailleurs.

[18] Décision n° 91/2005 du 12 février 2005, affaires 1/C/2005 et 2/C/2005 loi n° 01/2005 du 7 février 2007 portant amnistie ou loi Ezzan, *in* FALL (I.M.) (rass. et comm.), *Les décisions et avis du Conseil constitutionnel du Sénégal*, Dakar, CREDILA, 2008, p. 474.

[19] OUMAROU (N.), « La régulation du fonctionnement des institutions par le juge constitutionnel », *in* ONDOUA (M.), ONGOLO (P. E. A.) (dir.), *Les transformations contemporaines du droit public en Afrique »*, Paris, L'Harmattan, 2018, p. 68.

législateur dans le domaine réglementaire[20], le juge constitutionnel français a compromis la révolution juridique[21].

Mais en Afrique, le débat est polarisé par la mainmise du pouvoir exécutif sur la procédure législative.

B/ Une fonction concurrencée

La fonction législative est la véritable modalité d'expression de la volonté générale. Toutefois, le pouvoir législatif ne détient ni n'exerce absolument cette fonction. L'évidente vérité est que *« la théorie de la séparation des pouvoirs a vieilli dans sa volonté de séparer les tâches de l'exécutif et du législateur car les gouvernements ont réussi dans la plupart des États à s'approprier l'initiative de l'essentiel de la législation »*[22].

Abstraction faite de l'attribution au pouvoir exécutif d'un pouvoir réglementaire autonome, on note que dans toutes les matières relevant même de sa compétence, le pouvoir législatif se voit concurrencé par d'autres centres de production normative. Sous le prétexte d'une rationalisation des fonctions parlementaires, il est concurrencé dans sa prime fonction *« par l'extension des pourvois présidentiels dans la sphère législative »*[23]. C'est une concurrence redoutable du Pouvoir exécutif qui monopolise l'initiative des lois et des révisions constitutionnelles au détriment du Pouvoir législatif[24].

En outre, le droit d'amendement des parlementaires, c'est-à-dire le droit de proposer une modification au texte initialement présenté[25], peut procéder de l'initiative parlementaire. C'est un droit de libre exercice. Ainsi, le Conseil constitutionnel ivoirien a tenu à déclarer non conforme à la Constitution l'alinéa 4 de l'article 74 du règlement qui dispose que *« pendant les travaux en plénière, les amendements émanant d'un membre de la commission ayant*

---

[20] VIDAL-NAQUET (A.), « Le domaine de la loi », *in* VERPEAUX (M.) et *alii, Droit constitutionnel. Les grandes décisions de la jurisprudence*, 2e éd., Paris, PUF, 2017, pp. 444-458.

[21] Voir *« La révolution n'a pas eu lieu »*, constatait déjà *RIVERO (J.), Le domaine de la loi et du règlement,* PUAM, 1978, p. 263.

[22] MASCLET (J-C), Valette (J.-P.), *Méthodologie du droit constitutionnel*, Paris, Ellipses, 2014, p. 67.

[23] LATH (S. Y.), « La pérennisation du présidentialisme dans les états d'Afrique : Les repères d'un modèle africain de régime politique », *in* AÏVO (F. J.) (dir.), *La Constitution béninoise du 11 décembre 1990 : un modèle pour l'Afrique ?,* Paris, L'Harmattan, 2014, p. 301.

[24] Ainsi le pensait OWONA (J.), « La nouvelle Constitution camerounaise du 20 mai 1972. De l'État fédéral à l'État unitaire », *RJPIC*, mars 1973, p. 26.

[25] Avis de la Cour constitutionnelle du Mali n° 2015-01/CCM aux fins de demande d'avis portant sur la possibilité d'amendement d'une ordonnance par l'Assemblée nationale », *Recueil des arrêts, avis et aux décisions de la Cour constitutionnelle du Mali*, Vol. 6, Année 2015, p. 87.

examiné le texte, sont irrecevables [...] *dès lors qu'il tend à limiter l'exercice du droit d'amendement, droit constitutionnel reconnu aux députés par la Constitution en son article 78, alinéa 1er, et qui doit pouvoir s'exercer sans entrave, sous réserve, certes, des limitations posées par la Constitution elle-même (articles 76 et 78), à chaque étape de la procédure législative, et être pleinement respecté pour assurer aux débats parlementaires tout son caractère démocratique... »*[26]. Cette importance est connue au Bénin où la règle est l'exclusion expresse des amendements du Gouvernement[27].

Il s'y ajoute les irrecevabilités financières. C'est le cas au Sénégal où les dispositions de l'article 82 alinéa 2 de la Constitution du 22 janvier 2001 prévoient que *« les propositions et amendements « formulés par les députés ne sont pas recevables » lorsque leur adoption aurait pour conséquence, soit une diminution des ressources publiques, soit la création ou l'aggravation d'une charge publique, à moins que ces propositions ou amendements ne soient assortis de propositions de recettes compensatrices ».*

Plus strictement, il ressort de l'alinéa 3 de cet article que « toutefois, aucun article additionnel ni amendement à un projet de lois de finances ne peuvent être proposés par l'Assemblée nationale, sauf s'ils tendent à supprimer ou à réduire effectivement une dépense, à créer ou à accroître une recette ». Ces dispositions constitutionnelles encadrant les initiatives dépensières de l'Assemblée nationale, reprises par celles de son règlement intérieur, forment, ensemble et en permanence, ce que l'Arrêt n° 06/CC/MC du 28 juillet 2020 de la Cour constitutionnelle du Niger qualifie *d'« objectif constitutionnel de bon usage des ressources publiques »* s'imposant au législateur, même organique[28].

La conséquence est que, par exemple au Sénégal, le Gouvernement est l'atelier législatif puisque plus de 95 % des lois sont des projets de loi. Sur les plus de 250 lois votées entre 2005 et 2012, seules 5 proviennent de propositions de loi par les députés. Cette situation est, dans une certaine mesure, encouragée par les limitations juridiques et techniques au pouvoir d'initiative[29].

Dans la jurisprudence constitutionnelle, les restrictions au droit d'initiative parlementaire font généralement l'objet d'une interprétation stricte. Dans ce registre, le Conseil constitutionnel sénégalais admet que ce droit, de nature

---

[26] Décision n° 2006-014/CC/SG du 15 juin 2006 relative à l'examen des amendements au règlement de l'Assemblée nationale aux fins de décision de conformité à la Constitution, *in* MELEDJE (D.), *Les grands arrêts de la jurisprudence constitutionnelle ivoirienne*, Abidjan, CNDJ, 2012, pp. 317-318.

[27] Article 103 de la Constitution béninoise du 11 décembre 1990.

[28] Lien : *http://www.cour-constitutionnelle-niger.org/documents/arrets/matiere_constitutionnelle/2020/arret_n_006_20_cc_mc.pdf*, consulté le 20 juillet 2020.

[29] Fall (I. M.), *Étude diagnostic et élaboration d'un programme d'appui à l'Assemblée nationale du Sénégal*, mai 2012, p. 19.

constitutionnelle[30], puisse s'exercer sans limites dans le domaine législatif défini, mais dans le nécessaire respect *« des restrictions imposées par les articles 77, 82 et 83 de la Constitution »*[31]. Ainsi, des digues se dressent fatalement à l'encontre des propositions de loi ou d'amendement. Cela affaiblit absolument le droit d'initiative du parlementaire[32].

Ce principe n'est que relativement atténué par l'exception juridiquement gagée sur la capacité du parlementaire à formuler des *« propositions de recettes compensatoires »*, une dérogation strictement interprétée par le juge comme visant la création de recettes nouvelles[33]. Par contre, et c'est de manière asymétrique, *« le Gouvernement n'est tenu à aucune obligation de recettes compensatrices pour les charges nouvelles que constitue l'augmentation du nombre des députés »*[34].

L'irrecevabilité financière, que sanctionne, le cas échéant, la juridiction constitutionnelle[35], est révélatrice d'une arme gouvernementale infaillible contre le Parlement et pour la protection des choix budgétaires du Gouvernement. À bien des égards, elle constitue, avec les irrecevabilités législatives (par exemple, défaut de matière législative)[36], de sérieuses entraves à l'effectivité

---

[30] Voir ABIAGAG (I.), « Le droit d'amendement dans le droit parlementaire camerounais » *AFJP/Université de Douala*, Janvier-Juin 2002, pp. 43-65.

[31] Décision n° 84/2001-Affaires n° 3/C/2001 et 4/C/2001 du 11 décembre 2001 relative à la loi n° 09-2001 du 21 novembre 2001 instituant à titre transitoire, des délégations spéciales, *in* FALL (I. M.) (rass. et comm.), *Les décisions et avis du Conseil constitutionnel du Sénégal*, *op. cit.*, p. 439.

[32] CAMBY (J-P), *La procédure législative en France,* La documentation française, 2010, p. 36 ; Diallo (I.), « Pour une appréciation concrète des pouvoirs du Parlement sénégalais en matière budgétaire », *Afrilex*, juin 2012, pp. 20-21, Lien : *http://afrilex.u-bordeaux4.fr/sites/afrilex/IMG/pdf/7_Pour_une_appreciation_concrete_des_pouvoirs_du_parlement_senegalais_en_matiere_budgetaire.pdf,* consulté le 22 juillet 2020.

[33] Décision n° 27/98-Affaire n° 1/C/98 du 24 février 1998 concernant le recours en annulation de l'amendement modifiant le Code électoral (augmentation du nombre de députés de 120 à 140), *in* FALL (I. M.) (rass. et comm.), *Les décisions et avis du Conseil constitutionnel du Sénégal*, *op. cit.*, p. 177.

[34] Décision du Conseil constitutionnel du Sénégal n° 31/98, 6/C/98 du 10 mars 1998 relative à la loi organique du 2 mars 1998 abrogeant et remplaçant l'article L. O. 117 du Code électoral (fixant le nombre de députés à 140), FALL (I. M.) (rass. et comm.), *Les décisions et avis du Conseil constitutionnel du Sénégal*, *op. cit.*, p. 196.

[35] Ce moyen est d'office soulevé par le je juge constitutionnel nigérien en considérant que c'est une « formalité substantielle ». Le Président de l'Assemblée nationale a méconnu les dispositions de l'article 93 de la Constitution et 59-4e et 5e du Règlement intérieur de l'Assemblée nationale en ne prononçant pas l'irrecevabilité de cette proposition de loi. Arrêt n° 001/CC/MC du 13 juin 2008, Lien : *http://cour-constitutionnelle-niger.org/documents/arrets/matiere_constitutionnelle/2008/ arret_n_2008_001_cc_mc.pdf,* consulté le 22 juillet 2020.

[36] LAKROUF (S.), « Le droit d'amendement », *in RDP*, 2-1991, p. 443.

des fonctions de l'initiative parlementaire, telles que la fonction pédagogique, la fonction d'articulation des intérêts et la fonction de légitimation[37].

Dans certaines situations, le Parlement devient l'auteur même de son dessaisissement. Il autorise le Pouvoir exécutif à « *légiférer* » par voie d'ordonnance. Il s'agit selon la Haute Cour constitutionnelle malgache *« des actes pris par l'exécutif dans le domaine de la loi, en vertu d'une habilitation législative »*.

Enfin, l'exercice souverain du pouvoir législatif est potentiellement remis en cause par l'expansion du droit communautaire. À l'invitation des Constitutions, les États signent des accords portant abandon total ou partiel de souveraineté aux fins d'intégration des États en vue de la réalisation de l'unité africaine.

Presque partout en Afrique, les organisations d'intégration dictent leur droit aux Parlements. Par la seule volonté des autorités exécutives des États membres d'une organisation communautaire (Conférence des Chefs d'État et de Gouvernement, Conseil des ministres), le droit des États est placé sous l'effet de l'harmonisation ou de l'uniformisation dans les domaines des affaires, de la justice, de l'économie[38]. Le système juridique communautaire, composé d'un droit primaire (traité constitutif, protocole additionnel) et d'un droit dérivé (règlement, acte uniforme, loi uniforme, directive, décision,

---

[37] VINTZEL (C.), *Les armes du gouvernement dans la procédure législative*, Paris, Dalloz, 2011, pp. 113-144.

[38] La Constitution ivoirienne offre, en ses articles 124 et 125, la meilleure visibilité sur la question : *« la République de Côte d'Ivoire peut conclure des accords d'association ou d'intégration avec d'autres États africains comprenant abandon partiel de souveraineté en vue de réaliser l'unité africaine. La République de Côte d'Ivoire accepte de créer avec ces États, des organisations intergouvernementales de gestion commune, de coordination et de libre coopération. Les organisations visées à l'article 124 peuvent avoir notamment pour objectifs : l'harmonisation de la politique monétaire, économique et financière, l'établissement d'unions douanières, la création de fonds de solidarité, l'harmonisation des plans de développement, l'harmonisation de la politique étrangère, la mise en commun de moyens propres à assurer la défense nationale, la coordination de l'organisation juridictionnelle, la coopération en matière de sécurité et de protection des personnes et des biens, la coopération en matière de lutte contre la grande criminalité et le terrorisme, la coopération en matière de lutte contre la corruption et les infractions assimilées, la coopération en matière de lutte contre la fraude et l'évasion fiscales, la coopération en matière d'Enseignement supérieur, de Recherche scientifique et d'innovation technologique, a coopération en matière d'Éducation, d'Enseignement technique et de formation professionnelle, la coopération en matière de santé, l'harmonisation des règles concernant le statut de la Fonction publique et le droit du travail, la coordination des transports, des communications et des télécommunications, la coopération en matière de protection de l'environnement et de gestion des ressources naturelles »*.

recommandation et avis), a une primauté sur les droits nationaux[39]. Sous l'effet de l'applicabilité directe des règlements communautaires, de l'encadrement de la transposition des directives, les lois nationales sont substantiellement l'œuvre de la souveraineté communautaire, rendant ainsi le pouvoir d'appréciation des parlements limité voire quasiment nul. Le défaut d'implication dans le processus d'élaboration des normes communautaires, la faiblesse institutionnelle des parlements nationaux, l'absence de parlements communautaires élus au suffrage universel direct placent les parlementaires nationaux dans une situation de réception mécanique des textes communautaires.

Le pouvoir législatif a un autre rôle essentiel dans le jeu d'équilibre des pouvoirs, celui de surveiller les organes exécutifs dont il sied d'étudier les caractéristiques.

II/ Un pouvoir de contrôle platonique

On serait tenté, en l'occurrence, d'écarter l'expression « *pouvoir législatif* ». Le Parlement en Afrique n'est en réalité qu'un législateur formel, le législateur réel étant le Gouvernement. Cette interrogation est confortée par l'effet du fait majoritaire sur la fonction de contrôle parlementaire.

Cela amène à réfléchir sur la timidité du contrôle de l'action du Gouvernement (A) ainsi que sur le caractère inopérant des prérogatives spéciales du Parlement (B).

A/ Un contrôle parlementaire timide

Le contrôle parlementaire est *« une réalité politique ancrée dans les Constitutions »*[40] issues du renouveau démocratique des systèmes constitutionnels africains. C'est l'un des facteurs de légitimation des Parlements. Rappelons à ce propos que *« le contrôle parlementaire est tout à fait spécifique par rapport aux autres modes de contrôle : il est réalisé par des politiques pour des politiques »*[41]. Néanmoins, son importance se mesure à la capacité des parlementaires à contrôler, de manière effective, l'action gouvernementale.

La fonction de contrôle *ne peut s'exercer que si les Assemblées parlementaires sont informées de l'action politique*[42]. Fort variés, les moyens d'information, de contrôle et d'investigation que détient le pouvoir législatif

---

[39] Pour des développements exhaustifs, TALL (S. N.), *Droit des organisations internationales africaines. Théorie générale, Droit communautaire comparé, Droit de l'Homme, paix et sécurité,* Paris, L'Harmattan, 2015, pp. 245-254.

[40] THIAM (K.), *Le contrôle de l'exécutif dans la création de l'État de droit en Afrique francophone*, Thèse de doctorat, Université de Bordeaux IV, 2018, p. 213.

[41] HOCHEDEZ (D.), *Groupe de travail sur le contrôle parlementaire du budget. Le système français*, mai 2020, p. 16.

[42] MEBIAMA (G. J.-C.) , « L'expérience du Parlement de transition en République du Congo (1998-2002), *in Revue internationale de droit africain EDJA*, n° 67, Octobre-Novembre-Décembre 2005, p. 14.

sur l'action gouvernementale sont principalement : les commissions permanentes, les commissions d'enquête, les commissions spéciales temporaires chargées d'une mission d'étude (sur des problèmes présentant un intérêt majeur) ou d'information (pour un objet déterminé), les questions écrites, les questions orales avec ou sans débat, non suivies de vote, les questions d'actualités et les interpellations.

Mais s'il y a un constat qui s'impose, c'est bien la timidité du pouvoir de sanction parlementaire. À l'aube du renouveau démocratique, la mise en œuvre de la responsabilité politique du Gouvernement a connu un début d'effectivité. Dans ce contexte situé, I. M. FALL met en exergue l'ambivalence d'une telle institution en écrivant que *« la censure a, dans certains cas, rempli sa fonction manifeste, orthodoxe à savoir la sanction de la politique du gouvernement. En revanche, dans d'autres cas, la pratique politique a fait jouer à la censure une fonction latente, hétérodoxe pour ainsi dire, qui est la sanction de la formation du gouvernement »*[43].

Mais, l'optimisme est vite contrarié par le fait majoritaire, faisant perdre précocement la portée originelle des moyens d'action réciproque dans les systèmes constitutionnels africains, comme partout ailleurs dans les démocraties parlementaires modernes.

Bien souvent, la démission anticipée du Chef de Gouvernement compromet le succès de la procédure intentée à cet effet. L'exemple de la démission du Chef de Gouvernement malien, Soumeylou Boubey Maïga, visé par une motion de censure déposée par sa propre majorité parlementaire, le confirme. De même en Tunisie, le Chef du Gouvernement, Elyes Fakhfakh, venait de présenter sa démission, mercredi 15 juillet 2020, à la demande du président Kaïs Saïed, surtout pour prendre de court le parti islamo-conservateur Ennahda dont certains élus avaient initié une motion de censure contre lui. Cette démission a eu pour conséquence politique d'empêcher à la majorité parlementaire d'avoir le privilège de désigner un nouveau Chef de Gouvernement. En effet, les termes de l'article 97, alinéa 2 de la Constitution tunisienne prévoient qu'en cas de démission du Chef de Gouvernement, le Président de la République conserve sa prérogative de nomination. À dire vrai, le schéma théorique ne se réalise qu'exceptionnellement, ou plus exactement presque jamais.

La fonction de contrôle dans les systèmes parlementaires est aléatoire en raison de certaines données juridiques et politiques[44]. Dans les faits, le pouvoir

---

[43] FALL (I. M.), *Le pouvoir exécutif dans le constitutionnalisme des États d'Afrique*, Paris, L'Harmattan, 2008, pp. 260-264.

[44] EDWIGE (O. V.), « La perfectibilité du contrôle parlementaire du pouvoir exécutif en Afrique noire francophone », *Revue Burkinabè de Droit*, n° 53 – 2e semestre 2017, p. 245.

législatif apparaît plus comme une sorte d'épouvantail[45] qu'un rouage démocratique au sein de l'architecture institutionnelle. Sans pouvoir contrôler politiquement l'action du Gouvernement et, si nécessaire, engager sa responsabilité politique, au risque certain de défier l'autorité d'un Président de la République, *« centre névralgique de la politique nationale »*[46], le Parlement se contente de la mise en œuvre de simples procédures d'information, quelquefois d'enquête et rarement de sanction.

Face à la paralysie des mécanismes d'engagement de la responsabilité politique, on assiste à *« l'impossible mission »*[47] de contrôle parlementaire dans les États africains. La résurgence des régimes présidentialistes, menaçant les acquis de la rationalisation parlementaire des années 1990, rend ineffectif le contrôle parlementaire.

La démocratie est-elle en danger avec le renforcement du droit de dissolution ? Dans la plupart des Constitutions, la dissolution est un pouvoir circonstancié ou discrétionnaire ; elle ne s'applique qu'*« en cas de crise persistante entre l'Assemblée nationale et pouvoir exécutif »* au Tchad ; *« de crise persistante avec le Gouvernement »* en République démocratique du Congo, de *« crise persistante entre le Gouvernement et l'Assemblée nationale »* ou *« après avoir constaté les changements intervenus à l'Assemblée nationale »* en République du Congo. Dans d'autres États, elle est simplement un pouvoir discrétionnaire (Algérie, Gabon, Madagascar, Mali, République de Guinée, Togo). La dissolution pourrait pourtant apparaître comme un moyen de sanction de l'activisme politique de l'Assemblée nationale, du moins dans les régimes où le Gouvernement est une Institution collégiale et solidaire. Le pouvoir de dissolution est délié de toutes conditions substantielles. C'est à cette conception qu'aboutit le raisonnement de la Haute Cour constitutionnelle malgache qui affirma que la dissolution de l'Assemblée nationale, avant le terme de son mandat, constitue *« un pouvoir propre »* du Président de la République. [48].

---

[45] ALEKA (G. M.), « Le bicamérisme « congolais », *in Revue internationale de droit africain EDJA*, n° 66, Juillet-Août-Septembre 2005, p. 50.

[46] HOND (J. T.), « De l'affirmation du caractère parlementaire du régime politique camerounais au regard de la Constitution du 18 janvier 1996 », *in* KAMTO (M.), DOUMBE-BILLE (S.), METOU (B. M.) (dir.), *Regards sur le droit public en Afrique*, Paris, L'Harmattan, 2016, p. 74.

[47] SOMALI, (K.) *Le parlement dans le nouveau constitutionnalisme en Afrique. Essai d'analyse comparée à partir des exemples du Bénin, du Burkina Faso et du Togo*, Université du Droit et de la Santé - Lille II, 2008, p. 329, Lien : *https://tel.archives-ouvertes.fr/tel-00288063/document*, consulté le 30 juillet 2020.

[48] Avis de la Haute Cour constitutionnelle malgache n° 02/HCC/AV du 19 juillet 2007, Lien : *http://www.saflii.org/mg/cases/MGHCC/2007/6.html*, consulté le 30 juillet 2020.

Les seules limites au pouvoir de dissolution sont généralement d'ordre procédural (message à la Nation, consultation des présidents des Assemblées parlementaires et du Premier ministre, délai d'attente d'une nouvelle dissolution)[49].

Pour rester dans les standards démocratiques, la Constitution sud-africaine a précisément déterminé les conditions de dissolution, en disposant que *« 1. Le président doit dissoudre l'Assemblée nationale si : a) l'Assemblée a adopté une résolution de dissolution avec un vote favorable à la majorité de ses membres; et b) et trois ans se sont écoulés depuis l'élection de l'Assemblée ; 2. Le président par intérim doit dissoudre l'Assemblée nationale si a) il y a une vacance au poste de président ; et b) l'Assemblée ne parvient pas à élire un nouveau président dans les 30 jours suivant la vacance »*.

Au surplus, dans les systèmes politiques ivoirien, tchadien ou camerounais, le pouvoir du Parlement de contrôler le Pouvoir exécutif n'est plus ce qu'il devait être, c'est-à-dire un moyen de modération du présidentialisme[50]. La loi constitutionnelle du 14 mai 2019 modifiant la Constitution du Sénégal renoue avec le système de Gouvernement *« présidentiel »* ou *« administratif »*, en vogue avant l'alternance démocratique de 2000[51]. Au lieu d'être une institution collégiale et solidaire, le Gouvernement y est exclusivement composé de *« ministres et de secrétaires d'État »* en charge de la conduite et de la coordination de la politique de la Nation *« sous la direction du Président de la République »*. Elle reconnaît évidemment à l'Assemblée nationale, dans le cadre du système de collaboration des pouvoirs, d'importants moyens d'informations sur l'action du gouvernement. Mais, elle écarte toute possibilité de mise en jeu de la responsabilité politique du Gouvernement.

Sur le plan financier, le contrôle parlementaire souffre de la même faiblesse. En contrepartie des autorisations données au Pouvoir exécutif pour conduire son action[52], les Parlements doivent exercer une surveillance sur

---

[49] SALL (A.), « Le droit de dissolution en question : l'article 75 *bis* de la Constitution sénégalaise à l'épreuve de l'alternance », *in Revue internationale de droit africain EDJA*, n° 46, Juillet-Août-Septembre 2005, p. 65.

[50] MELEDJE (D. M.), *Droit constitutionnel,* t. 2, Abidjan, ABC, 2019, p. 160.

[51] Voir loi n° 63-22 du 07 mars 1963 portant révision de la Constitution de la République du Sénégal ; la loi n° 83-55 du 1er mai 1963 portant révision de la Constitution, *in* FALL (I. M.), *Textes constitutionnels du Sénégal du 24 janvier 1959 au 15 mai 2007*, Dakar, CREDILA, 2007, p. 71 et p. 116.

[52] Cette autorisation se décline sous deux aspects : autorisation de percevoir les recettes : élément fondamental dans un système parlementaire, la loi de finances consacre annuellement le principe du consentement à l'impôt ; 2) autorisation d'exécuter les dépenses : les moyens financiers nécessaires à l'exécutif pour conduire son action sont approuvés avant le début de l'exercice budgétaire auquel ils se rapportent, c'est le principe de l'antériorité budgétaire. UEMOA, *Guide didactique de la Directive n° 06//CM/UEMOA du 26 juin 2009 portant lois de finances au sein de*

l'exercice budgétaire de chaque année, et plus largement, une nouvelle fonction d'évaluation des politiques publiques[53]. Au sein de l'UEMOA par exemple, ce contrôle s'opère par le projet de loi de règlement déposé sur le Bureau du Parlement et distribué au plus tard le jour de l'ouverture de la session ordinaire de l'année suivant celle de l'exécution du budget auquel il se rapporte. En la matière, les faits montrent aisément *« la figuration des pouvoirs de contrôle »*[54] du Parlement.

À cet égard, la *« théorie de l'agence »*[55] expose deux obstacles dans la fonction de contrôle parlementaire des finances publiques. Premièrement, il est mis en avant l'asymétrie d'information car le Parlement et l'Exécutif n'ont pas accès à la même information. Entouré d'experts, ce dernier dispose d'analyses continues et en profondeur sur le budget et ses déclinaisons stratégiques (politiques publiques) et opérationnelles (programmes, projets, activités). Deuxièmement, les deux pouvoirs, étant tous politiques, poursuivent souvent des objectifs différents voire conflictuels. Le contrôle parlementaire, soumis à ces deux aléas, l'un technique et l'autre politique, sert difficilement les intérêts de la transparence, de l'efficacité et de l'efficience des finances publiques, particulièrement en Afrique.

B/ Des prérogatives spéciales inopérantes

Selon Léon Duguit, « *… bien souvent le parlement n'exerce pas seulement des fonctions législatives, il possède aussi des attributions administratives et juridictionnelles »*[56]. Au centre de la perspective d'analyse, prennent place le contrôle de constitutionnalité des lois, la responsabilité pénale des autorités exécutives et diverses prérogatives.

---

l'UEMOA, p. 25, Lien : http://sigif.gouv.sn/publication/guide-didactique-directive-n-062009cmuemoa/, consulté le 30 juin 2020. Reformuler.

[53] Pour une consécration de la fonction parlementaire d'évaluation des politiques publiques, voir article 59 de la loi constitutionnelle n° 2019-10 du 14 mai 2019 modifiant la Constitution du Sénégal; article 93 de la Constitution du 8 novembre 2016 ; article 70 de la Constitution du Maroc du 1er juillet 2011 ; article 36 nouveau de la loi n° 001/2018 du 12 janvier 2018 portant révision de la Constitution du Gabon.

[54] ABA'A AYONO (J-C.), « Libres propos sur le Sénat en droit constitutionnel camerounais », *Afrilex*, septembre 2015, p. 16, Lien : *http://afrilex.u-bordeaux4.fr/sites/afrilex/IMG/pdf/Libre_propos_sur_le_Senat_en_droit_constitutionnel-camerounais_Aba_a_Oyono.pdf*, consulté le 31 juillet 2020.

[55] La théorie de l'agence offre « une description éclairante des mécanismes à travers l'œuvre lorsqu'il y a délégation de responsabilité entre le mandant et un mandataire. Une relation d'agence, c'est-à-dire la relation entre le principal (le mandant) et l'agent (le mandataire), implique deux caractéristiques fondamentales, l'asymétrie d'information et les conflits d'objectifs ». Voir IMBAU (L. M.), STAPENHURST (R.), *Le contrôle parlementaire des finances publiques dans la francophonie*, Presses de l'Université de Laval, 2019, p. 23).

[56] DUGUIT (L.), *L'État, les gouvernants et les agents*, Paris, Dalloz, 2005, pp. 137-138.

Soucieux de démocratiser la composition des juridictions constitutionnelles, certains constituants associent les organes parlementaires à la désignation des juges judiciaires ou constitutionnels. Pour les juges dont la désignation relève du Parlement, les modalités sont variées : ils sont soit élus par les Assemblées parlementaires (Madagascar, Togo, Tunisie, Maroc), soit nommés par les Bureaux d'Assemblée (République de Guinée, Bénin), soit encore nommés, désignés ou proposés par les Présidents d'Assemblée (Mali, République démocratique du Congo, République de Centrafrique, Burkina Faso, Sénégal[57]). Cet effort de démonopolisation du pouvoir de nomination du juge constitutionnel, en même temps qu'il présente l'avantage certain d'atténuer l'unilatéralisme politique[58], renforce, tout au moins symboliquement[59], l'indépendance des juges.

En ce qui concerne le contrôle de constitutionnalité, il est à noter que la création des juridictions constitutionnelles autonomes à partir des années 1990 a permis l'extension de leur saisine aux parlementaires. À part quelques États où les particuliers peuvent directement accéder au prétoire (Bénin, Gabon, par exemple), ces hautes juridictions sont saisies par les pouvoirs publics dont les parlementaires. Cela se vérifie par les dispositions de l'article 113 de la Constitution ivoirienne du 8 novembre 2016 énonçant que *« les lois peuvent, avant leur promulgation, être déférées au Conseil constitutionnel par le Président de la République, le Président de l'Assemblée nationale ou le Président du Sénat ou par un dixième au moins des députés ou des sénateurs ou par les groupes parlementaires. Les associations de défense des droits de l'Homme légalement constituées peuvent également déférer au Conseil constitutionnel, avant leur promulgation, les lois relatives aux libertés publiques. Les lois relatives aux libertés publiques sont, avant leur promulgation, transmises à l'organisme chargé de la défense des droits de l'Homme. La saisine du Conseil constitutionnel suspend le délai de promulgation »*. Le plus souvent, l'action est collectivement mise en œuvre par un certain nombre de

[57] À la suite au référendum du 20 mars 2016, la loi constitutionnelle n° 2016-10 du 5 avril 2016 portant révision de la Constitution prévoit, en son article 89, que le Conseil constitutionnel sénégalais comprend sept (07) membres dont un président, un vice-président et cinq (05) juges […] Le Président de la République nomme les membres du Conseil constitutionnel dont deux sur une liste de quatre personnalités proposées par le Président de l'Assemblée nationale. « Cette innovation met fin au pouvoir exclusif de nomination des juges constitutionnels par le Président de la République et associe la deuxième personnalité de l'État à la composition de la juridictionnelle », FALL (I. M.), *La réforme constitutionnelle du 20 mars 2016 au Sénégal. La révision consolidante record*, L'Harmattan-Sénégal, 2017, pp. 122-123.

[58] Notre article, « Les ambiguïtés de la juridiction constitutionnelle dans les États de l'Afrique noire francophone », *RDP*, n° 3-2015, p. 790.

[59] Voir KHOUMA (O.), « La composition des cours constitutionnelles en Afrique, les cas du Bénin et du Sénégal », *Annales africaines*, *Nouvelle Série*, Vol. 1, avril 2017, n° 6, p. 170.

parlementaires : un 1/3 des députés ou sénateurs au Cameroun, un 1/10 ᵉ des membres de l'Assemblée nationale au Sénégal, un Chef d'Institution ou le 1/4 des membres composant l'une des Assemblées parlementaires à Madagascar. Rattachez au contrôle de l'exécutif.

Sur un autre plan, les prérogatives du Parlement s'exercent spécialement en matière pénale. En cas d'actes qualifiés de haute trahison ou de crimes et délits commis dans l'exercice de leur fonction, le Président de la République et les membres du Gouvernement sont justiciables devant la Haute Cour de Justice[60]. À ce titre, ils sont jugés par une juridiction majoritairement composée de parlementaires élus par leurs pairs[61]. Dans les systèmes bicaméraux, la Haute Cour de Justice est composée de membres élus en leur sein en nombre égal par l'Assemblée nationale et le Sénat[62].

À la différence des autres pays, c'est la Cour constitutionnelle de la République démocratique du Congo qui, aux termes de l'article 164 de la Constitution, est *« le juge pénal du Président de la République et du Premier ministre pour des infractions politiques de haute trahison, d'outrage au Parlement, d'atteinte à l'honneur ou à la probité ainsi que pour les délits d'initié et pour les autres infractions de droit commun commises dans l'exercice ou à l'occasion de l'exercice de leurs fonctions. Elle est également compétente pour juger leurs co-auteurs et complices »*. L'Assemblée nationale et le Sénat, réunis en Congrès, ont la compétence de déférer le *« Président de la République »* et le *« Premier ministre »* – à l'exclusion des autres membres du Gouvernement – devant la Cour constitutionnelle, notamment pour haute trahison et délit d'initié.

---

[60] AÏVO (F. J.), « La responsabilité pénale des gouvernants dans les régimes politiques africains d'influence française », *Afrilex*, janvier 2010, Lien : *http://afrilex.u-bordeaux4.fr/la-responsabilite-penale-des.html*, consulté le 31 juillet 2020 ; LOADA (A.), « La responsabilité pénale des ministres sous la 7ᵉ République nigérienne : approche politico-juridique comparée avec le cas du Burkina Faso », *in* OUMAROU (N.) (dir.), *Le régime semi-présidentiel au Niger*, (Actes du séminaire, Niamey, 26, 27 et 28 octobre 2016), L'Harmattan-Sénégal, 2017, pp. 227-257 ; ABARCHI (D.), « La responsabilité pénale du Président de la République », *in* OUMAROU (N.) (dir.), *Le régime semi-présidentiel au Niger*, (Actes du séminaire, Niamey, 26, 27 et 28 octobre 2016), L'Harmattan-Sénégal, 2017, pp. 213-226 ; DIOUF (I.), *La responsabilité du chef de l'État en Afrique : essai d'analyse à partir des exemples du Bénin, de la Côte d'Ivoire, de Madagascar, du Niger et du Sénégal*, Thèse de doctorat, Université Cheikh Anta Diop de Dakar, 2019, 533 p. ; RAVELONA, (N. A.) « Un événement constitutionnel inédit à Madagascar: la destitution du chef de l'État d'un régime parlementaire par l'évocation de sa responsabilité politique», *RFDC*, n° 34, 1998, pp. 365-376.

[61] ABARCHI (D.), « La responsabilité pénale du Président de la République », *in* OUMAROU (N.) (dir.), *Le régime semi-présidentiel au Niger*, *op. cit.*, p. 221.

[62] Article 160 nouveau de la loi constitutionnelle n° 2020-348 du 19 mars 2020 portant modification de la Constitution ivoirienne.

Par ailleurs, la question est de savoir à quoi renvoie la haute trahison. Si certaines Constitutions versent dans l'indétermination (Algérie, Bénin, Cameroun, Sénégal), d'autres, par contre, en particulier celles du Bénin, du Niger, du Tchad, de la République de Guinée, de la République démocratique du Congo, de la Centrafrique s'évertuent à décliner expressément les actes constitutifs de haute trahison. Entre autres, en fonction des pays, sont qualifiés de haute trahison : la violation grave des droits de l'homme, la violation du serment, la cession d'une partie du territoire national, le refus d'obtempérer à un arrêt de la Cour constitutionnelle, la cession frauduleuse d'une partie du territoire national, la compromission des intérêts nationaux en matière de gestion des ressources naturelles et du sous-sol, l'introduction de déchets toxiques sur le territoire national, les actes attentatoires au maintien d'un environnement sain et le comportement personnel contraire aux bonnes mœurs[63].

La procédure, l'instruction et le jugement de la haute trahison sont politiquement marquées : vote en assemblée plénière d'une résolution de mise en accusation, décision de renvoi qui précise s'il y a preuve suffisante de l'existence des faits énumérés dans la résolution parlementaire et une composition mixte (parlementaires, magistrats) de la juridiction de jugement.

La problématique est davantage accentuée par l'ambiance protectrice des gouvernants en Afrique[64] (affinités politiques avec les juges élus, exigence de majorité renforcée de 2/3 des membres de l'Assemblée parlementaire, vote public de la résolution de mise en accusation). Les peines encourues sont des sanctions pénales. Elles peuvent aussi être de nature politique : la destitution. Au Niger, par exemple, lorsque le Président de la République est reconnu coupable du crime de haute trahison, il est déchu de ses fonctions. La déchéance est constatée par la Cour constitutionnelle au terme de la procédure devant la Haute Cour de Justice conformément aux dispositions de la Constitution.

Concernant les prérogatives administratives, elles sont en rapport avec la désignation de personnalités de l'État. En atteste l'élection présidentielle du Président de la République sud-africaine. Dans ce pays, l'Assemblée nationale est chargée d'élire, sous la présidence du *Chief Justice* de la Cour constitutionnelle ou son représentant, le Président de la République. La Section 86 de la Constitution du 10 décembre 1996, modifiée, en fixe les conditions : "*1. At its first sitting after its election, and whenever necessary to fill a vacancy, the National Assembly must elect a woman or a man from*

---

[63] Voir article 74 de la Constitution béninoise du 11 décembre 1990, article 142 de la Constitution nigérienne du 25 novembre 2011 modifiée, article 157 de la Constitution tchadienne du 4 mai 2018 ; article 118 de la Constitution de la République de Guinée du 07 mai 2010 ; article 165 de la Constitution de la République démocratique du Congo du 18 février 2006 ; article 124 de la Constitution centrafricaine du 30 mars 2016.

[64] PALOUKI (M.), « La responsabilité pénale du Chef de l'État africain, l'édifice se fissure », *Revue Burkinabè de Droit*, n° 53 – 2e semestre 2017, p. 202.

among its members to be the President; 2. The Chief Justice must preside over the election of the President, or designate another judge to do so. The procedure set out in Part A of Schedule 3 applies to the election of the President. 3. An election to fill a vacancy in the office of President must be held at a time and on a date determined by the Chief Justice, but not more than 30 days after the vacancy occurs"[65]. En cas de violation grave de la Constitution ou de la loi, de faute grave ou d'incapacité à remplir les fonctions de bureau, l'Assemblée nationale, par une résolution adoptée avec un vote favorable d'au moins les 2/3 de ses membres, est encore compétente pour démettre le Président de la République de ses fonctions. Au final, ce système bénéficie exclusivement au parti majoritaire ; jusque-là le Congrès national africain (ANC) désigne le Président de la République en son sein. De même, la Constitution de la République démocratique fédérale d'Éthiopie du 8 décembre 1994 adopte le procédé du suffrage universel indirect pour l'élection du Président de la République. La Chambre des Représentants du Peuple nomme le candidat à la Présidence. Le candidat est élu président si une session conjointe du Conseil de la Fédération et du Conseil des Représentants des Peuples approuve sa candidature à la majorité des 2/3 des voix[66].

Par ailleurs, la nomination à certains emplois nécessite la consultation des organes parlementaires. Il peut s'agir d'avis obligatoire du Président de l'Assemblée nationale pour la nomination du Président de la Cour suprême au Tchad et au Bénin ou, en accord avec le Parlement, pour la nomination du vice-président de la République en Côte d'Ivoire[67].

De surcroît, les parlements ont la prérogative de désigner des représentants au sein des Conseils d'Administration ou Conseil de Surveillance des établissements publics, des sociétés nationales, agences ou autres organismes publics ou de choisir des personnes appelées à siéger au sein des autorités indépendantes (Conseil électoral ou Haute autorité de l'Audiovisuel et de la Communication du Bénin). En Tunisie, il est du ressort de l'Assemblée

[65] Cela voudrait signifier que lors de sa première séance après son élection, et chaque fois que cela est nécessaire pour pourvoir un siège vacant, l'Assemblée nationale doit élire une femme ou un homme parmi ses membres à la présidence. Le juge en chef doit présider l'élection du président ou désigner un autre juge pour le faire. La procédure décrite dans la partie A de l'annexe 3 s'applique à l'élection du président. Une élection pour combler une vacance au poste de président doit avoir lieu à un moment et à une date déterminée par le juge en chef, mais pas plus de 30 jours après la vacance.

[66] Article 70 de la Constitution de la République démocratique fédérale d'Éthiopie du 08 décembre 1994 : "*(1) The House of Peoples' Representatives shall nominate the candidate for President. (2) The nominee shall be elected President if a joint session of the House of Peoples' Representatives and the House of the Federation approves his candidacy by a two-thirds majority vote*".

[67] Article 55 nouveau de la loi constitutionnelle n° 2020-348 du 19 mars 2020 portant modification de la Constitution ivoirienne.

des Représentants du Peuple d'approuver, sur proposition du Chef de Gouvernement, la nomination du Gouverneur de la Banque centrale à la majorité absolue des membres de la proposition.

Pour sa part, la Constitution rwandaise prévoit, en son article 86, la compétence du Sénat d'approuver la nomination : *« 1)* du Président, du Vice-président et des Juges de la Cour Suprême, des Présidents et Vice-présidents de la Haute Cour et de la Haute Cour de Commerce, du Procureur général et du Procureur Général Adjoint; 2) des Présidents, Vice-présidents et autres Commissaires des commissions nationales, *de l'Ombudsman et de ses adjoints, de l'Auditeur général des Finances de l'État et de son Adjoint, des* Ambassadeurs et des Représentants permanents auprès des organisations internationales, des Gouverneurs de provinces, des dirigeants des établissements publics et paraétatiques dotés de la personnalité juridique. À cet effet, *le Gouvernement transmet au Sénat les noms et les renseignements biographiques des autorités visées aux premier et deuxième alinéas du présent article ».*

Parmi les prérogatives spéciales, figure, en dernier lieu, la fonction consultative. Les Présidents des Assemblées parlementaires sont consultés par le Président de la République en cas de dissolution d'une Assemblée parlementaire ou de proclamation de l'état d'urgence ou de l'état de siège.

Plus particulièrement au Cameroun, le Président de l'Assemblée nationale, en présence des membres du Parlement, du Conseil Constitutionnel et de la Cour suprême réunis en séance solennelle, reçoit le serment du Président de la République. De même, aux termes des articles 7 et 14 de la Constitution du Cameroun du 18 janvier 1996, modifiée, les deux Chambres du Parlement camerounais se réunissent en congrès, à la demande du Président de la République, pour recevoir le serment des membres du Conseil constitutionnel.

Mais l'exercice de ces prérogatives spéciales demeure également inopérant. La question est toujours de savoir comment les parlements peuvent-ils accomplir ces prérogatives dans les systèmes constitutionnels africains dominés par la puissante figure du pouvoir exécutif.

La vocation des théories libérales relatives à la séparation des pouvoirs était d'asseoir la liberté des citoyens. Mais la prégnance du fait majoritaire en a décidé autrement, surtout pour le pouvoir législatif. Autrefois puissant, ce dernier voit ses prérogatives fortement affaiblies consécutivement à la montée en puissance du pouvoir exécutif dans les systèmes constitutionnels africains. La fonction par excellence des Parlements, qui est celle de voter la loi, est aujourd'hui concurrencée ou neutralisée par les pouvoirs exorbitants des pouvoirs exécutifs africains. En outre, les réalités politiques rendent inopérant l'exercice du pouvoir de contrôle qui est pourtant essentiel dans les systèmes démocratiques. Toutes choses qui amènent finalement à s'interroger sur l'importance des Parlements dans le contexte enchanteur du renouveau démocratique en Afrique.

LES HAUTES COURS DE JUSTICE EN AFRIQUE[1]

Ibrahima Diouf

Maître de Conférences
à la Faculté des Sciences juridiques et politiques
de l'Université Cheikh Anta Diop de Dakar

L'affirmation selon laquelle *« tout mandat public exige de son titulaire de rendre compte. On ne peut gérer des affaires publiques et refuser de rendre compte »*[2] traduit la nouvelle perception de la gestion des affaires publiques[3]. Toutefois, elle n'épuise pas, en réalité, la totalité des relations entre gouvernants et gouvernés, du moins dans la traduction juridique de la *« justiciabilité »* des *« catégories dirigeantes ou classe dirigeante »*[4] au même titre que les gens d'*« en bas »*[5]. La question de *« la responsabilité est dans un gouvernement républicain la plus difficile de toutes les questions constitutionnelles »*[6]. Elle n'épargne aucun ordre juridique ou politique[7].

---

[1] Cette étude ne prendra en compte que les exemples du Bénin, de la Côte d'Ivoire, de Madagascar, du Niger et du Sénégal.

[2] Le Président de la République du Sénégal, Macky Sall s'exprimait ainsi dans *Nouvel Horizon*, n° 802, du 25 novembre au 1er décembre 2011, p. 16.

[3] I. M. FALL, « Les dynamiques de la construction des régimes politiques en Afrique », *Annales Africaines*, numéro spécial, 2014, p. 9.

[4] R. ARON, « Catégories dirigeantes ou classe dirigeante? », *RFSP*, 1965, n° 1, pp.7-27.

[5] C. SAVONNET-GUYOT, « Le « dedans » et le « dehors », le « haut » et le « bas ». Réflexions sur les sites d'observation du « politique » africain », *RFSP*, 1981, n° 4, pp. 799-804.

[6] B. CONSTANT, *Cours de politique constitutionnelle*, tome 1, 2. Vol., 1815, Paris, réédition 1872, cité par C. BIDEGARAY et C. EMERI, *La responsabilité politique*, Dalloz, 1998, p. 137.

[7] La question de la responsabilité des gouvernants n'est pas seulement agitée en Afrique. Elle pose une problématique particulière dans les systèmes occidentaux, source d'inspiration des systèmes juridiques et politiques africains. La justice est le soubassement de toute dynamique pacifiste. Cette justice est aujourd'hui hautement réclamée, fortement revendiquée et est toujours perçue comme une justice à deux variables. Une justice pour les gouvernés et une parodie de justice pour les gouvernants,

En Afrique, *« serait-elle devenue la poutre la plus fragile de l'édifice constitutionnel des régimes politiques ? »*[8]. L'interrogation formulée garde toute sa pertinence au regard de l'histoire politique et constitutionnelle des États d'Afrique, mais aussi au regard des récents développements qui touchent les gouvernants et l'institution présidentielle, en particulier. L'histoire constitutionnelle et politique de l'Afrique est jalonnée de « soubresauts », qui reflètent une dynamique propre aux États africains. Catégorisés, ces « soubresauts » touchent principalement l'institution présidentielle.

Après les indépendances, la plupart des États africains sont secoués par des crises internes graves et qui sont liées, au premier chef, à la contestation du pouvoir présidentiel. Pouvoir considéré comme exorbitant et « centralisé »[9]. Le professeur CONAC constata que le chef de l'État *« se confond avec le système lui-même. Il n'en est pas seulement le symbole. Il le modèle et le contrôle »*[10]. L'hypertrophie du pouvoir présidentiel justifiée par la construction d'une unité nationale pérenne et l'éradication des difficultés économiques et sociales entraîna sur le plan institutionnel un décalage ou mieux un déphasage entre *« pouvoir et responsabilité »*[11].

L'irresponsabilité politique du chef de l'État devient le principe en vigueur dans toutes les constitutions africaines. Elle est contrebalancée par une responsabilité pénale *« plus théorique que réelle »*[12], en ce sens qu'elle apparaissait comme une disposition cosmétique, ornementale n'ayant aucune efficacité. Elle avait plus *« l'effet d'un épouvantail que d'une menace véritable »*[13]. Car, malgré la dilapidation des ressources de l'État, l'accroissement considérable de la corruption et des multiples violations des droits de

---

qui dans tous les ordres juridiques bénéficient d'une immunité, d'une " intouchabilité ". Cette remarque est la singularité qui caractérise tous les États du monde, avec évidemment un dosage plus acre en Afrique. Comme le rappelle François FERAL « *la justice toute entière en Afrique ne fonctionne pas ou fonctionne mal* ». *Cf.* F. P. BLANC, J. Du Bois de GAUDUSSON, A. FALL et F. FERAL (dir.), *Le chef de l'État en Afrique. Entre traditions, état de droit et transition démocratique*, Cah. *CERJEMAF* n° 9, Presses Universitaires de Perpignan, 2001, p. 20.

[8] F. J. AÏVO, « La responsabilité pénale des gouvernants dans les régimes politiques africains d'influence française », *Revue Afrilex*, janvier 2010, p. 1.

[9] L. F. TOULOU, « La fonction présidentielle entre contraintes institutionnelles et contraintes sociales : c'est l'arbre qui cache la forêt et vice versa », *in* F.P BLANC, J.D.B GAUDUSSON, A. FALL, F. FERAL, (dir.), *Le chef de l'État en Afrique... Entre traditions, état de droit et transition démocratique*, *op. cit.*, p. 107.

[10] G. CONAC, « Portrait d'un chef d'État », *Pouvoirs,* n° 25, *Les pouvoirs africains*, 1983, p. 121.

[11] P. AVRIL, « Pouvoir et responsabilité », *Le pouvoir, Mélanges en l'honneur de Georges BURDEAU*, Paris, LGDJ, 1997, pp. 9 et s.

[12] S. M. SY, *Recherches sur l'exercice du pouvoir en Afrique (Côte d'Ivoire, Guinée, Mali)*, Thèse, Dakar, 1964, p. 219.

[13] S. M SY, *Recherches sur l'exercice du pouvoir en Afrique, op. cit.*, p. 223.

l'homme[14], les chefs d'État n'ont pas été inquiétés. Les mécanismes n'ont pas été mis en branle pour contrecarrer ce qui deviendra par la suite un principe général endogène.

L'inefficacité des moyens de contrôle parlementaire sur l'exécutif, pour des raisons *« constitutionnelles et politiques*[15] », marquera l'apogée de ces comportements anti-démocratiques et ouvrira la brèche à d'autres mécanismes que sont les coups d'État, comme palliatifs aux mécanismes constitutionnels chimériques.

L'avènement des coups d'État et des manifestations populaires est profondément lié à ce climat général de tyrannie et d'impunité et s'analyse comme un moyen pour remédier à l'inefficacité des mécanismes institutionnels de responsabilité[16]. Les coups d'État vont inaugurer un nouveau cycle infernal, pire que le précédent, par la reconduction des pratiques combattues à l'extrême. Ces insuffisances notées dans le pouvoir militaire hâteront le retour des civils sous la pression des exigences démocratiques internes[17] et

---

[14] Les exemples peuvent être multipliés à foison, mais on ne reteindra que quelques-uns. Au Ghana, Patrick PUY-DENIS dans son ouvrage *Le Ghana* publié aux éditions Karthala en 1994 à la page 123 estime que *« N'Nkrumah parait être plus généreux avec l'argent de son parti ou du gouvernement qu'avec le sien propre ».* Jean François MEDARD dans son article « L'État néo patrimonial en Afrique noire » *in* J.-F MEDARD (dir.), *États d'Afrique noire. Formations mécanismes et crises*, Paris, Karthala, 1991, pp. 323-353 estime que la non-distinction entre le domaine public et le domaine privé est la cause de la personnalisation du pouvoir qui a comme corolaire l'accumulation des ressources politico-économiques. À cette dilapidation des ressources publiques se greffent les mesures arbitraires, la condamnation des hommes politiques, les assassinats politiques, le massacre d'une certaine frange de la population, les viols, etc. Certains chefs d'État, comme le Président nigérian AZIKIWE, dénonceront violemment ces traitements inhumains et dégradants. Il dira : *« Si l'indépendance signifie la substitution d'une tyrannie autochtone à une domination étrangère, alors ceux qui ont lutté pour l'indépendance n'ont pas seulement profané la cause de la liberté, mais ils ont trahi leurs peuples ». Cf.* P. PUY-DENIS, *Le Ghana*, *op. cit.*, pp. 124-125.

[15] K. SOMALI, *Le parlement dans le nouveau constitutionnalisme en Afrique. Essai d'analyse comparée à partir des exemples du Bénin, du Burkina Faso et du Togo*, thèse de doctorat en droit public, nouveau régime, Université Lille 2-Droit et santé, 2008, pp. 21-22.

[16] T. ONDO, *La responsabilité introuvable du chef de l'État en Afrique. Analyse comparée de la contestation du pouvoir présidentiel en Afrique noire francophone. Les exemples camerounais, gabonais, tchadien et togolais.* Thèse de doctorat d'État droit public, Université de Reims Champagne-Ardenne, juillet 2005, 682 p.

[17] A. SALL, « Processus démocratique et bicéphalisme du pouvoir exécutif en Afrique noire francophone : un essai de bilan », *Nouvelles Annales Africaines, Revue de la faculté des sciences juridiques et politiques* n°2, 2008, p. 225.

internationales[18], dans un environnement politique et constitutionnel restructuré par les conférences nationales.

Pour Maurice KAMTO, les conférences nationales s'analysent comme une *« création révolutionnaire des constitutions »*[19], dans la mesure où elles ont fondamentalement touché l'ordonnancement constitutionnel post-colonial[20], en s'en écartant par une redistribution du pouvoir plus conforme aux exigences démocratiques. En outre, elles ont, à quelques exceptions près, démantelé la primauté présidentielle, source de tous les maux en Afrique.

La disposition de l'article 68 de la Constitution française de la cinquième République selon laquelle *« le président de la République n'est responsable des actes accomplis dans l'exercice de ses fonctions qu'en cas de haute trahison »* a été reprise par le constituant africain des années soixante suite à leur accession à la souveraineté internationale[21], même si la Constitution malgache s'en écarte en disposant que « *le Président de la République et les membres du Gouvernement sont pénalement responsables des actes accomplis dans l'exercice de leurs fonctions et qualifiés crimes ou délits au moment où*

---

[18] I. M FALL, *La condition du pouvoir exécutif dans le nouveau constitutionnalisme africain, l'exemple des États francophones d'Afrique subsaharienne*, Thèse, Dakar, 2001, p. 200.

[19] M. KAMTO, « Les conférences nationales ou la création révolutionnaire des constitutions », in *la création du droit en Afrique*, Karthala, 1997, pp. 157-195.

[20] M. KAMTO estime qu'il y a eu une *« déconstitutionnalisation et une reconstitutionnalisation ». Cf.* « Les conférences nationales ou la création révolutionnaire des constitutions », *op. cit.*, p. 185.

[21] Au Sénégal, l'article 65 de la Constitution de 1960 et l'article 87 de la Constitution du 07 mars 1963 reprennent la même disposition (voir successivement les pages 49 et 74 de l'ouvrage de I.M. FALL *Textes constitutionnels du Sénégal de 1959 à 2007*, CREDILA) ; en Côte d'Ivoire c'est l'article 64 de la loi n° 60-356 du 03 novembre 1960 modifiée par la loi n°63-1 du 11 janvier 1963 qui la reprend. Au Bénin la Constitution du 26 novembre 1960 énonçait déjà en son article 65 al. 1: *« le Président de la République n'est responsable des actes accomplis dans l'exercice de ses fonctions et traduit devant la Haute Cour de justice qu'en cas de haute trahison »*. La Constitution du 11 janvier 1964, édictait en son article 89 : « *le Président de la République et le Vice-Président ne sont responsables que des actes accomplis dans l'exercice de leurs fonctions et traduit devant la Haute Cour de Justice qu'en cas de haute trahison. Les cas de haute trahison et les sanctions applicables sont définis par la loi »*. La Constitution du 28 avril 1968 énonçait en son article 90 : « *le Président de la République n'est responsable des actes accomplis dans l'exercice de ses fonctions et n'est traduit devant la Haute Cour de Justice qu'en cas de Haute trahison. Les cas de haute trahison et les sanctions applicables sont définis par la loi.* »

ils ont été commis »[22]. Formulation qui fut réitérée dans la Constitution du 19 août 1992[23].

Au renouveau démocratique, le principe de l'irresponsabilité du chef de l'État reste bien visible, à quelques exceptions près, du moins dans le libellé. Ainsi, il a été repris à la lettre par les Constitutions notamment sénégalaise[24], ivoirienne[25], nigérienne[26] et malgache[27].

Le constituant béninois même en s'écartant de la formulation en disposant que « *la responsabilité personnelle du président de la République est engagée en cas* de *haute trahison, d'outrage à l'Assemblée, ou d'atteinte à l'honneur et à la probité* »[28], n'a pas fait moins. L'interprétation *a contrario* permet d'affirmer l'irresponsabilité du chef de l'État. En effet, « *en cas de* » renvoi à une exception. En d'autres termes, la responsabilité du chef de l'État n'est engagée que si les situations limitativement décrites se présentent. L'intangibilité de la disposition consacrant l'irresponsabilité du chef de l'État dans toutes les Constitutions africaines, celles d'hier et d'aujourd'hui, s'attache à une nécessité : protéger la fonction présidentielle.

La consécration du principe de l'irresponsabilité du chef de l'État dans les constitutions africaines et son renforcement par des référentielles tirées des traditions africaines, mais aussi de l'influence des facteurs exogènes communs aux démocraties modernes, ne doivent pas occulter le possible engagement de la responsabilité du chef de l'État[29]. Ben que figurant dans le dispositif constitutionnel post indépendance, la responsabilité du chef de l'État deviendra à l'heure du « *printemps de l'Afrique* »[30] le nouveau fer de lance de veilles revendications populaires. Les exigences démocratiques et l'aménagement d'un calendrier électoral périodique en vue de faciliter la démocratisation du pouvoir, par la rotation des détenteurs de la force politique, seront porteuses

[22] Article 18 alinéa 1 de la Constitution du 29 avril 1959.
[23] Selon l'article 121 « *le président de la République, les présidents de toutes les institutions, les membres du Gouvernement, de la Cour constitutionnelle administrative et financière et de la Cour suprême sont pénalement responsables des actes accomplis à l'occasion de l'exercice de leurs fonctions et qualifiés de crime ou délit au moment où ils ont été commis* ».
[24] Article 101 de la Constitution du 22 janvier 2001.
[25] Article 157 de la Constitution.
[26] Article 142 de la Constitution du 25 novembre 2010.
[27] Article 131 de la Constitution du 11 décembre 2010 « *le Président de la République n'est responsable des actes accomplis liés à l'exercice de ses fonctions qu'en cas de haute trahison, de violation grave, ou de violations répétées de la Constitution, de manquement à ses devoirs manifestement incompatible avec l'exercice de son mandat* ».
[28] Article 73 de la Constitution.
[29] B. BA, « La destitution des chefs d'État : fortunes et infortunes d'une pratique aléatoire », *op. cit.*, p. 194.
[30] A. BOURGI et C. CASTERAN, *Le printemps de l'Afrique*, Paris, Hachette, 1991, 186 p.

d'une nouvelle doléance, d'une revendication légitime relative à la « justiciabilité » des « chefs ».

Dès lors, l'Afrique et ses dirigeants ne pouvaient plus ignorer qu'*« on ne puisse point régner innocemment »*[31] comme l'affirmait Saint-Just, et *« qu'il n'y a pas de pouvoir sans responsabilité »*[32]. Responsabilité que les constitutions du renouveau démocratique réaffirmeront, même si on peut émettre des réserves quant à la portée réelle de cette responsabilité. Pour preuve, la combinaison de la disposition selon laquelle, *« le chef de l'État n'est responsable des actes accomplis dans l'exercice de ses fonctions qu'en cas de haute trahison et qu'il est jugé par la haute cour de justice »* et celle qui suit, qu'*« il est mis en accusation par l'assemblée [ou] les deux assemblées »*[33], laissent apparaître une « certitude » : la responsabilité du chef de l'État est affirmée[34]. Cependant, cette consécration bien que traduisant une intention claire du constituant à limiter l'irresponsabilité du chef de l'État, par sa possible traduction devant les juridictions aux fins de rendre compte, révèle dans la pratique un caractère exceptionnel. Et on est même tenté de dire que l'exception devient exceptionnelle vu les pratiques récurrentes et inquiétantes qui n'honorent pas la démocratie.

Les constitutions des États, objet de notre étude, consacrent la responsabilité du chef de l'État. Cette responsabilité perceptible, même si elle n'est point le principe, se structure par la mise à contribution de mécanismes et de procédures qui confortent le plus sceptique non pas quant à l'efficacité d'un tel dispositif normatif et institutionnel, mais quant à son existence certaine.

Engager la responsabilité du chef de l'État, c'est mettre en évidence une double exception. L'une est relative à une règle de fond, la haute trahison[35], et l'autre à la juridiction compétente, la haute cour de justice. La responsabilité du chef de l'État est assujettie à une incrimination spécifique et à une procédure particulière qui ne se jouent que devant une institution juridictionnelle spéciale : la haute cour de justice.

Pour SARRUT, cette dernière *« (...) n'est pas un tribunal d'exception, mais un corps judiciaire placé par la constitution en dehors et au-dessus des tribunaux ordinaires formant une juridiction spéciale et distincte par certaines*

---

[31] Cité par Ch. BIDAGARAY et C. EMERI, *La responsabilité politique*, Dalloz, 1998, p. 1.

[32] P. AVRIL, « Pouvoir et responsabilité », *op. cit.*, p. 9.

[33] Le Bénin (article 137 de la Constitution), la Côte d'Ivoire (article 111 de la Constitution) et le Niger (article119) font de l'Assemblée nationale la plaque tournante de la mise en accusation, tandis qu'au Sénégal, avant la suppression du sénat après l'élection du candidat Macky SALL à la magistrature suprême, la mise en accusation était faite par les deux assemblées : l'Assemblée nationale et le Sénat.

[34] Ph. ARDANT, « La responsabilité pénale du président français. Réponses à deux questions », *Pouvoirs* n° 92, 2000, p. 61.

[35] O. SOW, *La Haute trahison*, *op. cit.*, 554 p.

infractions qui mettent en péril les institutions politiques, pour certaines personnes à raison de leur rang ou de leur dignité »[36]. Qualification retenue par le législateur malgache qui dans l'exposé des motifs de la loi n° 2014-043 relative à la HCJ précise que « *la Haute Cour de Justice est une juridiction spéciale ».* Cette qualification est réfutée *par* le constituant ivoirien qui estime que la HCJ est « *une juridiction d'exception »*[37]. Pour le constituant nigérien, la Haute cour de justice est une institution auprès de l'Assemblée nationale[38].

Peu importe la dénomination retenue, étudier la Haute cour de justice, c'est mettre en évidence leurs structurations (I) et la procédure suivie devant elles (II).

I/ Structuration des Hautes Cours de Justice

Ne rentrant pas dans l'organigramme juridictionnel classique, les Hautes Cours de justice demeurent particulières dans leur organisation (A) et dans leurs compétences (B).

A/ Organisation des Hautes Cours de justice

La Haute Cour de Justice, juridiction de principe du chef de l'État est, à quelques exceptions près, en déphasage avec la réalité qui gouverne les formations de jugement. Sa composition (1) de même que son fonctionnement (2) laissent apparaitre des singularités.

1/ Composition

La composition de la Haute cour de justice laisse apparaître de façon nette qu'elle est structurée à contre-courant de la composition des formations juridictionnelles classiques. Composée essentiellement de personnel politique, en l'occurrence les parlementaires dans les constitutions post-indépendance, la Haute cour de justice après le renouveau démocratique semble migrer de l'Agora vers le temple du Thémis, ou, du moins, a une composition mixte.

Cette dernière combinant parlementaires et magistrats a amoindri la forte teneur politique de la Cour. L'exposé des motifs de la loi organique sur la Haute cour de justice au Sénégal est révélateur, même si il en fut toujours ainsi[39] : *« si la composition de la Cour reflète son aspect politique, elle marque son aspect judiciaire par la présence (...) d'un (...) magistrat »*[40].

---

[36] Cité par O. BEAUD, *Le sang contaminé, op. cit.*, p. 81.
[37] Article 156.
[38] Article 143.
[39] La loi organique n° 61-65 du 22 décembre 1961 (J.O.R.S. du 06 janvier 1963, p. 3). disposait que la HCJ était présidée par un magistrat des cours et tribunaux.
[40] Loi n° 2002-10 du 22 février 2002 portant loi organique sur la Haute Cour de justice (J.O. n° 6038 du samedi 23 mars 2002). Voir aussi la loi organique n° 2008-39 du 20 août 2008 J.O. N° 6441 du samedi 6 décembre2008.

Si au Sénégal[41] et en Côte d'Ivoire la composition est identique et fléchit gravement en faveur des parlementaires, ce n'est point le cas au Bénin, à Madagascar et au Niger où la composition reste assez équilibrée vu la part importante attribuée aux magistrats.

Ainsi, la constitution sénégalaise du 22 janvier 2001 en son article 100 dispose que *« la Haute Cour de Justice est composée de membres élus, en nombre égal, par l'Assemblée nationale »*. En Côte d'Ivoire, elle est composée *« de membres élus en leur sein en nombre égal par l'Assemblée nationale et par le Sénat »*[42].

La loi organique sur la Haute cour de justice fixe le nombre de juges titulaires issus du parlement à huit[43]. Le même nombre est requis pour les juges suppléants qui sont appelés à siéger en cas d'absence ou d'empêchement d'un juge titulaire, par le procédé de tirage au sort dans le cas ivoirien[44].

La présidence est assurée par le président de la Cour suprême[45] nommé par décret présidentiel[46], dont la suppléance est assurée par le président de la chambre pénale de ladite Cour[47].

À Madagascar, la Haute cour de justice est composée de onze membres titulaires dont cinq sont issus du personnel judiciaire (le premier président de la Cour Suprême, Président, les deux présidents de Chambre de la Cour de la Cassation et les deux premiers présidents de Cour d'Appel), quatre du parlement (deux députés titulaires élus en début de législature par l'Assemblée nationale et de deux sénateurs titulaires élus en début de législature par le

[41] La constitution de 1963 en son article 86, voir *Textes constitutionnels du Sénégal de 1959 à 2007*Réunis et présentés par I.M FALL, CREDILA, p. 74.

[42] Article 160 de la Constitution.

[43] Article 2 de la loi organique 2002-10 du 22 février 2002 portant Loi organique sur la Haute Cour de Justice au Sénégal ; Article 1 al.2 de la loi organique 2002-05 du 03 janvier 2002 déterminant la composition, le fonctionnement et la procédure de la haute cour de justice, JORC n° 05 du 31 janvier 2002, p. 82.

[44] Article 9 de la loi organique 2002-05 du 03 janvier 2002 sur la HCJ, p. 85.

[45] Depuis la réforme introduite par la loi constitutionnelle n° 2008-34 du 07 août portant révision de la constitution (JORS n° 6420 du 08 août 2008, p. 753) instituant la Cour suprême, la présidence de la HCJ est assurée par le premier président de la Cour ; article 108 de la Constitution ivoirienne.

[46] Au Sénégal, la désignation était plus démocratique sous la loi n° 61-65 du 22 décembre 1961 même si selon l'exposé des motifs de la loi de 2002 « *il a semblé plus indiqué à cet égard, que cette haute juridiction soit présidée par une des plus hautes autorités de l'ordre judiciaire national, compte tenu du rang et de la qualité des autorités politiques susceptibles d'être déférées devant elle ». En effet,* le président de la HCJ était élu par les parlementaires à la majorité absolue sur une liste de magistrats des Cours et tribunaux présentée par le ministre de la Justice. (Voir J.-C GAUTRON et M. ROUGEVIN-BAVILLE, *Droit public du Sénégal*, Paris, Pedone, 1977, p. 128.)

[47] Elle est assurée depuis 2008 par le président de la Chambre criminelle de la Cour suprême au Sénégal.

Sénat) et deux du Haut Conseil pour la Défense de la Démocratie et de l'État de droit[48]. Le même nombre de juges suppléants est requis. La présidence est assurée de droit par le premier président de la Cour suprême et suppléé de plein droit, en cas d'empêchement, par le président de la Cour de Cassation.

Au Niger, la Haute Cour de Justice est composée des députés que l'Assemblée nationale élit en son sein. Ses membres titulaires sont au nombre de sept[49] dont quatre députés et trois magistrats (dont un est désigné par la Cour de cassation, un par le Conseil d'État et un par la Cour des comptes). Ses juges suppléants sont au nombre de trois. Après leur installation, les juges titulaires doivent élire en leur sein un président parmi les quatre députés.

Au Bénin, la composition est plus équilibrée ou mieux fléchit en défaveur de la représentation politique. Selon l'article 135 de la Constitution, *« la Haute Cour de Justice est composée des membres de la Cour Constitutionnelle, à l'exception de son Président, de six députés élus par l'Assemblée nationale et du Président de la Cour Suprême »*. La cour constitutionnelle ayant six représentants[50] auquel on ajoute le président de la Cour suprême, il va de soi qu'il y a sept magistrats contre six parlementaires. La Haute Cour élit en son sein un président.

Cette avancée inscrite par le constituant béninois et dans une certaine mesure les constituants malgache et nigérien vise à dépolitiser la haute cour de justice pour la « *juridiciser* »[51].

La tendance consistant à voir la haute cour de justice comme un organe mi-politique, mi-juridictionnel tend à s'estomper au profit d'un organe quasi-juridictionnel et infra-politique. La nature hybride de la HCJ dans sa composition implique inéluctablement des conséquences quant à son fonctionnement.

2/ Fonctionnement

Par fonctionnement, nous entendons mettre l'accent sur le mode de désignation du Président de la haute cour et des députés-juges, les obligations qui pèsent sur les membres, mais aussi sur l'administration de la Haute Cour.

---

[48] Article 136 de la Constitution ; Article 2 de la loi n°2014-043 du 18 décembre 2014 relative à la HCJ.

[49] Article 143 de la Constitution du 25 novembre 2010 ; article 4 de la loi n° 2011-41 du 14 décembre 2011 fixant les règles de fonctionnement ainsi que la procédure à suivre devant la haute cour de justice.

[50] La Cour constitutionnelle est composée de sept membres. L'exclusion du président de la Cour constitutionnelle des membres de la Haute Cour de Justice se justifie par le fait qu'il est chargé d'assurer l'intérim du président de la République en cas de mise en accusation (article 16.5 de la loi n° 93-013 du 10 août 1999 portant loi organique de la HCJ).

[51] La Constitution de la République Démocratique du Congo de février 2006 fait de la Cour constitutionnelle, la juridiction pénale du Chef de l'État et du Premier ministre (article 163).

Si le président de la République, dans les Constitutions africaines, dispose du monopole de nommer, à quelques exceptions près, les présidents toutes les institutions, ce n'est point le cas pour la présidence de la Haute Cour de Justice. Le président de la Haute Cour de Justice n'est pas nommé par le président de la République ; il est soit désigné de droit, soit élu par les membres de la Haute Cour de Justice. La question qui se pose est bien évidemment qu'est qui justifie une telle situation, en ce sens que c'est lui qui nomme les présidents de la plupart des juridictions et autres institutions ? La raison est toute simple. Chargé de juger le chef de l'État, la nomination du président de la HCJ par le président de la République amoindrirait fortement la crédibilité de l'institution.

Les membres politiques de la Haute Cour de Justice sont élus au scrutin secret après chaque renouvellement. Au Niger et en Côte d'Ivoire, ils sont élus sur la base des listes présentées par les groupes parlementaires au scrutin proportionnel avec répartition des plus forts restes[52]. Au Sénégal leur élection est acquise à la majorité absolue des membres composant l'Assemblée nationale[53], tandis qu'au Bénin, les textes muets là-dessus ont été complétés par la jurisprudence constitutionnelle.

La Cour constitutionnelle du Bénin, suite à une saisine par cinq recours tendant à l'annulation pour inconstitutionnalité de l'élection des membres politiques de la Haute Cour de Justice, qui s'est opérée sur une liste unique au scrutin secret à la majorité absolue, a jugé que cette désignation est inconstitutionnelle et que, *« le choix des députés appelés à représenter l'Assemblée nationale en tant que Corps, à animer ses organes de gestion ou à siéger au sein d'autres institutions de l'État, doit se faire selon le principe à valeur constitutionnelle de la représentation proportionnelle majorité/ minorité »*[54].

Au Sénégal et en Côte d'Ivoire, leur élection intervient respectivement dans le mois qui suit la première réunion du parlement[55] et durant la première session de la nouvelle législature[56], tandis qu'au Niger, l'élection des juges doit intervenir avant la fin de la première session ordinaire de la première législature[57].

À Madagascar, à défaut d'une mise en place de la HCJ, la compétence revient à la Haute Cour constitutionnelle. C'est ainsi que cette dernière dans

---

[52] Au Niger (article 6 de la loi organique sur la HCJ) et en Côte d'Ivoire (article 2 de la loi organique sur la HCJ).

[53] Article 2 de la loi sur la HCJ.

[54] Décision DCC 09-002 du 08 janvier 2009, p.8. Décision disponible sur le site de la cour constitutionnelle.

[55] Article 2 de la loi n° 2002-10 du 22 février 2002 portant loi organique sur la haute cour de justice.

[56] Article 108 de la Constitution ivoirienne.

[57] Article 143 de la Constitution.

sa Décision n° 24-HCC/D3 du 12 juin 2015 relative à la résolution de mise en accusation du Président de la République Hery RAJAONARIMAMPIANINA a indiqué que « *si la Haute Cour de Justice n'est pas opérationnelle au-delà du délai de douze mois à compter de l'investiture du Président de la République, l'article 167 alinéa 2 de la Constitution habilite « exceptionnellement » la Haute Cour Constitutionnelle à se substituer à la Haute Cour de Justice* »[58].

Les membres de la Haute Cour de justice sont tous astreints à l'obligation de prêter serment[59] et d'être présents aux délibérations sous peine d'être déclarés démissionnaires.

À l'exception du Bénin[60], tout membre peut être récusé s'il est établi qu'il existe des liens de parenté jusqu'au sixième degré en ligne collatérale ou d'amitié avec l'accusé, s'il a été entendu ou cité comme témoin ou même s'il existe une inimité entre lui et l'accusé[61].

La perte de la qualité de député entraîne la perte de qualité de membre de la HCJ. Tout juge qui perd sa qualité de magistrat, cesse en même temps d'appartenir à la Haute Cour de Justice. Tout membre de la Haute cour de justice qui perd cette qualité est remplacé dans les conditions prévues par les lois sur la Haute Cour de Justice.

La Haute Cour établit son règlement intérieur qui va servir de charpente aux procédures internes.

Le ministère public est assuré à Madagascar[62] par le procureur général de la Cour suprême assisté d'un ou plusieurs membres de son parquet, au Sénégal[63] en Côte d'Ivoire [64]par le parquet général de la Cour de cassation, au Bénin l'accusation est soutenue par trois magistrats choisis par l'assemblée générale de la Cour suprême parmi les membres inamovibles. En sus, la Cour est assistée d'un greffe.

---

[58] Décision n° 24-HCC/D3 du 12 juin 2015 relative à la résolution de mise en accusation du Président de la République Hery RAJAONARIMAMPIANINA.

[59] Les membres de la HCJ « *jurent et promettent de bien et fidèlement remplir leurs fonctions, de garder le secret des délibérations et des votes et de se conduire en tout comme de dignes et loyaux magistrats* ».

[60] Article 8 de la loi organique n°93-013 du 10 août 1999 sur la Haute Cour de Justice. La Cour constitutionnelle dans sa décision DCC 04-93 du 25 novembre 1993 (décision relative au contrôle de constitutionnalité de la loi organique) a estimé que la récusation risque de créer une inégalité entre les personnes mises en accusation parce qu'un membre récusé dans une affaire peut siéger dans une autre modifiant ainsi la composition de la HCJ. Elle ajoute que cette inégalité est « *plus choquante que celle consistant à faire siéger un parent* ».

[61] Les mêmes motifs de récusation se trouvent dans toutes les lois organiques portant sur la haute cour de justice des États étudiés.

[62] Article 136 de la Constitution.

[63] Article 12 de la loi sur la HCJ.

[64] Article 14 de la loi sur la HCJ.

La spécificité de la Haute Cour de Justice ne tient pas seulement à sa composition, mais aussi à ses compétences.

B/ Les compétences

La compétence se définit comme l'aptitude, la vocation à connaître d'une chose ou d'une affaire[65]. Ramenée à la Haute Cour de Justice, elle se décline comme la capacité à juger une catégorie de personnes et pour une catégorie d'affaires. Si la première renvoie à la compétence *ratione personae*, la seconde, elle, renvoie à la compétence *ratione materiae*[66].

La compétence *ratione personae* ne pose pas une problématique particulière dans la mesure où la HCJ est la juridiction du chef de l'État et des membres du gouvernement. Cependant, elle n'est pas exclusive à cette seule catégorie. En effet, elle est compétente pour juger d'autres personnes en raison de la complicité qu'elles ont avec les justiciables de principe, en cas d'atteinte ou de complot contre la sureté de l'État.

Cependant, la compétence ratione materiae, traditionnellement limitée à la haute trahison **(1)** pour ce qui est du chef de l'État[67], s'est enrichie au point de devenir extensive. La Haute Cour de Justice se voit attribuer de nouvelles compétences (2).

1/ La compétence traditionnelle, la haute trahison

S'il y a une incertitude qui plane sur la responsabilité du chef de l'État, c'est bien celle relative à l'indétermination et à l'imprécision de la notion de haute trahison. Les constitutions la consacrent sans pour autant donner à la notion un contenu certain. Elles se bornent à relever que le chef de l'État n'est responsable des actes accomplis dans l'exercice de ses fonctions qu'en cas de haute trahison. La question qui se pose dès lors est de savoir que recouvre la notion de haute trahison ?

La Constitution de la cinquième République française dont se sont inspirées les constitutions africaines n'en donne pas elle-même une signification intelligible[68]. Et sur ce point et contrairement en France, un pas a été franchi par le constituant africain[69].

---

[65] G. CORNU, *Vocabulaire juridique*, Quadrige/P.U.F, 4e édit., 2003, p. 182.

[66] P. BOUZAT et J. PINATEL, *Traité de droit pénal et de criminologie*, Tome II, Dalloz, 1963, p. 894.

[67] Pour les membres du gouvernement, la HCJ est compétente pour les juger en raison d'actes qualifiés de crime ou de délit commis dans l'exercice des fonctions.

[68] Ph. ARDANT, « Responsabilité politique et pénale des chefs d'État, des chefs de gouvernement et des ministres », *RICD*, n° 2, 2002.

[69] S. BELAID, « La justice politique en Tunisie », *Revue tunisienne de droit*, 1983, pp. 361-404.

Les constitutions africaines de la *« troisième génération »*[70] ont gagné, dans une certaine mesure, le pari de la clarification de la notion haute trahison. Elles lui ont donné un contenu certain, doublé d'un pragmatisme perceptible.

La Constitution du Bénin dispose en son article 74, qu'*« il y a haute trahison lorsque le Président de la République a violé son serment, est reconnu auteur, co-auteur ou complice de violations graves et caractérisées des Droits de l'Homme, de cession d'une partie du territoire national ou d'acte attentatoire au maintien d'un environnement sain, satisfaisant, durable et favorable au développement »*. Le constituant nigérien reprend les mêmes termes [71] mais avec plus de précision et en ajoutant d'autres cas.

Le pragmatisme du constituant africain s'attache à la criminalisation de certaines pratiques qui ont jalonné l'histoire politique du continent telles que la violation du serment et des droits de l'homme.

Le serment se définit comme une formule sacramentelle par laquelle le chef de l'État prend des engagements vis-à-vis de Dieu, de son peuple ou de ses ancêtres. La formule revêt la même valeur que l'instrument qui la porte. En d'autres termes, inscrit dans la Constitution, le serment a une valeur constitutionnelle[72]. Il revêt un juridisme qui explique son caractère obligatoire[73].

En prenant l'engagement solennel d'observer et de faire observer la constitution, de défendre l'intégrité du territoire, l'unité nationale, la forme républicaine de l'État, le chef de l'État contracte un pacte moral avec lui-même et avec le peuple[74]. En trahissant son serment[75], il viole un engagement constitutionnel au risque de *« subir les rigueurs de la loi » ou « que le peuple [lui] retire sa confiance »*[76]

Les violations graves et caractérisées des Droits de l'Homme comme éléments constitutifs de la haute trahison sonnent le glas de l'époque des chefs tortionnaires en Afrique. Désormais le chef de l'État peut voir sa responsabilité engagée en tant qu'auteur, co-auteur ou complice en vertu de la violation d'un idéal démocratique plaçant la dignité humaine au centre des préoccupations modernes.

---

[70] I. M. FALL, *Le pouvoir exécutif dans le constitutionnalisme des États d'Afrique*, *op. cit.*, p. 16.

[71] Art.142.

[72] G. PAMBOU TCHIVOUNDA, « Le serment politique en Afrique noire francophone », *RJPIC*, 1983, vol. 3, p. 799.

[73] O. NAREY, « Le serment en Droit constitutionnel », *op. cit.*, p. 351.

[74] B. BOUMAKANI, « Le serment constitutionnel du chef de l'État en Afrique francophone », in K. AHADZI-NONOU et al., *Mélanges en l'honneur de Théodore HOLO. Démocratie en question ?*, Presses universitaires de Toulouse 1, capitole, 2017, p. 63.

[75] B. BOUMAKANI, « Le serment constitutionnel du chef de l'État en Afrique francophone », *op. cit.*, p. 65 et s.

[76] Article 58 de la Constitution ivoirienne.

Dans cette même perspective, on peut soutenir que cette disposition est déduite des péripéties d'un passé douloureux où les peuples africains ont eu à subir les atrocités de leurs dirigeants. Des raisons politiques, et pas nécessairement les seules, ont causé des massacres des populations entières sans que leurs auteurs ne répondent de leurs actes. Il était dès lors plus qu'opportun, que la violation des droits de l'homme par la plus haute autorité de l'État soit constitutive du crime de haute trahison.

Le constituant nigérien contrairement au constituant béninois a non seulement gagné le pari de la précision mais aussi l'extension de la notion de haute trahison. Là où le constituant béninois parle de cession d'une partie du territoire national ou d'acte attentatoire au maintien d'un environnement sain, satisfaisant, durable et favorable au développement, le constituant nigérien préfère miser sa carte sur la cession frauduleuse d'une partie du territoire national ou d'introduction de déchets toxiques sur le territoire national[77].

Cet écart dans la formulation appelle deux principales remarques.

D'abord, l'infraction de la cession du territoire national est prévue par la plupart des constitutions sous le respect d'un certain nombre de conditions[78]. En ce sens le terme de cession frauduleuse est plus approprié.

Ensuite, la notion d'acte attentatoire au maintien d'un environnement sain, satisfaisant, durable et favorable au développement est trop extensive. Elle peut renfermer à bien des égards des incertitudes. La solution nigérienne consistant à la confiner à l'introduction des déchets toxiques sur le territoire national est plus réaliste.

Pour le constituant nigérien, constitue aussi la haute trahison tout atteinte à la forme républicaine de l'État[79], le refus d'obtempérer à un arrêt de la Cour

---

[77] La criminalisation de l'introduction des déchets toxiques est une nécessité comme le prouve « l'affaire du Probo-Koala ». Ce dernier, navire battant pavillon panaméen a déversé des centaines de tonnes de déchets toxiques au port d'Abidjan le 19 août 2006 et faisant par la même des milliers de victimes dont huit morts. Cette catastrophe n'a été possible qu'avec la collaboration de certains fonctionnaires, mais aussi de l'implication de certains ministres. L'affaire n'a pas débouché sur le jugement de ces derniers. Charles Konan BANNY, Premier ministre à l'époque des faits n'a fait que se séparer d'eux. À ce titre voir X. BOHAND, C. MONPEURT, S. BOHAND, A. CAZOULAT, « Déchets toxiques déversés à Abidjan (Côte d'Ivoire) et conséquences sanitaires », in *Médecine tropicale*, n° 67, 2007, pp. 620-624. ; A. SEREIN et M. CONTE, « L'affaire du Probo Koala. Abidjan, sacrifié sur l'autel du profit » in www.conte.u-bordeaux4.fr/Enseig/trav_etudiants/06.../probo_serin.pdf.

[78] La cession doit être faite en vertu d'une loi et avec le consentement des populations intéressées (article 95 de la constitution sénégalaise du 22 janvier 2001) ou par référendum (article 214 de la constitution de la République Démocratique du Congo *« nulle cession, nul échange, nulle adjonction de territoire n'est valable sans l'accord du peuple congolais consulté par voie de référendum »*).

[79] Article 1 al.2 de la constitution.

constitutionnelle[80] et la compromission des intérêts nationaux en matière de gestion des ressources naturelles et du sous-sol.

À cette compétence traditionnelle, les HCJ se voient attribuer de nouvelles compétences.

2/ Les nouvelles compétences

La compétence traditionnelle de la Haute cour de justice structurée autour de la haute trahison reste restreinte, « *hypothétique* »[81] et stéréotypée. Elle ne prend pas en compte certaines évolutions constatées notamment dans les rapports entre les pouvoirs politiques, mais aussi dans les rapports de ces derniers avec le pouvoir judiciaire. Une telle insuffisance a été prise en compte par le constituant béninois, qui, a eu le mérite, en attribuant de nouvelles compétences telle que la responsabilité du chef de l'État pour outrage à l'assemblée et atteinte à l'honneur et à la probité[82] à la HCJ, de contribuer par la même à repousser les frontières du principe de l'irresponsabilité du chef de l'État.

La consécration par le constituant nigérien du refus du chef de l'État d'obtempérer à un arrêt de la Cour constitutionnelle comme un élément constitutif du crime de haute trahison[83] obéit à la même logique.

Ces nouveaux régimes de responsabilité font montre d'une grande clarté et de précision quant à leurs éléments constitutifs mais aussi quant à leur facilité procédurale, du moins pour l'outrage à l'Assemblée.

Il y a atteint à l'honneur et à la probité lorsque le comportement personnel du président de la République est contraire aux bonnes mœurs ou qu'il est reconnu auteur, co-auteur ou complice de malversations, de corruption, d'enrichissement illicite.[84]

Il y a outrage à l'Assemblée nationale lorsque, sur des questions posées par les députés et qui concernent l'activité du gouvernement, le président de la République ne fournit aucune réponse dans un délai de trente jours[85].

Le refus d'obtempérer à un arrêt de la Cour marque une étape décisive dans les rapports entre le chef de l'État et la juridiction constitutionnelle. Une force contraignante vient s'ajouter à l'autorité[86] qui était déjà attachée aux arrêts de

---

[80] Cette disposition introduite par le constituant de la 7e République est une réponse ponctuelle à ce qui fut l'attitude du Président TANDJA.

[81] I. M FALL, Sénégal, *une démocratie « ancienne » en mal de réforme*, une étude d'Afrimap et d'Osiwa juin 2012, Open society foundations, p. 4.

[82] Article 74 de la Constitution.

[83] Article 142 de la Constitution.

[84] Article 75 de la Constitution.

[85] Article 76 de la Constitution.

[86] Article 134 de la Constitution.

la juridiction constitutionnelle[87]. Le chef de l'État ne peut plus percevoir les décisions juridictionnelles comme étant de simples recommandations, mais comme étant revêtues d'une force obligatoire dont le non-respect entraîne sa déchéance.

Si la responsabilité du chef de l'État pour atteinte à l'honneur et à la probité et pour refus d'obtempérer à un arrêt de la Cour constitutionnelle emprunte la même complexité procédurale que celle prévue pour la haute trahison : accusation, instruction et jugement, force est de souligner qu'elle est écourtée pour la responsabilité pour outrage à l'Assemblée[88].

Si sur des questions posées par l'Assemblée nationale et concernant l'activité gouvernementale, le président de la République ne donne aucune suite dans un délai de trente jours, le président de l'Assemblée nationale saisit la Cour constitutionnelle pour manquement d'une obligation constitutionnelle, qui elle-même doit statuer dans les trois jours qui suivent. Si la Cour est d'avis que le refus du chef de l'État est fondé en l'espèce et qu'il n'y a nullement outrage, la procédure tendant à le traduire devant la Haute cour de justice s'estompe.

En revanche, si la Cour retient qu'il y a violation d'une obligation constitutionnelle, le chef de l'État est astreint à répondre aux questions des parlementaires dans un délai ne pouvant pas excéder la fin de la cession en cours. Passé ce délai, le chef de l'État sera déféré devant la juridiction compétente.

Ce qui est original à ce niveau, c'est le contournement de la procédure par la mise en veilleuse la phase de la mise en accusation. En d'autres termes, la procédure est abrégée et la mise en accusation et l'instruction ne sont plus nécessaires. Le refus d'obtempérer à l'arrêt de la Cour conditionne le déclenchement du jugement.

À Madagascar, la compétence de la HCJ s'étend selon l'article 131 de la constitution aussi au cas « *de violation grave, ou de violations répétées de la Constitution, de manquement à ses devoirs manifestement incompatible avec l'exercice de son mandat* ».

Le constituant malgache se démarque des autres constituants en ne faisant pas incorporer la « *violation grave ou les violations répétées de la constitution* » dans le champ de la haute trahison. En effet, indépendant de la haute trahison, le chef de l'État peut être poursuivi pour violations graves ou répétées de la Constitution.

Le chef de l'État peut être aussi poursuivi pour « *manquement à ses devoirs manifestement incompatible avec l'exercice de son mandat* ». Le constituant malgache, en la matière, semble suivre le constituant français. Toutefois,

---

[87] D. E. ADOUKI, « Contribution à l'étude de l'autorité des décisions du juge constitutionnel en Afrique », *RFDC*, 2013, n° 3, pp. 611-638.

[88] L'article 77 de la Constitution réglemente minutieusement cette procédure.

l'indétermination de ce que peut constituer « un manquement à ses devoirs manifestement incompatible avec l'exercice de son mandat » peut soulever diverses interprétations. Mieux, le caractère « manifeste » présente à bien des égards des incertitudes.

L'élargissement de la compétence de la haute cour de justice, disons-le salutaire, ne présage en rien de l'engagement de la responsabilité du chef de l'État. Cette dernière ne peut être obtenue qu'au terme d'une procédure complexe.

II/ La procédure devant les Hautes Cours de justice

La responsabilité du chef de l'État devant la Haute Cour de justice est une véritable *« opération à procédure »*[89]. Plusieurs phases conditionnent son aboutissement. Il s'agit de l'accusation, de l'instruction et du jugement. Si la première phase est essentiellement politique (A), les deux dernières sont imprégnées d'une forte teneur juridictionnelle (B).

II/ La phase politique

Elle est dite politique, parce qu'elle est entièrement dominée par les députés. Ces deniers ont une compétence exclusive dans la mise en accusation (2) qui intervient après le déclenchement des poursuites **(1)**.

1/ Le déclenchement des poursuites

Suivant des variances terminologiques, les constitutions disposent toutes que le chef de l'État est mis en accusation par l'Assemblée nationale[90]. L'exclusivité de cette compétence est mise en exergue par le constituant à travers la formulation suivante: *« [le Président de la République] ne peut être mis en accusation que par l'Assemblée nationale ».*

Cette faculté bien que clairement spécifiée recèle une interrogation quant aux personnes habilitées à saisir le parlement, mais aussi aux formalités que doit revêtir la proposition de résolution de mise en accusation.

Si la saisine de la Haute Cour de justice ne fait aucun doute pour les parlementaires, qu'en est- il pour le gouvernement et les particuliers ?

Dans les États objet de notre étude, seuls la Côte d'Ivoire et Madagascar consacrent une saisine populaire. En Côte d'Ivoire, tout plaignant peut saisir le procureur général près la Cour de cassation[91] par une plainte contenant tous les éléments prouvant toutes les allégations soulevées[92] et qui rentre dans le

---

[89] Ch. ROUSSEAU, *Droit international public*, Recueil Sirey, 1952, p. 20.

[90] Article 137 de la Constitution du Bénin ; article 119 de la Constitution du Niger ; article 111 de la Constitution ivoirienne.

[91] Qui en a la compétence selon l'article 18 de la loi organique sur la HCJ.

[92] Article 19 de la loi organique sur la HCJ.

cadre des actes visés aux articles 109[93] et 110[94] de la constitution. Le procureur dresse un rapport et le transmet au président de l'Assemblée nationale[95].

À Madagascar, l'article14 de la loi sur la HCJ dispose que « *toute personne morale ou groupe de personnes physiques membres d'une association légalement constituée est habilitée à mettre en cause le Président de la République par une requête adressée au Président de l'Assemblée nationale* ». Ce dernier transmet la requête à la commission de requête, composée de représentants de chaque groupe parlementaire, qui statue sur sa recevabilité. Si la requête est recevable, la commission élabore une proposition de résolution de mise en accusation, qui sera transmise au président de l'Assemblée nationale, avant d'être portée à l'ordre de jour de la session ordinaire en cours ou à la session la plus proche[96].

Cette faculté, offerte aux particuliers n'exclut pas le pouvoir exécutif, mais qui au demeurant trouve sa signification la plus éclatante au Niger. Selon le règlement intérieur de l'Assemblée nationale, le gouvernement peut saisir ladite institution des demandes de mise en accusation dont chacune doit néanmoins être examinée par une commission parlementaire ad hoc composée de 15 membres désignés à la représentation proportionnelle des groupes parlementaires. La commission, après investigation (audition, recherche d'information) dresse un rapport à l'endroit de la plénière de l'Assemblée nationale pour la suite de la procédure[97].

Dans tous les cas, la saisine n'est pas directe. Elle implique un intermédiaire entre le plaignant et les parlementaires dans le but d'éviter des plaintes fantaisistes et encombrantes.

Les parlementaires, dépositaires de droit de l'initiative pour la mise en accusation du chef de l'État sont astreints eux aussi à un certain nombre de conditions sans lesquelles la proposition de résolution à la mise en accusation ne peut prospérer.

« Ces préliminaires » à la proposition de résolution à la mise en accusation sont structurés de la même façon que celle visée par la procédure législative

---

93 *« Le Président de la République n'est responsable des actes accomplis dans l'exercice de ses fonctions et traduit devant la Haute Cour de Justice qu'en cas de haute trahison ».*

94 *« La Haute Cour de Justice est compétente pour juger les membres du Gouvernement à raison des faits qualifiés crimes ou délits commis dans l'exercice de leurs fonctions ».*

95 Article 20 de la loi organique sur la HCJ.

96 Article 17 de la loi organique sur la HCJ

97 Article 129 de la Résolution N° 003/AN du 19 avril 2011, Portant Règlement intérieur de l'Assemblée nationale, modifiée par la Résolution n° 0005/AN du 21 juin 2011 et par la Résolution n° 0011/AN du 21 mai 2012, p. 39.

ordinaire[98]. Ainsi, la proposition visant à destituer le chef de l'État doit, à peine d'irrecevabilité, être revêtue de la signature d'un quorum déterminé de membres composant l'Assemblée nationale. En outre, la proposition de résolution doit être déposée sur le bureau de l'Assemblée nationale qui statue sur sa recevabilité et le renvoie à la commission compétente[99] avant l'ouverture du débat.

La proposition de résolution de mise en accusation est discutée en plénière dans les modalités prévues par le règlement intérieur de chaque Assemblée nationale, mais dont l'adoption varie d'un État à un autre.

Si au Sénégal, au Niger et en Côte d'Ivoire la proposition de résolution doit être approuvée à la majorité absolue des membres composant l'Assemblée nationale, au Bénin, et à Madagascar, l'adoption est plus rigoureuse. Elle conditionne la prise de la décision de poursuite du chef du chef de l'État à la majorité des 2/3 des membres composant l'Assemblée nationale[100].

Une fois la proposition de résolution adoptée par les parlementaires, la phase de mise en accusation s'ouvre en principe. Cependant, au Bénin elle n'intervient qu'après la clôture de la phase d'instruction tandis qu'à Madagascar, elle n'intervient qu'après le rapport de la commission d'enquête spéciale créée par le bureau permanent de l'Assemblée nationale à cet effet. Ce qui fait son originalité.

Au Bénin, la phase d'instruction s'ouvre à la suite de la décision de poursuivre et non après la mise en accusation[101]. Cette inversion de la procédure habituelle traduit la ferme volonté pour le législateur béninois de faire primer la recherche de la vérité sur les réalités politiques contingentes. L'acte d'accusation est tellement grave qu'elle doit être assujettie à des faits dont la véracité ne souffre d'aucun doute, évitant ainsi des procès politiques pour ne pas dire des procès d'intention. La chambre d'instruction composée uniquement que de magistrats dresse un rapport à l'Assemblée nationale, qui décide de la mise en accusation.

---

[98] En Côte d'Ivoire, voir les articles 51 à 54 du règlement intérieur de l'Assemblée nationale ; Niger, des articles 61 à 64 du règlement intérieur de l'Assemblée nationale ; Bénin article 74 à 76 du Règlement intérieur de l'Assemblée nationale ; Sénégal article 60 du règlement intérieur de l'Assemblée nationale.

[99] Les propositions de résolution après l'annonce de leur dépôt, sont renvoyées à l'examen de la Commission compétente ou d'une Commission spéciale de l'Assemblée nationale (la plupart des règlements intérieurs des Assemblées ne prévoient pas une commission chargée d'examiner la proposition de résolution de la mise en accusation des gouvernants. Cependant, cette carence est palliée par la faculté que les parlements disposent dans la création des commissions spéciales qui prennent néanmoins fin dès qu'elles deviennent sans objet).

[100] Article 186 al.1 du règlement intérieur de l'Assemblée nationale du Bénin ; article 18 de la loi sur la HCJ à Madagascar.

[101] Article 15 al.8 de la loi organique sur la HCJ.

À Madagascar, la création d'une commission d'enquête[102] rentre dans la même perspective. Toutefois, à la différence du Bénin, la commission est composée uniquement de députés. Les membres de la Haute Cour de justice sont exclus. Devant la commission, le président de la République se fait représenter. À la fin des investigations, elle élabore son rapport qui sera soumis à la plénière pour la mise en accusation.

Ce rapport ne lie pas à proprement parler les députés[103]. Toutefois, les députés peuvent trouver en la commission une expertise nécessaire conditionnant leurs votes. De ce fait, l'antériorité de l'instruction à la mise en accusation évitera d'aller vers un procès reposant sur des pièces et des faits qui se révéleraient à l'avenir faux.

2/ La mise en accusation

Elle est exclusivement parlementaire et relève de sa souveraine appréciation[104]. Dans le cas des États étudiés, elle relève uniquement des députés, à l'exception de la Côte d'Ivoire[105]. Contrairement à l'adoption de la proposition de la résolution de la mise en accusation où c'est la majorité absolue qui est exigée le plus souvent, l'adoption de la résolution de mise en accusation est conditionnée par le vote à la majorité qualifiée des membres composant l'Assemblée nationale.

Cette majorité qualifiée varie d'un État à un autre. Si au Bénin, à Madagascar, au Niger et en Côte d'Ivoire, elle est de 2/3[106], au Sénégal, elle de 3/5[107].

L'exigence d'une majorité qualifiée se justifie par l'éminence de la personne mise en cause, mais aussi pour éviter que la procédure ne soit pas

[102] Article 20 de la loi organique sur la HCJ.

[103] 27ᵉ considérant de la décision DCC 04-93 du 25 novembre 1993. (Décision relative à la constitutionnalité de la loi organique sur la haute cour de justice) : *« Considérant que les dispositions constitutionnelles sont formelles et attribuent compétence exclusive à l'Assemblée nationale pour décider de la mise en accusation ; qu'aucun organe n'est dès lors habilité à partager cette compétence ; que l'article 21 de la loi organique est par conséquent non conforme à la constitution ».*

[104] B. MATHIEU, « La responsabilité pénale des ministres devant la cour de justice de la république. (Commentaire de la loi constitutionnelle du 27 juillet 1993 », *RFDC*, n° 15, 1993, p. 601.
Au Bénin la Cour constitutionnelle dans sa Décision DCC 04-93 du 25 novembre 1993 a estimé que la disposition de l'art. 20 selon laquelle *« la chambre d'instruction... délibère »* n'est pas conforme à la constitution sous réserve d'une modification du fait qu'on délibère pour prendre une décision alors que la chambre d'instruction n'a aucune compétence dans la mise en accusation.

[105] Article 161 de la Constitution.

[106] Article 144 de la Constitution nigérienne ; article 161 de la Constitution ivoirienne, article 137 de la Constitution béninoise ; article 133 de la Constitution malgache.

[107] Article 101 de la constitution.

« enclenchée de manière manifestement abusive »[108]. Dans tous les cas, les parlementaires jouent le rôle dévolu au procureur de la République dans le cadre de la procédure pénale. Ils sont les maîtres des poursuites.

La résolution est soit adoptée au scrutin public [109]soit, par scrutin public au bulletin secret[110]. Le juge constitutionnel malgache ne semble pas attacher une importance particulière au mode de votation. Dans l'affaire relative à la résolution de mise en accusation du Président de la République Hery RAJAONARIMAMPIANINA en 2015, la défense avait soulevé la violation des règles constitutionnelles, et ce relativement au vote de la motion de mise en accusation par l'Assemblée nationale, en ce sens que la motion a été adoptée au vote secret alors que la constitution dispose que la motion de mise en accusation doit être adoptée au scrutin public. La Cour a estimé qu'*« en vertu du principe de la séparation des pouvoirs consacré par la Constitution, la Haute Cour Constitutionnelle ne peut interférer dans le fonctionnement interne d'une institution souveraine notamment en matière de détermination du mode de votation »*[111].

La résolution doit aussi contenir les prénoms, noms et fonctions des accusés, l'énoncé sommaire des faits qui leur sont reprochés, le visa des dispositions légales en vertu desquelles est exercée la poursuite du mis en cause, mais aussi la description minutieuse des faits constitutifs d'actes ou de manquements à la charge présidentielle dans le cas ivoirien[112]. Tout manquement à ces prescriptions relève de la souveraine appréciation de la Haute Cour.[113]

L'adoption de la résolution de mise en accusation entraîne des conséquences sur le tenant de l'institution présidentielle, nonobstant celle qui affecte la suite de la procédure.

L'adoption de la résolution de la mise en accusation entraîne ipso facto la levée de l'immunité du chef de l'État, sa suspension de ses fonctions et l'ouverture temporaire de la succession. Au Niger et au Bénin l'intérim est assuré par le président de la Cour constitutionnelle[114], tandis qu'à Madagascar, au Sénégal et en Côte d'Ivoire, les textes sont muets là-dessus.

---

[108] P. AVRIL, *Rapport de la Commission de réflexion sur le statut pénal du Président de la République*, La Documentation française, 2002, p. 9.
[109] Article 131 de la constitution malgache.
[110] Article 23 de la loi sur la HCJ au Niger ; article 101 de la constitution du Sénégal ; article 161 de la constitution ivoirienne.
[111] Décision n° 24-HCC/D3 du 12 juin 2015 relative à la résolution de mise en accusation du Président de la République Hery RAJAONARIMAMPIANINA.
[112] Article 21 de la loi organique ivoirienne sur la HCJ.
[113] Article 21de la loi précitée.
[114] Article 50 al.3 de la Constituions béninoise ; article 53 al.10 de la Constitution nigérienne.

Cependant, les dispositions constitutionnelles relatives à la vacance du pouvoir vont s'appliquer. Ainsi, étant empêché temporairement parce que devant être traduit devant la Haute Cour de Justice, il sera suppléé par le président de l'Assemblée nationale dans le cas sénégalais[115], le vice-président dans le cas ivoirien[116], tandis qu'à Madagascar, la suppléance sera assurée par le président du Sénat[117].

Dans le même élan, l'adoption implique la notification immédiate de la résolution de mise en accusation au procureur général de la Cour suprême (Madagascar et Sénégal), au procureur général de la Cour de cassation (Niger et Côte d'Ivoire), procureur général près de la Haute Cour de Justice (Bénin). Ce dernier notifie dans le délai qui lui est imparti la mise en accusation au Président de la Haute Cour de justice et au Président de la Commission d'Instruction pour la suite de la procédure.

La phase politique s'achève avec la mise en accusation, du moins en partie, si on exclut la prépondérance du politique dans le jugement.

B/ La phase juridictionnelle

L'adoption de la résolution de la mise en accusation conditionne la suite de la procédure enclenchée. Deux nouvelles étapes décisives entrent en jeu: il s'agit de l'instruction (1) et du jugement (2).

1/ L'instruction

Les lois organiques sur la Haute Cour de Justice consacrent la création d'une commission ou chambre d'instruction auprès de la HCJ[118]. Au Bénin, cette compétence est attribuée à une chambre d'accusation[119]. La commission d'instruction a pour principale tâche de *« [procéder] à tous les actes qu'elle juge utiles à la manifestation de la vérité selon les règles édictées par le Code de Procédure pénale et spécialement celles qui assurent les droits de la défense »*[120].

La commission est composée exclusivement de personnel judiciaire à l'exception de la commission d'instruction ivoirienne. Les magistrats sont désignés en dehors de la présence des membres du parquet, qui assurent le ministère public.

---

[115] Article 39 de la Constitution sénégalaise.
[116] Article 62 de la Constitution ivoirienne.
[117] Article 50 de la Constitution.
[118] Sénégal (article 11 de la loi organique sur la HCJ) ; Côte d'Ivoire (article 12), Niger (article 17), Madagascar (article 42 de la loi sur la HCJ).
[119] Article 15 al.2 de la loi sur la HCJ.
[120] Article 23 de la loi sur la HCJ au Sénégal ; article 26 de la loi en Côte d'Ivoire ; article 28 au Niger; article 15 al.9 au Bénin.

À Madagascar, la Chambre d'instruction est composée du Président du Conseil d'État, de deux magistrats de premier grade de l'ordre administratif élus en Assemblée générale du Conseil d'État, de deux magistrats de premier grade titulaire de la Cour de cassation[121] élus en Assemblée générale de ladite Cour. Au Sénégal, elle comprend cinq magistrats de siège de la Cour d'Appel de Dakar désignés par l'assemblée générale de ladite Cour[122]. Au Bénin, l'instruction est menée par la Chambre d'Accusation de la Cour d'Appel ayant juridiction sur le lieu du siège de l'Assemblée nationale, tandis qu'au Niger, elle comprend trois magistrats désignés par le président de la Cour de cassation[123]. En Côte d'Ivoire, la composition de la commission est mixte. Elle comprend cinq membres titulaires dont deux députés désignés par leurs pairs et trois magistrats de siège désignés par l'assemblée générale de la Cour de cassation et de deux suppléants (un député et un magistrat). Le président de ladite commission est choisi par ses pairs[124].

La commission a pour principale fonction l'instruction des faits visés par la résolution de mise en accusation ou de la décision de poursuivre, comme il est prévu dans le cas béninois. Elle est convoquée sans délai par le président de la commission après notification de la mise en accusation par le procureur général près de la Haute cour. Sur initiative de son président, elle invite chaque inculpé à se faire assurer sa défense par un avocat régulièrement inscrit au barreau ou par une personne de son choix. À défaut, un avocat inscrit au barreau lui est commis d'office. La commission peut se faire assister par des magistrats pour instruire plusieurs affaires en commission rogatoire, mais ne siègent qu'avec voix consultative[125] à la commission d'instruction.

Sur l'instruction proprement dite, la commission statue sur les incidences de procédures et notamment sur les nullités d'instruction. Toute nullité non invoquée avant la décision de la haute cour de justice est couverte.

La commission ne doit se tenir qu'à l'instruction des faits figurants dans la résolution sans possibilité de les requalifier. Toutefois, en cas d'apparition de faits nouveaux autres que ceux visés dans la résolution, elle ordonne la communication du dossier au procureur aux fins de saisir l'Assemblée nationale, qui elle est astreinte à un délai[126] pour prendre une résolution supplétive ou une motion étendant la mise en accusation. Au cas où l'Assemblée ne statuera pas dans le sens indiqué par la commission, cette dernière reprend la procédure là où elle s'était arrêtée c'est-à-dire sur les derniers éléments de la procédure.

---

[121] Article 27 de la loi sur la HCJ.
[122] Article 11 de la loi organique sur la HCJ.
[123] Article 143. al.3 de la Constitution.
[124] Article 13 de la loi organique sur la HCJ.
[125] Article 22 de la loi organique sur la HCJ au Sénégal.
[126] Dix jours au Niger et au Sénégal ; quinze jours en Côte d'Ivoire.

La commission dispose de pouvoirs qui s'étendent à *« tous les actes utiles à la manifestation de la vérité »*[127]. Elle peut comme dans le cas malgache entendre le président de la République ou son représentant[128].

Ces actes sont insusceptibles de recours, excepté les actes de la commission d'instruction ivoirienne[129].

Le ministère public et la défense peuvent à tous les moments de la procédure faire citer des témoins et demander des confrontations.

La fin de l'instruction se matérialise par l'établissement d'une ordonnance de non-lieu[130] si les faits ne sont pas établis ou si les charges contre l'accusé ne sont pas fondées. En revanche si les charges ou les faits reprochés sont établis, la commission prononce un arrêt de renvoi devant la haute cour de justice pour jugement.

Toutefois, dans les systèmes malgache et béninois, la commission d'instruction n'a pas le pouvoir en cas de non-lieu d'arrêter la procédure.

À Madagascar, si la Chambre considère que les griefs ne sont pas fondés ou qu'il n'existe aucune charge contre le Président de la République, elle ordonne la communication du dossier au Procureur général près la Cour Suprême. Ce dernier saisit le Président de l'Assemblée nationale en vue de l'adoption du maintien ou non de la résolution de mise en accusation. Si la résolution de mise en accusation est maintenue, la Chambre d'instruction rend un arrêt de renvoi devant la Haute Cour de Justice. Dans le cas contraire, elle déclare, par arrêt motivé, qu'il n'y a pas lieu à poursuivre[131].

Au Bénin, la commission d'instruction soumet son rapport à l'Assemblée nationale qui décide de la mise en accusation ou non. Elle n'a pas le pouvoir d'appréciation quant à la suite à donner à l'affaire instruite. Seule l'Assemblée nationale en a la compétence[132] ; en effet, la mise en accusation intervient après l'instruction et non l'inverse.

Dans tous les cas, le renvoi prononcé par la commission d'instruction devant la Haute Cour de Justice, si les faits sont établis, conditionne l'ouverture du procès.

---

[127] Le législateur béninois spécifie en ajoutant que la commission peut prendre un arrêt de détention préventive, de même ordonner la mise en liberté provisoire (article 15.9).
[128] Article 30 de la loi sur la HCJ.
[129] Les actes de la commission sont susceptibles de recours devant les chambres réunies de la Cour de cassation qui statuent sous huitaine (article 26 de la loi organique).
[130] Article 25 de la loi sur la HCJ au Sénégal ; article 31 au Niger ; Article 32 en Côte d'Ivoire.
[131] Article 33 de la loi sur la HCJ.
[132] Article 15.7 de la loi sur la HCJ.

2/ Les débats et le jugement

Cette phase débute par une requête du procureur général transmettant les conclusions de la commission d'instruction au président de la Haute Cour de Justice. Ce dernier fixe la date d'ouverture des débats tout en veillant, avec diligence, à ce que les accusés reçoivent avant leur comparution devant la Haute Cour de Justice l'ordonnance de renvoi, dans le délai[133] imparti par la loi.

Les débats de la Haute Cour sont publics, mais ils peuvent exceptionnellement être en huis clos sur décision de la cour. Les débats sont l'occasion pour le ministère public et la défense de présenter chacun ses arguments et contre-arguments, qui permettront à la cour d'apprécier souverainement et en toute impartialité la suite à donner au procès.

La Haute Cour statue après la clôture des débats statue sur la responsabilité des accusés suivant les dispositions applicables à la Cour d'assises en matière de peines à l'exception de Madagascar, où la Haute Cour délibère par vote à main levée et à la majorité des deux tiers[134], le vote a lieu au bulletin secret à la majorité absolue des membres de la Haute Cour.

Si au Sénégal et en Côte d'Ivoire un quorum n'est pas spécifié pour délibérer valablement, au Bénin et au Niger, un quorum est nécessaire. Au Bénin, la décision est prise en présence au moins de neuf de ses membres[135] et l'abstention n'est pas admise[136], tandis qu'au Niger la HCJ ne peut examiner une affaire portée devant elle que si elle dispose d'un quorum de cinq membres[137]. Les juges suppléants ne prennent pas part au vote.

Ainsi, il est voté séparément pour chaque accusé sur chaque chef d'accusation et sur la question de savoir s'il y a des circonstances atténuantes.

Cette majorité absolue exigée est une garantie à défaut d'avoir une unanimité, que l'accusation est fondée et que l'application de la peine est justifiée. Toutefois, la composition quasi politique de la Cour laisse planer des doutes sur les réelles motivations de la décision, d'autant plus que la vérité n'est jamais définie par un vote majoritaire.

La Cour rend une décision entièrement rédigée et motivée[138]. Elle est rendue en audience publique[139]. Elle est insusceptible de recours. Elle ne peut être attaquée ni en pourvoi, ni en cassation. Et même, si c'était le cas, elle serait portée devant quelle juridiction ? La Haute Cour de Justice ne relève

---

133 En Côte d'Ivoire, il est de quinze jours au moins avant l'ouverture des débats ; au Sénégal et au Niger, il est de huit jours avant la comparution.

134 Article 64 de la loi sur la HCJ.

135 Article 21 du règlement intérieur de la Haute Cour de Justice au Bénin.

136 Article 22 du même règlement.

137 Article 36 de la loi sur la HCJ.

138 Article 17.3 de la loi sur la HCJ au Bénin.

139 Article 39 de la loi sur La HCJ en Côte d'Ivoire.

d'aucun ordre juridictionnel. Cependant, la décision peut être révisée dans les formes et conditions légales[140].

L'autorité de la chose jugée qui s'attache à l'arrêt de la Haute Cour implique notamment qu'en cas d'acquittement du président de la République qu'il est impossible sur les mêmes faits reprochés de mettre en œuvre une nouvelle mise en accusation. Cependant, l'apparition de faits nouveaux ne fait pas obstacle au déclenchement d'une nouvelle procédure qui peut aboutir à sa condamnation.

En cas d'impossibilité de mettre la main sur le chef de l'État soit, parce qu'il s'est exilé soit, parce qu'il est introuvable, la Haute Cour prononce néanmoins une sanction en application des règles de contumace.

À l'exception de Madagascar[141], les HCJ n'ont pas le pouvoir de prononcer la déchéance du chef de l'État. Elles ont uniquement le pouvoir de se prononcer sur la responsabilité du chef de l'État, ou mieux sur sa culpabilité.

Au Niger, la déchéance du chef de l'État est prononcée par la juridiction constitutionnelle. Elle n'est en réalité, ici, que la conséquence de sa responsabilité. C'est ainsi que la Cour constitutionnelle du Niger, sur saisine de certains députés demandant la destitution du chef de l'État nigérien pour « *avoir à plusieurs reprises [violé la constitution] et se trouve être à la base de la situation politique et institutionnelle tendue* », a vu qu'elle lui revient seulement « *de constater (...) la déchéance de ses fonctions lorsque le président de la République est reconnu coupable de haute trahison* »[142], et ce à la suite de la procédure définie par la constitution et la loi sur la HCJ fixant les règles de fonctionnement ainsi que la procédure à suivre devant la HCJ.

Dans les constitutions du Sénégal, du Bénin et de la Côte d'Ivoire, la déchéance du chef de l'État par la juridiction constitutionnelle n'est pas spécifiée. Toutefois, le chef de l'État étant empêché, il revient à la juridiction constitutionnelle de constater la vacance du pouvoir. En cas de condamnation, l'accusé est déchu de ses charges et de ses décorations. À Madagascar, le président frappé de déchéance n'est plus éligible à toute fonction publique élective[143].

---

[140] La révision d'une condamnation sur la base de faits nouveaux devra passer par les Assemblées, qui ont l'initiative de saisine de la Haute Cour.

[141] L'article 65 de la loi sur la HCJ dispose que « Si le Président de la République est reconnu responsable des actes à lui reprochés, la Haute Cour de Justice prononce sa déchéance ».

[142] Arrêt n° 007/CC/MC du 22 mai 2014. Disponible sur le site de la Cour constitutionnelle.

[143] Article 132 de la Constitution.

Il est remplacé dans les conditions prévues par la Constitution[144]. En sus, la Haute Cour de Justice peut prononcer contre le chef de l'État la dégradation militaire et civique ainsi que la confiscation totale ou partielle de ses biens[145].

La responsabilité du chef de l'État devant la Haute cour de justice, même si elle est de principe n'est pas exclusive. Le privilège de juridiction dont il dispose ne lui fait pas échapper celle qu'il encourt devant les autres juridictions (nationales et internationales) et devant le peuple.

---

[144] L'empêchement du président de la République est constaté par la juridiction constitutionnelle, et l'autorité appelée à le suppléer prend les rênes de l'État en attendant les élections qui interviennent dans des conditions fixées par la constitution.

[145] Article 17 al.4 de la loi organique sur la HCJ au Bénin.

L'OPPOSITION PARLEMENTAIRE DANS LE NOUVEAU CONSTITUTIONNALISME AFRICAIN : LE CAS DES ÉTATS D'AFRIQUE NOIRE FRANCOPHONE

Ndzina Noah Jean Marie Noël

Docteur Ph. D en droit public
Assistant à la Faculté des Sciences juridiques et politiques
Chercheur au CERCAF, Université de Yaoundé II-Cameroun

Le doyen E. H. MBODJ, un chantre alerte des droits de l'opposition en Afrique, affirme que *« sans (...) opposition, (...) point de démocratie »*[1]. Au prolongement de cette pensée, se situe celle du doyen G. VEDEL qui définit la démocratie comme *« ... un exécutif appuyé sur la nation et contrôlé par une opposition parlementaire »*[2]. Par cette définition, l'auteur entendait souligner, comme beaucoup d'autres[3], la place privilégiée que doit avoir l'opposition parlementaire dans un État qui se revendique démocratique. Cette place est certainement due aux vertus et valeurs que cette dernière incarne. En effet,

---

[1] MBODJ (E.H), « Les Garanties et éventuels statuts de l'opposition en Afrique », in Actes de la quatrième préparatoire au symposium de Bamako, « La vie politique », Paris, in www.eladjmbodj.org/les-garanties-et-éventuels-statuts-de-lopposition-en-afrique/ consulté le 16 octobre 2020.

[2] VEDEL (G), *in Le Monde*, 20-21 juillet 1958.

[3] ROZENBERG (O), SUREL (Y), « L'Opposition parlementaire, un trésor démocratique », *in* http://m.slate.fr/tribune/47225/opposition/, 8 décembre 2011, consulté le 29 janvier 2018 ; La résolution 1601 (2008) du 23 janvier 2008 de l'Assemblée parlementaire du Conseil de l'Europe en son point 3 indique que l'existence d'*« une opposition parlementaire est un rouage indispensable au bon fonctionnement de la démocratie »* ; De GIORGI (E), « L'Opposition parlementaire en Italie et au Royaume-Uni : une opposition systémique ou axée sur les enjeux », *RIPC*, Vol. 18, n° 2, 2011, spéc., p. 93 ; Democracy Reporting international, « Les droits constitutionnels de l'opposition », Note d'information, n° 34, avril 2013, p. 1, retient que *« l'opposition parlementaire est essentielle à la démocratie »*. Les participants au Séminaire parlementaire sur les relations entre partis majoritaires et minoritaires dans les parlements africains tenu à Libreville du 17 au 19 mai 1999 indiquait que *« l'opposition au parlement est un rouage nécessaire et indispensable à la démocratie »*. V. II. Point 6 du Statut-type de l'opposition au Parlement.

hormis sa fonction de représentation[4], l'opposition parlementaire constitue un contre-pouvoir[5], apte à garantir le gouvernement modéré[6]. Dès lors, en tant que telle, elle permet de garantir la transparence dans la gestion des affaires et

[4] NABLI (B), « L'Opposition parlementaire : un contre-pouvoir politique saisi par le droit », *Pouvoirs*, n°133, 2010, p. 127-141.

[5] Il convient même de noter que le rôle de contre-pouvoir de l'opposition parlementaire a reçu une consécration juridique explicite à Madagascar même si on peut regretter le fait que le législateur y exclut la fonction de contrôle. Dans ce sens, l'article 11 de la loi n°2011/013 du 18 août 2011 portant statut de l'opposition et des partis d'opposition dispose que *« l'opposition a pour missions : de jouer le rôle de contre-pouvoir et d'équilibre de pouvoir (...) de contrôler les activités du régime en place »*. V. aussi NABLI (B), « L'Opposition parlementaire : un contre-pouvoir politique saisi par le droit », *Pouvoirs*, n° 133, 2010, p. 127-141; MONEMBOU (C), *La Séparation des pouvoirs dans le constitutionnalisme camerounais : contribution à l'étude de l'évolution constitutionnelle*, Thèse de Doctorat/Ph. D en droit public, Université de Yaoundé II, 2010-2011, p. 181-206. HOURQUEBIE (F), « De la séparation des pouvoirs aux contre-pouvoirs : "l'esprit" de la théorie de Montesquieu », in Gheorghe Vrabie (dir.), *L'évolution des concepts de la doctrine classique du droit constitutionnel*, Institul european, 2008, Iasi, Roumanie. En tant que contre-pouvoir, l'opposition a pour tâche de *« surveiller et contrôler l'activité du gouvernement et de l'administration ; renforcer l'obligation de rendre compte... »*. Conférence européenne des présidents des Parlements, « Majorité-Opposition – trouver un équilibre en démocratie », Document d'information préparé par le Secrétariat, sur instruction de la Présidente de l'Assemblée parlementaire du Conseil de l'Europe, Oslo, 11-12 septembre 2014, p. 2.

[6] HOURQUEBIE (F), « De la séparation des pouvoirs aux contre-pouvoirs : "l'esprit" de la théorie de Montesquieu », in Gheorghe Vrabie (dir.), *L'Évolution des concepts de la doctrine classique du droit constitutionnel*, Institul european, 2008, Iasi, Roumanie. Il est soutenu en doctrine que cette garantie s'opère : Par la garantie de l'équilibre entre les pouvoirs classiques (exécutif et législatif) : soit pour la restaurer, soit pour la maintenir. Sur ce point v. HOLO (T), « L'Opposition : l'oxygène de la démocratie (l'oubliée de la Conférence nationale du Bénin) », in Aivo (F-J), du Bois de Gaudusson (J), Desouches (C), Maila (J) (dir.), *L'amphithéâtre et le prétoire au service des droits de l'homme et de la démocratie, Mélanges en l'honneur du président Robert Dossou*, Paris, L'Harmattan, 2020, p. 657-663. V. aussi VIDAL-NAQUET (A), « L'Institutionnalisation de l'opposition... », *op. cit.*, p. 154. Dans le même sens, certains auteurs relèvent que *« la reconnaissance pleine et entière de l'opposition est un correctif à la toute-puissance de l'exécutif »*, CHARLOT (C) et CHARLOT (M), *Glossaire des institutions politiques du Royaume-Uni*, Paris, Armand-Colin, 1999, p. 86. Elle s'opère secondement, par une nouvelle séparation des pouvoirs : séparation entre pouvoir majoritaire et pouvoir oppositionnel. Lire sur cette question BENETTI (J), « L'Impact du fait majoritaire sur la nature du régime », *LPA*, n° 138, 10 juillet 2008, p. 20-25 ; KERLOÉ (J-F), « Le Fait majoritaire, chronique d'une mort annoncée ? », *Jus Politicum*, n° 18, *Cours constitutionnelles et révisions de la constitution*, juillet 2017, p. 338.

d'en responsabiliser le gouvernement[7]. Incarnation du *« pouvoir critique »*[8] et génératrice d'alternatives[9], l'opposition se voit assigner, en outre, l'objectif d'améliorer la procédure parlementaire[10] et d'éclairer le choix des citoyens lors des élections[11]. Somme toute, l'opposition parlementaire est d'une *« utilité démocratique »*[12] indéniable. Elle mérite de ce fait, une institutionnalisation adéquate, qui, malheureusement peut être biaisée.

Notion d'appréhension difficile[13] en raison du voisinage qu'elle entretient avec des notions pouvant être prises pour elle[14], l'opposition parlementaire est rarement définie avec satisfaction par un texte. Le peu de lois qui s'y emploient n'en donnent qu'une définition sommaire. Celles-ci se limitent à indiquer que *« l'opposition politique est parlementaire quand elle est représentée à l'Assemblée nationale et/ou au Sénat »*[15]. Une telle définition, si elle a le mérite de dévoiler le lieu d'expression de l'opposition parlementaire, elle s'avère néanmoins très superficielle pour rendre compte de ce qu'est l'opposition parlementaire. Il est alors judicieux de se tourner vers la doctrine pour espérer en construire une définition plus acceptable.

Concept à distinguer des autres formes d'opposition[16], l'*« opposition parlementaire »*, excroissance de la/les *minorité (s) parlementaire (s)*, peut

---

[7] CEPP, « Majorité-Opposition – trouver un équilibre en démocratie », *op. cit.*, p. 2-3. D'après cette conférence, l'opposition parlementaire *« (...) permet de garantir un gouvernement transparent et responsable, au service de l'intérêt général, et d'éviter que la majorité, une fois parvenue au pouvoir, n'ait la tentation de mener une politique portant atteinte aux droits et libertés »*.

[8] *Idem.* Il revient à l'opposition parlementaire *« de critiquer le programme, les décisions et les actes du gouvernement, en examinant attentivement les projets de loi et de budget du gouvernement »*.

[9] *Idem.* L'Opposition doit *« offrir des alternatives politiques, en développant ses propres programmes, et en proposant des solutions alternatives aux décisions projetées par le gouvernement et les représentants de la majorité... »*.

[10] *Idem.* L'Opposition se voit reconnaître la responsabilité *« d'améliorer la procédure parlementaire de prise de décision en assurant l'existence d'un débat, d'une réflexion et d'une contradiction »*.

[11] *Idem.*

[12] MBODJ (E.H), « Les Garanties et éventuels statuts de l'opposition en Afrique », *op. cit.*

[13] RIDARD (B), « La Notion d'opposition parlementaire en France et en Allemagne », communication au VIIIe Congrès français de Droit constitutionnel – Nancy, 16-18 juin 2011, Atelier « Aspects institutionnels nationaux ».

[14] Notamment la notion de *« minorité parlementaire »*, de *« groupe parlementaire »*.

[15] Art. 1er paragraphe 4 de la loi n°28-2017 du 7 juillet 2017 Déterminant le statut de l'opposition politique. Art. 4 paragraphe 2 de la loi n°020/PR/2009 portant statut de l'opposition politique au Tchad.

[16] JAN (P), « Les Oppositions », *Pouvoirs*, n° 108, 2004, p. 23-43. L'on distingue alors *« opposition politique »*, *« opposition extra-parlementaire »*, *« opposition locale »*.

être définie aisément à partir d'un certain nombre de critères notamment numérique ou arithmétique, subjectif ou volontariste, matériel ou fonctionnel[17] et finaliste[18].

S'agissant du critère arithmétique, l'opposition parlementaire désigne le parti ou groupe de partis en infériorité numérique par rapport à la majorité. Cela revient à dire que l'opposition est d'abord identifiable par le nombre de sièges enregistré au Parlement à l'issue des élections. C'est donc le parti ou les partis politiques dont le nombre de sièges au sein des chambres parlementaires est inférieur par rapport à celui du parti ou de la coalition de partis formant la majorité parlementaire. Mais ce critère à lui tout seul ne saurait suffire pour identifier l'opposition parlementaire[19]. Faut-il encore que le(s) parti(s) qui s'en réclame(nt), manifeste(nt) clairement leur volonté dans ce sens. Critère essentiel voire décisif d'identification de l'opposition, le critère volontariste ou *« subjectif »*[20] renvoie à ce désir d'un parti de faire partie de l'opposition parlementaire. Autrement dit, c'est l'exercice par un parti politique de son droit ou de sa liberté d'appartenir ou pas à l'opposition[21]. Pour déterminer ce désire, deux systèmes sont envisageables à savoir le *« système votatif »* qui consiste à identifier l'opposition à partir des votes émis dans les différentes assemblées lors du travail parlementaire et le *« système déclaratif »* qui, lui, consiste à désigner comme appartenant à l'opposition ceux qui se déclarent comme tels[22]. Le parti, mieux le groupe parlementaire qui désire s'apparenter à l'opposition parlementaire doit donc faire une déclaration d'appartenance, dont les modalités doivent être précisées par les Règlements des assemblées parlementaires. À cet effet, l'on peut définir

---

[17] Sous cet angle, l'opposition s'entend comme une activité, consistant à l'accomplissement d'un certain nombre de fonctions.

[18] Ici, il faut noter que la finalité de l'opposition consiste à accéder au pouvoir par la voie l'alternance.

[19] Puisque là encore subsiste une possible confusion avec la simple minorité parlementaire.

[20] VIDAL-NAQUET (A), « L'Institutionnalisation de l'opposition… », *op. cit.*, p. 163.

[21] Il est des législations qui formalisent explicitement le *« droit d'appartenir à l'opposition »*.

[22] *Ibid.*, p. 163. Plusieurs législateurs exigent au groupe minoritaire désireux de faire partie de l'opposition, une *« déclaration officielle »* d'y appartenir et parfois, l'interdiction à ses militants d'accepter des postes politiques du genre hautes fonctions. V. Art. 4 de la loi n° 046/2013/AN du 17 décembre 2013 portant modification de la loi n° 009/2009 du 14 avril 2009 portant statut de l'opposition politique ; V. Art. 19 de la Résolution de l'Assemblée nationale française n° 292 du 27 mai 2009 portant modification du RAN. V. Art. 2 de la loi du 10 avril 2017 portant Statut de l'opposition au Togo. Art. 3 de la loi n° 2015/007 du 4 mars 2015 portant Statut de l'opposition politique au Mali.

l'opposition parlementaire comme *« la minorité parlementaire qui s'oppose »*[23] à travers ses critiques sur les programmes et les choix de la majorité au pouvoir. Ce qui revient à dire avec le professeur L. SINDJOUN que *« s'opposer, c'est agir contre le régime (...) en place »*[24] en sorte que *« l'option pour l'opposition emporte l'option pour un discours et une action préconstitués contre le régime »*[25]. Ce que B. KAMBOU appelle *« opposition-comportement »* [26]Pour donc se réclamer de l'opposition, il faut justifier de l'hostilité aux objectifs du régime en place[27]. En raisonnant par exclusion, il appert que tout parti politique ou groupe parlementaire qui participe au Gouvernement[28] ou qui "*défend*" ou "*soutient*" ses programmes et actions ne saurait faire partie de l'opposition parlementaire[29]. C'est dire qu'il peut aussi exister des minorités parlementaires neutres c'est-à-dire qui ne participent ni à la majorité, ni à l'opposition. Somme toute, l'opposition parlementaire peut être appréhendée comme cette partie de la minorité parlementaire qui, s'étant déclarée comme telle, s'oppose à la majorité parlementaire et au gouvernement que cette dernière soutient, ceci à travers ses critiques permanentes dans l'espoir d'accéder au pouvoir par la voie de l'alternance.

Les États d'Afrique noire francophone auraient connu la réalité de l'opposition parlementaire avant même leurs indépendances. En effet, les premiers linéaments de cette réalité doivent être recherchés dans la période dite "coloniale" avec la naissance et le développement des premiers partis politiques[30] et l'érection ultérieure des premières assemblées parlementaires

---

[23] BEAUD (O), « Le Principe majoritaire dans la théorie constitutionnelle... », *op. cit.* p. 14.

[24] SINDJOUN (L), « Ce que s'opposer veut dire », *op. cit.*, p. 13.

[25] *Ibid.*

[26] KAMBOU (B), « Regards sur la loi portant statut de l'opposition au Burkina Faso », *RASJ*, Vol. 2, n° 1, 2001, p. 53. Par opposition à *« l'opposition-groupe »*.

[27] GUEYE (B), « Démocratie en Afrique : succès et résistance », *op. cit.*, p. 11.

[28] D'ailleurs, d'après la loi de la RDC sur le statut de l'opposition, *« ... l'acceptation d'une fonction au sein de l'exécutif »* est une cause qui met fin aux fonctions de porte-parole de l'opposition.

[29] L'article premier de la loi n° 28-2017 du 7 juillet 2017 déterminant le statut de l'opposition politique en République du Congo définit l'opposition comme *« l'ensemble des partis et/ou groupement de partis politiques ne soutenant pas l'action du gouvernement »* ; Dans le même sens, lire l'article 2 de la loi n°07/008 du Statut de l'opposition politique en RDC,

[30] Au Cameroun par exemple, les premiers partis politiques se sont développés entre 1947 et 1948 notamment le Rassemblement camerounais (RACAM) né le 6 avril 1947 ; puis vont suivre l'UPC (10 avril 1948) qui est la section camerounaise du Rassemblement démocratique Africain (RDA), et le Bloc démocratique camerounais (BDC).

où allaient co-siéger divers partis politiques[31]. Dans les premières années de leurs indépendances, les ‟nouveaux" États africains mettaient en place un cadre propice à l'existence et à l'expression de l'opposition parlementaire[32]. Mais très vite, le basculement dans le *« présidentialisme mono-partisan »*[33] caractérisé par la sacralisation du pouvoir présidentiel[34] et l'exaltation du parti unique, devait marquer un cran d'arrêt à cet enthousiasme des premiers instants de l'indépendance. Le contexte qui s'en suivit devint donc peu favorable à l'existence d'une opposition parlementaire[35]. Puisque les parlementaires, élus sur une liste nationale de candidats dressée par le parti unique, ne pouvaient provenir que de ce dernier, imprimant alors une composition monocolore au Parlement. La donne devait changer avec l'avènement du premier printemps démocratique en Afrique subsaharienne[36]. En effet, le retour du multipartisme[37] et la revalorisation du Parlement, verront

---

[31] Pour ce qui est du Cameroun, que ce soit dans la partie septentrionale ou dans la partie méridionale, l'opposition parlementaire, en tant que phénomène a existé. Lire à ce propos, MBARGA (E), *Cours d'histoire des institutions du Cameroun*, Yaoundé, centre d'Édition et de Production de Manuels et d'Auxiliaires de l'Enseignement, 1976. Aussi, DONFACK SOKEN (L), « L'Institutionnalisation de l'opposition… », *op. cit.* p. 52. Par exemple en 1957, dans le Cameroun méridional, c'est le Kamerun National Democratic Party (KNDP) qui constituait le parti d'opposition parlementaire.

[32] Ce cadre était marqué, comme on l'a relevé, par la consécration du pluralisme et l'existence d'un parlement, et par la consécration des principes de la conquête compétitive du pouvoir. Ceci se traduisait par : au Gabon, la constitution du 4 novembre 1960 instituait le multipartisme et un parlement et le principe de l'accession au pouvoir (parlementaire) par voie d'élection ; au Cameroun, la Constitution du 4 mars 1960 en son article 2 disposait que *« la souveraineté nationale appartient au peuple qui l'exerce... par ses députés à l'Assemblée nationale élus au suffrage universel, égal, direct et secret... »* ; le même texte *prévoit « un pouvoir législatif (...) exercé par l'Assemblée nationale... formée de membres élus [portant le titre de députés]... »* ; et selon l'article 3, *« les partis (...) politiques concourent à l'expression du suffrage. Ils se forment et exercent leurs activités librement (...) ».*

[33] SOMALI (K), *Le Parlement dans le nouveau constitutionnalisme en Afrique. Essai d'analyse comparée à partir des exemples du Bénin, du Burkina Faso et du Togo*, Thèse en vue de l'obtention du Doctorat nouveau régime, Université de Lille, 2008, p. 20.

[34] KAMTO (M), *Pouvoir et droit en Afrique : Essai sur les fondements du constitutionnalisme dans les États d'Afrique noire francophone*, Paris, LGDJ, 1987, 545 p.

[35] Celle extra-parlementaire était condamnée à la l'élimination, à la clandestinité, au mutisme (musellement).

[36] SMITH (E), « Retour historique sur les printemps démocratiques en Afrique subsaharienne », in *Afrique contemporaine*, n°245, Vol. 1, 2013, p. 100-101. Le premier printemps réfère ici aux dynamiques de démocratisation enclenchées dans les années 90.

[37] MOUKOKO MBONDJO (P), « Le Retour du multipartisme au Cameroun », in Conac (G) (dir.), *L'Afrique en transition vers le pluralisme*, Paris, Economica, 1993.

l'opposition parlementaire poindre des gravats[38] de la dé-présidentialisation des régimes[39].

Même s'il est admis qu'en Afrique *« (...) l'opposition parlementaire constitue aujourd'hui une préoccupation récurrente »*[40], il convient de noter que nonobstant son utilité démocratique tant clamée par la doctrine, et les invitations instantes à la revaloriser, l'opposition parlementaire est tantôt ignorée[41], – ne bénéficiant alors que de quelques prérogatives, dans l'anonymat[42] –, tantôt minorée[43] par les droits positifs africains. Pourtant, le statut-type de l'opposition au Parlement, ayant sanctionné les travaux du Séminaire parlementaire sur les relations entre partis majoritaires et minoritaires dans les parlements africains tenu à Libreville du 17 au 19 mai 1999, relève l'exigence fondamentale selon laquelle *« ... il faut que l'opposition soit en mesure de participer de façon significative au processus démocratique »*[44]. Pour ce faire, la seule consécration de ces prérogatives ne saurait suffire pour garantir cette participation significative. Des prérogatives pouvant exister, sans pouvoir être mobilisées par les membres de l'opposition parlementaire. Ce qui commande des garanties appropriées en sa faveur. Se pose donc le problème des chances de participation de l'opposition parlementaire à l'exercice du pouvoir. Pour en procéder à l'évaluation, il convient de se poser la question de savoir quelles sont les chances de participation de l'opposition parlementaire à l'exercice du pouvoir dans les États d'Afrique noire francophone ?

La question n'est pas dépourvue d'intérêt[45] tant elle permettrait de prendre la mesure des chances de vitalité des contre-pouvoirs politiques et de la santé

---

[38] SOMALI (K), *Le Parlement dans le nouveau constitutionnalisme..., op. cit.*, p. 24.

[39] ONDOA (M), « La Dé-présidentialisation du régime politique camerounais », *RADP*, Vol. 1, n° 1, Juin-Décembre 2012, pp. 121-149.

[40] GILLES (W), « L'Opposition parlementaire : études de droit comparé », *RDP*, n° 5, 2005, p. 1349.

[41] Plusieurs États africains n'ont pas jusqu'aujourd'hui reconnu l'opposition. Il en est ainsi du Cameroun, la Guinée Équatoriale, le Gabon, République Centrafricaine.

[42] Des prérogatives reconnues abstraitement à tout parlementaire qu'il soit de l'opposition ou de la majorité parlementaires.

[43] Nombre d'États africains ont reconnu l'opposition politique en général et celle parlementaire en particulier aussi bien dans leurs constitutions que dans leurs législations. En attestent notamment les lois : Loi n° 07-008 du 4 décembre 2007 portant statut de l'opposition politique en République Démocratique du Congo; Loi n° 2011-013 du 18 août 2011 portant statut de l'opposition et des partis d'opposition à Madagascar; Loi n° 2013-015 du 13 juin 2013 portant statut de l'opposition au Togo; Loi n° 2015-007 du 4 mars 2015 portant statut de l'opposition politique au Mali.

[44] Statut-type de l'opposition au Parlement, Introduction.

[45] GILLES (W) note que *« l'étude de l'opposition parlementaire revêt un intérêt grandissant »*. V. Gilles (W), « L'opposition parlementaire : étude de droit comparé », *op. cit*, p. 1349.

démocratique des États sous étude. Elle permettrait en outre de tenter une évaluation de la mise des recommandations formulées dans le statut-type de l'opposition au Parlement. Enfin, l'étude s'inscrit dans la logique des critiques visant la consolidation des processus démocratique africains à travers la revalorisation de l'une de leur *« composante essentielle »*[46] à savoir l'opposition parlementaire, ce contre-pouvoir minoré. En application de la méthode juridique articulée essentiellement autour de la dogmatique, et de la méthode pratique, il s'avère que les chances de participation de l'opposition parlementaire au jeu institutionnel sont réduites. D'emblée, il convient de relever que pour l'opposition parlementaire, participer au jeu institutionnel recouvre deux exigences à savoir la représentation au sein des instances parlementaires et la force des moyens d'intervention dans le travail parlementaire. Cependant, il apparait que non seulement la représentation de l'opposition parlementaire dans les instances parlementaires est improbable (I) mais également les moyens d'intervention de ladite opposition dans le travail parlementaire sont limités (II).

I/ Une représentation improbable dans les instances parlementaires

Sans aucun doute, la représentation de l'opposition au sein des instances parlementaires est indispensable. L'on comprend d'ailleurs pourquoi le constituant ivoirien dispose que *« l'opposition parlementaire dispose de droits qui lui garantissent une représentativité adéquate et effective dans toutes les instances du Parlement »*[47]. Cette disposition est fort heureuse, en ce qui concerne les droits de l'opposition, dans ce sens qu'elle vise à garantir non pas une représentation, mais une représentativité de l'opposition au sein de *"toutes les instances parlement"*. On sait que pour participer à la vie parlementaire voire au processus décisionnel, l'opposition doit impérativement être représentée au sein des différents organes dans lesquels siègent les parlementaires[48]. Leur diversité exige que soit précisé que l'intérêt sera porté ici sur les organes parlementaires constitués des instances de direction et des instances de travail. Ainsi dans les États africains noirs francophones, l'analyse des constitutions et des règlements intérieurs des Assemblées parlementaires fait ressortir l'idée d'une représentation incertaine de l'opposition au sein des instances parlementaires. Si la principale cause de cette situation est sans doute la faiblesse numérique constante et presque continue de l'opposition au sein des hémicycles (ce qui est un fait établi)[49], il

---

[46] MBODJ (E.H), « Les Garanties et éventuels statuts de l'opposition en Afrique », *op. cit.*

[47] Art. 100 de la Constitution de la République de Côte d'Ivoire du 8 novembre 2016, in *Journal officiel de la République de Côte d'Ivoire*, n°16 du 9 nov. 2016.

[48] GILLES (W), « L'opposition parlementaire... », *op. cit.* p. 1364.

[49] À titre d'illustration, en Guinée Équatoriale, sur les 100 sièges que compte l'Assemblée nationale, le parti au pouvoir, du président Theodoro Obiang Nguema

sera plus question ici de faire une analyse des règles juridiques supposées garantir cette représentation. Dès lors, l'incertitude se traduit aussi bien au niveau des au sein des organes de direction (A) que dans les instances de travail (B) des Assemblées parlementaires.

A/ La représentation incertaine dans les instances de direction

La représentation de l'opposition dans les instances de direction des assemblées que sont le Bureau et la Conférence des présidents participe de l'amélioration du processus démocratique[50]. Cette représentation vise à faire participer l'opposition parlementaire au processus décisionnel[51]. Il convient de rappeler que le Bureau, est l'instance où se prennent « ... *les décisions fondamentales de la vie parlementaire* »[52]. Alors que la Conférence des présidents constitue l'instance d'élaboration de l'ordre du jour de l'Assemblée[53]. Un Parlement véritablement arrimé aux standards démocratiques devrait voir siéger au sein de ses instances de direction l'opposition parlementaire. Cependant, au regard des droits positifs des États africains, l'opposition a peu de chance de participer à l'exercice du pouvoir à cause notamment de sa représentation improbable dans les instances parlementaires de direction. La cause en est la formulation ambigüe des principes régissant l'accès de l'opposition à ces instances (1) et la rigueur désavantageuse du mode de scrutin choisi pour présider à la formation de ces organes (2).

1/ La formulation ambigüe des principes

Les États africains n'affichent pas suffisamment leur détermination à assurer la représentation de l'opposition dans les instances parlementaires de direction. En atteste la formulation des principes retenus par les différents

---

Mbasogo en engrange 99, mettant désormais l'opposition *« hors-jeu »* parce qu'ayant *« de moins en moins de représentants »*, selon les mots de M. Wesceslao Mansogo Alo, membre de la Convergence pour la Démocratie sociale. Au Gabon, c'est in extremis et à peine que les partis minoritaires et de l'opposition atteignent le nombre requis pour former un groupe (5 % de 143 députés). Cette disposition des choses, vu la relation entre représentation et participation soulignée plus haut, ne permet pas à l'opposition d'être représentée a priori dans les organes parlementaires et donc d'intervenir facilement sur la scène institutionnelle nationale. Telle est la configuration politique actuelle de l'Assemblée nationale gabonaise : PDG : 96 députés ; RPM : 7 députés ; RV : 7 ; SDG : 7 députés ; PSD : 3 députés ; UN : 1 député ; UDIS : 1 député.

[50] COHENDET-CHASLOT (M-A), *L'Épreuve de la cohabitation. (Mars 1986-Mai 1988)*, Thèse en vue de l'obtention du Doctorat en Droit public et analyse politique, Université Jean Moulin-Lyon III, 1991, 1008p.

[51] Gilles (W), « L'opposition parlementaire : étude de droit comparé », *op. cit.*, p. 1365.

[52] *Ibid.*

[53] VIDAL-NAQUET (A), « L'Institutionnalisation de l'opposition... », *op. cit.*, p. 168.

règlements intérieurs des assemblées à cet effet. Ces principes sont formulés de manière tellement ambiguë qu'ils ne garantissent aucunement la représentation de l'opposition. Lesdits principes sont diversement formulés. Ainsi, par exemple au Burundi, le Règlement intérieur de l'Assemblée nationale dispose que le Bureau de cette chambre *« ... doit être multipartite »*[54]. Sauf que dans cette disposition, l'autorité réglementaire oublie qu'un Bureau peut être multipartite et être monocolore à cause du jeu des alliances partisanes. En pareille hypothèse, l'opposition a peu de chance d'être représentée. Il serait de bonne législation d'exiger *expressis verbi* que l'opposition y soit impérativement représentée.

Par ailleurs, règle largement partagée dans le continent, les Règlements intérieurs des assemblées des différents États disposent *mutatis mutandis* et en termes trop vagues que l'élection des membres du Bureau doit refléter la configuration politique de l'Assemblée[55]. Ces prévisions réglementaires attestent certes un souci de faire représenter les groupes minoritaires y compris ceux d'opposition au sein du Bureau, mais ainsi formulées, elles ne sauraient suffire à garantir cette représentation pourtant impérative. En effet, les expressions telles que *« s'efforcer de reproduire la configuration politique de l'Assemblée »* ou alors *« tenir compte autant que possible des sensibilités politiques »* n'emportent aucune garantie de représentation de l'opposition

---

[54] Art. 19 (1) *in fine* du Règlement intérieur de l'AN du Burundi.

[55] Art. 17 (6) et (7) du RAN du Cameroun *« les Vice-Présidents, autres que le Premier, les Questeurs et les secrétaires sont élus en même temps, au cours de la même séance plénière à la majorité des suffrages valablement exprimés sur une liste commune présentée par les partis politiques représentés à l'Assemblée nationale »* ; *cette élection à lieu en s'efforçant de reproduire au sein du Bureau, la configuration politique de l'Assemblée nationale, sauf refus de certains partis politiques de participer au Bureau »*. Pour le Règlement du Sénat camerounais, Art. 17 *« (1) Les Vice-Présidents, autres que le Premier, les Questeurs et les Secrétaires sont élus en même temps au cours de la même séance plénière au scrutin secret à la majorité relative des suffrages valablement exprimés, sur une liste commune présentée par les partis politiques représentés au Sénat. (2) La liste visée à l'alinéa (1) ci-dessus doit tenir compte, au sein du Bureau, de la configuration politique du Sénat, sauf refus de certains partis politiques de participer au Bureau »*. Pour le cas du Tchad, le RAN dispose que *« l'élection au scrutin secret des Vice-Présidents, des questeurs et des Secrétaires des séances se fait en tenant compte autant que possible des sensibilités politiques représentées à l'Assemblée nationale »*. Pour le Gabon, l'Art. 9 RAN dispose que *« Les autres membres du Bureau sont élus au scrutin uninominal secret à la majorité absolue des suffrages exprimés au premier tour, et à la majorité relative au second tour, soit à bulletin secret, soit par vote électronique. Ils sont choisis au prorata du nombre des Députés de chaque Groupe, de manière à refléter au sein du Bureau, la configuration politique de l'Assemblée. Toutefois, si un Groupe Parlementaire n'occupe pas le poste qui lui est attribué ou s'en retire, ce dernier est pourvu par un autre Groupe, conformément aux dispositions de l'article 11 ci-dessous après un délai de trois mois »*.

dans les instances de direction de l'Assemblée car la majorité peut faire montre de mauvaise foi en arguant de la vanité de l'effort fourni pour reproduire la configuration, encore que la non-représentation n'entraîne aucune conséquence juridique. À ce sujet, la majorité semble avoir une simple obligation de moyen, et non une *« obligation de résultat »*[56]. En plus, aucun nombre fixe de membres n'est défini par les textes. Cette formulation ambigüe des principes ne se limite pas aux organes de direction. Pareille règle est posée concernant les instances de travail. Ainsi en est-il notamment au Burundi[57], au

[56] C'est ce qu'affirme le juge constitutionnel malien dans l'arrêt N° 06 – 173/CC du 15 septembre 2006. Le juge interprète : *« L'élection des Vice-Présidents, des questeurs et des Secrétaires parlementaires a lieu en s'efforçant de reproduire au sein du Bureau la configuration politique de l'Assemblée nationale » implique deux notions à savoir, le vote personnel de chaque député et l'interdiction de toute exclusion quelconque lors du dépôt des candidatures en ce qui concerne l'élection des membres du bureau ; Que s'efforcer de reproduire au sein du bureau la configuration politique de l'Assemblée nationale est une invitation forte à atteindre l'objectif de la non-exclusion de courant politique dans la composition du bureau de l'Assemblée nationale et non une obligation de résultat que l'on ne peut prévoir ni imposer dans le cadre d'un scrutin de vote personnel et secret ; Considérant que dans l'hémicycle où siègent des députés élus sur présentation de partis politiques ou sur la base de candidatures indépendantes il ne peut y avoir une obligation de s'inscrire dans un groupe parlementaire ; Considérant que les dispositions de l'article 12 doivent être comprises comme fixant un cadre dans lequel les présidents des groupes échangent entre eux pour faire savoir aux uns et aux autres qu'ils ont tel candidat pour telle fonction et se faire ainsi une idée de la liste des candidats aux différentes fonctions ; que cette concertation ne peut vouloir dire qu'il ne peut y avoir plusieurs candidats pour une même fonction ni même d'ailleurs que des candidatures ne peuvent provenir de députés non-inscrits dans un groupe parlementaire ; qu'en conséquence les députés qui ne sont membres d'aucun groupe parlementaire doivent avoir le droit de se présenter à l'élection des membres du bureau de l'Assemblée nationale et se soumettre aux résultats du vote personnel exprimé par chaque député au cours d'un scrutin secret à la tribune de l'Assemblée nationale ;*
Considérant que les conclusions de la réunion des présidents des groupes ne peuvent pas signifier que les députés doivent obligatoirement les suivre ce qui correspondrait à une injonction de voter dans tel sens, étant entendu que l'injonction constitue un mandat impératif prohibé par les dispositions de l'article 64 de la constitution... ».
[57] V. Article 32 (5) RAN. Cet article dispose vaguement : *« Les Commissions permanentes reflètent la configuration de l'Assemblée nationale ».*

Sénégal[58] et au Bénin[59]. L'ambiguïté qui entache cette règle est source de conflit récurrent dans la constitution des bureaux des assemblées parlementaires en Afrique. D'abord, elle fut le ferment du conflit né de la formation du Bureau de l'Assemblée nationale de Côte d'Ivoire ; conflit dans lequel l'opposition accuse la majorité d'avoir violé l'article 100 de la constitution. Il n'est pas excessif de dire que cette règle en elle-même peut être interprétée comme contradictoire à la constitution qui exige *« des droits qui garantissent la représentativité »* alors que la règle de la configuration ne la garantit pas. Mais à la vérité, le vote en lui-même n'est pas illégal, conformément aux dispositions du règlement intérieur de l'Assemblée nationale ; on peut probablement douter de sa constitutionnalité. Ce qui est surtout en cause est la formulation ambigüe de la règle prétendue ''garantir'' la représentation de l'opposition. La majorité n'a fait que profiter les failles du Règlement intérieur de l'Assemblée pour se tailler la part léonine des membres du Bureau à la grande désolation de l'opposition[60]. Bien plus, a généré un conflit qui a d'ailleurs connu un dénouement devant le juge constitutionnel au Mali. L'opposition contestait les postes qui lui avaient été attribués au sein du Bureau de l'Assemblée nationale, à l'issue des différentes. Elle a donc sollicité le juge aux fins d'interprétation des dispositions de l'article 12 du RAN selon lesquelles *« L'élection des Vice-Présidents, des questeurs et des Secrétaires parlementaires a lieu en s'efforçant de reproduire au sein du Bureau la configuration politique de l'Assemblée nationale ».* Au-delà de l'idée selon laquelle la majorité n'a pas une obligation de résultat, le juge précise que faire droit à la demande des députés tendant à leur imposer une orientation de vote traduit une figure du mandat impératif prohibé par la constitution. Mais, il faut souligner que dans cette affaire, il est un détail important soulevé par les requérants. C'est que ceux-ci estiment que *« (...) le groupe majoritaire à l'Assemblée nationale, c'est-à-dire le groupe qui a le plus grand nombre de députés. Avec ses 49 députés, il ne peut être mis au 6ème et 7ème rang et n'avoir que deux postes, tandis que certains groupes avec 12 ou 8 députés, occupent le 1er et le 5e rang avec trois et deux postes*

---

[58] Art. 34, paragraphe premier du RAN du Sénégal dispose que *« Les membres des commissions sont désignés par l'Assemblée nationale au prorata des groupes administrativement constitués et sur leur proposition. Il sera tenu compte, lors de la constitution des commissions, des propositions des députés non-inscrits à un Groupe parlementaire ».*

[59] L'Art. 31 (1) du RAN dispose que *« chaque groupe parlementaire présente au Bureau la liste de ses candidats aux différentes commissions en veillant à ce qu'elle soit proportionnelle à la représentativité du groupe au sein de l'Assemblée ».*

[60] Pour toute cette affaire, v. KONAN(AS), « Côte d'Ivoire : le nouveau bureau de l'Assemblée nationale s'installe, l'opposition boycotte », 7 mai 2019, *in www.jeuneafrique.com*. On peut y lire que *« l'Assemblée nationale dispose depuis lundi d'un bureau entièrement contrôlé par le Rassemblement des houphouëtistes pour la démocratie et la paix (RHDP), mouvance présidentielle... ».*

au sein du bureau ». Cette situation n'appelle-t-elle pas le recours à la règle de la proportionnalité dans l'effort de reproduction de la configuration politique de l'Assemblée ?

Au niveau de la Conférence des présidents, quelques chances s'offrent, à condition d'obtenir le nombre minimal de parlementaires requis pour former valablement un groupe parlementaire[61]. Cependant, il faut remarquer que dans les États étudiés, l'opposition parlementaire atteint difficilement les quotas requis par les textes pour former un groupe parlementaire[62]. Elle se trouve dans une situation de *« faiblesse numérique »*[63] ; constate-t-on un *« déséquilibre criard en termes numériques entre la majorité et l'opposition (…) »*[64].

En théorie et en droit comparé, nombreuses sont des propositions qui favoriseraient la représentation de l'opposition au sein de la Conférence des présidents. En effet, d'aucuns suggèrent de réserver un certain nombre de sièges du Bureau aux membres de l'opposition[65]. Par ailleurs, il est recommandé qu'un certain nombre de commissions soient présidées par un membre de l'opposition. Ainsi, la Résolution 1601 (2008) du Conseil de l'Europe recommande que *« la présidence de Commissions responsables du contrôle de l'action gouvernementale, telles les commissions en charge de du budget et des finances, du contrôle des comptes… devrait être attribuée à un membre de l'opposition »*. Il va sans dire que pareille disposition garantirait la représentation de l'opposition au sein de la Conférence des présidents. En droit positif, certains États ont tenté de donner suite à cette recommandation. C'est ainsi qu'en France, par exemple, la présidence de la Commission des Finances est confiée à un membre de l'opposition. Sans une telle disposition,

---

[61] La Conférence des présidents comprend :
Au Cameroun : *« les présidents des groupes parlementaires, les présidents des commissions et les membres du Bureau »*, Art. 23 (2) et Art. 18 (2) de la Constitution.
Au Tchad : *« la Conférence des Présidents est un corps collégial composé : du président de l'Assemblée nationale… des Vice-Présidents de l'Assemblée nationale ; des présidents des Groupes parlementaires ; des présidents des Commissions Permanents; du Président de la Commission de Délégation aux lois »*. Art. 56 RAN.
Au Gabon : Art. 37 *« La Conférence des Présidents comprend : le Président de l'Assemblée nationale, Président ; les Vice-Présidents de l'Assemblée nationale ; les Présidents et Vice-Présidents des Groupes Parlementaires ; les Présidents et Vice-Présidents des Commissions générales permanentes »*.

[62] Au Cameroun, où il le RAN exige la réunion d'au moins 15 députés pour former un groupe parlementaire, telle est la nouvelle configuration de l'Assemblée nationale : RDPC : 139 députés ; UNDP : 6 députés ; SDF : 5 députés ; UDC : 4 députés ; MDR : 2 députés.

[63] KAMBOU (B), « Regards sur la loi portant statut de l'opposition au Burkina Faso », *RASJ*, n° 1, vol. 2, 2001, p. 66.

[64] *Idem.*

[65] Le Comité Balladur proposait *« le principe d'une répartition des présidences en fonction du poids de chaque groupe parlementaire »*.

expression d'une discrimination positive, la représentation de l'opposition à la Conférence des présidents ne saurait être envisagée par les principes du jeu naturel de la démocratie ne saurait être garantie.

2/ L'influence désavantageuse du scrutin majoritaire

Dans les États d'Afrique noire francophone, la désignation des membres des instances de direction des assemblées parlementaires se fait par voie d'élection au scrutin majoritaire. Cette élection se fait pour certains membres de ces instances à la majorité qualifiée. Il peut s'agir d'une majorité absolue[66], d'une majorité de deux tiers[67]. Une telle option, sans doute, n'est pas favorable à la représentation voire à la représentativité de l'opposition parlementaire dans les instances parlementaires. En effet, il s'avère déjà que dans les États africains, les minorités parlementaires réunies atteignent rarement le nombre requis pour former la majorité absolue encore moins la qualifiée. L'opposition parlementaire, qui n'est qu'une partie des minorités ne peut prétendre avoir de représentant dans les instances de direction en application de ces mécanismes.

En vertu du scrutin majoritaire, tout le pouvoir parlementaire est déposé entre les mains du parti ou de la coalition de partis majoritaire (s), celui-ci ne pourra alors que se tailler la part léonine à défaut de se réserver la totalité des sièges du Bureau[68]. En théorie, il d'ailleurs été établi le scrutin majoritaire est peu favorable à l'expression des minorités. M. DUVERGER relève à cet effet

---

[66] C'est le cas au Cameroun (V. art. 17 RAN ; Art. Art. 15 (1) RS). Art. 19 RS de la RDC. Art. 23 (1) RAN de la RDC. Art. 10 paragraphe 2 de la loi n° 92-001/AN-RM du 23 juillet 1992 portant Règlement intérieur de l'Assemblée nationale du Mali. Art. 8 Résolution n°001/2012 du 28 décembre 2012 modifiant la résolution n° 001/2009 du 20 janvier 2010 modifiant la résolution n° 001/2001 du 27 juin 2001 modifiant la résolution n° 1/1999 du 12 juin 1999 portant Règlement de l'Assemblée nationale de la République du Gabon.

[67] L'article 20 (1) RAN Burundi. D'après ce texte, *« le Président et les Vice-Présidents sont élus à la majorité des deux tiers, un au scrutin secret, sur présentation des candidatures par les familles politiques représentées à l'Assemblée nationale ou par des candidatures libres »*.

[68] Au Cameroun par exemple : le Bureau de l'Assemblée nationale comprend : Président : Cavaye Yeguié Djibril (RDPC) ; Premier Vice-Président : Hilarion Etong (RDPC) ; Vice-Présidents : Baoro Théophile (RDPC), Monjowa Lifaka Emilia (RDPC), Kombo Gberi (RDPC), Datouo Théodore (RDPC) ; Abba Alim (UNDP qui est un parti allié au RDPC). Questeurs : Kamssouloum Abba Kabir (RDPC), Bekono Ebah Pauline epse Ndoumou (RDPC) ; Njigum Musa Mbutoh (RDPC), Joshua Osih (SDF) ; Secrétaires : Silikam née Manamourou Isabelle (RDPC), Djomgoue Paul Eric (RDPC) ; Nkodo Dang Roger (RDPC), Toukam Angéla Tela (RDPC), Nanga Mefany Berthe epse Owono (RDPC) ; Saya Kaigama (RDPC) ; Lawson Tabot Bakia (RDPC) ; Atangana Alihui Celine epse Mendoua (RDPC) ; Ali Salihou (RDPC) ; Dooh Collins Albert Kouoh (RDPC) ; Libii Li Ngue Ngue Cabral (PCRN) ; Ndam (UDC). À la vérité, les membres de l'opposition n'y figurent que parce que le RDPC a bien voulu concéder quelques postes à l'opposition parlementaire.

que *« le caractère commun aux systèmes majoritaires, c'est qu'ils n'assurent qu'une représentation… approximative des minorités »*[69]. Il en résulte que son application à la vie parlementaire n'est pas favorable à la représentation de l'opposition dans les instances de direction des assemblées parlementaires. Ainsi, il va de soi que dans un Parlement où le président, les vice-présidents et autres sont élus au scrutin majoritaire, ces autorités ne pourront être issues que du parti majoritaire. Il serait donc souhaitable de réserver *ex-officio* certaines vice-présidences à l'opposition. Il en va de même pour les instances de travail des assemblées.

B/ La représentation incertaine au sein des instances de travail

Les instances de travail du Parlement renvoient aux commissions et groupes parlementaires. La représentation des partis politiques au sein de ces instances procède de mécanismes divers. Au Tchad, le Règlement intérieur est plus généreux en permettant aux députés de s'inscrire dans la commission de leur choix[70]. Bien plus, d'après les dispositions de l'article 38 (3), le *« Bureau de l'Assemblée nationale, en concertation avec les groupes parlementaires, veille à une bonne répartition des députés dans les commissions »*. Par une telle mesure, l'opposition est assurée de siéger au sein des commissions permanentes. Plus intéressant encore est le Règlement intérieur du Sénat de la RDC qui dispose que *« (…) tout Sénateur doit faire partie d'une commission (…) »*[71]. Là, peut-on y voir une garantie sûre pour l'opposition d'être représentée au sein des commissions sénatoriales. Cependant, tel n'est pas le cas avec la règle de la proportionnalité retenue par d'autres États. À l'analyse, cette règle n'est pas favorable à la représentation de l'opposition dans les commissions parlementaires (1) ; bien plus, les conditions d'accès aux autres instances de travail parlementaires sont tellement rigides qu'elles mettent l'opposition parlementaire *« hors-jeu »* de la vie institutionnelle (2).

1/ Une incertitude imputable au principe de proportionnalité

Dans plusieurs pays africains, la représentation de l'opposition au sein des commissions permanentes repose sur la règle de la proportionnalité[72]. En témoignent, les dispositions des Règlements intérieurs des Assemblées de ces États. Par exemple, le Règlement intérieur de l'Assemblée nationale du Cameroun dispose que *« les groupes disposent dans chaque commission*

---

[69] DUVERGER (M), « Les différents systèmes électoraux », in *L'étude de la société, (Section 8 : L'organisation politique), Textes recueillis par Jean-Paul Montminy*, Québec, Les Presses de l'Université de Laval, 1965, p. 308.

[70] Art. 38 Règlement intérieur de l'Assemblée nationale du 17 mai 2013.

[71] V. Art. 38 § 2 du Règlement intérieur du Sénat de la RDC.

[72] En substance, le principe de proportionnalité suppose une représentation de l'opposition en fonction de ses effectifs au sein de l'Assemblée concernée.

générale, d'un nombre de sièges proportionnel à leur importance numérique »[73]. Les sièges sont ainsi répartis *« proportionnellement entre les groupes régulièrement constitués... selon la règle de la plus forte moyenne »*[74]. Cette règle est également consacrée au Gabon où l'article 28 paragraphe 3 du Règlement intérieur de l'Assemblée nationale dispose que *« les Groupes constitués, conformément aux dispositions de l'article 18, disposent d'un nombre de sièges proportionnels à leur importance numérique au sein de l'Assemblée »*. Cette règle ouvre une possibilité à l'opposition, excroissance de la minorité parlementaire, d'être représentée au sein des commissions générales. D'ailleurs, selon le professeur M. DUVERGER, *« le principe de base de la représentation proportionnelle est qu'elle assure une représentation des minorités... »*[75].

Seulement, le contexte politique est tel que l'opposition n'atteint pas ou rarement le nombre minimal de parlementaires requis pour constituer un groupe parlementaire. Ce qui rend illusoire la représentation de l'opposition dans les commissions. Cette dernière ne peut alors compter que sur l'attribution des sièges restés vacants par le président de la Chambre pour pouvoir siéger dans une commission[76]. Puisque les parlementaires de l'opposition sont condamnés à rester sans groupes donc ne pouvant être présentés par un groupe comme candidat pour siéger dans une commission.

Mais il faut noter que ce principe de proportionnalité est vivement critiqué en doctrine. Ainsi, d'après C. M. PIMENTEL, *« l'un des plus graves problèmes auxquels se heurte la reconnaissance de l'opposition réside ainsi dans le principe de proportionnalité, par lequel (...) les sièges au sein des commissions parlementaires »*[77].

Même si *« grâce à une représentation à la proportionnelle des groupes, l'opposition se trouvera représentée au sein de toutes les instances décisionnelles du Parlement »*[78], il ne faut pas perdre de vue qu'il n'en va pas ainsi dans tous les contextes. En Afrique, notamment la particularité de l'opposition parlementaire est qu'elle atteint rarement les chiffres qui, même en dehors de toute condition, lui permettraient d'être représentée dans toutes

---

[73] Art. 22 (1) du RAN; Art. 31 (1) du RS.

[74] Art. 22 (3) du RAN; Art. 31 (3) du RS.

[75] DUVERGER (M), « Les différents systèmes électoraux », in *L'étude de la société, (Section 8 : L'Organisation politique), Textes recueillis par Jean-Paul Montminy, op. cit.*, p. 310.

[76] Art. 31 (3) RS *« Les sièges restés vacants après cette répartition sont attribués par le président du Sénat aux sénateurs n'appartenant à aucun groupe »* ; Art. 22 (1) RAN *« Les sièges restés vacants après cette répartition sont attribués par le président de l'Assemblée nationale aux députés n'appartenant à aucun groupe »*.

[77] PIMENTEL (C-M), « L'Opposition ou le procès symbolique du pouvoir », *Pouvoirs*, n°108, 2004, p. 47.

[78] *Idem.*

les instances. Constamment en *« faiblesse numérique »*[79], son nombre de membres ne lui permet pas déjà de former un groupe parlementaire encore moins *« d'être dans chaque commission »*[80]. La règle de la proportionnalité dévoile dès lors ses limites. La doctrine estime en outre qu'elle *« réduit l'opposition à l'impuissance »*[81] et l'*« empêche (...) de prétendre à la présidence de l'une quelconque des commissions parlementaires ou d'obtenir la formation d'une commission d'enquête lorsqu'une majorité réticente entend enterrer une affaire trop gênante »*[82]. Qui plus est, cette règle, dans l'hypothèse même où elle assurerait une représentation de l'opposition dans les instances de travail, elle la condamne à y être minoritaire; ce qui ne lui permet pas d'influer de façon décisive sur le déroulement des travaux et la confine à un rôle figuratif[83].

La règle de la proportionnalité elle-même devient donc impuissante à garantir une représentation de l'opposition dans toutes les commissions permanentes. En pareille situation, une partie du travail parlementaire échappe à l'opposition parlementaire. Pourtant, il serait d'un grand intérêt que celle-ci soit présente dans tous les lieux du travail parlementaire. La rigidité des conditions d'accession aux instances de travail des assemblées renforce cette incertitude de représentation de l'opposition dans les instances parlementaires de travail.

2/ Une incertitude due à la rigidité des conditions d'accession aux instances

Dans certains États africains, les conditions d'accession aux instances parlementaires de travail semblent peu favorables à ce que l'opposition y siège. Il en est d'abord ainsi des commissions permanentes.

Certains États africains conditionnent l'accession aux commissions permanentes par le passage par les groupes parlementaires. Il en est ainsi du Cameroun dont le Règlement intérieur de l'Assemblée nationale dispose que *« les groupes disposent dans chaque commission générale, d'un nombre de sièges proportionnel à leur importance numérique »*[84]. De même, en est-il du Sénégal dont le Règlement intérieur de l'Assemblée nationale dispose que *« les membres des commissions sont désignés par l'Assemblée nationale au*

---

[79] V. KAMBOU (B), « Regards sur la loi portant statut de l'opposition au Burkina Faso », *op. cit.*, p. 66.
[80] *Ibid.*, p. 67.
[81] PIMENTEL (C-M), « L'Opposition ou le procès symbolique du pouvoir », *op. cit.*, p. 47.
[82] *Ibid.*
[83] KAMBOU (B), « Regards sur la loi portant statut de l'opposition au Burkina Faso », *op. cit.*, p. 70.
[84] Art. 22 (1) du RAN; Art. 31 (1) du RS.

prorata des groupes administrativement constitués et sur leur proposition... »[85]. Ces dispositions consacrent une sorte de représentation des groupes politiques dans les commissions générales. Malheureusement, comme le relève B. KAMBOU, à cause de sa faiblesse arithmétique, le groupe parlementaire de l'opposition *« ne peut pas être représenté dans les commissions générales »*[86]. Il semble donc qu'en disposant ainsi, l'autorité réglementaire parlementaire est en déphasage avec son contexte politique marqué par la disette de l'opposition parlementaire en termes d'effectif. La condition du nombre exigé pour en constituer est manifestement rigide ; puisque parfois même, toutes les minorités réunies ne disposent pas du nombre de députés ou sénateurs requis pour former un groupe[87]. En pareille situation, difficile d'imaginer un siège de l'opposition au sein d'une commission, encore moins, au bureau desdites commissions où d'ailleurs il est, dans certaines hypothèses, exigé des majorités qualifiées. Par exemple, au Burundi, il est prévu que « *Les Bureaux des Commissions sont élus au scrutin secret à la majorité des 2/3* »[88]. Dans ces conditions, l'opposition parlementaire, toujours minoritaire au sein des organes du Parlement ne saurait prétendre nourrir l'espoir de décrocher un siège au Bureau d'une commission.

Dans nombre d'États africains, les minorités parlementaires, au regard des mécanismes retenus pour désigner les membres des instances des assemblées, ont peu de chances d'y être représentées et donc de participer au jeu institutionnel. En fait, pour en garantir la représentation, les minorités ont besoin de mécanismes spéciaux. Des recommandations ont été formulées tendant à leur garantir la présidence de certaines commissions[89] et surtout celle des finances et du budget[90]. Pareille solution a été consacrée notamment en

---

[85] Art. 34 § 1 du RAN.

[86] KAMBOU (B), « Regards sur la loi... », *op. cit*, p. 67.

[87] Au Cameroun par exemple, il n'existe pas de groupe parlementaire de l'opposition depuis deux législatures. En Guinée Équatoriale, par exemple, il n'existe qu'un seul député de l'opposition, impossible de former un groupe parlementaire.

[88] Art. 37 (7) du RAN/Burundi.

[89] La Résolution 1601 (2008) du Conseil de l'Europe recommande que *« la présidence de commissions responsables du contrôle de l'action gouvernementale, telle que les commissions en charge du Budget et des finances, du contrôle des comptes ou de la surveillance des services secret et de sécurité, devrait être attribuée à un membre de l'opposition »*. De même, le statut-type de l'opposition au Parlement indique que *« la présidence de la Commission compétente en matière de budget revient de droit à l'opposition »*. V. III. 2 Paragraphe 2.

[90] V. GILLES (W), « La Présidence de la commission des finances par un membre de l'opposition parlementaire: potentialités et enjeux », *RFFP*, n° 100, 2007, pp. 295-301.

France[91] et l'Allemagne[92]. De surcroit, les moyens d'intervention de l'opposition dans le travail parlementaire sont limités.

II/ Des moyens d'intervention limités dans le travail parlementaire

De manière générale, la procédure parlementaire repose sur le principe selon lequel il importe que la minorité y intervienne même si c'est la majorité qui décide[93]. Dans une approximation, ladite intervention consiste à *« parler et agir »*[94] dans l'intérêt du peuple.

Par ailleurs, du point de vue du fond, cette intervention peut se résumer en trois mots à savoir *« s'opposer, proposer, contrôler »*[95]. De ce fait, l'opposition parlementaire est détentrice, mieux incarne le *« pouvoir critique »*[96] ceci exige un cadre juridique et politique qui en est favorable[97] excluant une sorte de rationalisation de l'opposition[98]. Autrement dit, le cadre juridique de l'opposition parlementaire doit définir un certain nombre de prérogatives qu'elle doit pouvoir mobiliser à sa guise : notamment la participation à l'élaboration des lois y compris de révision constitutionnelle, le contrôle, la saisine du Conseil constitutionnel[99]. En particulier, ledit cadre juridique doit être en communion avec le contexte politique tant on sait que *« le comportement de l'opposition parlementaire ne peut être étudié hors de son contexte : il convient de l'examiner dans son environnement... »*[100]. C'est dire qu'il ne suffit pas que les moyens existent, encore faut-il qu'ils soient utilisables par leurs titulaires privilégiés que sont les membres de l'opposition

---

[91] En France où la présidence de la Commission des Finances et du Budget a été réservée à l'opposition. V. Art. 143 RAN. De même, l'opposition préside la Commission spéciale chargée de vérifier et d'apurer les Comptes de l'Assemblée. V. Art. 16 RAN.

[92] Aussi en Allemagne, non seulement l'opposition siège au sein du bureau des commissions, mais également, elle en préside. V. GUCHET (Y), *Droit parlementaire*, Paris, Economica, 1996, p. 51.

[93] LAUNDY (P), *Parliaments in the modern world*, 1989, p. 95. Cité par le Rapport de la Commission de Venise sur le rôle de l'opposition au sein d'un parlement démocratique, p. 25.

[94] SINDJOUN (L), (1999), *op. cit*, p. 306.

[95] « L'opposition parlementaire en France », in *Les Chevaliers des Grands arrêts*, 22 février 2013, p. 8. V. Le Rapport de la Commission de Venise 15-16 oct. 2010 sur le rôle de l'opposition au sein d'un Parlement démocratique, *op. cit.*, p. 35. *« Les partis de l'opposition ont pour fonctions principales de contrôler et critiquer le gouvernement »*.

[96] Selon l'expression utilisée par l'exposé des motifs de la loi malgache n°2011-013 du 18 août 2011 portant statut de l'opposition et des partis d'opposition.

[97] DONFACK SOKENG (L), « L'Institutionnalisation de l'opposition... », *op. cit.*, p. 46.

[98] Dans le sens du parlementarisme rationalisé.

[99] DONFACK SOKENG (L), « L'Institutionnalisation de l'opposition... », *op. cit.*, p. 52.

[100] De GIORGI(E), « L'Opposition parlementaire en Italie et au Royaume-Uni : une opposition systémique ou axée sur les enjeux », *RIPC*, Vol. 18, n° 2, 2011, spéc., p. 94.

parlementaire. Ce qui implique que les moyens d'expression peuvent exister mais être rendus inutilisables du fait de leur aménagement, traduction d'une sorte d'abus dans l'aménagement des droits de l'opposition. C'est dire que même si sa représentation dans les instances parlementaires était garantie, les chances de participation de l'opposition dans la vie institutionnelle sont compromises par la manière dont ses moyens de participation sont aménagés. L'opposition se trouve ainsi limitée aussi bien dans ses moyens d'action (A) que dans ses moyens d'expression (B).

A/ Limitation des moyens d'action dans le travail parlementaire

L'action de l'opposition dans le travail parlementaire peut consister en la mobilisation de la révision de la constitution, de la saisine du Conseil constitutionnel[101], de la participation au processus législatif et à la fonction de contrôle du pouvoir exécutif. Mais l'action est fonction de la souplesse ou de la rigidité des conditions. Celles-ci doivent être posées en tenant compte du contexte politique afin que ladite action soit effective. L'action collective de l'opposition parlementaire s'opère suivant deux modalités à savoir l'initiative et l'adoption des décisions. Cependant, il apparait que l'opposition parlementaire, dans le contexte africain, pour reprendre le mot de W. GILLES, est *« faiblement associée au processus de décision »*[102], à cause de la forte rationalisation des prérogatives à elle consenties[103]. Celle-ci se traduit en l'espèce par la rigidité des conditions de participation au travail parlementaire, conduisant à une espèce de neutralisation constitutionnelle et pratique confinant l'opposition à un rôle de spectateur et non d'acteur du travail parlementaire. Il en résulte non seulement une minorisation de l'opposition dans l'initiative parlementaire (1) mais également son exclusion du processus d'adoption de la décision parlementaire (2).

1/ La minorisation de l'opposition dans l'initiative parlementaire

Le droit d'initiative parlementaire est très important pour l'opposition[104]. Il l'est d'ailleurs autant que l'est le droit de vote[105]. Il est donc judicieux de

---

[101] Un des droits fondamentaux de l'opposition parlementaire. Lire CARCASSONNE (G), « La Place de l'opposition : le syndrome français », *Pouvoirs*, n° 85, 1998, p. 77. *« Le premier,... en importance des droits nouveaux de l'opposition ».* Lire aussi, BENETTI (J), « La Saisine parlementaire (au titre de l'article 61 de la constitution) », in *« Les Nouveaux Cahiers du Conseil Constitutionnel »*, Vol. 1, n° 38, 2013, pp. 85-98.

[102] GILLES (W), « L'Opposition parlementaire : étude de droit comparé », *op. cit.*, p. 1375.

[103] MULLER (R.), « Un nouveau rôle de l'opposition dans la procédure législative », in *CRDF*, n° 10, 2012, p. 101.

[104] L'initiative a au moins une vertu sensibilisatrice de l'opinion et parfois inspiratrice.

[105] PIERRE (E), *Traité de droit politique, électoral et parlementaire*, Loysel, 1989 rééd. De la version de 1893, p. 63. V. aussi, OLINGA (AD), La Constitution de la République du Cameroun, 2e éd., Yaoundé, PUCAC, 2013, p. 102.

garantir à l'opposition, par la technique juridique, l'exercice de son droit d'initiative. Tant c'est en partie dans l'initiative que repose la force de proposition de solutions alternatives pour de l'opposition. Le professeur Jean GICQUEL dit d'ailleurs à juste titre que l'initiative a une *« capacité à nuire sans pour autant aboutir »*[106].

D'un point de vue strictement juridique, l'opposition parlementaire a le droit de participer à l'exercice du pouvoir à travers l'initiative des fonctions classiques du Parlement que sont la fonction législative et la fonction de contrôle et au travers de l'enclenchement de l'office du juge constitutionnel. Cependant, l'exercice de leur droit d'initiative par les membres de l'opposition dans les Parlements des États africains bute sur la rigidité des conditions posées à cet effet.

S'agissant de la fonction législative, il faut noter que la participation de l'opposition se mesure à l'aune de sa capacité à inscrire les propositions de loi à l'ordre du jour des assemblées les parlementaires. Cependant, ce droit rencontre pas mal d'obstacles pour être exercé véritablement par l'opposition. L'un de ces obstacles concerne l'inscription de la proposition à l'ordre du jour. Prérogative de la Conférence des présidents[107] sur laquelle le Gouvernement a fortement emprise[108], et où l'opposition est approximativement représentée voire condamnée à y être minoritaire, l'inscription d'une proposition de loi émanant de l'opposition est œuvre ardue, périlleuse voire une gageure. La conséquence en est l'importance négligeable des propositions de lois issues de l'opposition[109]. Pas qu'il n'y en a pas eu[110], mais simplement, celles qui ayant été formulées ont subi le filtre imperméable de la majorité[111]. D'abord, la plupart de ces propositions n'ont jamais été soumises à la Conférence des présidents et partant jamais inscrites à l'ordre du jour. Au Cameroun, ainsi qu'en rapporte le professeur J. M. KOBILA, *« les propositions de lois initiées par les députés de l'opposition depuis le retour du parlementarisme pluraliste*

---

[106] GICQUEL (J), « Neuf constitutionnalistes répondent à trois questions concernant les législatives de 1997 », *RDP*, 1997, p. 639.
[107] Art. 18 (1) et 23 (1) de la Constitution camerounaise.
[108] Certaines constitutions posent la règle de l'ordre du jour prioritaire qui consiste pour le Gouvernement à déclarer sur certaines matières fixer en concertation avec la conférence des présidents. Une telle disposition des choses n'est qu'une manière d'attribution du pouvoir de détermination de l'ordre jour au Gouvernement.
[109] DONFOCK SOKENG (L), « L'Institutionnalisation de l'opposition au Cameroun », *op. cit.*, p. 64.
[110] L'opposition parlementaire est effectivement encline à formuler des propositions de lois et d'amendements.
[111] GESLOT (C), « Stabilité et révisions constitutionnelles sous la Ve République », *in http://ressources.univ-poitiers.fr*, consulté le 7/08/2014.

(...) n'ont jamais pu atteindre le cap de la Conférence des présidents »[112]. Il en est de même en Côte d'Ivoire où l'on rapporte que les députés de l'opposition n'ont pas manqué de déposer sur le Bureau de l'Assemblée nationale des propositions de lois et d'amendements[113] qui malheureusement *« n'ont jamais été soumis à l'Assemblée du fait de son Président (...) »*[114]. Le président de l'Assemblée est indexé dans cette non-soumission des propositions émanant de l'opposition à la Conférence des présidents[115].

Si par contre, la proposition de l'opposition est soumise à la conférence, son inscription à l'ordre du jour est incertaine à cause de sa faible influence sur sa fixation. Le professeur E. H. MBODJ note d'ailleurs que l'opposition *« n'a aucune prise sur la fixation de l'ordre du jour qui est l'apanage de l'exécutif et de sa majorité »*[116]. Cette faible influence elle-même procède de la rationalisation des assemblées dont participe le droit de priorité du Gouvernement. À ce niveau, pour qu'une proposition de l'opposition puisse être inscrite à l'ordre du jour, il faut qu'elle ait été acceptée par le Gouvernement et la majorité. En effet, en tant que caisse de résonnance des volontés gouvernementales et de la majorité parlementaire[117], la Conférence des présidents ne laisse pas s'infiltrer à l'ordre du jour, des propositions

---

[112] MOUANGUE KOBILA (J), « Création des normes : les occasions manquées du nouveau parlementarisme pluraliste au Cameroun », *Solon, Revue camerounaise de parlementarisme et de démocratie*, n°1, 1999, p. 54.

[113] KAMBOU (B), « Regards sur la loi... », *op. cit.*, p. 69. L'auteur note qu'*« un traitement similaire est réservé aux amendements émanant de l'opposition »*

[114] BLEOU (M), « Le Système constitutionnel ivoirien », *in Common Law et constitutions d'Afrique et d'Haiti*, Eté 1995, Université de Mocton, 1996, p. 126 et 127.

[115] Le professeur DONFOCK SOKENG écrit à cet effet pour le cas du Cameroun que *« la proposition de loi portant règlement intérieur déposée par SDF depuis juin 1997 n'a en effet, jamais été débattue, pas même à la Conférence des Présidents, organe chargé d'élaborer l'ordre du jour de l'Assemblée et de décider de la recevabilité des projets et propositions de lois et le PAN est indexé dans ce blocage qui illustre la mauvaise foi du Gouvernement et de sa majorité »*, DONFACK SOKENG (L), « L'Institutionnalisation de l'opposition... », *op. cit.,* p. 68. De même, pour le cas ivoirien, le professeur M. BLEOU dit que les propositions de l'opposition *« n'ont jamais été soumis à l'Assemblée du fait de son Président qui les bloque »*, V. BLÉOU (M), « Le Système constitutionnel ivoirien », *op. cit.*, p. 126 et 127.

[116] MBODJ (E.H), « Les Garanties et statuts éventuels de l'opposition en Afrique », *op. cit.*,

[117] Pour les professeurs Jean GICQUEL et J.-E. GICQUEL, la Conférence *« se comporte en cheval de Troie du Gouvernement »*, in *Droit constitutionnel et institutions politiques*, Montchrestien, Paris, 2007, p. 675. Généralement, l'ordre du jour est fixé à l'avance par le Gouvernement représenté par le ministre chargé des relations avec les assemblées à travers les contacts informels même avec les rouages clés de la conférence favorable au Gouvernement. Lire utilement ADIDIGUE (C), *L'Ordre du jour des assemblées en droit parlementaire*, Mémoire de Master en Droit public, Université de Yaoundé II, 2020, spéc. 75-85.

« gênantes » de l'opposition[118], qu'elle n'hésite pas à classer systématiquement sans suite[119]. La Conférence apparait donc comme un *« tamis »*[120] cible des propositions gênantes de l'opposition parlementaire.

Quand bien même, elles auront été inscrites à l'ordre du jour, le jeu de la priorité condamne très souvent la proposition au *« principe de la troisième représentation »*[121]. Ce principe, malgré l'éloge doctrinal tendant à y voir un mécanisme de revitalisation de l'initiative parlementaire[122], ne saurait être une garantie du renvoi de la proposition de l'opposition en commission pour examen au fond et de la venue en séance plénière.

Il convient toutefois de saluer ici la relative évolution observée au Tchad subséquemment au changement constitutionnel intervenu en 2018. En effet, la constitution de ce pays dispose qu'*« une séance par semaine est réservée à l'examen et à l'adoption des propositions de lois »*[123]. S'il est vrai que cette disposition ne garantit pas en tant que tel l'examen des propositions de l'opposition, il n'en demeure pas moins qu'elle constitue une passerelle certaine pour leur advenue à l'examen. En droit comparé, la France fournit l'illustration d'une plus grande implication de l'opposition dans l'élaboration

---

118 DONFACK SOKENG (L), « L'Institutionnalisation de l'opposition... », *op. cit.*, p. 68.

119 MANDJACK (A), « L'Assemblée nationale camerounaise dans le miroir de l'autoritarisme », in *Revue camerounaise de parlementarisme et de démocratie, Solon*, n°1, 1999, p. 16. L'auteur rapporte que les *« députés de l'UNDP affirment [en] avoir vécu l'expérience en voyant pratiquement toutes leurs propositions de lois rejetées par la Conférence des présidents au cours de la législature de 1992 à 1997 »*. Toujours à ce sujet, le professeur L. DONFACK SOKENG rapporte que l'opposition parlementaire (UNDP soutenu par le MDR) avait vainement tenté d'introduire dans le dispositif normatif électoral, une Commission électorale nationale autonome (CENA) ; cette proposition fut jugée irrecevable par la Conférence des présidents, instance chargée de fixer l'ordre du jour. Trois motifs étaient avancés à cet effet: premièrement, l'irrecevabilité pour inconstitutionnalité : la CENA n'étant pas prévue par la Constitution). Deuxièmement, irrecevabilité financière : la proposition de création de la CENA est institutionnelle, car elle crée de nouvelles charges sans réduction à due concurrence d'autres dépenses ou création de recettes nouvelles d'égale importance. Troisièmement, la proposition est irrecevable parce que les compétences que ses auteurs veulent attribuer à la CENA sont déjà dévolues au Conseil constitutionnel par la constitution.

120 MANDJACK (A), « L'Assemblée nationale... », *op. cit.*, p. 17.

121 Prévu à l'alinéa 4 de l'article 18 de la loi constitutionnelle camerounaise du 18 janvier 1996: *« lorsqu'à l'issue de deux sessions ordinaires, une proposition de loi n'a pu être examinée, celle-ci est de plein droit examinée au cours de la session ordinaire suivante »*.

122 ONDOA (M), « La Dé-présidentialisation du régime politique camerounais », in *RADP*, vol. 1, n° 1, 2012, p. 138.

123 Art. 145 de la Constitution du 4 mai 2018.

de l'ordre du jour à travers la notion d'*« ordre du jour réservé »*[124] advenue avec la révision du 23 juillet 2008 en ces termes : *« ... un jour de séance par mois est réservé à un ordre du jour arrêté par chaque assemblée à l'initiative des groupes d'opposition de l'Assemblée intéressée ainsi qu'à celle des groupes minoritaires »*[125]. Ainsi que le commente le professeur B. NABLI, Cette disposition consacre un *« privilège de l'opposition »*[126] à qui est accordée une place qui dépasse la stricte importance de son effectif numérique. Il s'agit d'une espèce de *« discrimination positive »*[127] en faveur de l'opposition parlementaire[128].

S'agissant de la fonction constitutionnelle, l'opposition a le droit de mettre en œuvre les initiatives tendant à la révision constitutionnelle[129] ou à la saisine du juge constitutionnel. Cependant, il se dégage une certaine rigueur dans la fixation de la fraction de parlementaires exigée à cet effet dans les États africains[130]. Certes cette rigueur, en ce qui concerne l'initiative constitutionnelle, peut être justifiée par un souci de rigidité de la norme constitutionnelle[131], mais elle ne saurait être pertinente en ce qui concerne la saisine du juge constitutionnel, encore que cette saisine est presque unanimement appréhendée comme un des droits fondamentaux de l'opposition parlementaire[132]. Il est

---

124 Sur cette notion, lire HERIN (J-L), « L'Ordre du jour réservé. Sept années de gestion sénatoriale de l'article 48-3 de la constitution », *Pouvoirs*, n° 105, 2003, pp. 159-175.

125 Art. 48 (5) de la Constitution de 1958 telle que révisée le 23 juillet 2008.

126 BÉLIGH (N), « L'Opposition parlementaire : un contre-pouvoir saisi par le droit », *op. cit.*, p. 137.

127 HÉRIN (J-L), « Les Groupes minoritaires : un nouveau concept entre droit et politique », *Pouvoirs*, n°146, Vol. 1, 2013, spéc., p. 59 et 63.

128 *Idem.*

129 BIKORO (J. M), « L'Initiative constitutionnelle dans les États d'Afrique noire francophone », *RIDC*, n° 3, 2020, pp. 353-393.

130 Au Cameroun, il est exigé 1/3 de députés ou 1/3 de sénateurs soit 60 députés ou 30 sénateurs (art. 63 (2) de la loi constitutionnelle du 18 janvier 1996) ; en RDC, la révision ne peut être enclenchée que par moitié des parlementaires (Art. 218 (3) de la Constitution) ; en République centrafricaine, la Constitution du 30 mars 2016 exige une fraction de 2/3 de parlementaires (art. 151 de la constitution) ; au Togo, il est exigé une fraction de 1/5 de parlementaires ; au Burundi, il est requis une *« majorité absolue »* ; au Niger, ¾ de parlementaires peut engager une initiative constitutionnelle.

131 Elle permettrait de soustraire la Loi fondamentale des tentatives récurrentes et intempestives de révisions, ce qui du reste, permettrait de la préserver de la banalisation du fait des initiatives intempestives et excessives.

132 BENETTI (J), « La Saisine parlementaire (au titre de l'article 61 de la constitution) », *Nouveaux cahiers du Conseil constitutionnel*, n° 38, in www... consulté le 22 juillet 2016.

donc nécessaire d'assouplir les conditions de saisine du juge constitutionnel, question de permettre à l'opposition d'exercer son droit fondamental[133].

Cependant, dans certains États africains, l'opposition est presque constamment exclue du prétoire constitutionnel à cause de la récurrence de la faiblesse de son effectif numérique. En effet, certaines constitutions, réservent la saisine du juge constitutionnel à un nombre très restrictif d'acteurs parmi lesquels une proportion de parlementaires. Seulement, le choix de la fraction semble parfois oublieux du contexte politique difficile pour l'opposition qui, du fait de cette difficulté se trouve exclue dudit prétoire, *de facto*. Ainsi, la constitution du Cameroun requiert 1/3 (60) de députés ou 1/3 (33) de sénateurs[134] ; la constitution de République du Congo qui requiert 1/3 (50) de députés et 1/3 (24) sénateurs[135] ; la constitution de la RCA exige 1/4 (32) de députés[136], la constitution de Guinée Equatorial exige une majorité de ¾ des membres de la Chambre des représentants du peuple pour déclencher une action devant le Tribunal constitutionnel[137]. Eu égard à ces proportions, il apparait que les quotas requis semblent manifestement rigides, en sorte qu'ils ne permettent pas à l'opposition, au regard de ses effectifs, de saisir le juge constitutionnel. Au Cameroun, depuis deux législatures, les minorités parlementaires – qui n'engrangent que 14 sénateurs sous la Ière législature et 7 sénateurs sous la IIe législature[138], 32 députés sous la IXe législature et 28 députés sous la Xe législature[139] –, même confondue à l'opposition parlementaire, n'ont guère atteint le cap de 33 sénateurs ou 60 députés requis pour enclencher une action devant le juge constitutionnel[140]. Au Congo, où l'opposition compte 26 députés seulement, il lui est pratiquement impossible de saisir la cour constitutionnelle puisqu'il est exigé 50 députés pour le faire. La situation est un peu grave en Guinée Équatoriale où l'opposition ne compte qu'un député, alors que la constitution exige un minimum de 3/4 des

---

133 D'ailleurs, rien n'empêche d'ouvrir ce droit à tout parlementaire, agissant individuellement. Si en effet, plusieurs États l'ont reconnu à tout citoyen, à fortiori un parlementaire qui, dans les nouvelles démocratics représente, à lui tout seul, le peuple dans son entièreté.

134 Art. 47 (2) de la loi constitutionnelle du 18 janvier 1996.

135 Art. 178 de la constitution du 25 octobre 2015.

136 Ar t. 96 de la Constitution du 30 mars 2016.

137 Art. 95 bis de la Constitution du 17 janvier 1995.

138 Répartis ainsi qu'il suit : SDF : 7 sièges; UNDP : 2 sièges ; ANDP : 1 siège; FSNC : 1 siège ; MDR : 1 siège ; UPC : 1 siège.

139 Répartis comme suit : sous la IXe législature : UNDP : 5 sièges ; UDC : 4 sièges ; UPC: 3 sièges ; MDR: 1 siège ; MRC : 1 siège. Soit un total de 32 sièges. Sous la Xe législature : UNDP : 7 sièges ; SDF : 5 sièges ; PCRN : 5 sièges ; UDC : 4 sièges ; FSNC : 3 sièges ; MDR : 2 sièges ; UMS : 2 sièges. Soit un total de 28 sièges.

140 Lire sur ce point KAM YOGO (E.D), « Le Sénat et le Conseil constitutionnel », *in OINGA (AD), Le Sénat au Cameroun. Regards croisés sur une nouvelle institution*, Yaoundé, Édition CLE, 2016, pp. : 266-267.

membres de la chambre des représentants du peuple pour saisir le Tribunal constitutionnel. Cette analyse se confirme d'ailleurs au regard de la rareté des saisines du juge constitutionnel par les minorités parlementaires dans les États où la saisine du juge constitutionnel fait l'objet de verrouillage constitutionnel et même pratique.

S'agissant de la fonction de contrôle du pouvoir exécutif, celui-ci a toutes les allures d'une simple enseigne symbolique pour l'opposition pourtant dépositaire des attributs de contre-pouvoir du parlement. En effet, l'opposition, qui est plus encline à mobiliser les mécanismes de contrôle parlementaire[141] est quasiment impuissante à parvenir à cette fin à cause du déphasage criard entre les conditions exigées par les textes constitutionnels et le contexte politique ambiant. L'opposition dispose, dans les États africains, de prérogatives constitutionnelles de mettre en cause la responsabilité politique du Gouvernement à travers la motion de censure et celle pénale du Président de la République à travers la résolution de mise en accusation ; cependant, l'initiative réussie de ces mécanismes est hors de portée de l'opposition parlementaire. Pas qu'il n'y en a pas eu. La plupart du temps, lorsqu'elles sont soutenues par les membres de l'opposition seulement, elles ont échoué. Pour réussir, il faut qu'elles soient indispensablement soutenues par la majorité[142].

Certains États d'Afrique noire francophone ont donné une orientation parlementaire à leur régime en attribuant à une proportion de parlementaires la prérogative de mettre en cause la responsabilité politique du Gouvernement à travers l'adoption d'une motion de censure. Seulement, l'enclenchement de ce mécanisme est conditionné par un seuil de députés que l'opposition et même les minorités parlementaires cumulées atteignent rarement voire jamais. Par exemple au Cameroun, la constitution exige que la motion soit signée par au moins 1/3 députés[143], soit précisément 60[144]. Au Congo, *« la motion de censure doit être signée par un quart (1/4) au moins des députés»*[145], soit

[141] J. P. FELMAIN constate à cet effet que *« c'est bien plus de l'opposition que de la majorité que parlementaire que peut venir le nécessaire contrôle... »*, V. FELDMAN (J.P), « Le Contrôle parlementaire de la dépense publique et le droit constitutionnel », in *Les rendez-vous parlementaires du contribuable : le contrôle parlementaire de la dépense publique*, n°17, 2007, p. 13.

[142] Par exemple, au Mali, la démission du Premier ministre Soumeylou Boubèye Maiga et son gouvernement fait suite à une motion de censure initiée par les députés de l'opposition ; mais cette initiative, qui a d'ailleurs fait démissionner le Chef du Gouvernement et son équipe, n'a pu réussir que grâce au soutien de la majorité parlementaire. Un député de l'opposition ayant déposé la motion, celle-ci a été signée par 100 députés de la majorité (c'est ceux-ci que la motion doit sa réussite). « Mali : le Premier ministre Soumeylou Boubèye Maiga jette l'éponge », *in* *http://www.jeuneafrique.com*, consulté le 20 octobre 2020.

[143] Art. 34 (3) de la loi constitutionnelle du 18 janvier 1996.

[144] Alors que l'opposition réunie totalise 27 députés.

[145] Art. 160 (2) de la Constitution.

trente-sept (37)[146]. On peut se rendre compte que dans un tel contexte, du reste récurrent dans les États africains, l'opposition parlementaire se trouve dans *« l'impossibilité… de mettre en cause la responsabilité du gouvernement »*[147] comme le constatait justement le professeur J. MOUANGUE KOBILA. Certains États affichent leur volonté d'ouvrir l'exercice de cette prérogative à l'opposition par un assouplissement relatif de la condition du seuil de députés requis pour enclencher l'action. Ainsi en est-il du Sénégal où 1/10 de députés suffit pour que la motion de censure soit recevable.

Il convient de noter sans approfondir que l'analyse faite concernant la motion de censure est valable pour la résolution de mise en accusation du président de la République dans certains États africains[148]. Somme toute, en matière d'initiative parlementaire, l'opposition se trouve exclue de l'exercice de bon nombre de prérogatives ; ceci étant dû à la rigueur des conditions requises pour le faire.

Pour ce qui est des motions de censure et résolutions de mise en accusation du président de la République, se posent les mêmes problèmes car l'opposition est quantitativement faible pour faire advenir à la discussion une motion de censure[149] ou une résolution de mise en accusation du président de la

[146] Alors que l'effectif cumulé des minorités ne fait que 26 députés seulement dans la législature en cours.

[147] MOUANGUE KOBILA (J), « La Création des normes: les occasions manquées… », *op. cit.*, p. 54.

[148] Au Togo, la constitution exige que la proposition de résolution de mise en accusation soit signée par au moins 1/3 de députés, soit 30 députés, chiffre qui n'est pas facile à réaliser par l'opposition parlementaire. De même, au Cameroun, certes le texte constitutionnel est silencieux sur cette question, mais tout laisse penser à un seuil de députés analogue voire supérieur à celui exigé pour le dépôt de la motion de censure, vu l'esprit de la constitution camerounaise en la matière qui est de surprotéger le président de la République.

[149] L'article 60 de la constitution du Gabon dispose que *« L'Assemblée nationale met en cause la responsabilité du Gouvernement par le vote d'une motion de censure. Une telle motion n'est recevable que si elle est signée par au moins un quart des membres de l'Assemblée nationale. Le vote de la motion de censure ne peut avoir lieu que trois jours francs après son dépôt. La motion de censure ne peut être adoptée qu'à la majorité absolue des membres de l'Assemblée nationale »*. D'après la constitution camerounaise, *« L'Assemblée nationale peut mettre en cause la responsabilité du Gouvernement par le vote d'une motion de censure. Pour être recevable, la motion de censure doit être signée par au moins un tiers des membres de l'Assemblée nationale… La motion de censure est adoptée à la majorité des deux tiers des membres composants l'Assemblée nationale »*, article 34 (2) de la loi constitutionnelle du 18 janvier 1996. D'après l'article 160 de la constitution du Congo de 2015, *« L'Assemblée nationale peut mettre en cause la responsabilité du Premier ministre et des autres membres du Gouvernement par le vote d'une motion de censure pour être recevable, la motion de censure doit être signée par un quart (1/4) au moins des députés composant l'Assemblée nationale… La motion de censure est adoptée à la*

République dans les États étudiés. En effet, pour enclencher une motion de censure, il est généralement requis une majorité qualifiée[150]. Il en est de même de la résolution de mise en accusation du président de la République[151]. La doctrine majoritaire estime que ces majorités sont trop rigides pour pouvoir être mobilisées par l'opposition parlementaire[152]. L'on assiste à une espèce de *« neutralisation constitutionnelle et/ou pratique de la censure »*[153], confinant l'opposition parlementaire à *« un rôle pour l'essentiel symbolique du point de vue des dynamiques de responsabilité et de contrôle »*[154]. Si l'enclenchement est autant difficile pour l'opposition *a fortiori* l'adoption.

2/ L'exclusion du processus de formation des commissions d'enquête

Même si elle y participe en vertu de son droit constitutionnel, l'opposition n'a pas pour vocation première d'adopter les décisions; P. LAUNDY relève justement à cet égard que *« la procédure parlementaire repose sur le principe selon lequel il importe que la minorité s'exprime et que la majorité décide »*[155]. Dès lors, quoi de plus normal que l'opposition ne puisse pas adopter une motion de censure[156], une résolution de mise en accusation du

---

majorité des deux tiers (2/3) des membres composant l'Assemblée nationale ». En République Centrafricaine, la constitution du 30 mars 2016 dispose que *« l'Assemblée nationale peut mettre en cause la responsabilité du Gouvernement par le vote d'une motion de censure. Pour être recevable, la motion de censure doit être signée par au moins 1/3 de députés… La motion est adoptée à la majorité des 2/3 des députés ».*

[150] Art. 34 (3) de la loi constitutionnelle camerounaise du 18 janvier 1996 (un tiers (1/3) des députés). Art. 64 §1 de la Constitution du Gabon *« … la motion n'est recevable que si elle est signée par au moins un quart des membres de l'Assemblée nationale ».* Art. 88 Constitution de la RCA (un tiers des membres de l'Assemblée nationale).

[151] La mise en accusation du président de la République en RCA n'est recevable que si elle est signée par 50 % des députés ; au Cameroun, aucune précision n'est faite sur ce point. V. *Le bicamérisme en droit constitutionnel camerounais*, Thèse de doctorat Ph. D en droit public, Université de Yaoundé II, 2018, p. 330.

[152] V. GUIMDO DONGMO (B.R), « La Responsabilité politique du gouvernement dans la constitution camerounaise », *R.R.J*, PUAM, n° XXXII, Vol 4, 2007, p. 2109 ; Ndzina Noah (JMN), *Le bicamérisme en droit constitutionnel camerounais*, *op. cit.*, p. 306.

[153] SUREL (Y), « L'Opposition au parlement quelques éléments de comparaison », *op. cit.*, p. 121

[154] *Idem.*

[155] LAUNDY (P), *Parliaments in modern world*, 1989, p. 95. Cité par le *Rapport de la Commission de Venise sur le rôle de l'opposition au sein du Parlement démocratique*, p. 25.

[156] *« Aucune motion de censure initiée par l'opposition… ne peut aboutir »*, KAMBOU (B), « Regards sur la loi… », *op. cit.*, p. 69.

président de la République[157], une loi, fut-elle constitutionnelle ou ordinaire. En effet, si la décision parlementaire se prend à la majorité, il va de soi qu'elle ne peut être que l'œuvre du courant majoritaire au Parlement. Cependant, il ne semble pas de bon aloi que l'opposition soit exclue de certaines décisions parlementaires comme celle relative à la constitution des commissions d'enquêtes parlementaires. Le bénéfice de cette prérogative par l'opposition parlementaire lui permettrait de bien assurer son rôle naturel de contre-pouvoir[158] qu'elle exerce à travers le contrôle, sa vocation[159] ; la majorité gouvernementale étant encline à un *« contrôle cordial »*[160] voire un *pseudo-contrôle*, puisqu'il s'avère que *« l'on ne peut vraiment contrôler quelqu'un que l'on soutient »*[161]. Cependant, très souvent, l'opposition ne dispose pas de moyen de former une commission d'enquête dans les États africains. Il n'est pas excessif de parler d'une rigidité des conditions de constitution d'une commission d'enquête. En effet, au Cameroun, par exemple, la création d'une commission d'enquête est subordonnée à l'exigence d'une majorité absolue[162], qui n'est pas souvent aisée voire impossible à réunir par l'opposition, arithmétiquement impotente. De ce fait, l'opposition est condamnée à la mendicité institutionnelle de constitution des commissions d'enquête auprès de la majorité[163] qui n'hésite pas en retour, à opposer une fin de non-recevoir la plupart du temps. Il peut donc être fait recours à la règle du *« privilège de l'opposition »* qui prend ici la forme du *« droit de tirage »*, consistant à donner la possibilité à l'opposition parlementaire de *« provoquer la création d'une*

---

[157] Exigence de majorité qualifiée hyper-rigide, impossible à réunir par l'opposition. Par exemple 4/5 des députés et 4/5 des sénateurs pour le cas du Cameroun.

[158] NDANGA NDINGAd (B), « Cameroun: le rôle de la majorité et de l'opposition dans le travail parlementaire », in Actes du séminaire de sur le travail et le rôle du parlementaire, Assemblée parlementaire de la francophonie, Niamey, Niger, 24-26 octobre (26 octobre) 2000, p. 110. Pour cet auteur, *« le véritable rôle de contre-pouvoir incombe à l'opposition »*.

[159] J-L. WARSMANN écrit dans son Rapport sur la révision de la constitution que *« ... le contrôle est la vocation de l'opposition »*, Rapport n° 892, fait au nom de la commission des lois sur le projet de loi constitutionnelle de modernisation des institutions de la Ve République, 15 mai 2008, p. 57.

[160] AÏVO (F-J), *Le Président de la République en Afrique francophone. Genèse, mutations et avenir de la fonction*, Paris, L'Harmattan, 2007, p. 189.

[161] TONI (E.M), *Autorisation budgétaire dans le droit financier ouest-africain francophone*, Thèse de doctorat en cotutelle, Université Jean-Moulin et Université d'Abomey-Calavi, 2015, p. 253.

[162] Art. 2 (1) de la loi n° 2014/015 du 18 juillet 2014 fixant les procédures de fonctionnement des commissions d'enquête parlementaire au Cameroun.

[163] L'opposition camerounaise a demandé sans succès la formation des commissions d'enquête sur les conditions de privatisation de la CELLUCAM (entreprise publique) ; la majorité ayant émis une fin de non recevoir à la constitution d'une commission d'enquêtes sur la question du livre scolaire au ministère de l'Éducation nationale et sur la question des revenus du pétrole.

commission d'enquête, élément essentiel de la fonction de contrôle »[164]. La prise en compte de cette règle du privilège, loin d'être une panacée juridique, doit être adaptée à chaque contexte, pourvue que cette prise en compte soit nourrie d'une réelle intention de consolider la démocratie par l'association de l'opposition au processus décisionnel. Le professeur E. H. MBODJ, estime dans ce sens que *« la constitution d'une commission d'enquête parlementaire devrait être de droit sur la demande du quart des membres d'une chambre parlementaire »*[165]. Une telle disposition des choses ouvrirait grand la voie à l'opposition parlementaire de constituer une commission d'enquête et de s'acquitter de sa responsabilité. L'opposition a donc peu de chance de participer à la juste mesure au processus décisionnel du parlement à cause de la limitation de ses moyens d'action et d'expression.

B/ La limitation des moyens d'expression l'opposition parlementaire

En reprenant P. LAUNDY, l'on peut dire que la vie parlementaire repose sur le principe selon lequel il importe que la minorité s'exprime lorsque la majorité décide[166]. Il en découle que le droit à l'expression pour l'opposition est un droit fondamental qui mérite un traitement judicieux. Car une opposition qui ne s'exprime pas justement aura tendance à mobiliser des modes d'expression négatifs tels l'obstruction, la violence, le boycott des séances. Reconnu comme exerçant le *« ministère de la parole »*[167], dans les États africains, le droit à la parole de l'opposition parlementaire fait l'objet de diverses limitations perceptibles non seulement dans l'aménagement de la parole reconnue (1) mais également dans la méconnaissance de la parole normalement due (2).

1/ Une parole mal reconnue

Dans la totalité des parlements africains, la parole est reconnue aux parlementaires de l'opposition qui peuvent s'exprimer à plusieurs occasions et à travers divers moyens. Incarnation du *« pouvoir critique »*, l'opposition parlementaire se voit reconnaître une fonction tribunicienne de critique de la politique déterminée par la majorité, de modération et de surveillance qui lui

---

[164] PIMENTEL (C.M), « Procès symbolique de l'opposition… », *op. cit.*, p. 48. Cette règle du *« droit de tirage »* est consacrée en France par les Règlements de l'Assemblée nationale (art. 141) et du Sénat (art. 6 bis) en faveur des commissions et des groupes parlementaires.

[165] MBODJ (E.H), « Les Garanties et éventuels statuts de l'opposition en Afrique », *op. cit.*

[166] LAUNDY (P), *Parliaments in modern world*, 1989, p. 95. Cité par le *Rapport de la Commission de Venise sur le rôle de l'opposition au sein du Parlement démocratique*, p. 25.

[167] Expression de V. Giscard d'Estaing, lors de l'échange avec François Mitterrand durant le débat d'entre-deux tours de la présidentielle de 1981.

permet d'influer sur le destin des textes débattus au sein du Parlement[168]. Ses membres disposent à cet effet du droit de parole à l'hémicycle[169] qu'ils peuvent exercer librement pour exprimer les doléances et vœux du peuple[170]. Pour ce faire, l'opposition doit bénéficier d'un temps suffisant de parole lui permettant de formuler ses critiques à l'encontre de la politique gouvernementale. Cependant, les règles de gestion du temps au sein des hémicycles africains sont de nature à museler l'opposition. La première règle est celle du *« crédit-temps »* ou du *« temps global »*[171]. Cette technique est consacrée par divers Règlements intérieurs des Assemblées en Afrique notamment du Cameroun[172], du Burundi[173], du Sénégal[174], Gabon[175]. Cette règle, dont le but est déjà de limiter les possibilités de flibusterie ou d'obstruction[176] de l'opposition parlementaire[177], est très contestée par l'opposition qui y voit une mesure visant à la *« bâillonner »*[178]. La règle du crédit-temps constitue donc une mesure de musèlement de l'opposition parlementaire. D'ailleurs, le Conseil constitutionnel du Mali, dans le cadre de l'examen de la conformité à la constitution du Règlement intérieur de

---

[168] SOMALI (K), *Le Parlement dans le nouveau constitutionnalisme en Afrique, Essai d'analyse comparée à partir des exemples du Bénin, du Burkina Faso et du Togo*, Thèse en vue de l'obtention du doctorat nouveau régime, Université de Lille, 2008, p. 68.
[169] *Idem.*
[170] *Idem.*
[171] BELIGH (N), « L'Opposition parlementaire : un contre-pouvoir politique saisi par le droit », *in pouvoirs*, n°133, 2010, p. 133. D'après cet auteur, *« avant l'examen de chaque texte, une durée totale des débats serait fixée et chaque groupe se verrait attribuer un « crédit » de temps d'intervention ».*
[172] Art. 51 (3) RAN Cameroun ; art. 53 (3) RS qui dispose que *« (3) Le temps de parole de chaque orateur est limité à dix (10) minutes. Toutefois, au regard du nombre d'orateurs inscrits, le Président du Sénat peut décider de limiter ce temps de parole à trente (30) minutes par Groupe parlementaire ».*
[173] L'article 63 (3) RAN en fournit l'illustration.
[174] Art. 68 § 4 RAN Sénégal.
[175] Art. 41 in fine RAN. D'après cet article, *« Le temps de parole de chaque orateur est déterminé lors de la Conférence des Présidents au prorata des effectifs de chaque Groupe Parlementaire ».*
[176] L'obstruction renvoie à l'emploi de techniques parlementaires (ou à la menace d'y recourir) en vue de ralentir ou de retarder la prise de décision. Sur l'obstruction, lire utilement El Berhoumi (M), Pitseys (J), Alexandra WŒLFLE (A), « L'Obstruction parlementaire en Belgique », *Courrier hebdomadaire du CRISP*, n° 2289-2290, Vol. 4, 2016, p. 5-78 ; Masson (H), *De l'obstruction parlementaire : étude de droit public et d'histoire politique*, Montauban, Bonneville, 1902, p. 17.
[177] BELIGH (N), « L'Opposition parlementaire : un contre-pouvoir politique saisi par le droit », in *Pouvoirs*, n°133, 2010, p. 133.
[178] *Idem.*

l'Assemblée nationale[179], considère que cette règle[180] *« rompt le principe d'égalité des députés et implique que les députés non-inscrits n'ont pas droit à la parole »* et déclare que *« (...) le membre de phrase « la répartition du temps de parole entre groupes parlementaires » n'est pas conforme à la constitution »*[181].

Par ailleurs, il est intéressant de souligner l'ambiguïté de certaines règles, laquelle pourrait entraîner une limitation de l'expression de l'opposition parlementaire : il en est ainsi de l'article 41 du Règlement intérieur de l'Assemblée nationale du Gabon qui dispose que *« Le temps de parole de chaque orateur est déterminé lors de la Conférence des Présidents au prorata des effectifs de chaque groupe parlementaire »*[182]. Cette disposition porte déjà le défaut de l'imprévisibilité car elle ne permet pas de prévoir quel temps de parole est alloué à l'opposition. La majorité, prédominant la Conférence des présidents peut donc, profitant de cette ambiguïté, limiter le temps d'expression de l'opposition parlementaire. Ceci tranche malheureusement avec ce que suggère le professeur E. H. MBODJ, architecte de la matière, *« le temps de parole pourrait être restructuré dans des conditions plus favorables à l'opposition. Une discrimination positive, dit l'éminent auteur, pourrait être instaurée afin d'attribuer plus de temps à l'opposition qu'à la majorité. L'opposition pourrait disposer de la moitié du temps de parole réservé aux questions aux gouvernements »*[183]. Cet auteur reconnaît également à l'opposition un droit de réplique qui est juridiquement méconnu.

2/ La parole méconnue

Dépositaire d'une portion de la légitimité populaire, l'exercice de son *ministère de la parole* par l'opposition parlementaire, qui emporte exercice de son pouvoir critique, peut se peut consister entre autres en des discours de ses membres. À cet effet, le professeur E. H. MBODJ recommande de *« reconnaître à l'opposition un droit de réplique pour réagir aux messages du Chef de l'État ou aux déclarations du Gouvernement »*[184].

---

[179] L'article 91 dudit Règlement intérieur disposait initialement que *« L'inscription des questions à l'ordre du jour de cette séance est décidée par la Conférence des Présidents de même que la répartition du temps de paroles entre groupes parlementaires ».*

[180] En l'espèce, portée par *« le membre de phrase la répartition du temps de paroles entre groupes parlementaires ».*

[181] V. Arrêt N° 2014-01/CC du 4 février 2014 ; V. également l'arrêt Arrêt N° 2014-02/CC du 6 février 2014 pour suite et fin de cette affaire.

[182] Art. 41 in fine RAN/Gabon.

[183] MBODJ (E.H), « Les Garanties et éventuels statuts de l'opposition en Afrique », *op. cit.*

[184] *Ibidem.*

Cependant, à la lecture des textes des États africains relatifs à la vie parlementaire, non seulement pareille règle est introuvable, mais également, le titulaire du pouvoir de porter la voix de l'opposition n'y est pas reconnu. En effet, s'il est vrai que certains États africains ont reconnu la réalité du leader de l'opposition, en le faisant surtout choisir à partir de l'assemblée même sans en être membre[185], il faut aussi remarquer que nombre d'États du continent n'ont pas institutionnalisé cette personnalité pourtant identifiable dans la réalité[186]. Parce que bénéficiaire d'une légitimité plus ou moins permanente et stable que lui donnent ses parlementaires, le leader de l'opposition parlementaire est pressenti comme la personnalité légitime pour porter la voix de l'opposition[187]. À ce titre, il devrait bénéficier d'un ou des temps dans l'année, à l'image des messages traditionnels du chef de l'État, de discours à la nation. Pour ce faire, comme le note le doyen MBODJ il *« devrait avoir droit à la couverture médiatique des manifestations liées à l'accomplissement de sa mission, à un droit de réplique aux messages et/ou autres interventions médiatisés du président de la République ou du Chef du Gouvernement »*[188].

Au total, les chances de participation de l'opposition à la vie parlementaire sont réduites si bien que l'on peut parler d'une participation improbable. Loin de prétendre en épuiser les causes ici, l'on peut noter que cela est dû notamment à une représentation incertaine de l'opposition dans les instances parlementaires. Tout d'abord, les mécanismes qui président à la désignation au sein de ces instances n'apportent aucune garantie de cette représentation. Il en résulte que l'opposition parlementaire a peu de chance pour siéger au sein des organes aussi bien de travail que de direction et donc de participer à la vie

---

[185] Certains États africains consacrent le leader de l'opposition parlementaire comme leader de l'opposition politique (Art. 7 de la loi n° 020/PR/2009 portant statut de l'opposition politique au Tchad. Art. 11 de la loi n° 28/2017 du 7 juillet 2017 déterminant le statut de l'opposition politique). D'autres posent simplement la règle de sa provenance parlementaire sans forcément y provenir ou être le leader du parti majoritaire de l'opposition au sein du parlement (V. 19 de la loi n°07/008 du 7 décembre 2007 portant statut de l'opposition politique en République Démocratique du Congo. V. 13 loi n°2015-007/du 4 mars 2015 portant statut de l'opposition politique Mali).

[186] Les cas du Cameroun, du Gabon, du Burundi, de la RCA.

[187] Le doyen MBODJ note justement que dans tous les pays où il existe, le *« chef de l'opposition est choisi sur une base institutionnelle ou politique et non sociologique. En effet, le leadership de l'opposition n'a de sens que si celui qui l'incarne est avant tout un représentant du peuple siégeant à l'Assemblée nationale. Il doit s'intégrer dans les structures républicaines et s'exprimer à travers les courroies institutionnelles… », in « Les garanties et éventuels statuts… », op. cit.* Il convient de souligner qu'il existe des controverses doctrinales, des divergences textuelles, sur la personnalité à ériger en Chef de l'opposition. Lire à cet effet SUREL (Y), « Le Chef de l'opposition », *Pouvoirs*, n°108, 2004, pp. : 63-80.

[188] *Idem.*

parlementaire. Si même, elle était représentée, elle dispose de moyens d'intervention tellement limités qu'elle est réduite à un rôle purement figuratif. En effet, les moyens d'action et d'expression de l'opposition dans le travail parlementaire sont en proie à diverses limitations. Limitée dans son action et dans son expression, l'opposition se trouve minorisée, dans la dynamique de l'initiative et dans le processus d'adoption des décisions parlementaires. De même, elle subit un musellement du fait d'une mauvaise reconnaissance du droit de parole et d'une méconnaissance du droit de réplique. Il transparait comme une espèce de rédhibitionnisme juridique[189] dans l'élaboration des droits de l'opposition parlementaire, lequel exprime une certaine méfiance organisée vis-à-vis de l'opposition. Néanmoins, les États africains doivent comprendre qu'en démocratie, *« gouverner »* ne va pas sans *« s'opposer »*. L'opposition en soi n'est pas une mauvaise chose ; peut-être, devient-elle mauvaise par cette mise à l'écart dont est victime. Mise à sa juste place, l'opposition est susceptible de grand rendement. Même si elle-même n'est pas exempte de griefs[190], pour en garantir la participation à la vie parlementaire, elle mérite encore un plus d'attention de la part du jurislateur. Il doit lui être reconnu de *« droits spécifiques »*[191] instituant en sa faveur une *« discrimination positive »* pour lui permettre de faire valoir son utilité démocratique. Pour ce faire, des propositions foisonnant en doctrine permettraient de garantir sa représentation et donc sa participation à la vie parlementaire. Par exemple, comme le suggère B. NABLI, à cet effet, il faut aller au-delà de la règle de la proportionnalité et adopter celle du *« privilège de l'opposition »*[192] dont l'immense œuvre du doyen E. H. MBODJ en constitue un gisement[193].

---

[189] Selon la théorie construite par le professeur OWONA (J), « L'Essor du constitutionnalisme rédhibitoire en Afrique : études de quelques Constitutions janus », in, *L'État moderne horizon 2000, aspects internes et externes. Mélanges offerts à Pierre François Gonidec*, Paris, LGDJ, 1985, pp. 235-243.

[190] L'on peut en effet reprocher à l'opposition son manque de culture constitutionnelle en générale et parlementaire en particulier. Les membres de l'opposition davantage se démarquer par leur dynamisme dans les propositions, dans les initiatives, dans les critiques.

[191] En France, l'article 51-1 de la Constitution dispose que le règlement des assemblées *« reconnaît des droits spécifiques aux groupes d'opposition de l'Assemblée intéressée »*.

[192] BELIGH (N), « L'Opposition parlementaire : un contre-pouvoir politique saisi par le droit », *op. cit.*, p. 47.

[193] MBODJ (E.H), « Les Garanties et éventuels statuts de l'opposition en Afrique », *op. cit.*

LES INCIDENCES DE LA RÉVISION CONSTITUTIONNELLE N° 2019-10 DU 14 MAI 2019 SUR LE FONCTIONNEMENT DES INSTITUTIONS AU SÉNÉGAL AU REGARD DU PRINCIPE DE LA SÉPARATION DES POUVOIRS

Ibrahima Mandiang

Docteur en Droit public, Enseignant-Chercheur
à l'Université Alioune Diop de Bambey

« *Tout serait perdu, si le même homme, ou le même corps des principaux, ou des nobles, ou du peuple, exerçant ces trois pouvoirs : celui de faire des lois, celui d'exécuter les résolutions publiques, et celui de juger, et celui de juger les crimes ou les différends des particuliers... Il n'y a point encore de liberté, si la puissance de juger n'est pas séparée de la puissance législative et de l'exécutrice. Si elle était jointe à la puissance législative, le pouvoir sur la vie et la liberté des citoyens serait arbitraire ; car le juge serait législateur. Si elle était jointe à la puissance exécutrice, le juge pourrait avoir la force d'un oppresseur* »[1].

La théorie de la séparation des pouvoirs trouve son origine dans l'histoire de l'Angleterre[2]. Elle a fait ensuite l'objet d'une présentation systématique qui l'a imposée pour base des constitutions libérales[3]. Au XIIIe siècle, l'influence du Grand Conseil s'accroit considérablement[4] après la révolte des barrons

---

[1] Ch. S. MONTESQUIEU, *De l'esprit des lois*, Paris, Éditions. Derathé, 1973, livre XI, Chapitre VI.

[2] M. BARBERIS, « La séparation des pouvoirs », *in* M. TROPER et D. CHAGNALLAUD, (sous la direction de), *Traité international de droit constitutionnel*, Paris Dalloz, 2012, p. 710.

[3] À l'inverse de celle de la plupart des autres pays, l'histoire britannique jusqu'au XVIIIe siècle se caractérisait par un effort presque constant du peuple en vue de limiter les pouvoirs de la Couronne. L'insularité du pays qui le mettait relativement à l'abri des invasions et rendait inutile un pouvoir fort explique aussi en grande partie ce phénomène.

[4] L'Angleterre connut d'abord une période de monarchie absolue sans équivalent ailleurs. Au lendemain de la conquête normande du XIe siècle, Guillaume le

provoquée par ses maladresses multiples, Jean sans Terre est amené à leur concéder la *Grande Charte* de 1215 par laquelle il s'engage notamment sous « *l'inspiration de Dieu et pour le salut de son âme* », à ne plus lever d'impôts sans le consentement de son Conseil[5].

Toutefois, c'est sans doute Aristote qui le premier, dans sa *Politique* observa que : « *Dans tout gouvernement il y a trois pouvoirs essentiels à chacun desquels le sage législateur doit faire place de la manière la plus remarquable. Le premier est celui qui délibère des affaires de l'État (législatif). Le deuxième comprend tous les magistratures ou pouvoirs constitués, c'est-à-dire ceux dont l'État a besoin pour agir (exécutif). Le troisième embrasse les officiers de juridiction (judiciaire).*[6] Puis en 1690, J. LOCKE dans son *Essai sur le gouvernement civil* en deux tomes publiés en 1689 et 1690, a opéré une distinction entre pouvoirs « législatif, exécutif et fédératif dans la société politique ». Au lendemain même de la Révolution de 1688, J. LOCKE que Jacques II avait contraint à l'exil et qui y était devenu l'ami des nouveaux rois, écrit son second *Traité sur le Gouvernement civil* dans le but essentiel de légitimer la Révolution qui vient d'avoir lieu[7].

Conquérant avait mis en place un système de gouvernement aussi centralisé que le permettait le régime féodal partout en vigueur à l'époque, et régnait en monarque absolu. Selon la coutume féodale, il convoquait parfois ses vassaux pour le conseiller dans l'exercice de ses pouvoirs législatif et surtout judiciaire, mais l'Assemblée qu'ils formaient alors, le *Magnum Concilium* (Grand Conseil), n'avait qu'un rôle purement consultatif.

[5] Parallèlement une évolution s'opère dans la composition de cet embryon de Parlement. À partir de la fin du XIIIe siècle, pour contrebalancer l'influence des barons, le roi prend l'habitude de convoquer aussi des représentants des bourgs et des comtés. Ceux-ci qui n'étaient pas nobles, n'ont pas accès au *Magnum Concilium,* lequel constitue le *Commune Concilium*, ancêtre de la Chambre des Communes qui est associé à l'œuvre législative dans des conditions voisines de celles adoptées pour le *Magnum Concilium,* lequel devait devenir la Chambre des Lords et le *Commune Concilium* la Chambre des Communes.

[6] La séparation des pouvoirs en ce sens est une inhérence de l'organisation de la société. Les tâches sociales sont spécialisées et confiées à des personnes différentes. Il n'est donc pas surprenant que cette séparation des rôles se retrouvât également au niveau de l'État où l'on distingue l'expression de la volonté à travers la faculté d'édicter des normes et l'action ou l'exécution de la volonté du souverain.

[7] Il y parvient en se fondant sur l'origine contractuelle du pouvoir. LOCKE va devenir aussi par la même occasion le premier théoricien moderne de la séparation des pouvoirs. Selon lui, il existe dans l'État trois pouvoirs : le pouvoir législatif, le pouvoir exécutif et le pouvoir fédératif qui est en fait celui de conduire les relations internationales. Les deux derniers, bien que distincts sont presque toujours réunis dans les mêmes mains. Mais le premier, le pouvoir législatif leur est supérieur, et il doit en être séparé pour qu'il n'y ait pas d'abus. Le législatif doit éviter de siéger en permanence pour n'être pas tenté de s'immiscer dans la marche du gouvernement et le pouvoir exécutif dispose d'une certaine autonomie dans l'interprétation des lois.

L'influence de LOCKE a été éclipsée même en Angleterre par celle de MONTESQUIEU. En effet, la préoccupation majeure de ce dernier fût de trouver des voies et moyens permettant d'éviter le despotisme et de garantir la liberté politique qui est constamment menacée par le pouvoir que les libéraux considèrent comme un danger pour la liberté. Ainsi que le restitue le célèbre aphorisme de Lord ACTON, « *Le pouvoir rend fou, le pouvoir absolu rend absolument fou* »[8]. Quant à MONTESQUIEU, il s'inscrit dans une longue tradition d'auteurs qui tels Aristote au Ive siècle av. J.-C..., Polybe au IIe siècle av. J.-C…, Saint Thomas d'Aquin au XIIIe siècle, avaient pour idéal politique la modernisation du pouvoir et avaient cru trouver la recette dans un harmonieux assemblage des trois principes : monarchique, aristocratique et démocratique au sein d'un même État.

Les idées de MONTESQUIEU[9] gagneront l'Angleterre elle- même c'est ainsi que le juriste britannique BLACKSTONE sera directement influencé par elles quand il fera paraître en 1765 ses *Commentaires sur les lois d'Angleterre,* qui traduits en français connaitront à leur tour un grand succès. L'influence de MONTESQUIEU sera d'ailleurs relayée par la parution en 1771 de la *Constitution de l'Angleterre,* du G. JEAN-LOUIS DE LOME qui développe des idées assez voisines, mais donne aux institutions britanniques une vision encore plus idéalisée et plus axée sur le plan juridique de la séparation des pouvoirs[10].

Le principe de la séparation des pouvoirs est la clé de voûte des rapports entre les institutions, entre les pouvoirs politiques et concurremment entre les animateurs[11]. En effet, canaux par excellence d'expression du pouvoir souverain duquel émane toute autorité, les institutions doivent être organisées dans l'intérêt du corps social afin d'éviter qu'elles ne dérivent au despotisme

---

[8] Partant du constat que tout homme qui a du pouvoir est porté à en abuser, MONTESQUIEU propose une thérapie limitant le pouvoir pour éviter les abus. Pour l'auteur de *L'Esprit des lois,* par la disposition des choses, il faut que « le pouvoir arrête le pouvoir ».

[9] La réflexion fondamentale de MONTESQUIEU tourne autour de la mise en place de structures et d'un système de gouvernement le mieux à même de garantir la liberté dans sa dimension individuelle. La séparation des pouvoirs érigée en principe d'organisation et d'aménagement du pouvoir politique a été sa principale trouvaille. Ce principe de la séparation des pouvoirs a été érigé en véritable dogme constitutionnel de l'idéologie libérale dont il est devenu son credo.

[10]Dans son contenu, ce principe prend, selon la doctrine traditionnelle, deux règles distinctes dont la combinaison est de nature à conduire à la finalité libertaire de cette théorie : la règle de la spécialisation et la règle de l'indépendance.

[11] R. FRAISSE, « L'article 16 de la Déclaration, clef de voûte des droits et des libertés », *Nouveaux cahiers du Conseil Constitutionnel*, n° 44, 2014/3, 321 p.

et qu'elles soient plus soucieuses de la protection des droits et libertés fondamentaux[12].

Aux antipodes, n'est pas l'esprit du principe de la séparation des pouvoirs, une division qui instaure des pouvoirs dont les uns agissent sur les autres sans moyens de réplique ou que d'autres subissent la prépondérance et la prédominance des uns. Il s'agit d'un partage du pouvoir entre les institutions en interaction de façon équilibrée sans domination ni subordination[13]. La séparation des pouvoirs apparaît donc comme une référence de la vie politique, que comme un principe utilisé par le juge constitutionnel[14]. Ainsi partant des réflexions de J. LOCKE sur l'organisation des pouvoirs, Montesquieu enrichit de son observation du système politique britannique et donne la forme d'expression la plus achevée à la séparation des pouvoirs en la développant, la systématisant pour ainsi en imprimant son nom au principe

[12] A. DIARRA, « La protection constitutionnelle des droits et libertés en Afrique noire francophone depuis 1990. Les cas du Mali et du Bénin », *Afrilex* n° 2, 2 septembre 2001, p. 24.

[13] Avec le système représentatif, la théorie de la séparation des pouvoirs constitue le second pilier du droit constitutionnel classique. La théorie de la séparation des pouvoirs est un des piliers fondamentaux du droit public en général et une pierre angulaire du système constitutionnel libéral.

[14] Dans son contenu, ce principe prend, selon la doctrine traditionnelle, deux règles distinctes dont la combinaison est de nature à conduire à la finalité libertaire de cette théorie : la règle de la spécialisation et la règle de l'indépendance.

La règle de la spécialisation part de la relation entre la fonction et l'organe : la première est une activité prise en charge par la seconde. Cette règle signifie, dans l'absolu que chaque organe de l'État est spécialisé dans l'exercice d'une fonction. Toutes les lois doivent être l'œuvre du législatif et tous les actes matériels d'exécution l'œuvre de l'exécutif et tous les actes de règlements des différends l'œuvre de la judiciaire. En conséquence, chaque organe devra s'abstenir de s'ingérer dans l'exercice des fonctions assignées à chaque organe. La séparation des pouvoirs se justifie pour une raison technique et non plus idéologique : en vertu de l'application au domaine politique du principe tayloriste de la division du travail et de la spécialisation des tâches, il convient de confier les trois grandes fonctions étatiques (élaborer la règle, l'exécuter, juger les différends) à des organes adaptés à celles-ci et ne consacrant qu'à elles.

Concernant la règle de l'indépendance, la séparation n'est pas seulement fonctionnelle mais elle est aussi et surtout organique dans la mesure où les trois fonctions séparées sont confiées à trois pouvoirs. Dans les lignes célèbres du Chapitre VI de *l'Esprit des Lois*, consacré à la Constitution de l'Angleterre, pour Montesquieu « Il y a dans chaque État trois sortes de pouvoirs : la puissance législative, la puissance exécutrice des choses qui dépendent du droit civil.... Lorsque dans le même corps de magistrature, la puissance législative est réunie à la puissance exécutrice, il n'y a point de liberté, parce qu'on peut craindre que le même monarque ou le même Sénat ne fasse des lois tyranniques pour les faire exécuter tyranniquement ».

général de la séparation des pouvoirs dans son célèbre ouvrage : *De l'esprit des lois*, paru en 1748.

« *La séparation des pouvoirs est l'un des concepts les plus célèbres du droit constitutionnel contemporain qui en irrigue à la fois l'histoire et l'actualité* »[15]. A. SOMA, la présente comme « *l'une des poutres de l'organisation et du fonctionnement des sociétés politiques modernes* ». Il faut remarquer qu'il y a eu l'existence de la division des tâches dans les sociétés politiques africaines traditionnelles depuis le Moyen âge comme au Mandé nous rappelle SOMA[16]. La séparation des pouvoirs a été théorisée par John Locke dans le contexte politique anglais profondément marqué par l'absolutisme monarchique. Elle a été systématisée en France par Montesquieu, considéré comme étant le Père pour en avoir donné la formulation décisive. Elle a été constitutionnalisée pour la première fois par les *Founding fathers* dans la « *Supreme Law* »[17].

Les premières applications des idées de MONTESQUIEU ont été le fait des pères fondateurs de la Constitution des États-Unis d'Amérique du 17 septembre 1787. Ils ont érigé le principe de la séparation des pouvoirs en dogme de l'idéologie constitutionnelle libérale. Ce principe va acquérir ses lettres de noblesse avec la Déclaration des droits de l'homme et du citoyen du 26 août 1789 avec son article 16 qui précise que « *Toute société dans laquelle la garantie des droits n'est pas assurée, ni la séparation des pouvoirs déterminée n'a point de Constitution* »[18].

La séparation des pouvoirs trouve donc son origine dans l'histoire politique britannique et la recherche constante d'une limitation et une canalisation des pouvoirs royaux. Le mouvement s'est ensuite élargi jusqu'aux États-Unis, en France et dans les autres pays de l'Europe occidentale préoccupée par la mise en place des régimes pluralistes et libéraux[19].

---

[15] A. SOMA, « La séparation des pouvoirs comme droit fondamental dans le constitutionnalisme contemporain », disponible sur www.afrilex.univ-bordeaux-4.fr, p. 4 (consulté le 23 juillet 2020).

[16] La société mandingue a adopté la Charte du Mandé en 1222 puis la Charte de Kouroulan Fougan en 1226 *comme actes constitutionnels* où le pouvoir politique est régulé et divisé. Voir en ce sens Abdoulaye SOMA, *Les grands textes des droits de l'homme en Afrique,* Saarbrücken, Presses Académiques francophones, 2014, pp. 8 et s.

[17] La Constitution américaine du 17 septembre 1787 a été adoptée par les 12 États suivants : Caroline du Sud, Caroline du Nord, Connecticut, Delaware, Géorgie, Maryland, Massachussetts, New Hampshire, New Jersey, New York, Virginie et Pennsylvanie. Elle a été ratifiée le 21 juin 1788.

[18] Cf. Article 16 DDHC du 26 août 1789.

[19] C-M. PIMENTEL, « Le sanctuaire vide : la séparation des pouvoirs comme superstition juridique », in *Pouvoirs,* 2002, 102 p.

Le principe de la séparation des pouvoirs est intégré dans les systèmes constitutionnels des États avec des mécanismes d'application ou d'accompagnement plus ou moins variés. On peut citer quelques pays européens tels que la Grande-Bretagne, l'Allemagne, l'Italie, la France, l'Espagne, etc., qui ont intégré dans leur système politique des éléments d'équilibre de pouvoirs. Dans la pratique parlementaire britannique, une heure est consacrée, les quatre premiers jours de la semaine, aux questions des parlementaires « *the parliamentary question time* ». Le contrôle s'exerce aussi à travers les commissions spéciales d'enquête, les « *select commitees* ».

Le contrôle de l'action gouvernementale est renforcé dans ce pays par la mise en jeu de la responsabilité : car « la Chambre des Communes peut contraindre le gouvernement à démissionner si une motion de censure[20] est adoptée ou si un projet considéré comme essentiel par le gouvernement et à propos duquel il a été demandé la confiance est rejeté[21]. Dans le système constitutionnel italien caractérisé par la prééminence du Parlement, on relève comme éléments d'équilibre introduits par le constituant, le contrôle de la constitutionnalité des lois qui exerce une grande influence politique sur la fonction législative d'un Parlement puissant. Il existe aussi dans ce pays comme élément de contrepoids à la puissance du Parlement, le recours au référendum et le caractère régional de l'État et l'attribution aux régions de compétences dans de nombreuses matières[22].

Le dernier élément de l'équilibre des pouvoirs en Italie est la place qu'occupe le Président de la République dans le système constitutionnel. Élu

---

[20] La motion de censure est « *une procédure par laquelle une assemblée parlementaire met en jeu la responsabilité politique du gouvernement par un blâme voté à l'adresse de ce dernier. Le vote d'une motion de censure entraine la démission forcée du gouvernement* ». *Lexique des termes juridiques*, Paris, Dalloz, 2014, p. 146. La défiance est « une procédure de rationalisation du régime parlementaire allemand (article 67 de La Loi fondamentale de 1949), en vertu de laquelle le Bundestag ne peut renverser le gouvernement qu'en élisant un nouveau Chancelier, de façon à empêcher que les oppositions devenues ensemble majoritaires, mais incapables de s'accorder puissent plonger le pays dans l'instabilité », *Lexique des termes juridiques*, Paris, Dalloz, 2014, p. 300.

[21] L. FAVOREU et *alii*, *Droit constitutionnel,* Dalloz, 2008, p. 427.

[22] Ainsi, avec l'État régional, un degré est franchi dans l'affirmation constitutionnelle de « pouvoirs locaux puisque ceux-ci se voient reconnaitre un pouvoir de nature législative sur leur territoire et sont représentés dans une chambre haute, au Parlement, comme en Espagne depuis 1978 ou en Italie depuis 2001. Plusieurs pays européens ont poussé très loin la décentralisation en donnant une large autonomie à leurs régions. En Espagne par exemple pour satisfaire à une revendication ancienne et profonde des régions les plus développées (Catalogne, Galice et Pays basque) exaspérées par l'impérialisme castillan et pour tenter d'apporter une solution au problème du terrorisme basque sans paraître capituler, le Constituant de 1978 a reconnu « le droit à l'autonomie des nationalités et régions ».

par un collège de parlementaires, celui-ci dispose du pouvoir de nomination du Président du Conseil en cas de crise politique grave et du droit de dissolution. En France, les éléments d'équilibre des pouvoirs sont constitués par le contrôle de l'action gouvernementale par le Parlement (questions écrites et orales avec ou sans débat), la mise en jeu de la responsabilité politique du Gouvernement et la dissolution du Parlement[23].

En Afrique noire francophone, les mêmes mécanismes sont mis en place comme la motion de censure que l'on retrouve dans le régime parlementaire[24]. Il en est ainsi : au Burkina Faso, article 115 de la Constitution ; Tchad, article 138 de la Constitution ; Togo, article 98 de la Constitution. Ces mécanismes

---

[23] L'organisation de chacune des 17 Communautés autonomes et l'étendue de leurs compétences sont déterminées par un statut propre, élaboré localement et approuvé par les Cortès, c'est-à-dire par le Parlement madrilène. Par contre, l'article 152 de la Constitution dispose que chaque Communauté autonome doit compter une Assemblée législative élue au suffrage universel direct et à la représentation proportionnelle et un Conseil de gouvernement responsable devant celle-ci. Le Président de ce Conseil de gouvernement est officiellement nommé par le Roi, mais après avoir été élu par l'Assemblée.

[24] Comme le régime présidentiel, le régime parlementaire est un produit de l'histoire. Il s'est développé de manière tout à fait empirique et n'a fait qu'ensuite l'objet d'une mise en forme théorique. Quand le gouvernement est politiquement responsable devant le Parlement, et quand celui-ci peut faire l'objet d'une dissolution par l'exécutif il y a régime parlementaire. Dans ce régime, la séparation est dite souple parce que les deux pouvoirs ont des moyens d'action réciproques (la responsabilité politique et la dissolution). Les organes distincts existent bien, mais ils sont dépendants les uns des autres, de manière équilibrée : chacun dispose à l'égard de l'autre d'une arme fatale politiquement parlant. Le régime parlementaire peut être défini de manière opératoire comme un régime à base de séparation souple des pouvoirs sous-tendue par des interférences qui traduisent une collaboration des pouvoirs. Dans un régime parlementaire, la forme du Chef de l'État importe peu. Ce type de régime est en effet très souple car il peut s'accommoder avec la monarchie ou avec la République. Dans un système monarchique, le roi est le Chef de l'État. Il est désigné selon les modes traditionnels de dévolution du pouvoir, notamment l'hérédité. Dans un système républicain, le chef de l'État est incarné par un Président de la République qui est élu au suffrage universel soit indirect (Italie, Allemagne, etc.. ,), soit direct (France, Autriche, Finlande, Portugal). Monarque ou Président de la République, le Chef de l'État incarne partout la majesté de la représentation interne et internationale de l'État entier. En réalité, son pouvoir est apparent ou formel, son rôle est purement honorifique, « il règne mais ne gouverne pas » ou plutôt gouverne par son influence et non par des ordres impératifs. Dans les faits, comme la responsabilité suit le pouvoir et que le chef de l'État est irresponsable, tous ses pouvoirs constitutionnels seront alors politiquement assumés par le gouvernement qui en endosse la responsabilité devant le Parlement.

qui constituent des contrepoids d'un pouvoir à l'égard de l'autre, favorisent la collaboration et l'équilibre des pouvoirs en régime parlementaire[25].

Au Sénégal c'était l'article 86 de la Constitution du 22 janvier 2001 qui prévoyait la motion de censure avant la révision constitutionnelle de 2019 qui la supprima. En effet, le système constitutionnel sénégalais est bâti selon le modèle et en conformité avec les valeurs et traditions héritées de l'ancienne puissance coloniale[26]. Trois ans après son accession à la souveraineté internationale dans le cadre de la fédération du Mali, le Sénégal connaitra deux Républiques[27].

La première République couvre la période allant de l'indépendance suite au retrait de ce pays à la Fédération du Mali dans la nuit du 19 au 20 août 1960, à la crise constitutionnelle et politique du 17 décembre 1962[28]. La deuxième République trouva sa source dans la Constitution du 7 mars 1963[29]

---

[25] Le régime parlementaire est un régime à base de séparation souple des pouvoirs. Cette forme de régime met les protagonistes du jeu politique dans la nécessité de collaborer pour exprimer la volonté politique du pouvoir d'État. Cette collaboration permet à l'exécutif de participer à l'exercice de la fonction législative et au législateur d'octroyer des moyens et de disposer d'un droit de regard sur l'action de l'exécutif.

[26] A. B. FALL, « La démocratie sénégalaise à l'épreuve de l'alternance », *Politeia,* n° 5, 2004, p. 75.

[27] I. M. FALL, *Les révisions constitutionnelles au Sénégal. Révisions consolidantes et révisions déconsolidantes de la démocratie sénégalaise,* Dakar, CREDILA, 2012.

[28] Cette crise politique opposa le Président du Conseil Mamadou DIA ainsi que quatre de ses ministres au Président de la République Léopold Sédar Senghor. Elle marqua la fin du régime parlementaire bicéphale instauré depuis la Fédération du Mali et le début d'un régime présidentiel dans lequel l'UPS deviendra parti majoritaire jusqu'en 1976.

[29]I. M. FALL, « La construction des régimes politiques en Afrique : entre insuccès et succès », Revue *Afrilex,* Université Bordeaux-4 (consulté le 22 juillet 2020) pp. 16-17. L'auteur y est largement revenu sur les évènements de 1962 entre Le Président Senghor et Mamadou Dia. À l'origine « … *une crise de leadership entre le Président de la République et le Président du Conseil aboutit au remplacement du régime parlementaire de la Constitution du 26 août 1960 par le régime présidentiel dès décembre 1962. En effet, une crise latente s'était installée entre le Président Léopold Sédar Senghor, chef de l'État et le Président du Conseil Mamadou DIA véritable chef de l'exécutif investi par l'Assemblée nationale. La rivalité ayant conduit à des clans autour des deux leaders tant au niveau du parti dominant qu'à celui du Gouvernement et de l'Assemblée nationale vira à une confrontation qui se dénoue sur le plan constitutionnel le 14 décembre 1962 par la mise en jeu de la responsabilité politique du gouvernement. La motion, seul moyen prévu par la Constitution pour démettre le Chef du Gouvernement de ses fonctions, fut déposée par 41 députés reprochant au gouvernement des entraves au libre exercice parlementaire et l'utilisation de la loi sur l'état d'urgence comme instrument de répression aveugle. Le gouvernement DIA était mis en minorité, le Président Senghor sort vainqueur de la crise avec des pouvoirs renforcés par la révision constitutionnelle n° 62-62 du 18 décembre 1962*

adoptée par Référendum. Cette Constitution marque l'entrée du Sénégal dans la mouvance du régime présidentiel[30], mais cadrait davantage avec les tendances au monocentrisme qui avaient cours dans les États africains post - coloniaux. Favorable à la prééminence du Chef de l'État[31], le régime présidentiel garantissait son indépendance en le mettant à l'abri des tentatives d'adoption de motion de censure des parlementaires[32].

Cette Constitution connaitra plusieurs révisions visant la recherche d'un modèle constitutionnel qui répond aux préoccupations fondamentales de l'environnement socio-culturel sénégalais[33].

Ainsi sur le plan théorique, l'évolution de la séparation des pouvoirs a été manifeste dans le modèle constitutionnel du Sénégal. Sur le plan pratique, l'exercice du pouvoir au Sénégal depuis l'accession à l'indépendance se traduit par une persistance du principe avec un renouvellement des formes de la séparation des pouvoirs. Le Sénégal fera sien, le principe de séparation des pouvoirs d'abord avec sa Constitution du 29 août 1959, ensuite celle du 7 mars 1963 et enfin par la Constitution du 22 janvier 2001[34]. Le Sénégal, attaché à sa tradition de stabilité politique a toujours cherché les voies et moyens d'améliorer le fonctionnement de ses institutions du côté du pouvoir comme de l'opposition en atteste la tenue des « *Assises nationales* », présidées par A. M. MBOW à l'issue desquelles l'Assemblée générale des Parties prenantes a

qui le consacre chef d'État et chef de l'exécutif. Cette situation fut entérinée par la Constitution du 7 mars 1963 mettant en place un régime présidentiel ».

[30] Si les régimes parlementaires se sont empiriquement constitués avant de faire l'objet de tentatives de conceptualisation, le régime présidentiel, à l'inverse est d'abord une idée. Contrairement au régime parlementaire qui est le résultat d'une évolution historique, le régime présidentiel est une construction des pères fondateurs de la Constitution des États-Unis d'Amérique adoptée par la Convention de Philadelphie du 17 septembre 1787. Les Constituants américains de Philadelphie avaient lu Montesquieu et Blackstone ; mais connaissent aussi le régime britannique de l'intérieur, puisqu'il était celui de l'ancienne mère-partie. Le régime présidentiel s'est établi aux États-Unis pour des motifs empiriques. L'aversion du modèle colonial britannique, la préservation des libertés fondamentales et la sauvegarde de la structure fédérale avaient amené le constituant de Philadelphie à instaurer une autre forme de séparation des pouvoirs mettant l'exécutif et le législatif sur le même pied.

[31] B. BA, *L'institution présidentielle dans le nouveau constitutionnalisme des États d'Afrique et d'Amérique latine,* Thèse de Droit public, Université Cheikh Anta Diop de Dakar, 2013, p. 142.

[32] E. H. MBODJ, « Le Sénégal : un régime présidentiel hétérodoxe », *Les nouvelles Constitutions africaines : la transition démocratique,* H. ROUSSILLON (dir.), Presses de l'Institut d'études politiques de Toulouse, 1995, p. 164.

[33] E. L. DONFACK, « La révision des Constitutions en Afrique », *RJPIC*, n° 1, janvier-mars 1989, p. 54.

[34] D. SY, « L'élaboration de la Constitution du 22 janvier 2001 », *Annales Africaines* 2007, p. 5.

adopté à Dakar le 16 mai 2009 une « *Charte de Gouvernance démocratique* » en tenant compte des aspirations du peuple[35].

Toujours dans la perspective de réforme des institutions du Sénégal, la CNRI a été créée par le Président de la République M. SALL par le décret N° 2013-730 du 28 mai 2013[36]. Force est de constater que la séparation des pouvoirs a été toujours un principe en vigueur dans l'ordonnancement juridique sénégalais depuis l'indépendance. L'histoire constitutionnelle montre selon I. M. FALL *« une valse des modifications constitutionnelles relatives à deux éléments du statut du Président de la République : la durée du mandat et la limitation du nombre de mandats »*[37]. Si le principe de la révision est inscrit dans toutes les Constitutions modernes[38], cependant la révision constitutionnelle n° 2019-10 du 14 mai 2019 marque un nouveau tournant dans le fonctionnement des Institutions au Sénégal au regard du

---

[35] A. SOMA, « Le peuple comme contre-pouvoir en Afrique », *RDP*, n° 4, p. 1019.

[36] Aux termes de l'article 2 du décret n°2013-730 du 28 mai 2013 l'instituant, la CNRI était chargée de « *formuler toutes propositions visant à améliorer le fonctionnement des institutions à consolider la démocratie, à approfondir l'État de droit et à moderniser le régime politique.* Ce décret fait suite au décret n° 2013-682 du 17 mai 2013, nommant M. Amadou Mactar MBOW, ancien Directeur général de l'UNESCO, Professeur à la retraite, comme Président de ladite Commission. Aux termes de l'article 4 du décret n° 2013-730, la CNRI était composée de : Amadou Mactar Mbow (Président), Mamadou Lamine Loum (Vice-Président), Abdoulaye Dieye (Rapporteur), Mme Aminata Diaw Cissé, Mme Ndeye Marie Diédhoiu, Abdoulaye Bara Diop, Serigne Diop, Me. Sidiki Kaba, Cheikh Hamidou Kane, Ahmadou Fadel Kane, Amadou Moctar Mbacké, Saliou Mbaye, Aloyse Ramond Ndiaye, Mazide Ndiaye, Seydou Madani Sy, Mme Maimouna Ndongo Touré, Samba Traoré et Babacar Touré. La CNRI, conformément à la lettre du Président de la République en date du 28 septembre 2012 était amenée à prendre en charge et de faire des propositions sur les problématiques suivantes : i) La consolidation de l'État de droit ; ii) L'équilibre des pouvoirs entre l'exécutif, le législatif et le judiciaire ; iii) Le renforcement de l'indépendance de la justice ; iv) L'approfondissement de la démocratie représentative et participative ; v) Le renforcement et la protection des libertés publiques ; vi) Le renforcement de la décentralisation et de la déconcentration ; vii) La territorialisation des politiques publiques ; viii) La protection et la promotion des valeurs positives de notre société ; ix) La promotion de la bonne gouvernance, de la transparence et de l'équité dans la gestion des affaires publiques ainsi que la culture de l'imputabilité ; x) La stabilité institutionnelle. La CNRI a remis son Rapport au Président de la République en décembre 2013. Toutefois, il faut préciser Me Sidiki KABA, nommé ministre de la Justice en septembre 2013, n'a pas participé à la suite des travaux de la CNRI.

[37] I. M. FALL, « La révision de la Constitution au Sénégal », disponible sur www.afrilex.univ.bordeau-4 (consulté le 12 juin 2020).

[38] G. BURDEAU, *Essai d'une théorie de la révision des lois constitutionnelles en droit positif français,* Thèse, Macon, J. Buguet-Comptour-Imprimeur, 1930.

principe de la séparation des pouvoirs[39]. Elle est perçue comme un retour à la case de départ dans les premières années d'indépendance du Sénégal à travers un régime présidentiel fort incarné par le Président de la République qui devient de *jure* une institution forte omniprésente[40] même si elle s'inscrit dans une longue tradition de promotion et de protection des droits fondamentaux prévus par les instruments juridiques régionaux et internationaux[41].

Selon F. MODERNE « *la révision est formellement une technique procédurale par laquelle les pouvoirs publics modifient expressément et officiellement le texte de la Constitution. Matériellement, elle décrit l'objet de la modification constitutionnelle résultat de cette procédure formelle* »[42]. Le prétexte de cette réflexion est de mesurer l'impact réel de cette révision constitutionnelle dans les rapports entre les trois pouvoirs : l'Exécutif, le législatif, et le judiciaire ; des Institutions qui doivent impérativement collaborer et de disposer des moyens de contre poids dans leur fonctionnement. Les incidences peuvent être entendues ici comme les conséquences, l'influence de cette révision sur le fonctionnement des Institutions, appréhendées à leur tour comme des normes et des organes et les autorités qui les animent. Quant à la séparation des pouvoirs, elle est destinée à prévenir les abus de pouvoir en confiant son exercice à plusieurs organes chargés chacun d'une fonction différente et appelés à se faire mutuellement contrepoids. Cette séparation des pouvoirs peut revêtir deux formes : soit une séparation rigide avec le régime présidentiel[43], soit une séparation souple réalisée avec le régime parlementaire.

Philosophiquement, la théorie de la séparation des pouvoirs repose sur la distinction au sein de l'État des trois fonctions législative, exécutive et juridictionnelle. Elle postule que l'exercice de ces trois pouvoirs soit confié à des organes différents et indépendants le plus possible les uns des autres. Par un jeu de collaboration indispensable de contrôle réciproque, on aboutit à la rationalisation du pouvoir politique d'État et à la garantie de la liberté dans

---

[39] J. DU BOIS DE GAUDUSSON, « Points d'actualité sur les modalités de production du droit constitutionnel dans les États africains francophones », in *Mélanges* P. GELARD, Paris, Montchrestien, 1999, p. 341.

[40] B. GUEYE, « La démocratie en Afrique : succès et résistances », *Pouvoirs,* n° 129, p. 18 et s.

[41] M. KAMARA, « La promotion des droits fondamentaux dans le cadre de la Charte africaine des droits de l'Homme et des peuples et du Protocol additionnel facultatif de juin 1998 », *RTDH* 2005, pp. 709-728.

[42] F. MODERNE, *Réviser la Constitution. Analyse comparative d'un concept indéterminé*, Paris, Dalloz, 2006, p. 40.

[43] Le régime présidentiel se caractérise par une séparation rigide des pouvoirs et une séparation fonctionnelle presque rigide entre le pouvoir exécutif et le pouvoir législatif qui procèdent d'une même légitimité populaire et démocratique : le suffrage universel. Chacun des organes entre en fonctions et les quitte sans que l'autre ne puisse intervenir.

l'État. Cela dit, il n'en reste pas moins que la disposition et la répartition des pouvoirs ont fondamentalement changé avec la dernière intervention du pouvoir constituant dérivé avec la loi constitutionnelle n°2019-10 du 14 mai 2019. Plusieurs questions sous-tendent cette recherche. La séparation des pouvoirs à la base du cantonnement des pouvoirs dans le droit sénégalais a-t-elle symétriquement abouti à leur équilibre ? A-t-elle strictement permis au respect des droits et libertés fondamentaux ? A-t-elle suffisamment abouti à une indépendance de la justice ? A-t-elle parfaitement abouti à un contrôle de l'action gouvernementale par le Parlement ?

Le moins que l'on puisse dire c'est qu'un tel sujet ne manque d'intérêt. Du point de vue théorique, on met en exergue la philosophie constitutionnelle. En réalité, la séparation des pouvoirs semblait n'être destinée qu'à indiquer une certaine organisation des Institutions de l'État, à régir leurs relations mutuelles. Cette logique ontologique et traditionnelle se verrait superposée à une autre nouvelle donne qui instruit que le fonctionnement des pouvoirs publics doit également obéir à cette règle dans les rapports des pouvoirs publics avec les particuliers, sous peine de sanction pour violation d'un droit fondamental s'il en est. Du point de vue de la théorie constitutionnelle, l'acquisition cumulative de plusieurs statuts juridiques par le principe de la séparation des pouvoirs dans son évolution historique montrerait une dimension importante du développement progressif du droit constitutionnel. Du point de vue de la pratique constitutionnelle, en plus d'être une règle objective de superstructure constitutionnelle applicable dans la distribution des compétences des autorités publiques, la séparation des pouvoirs devient ainsi une norme subjective d'infrastructure constitutionnelle, invocable par les citoyens *in concreto* devant le juge constitutionnel dans les différends qui peuvent les opposer aux autorités administratives. Cette recherche se vaut comme une contribution à l'évaluation de l'impact en termes de conséquences juridiques et institutionnelles de la loi constitutionnelle 2019-10 du 14 mai 2019 sur le fonctionnement des institutions au Sénégal à la lumière du principe de la séparation des pouvoirs[44]. Par conséquent, elle ne prend pas en compte les incidences financières et administratives dans une moindre mesure.

Dans le même ordre d'idées, l'aménagement du pouvoir politique qui se caractérise à l'époque contemporaine par l'évolution et la transformation des fonctions principales des pouvoirs laisse manifestement apparaître l'équilibre des pouvoirs comme un principe qui tend irréductiblement à s'affaisser ce qui

---

[44] Adoptées selon les règles de procédure de révision de la Constitution, les lois constitutionnelles visent à compléter ou à modifier les dispositions constitutionnelles existantes ou à en ajouter de nouvelles. Elles intègrent la Constitutions une fois qu'elles ont été régulièrement ratifiées. Elles ne font pas l'objet d'un contrôle de conformité à la Constitution puisqu'elles sont l'expression même de la volonté du pouvoir constituant dérivé.

amènent sans doute les médias et l'opinion publique à se demander si réellement il y a une séparation des pouvoirs au Sénégal ?

À n'en pas douter, ce principe qui constitue le fondement aussi bien pour le régime présidentiel et le régime parlementaire ne traduit plus aujourd'hui au Sénégal la réalité du pouvoir. Le phénomène de son déclin qui a longtemps marqué la vie politique et les systèmes juridiques des États occidentaux a, certes, exercé une grande influence sur les régimes politiques des États africains à travers le renouveau du constitutionnalisme[45] issu des transitions démocratiques des années 1990. L'équilibre des pouvoirs recherché dans le cadre de la séparation des pouvoirs n'a certes pas disparu au Sénégal mais cette révision de 2019 à y regarder de près instaure plus de déséquilibre que d'équilibre en termes de contrepoids et de balance ou de moyens d'action réciproques dans le fonctionnement des institutions au Sénégal[46].

Les pouvoirs exécutif, législatif et judiciaire, théoriquement indépendants les uns des autres ne sont en fait ni séparés ni équilibrés. Ils sont caractérisés par la prédominance d'un Président de la République qui peut décider de tout sans que sa responsabilité soit réellement engagée par les décisions qu'il prend ou les actes qu'il accomplit. Sous ce prisme, le premier pilier pour une démocratie solide est le respect du principe de la séparation des pouvoirs *a contrario,* du point de vue de l'ordonnancement juridique au Sénégal, les incidences de la révision constitutionnelle 2019-10 du 14 mai 2019 s'analysent en un déséquilibre juridique (I). Ce déséquilibre est également institutionnel (II).

II/ Le déséquilibre juridique : l'émiettement des principes de base de la séparation des pouvoirs

Le Sénégal n'a jamais expérimenté de monarchie ou une quelconque forme de régime absolutiste à l'exception du temps des subdivisions royales ou les royaumes. Au siècle des Lumières, J. LOCKE et MONTESQUIEU exposaient la théorie d'un État modéré et d'une nécessité de la séparation des pouvoirs. Cette théorie s'exportera même aux États-Unis avec la Déclaration d'indépendance du 4 juillet 1776[47] ainsi que la Déclaration française des Droits de l'Homme du 26 août 1789.

---

[45] A. R. THIAM, « Une Constitution, ça se révise- Relativisme constitutionnel et État de droit au Sénégal », *politique Africaine,* n° 108, décembre 2007, p. 151.

[46] B. KANTE, « Le Sénégal : un exemple de continuité et d'instabilité constitutionnelle », *Revue juridique politique et économique du Maroc,* septembre 1989, p. 145.

[47] Aux États-Unis, la Déclaration d'indépendance est fondée sur des valeurs universelles liées à la liberté. Le libéralisme qui a triomphé dans les démocraties occidentales est basé essentiellement sur la nécessaire abstention de l'État et sur l'existence d'un individu titulaire de droits et des libertés. Il en découle une méfiance envers le pouvoir politique et d'un certain relativisme en raison de l'existence de nouvelles idéologies.

À l'usure et à l'évolution du temps, la Constitution, adoptée le 22 janvier 2001 présente un nouveau visage en raison des nombreuses lois constitutionnelles. Le Sénégal à travers cette révision 2019-10 du 14 mai 2019 a quitté le cercle des régimes présidentialistes avec un parlementarisme rationalisé par la suppression du poste de Premier ministre dans l'ordonnancement des Institutions[48].

Certes cette révision n'instaure pas une nouvelle République mais change fondamentalement l'ordonnancement juridique du Sénégal du point de vue des rapports entre les pouvoirs. Cet émiettement des principes de base de la séparation des pouvoirs dans sa consécration originelle remet en cause l'équilibre juridique (A) et a assujetti le pouvoir judiciaire (B).

A/ La rupture de l'équilibre juridique

L'architecture des pouvoirs et des institutions révèle une séparation des pouvoirs en ce sens que la Constitution consacre des parties distinctes dans le corpus constitutionnel à chacun des pouvoirs constitués. En effet, le titre III de la Constitution traite du Président de la République et de l'exécutif avec 26 articles : de l'article 25 à l'article 52. Le titre IV quant à lui concerne les

---

[48] Loi n° 2003-15 du 19 juin 2003 portant révision de la Constitution et instituant un Conseil de la République pour les Affaires économiques et sociales (JORS numéro spécial 6107 du 19 juin 2003, p. 613) ; loi constitutionnelle du 11 décembre 2006, p.2003 ; loi constitutionnelle n° 2007-06 du 12 février 2007 portant création du Sénat (JORS numéro 6332 du 10 mars 2007, p. 2387) ; loi constitutionnelle n° 2007-19 du 19 février 2007, modifiant l'article 34 de la Constitution (JORS numéro 6327 du 19 février 2007, p. 2210) ; loi constitutionnelle n° 2007-26 du 25 mai 2007 relative au Sénat (JORS n° 6353 du 30 juin 2007, p. 3050) ; loi constitutionnelle n° 2008-30 du 7 août 20 sp08 modifiant les articles 7, 63, 68, 71 et 82 de la Constitution (JORS numéro spécial 6420 du 8 août 2008, p. 752) ; loi constitutionnelle n°2008-31 du 7 août portant suppression du Conseil de la République pour les affaires économiques et sociales (JORS numéro spécial 6420 du 8 août 2008, p. 753) ; loi constitutionnelle 2008-33 du 7 août 2008 modifiant les articles 9 et 95 et complétant les articles 62 et 92 de la Constitution (JORS numéro spécial 6420 du 8 août 2008, p. 755) ; loi constitutionnelle n° 2008-34 du 7 août 2008 portant révision de la Constitution (JORS numéro spécial 6420 du 8 août 2008, p. 755) ; loi constitutionnelle n° 2008-66 du 21 octobre 2008 portant modification de la 1 ere phrase de l'alinéa premier de l'article 27 de la Constitution (JORS numéro spécial 6432 du 21 octobre 2008, p. 1039) ; loi constitutionnelle n° 2008-67 du 21 octobre 2008 portant modification de l'article 62 alinéa premier de la Constitution (JORS numéro spécial 6432 du 21 octobre 2008, p. 1040) ; loi constitutionnelle n° 2009-22 du 19 juin 2009 instituant un poste de Vice-Président de la République (JORS numéro spécial 6475 du 19 19 juin 2009, p. 651) ; loi constitutionnelle n°2012-16 du 28 septembre 2012 portant révision de la Constitution (JORS numéro spécial 6688 du 28 septembre 2012, p .1187) ; loi constitutionnelle n° 2016-10 du 5 avril 2016 portant révision de la Constitution (JORS numéro spécial 6926 du 7 avril 2016, p. 505) ; loi constitutionnelle n°2018 portant révision de la Constitution (JORS numéro 7094 du 12 mai 2018, p. 551).

fonctions et missions du Gouvernement. Ces deux titres de la Constitution fondent le pouvoir exécutif. Quant au titre VI, il est réservé au Parlement avec 7 articles. Enfin, le titre VIII crée un nouveau pouvoir c'est-à-dire le judiciaire qui était auparavant considéré comme une autorité. Cependant si la lecture de l'architecture constitutionnelle permet de préciser la nature de la séparation des pouvoirs, l'article 6 confirme incontestablement avec clarté les Institutions de la République du Sénégal[49]. En plus dans le préambule de la loi constitutionnelle de 2016[50], le législateur proclame le principe de la séparation des pouvoirs au même titre que le principe de l'intégrité du territoire, le respect des libertés fondamentales et l'État de droit. Ce déséquilibre est perceptible à travers l'existence de pouvoirs exorbitants au profit du Président de la République (1) et la faiblesse des moyens d'action des parlementaires ou de véritables contre-pouvoirs à l'influence grandissante du Président de la République (2).

1/ Le renforcement des pouvoirs du Président de la République

Précisons qu'il n'y a pas une nouvelle Constitution élaborée en 2016, il s'agit d'une simple révision constitutionnelle qui maintient en vigueur la Constitution du 22 janvier 2001. Jusque-là, le Sénégal était classé dans le modèle de régime parlementaire. Mais la révision constitutionnelle du 2019-10 du 14 mai 2019 portant suppression du poste de Premier ministre chamboule carrément l'ordonnancement juridique du Sénégal et change fondamentalement l'incarnation de l'exécutif qui devient monocéphale. En effet selon Abdou A. D. KEBE, *« ce projet pour l'essentiel vise à extraire du texte constitutionnel le poste de Chef de gouvernement qui dirige, donne des instructions, anime et assure la coordination de l'activité gouvernementale »*[51]. Avec toutes ses implications, cette révision est à l'origine de la naissance d'un régime présidentiel et a entrainé la suppression du poste de Premier ministre. La suppression du poste de Premier ministre entraine plusieurs conséquences

---

[49] Article premier de la loi constitutionnelle n° 2016-10 du 05 avril 2016 portant révision de la Constitution modifiant et remplaçant l'article 6 précise que « les institutions de la République sont : le Président de la République ; l'Assemblée nationale ; le Gouvernement ; le Haut Conseil des Collectivités territoriales ; le Conseil économique, social et environnemental ; le Conseil constitutionnel ; la Cour Suprême ; la Cour des comptes et les Cours et Tribunaux ».

[50] I. M. FALL, « La réforme constitutionnelle de mars 2016 au Sénégal : un hommage à l'œuvre du Professeur KANTE », *in* I. M. FALL et A. SALL (dir.), Mélanges en l'honneur de B. KANTE : *Actualités du droit public et de la science politique en Afrique,* L'Harmattan Sénégal, Dakar, 2017, pp. 129.

[51] Abdou A. D. KEBE « La réforme a été enclenchée selon une procédure qui déroge au droit commun (la voie parlementaire) de la révision de la Constitution (voie référendaire). Le projet est inscrit de droit à l'ordre du jour de l'Assemblée nationale et discuté en procédure d'urgence. Il s'agit d'une révision constitutionnelle en mode « fast track » qui aura des incidences budgétaires et administratives.

juridiques dont la plus visible est sans conteste la physionomie monocéphale de l'exécutif[52]. Cela signifie que le pouvoir exécutif est dévolu exclusivement au Président de la République[53]. Il est l'exécutif tout seul[54]. Cela renvoie au modèle des États-Unis d'Amérique où la Constitution prévoyait que « *Le pouvoir exécutif sera confié à un Président des États-Unis...* ». En Côte d'Ivoire, le constituant est beaucoup plus explicite sur le caractère monocéphale de l'exécutif car « *Le Président de la République est le détenteur exclusif du pouvoir exécutif* »[55].

Le Président de la République est « *détenteur du pouvoir réglementaire et dispose de l'Administration (article* 50 de la Constitution du 22 janvier 2001). Aux termes de l'alinéa 2 de l'article 54, on peut remarquer que « *Les membres du Gouvernement sont responsables devant le Président de la République* »[56]. Dans le projet de révision de la Constitution, le poste de Premier ministre disparait mais la fonction gouvernementale demeure car, le Gouvernement est cité parmi les Institutions de la République aux termes de l'article 6 qui fonde son ancrage textuel. D'un point de vue organique, « *Le Gouvernement comprend les ministres et les Secrétaires d'État* » (article 53). Le Gouvernement a des attributions, l'Institution gouvernementale « *conduit et coordonne la politique de la Nation sous la direction du Président de la République* » (article 53 alinéa 1). L'alinéa 2 de la même disposition précise que « *les membres du Gouvernement sont responsables devant le Président de la République* ». Ces dispositions sont complétées par l'article 57 qui prévoit que « *le Gouvernement est une institution collégiale et solidaire* », il « *assure l'exécution des lois et dispose par délégation du pouvoir réglementaire* »[57].

La révision propose par ailleurs un régime présidentiel assez atypique que l'on retrouve dans beaucoup d'États en Afrique (Côte d'Ivoire, Tchad, Nigéria, etc.). Cette nouvelle configuration permet au Président de la République d'être en contact direct avec les niveaux d'application, de mise en œuvre et de suivi des politiques publiques. Dans l'exposé des motifs, le pouvoir constituant dérivé précise qu'« *au regard du changement de paradigme dans la temporalité de la gouvernance des affaires publiques, il y a l'impératif de permettre au Président de la République ayant souscrit des engagements devant le peuple de répondre aux demandes du pays en imprimant plus de*

---

[52] A. SALL, « Processus démocratique et bicéphalisme du pouvoir exécutif en Afrique noire Francophone : un essai de bilan », *Nouvelles Annales Africaines*, 2008, 206 p.

[53] A. A. DIAGNE, « L'échec du régime présidentiel en Afrique », *Bambazuca News*, n° 138, 14 mars 2010, 213 p.

[54] E. O. DIOP, *L'instrumentalisation de la Constitution dans les régimes politiques africains,* Dakar, CREDILA-OVIPA, 2017.

[55] M. PROUZET, « Les procédures de révision constitutionnelle », *Les institutions constitutionnelles des États d'Afrique francophone*, Paris, Economica, 1979, p. 286.

[56] Article 54 de la Constitution du 22 janvier 2001.

[57] Article 57 de la Constitution du 22 janvier 2001.

célérité, d'efficacité et d'efficience à l'action gouvernementale »[58]. Ainsi, le constituant a manifesté sa volonté d'accorder au Chef de l'État de plus de pouvoirs afin d'assumer directement les politiques publiques. À cet égard, la révision constitutionnelle 2019-10 du 14 mai 2019 a abrogé vingt et-deux articles en totalité dont 5 du Titre III dénommé « *Du Président de la République* »[59] et 2 du Titre IV « *Du Gouvernement* », pour dire que la réforme a été faite au profit de l'exécutif.

À travers cette révision, le Président de la République se voit conférer plus de pouvoirs avec la suppression du poste de Premier ministre. Désormais, il signe les décrets et les ordonnances[60]. Il n'y a plus de contresignature de ces derniers. Aujourd'hui, le Président de la République nomme les membres du Gouvernement, fixe leurs attributions et met fin à leurs fonctions[61], il devient de ce fait Chef d'État et Chef du Gouvernement. Il a tout le pouvoir réglementaire et dispose en outre de l'Administration dont il devient directement le supérieur hiérarchique même s'il peut déléguer le pouvoir réglementaire à ses ministres. Il a la possibilité de soumettre tout projet de loi au Référendum en dehors de toute proposition mais après avis du Président de l'Assemblée nationale et de celui du Conseil Constitutionnel[62].

On assiste à un renforcement des pouvoirs de l'exécutif et leur concentration au profit du Président de la République comme la plupart des cas en Afrique[63]. Ainsi, dans l'exposé des motifs de la loi constitutionnelle portant suppression du poste de Premier ministre, il est précisé que : *« désormais le Président ne dispose plus du droit de dissoudre l'Assemblée nationale et de la même manière l'Assemblée nationale ne peut plus provoquer la démission du Gouvernement par le vote de la confiance ou de la motion de censure ».* Toutefois l'Assemblée nationale gagne en autorité pour exercer sa mission constitutionnelle de légiférer, de contrôler le Gouvernement et d'évaluer ses politiques publiques[64].

---

[58] Cf. l'exposé des motifs de la révision constitutionnelle 2019-10 du 14 mai 2019.

[59] Il s'agit des articles 40, 43, 49, 50, 52, 53, 56, 76, 80, 81, 82, 83, 84, 85, 86, 87, 88, 89,101, et 103.

[60] Article 43 de la Constitution « *Le Président de la République signe les décrets et les ordonnances* ».

[61] Article 49 de la Constitution « *Le Président de la République nomme les membres du Gouvernement, fixe leurs attributions et met fin à leurs fonctions* ».

[62] Article 51 de la Constitution « *Le Président peut, après avoir recueilli l'avis du Président de l'Assemblée nationale et du Conseil Constitutionnel, soumettre tout projet de loi constitutionnelle au référendum* ».

[63] O. NAREY, « Les faces cachées d'un régime présidentiel autoproclamé : cas de la VIe République du Niger », *Nouvelles Annales Africaines*, N-2011, pp. 135-171.

[64] M. HOTTELIER, « Le principe de la séparation des pouvoirs et son aménagement en droit constitutionnel Suisse », *in Long Cours, Mélanges en l'honneur de Pierre BON*, Paris, Dalloz, 2014, 270 p.

Il faut remarquer que la fonction de Premier ministre n'est pas seulement théorique. En France, selon l'article 19 de la Constitution du 04 octobre 1958 « *Les actes du Président de la République autres que ceux prévus aux art.8 (1er alinéa), 11, 12, 16,* 18, 54, 56 et 61 *sont contresignés par le Premier ministre et, le cas échéant, par les ministres responsables »*[65]. Le Premier ministre dispose de pouvoirs propres que lui confère la Constitution du 22 janvier 2001. Les ministres sont nommés sur sa proposition (article 49 avant la révision). Il conduit et coordonne la politique de la Nation, il était le Chef de gouvernement et de l'Administration, il nommait aux emplois civils, dispose du pouvoir réglementaire, assure l'exécution des lois, préside les conseils interministériels et les réunions interministérielles ou désigne à cet effet un ministre. Il en courrait une double responsabilité devant le Président de la République et devant l'Assemblée nationale (article 53 avant révision de 2019). Il a également des attributions consultatives, il intervenait dans la procédure législative ordinaire et peut proposer au Président de la République de réunir l'Assemblée nationale en session extraordinaire (63 alinéa 5 de la Constitution avant révision de 2019).

Quels sont alors les nouveaux rapports entre les pouvoirs ? Avec la suppression du poste de Premier ministre, la réforme prend-elle en compte toutes les exigences d'un régime présidentiel afin de garantir l'équilibre des pouvoirs.

2/ La faiblesse des moyens d'action réciproques entre les pouvoirs

Au départ l'article 63, alinéa 5 ne figurait pas dans le projet de révision, seulement 22 articles sont visés par le projet déposé à l'Assemblée nationale. Mais il s'agissait en réalité de 23 articles, si l'article 63 n'y figurait pas c'était plutôt une erreur technique que d'omission. Pour l'essentiel, le but ultime, était de mettre fin à l'existence du poste de Premier ministre au Sénégal[66]. Le fondement de la révision constitutionnelle est indiqué dans l'exposé des motifs dans lesquels, le pouvoir constituant dérivé, *«un pouvoir subordonné à un ordre juridique supra-constitutionnel »*[67], proclame que la réforme fonde un régime présidentiel avec un exécutif rationalisé sans toutefois faire allusion

[65] Article 19 de la Constitution du 22 janvier 2001.

[66] Dans l'histoire politique du Sénégal, le poste de Premier ministre a été supprimé de 1963à 1970. Il sera rétabli le 26 février 1970 et confié à Abdou DIOUF. Du 1er janvier 1981 au 03 avril 1983, Habib THIAM succédera à Abdou DIOUF à ce poste qui sera supprimé encore de 1983 à 1991 et rétabli à nouveau en mars 1991 avec le retour d'Habib THIAM.

[67] M. KAMARA, « Supra-constitutionnalité et exercice du pouvoir constituant dérivé », in *Revue de la recherche juridique-prospectif,* 2008.1436.

au Parlement ni au pouvoir judiciaire[68]. L'on se demande dès lors si ce pouvoir peut tout réviser ?

Le Président de la République ne dispose plus du droit de dissolution conformément à l'article 87 de la Constitution tout comme l'Assemblée nationale ne peut plus provoquer la démission du Gouvernement par le vote d'une motion de censure ou d'un refus de confiance (article 86 de la Constitution)[69].

Il y a toutefois lieu de remarquer que la faiblesse des moyens d'action réciproques ne signifie pas l'inexistence d'interférence ou de collaboration des pouvoirs. En effet, le régime présidentiel instauré par la révision constitutionnelle 2019-10 du 14 mai 2019 contient bien des interférences réciproques. Car selon l'article 81 « *les membres du Gouvernement peuvent être entendus à tout moment par l'Assemblée nationale et ses commissions » ; « les commissions permanentes de l'Assemblée peuvent entendre les directeurs généraux des établissements publics, des sociétés nationales et des agences d'exécution »*[70]. De même, les députés peuvent poser des questions écrites, des questions orales et des questions d'actualité aux membres du Gouvernement qui sont tenus d'y répondre (article 86)[71].

L'Assemblée nationale peut également mettre sur pied des commissions d'enquête (article 87), elle détient le pouvoir législatif (article 67) et vote les projets de lois de finances.

Le moins que l'on puisse dire et c'est un avis partagé avec la CNRI, c'est que, *« le Parlement est trop largement soumis à l'influence du Chef de l'exécutif : il n'exerce toujours pas toutes ses prérogatives dans le vote des lois et dans le contrôle efficient de l'action du gouvernement, se bornant généralement à un soutien inconditionnel de celui-ci. Son rôle en matière d'évaluation des politiques publiques est peu ou pas assuré. À de maintes*

---

[68] Exposé des motifs du projet de loi constitutionnelle de 2019 : « *Le référendum du 20 mars 2016 a consacré la volonté fortement exprimée du Président de la République en 2012 de réduire la durée du mandat présidentiel de sept à cinq ans, avec le passage du septennat au quinquennat, du le Président de la République dispose désormais d'un plus temps court pour mettre en œuvre les politiques publiques. Au regard de ce changement de paradigme dans la temporalité de la gouvernance des affaires publiques, il y a l'impératif de permettre au Président de la République ayant souscrit des engagements devant le peuple de répondre aux demandes du pays en imprimant plus de célérité, d'efficacité et d'efficience à l'action gouvernementale »*.

[69] G. CARCASSONNE, « Réhabiliter le Parlement », *in Pouvoirs*, n° 49, 1989, 215 p.

[70] Article 81 de la Constitution.

[71] Article 86 : « *Les députés peuvent poser aux membres du Gouvernement qui sont tenus d'y répondre, des questions orales et des questions d'actualité. Les questions et les réponses y afférentes ne sont pas suivies de vote. Les membres du gouvernement se présentent à l'Assemblée nationale selon une périodicité fixée d'accord parties pour répondre aux questions d'actualité des députés »*.

occasions, on a pu noter un usage abusif de la majorité parlementaire conduisant à une rupture de confiance entre le peuple et ses représentants »[72].

Une autre particularité réside dans les articles 55 et 56 de la Constitution issue de cette révision qui tempère en quelque sorte le principe d'incompatibilité des fonctions gouvernementales et parlementaires que l'on retrouve dans le régime présidentiel. Aujourd'hui, le député, appelé à exercer les fonctions de ministre a la possibilité de retrouver son poste de député à l'Assemblée nationale s'il est déchargé de sa fonction ministérielle. C'est également le paradoxe dans la maitrise de l'ordre du jour du Parlement par l'exécutif. En réalité pour qu'un régime présidentiel puisse fonctionner efficacement à l'identique au modèle des États-Unis d'Amérique, il faut de véritables contre-pouvoirs, c'est le paradoxe dans quelques États africains qui ont instauré ce modèle notamment la Côte d'Ivoire, le Tchad, etc.

D'après l'exposé des motifs, le pouvoir constituant dérivé entend donner plus de visibilité et de moyens au Président de la République. Le Sénégal par cette réforme dans un intervalle de soixante-dix ans fait la valse de quatre régimes politiques[73]. On se demande en réalité si le Sénégal n'a pas du mal à retrouver de vie constitutionnelle pour plusieurs raisons.

D'abord la Constitution du 22 janvier 2001 avait institué un régime parlementaire avec des moyens d'action réciproques qui permettaient de rendre chaque pouvoir responsable de ses actions[74]. Par exemple chaque fois que le Premier ministre se verra refuser une question de confiance ou encourir une motion de censure votée défavorablement se devait de rendre sa démission au Président de la République et ce dernier avait dès lors la possibilité de dissoudre l'Assemblée nationale. Ensuite actuellement, la rupture de l'équilibre juridique se manifeste par le fait que le Président de la République a concentré davantage de pouvoirs entre ses mains selon les dispositions des articles 43, 49, 50, 51, 52 et 53. Enfin l'Assemblée nationale a perdu certains de ses pouvoirs contre l'exécutif.

La pratique des institutions consacre de manière plus craintive la superpuissance des Chefs d'État africains, source de tous les pouvoirs, administratif, exécutif, législatif et même judiciaire sans compter leur pouvoir de nomination aux emplois civils et militaires. En effet, onze articles sur les

---

[72] Rapport CNRI, *op. cit.* p. 42.

[73] Selon le Professeur E. H. MBODJI, « le Sénégal a pris son indépendance avec un régime parlementaire qui ne fonctionnera que peu de temps et s'en suivra le régime présidentiel pour pallier les dysfonctionnements du parlementarisme et en 2001 fait un retour à la case de départ. La réforme du 14 mai 2019 nous renvoie au présidentialisme du 07 mars 1963 ».

[74] A. KAH, « La Constitution sénégalaise de 2001 et le partage des pouvoirs entre le Président de la République et le Premier ministre », *Droit Sénégalais,* n° 7, novembre 2008, pp. 283-316.

vingt et deux de cette réforme ont rendu le Président de la République plus outillé en pouvoir et en droit. Le Président de la République dispose d'un gouvernement qui n'est responsable qu'envers lui seulement suivant la logique de l'article 54 de la Constitution[75].

Certes, l'Assemblée nationale est plus autonome mais les députés font face à un exécutif fort, ils n'ont aucune voie envers ou contre le Président de la République. Le Président de la République a la possibilité d'intervenir dans la sphère de compétence de l'Assemblée nationale qui n'incarne pas comme le Congrès américain tout le pouvoir législatif.[76]

Il y a lieu de voir les incidences de cette révision constitutionnelle 21019-10 du 14 mai 2019 sur les rapports entre l'exécutif et le judiciaire.

B/ L'assujettissement du pouvoir judiciaire

Depuis l'indépendance le Sénégal a connu quatre grandes étapes dans sa réforme judiciaire : de 1960 à 1984[77], de 1984 à 1992[78], de 1992 à 2008 et de 2008[79] à nos jours. L'analyse de l'évolution de toutes les réformes judiciaires nous permet de mettre en lumière les interférences persistantes surtout malgré cette révision constitutionnelle de 2019 de l'exécutif dans le judiciaire (1) et le redressement de ce dernier (2).

1/ Les interférences du pouvoir exécutif dans le judiciaire

Dans une société démocratique, régie par le principe de l'État de droit, la protection juridictionnelle de l'administré constitue un élément fondamental. En effet, « *La démocratie suppose que l'État connaisse bien le droit comme frontière de sa puissance* »[80]. La séparation des autorités administratives et judiciaires tire son origine de la séparation des pouvoirs institués en France par la Loi des 16 et 24 août 1790 et le décret du 16 Fructidor An III de la Révolution[81].

---

[75] Article 54 de la Constitution « *Le Gouvernement conduit et coordonne la politique de la Nation. Il est responsable devant le Président de la République* ».

[76] L'initiative des lois, ordonnances et droit d'amendement.

[77] Loi organique n° 2014-26 du 03 novembre 2014 abrogeant et remplaçant la loi organique 84-19 du 02 février 1984 fixant l'organisation judiciaire du Sénégal, *J.O.R.S,* 3 mars 1984, p. 124.

[78] Loi organique n° 92-23 du mai 1992 sur le Conseil Constitutionnel modifiée par la loi n° 99-71 du 17 février 1999.

[79] La loi organique n° 2017-09 du 17 janvier 2017abrogeant et remplaçant la loi organique N° 2008-35 du 8 août 2008 portant Cour Suprême du Sénégal, *J.O.R.S* du 18 janvier 2017, p. 47.

[80] H. OBERDORFF, *L'exécution par l'administration des décisions du juge administratif,* Thèse, Paris 2, 1981, p. 9.

[81] J. RIVERO et J. WALINE, *Droit administratif,* 20e éd. Dalloz, Paris, 2004, p. 17.

La loi des 16 et 24 août 1790 précisait dans son article 13 que « *Les fonctions judiciaires sont distinctes et demeurent toujours séparées des fonctions administratives. Les juges ne pourront à peine de forfaiture, troubler de quelque manière que ce soit les opérations des corps administratifs, ni de citer devant eux les administrateurs pour raison de leurs fonctions* »[82]. La conséquence directe de ces dispositions se situe à deux niveaux en France. La première résulte du principe ancien à valeur constitutionnelle sous l'Ancien Régime et à valeur législative qui débouche sur la séparation des autorités administratives et judiciaires. La seconde résulte du principe moderne et à valeur constitutionnelle de la séparation des pouvoirs, tel qu'il résulte de l'article 16 de la Déclaration des droits de l'homme et du citoyen de 1789.

En 1641, par l'Édit de Saint-Germain, RICHELIEU limite strictement les attributions du Parlement au droit de remontrance, c'est-à-dire le droit du Parlement de remettre un édit royal en question avant l'enregistrement si cet édit est contre les intérêts du Roi ou du peuple[83]. C'est dans cette mouvance que la Constitution du 22 Frimaire an VIII de la loi du 28 pluviôse an VIII datant du Consulat créa respectivement le Conseil d'État et les Conseils de préfecture, ancêtres des tribunaux administratifs. Ces juridictions acquièrent par la suite une justice déléguée, donc une réelle indépendance et fondent ainsi le dualisme de juridiction.

Aujourd'hui la loi organique 2017-09 du 17 janvier 2017[84]portant sur la Cour Suprême modifie l'organisation judiciaire du Sénégal[85]. Au Sénégal l'idée de la séparation entre ces deux ordres juridiques trouve son origine dans l'héritage coloniale toutefois distincte de celle de la France[86]. L'article 6 de la Constitution sénégalaise du 22 janvier 2001 cite parmi les institutions de la République sans distinction les cours et les tribunaux à côté du Conseil Constitutionnel, de la Cour des comptes et de la Cour suprême. De ce fait, la justice administrative est perçue comme un démembrement de l'exécutif, les juridictions administratives ne sont pas rattachées à l'administration de même, il n y a ni dualité de juridiction ni dualité des attributions. En retraçant

Cf. article 13 de la loi des 16 et 24 août 1790 sur l'organisation judiciaire en France.

[83] L. HAMON, *Les juges de la loi. Naissance et rôle d'un contre-pouvoir : Le Conseil Constitutionnel*, Paris, Fayard, 1987.

[84] Adoptées selon des conditions particulières de majorité et soumises à un contrôle préalable et obligatoire de constitutionnalité, les lois organiques visent à préciser ou à compléter certaines stipulations de la Constitution.

[85] Cf. loi N° 2014-26 du 03 novembre 2014 portant réforme de l'organisation judiciaire du Sénégal.

[86] R. CLAUDE, *Le pouvoir judiciaire face aux pouvoirs exécutif et législatif, in* L'indépendance judiciaire… contrainte ou gage de liberté ? Actes du Colloque 2002, pp.97-197. Conseil de la Magistrature du Québec, 2003, 138 p.

l'évolution de l'organisation judiciaire du Sénégal, on identifie trois étapes fondamentales[87].

Dans l'exposé des motifs, le pouvoir constituant dérivé proclame que la réforme fonde un régime présidentiel avec un exécutif rationalisé sans toutefois faire allusion au parlement ni au judiciaire. Aucune modification de la loi n° 2019-10 du 14 mai 2019 n'est portée sur le pouvoir judiciaire. Ce qui veut dire que dans cette transition du parlementarisme au présidentialisme, le pouvoir judiciaire a gardé son statut et ses liens avec l'exécutif. S'il ressort des articles 88 à 94 de la Constitution que « *Le pouvoir judiciaire est indépendant du pouvoir législatif et du pouvoir exécutif. Il est exercé par le Conseil constitutionnel, la Cour suprême, la Cour des comptes et les Cours et Tribunaux* »[88], ce pouvoir est toujours à la recherche de son indépendance. Le pouvoir judiciaire au Sénégal est un pouvoir mais qui apparaît comme le dernier des pouvoirs.

C'est un pouvoir dit, au mieux, neutre, au pire soumis[89] alors que la justice contribue à la promotion de la garantie de l'état de droit en protégeant l'ordre juridique et assure « *une protection juridictionnelle des libertés* »[90]. Le pouvoir politique a toujours manifesté une défiance viscérale vis-à-vis du principe constitutionnel d'indépendance du pouvoir judiciaire. Pourtant, celle-ci est posée dès la Constitution du 26 août 1960 en son article 59 dans le cadre d'un régime parlementaire que « *La justice est une autorité indépendante de l'exécutif et du législatif* ». La Constitution du 7 mars 1963 qui est un héritage de la Constitution française du 4 octobre 1958 a reposé le même principe.

Elle a, mieux dépassé la France dans ce domaine. En effet là où la France parle d'« *autorité judiciaire* », le constituant sénégalais opte pour un pouvoir judiciaire indépendant. Les dispositions de l'article 80 de la Constitution de 1963 sont sans équivoques. Ledit article précise que « *Le pouvoir judiciaire, indépendant du pouvoir législatif et du pouvoir exécutif est exercé par la Cour Suprême et les Cours et tribunaux. Les juges ne sont soumis dans l'exercice de leurs fonctions qu'à l'autorité de la loi ; les Magistrats du siège sont inamovibles. Ils sont nommés après avis du Conseil supérieur de la*

[87] A. KANTE, « Réflexions sur l'organisation judiciaire au Sénégal (1830-1992) », *in* M. BADJI et O. DEVAUX (éd.), *Droit Sénégalais*, n°5, *De la justice coloniale aux systèmes judiciaires africains contemporains,* Toulouse, Presses de l'Université des Sciences sociales de Toulouse, 2006, pp. 199-221.

[88] Cf. Articles 88 à 94 de la Constitution.

[89] A. DIOP, *Rapport du pouvoir judiciaire et du pouvoir exécutif en Afrique. Les relations entre le pouvoir exécutif et le pouvoir judiciaire au Sénégal,* L.G.D.J, 1969, p. 37.

[90] M. DIAKHATE, « La motivation des décisions des juridictions administratives en Afrique subsaharienne francophone », p. 7. www.afrilex.u-bordeau4.fr, avril 2019, (consulté le 15 juillet 2020).

Magistrature »[91]. L'article 88 de la Constitution du 22 janvier 2001 prévoit que « *le pouvoir judiciaire est indépendant du pouvoir législatif et du pouvoir exécutif. Il est exercé par le Conseil constitutionnel, la Cour Suprême, la Cour des comptes et les Cours et tribunaux* ». Sur le plan législatif, l'article 6 de la loi N° 2017-10 du 17 janvier 2017 en apporte un éclairage en précisant « *les Magistrats du siège sont inamovibles. En dehors des sanctions disciplinaires du premier degré, ils ne peuvent recevoir une affectation nouvelle même par voie d'avancement, sans leur consentement préalable »*[92].

Les juges sont des fonctionnaires de l'administration, de ce fait, ils entretiennent un lien statutaire avec elle[93]. Ils bénéficient d'une garantie d'indépendance[94] et d'inamovibilité. L'indépendance de la justice est appréciée à un double niveau, celui du magistrat et celui de l'institution judiciaire. Dans la relation entre l'exécutif et le judiciaire il y a la présence continue du Président de la République et du ministre de la Justice qui sont respectivement Président et Vice-Président du Conseil supérieur de la Magistrature au Sénégal (C.S.M). Supposé indépendant, « *Le pouvoir judiciaire se retrouve sous une certaine dépendance au pouvoir exécutif trop souvent instrumentalisé par celui-ci et reste insuffisamment doté en ressources humaines et matérielles appropriées. Il n'assume pas toujours ses missions dans l'impartialité, l'équité et l'indépendance. Dans beaucoup de cas*, ses *décisions ne sont pas motivées, laissant ainsi les justiciables dans l'ignorance des fondements juridiques des sentences qui les concernent. Les abus de la détention provisoire sont fréquents, entrainant une privation indue de liberté à des personnes dont la culpabilité est loin d'être évidente. Le Conseil constitutionnel qui est un des organes majeurs se déclare le plus souvent incompétent pour trancher les litiges dont il est le seul à pouvoir connaître. La juridiction administrative est trop éloignée des justiciables surtout des ruraux notamment en matière d'excès de pouvoir »*[95].

La mainmise de l'exécutif dans le pouvoir judiciaire est longtemps décriée par la société civile, l'opposition et les activistes politiques[96]. On ne devrait pas perdre de vue également que la justice en général et la justice

---

[91] Article 80 de la Constitution du 22 janvier 2001.

[92] Loi organique n° 2017-10 du 17 janvier 2017 portant Statut des Magistrats.

[93] Loi organique 92-27 du 30 mai 1992 portant Statut des Magistrats du Sénégal, modifiée par la loi n° 2017-10 du 17 janvier 2017.

[94] Article unique de la loi constitutionnelle n° 2008-34 du 7 août 2008 portant révision de la Constitution (*JORS* du 8 août 2008, p. 755). «*Le pouvoir judiciaire est indépendant du pouvoir législatif et du pouvoir exécutif. Il est exercé par le Conseil constitutionnel, la Cour suprême, la Cour des comptes et les Cours et Tribunaux* ».

[95] Éléments de diagnostic de la CNRI annexé au *Rapport final*, p. 42.

[96] C. GERARD, « Le juge constitutionnel en Afrique, censeur ou pédagogue », *in* G. CONAC (dir.), *Les Cours Suprêmes en Afrique*, Paris, 1989, Volume II,

constitutionnelle[97] en particulier joue un rôle important aujourd'hui en Afrique dans la régulation des systèmes politiques surtout[98] avec les défis auxquels est confronté le droit constitutionnel[99] ce qui amène la justice constitutionnelle à remplir des fonctions importantes[100]. Cette immixtion poussée du pouvoir exécutif dans le judiciaire a pour conséquence le redressement en quelque sorte de ce dernier.

2/ Le redressement du pouvoir judiciaire

Le pouvoir exécutif influence en effet le pouvoir judiciaire, l'immixtion de l'exécutif par ses membres aux sièges de premier plan du CSM, gestionnaire de la carrière des magistrats permet remet en cause l'indépendance du pouvoir judiciaire[101]. Un État de droit ne peut se concevoir sans une justice impartiale et indépendante[102]. De telles garanties étant indispensables dans les systèmes démocratiques modernes[103]. De plus la dépendance du Parquet au ministère public ou le Garde des Sceaux est une illustration flagrante de l'influence du pouvoir exécutif pour contrôler celui du judiciaire[104]. L'indépendance a trait aux rapports entre les pouvoirs. Il importe que le juge soit pleinement indépendant tant du pouvoir législatif que du pouvoir exécutif d'autant plus que le juge africain contribue directement ou indirectement à la construction de l'Administration publique au Sénégal[105].Par ailleurs, le juge est dans

[97] V. loi organique n° 2016-23 du 14 juillet 2016.

[98] F. DIALLO, « Le juge constitutionnel et la construction de l'État de droit au Sénégal) », *Land, law and politics in Africa. Mediatory conflict and reshopping the state, in memory of Gerti HESSELING,* edicted by Jan ABBINK, Mirjam de BRUIJN, 2011, p. 266.

[99] B. KANTE, « Les juridictions constitutionnelles et la régulation des systèmes politiques en Afrique », Mélanges en l'honneur de J. GICQUEL, *Constitutions et pouvoirs*, Paris, Montcrestien, 2008, p. 265.

[100] D. SY, « Les fonctions de la justice constitutionnelle en Afrique », in O. NAREY (dir.), *La justice constitutionnelle,* Actes du colloque international de l'ANDC, Niamey 2015, pp. 51-55.

[101] A. BOURGI, « L'évolution du constitutionnalisme en Afrique : du formalisme à l'effectivité », *Revue française de droit constitutionnel*, n° 52, 2002, 748 p.

[102] L. FAVOREU, « Le Conseil Constitutionnel régulateur de l'activité normative des pouvoirs publics », in *Mélanges* G. BRAIBANT, Paris, Dalloz, 1996, p. 105.

[103] L'article 64 de la Constitution française précise que « *le Président de la République est garant de l'indépendance de l'autorité judiciaire. Il est assisté par le Conseil supérieur de la magistrature. Une loi organique porte sur le statut des magistrats. Les magistrats du siège sont inamovibles* ».

[104] D. NDOYE, *Le pouvoir judiciaire au Sénégal face aux autres pouvoirs : doctrine politique et réalités,* Éditions du CAFORD, Centre africain de formation, de recherche et de documentation, 2001, p. 55.

[105] S. A. GAYE, « La construction de l'administration du Sénégal entre réalités sociétales et génie de modernisation », *Revue africaine de Sciences politiques et sociales,* n° 19 décembre 2018, pp. 136-158.

certaines circonstances considéré comme un co-législateur « *quand il émet des réserves d'interprétation parce que ces dernières modifient par addition ou soustraction le texte du Parlement. Il agit même sous forme de « dicta législatif », devient co-rédacteur des textes des lois et détenteur d'un certain pouvoir normatif »*[106].

Alors qu'en réalité l'indépendance des juges et le principe selon lequel les individus doivent pouvoir accéder à un tribunal pour qu'y soient tranchés les différends juridiques les concernant[107]. Mis en à part les juges qui exercent une fonction pour un temps déterminé, les magistrats et les juges sont des fonctionnaires recrutés et nommés par l'État et qui font une carrière avec la perspective d'un avancement et la menace de sanctions[108]. Ils occupent comme tous les autres fonctionnaires des positions déterminées.

A. B. FALL faisait remarquer que « *de tout temps, le pouvoir politique a cherché à s'attirer les grâces de la justice, ou à défaut de la contrôler. Le problème de l'indépendance de la justice est très souvent évoqué en Afrique mais il n'est pas propre aux États africains pose par ailleurs également, y compris dans les pays occidentaux où l'on nous constate quotidiennement que cette indépendance n'est jamais définitivement acquise »*[109].

À en juger par sa composition, le CSM du Sénégal constitue une des armes fatales de l'exécutif dont il tiendrait pour indiquer la direction, bon malgré, au pouvoir judiciaire. Les caractéristiques des Constitutions africaines sont la toute-puissance déguisée d'un homme en sa qualité de Chef d'État et corrélativement l'absence de freins et contrepoids véritables. Cette situation est accentuée par l'existence d'un Parlement aux ordres, une justice dépendante, des droits de l'homme au mieux formels ou encore des partis claniques qui ont le plus souvent succédé à un parti unique. Au Sénégal avec cette révision constitutionnelle 2019-10 du 14 mai 2019 on constate un déséquilibre à la fois juridique et institutionnel. En ce sens en dehors du fait que le titre III « *Du Président de la République* » renferme en lui seul plus de dispositions que tous les autres pouvoirs. Mais véritablement la Constitution fait que tout tourne autour du Président de la République, épine dorsale des rapports institutionnels.

---

[106] A. A. D. KEBE, « Les réserves d'interprétation dans la jurisprudence constitutionnelle des États de l'Afrique noire francophone », *Annales Africaines, Nouvelles Série,* Volume 1 avril 2015, p. 24.

[107] J.-L. DEBRE, « Justice et séparation des pouvoirs en droit constitutionnel français », *Communication à Doha*, 2008, 210 p.

[108] G. CONAC, « Le juge de l'État en Afrique », in *La justice en Afrique. Afrique contemporaine*, p. 13.

[109] A. B. FALL, « Le juge, le justiciable et les pouvoirs publics : pour une appréciation concrète de la place du juge dans les systèmes politiques en Afrique », *Revue électronique Afrilex,* 2003, p.18 www.univ.bordeau4.fr (consulté le 10 juin 2020).

Cette révision constitutionnelle de 2019 change l'ordonnancement des institutions en renforçant les pouvoirs et l'influence du Président qui semble être l'addition du Président américain et de celui de la France. Ce changement de régime apporte conséquemment un déséquilibre institutionnel flagrant dans les rapports entre les pouvoirs au Sénégal en vertu du principe de leur séparation.

II/ Le déséquilibre institutionnel : l'exorbitance de l'institution présidentielle

La Constitution française du 04 octobre 1958 avait limité les prérogatives du Parlement. Un renversement institutionnel s'est opéré en réaction aux IIIe et IVe Républiques notamment par les articles 16, 34 et 37 de la Constitution. Les compétences du Parlement sont celles que la Constitution sous le contrôle du juge constitutionnel lui attribue. De la rationalisation de l'activité parlementaire combinée avec la discipline majoritaire particulièrement significative à partir de 1962 découle une large autonomie d'action gouvernementale. La double fonction du Parlement inhérente au régime représentatif est le vote de la loi et le contrôle du Gouvernement. Il s'agit ici une domination de l'exécutif que la Constitution sénégalaise du 22 janvier 2001 va reprendre et renforcer davantage avec la révision 2019-10 du 14 mai 2019. Les prérogatives du Président de la République sont renforcées, il devient irresponsable devant l'Assemblée nationale. Que reste-t-il de la séparation des pouvoirs avec la prééminence du Président de la République clé de voûte des institutions ? (A). Cette toute-puissance de l'autorité du Président de la République ne devrait-elle pas être tempérée par son encadrement ? (B).

A/ La prééminence du Président de la République

Dans la pratique constitutionnelle sénégalaise, des phénomènes ont compromis une véritable séparation des pouvoirs ce qui justifie la prééminence du Président de la République et son influence grandissante dans le fonctionnement des institutions de la République[110]. Il s'agit d'une part le fait majoritaire (1), et d'autre part le système de partis et le scrutin majoritaire (2).

1/ Le fait majoritaire

Le fait majoritaire[111] est une pratique politique non inscrite à la Constitution française de la Ve République mais qui a permis aux institutions

---

[110] I. M. FALL, *L'évolution constitutionnelle du Sénégal : de la veille de l'indépendance aux élections de 2007,* CREDILA-CREPOS, Karthala, 2009.

[111] Le fait majoritaire est la situation où le Président de la République et la majorité parlementaire appartiennent à la même couleur politique. On dit alors qu'il y a concordance entre les majorités présidentielles et parlementaires. On le définit souvent comme période « normale » par opposition à la cohabitation puisque c'est la plus courante.

leur stabilité. Elle signifie une majorité stable à l'Assemblée nationale[112]. Ce qui fait que l'adoption des textes portant modification de la Constitution ne soulève pas de difficulté particulière[113]. Jusqu'à la révision constitutionnelle du 23 juillet 2008[114], le Premier ministre maitrisait la procédure législative, de l'ordre du jour en passant par le droit d'amendement jusqu'au vote en séance publique, le vote d'une motion s'avérait improbable.

Le fait majoritaire consiste, pour le Gouvernement à disposer d'une majorité stable et fidèle, sur laquelle il peut s'appuyer tout au long de son mandat[115]. Le président du groupe parlementaire représente lui aussi un gardien de l'autorité gouvernementale au sein de l'Assemblée nationale[116] et la modification de la composition des commissions parlementaires à la suite de la fronde de certains élus et à travers lui l'emprise certain de l'exécutif sur les équilibres politiques au sein de l'Assemblée nationale[117].

D'un point de vue sociologique, le profil de certains parlementaires favorise également la subordination en raison du lien entre leur carrière politique et leur rôle au sein du parti ce qui accroit leur loyauté envers les cadres politiques[118] et l'exécutif est toujours derrière les initiatives parlementaires pour les révisions constitutionnelles qui sont difficiles

---

[112] S. M. SY, *Les régimes politiques sénégalais de l'indépendance à l'alternance,* Iroko-Karthala-CREPOS.

[113] J. L. ATANGANA-AMOUGOU, « Les révisions constitutionnelles dans le nouveau constitutionnalisme africain », *Politeia,* n° 7, Printemps 2007, p. 583.

[114] Loi constitutionnelle n° 2008-724 du 23 juillet 2008 de modernisation des institutions de la Ve République, *JORF du* 24 juillet 2008, p.11889 ; J. BENETTI, « Le parlementarisme après la révision constitutionnelle de 2008 : tout changer pour ne rien changer ? », *Politéta,* n° 15, 2008, p. 367.

[115] P. AVRIL, « Les Chefs d'État et la notion de majorité présidentielle », in Paris *Presse de la FNSP,* 1988, 203 p.

[116]Article 20 du Règlement intérieur de l'Assemblée nationale issue de la loi organique n°2002 du 15 mai 2020 modifié par la loi organique n° 2019-14 du 28 octobre 2019 prévoit que « *Les députés peuvent s'organiser en groupes, par affinités politiques ; aucun groupe ne peut comprendre un nombre de députés inférieurs au dixième des membres de l'Assemblée nationale, non compris les députés apparentés dans les conditions prévues à l'alinéa 2 de l'article 23 du règlement intérieur ».*

[117] J. BENETTI, « L'impact du fait majoritaire sur la nature du régime », *I.P.A,* n° 138, 10 juillet 2008, 326 p.

[118] A. DIEYE, « Le droit d'amendement parlementaire devant le juge constitutionnel. Les exemples du Sénégal et de la France », *Annales de l'Université des Sciences sociales de Toulouse,* Tome I, 2008, p. 207.

d'ailleurs à mettre en œuvre[119]. Ce monopole « *présidentiel est une résultante du jeu des institutions qui reste marqué par la primauté présidentielle* »[120].

L'indépendance des parlementaires est également compromise par le système de parti et le scrutin qui favorisent la prééminence de l'institution présidentielle.

2/ Le système de parti et le mode de scrutin au Sénégal

S'agissant du système de partis au Sénégal, les éléments de base du mandat parlementaire et le statut de député sont généralement considérés comme une « question constitutionnelle », relevant de la Constitution et de texte de lois de même rang[121]. Ce principe vaut bien entendu pour les dispositions relatives au contrôle par les partis du mandat parlementaire et notamment à l'éventuelle perte du mandat. Le mandat de représentation libre reste un pilier de la démocratie. Un parlementaire représente la Nation entière et doit agir en fonction de ce qu'il croit être juste[122]. L'électorat ne peut donner d'ordres ou d'instruction juridiquement contraignants au parlementaire. Les liens entre parlementaires et électeurs sont de nature politique, non juridique. L'irrévocabilité du parlementaire est au cœur du mandat de représentation libre. Les électeurs ne peuvent demander de comptes au parlementaire qu'aux échéances électorales.

Analysant les facteurs d'accentuation de la malléabilité de la procédure de révision de la Constitution au Sénégal, I. M. FALL pointe du doigt le système électoral en vigueur dans ce pays. Il affirme sans ambages que « *Le mode de scrutin qui régit les législatives, par son caractère mixte (alliant scrutins majoritaire et proportionnel), entraine deux conséquences : d'une part, le scrutin majoritaire régissant l'élection des députés au niveau des départements permet à un parti (mais plus en plus à une coalition de partis de détenir une majorité parlementaire. D'autre part, l'élection de 60 députés au scrutin proportionnel au niveau national assure la représentation (même) des petits partis à l'Assemblée nationale. Bien qu'il soit mixte dans son principe, le mode de scrutin s'analyse en scrutin mixte à finalité majoritaire* »[123]. Au

[119] D'après l'article 82 de la Constitution du Sénégal du 22 janvier 2001 « *Les propositions et amendements formulés par les députés ne sont pas recevables lorsque leur adoption aurait pour conséquence, soit une diminution des ressources publiques, soit la création ou l'aggravation d'une charge publique, à moins que ces propositions ou amendements ne soient assortis de propositions de recettes compensatrices* ».

[120] F. F. AIVO, *Le Président de la République en Afrique noire francophone,* Paris, L'Harmattan, février 2007, p. 515.

[121] M. DUVERGER, *Le statut du député*, Paris, Economica, Collection « Connaissance de l'Assemblée », 1989.

[122] Y. TREVILY, « Réhabiliter le métier de député », *Revue politique et parlementaire* n-953, mai-juin 1991, pp. 17-22.

[123] I. M. FALL, « La révision de la constitution au Sénégal », *op. cit.*, p. 15.

Sénégal, le système électoral en vigueur pour l'élection des députés facilite l'existence d'une ultra-majorité[124].

Le problème qui se pose dans la représentation parlementaire ne réside nullement pas, au Sénégal dans le lien entre le parlementaire et l'électorat mais entre le parlementaire et son parti politique qui selon toute vraisemblance relève de celui de la majorité présidentielle qui conditionne par des ordres politiques sa représentation parlementaire et aussi le scrutin auquel les députés sont élus[125].

Dans le même ordre d'idées, le constat de la CNRI est toujours d'actualité. Cette Commission de réforme a perçu ce phénomène en avertissant que « *Le système des partis est caractérisé par un foisonnement inquiétant : la multiplication de partis aux idéologies et objectifs souvent peu crédibles, leur fractionnement et l'absence de formation des militants et bien souvent tend à s'ériger en normes de fonctionnement de nombreux partis politiques, conduit inévitablement des élus à gérer l'État plus en fonction d'intérêts particuliers que ceux de la collectivité ; la « transhumance », pratique opportuniste et immorale, et la mal-gouvernance y trouvent leurs sources principales* »[126].

S'agissant du scrutin des députés, d'après l'opinion communément admise, l'irrévocabilité doit être la notion de référence pour toutes les relations politiques dans le cadre desquelles le parlementaire s'acquitte de sa tâche, notamment les relations avec son parti[127]. Le droit de regard du parti sur la manière dont les parlementaires remplissent leur mandat, y compris par voie de sanctions, est essentiellement une question d'autonomie du parti. Les dispositions de loi relatives à la révocation d'un mandat de parlementaire doivent être conformes au principe d'irrévocabilité si l'on sait que les députés jouent un rôle important dans le contrôle des politiques publiques par le biais des commissions d'enquête parlementaires[128].

---

124 T. DIAMANTOPOULOS, *Les systèmes électoraux aux élections présidentielles et législatives,* Bruxelles, Éditions de l'Université de Bruxelles, 2004, p. 14.

125 S. N. TALL, « Le statut des députés au Sénégal », *EDJA* n° 57, avril-mai-juin 2003, pp. 51-75.

126 Cf. *rapport final CNRI*, *op. cit.*, p. 43.

127 H. ISAR, « Immunités parlementaires ou impunités parlementaires », *RFDC* n° 20, 1994, pp. 675-711.

128 Article 48 du règlement intérieur de l'Assemblée nationale « *L'Assemblée peut, par une résolution, créer des commissions d'enquête. Les commissions d'enquête sont formées pour recueillir des éléments d'information sur des faits déterminés et soumettre leurs conclusions à l'Assemblée nationale. Il ne peut être créé de commission d'enquête lorsque les faits ont donné lieu à des poursuites judiciaires et aussi longtemps que ces poursuites sont en cours. Si une Commission a déjà été créée, sa mission prend fin dès l'ouverture d'une information judiciaire relative aux faits qui ont motivé sa création. Les commissions d'enquête ont un caractère temporaire. Leur mission prend fin par le dépôt de leur rapport et au plus tard et au plus tard à*

Par contre, le système de part fait que le député se trouve au Sénégal psychologiquement dans un lien de subordination et se voit redevable au parti politique dont il est affilié. Cette situation est due en grande partie au mode de scrutin en vigueur au Sénégal. Selon le Code électoral[129], 60 % des députés soit 99 députés sont élus au scrutin majoritaire et les 40 % au scrutin proportionnel, il s'agit d'un scrutin mixte. Ces différentes pratiques favorisent l'influence du Président de la République dans le fonctionnement de l'Assemblée nationale et partant de là sur les autres institutions. Son autorité doit être encadrée voire canalisée dans ses rapports avec les autres institutions.

B/ Pour l'encadrement de l'autorité présidentielle

Dépositaire d'une légitimité populaire sans pareille du fait de son élection au suffrage universel direct[130], le Président de la République est bénéficiaire d'un statut constitutionnel privilégié qui en fait de lui la clé de voûte des institutions[131], lui confère l'autorité, le privilège et le pouvoir, l'habilitant à incarner la totalité de la fonction. Il exerce librement ses prérogatives constitutionnelles avec la confiance du peuple et le soutien de la majorité parlementaire. Malgré l'étendue de ses pouvoirs, le Président de la République ne fait réellement pas l'objet d'aucun contrôle et n'est responsable devant ni l'Assemblée nationale ni devant n'importe quelle autre instance sauf dans le cas hypothétique et indéfinissable et non ménagé de la « *Haute trahison* »[132].

---

l'expiration d'un délai de six (06) mois à compter de la date de l'adoption de la résolution qui les a créées. Elles ne peuvent être reconstituées avec le même objet avant l'expiration d'un délai de douze (12) mois à compter de la fin de la mission. Tous les membres des commissions d'enquête, ainsi que ceux qui, à un titre quelconque, assistent ou participent à leurs travaux, sont tenus au secret. Toute infraction à cette disposition sera punie des peines prévues à l'article 363 du Code pénal… ».

[129] Loi n° 2017-12 du 18 janvier 2017 portant Code électoral.

[130] Article premier de la loi constitutionnelle n° 2016-10 du 05 avril 2016 portant révision de la Constitution
(J.O.R.S), numéro spécial 6926 du 07 avril 2016, p. 505. Article modifiant et remplaçant l'article 26 de la Constitution. « *Le Président de la République est élu au suffrage universel direct et à la majorité absolue des suffrages exprimés* ».

[131] Comme en témoigne l'article 37 de la Constitution : « *Devant Dieu et devant la Nation sénégalaise, je jure de remplir fidèlement la charge de Président de la République du Sénégal, d'observer comme de faire observer scrupuleusement les dispositions de la Constitution et des lois de consacrer toutes mes forces à défendre les institutions constitutionnelles, l'intégralité du territoire et l'indépendance nationale, de ne ménager enfin aucun effort pour la réalisation de l'unité africaine* ».

[132] Article 101 de la loi constitutionnelle n° 2019-10 du 14 mai 2019 portant révision de la Constitution (J.O.R.S, numéro spécial 7181 du 20 mai 2019, p. 1187), « *Le Président de la République n'est pas responsable des actes accomplis dans l'exercice de ses fonctions qu'en cas de haute trahison. Il ne peut être mis en accusation que par*

Fonctionnant ainsi, le régime politique sénégalais accuse une pathologie de déséquilibre juridique et institutionnel, accentué par cette révision constitutionnelle 2019-10 du 14 mai 2019. Dès lors, il est souhaitable de délimiter les pouvoirs du Président de la République (1) et d'assouplir les conditions d'engagement de sa responsabilité (2).

1/ Du point de vue de la délimitation des pouvoirs du Président de la République

Certes, il convient dans la perspective de refonte des institutions de ne pas dépouiller le Président de la République d'attributs et d'attributions hérités de l'histoire politique du Sénégal. Toutefois ses attributs et attributions doivent faire l'objet d'un encadrement voire une délimitation juridique stricte et accompagnée d'un régime de responsabilité sérieux à l'image de l'*empeachement* aux États-Unis d'Amérique. Il faut que celui qui s'affiche à la façade des institutions soit soumis au contrôle et endosse un régime de responsabilité à la hauteur de son prestige pour soumettre toutes autres institutions à une quelconque forme de responsabilité. À cet égard, on pourrait procéder à une extension des domaines de contrôle du Parlement sur l'action de l'exécutif.

La possibilité d'offrir au Parlement d'émettre un avis préalable voire de s'opposer aux nominations faites par le Président de la République à des emplois ou fonctions essentiels pour la garantie des droits et libertés ou la vie économique et sociale de la Nation. Au Royaume-Uni par exemple, une procédure préalable à la nomination des principaux responsables administratifs existe. Aux États-Unis, l'on est certes loin des quelque 70.000 emplois dans l'administration aux nominations desquels le Sénat américain donne son accord, mais ce processus s'inscrit dans une évolution que semblent partager l'ensemble des démocraties[133]. Ce qui n'est pas le cas au Sénégal où l'article 44 de la Constitution dispose que : « *Le Président de la République nomme aux emplois civils et militaires* ». Ce pouvoir n'est soumis à aucun avis du Parlement.

On pourrait créer une instance autonome et indépendante qui devra recevoir les appels à candidatures et de sélectionner les meilleurs profils de les soumettre après pour proposition de nomination au Président de la République pour les hautes fonctions publiques et dans les sociétés privées à participation publique majoritaire de l'État. Ces procédés permettront d'encadrer le régime de responsabilité de l'autorité présidentielle.

---

l'Assemblée nationale, statuant par un vote au scrutin secret, à la majorité des trois cinquièmes des membres la composant ; il est jugé par la Haute Cour de justice... ».

[133] Le paragraphe 2 de la section 2 de l'article 11 de la Constitution des États-Unis d'Amérique prévoit que le Président États-Unis « *proposera au Sénat et, sur l'avis et avec le consentement de ce dernier, nommera les ambassadeurs, les autres ministres et les consuls, les juges à la Cour suprême et les autres fonctionnaires des États-Unis dont la nomination n'est pas prévue par la présente Constitution et dont les postes seront créés par la loi* ».

2/ Du point de vue de l'engagement de la responsabilité de l'autorité présidentielle

Le pouvoir va de pair avec la responsabilité et le contrôle. En l'absence de ces deux derniers, la théorie de la séparation des pouvoirs perdrait tout son sens. Pour ces raisons, le renouveau du régime présidentiel sénégalais passe nécessairement par l'érection d'un régime de responsabilité pour l'exécutif en général et pour le Président de la République plus particulièrement[134]. La responsabilité demeure une condition *sine qua non* pour la limitation des dérives de l'absolutisme qui constitue l'enjeu des mouvements constitutionnels[135]. Dans l'acception générale, la responsabilité est l'obligation de répondre de certains de ses actes, d'être garant de quelque chose, d'assumer ses promesses. Elle a pour conséquence le devoir de réparer un préjudice causé à quelqu'un de par son fait ou par le fait de ceux dont on a en charge la surveillance, voire de supporter une sanction. La responsabilité désigne également la capacité ou le pouvoir de prendre soi-même les décisions.

Ainsi, la notion de responsabilité peut se décliner dans différents domaines : la responsabilité administrative, la responsabilité morale, la responsabilité environnementale, la responsabilité politique, la responsabilité sociétale des entreprises, la responsabilité pénale (délictuelle). Par contre, celle qui est retenue ici, est une responsabilité politique. En effet, dans tous les régimes politiques, il existe une forme de responsabilité politique de l'exécutif dont les procédures d'engagement peuvent varier d'un État à l'autre. Aux États-Unis d'Amérique, des commissions parlementaires surveillent l'exécution des lois et contrôlent l'administration. Le Congrès dispose du pouvoir d'impeachment[136]. La mise en accusation est votée par la Chambre des Représentants à la majorité. Ensuite le Sénat se prononce à la majorité des deux tiers.

Cependant, cette procédure est restée très rarement utilisée[137]. Au Sénégal, il n'existe nulle part dans la loi constitutionnelle 2019-10 du 14 mai 2019,

---

[134] F. J. AIVO, « Le Statut constitutionnel du « Président élu » en Afrique noire Francophone », disponible www.afrilex.univ-bordeau-4.fr consulté le 15 juillet 2020.

[135] A. CABANIS et M. L. MARTIN, « La pérennisation du Chef de l'État : l'enjeu actuel pour les Constitutions d'Afrique francophone », *Mélanges en l'honneur de Slobodan Milacic. Démocratie et liberté : tension, dialogue, confrontation,* Bruylant, 2007, p. 349.

[136] En Grande-Bretagne, l'impeachment est une procédure judiciaire apparue au XVIe siècle qui a pour but de pouvoir mettre en jeu la responsabilité pénale des ministres et des officiers devant le pouvoir législatif. Aux États-Unis, de nos jours, l'impeachment est surtout connu comme la procédure du système judiciaire des États-Unis qui vise à destituer le Président, le vice-président, un membre du Cabinet ou un haut fonctionnaire afin de pouvoir engager des poursuites pénales à son encontre.

[137] Le terme empeachment est utilisé pour désigner la procédure elle-même ou la décision qui en découle. Synonymes/traduction : mise en accusation, procédure de mise en accusation. L'impeachment ou mise en accusation est voté à la majorité simple par la Chambre des représentants. Il ne se prononce pas sur la culpabilité mais

faisant entrer la République dans le présidentialisme pas un régime de responsabilité du Président à l'instar de celui des États-Unis pour répondre de ses actions politiques. Il faut dès lors envisager une procédure devant le Parlement, non pas pour donner à ce dernier plus de pouvoirs mais pour rééquilibrer les pouvoirs, écarter les dérives liées à l'irresponsabilité et la gestion du pouvoir et contrebalancer les pouvoirs. Ce régime de responsabilité doit être dressé pour tous les membres de l'exécutif, ministres et secrétaires d'Etat et Directeurs de société jusqu'au Président de la République. À côté, il faut aussi un Parlement aux pouvoirs effectivement exercés par des députés indépendants et des juridictions indépendantes.

Le Sénégal a connu toutes les grandes formes de séparation des pouvoirs, on se demande dès lors si au regard du diagnostic de l'histoire constitutionnelle, ce pays est à la limite incapable de trouver sa propre formule de vie constitutionnelle ? Les révisions constitutionnelles doivent être rationalisées pour préserver la sacralité constitutionnelle et pour qu'elles ne servent pas des aspirations politiques[138], des stratégies de pérennisation aux pouvoirs ou d'amplification des pouvoirs[139]. Elles doivent s'inscrire, dans la dynamique des aspirations du peuple, du développement économique, social, scientifique, politique et du progrès.

Au-delà de ces constats génériques sur le continent africain, à y regarder de près, le degré de la séparation des pouvoirs présente un déséquilibre sur le plan juridique et institutionnel surtout que le constituant dérivé par la loi constitutionnelle n° 2019-10 du 14 mai 2019 a reconfiguré les paramètres juridiques et institutionnels. Cette situation porte atteinte fondamentalement au principe de la séparation des pouvoirs[140] dans le fonctionnement des institutions du Sénégal.

---

sur l'existence d'accusations sérieuses qui justifient un procès. Le procès empeachment trial (article II de la Constitution) qui doit se prononcer sur la culpabilité de l'accusé, se déroule devant le Sénat sous la présidence du vice-président des États-Unis ou si l'accusé est le Président lui-même, du Président de la Cour suprême. La décision de culpabilité ne peut être prise qu'à la majorité des deux tiers. Si l'accusé est déclaré coupable, il peut être destitué ou se voir interdire tout poste officiel dans le futur. Il est aussi passible des mêmes poursuites devant les Tribunaux civils ordinaires, selon la procédure normale. Seuls trois Présidents, Andrew JOHNSON en 1873, Bill CLINTON en 1998 et Donald TRUMP en 2020 ont été mis en accusation par la Chambre des représentants, mais ont tous été acquittés par le Sénat. La procédure engagée à la suite du scandale du Watergate contre Richard NIXON, n'a pas abouti en raison de la démission de celui-ci le 09 août 1974.

[138] D. SY, « Sur la reconnaissance du droit constitutionnel en Afrique. Question de méthode », *Politeia*, n° 6, 2004, 455 p.

[139] A. B. FALL, « La démocratie sénégalaise à l'alternance », *Politeia*, n° 5, 2004, p. 75.

[140] A. PARIENTE, *La séparation des pouvoirs, théorie contestée et pratique renouvelée,* Dalloz, 2007, 420 p.

L'INITIATIVE DE LA PROCÉDURE RÉFÉRENDAIRE EN AFRIQUE : ENTRE FORMALISME ET PRAGMATISME ?

Bertrand Edoua Bilongo

Maître-assistant en Droit public
Université de Yaoundé II – Cameroun

« *Quand le peuple ne décide de rien, il s'assoupit, et explose sporadiquement. Si le peuple décide de quelque chose, il se réveille, et ne se révolte plus* »[1]. Ces propos de O. DUHAMEL et du professeur G. TUSSEAU soulignent le bien-fondé du référendum, du point de vue de la stabilité institutionnelle et politique de l'État. Pour ce faire, le référendum doit préalablement être initié. L'initiative du référendum apparaît dès lors comme une modalité qui permet au peuple de s'accomplir et de participer directement à la prise de décision au sein de l'appareil étatique[2]. En d'autres termes, l'initiative du référendum « *confère un droit d'élaboration de la norme par le peuple* »[3].

Aménagé dans la quasi-totalité des constitutions des États africains, le référendum se présente comme la procédure à travers laquelle la volonté du peuple est appelée à se manifester, dans un continent où la volonté présidentielle a tendance à emporter sur celle des autres composantes de la collectivité étatique[4]. Ainsi se pose la question du statut du peuple dans les constitutions africaines[5]. Celui est-il en effet considéré comme un acteur institutionnel ou non ? Dans tous les cas, la pratique institutionnelle ayant cours dans ce continent dénote de la faible prise en compte de cette composante dans l'articulation du jeu politique[6]. À L'origine pourtant,

---

[1] O. DUHAMEL et G. TUSSEAU, *Droit constitutionnel et institutions politiques*, 5e édition, Paris, Seuil, 2019, p. 473.

[2] F. HAMON, *Le référendum*, Paris, LGDJ, 1995, p. 9.

[3] D. NEDJAR, « Initiative et référendum aux États-Unis : contribution à l'étude des normes d'origine populaire et du droit référendaire », *RDP*, N° 5, 1993, p. 1586.

[4] A. CABANIS et M. L. MARTIN, *Le constitutionnalisme de la troisième vague en Afrique francophone*, Bruxelles, PUR, 2010, p. 59.

[5] A. ONDOUA, « La population en droit constitutionnel : Le cas des pays d'Afrique francophone », *Afrique contemporaine*, 2012/2 - n° 242, pp. 87-97.

[6] A. BOURGI, « L'évolution du constitutionnalisme en Afrique : du formalisme à l'effectivité », *R.F.D.C.*, n° 52, 2002, pp. 721-748.

l'ambition affichée par les constitutions africaines était de conforter la place du peuple en mettant sur pied la procédure référendaire[7]. Hélas, cette ambition, noble au départ s'est révélée inutile du fait de la prise en otage du système institutionnel par la composante présidentielle de l'Exécutif dans ces jeunes États en quête d'affirmation démocratique[8]. Le président de la République est ainsi considéré comme la clé de voûte du système institutionnel, sa volonté primant ainsi sur celle du peuple[9]. Le Sénégal est l'un des rares États dans cette partie du continent à utiliser la procédure référendaire en matière de révision constitutionnelle[10].

Dans le contexte occidental et européen en particulier, l'initiative du référendum est, à bien des égards, une manifestation de la volonté d'associer directement le peuple à la gestion des affaires de l'État sans un calcul particulier ni de parti pris[11]. De ce point de vue, la France se présente comme le pays où le référendum a le plus produit d'effets « positifs » dans l'articulation du jeu démocratique[12]. L'on se souvient en effet du rôle joué par la procédure référendaire dans la construction de la démocratie française[13]. En 1962 déjà, De GAULLE avait mobilisé cette procédure afin de légitimer l'élection du président de la République au suffrage universel, rompant en cela avec une vieille tradition établie, celle de l'élection du président de la République par un collège de parlementaires[14]. En Suisse où la procédure référendaire est le mode classique d'exercice de la souveraineté, son usage est requis chaque fois qu'il est question de doter l'État de réformes institutionnelles

---

[7] Th. HOLO, « Démocratie revitalisée ou démocratie émasculée ? Les constitutions du renouveau démocratique dans les États de l'espace francophone africain : régimes juridiques et systèmes politiques », *R.B.S.J.A*, N° 12, 2006, pp. 17-41.

[8] B. BA, *L'institution présidentielle dans le nouveau constitutionnalisme des États d'Afrique et d'Amérique latine*, Thèse de Doctorat en droit, Université Cheikh Anta Diop de Dakar, 2013, 669 p.

[9] M. KAMTO, *Pouvoir et droit en Afrique noire : Essai sur les fondements du constitutionnalisme dans les États d'Afrique noire francophone*, Paris, LGDJ, 1987, p. 431 et s.

[10] I. M. FALL, *La réforme constitutionnelle du 20 mars 2016 au Sénégal: La révision consolidante record*, Dakar, L'Harmattan Sénégal, 2017, p. 87.

[11] F. HAMON, *op. cit*, p. 15.

[12] Sur la question, lire F. Hamon, *op. cit.*, p. 97.

[13] D. MAUSS, « Le référendum sous la Ve République à travers les propositions de lois », *in G. Conac et D. Mauss (dir.), Le référendum, quel avenir ? Expériences étrangères à la France*, Paris, Éditions STH, 1990, pp. 119-130.

[14] J-P. DUPRAT, « Le référendum constitutionnel dans un système français dominé par une logique représentative », *R.I.D.C.* 2-2006, pp. 554-580.

et normatives conséquentes[15]. C'est au peuple, intervenant sous le mode référendaire, qu'il revient de décider en dernier ressort[16].

Au-delà de ces deux exemples européens, il faut dire que la procédure référendaire fait également le lit de la démocratie en Amérique du Nord. Au Canada, cette procédure est aussi un mécanisme de participation et d'association du peuple dans la gestion des affaires de l'État[17]. À La différence de la Suisse où le recours au référendum est la règle, le modèle canadien, lui, s'appuie sur des contingences de diverses natures qui, à bien des égards, limitent son usage et sa portée. Cela s'explique d'ailleurs par le faible intérêt que le constituant accorde à la technique référendaire. Aux États-Unis, dont le système démocratique a été magnifié par A. De TOCQUEVILLE, l'usage du référendum prend les allures d'une procédure exceptionnelle. L'on a recours à cette technique uniquement lorsque les circonstances de son édiction s'imposent de toute évidence aux pouvoirs publics. C'est notamment le cas lorsque le pays est menacé par des contingences sociopolitiques qui justifient sa mobilisation[18]. À partir de ce moment, il est logiquement établi que la procédure référendaire s'inscrit dans la modernité démocratique, et par conséquent, l'on se doit de lui accorder une importance particulière aussi bien au niveau fédéral qu'au niveau fédéré. Dans les États fédérés, la pratique référendaire est libérale et, est de mise lorsqu'il est question de résoudre des questions qui touchent directement à la vie des populations[19].

En règle générale, le référendum peut revêtir plusieurs formes ou plusieurs aspects[20]. De toute évidence, les référendums existent mais ne se ressemblent pas. À la base de ceux-ci, il y a une volonté manifeste de donner la parole au peuple en vue de s'assurer de son adhésion ou non au projet politique voulu par ceux qui tiennent les rênes du pouvoir[21]. Seulement, il ne faut pas survaloriser sa portée, car comme le souligne le professeur F. HAMON, « *le*

---

[15] Lire J. ROHR, « Le référendum en Suisse », in *G. Conac et D. Mauss (s. la dir.), Le référendum, quel avenir ? Expériences étrangères à la France*, Paris, Éditions STH, 1990, pp. 45-52.

[16] D. Mauss, *op.cit*, p. 101.

[17] P. TAILLON, *Le référendum expression directe de la souveraineté du peuple ? Essai critique sur la rationalisation de l'expression référendaire en droit comparé,* Tome 1, Thèse de doctorat en droit, Université Laval, Québec et Université Paris 1 Panthéon-Sorbonne Paris, 2011, p. 62.

[18] P. CHAMOREL, « L'expérience américaine du référendum », *in G.* CONAC et D. MAUSS (dir.), *Le référendum, quel avenir ? Expériences étrangères à la France*, Paris, Éditions STH, 1990, pp. 69-78.

[19] V. MICHELOT, « Le processus référendaire en Californie : un travestissement démocratique ? », *Pouvoirs*, 2010, N° 133, p. 58 et s.

[20] Selon les cas, on a le référendum national, le référendum local, le référendum abrogatif, le référendum législatif, le référendum constituant.

[21] J. GICQUEL et J.-E. GICQUEL, *Droit constitutionnel et institutions politiques*, Paris, LGDJ, Lextenso éditions, 2018, p. 164.

référendum implique une participation des citoyens à la décision, mais il n'emporte pas nécessairement par lui-même la décision »[22]. En droit constitutionnel africain, la question prend des relents particuliers compte tenu de la faible emprise du peuple dans la formulation de la décision politique. En effet, la dynamique constitutionnelle des États appartenant à cette zone se caractérise par le dirigisme présidentiel. La volonté du peuple est difficilement, voire rarement recherchée dans les processus décisionnels nationaux et locaux. L'institution présidentielle s'approprie ainsi le pouvoir de décision et, tout se passe comme si la volonté du peuple n'avait aucune signification. Pourtant, les constitutions consacrent à bien des égards des dispositions qui consacrent l'intervention du peuple par voie référendaire.

En Afrique, le peuple se doit de s'inviter dans le jeu institutionnel afin de faire entendre sa voix face aux pouvoirs publics qui, dans la plupart des cas œuvrent et manœuvrent pour leurs propres intérêts, au détriment des aspirations et des volitions du peuple. Le peuple est pris en otage par ses prétendus représentants qui n'agissent qu'à leur aise lorsque ceux-ci sont investis des mandats impératif ou représentatif. Il faut donc, pour la renaissance du peuple constitué, faire l'écho de son importance à travers une véritable mise en cause des constitutions existantes afin que celles-ci redonnent au peuple tout son prestige et toute son importance dans le jeu institutionnel. Il ne faut pas toujours attendre le chaos institutionnel pour se souvenir de l'importance de celui-ci dans la construction et la reconstruction de l'édifice étatique. Dès lors, il faut souligner que l'entreprise institutionnelle qui consiste à initier la procédure référendaire est fille du temps, de l'intérêt recherché et des circonstances[23]. Il semble y régner un vent de méfiance et de prudence car comme une épée de Damoclès, la procédure référendaire peut jouer en faveur ou en défaveur de son initiateur[24]. Ce constat procède des formules constitutionnelles consacrées, lesquelles laissent poindre à propos de l'initiative de cette procédure, une double posture consistant à l'ouvrir et à la verrouiller. Au regard de ce qui précède, il convient de se poser la question suivante : existe-t-il une rationalité dans la manière dont est initiée la procédure référendaire dans les États africains ?

D'apparence banale, la présente question est pourtant d'une pertinence indéniable car au plan théorique, elle rend compte de l'importance du référendum comme mode d'expression de la volonté du souverain. Sur le plan pratique, cette question permet de se rendre compte que la mécanique constitutionnelle peut-elle aussi à bien des égards, être confortée ou limitée par la pratique qui, faut-il le souligner, met en évidence les cas de mobilisation de la procédure référendaire en dehors des hypothèses légitimées par le constituant.

---

[22] F. HAMON, *op. cit*, p. 16.

[23] D. F. MELEDJE, *Ingénierie constitutionnelle*, Abidjan, Les éditions ABC, 2018, p. 49.

[24] I. M. FALL, *op. cit*, p. 52.

Au demeurant, la présente étude se détermine par elle-même. Son ambition est somme toute modeste. Il est question de démontrer que l'initiative du référendum en Afrique ne procède pas d'une démarche rationnelle. À l'observation, la procédure référendaire est initiée au regard de deux types de considérations contradictoires. L'une est la résultante de la volonté du constituant lui-même, qui, à bien des égards, a prévu des hypothèses en présence desquelles la procédure référendaire pourrait être initiée. Dans ce cas de figure, l'initiative de la procédure référendaire procède du formalisme, lequel apparaît comme la tendance dominante (I). À l'opposé, l'autre considération sonne le glas du formalisme constitutionnel, car à d'autres égards, la procédure référendaire est également initiée à la suite d'un désir informel de mettre en place une nouvelle gouvernance constitutionnelle. Ce faisant, l'initiative de la procédure référendaire résulte d'u certain pragmatisme, lequel se présente comme une tendance émergente (II).

I/ Le primat du formalisme

En règle générale, l'initiative est la procédure qui consiste à déclencher une opération. Dès lors, pour qu'une initiative puisse se transformer en référendum, c'est-à-dire en *« procédure par laquelle les citoyens sont invités à se prononcer chacun individuellement, en fonction d'un code préétabli, sur une question de caractère réel, que ce soit à titre consultatif ou délibératif »*[25], plusieurs opérations préparatoires sont indispensables. En d'autres termes, elle suppose l'existence d'un cadre procédural, lequel indique les acteurs habilités à initier la procédure référendaire.

Dans les États africains l'initiative de la procédure référendaire procède généralement de la volonté de l'institution présidentielle, donnant ainsi l'impression que c'est à elle seule que les constitutions confèrent le droit d'initiative de cette procédure[26]. Or, à la lecture des constitutions, il n'en est rien puisqu'à la vérité, les constitutions consacrent spontanément l'initiative de la procédure référendaire en direction d'un bon nombre acteurs constitutionnels connus et reconnus. Il convient de rompre avec la logique qui porte à croire que les constitutions consacrent le primat de l'initiative présidentielle alors même que cela découle de l'attentisme et l'inaction des autres titulaires du droit d'initiative de la procédure référendaire. À la vérité,

[25] F. HAMON, *Le référendum. Étude comparative,* Collection « Systèmes », Paris, L.G.D.J., 1996, p. 15.

[26] En effet, la quasi-totalité des referenda en Afrique sont organisés sous l'impulsion du président de la République, un constat qui laisserait croire que d'autres acteurs sont exclus du droit d'initiative de la procédure référendaire. Pourtant, il n'en est pas ainsi. Il faut dire que les autres titulaires de ce droit d'initiative font tout simplement preuve de passivité car à la vérité ils se refusent à user de ce droit pour des raisons avouées ou inavouées. Dans ce contexte, l'hégémonie présidentielle s'installe et s'affirme au détriment des autres titulaires du droit d'initiative de la procédure référendaire.

l'initiative textuelle de la procédure référendaire est communément consacrée par les constitutions (A), lesquelles prennent le soin d'aménager les données de l'initiative en question (B).

A/ La consécration de l'initiative

Le référendum apparaît aujourd'hui comme un instrument au service de la démocratie semi-directe. En effet, celui-ci concourt au dépassement du régime représentatif[27]. S'il est en pratique peu sollicité dans la dynamique fonctionnelle des États africains, on peut tout de même constater que la quasi-totalité des constitutions le consacre. Ainsi, convient-il d'examiner l'articulation de cette consécration (1) et ses implications (2).

1/ L'articulation de la consécration

Investis d'une mission créatrice, les constituants africains prennent le soin de consacrer un ensemble de données constitutionnelles à l'utilité avérée. Seulement, il convient de souligner que les données constitutionnelles en question ne sont pas consacrées de la même manière. C'est pourquoi, il importe de préciser la manière par laquelle la consécration du référendum est articulée dans les constitutions africaines. À la lecture de celles-ci, l'on s'aperçoit que le recours au référendum apparaît à certains égards comme une simple recommandation, alors même qu'à d'autres, ce recours peut être envisagé est une véritable obligation.

a/ La recommandation de l'initiative

En général, le référendum apparaît dans le droit positif des États d'Afrique, comme un procédé facultatif dans la mesure où il n'est pas une condition nécessaire, mais bien seulement une possibilité parmi d'autres, permettant d'adopter ou d'amender des normes [28]ou de résoudre un conflit[29]. C'est un procédé très répandu. Il peut être mis en œuvre tant à l'initiative des pouvoirs publics qu'à celle des citoyens[30]. En Afrique, seule l'initiative référendaire des pouvoirs publics nationaux est recommandée. L'initiative référendaire des pouvoirs publics locaux tarde encore à recevoir une consécration constitutionnelle[31].

---

[27] J. GICQUEL, J.-E. GICQUEL, *op. cit*, p. 164.

[28] P. TAILLON, *Le référendum expression directe de la souveraineté du peuple ? Essai critique sur la rationalisation de l'expression référendaire en droit comparé,* Tome 1, Thèse de doctorat en droit, Université Laval, Québec et Université Paris 1 Panthéon-Sorbonne Paris, France, 2011, p. 62.

[29] A. CABANIS et M. L. MARTIN, *Les constitutions d'Afrique francophone : Évolutions récentes*, Paris, Karthala, 1999, p. 102.

[30] F. HAMON, *Le référendum. Étude comparative, op. cit.*, p. 22. L'auteur désigne les deux possibilités par les termes « *référendum d'en haut et référendum d'en bas* ».

[31] En France, le référendum local est désormais consacré à l'article 72-1 C de la constitution.

Dans leur immense majorité, les constitutions africaines recommandent l'initiative de la procédure référendaire comme mécanisme constitutionnel de gestion de l'appareil étatique. Il est important de souligner qu'il ne s'agit que d'une recommandation qui est laissée à l'entière discrétionnarité du titulaire du droit d'initiative. L'on se souvient en effet du débat soulevé par la doctrine sénégalaise à propos du choix opéré en 2016 lors du choix effectué par le Président de la République de soumettre un texte de révision constitutionnelle à l'approbation du peuple par voie référendaire. Au soutien de sa démarche le président de la République n'a pas manqué de souligner que l'initiative référendaire est certes recommandée mais il lui appartient de lui donner une suite au regard de la logique constitutionnelle.

Les textes constitutionnels confèrent au Président de la République des pouvoirs discrétionnaires de recours au référendum. Il s'agit d'un pouvoir personnel, dépourvu de toute contrainte. Cela s'explique par le verbe « pouvoir » utilisé par la quasi-totalité des constitutions, elles lui confèrent donc de larges possibilités d'initiatives. Aux termes de l'article 144 de la constitution togolaise par exemple, le président de la République peut soumettre au référendum tout projet de loi constitutionnelle. Cette possibilité est également offerte au Président de la République du Niger, pour tout texte qui lui paraît devoir exiger la consultation directe du peuple[32]. Au Maroc, le Roi peut lui aussi demander au peuple de trancher par voie référendaire un litige qu'il pourrait avoir avec les chambres, lorsque celles-ci s'obstinent à accepter ou à refuser un texte dont il requiert une seconde lecture[33]. Il en est de même en l'Égypte, lorsque des conflits persistent entre le gouvernement et l'Assemblée du peuple[34].

Sans être en reste, la branche parlementaire des pouvoirs publics nationaux dispose-t-elle aussi de la faculté de provoquer l'intervention du référendum. Une telle éventualité se retrouve par exemple dans la constitution béninoise actuellement en vigueur[35]. Cette dernière prévoit en son article 108 que « *les députés peuvent, par un vote à la majorité des trois quarts, décider de soumettre toute question au référendum* ». Bien que théorique, cette éventualité méritait d'être soulignée car elle témoigne de l'originalité du régime constitutionnel béninois.

Après avoir souligné le volet recommandatif de l'initiative référendaire, il convient à présent de se pencher sur le volet prescriptif de celle-ci.

b/ La prescription de l'initiative

Certaines dispositions constitutionnelles prescrivent, sous peine de nullité, la soumission d'un projet ou d'une proposition de loi au référendum avant ou

[32] Art. 49 de la constitution.
[33] Voir art. 67 à 70 de la constitution du Maroc.
[34] Art. 128 de la Constitution.
[35] Art. 108 de la constitution du Bénin.

après son adoption par le parlement. On est en présence ici des situations où le référendum est obligatoire. Concrètement, il s'agit des cas de référendum « *dont l'organisation est nécessaire pour qu'un acte puisse être valablement adopté et entrer en vigueur* »[36]. En d'autres termes, la mesure ne peut être prise, entrer ou rester en vigueur que si elle a reçu la consécration populaire[37]. Cette prescription peut s'observer lorsque le projet est porté par certaines autorités, ou lorsqu'il porte sur certaines questions sensibles.

Sur le premier point, certains pays africains ont consacré dans leurs dispositifs constitutionnels, une obligation de recourir au référendum lorsque l'Assemblée nationale a déposé une proposition de résolution. Ainsi, aux termes de l'article 45 de la constitution de Guinée, le Président de République « *doit, si l'Assemblée nationale le demande par une résolution adoptée à la majorité des deux tiers des membres qui la composent, soumettre au référendum toute proposition de loi portant sur l'organisation des pouvoirs publics ou concernant les libertés et les droits fondamentaux* »[38].

Concernant le second point, il faut noter que certaines constitutions prescrivent, sous peine de nullité de la procédure de révision constitutionnelle, son approbation par voie référendaire. L'article 91 de constitution guinéenne est à ce titre illustratif. Il prévoit en effet que « *(...) Le projet ou la proposition de révision adoptée par l'Assemblée nationale ne devient définitif qu'après avoir été approuvé par référendum* ». Cette exigence apparaît également dans un certain nombre de textes constitutionnels[39]. Ces articles instituent alors un référendum obligatoire, dès lors que le texte de révision constitutionnelle emprunte la voie parlementaire d'adoption.

En dehors de la question générique de la révision constitutionnelle, le référendum a les allures d'une prescription chaque fois qu'il s'agira de modifier des pans précis de la constitution, à savoir, l'élection du Président de la République, l'exercice du mandat présidentiel, la vacance de la Présidence de la République et la procédure de révision de la présente Constitution. Il en sera de même des questions relatives au changement de Capitale du pays, la cession, l'échange, l'adjonction de territoire[40].

---

[36] P. TAILLON, *Le référendum expression directe de la souveraineté du peuple ? Essai critique sur la rationalisation de l'expression référendaire en droit comparé*, Tome 1, *op. cit.*, p. 62.

[37] J.-F. AUBERT, « Le référendum populaire », *op. cit.*, p. 485.

[38] Constitution du 23 décembre 1990, révisée par le Décret D/2002/48/PRG/SGG du 15 mai 2002, promulguant la Loi constitutionnelle adoptée par référendum du 11 novembre 2001.

[39] Art. 177 de la nouvelle constitution ivoirienne du 08 novembre 2016, « *La révision de la Constitution n'est définitive qu'après avoir été approuvée par référendum à la majorité absolue des suffrages exprimés* », art. 103 de la constitution du Sénégal.

[40] Lire à cet effet l'article 263 de la constitution de la République Démocratique du Congo.

2/ Les implications de la consécration

Largement influencés par la théorie de la souveraineté nationale de Sieyès, les constituants africains ne rejettent cependant pas la théorie de la souveraineté de Rousseau. Par conséquent, un compromis sera trouvé à travers la formule constitutionnelle selon laquelle la souveraineté nationale est exercée par le peuple. La consécration constitutionnelle de la technique référendaire dans un univers constitutionnel dominé par le principe représentatif, aboutit dès lors à la dualisation du mode d'adoption des textes de loi et à l'individualisation de la procédure référendaire.

a/ La dualisation du mode d'adoption des textes de loi

Dans la totalité des textes constitutionnels africains, le pouvoir législatif est exercé par le parlement [41] qui le partage avec le gouvernement. Cependant, le parlement détient la compétence exclusive du vote de la loi[42]. L'adoption des lois est l'étape la plus importante dans la procédure législative, dans la mesure où c'est elle qui donne naissance à la loi. En d'autres termes, « *un projet ou une proposition de loi ne peut se transformer en loi que grâce à cette phase qui implique la discussion du texte et son vote en passant le cas échéant par un contrôle de constitutionnalité* »[43]. C'est à travers cette phase que le parlement exerce la plénitude de sa fonction législative. Cette dernière peut également, dans certaines circonstances, être votée par le peuple par voie de référendum.

Cette dernière procédure d'adoption, qualifiée de référendum législatif, apparaît comme l'expression de la souveraineté nationale[44]. Elle est perçue par F. HAMON comme une procédure exceptionnelle d'adoption des lois[45].

---

[41] Art. 14 de la loi n° 96-06 du 18 janvier 1996 portant révision de la constitution du 02 juin 1972 au Cameroun ; art. 127 de la Constitution tchadienne du 04 mai 2018 ; art. 59 de la constitution guinéenne du 23 décembre 1990 ; art. 93 de la Constitution de la République de Côte d'Ivoire de 2016 ; art. 86 de la Constitution de la République arabe d'Égypte du 25 mai 2005 ; art. 100 de la constitution de la République Démocratique Du Congo du 18 février 2006 ; art. 79 de la loi N° 90-32 du 11 décembre 1990 portant Constitution de la République du Bénin ; art. 51 de la Constitution togolaise du 14 octobre 1992, art. 66 de la Constitution de la République du Niger, Adoptée le 18 juillet 1999 et promulguée par le décret n° 99-320/PCRN du 9 août 1999 ; Constitution à jour au 22 septembre 2004 avec intégration de la révision opérée par Loi n° 2004-15 du 13 mai 2004 ; art. 36 de la Constitution de la République gabonaise, révisée par la Loi n° 13/2003 du 19 août 2003 ; art. 67 de la constitution sénégalaise précise que « *L'Assemblée nationale détient le pouvoir législatif, elle vote seule la loi* ».

[42] S. V. NTONGA BOMBA, « La Procédure législative devant l'Assemblée nationale du Cameroun », *Centre africain de Formation et de Recherche administratives pour le Développement*, Tanger, Maroc, 2002, p. 6.

[43] *Ibid.*, p. 11.

[44] J. GICQUEL et J.-E GICQUEL, *op. cit.*, p. 666.

[45] F. HAMON, *Le référendum. Étude comparative, op. cit.*, p. 20 et s.

Ainsi, comme le souligne l'article 6 de la Déclaration des droits de l'homme et du citoyen de 1789, dont les principes sont reconnus par bon nombre de constitutions d'Afrique, « *Tous les Citoyens ont droit de concourir personnellement, ou par leurs Représentants, à la formation (de la loi)* ». La fonction législative n'est donc pas le monopole des « représentants » : elle peut aussi être exercée directement ou personnellement par les citoyens eux-mêmes[46]. À ce titre, il est normal que « *le pouvoir législatif soit partagé entre le peuple qui peut l'exercer directement dans certaines circonstances et compte tenu de la procédure référendaire, et le parlement qui est issu du suffrage populaire* »[47].

Cette dualité des voies d'expression de la souveraineté du peuple est consacrée en des termes quasi identiques par l'ensemble des textes constitutionnels des pays africains : « *La souveraineté nationale appartient au peuple qui l'exerce par ses représentants et par la voie du référendum (...)* »[48]. Ces différentes dispositions constitutionnelles fondent, en droit, la légitimité des procédures de démocratie directe et notamment référendaires, tant en matière législative que constitutionnelle.

Les constitutions des pays africains ont bel et bien consacré cette dualité des modes d'adoption des lois. En effet, en plus du domaine législatif qu'elles ont consacré[49], attribuant ainsi la plénitude du pouvoir législatif au Parlement[50], elles ont prévu un autre mécanisme par lequel des lois pourraient être adoptées. L'article 36 de la constitution du Cameroun dispose à ce sujet que « *le Président de la République, après consultation du président du Conseil constitutionnel, du président de l'Assemblée nationale et du président du Sénat, peut soumettre au référendum tout projet de réforme qui, bien que relevant du domaine de la loi, serait susceptible d'avoir des répercussions profondes sur l'avenir de la nation et les institutions nationales. (...) Le projet de loi est adopté à la majorité des suffrages exprimés* ». Cette formulation

---

[46] L. BLONDIAUX, M.-A. COHENDET, M. FLEURY, B. FRANÇOIS et Ali, « Le référendum d'initiative citoyenne délibératif », *Terra Nova*, 2019, pp. 6-7.

[47] D. G. Lavroff, *Le droit constitutionnel de la Ve République*, 3e éd., Paris, Dalloz, 1999, p. 702.

[48] Art. 2 de la constitution du Cameroun, art. 3 de la constitution du Gabon, art. 4 de la constitution du Togo, art. 3 de la constitution du Sénégal, art. 5 de la constitution du Niger, art. 3 de la constitution du Bénin, art. 5 de la constitution du Congo, art. 2 de la constitution de Guinée.

[49] Art. 26 (1) de la Constitution du Cameroun, art. 84 de la constitution du Togo, art. 81 et 82 de la Constitution du Niger, art 47 de la Constitution du Gabon, art. 67 de la constitution du Sénégal, art. 98 de la constitution du Bénin, art. 122 et 123 de la constitution du Congo, art. 64 de la constitution de Guinée Equatoriale, art., art. 59 de la constitution de Guinée.

[50] Il s'agit de la reconnaissance constitutionnelle de la compétence du parlement en matière législative.

peut se retrouver dans un grand nombre des constitutions africaines en des termes qui s'en rapprochent[51]. La constitution de la République de Guinée Équatoriale est plus illustrative en la matière ; elle dispose de manière précise que « *Le Président de la République, après avoir consulté le Gouvernement et le bureau de la Chambre des Représentants du peuple, peut décider de soumettre à référendum le peuple sur les questions qui lui paraissent nécessaires. Le projet ainsi adopté a force de loi et est promulgué par le Président de la République* »[52]. Cette proposition illustre à juste titre la substitution de la démocratie directe à la démocratie représentative[53] : « *le peuple souverain, promu au rôle de législateur d'un jour, décide en lieu et place du parlement* »[54]. La procédure référendaire, si elle aboutit à l'adoption d'une loi, suit une procédure particulière qui la différencie de la procédure ordinaire d'adoption des lois.

b/ L'individualisation de la procédure référendaire

En ce qui concerne la procédure référendaire, il n'est pas inutile de rappeler que contrairement à la procédure législative normale, la procédure référendaire varie en fonction de la nature du référendum qui devra être initié. Aussi, contrairement à la première où le processus législatif ne peut être enclenché qu'à l'initiative du Président de la République ou des membres du Parlement[55], la décision de soumettre un texte au référendum est une compétence concurrente entre le Président de la République, les membres du parlement[56] ou une fraction des citoyens.

Les constitutions africaines n'ayant pour l'heure pas encore prévu de consultations populaires au niveau local, seule la procédure des référendums nationaux sera abordée. En effet, celles-ci prévoient dans leurs dispositifs normatifs, cinq étapes pour qu'une procédure référendaire puisse arriver à son terme : l'initiative, les opérations préliminaires, l'opération de référendum, le contentieux et la proclamation des résultats.

Concernant le système d'initiative, il faut dire qu'il diffère d'un pays à un autre. D'un point de vue formel, les dispositions constitutionnelles procèdent à une distinction entre le projet et la proposition de loi référendaire. S'agissant du projet, l'initiative relève dans certains cas de la seule compétence du président

---

[51] Art. 198 de la constitution du Burundi, art 43 de la constitution de Côte d'Ivoire, art 86 Congo, art 41 de la constitution du Mali, art 82 de la constitution du Tchad, art 49 de la constitution du Burkina Faso, etc.

[52] Art. 65.

[53] J. GICQUEL et J.-E. GICQUEL, *Droit constitutionnel et institutions politiques, op. cit.*, p. 666.

[54] *Ibid.*

[55] S. V. NTONGA BOMBA, « La Procédure législative devant l'Assemblée nationale du Cameroun », *op. cit.*, p. 7 et s.

[56] Art. 103 de la constitution de Guinée Équatoriale.

de la République[57], et dans d'autres, elle est partagée avec les membres du gouvernement. La proposition quant à elle relève d'une fraction des membres du Parlement. Mais quels qu'en soient les cas, l'initiative de tout projet ou de toute proposition de révision constitutionnelle, projet proposition de loi est partagée entre le gouvernement, le parlement et une fraction du peuple.

Concernant les opérations préliminaires, elles portent notamment sur la convocation du corps électoral et la campagne référendaire. La convocation du corps électoral en vue du référendum, est faite par décret du président de la République[58]. Ce décret est un acte de gouvernement insusceptible de recours devant la juridiction administrative[59]. Il est également à noter que l'avis donné par la juridiction constitutionnelle dans ce cadre est un avis non publié. Quant à la campagne référendaire, sont autorisés à y participer, les partis politiques représentés à l'Assemblée nationale, ceux ayant obtenu au moins 5 % des suffrages exprimés dans au moins une circonscription au cours des dernières élections législatives.

Les opérations référendaires consistent pour les électeurs à se rendre dans les urnes, où ils sont appelés à se prononcer par « *oui* » ou par « *non* », au travers des bulletins de vote qui seront mis à leur disposition. Ainsi, lorsqu'il est saisi suivant les conditions précédemment examinées, le peuple vote le texte qui lui est soumis. Celui-ci sera considéré comme définitivement adopté après que la juridiction constitutionnelle a officiellement proclamé les résultats[60], ou suivi de sa promulgation par le Président de la République[61].

Concernant le contentieux référendaire et la proclamation des résultats, les constitutions des pays d'Afrique font du Conseil Constitutionnel le garant de la régularité des opérations de référendum dont il proclame les résultats[62]. La compétence juridictionnelle de la juridiction constitutionnelle dans ces pays peut s'observer à deux niveaux : d'abord au déclenchement et puis, à la clôture de la procédure référendaire. Dans la phase du déclenchement, il est obligatoirement saisi pour apprécier la constitutionnalité du projet ou de la proposition de loi. Ensuite, à l'issue de la procédure référendaire, il examine

---

[57] Art. 45 de la constitution de Guinée, art. 36 de la constitution du Cameroun, art. 58 de la constitution du Bénin, art.50 de la Constitution du Sénégal.

[58] Art. 5 (1) de la loi n°2010/003 DU 13 avril 2010 fixant les procédures du référendum.

[59] L. TOUVET et Y.-M. DOUBLET, *Droit des élections*, Paris, Economica, 2007 p. 425.

[60] Art. 103 de la constitution du Sénégal, 155 de la constitution du Bénin.

[61] Art. 16 de la loi n°2010/003 DU 13 avril 2010 fixant les procédures du référendum, art. 18 de la constitution du Gabon, art. 49 de la constitution du Niger.

[62] Art. 161 de la constitution du Congo, 117 de la constitution du Bénin, 84 de la constitution du Gabon.

enfin les réclamations relatives au déroulement des opérations et proclame les résultats[63].

De toute évidence, le référendum est une donnée formellement consacrée dans les constitutions des États africains. Cette consécration fait l'écho de l'importance que les constituants ont voulu accorder au peuple en précisant la manière dont doit être initiée la procédure référendaire.

B/ L'aménagement de l'initiative

À la lecture des constitutions africaines, l'on s'aperçoit que celles-ci aménagent l'initiative de la procédure référendaire. On y note une certaine convergence des données constitutionnelles fixant le régime juridique de celle-ci tant du point de vue formel que matériel.

1/ L'aménagement formel

Le problème qui se pose ici est celui de savoir qui peut être l'auteur d'un référendum ? L'initiative du référendum, tel qu'aménagé dans les constitutions des États d'Afrique laisse transparaître le choix du constituant d'accorder de larges possibilités au Président de la République[64]. À la vérité, les constitutions font du président de la République le principal initiateur de la procédure référendaire (a), tout en se montrant réfractaires à l'égard de toute initiative populaire (b).

a/ La prééminence de l'initiative présidentielle

L'initiative présidentielle ici doit être comprise d'une manière assez large comme couvrant l'ensemble du pouvoir exécutif ; toutefois, le Président de la République apparaît comme l'organe constitutionnel au nom duquel le gouvernement peut initier un référendum.

Le Président de la République dispose de pouvoirs décisifs en ce qui concerne le recours à la procédure référendaire, dans la mesure où c'est à lui que revient en grande partie la décision de soumettre une question au référendum[65]. En effet, l'initiative présidentielle en matière de référendum peut paraître, sur le plan formel, sans limites dans les constitutions des pays africains, qui concèdent au Président de la République « *un recours ouvert à la technique d'appel au peuple* »[66]. En dépit de quelques réserves prévues par certaines constitutions, il faut noter que l'initiative présidentielle est ouverte aux domaines constitutionnel, législatif et même celui des traités et accords internationaux.

---

[63] Art. 14de la loi n° 2010/003 DU 13 avril 2010 fixant les procédures du référendum.

[64] A. CABANIS et M. L. MARTIN, *Les constitutions d'Afrique francophone*, Paris, Karthala, 1999, p. 102.

[65] D. G. LAVROFF, *op. cit*, p. 866.

[66] A. CABANIS et M. L. MARTIN, *op. cit.*, p. 102.

S'agissant du domaine constitutionnel, notamment en matière de révision, le Président de la République se voit reconnaître un pouvoir d'initiative incontestable, même si celui-ci peut se trouver partagé avec les autres pouvoirs publics constitutionnels, notamment le parlement, et dans une moindre mesure le gouvernement[67]. L'initiative du président sur la question de la révision de la constitution peut davantage être perçue dans les normes constitutionnelles qui font du référendum, une condition essentielle de la procédure de révision.

Concernant le domaine législatif, il faut dire qu'il est celui dans lequel le Président de la République, dans les États d'Afrique a le plus vu son pouvoir d'initiative élargi. C'est lui seul, en effet, qui décide de l'opportunité de l'initiative[68], au regard des circonstances dont lui seul est juge de la nécessité[69].

Au Tchad, l'initiative référendaire est particulièrement aménagée en faveur de Président de la République. En effet, l'article 88de la constitution dispose que « *le Président de la République, pendant la durée des sessions ou sur proposition de l'Assemblée nationale publiée au Journal officiel et après avis de la Cour Supreme, peut soumettre au référendum tout projet de loi portant organisation des pouvoirs publics, comportant approbation d'un Accord d'union ou tendant à autoriser la ratification d'un traité qui sans être contraire à la Constitution, aurait des incidences sur le fonctionnement des institutions* ». Tout comme dans le contexte français, dont le présent article rejoint dans une large mesure les dispositions de l'article 11 de la constitution du 04 octobre 1958, l'initiative du président est subordonnée à la proposition du gouvernement ou des deux assemblées. Ceci signifie que si le président ne peut initier de référendum sans proposition, il n'a aucune obligation d'en organiser un en cas de proposition. Il dispose à ce titre, tel un *veto*[70], d'une « *compétence discrétionnaire mais non autonome* »[71].

b/ La rationalisation de l'initiative populaire

Pour corriger les dérives du présidentialisme majoritaire, le recours au référendum ne peut être laissé ni à la seule initiative de l'exécutif, ni à la seule initiative de la majorité des députés. C'est pourquoi il faut envisager d'autres formes d'initiative en la matière, dont le référendum *d'initiative citoyenne*[72]. Par rationalisation de l'initiative populaire, il faut entendre « *l'ensemble des procédés juridiques qui, de près ou de loin, contribuent à limiter l'impact des*

---

[67] Art. 218 (2) de la constitution du Congo, *op. cit.*

[68] Art. 58 de la constitution du Bénin.

[69] Art. 65 de la constitution de Guinée Équatoriale

[70] J. GICQUEL et J.-E. GICQUEL, *op. cit.*, p. 667.

[71] L. FAVOREU et al, *Droit constitutionnel*, 20e éd., Dalloz, 2018, p. 718.

[72] L. BLONDIAUX et *alii*, « Le référendum d'initiative citoyenne délibératif », *op. cit.*, p. 9.

choix formulés par le peuple dans le cadre d'un référendum. »[73]. Quant à l'initiative populaire, elle peut être appréhendée comme « *un pouvoir réservé au peuple de proposer, adopter, ou de rejeter, en matière législative et constitutionnelle, des lois et des amendements constitutionnels, ainsi que d'abroger ou d'édicter des normes* »[74]. De cette définition, il peut découler deux conséquences ; d'une part, l'initiative confère au peuple un droit d'élaboration d'une norme *exnihilo* ; d'autre part, elle concerne le niveau des différentes normes qui peuvent être affectées par le processus législatif et constitutionnel.

En Afrique, comme dans la plupart des grandes démocraties occidentales, les constituants se sont montrés, dans l'immense majorité, réfractaires à l'idée de devoir mettre à la disposition des citoyens, la possibilité d'initier un référendum. La plupart des constitutions ne consacrent pas le référendum organisé à l'initiative d'une fraction du corps électoral.

Allant à l'encontre d'un référendum d'initiative populaire, M. FATIN-ROUGE STÉFANINI affirme : « *Une constitution établit un système équilibré qui a été élaboré après mûre réflexion. L'intervention du peuple en dehors de toute forme pourrait détruire cet équilibre par le biais d'un simple vote dicté par la passion du moment. Ce n'est pas une garantie pour la survie de la démocratie et de l'État de droit, car l'initiateur du vote détient là un formidable pouvoir de destruction de l'ordre établi* »[75]. Au Bénin, la création d'un référendum d'initiative populaire qui a été, lors de la révision constitutionnelle du 11 décembre 1990, l'une des innovations les plus controversées du projet de révision, a été à la fois l'aboutissement de ce débat et son avortement. Si, de l'avis du ministre R. EDOU, l'initiative populaire consiste à « *permettre aux populations de proposer directement des solutions aux dysfonctionnements des institutions (...), de donner le pouvoir au peuple afin qu'il puisse mieux participer à la construction de la nation* »[76], cette vision ne va pas rencontrer l'adhésion de toute la classe politique béninoise. Pour le Professeur J. GJOGBENOU, l'introduction de l'initiative populaire ne répond à aucune question dans un régime présidentiel. Pour justifier sa position, il procèdera par analogie. Ainsi, affirmera-t-il, « *Quand on prépare une sauce en y mettant des ingrédients inappropriés ou trop d'épices, la sauce*

---

[73] P. TAILLON, *Le référendum expression directe de la souveraineté du peuple ? Essai critique sur la rationalisation de l'expression référendaire en droit comparé*, Tome 1, Thèse de doctorat en droit, Université Laval, Québec et Université Paris 1 Panthéon-Sorbonne Paris, France, 2011, p. 1.

[74] D. NEDJAR, « Initiative et référendum au États-Unis », *RDP*, n° 5, p. 1568.

[75] M. F.-R., STEFANINI, *Le contrôle du référendum par la justice constitutionnelle*, coll. « droit public positif», Aix-en-Provence/Paris, Presses Universitaires d'Aix-Marseille/Economica, 2004, p. 296.

[76] J. FATONGNINOUGBO, *Soirée politique sur le « projet de révision de la constitution béninoise du 11 décembre 1990 : état des lieux, enjeux et perspectives »*, FES, Cotonou, 2013, p. 26.

n'est pas consommable (...) Je dois affirmer avec force que l'initiative populaire est incompatible avec le régime présidentiel. L'initiative populaire est pathologique et n'a pas sa place dans notre constitution». Abondant dans le même sens, le député Lazare SEHOUETO affirmera « *vous ne pouvez pas essaimer des épines sur la chaussée et nous demander de vous porter des chaussures pour marcher. Il faut les ramasser et c'est à vous de le faire. Notre constitution n'a nullement besoin de l'initiative populaire*». On peut tout de même se poser la question de savoir à quel régime politique s'accommoderait l'initiative populaire, si même en contexte de régime parlementaire, certains l'ont considérée comme « *une arme contre le parlementarisme* ».

Ces différentes prises de position à l'encontre du référendum d'initiative populaire peut en dire long sur son absence dans la constitution béninoise, et partant, celles des autres pays africains. En effet, si la démocratie peut être appréhendée, selon A. LINCOLN, comme le gouvernement du peuple, par le peuple, et pour le peuple, on ne saurait comprendre pourquoi ce dernier se verrait refuser le pouvoir d'initier lui-même des réformes devant présider à sa destinée, surtout lorsque ses représentants se retrouvent à la solde des intérêts égoïstes. Pour L. BLONDIAUX, M.-A. COHENDET et les autres, « *la participation directe des citoyens à l'exercice du pouvoir législatif n'est plus une arme contre le « parlementarisme absolu » mais plutôt une soupape démocratique dans le cadre d'un « présidentialisme absolu » ; elle peut venir revivifier un espace politique réduit comme peau de chagrin autour de la personne du président de la République* »[77]. Le référendum d'initiative populaire apparaît ainsi comme « *une sorte d'ouverture du système politique à des demandes extra-parlementaires que les autorités représentatives écartent parfois délibérément* »[78].

Dans le contexte africain, seuls quelques pays ont jusqu'à présent aménagé d'une manière exceptionnelle dans leur dispositif constitutionnel, un référendum d'initiative populaire. Il en est ainsi de la constitution du Burkina Faso en son article 161, qui dispose que « l'initiative de la révision de la Constitution appartient concurremment (...) au peuple, lorsqu'une fraction d'au moins trente mille personnes ayant le droit de vote, introduit devant l'Assemblée nationale une pétition constituant une proposition rédigée et signée ». Le projet de révision est ensuite soumis au préalable à l'appréciation du Parlement[79]. Le projet de texte est ensuite soumis au référendum. Il est réputé avoir été adopté dès lors qu'il obtient la majorité des suffrages exprimés. Le Président de la République procède alors à sa promulgation dans

---

[77] L. BLONDIAUX, M.-A. COHENDET, M. FLEURY, B. FRANÇOIS et *al*, « Le référendum d'initiative citoyenne délibératif », *op. cit.*, p. 10.

[78] P. TAILLON, *Le référendum expression directe de la souveraineté du peuple ? Essai critique sur la rationalisation de l'expression référendaire en droit comparé*, Tome 1, *op. cit.*, p. 12.

[79] Art. 163 de la constitution du Burkina Faso.

les conditions fixées par l'article 48 de la présente Constitution. Toutefois, le projet de révision est adopté sans recours au référendum s'il est approuvé à la majorité des trois quarts (3/4) des membres du Parlement convoqués en Congrès par le Président du Faso[80].

Au Togo, l'initiative du référendum a également été aménagée dans la constitution. Selon cette dernière, elle « *appartient, concurremment, au peuple et au président de la République* »[81]. Cette procédure requiert les signatures d'au moins cinq cent mille électeurs représentant plus de la moitié des préfectures. Plus de cinquante mille d'entre eux ne doivent pas être inscrits sur les listes électorales d'une même préfecture. La demande devra porter sur un même texte. Sa régularité sera appréciée par la Cour constitutionnelle. Trop exigeantes, ces conditions contraignantes n'ont jamais permis qu'un référendum d'initiative populaire soit organisé.

À force d'entourer l'initiative citoyenne de précautions et de préventions, on a fini par l'étouffer indépendant de son aspect matériel.

2/ L'aménagement matériel

La lecture de l'ensemble des dispositions constitutionnelles dans les États d'Afrique, laisse entendre que la souveraineté nationale appartient au peuple, qui l'exerce soit par l'intermédiaire du Président de la République et des membres du Parlement, soit par voie de référendum[82]. Cette affirmation qui se confirme par d'autres dispositions des mêmes textes constitutionnels ou des lois d'application établissant les conditions et fixant les sujets pour lesquels un référendum peut être organisé, peuvent être perçue d'une manière ambivalente.

a/ La forte tendance à la restriction du champ référendaire

En matière référendaire, la plupart des constitutions des pays africains concourent à des mesures de sûreté. En effet, selon des modalités propres à chaque système juridique, on observe dans la plupart de ces États, l'existence de procédés permettant d'éviter, de contourner voire de limiter la volonté du peuple issue de la démocratie référendaire, et même de faire fi. Les dispositions des constitutions des États d'Afrique qui consacrent le droit d'initiative, bornent le plus souvent les matières pouvant être soumises à un référendum. Il est tout simplement question dans ces constitutions, par le biais des règles d'initiative référendaire ou des conditions d'admissibilité de cette procédure, de limiter le recours au référendum[83]. Cette restriction peut s'observer à plusieurs niveaux, notamment aux personnes susceptibles de

[80] Art. 164 de la constitution pré citée.
[81] Article 4 de la constitution du Togo.
[82] Art. 2 de la constitution du Cameroun.
[83] P. TAILLON, *op. cit.*, p. 29.

l'initier, au moment de l'initiative, au contrôle juridictionnel et aux matières pouvant être soumises au référendum.

Dans le premier cas, il faut noter que la plupart des constitutions africaines posent d'énormes restrictions quant aux personnes habilitées à initier un référendum. Ainsi dénient-ils d'une manière quasi unanime, et en des termes quasiment identiques, au Président de la République par intérim, le pouvoir de recourir au référendum (art. 50 de la constitution du Bénin, art 6 al.4 b de la constitution du Cameroun, art. 40 de la constitution de CI, art. 42 de la constitution du Niger, art. 39 constitution du Sénégal, 35 constitution de Guinée) Dans tous les cas, l'intérimaire n'a pas l'initiative de référendum ; il n'a pas non plus l'initiative de la révision de la Constitution. Ces attributions sont donc réservées au seul président de la République et font partie des attributions qui ne peuvent être déléguées[84].

Dans le deuxième cas, et à l'analyse des constitutions africaines, celles-ci limitent les périodes durant lesquelles le référendum peut être initié. Il en est ainsi de toute la période durant laquelle l'intérim devra être assuré[85].

Outre ces procédés, il en existe un autre lié à l'intervention du juge dans le processus référendaire. Dans ses aspects les plus susceptibles d'affecter la portée du référendum, le contrôle juridictionnel du référendum est exercé sur des objets relatifs à des questions de conformité de l'expression référendaire aux normes hiérarchiquement supérieures issues du droit constitutionnel. Il en est ainsi au Togo où la constitution conditionne l'organisation des référendums d'origine populaire à la soumission du texte à la Cour constitutionnelle pour contrôler sa conformité à la constitution[86]. P. TAILLON fait savoir à ce propos que « *Ces différentes interventions du juge dans le processus référendaire participent au phénomène de rationalisation dans la mesure où elles limitent la portée du référendum en conditionnant l'expression référendaire au respect des normes hiérarchiquement supérieures* »[87].

Quant au dernier cas, les matières pouvant être soumises à une consultation référendaire sont strictement limitées dans les textes constitutionnels des différents États. Ainsi, aux termes de l'article 36 de la constitution du Cameroun, « *Le Président de la République, après consultation du Président du Conseil Constitutionnel, du Président de l'Assemblée nationale et du Président du Sénat, peut soumettre au référendum tout projet de réforme qui, bien que relevant du domaine de la loi, serait susceptible d'avoir des*

---

[84] *Ibid.*, p. 25.

[85] Voir notamment art 50 de la constitution du Bénin, art 6 al.4 b de la constitution du Cameroun, art. 40 de la constitution de CI, art. 42 de la constitution du Niger, art. 39 de la constitution du Sénégal, 35 constitution de Guinée, art. 34 de la constitution de la République Centrafricaine.

[86] Art 4 de la constitution.

[87] P. TAILLON, *op. cit.*, p. 32.

répercussions profondes sur l'avenir de la nation et les institutions nationales ». Bien qu'apparemment extensive, cette disposition sera suivie d'une énumération des sujets pouvant faire l'objet d'une initiative référendaire. Il est notamment question des projets de loi portant sur l'organisation des pouvoirs publics ou sur la révision de la Constitution, des projets de loi tendant à la ratification des accords ou des traités internationaux présentant, par leurs conséquences, une importance particulière, de certains projets de réforme portant sur le statut des personnes et le régime des biens, etc. il faut tout de même noter que la locution « etc. » qui va clore cette disposition constitutionnelle laisse un doute sur les intentions du constituant de restreindre la marge d'initiative du chef de l'État. Cette carence sera tout de même comblée par le législateur dans la loi n°2010/003 du 13 avril 2010 fixant les procédures de référendum, qui va reprendre, à l'article 2, les termes de l'article 36 de la constitution tout en supprimant la locution « etc. ».

D'autres pays, à l'instar du Tchad, du Congo, de la Guinée, du Bénin, du Gabon et du Congo auront une formulation encore plus restrictive des matières pouvant faire l'objet d'initiative. Dans ces différents pays, seuls quelques objets constitutionnels peuvent faire l'objet d'un référendum, à savoir, les libertés et les droits fondamentaux[88], l'organisation des pouvoirs publics[89], l'action économique et sociale de l'État, ou tendant à autoriser la ratification d'un traité[90], les problèmes de société[91].

Ainsi, comme le note P. TAILLON, ces procédés d'organisation du référendum, plus que de simples modalités, participent au « *phénomène de rationalisation de l'expression référendaire en rendant plus difficile, voire même impossible la mise en œuvre de la volonté majoritaire issue du scrutin* »[92].

b/ La faible tendance à l'extension du champ référendaire

Si bon nombre de pays africains se sont fait remarquer par la limitation des questions pouvant donner lieu au référendum, d'autres en revanche, à l'instar de Djibouti, de la RCA, du Niger, du Sénégal, et du Togo ont aménagé de larges possibilités aux matières susceptibles d'être soumises au référendum. Ces derniers ne prévoient aucune spécialisation en matière de référendum.

En République Centrafricaine, la constitution précise que « *lorsque les circonstances l'exigent, le Président de la République peut soumettre au référendum, (...) tout projet de loi ou, avant sa promulgation, toute loi déjà*

[88] Art.45 constitution de Guinée, art. 58 de la constitution du Bénin, art.79 constitution Congo, art. 18 de la constitution du Gabon.
[89] Art. 88 constitution du Tchad, Art.45 constitution de Guinée, article 58 constitution Bénin, art.79 constitution Congo, art. 18 de la constitution du Gabon.
[90] Art.45 constitution de Guinée.
[91] Art.79 constitution Congo.
[92] P. TAILLON, *op. cit.*, p. 31.

votée par l'Assemblée nationale ». Cette formulation qui est contenue en des termes similaires dans la constitution du Sénégal[93], ne borne pas les matières susceptibles de donner lieu à un référendum. Il en sera de même au Togo, où la constitution dispose que « *le président de la République peut soumettre au référendum tout projet de loi constitutionnelle* »[94]. Elle ne précise par ailleurs pas les matières sur lesquelles peuvent être organisés les référendums d'origine populaire[95]. Plus imprécises seront encore les dispositions de l'article 49 de la constitution du Niger selon lesquels « *le Président de la République peut (...) soumettre au référendum tout texte qui lui paraît devoir exiger la consultation directe du peuple (...)* ».

La constitution du Burkina Faso ne sera pas en reste, elle précise en son art. 49 que « *le Président du Faso peut (...) soumettre au référendum tout projet de loi portant sur toute question d'intérêt national* ». Cela recouvre déjà dans une certaine mesure, tout le domaine de la loi, le domaine constitutionnel, ainsi que celui relatif aux traités et accords internationaux. À ce dernier titre, elle précise en son art. 147 que « les accords consacrant l'entrée du Burkina Faso dans une confédération, une fédération, ou une union d'États africains sont soumis à l'approbation du peuple par référendum.

Ces différentes formulations représentent en fait un net élargissement du champ du référendum. En effet, l'absence d'énumération des matières entrant dans le « *domaine référendable* »[96] peut laisser subodorer qu'il s'applique à des pans entiers de la législation, en l'absence d'une définition précise de ce qui est « *question d'intérêt national* ». Il s'agit donc dans l'ensemble, de formulations assez floues qui pourraient faire du champ référendaire, une sorte de fourre-tout. Une telle manière de faire a le risque de pouvoir transformer le référendum en un « *instrument de démagogie* »[97].

II/ L'irruption du pragmatisme

Les grands défis démocratiques qui ont jalonné l'histoire de nombreux États africains, n'ont jamais su faire chemin séparé avec la violence. Comme une ombre de la démocratie, la terreur fut toujours un élément consubstantiel dans l'édification de ces « jeunes » États. Si d'un point de vue simpliste la construction de l'initiative référendaire dans le constitutionnalisme africain,

---

[93] Art. 50 « *Le Président de la République peut, sur la proposition du Premier ministre et après avoir consulté le Président de l'Assemblée nationale et recueilli l'avis du Conseil Constitutionnel, soumettre tout projet de loi et tout projet de Constitution au référendum* ».

[94] Art. 144 de la constitution.

[95] Art. 4 de la constitution.

[96] J. LARCHE, *Rapport du Sénat*, Tome 1, N° 392,1995, p. 29.

[97] M. F.-R. STEFANINI, « 25 ans de réformes sur les référendums en France : entre apparence et réalité », *RFDC*, n° 100.

quelle que soit la vague invoquée[98], accorde une place privilégiée aux mécanismes ordinaires tracés par les constituants institués, l'envers du décor est tout autre. Celui-ci présence d'un côté, après une observation minutieuse de l'ornement planté dans le texte, une scène dans laquelle le peuple et les autres institutions non exécutives sont soit spectateurs, soit acteurs passifs. D'un autre côté, on observe une scène qui propose l'instauration du référendum dans la sueur et le sang, au bout de cris, de luttes et de sacrifices.

Cette description, faut-il le souligner, procède de la réalité telle qu'elle est vécue dans la vie constitutionnelle des États sous étude. Celle-ci témoigne de la vacuité et du caractère purement esthétique de l'initiative ordinaire lorsqu'il s'agit de refonder le contrat social de l'État et poser de nouvelles bases intentionnelles. Elle permet de toucher le ventre mou qui a conduit au constat de l'échec de la démocratie à l'occidentale telle qu'elle est appliquée outre-mer. Imprévue de manière expresse autant dans les préambules que dans les dispositifs constitutionnels, c'est au travers d'une lecture imbriquée d'éléments textuels et factuels que l'on peut parvenir à un tel constat.

En effet, l'existence d'une initiative factuelle marque l'échec du dispositif normatif communautaire contenu dans la Charte africaine de la démocratie, des élections et de la bonne gouvernance[99]. Elle marque, bien évidemment, l'échec même des constitutions de ces États, qui prohibent de manière ostentatoire dans leur préambule[100] cette manière indécente de prendre le pouvoir par la force. Voguant sur la marée de différentes circonstances de fait (A), l'initiative révolutionnaire de la procédure référendaire trouve sa justification dans les raisons mêmes qui lui ont donné naissance (B).

---

[98] Les auteurs s'accordent aujourd'hui sur le fait qu'il y en a eu trois dans le constitutionnalisme africain. La première va des indépendances à l'instauration du monopartisme, la deuxième se caractérise par l'instauration du monopartisme couplé au présidentialisme, et la troisième vague débute dans les années 1990 avec la chute du mur de Berlin, les révolutions nationales et la refondation des nombreuses constitutions en Afrique. Pour plus de détails, lire J.-L. ATANGANA AMOUGOU, « Les révisions constitutionnelles dans le nouveau constitutionnalisme africain », *Politeia*, n° 7, Printemps 2005, pp. 583-622.

[99] Art. 2 al. 4 qui stipule que la présente Charte a pour objectif de : « *Interdire, rejeter et condamner tout changement anticonstitutionnel de gouvernement dans tout État membre comme étant une menace grave à la stabilité, à la paix, à la sécurité et au développement* ». Les États membre de l'Union africaine condamnent ainsi fermement les mécanismes réactionnaires de prise du pouvoir.

[100] Voir le préambule de la constitution du Bénin, de la Tunisie, de la République du Congo, du Mali, et du Tchad.

A/ L'adossement de l'initiative sur des circonstances de fait

Au regard de la nouveauté du constitutionnalisme importé[101], de la complexité de ses paramètres de mise en œuvre, de l'ingénierie qu'il mobilise, ce mécanisme d'organisation sociale ne connait pas une application heureuse en Afrique. La réalité n'a jamais suivi la lettre du texte, pour mettre en place le discours du constituant. La faible place laissée au peuple dans sa possibilité de participer à la vie publique a produit des Léviathans sociaux si se manifestent sous la forme d'un rejet non seulement des normes édictées par la société qui les abrite, mais avec elles, des institutions chargées de les appliquer et de tout ce qui en est issu.

Ces éléments ont conduit à une régression démocratique particulièrement sensible dans le continent noir, comme en témoignent les nombreuses crises et les tensions sociopolitiques croissantes auxquelles est confrontée la quasi-totalité des pays de la région[102]. Ces faits justement donnent à voir un constitutionnalisme dérivé, né sous le couvert de l'inadéquation entre le texte et sa pratique, qui présente une trahison du premier par le dernier. Aidés par la crise de la représentation[103], ces phénomènes (1) aux implications certaines (2) sont toujours aussi présents en Afrique que dans le temps.

1/ L'identification des circonstances de fait à l'origine de l'initiative

L'Afrique est en crise[104]. Cette déclaration qui peut paraître forte au premier abord, cache, tel un paravent, un malaise constitutionnel fortement observable lorsqu'on regarde l'au-delà et l'en deçà des textes fondamentaux. La fin recherchée du despotisme et de la dictature exercée sur les peuples sous différentes formes, a poussé les auteurs à très vite crier à la crise de l'autoritarisme[105] à travers le changement de direction du vent venant de l'Est. Pourtant, passé la période de l'euphorie au début des années 1990, on peut parler d'une mutation et d'une adaptation de ce totalitarisme sous la forme des démocraties embrigadées dans le texte et ineffective dans la réalité.

C'est pour répondre à ce changement de forme de la gouvernance par l'arbitraire, que des groupes se sont donné pour mission de résister ou d'abolir

---

[101] En important la forme d'organisation étatique qui était la leur, les États occidentaux ont emporté avec eux l'ensemble de ses attributs dont le constitutionnalisme. Pour plus de détail, lire J.-F. BAYART, « L'historicité de l'État importé », *Les cahiers du CERI*, n° 15, 1996, 44 p.

[102] IDEA, *Approfondir la transitionvers la Gouvernancedémocratique en Afriquecentrale*, Rapport du dialogue, Libreville, Gabon, 14-15 décembre 2015, p. 9.

[103] J.-M. DENQUIN, « Pour finir avec la crise de la représentation », *Jus politicum*, n° 4, 2010, 38p.

[104] Th. L. WEISS, « Contribution à une réflexion sur la crise de l'État en Afrique et sa gestion par les populations des espaces périphériques », *in* Th. L. WEISS (dir.), *Réflexion sur la crise de l'État en Afrique*,

[105] J.-F. MEDARD, Autoritarismes et démocraties en Afrique noire, p. 92.

toute forme de domination non consentie. Aussi, fallait-il donner de l'espoir aux peuples d'une Afrique qui n'a presque connu que des régimes autoritaires depuis les indépendances[106], facilités par la faillite et l'inefficacité des systèmes régionaux et multilatéralisés de défense, qui ont permis au phénomène de « prétorianisation » du pouvoir[107] (a) de devenir un mode reconnu de création des conditions d'un référendum. Le peuple lui aussi, dispose à travers la masse mobilisée, d'un moyen inégalé jusqu'ici pour se faire entendre (b).

a/ Le soulèvement militaire

L'organisation actuelle des États africains reflète une volonté certaine de prévenir les coups d'État[108] qui apparaissent le plus souvent dans les périodes de transition politique[109]. Ceux-ci ne sont pas les bienvenus dans le quotidien des institutions qui se veut paisible. La question de la prise du pouvoir par la force des armes est une pandémie dans la plupart des États nouvellement indépendants, et même bien après des décennies d'indépendance. Au mépris des constitutions nationales qui les prohibent, la prise du pouvoir par la violence armée, la guérilla, la mutinerie, la rébellion est monnaie courante. Prenant en compte la systématisation faite par le professeur E. H. MBODJ dans sa thèse de doctorat, on observe deux variantes de ce phénomène de soulèvement militaire. Il distingue ainsi le coup d'État[110] de la révolution du palais[111] qui est moins usitée, et dont la plus récente a été observée au Zimbabwe par l'éviction du président Robert Mugabe par ses fidèles alliés d'hier[112].

---

[106] J.-F. MEDARD, « Autoritarismes et démocraties en Afrique noire », *Politique africaine*, n° 43 ; octobre 1991 ; p. 92.

[107] M. L. MARTIN, « Constitutionnalisme et contrôle politique des militaires en Afrique francophone », *Res Militaris*, Vol. 5, n° 2, Été-Automne 2015, p. 2.

[108] Art. 5 al. 7 de l'Accord d'Arusha pour la paix et la réconciliation au Burundi du 28 juin 2000 ; préambule de la Charte constitutionnelle de transition du 18 juillet 2013 en République centrafricaine ; art. 4 de l'accord préliminaire à l'élection présidentielle et aux pourparlers inclusifs de paix au Mali.

[109] M. BENCHENANE, *Les régimes militaires africains*, Paris, Publisud, 1984, p.10.

[110] E. H. MBODJ, *La succession du chef d'État en droit constitutionnel africain (Analyse juridique et impact politique)*, Thèse de doctorat d'État, Université Cheikh Anta Diop, Dakar, 1991, p. 95.

[111] Celle-ci ne sera pas prise en compte dans la présente étude, par ce que le plus souvent, elle ne conduit pas à un réel changement au niveau constitutionnel. Il s'agit de l'éviction de l'homme fort du système par ses partisans qui, à l'analyse reproduisent le même schéma qu'il disait abolir. On peut juger par l'exemple venu du Zimbabwe avec la mise à l'écart de Robert Mugabe par Emmerson Mnangagwa, qui continue avec le même système, avec des traits encore plus durs que ceux de son prédécesseur.

[112] Le président Robert Mugabe a perdu le soutien de son parti la Zanu-PF, de l'armée, des membres de son gouvernement, du parlement, avant de subir une destitution avec pour motif « *d'avoir autorisé sa femme à usurper des pouvoirs » et de « ne plus être en capacité physique d'assurer son rôle* ». Cf. Le Figaro du 21 novembre 2017.

Le soulèvement militaire consiste au renversement de l'ordre gouvernant soit par des organisations militaires exclusivement[113], soit par un mouvement mixte comprenant des militaires et des civils. La première forme a pu être observée en 1952 en Égypte, avec le mouvement des officiers libres dirigés par Gamal Abdel Nasser et Mohammed Naguib, qui a renversé le Roi Farouk Ier afin de nommer le général Mohammed Naguib à la Présidence du Conseil de la Révolution[114]. Cela a également été le cas en Algérie, où le colonel Houari Boumédiène, alors ministre de la Défense, fomenta un coup d'État militaire le 19 juin 1965, visant à destituer le président de la République Ahmed Ben Bella[115]. Avant de passer à l'acte celui qui était encore colonel, déclarait à propos du président, en septembre 1963 avec conviction ce qui suit : « *Nous le soutiendrons tant qu'il sera utile à l'Algérie. Le jour où il cessera de rendre service, il ne nous faudra pas plus de deux heures pour le renverser* ». Mise en garde ou simple menace, le discours s'est réalisé pleinement. Plus proche, le cas gambien peut servir d'illustration avec la tentative de coup d'État du Lieutenant-colonel Lamin Sanneh[116] du 30 décembre 2014 contre le Président Yahya JAMMEH[117]. Elle visait à renverser ce dernier afin d'établir un pouvoir militaire.

Par ailleurs, une autre forme de coup d'État militaire consiste pour un civil, à s'allier avec les groupes militaires[118] ou inversement dans l'optique de renverser l'ensemble du gouvernement en place ou une partie seulement. Le premier exemple peut être tiré du Soudan. Dans cet État qui cherchait ses marques après les indépendances[119], contre son propre gouvernement, le

---

[113] En Afrique, seul deux types de régimes militaires sont observables. Les régimes militaires corporatistes et les régimes militaires progressistes avec une orientation à prédominance idéologique. Cf. D. BERG-SCLOSSER, cité par E. H. MBODJ, *op. cit.*, pp. 95-96.

[114] Suite au renversement de son gouvernement par les forces militaires, le roi Farouk Ier abdique le 26 juillet 1952, pour laisser le pouvoir à son fils Fouad Ier, âgé de 6 mois seulement. Ce qui ne sera pas du goût des révolutionnaires.

[115] Le journal Jeune Afrique, révèle dans ses lignes, que le Président Ben Bella prévoyait éliminer le Général Boumédiène. V. Jeune Afrique en ligne, mise à jour du 22 septembre 2015 sur le site www.jeuneafrique.com/mag/238187/politique/19-juin-1965-un-jour-deux-destins/.

[116] Ce dernier est mort avec deux de ses compagnons lors du coup d'État. Les corps ont été présentés et ils furent déclarés terroristes à la solde de l'occident.

[117] Ce dernier a lui-même obtenu le pouvoir à la suite d'un coup d'État le 22 juillet 1994, qui renversait Dawda Jawara. Il resta à la tête du Conseil dirigeant provisoire et ne porta le titre de chef de l'État qu'après sa dissolution le 28 septembre 1996.

[118] La forme de l'alliance importe peu ici, car la finalité reste identique et consiste à faire table rase du présent pour construire un ordre constitutionnel nouveau marqué par l'originalité.

[119] Il faut relever que le Soudan a eu son indépendance le 1er janvier 1956, deux semaines seulement après sa proclamation au parlement national.

Premier ministre Abdallah KHALIL fit un coup d'État avec l'aide des militaires[120] le 17 novembre 1958 et prit le pouvoir. En mai 2015, le Burundi fut aussi le théâtre de vives secousses par une tentative de coup d'État perpétrée après plus de deux semaines de manifestations dans les rues de Bujumbura[121], et alors que le président se trouvait en Tanzanie pour assister à un sommet régional des chefs d'État sur la situation de son pays[122]. C'est alors que le général Godefroid NIYOMBARE se lança dans une tentative de renversement foireuse. Au Niger, Mamadou Tandja réélu en 2004, organisa en 2009 un référendum qui prolongeait son mandat de trois ans et lui permettait de solliciter un troisième mandat. Refusant de soutenir le déni d'alternance, le chef d'escadron Salou DJIBO le renverse en février 2010. Par la suite, ce dernier céda le pouvoir en avril 2011 au nouveau président élu, Mahamadou ISSOUFOU[123].

Le conflit en Côte d'Ivoire démarre le 19 septembre 2002, suite à une tentative de coup d'État, devenue rébellion armée[124], contre le Président Laurent GBAGBO. Cette tentative fut attribuée au général Robert GUEÏ, ainsi qu'au ministre de l'Intérieur Émile Boga DOUDOU. La guerre civile du Congo-Brazzaville, qui se situe du début du mois de juin 1997 au mois d'octobre 1997, opposa le président Pascal LISSOUBA et sa milice dénommée « les Zoulous », à Denis Sassou Nguesso et sa milice « les Cobras ». Ce dernier a remporté la victoire grâce au soutien militaire déterminant du régime angolais[125].

Selon une partie de la doctrine, la prise du pouvoir par l'armée est considérée comme le procédé typique d'acquisition ou de transmission du

[120] Ce coup d'État a abouti à la dissolution du parlement ainsi qu'à la suppression de l'alternance des partis à la présidence du Conseil. Il instaura un régime dirigé par les militaires.

[121] Les manifestations fusaient suite à l'annonce de la candidature de Pierre Nkurunziza à un troisième mandat. V. A. PLAUCHUT, « Burundi : les conséquences d'un coup d'État manqué », *Éclairage du GRIP*, mai 2015, p. 1.

[122] A. PLAUCHUT, « Burundi : les conséquences d'un coup d'État manqué », *Éclairage du GRIP*, mai 2015, p. 1. Le coup était fomenté par le général Niyombare, un ancien rebelle du CNDD-FDD et compagnon de lutte du président NKURUNZIZA.

[123] L. Saur, *Démocratie en Afrique subsaharienne : dépasser les certitudes occidentales*, Justice et paix, Étude 2015, pp. 4-5.

[124] Y. P. MANDJEM, « Les gouvernements de transition comme sites d'institutionnalisation de la politique dans les ordres politiques en voie de sortie de crise en Afrique ? », *Revue africaine des relations internationales,* Vol. 12, Nos. 1 & 2, 2009, p. 106.

[125] Après sa victoire, ce dernier nomma un gouvernement de transition et mit en place Le Conseil National de Transition qui avait entre autres pour missions, « d'examiner, après un débat national, le projet de Constitution à soumettre au référendum » selon les termes de l'art. 53 al. 4 de l'Acte fondamental du 24 octobre 1997 en République du Congo.

pouvoir dans les régimes en développement[126]. La réception théorique de ce mécanisme déviant, justifie sa qualification de mécanisme réactionnaire, car il offre des solutions immédiates visant à établir une situation d'accalmie et de sérénité, pour confier par la suite au peuple son destin à travers d'élections référendaires[127]. Il faut préciser en complément, que l'initiative n'est pas toujours dictée par le coup d'État, mais elle dépend des aspirations de ceux qui l'ont initiée. Elle aboutit rarement, à un référendum populaire, bien qu'elle présente toujours celui-ci comme son objectif final. À côté de ce procédé, il en existe un autre tout aussi marginal, qui permet au peuple de prendre une place active dans la construction du nouvel ordre constitutionnel.

b/ Le soulèvement populaire

Lorsqu'une société sombre dans la décadence politique et constitutionnelle, un peuple éclairé peut se donne la mission importante de préserver les acquis démocratiques auxquels il s'est identifié. En tant que corps politique plus qualitatif que quantitatif[128], ce peuple est enclin à réagir afin de dire « non » en rapport avec la situation vécue. Au-delà des contorsions théoriques qui créent une dialectique entre la légitimité politique et la légitimité juridique[129], le soulèvement populaire exprime, à travers l'insurrection et la révolution, le ras-le-bol ainsi que toutes les frustrations en hibernation dans sa chair et son esprit. Cette faculté du peuple à se mettre-à-porte en faux avec ses gouvernants s'assied sur un double fondement. Le premier est intrinsèque à l'être humain de par la protection ineffable de sa dignité ; le second est textuel car prévu dans les textes fondamentaux des États africains. C'est ainsi que certaines constitutions reconnaissent de manière expresse la condamnation des régimes politiques arbitraires[130], le droit de résister à toute forme d'oppression.

Ainsi, lorsqu'une société n'offre plus au peuple les conditions idoines de son épanouissement, celui dispose de deux possibilités de résistance. La première est l'insurrection, envisagée comme une motivation de la population à la rébellion contre l'ordre gouvernant en place et avec lui, de l'ordre constitutionnel. Elle impose de conquérir « le cœur et l'esprit »[131] de toutes les

---

[126] E. H. MBODJ, *La succession du chef d'État en droit constitutionnel africain (Analyse juridique et impactpolitique)*, *op. cit.*, 1991, p. 95.

[127] Excepté quelques États parmi lesquels le Cameroun, les États qui ont connu les conférences nationales ont tranché la crise par le moyen du référendum.

[128] N. MOUELLE KOMBI, « Consultation électorale et respect de l'expression des citoyens », *Afrique 2000*, n° 16, Févr. 1994, p. 42.

[129] N. MOUELLE KOMBI, « Consultation électorale et respect de l'expression des citoyens », *op. cit.*, p. 48. L'auteur le relève en ces mots : « Politiquement légitime, un pouvoir peut être juridiquement illégitime. À l'inverse, juridiquement légitime, un pouvoir peut être politiquement illégitime ».

[130] Cf. préambule de la Constitution du Bénin du 11 décembre 1990.

[131] D. G. COX et A. RYAN, « Briser le mythe de la cause unique d'une insurrection », *ASPJ Afrique & Francophonie*, 4e trimestre 2017, p. 5.

couches sociales pour grandir et se muer en révolution. De faible ampleur, l'insurrection est considérée comme un crime contre l'État. C'est le premier degré de manifestations populaires, qui nécessite une adhésion massive pour porter les fruits des espérances de ses initiateurs. Toute insurrection dépend du contexte historique et culturel[132] qui la voit naître et des revendications qu'elle présente. Certaines n'ont jamais pu trouver l'adhésion populaire, comme le mouvement Boko Haram qui est avant tout une insurrection d'essence religieuse avant d'être politique. Dans de nombreux cas, les multiples tensions et propensions qui nourrissent l'insurrection se chevauchent et s'entremêlent, tissant une toile complexe qui suscite confusion et incompréhension[133].

À l'inverse, la révolution est une insurrection qui a réussi. Cette réussite nécessite d'abattre le régime gouvernant en place par la mobilisation massive des citoyens qui se reconnaissent dans les idéaux prônés. Initiée par le politique ou par le civil, la révolution fédère les énergies autour d'une cause commune. Son mécanisme de déclenchement est atypique dans chaque pays, il peut s'agir d'un acte isolé comme en Libye en 2011[134], du refus d'un homme politique[135], des revendications sociales[136]. C'est ainsi qu'au Burkina Faso il y a eu du 28 octobre au 21 novembre 2014, une série de manifestations orchestrées par le Mouvement sankariste, le Balai Citoyen et le Mouvement du Peuple pour Progrès. Ces revendications avaient pour but l'abandon de l'amendement constitutionnel ainsi que le départ du président Blaise COMPAORE. Autre lieu et autre date, mais cause identique, à Kinshasa, le président Joseph Kabila soupçonné de convoiter un troisième mandat en violation de la constitution en 2016, a essuyé des manifestations de protestation qui l'ont fait reculer.

Ainsi, le mépris de l'expression des citoyens dans un État est susceptible d'aboutir à une attitude pathologique caractéristique des régimes anti-démocratiques[137].La révolution implique une rupture du pouvoir politique à l'intérieur de l'État.

---

132 *Ibid.*, p. 7.

133 *Ibid.*, p. 5.

134 Immolation de Mohamed Bouazizi.

135 En 2012, l'opposition politique et civile unies au sein du mouvement du 23 juin (référence aux manifestations du 23 juin 2011) se sont efforcées d'empêcher Abdoulaye Wade de briguer un troisième mandat présidentiel, interdit par la Constitution sénégalaise.

136 En Égypte te en Tunisie.

137 N. MOUELLE KOMBI, « Consultation électorale et respect de l'expression des citoyens », *op. cit.*, p. 42.

2/ Les implications des circonstances de faits

Les contestations populaires et militaires dans les régimes politiques africains, visent d'abord les institutions et leurs actions avant de porter sur la norme fondamentale. En réalité, la prise du pouvoir exécutif est ce qui mobilise le plus les envies et donne lieu à la majorité des actions de défiance du pouvoir. Que ce soit en Côte d'Ivoire, au Soudan au Niger, au Nigeria ou au Burundi, les actions portaient principalement sur la prise du poste de chef de l'État. La modification révolutionnaire du dispositif constitutionnel n'est qu'un mécanisme permettant de personnaliser le pouvoir afin d'éviter, aux nouveaux «rois» de subir ce qui les a conduits au paradis. C'est la raison pour laquelle, en dehors de la constitution et des institutions inadaptées[138] pour les idéaux, l'ensemble de l'édifice normatif reste inchangé[139].

Ainsi, face à l'échec des mesures de contre-insurrection[140] prévues çà et là, deux mouvements guident les initiatives révolutionnaires. Pour Kelsen, la finalité de la révolution[141] « c'est que la Constitution en vigueur est soit modifiée soit remplacée complètement par une nouvelle Constitution d'une façon autre que celle qu'elle prescrivait »[142]. Il y a donc manifestement une mise en cause préalable de l'ordre existant (a) avant sa remise en cause réelle (b).

a/ La mise en cause de l'ordre constitutionnel

Au-delà du symbole, la constitution est une norme dont la fonction principale est de régler l'organisation du corps politique. Elle détermine les pouvoirs des institutions de la République ainsi que leur fonctionnement[143]. Lorsqu'elle échoue dans cette mission, ou si les résultats obtenus par sa mise en œuvre ne sont pas satisfaisants, elle sera contestée car, en elle les réactionnaires trouvent toutes les sources de leurs malheurs. Opposé aux gouvernants qui pensent que les lois constitutionnelles sont immuables[144] tant

---

[138] IDEA, *Approfondir la transition vers la Gouvernance démocratique en Afrique centrale*, Rapport du dialogue, Libreville, Gabon, 14-15 décembre 2015, p. 5.

[139] À la suite d'une révolution ou d'un coup d'État, les révolutionnaires conservent généralement l'ensemble des normes se situant en dessous de la constitution, telles les lois pénales, civiles, administratives, etc.

[140] Pour plus de détails, bien vouloir lire J.-J. Patry et N. Vilboux, « Contre-insurrection et « nouvelles » doctrines militaires : l'adieu aux illusions ! », *Fondation pour la recherche scientifique*, note n° 02/12, janvier 2012, 11 p.

[141] L'auteur tient une définition large de la révolution qui ne distingue pas coup d'État, insurrection et révolution. Il la qualifie de révolution au sens large.

[142] H. KELSEN, *Théorie pure du droit*, 2e éd., trad. Eisenmann, Paris, Dalloz, 1962, p. 279.

[143] Décision n° 005/15/CCT du 15 avril 2015 dans son 7e considérant.

[144] L. de THY, *L'écriture des lois constitutionnelles de 1875. La fondation de l'ordre constitutionnel de la IIIe République*, Thèse de doctorat Ph. D. en Droit public, Université de Bourgogne, 2017, p. 50.

qu'elles servent leurs intérêts, le peuple désabusé cherchera les failles de l'ordre constitutionnel pour s'en séparer. La mise en cause de l'ordre constitutionnel dont il question peut prendre différentes formes. La première concerne la mise en cause du texte de la constitution, et la seconde son application concrète par les acteurs politiques et institutionnels.

Dans les États africains faisant l'objet de l'étude, le constitutionnalisme est d'essence formelle malgré les spécificités adaptées à chacun, ce qui signifie qu'il existe des textes que l'on peut consulter pour y percevoir les normes d'organisation sociale. La contestation concerne pour ce cas une ou plusieurs dispositions de la constitution dont l'application certaine ou éventuelle ne satisfait pas les réactionnaires. C'est ainsi qu'en 2008, le Cameroun a connu un soulèvement populaire à l'annonce de la modification de l'article 6 alinéa 4 de sa constitution. Cette modification qui portait sur la limitation du nombre de mandats poussa la population à sortir dans la rue, mais connut un échec. Le Mali a connu en 2010 la plate-forme « Touche pas à ma Constitution », composée d'associations politiques, de la société civile, des mouvements de jeunes et de partis d'opposition[145], lequel s'opposait à la révision de la constitution par référendum. D'après les propos de son président, en la personne de Kadiatou Sow, *« Dans le contexte actuel, il y a plus urgent et plus important à faire pour le peuple malien : c'est de s'assurer d'abord que les populations, toutes les populations maliennes, peuvent se prononcer. Une fois que l'administration sera de retour, que l'armée pourra sécuriser les personnes et les biens, là on pourra aller au référendum »*[146]. Le Nigeria n'est pas en reste, avec les indépendantistes du Biafra du Sud-est, qui en 2017 refusaient la politique assimilationniste pratiquée par le gouvernement fédéral et réclamaient l'organisation d'un référendum d'autodétermination pour le Biafra.

Par ailleurs, il se présente des cas où ce n'est non pas la constitution elle-même mais son application qui pose problème. L'exemple du Bénin, pour l'élection législative de juin 2019, ou encore le Cameroun à la sortie de l'élection présidentielle d'octobre 2018. Ainsi, malgré l'interdiction insérée dans les lois fondamentales qui fait de toute atteinte portée aux institutions démocratiques « *un crime de haute trahison* »[147], on constate que les réactionnaires se servent du contexte comme un prétexte pour refaire le texte constitutionnel et avec lui l'ordre constitutionnel.

---

[145] Source, journal RFI du 26 juin 2017, en ligne publié dans le site www.rfi.fr/afrique/20170626-mali-touche-pas-constitution-demande-retrait-projet-revision.

[146] *Ibid.*

[147] M. L. MARTIN, « Constitutionnalisme et contrôle politique des militaires en Afrique francophone », *op. cit*, p. 12.

b/ La remise en cause de l'ordre constitutionnel

D'après R. TRINQUIER, la guerre est un système entrecroisé d'actions qui visent « *le renversement de l'autorité établie dans un pays et son remplacement par un autre régime* »[148]. Cet auteur ressort dans son analyse le but véritable des mouvements réactionnaires. L'initiative référendaire présentée, cache mal la volonté de se débarrasser des institutions existantes pour en implanter d'autres. La révolution consiste alors en l'abrogation de la constitution en violant les règles prévues à cet effet[149] pour en établir une nouvelle par des mécanismes inédits. Qu'il soit violent ou non, un soulèvement ne trouve sa finalité réelle que dans l'abrogation de l'ordre constitutionnel antérieur[150].

Au Burundi, le général NIYOMBARE avait annoncé l'institution d'un Comité pour le rétablissement de la concorde nationale et affirmé qu'il travaillait avec des représentants de la société civile, des communautés religieuses et de différents partis politiques afin de former un gouvernement de transition[151]. Par anticipation à la réussite de son entreprise subversive, il projetait la chute des institutions républicaines. Un scénario identique s'observe dans les États qui ont connu des renversements de systèmes gouvernants. Les révolutionnaires congolais prévoyaient par exemple la mise en place d'un acte qui devait être exécuté comme Constitution de l'État[152] en attendant l'établissement de la constitution définitive par voie de référendum. La République Centrafricaine a connu de nombreux tourments depuis mars 2013 avec l'abrogation de la constitution précédente et l'institution d'une charte de transition, qui devait aboutir à une nouvelle République quelques années après. Pour le cas burundais, l'objectif commun était d'éviter un troisième mandat de P. NKURUNZIZA bien que cela n'impliquait pas une solidarité sur les moyens à employer pour y parvenir[153].

---

148 R. TRINQUIER cité par D. G. Cox et A. RYAN, *in* « Briser le mythe de la cause unique d'une insurrection », *ASPJ Afrique & Francophonie*, 4e trimestre 2017, p. 6.

149 G. LIET-VEAUX, Continuité du droit interne. Essai d'une théorie juridique des révolutions, Paris, Rec. Sirey, 1943, p. 44.

150 E. H. MBODJ, *La succession du chef d'État en droit constitutionnel africain. (Analyse juridique et impact politique)*, *op. cit.*, p. 7.

151 A. PLAUCHUT, « Burundi : les conséquences d'un coup d'État manqué », *Éclairage du GRIP*, mai 2015, p. 2.

152 Article 86 de l'Acte fondamental du 24 octobre 1997 en République du Congo. L'article 85 du présent Acte fondamental, qui abroge la Constitution du 15 mars 1992, entre en vigueur dès sa signature par le président de la République, Chef de l'État.

153 A. PLAUCHUT, « Burundi : les conséquences d'un coup d'État manqué », *Éclairage du GRIP*, mai 2015, p. 2.

À titre de précision, l'abrogation vaut essentiellement pour des normes[154], car c'est en elles que réside toute la structure de l'État. On peut affirmer en résumé que « *la révolution part du droit pour aboutir au droit. Elle part du droit parce que, si elle met en cause la société, c'est à travers son ordre juridique ; soit parce qu'elle vise à orienter ou à corriger par des règles inédites la spontanéité des comportements sociaux* »[155]. Telle est sa justification.

B/ La liaison de l'initiative par les circonstances de fait

À considérer la démocratie comme un régime idéal qui ne fonctionne nulle part conformément aux modèles échafaudés par les théoriciens[156], la justification des variations que subit le constitutionnalisme se trouve fondée. En effet, les manquements à la vision théorique des auteurs de la constitution, sont source de frustrations sociales aboutissant à des contestations révolutionnaires. Si les techniques référendaires ordinaires sont inefficaces ou insatisfaisantes, les données qu'elles contiennent peuvent toujours être modifiées (1) afin d'en accroître la portée (2).

1/ Les données de l'initiative

L'auteur de l'initiative n'est pas toujours celui qui en tire profit immédiatement, il se trouve parfois floué par les entrepreneurs politiques qui usent de stratagèmes sournois pour tirer avantage de la situation qui se présente. Lorsqu'un système a été déchu à la suite d'un soulèvement réactionnaire, il devient impérieux de réconcilier la nation en lui offrant un espace d'expression privilégié. Cet espace s'impose donc par la révolution initiée (a), même si l'aboutissement de ladite initiative n'est pas sous son total contrôle (b).

a/ Une initiative nécessaire

La nécessité de l'initiative découle des circonstances dans lesquelles elle naît. Ainsi, on ne peut refuser au vainqueur, à celui qui a la force avec lui, d'imposer sa volonté. Il n'y a pas que l'histoire qui est celle des vainqueurs, le futur également dépend d'eux. Pour reprendre l'heureuse formule du professeur D. G. LAVROFF, « *Les gouvernements sont établis parmi les hommes pour garantir les droits, et leur juste pouvoir émane du consentement des gouvernés. Toutes les fois qu'une forme de gouvernement devient destructrice de ce but, le peuple a le droit de la changer ou de l'abolir et d'établir un nouveau gouvernement, en le fondant sur les principes et en*

---

[154] A. Le PILLOUER, « « De la révision à l'abrogation de la constitution » : les termes du débat », *Jus Politicum,* n° 3, *Autour de la notion de Constitution*, 2009, p. 10.

[155] G. BURDEAU, Traité de science politique. Revu et augmenté, T. IV, Paris, LGDJ, 1984, p. 536.

[156] Ph. ARDANT, *Institutions politiques et droit constitutionnel*, 3e éd., Paris, 1991, p. 144.

l'organisant en la forme qui lui paraîtront les plus propres à lui donner la sûreté et le bonheur »[157]. Il ressort ainsi qu'il est une obligation pour le peuple de se manifester en cas de décadence de la société, mais tout aussi pour se faire reconnaitre le droit de décider autrement. Dès lors, la déconstitutionnalisation oblige les pouvoirs publics de fait à initier la procédure référendaire afin de donner à la société la chance de remettre « debout ». Dans cette dynamique, certains Accords et Protocoles recommandent l'initiative de cette procédure[158]. Mais il faut souligner que le caractère dupliqué de l'initiative dans ce genre de contexte.

b/ Une initiative discutée

L'idée des constituants contemporains a toujours été de maîtriser des armes par la toge[159]. Il fallait en finir avec les coups d'État, les révoltes ainsi que les révolutions afin de laisser la place à une démocratie apaisée[160] caractérisée par le respect des paroles du constituant et l'établissement d'un État de droit[161]. Pourtant, la tâche n'est pas aisée lorsqu'on effectue un caléidoscope des régimes politiques qui se succèdent au fil des ans. Il existe toujours des mécanismes inconstitutionnels de prise du pouvoir dans ces États, instaurant des périodes transitoires. Le référendum s'offre alors comme le moyen idoine de sortir de la crise sociale provoquée. Ayant bousculé les institutions anciennes, on s'attendrait à ce que les réactionnaires exercent par eux-mêmes l'initiative référendaire. Le constat démontre une duplicité de cette initiative qui se trouve édulcorée dans ses finalités. En effet, l'initiative réactionnaire fait très souvent l'objet d'une récupération par les hommes politiques ou militaires qui sortent des lignes démocratiques que le peuple aspirait à rédiger. Plusieurs raisons peuvent expliquer ce phénomène. On peut d'abord invoquer le caractère toujours hétérogène des révolutionnaires tant dans leur constitution que dans leurs volontés. Il n'est pas possible dans une telle situation d'unifier les aspirations au moment des discussions sur la forme et le contenu du référendum. Ensuite, certaines personnes rament à contre-courant de l'initiative en appelant au boycott du référendum envisagé. Cette situation a été observée en RDC en 2005, avec l'appel au boycott du référendum constitutionnel du 18 décembre 2005 par M. E. TSHISEKEDI.

---

[157] D. G. LAVROFF, *Le droit constitutionnel de la Ve République*, 3e éd., Paris, Dalloz, 1999, p. 101

[158] Voir l'appendice au protocole d'Arusha

[159] M. L. MARTIN, « Constitutionnalisme et contrôle politique des militaires en Afrique francophone », *Res Militaris*, Vol. 5, n° 2, Été-Automne 2015, p. 2.

[160] J.-M. THENARD, « Démocratie apaisée ou révoltée ? », *Libération*, 25 septembre 2000.

[161] M. NGUELE ABADA, *État de droit et démocratisation. Contribution à l'étude de l'évolution politique et constitutionnelle au Cameroun*, 2 Tomes, Thèse de doctorat nouveau régime, Université de Paris I – Panthéon Sorbonne, 1995, 630 p.

L'autre forme que prend la récupération de l'initiative réactionnaire est celle faite par les hommes du système qu'elle prétendait évincer. L'exemple typique peut être trouvé au Cameroun lors de la tentative de révolution des années 1990 où le président P. BIYA a transformé la conférence nationale embryonnaire en tripartite. Après avoir réorganisé le cadre de discussion qui devait aboutir à un référendum, la montagne a accouché d'une simple révision constitutionnelle[162]. Le Mobutisme, entendu comme l'«*ensemble des actes et pensées du Président-Fondateur du MPR* », se présente également comme une entreprise de duperie des aspirations issues du coup d'État du 24 novembre 1965. Cette doctrine légalisa la confiscation du pouvoir par un groupe d'individus à la tête duquel se trouvait l'homme providentiel, MOBUTU[163], qui régna sur le pays comme un monarque.

La science du droit aujourd'hui doit être un tant soit peu *opératoire* : j'entends par là qu'elle devrait pouvoir rendre compte de la façon dont les ordres constitutionnels contemporains fonctionnent réellement[164].

2/ La portée de l'initiative

L'évocation de la portée de l'initiative réactionnaire fait référence aux résultats que celle-ci est susceptible de produire lorsqu'elle est menée à son terme. L'importance de ce paramètre se trouve amplifiée par l'impact qu'elle réalise sur l'ensemble de l'ordre constitutionnel. Le "*règne du kaki*"[165] qui se forge à la suite d'une révolution militaire impose au peuple une gouvernance établie sur la terreur. Même si certains peuvent s'atténuer avec le temps comme au Tchad[166] ou en Libye[167], les régimes militaires sont réputés pour la violence dont ils sont promoteurs. Pour éviter cet état de fait, la possibilité est

[162] Il s'agit précisément de la loi constitutionnelle n° 96/06 du 18 janvier 1996 portant révision de la constitution du 2 juin 1972. Il ne faut tout de même pas minorer les changements importants observés dans ce texte qui au plan matériel présentait une nouvelle constitution.

[163] Y. P. MANDJEM, « Les gouvernements de transition comme sites d'institutionnalisation de la politique dans les ordres politiques en voie de sortie de crise en Afrique ? », *Revue africaine des relations internationales*, Vol. 12, Nos. 1 & 2, 2009, p. 101.

[164] A. LE DIVELLEC, « L'ordre-cadre normatif. Esquisse de quelques thèses sur la notion de constitution », *Jus Politicum*, n° 4, 2010, p. 1.

[165] M. L. MARTIN, « Constitutionnalisme et contrôle politique des militaires en Afrique francophone », *Res Militaris*, Vol. 5, n° 2, Été-Automne 2015, p. 1.

[166] Ancien officier de l'armée tchadienne avant son accession au grade de colonel, Idriss Déby Itno obtient le pouvoir le 4 décembre 1990 avec l'aide du mouvement rebelle MPS qu'il avait créé quelques mois auparavant.

[167] Mouammar Kadhafi arrive au pouvoir en 1969 suite à un coup d'État. Demeuré avec le grade de colonel, il est un ancien officier des forces armées libyennes.

offerte aux citoyens de dire « non » aux contournements de la loi[168] et d'utiliser le référendum comme un élément de rééquilibrage des pouvoirs publics[169]. Il s'agit alors d'imposer un nouveau constitutionnalisme afin de renforcer l'influence des citoyens dans la gestion de leurs propres affaires[170] (a) et de construire par la même occasion un ordre constitutionnel adapté aux nouveaux idéaux sociaux (b).

a/ Le positionnement du peuple comme pouvoir constituant originaire

La souveraineté nationale « appartient au peuple qui l'exerce soit par l'intermédiaire du Président de la République et des membres du Parlement soit par voie de référendum »[171]. Calqué sur le modèle français, ce fragment de phrase se retrouve dans tous les textes fondamentaux africains. Issue d'une laborieuse discussion entre les tenants de la démocratie directe et ceux de la démocratie représentative, elle formule bien l'embarras et l'esprit de synthèse du constituant d'alors. Dans les faits, seule la première partie de cette phrase, celle accordant l'exercice de la souveraineté aux représentants est la plus usitée. Le peuple se trouve pour ainsi dire marginalisé, dépossédé de sa fonction première, qui est de jouer au souverain.

En démocratie, la participation du peuple ne consiste pas uniquement à choisir les dirigeants, il possède également une fonction éminente qui consiste à élaborer la constitution[172]. Pour l'occasion, il se constitue en pouvoir[173], et prend la forme d'un constituant réactionnaire. Son rôle ici n'est pas celui d'une simple modification comme dans l'initiative ordinaire, mais bel et bien celui de fonder un ordre constitutionnel de substitution qui fondera au besoin la nouvelle république[174]. Ainsi, par l'initiative réactionnaire, il s'offre au peuple la possibilité de se donner une Constitution et de s'affirmer « comme

---

[168] Avant-propos de A. Fischer *in* L. Saur, *Démocratie en Afrique subsaharienne : dépasser les certitudes occidentales*, Justice et paix, Étude 2015, p. 3.

[169] J.-M. SAUVE, « Référendum et démocratie. Introduction », in Actes de la journée d'étude du 4 novembre 2011, sous le thème « Théorie et pratiques du référendum », Coll. « Colloques », Vol. 1972, p. 14.

[170] J.-M. DENQUIN, « Situation présente du constitutionnalisme. Quelques réflexions sur l'idée de démocratie par le droit », *Jus Politicum*, n° 1, Le droit politique, juillet 2008, disponible sur le http ://www.juspoliticum.com/Jean-Marie-Denquin-Situation.html, p. 1.

[171] Cette formule se trouve intégralement, à quelques nuances près dans toutes ces constitutions.

[172] C.-M. PIMENTEL, « Du contrat social à la norme suprême : l'invention du pouvoir constituant », *Jus Politicum,* n° 3, *Autour de la notion de Constitution*, 2009, p. 1.

[173] Th. RENOUX et M. DE VILLIERS (dir.), *Code constitutionnel*, Paris, Litec, 2011, p. 447.

[174] En France, la République s'est substituée à la monarchie dans la foulée des différentes révolutions

la seule autorité capable de définir les conditions dans lesquels le pouvoir doit être exercé »[175].

Tel fut l'objet des différentes « conférences nationales » au Togo, au Bénin pour ne citer que ces cas-là. La révolution aboutissait à une réinitialisation de la souveraineté par son transfert, en situation de vide constitutionnel, au peuple qui en est le détenteur légitime originaire. Ce pouvoir constituant récupéré par le peuple, constitue pour lui la puissance créatrice d'un ordre juridique nouveau, puisqu'il fixe les principes et en établit les instruments[176].

b/ La reconstruction d'un nouvel ordre constitutionnel

Toute résolution, qu'elle soit civile, militaire ou mixte, vise comme objectif ultime de détruire l'organisation politique et juridique existante afin de construire un nouvel édifice. Elle emporte donc une complémentarité à travers une action négative à savoir la destruction de l'existant-, et une action positive notamment la construction de nouvelles institutions normes et organes. Ainsi, dans quasiment tous les cas de coups d'État et de révolte populaire, le premier acte posé par les vainqueurs est l'éviction des administrations en place et l'instauration de gouvernements[177] très souvent qualifiés de gouvernements de transition. La raison fondamentale se trouve dans le fait que le principe d'alternance démocratique crée des blocages[178] au sein des États. La phase suivante consiste à faire appel au peuple pour qu'il se prononce comme seul et ultime souverain, sur le devenir constitutionnel de la société.

Le processus d'établissement de ce nouvel ordre constitutionnel suit un schéma presque toujours identique. Il s'agit d'une phase transitoire caractérisée par la signature des accords de paix[179] et la rédaction des Chartes de transition. Il en a été cas en Côte, d'Ivoire, au Bénin, au Niger, en RDC, en RCA pour ne citer que ces cas. Cette phase sert de préparatifs à la rédaction de la Constitution définitive qui sera adoptée par voie référendaire. Il en ressort un reformatage des anciennes institutions, la création de nouvelles qui n'existaient pas dans les précédents textes et la consécration ou la consolidation de nouveaux principes d'organisation de l'État. C'est ainsi qu'au Burundi, lors de la signature de l'accord de paix d'Arusha, une plus grande importance fut accordée au principe de la séparation des pouvoirs (exécutif, législatif, judiciaire), conformément aux dispositions du Protocole II de l'Accord[180]. Au

175 D. G. LAVROFF, *op. cit*, p. 101.

176 J. KANKEU, *Droit constitutionnel*, T.I, 1re éd., Bafoussam, éd. H.J.S, 2003, p. 48.

177 M. L. MARTIN, *op. cit*, p. 1.

178 Avant-propos de A. Fischer *in* L. Saur, *Démocratie en Afrique subsaharienne : dépasser les certitudes occidentales*, *op. cit.*, p. 3.

179 Ces Accords avaient pour but de mettre tous les belligérants sur une même table et leur offrir un cadre neutre de discussion.

180 Art. 5 al. 5 de l'Accord d'Arusha pour la paix et la réconciliation au Burundi du 28 juin 2000.

Bénin, la mise sur pied d'un Conseil constitutionnel[181]dont les prouesses sont aujourd'hui admirables[182].

De toute évidence, la norme constitutionnelle est aujourd'hui considérée comme un élément consubstantiel à l'État de droit démocratique, et seul cadre acceptable d'exercice de l'autorité[183] publique. Au demeurant, « *une Constitution apparaît, soit par une décision politique unilatérale du pouvoir constituant, soit par une convention mutuelle de plusieurs détenteurs de ce pouvoir* »[184].

Parvenu au terme de la présente réflexion, l'on ne peut que formuler deux vœux au regard de la manière dont la participation du peuple est diligentée par la procédure référendaire. Le premier est que le peuple doit cesser d'être un évité du jeu institutionnel. Pour ce faire, les constitutions doivent autant que faire se peut aménager de conditions plus souples pour que son intervention devienne habituelle et décisive. Secondement, le peuple doit pouvoir lui-même s'inviter dans le jeu institutionnel quand bien même les constitutions ne lui permettent pas de le faire promptement et efficacement. Il s'agit là d'un enjeu important au regard des dérives et des insuffisances actuelles du système représentatif. De nos jours, tout doit se faire non seulement au nom du peuple, mais également avec le peuple.

---

[181] Il a remplacé le Haut Conseil de la République.

[182] Il faut tout de même noter que la trop grande présence de cet organe est de nature à créer la confusion dans le fonctionnement juridictionnel de l'État, lorsqu'on sait qu'il absorbe certaines fonctions dévolues à d'autres juridictions… Aussi, la validation de la dernière élection législative de… 2019 n'a pas été une bonne publicité pour lui.

[183] M. L. MARTIN, *op. cit*, p. 2.

[184] C. Schmitt, *Théorie de la constitution*, Paris, PUF, Coll. Léviathan, 1993, p. 177.

POUVOIR CONSTITUANT UNIQUE, POUVOIR CONSTITUTIONNALISANT LES DICTATURES EN AFRIQUE NOIRE FRANCOPHONE ?

Balla Cissé

Docteur en droit public de l'Université Sorbonne-Paris-Nord
A.T.E.R à l'Université Paris 8

« *Le désir de changement politique s'est traduit principalement par une demande de changement de Constitution.* »[1]

Alpha CONDE vient d'être élu président de la République de Guinée pour la troisième fois. Le scrutin d'octobre 2020 fait suite à l'adoption d'une Constitution. Grâce à elle, la limite des deux mandats déjà effectués par le président ne peut donc plus être opposée par ses détracteurs, le texte de 2010 étant désormais caduc. En mars 2020, Alassane OUATTARA, le chef de l'État ivoirien, pensait « *nécessaire d'entreprendre quelques adaptations dans la Constitution de la IIIe République, dans le souci d'améliorer cette Constitution et de pérenniser un modèle de fonctionnement de l'exécutif qui a démontré son succès et son efficacité* ». Un an auparavant, le Sénégal modifiait la Constitution et supprimait le poste de Premier ministre. Toute la difficulté que renferme, pour les juristes africains, la question de la différence entre « ***changement de Constitution et de République*** »[2] provient du statut controversé du pouvoir de révision constitutionnelle en Afrique noire francophone[3].

---

[1] KAMTO (M.), « Révision constitutionnelle ou écriture d'une nouvelle Constitution », *Lex Lata*, février-mars 1996, n° 023-024, p. 17.

[2] Voir sur ce point CISSÉ (B.), « Le changement constitutionnel par le pouvoir de révision de la Constitution », *Revue RRC*, n° 003/novembre 2019, pp. 1-12.

[3] Voir sur ce point : FALL (I. M.), *Les révisions constitutionnelles au Sénégal. Révisions consolidantes et révisions déconsolidantes de la démocratie sénégalaise*, Dakar, CREDILA, 2011, 218 p. Voir également : GBEOU-KPAYILE, (N. G), « L'idée de Constitution en Afrique noire francophone », *in http://afrilex.u-bordeaux4.fr/sites/afrilex/IMG/pdf/Article_GBEOU-KPAYILE.pdf.*, consulté le 20 novembre 2020 ; ONDO (T.), « Le contrôle de constitutionnalité des lois constitutionnelles en Afrique noire francophone », in *RDIDC,* 2009, n° 1, pp. 104-138 ; SALAMI (I.), « Le pouvoir constituant dérivé à l'épreuve de la justice constitutionnelle », *Revue Togolaise de droit, N°* 1, juin 2011, p. 5.

Les réformes constitutionnelles se multiplient en Afrique noire francophone[4]. À leur sujet, le Professeur El Hadj MBODJ n'a jamais dissimulé ses réserves[5], bien qu'il soit très favorable aux mutations du droit constitutionnel en Afrique (et surtout au Sénégal), parce que la nature du pouvoir constituant dérivé suscite toujours un grand nombre d'interrogations[6], notamment par rapport au pouvoir constituant originaire[7]. Si, pour une majorité d'auteurs, les pouvoirs constituants originaire et dérivé sont de même nature, d'aucuns les distinguent puisque leurs compétences diffèrent[8] : le premier donne la possibilité de rédiger une Constitution nouvelle quand le second autorise la révision constitutionnelle[9]. Du point de vue juridique donc, révision constitutionnelle et changement de régime politique sont deux réalités distinctes. Pour le dire très simplement, la révision constitutionnelle s'apparente à une « *micro-chirurgie sur des dispositions constitutionnelles ciblées* »[10] et non à une chirurgie lourde conduisant à des changements de Constitution et de régimes politiques – cela étant, la révision constitutionnelle, quelle que soit son ampleur, n'est jamais « *un expédient neutre, encore moins un acte bénin* »[11]. Défendre l'idée du pouvoir constituant unique revient donc à admettre les

---

[4] Voir sur ce point DIALLO (I.), « Pour un examen minutieux de la question des révisions de la Constitution dans les États africains francophones », *in http://afrilex.u-bordeaux4.fr/sites/afrilex/IMG/pdf/*, consulté le 19 novembre 2020. Voir également BLÉOU (M.), « La question de l'effectivité de la suprématie de la Constitution. A propos des poches de résistance au contrôle juridictionnel de constitutionnalité des lois en France et dans les États africains de succession française », *in D. F. MELEDJE, (D. F), Mélanges dédiés au Doyen Francis V. WODIE*, Toulouse, Presses de l'Université de Toulouse I Capitole, 2016, pp. 47-55.

[5] MBODJ (El Hadj), « Le juge : un déterminant du processus électoral en Afrique ? », in MÉLIN-SOUCRAMANIEN (F.) dir., *Espaces du service public : Mélanges en l'honneur de Jean du Bois de Gaudusson*, Bordeaux, Presses universitaires de Bordeaux, 2014, pp. 417-449.

[6] BLEOU (M.), La révision de la Constitution, leçon inaugurale de la rentrée solennelle de la chaire Unesco de Cotonou, 3 décembre 2007, Fondation Konrad Adenauer, 2007.

[7] Voir les analyses avancées par SALAMI (I.), « Le pouvoir constituant dérivé à l'épreuve de la justice constitutionnelle », *op. cit.*, p. 5.

[8] Voir COULIBALEY, (B.), « La neutralisation du parlement constituant (à propos de la décision° DCC 06-074 du 8 juillet 2006 de la Cour constitutionnelle du Bénin), *in RDP*, 2009, N°5, Sept-Oct. 2009, p. 1493.

[9] Voir BLEOU (M.), « La question de l'effectivité de la suprématie de la Constitution. À propos des poches de résistance au contrôle juridictionnel de constitutionnalité des lois en France et dans les États africains de succession française », *op. cit.,* pp. 47-55.

[10] PASCAL (J.), « Les illusions constitutionnelles : brèves réflexions sur les révisions constitutionnelles », *in Les petites affiches*, 27/02/2007, n° 42, p. 4.

[11] *Ibid.*

révisions totales de la Constitution par le pouvoir de révision même non constitutionnalisé[12].

Précisons qu'il ne faut évidemment pas condamner la mutabilité de la Constitution, une réalité reconnue par tous, au risque de figer la souveraineté constituante. Cependant, la réviser ne doit pas entraîner des effets malheureux, la fraude à la Constitution par exemple[13]. En effet, l'analyse de certaines révisions constitutionnelles révèle des conséquences juridiques sur la nature du régime politique en Afrique noire francophone[14]. C'est ainsi que Maurice KAMTO a observé que la révision constitutionnelle peut conduire à l'écriture d'une nouvelle Constitution[15] et engendrer ainsi la dénaturation de la fonction du pouvoir de révision par certains chefs d'États, car se produit un changement de Constitution sans recours au pouvoir constituant originaire, et transformer aussi le régime politique ; le pouvoir de révision se transformerait finalement en un pouvoir constituant originaire ; il s'agirait d'un détournement de procédure, voire d'une usurpation de compétence. Tel serait le cas des récentes réformes constitutionnelles au Sénégal, en Côte d'Ivoire, en Guinée ou au Congo, qui donnent une apparence de légalité à des pratiques visant, par exemple, l'annulation de la clause limitative de mandat présidentiel[16].

Afin d'éviter ces problèmes considérables, des solutions sont proposées : une nouvelle Constitution doit être rédigée non par le pouvoir de révision constitutionnelle – ou pouvoir constituant dérivé –, mais par une autorité spéciale, le pouvoir constituant originaire, parce que c'est de lui que relève, en principe, le passage d'une République à une autre. Il peut aussi être judicieux de limiter la liberté du pouvoir de révision sans l'intervention du pouvoir constituant originaire[17] et de le soumettre à un contrôle juridictionnel[18]. Enfin, instaurer des critères distinguant le changement de Constitution et les simples réformes constitutionnelles aiderait à consolider les acquis démocratiques dans les pays d'Afrique noire francophone.

Notre réflexion entend donc montrer en quoi la révision constitutionnelle, envisagée sous le prisme du pouvoir constituant unique, *a fortiori* si elle n'est

---

[12] CISSE (B.), « Le changement constitutionnel par le pouvoir de révision de la Constitution », *op. cit.*, pp. 1-12.

[13] BOLLE (S.), « Les révisions dangereuses. Sur l'insécurité constitutionnelle en Afrique », *in* Mabaka (P. M.) (dir.), *Constitution et risque (s)*, Paris, L'Harmattan, 2010, pp. 251-269.

[14] Voir sur ce point MELEDJE (D. F.), « Faire, défaire et refaire la Constitution en Côte d'Ivoire : un exemple d'instabilité chronique », in FOMBAD (Ch.), MURRAY (Chr.) eds., *Fostering Constitutionalism in Africa*, PULP, 2010, pp. 309-339.

[15] KAMTO (M.), *op. cit.*, p. 17.

[16] Voir MELEDJE (D. F.), *op. cit.*, pp. 309-339.

[17] CISSE (B.), *op. cit.*, pp. 1-12.

[18] Voir les analyses avancées par ONDO (T.), « Le contrôle de constitutionnalité des lois constitutionnelles en Afrique noire francophone », *op. cit.*, pp. 104-138.

pas contrôlée, présente une menace pour la démocratie et l'État de droit en Afrique noire francophone quand elle modifie les Constitutions au point de les changer et d'instaurer parfois de nouvelles Républiques. Pour cela, nous analyserons successivement les fondements du pouvoir constituant et les dangers qu'entraîne la conception du pouvoir constituant unique (I), ainsi que la nécessité de contrôler les actes du pouvoir de révision constitutionnelle (II).

I/ La théorie du pouvoir constituant unique en Afrique noire francophone

Les révisions constitutionnelles telles qu'elles sont pratiquées en Afrique noire francophone se divisent en deux catégories, selon l'interprétation du pouvoir constituant qui les motive : ou bien elles modifient la Constitution à la marge – c'est le point de vue du pouvoir constituant dérivé –, ou bien elles la transforment totalement – selon l'analyse d'un pouvoir constituant originaire unique. Clarifier maintenant les positions de la doctrine sur le pouvoir constituant se révèle donc nécessaire (A), à plus forte raison pour présenter, ensuite, leur réception pratique[19] et les effets qu'elles produisent dans certains États africains (B).

A/ Les théories sur le pouvoir constituant

La théorie du pouvoir constituant est avant tout un discours doctrinal du pouvoir fondateur et réformateur de l'État[20]. Et si certains auteurs doutent de son origine française[21], il convient de mentionner les écrits d'Emmanuel SIEYES sur le sujet, car c'est lui qui a théorisé cette notion[22], à la veille de la Révolution française, établissant ainsi le constitutionnalisme moderne[23] en écrivant que, « *dans chaque partie, la Constitution n'est pas l'ouvrage du pouvoir constitué, mais du pouvoir constituant* »[24] : pouvoir constituant et pouvoir constitué sont dès lors distingués. Toutefois, les réflexions constitutionnelles de Sieyès ne suffisent pas à déterminer la caractéristique essentielle

[19] Voir les différentes positions doctrinales sur le pouvoir constituant en France dans les analyses avancées par DROIN (N.), « Retour sur la loi constitutionnelle de 1884 : contribution à une histoire de la limitation du pouvoir constituant dérivé », *in RFDC*, pp. 725-747 ; GÖZLER (K.), *Le pouvoir de révision constitutionnelle*, Villeneuve-d'Ascq, Presses universitaires du Septentrion, 1997, pp. 1-112. Voir aussi GENEVOIS (B.), « Les limites d'ordre juridique à l'intervention du pouvoir constituant », in *RFDA*, 1998, n° 5, pp. 909-921.

[20] Voir KLEIN (Cl.), *Théorie et pratique du pouvoir constituant*, Paris, PUF, coll. Les voies du droit, 1996, p. 3.

[21] *Ibid.*

[22] Voir les analyses avancées par BEAUD (O.), *La Puissance de l'État*, Paris, PUF, coll. Léviathan, 1994, pp. 316-319.

[23] YAMAMOTO (H), « Les trois temps pour la liberté du pouvoir constituant », in VIALA (A.), *La Constitution et le temps*, Lyon, L'Hermès, 2003, pp. 13-25.

[24] SIEYÈS (Emmanuel), *Qu'est-ce que le tiers état ?*, p. 55.

du pouvoir constituant originaire : sa nature exceptionnelle est sujette à controverse[25]. Ainsi, pour Olivier Beaud, « *l'opposition entre un pouvoir absolu et un pouvoir non absolu constitue une différence de nature* »[26]. Georges VEDEL, quant à lui, avance la notion de « *pouvoir constituant dérivé* »[27], expression approuvée par la doctrine publiciste française[28] et qui clarifie les deux variantes du pouvoir constituant. La distinction entre les pouvoirs constituants originaire et dérivé a été souvent rappelée pour montrer que le premier relèverait de la « *politique* »[29], tandis que le second serait un pouvoir d'« *habilitation constitutionnelle* »[30]. Remettre en cause cette différenciation reviendrait à contester « *la fondation sur laquelle est bâti le droit constitutionnel moderne* »[31]. Or, l'indétermination du concept de « *réviser la Constitution* »[32] permet de soutenir qu'« *on est en présence d'un pouvoir qui est bien "constituant", sauf qu'il doit obéir à certaines règles dans le second cas, et non dans le premier* »[33].

Le point de vue qui sépare le pouvoir constituant originaire et le pouvoir constituant dérivé fait débat au sein de la doctrine[34]. Georges Vedel a en effet mis en avant le principe du pouvoir constituant unique[35], qui pose le problème de la possible révision totale de la Constitution par le pouvoir de révision et oppose deux écoles[36].

---

[25] Voir sur ce point LE PILLOUER (A.), « Pouvoir constituant originaire et pouvoir constituant dérivé : à propos de l'émergence d'une distinction conceptuelle », in *Revue d'histoire des facultés de droit et de la science juridique*, n° 25-26, 2005-2006, pp. 123-141.

[26] BEAUD (O.), *op. cit.*, p. 315.

[27] VEDEL (G.), *Manuel élémentaire de droit constitutionnel*, Sirey, 1949, pp. 115-116.

[28] Voir sur ce point NGANGO YOUMBI (É.), « La supraconstitutionnalité. Vue d'Afrique », in DOUMBÉ-BILLÉ (S.) *et alii*, *Regards sur le droit public en Afrique, Mélanges en l'honneur du Doyen Joseph-Marie Bipoun-Woum*, L'Harmattan, coll. Études africaines-série droit, 2016, p. 139.

[29] VIALA (A.), « Limitation du pouvoir constituant, la vision du constitutionnaliste », Civitas Europa 2014/1, n° 32, p. 82.

[30] BEAUD (O.), *op. cit.*, p. 314.

[31] BOSHAB (É), *Entre la révision de la Constitution et l'inanition de la nation*, Bruxelles, Larcier, 2013, p. 28.

[32] Cette expression a été utilisée par MODERNE (F.), *Réviser la Constitution. Analyse comparative d'un concept indéterminé*, Paris, Dalloz, 2006, p. 156.

[33] *Ibid.*, p. 33.

[34] LE PILLOUER (A.), *op. cit.*, pp. 123-141.

[35] VEDEL (G.), « Schengen et Maastricht », in *RFDA*, mars-avril 1992, p. 179.

[36] Sur la problématique de la distinction entre les révisions partielles et totales dans le cadre du changement de la Constitution par le pouvoir de révision, voir AUBERT (J.-Fr.), « La révision totale des Constitutions », *L'esprit des institutions, l'équilibre des pouvoirs : Mélanges en l'honneur de Pierre Pactet*, Paris, Dalloz, 2003, pp. 455- 472.

D'une part, la position de la doctrine formaliste du droit constitutionnel est radicale : il n'y aucune différence de nature entre pouvoir constituant originaire et pouvoir de révision constitutionnelle ; pour elle, « *le pouvoir constituant ne se divise pas même si la source n'est pas unique* »[37]. Par conséquent, la transformation du pouvoir de révision en un pouvoir constituant originaire est permise, car les deux pouvoirs constituants sont également compétents pour agir en matière constitutionnelle[38]. C'est ainsi que Georges VEDEL reconnaît que « *le pouvoir de révision est l'expression de la souveraineté dans sa plénitude* »[39]. Mais, selon nous, l'assimilation du pouvoir de révision et du concept de souveraineté n'est pas soutenable dans un État de droit constitutionnel[40]. Cette interprétation pose évidemment la question de la nature du pouvoir de révision, car celui-ci « *se présente en réalité sous les oripeaux du pouvoir constituant originaire* »[41]. Il pourrait de fait anéantir l'œuvre de ce dernier.

D'autre part, la vision de la doctrine du droit constitutionnel matériel repose sur une conception dualiste du pouvoir constituant : les pouvoirs constituants originaire et dérivé « *ne sont pas au même étage* »[42], car ils ne peuvent avoir le même régime juridique. Cela étant, l'assimilation du pouvoir de révision constitutionnelle au pouvoir constituant originaire relève d'un « *anachronisme juridique* »[43].

B/ La réception de la doctrine du pouvoir constituant unique en Afrique noire francophone

Sur le plan théorique, il est selon nous impossible de donner au pouvoir de révision les prérogatives d'un pouvoir constituant originaire[44]. Quoi qu'il en soit, dans la pratique constitutionnelle de certains États d'Afrique noire francophone, les compétences de l'organe de révision sont tellement étendues qu'elles rejoignent celles du pouvoir constituant originaire[45]. Il en est ainsi au

---

[37] CAMBY (J.-P.), *op. cit.*, p. 672.

[38] KAMARA (M.), « Supra-constitutionnalité et exercice du pouvoir constituant dérivé », in *RRJ*, 2008, n° 3, p. 1443.

[39] VEDEL (G.), « Schengen… », p. 179.

[40] BEAUD (O.), *op. cit.*, p. 201.

[41] KAMARA (M.), *op. cit.*, p. 1444.

[42] BLÉOU (M.), « Le juge constitutionnel et les révisions constitutionnelles », in AHADZI-NONOU (K.) *et alii*, *Démocratie en questions : Mélanges en l'honneur du professeur Théodore Holo*, Presses de l'université Toulouse-I-Capitole, 2017, p. 235.

[43] KAMARA (M.), *op. cit.*, p. 1446.

[44] DEROSIER (J.-Ph.), *Les limites constitutionnelles à l'intégration européenne. Étude comparée : Allemagne, France, Italie*, *LGDJ*, Paris, 2015, p. 87.

[45] KPEDU (Y.-A.), « Le Parlement constituant en Afrique francophone : contribution à la limitation du pouvoir de révision constitutionnelle en Afrique », in *RDP*, n° 1, 2016, p. 273.

Sénégal[46], au Mali[47] ou en République démocratique du Congo[48]. Les révisions constitutionnelles y sont justifiées comme « *des corrections nécessaires à apporter à des textes qui sont apparus à l'usage, imparfaits, incomplets et inadaptés* » [49] aux réalités contemporaines. Mais cette analyse ne fait pas consensus, elle suscite la polémique[50], car elle engendre plusieurs problèmes graves : la fraude à la Constitution, l'instabilité constitutionnelle, et des atteintes à l'État de droit, notamment par l'autocratie et la personnalisation du pouvoir.

Le recours fréquent à la révision constitutionnelle, considérée selon la théorie du pouvoir constituant unique, confirme les propos de Jean du Bois DE GAUDUSSON pour qui « *le constitutionnalisme dans les États d'Afrique francophone n'a cessé d'être mis en chantier* »[51]. C'est le signe d'un changement de régimes politiques. Comme l'avait souligné Henry Roussillon, *« la multiplication des révisions constitutionnelles souvent interprétée comme une forme d'atteinte à la rigidité constitutionnelle ne constitue en fait qu'une forme d'atteinte à la stabilité constitutionnelle »*[52].

Sans remettre en cause le concept de souveraineté, la procédure conduisant à l'établissement d'une nouvelle Constitution ne saurait relever, selon nous, de la compétence du pouvoir de révision[53]. Bien qu'une loi constitutionnelle n'ait pas pour finalité d'élaborer une nouvelle loi fondamentale[54], certaines révisions constitutionnelles se reconnaissent ce droit[55]. Comme le souligne Évariste BOSHAB, « *lorsque l'on procède à la révision d'un moteur, on n'en invente pas un autre. On adapte l'ancien pour le rendre plus opérationnel* »[56] ; car, sinon, il s'agit d'une fraude à la Constitution[57], puisque le changement de

[46] KAMARA (M.), *op. cit.*, p. 1443.
[47] AIDARA (M. M.), « Le juge constitutionnel africain et le contrôle des lois portant révision de la Constitution : contribution à un débat », *Revue d'étude et recherche sur le droit et l'administration dans les pays d'Afrique*, publié le 26 décembre 2011 sur https://afrilex.u-bordeaux4.fr/le–juge–constitutionnel–africain.html (consulté le 25 novembre 2019).
[48] BOSHAB (É.), *op. cit.*, p. 37.
[49] DU BOIS DE GAUDUSSON (J.), « Point d'actualité sur les modalités de production du droit constitutionnel dans les États africains francophones », in *Mélanges P. Gélard*, Paris, Montchrestien, 1999, pp. 341-346.
[50] FALL (I. M.), « La révision de la Constitution au Sénégal », *Afrilex*, décembre 2014, novembre 2018, consulté le 12 août 2020 avril 2020, p. 2.
[51] DU BOIS DE GAUDUSSON (J.), *op. cit.*, p. 341.
[52] ROUSSILLON (H.), « Rigidité constitutionnelle et justice constitutionnelle », in *Mélanges Ph. Ardant, Droit et politique, À la croisée des cultures*, Paris, LGDJ, 1999, p. 252.
[53] BOSHAB (É.), *op. cit.*, p. 36.
[54] DEROSIER (J.-Ph.), *op. cit.*, p. 87.
[55] Voir KAMTO (M.), *op. cit.*, pp. 17-22.
[56] BOSHAB (É.), *op. cit.*, p. 36.
[57] OUEDRAOGO (S.-M.), *op. cit.*, pp. 111-320.

Constitution s'analyse comme la substitution d'un ordre juridique à un autre[58]. Soutenir donc que le pouvoir de révision constitutionnelle pourrait conduire à « *l'écriture d'une nouvelle Constitution* »[59], c'est souscrire à la transformation illégale de la Constitution[60] en lui donnant l'illusion de la conformité.

À l'évidence, le changement constitutionnel par le mécanisme de la révision est aujourd'hui le nouveau défi des constitutionnalistes africains parce qu'un tel procédé concourt à la personnalisation du pouvoir de certains dirigeants qui peuvent ainsi remettre en cause le principe de la limitation du mandat présidentiel[61]. Par conséquent, la possible révision totale de la Constitution par le pouvoir constituant dérivé présente le risque de fragiliser l'État de droit[62] par la violation de la norme fondamentale existante[63] et fait naître une inquiétude quant à la finalité des Constitutions en Afrique noire francophone[64]. Affirmer, par ailleurs, que le pouvoir de révision ne fait pas œuvre d'une nouvelle Constitution, c'est nier la mutation du pouvoir constituant dérivé en un pouvoir constituant originaire, notamment dans les régimes autocratiques[65]. Pourtant, tel est le cas de la réforme constitutionnelle sénégalaise, relative à la suppression du poste de Premier ministre, assurée par le Président Macky SALL[66]. Le pouvoir de révision constitutionnelle ne peut légitimement refaire la Constitution selon les caprices d'un président de la République[67], justement parce que le constitutionnalisme était perçu comme une garantie contre l'absolutisme du pouvoir, comme le souligne Cécile

---

58 CISSE (B.), *op. cit.*, pp. 1-12.

59 KAMTO (M.), *op. cit.*, p. 17.

60 Voir sur ce point LIET-VEAUX (G.), « La "fraude à la Constitution" : essai d'une analyse juridique des révolutions communautaires récentes », in *RDP*, 1943, pp. 116-150 ; également, OUEDRAOGO (S. M.), *La lutte contre la fraude à la Constitution en Afrique noire francophone*, thèse de doctorat, université Montesquieu-Bordeaux-IV, 2011, pp. 111- 320.

61 Voir sur ce point les analyses avancées par GUÈYE (B.), « Le mandat unique : un mandat pour le président de la République en Afrique », in AHADZI-NONOU (K.) *et alii*, *op. cit.*, pp. 211-227 ; LOADA (A.) « La limitation du nombre de mandats présidentiels en Afrique francophone », *Afrilex*, n° 3, 2003, consulté, le 27 novembre 2020.

62 MELEDJE (D. F.), *Droit constitutionnel*, édition ABC, 2014, pp. 149-151.

63 Voir FAVOREU (L.), « Légalité et constitutionnalité », *Les Cahiers du Conseil Constitutionnel*, n° 3, 1997, p. 73.

64 CISSÉ (B.), *op. cit.*, pp. 1-12.

65 BOSHAB (É.), *op. cit.*, p. 37.

66 L'Assemblée nationale sénégalaise a adopté le 4 mai 2019 une loi constitutionnelle relative à la suppression du poste de Premier ministre. Si, en apparence, elle modifie le texte constitutionnel, elle transforme le régime parlementaire en régime présidentiel.

67 BOLLE (S.), « Les révisions dangereuses. Sur l'insécurité constitutionnelle en Afrique », *op. cit.*, p. 251.

ISIDORO[68]. Au contraire, soutenir que le pouvoir de révision peut se transformer en un pouvoir constituant originaire revient à admettre que toutes les dispositions constitutionnelles, y compris celles dites « *intangibles* » sont révisables[69]. Or, par définition, la révision constitutionnelle ne peut être que partielle[70], sauf à accepter que le pouvoir constituant dérivé dispose de la compétence de sa compétence[71].

Contrairement à ce que pense la doctrine du pouvoir constituant unique, nous estimons que les pouvoirs constituants originaire et dérivé sont formellement distincts et opposés. Mais la théorie du pouvoir constituant unique n'explique pas, seule, ces graves dérives : en refusant de laisser les juges contrôler les révisions constitutionnelles – leur limitation en particulier –, on laisse la voie libre à leur multiplication. Nous proposons donc la rédaction de clauses éliminant le risque « *de révisions constitutionnelles déconsolidantes* »[72], de cet *« usage inconstitutionnel »* [73] conduisant au changement de la nature des régimes politiques, et nous défendons le contrôle des lois révisant la Constitution afin que « *l'identité de la Constitution ne soit dénaturée* »[74] par « *une ultramajorité parlementaire* [s'autorisant à] *pratiquement tout faire* »[75], comme c'est le cas au Sénégal, au Mali, en Côte d'Ivoire ou au Tchad[76].

II/ Le refus du caractère souverain du pouvoir de révision constitutionnelle en Afrique noire francophone

Comme l'a écrit à ce sujet Stéphane BOLLE, *« le législateur constitutionnel peut user et abuser de son large pouvoir discrétionnaire pour changer la Constitution postautoritaire et revenir sur certains des acquis d'un jeune État de droit démocratique* »[77]. Cependant, reconnaissons aussitôt que, pour rendre ce moyen efficace, il faut constitutionnaliser la compétence du juge constitutionnel en la matière, car « *le contrôle prétorien ne garantit pas*

---

68 ISIDORO (C.), *op. cit.*, p. 239.

69 RIGAUX (M.-Fr.), *La théorie des limites matérielles à l'exercice de la fonction constituante*, Bruxelles, Larcier, 1985, pp. 42-94.

70 BOSHAB (E.), *op. cit.*, p. 35.

71 BEAUD (O.), *op. cit.*, p. 201.

72 FALL (I. M.), *Les révisions constitutionnelles au Sénégal. Révisions consolidantes et révisions déconsolidantes de la démocratie sénégalaise*, *op. cit.*, 218 p.

73 GOYARD (Cl.), « Esprit des institutions et équilibre des pouvoirs », in *L'esprit des institutions, l'équilibre des pouvoirs : Mélanges en l'honneur de Pierre Pactet*, Dalloz, 2003, p. 10.

74 ISIDORO (C.), *op. cit.*, p. 251.

75 BOLLE (S.), *op. cit.*, p. 260.

76 Voir sur ce point CISSÉ (B.), *Le juge, la doctrine et le contrôle des lois de révision de la Constitution,* préfaces par Éric Desmons et Abdoulaye Soma, L'Harmattan, collection « Logiques juridiques », 2020, 302 p.

77 BOLLE (S.), *op. cit.*, pp. 260-261.

nécessairement contre l'abus du pouvoir de révision »[78] dans les pays d'Afrique noire francophone, et que, toujours selon Stéphane BOLLE, il « *charrie bien des illusions* »[79]. Voyons donc quels choix ont fait les États africains concernés par notre étude à propos du contrôle des lois de révision constitutionnelle (A) avant d'expliquer en quoi cet examen de conformité à la Constitution doit être étendu partout (B).

A/ État des lieux de la pratique du contrôle des lois de révision de la Constitution

Il est rare qu'une Constitution en Afrique noire francophone attribue expressément la compétence d'un contrôle de la constitutionnalité des lois révisant la Constitution au juge constitutionnel[80], alors que certaines révisions constitutionnelles sont *« déconsolidantes »*[81] pour les droits et libertés des citoyens. Même quand ce droit leur est reconnu, certains juges constitutionnels africains refusent de contrôler le Parlement constituant[82]. Il n'est que de citer l'exemple du Conseil constitutionnel sénégalais[83] qui s'est déclaré incompétent pour vérifier la conformité des normes révisant la Constitution. D'autres magistrats, cependant, qui ne disposent pas de ce droit, ont examiné les lois révisant la Constitution, sur le principe de l'autohabilitation[84]. C'est dans cet esprit que Abdoulaye SOMA soutient que *« le contrôle de constitutionnalité des lois constitutionnelles participera de l'épanouissement juridique et démocratique des États africains, de leur stabilité constitutionnelle et politique, toutes choses qui sont préalables à tout développement. C'est pourquoi il convient de généraliser ce contrôle dans ces États* »[85] afin d'éviter, dans l'espace francophone, qu'« *une révision liberticide ou présidentialiste contrevienne aux commandements exprès du pouvoir constituant originaire* »[86].

---

[78] *Ibid.*, p. 258.
[79] *Ibid.*, p. 259.
[80] Voir sur ce point les analyses avancées par COULIBALEY, (B.), « Apologie du contrôle prétorien des lois de révision constitutionnelle », *in KPODAR (A) et alii,* Varias autour du droit public, Mélanges en l'honneur du Professeur AHADZI-NONOU, Poitiers, PUJP, 2019, pp. 841-883.
[81] FALL (I. M.), *Les révisions constitutionnelles au Sénégal. Révisions consolidantes et révisions déconsolidantes de la démocratie sénégalaise*, *op.cit.*, 218 p.
[82] BLEOU (M.), « La question de l'effectivité de la suprématie de la Constitution. A propos des poches de résistance au contrôle juridictionnel de constitutionnalité des lois en France et dans les États africains de succession française », *op.cit.,* pp. 47-55.
[83] BLEOU (M.), « Le juge constitutionnel et les révisions constitutionnelles », *op. cit.*, p. 235.
[84] BOLLE (S.), *op. cit.*, pp. 265-269.
[85] SOMA (A.), « Le contrôle de constitutionnalité des lois constitutionnelles en Afrique noire francophone », in *Revue Suisse Pratique Juridique Actuelle*, n° 5, 2011, p. 640.
[86] BOLLE (S.), *op. cit.*, p. 265.

L'actualité africaine confirme cette assertion : le colonel Assimi GOÏTA, en accédant à la tête de l'État malien le 19 août 2020, a instauré un conseil national de transition. Au mois d'octobre suivant, une charte a été adoptée, mais sa nature est d'une grande ambiguïté et rend quasi inapplicable la Constitution de la IIIe République qui reste officiellement en vigueur. En effet, d'après son préambule, la charte vise seulement à compléter le texte de 1992, mais elle transforme profondément nombre de ses dispositions et lui est supérieure *« en cas de contrariété »* (article 22) entre elles. Rien, semble-t-il, ne peut conduire à soutenir de tels agissements. La Constitution a dès lors perdu son caractère fonctionnel[87]. Finalement, il s'agit bien ici de l'exacte définition du *coup d'État*, ce renversement de l'ordre social et constitutionnel et son remplacement par un ordre nouveau, lequel suppose la suspension du fonctionnement normal des institutions et des pouvoirs constitutionnels ; un autre gouvernement entre en fonction sous la conduite de l'armée. Alors, le Comité national pour le Salut du Peuple (CNSP) peut ne pas reconnaître l'existence d'un coup d'État, mais sa prise de pouvoir, à l'évidence, est anticonstitutionnelle. Le Mali inaugure donc le régime des colonels. En effet, alors qu'Assimi GOÏTA promettait de rendre le pouvoir aux civils au lendemain de la chute d'IBK, il est désormais vice-président et assiste le colonel Bah N'DAW, le nouveau président. Ce dernier intègre donc la liste des chefs militaires qui ont dirigé le pays presque continuellement depuis soixante ans : Moussa Traoré, Amadou Toumani TOURE, Amadou Haya SANOGO et Assimi GOÏTA.

Or, l'expérimentation d'un tel système n'est pas sans poser de problèmes militaires, politiques et sociaux, car elle constitutionnalise la politisation de l'armée. Grâce à l'assentiment de certains juristes, de politiques et, nous l'avons souligné, de citoyens, de la nouvelle République ainsi créée peut naître une sorte de « despotisme militaire éclairé », seul capable de résoudre la crise multidimensionnelle qui affecte le Mali. La transition serait confiée aux militaires exclusivement, donc sans que les civils n'exercent de contre-pouvoir, mais leur présence peut nuire au processus transitionnel, lequel est essentiellement politico-juridique et constitutionnel, au regard du caractère inadapté de la Constitution malienne de 1992.

Au regard de ce qui vient d'être développé, on peut déduire que la Cour constitutionnelle malienne aurait dû activer pour la première fois l'auto-saisine visant à invalider l'investiture du président et du vice-président de la Transition, la charte n'ayant pas été publiée. C'était le seul moyen d'assurer la continuité de l'État et la légalité constitutionnelle. Ajoutons qu'elle aurait pu se référer à la loi fondamentale de 1992, puisque la Constitution demeure toujours la norme suprême tant qu'elle n'est pas suspendue.

---

[87] Voir CISSE (B), « L'ineffectivité de la Constitution au regard des accords politiques dans les pays d'Afrique noire francophone », *RDP*, n° 6 décembre 2020, pp. 1637-1660.

B/ L'inévitable instauration du contrôle de constitutionnalité des lois révisant la Constitution

La question du contrôle des lois révisant la Constitution ne doit plus s'appréhender selon le clivage opposant la conception classique et moderne du pouvoir constituant, car cette controverse s'est révélée insatisfaisante[88]. D'ailleurs, l'idée d'un contrôle de constitutionnalité est considérée par ses partisans comme une limite à la démocratie ; ils se réfèrent davantage à une nouvelle dimension de l'État de droit[89]. En définitive, le débat se résume à une alternative : ou bien l'on considère que le pouvoir de révision constitutionnelle est souverain, ce qui signifie qu'il dispose d'un pouvoir illimité, qu'il peut exercer dans n'importe quelle forme et cela exclut évidemment toute intervention du juge dans le processus constituant ; ou bien on estime que le pouvoir de réviser la Constitution ne doit pas s'exercer et qu'il doit respecter au moins les droits et libertés constitutionnellement garantis.

La Déclaration des droits de l'homme et du citoyen justifie implicitement le bien-fondé du contrôle des lois de révisions : *« Toute société dans laquelle la garantie des droits n'est pas assurée, ni la séparation des pouvoirs déterminée, n'a point de Constitution »*[90]. Cette disposition sacralise d'une part la garantie des droits fondamentaux et, d'autre part, la séparation des pouvoirs[91]. Dès lors, les droits fondamentaux ne sont-ils pas des limites aux pouvoirs dont dispose le constituant, qu'il soit originaire ou dérivé[92], qui nécessitent d'être examinées selon leur conformité à la norme suprême ?

Les avis sont partagés sur une telle question[93]. Certains auteurs considèrent que « *la fondamentalité des droits de l'homme* »[94] n'implique pas forcément

---

[88] Voir sur ce point BLÉOU (M.), « La question de l'effectivité de la suprématie de la Constitution. À propos des poches de résistance au contrôle juridictionnel de constitutionnalité des lois en France et dans les États africains de succession française », *op. cit.,* pp. 47-55.

[89] Voir sur ce point CISSÉ (B.), *Le juge, la doctrine et le contrôle des lois de révision de la Constitution, op. cit.*, pp. 151 et suivants.

[90] Voir l'article 16 de la Déclaration des droits de l'homme et du citoyen du 26 août 1789.

[91] Voir RABAULT (H.), « La clause d'éternité : la recevabilité des recours contre les lois de révision constitutionnelle », in *LPA*, 30 août 2004, n° 173, p. 3.

[92] Pour appréhender une telle question, voir les analyses avancées par MEINDL (Th.), *La notion de droit fondamental dans les jurisprudences et doctrines constitutionnelles françaises et allemandes*, thèse, *LGDJ*, 2003, pp. 395-466.

[93] Nous estimons que les droits fondamentaux, au regard de la position du Conseil constitutionnel, ne sont pas garantis contre les actes du pouvoir de révision, qu'il soit populaire ou parlementaire.

[94] *« La fondamentalité est la qualité substantielle inhérente à une norme. Elle ne se fonde pas forcément sur la valeur constitutionnelle formelle de la norme, mais sur sa valeur substantielle ou axiologique, telle que le juge la conçoit »* : SABETE (W.),

l'admission d'un contrôle des lois de révision par le juge[95]. D'autres soutiennent en revanche que le refus du contrôle par le Conseil constitutionnel français ne remet pas en question l'intérêt de « *la question de la limitation du pouvoir de révision, notamment en matière de droits fondamentaux* »[96]. Pour ces derniers, pouvoir de révision souverain et caractère inviolable des droits fondamentaux se concilient difficilement[97] : le premier contrevient au second[98]. Philippe Blachèr considère à cet égard que « *le droit européen renforce l'idée de la possibilité d'un contrôle des lois de révision* »[99]. Ainsi, la jurisprudence de la Cour européenne des droits de l'homme pourrait avoir des effets sur la remise en question des droits fondamentaux par le pouvoir de révision en droit interne[100]. L'analyse de sa jurisprudence montre une tendance en faveur d'un contrôle de conventionnalité sur les actes constitutionnels nationaux[101]. C'est pourquoi la remise en cause des droits fondamentaux peut constituer le « *produit déclencheur* »[102] d'un contrôle de constitutionnalité des lois de révision[103]. Autrement dit, la protection constitutionnelle ne saurait donc être une véritable garantie si le pouvoir constituant dérivé pouvait, à son gré, porter atteinte à la substance des droits fondamentaux[104]. Pour vérifier leur caractère inviolable, voire, pour respecter le principe de l'inviolabilité des droits fondamentaux, rien n'empêche un ordre juridique donné de contrôler les lois de révision[105]. De plus, la garantie des droits fondamentaux face aux abus du pouvoir de révision s'inscrit parfaitement au cœur de la mission de toute juridiction constitutionnelle contemporaine[106]. En d'autres termes, la

---

Pouvoir de révision et droits fondamentaux. Études des fondements épistémologiques et européens de la limite matérielle du pouvoir constituant dérivé, Rennes, PUR, 2005, p. 181.

[95] Voir les analyses avancées par MAILLARD DESGRÉES DU LOÛ (D.), « Le pouvoir constituant dérivé reste souverain », in *RDP*, 2003, pp. 725-739.

[96] SABETE (W.), *op. cit.*, p. 14.

[97] Voir en ce sens GIMENO-CABRERA (V.), « La Constitution et le Temps : La révision et les droits fondamentaux en France », in VIALA (A.), *La Constitution et le temps*, L'Hermès, 2003, pp. 141-154.

[98] Voir en ce sens MEINDL (Th.), *op. cit.*, p. 395.

[99] BLACHÈR (Ph.), *op. cit.*, p. 121.

[100] Voir MIRANDA (J.), « Le contrôle et les limites de la révision de la Constitution », in *AIJC*, XX, 2004, pp. 441-457.

[101] Voir en ce sens BLACHÈR (Ph.), *op. cit.*, p. 541.

[102] Ce terme a été utilisé par SAVONITTO (F.), *Les discours constitutionnels sur la « violation de la Constitution » sous la Ve République*, thèse, *LGDJ*, 2013, p. 342.

[103] Voir les analyses avancées par BLACHÈR (Ph.), *op. cit.*, p. 541.

[104] Voir l'analyse de DUFFOURC (D.), « Droits fondamentaux et supra-constitutionnalité en France », in *VIIe Congrès AFDC, Cinquantième anniversaire de la Constitution de 1958* (consulté le 14 avril 2016).

[105] Voir BEAUD (O.), « Malaise dans la Constitution », in *Libération*, le 2 décembre 1993, p. 7.

[106] VERDUSSEN (M.), *Justice constitutionnelle*, Bruxelles, Larcier, 2012, p. 94.

protection de la Constitution n'est pas seulement nécessaire pour assurer la validité du système normatif[107] : elle vise également à garantir les droits fondamentaux contre les atteintes éventuelles du pouvoir de révision[108]. Il y a là une « *composante de la conception matérielle de l'État de droit* »[109]. En conséquence, le Conseil constitutionnel français peut contrôler les lois parlementaires de révision[110] si les droits fondamentaux sont manifestement violés. Quand certains auteurs voient dans cette protection un risque d'usurpation du pouvoir constituant par le juge[111], d'autres pensent le contraire[112] : s'ensuivrait une forme de concurrence entre l'État de droit constitutionnel et la théorie démocratique. Le caractère opératoire du concept de l'État de droit constitutionnel implique que le principe d'un contrôle des lois de révision s'inscrirait parfaitement dans le marbre des fonctions contemporaines du juge constitutionnel[113]. La caractéristique majeure de l'État de droit constitutionnel permet de relativiser la crainte de la transformation du contrôle des lois de révision de la Constitution en un gouvernement illégitime des juges[114].

Fondamentalement, un État de droit[115] est « *un État soumis au droit par le processus d'auto-obligation* »[116]. Tout contentieux doit pouvoir trouver une

---

[107] BLEOU (M.), « La question de l'effectivité de la suprématie de la Constitution. À propos des poches de résistance au contrôle juridictionnel de constitutionnalité des lois en France et dans les États africains de succession française », *op. cit.*, pp. 47-55.
[108] Voir, sur ce point, les analyses avancées par RAYNAUD (Ph.), *Le juge et le philosophe. Essais sur le nouvel âge du droit*, Paris, Armand Colin, coll. Le temps des idées, 2009, p. 47.
[109] LOISELLE (M.), *Le concept d'État de droit dans la doctrine juridique française*, thèse soutenue à Paris-II, le 26 octobre 2000, *op. cit.*, p. 701.
[110] Comme le souligne Olivier Beaud, *« la subordination de l'organe de révision à la Constitution, ne serait-ce que pour les règles formelles, interdit donc de le qualifier souverain, car dès qu'une autorité exerce une compétence, c'est-à-dire dès qu'elle est un organe lié par le droit positif, elle n'est plus souveraine »*, in *La Puissance de l'État*, p. 320.
[111] Voir les analyses avancées par CAMBY (J.-P.), *op. cit.*, pp. 671-688.
[112] Voir CISSÉ (B.), *Le juge, la doctrine et le contrôle des lois de révision de la Constitution, op. cit.* 302 p.
[113] MAGNON (X.), « La puissance et la représentation, l'État et le citoyen : quel est le fondement de l'autorité de la norme constitutionnelle de la jurisprudence du juge constitutionnel ? », in MOUTON (S.), *Le régime représentatif à l'épreuve de la justice constitutionnelle*, coll. Grands Colloques, LGDJ, 2016, p. 258.
[114] BLEOU (M.), *op. cit.*, p. 235.
[115] Voir ROUSSEAU (D.), « L'État de droit est-il un État de valeurs particulières ? », *in Mélanges en l'honneur de Pierre Pactet : L'esprit des institutions, l'équilibre des pouvoirs*, Dalloz, 2003, p. 885.
[116] Voir SOMA (A.), *op. cit.*, p. 636.

issue devant le gardien juridictionnel de la Constitution[117]. Il est aujourd'hui reconnu que l'État de droit respecte deux exigences[118] : « *d'un côté la sécurité juridique, et d'un autre côté la démocratie* »[119]. Admettre un contrôle de constitutionnalité des actes du pouvoir de révision pourrait affermir le principe de l'État de droit dans les États francophones[120], car ce dernier, comme l'affirme Jacques Chevallier, exprime « *une volonté de renforcement de la juridicité d'un État entièrement coulé dans le moule du droit* »[121]. Partant de ce constat, il est possible de dire que le principe de la limitation du pouvoir de révision est une composante de l'État de droit[122].

Cependant, l'idée que le Congrès constituant dispose d'un *« pouvoir illimité »* s'oppose à celle qui invoque le respect de l'État de droit[123]. Sans contrôle de constitutionnalité, le Congrès constituant est limité théoriquement, mais il demeure en pratique « *un pouvoir souverain* »[124]. Cela suppose bien entendu que la légitimation du contrôle du respect des limites assignées au pouvoir de révision ne peut être « *réduite à une proposition cosmétique* »[125] au nom de l'État de droit[126]. Par conséquent, l'absence de sanction juridique de la violation des limites à la révision constitue une menace pesant sur l'effectivité du principe de l'État de droit[127]. On peut recourir à ce que nous appelons « *la conception matérielle de l'État de droit constitutionnel* » pour justifier le

---

[117] REDOR (M.-J.), *De l'État légal à l'État de droit. L'évolution des conceptions de la doctrine publiciste française (1879-1914)*, Paris, Economica, PUAM, 1992, p. 291.

[118] DEBARD (Th.), *Dictionnaire de droit constitutionnel*, Ellipses, 2e éd., 2007, p. 180.

[119] SOMA (A.), *op. cit.*, p. 636.

[120] L'État de droit vise à instaurer ce que Montesquieu appelait un *« gouvernement limité » –* et que l'on appelle aujourd'hui *« un gouvernement constitutionnel »*, c'est-à-dire l'État de droit constitutionnel.

[121] Voir par exemple CHEVALLIER (J.), *L'État de droit*, Montchrestien, 2017, p. 11.

[122] Sur la notion de l'État de droit, voir les travaux de HEUSCHLING (L.), *État de droit – Rechtsstaat – Rule of Law*, coll. Nouvelle Bibliothèque de Thèses, Paris, Dalloz, 2002, p. 739.

[123] Voir les analyses avancées par MEINDL (Th.), « Le Conseil constitutionnel aurait pu se reconnaître compétent », in *RDP*, 2003, *op. cit.*, pp. 741-765.

[124] BLACHÈR (Ph.), *Contrôle de constitutionnalité et volonté générale*, thèse dact., Montpellier-I, 1998, publiée in PUF, *Les grandes thèses du droit français*, 2001, p. 69.

[125] DESMONS (É.), « L'État de droit, stade suprême du gouvernement représentatif (principes de la mise sous tutelle juridique de la citoyenneté politique) », in CRIGNON (Ph.) *et alii*, *Représentation politique et transformations de la citoyenneté XVIIe-XXIe siècle*, Paris, Classiques Garnier, 2017, p. 126.

[126] Voir l'analyse de MIRANDA (J.), *op. cit.*, p. 456.

[127] Voir en ce sens les constatations sur les sources théoriques de la sacralisation des décisions du peuple, ou celles de ses représentants, faites par FATIN-ROUGE STÉFANINI (M.), *Le contrôle du référendum par la justice constitutionnelle*, coll. Droit public positif, Economica, PUAM, 2004, p. 43.

caractère limité du pouvoir de révision. D'ailleurs, l'idée de « *la souveraineté illimitée du pouvoir de révision* »[128] serait alors rejetée[129], car le contrôle de ses actes n'est pas aux antipodes de « *la logique du constitutionnalisme* »[130] : il est couramment pratiqué dans le monde, comme en Allemagne, en Italie, en Inde, en Autriche, en Afrique du Sud, au Bénin, au Mali...[131]

De tels exemples nous amènent à convenir avec Abdoulaye SOMA que *« le contrôle de la constitutionnalité des lois constitutionnelles peut être expressément autorisé par la Constitution, ou à défaut par le juge constitutionnel à travers une certaine construction jurisprudentielle* »[132]. On peut donc dire que le principe de la souveraineté du pouvoir constituant dérivé ne pourrait pas être « *un obstacle imparable au contrôle des révisions constitutionnelles »*[133]. Toutefois, la thèse de l'incompétence du Conseil constitutionnel sénégalais n'est pas de nature à faire disparaître les doutes quant à l'effectivité des caractéristiques d'un État de droit [134]; sa complétude aboutirait donc normalement à l'extension du contrôle de constitutionnalité aux lois votées par le pouvoir de révision[135]. En d'autres termes, l'établissement d'un État de droit constitutionnel permet d'établir le lien entre nécessité de révision constitutionnelle et légitimité du contrôle de constitutionnalité[136], car si la voie de la révision est infaisable, l'idée d'un tel contrôle risquerait de devenir illégitime[137].

En tout état de cause, l'inclusion des actes du Congrès constituant dans le périmètre du contrôle de constitutionnalité conduirait à une nouvelle nomenclature de l'État de droit en France[138]. Comme l'a démontré Georges Vedel, le contrôle des lois de révision au nom de l'État de droit n'est légitime

---

[128] SOMA (A.), *op. cit*., p. 627.

[129] *Ibid.*, p. 636.

[130] Voir en ce sens l'*Annuaire international de justice constitutionnelle, Révision de la Constitution et justice constitutionnelle*, Paris, Economica, 1994, p. 10.

[131] AKACHA (N.), « Les techniques de participation du juge constitutionnel à la fonction constituante », *in Droit constitutionnel normatif : Développements récents*, sous la direction de BEN ACHOUR (R.), Bruxelles, Bruylant, 2009, p. 123.

[132] SOMA (A.), « La souveraineté du pouvoir constituant et le contrôle de constitutionnalité des lois constitutionnelles », in *Annales de l'université de Ouagadougou*, série B, vol. 004, décembre 2012, p. 452.

[133] *Ibid*., p. 461.

[134] HEUSCHLING (L.), *op. cit*., p. 637.

[135] MEINDL (Th.), *op. cit.*, pp. 741-765.

[136] Voir CISSÉ (B.), *Le juge, la doctrine et le contrôle des lois de révision de la Constitution, op. cit.* 302 p.

[137] Voir en ce sens les analyses avancées par BARANGER (D.), « Un chantier qui ne prend jamais fin : Le juge, les révisions et les autres formes de changement constitutionnel dans la France contemporaine », in *Jus Politicum*, n° 18, juillet 2017 (consulté le 20 novembre 2019), format PDF, sur le site Jus Politicum : Revue de droit politique, p. 46.

[138] Voir DESMONS (É.), *op. cit.*, p. 129.

qu'à la condition que le dernier mot appartienne au pouvoir constituant, qu'il soit originaire ou dérivé. Par conséquent, reconnaître au Conseil constitutionnel la compétence de contrôler les actes du Parlement constituant est conforme au principe de l'État de droit[139]. Si l'on exclut l'hypothèse d'un changement de jurisprudence du Conseil constitutionnel, il faut admettre que le pouvoir de révision peut librement remettre en cause les droits fondamentaux[140]. C'est pourquoi l'instauration d'un contrôle juridictionnel des lois de révision de la Constitution doit être perçue comme un élément déterminant du passage d'un État de droit à un État de droit constitutionnel, car on voit « *des révisions généralement régressives* »[141] en Afrique noire francophone.

Finalement, la question de la nature constituante originaire du pouvoir dérivé peut sembler ne pas devoir être posée puisque, depuis Roger Bonnard en 1942, deux variantes du pouvoir constituant ont été mises au jour[142]. Apparemment claire et précise, l'absence du contrôle des lois de révision de la Constitution conduisait à renouveler le débat doctrinal relatif au caractère illimité du pouvoir de révision dans la pratique. Le débat sur le caractère constituant originaire du pouvoir dérivé peut s'effacer définitivement devant l'hypothèse de la révision totale comme on l'a pratiqué dans certains systèmes juridiques tels que celui de la Suisse[143]. On ne peut que constater que la nature constituante du pouvoir dérivé, plus que jamais, prend les allures d'une probabilité raisonnable.

---

[139] On notera par ailleurs que « *le juge* [constitutionnel] *apparaît* [aujourd'hui] *comme la clef de voûte et la condition de la réalisation de l'État de droit,* [car] *la hiérarchie des normes ne devient effective que si* [les lois constitutionnelles sont] *juridictionnellement sanctionnée*[s] » ; CHEVALLIER (J.), *op. cit.*, p. 129.

[140] Voir l'analyse de CANEDO (M.), « L'histoire d'une double occasion manquée », in *RDP*, 2003, p. 773.

[141] Voir les analyses avancées par SOMA (A), « Le contrôle de constitutionnalité… », *op. cit.*, pp. 631-636.

[142] BEAUD (O.), *op. cit.*, p. 314.

[143] BOSHAHB (É.), *op. cit.*, pp. 38-41.

LA RÉFORME CONSTITUTIONNELLE ET L'AVÈNEMENT DE LA IVe RÉPUBLIQUE DU TCHAD[1] : ENTRE CONTRAINTES ÉCONOMIQUES ET OPPORTUNISME POLITIQUE

Abdoul Nasser

Docteur en Droit public, Coordonnateur du CERSCRIDH
Chef de Département de Droit public interne
Université de Maroua

Éric Ngango Youmbi

Docteur en Droit public, Diplômé de l'IEE de Bruxelles
Enseignant au Département de Droit public interne
Université de Maroua

Il en va du constitutionnaliste comme du sociologue, qui se doit d'arriver intentionnellement en retard, lorsque les lampions sont éteints, les tréteaux retirés[2], les rideaux du spectacle et des joutes politiques refermés. La récente réforme constitutionnelle tchadienne a cristallisé de vives tensions. Deux ans après, la vie a repris ses droits, la fièvre politique s'est évanouie, les cœurs se sont apaisés. Le temps paraît aujourd'hui propice pour interroger la portée réelle de la Constitution du 04 mai 2018, qui sonne le tocsin d'une nouvelle République[3].

---

[1] La Ière République du Tchad a été institué en 1993 après la Conférence nationale souveraine. v° BUIJTENHUIJS (R), La conférence nationale souveraine du Tchad. Un essai d'histoire immédiate, Paris, Karthala, 1993. La première Conférence nationale s'est tenue au Bénin (du 19 au 26 février 1990), puis au Gabon (mars-avril 1990), au Congo (février-juin1991), au Niger (Juillet-Novembre 1991), au Mali (juillet-août 1991), au Togo (juillet-août 1991), au Congo RDC (décembre 1991 à décembre 1992), au Tchad (janvier-avril 1993).

[2] BOURDEAU (P). *Homos academicus*, Paris, Minuit, 1992, pp.209-210.

[3] Le Tchad a été proclamé République le 28 novembre 1958 et a accédé à la souveraineté nationale et internationale le 11 août 1960. Depuis son indépendance, il a connu (4) Constitutions : Constitution du 26 mars 1959, Constitution du 31 mars 1996, Constitution du 6 juin 2005, Constitution du 04 mai 2018. Cette dernière a été modifiée par la loi constitutionnelle n°017/PR/2020 du 14 décembre 2020, adopté à

Quoiqu'extérieurs à la vie politique tchadienne, il nous a semblé opportun de nous y intéresser pour plusieurs raisons, dont l'une est précisément que nous sommes l'Université camerounaise la plus proche de N'Djamena, et ne devons dès lors pas nous dérober du débat et de la reconstruction politique à l'œuvre dans ce pays-frère. Cela nous semble d'ailleurs conforme à la mission des Universitaires qui ne doivent pas, aux mots de Léon Duguit, se réfugier dans une tour d'ivoire. L'autre étant le souci d'apprendre à nos étudiants tchadiens, de plus en plus nombreux, et en qui nous plaçons beaucoup d'espérance, à lire et analyser objectivement les phénomènes politiques qui travaillent la société où ils vivent. Plus fondamentalement, le cas tchadien est chargé de plus d'un enseignement, et intéresse de ce fait au plus haut point, la science du droit constitutionnel.

La Constitution de la IVe République, fruit d'une promesse de campagne tenue en marge de l'élection présidentielle de 2016, est le produit du *« forum national inclusif*[4] *»* (boycottée par l'Opposition et la société civile), qui a débouché sur la mise en place de deux organes (*le Haut comité des réformes institutionnelles*[5] et *le Comité technique*[6]), chargés de préparer le projet de Constitution. Lequel a été adopté par le gouvernement le 10 avril 2018, puis le 30 avril par l'Assemblée nationale à plus de 3/5e comme l'exige la Constitution[7]. C'est finalement le 04 mai que la nouvelle Constitution inaugurant la IVe République sera promulguée par le président de la République, après rejet le 02 mai par le Conseil constitutionnel, d'un recours des adversaires à la révision.

La nouvelle Constitution a été l'objet de vives critiques de l'Opposition, la société civile, l'Église, les acteurs politiques. On reproche à l'opération constituante entre autres : le choix de la voie parlementaire plutôt que référendaire[8], le changement de République, l'option d'une procédure fermée,

---

l'issue du deuxième Forum National inclusif, tenu à N'Djamena du 29 octobre au 01er novembre et dont l'objet était l'évaluation de la mise en œuvre des soixante-quatorze résolutions issues du premier Forum, et d'apporter des correctifs à la Constitution de 2018, pour la consolidation de la paix, de l'unité nationale, de la stabilité, de l'État de droit, de la bonne gouvernance et une plus grande efficacité du fonctionnement des institutions.

[4] Le *« forum national inclusif »* s'est tenu à Ndjamena du 19 au 27 mars 2018.

[5] Il a été institué par le décret n°681/PR/PM2016 du 26 octobre 2016.

[6] Il a quant à lui été institué par l'Arrêté n°188/PR/PM/2017 du 18 janvier 2017, avec pour mission principale d'appuyer le Haut comité chargé des réformes institutionnelles.

[7] Il a enregistré 132 voix favorables – dont 129 du parti MPS au pouvoir, 2 contre, aucune abstention, sur un nombre total 170 députés que compte le Palais de la démocratie.

[8] La Constitution du 31 mars 1961 avait en effet été adoptée par référendum, de même que celle de 205 (référendum du 06 juin 2005).

le non-respect des résolutions contenues dans le rapport du *« forum inclusif »*[9], le non-respect des promesses faites à l'occasion de l'élection présidentielle de 2016 (notamment la promesse fédéraliste), l'institution d'une *« présidence intégrale »,* et surtout –, l'ouverture inavouable et en contradiction au rapport du forum, d'une possibilité de maintien au pouvoir du président en exercice jusque 2033.

Le gouvernement au contraire estime que la réforme s'est imposée comme une nécessité eu égard aux contraintes économiques, et que le processus ayant abouti à l'avènement de la IVe République s'est déroulé suivant une procédure ouverte et transparente. Ces controverses nous conduisent avant d'aller plus loin, à évacuer dans nos prolégomènes, quatre questions préliminaires : le pouvoir de révision pouvait-il changer de République ? Pût-il le faire par la voie parlementaire ? Quelle est la valeur de la promesse fédéraliste et des résolutions du *« forum inclusif » ?* La procédure de révision a-t-elle été ouverte ?

Sur la première question, il faut soulever une nuance importante, en précisant qu'il y'a eu au Tchad, changement non pas *« de la »* République mais *« de »* République. Ce qui signifie que l'on reste dans la forme républicaine en y apportant des bouleversements qui font passer d'un régime politique à un autre. Un tel changement est en effet constitutionnellement impeccable. Les dispositions matérielles intangibles de la Constitution du 31 mars 1996 telle que révisée en 2005[10] et 2013[11], sont (article 225) outre *l'intégrité du territoire, l'indépendance, l'unité nationale, le principe de la séparation des pouvoirs* et de *laïcité, les libertés et droits fondamentaux du citoyen, le pluralisme politique,* ***la forme républicaine de l'État.*** La révision n'a pas touché à la forme républicaine de l'État. Il en aurait été autrement si elle consacrât par ensemble une Monarchie constitutionnelle. Elle a touché en revanche à la nature du régime politique, ce qui confronté aux normes limitatives de révision, est parfaitement envisageable.

Sur la deuxième question –, une telle révision eut-elle nécessité l'intervention du peuple souverain, plutôt que ses représentants ? Nous répondrons par l'affirmative –, et c'est sans doute l'un des seuls arguments de poids, pouvant servir à remettre en cause la régularité de l'opération constituante. Cela est accrédité à la lecture de la Constitution de 1996 qui avait été adoptée dans les suites des fora politiques connus sous le nom de

[9] V° STAUDER (F-A), « Tchad : une nouvelle République sans État de droit », Fondation pour la Recherche stratégique, Note n°09/18 du 12 juin 2018, p. 3.

[10] Loi constitutionnelle n° 08/PR/2005 du 15 juillet 2005 portant révision de la Constitution du 31 mars 1961.

[11] La révision de 2013 a trait à certaines dispositions relatives au statut du président de la République et à l'inamovibilité des juges.

« Conférences nationales souveraines[12] *»,* organisés dans la plupart des États d'Afrique noire francophone, à la faveur de la *« troisième vague de démocratisation*[13] *»*, dont l'idée dominante était d'exorciser plusieurs décennies d'autoritarisme politique[14]. Le constituant de 1996 a pour l'adoption de la révision constitutionnelle, institué la voie référendaire comme la règle, et la voie parlementaire l'exception. Le choix de l'un ou l'autre de ces moyens est aux termes de l'article 224, fonction de la nature de la révision. Ainsi, la voie référendaire est exigée pour des révisions d'ordre politique, et la voie parlementaire (majorité des 3/5 des membres de l'Assemblée nationale) pour des révisions techniques. Il est évident que la révision de 2018 est non point technique, mais politique, eu égard à la nature des changements, c'est dont la voie référendaire qui dût être utilisée[15].

Sur la troisième question –, celle de la portée de la promesse fédéraliste et du *« rapport du forum inclusif »,* commençons par dire qu'une promesse de campagne est dépourvue de valeur juridique ; les promesses politiques –, disait Charles Pasqua, n'engagent que ceux qui y croient. Cette promesse qui a été réitérée lors du discours d'investiture du président le 08 août 2016, n'a qu'une valeur de *« déclaration d'intention ».* Ainsi en a d'ailleurs jugé le Conseil constitutionnel tchadien à l'occasion de l'examen d'une loi de révision constitutionnelle en 2004[16]. Pour ce qui est du *« rapport du forum inclusif »,* il

---

[12] KAMTO (M), « Les Conférences nationales souveraines ou la création révolutionnaire des Constitutions » *in DARBON (D) et DEGAUDUSSON (J), La création du droit en Afrique,* Paris Karthala, 1997, pp. 175-195.

[13] HUNTINGTON (S), *The Third Wave: Democratization in the Late Twentieth Century,* Norman, University of Oklahoma Press, 1991.

[14] La Conférence nationale souveraine réunissant les Partis politiques, les associations de la société civile, les corps de l'État, les autorités traditionnelles et religieuses, les représentants du monde rural et les personnalités ressources, s'est tenue à Ndjamena du 15 janvier au 07 avril 1993.

[15] Il en va différemment de la révision du 14 décembre 2020, qui est essentiellement technique. Comme le mentionne l'exposé des motifs de ladite révision, il s'agissait d'apporter des correctifs à la Constitution du 04 mai 2018. La loi constitutionnelle de 2020 ne modifie pas fondamentalement l'ancrage « présidentialiste » du régime politique, mais opère les ajustements suivants : la création du poste de vice-président ; l'institution d'un Parlement bicaméral avec la restauration du Sénat ; la réhabilitation de la Cour des comptes et des sous-préfectures ; la restructuration du Conseil économique, social et culturel ; la suppression du caractère confessionnel du serment ; la substitution du Haut conseil des collectivités autonomes et des chefferies traditionnelles (HCCACT) par un organe dédié exclusivement aux chefferies traditionnelles ; la réduction de l'âge de candidature à la présidentielle de 45 à 40 ans ; la modification de la durée des sessions des assemblées qui passent de huit à neuf mois.

[16] Le Conseil constitutionnel tchadien a ailleurs estimé à l'occasion de l'examen d'une loi constitutionnelle, que l'engagement solennel du chef de l'État et la promesse du Premier ministre ont valeur de « déclaration d'intention », Décision n° 001/CC/SG du 11 juin 2004 sur la proposition de la révision de la Constitution du 31 mars 1996.

s'agit d'un acte pré-constituant sans portée réelle, à la différence des actes pré-constituants à laquelle la doctrine africaine reconnait un caractère obligatoire[17]. Par ailleurs ce forum qui a réuni les forces politiques, religieuses et sociales en mars 2018, a été boycotté par l'Opposition et la société civile qui appelaient plutôt à un *« dialogue national inclusif*[18] *»*. Il n'était dès lors pas représentatif, et son rapport ne peut être présenté comme le fruit d'un consensus. On ne pourrait par voie de conséquence, exiger du projet de Constitution ou de la nouvelle Constitution qu'ils observassent ses dispositions.

Sur la quatrième question –, la procédure de révision a-t-elle été ouverte ? Elle se rapporte à la légitimité et non point à la constitutionnalité. Les incidents liés à quelques violences, aux intimidations des forces de l'ordre et de défense, au boycott de l'Opposition et la société civile, aux manifestations, montrent bien que l'opération n'a pas été ouverte, ce qui hélas, est sans conséquence sur la question de sa constitutionnalité. La Commission de Venise considère certes qu'une révision pour être légitime, doit être consensuelle, subir un débat ouvert et faire l'objet d'une procédure transparente[19], il faut toutefois reconnaitre que ces exigences quoique progressivement reconnues par quelques hautes juridictions constitutionnelles sur le continent[20], ne sont en principe pas du droit positif et ne sauraient suffire à invalider une opération constituante.

Si la révision de la Constitution tchadienne est comme nous venons de le démontrer (excepté le choix de la voie référendaire plutôt que parlementaire) constitutionnellement régulière, le problème qu'elle pose ne peut se situer que sous un autre angle : celui de l'opportunité de la révision. Ce nous sera une occasion de plancher sur une question classique dans le constitutionnalisme africain se rapportant à la finalité des révisions constitutionnelles[21]. Si après

---

[17] ASSIENE NGON (P.H), « Les Actes pré-constituants dans les États d'Afrique noire francophone », *RADP,* Vol. VIII, n° 18, 1er semestre (supplément), 2019, pp. 99-136.

[18] Les mêmes critiques ont été formulées à l'égard du deuxième Forum National inclusif, tenu à N'Djamena du 29 octobre au 01er novembre en vue d'évaluer la mise en œuvre des soixante-quatorze résolutions issues du premier Forum, et qui a abouti à la loi constitutionnelle du 14 décembre 2020.

[19] V° Rapport de la Commission Venise sur l'Amendement constitutionnel (Commission européenne pour la Démocratie par le Droit) adopté lors de sa 81e Session plénière des 11 et 12 décembre 2009.

[20] Le principe du consensus dans le cadre de la révision constitutionnelle a été consacré par les Cours du Bénin et centrafricaine. Pour ce qui est de la première, v° *DCC 06-074 du 08 juillet 2006, Président de la République, v° aussi* DCC 10-050 du 14 avril 2010, *Pierre Agossevi.* V° aussi NGANGO YOUMBI (E), *La Justice constitutionnelle au Bénin* – Logiques politique et sociale, l'Harmattan 2016, pp. 75-85. Pour ce qui est de la seconde, v° Décision de la Cour constitutionnelle centrafricaine du 05 juin 2020.

[21] GONIDEC (P.F), « À quoi servent les révisions constitutionnelles ? Réflexion sur le constitutionnalisme africain », *RJPIC,* octobre-décembre 1988, n° 4, p. 849.

tant d'autres, nous nous y intéressons[22], ce n'est pas parce que nous voulons la reprendre dans toute son ampleur, mais de mettre en lumière le cas tchadien qui est d'une résonnance particulière et un exemple de réalisme constitutionnel, du moins, si l'on s'en tient au motif de la révision, allégué par les autorités, à savoir la nécessité de répondre à la conjoncture économique. Cela augure l'émergence dans le contexte africain d'un *« droit constitutionnel économique »,* au sens non point de l'étude de la *« Constitution économique[23] »,* c'est-à-dire des dispositions constitutionnelles s'y rapportant, mais des solutions constitutionnelles aux problèmes économiques. Peut-on dire à l'analyse de la nouvelle Constitution du 04 mai 2018 (en tenant en compte les ajustements du 14 décembre 2020), qu'elle est opportunément parvenue à résoudre le problème posé par la situation économique du pays ?

Nous voulons montrer à travers cette Chronique, que le Maréchal[24] Idriss Déby Itno, a en habille opérateur politique, su tirer les marrons du feu d'une conjoncture économique particulière (I), pour changer la nature du régime politique à son avantage (II).

---

[22] LEKENE DONFACK (E), « La Révision des constitutions en Afrique », *RJPIC*, n°1, janvier-mars, 1989, pp. 45-71 ; MELEDJE DJEDJRO (F), « La Révision des constitutions dans les États africains francophones : Esquisse de bilan », *RDP,* 1992, n° 1, pp. 111-134 ; BLÉOU (M), « La Révision de la Constitution. Leçon inaugurale de la rentrée solennelle de la Chaire Unesco de Cotonou du 03 décembre 2007, Fondation Konrad Adenauer, 2007, inédit ; ATANGANA AMOUGOU (J.L), « Rigidité et instabilité constitutionnelles dans le nouveau constitutionnalisme africain », *Afrique Juridique et politique*, juillet-décembre 2006, vol. 2, n° 2, pp. 42-87 ; du même auteur, « Les révisions constitutionnelles dans le nouveau constitutionnalisme africain », *Politeia,* n° 7, 2007, pp. 583-622 ; FALL (I. M), *Les Révisions constitutionnelles au Sénégal. Revisions consolidantes et révisions déconsolidantes de la démocratie sénégalaise,* Dakar, CREDILA, 2011 ; du même auteur « La Révision de la Constitution au Sénégal », *Afrilex (Revue électronique)* 2014 ; *La réforme constitutionnelle du 20 mars 2016 au Sénégal –la révision consolidante record,* l'Harmattan 2017 ; NGANDO SANDJÉ (R), « Le Droit de la révision constitutionnelle dans le nouveau constitutionnalisme africain », *RDP* n° 4, 2016, pp. 1209 sq. ; Diallo (I), « Pour un examen minutieux de la question des révisions de la constitution dans les États africains francophones », *Afrilex (Revue électronique), 2015.*

[23] V° GADJI (A), « L'Économie dans les nouvelles constitutions des États d'Afrique noire francophone », in F.J AÏVO, La Constitution béninoise du 11 décembre 1990 : un modèle pour l'Afrique ?, L'Harmattan, 2014, pp.759-791 ; v° aussi ZEYOUNOU (L), « « Le Concept de constitution économique » : une analyse critique », *Jus Politicum (Revue de droit politique),* n° 21, http://juspoliticum.com, pp. 445-481, consulté le 01 février 2020.

[24] L'Assemblée nationale tchadienne vota le 26 juin 2020 à 146 voix pour, 00 contre et 00 abstention, une Résolution élevant le Général d'armée Idriss Déby Itno, Chef de l'État, à la dignité de « Maréchal du Tchad », *« pour service rendu à la Nation et les nombreuses victoires militaires remportées tant à l'intérieur qu'à l'extérieur du pays ».*

I/ Une réforme économiquement favorable

Le Tchad connait, comme il a été relevé dans notre propos introductif, depuis quelques années, une situation économique particulièrement difficile, ayant débouché d'ailleurs sur des réclamations sociales. Il était plus qu'indiqué de réviser la Constitution pour adapter l'architecture institutionnelle et le train de vie de l'État à son bulletin de santé économique. La réforme du 04 mai 2018, un « réalisme constitutionnel » qui mérite d'ailleurs de servir d'exemple pour d'autres pays africains, est satisfaisante sur ce point, en ce que pour faire face à un contexte économique particulier (A), elle opère une rationalisation institutionnelle globalement appréciable (B).

A/ Un contexte économique opportun

On peut dire en toute objectivité que la situation économique aussi bien conjoncturelle que structurelle tchadienne se prêtait parfaitement à une réforme constitutionnelle (1). Cette solution trouve en pareille hypothèse, de solides renforts théoriques en droit constitutionnel (2).

1/ Une notable dégradation de la situation économique

Le Tchad, pays désertique d'environ 14 millions d'habitants sur une superficie de près de 1.3 million de kilomètres carrés, est classé sur base de l'Indice de Développement humain de l'ONU, parmi les pays les plus pauvres au monde, avec une économie monocorde. En plus de cette défaveur naturelle, le pays a été frappé dès 2014 par la chute des cours du baril de pétrole (principale ressource), entrainant un déficit public et un endettement insupportable. L'année 2014 est considérée par les observateurs comme l'année de l'effondrement économique, de l'assèchement budgétaire et du début d'un cycle inédit d'appauvrissement du Tchad et de ses citoyens[25], rendant difficile le financement des services publics et le fonctionnement de l'État dans l'ensemble[26].

Ce qui s'ajoute aux contraintes financières liées à une tradition guerrière et une lutte interminable contre les djihadistes, – le pays étant engagés aux côtés des forces internationales dans au moins (3) trois opérations (G5 sahel, Force Multinationale Mixte, opération « Barkhane »). En 2015, il a été frappé en pleine Capitale par des attaques terroristes, ce qui a nécessité une augmentation des dépenses sécuritaires[27]. Ces différentes attaques ont par ailleurs perturbé les

---

25 STAUDER (F.A), « Tchad : Une nouvelle République sans État de droit ? », Fondation pour la Recherche stratégique, note n° 09/18 du 12 juin 2018, p. 2.

26 *Ibid.*

27 L'on constate par exemple que le budget du ministère délégué à la Présidence de la République chargé de la défense nationale, des anciens combattants et des victimes de guerre pour l'exercice 2018, s'élève à 104 milliards 453 millions 332 mille. Il est 5 fois supérieur au budget de la Présidence dont il n'est qu'un ministère délégué, et du budget de l'enseignement supérieur, de la recherche et l'innovation. Il est en

échanges avec les principaux partenaires du Tchad (Nigeria, Cameroun, Soudan, etc.) entrainant une chute drastique des recettes douanières.

Pour faire face à l'effondrement économique du pays, le gouvernement décida dès 2017 des mesures d'austérité économique[28]. Leur renouvellement en 2018 suscita des grèves dans la fonction publique et une vive répression, qui plongèrent davantage le pays. Dans ce contexte, on peut comprendre que les pouvoirs publics aient choisi d'engager le front sur le terrain constitutionnel.

2/ Un légitime recours à la solution constitutionnelle

La réponse constitutionnelle à la crise économique n'est pas une vue de l'esprit. Les auteurs ont montré le rapport consubstantiel qu'il existe entre le droit constitutionnel et les crises, qu'elles soient politiques, économiques ou sociales[29]. Le constituant lorsqu'il aménage des institutions, des principes et des règles, ne doit pas être indifférent à la question économique. Le constitutionnalisme africain ne vaudrait pas une seule heure de peine s'il ne permettait de mettre en lumière les meilleures recettes permettant de faire face aux crises quotidiennes.

L'on doit sur ce point, reconnaitre que les États africains se caractérisent bien souvent par un certain mimétisme institutionnel qui ne tient compte ni de la philosophie, de l'histoire des institutions importées, ni de leur adéquation aux réalités culturelles et socio-économiques, ni de leur évolution dynamique dans leur contexte d'importation. Beaucoup d'institutions (Sénat[30], Conseil économique et social, Cour des comptes…) sont utilisées comme certificat de démocratie. À côté de cette fonction de légitimation, elles ont une autre fonction politique particulière, qui est de rétribuer en nature les alliés politiques, les compagnons de route, les membres de la famille, les vieux amis, ou de réaliser les équilibres identitaires (ethniques en général). L'on se retrouve ainsi avec des institutions fantoches occupant une pléthore d'individus non qualifiés ou ayant des qualifications inadaptées.

---

revanche sensiblement égal au budget du ministère de l'Éducation nationale et de la promotion civique (environ 120 milliards), et un peu moins de deux fois supérieur au budget du ministère de la Santé, qui tourne autour de 63 milliards et demi.

[28] Ce sont 16 (seize) mesures au total qui ont été mises en œuvre avec le budget 2017.

[29] V° DEGAUDUSSON (J. D.), « Les Solutions constitutionnelles des conflits politiques », Afrique contemporaine, n° spécial, 4e trimestre, 1996, pp. 250-256 ; KEUTCHA TCHAPNGA (C.), « Droit constitutionnel et conflits politiques dans les États francophones d'Afrique noire », *RFDC*, n° 63, 2005/3, pp. 451-491.

[30] Il ne servira pas à grand-chose s'il devait être la pâle reproduction de l'Assemblée nationale. Le Sénégal l'a supprimé, ce qui lui a permis de faire des économies budgétaires considérables. Dans le contexte tchadien, si on devait à un Sénat octroyer le même budget qu'à l'Assemblée nationale ; pour le budget 2018, c'est 14 milliards 685 millions FCFA qui devaient être inscrits en plus au budget de l'État.

La tâche du néo-constitutionnaliste africain doit être dans ce contexte, de penser ces différentes institutions en procédant à un bilan *« couts/avantages »* afin de distinguer celles qui méritent d'être supprimées, de celles qui doivent être maintenues et promues. Le constituant tchadien semble s'être engagé sur cette voie, en procédant à une rationalisation institutionnelle qu'il faut – à tout le moins dans son esprit, saluer.

B/ Une rationalisation institutionnelle opportune

Le Tchad n'a pas échappé à la situation ci-dessus décrite, en greffant à son architecture politique, des institutions à vrai dire, superfétatoires, en ce sens que leur suppression ne gênerait pas la marche de la Nation, mais permettrait au contraire des économies de moyens. Le constituant de 2018 opère une rationalisation importante, en supprimant les institutions économiquement contingentes. La décompression qu'il réalise dans un contexte de tensions de trésorerie nous semble dès lors satisfaisante ; qu'il s'agisse de la suppression de certains postes (1), ou de la suppression des institutions dont le bilan et l'apport concrets sont discutables (2).

1/ Une opportune décompression du pouvoir exécutif

L'ingénierie constitutionnelle en Afrique au lendemain des indépendances, consistait en la recherche du meilleur régime politique, capable d'assurer à ces États une certaine félicité constitutionnelle[31]. La question de la dyarchie à la tête de l'exécutif a dans ce cadre été très discutée. Tirant les leçons de l'expérience française de cohabitation[32], du *fiasco* de la fédération Mali/ Sénégal[33] et de la foireuse expérience du *triumvirat* béninois[34], le régime présidentiel,

---

[31] FALL (I.M), « La Construction des régimes politiques, insuccès et succès », *in Mélanges en l'honneur de Maurice Ahanhanzo-Glèlè*, 2014, l'Harmattan, p. 127 à 179.

[32] Lire à ce propos l'essai de Raphaëlle Bacqué, *L'enfer de Matignon,* Albin Michel, 2008 ; v. aussi DAUGERON B., « La Cohabitation et ses faux-semblants : réflexions sur le présidentialisme minoritaire », *RDP* 2004, n° 1, p. 72.

[33] SEKENE MODI (C), *Un Combat pour l'unité de l'Afrique de l'Ouest – La Fédération du Mali (1959-1960),* Nouvelles études africaines du Sénégal, Dakar, 2005. Le 4 avril 1957, l'Assemblée fédérale du Mali se réunit pour réviser la Constitution fédérale. À cette occasion, Léopold Senghor fut désigné Président de l'Assemblée, Modibo Keita Président du gouvernement et Mamadou Dia Vice-président. Cette répartition fut de courte durée, du fait notamment d'un conflit d'autorité à la tête de l'État. L'indépendance du Sénégal fut votée dans la nuit du 20 août 1960, suivie le 22 septembre 1960 de l'indépendance du Mali. L'expérience fédérale venait d'échouer. Lire à ce propos GANDOLFI (A), « Naissance et mort sur le plan international d'un état éphémère : la fédération du mali », *Annuaire Français de Droit International* 1960, vol. 6, n° 1, p. 881 à 906.

[34] Au Bénin, le triumvirat est mis en place en 1970 entre Apithy, Maga et Ahomadegbe qui prendra fin avec le pustch de 1972 portant Mathieu Kérékou au pouvoir. Les rapports entre le Président Kérékou et le Premier ministre Soglo, élu pour un (1) an par les délégués de la Conférence des Forces Vives de la Nation furent tumultueux,

particulièrement dans les États d'Afrique de l'Ouest, semblait être le seul capable d'assurer une certaine stabilité politico-institutionnelle, par l'autonomie qu'il donne en principe à chaque pouvoir de se mouvoir dans sa sphère de compétences sans gêner et sans en être gêné par un autre pouvoir ; et par les coudées franches qui sont données au président de la République, qui est dans ce contexte, le maitre sans partage de l'Exécutif. On considérait en effet selon le vieil adage qu'il ne peut y avoir deux caïmans dans un marigot.

La réalité de la pratique institutionnelle démontre que c'est plutôt un certain présidentialisme qui était appliqué dans les faits (sans que nous ne prétendions que le présidentialisme soit un régime politique[35]), ou encore des formes hétérodoxes des régimes mixtes ou des régimes situées en marge des classifications, où l'Exécutif est partagé entre un président qui a tous les pouvoirs, un vice-président investi d'un rôle protocolaire et un Premier ministre qui n'est rien d'autre que le garçon de courses du président ; et où le président a un droit de dissolution sur le Parlement (caractéristique du régime parlementaire), sans que des moyens d'action correspondant ne soient inversement attribués au Parlement.

Le Tchad n'a pas échappé à cette complexité qui pèse lourd sur le budget. La fonction primatoriale dont l'essence est formellement de coordonner l'action du gouvernement pour s'exercer, a besoin d'une superstructure qui nécessite de gros moyens financiers. Il en va différemment de la vice-présidence de la République, qui pour s'exercer ne nécessite pas de gros moyens matériels et financiers. L'on peut sur cette base comprendre que le constituant de 2018 ait supprimé le poste de Premier ministre[36], l'on ne comprend pas en revanche qu'il n'ait pas aménagé celui de vice-président, qui en plus d'être économiquement avantageux, correspond mieux au modèle type du régime présidentiel (régime américain). La nouvelle Constitution instaure un monocéphalisme de l'Exécutif.

Il faut également approuver le constituant tchadien qui a eu le courage de supprimer des institutions fantoches sans rapport avec la réalité du pays.

2/ Une opportune suppression des institutions contingentes

Le constituant supprime plusieurs institutions dont l'une nous paraît importante mais mal utilisée dans le contexte tchadien, au point où il est

---

d'autant plus que le Premier ministre tirait sa légitimité non pas du président, mais des délégués, et qu'il fut le véritable chef du gouvernement et le ministre de la Défense. Ce qui n'a pas été le cas entre le président Boni Yayi et le Premier ministre Leonel Zinsou : le second ayant été nommé en juin 2015 par le premier et ses attributions déterminées par celui-ci, il n'était dont pas le chef du gouvernement.

[35] NGANDO SANDJÉ (R), « Le Renouveau du droit constitutionnel et la question des classifications en Afrique », *RFDC,* n° 93, janvier 2013, pp. E-1 à E-26.

[36] La suppression du Poste Primoministériel, en considération du budget 2018, fera économiser une enveloppe de 5 milliards 27 millions 384 mille FCFA.

légitime de poser la question de son maintien dans un État où elle est mal assimilée (Conseil constitutionnel) ; les deux autres tout simplement inutiles dans les États africains en particulier (la Cour des comptes, la Haute Cour de Justice) ; la dernière indiscutablement importante dans le contexte africain (la Médiature).

Le Conseil constitutionnel institué au Tchad, par le titre VII de la Constitution du 31 mars 1996[37] à l'extérieur du pouvoir judiciaire est régi dans son organisation et fonctionnement par la loi organique du 02 novembre 1998[38]. Ce texte connaitra trois modifications, dont la plus récente est intervenue en 2009[39]. Quoique nous soyons un défenseur fervent des juridictions constitutionnelles et de leur autonomie par rapport à l'ordre juridictionnel classique, il faut admettre en toute objectivité que rien ne sert de se doter d'une telle institution si elle est détournée de son but, freinée dans l'exercice de ses compétences et ses décisions non respectées[40]. Le constituant tchadien revient à un modèle de justice constitutionnelle très en vogue dans les États africains au lendemain des indépendances : une Chambre constitutionnelle intégrée à une Cour suprême « fourre-tout » (article 157)[41]. Il aurait pu sur ce point, pour conjuguer efficacité et économies budgétaires, troquer le modèle kelsenien contre le modèle américain, en donnant la possibilité à tout juge ordinaire d'assurer le contrôle de constitutionnalité des lois, et à la Cour suprême d'avoir le dernier mot, afin d'assurer l'unité jurisprudentielle, plutôt que de revenir à une vielle solution africaine, qui a dévoilé toutes ses limites.

Il faut saluer dans le même sens la suppression de la Haute Cour de Justice qui devient une Chambre de la Cour suprême, car dans la pratique des États

---

[37] Avant son institution, la justice constitutionnelle au Tchad était exercée par la Chambre constitutionnelle de la Cour d'Appel, v° IlDJIMA LOKIAM (A), « Séparation des pouvoirs et indépendances des Cours constitutionnelles et Instances équivalentes », Communication au 2e Congrès de la conférence mondiale sur la justice constitutionnelle à Rio de Janeiro (Brésil), 16 au 18 janvier 2011, p. 1.

[38] V° Loi organique n° 019/PR/98 du 02 novembre 1998 portant organisation et fonctionnement du Conseil constitutionnel.

[39] V° Loi organique n°06/PR/2009 portant modification des deux lois organiques précédentes.

[40] Il est arrivé malheureusement que les décisions du Conseil ne soient pas respectées, v° CC *Tchad, Décision n° 002/CC/SG/06 du 17 février 2006 sur la loi constitutionnelle portant prorogation de la législature en cours*. Il devient alors dans ce contexte, un grossier ornement républicain qui mérite dans une situation économiquement difficile d'être supprimé purement et simplement, d'autant plus que son bilan depuis son institution en 1996, reste faible, STAUDER (F.A), « Tchad : Une nouvelle République sans État de droit ? », *op. cit.*, p. 6.

[41] La Cour suprême instituée par la réforme de 2018 a désormais (5) cinq Chambres : Chambre judiciaire, Chambre administrative, Chambre constitutionnelle, Chambre des comptes, Chambre tenant lieu de Haute de Cour de Justice.

africains, aucun dossier n'y est souvent instruit de sorte que l'on peut légitimement se demander quel est son rôle véritable. Il en va de même de la Cour des comptes[42], son intégration à la Cour suprême comme *« Chambre »*, mérite d'être saluée. Le plus important nous semble être l'efficacité des contrôlés et non la dénomination de cette institution. Le constituant du 14 décembre 2020 fait volte-face en réhabilitant la Cour des comptes, en marge de toute logique économique[43].

L'on peut en revanche se poser la question de la pertinence de la suppression de la Médiature, qui est un mode alternatif de règlement de différends à promouvoir dans un contexte de méfiance vis-à-vis de la justice d'État[44], ce d'autant plus qu'elle n'emploie pas un personnel considérable et n'a pas besoin de gros moyens financiers pour fonctionner. Le constituant tchadien devait, pour aller au bout de sa logique, supprimer également le Conseil économique social et culturel[45]. Une étude de ses attributions[46] montre qu'il donne des Avis simples et obligatoires, mais non conformes, et dresse des Rapports sans portée réelle. Il fait par ailleurs double emploi avec des ministères tels l'Économie, la Planification, l'Environnement…

La décompression de l'Exécutif et la suppression des institutions ou leur réduction à la portion congrue sont des mesures à saluer. L'impact financier de ces mesures sur le budget de l'État est significatif : Conseil constitutionnel : 388 millions 613 mille FCFA ; Primature : 5 milliards 27 millions 384 mille FCFA ; Haute Cour de Justice : 212 millions 101 mille FCFA ; Cour des comptes : 1 milliard 556 millions 782 mille FCFA, soit au total : 7 milliards 184 millions 880 mille FCFA[47]. La rationalisation institutionnelle permettra

---

[42] Elle avait été instituée au Tchad par la loi constitutionnelle 013/PR/2013 du 03 juillet 2013 en application de deux Directives de la CEMAC de 2011.

[43] V° article 172 à 175 de la Constitution de 2018 telle que modifiée en 2020.

[44] V° NGANGO YOUMBI (E), « Les Modes alternatifs de résolution des litiges administratifs en Afrique noire francophone », *RIDE,* 2019-4 (XXXIII), pp. 449-476 ; *RIDC,* n° 1, 2020, pp. 231-259 ; *Recueil Penant*, n° 912, juill. sept 2020, pp. 350-386.

[45] Le Conseil Economique social et culturel a été maintenu (titre VIII de la Constitution). Il méritait à notre avis d'être supprimé comme l'exigeait le « forum », pour deux raisons : la première est que, –et cela est valable pour tous les États africains qui l'ont instituès, il fait double emploi avec un certain nombre de ministères (le ministère de l'Économie, de la planification du développement) ; la seconde est que ses actes n'ont pas très généralement une portée juridique obligatoire lorsqu'il parvient d'ailleurs à être consulté ou à donner à sa propre initiative un avis (v° par exemple les articles 167, 168,169 de la Constitution du Tchad de 2018).

[46] V° VIDESSOU (M), *Le Conseil économique et social du Cameroun : de 1960 à nos jours,* Mémoire de Master Recherche, Université de Maroua, 2017/2018.

[47] Récapitulatif des économies budgétaires consécutives à la suppression des Postes et Institutions suite à la réforme du 04 mai 2018 (Source : E. Ngango et A. Nasser, 2020). Il faudrait soustraire de ces chiffres les économies liées à la suppression de la Cour des comptes, car elle a été réhabilitée par la loi constitutionnelle de 2020 (article 172 à 175 nouveaux).

en considération du budget 2018 à l'État d'économiser environ 7 milliards. Ce qui est assez peu au regard des contraintes auxquelles fait face le pays. Pour aller plus loin, l'État gagnerait, plutôt que d'appliquer une austérité qui se fait lourdement ressentir dans le porte-monnaie du citoyen, à accompagner la réforme institutionnelle, des mesures de discipline budgétaire :

– *Réduction du budget* de la défense et de l'éducation. Cela passe par la recherche consensuelle et durable des solutions aux conflits armés. Nous avons vu ci-avant que le budget alloué au ministère délégué chargé de la défense pour l'exercice 2018, s'élève à 104 milliards 453 millions 332 mille. Si le pays parvenait à le réduire de moitié, cela ferait une économie d'environ 50 milliards ; de même que le budget alloué à l'éducation et la promotion civique qui est d'environ 120 milliards et mérite d'être réduit de moitié, ce qui ferait une économie de 60 milliards ; soit 110 milliards d'économie pour ces deux ministères. L'éducation est certes importante pour un pays, toutefois si elle ne débouche sur l'emploi, elle devient la plus grande fabrique des difficultés.

– *Lutte contre la corruption*, dans la mesure où la crise économique tchadienne n'est pas seulement due à la chute des cours du pétrole et aux différents conflits armés, mais est comme au Cameroun, le résultat de la prévarication des caisses de l'État par une oligarchie dont l'unité de détournement est le milliard. Le constituant doit dès lors accompagner cette rationalisation par la promotion des institutions capables d'assurer une plus grande responsabilité des dirigeants. Le Président Idriss Deby avait dans son discours à la Nation pour l'année 2017, annoncé dans ce sens, la création de la Cour spéciale contre les crimes économiques et la corruption. Il y'a loin de la coupe aux lèvres !

Les chiffres repris dans le tableau synoptique ci-dessus quoique très peu significatifs, montrent à tout le moins que la réforme a été économiquement bien pensée. On ne perdra pas de vue que cette rationalité économique cache mal une rationalité politique, fortement critiquable.

II/ Une réforme politiquement critiquable

La conjoncture économique n'a-t-elle pas servi au Président Idriss Deby Itno d'ingrédient, pour faire avaler au Peuple une pilule politique amère ? Au-delà de la rationalité économique, la Constitution du 04 mai 2018 obéit à une équation politique à plusieurs inconnus.

En plus d'ajouter un (1) an à la durée du mandat, le fait de passer du mandat illimité au mandat limité pourrait à première vue être interprété comme une évolution mue par le souci du président en exercice de prévoir sa succession, il s'agit à la vérité, d'un stratagème permettant d'éviter des scénarii connus ces derniers temps en Afrique qui ont été théorisés sous la notion de *« coup d'État civil »* (A). La réforme renforce par ailleurs les pouvoirs du président de la République et consacre son irresponsabilité, ce qui change substantiellement la nature du régime politique (B).

A/ Une modification inopportune du mandat présidentiel

La question du mandat constitue aujourd'hui le point névralgique du constitutionnalisme africain. Les constitutionnalistes sont d'accord à dire qu'un mandat limité permet de consolider les acquis démocratiques et de promouvoir la bonne gouvernance[48]. Toutefois ils sont divisés sur la question de la durée et du nombre de mandats. Le constituant tchadien a pris le parti de passer d'un mandat de (5) cinq à (6) ans ; de même, que de l'indétermination à une limitation à (2) deux mandats maximum. Ces mesures peuvent sembler anodines pour la première (1) et salutaire pour la seconde (2). Il n'en est rien en réalité. Elles sont le fruit d'un savant calcul politique.

1/ Une légère augmentation de la durée du mandat présidentiel

En fonction des différents États dans le monde, le constituant peut aménager différentes durées du mandat[49]. Il peut s'agir d'un quadriennat[50], un quinquennat[51], un sextennat[52], un septennat[53], ou un décennat[54]. La discussion classique dans les États africains oppose les partisans du quinquennat à ceux du septennat. Le constituant tchadien de 2018 renvoie dos à dos les deux thèses, en optant pour un sextennat, rejoignant ainsi certains États telles les Philippines[55]. L'institution d'un sextennat au Tchad est critiquable pour deux raisons majeures. Il conduirait à attribuer (1) un an de plus à partir de 2021 au locataire du *« Palais rose »*, ce qui est clairement une régression démocratique[56]. Il est par ailleurs en décalage avec la durée du mandat des

---

[48] GUÈYE (B.), « Le Mandat unique : un mandat pour le président de la République en Afrique » in Koffi Ahadzi et al. (dir.), *Démocratie en question (Mélanges Théodore Holo),* Presses de l'Université Toulouse 1 Capitole, 2017, pp. 211-227.

[49] MBATA MANGU (A.), « Constitutionnalisme, Constitutions, limitation des pouvoirs et des mandats présidentiels en Afrique », in F. J. AÏVO (dir.) *La Constitution béninoise du 11 décembre 1990 : un modèle pour l'Afrique ? (Mélanges Ahahanzo Glèle),* L'Harmattan, Paris, 2012, p. 753.

[50] C'est le cas des pays qui s'inspirent du modèle américain : Ghana, Nigeria, Comores.

[51] C'est le cas de la plupart des pays d'Afrique noire francophone et quelques pays anglophones : Benin, Burkina Faso, Burundi, Afrique du Sud, Gambie, Ile Maurice, Guinée, Kenya, Niger, République centrafricaine, République Démocratique du Congo, Namibie, Sénégal, Togo, Zambie, Tchad (avant 2018), etc.

[52] Djibouti, Éthiopie, Liberia.

[53] Cameroun, Congo, Gabon, Guinée Équatoriale, Rwanda.

[54] C'est le cas du Botswana.

[55] L'idée de l'institution du sextennat a été évoquée en France par certains acteurs politiques tels François Hollande, Michèle Alliot-Marie.

[56] La Cour constitutionnelle du Bénin a dans ce sens sanctionné une loi constitutionnelle qui avait pour objet de faire passer le mandat des députés de (4)

députés à l'Assemblée nationale qui aux termes de l'article 113 de la Constitution est de 5 (cinq) ans renouvelable sans limitation.

La Constitution du 04 mai 2018 semble méritoire en ce qu'elle réinstaure la limitation du nombre de mandats, qui avait été déverrouillée en 2005. Elle laisse toutefois entière la question de l'alternance au sommet de l'État, spécifiquement celle devenue le nouveau casse-tête chinois du constitutionnalisme africain, de savoir si l'adoption d'une nouvelle Constitution (modifiant ou non la disposition sur le mandat) a pour effet pour le président en exercice, de *« mettre le compteur des mandats à zéro »,* de sorte qu'il puisse être réinvesti dans la bataille pour le fauteuil présidentiel.

2/ Une limitation sibylline du nombre de mandats présidentiels

Le retour à la limitation des mandats procède à notre avis d'une arithmétique politique à double opération, savamment pensée.

– *Première opération :* la Constitution de la IVe République, pourrait *a priori* être analysée comme une avancée par rapport à celle de 2005, qui avait institué à la grande consternation de tout le monde, en même temps que des pays tels le Cameroun, le Congo-Brazzaville, le Togo, la levée du verrou sur le nombre des mandats, réalisant ainsi un retour en arrière par rapport au constitutionnalisme libéral irradiant à travers le texte de 1996. L'article 61 introduit par la réforme de 2005 se lisait comme suit : *« Le Président de la République est élu pour un mandat de cinq ans au suffrage universel direct. Il est rééligible ».* Cette disposition est modifiée par la révision de 2018 (article 66) : *« Le Président de la République est élu au suffrage universel direct pour un mandat de six (6) ans renouvelable une fois ».* En faisant passer le mandat de (5) cinq à (6) six ans, le Président I. DÉBY entend en réalité déplacer le débat qui se posera sans doute à la fin de son mandat en cours prévue pour 2021, sur le point de savoir si la limitation introduite par la Constitution du 04 mai 2018 s'appliquera à ce mandat commencé en 2016, de sorte qu'il ne lui resterait plus qu'un mandat, ou ne commencera qu'à produire les effets qu'en 2021, ce qui lui permettrait de briguer deux nouveaux mandats de (6) six ans. Il s'agit autrement de répondre à la question de savoir si la révision de la disposition relative au nombre ou à la durée de mandat réalisé par la réforme de 2018, s'applique au mandat en cours en vertu du principe de *l'entrée en vigueur immédiat,* ou alors ne commencerait à s'appliquer qu'à la fin de ce mandat conformément au principe de *l'entrée en vigueur différé*[57]. Cette

---

quatre à (5) cinq ans et de l'aligner ainsi sur la durée du mandat présidentiel[56]. Certains analystes appellent improprement *« le principe de la non-rétroactivité ».*

[57] V° NGANGO YOUMBI (E), « Les Normes non écrites dans la jurisprudence des juridictions constitutionnelles négro-africaines », *Revue du CAMES/SJP, RAMRes,* 2019, p. 285.

question faussement complexe se pose actuellement en Côte d'Ivoire[58] avec l'annonce faite par le Président Ouattara, qu'il briguera de par la nouvelle Constitution, un nouveau mandat. Elle s'est posée dans des pays tels le Burkina Faso (2005)[59] et le Sénégal (2012). Les juridictions constitutionnelles de ces différents États ont retenu une interprétation permissive. Le Conseil constitutionnel sénégalais est d'ailleurs allé très loin en formulant le principe non écrit de *« l'interdiction de l'application des révisions constitutionnelles au mandat en cours*[60] ». Les hauts juges ont toutefois été désavoués par des soulèvements populaires provoquant le départ des présidents B. Compaoré (2005) et A. Wade (2012). Sans disposer de talents divinatoires, il faut dire que cette discussion se reposera au Sénégal[61] et se posera au Tchad en 2021. La solution retenue par les juridictions constitutionnelles étrangères autorise à penser que le président Idriss Deby aura après la révision constitutionnelle de 2018 et au terme de son 5e mandat (2021) en cours, la possibilité d'effectuer (2) deux mandats de (6) six ans. Si une telle interprétation est retenue, elle permettrait au président, actuellement âgé de 66 ans, de se maintenir au pouvoir jusque 2033. Il aura alors 80 ans, âge somme toute honorable, où tout homme indulgent avec lui-même songe à se reposer.

– *Seconde opération :* il s'agit à travers l'inscription constitutionnelle de la limitation, de produire un effet performatif sur les consciences et exorciser le spectre du *« coup d'État civil ».* Elle ne peut en effet être comprise qu'en observant la récente actualité constitutionnelle africaine, qui montre que les élections mal gérées et les révisions opportunistes de la Constitution sont désormais des exercices de saltimbanque, hautement périlleux, car l'idée, l'initiative ou l'opération peuvent aboutir à un déchainement de la société civile, susceptible de renverser le régime en place (Sénégal, Burkina, Gambie, Mali), de le rendre impopulaire (Togo, Benin) ou tout simplement de cliver l'opinion publique (Gabon, Cameroun, RDC). De même, la prétention à rester indéfiniment au pouvoir peut entrainer une levée de boucliers à la moindre crise. C'est ce qu'a démontré le printemps arabe, emportant les présidents Mouammar Kadhafi de Lybie, Ben Ali de Tunisie, et puis récemment O. EL-BÉCHIR du Soudan, ou A. A. BOUTEFLIKA d'Algérie.

[58] V° Loi de révision n°2016-886 du 08 novembre 2016 portant Constitution de la République de Côte d'Ivoire, validée par la Décision du Conseil constitutionnel n°CI-2020-002/DCC/19-03/CC/SG du 19 mars 2020, v° aussi BLÉOU (M), « À Propos de la question de la limitation du nombre de mandats présidentiels en Côte d'Ivoire », *inédit*, du même auteur « Éligibilité du président Alassane Ouattara », www.financialafrik.com, consulté le 01 septembre 2020.

[59] V° Décision n°2005-007/CC/EPF du 14 octobre 2005 relative à la candidature de Monsieur Blaise Compaoré.

[60] *V° CC Sénégalais, Avis du 12 février 2016.*

[61] V° NGANGO YOUMBI (E), « Les Normes non écrites dans la jurisprudence des juridictions constitutionnelles négro-africaines », *op. cit.*, p. 285.

La révision constitutionnelle autant que la prétention à demeurer au pouvoir impliquent dès lors pour se faire accepter, une ingénierie politico-juridique, la maitrise du temps et de l'espace, c'est-à-dire de la météo politique, économique, sociale et culturelle, ainsi que des concessions faites au Peuple. Un Peuple qui nourrit l'espoir et qui a la conviction qu'un régime politique par la force des dispositions constitutionnelles, passerait le témoin à l'issue d'un terme rigoureusement fixé, serait moins enclin à se soulever, qu'un autre qui doit subir ses dirigeants sans espoir de changement.

Il résulte que c'est moins en respect des recommandations du *« forum national inclusif »,* que pour exorciser le spectre du *« coup d'État civil »* que le Pouvoir de Ndjamena est passé d'un mandat illimité à un mandat limité. En contrepartie de cette disposition limitative, la nature du régime politique tchadien a changé au profit du président de la République.

B/ Une modification inopportune du régime politique

La réforme constitutionnelle substitue à un régime semi-présidentiel à la française, institué en 1996[62], un *« régime présidentialiste »* officiellement décrit comme *« un régime présidentiel intégral »*. Les porteurs de la modification du 14 décembre 2020 prétendaient passer d'un « régime présidentiel » à un « régime parlementaire », du fait notamment de l'institution d'un Parlement bicaméral et du poste de Vice-Président de la République. Ce raisonnement est tout à fait erroné et traduit de la part de leurs auteurs, une certaine ignorance crasse, des critères de qualification des régimes politiques. La réforme de 2018 (en tenant compte des ajustements de 2020) institue à la vérité, une *« présidence impériale »* ou encore une « hyper présidence », en confiant des pouvoirs extraordinaires au président de la République, qui devient désormais le maitre sans partage de l'Exécutif (1). Là où l'on se serait attendu qu'elle consacrât des contrepoids tout aussi extraordinaires, c'est une irresponsabilité politique et pénale du président de la République qu'elle consacre (2). Ce qui fait du régime tchadien non pas un régime présidentiel, mais *« présidentialiste »,* ressemblant furieusement à celui issu de la Constitution de 1962.

1/ Un Président maitre sans partage du pouvoir exécutif

La réforme a supprimé le poste de Premier ministre et le poste de vice-président n'a finalement pas été institué[63]. Elle fait par conséquent du président de la République le maitre sans partage du pouvoir exécutif. Il est

---

[62] V° STAUDER (F.A), « Tchad : Une nouvelle République sans État de droit ? », *op. cit.*, p.4.

[63] Aux États-Unis le Vice-président a un rôle limité. Il préside le Sénat quoiqu'il soit de coutume qu'il se fasse remplacer par un sénateur. Il a vocation à succéder au Président de la République en cas de décès ou d'empêchement de celui-ci, et à terminer son mandat.

désormais et incontestablement le chef de l'État, le chef du gouvernement, le chef de l'Administration et de l'armée (articles 84[64] et 93). La loi constitutionnelle du 14 décembre 2020 institue certes le poste de Vice-président, cela ne change rien à l'imperium présidentiel, dans la mesure où le nouveau Vice-président n'est pas comme son homologue américain élu en même temps que le Président de la République, mais nommé par lui (article 106 et 108 nouveaux). Il ne dispose par ailleurs aucune prérogative constitutionnellement établie, mais agit sous délégations du Président de la République (article 109 nouveau).

Le Président de la République du Tchad conserve ses prérogatives traditionnelles de chef de l'État. À ce titre, il promulgue les lois (article 87), dispose du pouvoir référendaire (article 89), accrédite les ambassadeurs et rappelle les ambassadeurs et Envoyés extraordinaires auprès des États et des Organisations internationales (article 92) ; il dispose du droit de grâce (article 91), possède des pouvoirs exceptionnels en temps de crise (article 96). Il est le chef des forces armées[65] et préside à ce titre les Conseils et Comités supérieurs de Défense nationale (article 93). L'élévation du président en exercice à la dignité de *« Maréchal »* par décret du 03 juillet 2020 signé de lui-même sur proposition de son grand chancelier[66] et la cérémonie d'investiture lors du soixantenaire de l'indépendance du Tchad, le conforte dans sa stature de chef incontestable des forces armées. Il dispose du pouvoir de dissolution de l'Assemblée nationale[67] (article 95). Ce qui est curieux dans un régime prétendument présenté comme présidentiel. Il peut communiquer à l'Assemblée nationale par des messages (article 99), ce qui fait de lui un véritable *chief legislator* à l'image du président américain.

Il est chef du gouvernement en conséquence de la suppression du poste de Premier ministre[68]. Il nomme de façon discrétionnaire les membres du

---

[64] L'article 84 dispose clairement que *« Le Président de la République est le Chef de l'État, Chef du Gouvernement et de l'Administration. À ce titre, il détermine et conduit la politique de la Nation. Il exerce le pouvoir réglementaire ».*

[65] V° aussi l'article 131 sur l'envoi des troupes de l'Armée nationale tchadienne hors du territoire national.

[66] V° Décret n° 1417/PR/2020 du 03 juillet 2020, portant élévation du Général d'Armée Idriss Déby Itno à la dignité de Maréchal du Tchad. Ce Décret s'est accompagné pour la circonstance du Décret n° 1691/PR/2020 accordant la Grâce présidentielle à 538 personnes condamnées.

[67] Ce qui est une caractéristique en réalité du régime parlementaire, v° BURDEAU (G.), HAMON (F.) et TROPER (M.), *Droit constitutionnel,* LGDJ, 26e éd., 1999, p. 203.

[68] Ce titre était dévolu au Premier ministre (article 95) nommé par Décret du président de la République. Il présidait à ce titre le Conseil de Cabinet (article 100). Le poste de Premier ministre était prévu au Chapitre 2 de la Constitution. Il avait entre autres attributions de diriger, coordonner et animer l'action du gouvernement (article 98). Il

gouvernement à qui il peut déléguer certaines fonctions[69], et qui doivent prêter serment devant lui, suivant une formule confessionnelle[70] à la fois curieuse et controversée[71] (article 105). Ce qui marque une différence d'avec le régime américain où la nomination des secrétaires d'État et des hauts fonctionnaires de l'Administration fédérale, doit se faire avec l'aval du Sénat américain[72], et où il n'existe pas un tel serment d'allégeance. Le Sénat américain dispose ainsi d'un droit de veto sur certaines décisions prises par l'Exécutif.

Dans ce contexte, il faut s'interroger sur la portée du contreseing reconnu aux ministres tchadiens. On sait que le contreseing est un instrument traditionnel des régimes parlementaires[73] qui en droit constitutionnel a au moins deux fonctions : il peut être un contre-pouvoir reconnu à une autorité dans l'édiction d'un acte particulier[74] ; il peut aussi être considéré comme un engagement du contresignataire à exécuter l'acte contresigné et d'endosser la responsabilité éventuelle du chef de l'État, sans pouvoir faire valoir qu'il n'avait pas connaissance dudit acte[75]. C'est dans ce second sens qu'il faut

---

avait un rôle de supervision dans le rôle de sécurité publique et maintien de l'ordre reconnu au gouvernement en respect des libertés et droits de l'homme (article 99).

[69] L'article 85 dispose : *« Le Président de la République nomme les membres du Gouvernement. Il fixe leurs attributions et met fin à leurs fonctions. Les membres du Gouvernement sont responsables devant le Président de la République ».*

[70] Dans l'ancienne Constitution (2005), l'article 97 disposait que *« Le Premier ministre doit, dans un délai maximum de vingt et un (21) jours, présenter le Gouvernement à l'investiture de l'Assemblée nationale et obtenir de celle-ci un vote de confiance sur le programme politique de son gouvernement ».*

[71] V° sur l'institution de ce serment, les articles 55, 75, 105, 127 et 160 de la nouvelle Constitution. L'application de ces dispositions a suscité des incidents survenus à l'occasion de la cérémonie de prestation de serment du gouvernement le 10 mai 2018 suite au refus de deux femmes ministres de religion chrétienne (Me Madeleine Allingue et Me Djibergui Rosine Amane) de prononcer la formule du serment qui mentionnait exclusivement le nom « Allah » sans possibilité de le changer par le nom « Dieu ». La situation a été régularisée, v° BUCUMI (G.), « Quelques paradoxes contemporains de la laïcité de l'État au Tchad », Revue du droit des religions, 2019, numéro 8, pp. 155-173.

[72] Le Sénat américain intervient également pour ratifier les traités internationaux à la majorité des 2/3, c'est ce qui explique le refus de ratifier le traité de Versailles en 1919. Il n'est pas requis l'accord du Sénat pour leur révocation, v° BURDEAU (G.), HAMON (F.) et TROPER (M.), *Droit constitutionnel, op. cit.,* p. 246.

[73] V° Turpin (D.), *Droit constitutionnel,* Puf, Quadrige, 2003, p. 488

[74] Il prend cette signification particulière en période de cohabitation en France où il fonctionne comme un acte de « copropriétaires d'un trésor qui possède chacun la clé d'un coffre ne pouvant s'ouvrir qu'avec les deux en même temps », *idem*, p. 489.

[75] Cette interprétation semble conforme à l'article 102 de la Constitution de 2005 qui disposait : *« Les actes du Premier ministre sont contresignés, le cas échéant par les ministres chargés de leurs exécutions ».* Comme le souligne Y. GAUDEMET à propos de l'article 19 de la Constitution française, le contreseing du Premier ministre

comprendre cette formalité, qui est paradoxalement limitée aux actes de moindre importance[76] (article 100). Si l'on adoptait la première signification du contreseing dans le contexte étudié, l'on pourrait légitimement se demander quel contre-pouvoir pourrait constituer un ministre nommé par le président de la République, de qui l'étendue et la nature des compétences dépendent presque entièrement, et qui lui a clairement fait un serment d'allégeance ?

En tant que chef de l'Administration[77], le président dispose du pouvoir réglementaire autonome, du pouvoir réglementaire d'exécution[78], de la possibilité de légiférer par ordonnances (article 132). Il nomme en Conseil de ministres aux hautes fonctions civiles et militaires (article 98), y compris 24 des 43 Conseillers de la Cour suprême, parmi lesquels son président[79] (article 158), les membres de la Haute Autorité des Médias et de l'Audio-visuel, de la Commission nationale des Droits de l'Homme, du Haut Conseil des Collectivités autonomes et des Chefferies traditionnelles, ainsi que ceux du Conseil économique et social (article 100). Il nomme seul et en toute liberté aux autres fonctions civiles et militaires.

Ces pouvoirs propres et importants peuvent sembler tout à fait normaux dans la configuration d'un régime qui se veut présidentiel. Il faut toutefois reconnaitre à l'analyse que le président Idriss Déby Itno, devient avec la réforme de 2018, constitutionnellement plus puissant que le président des États-Unis, régime présidentiel de référence, d'autant plus qu'il est politiquement et pénalement irresponsable.

2/ Un Président politiquement et pénalement irresponsable

Il n'existe pas au Tchad à la différence des États-Unis un mécanisme comparable à *l'impeachment* (responsabilité pénale du président de la République et des hauts responsables). À la différence de la reine d'Angleterre qui ne peut selon la tradition britannique mal faire *(« The king can do no wrong »),* le président américain quoique politiquement irresponsable devant

---

et des ministres sur les actes du Président, opère un transfert de responsabilité à ceux-ci in « Le Président est tenu de signer », *Le Monde,* 18 avril 1986.

[76] En France la Constitution de 1958 (article 19) dispense certains pouvoirs présidentiels du contreseing pour assurer une plus grande autonomie du président de la République vis-à-vis du Premier ministre et du gouvernement, v° FAVOREU (L.), GAÏA (P) et al., *Droit constitutionnel*, Dalloz, 18e éd., 2016, p.704.

[77] L'article 98 de la Constitution de 2005 disposait alinéa 2 que le Premier ministre dispose de l'Administration ; (alinéa 3), il veille au bon fonctionnement des services publics.

[78] L'article 90 : *« Le Président de la République assure l'exécution des lois. Il garantit l'exécution des décisions de justice ».*

[79] Il préside par ailleurs le Conseil supérieur de la Magistrature qui lui propose des nominations et avancements des Magistrats (articles 151, 152, 153). En cas de discipline des Magistrats, le Conseil Supérieur de la Magistrature est présidé par le Président de la Cour suprême (article 154).

le Congrès, est pénalement responsable[80]. Par ailleurs les Commissions spéciales ou d'enquêtes capables de délivrer des *Contempts of Congrès* (amendes pour outrage au Congrès) en cas de refus de collaboration n'ont pas été prévues au Tchad[81]. Le seul bémol est l'hypothèse de la « haute trahison » qui peut mettre en jeu la responsabilité du Président de la République (article 84) ou celle du Vice-Président (article 110 nouveau). En dehors de cette hypothèse, son irresponsabilité est absolue.

De la même manière, la réforme supprime la responsabilité politique du gouvernement (motion de censure, question de confiance) en laissant subsister une responsabilité politique individuelle des ministres par le mécanisme de *l'interpellation* (article 109), qui à l'analyse est de faible portée juridique (il s'agit en réalité d'une dénonciation faite par le Parlement sous forme de résolution ou de recommandation au président de la République) au sujet d'un ministre *lamda.* Elle institue également une responsabilité pénale individuelle des ministres pour des crimes et délits à caractère économique et financier (article 108).

Au total, le président tchadien préside, gouverne et administre mais ne répond de rien. Il est politiquement et pénalement irresponsable à l'image d'un Monarque en régime parlementaire moniste. Les membres du gouvernement sont solidairement irresponsables (ce qui est normal dans le cadre du régime présidentiel), ils sont en revanche individuellement dans une double responsabilité : à l'égard du président (serment d'allégeance) et du Parlement (pouvoir d'interpellation) ; et pénalement responsables devant les juridictions de droit commun pour des crimes à caractère économique. On pourrait eu égard à cet état de fait, pour paraphraser *mutatis mutandis* Walter Bagehot au

[80] Il convient toutefois de circonscrire le périmètre de cette responsabilité. Le président peut être l'objet d'une enquête pénale pendant son mandat, mais une inculpation et un procès ne pourront avoir lieu qu'à la fin de son mandat. Pendant son mandat, il est passible de la procédure d'impeachment devant le Congrès dans des conditions prévues par la Constitution (quatre procès en impeachment d'un Président ont eu lieu dans l'histoire américaine. Aucun procès toutefois n'a donné lieu à révocation, le président Nixon ayant démissionné avant son procès ne s'ouvre). Le président américain est soumis aux demandes de production des documents *(subpoena duces tecum)* et aux injonctions à témoigner *(subpoena)* en tant que témoin dans un procès pénal. Dans la récente décision *Trump v. Vance* du 09 juillet 2020 la Cour suprême des États-Unis a étendu le champ des actions judiciaires dont le président des États-Unis est susceptible d'être l'objet, v° BUGE (E), « Le Président des États-Unis, un justiciable (extra) ordinaire, *http://blog.juspoliticum.com*, consulté le 01 septembre 2020. Il a en revanche une immunité absolue pour les actions civiles contre les décisions prises durant son mandat. Il ne peut par ailleurs faire l'objet des mesures de contrainte pénale.

[81] Pour un inventaire de ces moyens d'action du Congrès sur le président dans le régime présidentiel américain, v° FAVOREU (L), GAÏA (P) et al. *Droit constitutionnel*, *op. cit.*, pp. 431-437.

sujet l'irresponsabilité royale en régime britannique, affirmer que si le président de la République tchadienne tue un individu, c'est un ministre qui est responsable ; s'il tue un ministre, personne n'est responsable.

Il résulte de ce qui précède que l'impact économique de la réforme est de moindre ampleur que sa portée politique. Ce n'est point le droit constitutionnel qui a été mis au service de l'économie, mais l'économie et le droit constitutionnel qui se sont fait abuser par l'ingénierie politique. Elle fait du président de la République un *« Jupiter constitutionnel »* et lui assure de longs jours à la tête de l'État.

RETOUR SUR LES JUSTIFICATIONS RÉCENTES DES CHANGEMENTS ANTICONSTITUTIONNELS DE GOUVERNEMENT EN AFRIQUE NOIRE FRANCOPHONE

Boubacar Diamé

Docteur en droit, Avocat au Barreau de Paris
Enseignant-chercheur en droit public
à l'Université Sorbonne Paris - Nord

Je suis particulièrement heureux et honoré de participer à ce mélange d'honneur rendu à mon ancien professeur de droit constitutionnel, Monsieur El Hadj MBODJ. Son brillant parcours vaut que l'on s'y arrête, tant son itinéraire professionnel a nourri une réflexion où le droit constitutionnel a toujours occupé une place essentielle. Homme à multiples égards, à la fois ingénieux et bienveillant, tel est sans doute le reflet de sa personnalité. En tant que professeur de droit constitutionnel, il brillait par sa pédagogie et son aptitude à rendre accessible cette matière. Aussi, dans sa vie quotidienne, cet homme effacé et d'une extrême modestie, s'est toujours senti concerné par les questions de justice constitutionnelle.

Pour cela, il n'a jamais cessé de concilier le respect de la démocratie et la volonté du peuple. L'une des grandes originalités de ses écrits réside, en effet, dans son approche des rapports entre la Constitution et le peuple, dans le cadre d'une interrogation « constitutionnelle » sur la gestion du pouvoir politique[1]. Raison pour laquelle, dans sa thèse de doctorat, il s'est intéressé à l'analyse juridique et l'impact politique de la succession du chef d'État en droit constitutionnel africain[2]. En effet, ce tournant dans la pensée du Professeur El Hadj MBODJ, se trouve aujourd'hui au centre des débats portant sur les conditions d'une démocratie adaptée aux réalités contemporaines. Elle propose une théorie de l'équité et de l'éthique démocratique face aux attentes

[1] MBODJ (El Hadj), « La Constitution de transition et la résolution des conflits en Afrique. L'exemple de la République démocratique du Congo », 2010, Revue du droit public - n° 2 – p. 441.

[2] MBODJ (El Hadj), *la succession du chef d'État en droit constitutionnel africain, analyse juridique et impact politique*, thèse de doctorat de droit public, soutenue le 29 juin 1991, UCAD.

du peuple. C'est aussi pour lui, une manière de contribuer au dialogue scientifique sur le droit constitutionnel. Pour cela, il se veut pluriel. Fervent défenseur des droits de l'homme, de l'État de droit, de la paix, de la démocratie, et tout ce qu'il présente pour le Sénégal et pour l'Afrique, je lui réitère mon estime et ma profonde gratitude.

Au moment de choisir un sujet pour lui rendre hommage, plusieurs options se sont bousculées dans mon esprit. Ses multiples thématiques en matière de démocratie – droits de l'homme, ont emporté ma conviction d'écrire sur les rapports entre le peuple, l'armée et le pouvoir politique. Cette réflexion portera sur une étude sociojuridique des statuts du peuple et de l'armée dans le cadre des changements anticonstitutionnels de gouvernement en Afrique noire francophone. Considérés comme des changements non conformes à la Constitution[3], ces modes de changement peuvent survenir suite à une opération d'accession au pouvoir en dehors du cadre constitutionnel, ou bien d'un coup d'État « *en ce qu'ils permettent l'accession au pouvoir d'un groupe d'individus en méconnaissance des procédures existantes relatives à la désignation des détenteurs effectifs du pouvoir* »[4]. Ces formes d'interventions causées, ont pour but d'assujettir les autorités politiques à exprimer convenablement la volonté démocratique. Jugées irrégulières ou illégales, elles traduisent une certaine influence de la science politique sur le droit constitutionnel[5]. D'ailleurs, elles se manifestent principalement au travers des coups d'État soutenus par des mouvements populaires, tendant à renverser des pouvoirs politiques, en dehors de tout fondement constitutionnel[6]. De la sorte, l'action par laquelle, ces acteurs civils et militaires, interviennent afin d'évaluer les autorités politiques, conduit à s'interroger sur l'émergence de nouveaux « *contre-pouvoirs* »[7], à côté des contre-pouvoirs constitutionnels et qui limiteraient l'action du pouvoir politique[8].

Dans cette contribution, il est question de mettre en lumière les raisons et les enjeux de la conduite des changements de régimes en Afrique noire francophone, à l'initiative du peuple et des militaires, non investis d'une mission juridique. Leurs décisions ne faisant pas partie de la hiérarchie des

---

[3] CORNU (Gérard), *Vocabulaire juridique*, Paris, PUF, 11e éd., 2016, p. 535.

[4] D'ASPREMONT (Jean), « La licéité des coups d'État en droit international », *in* SFDI, *L'État de droit en droit international*, Colloque de Bruxelles, 2009, p. 123.

[5] AVRIL (Pierre), *Les conventions de la Constitution* ; PUF, coll. Léviathan, 1997, p. 13.

[6] CISSÉ (Balla), « Les changements anticonstitutionnels de régimes politiques dans l'histoire constitutionnelle du Mali : la porte ouverte à une IVème République ? », Revue de Droit de Paris 13, n° 1- juin 2018, p. 33.

[7] SOMA (Abdoulaye), « Le peuple comme contre-pouvoir en Afrique » ; R.D.P., 2014, n° 4-p. 1019.

[8] GAUDEMET (Jean), *Les institutions de l'antiquité*, éd., Montchrestien, Paris, 2000, p. 11.

normes, leurs statuts posent un problème au regard du droit constitutionnel. Par ailleurs, les discussions sur les transitions de gouvernement en Afrique noire francophone ont montré à quel point le droit est lié au pouvoir politique. À cet égard, l'approche de ce phénomène socio-politique n'est pas sans poser quelques difficultés quant aux justifications liées aux facteurs conduisant aux changements anticonstitutionnels de gouvernement (**I**) ainsi qu'aux limites institutionnelle et politique apportées à ces changements (**II**).

I. Les facteurs légitimant les changements anticonstitutionnels de gouvernement

L'alternance démocratique constitue par essence un renouvellement périodique des régimes politiques. Cette forme de transition se matérialise par la désignation des gouvernants par le peuple, dans un État de droit[9]. Cependant, les multiples modifications de Constitutions intervenues et prolongeant les mandats présidentiels dans certains pays africains, constituent des facteurs d'instabilité politique, résultant indirectement de l'initiative populaire (**A**) ou directement de l'intervention militaire (**B**).

A. La légitimation de l'action populaire justifiée au nom de la bonne gouvernance

La légitimité du pouvoir politique dépend de l'adhésion du peuple à la désignation de ses représentants, à l'issue d'élections démocratiques dans un État de droit[10]. Ceci s'explique par la recherche constante d'effectivité du droit attachée à la fonction politique, mais aussi à la capacité à définir des buts collectifs et de les réaliser[11]. À cet égard, les limites du pouvoir peuvent bien conduire à la révocation ou à la résistance au pouvoir politique[12]. Subséquemment, l'intervention primesautière du peuple pour exiger la reddition des comptes aux autorités politiques est un fait qui pénètre davantage le champ politique africain, notamment en Afrique noire francophone, où la confiscation du pouvoir politique, ravive l'engagement du peuple de contester[13] des élections ou des révisions constitutionnelles jugées anti-démocratiques[14]. Tout ceci tient à l'ineffectivité de la Constitution dans ces

---

[9] POUYAUD (Dominique) et a*lii*, *La limitation par le droit : le principe de légalité, Le droit administratif*, PUF, 2013, pp. 77-87.

[10] DURAN (Patrice), « Légitimité, droit et action publique », L'Année sociologique, vol. 59, n°2, 2009, p. 305.

[11] Jean Leca, 1997 ; Fritz Scharpf, 1997 ; Patrice Duran, 1999.

[12] HECKETSWEILER (Laurent), *La fonction du peuple dans l'empire romain*, éd., L'Harmattan, 2009, p. 18.

[13] GREWE (C.), « Les droits intangibles », Annuaire international de justice constitutionnelle, 2011, p. 437.

[14] ESAMBO KANGASHE (J.L.), « Les élections africaines en question... », in CONGO-AFRIQUE, n° 489, novembre 2014, pp. 771-773.

États, qui instrumentalise la règle de droit[15]. Devenant un frein à la démocratie, cette inapplication de la loi conduit le peuple ou l'armée à revendiquer son application de plusieurs manières[16].

D'une part, par la voie des contestations électorales. Elles sont la conséquence de l'organisation d'élections présidentielles antidémocratiques justifiées par l'insincérité du scrutin[17] et généralement validée par des Cours constitutionnelles.

Malgré la création des commissions électorales nationales indépendantes en vue d'assurer la régularité des opérations électorales, il est difficile pour les partis d'opposition de faire confiance à ces institutions. À cet égard, la rupture de la stabilité électorale conduit ceux-ci à recourir à la force pour conquérir et exercer le pouvoir[18]. Comme fut le cas en Côte d'Ivoire, avec la contestation des résultats issus des élections présentielles de 2010, par les partisans de Laurent Gbagbo[19]. Précédemment, ce scénario s'était produit en 2000, lorsque le Général Robert Gueï a voulu se maintenir au pouvoir, malgré sa défaite aux élections en dissolvant la CEI et en s'autoproclamant élu. Cette situation fâcheuse, a suscité la rébellion armée de 2002, puis la crise postélectorale de 2010-2011, conduisant à la fracture sociale meurtrière[20].

D'autre part, par d'autres formes de contestations qui ne sont pas dirigées contre la Constitution elle-même, mais contre les révisions constitutionnelles adoptées hors des formes prévues par la Constitution[21]. Cette situation renvoie à la question de la durée du mandat présidentiel et de sa limitation dans le

---

[15] KAMTO (Maurice), *Pouvoir et droit en Afrique noire*, éd., LGDJ, 1987, *op. cit.* p. 439-442.
[16] *Ibid.*, pp. 439-442.
[17] KOKOROKO (Dodzi), « Les élections disputées : réussites et échecs », Pouvoirs, vol. 129, n° 2, 2009, pp. 115-125.
[18] Le Togo en 2005, le Tchad en 2006 etc, en portent plus ou moins témoignage.
[19] BAYLE (Bernard), *Côte d'Ivoire 1993-2003 : autopsie d'une déchirure*, Montpellier, France : Université Paul-Valéry-Montpellier III, 2007, p. 47 ; BABO (A.), *L'étranger en Côte d'Ivoire : Crises et controverses autour d'une catégorie sociale,* Paris, L'Harmattan, 2013, 302. V. ZOUMANA (B.), *L'éligibilité du Président de la République dans le système constitutionnel ivoirien, Thèse pour le doctorat d'État en droit public*, Université Cheikh Anta DIOP de Dakar, 14 janvier 2009, pp. 196-204, pour une étude plus approfondie sur la question.
[20] ZINA (Ousmane), « « Le caillou a-t-il été retiré du soulier de la République ? », *in Réconciliation nationale et réformes constitutionnelles en Côte d'Ivoire », Afrique contemporaine,* vol. 263-264, no. 3-4, 2017, pp. 25-39.
[21] DIARRA (Abdoulaye), *Démocratie et droit constitutionnel dans les pays francophones d'Afrique noire* : le cas du Mali depuis 1960, éd., Karthala, 2010, p. 258.

temps[22], faisant l'objet d'un encadrement juridique par le constituant[23]. Toutefois, l'irrespect de la temporalité du pouvoir par certains gouvernants est à l'origine du soulèvement du peuple contre tout projet de prolongement inconstitutionnel de mandat. C'est le cas notamment au Burkina Faso en 2014, dont la revendication du peuple portait sur le départ du président Blaise Compaoré, en réponse à l'amendement constitutionnel par voie référendaire visant à l'autoriser à se représenter pour un cinquième mandat, après 27 ans au pouvoir[24]. Cette situation a prévalu en Côte d'Ivoire après l'élection d'Alassane Dramane Ouattara pour un troisième mandat, fortement contesté et jugé illégal par l'opposition et une partie du peuple. Il en est de même en Guinée avec le rejet de la victoire du président Alpha Condé par son adversaire Cellou Dalein Diallo de l'Union des Forces Démocratiques de la Guinée (UFDG).

Une telle situation est la conséquence du référendum constitutionnel très controversé du 22 mars 2020[25]. Aussi, une pareille situation s'est produite au Sénégal en 2012, avec l'érection spontanée du mouvement M 23, qui contribua au désistement du président Abdoulaye Wade de modifier la Constitution sénégalaise[26]. Sous le mandat du président Macky Sall, des séries de manifestations sont également organisées par l'opposition dans le but de l'inviter à renoncer à un troisième mandat. Au demeurant, le Mali présente une situation particulière, dans la mesure où le départ du président Ibrahim Boubacar Keïta était justifié par une incompétence politique à gérer les affaires publiques. Désavoué par le peuple malien, une intervention militaire sous l'autorité du Colonel Assimi Goita l'obligea à annoncer publiquement sa démission « assistée », depuis le 18 août 2020[27]. Ayant pris de l'ampleur en Afrique du nord à partir de 2011, sous le nom de Printemps arabe[28], ces

[22] LOADA (A.), « La limitation du nombre de mandats présidentiels en Afrique francophone », *in Afrilex,* p. 36 ; SENOU (J.I.), « Le nouvel avatar démocratique en Afrique : l'obsession du second mandat », RFDC, n° 107, 2016, pp. 633-652.

[23] FALL (Ibrahima), « La signification du constitutionnalisme en Afrique noire », *in Jean-Louis SEURIN, Le constitutionnalisme aujourd'hui (textes réunis et présentés par),* Paris, Economica, 1984, p. 230.

[24] SOMA (Abdoulaye), « Le peuple comme contre-pouvoir en Afrique » ; *in RDP*, 2014, n° 4 – *op.cit.,* p. 1019. V. LOADA (Augustin) et M. IBRIGA (Luc), *Droit constitutionnel et institutions politiques*, p. 320.

[25] BOUCHER (Alix), « La Guinée à la croisée des chemins », Éclairage, Centre d'études stratégiques de l'Afrique, 15 août 2019.

[26] https://m.ndarinfo.com/S-indigner-et-resister--La-Chronique-de-Die-Maty-Fall-_a1752.html

[27] CISSE (Balla), « Les scénarios possibles pour l'après législatives au Mali », *www.maliweb/net, 30 avril. 2020*

[28] TOUZEIL-DIVINA (Mathieu), « Printemps et révolutions arabes : un renouveau pour la séparation des pouvoirs ? », *in Pouvoirs* 4/2012 (n° 143), pp. 25-30. À partir de décembre 2011, des révolutions se sont succédées dans les pays arabes : la révolution tunisienne qui aboutit au renversement président Ben Ali ; la révolution

mouvements de contestation sont devenus une tradition populiste « légitimée », contre l'injustice et l'incompétence des autorités politiques en Afrique noire francophone. Dénommés désobéissance civile ou résistance passive, ils conduisent au renversement des régimes politiques démocratiquement élus. Cette action est justifiée par la recherche d'un impératif d'éthique publique favorisant l'établissement d'une Constitution transitionnelle qui, n'est pas censée marquer le passage d'un régime anti-démocratique à un régime démocratique[29]. C'est le cas au Mali, où la transition de 2020 n'a pas conduit à l'instauration d'un régime démocratique, alors que cette passerelle devait mener au rétablissement du jeu démocratique par l'organisation des élections transparentes, crédibles et acceptables par une grande majorité du peuple[30]. Cet état de fait montre que le peuple est devenu une catégorie politique, susceptible de participer au renversement des régimes politiques, soit par la révolution, soit par une opposition aux éventuels « *coups d'États constitutionnels* », ayant pour finalité de prolonger la durée du mandat présidentiel[31].

Revenant sur l'intervention populaire, celle-ci semble résulter des « *conventions* » établies par le peuple. De ce fait, déterminer la nature de ces conventions, c'est trier ce qui procède d'une situation de fait ou de droit constitutionnel, d'où l'existence d'un foisonnement – droit constitutionnel – science politique. En réalité, il s'agit de conventions non écrites, voire un droit conventionnel, qui résulterait du discours du peuple, par-delà le texte constitutionnel[32]. Comme la jurisprudence, ces pratiques populistes exerceraient une influence sur le droit constitutionnel[33]. Tout compte fait, en s'autonomisant pour des raisons sociologiques[34], le peuple confirme sa légitimité et

---

égyptienne qui renversa le président Hosni Moubarak en février 2011 et celle du président Morsi en juillet 2013 ; les manifestations de 2011-2014 en Algérie ; enfin la contestation au Maroc.

[29] ENHAILI (Aziz), « Constitution transitionnelle et réconciliation nationale », *in Confluences Méditerranée*, 2007/3 (N°62), p. 61 à 70.

[30] GUEYE (Babacar), « La démocratie en Afrique : succès et résistances », *Pouvoirs*, vol. 129, no. 2, 2009, p. 23.

[31] FAU-NOUGARET (Matthieu), « Manipulations constitutionnelles et coup d'État constitutionnel en Afrique francophone » – 30 nov. 2015 ; p. 2.

[32] BEAUD (Olivier), « Le droit constitutionnel par-delà le texte constitutionnel et la jurisprudence constitutionnelle », *Cahiers du Conseil constitutionnel* n° 6 – janvier 1999.

[33] TEBOUL (Gérard), *Usages et coutumes dans la jurisprudence administrative*, Thèse, Paris, LGDJ, 1989, p. 331 ; DEBELMAS (P), *Les pratiques administratives comme sources de droit*, Thèse, Toulouse, 1932, p. 200.

[34] TAMZINI (Wafa) *Recherches sur la doctrine de l'administration* ; éd., L'Harmattan, 2013, p. 13.

soumet au pouvoir politique en situation « *d'infra-droit* », aux conditions posées par le constituant[35].

Confronté à une telle problématique, le peuple tend à dénoncer la remise en cause du principe de l'État de droit[36]. À ce titre, il apparaît comme un véritable souverain dans un régime dit démocratique, pour valider une nouvelle Constitution ou pour s'opposer à sa violation[37]. Toutefois, cette forme d'intervention populaire a fait l'objet de controverses quant à sa nature et ses conséquences. Pour certains auteurs comme John Rawls[38], Carl Schmitt, le peuple a un droit naturel pour exercer sa souveraineté et peut prendre sa décision sur le fond d'un « *néant normatif* »[39]. Cela renvoie au populisme constitutionnel qui se traduit au plan constitutionnel par l'idée selon laquelle, le peuple est l'unique détenteur de la souveraineté[40]. Cette position a été défendue par le constitutionnaliste Abdoulaye Soma pour qui, le peuple peut être considéré comme un « *contre-pouvoir* », à côté des trois contre-pouvoirs constitutionnels, afin de limiter le pouvoir des autorités politiques[41]. Cela implique que la désobéissance civile est l'expression de la volonté générale dans un cadre manifestement inconstitutionnel[42], afin de préserver l'État de droit[43].

Néanmoins, d'autres auteurs comme Michel Troper, refusent de reconnaître un quelconque pouvoir au peuple. Pour sa part, si le peuple prend sa souveraineté de la Constitution, c'est parce qu'il n'a pas un fondement normatif pour prendre des décisions. Par conséquent, il ne peut pas exercer sa souveraineté hors des formes constitutionnelles[44]. On trouve écho de cette situation dans la désobéissance civile qui semble avoir ouvert l'intermède du

---

[35] LOCHAK (Danièle), « Le droit administratif, rempart contre l'arbitraire ? », Pouvoirs, n° 46, 1988, p. 45.
[36] AVRIL (Pierre), « *Les conventions de la Constitution* » ; PUF 1997, *op. cit.*, p. 92.
[37] PINON (Stéphane), « La participation populaire directe au pouvoir constituant. Regards sur le droit étranger », Revue interdisciplinaire d'études juridiques, vol. 78, n° 1, 2017, pp. 3-35 ; R. Carré De Malberg, « Les considérations théoriques sur la combinaison du référendum avec le parlementarisme », RDP, 1931, p. 228.
[38] RAWLS (John), Théorie de la justice, Paris : Seuil, 1987, p. 396.
[39] NGANDO SANDJÉ (Rodrigue), « De la Constitution internationale », Annales de droit, 11|2017, 159-203.
[40] GONIDEC (P.F.), Les systèmes politiques africains, éd., Kamara Laï, 1972, p.155.
[41] SOMA (Abdoulaye), « Le peuple comme contre-pouvoir en *Afrique »* ; RDP, 2014, n° 4 - *op.cit* ; p. 10.
[42] AGUILON (Claire), « la reconnaissance de la désobéissance civile en démocratie », jurisdoctoria n° 13, 2016 ; RAWLS (John), *Théorie de la justice*, *op.cit.* p. 422.
[43] ARENDT (Hanna), « La désobéissance civile », Du mensonge à la violence, Paris, Calmann-Lévy, p. 78-79.
[44] TROPER (Michel), et Lucien Jaume. « Le projet de Constitution européenne et la question du pouvoir constituant », *Cités*, vol. 13, no. 1, 2003, pp. 101-111.

désordre juridique[45] et ressemblerait plutôt à une forme d'association ou d'action politique normale[46]. Quoique dépourvue d'une reconnaissance générale[47], la désobéissance civile est parfois reconnue mais limitée par des clauses constitutionnelles[48] ou législatives qui en fixent les critères[49]. Puisqu'elle ne doit causer davantage de tort à la démocratie qu'elle ne la serve, le juge pourrait se servir de ces critères afin d'accepter ou refuser de lui accorder une valeur juridique, en raison de sa nature [50], voire sa requalification en délit de rébellion[51]. En tout état de cause, nous estimons que la légalisation de la désobéissance civile narguerait la démocratie en raison de son caractère improviste et parfois violente. Néanmoins, l'intervention du peuple demeure une sorte de démocratie participative assumée, acceptable dans un État de droit.

Quand bien même l'ontologie de la « doctrine populaire » tant recherchée, soit quasiment introuvable au regard du droit constitutionnel, celle-ci, par une subordination imparfaite, secrète son propre discours à côté des contre-pouvoirs constitutionnels[52]. Ainsi, au-delà des attentes de bonne gouvernance, elle cherche à contrôler les modalités démocratiques d'accession au pouvoir[53]. Cela suppose que le peuple soit une entité politique qui participe à la désignation des hommes politiques, qui garde la possibilité de les contester

---

[45] OUEDRAOGO, (Séni Mahamadou) et OUEDRAOGO (Djibrihina), « Libres propos sur la transition politique au Burkina Faso : Du contexte au texte de la Charte de la transition, *op.cit.* p. 28.

[46] OGIEN (A.), « La désobéissance civile peut-elle être un droit ? », Droit et société, vol. 91, n° 3, 2015, p. 592.

[47] GROSBON (Sophie), Droit de résistance à l'oppression. Le juge est-il gage d'efficacité ? École doctorale de
S. juridiques et politiques : « À la recherche de l'effectivité des droits de l'homme », CREDOF-Paris X, 2006.

[48] SOMA (Abdoulaye), « Le peuple comme contre-pouvoir en Afrique » ; R.D.P, 2014, n° 4-*op. cit* ; p. 4.

[49] Cons. Constitutionnel, n° 81-132 DC, 16 janvier 1982, Loi relative aux nationalisations, Rec, 18 ; FAVOREU (Louis) et L. Philip, Les grandes décisions du Conseil constitutionnel, 15e éd., 2009, Dalloz, n° 23, p. 357 s.

[50] AGUILON (Claire), « la reconnaissance de la désobéissance civile en démocratie », jurisdoctoria n° 13, 2016 ; *op.cit.* p. 32.

[51] OGIEN (Albert), « La désobéissance civile peut-elle être un droit ? », Droit et société, vol. 91, n° 3, 2015, pp. 579-585 ; SUPIOT (Alain), *L'Esprit de Philadelphie*, Paris : Seuil, 2010.

[52] TAMZINI (Wafa) *Recherches sur la doctrine de l'administration* ; éd., L'Harmattan, 2013, *op. cit.* p. 13.

[53] KAZADI MPIANA (Joseph), « L'union africaine face à la gestion des changements anticonstitutionnels de gouvernement », Revue québécoise de droit international, 2012/25-2/ *op. cit.*, p. 104.

lorsqu'ils ne sont pas à la hauteur de ses espérances[54] et recourt parfois à l'armée pour obtenir sa libération.

B- La discutabilité de l'action de l'armée au secours de la démocratie

La Constitution est la source par excellence d'accession au pouvoir dans un État adhérant au principe de l'État de droit[55]. Mais avant d'être ou de devenir une question juridique, elle doit être à l'origine, la réponse collective qui s'inscrit dans la volonté du peuple[56]. Une telle lecture socio-juridique abonde dans le sens de la démocratie, car elle suppose l'organisation d'élections libres, régulières et transparentes à intervalles réguliers[57]. Ce processus de démocratisation[58] est rappelé par le fameux discours de la Baule[59]. En effet, les transitions démocratiques connues en Afrique dans les années 90 et inaugurées par le Bénin, montrent que des élections pouvaient être désormais perdues[60]. Cet aspect est fort remarquable au Madagascar ou encore au Sénégal, où le président sortant Abdou Diouf avait déjà félicité son successeur Abdoulaye Wade, avant même la proclamation officielle des résultats. Aussi, l'annulation par la Cour suprême du Mali des élections législatives de 1997 et tant d'autres exemples attestent que l'Afrique noire était très fortement ancrée dans les arcanes de la démocratie[61]. Malgré les garanties prévues par la Constitution, la succession des hommes politiques[62], notamment les régimes politiques ne coïncide pas toujours avec des formes politiques démocratiques souhaitées[63]. Par exemple, dans des États comme le

---

[54] DANDOU (Wilfrid), *Un nouveau cadre constitutionnel pour le Congo-Brazzaville*, éd., L'Harmattan, 2006, p. 211 ; BADIOU (A.), RANCIÈRE (Jacques) alii, *Qu'est-ce qu'un peuple ?* éd., 2011, La fabrique, pp. 8 et 12.

[55] MBODJ (El Hadj), « La Constitution de transition et la résolution des conflits en Afrique. L'exemple de la République démocratique du Congo », 2010, Revue du droit public - n° 2 – *op. cit.*, p. 441.

[56] DANDOU (Wilfrid), *Un nouveau cadre constitutionnel pour le Congo-Brazzaville*, éd., L'Harmattan, 2006, *op. cit.*, p.97.

[57] DJEDJRO (F. Meledje), « Le contentieux électoral en Afrique », in POUVOIRS, 2009/2 n° 129, p. 139.

[58] AHADZI (K.), « Les nouvelles tendances du constitutionnalisme africain », AJP, juillet-décembre 2002, vol. 1, n° 2, pp. 35-86.

[59] Discours prononcé par François Mitterrand le 20 juin 1990 lors du 16e sommet France-Afrique.

[60] GUEYE (Babacar), « La démocratie en Afrique : succès et résistances », *Pouvoirs*, vol. 129, no. 2, 2009, *op. cit.*, pp. 14-15.

[61] DE GAUDUSSON (Jean du BOIS), Cahiers du Conseil constitutionnel n° 13 - Janvier 2003.

[62] MBODJ (El Hadj), *la succession du chef d'État en droit constitutionnel africain, analyse juridique et impact politique*, thèse de doctorat de droit public, soutenue le 29 juin 1991, UCAD, *op. cit.*, p. 21.

[63] Dans le Préambule de leurs Constitutions, les États africains affirment solennellement leur attachement aux valeurs prônées par ces déclarations.

Togo[64], le Burkina Faso[65], la Mauritanie[66], le Mali[67], la Gambie[68], la Côte d'Ivoire[69], le jeu démocratique a connu le revers de la médaille[70], entraînant des séries de coups d'État.

Ces formes d'interventions militaires, sont considérées comme une prise illégale du pouvoir remettant en cause le texte constitutionnel en vigueur[71]. Elles se produisent à l'initiative ou avec le concours du peuple[72]. Celles-ci s'affranchissent de la loi, en opérant des changements de gouvernants hors des procédures constitutionnelles instituées[73]. Ceci témoigne des séries d'invasions militaires perpétrées, dans le courant de l'histoire politique mondiale, notamment en Afrique[74]. En se fondant sur des considérations d'ordre socio-politique, nous remarquons que le coup d'État court-circuite le principe démocratique de désignation des hommes politiques[75]. Il est à la fois une réponse aux attentes légitimes du peuple et une sanction contre l'attitude antidémocratique des hommes politiques[76]. Sous cet angle, il bénéficie d'un acte d'autorité de fait accueilli positivement par une partie du peuple ou de la

---

[64] Au Togo en 1963, le général Gnassingbé Eyadema renversa le pouvoir de Sylvanus Olympio.

[65] Au Burkina Faso en octobre 1987 puis en 2015.

[66] En Mauritanie en 1978 puis en 1979 et en décembre 1984, en août 2005 (Mohamed Vall contre Ould Taya) et en août 2008 (Mohamed Ould Abdel Aziz contre Sidi Mohamed Ould Cheikh Abdallahi).

[67] Pour une première fois Mali le 19 novembre 1968, le militaire Moussa Traoré renversa le pouvoir Modibo Keïta – le deuxième coup d'État eut lieu le 26 mars 1991 (Amadou Toumani Touré renversa le pouvoir de Moussa Traoré) – le troisième coup d'État eut lieu le 21 mars 2012 (Amadou Haya Sanogo renversa le pouvoir d'Amadou Toumani Touré et le 18 août 2020 (Assimi Goita renversa le pouvoir de Ibrahim Boubacar Keïta).

[68] En juillet 1994, Yahya Jammeh renversa le pouvoir de Dawda Karaiba Jawara.

[69] En Côte d'Ivoire en 1999 (Robert Guéï contre Henri K. Bédié).

[70] BENCHENANE (Mustapha), *Les coups d'État en Afrique*, Paris, Publisud, 1983, p. 7 ; KPODAR (Adama), « Bilan sur un demi-siècle de constitutionnalisme en Afrique noire francophone, *op. cit.,* p. 12.

[71] HOBBES (Thomas), Le Léviathan, 1651, II, 19.

[72] KOKOROKO (Dodzi), « Révolution et droit international », Revue togolaise de sciences juridiques, janv.-juin 2012, n° 0002, p. 7.

[73] DUHAMEL (Olivier) et MENY (Yves), *Dictionnaire constitutionnel*, Paris, P.U.F., 1992, p. 240.

[74] LESCUYER (Georges), *histoire des idées politiques*, Paris, Dalloz, Droit public et sciences politiques, 14e éd., 2001, n° 13 ; MASSINA (Palouki), « Le coup d'État, entre déshonneur et bienveillance » – sept. 2016, *in afrilex*, p. 1.

[75] DANDOU (Wilfrid), *Un nouveau cadre constitutionnel pour le Congo-Brazzaville*, éd., L'Harmattan, 2006, *op. cit.* p. 103.

[76] PALOUKY (Massina), « Le coup d'État, entre déshonneur et bienveillance », sept. 2016, *op. cit.* p. 4.

communauté internationale[77]. De ce point de vue, le résultat escompté est la restitution du pouvoir au peuple souverain, dans la mesure où, tout coup d'État conduit soit à une transition civilo-politique, soit à une transition militaire de résolution des crises.

Toutefois, la doctrine publiciste est divisée à propos les intrusions militaires hors du champ constitutionnel. D'une part, les auteurs au secours des coups d'État, approuvent leur légitimité, tant qu'ils répondent aux aspirations démocratiques du peuple[78]. D'autre part, les adhérents aux valeurs de la Constitution, rejettent toute forme d'accession inconstitutionnelle au pouvoir[79]. Ceux-ci estiment que l'expression du peuple bien que légitime ou l'intervention incidente de l'armée, doit obligatoirement passée par le respect de la règle de droit[80]. En dehors de ces canaux juridiques, toute prise de pouvoir par l'usage de la force est anti-tant soit peu démocratique.

Il découle de cette opposition, que les déconstructions constitutionnelles ne seraient qu'une « *coupable bienveillance, parce que les circonstances dans lesquelles elles interviennent sont unanimement considérées comme funestes pour la démocratie* »[81]. D'ailleurs, des institutions supranationales comme la CEDEAO et l'Union africaine, condamnent les coups d'État, en tentant de faire respecter l'ordre constitutionnel et le jeu démocratique. En conséquence, elles interviennent incidemment, pour offrir davantage une médiation dans le cadre du règlement alternatif des différends entre les acteurs de la crise socio-politique dans un État[82]. Si ces missions diplomatiques préventives des organisations supranationales sont des outils permettant la gestion de la crise, il est aussi du devoir du juge constitutionnel de veiller au respect de la Constitution, notamment du nombre de mandats présidentiels. Face à son impotence, vis-à-vis des autorités politiques, l'intervention du peuple ou de l'armée peut devenir une alternative « gênante » pour rétablir l'ordre constitutionnel. En sortant souvent de sa tradition libérale qui consistait à protéger la Constitution et les droits et liberté des citoyens, il neutralise même sa fonction afin de servir les intérêts politiques des gouvernants. En conséquence, le juge constitutionnel devient de plus en plus un « acteur politique », voire « un auxiliaire » du

---

[77] Le cas de la Guinée Conakry de Lassana Konté et du Niger de Mamadou Tandja dont l'intervention militaire ayant renversée ces chefs d'États a été saluée par une partie de la communauté internationale et le peuple.

[78] RIVERO (Jean), « Consensus et légitimité », in Pouvoirs, n° 5, 1978, p. 58.

[79] BURDEAU (Georges), *Le statut du pouvoir dans l'État,* T-IV, LGDJ., 1983, p. 137.

[80] CARRE-DE-MALBERG (R.), *Contribution à la théorie générale de l'État*, Paris, 2003, Dalloz, pp. 65-67.

[81] PALOUKY (Massina), « Le coup d'État, entre déshonneur et bienveillance », sept. 2016, *op. cit.*, p. 7.

[82] KAZADI MPIANA (Joseph), « L'Union africaine face à la gestion des changements anticonstitutionnels de gouvernement, In : *Revue Québécoise de droit international*, volume 25-2, 2012. *op. cit.,* pp. 101-141.

pouvoir politique[83] qui fait subir une opération « *juridicale* » au fameux article relatif au nombre de mandats présidentiels. Tel est le soupçon qui pesait sur l'intégrité du Conseil constitutionnel sénégalais, par sa décision du 29 janvier 2012 sur le troisième mandat jugé inconstitutionnel du président Abdoulaye Wade, largement critiquée par le peuple et l'opposition[84]. Il en est de même pour la décision du Conseil constitutionnel burkinabè du 14 octobre 2005, concernant la révision de la clause limitative du mandat présidentiel[85], ou encore de la décision du Conseil constitutionnel ivoirien du 3 décembre 2010, proclamant la victoire de Laurent Gbagbo[86]. Il n'en demeure pas moins, la décision de la Cour constitutionnelle Burundaise du 4 mai 2015, qui valida la candidature de Pierre Nkurunziza selon une procédure irrégulière[87]. La légitimation d'une telle forfaiture assimilable à un grenouillage constitutionnel, remet en cause l'État de droit et l'indépendance des juges.

Autre part, cette défaillance est parfois soutenue en amont par la pratique constitutionnelle venant de certains professionnels du droit. Ceux-ci, ont l'art d'écrire des lois à l'abri de la censure par le juge constitutionnel et qui influenceraient sa décision[88]. D'ailleurs, le caractère indicatif de certaines dispositions constitutionnelles relatives au nombre de mandats présidentiels, laisse à présager l'intention des autorités politiques de prolonger leurs mandats[89]. Une autre limite est liée à l'absence de limitation de mandats présidentiels dans des Constitutions. Cela est remarquable au Tchad, où le Maréchal Idriss Deby, arrivé au pouvoir par la force militaire est élu président de 1991 à 2021 (six mandats). Pour se maintenir au pouvoir, il a supprimé la limitation de mandats en 2006 avant de la réintroduire en 2018 (deux mandats). Aussi, le règne de Paul Biya détenant depuis 40 ans (de 1982 à 2022) un pouvoir jugé autoritaire est en partie la conséquence de la suppression de la limitation du

---

83 LOCHAK (Danièle), Le conseil d'État en politique, Pouvoirs 2007/4, n° 123, *op. cit.* 19.

84 NDIAYE (Isaac-Yankhoba), « Le Conseil constitutionnel du Sénégal », *Nouveaux cahiers du Conseil constitutionnel*, n° 45 – Octobre 2014.

85 LOADA (A.) (sous la dir.), « Avis et décisions commentés de la justice constitutionnelle burkinabè 1960 à 2007 », Centre pour la Gouvernance Démocratique (CGD), Ouagadougou, 2009, pp. 76-87.

86 FAU-NOUGARET (Matthieu), « Manipulations constitutionnelles et coup d'État constitutionnel en Afrique francophone » - 30 nov. 2015, *Afrilex,* p. 4 ; Lire - WODIÉ (Francis), « Le Conseil constitutionnel de Côte d'Ivoire », *Nouveaux cahiers du Conseil constitutionnel*, n° 40 – Juin 2013.

87 *Ibid., op. cit.*, p. 6.

88 HOUNAKE (K.), *Les juridictions constitutionnelles dans les démocraties émergentes de l'Afrique noire francophone : Les cas du Bénin, du Gabon, du Niger, du Sénégal et du Togo*, Thèse de doctorat en droit public, Université de Lomé, soutenue le 6 avril 2012, p. 625.

89 FAU-NOUGARET (Matthieu), « Manipulations constitutionnelles et coup d'État constitutionnel en Afrique francophone » - 30 nov. 2015, *op. cit.* p. 3.

nombre de mandats présidentiels dans la Constitution camerounaise depuis 2008, au même titre que la Guinée Conakry lors de la révision constitutionnelle de novembre 2001, la Tunisie en mai 2002, le Togo en décembre 2002, le Gabon en juillet 2003, la Mauritanie en 2005, le Tchad en 2005 et le Niger en 2009[90]. Tout compte fait, dans le dessein de rétablir la démocratie, les autorités politiques doivent renforcer l'indépendance des contre-pouvoirs constitutionnels, organiser des élections libres, régulières et démocratiques[91] et appliquer la clause limitative de mandats[92]. Toutefois, cette limitation paraît incongrue en Afrique, où il est de jurisprudence que les hommes politiques n'organisent pas des élections pour les perdre. En tout état de cause, le respect de la Constitution est une condition pour le pouvoir politique de bénéficier de l'obéissance du peuple et de l'armée, des antidotes qui guérissent le mal démocratique car, à tout vouloir constituer dans des formes autres que le droit, c'est la machine constitutionnelle que l'on risque fort de gripper[93].

II. Le rejet des changements anticonstitutionnels de gouvernement

Les interventions populaires ou militaires, conduisent souvent à une déconstruction de l'ordre juridique et politique. Ce changement de l'ordre juridique constitue une remise en cause du droit constitutionnel classique. Une telle situation commande aux instances supranationales de recourir à différentes solutions indispensables au maintien de la paix en période de crise (**A**) ou l'établissement de conventions politiques de sortie de crise (**B**).

A- L'action des instances supranationales dans la résolution des crises politiques

L'intervention inconstitutionnelle de l'armée, dans le dessein de rétablir l'ordre juridique, aboutit à des résultats différents. Si d'aucuns ont pour but de restaurer l'ordre constitutionnel et de céder le pouvoir aux civils, d'autres

---

[90] TCHOUPIE (André), « La suppression de la limitation du nombre de mandats présidentiels au Cameroun : analyse de la bifurcation de la trajectoire d'une politique institutionnelle », Revue africaine des relations internationales, Vol. 12, Nos. 1 & 2, 2009, p. 8.

[91] VIGNON (Y.), « Le coup d'État en Afrique noire francophone », pp. 617-620 ; BENGHEMANE (M.), *Les coups d'État en Afrique*, Paris Publisud, 1983 ; MARTIN (L.-M.), *Le soldat africain et le politique : essai sur le militarisme et l'État prétorien au sud du Sahara,* Toulouse, Presses de l'IEP, 1990 ; ABOUDOU-SALAMI (M.S.), « Démocratie et coup d'État en Afrique », Revue Nigérienne de Droit, n° 5, 2003, pp. 9-55.

[92] DANDOU (Wilfrid), *Un nouveau cadre constitutionnel pour le Congo-Brazzaville*, éd., L'Harmattan, 2006, *op. cit.* p. 212.

[93] HENNETTE-VAUCHEZ (S.), « Conclusion », La Convention européenne des droits de l'homme vue d'ailleurs ; acteurs du « dedans » et du « dehors » dans la promotion d'une norme de référence, Rapport de recherche pour la mission droit et justice, dact., 2010, p. 216.

l'exercent au détriment du peuple. Cette forme de gestion du pouvoir est en contradiction avec l'article 2 du protocole A/SP1/12/01 de la CEDEAO, qui prévoit que : « l'armée est apolitique et soumise à l'autorité politique régulièrement établie ; tout militaire en activité ne peut prétendre à un mandat politique électif »[94]. Une telle pratique conduit à s'interroger, par exemple, sur la légitimité de la transition malienne, initiée par le Comité National pour le Salut du Peuple (CNSP) dirigé par le colonel Assimi Goïta, au lendemain du coup d'État du 18 août 2020[95]. Bien que ce putsch reposât sur une revendication légitime du M5-RFP, l'acte fondamental ayant servi à l'institution d'un gouvernement provisoire, à l'absence du peuple malien avant l'adoption de la charte définitive de transition est anti-démocratique. En conséquence, cette confiscation de la volonté populaire peut déboucher sur un régime militaire constitutionnalisé[96]. Par ailleurs, plusieurs organisations africaines interviennent dans les conflits politiques. De l'Organisation de l'Unité Africaine (OUA)[97], de l'Union Africaine (UA), de la Communauté Économique des États de l'Afrique de l'Ouest (CEDEAO) et de l'Organisation Internationale de la Francophonie (OIF)[98], il a toujours été question de mettre en place des standards « *constitutionnels* » applicables aux conditions de dévolution démocratique du pouvoir.

Ces instruments supranationaux, par l'effet des traités ou déclarations, ont réussi à instituer un droit « *régional* », applicable aux pays signataires. Parlant de l'Union Africaine, elle a pour but de « promouvoir la paix, la sécurité et la stabilité du continent africain »[99]. Au travers de sa mission, elle promeut la « *résolution pacifique des conflits entre les membres de l'organisation* »[100]. Depuis l'adoption de son acte constitutif en juillet 2000, ladite organisation

---

[94] Article 2 du protocole A/SP1/12/01 sur la démocratie et la bonne gouvernance additionnel du protocole relatif au mécanisme de prévention, de gestion, de règlement des conflits, de maintien de la paix et de la sécurité.

[95] CISSE (Balla), « Les scénarios possibles pour l'après législatives au Mali », *www.maliweb/net, 30 avril. 2020, op. cit.*

[96] CISSE (Balla), « Le Comité national pour le Salut du Peuple respecte-t-il la Constitution ? », http:// www. rpmedias.com, 3 septembre 2020.

[97] L'Organisation de l'Unité Africaine (OUA) est une organisation interétatique, ayant précédé l'Union africaine (UA). Elle a été créée et présidée par l'empereur Hailé Sélassié Ier le 25 mai 1963 et dissoute en 2002.

[98] L'OIF est une organisation, créée en 1970, regroupant plus de 88 États ou gouvernements en 2020. Elle a pour mission de promouvoir la langue française et la diversité culturelle et linguistique, de promouvoir la paix, la démocratie et les droits de l'homme, d'appuyer l'éducation et la recherche et de développer la coopération.

[99] Lire article 3(f) de l'Acte constitutif.

[100] Lire article 4(e) de l'Acte constitutif.

abhorre tout changement inconstitutionnel de gouvernement[101]. Pour ce faire, en son sein, le Conseil de Paix et de Sécurité (CPS) est chargé de prévenir et gérer les différents conflits politiques dans certains États de l'Afrique de l'Ouest. En ce sens, elle dispose d'un cadre juridique pour instaurer des mécanismes de sanctions appropriées[102].

D'ailleurs, son action se résume à des condamnations d'ordre économique, diplomatique ou politique, moins contraignantes qui fragilisent le protocole de la CEDEAO. Ainsi, sur le fondement des articles 4, paragraphe (p) et 30 de son Acte constitutif, l'Union Africaine a suspendu de ses activités et réintégrés sous conditions, plusieurs États de l'Afrique de l'Ouest, dont les dirigeants ont eu à accéder au pouvoir par des moyens anticonstitutionnels. C'est le cas pour le Togo, la Mauritanie suspendue en 2005, puis en 2008, suite à un coup d'État militaire, le Burkina Faso suite au renversement du pouvoir de l'ancien président burkinabè Blaise Compaoré en 2015, de la Côte d'Ivoire en raison de la crise ivoirienne à partir de 2010, qui contribua au départ de l'ancien président Laurent Gbagbo, de la guinée en 2008, de l'Égypte suite au coup d'État militaire de 2013, du Mali suspendu en 2012 et menacé d'embargo au lendemain du coup d'État du 18 août 2020. Au même titre que l'UA, la CEDEAO en tant qu'organe institutionnel régional, est aussi chargée de la gestion et du règlement des crises socio-politiques au sein des États-membres. Elle intervient de plus en plus dans les conflits opposant le peuple et/ou l'armée avec le pouvoir politique, pour protéger les gouvernements démocratiquement élus[103].

Son action implique que le peuple ne saurait légitimer de tels changements, dans la mesure où il ne peut assumer une autorité qu'elle ne détient pas[104]. Aussi, l'article 2 du protocole A/SP1/12/01 précité, énonce des principes constitutionnels communs à tous les États membres de la CEDEAO à savoir, l'accession au pouvoir par des élections libres et transparentes. Par

[101] KAZADI MPIANA (Joseph), « L'union africaine face à la gestion des changements anticonstitutionnels de gouvernement », Revue québécoise de droit international, 2012/25-2/*op. cit.* pp. 101-102.

[102] L'article 23 (2) de l'Acte constitutif se lit comme suit : « En outre, tout État membre qui ne se conformerait pas aux décisions et politiques de l'Union peut être frappé de sanctions notamment en matière de liens avec les autres États membres dans le domaine des transports et communications, et de tout autre mesure déterminée par la Conférence dans les domaines politique et économique ». *Acte constitutif (art. 23 (2) ;* KAZADI MPIANA (Joseph), « L'union africaine face à la gestion des changements anticonstitutionnels de gouvernement », Revue québécoise de droit international, 2012/25-2/*op. cit.* p. 121.

[103] FALL (I. M.) et SALL (A.), « Une Constitution régionale pour l'espace CEDEAO : le protocole sur la démocratie et la bonne gouvernance de la CEDEAO », disponible sur www.la-constitution-en-afrique.org, p. 4. Consulté le 25-12-2020.

[104] BEN ACHOUR (Rafia), « changements anticonstitutionnels de gouvernement et droit international », RCADI, Vol. 379, 2016.

conséquent, dans le cadre de sa mission, elle déploie des interventions militaires dans plusieurs États membres menacés par l'usage de la force, afin d'y rétablir la paix et la sécurité nationale. Comme fut le cas en Guinée en 2009, en Côte d'Ivoire en 2010, au Mali en 2012 avec la renonciation imposée par la CEDEAO au colonel Amadou Haya Sanogo de laisser le pouvoir à Dioncounda Traoré[105], en Gambie avec le président Yaya Jammeh, qui avait opposé un refus catégorique de quitter le pouvoir après sa défaite. Il a fallu que la CEDEAO mobilise un impressionnant arsenal militaire pour qu'il accepte finalement de céder le pouvoir à l'actuel président de la Gambie, Adama Barrow.

Cet encadrement juridique est la conséquence du rejet de tout changement anticonstitutionnel de gouvernement ou de maintien au pouvoir[106]. Par exemple, pour prévenir les changements anticonstitutionnels de gouvernement, la Conférence de l'Union africaine, lors de sa 14e session ordinaire tenue du 31 janvier au 02 février 2010 à Addis-Abeba, a souligné la nécessité pour les États membres de se conformer à l'État de droit et de respecter leurs Constitutions lorsqu'ils introduisent des réformes constitutionnelles[107]. À cet effet, l'Union tente de mettre en place un système démocratique dans un État de droit, sachant que c'est le seul moyen de prévenir les changements informels. Malgré cela, la marge de manœuvre du Conseil de Paix et de Sécurité (CPS) de l'Union, dans le cadre de la résolution des conflits est très limitée, car les sanctions prononcées ne produisent pas toujours les effets escomptés.

Cela est souvent dû à une insuffisance de ressources humaines, matérielles et financières, permettant d'assurer les opérations de maintien de la paix dans des États en crise. En tout état de cause, la responsabilité incombe aux États

---

[105] CISSÉ (Balla), « Les changements anticonstitutionnels de régimes politiques dans l'histoire constitutionnelle du Mali : la porte ouverte à une IVe République ? Revue de Droit de Paris 13, n° 1- juin 2018, *op.cit.* p. 33 ; KRIDIS (Nouara), « La CEDEAO et les changements anticonstitutionnels », in Rafâa Ben Achour, Les changements anticonstitutionnels de gouvernement : Approches de droit constitutionnel et de droit international, PUAM, 2014, *op. cit.* p.54 - Voir en ce sens les analyses avancées par : MPIANA (Joseph Kazadi) « L'Union africaine face à la gestion des changements anticonstitutionnels, Revue québécoise de droit international, 2012, *op. cit.* pp. 101-141 ; GANDOU (Zakara), « L'autopsie d'un changement anticonstitutionnel de régime : naissance de la 6ème République au Niger », Revue de droit, de science politique, d'économie et de gestion de la Faculté de droit de l'Université Abdou MOUMOUNI, n° 00 août 2011, p 48 ; TRIMUA (Christian), « L'intervention démocratique en Afrique », Revue togolaise des sciences Juridiques (RTSJ), n° 5, janv. - déc. 2013, p. 88.

[106] Article 2 du protocole A/SP1/12/01 sur la démocratie et la bonne gouvernance additionnel du protocole relatif au mécanisme de prévention, de gestion, de règlement des conflits, de maintien de la paix et de la sécurité.

[107] KAZADI MPIANA (Joseph), « L'union africaine face à la gestion des changements anticonstitutionnels de gouvernement », Revue québécoise de droit international, 2012/25-2/, *op. cit.* p. 109.

concernés de respecter la loi. De cette manière, pour que l'autorité légale soit restaurée, il faut que sa légitimité ne soit pas contestée[108]. Autrement dit, il faut juridiquement canaliser les changements ou transitions de pouvoir politique, en vue de consolider l'État de droit. C'est l'unique moyen de conciliation entre le pouvoir politique avec le peuple souverain – et l'armée. Quant aux institutions supranationales – juges constitutionnels, ils doivent toujours veiller au respect des lois et des droits fondamentaux afin de promouvoir la démocratie[109].

B- La neutralisation des coups d'État par les accords politiques

Fondamentalement, en Afrique noire francophone, l'expression « accords politiques » a pris naissance depuis les accords de Marcoussis, à l'issue de la crise constitutionnelle qu'avait connue la Côte d'Ivoire[110]. Ces accords issus de négociations entre acteurs politiques impliqués dans la résolution d'un conflit en vue de rétablir l'ordre constitutionnel dans un État, revêtent un caractère purement politique. Cela conduit à la mise en place d'un gouvernement de transition provisoire qui serait chargé d'organiser de nouvelles élections libres et transparentes pour légitimer la transmission du pouvoir[111]. Cette transition menant à l'exercice de la fonction constituante, est une nécessité politique qui contribue à la stabilité constitutionnelle et sociale d'un État aussi bien qu'à la consolidation de l'État de droit. Sans doute, dans ces États potentiellement menacés par les coups d'État, seul le dialogue inclusif permet de réussir une telle transition. C'est une issue favorable pour l'adoption d'une nouvelle Constitution adaptée à la situation socio-politique du pays ou pour la composition d'un gouvernement provisoire de sortie de crise qu'on pourrait appeler *« Conseil d'État transitionnel »*[112].

Ces nouvelles Constitutions sur mesure ont pour but de conférer une légitimité aux titulaires des pouvoirs politiques dans le cadre d'une transition[113]. Toutefois, la conclusion par l'organisation africaine d'accords politiques pour

---

108 OUMBA (Parfait), « L'effectivité du rôle du Conseil de Paix et de Sécurité de l'Union Africaine dans la résolution des conflits », in *Revue africaine d'études politiques et stratégiques*, 2014, pp. 139-176.

109 KPODAR (Adama), « Bilan sur un demi-siècle de constitutionnalisme en Afrique noire francophone, Revue électronique Afrilex, janvier ; *op. cit.* p. 33.

110 DU BOIS DE GAUDUSSON (Jean) « L'accord de Marcoussis, entre droit et politique », Afrique contemporaine 2003/2, n° 206, p. 41 à 55.

111 GUEYE (Babacar) et TINE (Martin Pascal), « La légitimité et la légitimation de la transition constitutionnelle par les élections en Afrique », *in Xavier PHILIPPE, Natasa DANELCIUC-COLODROVOSCHI (sous dir.), Transitions constitutionnelles et constitutions transitionnelles, Institut Universitaire Varenne, Collection transition et justice,* 2014, p. 197.

112 CISSÉ (Balla), « Mali : un Conseil d'État transitionnel comme solution de sortie de crises », *www.maliweb, publié le 22 juillet 2019*- consulté le 20 novembre 2020.

113 DANDOU (Wilfrid), *Un nouveau cadre constitutionnel pour le Congo-Brazzaville*, éd., L'Harmattan, 2006, *op. cit.* p.103.

la résolution des crises tend à la relativisation de la force contraignante des sanctions juridiques. En effet, le recours à ces méthodes n'a en soi rien de problématique. Ce qui interpelle, c'est le recours aux accords politiques, lorsque son droit interne est violé alors que les dispositions de ses textes en la matière prévoient la possibilité d'édicter des sanctions précises. Cependant, l'Union Africaine a eu recours à des accords politiques pour trouver une solution probablement plus facile aux conflits – notamment au Madagascar en 2001, en République centrafricaine en 2003, en Guinée-Bissau en 2003, en Mauritanie en 2008, etc. Si ces accords conduisent à la résolution des conflits, ils peuvent aussi avoir pour conséquence de légitimer des acteurs politiques contestables, tels ceux qui accèdent au pouvoir par des moyens anticonstitutionnels[114]. Dans de telles situations, le droit de l'Union se trouve altéré dans sa nature et ses effets, l'ordre politique prenant le pas sur l'ordre continental[115]. Il est donc souhaitable que l'Union Africaine réopère un équilibre entre cette pratique et le respect de son droit interne[116]. En plus de ce qui précède, pour déterminer le régime des « *pactes politiques* »[117], il va falloir distinguer la réalité juridique avec la réalité politique, d'où la nécessité de s'interroger sur leur validité au regard des Constitutions écrites[118]. En effet, ces normes non écrites qui s'intègrent de manière informelle dans la panoplie des conventions légales, ressembleraient à des conventions du droit politique[119], ou simplement au droit constitutionnel non écrit. À bien des égards, toute

---

[114] Cf. la situation en RCA en 2003.

[115] TABALA (Faustin), *Le statut des sanctions contre les changements anticonstitutionnels de gouvernement dans les textes et la pratique de l'Union africaine : contribution à l'étude de la production des normes par les organisations internationale*, thèse de doctorat université de Gand, Belgique, 2013, p. 349.

[116] DU BOIS DE GAUDUSSON (Jean), « L'Accord de Marcoussis, entre droit et politique », *Afrique contemporaine*, n° 206, 2003/2, p. 47.

[117] L'interprétation de ces normes a suscité une controverse doctrinale remarquable. En ce sens, lire WACHSMANN (Patrick), « Commentaire relatif au livre de Pierre Avril, les conventions de la Constitution », Cahiers du Conseil constitutionnel n° 4, 1998 ; PIMENTEL (Carlos-Miguel), « Les conventions de la Constitution, ou le conflit surmonté », *Le droit politique, jus politicum,* n° 1, décembre 2008.

[118] CAPITANT (René), *La coutume constitutionnelle* (1929) rééd. RDP, 1979, p. 962.

[119] ROSSETO (Jean), *Recherche sur la notion de Constitution et l'évolution des régimes constitutionnels*, thèse Poitiers, 1982.

charte transitionnelle serait considérée comme une para-constitution au-delà des accords politiques[120], à savoir une « *Constitution sans le peuple* »[121].

Ayant pour finalité de rétablir l'ordre constitutionnel, ces accords politiques[122] ou conventions politiques[123] ou compromis constitutionnels[124] priment sur la Constitution. À ce niveau, ils constituent l'expression du politique sur le droit, qui favorise la subordination de la Constitution aux accords politiques, voire sa neutralisation du fait de son incapacité à prévenir et à résoudre les crises politiques[125]. Comme fut le cas au Burkina Faso, où l'adoption de la charte transitionnelle du 13 novembre 2014 a fini par remplacer la Constitution[126], en République centrafricaine en 2013[127], au Niger en 2010[128] etc. Ces exemples illustrent à quel point ces chartes constitutionnelles de transition dénommées « petites constitutions »[129] fragilisent la Constitution[130]. Face à la remise en cause de la suprématie de la Constitution ou de sa suspension, il appartient au juge constitutionnel de contrôler la compatibilité de ces accords politiques avec la celle-ci[131]. Cela a d'ailleurs suscité de nombreuses saisines

---

[120] OUEDRAOGO (Séni Mahamadou) et OUEDRAOGO (Djibrihina), « Libres propos sur la transition politique au Burkina Faso : Du contexte au texte de la Charte de la transition », *in Afrilex,* p. 11. V. Luc SINDJOUN, « Les pratiques sociales dans les régimes politiques africaines en voie de démocratisation : hypothèses théoriques et empiriques sur la paraconstitution », *Revue canadienne de science politique*, juin 2007, n° 40 : 2, p. 467.

[121] MBODJ (El Hadj), « La Constitution de transition et la résolution des conflits en Afrique. L'exemple de la République démocratique du Congo », *op. cit,* p. 441.

[122] DIOP (E.H.O), « L'instrumentalisation de la Constitution dans les régimes politiques africains, 2017, Dakar, CREDILA – Ovipa, p. 279.

[123] AVRIL (Pierre), *Les conventions de la Constitution,* 1997, PUF, Léviathan, 202. p.

[124] ENGOUTON (J.-L), « Le compromis constitutionnel dans les États d'Afrique noire francophone », RFD const. 2007/3. pp. 513-534.

[125] CISSÉ (Balla), « L'ineffectivité de la Constitution au regard des accords politiques dans les pays d'Afrique noire francophone », RDP nov. 2020, n° 6, p. 1639.

[126] TUEKAM-TATCHUM (C.), « La normativité des actes de suspension de la Constitution dans les États d'Afrique francophone : les cas de la Tunisie, du Burkina Faso, de la Côte d'Ivoire, et de la République centrafricaine », RDP mars 2008, p. 574.

[127] V. Charte constitutionnelle du 18 juillet 2013.

[128] NAREY (Oumarou), « La suprématie de la Constitution en période de crise (Niger) », p. 147.

[129] CARTIER (E.), « Les petites constitutions : Contribution à l'analyse du droit constitutionnel transitoire », RFDC, 71, 2007.

[130] ASSIENE-NGON (P.H.), « Les actes pré-constituants, stabilité politique et institutionnelle dans les États d'Afrique noire francophone en crises ou post-crises institutionnelles », *communication au colloque international de Bamako de mars 2019, « La Constitution entre éternité et réalisme », article non publié.*

[131] ATANGANA–AMOUGOU (J.-L.), « Rigidité et instabilité constitutionnelles dans le nouveau constitutionnalisme africain », Afrique juridique et politique juill.-déc. 2006. vol. 2. n° 2. p. 42 à 87.

du Conseil constitutionnel. Nous pouvons d'ailleurs citer la position ambiguë de la Cour constitutionnelle du Mali, dans sa décision du 5 mai 2016 à propos de la conformité entre les accords d'Alger au regard de la Constitution, qui attribue implicitement à ces accords une légalité constitutionnelle[132]. Dans un autre sens, la Cour constitutionnelle malgache a eu à affirmer la suprématie de la Constitution sur les accords de transition[133]. Dans le même sillage, dans son arrêt du 4 mai 2015[134], la Cour constitutionnelle du Burundi reconnut la validité des accords d'Arusha au regard de la Constitution[135].

Toutefois, malgré le caractère fondamental des accords politiques en matière de crise, la recherche d'un régime juridique applicable à ces conventions pose d'épineuses questions pour le juge constitutionnel, gardien de la Constitution. Une telle possibilité reste contestable, car la reconnaissance de ces accords menacerait la démocratie[136] et rendrait ineffective la Constitution[137]. Cela renvoie à la grille de lecture proposée par Michel Troper sur la suprématie de la règle juridique. Selon lui, toutes les règles qui lui sont contraires sont nulles et que le juge doit les sanctionner[138]. Dans le même ordre d'idées, les pages offertes révèlent simplement l'influence considérable de la réalité politique sur la réalité constitutionnelle[139], avec la violation des principes démocratiques consacrés par des textes constitutionnels[140].

Face à la déception de « l'existence d'un droit constitutionnel terrassé, du fait qu'il a manqué l'objectif qu'il s'était assigné »[141], la Constitution assure une fonction juridique afin d'orienter l'action du pouvoir exécutif. Le résultat est la construction d'une République qui désigne un mode de gouvernement par lequel le pouvoir est exercé par des hommes politiques démocratiquement

---

[132] C. const. Mali, 5 mai 2016, n° 2016-05/CC.

[133] Haute cour constitutionnelle de Madagascar, décision n° 04-HCC/D3 du 17 juillet 2013 concernant la loi n° 2013-004 régissant la vacance de la présidence de la Transition, p. 1.

[134] Cour constitutionnelle de Burundi, arrêt RCCB 3030 du 4 mai 2015, pp. 4-5.

[135] NAREY (Oumarou), « La suprématie de la Constitution en période de crise (Niger) », *op. cit.* p. 162.

[136] JOUANJAN (Olivier), « Constitutionnalisme, justice constitutionnelle et représentation », *in* MOUTON (Stéphane). p. 136.

[137] CISSÉ (Balla), « L'ineffectivité de la Constitution au regard des accords politiques dans les pays d'Afrique noire francophone », RDP nov. 2020, n° 6, *op. cit.* p. 1639.

[138] TROPER (Michel), *La Théorie du droit, le droit, l'état* ; éd., Broché ; 2001. p. 334 ; « Le problème de l'interprétation et la théorie de la supra-légalité constitutionnelle », In Mélanges Eisenmann, Cujas, 1975, p. 143.

[139] BERGEL (J.-P.), Théorie générale du droit, Paris, Dalloz, Méthode du droit, 2012, pp. 154 et ss.

[140] BLACHER (Philippe), *Contrôle de constitutionnalité et volonté générale*, éd., PUF, 2001, p. 146.

[141] KPODAR (Adama), « Bilan sur un demi-siècle de constitutionnalisme en Afrique noire francophone, Revue électronique Afrilex, janvier ; *op. cit.* p. 7.

élus[142]. Ceci renvoie à la nécessité d'un projet politique acceptable, qui emporterait l'adhésion de la majorité de la population[143]. Il rend essentielle l'affirmation de la démocratie et le respect des droits fondamentaux[144] dans une société réputée démocratique[145]. Au regard des analyses qui précèdent, il est permis de soutenir que, le désespoir en l'espérance d'assister à des transitions démocratiques en Afrique noire francophone, pourrait nous amener à renouveler les propos du constitutionnaliste africain Maurice Kamto qui observait que : « *l'Afrique est le continent des incertitudes et des espoirs perpétuellement déçus* »[146].

---

[142] CHEVALLIER (Jacques), Science administrative, éd., PUF, 1994, p. 560.
[143] DANDOU (Wilfrid), *Un nouveau cadre constitutionnel pour le Congo-Brazzaville*, éd., L'Harmattan, 2006, *op. cit.,* p.73.
[144] FRIEDRICH (C.J.), « Le problème du pouvoir », Le Pouvoir, Annale de Philosophie politique, 1951, I, p. 35.
[145] KPODAR (Adama), « Bilan sur un demi-siècle de constitutionnalisme en Afrique noire francophone, Revue électronique Afrilex, janvier 2013 ; *op. cit.*, p. 33.
[146] KAMTO (Maurice), *Pouvoir et droit en Afrique noire, Essai sur les fondements du constitutionnalisme dans les États d'Afrique noire francophone*, *op. cit.*, p. 491.

Structures éditoriales du groupe L'Harmattan

L'Harmattan Italie
Via degli Artisti, 15
10124 Torino
harmattan.italia@gmail.com

L'Harmattan Hongrie
Kossuth l. u. 14-16.
1053 Budapest
harmattan@harmattan.hu

L'Harmattan Sénégal
10 VDN en face Mermoz
BP 45034 Dakar-Fann
senharmattan@gmail.com

L'Harmattan Cameroun
TSINGA/FECAFOOT
BP 11486 Yaoundé
inkoukam@gmail.com

L'Harmattan Burkina Faso
Achille Somé – tengnule@hotmail.fr

L'Harmattan Guinée
Almamya, rue KA 028 OKB Agency
BP 3470 Conakry
harmattanguinee@yahoo.fr

L'Harmattan RDC
185, avenue Nyangwe
Commune de Lingwala – Kinshasa
matangilamusadila@yahoo.fr

L'Harmattan Congo
219, avenue Nelson Mandela
BP 2874 Brazzaville
harmattan.congo@yahoo.fr

L'Harmattan Mali
ACI 2000 - Immeuble Mgr Jean Marie Cisse
Bureau 10
BP 145 Bamako-Mali
mali@harmattan.fr

L'Harmattan Togo
Djidjole – Lomé
Maison Amela
face EPP BATOME
ddamela@aol.com

L'Harmattan Côte d'Ivoire
Résidence Karl – Cité des Arts
Abidjan-Cocody
03 BP 1588 Abidjan
espace_harmattan.ci@hotmail.fr

Nos librairies en France

Librairie internationale
16, rue des Écoles
75005 Paris
librairie.internationale@harmattan.fr
01 40 46 79 11
www.librairieharmattan.com

Librairie des savoirs
21, rue des Écoles
75005 Paris
librairie.sh@harmattan.fr
01 46 34 13 71
www.librairieharmattansh.com

Librairie Le Lucernaire
53, rue Notre-Dame-des-Champs
75006 Paris
librairie@lucernaire.fr
01 42 22 67 13

www.ingramcontent.com/pod-product-compliance
Lightning Source LLC
LaVergne TN
LVHW011218061026
849535LV00001BA/77
9782140256448